白話高島易斷

上

（日）高岛嘉右卫门 著

孙正治 孙奥麟 译

九州出版社 JIUZHOUPRESS | 全国百佳图书出版单位

图书在版编目（CIP）数据

白话高岛易断 / （日）高岛嘉右卫门著 ； 孙正治，孙奥麟译. -- 北京 ： 九州出版社，2012.12（2025.12重印）
ISBN 978-7-5108-1897-4

Ⅰ. ①白… Ⅱ. ①高… ②孙… ③孙… Ⅲ. ①《周易》一研究 Ⅳ. ①B221.5

中国版本图书馆CIP数据核字(2012)第316573号

白话高岛易断

作　　者	（日）高岛嘉右卫门　著　孙正治　孙奥麟　译
责任编辑	王文湛
出版发行	九州出版社
地　　址	北京市西城区阜外大街甲35号(100037)
发行电话	(010)68992190/3/5/6
网　　址	www.jiuzhoupress.com
印　　刷	北京捷迅佳彩印刷有限公司
开　　本	787毫米×1092毫米　16开
印　　张	52.75
字　　数	920千字
版　　次	2014年1月第1版
印　　次	2025年12月第22次印刷
书　　号	ISBN 978-7-5108-1897-4
定　　价	128.00元

作者高岛嘉右卫门像

作者占筮像

作者不同时期的照片

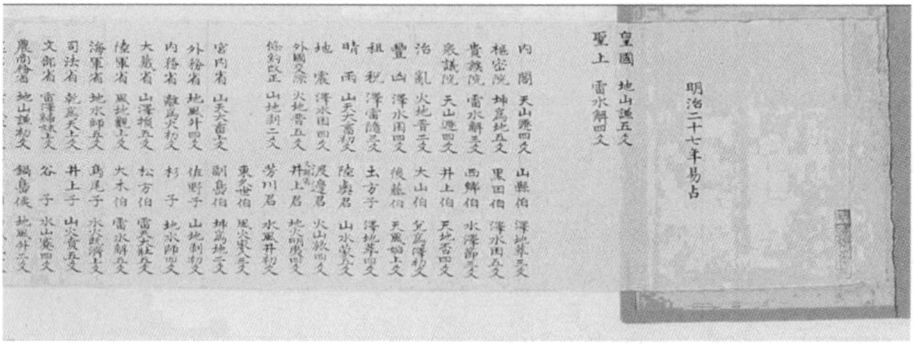

明治二十七年易占

皇國 地山謙五爻
聖上 雷水解四爻

内閣 天山遯四爻 山縣伯 澤地萃三爻
樞密院 坤爲地五爻 黒田伯 澤水困五爻
貴族院 雷水解三爻 西鄉伯 水澤節三爻
衆議院 天山遯四爻 井上伯 天地否四爻
治亂 火地晉二爻 大山伯 兌爲澤初爻
豐凶 澤水困四爻 後藤伯 天風姤上爻
租税 澤雷隨三爻 土方子 澤地萃四爻
晴雨 山天大畜初爻 陸奥君 山水蒙五爻
地震 澤水困四爻 渡邊君 火山旅四爻
外國交際 火地晉五爻 井上君 地火明夷四爻
條約改正 山地剝二爻 芳川君 水風井初爻
東久世伯 風火家人五爻
宮内省 山天大畜上爻 副島伯 坤爲地二爻
外務省 地風升四爻 佐野子 山地剝初爻
内務省 離爲火初爻 杉 子 地水師四爻
大藏省 山澤損五爻 松方伯 雷天大壯五爻
陸軍省 風地觀上爻 大木伯 雷水解五爻
海軍省 地水師五爻 鳥尾子 水火既濟上爻
司法省 乾爲天上爻 井上子 山火賁五爻
文部省 雷澤歸妹上爻 谷 子 水山蹇四爻
農商務省 地山謙初爻 鍋島侯 地風升二爻

明治二十七（1894）年的易占记录

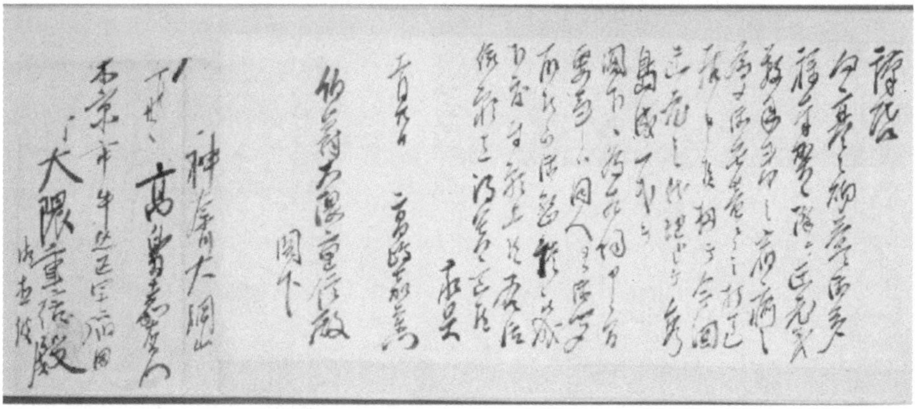

謹啓
……
高島嘉右衛門
伯爵大隈重信殿
閣下

作者给大隈重信的亲笔信。大隈时任早稻田大学校长，后来曾任政府首相。

作者代表作《高岛易断》照片

研究和推广《高岛易断》的著作

日本易学会为作者立的显彰碑

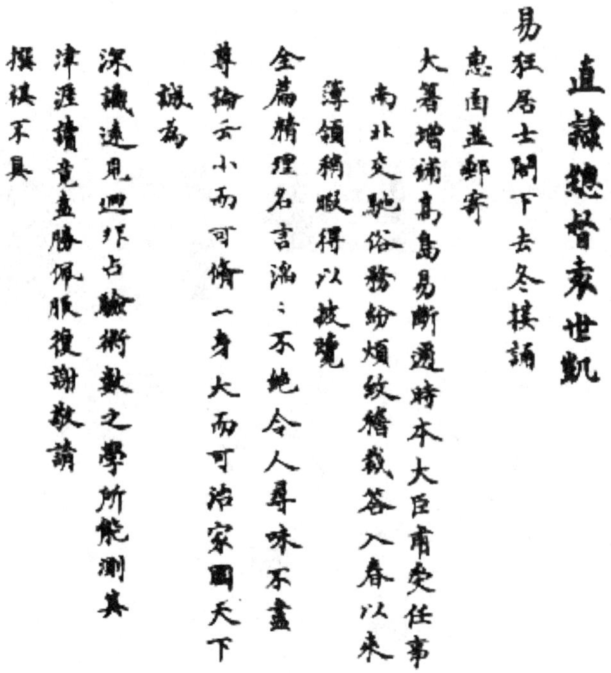

直隸總督袁世凱

易狂居士閣下去冬接誦
惠函並郵寄
大著增補高島易斷適時本大臣甫受任事
南北交馳俗務紛煩故稽裁答入春以來
簿領稍暇得以披覽
全篇精理名言滔滔不絕令人尋味不盡
尊論云小而可脩一身大而可治家國天下
誠為
深識遠見迥非占驗術數之學所能測其
津涯讀竟益勝佩服復謝敬請
撰祺不具

袁世凯称颂《高岛易断》的信

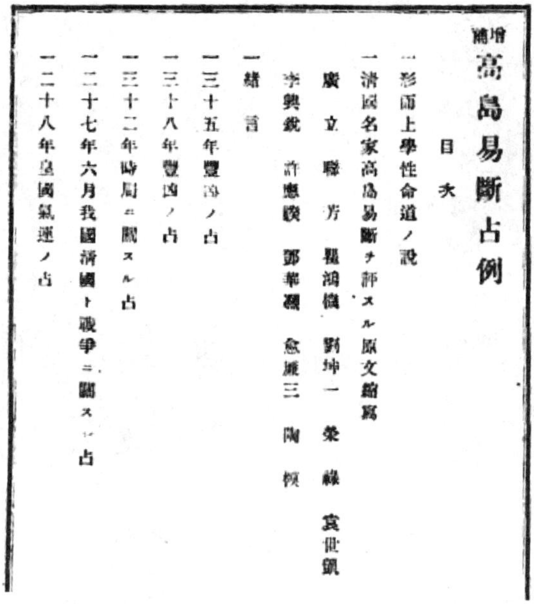

增補 高島易斷占例

目次

众多大清重臣和名人在《高岛易断占例》中挂名

高岛易断总本部的主要活动内容是：祈愿人的命运，开运；对全人类不幸的人进行救助。图为静冈县山顶的高岛神社。

图为高岛易断所总本家网页题头字样。高岛易断所是以《高岛易断》一书命名的日本最具权威和影响的易占研究和应用团体，从高岛嘉右卫门算起，已经传承到第五代。所谓“总本家”，即是总部或总本部。

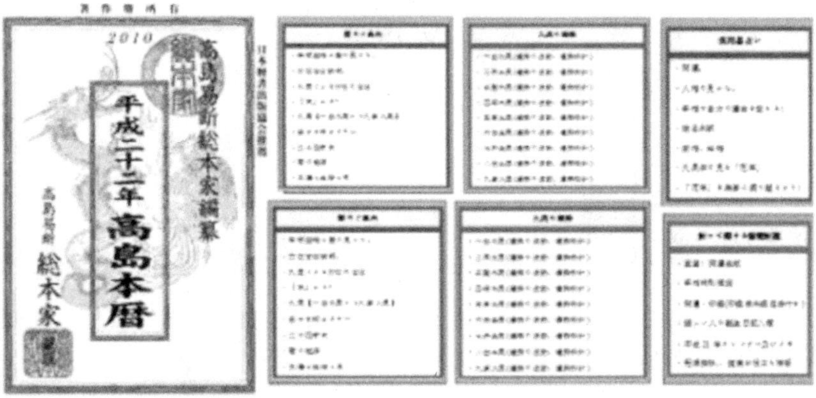

高岛易断所甚至有自己的一套用于占卜等活动的历法

高岛吞象二世

高岛吞象的门生，被称为“高岛吞象二世”。他是高岛易断所的创始人，曾在全日本开展教学和指导活动。

高岛象峰三世

高岛象峰三世也是一位易道高手，才能足以继承高岛吞象二世。

高岛龙峰四世

博多本地高岛易断所总部总裁高岛龙峰。他曾经师事高岛象峰三世。1968年成为高岛易断所的继承人，并指定静冈县平山上的高岛神社为“高岛易断总本家”。他的门生超过三百人，包括很多政治家、学者、艺人，著有《命运的规则》、《征服命运》等书。

2007年10月29日，日本高岛易断所总本家一行12人，在现任会长高岛成龙的带领下，来中国甘肃省天水市伏羲庙拜谒人文始祖伏羲，并向伏羲庙捐款100万日元。这是高岛成龙先生第19次来拜谒伏羲，开展文化交流。

高岛成龙说，伏羲文化博大精深，天水是伏羲文化的发祥地，具有深厚的历史文化底蕴。他这次来天水，是要进一步了解伏羲文化，并把伏羲文化传播到日本去。右图为日本高岛易断所在中国天水市伏羲庙立的纪念碑。

日本的算卦先生至今还在借用《高岛易断》这块金字招牌。

图为日本算卦工具。一种是竹签，用来代替50根蓍草，属于中国传统算卦工具；另一种是经过日本人改良的简易工具，类似骰子。图中简易算卦工具显然是两组，每组由红黑两个八面体和一个六面体组成。两个八面体分别刻有八卦卦名，分别代表上卦和下卦。一个六面体刻有一至六个点，用来决定变爻。

目　录

周易下经

白话本前言

奉献到读者面前的，是日本易学名著《增补高岛易断》的白话译本。

早在该书点校本于1997年由北京图书馆出版社出版的时候，读者就期盼它的白话本，以免除阅读古文的艰涩了。从那时起，笔者就有今译本书的志愿，但是由于工程浩大，又忙于生计，只能把这一志愿记在心里，以待来日。现在，时间上虽然晚了很多，但是终于可以满足读者的愿望了。

《增补高岛易断》，是日本明治时代易学大师、以占卜参政的奇人高岛嘉右卫门的毕生巨著，一百余年来以汉、英等文字在世界上广为流传，影响很大。书中对每卦每爻，都从分析卦象和爻象入手，首先对卦爻辞进行详明的解说；然后罗列时运、征战、经商、功名、家宅、疾病、婚姻等占题，并分别给出具体结论，指明如何趋吉避凶；最后详举占断实例，并说明应验情况。

全书详录占断实例500多个，大到国家军政、国际关系，小到生老病死、酒色财气，占无不验，令人拍案称奇。曾准确地预言了日本政局的动荡、内阁的改组、国会的解散和各党派的兴衰。在中日关系方面，不仅准确地预言了中日甲午战争的结果，而且预言了海战中我国定远舰、致远舰的沉没，以及战后李鸿章必定于1895年4月赴日本签订《马关条约》。很多占断都曾事先在报刊上发表，有些还曾上呈日本天皇、内阁总理、各省大臣。本书对《周易》研究者和爱好者来说，堪称一座蕴藏丰厚的宝藏；对研究日本明治、大正时代的政治、军事、文化和外交，也具有不可多得的史料价值。

中国古代《周易》占筮学著作虽然丰富，但基本上是脱离经文另搞一套的，例如纳甲法、《梅花易数》等；即使运用经文的，也往往只有一种解释、一种占断，而这实际上是把卦爻辞看成了僵死的东西，大悖《周易》"不可为典要，唯变所适"，"以通神明之德，以类万物之情"的要旨。本书则在运用卦象爻象等的同时，特别注重卦爻辞，符合《系辞上》关于"辩吉凶者存乎辞"的要旨，特别适于现代人学习。作者把卦爻之象之辞，都看作虚灵不昧，感而遂通的东西。同一卦爻辞用于对不同问题的占断，如同阳光的普照，虽然源于同一天体，在被照亮的万物，却显现出缤纷的色彩和多样的形态；即使对同一占题，由于具体情况不同，也可以得出迥然相异的结论，犹如同一处山水，由于朝晖夕阴而气象万千。作者对卦爻和经文的活解活断，酷似《左传》、《国语》中的占例，神龙见首不见尾，像回响一样灵验，以至我们不能不说：这里有《周易》活的灵魂。

众所周知，在中国，用蓍草和卦爻辞占卜的方法早在一千年前就失传了，而本书的作者却凭自己的神机妙悟独得其神髓，并以自己的大量占断实例证明了其方法的正确性。正如本书的汉译者清代人王治本在《序言》中所说："兹得《易断》之书一出，俾揲蓍古法再见于今，筮人之掌得复于古，皆高岛氏之功也！"

因此，本书在日本一直被"奉之若神"。作者的门生"高岛吞象二世"成立的易占研究与普及团体高岛易断所，就是以本书命名的。这个团体一百多年来一直是日本易占界的最高权威，目前已经传到第四代。近些年来，高岛易断所每年都派多人来中国天水市参拜伏羲庙，以示对《周易》创始人的敬意，还曾在伏羲庙立碑纪念，并多次捐款，说明这个团体一直很活跃，也很有成就。在中国，民初著名易学家杭辛斋、袁树珊等人，都对高岛先生的易占推崇备至，说"其解说奇中，揆诸人事，大小皆验"，当代易学家陈湛铨先生也认为高岛先生断卦很合法度。可以预期，本书对中国的易学研究与应用，都将起到重要的借鉴和反哺作用。

本书虽然是一部以占解《易》的著作，但是并没有忽视对义理的阐发。它针对当时"这个国家常想吞并那个国家，那个国家也常以抵抗为事，人心日益流于淫邪和偏狭，仁义的风尚几乎已经扫地，优胜劣败的形势一天比一天严重，弱肉强食的状况越来越显著，从王侯到普通人都对日后的生活忐忑不安"的实际情况，"哀悯人生的不幸"，"想要指点人们的迷津"。因此，在解说经文过程中，每卦都以"以这一卦比拟人事"、"以这一卦比拟国家"另起一段，依据卦爻之象，广泛征引经史典籍，注意联系社会生活实际，发掘其中的义理。由于作者既是一位易占大师，又是一位"窥见了圣贤的奥秘，探得了道德的本原"的儒家学者和著名的实业家，具有忧国忧民的情怀和不凡的社会阅历，所阐发的义理从天道到人道，从自然到社会，从身心修养到经世致用无所不包，深广、通达而又切于实用。这样义理与象数并重，吉凶趋避与身心修养、经世致用并重，把《周易》的理、数、象、占四者融汇贯通起来，对于一部以占解《易》的著作来说，同样是难能可贵的。

正因为如此，在本书中文本出版的时候，当时的满清重臣、易学家瞿鸿玑、刘坤一、荣禄、袁世凯、联芳、李兴锐、许应骙、陶模、广立、愈廉三等人，纷纷在书上挂名，其中袁世凯还在写给易狂居士的信中钦佩地说："全篇精理名言，滔滔不绝，令人寻味不尽。尊论云：'小而可修一身，大而可治家国天下。'诚为深识远见，迥非占验术数之学所能测其津涯，读竟盍胜佩服！"

本书的主要缺点，一是表现出狭隘的民族主义倾向，公然为日本军国主义行为唱赞歌，在国际关系上颇多不妥提法。这是与他在书中表现出来的基本思想倾向和人文情怀很不相称的，也是与他所属民族和所处时代的局限性分不开的，希望读者能够分清泾渭，批判地阅读。

本书的译注工作，是依据日本明治三十四年的汉文本进行的。由于原书文字量大，引文繁复，又有大量历史人物和历史事件需要注释，工作相当繁难。但是想到作者在普及易学方面的愿力之宏、用功之勤，想到期盼本书白话本的读者朋友，还是坚持完成了这项工作。因为用电脑打字，我不能说什么"数易其稿"，但是回想译注的过程，确实是反复琢磨，付出了不少心血。

还应当说明的是：

一、本书点校本于1997年由北京图书馆出版社出版时，副题为"易经活解活断800例"，而不是现在的"500例"，原因是电脑统计出了问题。后来自己也使用电脑，便于统计了，才知道实有占例500多个。为这样的疏忽，笔者深表歉意！

二、由于本书篇幅较大，为避免定价过高，给读者购买造成压力，此次译注没有附原文。读者如想对照原文，请查古文点校本。

三、本书由我与犬子奥麟共同翻译，由我统稿而成的。奥麟研习《周易》的时间虽然不算很久，但是颇有领悟能力，译笔尚好，还提出不少建设性的意见，这是使我感到欣慰的。

四、本书以直译为主，意译为辅，注意文字的简洁性和口语化。对书中引"四书五经"中的文字和古代习用语，一般不作语译，只略作注释，以免读者对不上原文；对次一级的经典则加以语译，以免读来艰涩。对书中的象数知识、书名、人名、典故和历史事件等，一一进行了注释，但占例中涉及的一部分日本人名，则因为无法查到而只好阙如。

五、因为大量查阅资料，笔者发现了许多有关历史人物和历史事件的图片，还有很多相关作者及其著作的图片。经过认真筛选，前者分别插入了正文，后者则编成一辑，置于卷首。希望这些图片能增强本书的真实感和可信度，使全书图文并茂。

六、笔者把瑞士心理学家荣格的《〈周易〉与中国精神》一文附在了书后。这是荣格为《周易》英译本写的序言，标题取自这篇序言的日译本。荣格一边写序一边占问英国读者能否接受《周易》，自己在写这篇序言时处于怎样的境况，并详细讲解卦爻辞的寓意，从而以大心理学家的敏感，深刻地揭示了《周易》中蕴藏的中国精神、占卜原理和占卜技巧，并且等于把占卜的整个过程亲自加以演示，对现代人接受和运用《周易》，具有很强的启示意义和示范作用。

七、本书的点校本面世后，许多读者询问有关易占的问题，如《系辞上》所讲的大衍筮法怎样具体操作？得到的卦或一爻变或多爻变，或无变爻，应如何取用卦爻和卦爻辞？简易求卦法有哪些？哪种求卦方法最优胜？怎样理解“至诚通神之道”？怎样才能赶上和超过古人的易占水平？为满足读者的需要，本书附有《关于易占的几个问题》一文，希望对读者有所帮助。

八、很多读者研习易占，只知多学筮法，搜罗占具，或于占筮前持咒祈请、焚香礼拜等，而不知道提高占断水平的真正关键，在于体道修身，使心虚灵如镜，在无思无为，寂然不动中感而遂通。这种舍本逐末的学易方法，恰恰是学习易占的最大的障蔽。所以，我把犬子针对这个问题所写的《译注〈高岛易断〉有感》，也作为全书的附录之一，相信读者读了，一定会有所憬悟，从而明体达用，使自己的易占如木有本，水有源，逐步臻于神妙。

最后，笔者要向通过互联网、电话为笔者提供资料，或笔者在其博客中查阅过资料的朋友表示感谢，他们是福建的蕴真子吕再发、连云港的赵文辉、江西的博明，此外还有帮我汉译了许多日文资料的青年朋友钟超。

本书译注工作量颇大，错误和不当之处在所难免，敬请读者批评指正。

孙正治

2012年2月22日

汉译者序①

《周易》的占筮方法，创始于《洪范》，散见于《春秋》内外传，世代由专门的官员掌管，由专职的筮人运算。这种情况由来已久，但是到今天几乎已经失传了。

庚子年，我重游日本，得以读到《神易堂易断》这部书。此书为高岛吞象所著。作者在卷首叙述了用蓍草运算的方法，追述了自己因过失入狱，在狱中拾得半本残破的《周易》，朝夕参究把玩，独得神妙的悟解，于是为自己占筮休咎的过程。作者说在开始占筮的时候，对爻象所显示的休咎，一时百思不得其解，直到出狱时，其应验才开始像回声一样确切无失。此后每到一年开始的那一天，作者都要占筮家里和国家的大事，而且无论家事还是国事，都取决于占筮，而别人有疑问需要决断的时候，也都来请他占筮。这样一年年积攒下来，应验的卦例就很多了。作者将它们抄录下来，装订成册，每卦或占一次，或占两三次，无不随机论断，各得其神妙的解说。于是订为六十四卷，印行于世，智慧与不智慧的人，都尊奉得像对神明一样。

一天，我在友人处见到了高岛翁。谈及《易断》的妙处，他说："可惜这书用的全是日文，无法流传到海外，请您译成汉文。"友人也参与劝说，我就答应了。

这部书在每卦的开头，先解释卦象、卦义、卦名的字义及卦中的阴阳变动、参互错综等旨趣，然后将所应验的占筮实例附在后面。我循着作者的语意，将书中的日文译成汉文，经过达八个月才完成这项工作。

唉！用钱币来卜筮的方法创始于汉代的京房，这以后人们专用五行生克来决定人的休咎，而对爻象爻辞一概不究不论，对比所谓大衍用九的方法，显然是两个路子。现在《易断》这部书得以问世，使用蓍草占筮的古

---

① 汉译者：本书汉译者王治本。字维能，号桼园，别号梦蝶道人，浙江慈溪（今江北慈城）人，出生于1835年前后。1862年曾在家乡组织乡团抗击太平军。1875年受日本著名汉学家广部精的邀请赴日本。到日本后，先为日清社、同人社教授汉文，后离开同人社，创立诗社"闻香社"，与日本文人学者广为交游。1877年中国第一届驻日公使团赴日后，因熟悉日本而被聘为使馆临时随员。1898年日本人创立善邻译书馆，专译西文新法诸书为汉文书籍，被聘为之"校正删润"。先后多次漫游日本，足迹遍及全国各地。1907年客逝于日本长崎。

法再现于今日，使筮人所掌握的东西得以恢复古时的样子，这都是高岛的功绩啊！

我荣幸地完成了本书的删节和翻译工作，为读者叙述事情的始末如上。

光绪辛丑岁三月上浣谷旦浙东王治本鄂写于食研斋

作者自序

人虽然有智慧或愚笨、贤明或不肖、尊贵或卑贱、贫穷或富裕的差别，但是生活在世上，都同样劳神思虑，一天也不间断。他们的志愿，有为一家的，有为一国的，还有为世界公益的。虽然所做的事情因为个人天赋能力的不同而有大小轻重的差别，但是大体看来，无非希望国家富饶，世界太平。为什么呢？因为即使能将一家治理好，只要所在的国家混乱，就仍然不能保持安泰；即使能将一个国家治理好，只要邻国混乱，就仍然无法单独安处。这个道理是很容易了解的。

高岛嘉右卫门像

当今的世界日趋文明，科技的进步不是过去所能比拟的，博学而富于才干的人绝不缺乏，治理和教化的兴盛仿佛可以翘起脚来等待。但是尽管如此，仔细观察世界的现状，却没有不以厚待自己，薄待别人为常事的。这个国家常想吞并那个国家，那个国家也常以抵抗为事，人心日益流于淫邪和偏狭，仁义的风尚几乎已经扫地，优胜劣败的形势一天比一天严重，弱肉强食的状况越来越显著，从王侯到普通人都对日后的生活忐忑不安。贤明智慧的人日夜思虑和计划，还是无法自安，这是什么原因造成的呢？难道是思虑得还不够，以至弄错了方向吗？这是不可不考虑的。

我认为，这是人人都忘记了至诚通神之道，以致神与人之间相互隔绝的缘故。不通神就无法上承天命，无法上承天命就无法预知未来，无法预知未来就无法知道人事上如何权变，以致人的志愿没有着落，只是白费心力。这就像盲人摆弄枪炮，无法确定目标而只顾发射，彼此都会受害，岂不危险得很吗？这是所谓“不知天命而不畏”的结果。

今天的形势已经是这样，我为它深感恐惧，因而哀悯人生的不幸，想要指点人们的迷津。然而拯救的办法，只是使人能与神相感通罢了。如果知道神明的德性在今天并没有失去，所以英雄豪杰之士在有疑惑的时候一定要请教神明，并畏惧天命的严肃；那些博识高才的人也要打破想象的迷梦，了解人生志愿的着落。这样，人心才能有所戒惧和修省，才能产生博爱的念头，才能匡正民风和教化，使天下人共同沐浴造化的恩泽。这是我所希望的，所以现在传给人们至诚通神的方法，使神和人在冥冥中得以相会。

既有至诚通神的方法，就不可以没有相应的书，而《易经》就是通神的书。尽管如此，对古代圣人的著作，后世学者却没能得到其中的真意，而用于实际生活。现在用国文对它加以翻译，附上我的见解，希望使世人能够预知将来。这是我口述这本书的主要动机。

《易经》这本书，通过天地阴阳奇偶的道理来阐发造化的秘蕴，用六十四卦来网罗世间的万象。宇宙间的事物没有不阴阳相对的，有日就有月，有寒就有暑，有男就有女，而且既有形而下的事物，就不能没有形而上的道，就像人有可见的肉体，就一定有不可见的心魂一样。心魂一脱离人体而去，就称为鬼神。鬼神虽然看不见，但人只要以至诚来感通，就可以依靠它们在冥冥中的帮助而预知将来的事情，这样，就连平凡庸碌的人也可以知道鬼神的存在了。

太古时代混沌的世间，往往有掌握通神方法的人，所以人人都知道有鬼神存在。当今被称为文明盛世，人的智力和知识凌驾于古人之上，人事的便利越来越进步，即使远在天涯也可以看作比邻，但是不知道感通鬼神，这是什么缘故呢？原来古今治理天下的方法不同，人的气质也随着变化。通神的方法，靠的是精神气力的单纯；追究事物的道理的方法，靠的是智力、知识与思想的细密。所以今天的人类能穷究物理而无法通神，古人则因为精神气力单纯，能通神而无法穷究物理。这就是为什么至诚之道通行于远古，而智巧之术盛行于后世。

请让我详述这种变迁的缘由。

阴阳精气相交，万物才得以产生。人则禀受虚灵的心魂，而作为万物的灵长。最初的人类，身体赤裸，没有保护身体的蹄和角，也没有锋利的爪牙，住在山洞里，活动在原野上。他们与猛兽毒蛇之类互相竞争，战胜了就吃它们的肉，将它们的皮毛做成衣服穿，战不胜就为它们所吃掉。于是有聪明敏捷的人，从火山取来火，用来驱散猛兽和毒蛇，这才开始了真正属于人类的生活。从那时起，人类大量地繁殖，禽兽逐渐减少，以至食物缺乏，许多人争夺一禽一兽作食物。斗争由此引起，严重的时候达到人吃人的程度。这叫做优胜劣败、弱肉强食的世界。

那时候，天怜悯人类，降生伟大的人物来救拔和济度苦难的世间。伟大人物见到这样的情况，恻隐之心无法抵制，求索救世的办法极为殷切。由于他的至诚可以通神，从神那里得到了田猎和捕渔的方法，于是告诉众人说：“你们今天吃别人的肉而快慰于一时，明天你们的肉难道不会被别人吃掉吗？如果这样下去，那么悲惨的情状将令人不忍说出来。想想吧！不要同类相食，所缺的食物，我可以供给你们。”于是制作网罟，使人们在野外捕捉禽兽，在水中捕鱼，众人都感到很方便；又砍削树木，用石头磨光，称为耒耜，用来开垦荒地，播种粮食；还教人们用火烤煮食物。众人无不感激他，钦佩他，像对神明一样。从这以后，人们衣食足而知礼节，有命令才行动，有禁戒就停止，于是统御之道开始产生，建国的基础得以奠定，君臣的身分确定下来，父子、夫妇、兄弟、朋友间的伦理逐渐具备。

从我国的情况来看，皇祖琼琼杵尊①降生时，在中国正是伏羲的时代。伏羲为了治理天下，得到神明的帮助而创造了占筮的方法，使人得以用询问神明的方式来解决疑问，预知将来，《周易·说卦传》所谓“昔者圣人之作易也，幽赞于神明而生蓍”，说的就是这件事。

《易经》用八卦来表示万物的原子。因为万物形成于八种原子的集合，所以画出八卦，就使看不见的原子变成了看得见的；将八卦重叠为六十四卦，就可以反映世界的万事万物。“易”这个字，是“日”和“月”两字合形成的，如果并列书写就成为“明”字，说明根据《易经》的道理，万物没有不明白彰显的。这就是《易经》为什么称为“易”，为什么《系辞传》说《易经》可以“知幽明之故”，“知鬼神之情状”，“知神之所为”，从中可以见“万物之情”、“天地之心”。因为与万物一样，人也形成于八原种子的集合，所以性情动作都不离一定的次序。

知道了造化的原理，也就知道了人性的基础。关于死与生的说法、进退存亡的机缄、阴阳消长的道理，只要默然识得，在冥冥中与它们相符合，并且加以活用，就能防止祸乱于尚未萌芽的时候，消弭灾害于尚未发生的阶段。所以伏羲以后的几位圣人，以《易经》为世代相传的神圣宝物，并作为王道的基础。

在尧禅让天下给舜、舜禅让天下给禹的时候，说的话都是“人心惟危，道心惟微，惟精惟一，允执厥中”。他们忧虑人的思虑容易流于臆想而违背现实，就在各卦的第五爻指示中庸正确的施政方法。但是到了夏商两朝，气运逐渐发生变化，人人专靠智巧与气力经营生计，不再像上古时那样，以拿身命在险境中赌博为求衣食的主要手段，所以精神和气力也不如上古的人强壮，关于精神气力的道术逐渐趋于衰落，也是势所必然的。

---

① 琼琼杵尊：日本皇祖。据日本《古事记》，他是太阳女神天照大神的孙子，日本第一位天皇神武天皇磐余彦尊的曾祖父。

到了周文王，他怕世人只相信想象的道理，而失去通神的方法，紊乱人本真的智慧，于是崇奉神圣的《易经》，在每一卦下系上彖辞，以表明伏羲的旨意。彖辞穷尽阴阳的义理，透露出造化的玄机，根据天、泽、火、雷、风、水、山、地八种原子配合的道理，来说明人事的吉凶悔吝，使造化的道理与通神的方法同时完备。他的儿子周公旦，又继承文王的意思而纵观天下，觉得事物的道理虽然极为错综复杂，其中或许有一定的规则在起作用，于是引证夏易《连山》、商易《归藏》中通于鬼神、切合事理的占例，与众学者共同纂辑。事情果然不违背他的预想，从此知道天下万象的起灭终始，都不出于三百八十四爻之外。于是开始用三百八十四爻与实际事物相对照，考察易情的变化，根据卦时、卦义、卦象与刚柔间的比应、阴阳消长造成的气运，在各爻下系上爻辞，从而使易道大成于天下。按周朝的官制，执掌《周易》的太卜是“八政”之一，直到春秋时期还为人们所重视。卿大夫执掌易占，远见卓识的人则效法他们而加以运用。

周公所作的爻辞，用了很多比拟和譬喻，很少直指善恶，考察其原因，是深深的忧患使然。人的资质有善和不善两个方面，所以善人与不善人相对而各成群落，并互相流通，中等资质的人则随着他们而上下。阴阳消长的常理，恰如四季的循环和昼夜的更替，在黑暗的时候不可不用灯火来照明，这就是教育兴起的由来。一明一暗，一顺一逆，就是阴阳消长之理的体现，所以遇到“君子道长”的气运，善人得到时运，天下就太平，易道也自然大明于天下；遇到“小人道长”的气运，不善的人得到时运，如果由善人为他们占事，而善人根据卦辞和爻辞指明不善人隐藏的心术，揭露他们的奸恶，那么不善人在羞耻之余，或者会谋害善人。所以周公特意用隐语来写爻辞，例如以凶暴的人为虎，以狡猾的人为狐，以愚钝的人为豕。这样委婉地系辞，使不善的人只能反省自己的错误，而不会产生愤恨，他的用心太深了！

所以凭孔子那样的圣明，还说：“加我数年，五十以学《易》，可以无大过矣。”他为了研究易道，联结竹简的牛皮绳被磨断了多次，结果怎么样呢？他感叹说：“道之不行，吾知之矣，智者过之，愚者不及也；贤者过之，不肖者不及也。”他的弟子中，有的仗恃自己的才能，以为天下事没有什么值得做的，迂远的道理不值得学习，于是中途就停了下来。所谓“智者过之”只是委婉的说法罢了。只有颜回一个人特别优秀，进入了圣人的境界，但是不幸短命死了。像子贡那样多才而善辩的人，也没能听懂孔子讲性与天道。易道的伟大而难以传授，达到了这样的程度！

或许孔子的宗旨，在于与尧舜共同诠释易道的中正道理，以便运用到人事中去，所以常用中正的道理，并称它为“中庸”。中庸得到了天命的正确性和恰当性，效法神的智慧而把它运用到人事当中，即使是圣人也难以做到的。所以《中庸》引述孔子的话说：“天下国家，可均也；爵禄，可辞也；白刃，可蹈也；中庸，不可能也。”即使那些达观而有远见，摆脱了名利束缚的人，不到至诚通神的境界也无法做到，所以又说：“中庸其至矣乎？民鲜能久矣!”

实践《周易》有三个要点：一是明白易理，二是通达世事人情，三是至诚通神。其中的第一、第二条，在于深思和推论，第三条则是凭心神气力自然达到的。所谓“自诚明，谓之性；自明诚，谓之教”，“诚则明矣，明则诚矣”，是尽本性的诚而禀受神智的教法。伏羲、文王、周公、孔子四位圣人各有天赋的能力，他们因为忧虑后世，用一生的精力陈述或创作，而后世的学人却缺乏解释的能力，以致他们的教法两千余年来冥冥晦晦，好像存在又好像已经失去，而没有能够实践它的人，岂不很值得慨叹吗!

《周易》是东方的理学书。它有六十四个卦，而西洋化学也有六十四种元素，两者的数目若合符节，令人称奇。但现在只谈两者的不同处。西洋的学问，就事物而追究其中的道理，所以分析事物的构成要素，以了解其性质和功用是什么。东洋的学问则不是这样。不论动物还是植物，凡天地间有形的东西，都有心魂在它的内部，并各有适当的性情。所以复卦《彖传》说：“复，其见天地之心乎?”大壮《彖传》说：“天地之情可见矣”；咸恒二卦《彖传》说：“天地万物之情可见矣”。另外《中庸》说：“能尽其性，则能尽人之性；能尽人之性，则能尽物之性；能尽物之性，则可以赞天地之化育，而与天地参矣。”

应当知道，日月星辰及大地都是大动物，而各有自己的心魂，了达它们的性情，保有它们数万岁的寿命，其效用也是极大的。其他万物则属于小动物，所以它们的寿命就短，但也各有自己的心魂来通达性情。大概宇宙间万物的心魂都是造物主的分子，它们都是至精至纯的。万物由什么构成？物质的原子有八种，叫做天、泽、火、雷、风、水、山、地。其中天、雷、风、火为气体，无形状；山、地、水、泽为实体，有形状。这有形或无形的八种原子互相抱合结晶，能组成万物。而由于原子的精与粗、灵与顽都与物质不同，物质能薰染心魂，使它们心性各异，而心性又因为外缘而各有不同的情致。所以尽管天地万物各自分立，彼此不相关涉，但是这至精至纯、万物同体的心魂，却在暗暗为物质所薰化。洞察这一真理而不怀疑，叫做“知天地万物之情”；洞察这一真理而去除各种为物质所薰染的私欲，以助成天地的本性，以通达万物的性情，叫做“能尽物之性”、“赞天地之化育”。

人的心魂离开肉体以后，与本原不同的地方有两个：一，致诚尽忠的人，由于为国家幸福死而后已的精神，死后心魂无法复归本原，永远在幽冥界，守卫着天下后世。人们称这样的心魂为鬼神，《中庸》所谓“鬼神之为德，其盛矣乎”，就是指它们。二，活着时逞自己的私欲，心中总是焦思苦虑的人，死后心魂也无法复归本原，而是徘徊在空中，制造各种灾变，人们称这样的心魂为游魂，《周易》所谓“游魂为变”就是指它们。鬼神使善人得以感通，为国家降下祯祥，游魂从恶人那里得到寄托，在世间做妖孽，这就是所谓“同声相应，同气相求”。人们用火来祭祀阳神，用水来祭祀阴神，原因就在这里。凡是通达这个道理而不迷惑的人，就是通过《周易》而了解了鬼神情状的人。

东方的理学高明到了这样的程度，所以从来学习《周易》的人一概不能中肯。或者不通过实际的人和事来验证，而无法了解人情的错综复杂；或者只作义理的探讨，不再了解占筮的奥妙；或者拘泥于字句之间，而废弃了它的实用方面。而且其中自称通晓易学的人说：

“《周易》教君子以恒常之道，卜筮则教人权变之道。”

“伏羲的卦象爻象，文王的卦辞爻辞，依卜筮来教化；孔子的赞《易》，以义理来教化。他们的做法虽然不同，而宗旨则是同一个。”

“遵从性命之理，穷尽变化之道。”

“洞幽烛隐，以决定天下的吉凶；钩深致远，来预告人事的悔吝。”

“《周易》是圣人所注重之道，是为君子设下的，而后世以卜筮把它列于技艺，大悖圣人的宗旨。”

“天下的道理没有不包括在《周易》中的，通晓万物之理，办好各种事情都靠它。”

“圣人通过《周易》来抓住事物变化的苗头，为人们指示向背，用吉凶悔吝之类言辞鼓舞天下，通过贞卦和悔卦来求得上天的助佑。”

这都是只知其一而不知其二的说法。还有少数熟悉卜筮的人，也只是把玩卦象而逞自己的臆测罢了。总之，日本人和汉人当中，既没有能穷尽圣人的深意的，也没有用圣人所系的卦爻辞来占断吉凶的。对《周易》的运用是这个样子，如同拿干将、莫邪这样的宝剑当菜刀，岂不很值得慨叹吗？

我所讲的则与此不同。我用《周易》观照实际事物，通过卦爻辞来阐明圣人的深意，觉知鬼神的威灵常在自己的上下左右，使畏惧警惕的念头没有须臾的间断。因为我学习《周易》的过程，并不是从师傅的教诲开始。我读《中庸》的时候，读到“至诚之道，可以前知”一句，悄然地这样思索：人们处在世上，没有比善于预知各种事情更重要的。于是考察和求索“至诚之道”十多年，而茫然没有心得，当时的感觉如同揣着写有药方的书籍却找不到良药。但是在横滨开港的时候，我因为过失而犯了法，进了监狱，那是安政六年十二月的事。我在囹圄当中，无法忍受幽囚的苦闷，又悔悟任血气之性而耽误了自己的生涯，千万种感慨辐辏在心中。在怅然辗转的时候，偶然从席间得到《易经》下卷一本，就拿起来读。这是我最初了解《周易》的书。

《周易》这部书，千百个儒者中，能讲解的只不过两三个人，还有许多无法通晓处。《周易》是四位圣人各自极尽天赋能力，竭尽毕生精力所阐述和制作的，它的不易解释虽理所当然，但古时的圣人到底不是故意用不可理解的秘语来作这本怪异诡谲的书，而使后人窘迫。从这一点来看，它的难解不是因为书本身难解，而是因为我们的思虑还不够精深。

现在在铁窗里面，百无聊赖，我幸而过去曾从老师那里学过西洋的学问，心想用这种学问追求其中的道理，会不会通达呢？从那时起，每天起一卦，白天就玩索读书，夜里就暗自背诵，四个月后就都背诵下来了。从那以后，叮咛反复，深思熟虑，即使遇到突然的事情，或者处在颠沛流离当中，也没有放弃过一天。这样有几个月之久，逐渐觉得对于《系辞传》、《彖传》等稍稍有所通晓，于是越发努力不辍。不久得以略微理解了《周易》总体的道理，于是将纸捻成茎状，用来代替蓍草，遇事就加以占筮，结果有的准确，有的不准确，心里为无法保持应验而感到苦恼和困惑。

在这样的沉思默读过程中，我幸而想到了“至诚无息”这句话，感悟到“无息”二字不只是无止息的意思，还有不发气息的意思。在占筮的时候完全停止呼吸，将蓍草捧到额上，专心想着将要占卜的事情；在不得不呼吸时将蓍草一分为二，呼吸与分开蓍草的动作间不容发。从这以后，百占百中；根据爻辞来判断事情，了如指掌，有悚然与神明相接的感觉。这才知道《周易》的运用，完全是精神气力上的事情，而至诚之道完全在于无息那一刹那；并且悟解到六十四卦效法造化的道理，就是万物的根本和八原子的结晶学，而把原子遇合与否的性情推论到一切事物，从国家大事到微末的人事，从而得到将一切了如指掌的学问；还同时知道了三百八十四爻之间的区别，在于指示时间的缓急和事情的难易。

《诗经》说：“神之格思，不可度思，矧可射思？”而《中庸》引导了我。圣人说到神，三次以“思”字作为语气助辞，是由于占筮的应验和同样的感触。由此可以确信，圣人所说的神和我所说的神，没有丝毫的差异。“神”字从“示”从“申”，因为神虽然看不见，听不着，但只要人能用蓍草占问，就无不指示申明。这也可以证明我关于感通神明的说法。

俯仰古今而观察世态人情，如上文所述。古人淳朴而富于精神气力，所以能感通神明；现在的人狡诈而专注于利益和欲望，所以无法感通神明。所以在推测或谋划事情的时候，智慧的人烦劳精神，竭尽思虑，即使为了利国利民也动辄陷于权术。他们以利己为主，不顾他人是否受害，常常窥伺别国之间的嫌隙，企图吞并他们的疆土。这是因为他们固执地以优胜劣败、弱肉强食为人们天赋的性情，认为这样做无非是一种生存竞争，而不了解天命，也不畏惧天命所导致的结果。

请允许我试着加以论说。

今天的欧美各国，以理智控制人心，用斗智尚巧的办法来争夺生存空间。于是我造一百吨的大炮，你造二百吨的大炮；我准备钢铁船舰，你用鱼雷来对抗。越发展越巧妙，越制造越奇异，不知什么时候才算到头，以至驾着气球而从天空投下炸弹。这样，难道让人们再回到太古穴居时代去吗？口头上提倡文明开化，而实际行为难道不是在日趋野蛮吗？当今文明开化的竞争者，全是为了优胜劣败；已经优胜劣败了，又希望弱肉强食。弱肉强食本来是野蛮人尚未开化的风俗，而欧美各国进步的方针，却正向着这一风俗走去。

世界各国的形势已经是这样，而各国之所以还没有像虎狼那样放肆地互相吞噬，是因为基督教的力量多少抑制了它们，而亚洲各国，则是靠神道①、儒教和佛教的力量来防止。我们的皇祖及孔子、释迦牟尼、耶稣等各位圣人通达神明，设置教化，表明神明福佑人、人以至诚得到神的恩惠、神人相应导致国家的福祉，这是我国国教及世界宗教的起因。但是由于社会生活的变迁导致了人们气质的变化，以至精神衰颓，至诚之道不再明了，所以现在即使担任神道、儒教、佛教、耶教教职的人，通神者也极为稀少。由此可知，神虽然想保护国家和人民，可是由于人们已经失去了通神的方法，连神也怜悯人们愚蠢，并感到焦虑。

自己不通神，无法详尽地听取神意，却胡乱判断神的作用的人，毕竟不过是重复古人的套语罢了，这类人固然不足以与他们谈论深微的道理，

---

① 神道：日本的民族宗教是神道。这种宗教以神话为基础，发端于绳纹时代的自然崇拜及祖先崇拜，形成于弥生时代的农耕社会，已有二千多年的历史，经历了从原始神道到神社神道、国家神道、神社神道与独立神社并存四个历史发展阶段，在日本有着深厚的宗教土壤，以至许多日本人相信自己是神的后裔，主张人与神之间相沟通，通过听取神意来决定自己的言行。

但是通神方法的衰落，却不能只怪他们。那些无智慧的小人，为各种关于神的说法所诱惑而盲目相信，虽然属于迷信，但是或许会因而产生增进善、远离恶的念头，却未必无益。只有中等以上、修习形而下学问的人，主张无神论，或把神置于疑有疑无之间，而不知道天命的可畏、圣人之言的值得遵从。他们或者恣意蹂躏百姓，或者凭权势在世间横行，玩弄才智，强装豪杰，死后树立巨大的纪念碑，以为这是无上的荣耀。这种人终生也无法悟道，只以名声为真理，以利益为现理，最后终老在名利的道路上罢了。虽然偶尔也有信神的人，但是他们无法直接了解神意，只能自己相信而不能以神道济世利人，还是不圆满，所以他们的力量终究无法制止形势的发展。这样看来，人间生活上的快乐在哪里呢！要之，在于领会感通神明的方法。

上天降生万民，难道是为了使他们同类相食吗？本应该优劣互相扶助，强弱互相提携，做到各自安于自己的事业，各自乐于自己的本分。国家之间的外交也像个人之间一样，要各自安于自己的天命，各自保全自己的天福，并互通有无，互相方便，互相扶持，否则如何导致人心和乐的世运呢？现在的世界，形而下的肉体的便利日益进步，而无法安顿形而上的心灵，怎么能说达到了真正全面的文明开化呢？而达到文明开化的方法，不在欧美各国形而下的穷究物理，而在于东方形而上的道。而载道的书实在数《周易》最重要，所以我曾经著有《易断》十册，把六十四卦、三百八十四爻应用于实际事务，解释卦爻辞，附上已经应验的占断，介绍感通神明的妙理。

这本书出版七年了，世人还没有从迷梦中觉醒，冥顽不灵，不畏惧天命，狎侮伟大的人物，轻慢圣人的话，不知道鬼神在冥冥中能预知祸福并垂示给人，见到祯祥和妖孽都以为偶然，不曾有所省察和警戒。世道人心的衰颓一天比一天严重，是因为我在书中所说的没有穷尽其精微吗？我的年纪已经超过六十，疾病也不时地袭来，如果到今天仍然无法实现这一学问的中兴，还要等到哪一生哪一世呢？所以我不但为易道忧虑，而且为天下后世忧虑啊！于是不自量力，再补正《易断》，通过六十四卦来阐明国家政权的组织、君臣的奇偶、人心的兴衰，就三百八十四爻的活断经验而加以阐述，以表明人神相通、天命严肃的实证，使初学者容易领悟易理的微妙；进而使后世的学者继承以往的端绪，最终成就人间的圣学；又意在使世界上的智者和学者等人，省去徒劳的臆测和推论，而以《周易》为通神的媒介。

我国维新①的初期，国家大计是取人所长，补我所短。但是随着外交的日益频繁，欧美各国的思想倾向和事物不加选择地输入，我国所固有的东西不问长短就遭到废弃，以至有非把我们的道德国家变为法治国家不可的趋势。唉！这也可以说是迷惑了。抉择利害长短是人世共通的事情，何至于废弃作为我们的国粹的道德呢？或许当今最大最急的事务，在于使欧美各国的人知道我们固有的道德是什么，而具体的做法没有超过平易地解说易道的。《周易》是道德的本原，所以用早晚的时间把这本书译成英文，使它流传于欧美各国，使那里的人知道我国当今有通神的方法，知道治理社会的方法不只在于法律，而尤其在于道德。

欧美各国专门研究形而下的物理，其中奏实效的，比如利用电气和蒸气，没有不巧妙的；交通的利便，实在是古人所梦想不到的。但这只是有利于人与人之间的相互沟通罢了，怎么能像易道那样实现神和人之间的沟通，从而预知将来的吉凶祸福呢？这实在是东方神奇的瑰宝啊！现在我不敢秘藏它，想要把它传到海外，只有一片赤诚，希望为世界开万世的太平。各位君子请认真地想想这件事。我的希望是这样，著这本书的主旨也全在这里。慧眼达识的人，垂幸体谅我微末的苦衷，努力研究这种学问，使圣圣相承的瑞珠再次放出光彩，使神明随护的皇道大明于世界，使众人知道希望的归趋，这样，世界万世的太平也就可以期待了。

明治三十四年一月　高岛吞象

我幼年的时候，家父教导我说："前世哲人的书不啻汗牛充栋，但'六经'所记载的却是圣人之道。所谓圣人，是上天降到人间来为亿万百姓作君王和老师的。"我于是读"四书五经"，做事的闲暇手不释卷。这样读了几年，书中的内容几乎可以背诵了，窥见了圣贤的奥妙，探得了道德的本原，自己也很自得。

我以为圣人之道，是教庸人以仁义，教君子以《易经》，使君子能够以至诚通于神明，预知将来的事情，以免殆误亿万百姓。君子因为《易

---

① 维新：日本明治维新，即19世纪末日本所进行的由上而下、具有资本主义性质的全面西化与现代化改革运动。明治维新从1868年10月23日宣布改元明治开始，但一般通常把前一年的1867年大政奉还、王政复古等许多政治变动都包含在内；其下有废藩置县（1872年）、西南战争结束（1877年）、实施内阁制（1885年）、确立立宪制（1889年）等多种主张。明治维新使日本迅速崛起，通过学习西方，"脱亚入欧"，改革落后的封建制度，走上了发展资本主义的道路。同时，日本废除了不平等条约，摆脱了民族危机，成为亚洲唯一能保持民族独立的国家。

经》而知道有鬼神的存在，“戒慎乎其所不睹，恐惧乎其所不闻”，坚定信念，完善德行，即使有赏赐也不做不善的事情。因为知晓天命，常行仁义，才叫做道德。

所说的神，是专指祖先的灵魂而言，它与人的颜色和气血结合起来才可以感知。所以父母对于子女，不只有养育身体、教育成人的恩情，父母死后作为神灵，也会大则保佑国家的安宁，小则保护子孙的幸福，就是很明白的了。这就是孝道为什么如此重要和可贵，为什么在五伦中成为天的媒介。

所谓至诚，就是圣人所谓“尽其性”。《说卦传》说：“穷理尽性，以至于命。”性是心的活动，命与“受命如响”的“命”相同，是指吉凶所决定的命运。整句话的意思，是穷尽义理，竭尽心的活动，使天命通过筮数体现出来。要之，人的智力所不及的地方，就要听从神的教导。卦爻辞都用于实占，没有一个字是多余的，所以《周易》不外于圣人救世的旨意。按照庸人的见解，人的能力在于统括四肢五官，应付外在事物，但圣人则不只这样，还要尽性至命，使活动的心魂通于鬼神，使神意体现在筮数，并用这种方法利益后世。然而世上读《周易》的人，却拘泥于文字和义理，而远离实占方面的应用，对此能不浩叹吗？

释迦牟尼之道，以明心见性为主旨；老子之道，以修心练性为要点。所以释老之道专门研究心性，而疏略于治理国家，只有我们的圣人之道，以尽性至命为极致①。至于人的智力所达不到处，则听命于鬼神，这样，小的方面可以修身，大的方面可以齐家、治国、平天下，哪像佛道二教那样只顾完善自身？在世界各国互相进行实力竞争的当今时代，怎么能舍去圣人之道而旁求其他呢？

祖先的灵魂虽然用避凶趋吉的方法引导国家及其子孙，但是人们不知道尽性的方法，所以神灵无法与他们沟通，见人们陷于不幸，也忧虑不堪。人们都以为将来的事不可预知，我私下里为此感到忧虑，所以著本书来表明圣人的宗旨，传达鬼神的情意，在幽冥与人世之间起到媒介的作用，使天下后世得到最大的幸福。

---

① 只有我们的圣人之道，以尽性至命为极致：作者认为佛教、道教和儒教的宗旨存在本质的不同，是一种误解。三教在本体论、心性论方面是相似相通的，都可以用太极的概念来概括。例如道教武当派就以太极为三教共同本源，主张三教合一，认为“儒离此道不成儒，佛离此道不成佛，仙离此道不成仙”。

本书原是由我来讲述，由友人柳田几作①笔录而成，现在请中国人王治本再加以补正，以便中国人阅读。只是序言以达意为主，所以文辞鄙野，语无伦次，请读者鉴谅。

我曾经著有《易断》、《易占》两本书，先辈的序跋文字很多，其中副岛种臣②、中村敬宇③、栗本锄云④三人的文字，尤其合乎我的心意。现在不忍删去，故抄录如下。

高岛吞象又及

---

① 柳田几作：作者的好友，报刊编辑。学识渊博，文才出众，本书就是由他笔录而成的。请参阅本书《坤卦》六三爻的占断实例。

② 副岛种臣：日本政治家。号苍海，藩士出身。早年从事尊王攘夷运动。1851 年出任外务卿，1873 年任特命全权大使至中国解决处理台湾事件。归国后与西乡隆盛等提倡“征韩论”，未被采纳而去职。次年与板垣退助等主张设立民选议院。后来历任侍讲、枢密院副议长、内务大臣等职。1884 年授伯爵。

③ 中村敬宇：日本启蒙思想家。生于江户。自幼学习汉学，精通儒家经典。1862 年升为御儒者（幕府官名）。1866 年赴英留学，归国后任藩学静冈学问所教授，翻译过《自由论》等西洋著作。明治维新初期，参加“明六社”，致力于启蒙思想的宣传。1881 年出任东京帝国大学教授，1890 年敕选为贵族院议员。

④ 栗本锄云中文名鲲：维新派、幕府外交官、汉学家、明治初期的著名新闻记者。

栗本锄云序

栗本锄云像

周文王的易学是周文王的易学，高岛嘉右卫门的易学是高岛嘉右卫门的易学。

人固然不能没有才性高低的区别，易学于是随着人的不同而各有不同的见解。不能说管中窥得的天空不是头上的苍苍者，好比不裂手的药[1]，有人用来开染坊，也有人用于水军作战得胜。虽然在人看来用处不同，但是从药的作用看，却都是善用的。

或许是高岛身陷囹圄，幽囚郁闷达到七年之久，凡事通过《周易》占筮来决定趋避，而终于成就了一家的占断方法，本书就是这一点的体现。

煤灯和铁路，一个煌耀于横滨的大街，一个蜿蜒于去东京的路上。虽然这些不过是取法于欧美而实施于本土的事情，但是要开创为事业，得失却无法判断。在大家还在逡巡疑惧的时候，只有高岛挺身出来担当，他的胆略和勇气不是来自《周易》的鼓舞，还能来自什么呢？

匏庵栗本鲲

① 不裂手的药：典出《庄子·逍遥游》：宋人有善于制作不裂手的药的，世代以浣纱为业。有客人听说了这件事，愿意以百金买他的药方。宋人聚族商量说："我世世浣纱，所得不过数金，而今天一个药方就能卖百金，何乐而不为？"客人得药方后，用以说服吴王。正遇吴越两国在冬季交战，天冷手容易龟裂，无法握兵器。吴人因为有不裂手的药而大胜，客人因此升官封地。

副岛种臣序

副岛种臣像

高岛氏，你是深解《周易》的人！你的话浅显而细密，深邃而有条理。你自己说：“我没得到神助，但是得到了鬼助，因为在这个问题上，占得的是咸卦第四爻。”

贤明啊！高岛氏。如果真像你所说的那样，是得益于鬼助，那么是周公之鬼呢，还是文王之鬼呢？是孔子之鬼呢，还是伏羲氏之鬼呢？抑或你平生在梦寝当中，另有什么鬼呢？

考虑到你的美德，应该是得到了天助。是天让鬼感通于你吗？还是我所认为的鬼灵魂没有得到伸张，所以不灵？这样看来，感通于身外，想来或许是有的。咸卦第四爻的爻辞为“贞吉”，看来果然是天助，而不是鬼来感通。

你所著的书，虽然没有全部读完，但是趋向浩大，所以写下这些话赠给你。

我近来也有所著述，但是觉得对有关的精义没有完全明了，动笔的时候多有糊涂之处，打算选择吉日，整日地与您相会，以纵论我的平生。

祝时下健康无恙。

副岛种臣

作者小传

高岛嘉右卫门，字吞象，神奈川县士族。从幼年开始在父亲的训导下读“四书五经”，做事的闲暇手不释卷，年头多了，几乎可以背诵它们，而窥见圣贤的奥秘，探得道德的本原。

到安政六年十二月，正值横滨开辟为港口，因为过失犯罪而被关进了监狱。在狱中偶然得到《周易》一册，欢喜地说：“这是天赐给我的！”于是白天读，夜里想，达到了烂熟贯通的程度。七年后出了狱，像身上生了羽翼一般，振奋地说：“我出离万死而得到一生了！从今以后，我只应当勇于行善罢了。”

于是来到横滨，勤于做事，善于利用时机，性格又忍耐，四年间获得数万元。但他的收入完全用于义举，丝毫不用来为自己以后的生活打算。只要有利于人，就挺身而出，担当劳苦；发现可做的善事，就一定要最先行动。开始是修造从横滨到神奈川的铁路，修好后交给了国家；曾经有洋商谋划在横滨设置街灯，他抢先做成了这件事，终于没有使赢利落到洋商手里。

时常留心观察天下的变化，预卜将来的事情。所以当事情孔棘，其他人惴惴不安，束手无措的时候，他却智谋横生，游刃有余。遇到难以决断的事情就加以占筮，其解说既奇异又中肯，对照实际的人和事，无论大小都能应验。

曾著有《易断》、《易占》两本书，副岛种臣、中村敬宇、栗本锄云三人都曾作序赠给他。明治三十四年，他又将旧作加以重订，分为六十四卷，取名《增补高岛易断》，特意请我国浙东学者王治本先生代为补正，译作汉文，使它可以流传于海外。他又用业余时间把这本书译成英文，使它流传于欧美各国。他的志愿之宏伟，用功之坚毅，确实有常人所不可企及的地方（《高岛易断》自序，中村敬宇后跋）。

译自袁树珊著《中国历代卜人传·附录》

［上经］

☰乾为天

人们凡面临大事的时候，都希望预知未来的吉凶成败，但是这不是人所能臆测的，于是用至诚无息之术来询问鬼神。鬼神感知了所问的事情，就会把意象体现在筮数中，以昭示事情的休咎，以决定人们的趋避。《周易》说“卜以决疑”，就是这个道理。现在得到乾下乾上的卦，卦的含义如下，其他卦也依此类推。

“乾”字本来写作“仌”，即本卦的三个奇数爻，一个连着一个，形成纯阳的卦，象征圆满的形态，后来假借为“三”这个数字。左旁从“**𠦝**”，“**𠦝**”的中间为“日”，上下象征光线，是太阳放光彩的象形。《说卦传》说：“乾，健也。”天的基本象征是天，特性是至刚，特点是至健，体象圆满充实，运动强力进取而不间断，所以用这个卦形和这个字来表示。

乾：元亨利贞。

[**经传释义**]

这五个字是周文王系在卦下的，叫做彖辞。乾为天，这在上文已经说过了，在人伦则为君王、父亲、丈夫，因为天包裹着地，君王抚爱百姓，父亲养育子女，丈夫率领妻子，都是同一个道理。

元亨利贞四者是乾卦的卦德。乾秉有纯阳的特性而兼有这四种卦德，所以作为本始的元气而充满宇宙，没有瞬息的间断，这就是所谓健而不息。人能效法乾元之健，自然气力充实，言行无愧于心，即孟子所说的“浩然之气”，“至大至刚”，“配义与道，无是馁也”。这样的人就是上承天命而有至德的圣人。

元，开始的意思，大的意思，仁的意思。它不朽不坏，是天地的大德，所以能化生万物。“元”字从“二”从“人”，“仁”字、“天”字也是这样。在天为元，在人为仁，就像仁爱者推广爱己之心而及于他人一样。

亨，通的意思，指事物从开始产生到成就。在人为礼。人的处世以礼让为贵，这样就可以使人产生爱意，像仁爱者的博爱一样。

利，宜的意思，吉的意思，万物发达而各自表现其自然本性的意思。在人为义，意味着见利思义。利与义好像相反，而实际上足以相成。以义为利，利就是义。“义”字从“羊”从“我”，[①] 我牧羊而穿它们的皮毛，吃它们的肉，是自食其力，不求额外的东西。义即宜，即正当的利益。“利”字，《说文解字》说从“刀”从“和”。和才有利，“利”字本来从“和”而省去了“口”字，所以《文言》说：“利者义之和也。”

贞，正的意思，兼有贞正、贞常、贞固三重含义。在人为智，因为内有神明在心，外有坚韧不拔的节操，才能既有所持守又有所作为，而得到好的结果，所以说“贞固足以干事”。

“元亨”，是事物的开始与通达，在一年为从春到夏，在一日为从早到午，在人为从幼小到壮年，在草木为从萌芽到繁盛。“利贞”，是事物成就后又回复到本根，在一年为从秋到冬，在一日为从午到晚，在人为从壮年到老年，在草木为从结实到陨落。做君王者以乾天为法式，所以统御天下的方法，没有比用仁爱之心养育万物更重要的；君王能够体现出仁爱，天下就没有不沐浴他的德化的。《文言》说：“君子体仁足以长人。”当然，本卦并不专指高高在上的君王，即使底层的匹夫匹妇、为父为夫的人，卦象、卦义、卦用也都适用，应该加以推类和扩充。

“元亨”二字，专就乾卦卦德上说；“利贞”二字，又含有圣人教诫的旨意。为什么这样说？因为贞是正的意思，利是宜的意思，也就是行为以相宜为贵，持守以得正为贵。拿人事来推论，是必须具有刚健进取的特点，但如果自恃刚强果敢，难免侮慢和欺凌柔弱愚昧的人，这样就自己陷于过咎了。只有贞正才能使人善始善终，所以彖辞深深地警戒我们说：“利贞。”

《彖传》曰：大哉乾元，万物资始，乃统天。云行雨施，品物流形。大明终始，六位时成。时乘六龙以御天。乾道变化，各正性命，保合太和，乃利贞。首出庶物，万国咸宁。

六十四卦开始于乾，终结于未济。在未济，上卦离火的特点是上升，下卦坎水的特点是下降，有水火不相交之象。刚柔都失去了正位，象征事情尚未完成，所以称为未济。未济并非不济，只是有待于必要条件罢了。

---

① “义”字从“羊”从“我”：指繁体字“義”而言。其他字的解释也有类似情况，不另加注。

六十四卦循环不已，从未济这个终点又会回复到乾天这个始点。

乾为日，日光所照耀的地方万物发育，所以坤地得到乾日的照临就水气蒸发，腾而为云，降而为雨，以至寒暑燥湿，四季循环，没有一时的间断。精气的凝结使万物流变出种种形态，都开始于乾元一气的作用，所以孔子赞叹它说："大哉乾元，万物资始，乃统天。云行雨施，品物流形。"

"乾元"是同时包括阴和阳的称谓。万物必定有开始，也必定有终结。以六爻的位置表示这个道理，则初爻为生为始；上爻为死为终。分别顺应万物的本性，而不贻误它的时机与命运，叫做"大明终始，六位时成"。

资始万物是乾元的作用，而乾元却不单独发挥作用，一定要由雷、风、水、火、山、泽六子来助成，而六子则上承天意，做天所要做的。天以父道来统御六子，叫做"时乘六龙以御天"。

乾坤与六子协力实行变化之道，其作用虽然无穷，分量却有一定。乾坤和六子生生变化，各自保全其天赋的性命，叫做"乾道变化，各正性命"。八卦协力保持和聚合这造化的生机，叫做"保合太和"。而"乃利贞"，则是指日月星辰与四季事物的消长，都不延误运转，不违背次序，从而保合元气，使它常存，所以既有利又贞正。

圣人体察天道而确立人伦的法则，凭一个人来统御和处理万机，叫做"首出庶物"。一时万物无不沐浴圣人的德化，又得以发育和繁殖，各得其所，《尚书》所谓"黎民于变时雍"，各诸侯国之间的协和就可以看到了。所以帝王的功业和王道完全囊括在乾元的品德中了。

《彖传》从"大哉"到"统天"，专说乾天纯阳的德性与本体；从"云行"到"流形"，专说天地阴阳和合交感的妙用；从"乾道"到"性命"，专说阴阳变化的功德；到"保合太和"，则扩充到人道，开始体现教诫劝化的作用，于是天地人三才的大义全面体现出来了。人效法天，天道以公明正大为主，所以为人君、为人父、为人夫之道，也应该以公明正大为主。

这一卦以纯阳的体象作为首卦，自有君临万国的气象。圣明的天子体现乾元的品德而治理天下，敷施教化，宣明政略，引进贤良并授给适当的职务，又仰慕其中德行如龙的人，尊他们为师傅，让他们参与日常的政事，像商汤对伊尹、周文王对姜太公那样，一时人才各司其职，政教风行，即所谓"保合太和"。君王发令而众臣执行，君臣德行相合，心志相通。君子秉承乾元的纯阳品德，又正值休明的时运，即使有不善的人，也只能隐伏于君子的背后而不敢显露头角。所以四海宁和，国家安康，万民都沐浴在深厚的仁爱和恩泽中，没有一天不得其所。于是品物丰饶，国富民裕，兵强食足，百姓表现出爱国的热忱，四方的国家争相归附，熙熙暤暤地共享太平的快乐。这就是乾卦所象征的时代。

回顾过去仁德天皇[①]亲自体察百姓的疾苦，敕令各级官吏说："天子像太阳照临下面的土地而发育万物一样，应当代表天而布化一切。作为上天的儿子，天子敬承上天的意志，施行于下面的百姓。所以朕看待臣民犹如自己的儿子，臣民看待朕像父亲一样。现在朕贵为天子，所享的福无量无边，而臣民却有未得其所的，比如鳏寡孤独的人，穷困而无处告白；或者孝子侍候父母的疾病却得不到医药，或者遭受水火的灾难而无法抚育妻儿，或者患了病而得到不药饵，朕怎么忍心安然漠视呢！你们各级官吏是朕众多儿子中有德行的，在怜惜和体恤子弟方面，理应与朕同心同德。今后三年，要免除天下的租税，解救万民的疾苦，你们要共同体会这个旨意。所谓'一夫不获是予辜'，朕实在为百姓的疾苦而不胜忧虑。希望你们在三年内，与朕共同亲身承当艰苦，实行救荒的政策。"

各级官吏谨慎地遵奉命令，都感戴君王恩德的深厚，于是社会风气为之一变，上自权势显赫的贵族，下至卑贱的百姓，救助贫穷、抚恤困苦的风气盛行。有余财的人赈济穷苦的百姓，出租田地的人不收田租，出租房屋的人不收房费，只以博爱为荣誉，所以百姓无不蒙受君王的恩泽的情状，像在大旱的时候得到了甘霖一样。三年后，天皇登上城楼，远远望见炊烟升起，欣然地吟咏《高屋》这首御制诗。直到今天，人们追念天皇的敕文，讽诵歌谣，仍然无不感戴圣明君王的恩德。

乾元统御下的社会，风尚相同，做法一致，贤良的人互相庆贺，彼此之间没有隔阂。然而气运的更迭，到了极盛就必定衰微，或者像潜龙那样无法发挥作用，或者像亢龙那样有所忧悔。时运的升降和阴阳消长的道理，古今都是一样，所以君子处世，只要辨别六爻的时位，玩味卦爻辞，就可以知道天命的向背了。当人们筮得乾卦的时候，应当像太阳那样循环不息，一切动静作为都要以乾元为法度。以其宏伟的器量和远见卓识，体现"见龙在田"、"飞龙在天"两爻的时义，努力进取而有所作为。

但气运的通达或闭塞，使人的进退各有所宜：初爻虽然才能和德行像龙一样，却时机未到，不可进身做事。二爻进身的时机虽然到了，但应爻是九五，而二五两爻都是阳爻，还不能像阴阳之间那样相亲相辅。三爻更接近上卦了，但毕竟还在下卦，未免兢兢业业，费心思虑。到第四爻，五

① 仁德天皇：日本第十六代天皇，原名大鷦鷯尊。在位期间重视农业，曾疏通难波的堀江，筑茨田堤，开和珥池。外交上积极与南朝刘宋通交，力图在朝鲜半岛发挥作用。

爻所象征的盛运即将到来，所以考察上下的情形，审视进退的机会，待时而动，还没有决定应该怎样做。五爻得到了盛运，各项事业都可以取得成就，正是乘时得位之际。上爻因为乾元的气运已过，最重要的是迅速后退，以免发生悔恨。

九二的“利见大人”，是由于初九坚确不拔的志向和节操；九三的“无咎”，是由于九二的谨慎而不自夸；九四的“无咎”，是由于九三的“乾乾”“惕若”；九五的“利见大人”，是由于九四的能起疑、能审慎。所以积累功行在于人，而成就道德、竭尽才能却在于天。到了九五，“潜龙”的状态已经扫光，忧虑和怀疑的念头全部消除，既无思虑也不造作，只有“同声相应，同气相求”的快乐罢了。这样，“亢龙”的悔恨不必等到上九就可以知道了。这就是所谓“理之不可违，数之不可逃，几之不可不预”。

《象传》曰：天行健，君子以自强不息。

“天行健”这句话，用来断定乾天的卦德。行就是运行、前进，就是有所作为，也就是道。它的意思是说，天道的运行像太阳的往复循环一样一刻不息，君子体会天道运行的刚健，天理浑然地存在心中，没有丝毫的人欲夹杂在其间，这样自强不息，自然足以担当天下的各种事业。这里所谓“自强”，不是刚暴乖戾地猛进而不知休止，不是胡乱地运用自己的强健。玩索“潜龙”、“亢龙”及用九“无首”这几条系辞，就可以知道其中的含义了。

筮得乾卦的人，临事既要刚健，像天道的运行那样自强不息，又要全面体现元亨利贞四德。乾卦有施予恩德而不计较利益的意思。如果女子筮得这一卦，以她们阴柔的性质而在阳卦，有刚强过度的嫌疑，应当慎重。

[一辞多断]

○问天气：二、三、四、五爻如果发生变动，一定是晴天。○问买卖：不利于买而利于卖。○问祸福：所谓“积善之家，必有余庆；积不善之家，必有余殃”，恐怕不是应验在当代人身上，而是应验在后代身上。○问常人：有置身过高，不了解日常事务的忧虑。○问贤人：有知道天命而独自行道之象。恐怕成群的阴柔潜伏，有被众多小人用谗言罗织陷害的危险。

初九：潜龙勿用。

《象传》曰："潜龙勿用"，阳在下也。

[经传释义]

初九是阳爻而在阳位。龙这种动物，神灵不测，能大能小，能飞能潜，是应时而变化的。爻辞取象于龙，是为了比喻人灵明的性德、变通的才干。

"潜龙勿用"四字是周公所写，叫做爻辞，以下各爻也是这样。潜是隐伏的意思。初爻处于纯乾的时运而在最低的位置，无法马上发挥作用，像龙在时运未到的时候隐伏于深渊一样，所以说"潜龙勿用"。占得这一爻的人，因为不遇时运，即使有才有德，也不可进身发挥作用。

但是龙不会潜藏到底，"勿用"也不是不用。龙有神灵的作用，不得时运就蛰伏而不腾飞，潜隐而不现身，寂然地涵养它的精神。君子也是这样，要待时而动，善于运用。在"勿用"的时候，不要因为冒进而取祸，而要韬晦自己的才能和德行，像神龙那样蛰伏待时，乐天知命。天地之气有升降，君子之道有行藏，孔子所谓"舍之则藏"，正得这一爻的旨意。

倘若占小事而筮得这一爻，应该用妇人来成就事情，因为这一爻变阴则全卦为姤，而姤卦卦辞有"女壮"字样。

[一辞多断]

○问征战：乾为武人，有征战之象。初爻阳气开始发动于黄泉，还处于潜伏状态，故称"潜龙"。在军事，象征军令刚刚下达，大军还没有集结起来的时候，所以应该按兵不动，等待条件成熟。吉。○问经商：龙在潜隐状态而说"勿用"，可见虽然是一种好贸易，但是只可以安居守分，不可急于行动。○问功名：龙本是飞黄腾达的动物，而初爻却说潜，说明没到风云际会的时候，所以又说"位在下"。○问婚姻：乾卦初爻变阴则全卦为姤，姤卦说"女壮，勿用取女"，所以应当戒止。○问家宅：震为龙，在东方，说明住宅的东面必定有深水。这水闭塞不流，应该加以修凿，使它流动。○问胎孕：生男孩。

[活断实例]

◎明治二十二年，某贵显来占气运，筮得乾卦，变为姤卦。

断卦说：乾是纯阳的卦，具有元亨利贞四德，刚健而笃实。六爻不失时宜，升降没有一定，只是随时应用。安居时为潜龙，出现时为飞龙，静的时候专一无为，动的时候直达无阻。初九说“潜龙勿用”，是因为以阳爻居阳位，隐伏在下位，有龙的品德而没遇到腾飞的时机，应当潜藏不用。

现在您占得乾卦初爻。您在维新的开始，因为武功而授勋，现在升为陆军中将的职务，并且精于儒释二教的典籍，正是所谓“学究天人，道兼文武”，见识的高明和学问的深奥在当代可以说无人可比。如今应当隐退而不担任职务，因为正当潜伏的时期。您兼有文武两方面的才能，仿佛卧龙诸葛亮，有旋转天地的才能和谋略，只是恐怕偏用阳刚，意气挥洒，盛气凌人，议论率直，以致疑虑和毁谤交集在你身上，无法立足于朝廷。但“勿用”不是始终不用，因为龙失时就潜藏，得时就飞腾。您应当韬光养晦，“遁世无闷”，以便等待时运的到来。

初爻变阴则下卦为巽，而巽为风，意思是顺，是入，就是谚语所说的“入人之气”。您只要能用巽顺来补救刚方的不足，使人有如沐春风感觉，上下就都会喜悦佩服，而您的声望也会越来越高，自然会像飞龙一样上升。您今年的气运虽然不够亨通，到明年爻位进升到九二时，就是“见龙在田，利见大人”的时运了，那时您的腾达变化和德泽的敷施，就可以拭目以待了。

九二：见龙在田，利见大人。

《象传》曰：“见龙在田”，德施普也。

[经传释义]

这一爻属阳而在第二个爻位，所以称为“九二”，象征阳气显现，有龙出离深渊，现身在地面上的意思。表现在圣人身上，是蛰伏而不始终蛰伏，有屈而将伸的机遇。说“在田”，是指虽然有龙的品德，但是还没有达到应该达到的位置。

“大人”，九二有君王的品德，所以称“大人”。爻象变阴则下卦为离，而离为文明；全卦变为同人，象征文明的人与人和同，故说“利见大人”。刚健是本性具有的美德，文明通过学习而成就，中和正是所居位置得当。但是九二虽然有这样的优点，却不自我满足，而要谒见九五大人，这是希望能够尽可能地增长见识，协助九五完成天下的事业。所以这是龙德开始在世上显现，可以立身扬名的时候。

第五爻是君王的定位，第二爻是臣的定位。卦中二五两爻以阳刚相应，是有原因的。乾卦纯阳而圆满，刚健而不断前进，而二五两爻都具备阳刚而中庸的品德，有同德相应之象。处在乾卦九五的地位，是可以用本明的性德来率领众多贤人的，九二作为它的臣属，奉行它的旨意而为国家尽力，共同效法天德来治理国家。上下位“大人”这样同心济世，德行和教化就无可限量了。

另外，爻象具备天地人三才的妙义：“见龙”指得到了天时，“在田”指得到了地利，“利见大人”指得到了人和。

[一辞多断]

○问征战：龙本来属于灵物。初爻说潜，是指伏兵。二爻说见，是从潜隐中出现而可见了。又说“在田”，一定列阵在田野等空旷的地方。《象传》说“德施普也”，指一定会得胜而论功行赏。○问经商：爻辞说“见龙在田”，可知货物大体是米麦丝棉之类。见，指物价开始上涨；“利见大人”，是说应当有官场人物出来购买。○问功名：隐伏在田间的人，应当乘时上进，发挥作用。会得到贵人的帮助，所以说“利见大人”。○问婚姻：二爻和五爻相应，五爻为地位崇高，主女婿家必定尊贵。说“见龙”，一定是刚刚被任用的年轻人。大吉。○问胎孕：生男孩，并且主贵。

[活断实例]

◎明治初年，我占自身的努力方向，筮得乾卦，变为同人卦。

断卦说：乾是纯阳的卦，六爻都取龙象，说明正是群贤在朝的时候。我国从德川家族①统治以来近三百年，积弊深到了极点，世运发生变化才有了今天的维新盛业。这虽然是由于气运的消长，但也实在依赖龙德大人们对朝政的匡辅，才导致了中兴的大业。这表明当今的政治属于乾为天的世运。

我过去因为过失而被判罪，入狱达七年之久，后来被释放。从那以后，我兢兢业业，在四年中赚了十余万元。我不敢自恃预测准确，以为只不过幸而遇到一时的运气才得到资产。但聚散离合是道理上所无法避免的，如果只聚不散，就叫做守财奴，即使留给子孙，也往往只是供他们骄奢淫逸，怎么能长久拥有呢？我想当今在位的君子，过去尊崇王室，废除藩政，都是出离万死而得一生的，而三十年来不敢稍有懈怠，孜孜不倦地

---

① 德川家族：由德川家康开创的日本著名家族。德川家康开创了江户幕府，统治日本约270年。

襄助国事。我虽然不肖，又怎么敢耽于安逸，只求自己富有呢？

现在筮得九二，爻辞说“见龙在田”，是说我出狱而再见天日，得以振兴家业；“利见大人”，是说我曾经占筮国家大计，得以与当道的大人物相交往，并领教他们的议论；驻外使节归朝后，往往投宿到我家，使我得以了解海外形势。所有这些，都足以针砭我的固陋，启迪我的智慧，对我的教益实在不少。我于是效法同人卦的旨意，创始并成就了铁道、瓦斯、学校、邮船四大产业。如果说我有所成就，那实在是得益于此，因为乾卦以天行的刚健，有自强不息的特点，人只要这样刚健地孜孜以求，没有一时懈怠和玩忽，就自有成功的一天。

◎明治二十七年，占日中战争[①]的结果如何，筮得乾卦，变为同人卦。

断卦说：乾卦有两个乾体相接之象，拿人事来说，有刚健纯粹的大人相交往之象。现在两国发生了战争，中国忧虑发生内乱，必将派首辅李鸿章东渡日本，与我国的伊藤首相[②]结盟，叫做“见龙在田，利见大人”。乾卦纯阳，象征四月，和议的成功大概在明年四月吧？于是将这一卦呈给伊藤首相。

明治二十八年四月，李鸿章果然来到我国长门下关，与伊藤首相相见，和谈这才成功。

在这以前的明治十七年，伊藤伯爵曾奉天皇的命令出使中国，当时筮得乾卦的第五爻。伊藤首相到中国与李鸿章会谈，完成使命而回国。现在得到二爻，知道李鸿章一定会来。天命的不可违就是这样，怎么可以不畏

---

① 日中战争：指中日甲午战争。光绪二十年（1894 年），朝鲜爆发东学党起义，朝鲜政府请求中国出兵帮助镇压，不料日本立即向朝鲜派兵，在朝日军增至 8000 余人，事态趋于严重。六月二十三日，日本军舰在丰岛发动突然袭击，击沉中国运兵船高升号，甲午战争爆发。八月十六日，驻朝陆军在平壤与日军激战数昼夜后溃败，总兵左宝贵战死，统帅叶志超等逃回国内。八月十八日，北洋舰队与日本海军主力在黄海大东沟附近海域遭遇，经过近五小时的鏖战，中国军舰沉没 4 艘，日本舰队亦遭重创。此后，清军在鸭绿江、九连城等战场与日军激烈交战，但终未能挡住日军的攻势。最终，旅顺、威海等重要海军基地失守，北洋水师覆灭。光绪二十一年二月十八日，李鸿章作为全权大臣赴日本议和。经过多次反复辩论，日方对中国赔款 2 亿两白银，割让辽东半岛及台湾澎湖等要求表示不再让步，李鸿章被迫在请示朝廷后，于四月二十三日签订了丧权辱国的《马关条约》。

② 伊藤首相：伊藤，即伊藤博文，日本近代政治家。反对幕府统治，主张“开国进取”，废除太政官制，实行内阁制，出任首届内阁总理大臣兼宫内大臣，并开始起草宪法的任务，被誉为“明治宪法之父”。1900 年创立政友会，自任总裁，开日本两党政治的先河。但由于其一贯奉行对外扩张政策，在日本国内外都有着截然不同的评价。曾参与策划了日本对朝鲜的侵略和中日甲午海战，战后与中国签订《马关条约》。1909 年 10 月在哈尔滨被朝鲜爱国志士刺杀身亡。首相：内阁总理大臣。

惧呢？

李鸿章在日本与伊藤博文谈判，被迫签订了丧权辱国的《马关条约》

伊藤博文像

李鸿章像

九三：君子终日乾乾，夕惕若，厉无咎。

《象传》曰："终日乾乾"，反复道也。

［经传释义］

九三以阳爻居阳位，所以才干和志气都强，具有刚健的特点。但是爻位不得中，在内卦的上位，象征尊奉外卦而治理百姓，责任重大，若违背上峰的意志，必定遭受谴责；若失去下面的人心，必受众人的报怨。这上下之际、祸福交关处，正是决定成功或失败的因素。九三所居正是危险的位置，只有"终日乾乾"，戒慎恐惧才能避免灾祸。

六爻当中，三爻在三才为人位。九三以乾元的品德，居六十四卦中的第一个人位，有君子之象，所以不称"大人"而称"君子"。初爻的潜，二爻的见，四爻的跃，五爻的飞，都有待于这一爻，所以修养自己的德行，操劳自己的工作，"终日乾乾"，如同到了危险的地方。但只要戒慎敬畏地修养自身，操劳事业，并且能通达天下的志愿，考虑天下的变化，就可以处置得当，转危为安，所以说“厉无咎”。

所谓“反复道”，是反复叮咛，一再践行的意思。另外，三爻变阴则全卦为履，履卦的六三说“履虎尾”，从中可知九三处境有多么危险。三爻为一日的终结，故说夕；爻象变阴则下卦为兑，兑为西方，太阳在西方，是夕之象。

[一辞多断]

○问征战：征战是危险的事情。爻辞说“终日乾乾，夕惕若”，说明问卦者能“临事而惧”，所以没有灾祸。○问功名：九三在下卦的上位，而在全卦则爻位还低，象征功名还不显著，所以称君子；在多忧患和危险的位置，所以说“乾乾”、“惕若”，这样才能避免灾祸。○问经商：居于不得中的位置，行走于“重刚”的险地，想来贸易处一定是个危险的地方，日夜防备才能脱险而获利。○问家宅：观察爻象，必须谨慎地把持自身，勤劳节俭地保持家业，这样才没有灾祸。○问婚嫁：三爻以上九为应爻，三爻地位低，上爻地位高。高则不免过亢而有悔恨，所以不宜向地位高的人攀结亲事。○问胎孕：生男孩。生产时稍有危险和惊惧，但最终没有灾祸。

[活断实例]

◎明治十六年某月，去拜见松方大藏卿①，大藏卿说：“今年春天以来，雪深雨大，寒气特别重，我心里恐怕一年五谷不丰收，请先生占这件事的吉凶。”筮得乾卦，变为履卦。

断卦说：乾是纯阳的卦，故说“乾为天”。乾天在四象中为太阳，并且六爻没有一爻属阴。爻辞说“终日乾乾”，“乾乾”犹如干干，这是就旱魃而言。现在九三变阴，互卦出现离日，全卦没有雨水象，可知今年必定干旱。“夕惕若”，是说炎热到夜里还不消退。虽然人们多半畏惧久旱，而五谷却丰熟，所以说“厉无咎”。而且二爻说“见龙在田”，是田里稻谷丰登之象；现在二爻变阴，互卦为离，可见离火虽然照彻田地，但即使干旱

---

① 松方大藏卿：松方指松方正义，日本政治家、财政改革家，内阁总理大臣。萨摩藩武士出身。从1881年担任大藏卿算起，松方正义占据日本财政中心位置长达22年之久。曾两度组阁，受封从一位大勋公爵位。1892年之后享受元老待遇，去世时日本政府为他举行国葬。大藏卿：又作大藏大臣，日本自明治维新后直到2000年期间存在的中央政府财政机关首脑，主管日本财政、金融、税收。

也不会为害，所以“无咎”。

大藏卿说：“占断应验与否且不说，活断却是老成熟练的。”

松方正义像

九四：或跃在渊，无咎。

《象传》曰：“或跃在渊”，进无咎也。

[经传释义]

九四以阳爻居阴位，并且接近君王的位置。它的进取体现了阳爻的性格，它的退却体现着阴位的特点，所以犹疑而尚未决断。阳气方进，龙的一跃自有升天的可能。“或”字是表示犹疑未定的词，“或跃”是将进而未进的情形，“在渊”是要前进而又后退。渊是虚空的地方，与天通气，并且里面有水，而龙得到水就容易腾跃了，与二爻的“在田”不同。现在虽然一跃后还在渊中，但终究有升天的时候，所以说“无咎”。

《象传》加了一个“进”字，可以进一步看出乘时而进的无咎。要审察时势的可否，考察人心的向背，等到时机再出现，条件允许再行动。进取不是为了贪图权位，退却也不是为了沽名钓誉，这样就可以抓住做事的机会，避免失足的耻辱了。所谓“无咎”，也是勉励人不失时宜的话。四爻是从内卦跨越到外卦的过渡之位，所以有进取的含义。四爻变阴则外卦为巽，《说卦传》说巽为进退，为不果，又有犹豫的迹象。

[一辞多断]

○问征战：观察爻象，在行军前进的时候，一定有深水阻隔，应该安排船或筏；或者在临渊处有敌军埋伏，应当预先设防，才能避免灾咎。○问经商：爻辞说“或跃在渊”，如果贩运海货，恐怕有遇到波涛的危险。或许物价一时上涨，但爻辞说“无咎”，可以保证无害。○问功名：有一举成名之象，大吉。○问家宅：渊是水，跃是飞跃，家道有一时振兴之象。○问胎孕：生男孩。

[活断实例]

◎明治二十四年二月，我的门人清水纯直告诉我说：“现在您居住的第十五区的代议士选举，鸠山和角田两人旗鼓相当，竞争还没有结果。我了解鸠山已经很久了，所以请占他的胜败。”筮得乾卦，变为小畜卦。

断卦说：卦中六爻都取象为龙，象征群龙聚集的时候。因为九四阳气旺盛，参加竞选本来可以说必胜，但九为阳爻，四为阴位，阳主进，阴主退，显然进退未定，将进又退。况且九四变阴则上卦为巽，巽为疑，为不果，为进退；四爻属阴位，变阴则互卦含有离明，而应爻初九有深渊之象，可见这人学问渊深，具有刚强的品德，但是心怀迟疑，并没有期望一定中选。仔细玩味爻辞，所谓“或跃”，是不能不出来应选；所谓“在渊”，是恐怕这次一定不能中选。

清水纯直没说话就离去了。后来果然应验了这个占断。

◎明治二十八年冬至，占明年我国外交的气运，筮得乾卦，变为小畜卦。

断卦说：乾卦阳气循回往复，没有一息的间断，象征全体纯属刚健的时运。现在我国与中国交战，这是欧美各国的所关注的，以后各国必将窥伺我国的行动，同时猜忌和嫌恶也势必出现。所以我国应当更熟悉彼此的情况，衡量国内外的时势，使他们断绝觊觎的念头，敦促彼此的友谊。积蓄势力，审察机宜正在这个时候。爻辞说“或跃”，说“在渊”，是指示我国效法神龙的变化，或进或退神化莫测，这样才能无咎。

九五：飞龙在天，利见大人。

《象传》曰：“飞龙在天”，大人造也。

[经传释义]

五爻刚健而中正，居于尊贵的爻位，与下面的九二所象征的大臣以同德相应，并请它协助自己的治理与教化。这表示九五有圣人的德行，居于天子的尊位，把恩泽普遍地施给百姓。《系辞传》说：“圣人之大宝曰位。”即使有天子的德行，没有天子的地位也不能兼济天下。“飞龙在天”，是说龙飞上天空，行云降雨，以神妙的变化泽及万物，使万物各尽其性，达到应有的样子。所谓“大人”，“与天地合其德，与日月合其明，与四时合其序，与鬼神合其吉凶”。因为九五具备龙的美德，经过腾跃而达到了天位，为万物所瞻仰，所以为天下所“利见”。

《象传》说：“‘飞龙在天’，大人造也。”造犹如作，即所谓“圣人作而万物睹”。

[一辞多断]

〇问征战：九五居君位，一定是天子御驾亲征，以王者之师讨伐有罪的人，所以说“大人造”。〇问经商：九五爻辰在申，在天上值毕宿，附星有咸池。咸池是苍龙的宅舍，也叫五车，主稻黍豆麦，所以他的贸易一定是五谷之类。说“飞龙”，可以知道物价的飞升；说“利见大人”，可知贩运或许出自政府的命令。〇问功名：有直达云霄之象。〇问疾病：有应上天的召唤之象，不吉。〇问胎孕：生男孩，主尊贵。

[活断实例]

◎明治十八年二月二十八日，伊藤伯奉命去中国，为去年的朝鲜事件[①]与中国朝廷议事。伊藤伯从横滨港出发时，我为了预知结局如何，筮得乾卦，变为大畜卦[②]，想在他临行的时候呈给他，但是因为人多挡路，没能做到，于是另外派人带往天津。

断卦说：九五大人与九二大人，爻位相应。《周易》以阴阳相应为体例，二五两爻又都属阳，就我国大人与中国大人相会来说，一定能深谋远虑，实现两国间的和平。况且本卦的反卦是坤卦，坤卦的五爻说“黄裳，元吉”，含有彼此大人心中所忧，关系到黄色人种的安危，因而能够互相扶持的意思。两国大人能留心这一点，是两国人民的幸运。

乾卦《大象》说：“君子以自强不息。”凡筮得乾卦的人，要知道太阳的运行没有一时的间断，以进取为先才能制胜。现在我国先派出使臣，先鞭就在我国一方。我国又进而效法乾元的健行而与中国谈判，胜利就一定在我国一方，可以得到好的结果。

当时横滨商人立川矶兵卫因事去天津，我于是将这一占断托他请书记官伊东氏呈给伊藤伯。当时两国议事不和，伊藤伯已经打算整装回朝了，但是偶然见到这个占断，大有感触，于是重新开始了决定战还是和的谈

---

① 朝鲜事件：指朝鲜国东学党乱。东学党是朝鲜一个把佛教、儒教、道教融合到了一起的民间宗教团体，其创始人叫崔福成。随着日本在朝鲜的势力越来越大，朝鲜人民的反日情绪不断高涨。1893 年，东学党举起了抗日大旗，党徒们在朝鲜罗道古阜县揭竿而起，自诩能呼风唤雨、役鬼驱神，有几万人加入到这个盛大活动中来。朝鲜国王大惊，连忙派兵镇压，可是一进入山区，讨伐部队就发现自己中了埋伏，最后全军覆灭。朝鲜政府无力镇压，只得向清政府求援。但是当清政府应邀出兵朝鲜镇压东学党起义的时候，日军不请自来，在朝鲜南部登陆；在扑灭了起义烈火后，又挑起了中日甲午战争：东学党乱成了日本政府发动侵华战争的借口。

② 筮得乾卦，变为大畜卦：本卦用乾九五爻辞。如果作者用的是大衍筮法，就是两爻动而取上一动爻占；如果作者用的是略筮法，只有一个动爻，则筮得的卦应该是大有而不是大畜。特此注明。

判，这才得以达成协议，不辱使命而回国。

◎明治十九年十二月，占明年铁道局气运，筮得乾卦，变为大有卦，呈给铁道局长井上胜[①]君。

断卦说：乾卦三个奇爻相连，是纯阳的卦，五爻又是阳位，卦德的盛大没有超过这一爻的，铁道局长的气运可以说盛极了。爻象天时、地利、人和三者俱全，足见世人对铁道的关注。对物产的繁殖、运输的通畅、军事的防卫、人民的往来都有益处，这样的盛运实在无可比拟。“飞龙在天”，比喻火车的飞快行驶；火车通行不分贵贱，即使尊贵的“大人”也同样搭乘，故说“利见大人”。在明治十四年占卜未来的国会时，我曾经预言到明治二十年铁道可以盛行，现在这一卦正与那一卦相符合，以后铁道事业的发达值得期待。

上九：亢龙有悔。

《象传》曰：“亢龙有悔”，盈不可久也。

[经传释义]

上爻以阳爻居乾卦的极位，极就未免太过，如同龙飞得过高，故说亢；因为过高而导致危险，故说“有悔”。在本卦中，龙在开始时藏潜，继而出现，中而跃起，终于腾飞。腾飞就到了全盛时期，过了这个时期就应该再次潜藏，这样不但可以避免今日的悔恨，也可以期待日后的再次腾飞。人臣居于权位的极致就应当退避，这样他的富贵才可以长久保持，否则知进而不知退，极少有不遭遇灾祸的，所以说“盈不可久”。

上爻变阴则全卦为夬，夬是决除的意思。太阳到了中天就会西沉，月亮盈满了就会亏缺，这是天理的必然。所以这时应当因悔恨而改过，见机而退。比如尧舜的禅让，范蠡、张良的功成身退，都是不到极亢就开始善后的做法。

---

① 井上胜：生于日本武士家庭，受其父尊崇西洋学术的影响很深，曾从英国领事馆员学习英语，并在长崎研究炮术与兵学。1863 年（文久 3 年）偷渡至英国伦敦学习矿冶与土木工程，于 1868 年回国，并任职明治新政府的工部省负责铁路与矿业管理的业务。1877 年升任铁路局长，1881 年被拔擢为工部省长官。

[一辞多断]

○问征战：上九居乾卦的极位，以阳爻在上位，所以亢；亢就会因为胜利而骄傲，所以“有悔”。《象传》说“盈不可久”，可知征战无法持久。○问经商：亢是太过的意思。买卖之道，不可以过分追求盈利，过于盈利就一定会发生亏损，所以说“不可久”。○问功名：上九的位置已到极致，应该自己返身后退，否则必定因为盈满而遭受损害。○问家宅：一定是宅基太高。太高就危险，也是值得畏惧的。○问疾病：是龙阳上升的病症。《象传》说“盈不可久”，可知性命已经在旦夕之间了。可怕。○问婚嫁：不利。○问胎孕：生男孩，恐怕养不大。

[活断实例]

◎我在每年的冬至，占筮朝廷各位大臣的进退，以及亲属和知己等人来年的气运，然后把占断结果送到对方的手上，并以此为常例。明治十九年，占某贵显第二年的气运，筮得乾卦，变为夬卦。

断卦说：乾卦至大至刚至健，是纯阳的卦，主居于显要的官职和崇高的爵位，声名远扬，正当功成身退的时候。现在阁下筮得上爻，譬如飞龙上升到天空，高出云霄之上，反而无法敷施雨泽，所以说“亢龙有悔”。阁下具有英雄的远见卓识，对世事非常老练，但以前功名显赫，现在则已经过了盛运，只应该急流勇退，挽救目前的亢势，另求以后的腾飞。辞去职务，谢绝荣耀，遵守时令，修养韬晦，这样才能没有灾咎。

后来，这一占断果然应验了。

用九：见群龙无首，吉。

《象传》曰：用九，天德不可为首也。

[经传释义]

“用九”，是六十四卦中阳性的变爻，显示了阳刚的运用体例，即《周易》中一百九十二个阳爻的运用通例。用指变动的爻象，九是阳数的终结。乾卦全体都是阳爻，而阳到极处就会发生变化，所以说“用九”。见，乾卦的六爻都取象于龙，说潜，说跃，说飞，显然昭著，故说见。首，上位的意思。《周易》以乾为首，所谓“无首”，是说没有出于乾之上的卦了。

卦以有变化为吉，乾卦纯阳而无变化，故六爻都不说吉；用九则发动而即将变化，所以说吉。《象传》说“用九天德”，是因为乾卦纯阳，不亲比阴柔，是浑然天德的体现者，即所谓“乾为天”。所谓“不可为首”，是没有什么能在它之上的意思。乾卦六龙各有行云施雨的作用，在人则是群贤汇萃，同心辅助，以匡扶国家，以成就功名，但又适宜各自谦让巽顺，不骄矜，不自夸，假如互相比才智，夸首功，就是凶象了。《周易》说“群龙无首，吉”，正是为了训诫这一点。

《象传》说：“用九，天德不可为首也。”主要是必须像舜那样具有玄深的道德，崇高的声望，而又喜欢询问，善于考察切近的事情，以谦逊的态度处世，这样才算做到了极致。

䷁坤为地

坤卦，它的经卦有三个偶数爻，分为六段，是纯阴虚阙之象。“坤”字古文作“巛”，“顺”字偏旁及“川”字也是“巛”的象形，所以《象传》说“乃顺承天”，又说“柔顺利贞”。《杂卦传》说：“坤，顺也。”《文言》说：“坤道其顺乎？”《系辞传》说：“夫坤，天下之至顺也。”从中都可以看出坤顺的意思。后来因为它与山川的“川”字混淆了，于是改为从“土”从“申”，用来指代坤地。因为地是土形成的，在申的方位。地体安静而至柔至顺，以顺承乾天。

坤：元亨，利牝马之贞。君子有攸往，先迷后得主。利西南得朋，东北丧朋。安贞吉。

［经传释义］

坤卦与乾卦相对，万物之气肇始于天，万物的形产生于地。坤卦的含义，在人为卑微，在物为雌性，在事情为静定，在学问修养为能力，在季节为秋天。坤道可以为人所用而不可自用，小人如果知道自己的柔弱，而能顺从刚强明达的君子，就算体现坤道了。

但是易象变动，又不可执一端而论。不是说为君为父的人不能用坤卦占卜，为臣为子的人不能用乾卦占卜；也不是说乾卦的六爻中没有小人，坤卦的六爻中没有君子。只是君子筮得坤卦，就应当知道自己的气运在坤卦，要效法坤顺的道理，柔顺地处事。

坤为地，顺承四象中作为太阳的乾卦。天有象，地有形，天虚而地实。坤地是土壤积累而成，仰承乾天的施予而资生万物，并且无不任持和负载。在人则为臣民，为妻子。臣民事奉君王，母亲养育儿子，妻子追随丈夫，都是效法地道的至顺，其道理是一致的。坤卦的卦德柔和而巽顺，含蓄而广大，笃实而厚重，即《中庸》所谓“宽裕温柔，足以有容”的伟大德行。

坤卦六画都是偶数爻，有顺的特点；内外卦相重叠，有厚的特点；中间虚，有中的特点，又有含容的特点、通达的特点；两两排比，有行的意思，又有朋的意思；看去彬彬典雅，整齐均适，有文的特点，又有美的特点；六个偶数爻，象征十二个方位，又象征大；秩序毫不紊乱，象征条理；左右分布，象征形体，又象征事业。爻辞及《文言》所述，都是依据卦象而说的。

元亨利贞的含义，见于对乾卦的解说。乾卦形而上，主天地之道；坤卦形而下，主阴阳的功用。这是乾坤的差别。坤卦的“元亨”就是乾卦的“元亨”，犹如月亮得到日光才有光明。

马的性情柔顺而服从人，牝马的性情尤其柔顺。北方的马群，常以十匹牝马随一牡马而行，牝马不会进入其他马群，“牝马之贞”就取象于此。乾卦说龙，坤卦说马，因为龙飞行在天上，变化自在，马行走在地上，驯服于人。牝对牡，属阴柔，所以说“利牝马之贞”。

乾天在上，坤地在下，也就是乾在先，坤在后。如果坤先于乾，就违反了天地之道，前往必定迷失方向；坤地跟在乾天的后面，才能“以顺承天”，得到宗主，体现它的常道而无往不利。这就是阳倡阴和、阳施阴受之道。“攸往”，指有所行动。坤以乾为主，君子以君王为主。君在先，臣在后，顺从命令而行，所以凡有所前往，没有不相宜的。

西南是阴的方位，属于巽、离、兑卦，又是坤的本位；东北是阳的方位，属坎、艮、震，又是乾的本位。“西南得朋”，是以阴卦坤前往阴卦的方位；“东北丧朋”，是以阴卦坤前往东北阳卦的方位。以阴卦前往阴方，则与阴为同类；以阴卦前往阳方，则从阳而有吉庆，所以《彖传》说：“西南得朋，乃与类行；东北丧朋，乃终有庆”。“安贞”指安于坤顺，以配合乾健。所以“君子有攸往”，只是效法坤顺罢了。

一说：读“主利”为一句，指在家则生产养殖，勤劳节俭，使家庭富有，在国家则利用万物，善待百姓，使国家富强。实际上应当以孔子的《文言》为根据，“利”字归属下二句来读。“得朋”与“丧朋”，正与上文的“得主”二字相对。

《彖传》曰：至哉坤元，万物资生，乃顺承天。坤厚载物，德合无疆。含弘光大，品物咸亨。牝马地类，行地无疆。柔顺利贞，君子攸行。先迷失道，后顺得常。“西南得朋”，乃与类行；“东北丧朋”，乃终有庆。“安贞”之吉，应地无疆。

乾元和坤元都植根于太极一元，没有第二元。坤元以顺承乾元为职能，所以坤也称元。乾元属阳，故说大；坤元属阴，故不说大而说至。

至，是说已经到了极处。阳的极处为阴，阴即坤，故说“至哉”。

坤地随太阳而进行圆周性运动，外面有水包裹，受到太阳的光和热就会蒸发水气，使雨露下降，造成资生的功能，称为阴阳的作用。阴阳是天地间的大气，万物都是乘这两种气而产生的。《系辞传》所谓“天地氤氲，万物化醇；男女媾精，万物化生”，说的就是这个道理。乾元的大气与坤元的精气相交合，使万物无不生发，其作用无所不至，叫做“至哉坤元，万物资生，乃顺承天”。

作为天的积气，乾元的作用在于肇始时的施予；坤元承天的积气而为体，作用在于承载和化育。“资生”的“生”字与乾卦《象传》的“始”字相对应，不可轻看。卦中上下卦都是坤，有厚重的特点，所以负载山岳而不显得沉重，振奋河海而不至于泄漏，顺应乾天的施予而无穷，生成万物而无不包容和化育，叫做“坤厚载物，德合无疆，含弘光大，品物咸亨”。

按：地精为马，马也属于阴类，牝马更是阴而又阴。因为马性柔顺而又能远行，故说“行地无疆”。效法坤德的君子，行为正应该这样。“牝马”一辞，圣人怀有深意，这是读《周易》的人所应该留心玩索的。

因为卦象纯阴，而阴主成，以得乾为主，宜于随乾而动，所以为人臣、为人妻者，一定不能争先成事。君子筮得坤卦，行事时应该安静而不应该躁进，假如先于事机而行动，就是自取失败。

阴就是昏暗，就是蒙昧，所以不宜主事，必须以阳为主。坤的卦爻都属阴，所以率先做事，必定迷惑而多失误，这是可以预知的；承阳而后动，则顺理而体现了常道，所以说“先迷失道，后顺得常”。

西南主后退，东北主前进。西南是阴位，东北是阳位，在坤卦的时运，后退到西南就能“得朋”，前进到东北就会“丧朋”。但是人们多半喜欢“得朋”而往西南，却不知道以阴柔去阴位，不但没有丝毫益处，而且柔的更柔，暗的更暗了。虽然去东北会“丧朋”，但是因我的柔暗而去高明处作补救，就是弃暗投明，理路上顺，得益也多，所以说“西南得朋，乃与类行；东北丧朋，乃终有庆”。这样安于自己的本分，持守常道，称为“安贞之吉”。因为贞德有所持守而不改变，以保全万物的终结，所以说“安贞之吉，应地无疆”。

按：《周易》根据三天两地的数理，确定天地和刚柔的位置，即天数一，地数二，天数三，地数四，天数五，地数六，并且阴阳都相交。六十四卦中，爻位全部得正的只有水火既济一卦。凡《周易》中说当位不当位，都是根据这个道理；天下的大事小事合理或不合理，也都出自这个道理。

另外，地中也有天，因为二与四叫做两地，一与五叫做两天；三为地中的天，加在两天中叫做三天。上爻作为阴位，表示地球之外还有世界。这“三天两地”的爻位，对《周易》最重要，所以天位有地，地位有天，都叫做不当位。《周易》对于时势和处位之道，精密到了这个程度。

通观全卦，初爻阴气还微弱，象征小人汲汲于经营谋利，不顾灾害，有陷于奸邪偏僻之象，爻辞说“履霜”、“坚冰”，禁戒的意思很深。二爻得到纯正的坤体，六爻只有它最纯粹，但是只说“无不利”，与乾卦的九五得天位、行天道而导致太平的占断迥然有别。三爻则既不得中又不得正，是赏罚不明的时期。四爻不得中，以致君子缄口沉默，躲避灾祸。五爻不得正，以致尊贵与卑贱失去秩序。上六则成群的阴爻相交战，有以血洗血之象，这是阴气达到了极盛的缘故。

总结全卦的要点，坤是纯阴的卦，所以六爻都就小人立言，与乾卦的言君子相对。因为是小人，彖辞说利，上爻说战，以“履霜”禁戒于开始，以“永贞”审慎于终结。虽然坤卦也有取象于君子的时候，但是与乾卦所说的君子有区别。乾卦所谓君子是贤人，坤卦所谓君子是能人。贤人用人，能人被人用；贤人要在位，能人只要在岗。乾卦所象征的时期，贤人在位，广泛地施行道德教化；坤卦所象征的时期，能人在岗，而计较利益。

《象传》曰：地势坤，君子以厚德载物。

坤卦由两个三爻的坤卦上下重叠而成，如同地形的高低相因。天以气来运行，所以乾卦说“天行”；地以形来负载，所以坤卦说“地势”。地势有高低，而丘陵和山岳的起伏，是由于地中火气的作用。地球本是以水为衣的，所以它的低处是海，《周易》称为泽。它外面所包裹的水为太阳所吸引，至于地形露在水的外面，只是由于地的形势有高低，各随其形势而延伸罢了。延是伸的意思，所以说“地势坤”。

人有智慧的也有愚昧的，有贤良的也有不肖的，犹如地形有高低，土质有肥沃与贫瘠。农夫不会因为土地贫瘠而停止他们的耕作，君子也不会因为别人的愚昧不正而停止教导。教给他们事物为什么是这样，诱导他们了解道义为什么这样可贵，以体现社会的标准。但人有上等智慧的，有中等资质的，有下等愚昧的。上等智慧的人修养自己而及于他人，中等资质的人只能修养自己，下等愚昧的人不能自我修养，而有待于别人的治理。天地间有形的东西，没有比地厚的，并且无不由大地来负载，所以君子效法坤象，以深厚的德行待人，无论智慧还是愚昧、贤良还是不肖都加以包容，正如坤地的无不持载，所以说“厚德载物”。

[一辞多断]

〇问征战：坤为地，为众。势是有力量的意思。就行军打仗来说，既得地利又得势力，还得到了兵众，理应攻无不克。〇问功名：有上等智慧的人能效法坤卦的深厚德行，积功累德，以至流光溢彩，声名自然显达。〇问经商：坤为富，为财，为积，为聚，都是经商的吉兆。说“厚德载物”，德是得的意思，可以有求必得，满载而归。〇问家宅：可知住宅在地势上占有优势，大吉。〇问婚嫁：坤是顺的意思，柔顺就是了，这是地道，也是妇道。大吉。〇问胎孕：生女孩。

初六：履霜，坚冰至。

《象传》曰：履霜坚冰，阴始凝也；驯致其道，至坚冰也。

[经传释义]

初爻居纯阴卦的初位，象征阴气开始凝结。虽然其发端很微弱，却必然盛大起来，所以取义于“履霜”，说明在踩到霜的时候，应该观察阴气的逐渐增长，预知它的结果，从而加以预防。在人则表现为阴暗邪恶的萌动还很微弱，像霜那样容易消除，但是积累的趋势终将导致坚冰，以至于恶德和逆行无法改正。所以大的方面如治理国家，小的方面如修养自身，都应该审慎于微细之处。《文言》说：“积善之家，必有余庆；积不善之家，必有余殃。臣弑其君，子弑其父，非一朝一夕之故，其所由来者渐矣。”这是善于解释这个道理的话。

坤卦全是阴爻，象征小人只知利益和欲望而不懂得道义。当初是由于父亲的教导不严，而随着年深月久，品格就越来愈越卑下，于是到了利欲熏心，不孝不悌，乃至犯上作乱，无所忌惮的地步，其祸患实在是教导不严所致。抑制阴卦阴爻，扶持阳卦阳爻，以防微杜渐，这就是圣人为什么谆谆训诫。坤道虽然至顺，但是至顺的变化发展到极致，也会达到大逆不道。圣人因为坤顺的流于祸害而有“驯致”坚冰的告诫，“履霜”而防坚冰与“履虎尾”而防老虎，其训诫是同样深切的。

《文言》说：“其所由来者渐矣。”所谓来，在过去、未来、现在三者当中。《彖传》于讼卦说“刚来而得中”，于贲卦说“柔来而文刚”，都是来的道理。固执的人往往认为，因果报应是佛教的说法，是圣人所不谈的，这想法是错误的。《象传》说“阴始凝”，指小人的欲念开始萌发，而驯是顺的意思，指随着自然的趋势而不留意，因为习惯而发展到严重的程度。阴暗邪恶的萌发，开始虽然微弱，但是从“履霜”而“至坚冰”，渐渐而来，不可遏制，以至毁灭自身，丧失家庭，不可救药。谚语说“窃针者窃钟”，就是这个意思。所以圣人在人过错还很轻微的时候，大力戒止他们后来的发展，希望他们迅速改正。初爻变阳则全卦为复，复卦的初九说：“不远复，无祇悔，元吉。”即所谓“速改其过，不贻其悔”。

[一辞多断]

○问经商：初六阴气还很微弱，说“履霜，坚冰至”，是从微弱推论到盛大，犹如商业从小到大，通过逐渐积累而致富。○问功名：初爻象征年轻人刚刚上进的时候，地位由卑微到尊贵，犹如“履霜”而“至坚冰”，随着时间而来，不可躁进。○问征战：初爻是阴气的开始，有“履霜”之象；到上爻“龙战”，则是阴气的极致，有“坚冰”之象。上爻说“其血玄黄”，指两败俱伤。所以应当先审慎于事情的开始。○问家宅：坤是纯阴的卦，而初爻阴气还微弱，所以说“履霜”；“坚冰至”，则阴气已经旺盛了。阴气旺盛了就会衰弱，是不吉的征兆。○问婚嫁：坤卦纯阴，说霜说冰都是阴象。纯阴而无阳，不利。○问胎孕：生女孩。○问疾病：恐怕是阴邪的病症。初起的时候可以治疗，日子一久就难治了。

[活断实例]

◎明治二十一年冬季，某男爵来告诉我说：“我最近要从事采矿的事业，那矿山是某矿学学士所保证的，赢利没有疑问。尽管这样，还是要请先生垂幸，占问这件事的得失。”筮得坤卦，变为复卦。

断卦说：卦中纯阴而没有一个阳爻，象征没有统一的事业，众人各谋取私利的时运。况且初爻为阴气刚刚凝结，有小人贪鄙而不知餍足之象。乾阳为金，卦中没有一个阳爻，象征得不到金，虽然有矿学学士的保证，但不可轻信。阴卦属于小人，小人为了趋利，连君王和父亲都不会顾及，何况朋友呢？您应当谢绝他的谋划。

某男爵听从了。后来得到消息，说某矿学学士与外国人相勾结，谎称这矿山金产量有多么大，制造骗局，诱来了许多金钱，凡落入骗局的都受到了很大损失。因为这件事，谈起矿业来，即使确实有利益人们也往往不信。这种阻碍人们创业的志愿，断绝人们进取的勇气的做法，都是这类小人危害的结果。某男爵因这一占断而没陷入骗局，没有失去利益，可以说太幸运了。

◎明治三十一年冬至，占我国明年的气运，筮得坤卦，变为复卦。

断卦说：按照易例，阳爻为君子，阴爻为小人。所谓君子，即那些忠心谋划国事，而不挟私意和邪曲的人。天皇聪明睿智，统御天下，也应当以君子为样板，以小人为戒鉴。如果是小人，就会唯利是图，不顾国家的兴衰，即孟子所说的“上下交相利”，这样，出现不夺不餍，优胜劣败，弱肉强食的现象，也就势所必然了。幸而是在圣明的世道，文化日益发达，即使和欧美各国相比也差不了太多；无奈世道人心日益颓败，只重利益，要求人们崇尚古风，讲求道德，“喻于义”而不“喻于利”，一百个人中连一个人也没有，岂不值得慨叹吗？

坤卦纯阴无阳，象征小人横行在世上，君子退藏于隐密处的时期。现在得到初爻，下卦坤地变为震雷，是小人擅权越位，专门博取私利的征兆。爻辞说“履霜，坚冰至”，指在“履霜”的时候，小人的机心刚刚萌动，像霜一样容易消除，而到坚冰固结的时候，就没有办法了。孔子说：“积善之家，必有余庆；积不善之家，必有余殃。臣弑其君，子弑其父，非一朝一夕之故，其所由来者渐矣，由辨之不早辨也。《易》曰：‘履霜，坚冰至’，盖言顺也。”如此不祥的爻辞，其他国家互相征诛的朝廷或许会有，至于我们帝国，上有万世一系的天子，下面也不乏忠君爱国的良臣，所以不必忧虑这一点。但是现在占国家气运而得这个爻象，难道可以不警惕和慎重吗？

二爻变阳则全卦为师，有以自身为仪范来教导百姓之象。这是明年及明后年的气运。爻辞说：“直方大，不习无不利。”六二以阴爻居阴位，具备坤卦的“厚德”，居于大臣的位置。直是廉直而温和，方是刚方而严正，大是光大的功用。君子秉持直方大的品德，即使不在高位也已经得到了天爵，因而是尊贵的；小人不具备直方大的品德，一味徇私，即使贵为公卿也只属于人爵，因而仍是卑贱的。君子小人的分判就是这样，所以小人在高位，往往假公济私，不顾国家的安危，只为子孙打算，并自以为得计。这也是严重缺乏思考的结果。身为大臣而徇私利，必然导致贿赂公行，是非颠倒，祸患和动乱就是从这里引发的。哪知道祸患和动乱到来的时候，富人首先遭受荼毒。就是说，小人为的是肥家，而事实上酿成的却是败家的祸患。“履霜”“坚冰”而不知戒慎恐惧，小人的打算不也很愚蠢吗？

现在，幸而贤明的君子在上位，秉持正直刚方的品德，施行公明博大的政治，端正自身，为人师表，率领众人，可以导致阳刚君子的复来，阴邪小人的退避，从而转移世风，变易民俗，所说的“太平郅治”，大概就在这时吧？

坤卦以十年为定数。卦中纯阴而没有一个阳爻，是统御不周之象。如果今天不知戒惧，恐怕因循到十年后，或许有上六“龙战”的祸患，这一点不可不防。“龙战于野”，龙指上爻，野指野心之徒，即野心之徒的反击将导致流血。从“履霜”到“龙战”，国家的不祥没有比这个更大的。现在的大臣及各党首领都廉直而公正，固然不必忧虑这一点，但卦是这个样子，思考它的终局，很切合我的杞人之忧。爻辞所谓“龙战”究竟指什么，有识者自然能够辨别。

六二：直方大，不习无不利。

《象传》曰：六二之动，直以方也；“不习无不利”，地道光也。

[经传释义]

六二以阴爻居阴位，是坤卦的主爻，所以有优于其他爻的特点。乾卦的九五和坤卦的六二各居阴阳的本位，象征具有中正的品德。乾主君王之道，故以九五为主；坤主人臣之道，故以六二为主。六二具有地道的全部美德，在朝中则没有私欲和邪曲，在朝外则做事都合乎道理，称为“直方大”。直即无邪曲，方与圆相对，是纯阴之象。圆，动作而不静，是阳道；方，静止而守常，是阴道，所以说“天圆地方”。大是广大，指坤地生物的功能而言。直则心里无私，方则做事合理，大则作用无边。“直方大”可以配乾天的刚健，而合于自然的美德。

天理虽然最直最方，人欲却往往是邪恶的；人性虽然善，但只要被欲望所蒙蔽，就会众多的歧路一齐出现，反而有害于天理的直和人性的善。坤卦本来不凶，为私欲所蒙蔽才陷于凶险。但二爻是纯粹的坤道，具有全部中直、方正、广大的品德。凡是学习的人，都是由于不明白有关的道理，不熟悉相关的事物，而具有直方大的品德，又何必练习呢？所以说“不习无不利”。“不习”指自然而能，即《大学》所谓“未有先学养而后嫁者”。

乾卦六爻没有盛于九五的，坤卦六爻没有盛于六二的。《象传》的意思是说六二柔顺中正，是本卦的主爻，动作周旋都合乎规矩，又有“不习无不利”的特点，阴道、地道、臣道、妻道都得当，这是德行光大的缘故。卦象纯阴，初、三、五三爻柔顺而不得正，四、上两爻柔顺而不得中，只有这一爻既柔顺又中正，体现了纯粹的坤道。

[一辞多断]

○问经商：六二是坤卦的本位，“直方”是地的性质，大是地的作用。

由此可知，所经营的商业必定是土地所产，如谷米、木材、丝棉之类。“不习无不利”，“习”与“袭”相通，指不必重新占筮，就知道能够获利。○问功名：二爻居中正的爻位，行动就会获利，指不需要修养，功名就会自然成就，其成名是必然的。○问征战：征战的事以得到有利的地势为要点。依法行动，气势大，力量强，可以通过一次作战而平定地方。○问家宅：六二居中得正，主家宅适宜，所以说“地道光”。○问嫁娶：“直方大”是地道，而妻道通于地道，所以婚娶也有利。○问疾病：爻辞说“直方大”，可知这人平素身体强壮，不必用药就有喜庆。○问胎孕：生女孩。

[活断实例]

◎明治二十三年一月，占伊藤伯气运，筮得坤卦，变为师卦。

断卦说：坤为地，地道顺，而顺又是臣道。二爻得中得正，又是全卦的主爻。大地负载山岳也不觉得沉重，振奋河海也不会泄漏，是禀承天气而资生万物的东西。现在占大臣而得到这个爻象，说明他负有社会的重任，而才能也胜任他的职位，能够恭谨地遵奉君王的命令，尽到自己的职责。并且爻象柔顺而中正，具备臣道的全部美德，所以称赞它说“直方大”。“直方”就是所谓“敬以直内，义以方外”，它归结于公明正大，是功德的全部。伊藤伯既有这样的材器和见识，又有这样的品德，能够顺其自然，所以“不习无不利”。二爻变阳则全卦为师。师卦以九二一个阳爻为主爻，有统御众阴爻之象。今年两个议院开设时，一定会被推选为议长，以统领和监督众议员，起到统率作用，所以说“六二之动，直以方也”，不用学习却无所不利。

后来果然应验了这一占断。

◎明治三十年六月，我去爱知水泥厂。这个厂由小儿嘉兵卫管理，所以去爱知县厅，会晤江木县长及吉田书记官①。书记官说：“现在即将在辖区内的热田兴筑埠头，以求名古屋市的便利，费用共计二百四十万元。想提出这个议案交给县议会讨论，以成就大业，但县长及我很担心县议会是否赞成，踌躇已经很久了，请先生垂幸，占这件事能成功否。”筮得坤卦，变为师卦。

断卦说：坤卦上下都柔顺，而没有丝毫的不柔顺。况且坤卦主利，而这件事尤其平直方正，非常有利，事成之后不仅本县有利，其他县也会得到便利。这件事必定得到县议会众议员的赞成，不容置疑。

---

① 书记官：长官的辅助人员，类似秘书。

县长及书记官听了大喜，很快将这件事提交给县议会讨论，结果四十四位议员中，不同意的只有三人，马上就作出了决议。

六三：含章可贞。或从王事，无成有终。

《象传》曰："含章可贞"，以时发也；"或从王事"，知光大也。

［经传释义］

三爻不得中也不得正，而居内卦的极位，处于改革的阶段，其心理和行为不能没有不中不正的过失；况且与六五都阴柔而不相应，象征人臣中不得君王赏识的人。大概说来，六三爻多数不得时位，即使是有才有识的士人，也只好韬光匿彩，以等待时机的到来，如果胡乱显露才能，一定会招致疑忌，所以告诫他们"含章"。刚柔相杂叫做文，文采成了叫做章。含就是含而不露。因为它安静而能守常道，所以说"可贞"。

大凡做人臣的，不论他有没有际遇，都应当有守常不变的志愿和节操。即使没有通过不正当手段进身的念头，也未必得不到提拔和任用；即使出来做事，也还是蓄含其章美，而不以功劳自居。只是听从君王的命令，完成君王的事情，即使自己无法完成，也要使后人能够继续完成，这叫做"无成有终"。

六三居下卦的上位，有"从王事"之象。乾卦的九四和坤卦的六三都在进退未定的爻位，所以说"在渊"、说"含章"，都加一个"或"字，以表示将进未进的意思。在这进退之际，应当不失时宜地"从王事"。

《象传》的"知"字与"时"字相对。含蓄自己的才能而不敢显露，是说能审察时机而显发章彩。后退而能含蓄，进取而能显发，是"知光大"的表现。

三爻变阳则全卦为谦，谦卦的九三说："劳谦，君子有终，吉。"《系辞传》说："劳而不伐，有功而不德，厚之至也。"下卦为艮，艮是止的意思，有含之象，也是"含章"的意思。

［一辞多断］

○问征战：爻辞说"含章可贞"，是说平时含蓄才智而不显露，一旦做事，自然能够制胜，即使不成功也不会有大的失败，所以说"无成有终"。○问经商：坤为地，各种货物都产生于地，而商人能蓄积各种货物，故说"含章"。凡从事商业的人，因时宜而贩运各种货物出售，故说"以时发”。内卦到第三爻就到了极处，正是盛满的位置，故说“光大”。所以一时虽然或许没有取得成功，但是一定会有结果，吉。○问功名：求功名的人最应该等待时机。时运不宜行动，就“含章可贞”；时运应当行动，就出来“从王事”。懂得这个道理的人，一定能始终保持功名。吉。○问疾病：玩味“无成有终”一语的含义，可知已经不可救药了。凶。○问胎孕：生女孩。

［活断实例］

◎明治十九年，占知心朋友柳田[①]的气运，筮得坤卦，变为谦卦。

断卦说：坤卦所主的时运柔顺而亨通。彖辞说“利牝马之贞”，牝马善于负重而为人所用，就是劳碌而不居的意思；又说“君子有攸往，先迷后得主，利”，指得不到名誉，只能得到薪俸。

三爻值有为的位置，爻辞说：“含章可贞。或从王事，无成有终。”“含章可贞”指您富于文才，如同身藏利器而等待时机。现在时机已到，应当从事文化事业。虽然主管者知道您的文才，想委任事务给您并授予官职，使其余的属官不得居您以下的位置，但因为形势有所不便，只能给您报酬罢了。

卦中全是阴爻，象征您没有自主的权力。即使用尽心力，仍然苦于无人知道，事成之后，功劳也势必被别人夺去，得不到分毫名誉，而不做事的人却能得到褒奖和赏赐，或者职位得到提升。因为坤卦纯阴，小人得势，只主于利，所以笃实的人反而被他们所羁绊，而不能亨通于世。您的时运是这样，只适宜修养道德，等待时机。“或从王事，无成有终”，“或”的意思，是今天虽然无所作为，以后却必将有所作为。

此后柳田果然受某局的嘱托，从事编辑工作五年之久，而且早出晚归，事务极其繁剧。但结束编辑工作后，有关属官的级别都有所提升，或者受到褒奖和赏赐，而柳田因为不在官籍，没有得到任何好处就被解除了聘用。

六四：括囊，无咎无誉。

《象传》曰：“括囊无咎”，慎不害也。

［经传释义］

四爻虽然柔顺而得正，但是所居的爻位不得中，所以不能有所作为。

---

① 柳田某：指柳田几作，本书的笔录者。其生平不详。

四爻接近五爻，而这两个柔爻互不相得，上下闭隔，是大臣不为君王所信任之象。在这样的时候，应当慎重而缄默，晦藏自己的智慧，像括结囊口那样默然隐忍，以愚自守，以远离灾祸。“无咎”是说躲避灾祸，“无誉”是说逃避名誉，如果因为“括囊”而得到了名誉，那么有荣誉就有祸咎。必须在深藏不露的同时，泯除其“括囊”的痕迹，所以爻辞说“括囊，无咎无誉”，《象传》说“‘括囊无咎’，慎不害也”。四爻变阳则全卦为豫，卦形有“括囊”之象。

[一辞多断]

〇问经商：六四是巽爻，巽为商，为利，即《说卦传》所谓巽近利市三倍。爻辞说“括囊”，可知过去一定曾经得到利益，钱财已收入囊中，不再拿出来了，所以说“括囊，无咎无誉”。〇问征战：六四是重阴的一爻，正值闭塞的时候，即使有智囊的才能也无处运用。这表示宜于闭关不战，像括结囊口一样，这样就没有祸咎了。〇问功名：六四是上卦的初爻，变阳则为否卦的九四，所以《文言》说“天地闭”。“括囊”就是闭结囊口。天地尚且闭塞，还有什么功名可求？如果虚妄地追求功名，只足以导致祸患。有名誉反而就有祸害了，应当审慎。〇问家宅：六四以阴爻居阴位，所居不是中位，住宅一定在山谷幽僻处，适宜隐遁的人居住。〇问胎孕：生女孩，或许会得到两个孪生女儿。

[活断实例]

◎明治十二年一月，偶然遇到大阪的五代友厚[①]。他请我占本年商务，筮得坤卦，变为豫卦。

五代友厚像

断卦说：坤是主利的卦，有众人聚作一群而互相争利之象。六四以阴爻居阴位，不可进取做事，所以今年应当退守，不宜扩大商业。爻辞说“括囊”，是括结财囊的口，不可出钱出货。“括囊”后既没有减损也没有增益，开囊则多有损失。嘱咐他小心，不要着手商业事务。

五代有感于这一占断。但是出于商业形势，即使知

① 五代友厚：日本商人、政治家、企业家领袖。出生于萨摩藩（今鹿儿岛县）。20岁左右时作为海军一员参与了抵抗英国的萨英战争。明治维新后成为初级议员，并用他的西洋学识化解了不少武士和外国人之间的冲突。1869年退出政坛，将精力转移到经商方面。以大阪为基地，同时建立并经营了几个从事国际贸易、经商和航海的大型股份公司，并建立了大阪商会和大阪证券交易所。

道不利，也只可小做而不能不做，偶然的营业果然导致了亏损。

六五：黄裳，元吉。

《象传》曰："黄裳，元吉"，文在中也。

［经传释义］

黄是中央土的颜色，裳是下体的服饰，象征持守中道而居下位的人臣。五爻以阴柔的品德而居五爻这个尊贵的位置，或者像皇后那样面南听政，或者像伊尹、周公那样辅佐年幼的君王而摄政。坤卦纯阴，六爻都讲人臣的事，不可直接以六五为君王。占得五爻的人，应当以中和的盛德而主持朝政，辅佐国君，最后退守人臣的职位。五爻为尊贵的位置，而阴爻不失去自己的常道，所以说"黄裳，元吉"；否则，居尊位而拥有天下，必定导致大凶的结果。《左传》昭公十二年，南蒯筮得这一爻，因为不守"黄裳"的义理，结果自己死了，家也败了，可以作为这一点的证明。圣人把"裳"字系在这一爻下，是恐怕权臣乘势窃取权位，作威作福，失去为臣之道而蔑视君王，所垂示的教诫是很深的。

《象传》说"文在中也"，坤为文，五爻居中，说明美德积在胸中而体现于外表，能柔中而恪守臣节，所以"元吉"。

［一辞多断］

○问征战：坤为臣道，五爻居君位，是人臣中极尊贵的人，就像舜摄政时惩罚共工、欢兜、三苗和鲧四凶，周公摄政时诛杀管叔和蔡叔一样。爻辞说"黄裳，元吉"，说明是由文德发越而成就武功的人，所以《文言》说"文在中"。○问功名：六五爻辰在卯，得到了震卦之气，而震卦有功名振兴之象。五爻又是离卦的主爻，离为黄色，卦位接近午，在天上值七星，而七星主衣裳文绣，所以说"黄裳"。离又为明，有文明发达之象，所以说"文在中"。○问经商：坤卦的五爻变阳则全卦为比，比卦吉祥，是辅助的意思。商业一定要得到亲比和辅助才能成功。比卦的下卦为坤，上卦为坎，而坤为裳，所以说"黄裳"；比为美，所以说"文在中"。由此可知，所经营的商业必定是锦绣的服饰之类。说"元吉"，一定会获得利润。○问疾病：坤为大腹，黄为中色，裳为下体的服饰，可见病在中下两焦。○问胎孕：生女孩。

[活断实例]

◎明治二十二年，占某贵显的气运，筮得坤卦，变为比卦，于是呈给三条公[1]及伊藤伯。

断卦说：坤卦纯阴，没有一个阳爻。五爻虽然是君王的位置，但坤卦都主臣下的事情。“黄裳，元吉”，如周公身为冢宰[2]，辅佐成王而摄政，因为敬畏天命而不敢穿黄色的上衣，只着一件黄裳，以严明君臣身份的区别。因为这样忠信笃敬，主持朝政而仍然辅佐国君，所以说“黄裳，元吉”，否则，其凶险就可以知道了。

某贵显自幼有神童的称誉，长大后选拔到藩署，又长久留学于欧洲，不但博学，还通晓海外各国的政体和风俗。他回到朝廷，在重要的部门掌管重要的事务，深孚众望。但现在却筮得五爻，使我不胜惊异。某贵显长久居住在欧洲，虽然通晓君民同治的政体，或许不明了本国的治理之道。难道是国家的安危体现在这一卦中了吗？实在难以剖判。

三条实美像

后来在宪法发布的日子，某贵显被暴徒所杀害，我这时才慨叹占断的灵验。

上六：龙战于野，其血玄黄。

《象传》曰：“龙战于野”，其道穷也。

[经传释义]

上爻居全卦的终结，是阴邪极盛的时候。这一爻变阳则全卦为剥，有一个阳爻与五个阴爻相战之象，所以圣人在初六“履霜”的开始，谆谆提醒人们“坚冰”的到来。

阴邪的势力过盛，必定剥蚀阳刚，以致阴阳相战。到了阴阳相战的时

---

① 三条公：指三条实美。日本明治初期重臣。早年参加尊王攘夷运动。1867 年王政复古时回京任新政府议定。1868 年任副总裁、议定兼辅相、关东监察使等职，江户开城后先任关东监察使，后为镇将，负责治理东国。1869 年起历任右大臣、太政大臣，居于政府最高官位，并任神祇伯、宣教长官、赏勋局总裁、修史馆长官等职。1884 年封公爵。1889 年黑田清隆内阁倒台时，一度兼任内阁总理大臣。

② 冢宰：冢宰又称太宰，原为掌管王家财务及宫内事务的官。在《周礼》为天官，是六卿之首，总管全国大事。

候，虽然阴盛大而阳衰退，结果却必然两败俱伤。“血”字表示伤害的严重性。玄是天色，黄是地色，天地就是阴阳，血色玄黄指阴阳都受到伤害，所以说“龙战于野，其血玄黄”。就近推论到一家的事，身为父亲或兄长的，最初耽误了对子弟的教育，使他们成了不正派的人，结果至于骨肉相残，同类相害，互相争斗杀伤，直到势力穷尽才止息。

《象传》说“其道穷”，“其”字是就阴阳君臣而言；“道”字指君臣之道；“穷”字指穷困窘迫。到了君臣相战的程度，人臣的横逆无道不用说，君王也不能没有过错。《系辞上》说：“上慢下暴，盗思伐之矣。”“慢藏诲盗，冶容诲淫。”使自己的臣下到了这个地步，是为君之道的穷尽，也是为臣之道的穷尽，所以说“其道穷”。

龙本来是乾象，现在这一爻也说到龙，说明阴因为盛极而对抗阳。又说到野，这是因为本爻在卦外。另外，爻辞不说凶，是凶险不言自明的缘故。

[一辞多断]

○问征战：卦象已经明白表示，结果是两败俱伤。○问功名：上爻处在外卦的极位，是老年参加科举考试。抑塞已经很久，这次又将失败，值得悲哀。○问经商：上六居坤卦的终爻，前面的道路已经穷尽，象征钱财用尽后，血本又遭到亏损，商业没办法经营下去了。○问疾病：一定是阴亏的病症。阴极盛而对抗阳，肝血暴烈流动，已经到了命终的时候。○问胎孕：阴爻因为穷尽而变阳，有生男孩的希望。

[活断实例]

◎明治六年，占政府气运，筮得坤卦，变为剥卦。

断卦说：坤卦纯阴而没有一个阳爻，象征君王的德行不显著的时期，而现在明君在上，众多俊杰在高位，却占得这样一卦，我私下里奇怪它为什么与时事不符。在朝的大臣深谋远虑，襄理国政，同心同德，鞠躬尽瘁，何至于有龙战之象？既而又想，龙这种动物神化不测，古时候对才能卓绝的豪杰之士，往往用龙来比喻。或许大臣们都怀有忠诚和义愤，因为意见不同而议论过激，开始只是相忌惮，接着相仇视，最后相争斗，分成党派，互相攻击，不遵奉朝廷的旨意。这叫做“野斗”，所以说“龙战于野”，比如过去的源平争权①。

爻象虽然是这样，但思量现在在朝的大臣，一定不会这样。犹疑而无法决断，于是呈给三条相公。

朝廷发生征韩论与反征韩论争议时的激烈场面

在这以前，维新的大业略微得到整顿，大臣在参与议政的时候，多半经过对欧美各国的实地考察，根据取欧美之长的原则来决定国家政策。以岩仓右大臣②为首，由木户孝允③、大久保利通④、伊藤博文、山县有朋⑤

---

① 源平争权：794年，桓武天皇迁都平安京（现在的京都）以后，随着地方庄园势力的不断增强和中央政府的内乱，武士阶层逐渐上升到权力的中心。平安时代末期，出现了以东国为势力范围的源氏和以西国为势力范围的平氏两个庞大的政治势力。1159年，发生平治之乱，源氏实力虽遭遇很大削弱，但在东国仍拥有强大实力，国家内乱频仍。经过长期的源平合战，平氏被赶出京都，于1185年在坛之浦之战中彻底覆灭。历史上把源平两家的长期争夺称为“源平争权”。

② 岩仓右大臣：指岩仓具视。号对岳。1854年担任孝明天皇的宫廷大臣，是幕府末期、明治初期的著名政治家，曾对日本皇室有很大的影响力，也影响明治维新的发展。1867年，他策划明治天皇即位，革新日本政治，把所有权力交回皇室，成为建立维新政权的中心人物，就任新政府的副总裁、议定、大纳言等要职。右大臣：太政官的长官，虽然是次席，但权限与左大臣相同，是太政官中最高官员之一，故与太政大臣及左大臣合称为“三公”。

③ 木户孝允：“维新三杰”之一。本名桂小五郎，长州藩出身。在尊攘、讨幕运动中起领导作用，维新后参加起草《五条誓约》，是政府的核心人物，推进奉还版籍、废藩置县。历任文部卿、内务卿、地方官会议议长、内阁顾问等。

④ 大久保利通：“维新三杰”之一。出生于萨摩藩（今鹿儿岛）。1863年萨摩藩抗击英国侵略军时任萨军总指挥官，1866年为倒幕派领导人，1868年与西乡隆盛、木户孝允等发动“王政复古”政变，推翻了德川幕府的统治。明治新政府成立后，历任总裁局顾问、参议、大藏卿等职，领导了“奉还版籍”、“废藩置县”等资产阶级改革。在1871年“征韩论”政争中击败西乡隆盛等人，从此掌握政府权力中枢，任参议兼内务卿。1877年平定西乡隆盛为首的鹿儿岛士族叛乱。1878年5月在东京被刺而死。

⑤ 山县有朋：号含雪，长州藩士出身。早年参加“尊王攘夷”活动。历任陆军卿、参军、参谋本部长、内务大臣、农商大臣。1889年受命组阁，对内设法巩固天皇专制制度，颁布《教育敕语》。1894年中日甲午战争爆发后任第一军司令官，战后授侯爵。1898年晋陆军元帅，同年11月重任首相，并派兵加入八国联军，镇压中国义和团运动。1904年策划和指挥了日俄战争，因功授公爵，任元帅议定官。伊藤博文被刺后独揽军政大权。

等人参加的考察团在远赴欧美之前，与在朝大臣约好，他们归国以前，国内不讨论别的议案。没想到我国云扬舰在测量朝鲜仁川港时，遭到了朝鲜的炮击①，导致朝廷议论纷纷，说是应当兴师问罪，以雪国耻。有关电信到达欧洲后，大久保公首先回国，要求停止对这个议题的讨论，而以西乡隆盛②为首的大臣不从，争论越发激烈了。不久，岩仓右大臣等都回来了，征伐韩国的议论成为全国的一个大问题。物议嚣嚣，人心悻悻不平，而终于归结为议和，但主张征韩的人各自怀有不平，纷纷辞去官职，于是明治七年有佐贺的变故③，九年有长州的动乱④，十年有鹿儿岛战争⑤，国家的不祥一个连着一个。“龙战于野”的爻辞，实在不是虚言。

---

① 我国云扬舰测量朝鲜仁川港时，遭到朝鲜的炮击：1875 年 9 月 20 日，日本云扬舰非法驶入朝鲜汉江口江华海峡进行测量。下午，云扬舰上溯，击毁永宗岛上朝鲜炮台，并登岸洗劫。这就是历史上所说的“江华岛事件”，又称“云扬舰事”。此后的 1876 年 1 月 6 日，日本政府派遣黑因清隆、井上馨为遣韩使，率水兵 800 名，乘军舰 3 艘，轮船 3 艘前往朝鲜。2 月 11 日，朝日代表在江华府谈判。经十余日争议，朝鲜屈服，双方签订了《日朝修好条规》。条约规定日朝平等，否定中朝间藩属关系，日本获得了定元山，仁川为通商海岸，日本单方面享有驻公使等一系列特权。

② 西乡隆盛：日本江户时代末期（幕末）的萨摩藩武士、军事家、政治家，和木户孝允（桂小五郎），大久保利通并称“维新三杰”。前期一直从事于倒幕运动，维新成功后鼓吹并支持对外侵略扩张，因坚持征韩论遭到反对而辞职回到鹿儿岛，兴办名为私学校的军事政治学校，后来发动反政府的武装叛乱，兵败而死。

③ 佐贺的变故：1873、1874 年之交，佐贺士族建立了“征韩党”和“忧国党”，两党分别拥戴佐贺出身的前新政府参议江藤新平和前秋田县令岛义勇为首领，纠集了 3000 多名士族队伍，于 1874 年 2 月 4 日劫夺了小野组银行，抢到 20 万日元经费，发动武装叛乱。2 月 10 日，政府派大久保赴九州，18 日占领佐贺城，从 22 日至 23 日平定这次叛乱。江藤新平和岛义勇逃走后，先后在鹿儿岛被捕处斩。

④ 长州的动乱：日本江户时代末期德川幕府讨伐长州藩的两次战争。第一次：1864 年 8 月，“尊王攘夷”运动中心长州藩为驱逐幕府势力，出兵入京都攻打皇宫禁门失败，天皇在幕府策动下，以“禁门之变”为由征讨长州藩，命令前尾张藩主德川庆胜任征长总督，统率本州西南四国和九州地区 21 个藩的藩兵出征。与此同时，英、美、法、荷四国借口长州藩炮击通过下关海峡的外国船只，组成联合舰队进攻长州藩，击毁下关炮台，占领海峡一带。长州藩在内外夹击形势下被迫向幕府屈服，保守势力重新上台，直到 1865 年 1 月，长州藩倒幕志士高杉晋作率“奇兵队”起义，各地纷纷响应，再次夺取藩政权。第二次：1866 年 7 月，幕府以长州藩犯上作乱、私自与外国交往为借口，纠集 30 个藩的兵力，在 4 艘军舰掩护下攻占大岛郡，企图直捣山口。高杉晋作率长州藩军舰击退幕府海军，并乘胜收复大岛郡；井上馨率长州藩军击败幕府军主力攻占艺州；大村益次郎率领的长州藩军攻下滨田城。高杉晋作、山县有朋又率长州藩军主力经多次激战占领小仓城。8 月 29 日，幕府将军德川家茂病死，代理将军德川庆喜见败局已定，遂以“将军之丧”为名退兵，9 月 29 日以天皇名义下令停战。此后，倒幕运动蓬勃发展，幕府政权趋于崩溃。

⑤ 鹿儿岛战争：又称西南战争，是日本保守势力因反对明治维新而发动的叛变，也是日本最后的内战。这一战役因萨摩士族拥护下野的西乡隆盛而起。西乡自 1873 年（明治六年）返回鹿儿岛后，大兴教育，广收子弟，集结了一大批志趣相投之士，组成明治维新后反政府集团，从不服从新政府的命令。1876 年熊本士族反对维新政府的武装叛乱后，西乡也于 1877 年 2 月以“清君侧”名义起事。后来同是“维新三杰”之一的大久保利通受命镇压，西乡隆盛兵败自杀。

《周易》的预知事变，大致与此类似。

◎明治二十七年冬至，占明年的丰歉，筮得坤卦，变为剥卦。

断卦说：坤地有资生万物的功用，这是受到太阳的光和热才实现的。但卦象纯阴，没有一个阳爻，是多雨少晴之象。爻辞所谓“龙战于野”，指阴阳不和，气候不顺，恐怕难以指望丰熟，所以《象传》说“其道穷”。希望当政的人预知今年五谷的不丰熟，寻求救荒的策略，作为预先的准备。

果然，这年各地有洪水的灾害，暑气也比其他年略薄，秋收只达到正常年景的七成。

用六：利永贞。

《象传》曰：用六永贞，以大终也。

［经传释义］

“用六”的意思，已经在卷首说过。永是长远的意思。坤卦纯阴，象征臣道和妻道，在人事则要柔顺而贞正，长久不改变意志，这样才可以从君或从夫。忠臣不事奉两位君王，贞女不嫁给两位丈夫，这就是“永贞”。为人臣或为人妻的，顺从“永贞”的意思就大吉而有好的结局，只要稍加改变就是大凶大恶之道，所以深深地告诫说：“利永贞”。

阴的性情柔弱、浮躁而难以持守常道，有易进易退的毛病。《象传》说“以大终”，指不改变坤道的柔顺而保全它的终结。如果改变其柔顺，阴就会侵犯阳，臣下就会侵犯君王，妻子就会凌驾丈夫，这样违背义理和常道，怎么能保全它的终结呢？另外，阳为大，阴为小，阴又意味着柔靡和昏暗。话虽如此，阴只要勤恳不懈怠地学习和工作，就一定会强大和明达起来，所以说“以大终”。

乾卦的“用九”，因为过于刚强而适宜持守“无首”之道；坤卦的用六，因为是阴道、臣道、妻道，而适宜持守恒常的品德不变。这是提醒和诫止的话。

䷂水雷屯

“屯”字，上面的“一”象征地，中间的“屮”象征草，下面的“乚”象征草根的屈曲，也就是草木穿地将出，要伸展而还不能马上伸展的样子。内卦震为雷，能通过鼓动而发育万物；外卦坎为水，能通过滋润来养成万物。卦象为雷在水中，正值冬至的节气，雷在地下发动，而地上的水冰冻凝结，雷为它所压抑，不能马上出于地面，其形象艰难郁结，如同草木勾萌而无法舒展，所以命名为屯。

屯：元亨利贞。勿用有攸往，利建侯。

［经传释义］

“元亨”二字，是概括全卦的始终而说的，而不是说屯难本身就亨通。开始创业的时候必然有屯难，只有忍耐辛苦，自强不息，才能摆脱屯难，最终得以大亨，所以说“元亨”。人在屯难当中，应当动于心，忍于性，坚强贞固地自我把持，安于“勿用”而不敢妄动，以致险上加险。即使明知以后有利于行动，一定亨通，仍然不可轻举妄动，所以说“勿用有攸往”。

全卦阳爻只有两个：九五为坎险的主爻，初九为震动的主爻。九五所象征的君王正当艰难的时期，如果征伐有为的初九，必定反而招致祸患，不如优待它，封它为侯，以共济时艰，故说“利建侯”。侯是震卦之象，所以豫卦的彖辞也说“建侯”。

《彖传》曰：屯：刚柔始交而难生，动乎险中，大亨贞。雷雨之动满盈，天造草昧，宜建侯而不宁。

乾卦纯阳，坤卦纯阴。屯的内卦初九、外卦九五两个刚爻，与六四柔爻开始相交。内卦的震雷要奋然出现于地上，而外卦的坎水阻遏它，造成了屯难艰险的形势，故说“刚柔始交而难生”。《说卦传》所谓“震一索而得男”，即始交之象。震为动，坎为险陷，震凭着阳动的性情，动于坎阴的下面，却没能出现在地上，故说“动乎险中”。但虽然在险难中，只要持守贞正而不滥，以后自有大亨的结果，所以说“大亨贞”。

震雷是阳气的振动，坎雨是阴泽的普施，所以说“雷雨之动满盈”。初九是震的主爻，九五是坎的主爻，故告诫它们不要相互为敌为害，而要效仿雷雨的作用而相亲相助。

阴阳开始相交，故说“天造草昧”。《说卦传》说震为萑苇，这是“草”字的出处；坎为月，表示天还没有明，这是“昧”字的出处。在这样的时运，六四作为宰相，礼遇初九这个臣僚，与他互相辅助而共济时艰，故说“宜建侯”。这刚刚开始创业的日月不像升平守成的时候，怎么可以优游逸乐呢？故说“不宁”。

在天地创始，阴阳开始交接的时候，因为精气相交媾而产生了众多的事物。震为萑苇，生长在互体中的坤地上，以巩固地盘；继而胎卵得以孵化，鳞介类开始繁生。初九、九五二爻都阳刚，其中却含有柔弱的坤体，这是蚌蛤之象。万物无不具有心灵，自然能够飞空、潜水、行走和跳跃，这是自然的道理。我国的旧俗认为，主泥土的神灵叫做泥土煮尊，主沙土的神灵叫做沙土煮尊，主动物的神灵叫做面足尊，主植物的神灵叫做惶根尊①。至于人的生命，相传南斗星君主生，北斗星君主死。所以但凡一件物、一条命，都有神明主宰。

万物产生的时候，恰如春天的草木，繁殖的数量一场雨多于一场雨，这就是“雷雨之动满盈”。人类的繁殖不能没有至德君王的统御，但君王也不能独自治理，而必须以贤明的人为辅佐，这就是所谓“宜建侯”。因为天地关闭以来时间并不久，尤其应当教导人们不要耽于安宁逸乐，所以告诫说“不宁”。

以这一卦比拟人事，阳刚的君子与阴柔的小人开始交接，由于气质互不相同而彼此发生争论，叫做“刚柔始交而难生”。内卦为我，有雷厉的性质，立志奋发；外卦为他，有被水濡湿的性质，凭着下流的邪计而妨碍我的行动。凡我所要振兴的，它都加以阻挠和扰乱，使之无法成就，以至我进不能进，往不能往，这就是屯，所以说“勿用有攸往”。凡事都有困难，恰如陷入水中而不得自由，叫做“动乎险中”。

但是尽管这样，根据气运变迁的规律，穷困到极处必然走向亨通，犹如冬去春来，冰冻自然化解，雷气自然发生，这样屯卦就会变为解卦，屯难就会消散，气运就会更新。所以不宜急于追求事功，而应当固守现状，

① 主泥土的神灵……惶根尊：四者都是日本创世神话中的神灵。

以等待气运的转换和天命的降临。等到阳气上升，阴气下降，自会出现君子当权，小人退位的局面，这样就走出屯难而进入通亨的气运了。在屯难的时期，重要的是不要忘记这个道理。

以这一卦比拟国家，下卦为百姓，蓄有不同的谋划，提倡不同的论调，有暴雷向上轰击，想要撼动上卦所象征的政府之象；上卦为政府，其政令像流水一样，用来遏止百姓的妄动，甚至用刑法来制裁他们。“刑”字古时作“荆”，从“刀”从“井”，指犯法的人像陷入井中一样。这是下卦的屯难。政府虽然有政令和刑法，却未必能遏止下面的百姓，而反可能为百姓所困，以至阻碍国家的进步。这是上卦的屯难。把上下两卦合起来说，叫做“刚柔始交而难生”。

初九是下卦震雷的主爻，象征一点微阳震动在地下和坎水中。天下无事的时候，英雄也与凡人没有什么不同；但现在正值屯难的时期，初爻以君子刚健的资质，将要奋发有为，在上位者应该给他们以尊贵的爵位，优厚的俸禄，礼遇他们，让他们拯救世间的屯难。如果用威力压制他们，就会发生不测的祸乱；如果争功的人同时并起，人心就越发扰乱了，这叫做“天造草昧，宜建侯而不宁”。“天造”犹如天运，草指人心像草一样纷乱而失去了秩序，昧指愚蠢冥顽而不明达，有屯象。

《周易》有四个表示困难的卦，即屯、坎、蹇、困。屯卦“刚柔始交”，还不知道天意所在，所以产生猜疑的念头，象征困难刚刚酝酿的时期。坎卦有二人溺水之象，彼此都陷于危难当中，只有耐守困苦，后来才能亨通。蹇卦知道对方设置危险，于是裹足不前，像跛足的人那样寸步难行。困卦有泽中无水之象，恰如盆栽的草木，滋润的气息已经穷尽。屯卦是困难的开始，坎卦是困难接连到来，蹇卦是困难的中央，困卦是困难的终结。

通观全卦，初九虽然有建侯的才能，却因为值于屯难而磐桓不进；但由于居贞正的爻位，在遇到险难的时候能够持守正道。六二居九五的应位，遇到初九的挑逗而无法与九五共事，犹如贞节的妇人抗拒强暴者逼迫，经过十年之久才归于她应嫁的丈夫。六三为凡事讲求利益的小人，乘这不明的时候，想要独自博得功勋。六四既与初九相应，又与九五相比，因为有所忌惮而无法与任何一爻共事；虽然有“乘马班如”的屯难，终于还是归向正应初九而得到了吉祥。九五得中得正，既有地位又有德行，但是介于两个阴爻之间，无法像雷雨一样丰沛地施予德泽。上六居屯难的终位，应位的三爻又阴柔无力，没有挽回世运的力量。三、上两爻处于无应援的屯难；初、二、四、五处于有应援的屯难。六爻发动于陷险中的时候，务必谨慎持重，过了屯难的气运，自有得志的一天。《彖传》说“大亨贞”，“大亨”指屯难解除的时候。

《象传》曰：云雷，屯，君子以经纶。

不说雨而说云，是因为屯卦象征云在天空，雷动于地下而没能成雨；没能成雨，所以为屯。君子效法这阴阳二气的妙用，来“经纶”政治和教化的组织。“经纶”，犹如说匡济。经是织布机上的纵丝，纵丝像国体一样不可改变，必须使政教与人心相合，而不可紊乱；纶是织布机上的横丝，犹如政体，可以取世界各国的所长，根据时宜来组织。“经纶”，即平时所说的“综理庶政”。

［一辞多断］

○问功名：内卦为震，外卦为坎才是屯卦。震为雷，坎为云，故说“云雷”；震为出，坎为入，要出而又入，故说屯。另外震为人，为上，坎为经，为法，所以说“君子以经纶”，意思是君子怀抱经纶天下的才能，而运途正值屯难，应当等待行动的时机。○问征战：以勤劳的兵众守卫叫做屯。“云雷”相当于蓄势，“经纶”是指怀有才能，但是在屯难的时候，适宜固守而不适宜前进。○问经商：《彖传》说“刚柔始交而难生”，一定是初次经商。凡创始的事业，多半苦于艰难。经纶是治丝的事，可知所经营的一定是丝棉之类。○问家宅：震为东方，坎为北方，震为动，坎为陷，恐怕住宅东北方有问题，应当加以整修。○问婚姻：雷为阳气，云为阴气，“刚柔始交而难生”，象征初婚的时候双方不融洽，应当有适当的人劝解他们。○问胎孕：生男孩，恐怕开始生产时有险难。

初九：磐桓。利居贞，利建侯。

《象传》曰：虽磐桓，志行正也；以贵下贱，大得民也。

［经传释义］

每卦的主爻都具有本卦的品德，例如乾卦的九五具有乾德，坤卦的六二具有坤德。屯卦以初九为全卦的主爻，所以爻辞很像彖辞。其他卦的主爻依此类推。

磐是大石头，桓是柱子。爻象以阳刚居正位，处在险难当中而能动；

但是虽有拯救屯难的才能，却居于众阴爻的下面，上应坎水这个险难，很有陷入危险的忧虑，不足以自持，只有守身正固，坚忍地等待时机的到来，所以有作为柱石之臣而撑持危局之象。如果占问对抗敌人，则强敌有不可动摇的势力，只可以持重固守而不可贸然前进，否则不但无法得志，而且必然失败，所以说“利居贞”。

彖辞所谓“勿用有攸往”，也是磐桓难进的意思，说明功业不是容易成就的。磐桓趑趄，不进不退以等待时机，即所谓“在下位而不获乎上，民不可得而治”。只有明了人的本善之性，得到朋友的信任，才能得到“大亨”的时运，登上显要的职位，成就伟大的事业。说磐，说居，都是震足之象。

“利建侯”三个字与彖辞相同，但是含义相异。彖辞是就九五这位君王而言，爻辞是就初九而言，所以彖辞训为建侯，《象传》训为所建之侯。侯相对于王来说是臣，能安于臣职而不违背臣德，就是“居贞”。

《象传》中的贵指阳爻，贱指阴爻。以一个阳爻居于三个阴爻之下，有以尊贵的身份在卑贱者中之象。虽然时运蹇滞、地位卑微而无法发挥作用，但是只要甘居下位，礼贤下士，众人就会像百川归海一样归附他。屯难正是江山改换主人的世运，初爻以刚健的品德居下位，大得人心，众望归附，这是它建侯为君，拯救屯难的基础，所以说“以贵下贱，大得民也”。

只从磐桓来看初爻，似乎失去了阳刚的品德，但是重要的是内心坚确而不失贞正，所以说“虽磐桓，志行正”。初爻变阴则全卦为比，比卦的初六说：“有孚比之，无咎。有孚盈缶，终来有它吉。”不急于求成功的意思可以从中推论出来。

[一辞多断]

○问征战：“磐桓”，行而不进的样子。说“利居贞，利建侯”，尽管值于屯难的时期，但是内心要以正自守，对外要求得贤人的辅佐，这样就会民心归附，众志成城，而终究没有不利了。○问经商：初九爻辰在子，子在北方，在天上值虚宿，称作元枵。枵就是耗，虚也是耗的意思，不利于行商。如果能守正而任用别人，还有利可图。○问功名：得到的是初爻，必定是初次求名。“磐桓”，是要进步而做不到。重要的是志愿和行为正直，为人谦逊，主动居于下位，这样终究会有所得。○问家宅：“磐”字从“石”，所谓“安如磐石”，可知这家的宅基巩固。说“利居贞”，可知居住安稳；说“利建侯”，可知一定是贵人的宅第。○问婚嫁：说“以贵下贱”，这是富贵人家的女子下嫁之象，吉。○问胎孕：得初爻，生男。

◎明治二十六年十二月，某贵显来占气运，筮得屯卦，变为比卦。

断卦说：屯是雷动在水中的一卦，象征冬春之交，震雷要发动于地下，而地上却有冰冻结未解，使它无法上升。因为不得时令，所以命名为屯。屯是艰难的意思，但是时令一旦到来，水气就会蒸发为雨，雷就能大显神威。震雷出于大地，与雨和合，生发万物，造化的功用就形成了，所以“元亨”。时令没到，宜于在艰难中固守正道，轻举妄动一定会陷入危险，所以诫止说“利贞，勿用有攸往”。屯卦用来摹拟暗昧不明的草创时期，高位者应当任用下位的有志之士，以拯救屯难而安顿百姓；下位者不宜侵凌上位，而应当拥戴元首，以求国家的安宁，叫做“利建侯”。

现在某贵显占得屯卦初爻。他在维新开始时管理财务，使国家没有缺乏的东西，从而打下了富强的基础，像萧何对汉高祖那样，其丰功伟绩一直彪炳到今天。谚语说：“功成者坠，名盛者辱。”某贵显因为与同僚意见不合，突然被罢免官职，但是他的报国热忱一点也没有降低。

从所得的卦来看，爻辞说“利贞，勿用有攸往”。所谓“利贞”，即宜于以贞正自守而不宜躁进；所谓“勿用”，即今天“舍之则藏”的时期；所谓“有攸往”，指日后的再度起用。至于组织政党以便有所作为，恐怕党员中邪正混杂，反而会酿成祸端。况且屯卦的六二、六三，都是属于坤阴的主利之徒，这些爻象值得借鉴。

屯卦的初九以阳爻居阳位，足见才能和志气都很强。因为上有坎水所象征的危险，阳爻陷于险难中，故说“磐桓”。“磐桓”，犹如以磐石为柱，不可动摇，这是说难以前进。等到气运一变，春冰融解而雷雨发作，“百果草木皆甲坼，就会屯难消散而嫌疑冰释，九五所象征的君王就会依礼聘用他，而他则会翻然而听从君王的命令，经纶国家大事，大显才干与德行，所以说“利建侯”。

某贵显的气运就是这样，但他既不信这一占断，我也就不再说什么了。

◎秋田县士人根本通明①，深通经学，教诲人不知疲倦，也是我的益友。一天拜访他时，他出示一个画轴说：“这画轴相传是明朝人某翁所画，

① 根本通明：日本幕末、明治期儒学者，汉学家。秋田县人，曾任东京帝国大学教授、文学院长。素蓄长发，效汉代装饰。著有《读易私记》等著作。曾给明治天皇讲过《周易》。

根本通明像

因为画上没有款识，没能辨别真伪，请先生鉴定一下。”但是我平素不懂鉴赏，于是为他筮画的真伪。遇到屯卦，变为比卦。

断卦说：内卦为震，为龙，外卦为坎，为云水。这幅画画的是云龙吗？爻辞“磐桓”，磐是地上的磐石，象征牢固而不可移易；既然不可移易，就可以知道不是假的了。况且说“利居贞”，贞就是真，就是说它是真品了。“以贵下贱”，指贵重的东西无人赏识，而为人所轻视。

及至拿出画来展开观看，果然是一幅云龙图，笔力遒劲，可以知不是凡庸的手笔。我就用断卦的话为他作了鉴定。

◎占普法战争①的胜败。

友人益田，曾留学欧洲，通晓西洋各国的事情。明治三年，普法两国交战，益田前来对我说：“普法开战的电报昨天夜里从欧洲来到。我曾经长住法国，清楚地知道这个国家的强大，因而与某英国人赌两国的胜败。我希望法国获胜。今天早晨与他到某银行，互相以若干洋银托保，请您占筮这件事的胜负。”我说：“先生已经预期法国获胜，何必占筮？”他说：“请试着占一下！”恳求不止。筮得屯卦，变为比卦。

断卦说：唉！法国必败，先生必定损失若干元。先生心里以法国为主，所以将法国定为内卦。初爻为内卦的主爻，有雷的特性，将要行动而被上卦坎所阻遏，无法前进。这是屯卦的含义。“磐桓”，指难以前进的状态，因为敌军坚刚，像岩石一样不可抵挡。“利居贞”，是说不可轻易兴兵，但现在法军却随意进军，要征伐普鲁士。详细地玩味这一占辞，法国一定无法获胜。

《象传》说：“以贵下贱，大得民也。”初爻变为阴为“以贵下贱”，

---

① 普法战争：普鲁士为了统一德国，在1864年及1866年先后击败了丹麦及奥地利，但法国却仍然在幕后操控着南德意志诸邦，企图阻碍德国统一。为此，在普鲁士首相俾斯麦的策动下，以西班牙王位继承问题制造争端，令法皇拿破仑三世对普宣战，借以团结德意志民族，进攻法国。在法皇宣战后，法国随即编成莱茵军团，于法德边境地带集结。该军团共有八个军，约22万人，由拿破仑三世任总司令。法国欲先发制人，夺取法兰克福，迫使普鲁士屈服；但与此同时，普军亦集结了三个军团，约47万人，由威廉一世为总司令。普鲁士以优势兵力集中向阿尔萨斯和洛林进攻，将法军击溃于边境线上，继而进攻巴黎，迫使法国投降。拿破仑三世在色当被俘，普法战争以法兰西第二帝国的垮台和法国资产阶级政府的投降而告终。普法停战的和约《法兰克福条约》极其苛刻：规定法国割让阿尔萨斯和洛林予德国，并赔款50亿法郎。而普王威廉一世则于1871年1月18日，在凡尔赛宫的镜厅宣告建立德意志帝国，他本人为首任皇帝。德国实现了统一。

法国皇帝难道要投降敌军吗？国君投降，震卦一个阳爻就会变阴而使下卦为坤，坤为臣，为众，为民，是国家没有君王征象。以后难道将由民众选举总统，开始共和政治吗？

内卦震为动，外卦坎为险，是“动乎险中而难生”。现在内卦先动而遇到外卦的险难，即法国先开战端而为普鲁士军队所阻遏。另外阳为将帅，阴为兵卒，外卦所象征的普鲁士将领居于九五这个中正的爻位，有兵士卫护将帅之象，可知普鲁士君民间很亲和。内卦所象征的法国将领居初九，爻位不得中，法国君民的不亲和也可以知道。大将居于互卦坤的后面，是遇到军事时心中先以国家和人民为赌注，也是明白的。

谈到两国的战略，内卦初爻以外卦四爻为应爻，外卦五爻以内卦二爻为应爻，是互有内应之象。但应外卦普鲁士的是内卦的二爻，即法国的中正势力，所以有效；应内卦法国的是外卦四爻，即普鲁士的偏激势力，所以无效。初九阳爻变为阴爻，是失去将领之象，法国的失败是注定了的。

论两国原来的交涉，法国自命为震长男，以普鲁士为坎中男，因此开启了战端；而普鲁士虽然以自己为坎中男，却以法国为艮少男，认为法国应该听命于它。屯卦反转过来就是蒙卦，爻辞说“击蒙，不利为寇，利御寇”。酿成战端的是法国，抵御它的是普鲁士，说明法国是昧者，普鲁士是打击蒙昧者的人。普鲁士抵御法寇，不是为寇者，它的必胜也就可以知道了。另外，内卦为坎为险，不易侵犯；外卦为艮为止，无法前进，更可知法国无法战胜普鲁士。

话还没有说完，益田大声冷笑道：“卦是凭空的议论，像呓语一样不值得听信。”

我说：“我凭象数推算来决断胜败。先生虽然长期留学法国，目击它的富强，相信它必胜，但只是看到了它的外观而没看到它的骨髓。《周易》是显示预定的天数的。今天既推究了这一卦，再来细论时事。拿破仑三世①的登上帝位，和他与民政党②的勾结有很大关系。一八四八年的动乱③

---

① 拿破仑三世：即路易·拿破仑·波拿巴，拿破仑一世的侄子。法兰西第二共和国建立后，在大资产阶级保皇派的资助下当选为总统。1851 年 12 月 2 日，发动政变，解散立法议会，逮捕所有反对他的议员，稍后又血腥镇压了巴黎无产阶级的反抗。1852 年 12 月 2 日黄袍加身，号称拿破仑三世，建立法兰西第二帝国。执政期间，多次对外发动战争。1870 年 7 月 19 日对普鲁士宣战，结果在色当兵败被俘。法德和约签订后被释放，随即流亡英国，1873 年死于英国。

② 民政党：法国资产阶级政党。

③ 一八四八年的动乱：推翻七月王朝的法国工人革命。1848 年 2 月 22 日，法国工人在巴黎街头开始建筑街垒，24 日起义群众进攻杜伊勒里宫，路易·菲利浦被迫将王位让与其孙巴黎伯爵后逃往国外。革命临时政府于 25 日晨宣告法兰西第二共和国成立，七月王朝告终。

拿破仑三世像

期间，他借此被选为总统，而当上总统后，却破坏宪法，玩弄权力而登上帝位。现在凭着富国强兵，俨然是欧洲各国的盟主，而且与英国联合起来征伐俄国，攻陷塞瓦斯托波尔这样的坚固城市，实在是足以继承拿破仑一世的豪杰。先生预期他必胜，原因就在这里。我看拿破仑乘势登上帝位，睥睨欧洲各国，所向无敌，并想凭借这样的威势使子孙继承帝位。但是他看到了无法实现志愿的征兆，所以与普鲁士交兵，拿国家来赌博。这表明这位绝伦的英豪也被私利所诳骗，开始了蒙昧的行动，并因而陷入了屯难。卦象和时事历历相符合，先生何必怀疑?"

后来，普鲁士国王以六十万兵众，在莱茵河畔迎击法军。法军连战连败，最后退到塞段城。普鲁士的包围越发急迫，几乎无法支撑，到八月，拿破仑三世以全军投降普鲁士。因而抄录这一占断，以证明易象的应验不爽。

六二：屯如邅如，乘马班如。匪寇婚媾。女子贞不字，十年乃字。

《象传》曰：六二之难，乘刚也；"十年乃字"，反常也。

[经传释义]

在《周易》三百八十四爻中，开头提到卦名的，多半是为了说明卦时。"屯如"，难以前进的样子；"邅如"，行而不进、辗转迟回的样子；"班如"，又想进又想退，进退不决的样子。因为震坎二卦都有马象，故称"乘刚"、"乘马"。屯卦所象征的时运，内外阻隔而无法追随正应，以致进退踌躇，所以"屯如邅如，乘马班如"。

"匪寇婚媾"，六二乘初九这个阳爻，而六四这个阴爻下应初九，说明六二乘马不进不是因为被贼寇逼迫，而是因为初九是六四的婚媾对象。《周易》中说"匪寇婚媾"的有三处，即本爻及贲卦的六四、睽卦的上九。

"女子贞不字"，六二得中得正，上应九五阳刚，依理可以追随，但是由于本身阴柔，无法前往解除屯难而拯救九五的痛苦，所以初九乘机逼迫。它虽然要娶我，我却不敢答应它的恳求，而且忌讳它，躲避它，像对贼寇和仇人一样。但初九其实并不是害我的人，而是要与自己共事，只是比作婚媾罢了。六二得中得正，象征执着道义，恪守节操而不敢应允。本爻变阳则下卦为兑，有以兑少女匹配坎中男之象，所以托女子写爻辞。字，许嫁的意思，指女子有了正应的丈夫。

互卦有坤，坤数为十，这是数的极致。另外震的卦位在卯，坎的卦位在子，从卯数到子也是十。十天干一周，地数才达到极致。数达到穷极事情就会发生变化，十年之后，妄求的人退去，屯难得到消解，六二才得以许嫁给九五这个正应，叫做“十年乃字”。爻象相当于姜太公居渭水之滨、伊尹居莘野、孔明在南阳的时候。

屯难的时期，群雄并起，不只是君王选择臣下，臣下也选择君王。六二的“屯如邅如”是有原因的。《象传》说：“六二之难，乘刚也。”六二艰难忧苦到这种程度，是乘初九阳刚的缘故。“难”字解释“屯如邅如”的含义。爻以刚乘柔为顺，以柔乘刚为逆，逆则情志乖违而不相得，犹如下面有刚强的大臣，我实在难以制服和驾驭。

《象传》说：“十年乃字，反常也。”十年之久，还恪守它的贞操而追随九五，复归了女子的常道。为什么？因为女子生来愿意做妻子，这是人伦的常道。女子二十而出嫁，“十年乃字”，所以说“反常”。

［一辞多断］

〇问婚嫁：爻辞说“匪寇婚媾”，明说是佳偶而不是怨偶；但又说“女子贞不字，十年乃字”，可知出嫁还需要等待。〇问征战：六二以柔爻居柔位，有濡滞之象，故说“屯如”。《左氏春秋》有“有班马之声，齐师其遁”的话，古时还师归朝称班师，故说“班如”。可知军队不可急于前进，必须养精蓄锐，“十年”后才能获胜。〇问经商：“媾”与“购”字发音相同，含义也相通。就货物的求购来说，有迟回不决的意思，所以说“屯如邅如”。又说“十年乃字”，十是据成数而言。货物不可长久积存，或者是十日或十月吧？〇问功名：士人求名，犹如女子求嫁，说“屯如”、“邅如”、“班如”，都是说一时无法成名。“十年乃字”，十年后才是成名的时候。〇问胎孕：生儿子。

◎明治二十五年，占某贵绅的气运，筮得屯卦，变为节卦。

断卦说：屯卦是阴阳相交的开始，象征万物初生的艰难时期。卦中以震动遇到坎险，前进必定陷于险难，所以命名为屯。屯是艰难的意思。事物在最初阶段没有不艰难的，草木从萌芽到繁盛，必须经过霜雪的摧折才能保全，何况君子经纶天下，谈何容易！凡一件事情还没有成功，一个念头还没能实现，都是屯，匡扶社会，拯救危难，只是其中重大的项目罢了。彖辞说“元亨利贞，勿用有攸往”，旨在说明人能持守“利贞”的告诫，就可以得到“元亨”的时运。

现在某贵绅占得了屯卦。他见识卓越，才能高明，智慧深邃，在维新的开始就为国家立下了大功，后来虽然辞了职，但是心中并没有一刻忘记天皇。现在奉天皇的任命担当大任，即将出山而有所作为，爻辞却说“屯如邅如，乘马班如”，有处境艰难，迟回不进，将进又退的意思。这一爻居宰相的位置，上应九五君王，但是以阴爻居阴位，无法解除屯难，恐怕即将出山却不能马上出山。犹如女子想出嫁，虽然有正应的丈夫，却因为内外阻隔而无法追随，所以有这样的卦象。阴是阳所追求的，柔是刚所凌驾的，时运正当屯难，柔弱的六二难以自助，而又与初九这个刚爻相比，恐怕难免嫌疑，可以不戒惧审慎吗？

后来某贵绅因为与政党首领某相会，导致了政府的疑忌，最终辞职。卦爻著明到了这个程度。但现在虽然无法实现志愿，十年以后屯难至极，必然转为通达。以女子的阴柔还能持守她的节操，久后必然得到亨通，何况贤人君子持守中正之道，来匡扶国家呢？

六三：即鹿无虞，惟入于林中，君子几不如舍，往吝。

《象传》曰：“即鹿无虞”，以从禽也；君子舍之，往吝穷也。

[经传释义]

“即鹿”，即逐鹿。“鹿”与“禄”同音，又通于禄利的意思。鹿是指九五而言。虞是执掌山泽的官员，如向导之类，指初爻而言。三爻为人位，故说“君子”，这与乾卦的九三同一体例。“几不如舍”，舍是止的意思，指知道无法成功，不如见机而止。“往吝”，吝有鄙吝、贪吝等含义，指想要前往实现志愿，却必然辱没名声，败坏节操。互卦为艮，艮有止的意思。

六三以阴爻居阳位，性情阴柔而躁动，所乘所应都是阴爻，象征没有良师益友的教导。犹如猎人没有虞人做向导而独自进入山林，虽然冒险前进，但猎到不鹿，到日落西山，人困马乏的时候就没有办法了。况且山林中的危险，并不是进入后才知道，没有虞人做向导，在“即鹿”的开始就已经知道，只是因为贪于“从禽”而不肯舍弃罢了。

舍弃与进入山林都得不到鹿，但舍弃则为君子，进入山林则为小人。君子与小人的区别没有别的，只在利与义之间罢了。《象传》所谓“以从禽”，指为贪心所驱使。另外，爻辞说“几不如舍”，《象传》说“舍之”，都是决然舍弃的意思。

六三变阳则全卦为既济，既济卦的九三说：“高宗伐鬼方，三年克之。”是建国封侯的意思，可以一并看到。

[一辞多断]

○问征战：爻辞说“即鹿无虞，惟入于林中”，正如说行军而没有向导，冒进到危险的地方。应当见机而退，否则必定遭遇凶险。○问经商：玩味爻辞，可知这人既不熟悉商业，也不熟悉地理，前去不但买不到货，反而有损失。舍弃这次出行，才可以无大害。○问婚嫁：属于钻地穴翻墙头而求婚，没有前途。○问功名：干求荣耀，乞怜宠爱，士人之道已经穷尽了。○问胎孕：六三以阴爻居阳位，生男孩。

[活断实例]

◎明治十八年，应某显要官员的召请，这位官员说：“我现在将为国家进献自己的谋划，请占事情成否。”筮得屯卦，变为既济卦。

断卦说：屯指事物开始发生的时期，指草木勾萌未舒之象。阴阳之气开始相交而没能畅通叫做屯，世间有厄难而没有通达也叫做屯，遇到危险而不能迅速前进还称为屯。拿人事来比方，内卦的震雷有动性，要奋发有为，由于外卦坎水性质下陷而危险，有动而陷入危险之象。人要有所作为而前途有危险，就无法实现志愿，不是他的才能不足，实在是所值的屯难气运使然。

“即鹿无虞”，要入山猎取鹿而没有向导，以致迷路，必然一无所获。这是就本卦没有阳爻相应相比而言。“入于林中”，犹如说贪图权位而前往，毕竟不能免于羞吝。《象传》说“君子舍之”，是因为君子能看到事物的几微，而小人则与此相反，会前往而导致吝穷。二爻的爻辞说“十年乃字”，现在得到第三爻，九年后气运完全改变，那时一定可以实现志愿。

当时，某显要官员不用这个占断，去求见朝中的关键人物，结果不但据占的事情没成，而且不得不辞了职。但是到了明治二十五年，果然再次登上显要职位，计算起来恰好九年。

六四：乘马班如。求婚媾，往吉，无不利。

《象传》曰：求而往，明也。

[经传释义]

“乘马班如”，解释见于六二爻下。六四与九五所象征的君王刚柔相接，但本身以阴爻居阴位，才能不足以拯救天下的屯难，所以要前进而又停止，这就是所谓“乘马班如”。大臣不怕自己没有才能，怕的是不能任用有才能的人，只要能求得贤才来辅佐自己，就可以称为贤明了。六四的取象与六二相同。因为初九是刚明有为的人才，只有求它一同前往，共同辅佐刚健中正的君王，才能“吉，无不利”。

为了说明它有鉴别贤才的明达，而无嫉妒贤人的私心，所以《象传》说：“求而往，明也。”初九也是这样，如果不等六四的召请就自己前往，不知道去就的道理，怎么能算明达呢？四爻变阳则全卦为随，随卦的九四说：“有孚在道，以明，何咎？”从中可以了解婚媾的正道。

[一辞多断]

○问征战：“乘马班如”，是不清楚进攻的道路的缘故。清楚道路以后再前往就会所向无敌，所以说“往吉，无不利”。○问功名：士人把利器藏在身上而等待时机，而不应该急于上进。等到在科举考试中高中了再出来做官临民，是“无不利”的。○问婚嫁：《诗经·关雎》说：“窈窕淑女，君子好逑。”逑，求的意思。必须等到君子求婚才能出嫁，才吉祥。○问胎孕：生女孩。

[活断实例]

大仓喜八郎像

◎大仓喜八郎[1]的某斡旋人来请占气运，筮得屯卦，变为随卦。

断卦说：屯这一卦，象征我要奋进做事，而被那些顽愚的人所妨碍，以致无法成功，这就是屯的含义。现在从四爻来看，四爻亲比五爻而在辅翼的位置，但因为五爻君王不用我的策略，应当改变志向而下应初九阳爻。爻辞说“乘马班如”，是说要前进而没能决定；“求婚媾，往吉”，

① 大仓喜八郎：日本明治、大正时期实业家，大仓财阀创业人。新深长县人。1873年创立大仓组商会，经营海外贸易。中日甲午战争中，因承揽军需品供应和军队输送而敛巨资。日俄战争中出资援助日军，获封男爵。1902年以中国汉阳铁工厂借款为契机，涉足我国矿山、木材、银行、纺织等行业，并在大连设支店。1906年任满铁创立委员。1911年辛亥革命时应黄兴要求，为南京临时政府借款300万元。曾在大连建造老虎滩公园。

是说应当求阳刚的初爻来辅助自己。

后据传闻，大仓的营业员与经理人一起去广岛做镇台商务，后来与经理人不合，心中不平，直接向大仓辞职，自己来到大阪，在同一镇台的旁边开店，用从前的一位同行做经理人。这就是卦中求初爻相助的征兆。

九五：屯其膏。小贞吉，大贞凶。

《象传》曰："屯其膏"，施未光也。

[经传释义]

膏是膏泽，取坎为水、为雨、为云之象。"屯其膏"，是说在屯难的时运中，无法下施膏泽给百姓，以致财政涩滞，有功的不能赏赐，有劳的不能给予报酬。五爻中正而居君位，得到刚明贤臣的辅佐，就能拯救屯难了，因为没有这样的大臣，所以"屯其膏"。初九具备拯救屯难的才能而在底层韬光养晦，六四与它相应，百姓瞩望着它。九五虽然居于尊位，但是陷在坎险当中，既失时运又无势力，它的应爻六二又才能柔弱而不足以拯救屯难。所以在小事上守正还可以得吉，即只有"宽其政教，简其号令"，才能逐渐发挥作用；如果骤然改革，恐怕天下人都会惊恐四散，是求凶的办法。自古人君经过几代之后，往往为权柄的下移而愤恨，急于铲除强横顽梗的权奸，但是被权奸反过来吞噬的也不少，叫做"小贞吉，大贞凶"。

天子亲自处理万机，其中最重要的是抚育和教化百姓，使他们各自沐浴在太平的德泽中，而没有一个人不得其所。现在九五君王陷在坎险中，值此屯难的世道，左右的股肱大臣也都阴柔而缺乏平定险难的能力，无法广施膏泽给下面的人民，所以《象传》说："'屯其膏'，施未光也。"

[一辞多断]

○问功名：士人要显扬声名，全靠上面施予恩泽。如果上面"屯其膏"，士人还有什么指望呢！○问征战：上面有厚赏，下面就愿意效力而死。如果恩泽不下施，势必离心离德，这样大势就失去了。凶。○问经商：膏指商业上的钱财和货物；"屯其膏"，指钱财和货物蓄聚而不流通。小买卖还可以固守，大经营也这样做，就未免穷困了。凶。○问疾病：膏在人体为血液，如果屯聚而不流通，就是闭塞郁积的症状。初病时治疗还容易，久病就危险了。○问胎孕：九五居尊位，主生男，并且主贵。

[活断实例]

◎明治十九年初夏，某法官来访，说："我曾在某所工作，那里有一家银行，很有兴旺的称誉。我偶然听朋友的话，成了该银行的股东，购入股票若干，现在还收藏着。忽然听说这家银行生意不好，好像要倒闭，我很忧虑这件事。请您占这家银行的盈亏情况怎样。"筮得屯卦，变为复卦。

断卦说：屯是严重的艰难。五爻在天位而不能施雨泽，叫做"屯其膏"，《诗经》所谓"芃芃黍苗，阴雨膏之"，说的就是这类雨泽。对政府来说，"屯其膏"就是公债的利息无法付出。这样看来，这家银行必定会遇到会计方面的困境，无法使股东获利。但屯卦的彖辞说"元亨利贞"，《大象传》又说"君子以经纶"，所以现在虽然陷于困难，到了"元亨"的时候，一定能通过整顿而走出困境。

试推论走出屯难的时间。二爻说"十年乃字，反常也"，从二爻数到下卦蒙的五爻为十年。现在该银行既然过了四年，再过六年必定大有起色，自然应当偿还股东们现在的损失。况且蒙卦的五爻说"童蒙，吉"，是说股东像蒙昧的幼童一样无意无我，但是蒙受着父母的宠育和老师的教导，这是不必费心就得到利润之象。请您不要忧虑今天的蹇滞，继续保留股票，可以等待他日的兴隆。

法官拍手，感叹我言辞的奇异，并且说："易占实在太神了！我所说的是福岛银行。该银行某头头曾在东京私下染指于股市，遭到大败，殃及这银行会计工作，以至无法配给利润。现在得到这样的明断，我安心了！"

◎明治二十七年九月，我国有征伐中国的行动①。以涩泽荣一②为首的东京及横滨富豪，倡议全国富豪捐献军费。我听到了相关的报告，就占这件事的成败，筮得屯卦，变为复卦。

断卦说：内卦为首倡者，有雷的特点，要发声而震惊百里；外卦为其他富豪，有水的特点，能向下流润而不能向上。如同雷震动在水中，不能一响就得到回应，这就是屯卦。屯是事情的艰难滞涩。现在国家的需要特

---

① 征伐中国的行动：指日本发动中日甲午战争。

② 涩泽荣一：日本明治和大正时期的大实业家，被誉为"日本实业之父"、"日本产业经济的最高指导者"、日本近代产业先驱、日本工商业的精神领袖等。仅参与创办的企业就多达五百余家，这些企业遍布银行、保险、矿山、铁路、机械、印刷、纺织、酿酒、化工等日本当时最重要的产业部门。热衷于西方经济制度的引进和企业形态的创新，创办了日本第一家近代银行和股份制企业，并率先发起和创立近代经济团体组织。在实业思想上，把来自中国的儒家精神与效仿欧美的经济理论合为一体，奠定了日本经营思想的基础。有《论语与算盘》等著作传世。

涩泽荣一像

别急迫，但是兵饷还没有募集，与云虽密而不下雨的情形相似，所以说“屯其膏”。富豪或许能拿出小额的钱，但不会拿出巨款，所以说“小贞吉，大贞凶”。这件事恐怕难以如愿。国家面临大事，向有志者求微少的钱，犹如用膏药治疗深巨的创伤，其不相应是可以想象的，假使别人听说了，不免笑话我们识见浅陋。我认为，国事应当以公议的形式来谋划。

以后听说，议员们聚集到广岛，马上通过了募集一亿五千万元公债的决议。

上六：乘马班如，泣血涟如。

《象传》曰：“泣血涟如”，何可长也！

[经传释义]

“乘马班如”，解释见于六二爻下。“泣血”，悲泣深切到眼泪流干，继而流血的程度。坎为血卦，故说“泣血”。“涟如”，眼泪流下的样子。上爻变阳则上卦为巽，以坎水从巽风，是“涟如”之象。

上六以阴爻居阴位，是全卦的终爻，为坎险的极致，象征气运已经穷尽，却仍然不济事。三爻属阴，不与它相应；虽然与五爻相比，但因为五爻“屯其膏”而“贞凶”，不值得归附，所以困穷狼狈，忧惧不堪，求救的心情迫切得像要乘马而飞驰一样。但是事物穷尽了就会发生变化，时运穷尽了就会发生迁改，只要因为忧惧而奋起，就不难转祸为福，屯难就可以拯救了。

上爻与三、四两爻，有拯救屯难的志愿而没有相应的才能，爻辞不说凶，因为不是它们的过错。《象传》所谓“‘泣血涟如’，何可长也”，是说不久时运就会发生变化。上爻变阳则全卦为益，益卦上九说：“莫益之，或击之，立心勿恒，凶。”也可见其前途完全穷尽了。

相对于国家政治来说，初爻公而忘私，国而忘家，属于水地比的世运，只要封建诸侯来辅助政治，就可以得到安泰。四爻前往求贤才，与初爻的建侯一样，都属于泽雷随的世运，也能得到安泰。上爻居于上位，如果奋发有为，就属于风雷益的世运，国运可以进步。但是初、四两爻彼此相疑而不相信，上爻要前进而又后退，这样屯难就没有解除的一天了。

［一辞多断］

○问征战：上爻居屯卦的极位，进退维谷，日暮途穷，忧虑悲伤以至“泣血”，是军队失败、国家灭亡的时候。凶。○问经商：“乘马班如”一语，上文已经三次谈到，表明商业上的疑惑不决已经再二再三了。最后“泣血”，可知消耗和损失已经很多，所以说“何可长也”。○问功名：上爻居坎卦的终位，没有了前进的余地，能保全自身就算幸运了。○问疾病：必定是吐血的病症，凶。○问胎孕：生女孩，恐怕无法长大。

［活断实例］

◎明治二十四年，占内阁的气运，筮得屯卦，变为益卦。

断卦说：屯卦有雷要从地中奋然而出，却被地上的水所抑制，因而盘旋难进之象，所以卦名为屯。用国家来比拟，下卦所象征的人民有雷的特点，要奋然行动而造成声势；上卦为政府，有水的特点而为坎险，压制下卦的雷，使它无法发动。现在政府因为改正条约和准备第二议会的事而舆论喧扰，政务滞涩，国运正值屯难的时期。又有上卦的阴爻呼应下卦阳刚的初爻，恐怕朝中有人与滋事者暗中互相支持，制造事端。

现在占内阁而得到上爻。上爻近在君王的身旁，正值屯难的时运，要尽辅弼的责任而苦于没有应爻作外援，做首相的只想辞职，做候补的也想避位，正是“乘马班如”，进退未决的时候。回想过去木户、大久保二人，承担天下的重任而能挽救时艰，现在没有这样的人才，令人不堪忧闷和叹息，有“泣血涟如”之象。然而天运循环，到下卦山水蒙的二爻，则政府犹如教师，人民犹如子弟，得以互爱互敬，这时有豪杰兴起，自然能经纶天下，把国家从屯难中拯救出来。

䷃山水蒙

“蒙”字古篆从“艹”从“冖”从“豕”。“艹”是草昧，“冖”是掩覆的形状，“豕”是“众”的本字。“众”为三个“人”字，即《国语》所谓“三人为众”。民众没有得到适当的训导，智识还没有开发，昏昧不明，就像被什么东西掩覆着一样，这就是“童蒙”的蒙。蒙的内卦为坎水，外卦为艮山，山下有水，水气上蒸为雾，有昏然看不见山之象，所以命名为蒙。

蒙：亨。匪我求童蒙，童蒙求我。初筮告，再三渎，渎则不告。利贞。

［经传释义］

“蒙亨”的亨，与屯卦的“元亨”类似，不是说当下就亨通，而是说蒙昧者能以先觉者为师，来启迪他们的聪明，蒙昧者就亨通了。“我”指师长，“童蒙”指子弟。外卦艮为少男，故有“童蒙”之象。“童蒙”要求得聪明，没有比求师更有益的；得到了老师，应当用至诚的态度来请教。《礼记》说前往教授不符合礼，所以说“匪我求童蒙，童蒙求我”。

弟子的求师与算卦求神相似，故说“初筮告”。初筮的时候至诚而专一，没有任何夹杂，抓住这个时机告诉吉凶是亨通的；到了“再三渎”的时候，则私心已经产生，就夹杂而不纯粹了，所以“不告”。渎，即《少仪》所说“毋渎神”的“渎”；“不告”，即《诗经·小旻》所说“我龟既厌，不我告犹”。

《说卦传》说艮为手，二至四爻互震卦，而震为草，即用手数蓍草。“初筮”之象就是这样取的。况且六五互卦有颐口的形状，象征以虚中的诚孚而占问。告，以九二坎卦所象征的舌与震卦所象征的声音相呼应。“再三”，三爻和四爻有颐口之象，连续亵渎不止，亨通贞正之道就失去了，所以拒绝而不告诉。教导者的做法正当，求问者也就不敢不正当，所以说“利贞”。

《彖传》曰：蒙：山下有险，险而止，蒙。蒙亨，以亨行时中也。“匪我求童蒙，童蒙求我”，志应也。“初筮告”，以刚中也；“再三渎，渎则不告”，渎蒙也。蒙以养正，圣功也。

屯卦之后用蒙卦来接续，象征山川的位置既已确定，虽然万物繁茂，但只是天地草创、蒙昧初启。蒙的卦象是艮山下面有坎险。艮是止的意思，所以说“险而止，蒙”；坎是通达的意思，所以说“蒙亨，以亨行”。艮止阴气就闭结，故暗；坎通阳光就透发，故明，有由蒙暗而生光明之象。三至五爻互坤，坤为地；二至四爻互震，震为萑苇。山下萑苇蒙茸，正是蒙象。

以这一卦比拟人事，有蒙昧无知之象。因为幼小时智识尚未开发的蒙昧叫“童蒙”，因为不学习而不了解道义的蒙昧叫“困蒙”。六五“童蒙”柔而得中，天资本来很好，只是年幼无知罢了，主要在于养；六四“困蒙”柔爻柔位，气禀本来就昏暗，自己又不知道努力，主要在启发。所以说“山下有险，险而止，蒙”。

九二以阳刚而得中的资质上应六五，是以六五为主，而以九二启发它的蒙昧。以阳爻为老师，以阴爻为弟子，所以用二爻这个老师来回应弟子的求教，叫做“匪我求童蒙，童蒙求我，志应也”。五爻这个弟子来求老师的教导，应当诚心叩问，叫做“初筮告”；如果再三请教同样的问题，就是渎慢不敬，老师就不告诉了。《周易》的道理就是这样。

老师的教导与神道相通。人为预知未来而问神的时候，神的教导就像回声一样到来，所以教导蒙昧者也讲究“初筮”。就是说，人对神与弟子对老师，都应该诚心求教而不应该亵渎侮慢，所以说：“再三渎，渎则不告。渎，蒙也”。

所以“困蒙”是圣人所要启发的，“童蒙”是圣人所要“养正”的。“养正”的方法不是从外面加入什么，只是保全其固有的纯真本性罢了。人的生命禀受于天，耳朵自然聪，眼睛自然明，父子之间自然有恩，君臣之间自然行义，无不是本来具足的。人只要不失去赤子之心，自会把双亲当双亲，把首长当首长，这样天下也就太平了。况且“童蒙”是人生最初的阶段，“童蒙”时不养，却指望他以后成圣成贤，那是非常荒谬的。所以说“蒙以养正，圣功也”。

以这一卦比拟国家，上卦所象征的政府有山的性质，傲然地坐在高位上，缺乏奋进的精神，懈怠政事，不眷顾下面的百姓，只知道用刚暴严厉的手段镇压他们；下卦所象征的百姓有水的性质，像水向下流一样陷入困境当中，苦于生活的艰难，忘记了教育之道，不知道国家是什么。所以屯蒙二卦都主洪荒时代，人民耽于逸乐而得不到教化，以弱肉强食的方式求生存，只知道有自己而不知道有别人。在百姓智识未开的时候，教导他们为善很容易，到了嗜欲炽烈，天良汩没的时候，就非常困难了。所以这时的政府应当开导百姓，使他们各自就业，等他们衣食丰足了，再教给他们礼义。

得到蒙卦，可知政府的施政不够得当，国家的教化在方法上也有问题，在人心激昂的情况下，不能保证百姓没有冒昧的举动。政府既以道德引导他们，又以礼义约束他们，如果他们仍然不肯听从，那就不得不用刑罚打击或铲除其中有重罪的人。这是势所难免的，所以上爻有“击蒙”的说法。

蒙昧的时期，君子和小人都不当其位，是非颠倒，邪正淆乱，只有六四一爻得正，也不为世人容纳。君子为小人所排挤而不得志，是国家的蒙昧。在蒙昧的世运中，六五所象征的君王阴柔而顺良，以后听政的智慧大开，必将成为圣明的君王。但因为现在还在童蒙阶段，德行无法普及天下，幸而有九二这位大贤人与它相应，作为朝廷的师傅而担负发蒙的重任。不过这一爻不是臣求君，而是君求臣，就像太甲对于伊尹、周成王对于周公一样，叫做“匪我求童蒙，童蒙求我”。而且用这种方法治理国家的蒙昧，包容蒙昧的百姓，诱导和扶持他们，可以全面发挥教育的作用。如果还有不遵奉教义，懒惰放恣，不知悔改的人，那么还有初六所谓“利用刑人”，其中禁戒的用意太深了！

通看全卦，初六与上九象征启发蒙昧的始终。九二担当启发众多蒙昧者的责任，六五为“童蒙”的主爻，六三是女子中的蒙昧者，六四是困于蒙昧的下等愚人。初六象征的蒙昧百姓不知道受教育，不勤于自己的工作，以至陷入困难；对他们处以刑罚，可以惩戒他们的罪过，所以说“发蒙，利用刑人”。九二为老师，具有顺良而包容的品德，善于容纳众多蒙昧者，并且训导得当，使他们得以继承祖先的志愿，守住自己的产业，所以说“包蒙吉”、“子克家”。六三心性奸邪，不听教导，所以说“勿用取女”。六四有顽固而傲慢的性格，不听老师的教导，自己陷于困苦，故说“困蒙，吝”。六五还是赤子，天性纯正，只是智识未开。它以童稚而居君位，能顺从九二这师傅的教导，所以见识远大而高明。这是圣人的蒙昧，是“聪明睿智，守之以愚”的人，所以说“童蒙，吉”。上九为老师，但教导的方法不正，不是用德行教化，而是用刑罚来驱逐，这就属于“为寇”了，所以说“击蒙，不利为寇，利御寇”。

《周易》中六爻的含义，初爻与上爻相对，三爻与四爻相对，这是很明白的。例如本卦初爻用刑罚来惩处，上爻用兵戈来打击；二爻以“包蒙”来回应五爻，五爻以“童蒙”来顺从二爻；三爻因为见了二爻而失身，四爻由于远离二爻而失利。各卦的体例大都是这样。

《象传》曰：山下出泉，蒙，君子以果行育德。

坎为水，这里却不说水而说泉，因为按照《周易》的通例，水一概取险难的含义，所以避开它，而取象于刚刚涌出的泉水。泉水从山下涌出的时候，涓涓细流，清澈见底，不染灰尘和污秽，犹如幼童的心性本来具有天良，并且有茁壮成长的趋势，所以取这个含义而称蒙。

有得于心叫做德，体现于做事叫做行。山有生育的作用，泉有流行功能。山产生的品物无可限量，水流行的时候不避危险，流注于江河，朝宗到大海。君子效法这一卦象来果决自己的行为，培养自己的品德，所谓“义所当为，勇往直前，无因循畏缩之弊；理之得于心者，优柔厌饫，无虚矫急迫之患”。那些不得实用的人，往往能思而不能行，应当因此而反省自己。

卦中二至四爻互震，震为行，艮为果；另外二至上爻为颐，颐为养，也为育。

[一辞多断]

○问征战：《大象传》说“山下出泉”，即潜伏的水，有伏兵之象。“君子”指军队中的将帅。“果行育德”，果是果敢，育是蓄养，指应当养精蓄锐，而果决地前进。○问经商：玩味《大象传》的话，想是开凿矿山的生意。应当果决地从事，吉。○问功名：这是士人素有德行而隐居在深山之象。说“山下出泉”，所以终究会出山济世。○问家宅：这座住宅的坐向为坎艮。说“山下”，必定靠近山；说“出泉”，一定有泉水从山下流出。由君子来居住，住宅必定吉祥。○问婚嫁：坎卦于十二辰在子，在天上值女宿。《圣冷符》说女宿主嫁娶。艮在下兑在上的卦为咸，二气互相感应，所以说“取女吉”。“山下出泉，蒙”，是婚姻的开始。○问疾病：艮为止，坎为险，病势一定是热邪逐渐进于体内，到初爻“发蒙”的时候邪气会外发，可以保证没有危险。○问胎孕：生男孩。

初六：发蒙，利用刑人，用说桎梏，以往吝。

《象传》曰："利用刑人"，以正法也。

［经传释义］

只要人不明道理，不通事情，就都叫做蒙。"发蒙"即启发蒙昧，使人明白。刑是用来惩治违背教戒而犯法的人。桎梏是刑具，在脚上叫桎，在手上叫梏。说，即"脱"。

初爻阴柔而不中正，居六爻中的最下位，陷在坎险的底部，如同进入幽暗处而见不到光明。"发蒙"，不是不诱导它，劝勉它，无奈它不听从教导，不得不用刑罚来约束；但是一经悔悟就脱去刑具，不敢稍有过分，也足以体现发蒙者的苦心，所以说"利用刑人，用说桎梏"。古圣人对百姓的治理，用教化来引导他们的习俗，用刑罚来规范众人的行为，虽然崇尚德化而不崇尚刑罚，但也没有偏废过。

艮为手，互卦震为足，手足交接于坎险，有桎梏之象。坎为通，艮为止，一通达就休止，有脱去桎梏之象。如果执法过严，下面已经改正过错却还要苛责，那不但阻断了他们自新之路，还可能激出事端，所以说"以往吝"。治理百姓的蒙昧，既不可太宽容，也不可太苛刻，所谓"恩威并行，宽猛相济"才是"发蒙"之道。

用刑固然不是圣人的本意，国家设置法律是为了杜绝违法现象，如果有罪的人都逍遥法外，那么法律还有什么用？刑法的根本在于大公无私，至正无偏，惩罚一个人而使千百人知道畏惧，所以说"利用刑人，以正法也"。爻象变阳则全卦为损，损卦的初九说："已事遄往，无咎。酌损之。"其斟酌适宜的意思显然可见。

［一辞多断］

○问征战：爻辞说"发蒙"，说明是讨伐暴虐有罪者的军队，如大禹征有苗，感化了有苗就罢师还朝，所以说"以正法也"。○问经商：初爻在内卦的开始，一定是初次经营。坎为险难，爻辞说"发蒙"，说"用刑"，可知经商必定有阻碍，几乎要兴起诉讼。但得了理就应该马上停止，追究到底恐怕有害，故说"往吝"。○问功名：要前去乞求荣宠，恐怕反而会受辱，应当中止。○问嫁娶：初爻居全卦开始的位置，爻辞说"发蒙"，一定是在少年时期订婚。既然屡次发生事端和变化，罢婚就是了。○问胎孕：初六以阴爻居阳位，生女孩。又恐怕生产过程中有危难。

[活断实例]

◎我的亲族田中平八[①]来访。他的某个弟弟行为放荡，他想使这位弟弟悔悟，打算把他托付在我家，为此筮得蒙卦，变为损卦。

田中平八像

断卦说：蒙的卦象是山被水蒸气所笼罩，看去朦胧不明，所以叫做蒙。在人则是为邪恶的欲望所蒙蔽，以致不明事理。弟弟的才智和胆力都像他父亲，只是年少而失于教导，和人比赛似的学习纨绔，不知生活的艰难，所以浪费钱物，喜欢与不学好的人在一起。现在如果让他暂时住在我家，应当先告诉他处世之道，禁止他去不该去的地方，使他悔悟以前的过错，这也是“发蒙，利用刑人”的道理。不过他的兄长虽然请托了我，他的母亲却未免溺爱他，恐怕有怨恨我教诲过严的事。谚语所谓“人莫知其子之恶”，说的就是这一点。

后来果然应验了这一占断。教导了他一年，他因为聪明伶俐，产生了悔恨，可以期望后来成为好人。

九二：包蒙吉。纳妇吉。子克家。

《象传》曰：“子克家”，刚柔接也。

[经传释义]

包，包容的意思。“包蒙”，包容众多蒙昧者，而做他们的师长。“纳妇”，接纳众多阴爻做妇人。“包蒙”是说九二度量的能容；“纳妇”是说与包容对象间情志的相得；“子克家”是说九二居下位而能承担重任，所以说吉。

九二以阳爻居阴位，具有刚强明达的才干和中庸的品德，担当启蒙的责任而宽严适宜，训导有方，可以作为君王的老师。蒙卦只有两个阳爻，其余爻都是阴爻。上九过刚，以至于“击蒙”，只有九二刚而得中，能够

---

① 田中平八：幕府末期和明治时代实业家、银行家。长野人，本姓藤岛。幼名釜吉，名政春。曾经参与倒幕运动。1865 年在横滨得到大和屋的支持，开办“平八伊藤家商店”。1876 年在东京创立了“田中组”，即后来的田中银行。1878 年与涩泽荣一的弟弟涩泽喜作建立了东京株式取引所，二人成为大股东。1883 年在东京就任东京理商会所总头目。晚年在热海投资建设电话架设工程、水利工程，伊藤博文为这一义举题词“心系天下”并刻碑。

“包蒙”。而且二爻的位置是臣，是儿子。在臣的位置，它能与六五这位柔而能中的君王相应，内为同僚所悦服，外为众人所归向，即使像妇人那样柔暗而难以晓喻的人也能接纳，并与他们建立良好关系，所以说“包蒙吉，纳妇吉”。在儿子的位置，它能事奉六五这位父亲，统率众阴爻所象征的子弟来治家，所以说“子克家”。儿子能治家，家道就会日益兴隆；人臣能实行教化，百姓的道德水平就会日益提高，可见无论作为君王还是作为父亲，六五对九二的信任都是专一的。

《象传》说“刚柔接也”，即所谓“上下合德”。以二爻为臣就以五爻为君，以二爻为子就以五爻为父，关系虽然不同，道理却是同一个。九二与六五阴阳相应，以刚而能中的儿子继承柔而能中的父亲，能治家道，叫做“子克家，刚柔接也”。阳刚爱阴柔，故有“纳妇”之象；居下位而能担负上位者的事情，故有“子克家”之象。互卦为震，震为长子，有主事成家之象。

[一辞多断]

○问征战：九二以阳爻居阴位，爻辞说“包蒙”，有囊括众阴爻之象。《象传》说“刚柔接也”，刚柔即双方的军队，接就是交战，“克家”，如同说克敌。占例以妇为财，以子为福，象征既战胜敌军，又收纳他们的财物，并且承受他们的福分，大吉。○问经商：二爻和上爻以两个阳爻包括三个阴爻，一个阳爻在内，一个阳爻在外，有包罗财物，贩运到外地之象，故说“包蒙吉”。“纳妇”，一定是在旅居过程中纳娶了妇人，而且有了儿子。所谓“克家”，这儿子一定能继承父业。○问功名：想来功名不在本身，而在他的儿子，所以说“子克家”。○问家宅：说“包蒙”，即以艮包坎，一定在山环水抱的地方。说“纳妇”，说“克家”，宅中必定有好妇人和好儿子，能够振兴家业。吉。○问婚姻：玩味爻辞，有两件吉事。明言既有妇人又有儿子，没有比这更大的吉事了。○问胎孕：生男孩，主富贵。

[活断实例]

◎友人药师寺来访，对我说：“我从小就很努力，业务上的精益求精已经很久了，逐渐积累起了家产。但不幸没有儿子，所以抱养了亲族的儿子，想把家产托付给他。由此，亲族中的晚辈都想做我的儿子，而我也总是辅助他们，使他们各自就业，各自成家。无奈他们多半不知道世事的艰难，不知道我的家产出于苦心竭力，很不容易，而且互相不和，彼此嫉妒，对我的话也都阳奉阴违。恐怕我死以后，亲族之间必定发展到互相敌视，这是我于心不安的。怎样处理才好？请为这事筮一卦。”筮得蒙卦，变为剥卦。

断卦说：人在幼稚的时候，首先要求师就学，教导他们懂得道义，启迪他们的聪明，长大自然能兴立事业，成就家道。如果放弃他们而不加以教育，就不能把责任推到子弟身上去。谚语说：“子不教，父之过；教不严，师之惰。”可以作为警戒。但教育的方法有严有宽，而严了会导致怨恨，不如宽容有恩德，所以说“包蒙吉”。而且蒙卦上互卦为坤为母，下互卦为震为子，象征教育震子而连坤母也加以包容，所以吉。等到儿子长大成人，有了治家的能力，就不负教育者的苦心了。

您思想活跃，努力兴起家业，能分出钱财抚育亲族，使他们各自就业，继承祖业，这种用心难得极了。但要使亲族都知道振奋勤勉，像您自己那样，这种期望却未免过高。亲族中的晚辈既没有您的才能又没有您的运气，就很难勉强。现在占得二爻，明示“包蒙”二字，是劝您只以包容为量，而不必求全责备。人的至亲没有超过父子兄弟的，但父子兄弟之间性情往往不同，父亲不能使儿子都成为好儿子，兄长不能使弟弟都成为好弟弟，何况亲族呢？只有一一包容他们。这样，明白者一定能知道恩德，不明白者也会受到感动而自己变好，从而彼此都不再忧虑。

六三：勿用取女，见金夫，不有躬，无攸利。

《象传》曰：“勿用取女”，行不顺也。

[经传释义]

“金夫”，即丈夫。金是对阳爻的称谓，指九二。九二包容君王的蒙昧，有富象。说“金夫”，是为了区别于上九正应这个丈夫。三爻阴柔暗昧而不中正，在坎险的极位，不能持守正道而等待时机，见九二是连君王都归向的人，时运正盛，就舍弃上九正应，想就近追随九二，行为不正，没有节操，娶这样女子一定不利，所以说“勿用取女，见金夫，不有躬，无攸利”。

艮山止而不动，坎水流而不止，可见“不有躬”之象。坎为寇，本爻变阳则下卦为巽，而巽为近利，象征为了钱不顾礼法，失去贞操，败坏名誉。六三爻变阳则全卦为蛊，蛊卦以巽长女追随艮少男，有迷惑错乱之象。爻辞就女子与丈夫而说，不过是比喻罢了，凡阴柔多欲的爻都可以类推。但九二刚健而中庸，一定不会和六三做不符合道义的事，所以在六三爻下这样系辞，以表示罪过在六三一边。

《象传》的意思是说，阳倡而阴和，男子行而女子随才顺理；以女子的身份主动求男已经悖理，何况舍弃正应的丈夫而追随近比的“金夫”呢？所以说“‘勿用取女’，行不顺也”。

[一辞多断]

○问征战：爻辞说“勿用取女”，女指阴爻。所有的占筮书都以妻爻为财，金也是财。在行军过程中，应该通过散财来容纳更多的人，而不应该因为敛财而招致怨恨。如果抢掠财物，一定会导致兵败身亡。说“勿用”，其中诫止的意思太深了！○问经商：六三以阴爻居阳位，内阴而外阳，一定是外出的行商。行商最忌贪色。如果男人恋色，女人贪财，只要一陷入骗局，就会小则破财，大则伤身。《象传》说“行不顺也”，“顺”与“慎”字音相同，辞义相通，可以不慎重吗？○问家宅：玩味爻辞，所谓“牝鸡司晨，惟家之索”，这是应当深深戒止的。○问功名：为妇之道通于为臣之道，见利忘义必定导致身败名裂。做女人不贞，就是为臣不忠。○问胎孕：生男孩。

[活断实例]

◎某贵显在维新前脱离藩镇，而与各藩的浪人交往，共同倡导维新大义，为藩镇的吏员所忌恨。他奔驰东西，偶然回到乡里，亲戚和族人多半躲开他，连妻子和女儿也不好好待他。正如苏秦出门游说不成而回到家里，貂裘破败，千金耗尽，妻子不下织机，嫂子不为他做饭。但维新以后，他升任显要职务，在东京设置官邸，招家族一同居住。他那糟糠之妻生性村野，容貌举止都不称意，加上有疏远自己的前嫌，于是休了她，在外面亲近了一位妇人。两人特别密切，某贵显打算把她纳为正妻。有一天他来了，对我说：“我即将娶妻，请占对方是否贤良。”筮得蒙卦，变为蛊卦。

断卦说：蒙卦表示蒙昧而尚未发达的状态，有幼稚的意思，但并不专指“童蒙”，凡缺乏教育的人都称蒙。现在您要娶情妇而占得三爻，爻辞说“见金夫，不有躬”，这女子一定有淫乱的行为，想是艺妓的女儿。“金夫”，指您要用金钱为她赎身。但她恐怕品格不端正，难以长久和谐。这女子以一时的举动投合了您的心意，使您要娶她，但娶后会别生葛藤，牵扯不断，必然后悔。您有阀阅之家的风范，平素操守清白，如果娶艺妓为妻，一定不合父母的心意。而这位妇人即使能暂时忍耐，也未必能永守清规，您即使不休妻，她也会要求离去的。

某贵显不听我的话，终于娶艺妓为妻，后来的事果然和所占断的一样。

六四：困蒙，吝。

《象传》曰：困蒙之吝，独远实也。

[经传释义]

六四以阴爻居阴位而不得中，不知道改过迁善，像艮山的山脚一样顽固。爻位接近六五君王，才能拙劣而责任重大，又没有贤人来辅助和教导，所以行为鄙吝，属于“困而不学，民斯为下”之类。

百姓如同少男，柔弱不得中道，昏蒙而没有经过启发，与那些小人为伍而自取困辱。何况上面有艮山而无法前进，下面有坎险而不能后退，所应所比都是阴爻，象征亲近的都是阴柔不正之徒，而没有刚强明达者的助益。他们的聪明无法自发，昏昧无法开启，行事没有不困顿的，所以说“困蒙，吝”。

窒塞而不通达叫困，收纳而不肯拿出来叫吝。困像病人的讳疾忌医，吝像有过错者的讳过忌师。这样的人，教导的内容和方法再好也不会听从，其鄙吝是很严重的。

《象传》的意思，是说本卦初爻比九二，三爻应上九而比九二，五爻应九二而比上九，各有阳刚来应来比，象征能得到明师良友的教益，只有四爻陷在阴爻当中，而不得阳实之爻的应比，所以说“困蒙之吝，独远实也”。独是无助的意思。阳以生为主，故称实。“远实”，远离道的意思。人远离道，就是孟子所说的自弃者了。

[一辞多断]

○问征战：行军适宜暗中深入，明着出离。说“困蒙”，是进入阴险的地方而出不来了，所以说困。阳为实，说“远实”，可知救兵在远处而鞭长莫及。凶。○问经商：经商之道，应该亨通而不应该困顿，应该畅达而不应该吝啬。“实”在这里指资本，“远实”主丧失资本。“困蒙”的吝，是无路可走了。○问时运：蒙，暗昧的意思；困，困厄的意思。蒙昧而又困厄，就困厄到底了。○问家宅：据爻辞看，家中生活困苦，宅地也偏僻。《象传》说"独远实"，这里一定是孤村，缺少邻居。○问胎孕：生女孩。这女孩一定没有兄弟，所以说独。

［活断实例］

◎鸟尾得庵[1]居士，是我平素所敬信的人。明治二十三年十二月，与古庄嘉门等数人到访，说："我们确立了一个主题，想在明年国会召开期间倡导一件事，请占这件事的气运如何?"筮得蒙卦，变为未济卦。

断卦说：蒙卦有山前水气蒸发，山体朦胧不明之象。《周易》有屯、困、蹇、坎四个难卦，占得的人不容易脱离险难。蒙卦虽然有坎险，但由于爻位不同，自有能免于险难的。四爻的所承、所乘、所应都是阴爻，没有助益它的能力，这主没有良师益友，无法启发蒙昧，所以说"困蒙，吝"。您学问上通达古今，才能上兼备文武，所倡导的是天下的公道，加上卓绝的识见和豪迈的胆力，按理应该天下无敌。但是蒙卦象征人们像童蒙一样不识是非邪正，如同在黑夜里辨不清鸟的雌雄，所以您说的虽然是中正的道理，却终究无法启发他们的觉悟，说理无效，这就是所谓"困蒙"。但一年以后，到五爻"童蒙吉"的时候，下卦有九二阳爻相应，使人们得到教导，这时自会实现志愿。

后来的事果然和所占断的一样。

◎明治二十七年冬至，占二十八年贵族院院议，筮得蒙卦，变为未济卦。

断卦说：蒙卦是山下有水之象。水从山上流下，不知往哪里去，人有时候也是这样。所以即使贤哲得到本卦，固有的智慧和见识也会被遮蔽，而导致言行蒙昧。体现在今天的贵族院，是自己不知道自己的蒙昧，对国家事务如同盲人摸象，叫做"'困蒙'之吝，独远实也"。这是关于明年院议无所作为的占断。

六五：童蒙，吉。

《象传》曰：童蒙之吉，顺以巽也。

---

① 鸟尾得庵：日本著名佛教居士。与山冈铁舟等创明道协会，并任副会长。又与人成立日本国教大道社，推行神道、儒教、佛教三教一致的运动，影响很大。

［经传释义］

六五以阴爻居阳位，柔顺而谦虚，下应九二，即艮少男以柔中的品德居君位，有幼年君王面对臣下之象。九二为贤臣，有刚健中庸的品德，能辅佐六五幼主。幼主自知年少，把政务委托给贤相，无为而治，像周成王对周公那样。幼主能不仗恃威风和权柄，舍己从人，任用贤人而不疑，像“童蒙”得到了良师一样专心接受教益，所以说“童蒙，吉”。

《象传》的意思是，以君王的身份生长在富贵中，不知世事的艰难，往往疏远忠良，远离老成，以至败坏朝政，搞乱国家，而现在六五能顺从九二，所以说“童蒙之吉，顺以巽也”。五爻互坤卦，坤为顺；变阳则上卦为巽，“顺”、“巽”二字就出自这里。

《周易》中以九居五位、以六居二位的爻，即使当位也多艰险的爻辞；以六居五、以九居二位的爻，即使不当位也多吉祥的爻辞。因为君王以刚健为体，以虚中为用；人臣以柔顺为体，以刚中为用，这样才能上下通达而情志相同。这是卦的通例。

［一辞多断］

○问征战：五爻互坤，坤于十二辰在未，在天上值井宿，弧矢九星在井宿的东南方，主讨伐叛乱。另外，东面为子孙星，爻辞说“童蒙”，指率领子弟从军，所以吉。○问经商：五爻为卦主，爻辞说“童蒙”，店主一定还在童年阶段。五爻应二爻，《周易正义》说“委物以能”，指把事务委托给有能力的人，即委托给二爻。五爻店主知道自己年少，顺从二爻，以它为经营者，所以说“童蒙吉”。○问功名：年纪还在“童蒙”阶段，功业还没有成，名誉还没有就，只有听从二爻老师的教导，将来的成就才不可限量，所以说吉。○问婚姻：蒙的上卦为艮体，艮为少男，象征幼年订亲，所以说“童蒙吉”。○问胎孕：生男孩。

［活断实例］

◎有一天，友人福原实[①]来访，告诉我他已经荣升为冲绳县长，并请我占卜前途的吉凶。筮得蒙卦，变为涣卦。

断卦说：蒙卦象征事物的条理尚未明朗，是蒙昧幼稚之象，所以叫

---

① 福源实：作者的朋友，日本长州人。原是军人，军衔为陆军少将。贵族院议员，封男爵。1887 年以预备役陆军少将身份被任命为冲绳县知事。这一任命与“冲绳为东洋枢要之地”、“军事枢要之地”有关，是日本发动侵华战争的必要准备。1894 年的甲午战争就证明了这一点。

蒙。本卦以阳爻象征老师，以阴爻象征弟子。六五属阴而应爻属阳，因为爻位中正，犹如“童蒙”，心地本来很好，没有一点私欲，所以吉。您温厚沉实，这是我所知道的。赴任以后，对同僚和属下要磊磊落落，不夹杂一点私心；要豁达大度，虚心听取别人的意见。这样自然能上下一心，竭诚相待，于公于私都有益处。就蒙卦来看，您刚刚担任这个职务，对风俗人情未免蒙昧无知，要选择和委任手下通达事务的人，借他们的明达来启发自己的蒙昧，这是最紧要的。这一卦有与您的性情相符合处，您能体认这个道理而从事县里的政务，以后必定收到实际的功效。这就是所谓“童蒙吉”。

◎明治二十七年冬至，占第二年众议院的形势，筮得蒙卦，变为涣卦。

断卦说：蒙是山下有水之象，在人为智识不明，不知事情的道理和方向。在这以前，众议院提出节省政务经费并逐年减少的建议，而没有详细考察政府的作为，没有留意各国的形势。这一意见提出后，政府很为财政经费不足而忧虑。后来忽然有征讨中国的敕令，众议员这才像遇到了青天霹雳一般，在广岛集会，不到一天就作出了发行公债一亿万元以募集款项的决议，这就是所谓“发蒙”。蒙不是愚昧的意思，而是幼小而智识未开的意思，故称“童蒙”。现在得到第五爻，有“童蒙”接受教导，启迪聪明之象，所以说“童蒙吉”。这是关于明年众议院议题的占断。

上九：击蒙。不利为寇，利御寇。

《象传》曰：利用御寇，上下顺也。

[经传释义]

所谓“击蒙”，指不能包容蒙昧者，而以板杖为教刑，发怒而加以打击。全卦四个阴爻都象征蒙昧的人，两个阳爻都刚健明达，足以启发蒙昧。九二有刚而能中的品德，所作的教导分寸恰当，宽严适度，能够包容蒙昧者，即所谓“董之用劝”；但上爻属阳而居阴位，刚强至极而失去了中道，对蒙昧者实行打击，即所谓“戒之用威”。这个“击”字比“包蒙”的“包”、“发蒙”的“发”凌厉而严刻，这是不说也可以知道的。但是“童蒙”不服从教导，启发而无法感通，包容而无法领悟，教导的方法也几乎穷尽了，如果一味优容而不用威力来警惕，恐怕会流为寇盗，宽容就反而会害了他，所以上九的击也是出于不得已。打击者惩治蒙昧虽然严厉，但是可以防止他流为寇盗，所以说“利御寇”；但是如果打击得过重，又未免凶暴，这样打击者反而成了寇，所以说“不利为寇”。所谓“为寇”，寇在我；所谓“御寇”，寇在他。

艮为手，有击象；坎为盗，有寇象；艮为止，在上卦，有“御寇”之象。上九虽然与六三相应，但是六三行为不顺理，属于寇类，而不是婚媾的对象，所以利在防御。爻象变阴则全卦为师，师卦也有打击之象，这就是寇。

上爻有刚强明达的品德，比近六五而辅助它，以六三为应爻而加以训导。从上九到六三，应比之间没有一个阳爻为障碍，属于柔顺之极，所以《象传》说“利用御寇，上下顺也”。

［一辞多断］

○问征战：上爻爻辰在戌，在天上值奎宿，奎宿主兵器库，禁制不违背时令，所以说“利御寇”。○问经商：商业之道全在利用，又贵在顺理取利。逆理而取属于寇盗，顺理而取则属于防御寇盗。“上下”指卖买两家，卖买双方和谐融洽，就上下都顺利了。吉。○问婚姻：“击蒙”，马融、郑玄作“系蒙”，恰好符合月下老人红丝系足的意思。屯卦两次说到“匪寇婚媾”，是以佳偶为婚姻，以怨偶为仇人的说法。“利用御寇”，一定属于佳偶。妇道以顺为贵，《象传》说“上下顺”，说明家室必定和睦安宁。吉。○问胎孕：生男孩。这男孩的童年，必须严加管教。

［活断实例］

◎某人为朋友调解事务，恐怕反而额外生出枝节，请筮一卦，筮得蒙卦，变为师卦。

断卦说：内卦为水，外卦为山，山被水气所遮蔽，所以有朦胧不明之象。水属阴，山属阳，您的朋友想必被阴柔小人所蒙蔽，以至多事。您将居间处置，只有启发他的蒙昧才行。您开始用正理来委婉地说服他时，他由于冥顽已经成性，固然不容易了解，于是您以盛气相争，直接指摘对方的奸邪，攻击得过于严厉，以至朋友不但不感念您的情意，反而会视您如寇雠，所以说“不利为寇”。朋友之所以不省悟，其实是被阴柔小人所蒙蔽的缘故，那些阴柔小人才是真正的寇盗，您应当打击而抵御他们，这样事情才能理顺，所以说“利御寇”。

某人表示感谢，并听从了我的话。

◎明治二十七年冬至，占二十八年我国与英国的外交，筮得蒙卦，变为师卦。

断卦说：卦中山下有雾霭，有朦胧而不可远望的特点，所以称为蒙。人得到蒙卦，象征彼此的情志无法沟通，而不知道该怎么办，国家之间的外交也与此类似。智慧或见识不明的人称“童蒙”，蒙卦各爻有教蒙的意思。阳爻为老师，阴爻为弟子。上爻阳刚而不得中位，象征做事过激，未免薄情寡义，甚至反而招致对方的怨恨，故说：“击蒙。不利为寇，利御寇”。

现在得到蒙卦，以我国比拟纯良的弟子，以英国为傲慢的老师。在我国与中国交战得胜的时候，英国产生了妒忌心，幸而居上爻无位之地，所以不必操心。即使不把它看作老师也可以，只要敬而远之，用温和的言语表示宽容，用以敦促交谊就可以了。它即使有所干涉，我们也只可婉言谢绝，而不能与它结为寇雠。这就是所谓“不利为寇，利御寇”。

䷄水天需

“需”字古文作“𩂣”，从“天”而不是从“而”，即下卦乾为天、上卦坎为云的象形，也就是《大象传》所谓“云上于天，需”。音须，从“雨”字得声，意思是等待，详看《象传》下。

需：有孚，光亨，贞吉，利涉大川。

九五阳爻陷在阴爻当中，等待三个阳爻前进；三个阳爻还没有前进，彼此就同心相孚信了。尽管乾阳只是刚刚升起，黑暗暂时还没有消除，但是只要安于正道，就自然能够光明、亨通而吉祥。危险没有超过大川的，但只要上下相孚，使阳刚浸长，阴柔衰弱，涉川就一定有利，只不过还要等待时机罢了。

坎乾两卦的中爻都属阳刚坚实，故说“有孚”。互卦离为光，为船，坎水，为大川，以乾卦的刚健临坎川，所以“利涉”。

《彖传》曰：需：须也，险在前也。刚健而不陷，其义不困穷矣。“需：有孚，光亨，贞吉”，位乎天位，以正中也。“利涉大川”，往有功也。

卦中水气蒸发为云，只要云升到天上，大雨的降落就可以指望，所以卦名叫需。另外，乾为老父而在内卦，坎为中男而在外卦，有倚着亭阁眺望，等待儿子归来之象。乾为前进，坎为大川，要前进而遇到大水，必须等到大水退去，都是需的意思。

需的现象不一，但是没有比饮食更急迫的。外卦坎为饮食而互兑口，所以九五说“需于酒食”。《象传》说：“需，君子以饮食宴乐。”万物得到雨泽才能生存，人要得到饮食来滋养生命，都有需的意思。

以这一卦比拟人事，内卦为我，以强健的力量进步；外卦为对方，设计危险的策略来阻止我。我一前进就会陷于险难，所以不可妄动，只可等待时日，或等到对方的奸计败露，或等到我的气运亨通，那时才没有险阻和祸患。然而世人往往虚浮轻躁，不肯等待时机，任性使气，一味干进，这样没有不遭遇祸患的。

下卦为乾，因为“刚健而不陷，其义不困穷”。到九五危险消除的时候，自然可以成就大事，这叫做：“需：‘有孚，光亨，贞吉’，位乎天位，以正中也。‘利涉大川’，往有功也。”凡《周易》中说光或“光大”，都是说光明正大而能够成功。

六十四卦中，说“利涉大川”的有七处，需卦是其中第一卦。自古创造舟楫是为了涉川，但是遇到凶险的风波时，多数人却因为不能等待而覆没，所以需卦首先戒止这一点。能需才“利涉”，谚语说“急行的人要迂回”，就是这个道理。

人们做事不要只顾眼前。与其急进而后悔，哪如宁耐一时而功德圆满？大事比如求功名以匡济国家政治，小事如求财富以振兴家业，无不应当待时而动，所以说“往有功”。

以这一卦比拟国家，下卦乾象征百姓，凭着刚健的力量，想要进而参与政事；上卦坎为政府禁止百姓的突进，用法律来威胁。百姓恐怕陷于危险而不敢突进，一定要等到法网稍宽的时候才进取。上卦政府知道百姓在等待恩泽，怜悯他们的穷困，努力改善他们的生活，或者减少他们的租税，或者为他们谋划衣食，或者开垦荒田让他们耕种，或者用赈济来补足他们的歉收的粮米，所以《系辞传》说：“需者，饮食之道也。”下卦百姓具有健行的特点，不是不想参与国家大事，只是因为时运尚未通达，不得不暂时潜隐，上下共同遵循需卦的等待之道，或许可以得到幸福，叫做“需，有孚、光亨，贞吉，利涉大川”。

通观全卦，初九跟在两个阳爻的后面，有前进的志向，但是考虑到险坎的阻碍，不敢轻易前进。九二作为下卦乾的主爻，本来可以前进，也因为坎险在前而从容等待时机，即所谓“君子居易以俟命”。九三阳爻阳位，过于刚强而不中庸，单独涉越坎险，以至酿成灾祸，说明只有敬畏事情，谨慎行动才不至失败。六四与九五相邻，虽然能竭尽忠诚，但是缺乏匡时济世的才干，为下卦的三个阳爻所疑忌，未免受到伤害，只能免于丧命罢了。九五具有刚健、中庸、正大的品格，从容等待着天命的降临，是能尽需道的，所以说吉。上六在六爻的终位，险陷已经达到极致，不必再等待，如果有人意外到来，只要恭敬他，结果就会吉祥。可知需的时运，只要能包容忍耐，持守一个“敬”字，就无论遇到什么事都可以免于祸患。需的时义太伟大了！

《象传》曰：云上于天，需，君子以饮食宴乐。

坎所象征的云在上卦，乾所象征的天在下卦，阴阳二气尚未相交，所以不成雨。云在天上虽然有下雨的征兆，但也可能散去而晴，犹如君子修养自己的德和才，虽然很想出山济世，但只要风云还没有际会，就无法施展抱负。这时如果怨天尤人，急于干进，以至梯荣乞宠，就是不知时势与天命的小人了。所谓“饮食”，不是侈意醉饱的意思，例如孔子“饭蔬食，饮水”，颜子“一箪食，一瓢饮”；所谓“宴乐”，不是纵情逸乐的意思，比如《考槃》的足以悲歌、衡门下就可以居住。因为能按照平素的身份和地位行事，不羡慕分外的东西，所以说“饮食宴乐”。

我以为我国的商人，因为在当地经营不得利而出游到外国，自己劳心劳力地谋求衣食，一旦内地的年景发生凶歉，就从外洋贩运粮食赈济饥馑，借以获利，也是需道的表现。

［一辞多断］

○问征战：需是等待的意思。云在天上，阴阳二气没有相交，还不可以征战。乾为君子，又为武人，这是就主帅而言。坎为酒，所以说“饮食宴乐”。这是说行军要先准备军粮。○问经商：玩味爻辞，想是贩运粮食或开设酒馆。说“云上于天”，是云在天上而雨没有降下，想是资本还没有集中起来，所以说需。○问功名：风云还没有际会，还要有所等待。○问疾病：应当用饮食来调剂，以安乐自我消遣，久后自然痊愈。○问胎孕：生男孩。

初九：需于郊，利用恒，无咎。

《象传》曰：“需于郊”，不犯难行也；“利用恒，无咎”，未失常也。

［经传释义］

坎为水，为险陷，象征前途为坎水所阻隔，必须等待河水消退，所以为需。以乾卦的三爻对外卦的坎险，分别根据所在位置的远近系辞，说郊，说沙，说泥，取逐渐接近险难之象。郊是偏僻的地方，初爻离水最远，不敢冒险前进，故说“需于郊”。“需于郊”有“危邦不入，乱邦不居”的含义。又像亲身耕作在郊外，没有分外的要求，长久不改变节操，所以说“利用恒”。恒是不变的意思，“用恒”即始终不变。初九这样思虑患难而加以预防，恒常持守正道，就可以免祸了，所以说“无咎”。

初爻在乾体，乾体刚健，故以上进为常道。初九以六四为正应，如果急于相应，就有冒险有嫌疑；现在在偏僻的远郊等待时机，所以《象传》说“不犯难行”。

[一辞多断]

○问征战：爻辞说“需于郊”，一定屯营在郊外。坎为险，为难，前进必有险难，所以《象传》说“不犯难行”。初爻为全卦的开始，可知是初次出动军队；说恒，说需，可知宜于长久等待。长久等待之后再前进，必定无咎。○问功名：在卦的初爻，可知是刚出山求功名。郊为草莽地方，“需于郊”是说应该退居郊野。恒是久的意思，“利用恒”是说适宜长久等待，这样才可以得利。《象传》说“不犯难行”，是说它不涉险难；“未失常”，是说它能持守恒久之道，所以无害。○问经商：行商的经营之道，利益在于恒久。“需于郊”，可知前途必有险难，需要暂时把货物堆积在郊外，等待时机再前进。《象传》说“未失常”，可知货物没有损失。○问疾病：郊是田野空旷处，指适宜在野外幽居养病。“无咎”，疾病无害的意思。○问胎孕：生男孩。

[活断实例]

◎友人左右田金作[①]来告诉我：“有一个公司，都说利益很多，我想入公司，请占前途吉凶。”筮得需卦，变为井卦。

断卦说：内卦为乾，纯阳而属金；外卦为坎，属水，有去高就低的性质。况且坎为险陷，象征对方设下危险的计谋，收募股东的钱，将要使入会者都陷于危险。考察那个公司的举动，看清公司的虚实，等危险消除之后再加入，这是需道的作用。《彖传》说：“需：须也，险在前也，刚健而不陷……”初爻说“需于郊”，郊指郊外，幸而离危险还远。您不被他们诱惑，不陷入他们的诡计，持重不变，可以说能守常道。到五个月后，这个公司必有灾难，到时投机者都会退出，股票也会下落，到时再买股票而入公司，以后公司的气运必定盛大。爻象就是这样，应该暂且等待时机。

后来的事果然和所占断的一样。

九二：需于沙，小有言，终吉。

---

① 左右田金作：幕末、明治、大正期的银行家、实业家。上野人。经济学者、哲学者左右田喜一郎之父。神奈川县议员，贵族院议员。

《象传》曰："需于沙"，衍在中也；虽小有言，以终吉也。

[经传释义]

沙是接近水的地方，和九三的泥相比，离危险还远，但比初爻的郊近了，有"需于沙"之象。二爻虽然有刚阳的素质，足以平定险难，但是由于上卦没有君长相应，中间没有同僚相助，只好居柔位而守中道，以宽裕自处，这是善于运用需道的表现；但由于与险难逐渐接近，虽然没有导致大害，却已经有小的言论之争了，故说"小有言"。"小有言"指有言语的争执，卦爻辞称小的患难为"小有言"。互卦为兑，兑为口，为喜悦地言说之象；坎为舌，是恼怒地言说之象。别人口出恶言而我能与他们和解，故说"终吉"。

衍，宽的意思，指胸怀宽广，又能忍耐，终究会走向成功。所以《象传》说："'需于沙'，衍在中也；虽'小有言'，以终吉也。"凡变化所成的爻，有由始到终到含义，卦爻辞都说终。"终吉"指先凶后吉。二爻变阴则全卦为既济，既济二爻爻辞说："妇丧其茀，勿逐，七日得。"从中也可以看出"终吉"的意思。

[一辞多断]

○问征战：坎为隐伏，玩味爻象，是指应当伏兵在沙漠一类地方。或许会因为间谍的情报而导致失误，而小有挫折，但结果必定吉祥。○问经商：二爻爻辰在寅，在天上值天江四星。石申说："天江明动，大水不具，津梁不通。"货物不能运输，所以"需于沙"。沙是水边。虽然小有口舌，但是无害于商业，所以"终吉"。○问时运："沙"字从"水"从"少"，是缺水的地方，无法行船。"需于沙"，犹如说时运不通。二爻爻辰在寅，在天上又值箕宿，《诗纬》说箕为天口，主出气。"小有言"指谗言，但以需道等待时机，故"终吉"。○问胎孕：生男孩。

[活断实例]

◎友人永井泰次郎借钱给北海道某商人，过了期限还没有还，去信督促也没有回音，所以要亲自去那里。他请我占一卦，筮得需卦，变为既济。

断卦说：需，是坐等时机的卦，不应该亲自去那里。彖辞说"有孚"，可知对方不是故意拖延，而是因为商业上有意外的麻烦，为此奔走还来不及，叫做“小有言”。四个月以后，即到第五爻的时候，对方一定可以归还借款，叫做“终吉”。

永井信守这一占断，没有前去，后来过了四个月，事情果然和所占断的一样。

九三：需于泥，致寇至。

《象传》曰：“需于泥”，灾在外也；自我致寇，敬慎不败也。

［经传释义］

泥，水边的湿土，代指水边。寇，坎卦之象，属于大的灾难。初九的郊离危险还远，九二的沙已经逐渐接近，到九三的泥就亲临危险了。三爻居乾卦的极位，过刚而不得中，所以险难到了眼前还不介意，仗恃自己的刚强，见上爻与自己相应，就不辨时机地一味躁进。所以不是坎险来威胁人，而是人自己逼近坎险，就像水不陷溺人，是人自己陷溺于水中，故说“致寇”。但这时候，只要及早悔悟，力戒轻举妄动，还是可以免于灾难的。

《象传》说“灾在外”，是坎险在外卦的意思，也指意外。要拯救危难却为危难所陷溺，是九三的意外。不是灾来害我，而是我去招灾，故说“自我致寇”。只要能以敬慎把持自己，量力而行，即使被坎险围绕也能立于不败之地，故说“敬慎不败”。争名的人遭受诋毁，争利的人被剥夺，都怪不得寇盗的罪过，而是自己招致的。

三爻变阴则全卦为节，节卦六三说：“不节若，则嗟若，无咎。”从中可以体会敬慎的意思。另外，九三、六四虽然阴阳相比，却不但不相扶助，反而相害，这一类的比叫害比。

［一辞多断］

○问征战：九三居内卦的终位，逼近外卦，而坎为寇，也为灾，故说“灾在外”。有敌寇来侵犯叫“寇至”，我自己去招惹敌寇叫“致寇至”。必须以谨慎自我把持，先立于不败之地。○问经商：泥，拘泥的意思。行商这种行业宜于流转，不宜拘泥。倘若拘泥不化，内心怀有疑忌，就会导致外部的变故。慢藏诲盗即“致寇”，可以不谨慎吗？○问功名：爻辞说“需于泥”，泥指水边的污泥。需在这里，就必将趋于下流而难期上达了，这样而不失败，只是侥幸罢了。○问婚姻：《周易》以寇与婚媾对举，说寇就一定不是婚媾，而是怨偶。“需于泥”是无法前进之象，婚事一定不成。〇问胎孕：生男孩。

［活断实例］

◎我在佃岛监狱的时候，曾经占西村、周三濑及我三人的身命。

我在佃岛，与囚禁在一起的西村胜藏、周三赖藏最亲密。有一天二人慨叹说：“我们有一件大难事，必须共同谋划。”我问是什么事，他说：“以前狱方有一次重要会议，我们二人将被狱方所驱使。事情多，会议长，入夜才逐渐散去，因而偷偷打听研究的是什么事。原来狱官们研究说，当今菜油价格低，菜种价格贵，购买价贵的菜种而制作低价的菜油，白白辛苦囚徒，反而遭受损失。今后要废弃制油业，让制油的役徒到横须贺修筑行船的水道。役徒中嘉右卫门长于指挥，委以指挥的责任；胜藏长于计算，委以计算的责任；周三善于医疗，让他为役徒疹病，也是好办法。常见这三个人都有一种癖性，不可视为常人，恐怕赦免后另生事端，罪上加罪，再进监狱。这也值得怜悯，不如长期拘留在这里，让他们担任工程的责任，以免发生其他祸患，反而是仁爱的做法。会议的内容就是这样。狱官们所以这样做，是因为凡属幕府①的例规钱和监狱的收入，一半作为劳役所得，另一半作为吏员的贮蓄。这件事如果实行，对我们三人的灾害不小，请你加以占筮。”

于是先为胜藏占问，遇到需卦，变为节卦。

断卦说：需，等待的意思。坎险在前面，乾健面临它，是即将涉水而不轻易前进的卦。九三居内卦的终位，最接近外卦的坎险，是危险的地方。《象传》解释爻辞说“灾在外也”。这灾不是横须贺的事，说“在外”，必定是另外招致的。你很有远虑，不会做逃脱刑役之类犯法的事，也不会再犯其他罪。这样看来，你的灾难莫非是生病吗？倘若生了病，你必须自爱。《象传》说：“自我致寇，敬慎不败也。”

接着占周三，遇到鼎卦，变为旅卦。

断卦说：吉。鼎属于重器而不容易移动，何况其中有实呢？而且风变为山，山是止而不迁的事物，可知是岿然不动的。另外，要动我的人就是“我仇”，现在说“我仇有疾，不我能即”，“有疾”的人无力，他无法撼动我是可以知道的。横须贺的事，不值得忧虑。

---

① 幕府：古时日本权力曾一度凌驾于天皇之上的中央政府机构。常以“挟天子以令诸侯”的方式来进行对国家统治，其最高权力者为征夷大将军，亦称幕府将军。日本历史上共经历了镰仓幕府、室町幕府、江户幕府三个幕府历史时期。

最后才占我自己，遇到艮卦，变为渐卦。

我很疑惑这一卦，认真考虑了很久，才领悟说：辅是口颊，“艮其辅”，是不妄言的意思。下文说“言有序，悔亡”，我以后一定会得到言语的秩序，并为有地位的人所赏识，而得以免罪。

占断虽然是这样，当时却还不知道以后如何应验。后来胜藏果然患了脚病，并且陷于危险的境地，幸而有周三的小心看护，这才痊愈。周三被在任的吏员免了职，横须贺的事也就废止了，二人都得到了赦免。我因为占吏员和田十一郎身命而能切中事理，被许诺到刑期的一半时加以赦免。

◎明治二十七年五月，朝鲜发生东学党乱，我国与中国签订了《天津条约》[①]。六月六日，我国派军队前往。到二十三日，朝鲜兵与我国兵发生争斗。朝鲜对这件事的处理，唯中国政府的命令是从，于是我国有与中国开战的征兆。为此筮得需卦，变为节卦。

断卦说：卦中有水在天上之象。乌云在天上，势必将要降雨，等待时机而行事，一定能够成功。以内卦为我国，乘阳爻的刚健而将要前进；以外卦为中国，设置坎险来陷害我国。我国因为刚健而不陷于险难，不至困穷，到五爻的时候可以进军，叫做“‘需：有孚，光亨，贞吉’，位乎天位，以正中也”。“天位”指九五。“利涉大川”，指海军一定会获得胜利；“往有功也”，指陆军的行动一定会成功。

需卦的五爻和上爻都当位，是得天时征象；三爻以阳爻居阴位，四爻以阴爻随在阳爻之后，是得人和之象；只有二爻以阳爻居阴位，在地利上很有缺憾。现在占得第三爻，象征今年六月将去危险的地方，叫做“需于泥”。《象传》说：“自我致寇，敬慎不败也。”“需于泥”是说进退不能如意，“自我致寇”是说我国自己进入。四爻主七月，爻辞说“需于血，出自穴”。四爻介于三爻与五爻之间，有离火，即穴中出火而见血，应当预防地雷。在这四十天里，必须选择屯营要地，使敌人无法袭击我军；等八月上旬五爻主事的时候，可以一举而大功告成。

反过来看，中国的气运将转入需的下一卦，即讼。讼的上卦乾天为日本，下卦坎水为中国。天气向上腾，水流向下流，从卦象就可以看出。乾

---

① 《天津条约》：1885 年 2 月，日本派伊藤博文为全权大使，陆军中将西乡从道为副使出使中国，乘机要挟清政府就朝鲜问题谈判。清政府代表李鸿章于 4 月 18 日在天津与伊藤博文签订《会议专条》（又称《天津条约》或《朝鲜撤兵条约》）。内容是：中日同时从朝鲜撤兵；将来朝鲜国若有变乱重大事件，中日两国或一国要派兵，应先互行文知照。这样，日本获得随时可以向朝鲜派兵的特权。后来日本利用此条约发动了中日甲午战争。

天刚健而威武，坎水下流而危难，但是人处于困境就会奋发，想借助公众舆论而争理，所以可以作为讼卦来看。中国遭受这样的逆运，各种筹划都达不到目的，叫做“讼，有孚窒”。然而天运就是这样，故说“惕中吉，终凶”。讼卦不是成事的时运，故说“讼不可成”。但到五爻的时候，顺从大人的意思处事还是可以的，故说“利见大人”。另外，根据这一卦，用海军就会遭受大的失败，有军舰覆没的祸患，所以说“‘不利涉大川’，入于渊也”。

在黄海海战中激战五小时后沉没的“致远”号巡洋舰和它的管带邓世昌

我把这一占断上呈了大本营的某贵显。这个月的二十八日，《国民新闻》及《报知新闻》都登载了它。因为我国得到需卦的盛运，四十天后，陆军取得了牙山及成欢战役的胜利，海军在丰岛及黄海获得大捷。中国遭到讼卦的逆运，陆军大败于牙山及平壤，军舰至于沉没，《象传》关于“入于渊”的话，实在不是虚设的。按占筮后四十天计算，恰好在第三十九天得到大胜。另外，这一战事的终局，是需卦上六的“有不速之客三人来，敬之终吉”，后来果然有俄、英、美三国公使前来议和。只要恭敬地容纳他们，结果就会吉祥。

六四：需于血，出自穴。

《象传》曰：“需于血”，顺以听也。

［经传释义］

坎阴为血象，坎险为穴象。四爻与上六同样说穴，是都在坎体的缘故。血指杀伤的地方，穴指险陷的处所。四爻进入了坎险这个杀伤之地，为敌寇所伤害，所以说“需于血”。“需于血”上承三爻的“致寇”而说。六四阴爻阴位，素质柔弱，居于坎险的初爻，为三个阳爻所逼迫，在大难的要冲，只有顺从时势而不争竞，才不至于有大的危险，能最后脱离险难。六四上比九五，为九五所救，出九死而得一生，故说“出自穴”，就像孔子摆脱了匡人的围困、文王摆脱了羑里的厄难一样。

云出于地，其升天没有不经由穴的，所以说“出自穴”。而且四爻居外卦的开始，又有出象；六四变阳则全卦为夬，有决出之象。《象传》所谓“顺以听”，是说能顺从九五的教导。坎为耳，有听象。

[一辞多断]

○问征战：四爻为坎卦的开始，坎为血卦，“需于血”，指在战斗中受了伤。“出自穴”，指虽然受伤，但还能脱离险难。它能够脱离险难，原因不在于强争而在于顺听，顺听才能避免危害。○问家宅：说“需于血，出自穴”，有出自幽谷，迁于乔木征象。顺，指家道和顺。吉。○问经商：玩味爻辞，想必是采矿生意，“出自穴”就得利了。○问功名：所谓“呕尽心血方得出人头地”，有“需于血，出自穴”之象。○问疾病：想是吐血的症状，必须调养气血，使阴阳和顺，这样自然可以脱离危险而得以生存。○问胎孕：生男孩。虽然有小的险难，但最终得以安全生产。

[活断实例]

◎明治十九年，我的知心朋友、英国人、工学博士某来告诉我：“我有一个女儿，是法国公使馆某书记官的妻子。她现在难产，命在旦夕，希望你筮一卦来占卜吉凶。”筮得需卦，变为夬卦。

断卦说：需是等待的意思，凡事以等待为好。爻辞说需，是不能迅速分娩。九五还有可等待，到上六就无可等待了。根据这个易理应付事情，应当另想办法。

以全卦象征产妇怀孕的身体，九三居阴道的位置；阳爻变阴，是得以安全生产的意思。现在筮得六四阴爻，以阴柔临危险，显然是难产之象。而且四爻位属腹部，有剖开母腹之象。爻辞“需于血”的血，不是正常生产而出的血，而是鲜血；“出自穴”的穴不是阴道，而是剖腹所形成的穴。应当请外科医生另做手术。如果因为九五的“需于酒食”而抱有侥幸心理，延长待产的时间，恐怕到上爻“入于穴”的时候，母子就都难保了。爻象是这样，应当迅速进行应急的手术，以求产妇的安全。

某人听了这一占断，大喜，马上告诉医师，剖开腹部而产，结果胎儿虽然死了，母亲却幸而得以生存。

九五：需于酒食，贞吉。

《象传》曰：酒食贞吉，以中正也。

[经传释义]

五爻阳刚而居于尊贵的爻位，既得中又得正，以这样的状态而需，什么需要的东西得不到？《易纂言》说：万物需雨泽，人需饮食，天下需涵养，“需之时义大矣哉！”人人需要饮食来养生，只有君王不需要用饮食养自己，而需要用饮食养天下百姓。只有这样休养生息，才能使百姓人人都沐浴在深厚的恩泽中，所以说“贞吉”。但是，执着于区区小惠，耽于自己的逸乐而不知道警戒，以至毁败了成业的现象也是有的，这就失去中正了。《象传》说“酒食贞吉，以中正也”，劝戒的旨意太深了！

不过九五这位君王还在危险中，需要人们的拯救。初爻以亲自耕作来满足自己的需要，二爻因为畏惧别人的言论而后退，三爻持守敬慎之道而避免了灾祸，到四爻才得出穴前进，而上爻又有不速之客的到来。在五爻的时运，众多贤人一同前进，君王到客馆赐予饮食，以隆重的礼仪养育贤才，贤才也各自以自己的才能报效君王而匡济天下。农业是百姓衣食的第一源泉，教授耕种而使农夫明达，规划井田而交给百姓，不再使天下有一个人受冻挨饿，遭遇荒年凶岁，还要放赈以周济百姓，把别人的饥饿当做自己的饥饿。王道的久而成化，难道不就在需道吗？《象传》说：“‘需：有孚，光亨，贞吉’，位乎天位，以正中也。”说的就是这个道理。

五爻变阴则全卦为泰，有天下安泰清平之象。

[一辞多断]

○问征战：爻辞说“需于酒食”，有得胜后班师回朝，论功行赏之象，故说“贞吉”。○问功名：正是与佳宾宴乐的时候，吉。○问经商：五爻互离卦，离于十二辰在午，在天上值柳宿，附星有酒旗，有外厨，主宴享和饮食，可知一定是经营酒馆、粮食等行业。另外坎为人，为纳，可知商业的输入一定有余，所以“贞吉”。○问婚嫁：需卦五爻变阴则全卦为泰。泰卦六五说“帝乙归妹，以祉元吉”，另外九三说“于食有福”，这就是“需于酒食”的道理所在。“有福”，所以“贞吉”。《象传》说“以中正也”，指体现了婚嫁的正道。○问胎孕：生男孩。得了儿子必定置办酒席，古今都是这样，所以爻辞说“需于酒食”。

[活断实例]

◎某人来自某县，说："现在想去求见某贵显，有所恳求，请占贵显的接待怎么样?"筮得需卦，变为泰卦。

断卦说：需即须，卦意是等待。凡疏远而尚未见面的人偶然相会，必定多欢乐。所谓"君子以饮食宴乐"，就是这个意思。看来您拜访某贵显，某贵显一定会喜悦地迎接，着意地厚待，以至你淹留在京城，屡次得到宴请，一起谈论过去的事情。可以受到敬爱，所以说"需于酒食，贞吉"。

后来某人来感谢说："依您的占筮去拜访其贵显，受到了很优厚的待遇，并且实现了志愿。神《易》的妙机很灵!"

上六：入于穴。有不速之客三人来，敬之终吉。

《象传》曰：不速之客来，"敬之终吉"；虽不当位，未大失也。

[经传释义]

上爻与四爻同样是坎卦的阴爻，有穴象。上爻居外卦的终位，外出无处可去，故说"入于穴"。"有不速之客三人来"，是说内卦三个阳爻不召唤就都来了。因为上爻柔顺而不拒绝，没有妒嫉争竞的念头，只是以尊敬的礼仪相待，所以那三个阳爻虽然刚强果敢，却没有争夺的意思，故说"敬之终吉"。"敬之"二字暗含五爻酒食的意思，"终吉"的意思与九二相同。上六属阴而居危险的爻位，没有继续等待的余地，只要能谦下恭敬地对待贤人就没有过失，所以《象传》说："虽不当位，未大失也。"

另外，卦中说难，说败，说寇，说血，说穴，说陷，说"有言"，说孚，说入，说酒，说食，说宴，说乐，说郊，说沙，说衍，说听，都是坎之象，可知圣人观象，自有妙用。

一说："不速"不是不召而来，需是等待、迟缓的意思。考察初、二、三、四各爻，说"于郊"，说"于泥"，说"于沙"，说出穴，都是渐渐前进，不是迅速而来，所以是说迟缓地来。"三人"，即乾卦上升的三个阳爻。这种说法也通。

[附言]

位指六个爻位，位当指得到了正位，位不当指不得正位。这是《周易》的通例，但其中也有差别。《象传》的位多指九五君位，而《象传》

中据生卦法而说的位，则是指六爻的正位，小畜、同人、大有、噬嗑、家人、归妹、渐、涣、既济各卦都是这样。

还有《象传》中所谓位，也有多种含义。说六爻正与不正的，如履卦的六三、否卦的六三、豫卦的六三、噬嗑卦的六三、晋卦的九四、蹇卦的六四、解卦的九四、震卦的六三、丰卦的九四、旅卦的九四、兑卦的六三、中孚卦的六四、小过卦的九四、未济卦的六三，都是例子。就三四两爻说位，是因为二五两爻位虽然不正，却有刚中或柔中的优点，初爻和上卦都是无官位之象，都不说位。

爻位得当的吉，爻位不当的凶；但又有以位不当为吉的，例如大壮六五的《象传》。还有就九五专说君位的，例如比、否、巽、节卦的《象传》。还有说“不当位”的，例如需卦上六、噬嗑卦、困卦九四的《象传》。

“不当位”与“位不当”含义稍有不同。“不当位”本来不是说正不正，所以需卦的上六虽然以阴爻居阴位得正，还是有“不当位”的说法。这里的“位”字指九五君位，所以需卦的上六及困卦的九四，都作为比近君位的爻而说。

［一辞多断］

○问征战：上爻为坎卦的终位，穴指坎险，“入于穴”，是说凭坎险而自守。“三人”指内卦的三个阳爻；“不速”指不请自来，即有敌兵从三面来包围。既然进入了险地，就不适宜继续战斗，而应该以礼接待而求和解，故说“敬之终吉”。○问经商：坎为劳卦，为万物所归，故说“入于穴”。穴即穴窟，指贮藏货物的地方。“三人来”指买主，用恭敬的礼仪接待他们，价格合适就销售，所以“终吉”。但坎为有水的穴窟，不适于贮藏货物，幸而有客人来，可以马上销售，所以说“虽不当位，未大失”。○问家宅：这屋子必定阴暗潮湿，幸而三面有阳光来照，故说吉。○问婚姻：需卦上六变阳则全卦为小畜，小畜的上九说“妇贞厉”。称妇，说明是已嫁的女人，故说“不当位”；但因为它“贞厉”，所以“终吉”。“入于穴”，有生则同室，死则同穴的意思。“三人来”，指媒人。○问疾病：说入穴，是凶象；说“终吉”，终结后才吉，占病也凶。○问胎孕：生男孩。说“终吉”，以前一定是缺少男孩。

［活断实例］

◎明治二十二年十二月，友人神保长兵卫的妻子因患胃癌而卧床，我占问她的生死，筮得需卦，变为小畜卦。

断卦说：需的卦义是等待，又属于游魂卦。游魂，指人的魂魄已经离开身体而出游，说明天命已绝，只是需缓等待，暂时还可以保有剩余的生命。上爻居全卦的终位，因为无处可去而返回，所以主疾病重而死，魂魄复归本位。爻辞的“入于穴”，是埋葬的征兆；“有不速之客三人来”，指僧人来为她送葬；“敬之终吉”，是说心魂安固，得以成佛①。需卦虽然不是归魂卦，但是从爻辞可知，她必死无疑。

后来没几天，她果然死了。

◎中野梧一②一向住在大阪，这是我所知道的。报纸上的新闻忽然报道他自杀了，并且众说纷纭。我惊讶这件意外事件，以为凭他的俊才怎么会穷困到这个地步？倘若在他生前听说他的穷困，还可以替他处置，现在却没有办法了，太可惜了！正好友人来聊天，又谈到这件事，并为他的死因不明而感到奇怪。友人请我筮一卦，筮得需卦，变为小畜卦。

断卦说：中野从事商业，商业中符合所谓“入于穴”的，大概是矿山采掘的事吧？“有不速之客三人来”，是事业不如意，得不偿失，欠下了巨额债务，屡屡遭受债主的追讨，却无法可想，于是狠下心来自杀。坎为加忧，为心病，上卦变为巽风，是疯癫之象。另外需属于游魂卦，表示他的神魂已经不安定。

后来的传闻和事实，果然证实了这一占断。

◎一天，友人伊东贞雄来告诉我说：“我的小儿子很小就做京都吴服某商人的斡旋人，已经很久没有消息了，我很忧虑，请您筮一卦。”筮得需卦，变为小畜卦。

断卦说：需，等待的意思。内卦乾为老父，有等待外卦坎中男的消息之象。现在得到上爻，爻辞说“入于穴”，想必你的儿子与三个同事，流连花街柳巷，耽于女色。上爻变阳则上卦为巽，巽为风，为入，说明本月末，一定与同事回到家中。

事情果然和所占断的一样。

---

① 成佛：这里的成佛并非佛教所说的成佛。日本神教不相信转世、来世的说法，认为人死后灵魂仍然生活在这个世界上，而坟墓则是永远的居住地。所以这里所说的“成佛”，不过是去世正常、灵魂得到了安宁的意思罢了。

② 中野梧一：后改名为斎藤辰吉。原是幕府旧臣，在箱馆战争中降服。1874 年八月出任山口县县令，致力于发展实业，并担任“藤田组”执行官。1879 年，以被疑制造假钞而被逮捕，后无罪释放。1883 年神秘自杀。

爻神的应验，随时变化，不可拘泥执着。如需卦“入于穴”一语，只有活用才能体现出它的灵变，读者应当玩味这一点。其他各爻也都是这样。比如爻辞得到“豕”字，小了是鼹鼠，大了是象，应该根据其形状相貌而活用。考察卦象的人，不可不知道这个道理。

◎明治三十一年，占陆军气运，筮得需卦，变为小畜卦。

断卦说：需卦险难在前面，有等待前进时机之象，所以叫需。我国为兵备的不足而感到遗憾，即将扩张军备，充实国防。欧洲各国赞叹我国进步的快速，越发知道我国将来的可畏，曾经派遣海陆军参谋屡次来考察我国兵备。所以对内要整顿兵备，对外要礼遇来宾，使邦交日益密切，不发生猜疑，叫做“有不速之客三人来，敬之终吉”。

䷅天水讼

“讼”字从“言”从“公”，《说文解字》说是争的意思，《六书通》说是“争曲直于官吏”的意思。坎为言，为平；乾为公，为决，为争，为直，所以取乾刚坎险的意思，称这一卦为讼。

讼：有孚窒，惕中吉，终凶。利见大人，不利涉大川。

《彖传》曰：讼：上刚下险，险而健，讼。讼“有孚窒，惕中吉”，刚来而得中也；“终凶”，讼不可成也。“利见大人”，尚中正也；“不利涉大川”，入于渊也。

[经传释义]

讼的上卦为天，气清，有上升的作用；下卦为水，流动，有下降的作用。一个升一个降，各行其是而不相得，在人事象征你上我下，你南我北，彼此互不相容，各自向官府诉说，要求裁断。这是卦名的由来。

下卦坎险，上卦刚健，象征既忍心害人，又有实现奸计的能力，叫做“上刚下险，险而健，讼”。而且上卦占据有利地位，下卦陷于困苦当中，困苦者既羞又恼，不能不争，又因为争辩不止而去官府倾诉，于是争讼由此产生，所以说“有孚窒”。“有孚”，其中必有可信的情实，无情实就是虚妄了。我有可信的情实，却为对方所窒塞，所以有讼案。已成讼案后，即使有可信的情实也应当惕厉恐惧，得到伸张就收手，这样还可以获吉；倘若强讼不止，把事情做绝，则必定凶险，所以说“惕中吉，终凶”。

讼案有原告和被告两方，在诉讼的时候，有理的固然体现为直，无理的也会作出理直的样子，并且让善辩的律师为他编排说辞，以掩饰自己的无理，甚至通过行贿，使对方有冤难申。听讼者只要稍微失去明察，就一定会落入他们的奸计，使是非颠倒，所以说“利见大人”。所谓“大人”，就是刚健中正而居尊位的九五。刚就能明察，健就能决断，中就是无偏向，正就无私心，所以能使是非立即得到明确的判断。

讼案的双方，不论有理无理，都像涉大川而遇到风波一样危险。讼为口舌的风波，所以讼案也说涉。《象传》说“‘不利涉大川’，入于渊也”，其警戒是很深的。

有的争讼发展到极致，就会成为战争，或者说战争不过是大规模的争讼罢了，所以讼卦之后，接着就是师卦。一卦以口舌相争，一卦以刀剑相争，都有凶象，故以警惕和中止为吉，以相争到底为凶。玩味这两卦的人，应该懂得有所畏惧。

通观全卦，初爻以柔弱居下位，不使事情延续下去，这样虽然“小有言”，但是终究会得吉，所以说“讼不可长”。二爻刚健，象征争讼者；与五爻相应，象征以卑下的身份而与尊贵者争讼。它知道自己的势力无法取胜，于是返身逃窜，这样还可以“无眚”。三爻以阴柔的素质顺从上爻阳刚，安于本分，持守正道，处于危险而知道戒惧，所以与初爻的“不永”一样“终吉”。四爻与初爻相争讼，初爻“不永所事”，四爻也复回而“即命”，所以“不克”，从此收敛争讼的心，持守“安贞”之道，这样就没有不吉了。九五象征明达的君王，以阳爻居阳位，运用中正之道判断曲直，所谓“以杀止杀，刑期无刑”，就在这时吧？吉祥没有比这更大的。上九为讼事的终结，即使善于争讼，也能够取胜，甚至可以通过争讼得到朝廷的命服，但是以悖逆得到的也将以悖逆失去，难道能长久保住吗？竟至于“终朝三褫之”，所以《象传》说：“以讼受服，亦不足敬也。”

读初、二、三、四爻的爻辞，警惕和戒惧的吉祥可以得到验证；读五爻的爻辞，见大人的利益可以得到验证；读上九的爻辞，所谓终讼的凶险与涉川的不利，也足以得到验证。争讼者只要能幡然悔悟，惕然自省，就有吉无凶了。由于上有“元吉”的君王，初六的讼事可以“不永”，九二、九四的讼事“不克”，六三可以食用原有俸禄而守正，终极讼事的上九虽然一时得胜，但终究归于失败。使百姓无讼事的权柄在君王手里，讼卦的爻辞说尽了这个道理。

《象传》曰：天与水违行，讼，君子以作事谋始。

上卦为乾天，天的阳气向上升腾；下卦为坎水，水的特点是流向低处，上下卦特性互异，趋向相反。在八卦中，刚健充实没有超过乾的，艰难忧苦没有超过坎的。它们的趋向相反，必定导致争斗，讼案就是这样发生的。君子见到这个卦象，考察争讼的原因，预防于作事的开始，所以说“作事谋始”。只有审慎于谋划的初始，作事才不会留下后患，只有思虑精密才不会引起争端，这样讼事自然就杜绝了。

孔子说："听讼吾犹人也，必也使无讼乎！"可见要使讼事不发生，全在听讼断案者的潜移默化。九五说"讼元吉"，或许可以做到吧？

［一辞多断］

○问征战：天之象是乾，乾为刚健勇武；水之象是坎，坎为寇盗，所以讼卦主讼事，也主军事。两军互相违背以至互相征战，而其相违背的原因在于尚未征战的时候，所以说"君子作事谋始"。这也是孔子慎于征战的旨意。○问经商：讼卦内卦互离，离为资财和斧钺；外卦互巽，巽为利市，有经商的意思。经商之道，彼此相合就会成功，相违就会失败，而且乾为开始，坎为谋划，所以说"作事谋始"。善始才能善终，商业才能长久而盛大。吉。○问功名：乾为健，坎为险，象征乾要前进而陷于坎险。这就是求功名为什么艰难。○问婚姻：婚姻是两姓间的情好相合而成，有相合之道而没有相违之理。男有家，女有室，是人伦的开始，所以君子一定要娶淑女，这是婚姻的谋始之道。○问疾病：疾病的发生一定是由于阴阳不和，不和就会相违而行，相违而行才成了疾病。治病的人应该先审慎于治疗的开始。○问胎孕：生男孩。○问失物：指东西从高处落入水中，不可能再得到。恐怕有大的口舌之争。

初六：不永所事，小有言，终吉。

《象传》曰："不永所事"，讼不可长也；虽小有言，其辩明也。

［经传释义］

事即讼，因为讼案很小而称事。"有言"即有诉讼的言论。"小有言"与需卦九二相同，都指言论的伤害，属于小的灾患。

初爻以阴爻居下位，象征身份卑贱，为人柔暗，既缺乏辩论的才能又畏惧官长，内心怨恨也不得不中止诉讼。初六象征事情的开始，中止很容易，故说"不永所事"。虽然有小的伤害，却因为不争讼而得吉，叫做"小有言，终吉"。这一爻变阳则全卦为兑，兑是喜悦的意思。"不永所事"，指本爻变阳而有喜悦。

全卦六爻中，只有九五刚健中正，为听讼之主，其余五爻都是诉讼者。其中九二、九四、上九三个阳爻，是刚强逞能，为利益而诉讼的人，故爻辞直指为讼；初六、六三两个阴爻是柔弱而缺少才干的人，虽然一时也卷入了讼争，但不肯诉讼到底，所以初六说事，六三说"旧德"，并不指为诉讼。由此就可知卦爻扶阴抑阳的义理了。

另外，彖辞说“终凶”，初爻说“终吉”，同一个“终”字，判然分为两种结果，这是彖辞就诉讼者而说，爻辞就不讼者而说的缘故。诉讼本来是凶事，可以中止就要中止，如果长讼不止，仇怨日益加深，必定贻害自身和家人，所以《象》说“讼不可长也”。又说“其辩明也”，这是因为初六的事不算诉讼。它先是作为被告，又不为九二所笼络，虽然为六三所疑忌，小有言语的伤害，但是因为有九四的应援，得以辨明利害，所以能“不永所事”。

[一辞多断]

○问征战：讼是两人相争，战是两国相争，所以终极讼事与穷兵黩武都是凶事。爻辞说“不永所事”，是说一战而胜，不再滥用军队，从中越发能看出圣人是不得已才用兵的，而绝不好战。○问疾病：初爻象征初病，“不永所事”，是说不久就会痊愈，故说吉。占久病则凶。○问功名：初爻居全卦的开始，是初次出门求名。“不永所事”，是说不会久困在人下，所以说“终吉”。○问经商：爻辞说“不永所事，小有言”，指商家贩卖货物，应该立即售出，即使买卖中小有争论也无大碍，故说“终吉”。

[活断实例]

◎某友人告诉我说：“我想求官，曾经托某局长引荐。某局长与我有旧交，一定会为我尽力。请试占事情能否成功。”筮得讼卦，变为履卦。

断卦说：卦中上升的气象征他，下降的水象征我，彼此不互相融洽，所以卦名叫讼。我虽然出自诚心，他却绝不顾念，事情一定难以成功，应当改变主意，叫做“不永所事”。您心中未免有所不平，稍微说一点怨言，但是转而另外谋求，却可以指望成功，叫做“小有言，终吉”。

后来的事果然和所占断的一样。

九二：不克讼，归而逋，其邑人三百户无眚。

《象传》曰：“不克讼”，归逋，窜也；自下讼上，患至掇也。

[经传释义]

“不克讼”，是不等讼事完结就停止了。“归而逋”，是以归为名，逃窜而躲避灾眚。眚就是灾，但自己作孽而导致的叫眚。九二从卦外而来，以阳刚处于危险中，是讼卦的主爻，与五爻为敌；因为五爻居君位，九二自知不免受到惩罚而逃窜，故说“不克讼，归而逋”。“其邑人”，指附讼者。主讼的人既已逃窜，附讼者都得以免灾，故说“其邑人三百户无眚”。

虞翻说：坎为隐伏，有逋窜之象。李鼎祚说：乾为百，坤为户，下卦三爻，故说“三百户”。二爻变而之正，坎就会化为坤，所以说“无眚”。这就是彖辞所谓“中吉”。倘若归窜后仍占据争强的地点，那就还有相抗的迹象。“三百户”是小邑，下边既已经悔罪，上面也就不再追究了。

《象传》说：“归甫，窜也。”“窜”字从“穴”，属阴柔；窜的意思是入穴，可知是窜入阴柔处以求免罪。项氏说：一家好讼就会百家遭灾，现在为首的讼者既逋，余党也就没有连坐①之患了。《象传》说“自下讼上，患至掇也”，以二爻讼五爻，而五爻居尊位，所以叫“以下讼上”。掇，自取，指“以下讼上”，势力既无法相敌，祸患的到来就像自己取来的一样。

一说：“掇”应当作“惙”，意即《诗经》所谓“忧心惙惙”，说的是在下位者与在上位者争讼，很值得忧虑。坎为加忧，与爻辞“惕中吉”的“惕”字意思相同。这种说法也通。

凡爻辞说“不克”，都是就居阴位的阳爻而说。以阳爻讼阴爻，所以不克。比如二爻启示人应当相机中止，隐退而躲避灾祸，这虽然不属于君子的做法，处于浊世却足以保全自身，并可以为邑人免除祸患。二爻变阴则内卦为坤，坤为顺，有柔顺而中止诉讼之象。

[一辞多断]

○问征战：二爻的应位是五爻，而五爻居尊位，为大国。二爻势力弱小，自己知道不能取胜，坎为隐伏，所以“归而逋”。“三百户”为小邑。二爻既已逃窜，五爻也就停止了作战，于是“三百户”得以“无眚”。○问经商：九二爻辰在寅，在天上值尾、箕、斗宿，附星为天弁，主在里巷和市区陈列货物，有经商之象。二爻变阴则全卦为否，否有损耗和失败之象，故说“不克”。外互卦为巽，巽为归，故说“归逋”。三百是小数目，所以说“无眚”。○问疾病：玩味爻象，一定是在外面得了病，应当迅速回家调治。病人归来后，病气不至于传染，故说邑人“无眚”。○问功名：爻辞说“不克”，一时无法成名，退回来隐居也无害处。○问婚嫁：二爻与五爻相敌，尊贵与卑贱不相应，应当中止婚约。没有灾祸。○问胎孕：生男孩，恐怕无法保全。

---

① 连坐：中国古代因他人犯罪而使与犯罪者有一定关系的人连带受刑的制度。

[活断实例]

◎友人北泽正诚[①]，是信州松代藩的武士[②]。明治维新时期为国事奔走，与当时的名士相交往。他精于堪舆学，尤其擅长汉学。后来在外务省任职，数年后转而担任华族[③]女子学校干事。一天来告诉我说："我不久前因为事故而被撤职，心里很不平，想与长官辩白这件事，麻烦请筮一卦。"筮得讼卦，变为否卦。

断卦说：讼的上卦天气上升，下卦坎水下降，是反对之象，主彼此情意不通。追问事情的曲直，辩论处理得当与否，注定无法得胜，只应该安定身心，否则不但自己有灾祸，恐怕还要累及别人。您翻然中止，不再以口舌相争，退藏到隐秘处，就无害了，这叫做"不克讼，归而逋，其邑人三百户无眚"。

我为他仔细推绎爻象说："三百户"属于小邑。小邑又称岩邑。另外《象传》说"归逋，窜也"，而"窜"字从"穴"，穴即岩穴。而且卦中有乾，必定不是普通百姓，想来会是岛民的首长吧？

北泽首肯而去。不久，他果然被任命为伊豆岛岛司。

六三：食旧德，贞厉，终吉。或从王事，无成。

《象传》曰："食旧德"，从上吉也。

[经传释义]

旧是往昔的意思，德即业；"食旧德"，如同说食用旧有的家业。六三以阴爻居阳位，志气刚强而才干差，随九二兴起诉讼，九二因为不胜而归逋，六三也返回旧居，食用旧有的家业，不再争讼。贞是固守的意思，厉指危险。就是说，六三虽然处在危险的地位，但只要有所畏惧，固守正

---

① 北泽正诚：信州松代藩士。曾参与维新运动，与当时名士共同奔走国事。精通勘舆学，尤其长于汉学。在外务省任职数年，转任华族女学校干事。后来被任命为伊豆岛地方长官，并著有《竹岛考证》一书。伊豆岛又名竹岛，原属朝鲜领土。

② 武士：武士，日本江户时代的从属、侍奉各藩的一个社会阶层，一般指通晓武艺、以战斗为职业的军人。又称藩士，分为上士、下士等，其中战败而逃亡、流浪的武士称浪人。

③ 华族：华族是日本于明治维新至二战结束之间存在的贵族阶层。1869 年，日本各地方诸侯版籍奉还之后，废除原来的"公家"（公卿）、"大名"（诸侯）等称呼，将其统称为华族。1871 年日本取消旧身份制度，将国民分为皇族、华族、士族、平民四等。华族成为仅次于皇族的贵族阶层，享有许多政治、经济特权。

道，就终究是吉祥的。

所谓“或从王事”，指上九为三爻的正应，或许将与它一同从事君王的事业。但上九“终朝三褫”，这是“无成”，即因为阴柔不中而无功。“或从王事”一语，与坤卦的六三相同。坤为地道，故“代有终”，这一爻因为诉讼而不说“有终”，即“讼不可成”的意思。它以阴柔从阳刚，以下位从上位，有功而不自居，所以不失旧有的家业。有退让的心思，无忿争的念头，忧勤惕厉，一心随君王做事，即使有所成功也不敢自居，所以“无成”而最终得吉。

爻象变阳则内卦为巽，巽为顺，有“从上”之象。诉讼是凶事，看初、三两爻因柔弱不能讼而“终吉”，可知刚强而好讼的人必凶。

[一辞多断]

○问征战：六三居坎卦的终位，逼近乾卦，即所谓“阴阳相薄”、“战乎乾”。坎本是乾元再索而得的中男，而乾为旧，为德，故说“食旧德”，即是儿子食用父亲原有的俸禄，安常守分，保有旧业，不去争战，所以吉。如果要出动君王的军队，那么坎为破，为灾，一定不会成功，故说“无成”。○问经商：爻辞说“食旧德”，可知这商业属于先辈的遗产。谨慎地固守，终究会得到吉祥。○问功名：应该继续谨守前人的旧业。或许想出外求官，必定不成。○问疾病：以仍服前一位医生开的方剂为吉。○问家宅：应该安居旧宅，不必另建新居。另建新居恐怕不会成功。○问胎孕：生男孩。这孩子长大后，也以继承父业为吉。

[活断实例]

◎某友人来告诉我说：“我一向任职在某局，工作很负责，但是长官总是不满意。同僚的职务都有升迁，只有我屈而难伸，惭愧不堪，因此想调动工作，并已经恳求了某长官。请筮一卦，看能否成功，并卜日后的气运。”筮得讼卦，变为姤卦。

断卦说：占得这一卦，气运的闭塞不通显然可见，一时难以如愿，只可以随顺时宜，谨守本分，以等待时运的到来。所谓“食旧德”，明明说应当仍然安心旧业，不必调转到别处，只要以贞固自守，终究会获得吉祥。“或从王事，无成”，“或”字表示有疑问，意思是即使谋求别的职务，并且殷勤地恳求别人，最终也难以成功。

九四：不克讼，复即命，渝，安贞吉。

《象传》曰："复即命，渝，安贞"，不失也。

[经传释义]

四爻上承五爻，比三爻而应初爻。初爻既"不永所事"，四爻即使刚健而好讼也没有对手，所以它也"不克讼"。但二爻是因为势力不敌而归窜，四爻是因为理由不充分而自己收敛。复即返，也就是从。命指正理，渝即变，贞即正。祛除刚强忿恨的争讼之心，改过迁善，顺从前定的命运，故说"渝，安贞吉"。

九四以阳爻居阴位，为乾卦的初爻，有"潜龙勿用"的含义。四爻变阴则外卦为巽，《说卦传》说巽为不果，有踌躇之象。《象传》说"不失也"，指能衡量由始到终的形势而归就正理，虽然有所诉讼，仍然不失君子之道。

[一辞多断]

○问征战：四爻与初爻为敌，初爻既"不永所事"，四爻也失去了征战的对象，故说"不克"。乾为君，命指君命，"复即命"即凯旋而向君王复命。征战是危险的事，能转危为安，故吉。○问经商：玩味爻象，可知其商业必定是与初爻合办的，初爻既"不永所事"，四爻也复回而"即命"。复命即中止事情，故吉。○问婚姻：内卦坎为女方家，外卦乾为男方家。坎的初爻说"不永所事"，乾的初爻也复归而"即命"，即改变主意而另结婚约。《象传》说"不失"，指不失正道。○问疾病：至于"不克"，属于凶象。复为再生；坎为疾，为炎症；乾为生，为喜庆。复命即复乾。变凶险为安康，所以吉。○问胎孕：生男孩。

[活断实例]

◎某友人是商店的主管，一天来告诉我说："我从主人开店的时候开始，勤勤恳恳地振兴主人的家业。近来主人因为世运变迁而改变面目，另外兴办新的事业，又聘请学士之类的人，给他们以过高的薪金，而我还是员工罢了，所给的薪金也没有学士等人高。我屈居人下，深感遗憾，想通过向主人诉说情实而达到平素的志愿。主人如果不答应，就请他根据数年来的辛劳，给我相当的金额，让我独立经营商业。请筮一卦，来占事情的成败。"筮得讼卦，变为涣卦。

断卦说：讼的上卦强健，为主人；下卦艰难，为您。您虽然想陈述自己的苦情，但恐怕主人未必答应，应当依旧做事，百般忍耐。爻辞所谓“不克讼”，是说您即使向主人陈了情，也一定不能伸张自己的道理。所谓“复即命”，是劝您回去后自我检讨，安于命运，持守常道；所谓“渝，安贞”，是劝您变不“安贞”而为“安贞”，这样才能得吉。仔细推绎爻辞，是明明教您不要多说，安心等待天命，这样，主人以后自有优待，一定会得到吉祥的结果。

九五：讼元吉。

《象传》曰：“讼元吉”，以中正也。

［经传释义］

五爻是全卦的主爻，居于尊贵的爻位，中正而刚健，能听天下的诉讼，善于分辨是非，剖析曲直，即彖辞所谓“大人”。诉讼的人得到这一爻，就没有更吉祥的了。没有讼事固然很难，而听讼也很难。听讼者不刚健，威风就不足，百姓就不顺服；不中庸，意见就多偏颇，断讼就多冤枉；不端正，性情就固执，断案就不当。现在五爻具有刚健而中正的品德，居乾卦的中位。乾是健的意思，五爻变阴则上卦为离，而离为明哲，以刚健决断案情，以明哲考察几微，听讼的能事就穷尽了。

爻辞说“讼元吉”，《象传》说“‘讼元吉’，以中正也”。“元吉”是吉中最理想的。初爻不长久诉讼，六三不诉讼，九二、九四“不克讼”，九五以“元吉”化解诉讼，说明本卦虽然名叫讼，却意在化解诉讼，实际上体现的是“使无讼”的圣训。

［一辞多断］

○问征战：五爻居君位，是主持战事的君王。师出有名，体现中道和正理，就是王者之师，就无敌于天下，故说“元吉”。○问商业：乾为利，坎为平。商业固然要谋利，但也要公平正直，这样才不至于争夺，商业才能符合正道，所以吉。○问功名：“讼”字从“言”从“公”，五爻为全卦的主爻。求名是以言论谋求考官的知遇。元指三元，即功名的魁首，吉祥没有比这更大的。○问婚姻：五爻为卦主，与五爻结亲，是以卑贱从尊贵，以贫乏从富有，所以说“元吉”。○问胎孕：生男孩。这孩子品貌端正，而且有福。

[活断实例]

◎北海道厅官某人来告诉我说：“长官常为土人的户口逐年减少而忧虑，以为这是由于内地人对土人的役使过于苛酷，今后应当允许内地人与土人通婚，使他们彼此亲近和睦，以促进繁殖。我也是这样认为的。请筮一卦，来预知得失。”筮得讼卦，变为未济卦。

断卦说：上卦为政府，像阳气一样向上升，下卦为百姓，像水一样向下流，上下间显然相背而不相合。由于这种不合很严重，土人的情实只有通过诉讼才能上达，正理才能伸张，所以说“讼元吉”。于是，上级官员感慨于土人的情由，怜悯他们的穷苦，改变了有关条例，颁布了允许内地人与土人通婚的政令。

后来听说，土人的酋长等人集会讨论，感到很为难。上级官员招酋长询问，酋长们说：“美女与丑女哪个好？我知道喜爱美而厌恶丑是共通的人情，但我们土人中不是没有美女，内地的人向她们求婚，自然喜悦地许嫁；但土人要娶内地的美女，则恐怕内地人却不会答应，这样土著人就有所失而无所得了。而且美女被内地人娶去，我们同族中丑的就多起来了，这该怎么办?”长官也悦服他们的道理，于是废止了这一政令。

上九：或锡之鞶带，终朝三褫之。

《象传》曰：以讼受服，亦不足敬也。

[经传释义]

或，表示不是必然。“鞶带”，命服的装饰。“终朝”，指从早到晚，即一日之间。褫是夺的意思。某人虽然胜了诉，却并不是真正有理的人，无非凭诡诈和私心侥幸得胜罢了，其为人的真伪不用说也可以明白。爻辞所谓“锡之鞶带”，不一定确有这样的荣幸，只是可能有；所谓“终朝三褫”，不一定确有这样的耻辱，也只是可能有。这是为了说明虽然暂时胜了诉，却终究必败，虽然得到了荣宠，却终究必定受辱的道理，说明荣幸来得过快的，被夺也同样快。“终朝”是一时的意思，“三褫”是多次褫夺。《象传》说“以讼受服”，是说命服的来历不正，就像沐猴而冠，有什么值得敬重的？所以说“亦不足敬也”。“亦”字很值得玩味。彖辞所谓“终凶”，从这里可以体会到。

乾为敬，为衣，上九变阴，乾体就毁坏了，这是不足敬之象；兑为毁折，是褫夺之象。上爻不系“讼”字，与初爻相同。初爻不说讼，是杜绝其开始；上爻不说讼，是厌恶其终极，越发体现出圣人“使无讼”的深意。

［一辞多断］

○问征战：上爻居乾阳的极位，乾阳至极就会相战。胜利已经很难了，却至于在一天内三胜三败。这样，败了固然耻辱，而胜了也不光荣。○问功名：锡，即赐。褫，夺的意思。或，表示非必然，只是假设“锡之鞶带”，而至于在“终朝”间而三次被夺。这是个患得患失的卑鄙小人，哪处值得敬重呢！○问商业：玩味爻辞，是屡得屡失而最终得不偿失的意思。况且所得的财来路不正，所谓以悖逆纳入的，必定以悖逆支出，到底不是他的。这也是可鄙的。○问疾病：这病一定忽好忽犯，一日之间病状不一。在上爻，处在卦的极处，难以好转，恐怕最终凶险。○问胎孕：生男孩。恐怕男孩多半无法养大，一定要到第四胎才能养大。

［活断实例］

◎明治二十三年，爱知县的某人来告诉我说：“名古屋正在选举市长，有三位候选人，不知道我可不可以当选？请占筮。”筮得讼卦，变为困卦。

断卦说：上卦为天而上升，下卦为水而下降，性情不合，所以卦名叫讼。讼是因意见不合而对官府诉说，等待判决。在选举市长的时候，市中的人情互生倾轧，是非不定。现在即使一时得到也恐怕人心不服，难以长保，叫做“或锡之鞶带，终朝三褫之”。求荣反而会受辱，不如不得。

某人感慨这一占断，因而推辞了这次候选。

䷆地水师

“师”字，篆书左旁为“阜”，右旁为“帀”。“帀”上加“一”，是一个人能指挥很多人之象。师卦承讼卦而来。诉讼必定有众多的人，师就是众的意思，所以用师卦接续讼卦。师卦有两种含义，一是教导子弟，一是统帅军队，都有率领众人之象。卦以九二为成卦的主爻，统率五个阴爻而济渡坎险。

坤为上卦，坎为下卦，为地中有水。水依托地而安居，地得到水而流润，在互相辅助中生育万物，说明水和土的特性虽然不同，却互相亲辅。师卦水在地下，是最危险者在最顺遂者之下，象征聚集众人，占据险隘而征战，是扰乱不定之象。师又是由一个人统率众人而加以平定的意思。在未乱之前，以教师之道加以训导，感通对方错误的用心，以消除祸患于尚未形成的时候；已乱之后，则统帅军队加以征伐，斩杀首恶，以平定动乱于刚刚发生的时候，都属于师卦的含义。

师卦的初爻阴柔不正，象征发难的开始；二爻在险难中，能率领众人平定险难，所以为一卦的主爻。

师：贞，大人吉，无咎。

［经传释义］

爻辞都是讲军旅的事，彖辞也是这样，读者应当类推。

所谓军旅，是发动大众，拿着干戈伤害人的性命，耗费国家的财物，国家不得已才用它。如果可以不用它却偏要用，就属于穷兵黩武，是严重无道的表现，所以强调“师贞”。贞即正，说的是兴师之道以正义为根本。兴师动众而扰乱天下，如果不基于正义，人民是不会服从的。“大人”，坊本误作“丈人”，只有《子夏易传》作“大人”，与困卦的彖辞相同。以大人为元帅，是说一定能拨乱反正，除暴安民，所以说“大人吉”。兵为凶器，战争是危险的事情，本来有咎，但“大人”上应天心，下顺民意，为天下消除暴戾，就是王者之师，即使有所杀伤也无害于天地的生生之道，所以“吉，无咎”。

《彖传》曰：师，众也；贞，正也。能以众正，可以王矣。刚中而应，行险而顺，以此毒天下，而民从之，吉，又何咎矣。

［经传释义］

以，《春秋传》说："能左右之曰以。"以的意思犹如用。元帅能以严正运用兵众，就可以叫做王者之师了。"刚中"指九二一个阳爻居内卦的中位，与六五所象征的君王相应。内卦坎为险，外卦坤为顺，故说"行险而顺"。毒，马融说是治的意思，王弼说是役的意思。另外，古时候"毒"、"育"二字音义相通，也作"育"解，即解释为以此治理天下或以此役用天下，于词义都很顺畅。汉儒把"毒"解释为害，意思是以此害天下，人民一定不从，怎么能成为天下共同的君王？如果说用百姓治理乱世，犹如以毒药攻治溃疡，这种说法牵强。众人凭正义而兴起，人民顺理而服从，顺就得吉，还有什么过咎？吉是就事情而说，"无咎"是就道理而说。

以这一卦比拟人事，坎为中男，应该在外卦却在内卦；坤为老阴，宜于居内卦却在外卦。母子的位置颠倒而失去了次序，是不安之象，必定导致家庭的动乱。应当从家长中选择刚强而中庸的人，以正道来治理，这样家道就治理好了。

以这一卦比拟国家，上卦坤为政府，有顺的特点，柔弱而缺少威严，无法制伏下位的百姓；下卦坎为百姓，有险陷的特征，阴险而好生事端，动辄与政府相抗衡。譬如水在地下，泛滥而无所归趋，有聚集众人，据守险地，扰乱而不顺服的迹象。全卦五爻都属阴，只有九二阳刚，应当由九二接受六五君王的命令，担当元帅的职务而统帅军队。这样平定天下，叫做"刚中而应，行险而顺"，"而民从之，吉，又何咎矣"。

通观全卦，九二为元帅，五个阴爻服从它。初六为兵众，九二为主帅，六三、六四为偏将和裨将，六五为出师临敌之时，上六为战胜赏功之时。再从内外卦看，九二为将帅，六五为君王，将帅上承君王的命令而出征，所谓"礼乐征伐自天子出"。将帅辅佐君王成为君王，彼此都有成就，所以，"能以众正"是就九二将帅说的；"可以王矣"是就六五君王说的。

屯以后的六卦，都是圣人拯救危难的事业。《序卦传》说："讼者必有众，师者，众也，故受之以师。"以坤众走在坎险上，是为兵为凶器之象；九二以一个阳爻率领五个阴爻，是出动军队之象。

有人说，师卦和比卦都是地水相遇，但是卦象大不相同，为什么呢？回答说：比卦一个阳爻在五位，是君王居尊位而莅临天下之象；师卦一个阳爻在下位，是人臣奉命出征之象。坤卦说到了战，而本卦叫师，这是为什么呢？军队就是百姓，国家以百姓为根本。天道喜欢生而不喜欢杀，圣人对百姓的容纳和保护就像自己受了伤的身体一样。但是当人的欲望和恶意表现为犯上作乱，与民心和正义相悖时，王者的军队起来加以平定，是天地的闰数，是不得已的事情。所以卫灵公问兵阵的事，孔子不予回答；子路问孔子如果率领三军带着谁，孔子说："必也临事而惧，好谋而成。"说惧，说"好谋"，何等郑重！可知圣人不轻易说兴兵的事。

师卦的九二为刚明而中庸的贤将，六三因为贪功而自取失败，六四不能立功而持守常道，六五为君王而任用将帅不专，因为分权而败事，从师卦可以全面看到军旅的情况。大抵只要三军和睦，将帅贤能，偏将和裨将奉行军令，君王委任专一，就可以班师凯旋，奏功行赏了。说明帝王做事的要旨所归，全在于"容民畜众"。六爻不取全胜的意思，其中的道理是可以推知的。

《象传》曰：地中有水，师，君子以容民畜众。

坎卦在坤卦中，故说"地中有水"。水藏在地中，没有什么地方不是水，犹如兵藏在百姓中，没有不是兵的百姓。把兵藏在百姓中，有兵的利益而没有兵的害处，正如水藏在地中，有水的利益而没有水的害处。"水在地中"，地能包水，显然有"容民畜众"之象。

另外，坤为民，坎为众，容是保的意思，畜是养的意思，兼有养育和教化的义理。九二这位将帅器量宏大，能包容和养育众多的百姓，所以无事的时候把军队疏散为百姓，有事的时候聚集百姓为军队。不说治民而说"容民"，是因为治理崇尚严，容纳崇尚宽；不说动众而说"畜众"，是因为动用未免劳苦，而畜养则安逸。所谓"兵可百年不用，不可以一日不备"，"容民畜众"是讲军事于平时之道。军队本来是残害人的，但圣人取象说"容民畜众"，以不杀为武勇的意思就可以知道了。

[一辞多断]

○问征战：以师为卦名，爻的意思也就很明白，可以根据各爻的情况而推究，吉凶自有应验。○问经商：坤为财，为聚，坎为入，为纳，自有容纳和保护的器量。水在地中，为地所包容；财源如水，流动不息，所以商业会导致富有。吉。○问功名：水在地中，犹如读书人还在草野而尚未显达。但是其德行和器量自能包容人民和万物，一经任用，就会像水流向海一样，利益很广。“君子”是对有德有位者的称谓。吉。○问婚嫁：坤卦和坎卦相互为用，地和水彼此相亲，必定是旧亲之间联姻。大吉。○问疾病：一定是水满腹胀的病症。坎为心，为忧患，应当息心调气，解忧取乐，这样自会痊愈。○问胎孕：生男孩。

初六：师出以律，否臧凶。

《象传》曰：“师出以律”，失律凶也。

[经传释义]

师的内卦为坎，外卦为坤，从内到外叫出。以，用的意思。坎为律，即号令节制。初爻为六爻的开始，也是出师的开始。所谓“临事而惧”，是说应当审慎于军事的开始。率领众人而临于危险的地方，关系到国家的存亡和百姓的安危，如果纪律不严，人心不齐，致使三军覆败，凶险就没有更大的了。否，不的意思；臧，善的意思，与《诗经·卫风》“何用不臧”的“臧”同一含义。因为“师出以律”，胜负还不能预先决断，所以不说吉；至于纪律不善，将会陷入危险，结果势必极凶。《象传》说“失律凶也”。“否臧”即失律。

一说：否，闭塞的意思，指军心隔阂闭塞，不能协同；“臧”、“藏”二字古时候通用，“臧”即“藏”，指深藏不发，畏敌如虎，这样即使纪律严明也必定失败，何况“否臧”而不能“以律”，其凶险是必然的。这一说法也通。

初爻居坎险的开始，故以失律为警戒。这也是讼卦《象传》所说的“作事谋始”。初爻变阴则内卦为兑，坎水变为兑泽，停止而不再流动，是纪律不被遵守之象。

[一辞多断]

○问功名：初爻象征初次出来求名。军队以“出师以律”为正，犹如士人以道为重。倘若失去士人之道，即使一时荣显，最后也会受辱。凶。○问经商：得初爻，可知是新建立的事业；水在地中，可知属于海运商务。总之，依道义谋利的吉，背离道义的凶。○问家宅：师的内卦为坎，外卦为坤，住宅必定坐子丑，朝午未。宅中人口众多。“出师以律”，犹如说治家应当凭法度。否，不的意思；臧，善的意思。不善治家，家道必定凶。○问疾病：师卦一个阳爻而五个阴爻，必定寒气多而热气少。病症属于初起，应当请良医调治，否则凶险。

[活断实例]

◎有人通过工业公司募集资金，并定下了所要募集的款额，请占公司的成否，筮得师卦，变为临卦。

断卦说：卦中的九二以一个阳爻统率众多阴爻，象征必须有刚健的人做经理来指挥众人。现在募款既然全不间断，可见公司事务规律而整肃。但是依这爻辞，公司的盛衰全在做事的纪律。现在我国集中股金兴办公司的，都以欧美各国为样板。欧美各国车船的便利，不是我国可以比拟的，所以最适于贩运各种货物。集合众人的资金准备器械，既节省人力又节省制作费用，非常得利；至于小本营生、独立做工，则没有不失败的。现在我国仿效他们，也设立公司，但集资很不容易，而且从事营业的雇员也难得适当的人选。所以成立公司，第一要经理的人选得当，这样事业才能兴盛；经理不得其人，即使公司成立了事业也会失败。初爻象征事情的开始，不可凭募款判断吉凶，必须等经理选举确定后，才能判断事业的兴衰。

九二：在师中，吉，无咎。王三锡命。

《象传》曰："在师中，吉"，承天宠也；"王三锡命"，怀万邦也。

[经传释义]

师卦的九二为五爻的正应，众阴爻所归依，是师中的主将，专主征伐的权柄。"在师中"，指在军队中，又得中正之道。"王三锡命"，命指恩命，指得到了君王的宠遇；三，指宠赐的频繁。

九二以阳爻居阴位，在军队中，为互卦震的主爻，居将帅的位置。坎为智，震为勇，以阳爻居中位，象征智勇兼备，威信并行，确实足以充当主帅的职务，即彖辞所谓"大人"。秉承六五的君命统率兵众，并且得到了六三同僚的亲辅，初六兵众的顺服，上下都相比相应，参与谋划，所谓"战必胜，攻必取"，只在九二一爻。

六五君王的倚重和信任既专一，宠赐又优厚，九二自然得以专主权柄，即所谓"阃外之事，一以委卿"。任用既专，号令必然得到执行，所以容易成功。古来只要有权臣在朝中，即使有高山大地那样的将领，也无法克敌制胜，这是信用不专的缘故。二爻说“王三锡命”，可见信用的专一，宠遇的优厚。

《象传》说“承天宠也”，天指君王，称王为天，可知君王是明于任用贤能的。《象传》说“怀万邦也”，是说君王的赐命不在于用威，而在于用恩，这是怀万邦、保万民的意思。

二爻变阴则全卦为坤，脱离坎险而就坤顺，有拨乱反正之象。地水师忽然变为坤为地，有开疆拓土之象。二爻为成卦的主爻，所以象辞说“吉，无咎”。

［一辞多断］

○问功名：九二以一个阳爻统率五个阴爻，爻辞说“在师中，吉”，说明他鹤立鸡群，属于杰出的人才。“王三锡命”，指按能力授予官爵，显示荣膺君王的任命。○问经商：九二为全卦的主爻，所象征的人一定谋略出众，在商务活动中有老成练达的称誉，是可以推举为商业公司经理的人。吉。○问家宅：说“在师中，吉”，这家一定是一乡中的巨室，也是一乡中的善人。○问婚姻：九二变阴则全卦为坤，坤为地道和妻道。水和土的特性相合，所以吉。○问疾病：是水气停积中宫的病症，必须使水气流动，中焦宽舒，这样病才无害。吉。○问胎孕：生男孩。

［活断实例］

◎明治二十五年十二月，占第五次议会，筮得师卦，变为坤卦。

断卦说：师卦以九二一个阳爻统率五个阴爻，拿人事来比拟，是阳刚的教师教导众多阴柔的子弟，所以卦名叫师。以国家来比拟，九二为阳刚的大臣，入朝可以为相，出朝可以为将，一旦国家有事，就接受君王的任命而专主征伐，并且威信并行，所以说：“师，众也；贞，正也。能以众正，可以王矣”。

《周易》六十四卦、三百八十四爻中，教导人用威严保卫国家的，只有这一爻。作为天命所归的人，应当上承君命，下顺民心，正是大人进身报国的时候。现在占议会而得到这样的爻辞，也应当上承君命，下顺民心，这样决议就得当了。倘若决议上不能取信于君，下不能取信于民，就一定行不通。

到第二年即明治二十六年十二月，议会使议长退位，类似二爻阳变为阴，天皇又一次发出停止议会的命令；到了第三次，于是有解散议会的命令，果然符合“王三锡命，怀万邦”的占断。唉！天命是这样严肃和确凿，可以不敬畏吗？

六三：师或舆尸，凶。

《象传》曰：“师或舆尸”，大无功也。

[经传释义]

“舆尸”，指军队失败，战死的人多，用车载着尸体回来。三爻变阳则内卦为巽，巽为进退，有狐疑之象，故说或。古语说“三军之灾，生于狐疑”，狐疑是行军打仗的大忌。六三以阴爻居阳位，不中不正，前进没有应援，后退无所据守，却居内卦的极位，面对外卦的敌人，正当交锋接刃之际。六三如同才能柔弱而志气刚强的小人，窃取九二的权柄而妄自进军，导致了失去军律、丧失人马、载尸而归的结果，叫做“师或舆尸，凶”。

《象传》说“大无功也”，等于说遭到了大败。军旅中信任应该专一不移。二爻为主帅，三爻为偏将和裨将，偏裨将擅权导致失败，主帅也不能推卸责任，故说“大无功也”。例如城濮之战，左师右师都失败了，子玉虽然没有失败，但他是统帅，所以也免不掉战败的罪过。

就全卦来说，六爻都象征军旅。单就三爻来说，内卦为先锋，外卦为敌军，外卦坤为众，说明敌兵众多。到四爻则又以五爻、上爻为敌人；至于五爻为君位而不作敌人看，是卦爻的变例。《周易》的取象大致如此，读者不可不知。

[一辞多断]

○问商业：坎为大舆，舆用来载货物。坎又为陷，为破，大舆遇到险隘，就会车破货散。死后的人体叫尸，等于说车毁物丢。“或”字表示不一定。“大无功”即大失利。行商虽然未必会遇到这样的凶险，但也不可不防，因为爻象是这样戒止的。○问功名：“君子得舆”，得即德，舆用来载德而行。君子，对有德有位者的称呼。有人说“舆尸”是无德而尸位的人，所以凶。○问家宅：阴阳家称作堪舆，堪为天，舆为地，舆尸是地有尸气，哪能不凶？○问婚嫁：三爻居坎卦的终位，得到了乾元之气。乾在下而巽在上的卦为小畜，小畜的三爻说“舆说辐，夫妻反目”，《象传》说“不能正室”，凶险由此可知。○问胎孕：虽然生的是男孩，但是凶险。

[活断实例]

◎明治三年，横滨的三个商人在蒸气船上搭载舶来的物品，贩往箱馆。近来舶来品匮乏，获利三倍，因而又购入巨额的物品，准备运获得大利。其中一人来请占盈亏，筮得师卦，变为升卦。

断卦说：师卦有从水上投土之象，象征商业目的不明确，混杂而不可言喻，何况现在得到的是第三爻？你们以廉价购入目前在东京和横滨不畅销的物品，想贩卖到边远偏僻的地方获得大利，其他商人听说后，也会置办各种物品，并且多半想要争先。但这不合时宜的物品，在众人争贩的过程中必定被抬价，争着到箱馆各自出售，已为那里的商人所料到。将来到货而不能出售，势必跌价，甚至价贱也售不出去，必定要运回去。往复装运，费耗很大，就算售掉了也不但无利，反而亏本。你们拉着货返回，恰如载尸而归，所以不如中止。

某人听了，大有感触，于是中止了北方的出行。后来事情果然和所占断的一样。赴箱馆的其他商人都有很大损失。

六四：师左次，无咎。

《象传》曰："左次，无咎"，未失常也。

[经传释义]

左与右相对，属于不用的方位。人以右手为便利，以左手为偏僻，所以称不正的方法为"左道"，称贬谪的官职为"左迁"，称不适当划策为"左计"。"左次"，退舍的意思。左丘明说不进叫次，又说军队三次住宿为次。另外，《周易》以阳为右，以阴为左，六四的爻和位都属阴，所以称左。

四爻阴柔而不得中，柔弱而不能克敌。它自己知道不能克敌，于是量力而退，保全了军队，比三爻的失败强多了，所以"无咎"。《象传》说"未失常也"，指不违背"左次"的常道。这就是古语所谓"见可而进，知难而退，军政之善也"，倘若可以前进却后退，怎么能无咎？《周易》发明这一义理，作为对后世军事上不自量力的妄进者的禁戒。

[一辞多断]

○问家宅：四爻出了坎卦，进入坤卦。坤为西南，住宅必定朝西南。

吉事崇尚左，住宅逼近东方，而青龙主喜，所以吉，没有灾祸。○问功名：官职下降称为左，如所谓“左迁”。说“左次”，不吉。○问经商：右高左低，次也是低的意思。占得四爻，可知货物必定不属于高品位。但货物虽次，却可以获利，所以说“未失常”。○问婚姻：男人崇尚右，女人崇尚左，爻辞说“左次”，或许是入赘到女方家吧？不过入赘也无害。○问疾病：春天的生气发生在左方，得到春天的生气，病一定无害。○问胎孕：生女孩。

[活断实例]

◎我在热海遇到了来游玩的某陆军中将、某陆军少将，为亩傍舰归港过迟[①]这件事的吉凶而占卦，筮得师卦，变为解卦[②]。

断卦说：师，是以一个阳爻统率五个阴爻，众多阴爻服从一个阳爻的卦，所以叫师。六四在阴位，象征退出战场而休息，爻辞说“无咎”，《象传》说“未失常也”，是说它和平常一样，没有问题。现在占亩傍舰而得到四爻，师即军舰；“左次”指暂时退到航线之外休泊；“无咎”是补过的意思，指修缮舰体。想来亩傍舰在碇泊中修理舰体，不可不迅速探明而给予救助。下月是第五爻主事的时候，五爻的爻辞说“长子帅师，弟子舆尸”。“长子”即水手，可以保证无事；“弟子”指舰上的杂役，恐怕有灾祸。另外，六四变阳则外卦为震，坎水上有震木漂浮，也可以推知舰体无事。

这一占断一时流传于世，后来因为得不到亩傍舰的踪迹，政府将它定为沉舰，从法国保险公司征得保险金一百三十万元，作为抚恤金交给海军士官及水手等同舰者的遗族。

我的占断往往经历数年才应验，百占百中，从无失误。在《周易》三百八十四爻的活断中，只有水雷屯卦的上爻，曾经因为不用爻辞用卦变而偶然失误。这一占断受到不中的评价，或许是探寻不周的缘故吧？再者，两月间没有消息，后来遭遇了事变也不一定，所以这一占断还在应验与不应验之间。它不是当今浅学的人所可以置喙的，后世有像我一样笃志于易学的人出现，才能判断其中的是非。

---

① 亩傍舰归港过迟：亩傍号是一艘四千吨级巡洋舰，1883 年日本向法国订购，1886 年 10 月 19 日竣工，随后由法国启航回日本。但是在通过马六甲海峡之后消失在南中国海上，最后一次出现在 1886 年 12 月 3 日，随后就永远失去了联络，下落至今不明。

② 筮得师卦，变为解卦：原文作“筮得师卦，变为萃卦”，如果真是这样，就有三个变爻了，而文中只用师六四爻辞断卦。断卦中说到“此爻外卦变则为震，坎水之上见震木之浮”，也证明是四爻变而之解卦，故此径改。

六五：田有禽，利执言，无咎。长子帅师，弟子舆尸，贞凶。

《象传》曰："长子帅师"，以中行也；"弟子舆尸"，使不当也。

[经传释义]

田是种庄稼的土地，禽是鸟兽的总称。"田有禽"，有禽兽来为害庄稼，喻指有寇贼来为害百姓，所以要驱逐他们，捕捉他们，而不可以不保持防御。五爻居君位，性情柔顺，见有寇贼进犯，仗义执言，下达命令，委任将帅，主持征伐，故说"利执言"。五爻变阴则互艮卦，艮为手，又为执，即"执言"之象。九二秉刚健中庸的品德，上承君王的宠遇，奉命讨伐有罪的人，即所谓"师出以律"，必定成功，故说"无咎"。

但是，既任用长子帅师，又任用弟子来分长子的权，说明六五君王信任不专。长子指九二，弟子指六三。九二刚健而中庸，富于才干，出师纪律严明，所以吉；六三阴柔而不中庸，无智无谋，所以一败涂地，"舆尸"而归，所以说"长子帅师，弟子舆尸"。

长子即彖辞所谓"大人"。从彖辞的角度称为"大人"，从君命的角度叫做"长子"。《易纂言》说：次子以下都是长子的弟弟，都叫弟子。师卦以九二为主帅，六三、六四分别率领一支军队，爻辞只提九二、六三而不提六四，是因为九二大吉，六三大凶，而六四能不失常道而无咎。所谓"贞凶"，是说任将出师，必须选贤任能，这就是贞，反之，即使进行正义战争也凶险。"贞凶"二字，包括了一章的要点。

五爻因为敌寇来侵犯而兴师讨伐，无理的是对方，所以"无咎"。《象传》所谓"以中行也"，是说九二长子具有中庸行事的才与德，征讨能够成功；所谓"使不当也"，是说六三这样阴柔不中的弟子，出师失律，损丧兵马，是任用不当造成的。

[一辞多断]

○问经商：爻辞说"田有禽"，等于说农业有谷物，商业有利润。"执言"，指契约和证券。在商业上，总要以老成练达的人为主才有利，否则凶险。○问家宅：住宅想是立约新买的，利益在于长房，不利于众子弟。○问功名：这人才能素来出色，有在一天早晨猎获十只禽兽的技能。但重要的是品德优于别人，如果品德差于别人，即使有技能也凶险。○问婚姻："有禽"，指奠雁的礼仪；"执言"，指媒妁的书信。所约的婚姻，以长子长女为吉。○问胎孕：生男孩，是震卦所象征的长男。

[活断实例]

◎明治十八年一月，我为避寒而游热海。当时朝鲜京城发生了事变[1]，政府将对中国朝廷有所责问。国内朝野汹汹，人们都瞩目于由谁出使中国、双方论辩的结果如何。我为了预知大使人选的任命，筮得师卦，变为坎卦。

断卦说："田有禽"，是说禽兽来糟蹋我的庄稼。所谓"长子帅师"，或许是长州男子当选吧？一说"长子"，一说"弟子"，都是担任大使的人选。当今朝廷中老练的政事家，没有超过伊藤伯的。伊藤伯是长州男子，"长子"的占断，难道不是指他吗？依"帅师"的爻辞看，这次谈判实际上期望平和，但也不可不预先整顿军备。没有和与战这两手准备，到底难讲平和。这实在是一个大关键，只要退让一步，双方的破裂就是必然的。能弥缝这件事，使两国不陷于厄难，全靠派遣的大使人选恰当。伊藤伯担当这个大任，缓急都能得当，必定能在筹光交错之间实现和平，不必疑虑，所以说"以中行也"。"中行"是《周易》所崇尚的，指能守中正之道，使事情处置得当，属于赞美的话。倘若由其他人任大使，恐怕有"使不当"的忧虑。一个"使"字，关系到百姓的生死和国家的安危，大使人选的得当与否，对于吉凶成败，实在有天壤的区别。现在得到师卦的第五爻，可知《周易》的垂诫太深了！现在还不可以详说，只有通过爻辞才可以预知吉凶。

不久，伊藤伯果然光荣地得到了赴华大使职务的任命。

上六：大君有命，开国承家，小人勿用。

《象传》曰："大君有命"，以正功也；"小人勿用"，必乱邦也。

---

① 朝鲜京城发生了事变：指朝鲜"甲申政变"。"甲申政变"是朝鲜王朝第一次资产阶级改革运动，是将朝鲜由封建社会变为资本主义社会的首次尝试。进入十九世纪六十年代，朝鲜统治阶级内部逐渐形成新旧两派势力，一派是以朝鲜高宗王后闵妃为首的维护封建制度的守旧派，另一派是以青年官员金玉均为代表的主张改革封建制度的开化派。开化派倡导开化思想，决心奋发图强，改革朝政，并在高宗的赞许下，进行了某些改革，但立即遭到守旧派的压制，金玉均等也被排挤出汉城。于是开化派在得到日本给政变以各种支援的所谓"保证"后，便于1884年12月4日利用新建邮局落成典礼之机发动了政变，杀死守旧派的几名主要大臣，组成以开化派为核心的新政府，以国王谕旨的形式颁布了具有资产阶级民主内容的新政纲。这时，守旧派依靠驻朝清朝军队，赶走日本军队，推翻新政府，守旧派重新掌握政权，金玉均等逃亡日本和美国，甲申政变便以"三日天下"而告结束。

[经传释义]

“大君”指六五君王，“有命”指论功行赏，“开国”指封建诸侯，“承家”指使人成为卿大夫。上爻变阳则外卦为艮，艮为门阙，有家象；坤为土，有国象。上爻居上卦的极位，在师卦象征用兵的终结，属于战胜功成，旋凯行赏的时候。

九二主帅居首功，以“开国”封它；六四“左次”，因参与而有功，以“承家”赏它；六三以阴爻居阴位，用车载着尸体而败退，属于小人，告诫不要再任用；上六在大君的左右，不参与师旅的事，但在内而参谋和襄赞君王的命令，以穷尽带将之道，功劳也是很大的，所以也同样受赏。审查功劳的大小，辨判罪责的轻重，奖赏必定公正，惩罚必定实行，这都是大君的命令，故说“以正功也”。倘若通过借口来邀功，通过伪饰来免罪，则不是九五的命令，而属于不正当的行为了。至于小人在军旅中，或通过驱驰来效力，或凭勇敢而得胜，未尝没有功劳，但是只须以金帛和禄位来奖赏，而不可使他们“开国承家”，以杜绝后患。《象传》说“‘小人勿用’，必乱邦也”，戒止的用意太深了！

上爻居上卦坤的极位，伏卦为乾，有大君之象。下卦坎为盗，盗即小人，故以“勿用”警示他们。

[一辞多断]

○问家宅：爻辞说“大君有命，开国承家”，可知这家必定是阀阅巨室。“小人勿用”，是对其后嗣的禁诫。○问经商：上六爻辰在巳，得到了巽气，而巽为商，为“近利市三倍”，所以这家一定是因为商业而兴盛的。巽又为命，爻辞说“大君有命”，则又将因为富有而尊贵，家道日益隆盛。但富贵而生骄气，亲昵小人，则是所应当戒止的。○问功名：上六居卦的终位，值论功行赏的时候，正可以看出功名的显赫。震卦所象征的长子自然能够“承家”，只是坎卦所象征的中男不可任用，所以说“小人勿用”。○问婚姻：师卦三至六爻为坤，坤为妻道。爻辞说“开国承家”，主两姓都是巨室；说“大君有命”，媒妁一定是有官位的人。吉。○问胎孕：生男孩，并且主贵。

[活断实例]

◎某贵显患了胃癌，我访问他时，正有元老院的三位议官在座。议官问我：“某贵显在维新的时候，和各位元老一样有大功，其他人都得到了爵位，只有他没得到这种荣耀。现在已经患了大病，恐怕遭遇不测，我们因朋友的情谊，将就这件事请示天皇，不知能实现愿望吗？请占一卦。”筮得师卦，变为蒙卦。

断卦说：某贵显有功于国家，是人所共知的，朝廷必定有所酬答，这也不用说。现在卦中说“大君有命”，可知爵位的赐予，就在这几天内。

过了六天，果然被赐予男爵。

［附言］

六十四卦中，师、比、同人、大有、随、蛊、渐、归妹八卦，叫做归魂卦，如果占命数得到这些卦的上爻，就是到了命终的时候。《系辞传》说：“原始反终，故知死生之说。”即由这些卦而知道人的命终。人的生死有正命和非命的区别。心魂对肉体的依附，譬如人身寄寓在家宅；心魂脱离肉体，犹如家宅的期限已满，心魂离去而身体死亡，叫做正命；期限未满，或许家宅就败坏了，比如得病，或遇到其他非常的灾祸，肉体已经死去，心魂突然断绝，叫做非命。要拯救这种非命的死，恐怕良医也无可奈何。三百八十四爻中，得正命而死的只有这八爻罢了。唉！人的生死，也是可悲哀的。

䷇水地比

“比”字，篆书作二人相比之象。相比就相亲，相亲就相辅，相辅就快乐。又作“炏”，炏是联属一体的意思。本卦坎水在坤地上面，水得地而流行，地得水而滋润，相亲辅而和合，所以卦名叫比。《象传》说：“比，辅也。”《序卦传》说：“比，亲也。”《杂卦传》说“比乐”，都是同一含义。就卦象来说，是九五以一个阳爻居于中正的位置，上下五个阴爻都相比而服从它。

比：吉。原筮，元永贞，无咎。不宁方来，后夫凶。

[经传释义]

比卦坎在上，坤在下，五爻一个刚爻主全卦，五个柔爻都归附它，所以叫比。原，推原的意思，指推原开始。筮，分辨的意思，也有人作以蓍草求卦解释，都指用来决疑，意思相通，所以不必拘泥。元即“坤元”的“元”；永是长的意思，有坎水长流之象；贞指体现了正道。上位亲比下位，必须具备这三个条件；下位亲比上位，也只有具备这三个条件才能无咎。“原筮”，即推原众阴爻的亲比，是否真的体现了“元永贞”之道。

坎为加忧，是“不宁”之象。百姓有不宁，必然向君王求宁；君王有不宁，必须得到民众的共同保护。这样上下相应，来比者自然安宁。四个阴爻的亲比在先，只有上爻的来比在后，故说“后夫”；五爻不受它的亲比，它的比道就穷尽了，所以凶。

《彖传》曰：比：吉也，比辅也，下顺从也。“原筮，元永贞，无咎”，以刚中也。“不宁方来”，上下应也；“后夫凶”，其道穷也。

辅是辅助。九五一个阳爻居君位，与五个阴爻相亲比，有下位者辅助上位者之象，即孟子所谓“多助之至，天下顺之”，吉祥没有比这更大的，所以说：“比：吉也，比辅也，下顺从也。”

“原筮”以下七个字，是就九五而说。九五为成卦的主爻，具有阳刚的品德，居于中正的爻位，故说“以刚中也”。“不宁方来”一句，就初、二、三、四阴爻而说。九五以刚健中庸施行亲辅之道，天下的众人就都会服从，故说“上下应也”。“后夫凶”一句就上六而说。上六处在阴的极位，刚愎而不逊，象征顽梗的人，只有它最后归附，为众人所疏远，故说“其道穷也”。

以这一卦比拟人事，父子、兄弟、夫妇等人伦自然亲比。朋友以义相合，有贵与贱、长与少、亲与疏、贤与愚的差别，抉择必须辨明是非邪正。谚语说“近朱者赤”，交际不正，互相勾结，一同走上歧路，属于所谓小人之比。所以应当推原占筮，对方具有“元永贞”的品德，才能与他亲比。“原筮”，指问卜于相亲比的开始，这是慎重的极致。元指统帅众善，永指能坚持长久，贞指得正道而能固守。如果亲比的不是对象，以后必定有祸咎，故说“原筮，元永贞，无咎”。例如孔子所说：“晏平仲善于与人交往，久而敬之。”

人没有不希望得到朋友的，亲比得正道，即使疏远的人也会感佩他的德行和道义，自然追求亲近和睦，叫做“不宁方来”。但君子与小人志趣不同，往往有顽梗的人不服德行的感化，即使后来也表示了归附，但是来得过迟，亲比之道已经穷尽，所以说“后夫凶”。

以这一卦比拟国家，九五君王向下广施恩德，六四、六二都奉行和拥戴九五君王的意志，为国家尽力，于是亿万百姓感念他的威力和德行而上下亲比。比卦坎在上，坤在下，恰如水土相济，融为一体。上位者亲比下位者，象征一个人以恩抚四海；下位者亲比上位者，象征四海百姓仰望着一个人。这样上下相助，君民一体，叫做“比：吉也，比辅也，下顺从也”。“比辅”，指臣亲君；“顺从”，指民亲君。但是上位者若没有刚健中庸的品德，就不足以接受在下者的亲比；在下者若没有“元永贞”的品德，也不足以接受在上位者的亲比。所以必须推原终始而加以占决，这叫做“‘原筮，元永贞，无咎’，以刚中也”。

比卦的初爻，上下之间的情意或许还没有通达，不来亲比者不宁，来了才安宁，叫做“不宁方来，上下应也”。方，来而不止的意思，取下四个阴爻顺从之象。这时如果有不服教化和恩义，刚愎自负，自取困辱的，就是顽梗之人，他的凶险就可以知道了。穷困以后才求亲比，还有谁亲近他？上六居比卦的极位，因为得不到亲比而日暮途穷，叫做“后夫凶，其道穷也”。郦食其所谓“后服者先亡”，就是例子。

通看全卦，初爻为远方的人，二爻为贤士，三爻为进取的士人，四爻为在位的宰相，五爻为君王，上爻为教化不及之处的人。它们都是君王的臣民，但是吉凶不同，这是事物的情形不能一致的缘故。

本卦接续师卦。师比两卦都是一个阳爻而五个阴爻。《周易》中一个爻阳的卦共有六个，其中最吉的是比卦，这是九五一个阳爻居天位而上下都呼应它的缘故。另外师和比都是得位的卦，其中得君位的为比，得臣位的为师。师是众的意思，众人不能没有争端，而相争就会动乱。平定动乱要用武力，而感孚对方则要用德行，所以用比卦来接续师卦。师卦的众阴爻居下，承载九五这个阳刚中正的君王，有大乱之后得到明主而各安其位之象。

《象传》曰：地上有水，比，先王以建万国，亲诸侯。

水性平，地道顺。水在地上，散开就是众多，聚合就是一体。先王根据这一卦象，分封功臣到各地，作为王室的屏藩，亲抚战后穷困的百姓，减轻他们的租税，平等实行法律，其充沛的恩泽，像水润物一样无不周遍。天下可以由一个人统御而不可由一个人治理，必须建国封侯，有朝聘[①]往来的礼仪，以成就亲辅的欢悦；实行巡狩述职的典章，以通达君臣间的情意。天子亲诸侯，就像身体使用手臂；诸侯仰承深厚的君德，使用百姓如同手臂使用指头。封建制虽然与当今的郡县制不同，君王统治臣民的旨意却没有差别，叫做“先王以建万国，亲诸侯”。内卦为坤，是万国之象；初爻变阳则下卦为震，是建侯之象。

[一辞多断]

○问征战：玩味爻象，军威盛大，像水就下一样沛然而不可阻遏。一战平定之后，就应当裂土封侯，建立藩镇。○问经商：水在地上无处不流，商业也靠流通来赢利。比是亲辅的意思，得以与亲比的人共事，这样商业就可以长久了。○问功名：建国封侯是士人贵显的极致。比卦反过来是师卦，师卦的上六说“大君有命，开国承家，”说的就是这件事。○问家宅：住宅一定低洼而接近水，也接近贵人的住宅。宅基很吉。○问婚姻：比是亲好的意思。地与水本来相亲比。占婚姻而得到这一爻，必定是百年好合，并且主贵。○问疾病：坤为地，也为腹；坎为水，也为心。恐怕是心腹水肿的病症。诸侯能治国，犹如医生能治病，应该就近求治。

---

① 朝聘：古代诸侯亲自或派使臣按期朝见天子。

吉。○问胎孕：生女孩，并主贵。

初六：有孚比之，无咎。有孚盈缶，终来有他吉。

《象传》曰：比之初六，有他吉也。

[经传释义]

“有孚比之”，指诚信充实在心，如同东西装满了缶。缶是上古的土器。郑玄说是汲水之器。比卦以五个阴爻比辅九五一个阳爻为义，与其他卦的应比不同。比以诚信为根本，如果心中不诚，即使要亲比别人，又有谁与他亲比？本爻居比的初位，离九五还远，本来不相应，但比辅之道在初始，初爻能积聚诚心，在三个阴爻中率先亲比五爻，所以“无咎”。譬如以诚心事奉神，神必定来到；有酒装满缶，神必定前来享用。

缶指六二中间虚而能容的爻象，“之”字指九五。缶质朴无华，用来比喻人的质朴正直，不借助虚浮的文饰。这样与人交往，别人也乐于推诚相待，即使从未见过面的人也会乐于比助，共享欢乐，这叫做“终来有他吉”。“终来”指将来，“他吉”指意外的吉事。九五本来不与初六相比应，却也亲比它，这就是意外的吉祥。《象传》一个“也”字，明白表示了其心志的不可怀疑。

初爻变阳则全卦为屯，屯初九的爻辞说：“磐桓，利居贞，利建侯。”“磐”与“盘”相通，有缶象。“磐桓”、“居贞”、“有他吉”，都指建侯而言。

[一辞多断]

○问征战：有禹中止讨伐停止进贡的三苗，以文德和干羽之舞使他们受到感化之象，故说“有孚比之，无咎”。○问经商：商业以信实为主，这样远近的客商才能前来亲比，才能广泛地贸易，更多地获利。吉。○问功名：“有孚比之”，即中孚卦所谓“信及豚鱼”。中孚九二说：“我有好爵，吾与尔靡之。”靡，共同的意思，指我愿意与你亲比，共同发展。所以说“比之初六，有他吉”。○问婚姻：玩味爻辞，是说既相感孚又相亲比，亲近极了。凭这订婚，吉而无咎。○问家宅：比是比邻。近的既信义相孚，往来亲密，远的也闻风来做比邻，故说“终来有他吉”。○问胎孕：生女孩。

[活断实例]

◎某人的儿子多年在英国留学，回国后在某省供职。他有一天来访，请占气运，筮得比卦，变为屯卦。

断卦说：比卦地上有水，水土和合，所以叫比。比是亲的意思。占得比卦，可以知道您家庭很好，和乐无间，并且您天性温和。因为久在英国，熟谙外交之道，比卦很适合您。

所谓比，即以亲好为立身的根本。只要持身真诚而无虚伪，交朋友守信用而无欺诈，别人就会推心置腹，亲和无间，所以说“有孚比之，无咎”。人的真诚积聚在心，光辉才能发越于外表，犹如缶中装满美酒，芳香才能散发到外面，这叫做“有孚盈缶”。“终来有他吉”，是说只要您以诚信待人，就会上级信任，下级效法，以后在职位升迁方面，不但能得到意中的吉祥，而且有意外的喜悦，可以向您预先祝贺。

六二：比之自内，贞吉。

《象传》曰：“比之自内”，不自失也。

[经传释义]

“自内”即自心。古人称心为内，书中多有这样的例子，如《大学》“诚于中，形于外”之类。二爻为内卦的主爻，柔顺而中正，与五爻为正应，象征能以中正之道相比的人。它抱道在身而不羡慕外在的荣华，故说“比之自内，贞吉”。倘若急于用世，出来追求君王的任用，那虽然也有一定道理，却已经有失于内心了。必须秉持中正的品德，以正固守身，以等待君王的下求，然后再出山辅佐，像商汤三次聘请伊尹、刘先主三顾茅庐那样，才能称为“不自失”。爻辞是对有道的士人的奉劝，也是对失身的士人的借鉴。

[一辞多断]

○问征战：士卒同心协力，上级和下级结为一体，战无不胜，故说“比之自内，贞吉”。○问功名：内即自己。自己有实在的学识和修养，足以感孚别人，就是所谓“实至而名归”。吉。○问经商：全店伙计性情亲和融洽，自然做什么都和顺。凭这一点出去贸易，别人都信服，没有不获利的，所以《象传》说：“比之自内，不自失也。”○问疾病：内为心腹。

有病总要心平气和，内脏充分发挥作用，外邪就会自然消除，所以吉。○问婚姻：必定是内亲之间重又联姻，吉。○问胎孕：生女孩。

［活断实例］

◎某县长即将转到某省任职，请占气运及升迁，筮得比卦，变为坎卦。

断卦说：这一爻以柔顺中正的品德，与九五这个刚健中正的主爻阴阳相应，它的吉祥也就可以知道了。您为某省的副职，负责省中的大小政务，与某大臣相辅助。您素为某大臣所亲近和信任，现在又即将转任到某省，这件事可以很快实现，所以爻辞说："比之自内，贞吉。"

不到一年，某县长果然转任某省副职。

六三：比之匪人。

《象传》曰："比之匪人"，不亦伤乎！

［经传释义］

三爻阴柔，居坤卦的终位，不中不正，承、乘、应都是阴爻，有远离君子而亲近小人之象。所交往的不是应交的朋友，所事奉的不是应当事奉的君王，不以正道相辅助，而以私谊相昵比，这是巧言令色的奸佞小人。初爻以上应四爻为比，二爻以上应五爻为比，所比都得当，对方都是正经人。三爻却与上爻相应，而上爻处在卦终，是"后夫"，即"匪人"。上爻的比"无首"，"无首"有伤害之象。例如范增追随项羽，因为无法施展才能，忧愤羞辱而死。所以《象传》说"不亦伤乎"，说的是其心意的值得悲悯。

三爻变阳则全卦为蹇，蹇卦的九三说"往蹇来反"，可见"比之匪人"是多么凶险。

［一辞多断］

○问征战：任用太监做监军，偏听奸佞之人的参谋，爻辞所说"比之匪人"就是，怎么能不败？○问经商：商业的盛衰在人。经商的人天天与市井无赖之辈征逐往来，"匪人"日益亲密，正经人日益疏远，不但事业立刻失败，连人的品质也不可问了。○问功名：交往之道不正，人品日益下流，不但名誉扫地，灾祸也会随后到来。○问婚姻：女子羡慕贞洁，男子效法良才，这是人伦的正道。如果不是配偶，却为之贻误终身，不也值得悲伤吗？

[活断实例]

◎友人某来告诉我说："我近日与某朋友谋划，兴办一桩大商业，请占事情成否。"筮得比卦，变为蹇卦。

断卦说：比卦地上有水，有往来亲密融洽的意思。但由于所亲比的人不同，利害的区分显然：与善人亲比就吉，与不善人亲比就凶。爻辞说"匪人"，显然不是好人。与您共同谋划的朋友我不了解，就爻辞而论，三爻与上爻相应，三爻所谓"匪人"即上爻所谓"无首"。人竟"无首"，恐怕难免灾祸。您与他同办商业，凶险没有比这更大的，叫做"比之匪人"，所以《象传》说"不亦伤乎"。

友人听了大惊。不到一年，西方发生动乱，这位朋友果然被判重罪。

六四：外比之，贞吉。

《象传》曰：外比于贤，以从上也。

[经传释义]

四爻本来应初爻，但是不内顾初爻，而向外亲比五爻，叫做"外比"。二爻从内卦与五爻相应，故说"比之自内"；四爻从外卦与五爻相承，故说"外比之"。内外虽然不同，但都得以亲比五爻。五爻阳刚中正，象征贤人；居尊贵的爻位，象征上级。亲近贤人，服从上级，所比正当，故说"贞吉"。如周公的吐哺握发，以天下的士人辅翼君王的德行。亲近贤人是这一爻的含义所在。

《象传》说"外比于贤，以从上也"，从四爻看九五，在卦象为外，在品德为贤，在地位为上级。爻象变阳则全卦为萃，萃卦九四的爻辞说"大吉无咎，"可见爻象的吉祥。

[一辞多断]

○问征战：爻辞说"外比之"，是外部夷人归服之象，故说"贞吉"。○问经商：想是海外商业，货物的流通无处不到，所以说"外比之，贞吉"。○问功名：四爻在外卦而比五爻，五爻居君位，有为君王所知遇之象，功名的显赫由此可知。○问家宅：二爻在内卦，四爻在外卦，都说"贞吉"，自然内外亲比，全家和睦。○问婚嫁：玩味爻辞，想是在外地订亲。吉。○问胎孕：生男孩。

[活断实例]

◎明治二十一年，占某贵显气运，筮得比卦，变为萃卦。

断卦说：比卦地上有水，为亲和之象。现在得到四爻，这人在九五君王的身边竭尽忠心，大得恩宠，是上下亲比的占断。

某贵显任宫内大臣[①]的职务，与爻辞刚好符合。

九五：显比。王用三驱，失前禽，邑人不诫，吉。

《象传》曰：显比之吉，位正中也；舍逆取顺，失前禽也；“邑人不诫”，上使中也。

[经传释义]

“显比”，表明亲比和顺之道。“三驱”，即《周礼》所谓“天子不合围”。天子的狩猎，合围三面而让开一面，使鸟兽可以逃走，不忍多伤动物的生命，体现了好生的美德。“失前禽”，指不追捕从前面逃走的禽兽。商汤祝网就是这样。“邑人不诫”，是说王者田猎，与百姓同享快乐，不用告诫，从集市上归来的人不用停止，耕作的人不必躲避，所以吉。

各爻的相比都是以阴爻比阳爻，而五爻则是以阳爻比阴爻，所以说显。九五阳刚中正，为比卦的主爻。阳刚就光明而不暗昧，中正就公正而无私曲，这就是为什么叫“显比”；它是最中正的亲比者，所以《象传》说“位中正也”，位即九五爻位。顺逆是就去就而说。从前面逃去的鸟兽，任其失去而不再追捕，叫做“舍逆取顺”。所谓“上使中”，指上位者对下位者的使用中正不偏，有百姓和乐之象。

比师二卦，五爻都以田猎取象，而师卦旨在消除忧患，比卦旨在与民同乐，所以《杂卦传》说“比乐师忧”。另外，师卦二至五爻说“三锡”，比卦五至二爻说“三驱”。师比都有禽，师卦禽在内为害，为境内的寇盗，所以执，这是王者的道义；比卦禽在外而背离自己，为教化范围之外的百姓，所以失，这是王者的仁德。

六十四卦中，有坎体的计十五卦，即屯、蒙、需、讼、师、比、坎、

---

① 宫内大臣：日本近代宫内省长官，总管皇室的收支、衣食、杂务等宫中之事，同时也负责协助天皇接见外国使节与举行仪式等相关事务，负责保管御玺和国玺。

蹇、解、困、井、涣、节、既济、未济。它们虽然有大小轻重的区别，但是都不免艰难劳苦，因为坎有险难的含义。只有比卦，没有艰难劳苦之象，是最吉的。全卦以九五为主爻，而九五具有阳刚的盛德，读者玩索爻象就会了解。

[一辞多断]

○问征战：有投降者不杀戮、奔逃者不禁止的大恩德大威武，所以说“王用三驱，失前禽”；有耕作者不变色、贸易者不停止的德化，所以说“邑人不诫，吉”。○问经商：玩味爻辞，只要不贪目前的小利，不图意外的财物，舍逆取顺，开头虽有损耗，后来自然盈利。○问疾病：症状已经明显，以前服用了驱除邪气的药剂，邪气已经像消失了一样。不必害怕，自会痊愈，吉。○问功名：在驱驰中发生事情，前面的成功虽然失去，后来的效果一定显著。吉。

[活断实例]

◎明治二十四年三月十四日，众议院议长中岛信行[①]、前长崎县长日下义雄[②]两人来访，谈及横滨《每日新闻》所翻译、美国波士顿府新闻所刊载美国猎船的事，说：“所雇的四个美国人和二十四个日本人，在俄国亚洲领海的沿岸被俄国人捉去做苦役，数年内不知死去几人，只有两个美国人最耐苦，已经平安回国。俄国是目前世界的强国，美国是民主国家，也很强大。本国介于两国之间，政府不知将如何处置，请占这件事。”筮得比卦，变为坤卦。

断卦说：比卦是地上有水的象形，水与土两相比辅，所以为比。维新以来，我国与欧美各国订盟联约，通商往来，正是两相亲比的时候。现在为美国猎船被捕的事而占得比卦，爻辞说“王用三驱，失前禽”，可见俄国政府并没有下令拘捕他们；“邑人不诫”，事情或许是俄国土著所做。

中岛信行像

俄国的西伯利亚，地方旷远，万里的范围只有督统统御，是政府的政令所不及的。以前欧美各国人常常滋生事端，各国政府虽然责问俄国，俄国政府也总是回答

---

① 中岛信行：明治时代政治家。土佐藩士，男爵。初代众议院议长，维新后任元老院议官、自由党党魁。

② 日下义雄：日本明治、大正时代政治家，当时日本长崎县知事。

说："那里有总督管理，我会下令让总督查办。"但终究还是拖延岁月，一直没有结果。这次的事不过是北方边地的一件琐屑事务，即使责问俄国，他们的回答也一定和以前一样，说已经谕令该地总督查办罢了。况且爻辞说"显比"，是明言光明正大，与各国相亲比，我国又何必因为这点小事，伤害国家间亲近和睦的大体呢？只是今后必须商定两国人民在西伯利亚海互渔的规则。两国人民得不到政府的允许，不但港内，就连所属两岬线内，也要禁止渔业；至于线外，不论哪国人都任他们渔猎。这也可以叫做"王用三驱，失前禽"。

中岛等人听了，感慨、佩服易理的微妙。

◎占明治三十一年内务省①气运，筮得比卦，变为坤卦。

断卦说：比卦是地上有水之象。水得地而流行，地得水而滋润，两相亲比，所以卦名叫比。比是相亲的意思。现在占得五爻，内务省拥戴九五君王抚育万民，实行公平的政治，而五个阴爻所象征的臣民则顺从阳刚的君王，叫做"显比"。百姓中如果有不服教化的，就要选拔和表彰其中的正直者，惩罚其中的邪佞者，使他们自己发生变化，叫做"王用三驱，失前禽，邑人不诫，吉"。今年内该省的措施，一定会得到良好的结果。

板垣退助像

当时板垣退助②为内务大臣，后来辞了职，由西乡从道③代替了他。当时的内阁很为政党的纷纭所扰乱，但内务省的施政却没遇到一点障碍。

上六：比之无首，凶。

《象传》曰："比之无首"，无所终也。

---

① 内务省：又称中务省，日本国家行政机构之一。侍奉天皇侧近，行使诏敕颁行等宫中一切政务，卿由亲王担任，如无适任者即空缺。

② 板垣退助：日本第一个政党自由党的创立者。土佐藩出身。1860年参加藩政，主管军事，后率兵勤王倒幕。1868至1873年在明治政府中任职。1875年创立爱国公党，并建议成立民选议院。1878年创办教授民权学说的学校，从而以日本的卢梭闻名。1881年成为自由党领袖。1887年封伯爵。在政治上与伊藤博文合作。1900年退休。善演说。常发表时论，主张社会改革。

③ 西乡从道：萨摩藩人。西乡隆盛的弟弟。政治家，海军大将、元帅，甲午战争时期的海军大臣。

[经传释义]

上爻阴柔而缺少才干，居比卦的终位。阴爻以阳爻为首，众阴爻都亲比五爻，而上爻却高居五爻之上，不肯顺服，属于目中无阳。无阳即“无首”，胡氏说无首就是无君，是对的。所谓“后夫凶”，到了众阴爻都去亲比，比道已成的时候，才想亲比九五，就已经不可能了，故说“无所终也”。天下往往有有始无终的人，无始而有终的人从来没有，所以“比之无首”最终凶险。

[一辞多断]

○问征战：首指军队的首领，即主帅。“无首”意味着没有主帅，所以凶。○问经商：五爻为卦主，而上爻不来亲比，犹如经商的伙计不与店主相亲比，是目中“无首”，所有的谋划都必然没有结果。凶。○问功名：求名以成绩最高的为首，叫做榜首、魁首，既然“无首”，哪里有名次？凶。○问家宅：恐怕损丧一家之主，凶。○问婚姻：不知为什么没有主婚人？婚庆人家的来历不太明白。凶。○问胎孕：生女孩，恐怕有怪病。

[活断实例]

◎某县人带着某友人的介绍信而来，告诉我说：“我现在想去京都实现志愿。某贵显是我的同县人，素来与我相知，想求他引荐。请占他会答应帮忙吗?”筮得比卦，变为观卦。

断卦说：比卦地上有水，水土相亲，显然有同乡的情谊。但现在得到上爻，说“比之无首”，想是彼此没见过面。您虽说与贵显有旧谊，但是平生的交际恐怕不信实，或者早已疏远，现在前去托请，对方未必答应，所以爻辞说“比之无首，凶”。

后来听说，他前往拜见了，结果和这一占断一样。

◎明治三十二年，占我国与德国外交，筮得比卦，变为观卦。

断卦说：比卦地上有水。水在地上到处流淌，多远的地方都能流到，有各国亲近和睦之象。德国也很富强，素来注意敦促与各国间的友谊，而这一爻的爻辞却说“比之无首，凶”，非常可疑。过后又想，占我国对德国的外交，可称首领的只有该国驻在公使，或者这人近期将改任吗？所以说“无首”。

☴☰风天小畜

“畜”字从“玄”从“田”。玄的是水，田中蓄水而养禾苗，兼有蕴藏、涵养等含义。小是大的反面，指微细的事物。全卦只有六四一个阴爻，却能畜养五个阳爻，这是本卦的成卦之理。阳为大，阴为小，以阴畜养阳，故说小。卦体下为乾，上为巽，乾刚健，巽柔顺。乾体三个阳爻，巽体一个阴爻两个阳爻而以一阴为主，来蓄养众多阳爻，所以叫小畜。

《序卦传》说：“比必有所畜也，故受之以小畜。”事物相比附就必然聚积，这就是为什么用小畜来接续比卦。

小畜：亨。密云不雨，自我西郊。

[经传释义]

畜是畜止，亨是通达，含义相反。但卦中二五两爻都属阳而又得中，有健行之象，虽然一时为六四所畜止，但终究会亨通，故说小畜亨，就像屯卦说“元亨”一样。“密云不雨，自我西郊”二句，是针对成卦之主六四而说。乾为天，巽为风。内卦为天，为密，象征太阳的光热辐照大地，使水气遇到阳气而蒸腾为云，故说“密云”。天上有风，云被风吹散，故说“不雨”。云气从东向西才下雨，从西向东则无雨。现在云虽然密，不是从东向西，所以不成雨。云是阴气，西是阴方，属于阴倡而阳不和，并且二至四爻互兑卦，为西方，而乾为郊，故说“密云不雨，自我西郊”。当时文王被囚禁在羑里，岐周在它的西面，故称“我西郊”，是小畜之象。

《彖传》曰：小畜：柔得位而上下应之，曰小畜。健而巽，刚中而志行，乃亨。“密云不雨”，尚往也；“自我西郊”，施未行也。

六四是柔爻的正位，也是阳爻的正应。全卦以六四为主爻，上下五个阳爻都与它相应，以一柔而畜五刚，所以说“柔得位而上下应之，曰小畜”，用以解释卦名。内卦刚健，外卦巽顺，象征健而能巽。而且二五两爻居内外卦的中位，象征志愿能够实现，所以说“刚中而志行，乃亨”。

刚健是内卦的特征，巽顺是外卦之象。五个阳爻为一个阴爻所畜止，所以不成雨，但是它们的前进怎么能始终被阻止？到上九就会变为坎雨，故说“密云不雨，尚往也”。这时密云从西方而起，是阴先倡而阳不和，不能成雨，故说“自我西郊，施未行也”。往、行、施三者都有阳刚的性质，这是乾卦的特点；未行是阴柔之气，是巽卦的特点。阴对阳的畜止，方法是以柔克刚，所畜的力量虽小，牵制的作用却很大。譬如三寸的关键可以闭合险关，一根丝线可以掣动吞舟的大鱼，是不可因为小而忽视的。何且巽为长女，象征妇人，九三说“夫妻反目”，上九说“妇贞厉”，都是阳受阴制之象。历观夏桀因为妹喜而亡国，商纣因为妲己而被杀，周幽王因为褒姒而灭国，一个妇人的牵累就使祸患殃及宗庙，阴对阳的牵累还在少数吗！

以这一卦比拟国家，六四居宰相的位置，仰承君王的恩宠，但是秉性阴柔，器量不大，不能任用贤才，只以巽顺畜止人才，以致膏泽无法施给百姓，叫做“密云不雨”。小畜所象征的国运就是这样。但是以一个阴爻而畜止五个阳爻，毕竟不能持久，到上爻就会出现阴极而变、风化为雨的局面，就会“既雨既处”。如果时运未到就勉强施行，那是做不到的，叫做“自我西郊，施未行也”。九二大臣与九五君王两个阳爻不相应，上九与九五两个阳爻又不相比，意见不合是气运造成的，没有什么办法，所以五个阳爻同时为一个阴爻所畜，叫做“柔得位而上下应之，曰小畜”。君子做事而小人得以扰乱，大事将成而被小事阻止，都是小畜之象。国家是这样，人事也无非是这样。

通观全卦，六四以阴柔感孚九五，专以优柔抑制阳爻。初九虽然与六四阴阳相应，却不宜躁动，故回复自己应有的做法，潜伏在下位，所以无咎而吉。九二以阳爻居下卦的中位，能与初九牵连回复，也是吉祥的。九三与六四相比，刚强而不中庸，为六四阴柔所畜止，像车脱了辐一样无法前进。开始时还相比，而终至相争，其不和如“夫妻反目”，家室不安。六四处接近君王的位置，以信实相感孚，是能畜止君王的，但众阳爻也同样受它的畜止。只凭一个阴爻而与众阳爻相敌，因循姑息，势必遭受攻击而受伤逃避，故有“血去惕出”的爻辞。九五在君位而任用六四，见六四逃去，怜悯它的诚孚而有所赐予，故有“有孚挛如，富以其邻”的爻辞。到上九的时候，畜止达到终极，六四已经退避，巽风变为坎雨，象征畜道的完成。

《象传》曰：风行天上，小畜，君子以懿文德。

宇宙之间，太阳的热气一满就不再流行，要有冷气从后面填充才能造成空气的流动，而流动的空气就是风。卦中风在上卦，为得位，下面的空气在太阳的热力作用下要上升，但为上卦的风所畜止，叫做“风行天上，小畜”。君子见到这一卦象，能在潜伏的时候习文学，修德行，以安身立命。懿，是通过修饰而显示文采的意思。容仪的温恭和言辞的和婉，都属于德行的文饰。君子言语有文采，威仪有法度，以出色的风采打动天下，犹如鼓舞万物、无处不到的风。文德的感化是没有极限的。

[一辞多断]

○问时运：目前平平常常，有行动被人牵制和阻碍的忧虑。○问商业：有外表完美，内部却多有损耗之象。○问出行：主有风波。○问家宅：主小康人家，要防止口舌导致祸患。○问征战：虽有雷厉风行的气势，但恩泽还没有感通，只能获得小捷，难以得到大胜。○问胎孕：生女孩，并要防止流产。○问行人：恐怕乘船时因为风向而受阻，迟一些可以归来。没有灾祸。○问婚姻：主得美貌的淑女，吉。○问年成：主多风少雨，收成平平。○问疾病：主风火的病症，小儿吉，大人凶。

初九：复自道，何其咎，吉。

《象传》曰：“复自道”，其义吉也。

[经传释义]

“复自道”，指因一时无法前进而回复自己的正道。初爻居乾体的初位，是君子隐伏在下位之象。它以阳爻居阳位而得正，象征才智和力量都强，志在上进而为六四正应所畜止，故返回本位而谨守正道。虽然为对方所畜止，但终究没有失去正道，这样不降低自己的志愿，不辱没自身，是吉祥的做法，故说“复自道，何其咎，吉”。

何，表示不容怀疑的辞，用来赞叹初九的明于道义，不吝改过，中途回复。在“何其咎”的后面说吉，是说不用等待事实上的吉祥，其道理本身就是吉祥的。

[一辞多断]

○问时运：目前平常，应该退守，没有灾祸。○问商业：适宜稳妥地守住旧业，不宜创立新的事业。○问家宅：所谓“士食旧德，农服先畴”，返求于自己，不羡慕其他，家道自会亨通。○问疾病：应当静心休养，这样自然可以复原。○问胎孕：生男孩。○问行人：马上归来。○问年成：丰收。

［活断实例］

◎某县学务部门课长常谈论国是，意气纵横慷慨，自命为志士。近日带一封信来，对我说：“我近日要面谒贵显人物，为国家陈述一条意见，请占事情成功与否。”筮得小畜卦，变为巽卦。

断卦说：小畜卦犹如用利刃斩风，腕力再强也看不到效果，可知您前去无法获得对方的认可，所以不如中止。为什么？上卦为政府，在维新之际，正在用武力平定动乱，以后事务多端，各有职守，断不会容许下面的官员随便参与和议论。况且上卦为风，有进退不定的特点。您要以刚强的意气实现素来的志愿，而风主散，散了事情就不成了。若勉强进取，不但不能面谒贵显，恐怕反为门卫和巡查所阻挡，激昂的结果，或许反而受到警察的训诫。到这时再后悔，不如现在就中止，叫做“复自道，何其咎，吉”。

某课长不信我的占断，情绪激昂地去叩某大臣的门，勉强请见不止，果然受辱，其过程和所占断的完全一样。

九二：牵复，吉。

《象传》曰：牵复在中，亦不自失也。

［经传释义］

“牵复”，指与初九牵连回复。二爻也在乾体，具有阳刚的特点，上进而为六四所畜止。它以阳爻居阴位而不得正，故上进有障碍；见初九回复，也与它牵连着回到本位，故说“牵复”。以刚中从容的品德，自己知道进退而不失分寸，所以吉。

《象传》说：“牵复在中，亦不自失也。”这是说有中正的品德，进退出处都能适宜，自然不失节操。“也”字承初爻《象传》而言。

［一辞多断］

○问时运：因人成事，自然能够获利，大吉。○问商业：适宜创立与人共有的公司，或者重振旧业，都吉。○问家宅：主兄弟和睦，恢复先辈的家业，一定会使家道兴隆，是大吉之象。〇问疾病：一定是旧病复发，只要小心调治就无妨。〇问行人：即日与伴侣一同归来。〇问征战：主连日得胜。〇问胎孕：生女孩。〇问年成：丰收。

[活断实例]

◎我有熟知的某商人，因为某局有购买旧罗纱的指示，于是到横滨外国商馆取回样品呈送某局。当时正赶上另两个商人也来呈送样品，某局员认为某商人所送样品质量好，另两个商人所送样品质量差。那两商人愤愤不平地来对我说："同样的样品，某局员却凭自己的好恶评价质量的高低，其中不会没有行贿嘱托的事。我们要告发到长官那里，请占前途的得失。"筮得小畜卦，变为家人卦。

断卦说：小畜象征君子为小人所畜止，有屈而不伸之象。现在二爻与五爻都阳刚而不是正应，恐怕告发未必能到达长官那里，以中止为好。商人贩卖旧货，同行相妒也是常事。局员胡乱评价样品，您与他争论也终究无益；即使议论得理，货物也未必能卖出去，不如中止。

劝导两位商人牵连回复本业，叫做"牵复在中，亦不自失也"。"不自失"，指考虑到日后的利益，隐忍而复回。

◎明治二十四年，邮船公司的汽船东京丸，因为赶上了昏昧的晨雾，搁浅在房州洋的浅洲，用军舰和其他汽船极力牵引，仍然丝毫不动。有人来请占这船的利害，筮得小畜卦，变为家人卦。

断卦说：从卦爻看，现在东京丸已经被其他汽船牵引出来，船体没有损伤，可以安全返回。《象传》说"不自失也"，即没有损伤。

后来的事果然和所占断的一样。

九三：舆说辐，夫妻反目。

《象传》曰："夫妻反目"，不能正室也。

[经传释义]

舆是人乘坐的车。辐，轮中的直木，又作"輹"。"说"即"脱"。"夫妻反目"，指妻子嗔目面对丈夫，丈夫也嗔目对妻子。九三以阴爻居阳位，刚强而不中庸，躁动妄行而不能安守，先于众阳爻猛进，为六四所畜止，故比作车脱去了辐条而无法前进，即"舆说辐"。

九三阳爻近比六四阴爻，有夫妻之象，但丈夫为妻子所制，阴阳不调，以至夫妻不睦。妻子的不柔顺恭敬不用说，丈夫也不是没有过错。为什么？如果丈夫平素的行为能庄重笃实，在闺门内相敬如宾，怎么会反目？反目实在是由于丈夫平素的行为有缺点：开始是溺于私情，接着又疏于自我防范，最后为妻子所制伏。

阴柔逐渐上长而阳刚失去权柄，这就是家庭为什么治理不好，所以《象传》说“不能正室也”。妻子要守正位于内，丈夫要守正位于外，现在妻子却制伏了丈夫而来到外面，属于闺门不正。三至五爻互离，为目，巽为多白眼，都是反目之象。

[一辞多断]

○问时运：阴盛阳衰，内外都不安宁，最应当以谨慎自守。○问商业：有积货，应当赶快销售掉。凡众人所争售的货物千万不要卖，众人所不卖的货物要赶紧经营，这叫做反其道而行，必定得利。○问家业：阴阳颠倒，家室不和。○问疾病：要防止医生失察，以寒为热，以虚为实，药不对症，以至阴阳相反。应当赶紧另外选择良医，这样病一定会脱体，吉。○问征战：军心不和，防止有车辙错乱、旗帜倒下、倒戈相向的祸患。○问行人：即日可以回来。○问出行：恐怕中途有危险。○问胎孕：生男孩，主眼睛有病。○问年成：不好。○问婚姻：不利。

[活断实例]

◎明治六年，岩仓右大臣及木户、大久保、伊藤、山口[①]等人奉命出使欧美各国，在朝者为三条实美太政[②]、副岛种臣、后藤象次郎[③]、板垣退助、大隈重信[④]、江藤新平[⑤]、大木乔任[⑥]等人。双方约定，使团不得与各

---

① 山口：指山口尚芳。佐贺藩士出身。明治時代的官僚、政治家，曾经担任元老院议官，高级法院审判官等职。明治十四年后被迫辞去会计检查院长、参事院（内阁法制局前身）议官职务，被任命为外务部长兼军事部长。后出任内阁委员。

② 太政：全称太政大臣（太政官），日本律令制度下最高官位，位居三公之首，辅佐天皇，总理国政。为非常设官职。令制规定“如无其人则阙”，故别称“则阙”。历史上实任者甚少。

③ 后藤：指后藤象次郎。其生平不详。

④ 大隈：指大隈重信，日本明治时期政治家。佐贺市出生。早稻田大学的创立者。曾为日本第八及第十七任内阁总理大臣。历任令计官副知事、民部大辅、大藏大辅。

⑤ 江藤新平：日本明治时代官吏。在内治优先派和征韩派之间的激烈斗争中，和岛义勇领导的征韩、忧国两党在武力反抗政府的基础上结合在一起，结集了3000多名士族，组成一支叛军。后因起义失败，被枭首示众。

⑥ 大木：指大木乔任，日本政治家，佐贺藩士出身。伯爵。日本明治前期的教育行政官、政治家。生于佐贺藩。明治维新后历任元老院议长、枢密顾问官、司法大臣、文部大臣等职。

国擅自订立条约，使团返回前，在朝者也不得提出和实行新政。后来因海军省所辖云扬舰测量朝鲜仁川海岸，朝鲜炮击我国军舰，朝廷要兴兵问罪，派往欧美的人也急忙相继回朝共同讨论，于是分成了征韩与反征韩两派。某贵显来请占朝廷讨论结果，筮得小畜卦，变为中孚卦。

岩仓使节团像，左起木戸孝允、山口尚芳、岩倉具視、伊藤博文、大久保利通

断卦说：卦中下面三个阳爻要相牵而进，为六四一个阴爻所畜止，属于大者为小者所畜，所以卦名叫小畜。下卦的三个阳爻有锐意进取的特点，象征征韩派，他们认为国家三百年来闭关锁国，导致文化落后于欧美各国，现在模仿欧美的进化，不力图进取就不能独立于东洋，其奋激锐进有不可遏止之势。而非征韩派由于目击欧美文化的发达与陆军、海军都具备，主张专心谋划远大的策略，戒止轻动生事。他们说，征韩的做法虽然一时间有可能达到目的，但是朝鲜人可能逃往中国，与中国政府一起谋求恢复，或者逃奔俄国，请求俄国的救援。中俄两国政府是朝鲜振兴的依靠，不是没有责问我国政府的理由；英、法、德各国也将把这作为坐视我们东洋有事的借口，这些都是可以预料的。出使欧美的大臣归来而作这样的议论，是确有见地的。后来朝廷作出罢征的决定，征韩派因为自己意见没有被采用而恼火，而一同辞职，叫做“舆说辐”。征韩派与反征韩派至于相互仇视，恰如夫妻不睦，叫做“夫妻反目”。

后来，主张征韩者果然全部辞职。

大木乔任像

江藤新平像

六四：有孚，血去惕出，无咎。

《象传》曰：有孚惕出，上合志也。

［经传释义］

血即“恤”，“恤”字古文作“血”。说恤，说惕，都指严重的忧惧。“血去”指远离了伤害，“惕出”指免除了危惧，都表示摆脱了忧患。

四爻是成卦的主爻，以微弱的一个阴爻来畜止五个刚强的阳爻，既得其时又得其位，故能畜止众阳爻。从全卦说，象征小人畜止君子；从一爻说，象征以孤立的柔爻敌挡成群的刚爻。五爻在君位，四爻与五爻相比，是以人臣畜止君王。开始好像力量不足，最终竟能达到目的，有因人成事的功效，而无败事的过失。但下卦的三个阳爻因为被阴柔所畜止，锐意进取而要害阴柔，也势所难免。好在六四柔而中虚，能以心中的诚孚感化君王，这样君臣契合，以至诚相畜，所以五个阳爻最终顺服了六四的畜止。不是它本身的力量能够畜止，实在是由于它的孚信有所感化。况且六四不以获得君王的宠信为荣，转而为自己的高位而警惕，退避三个阳爻而不妨碍贤人进取的道路。六四实在称得上贤德的宰相，故说“有孚，血去惕出，无咎”。

《象传》说“上合志也”，是由于六四大臣上比九五君王，尽心谋划国事，上下互相感孚；也由于九五君王爱护六四这位辅臣，恩遇优厚，始终如一，故说“上合志也”。

［一辞多断］

○问时运：目前不免忧虑，切忌与人争斗，以免受到损伤。应当出门远远地躲避，这样才会无祸。○问功名：一定会得到上级的契合，马上就有升迁，大吉。○问征战：有利于出兵进攻，可以得胜。○问家业：对妻妾和仆从的管理要得法，否则必定反受他们的制伏，这是应该充分注意的。○问行商：利在西北，不利于东南。○问疾病：是外寒里热的病症，治疗宜于宽解，不宜用燥烈的药物。○问谋事：能得到邻里的相助。○占行人：恐怕中途遇到危险，应当穿低贱者的服装，在潜隐中行路，凭忍隐避难。○占胎孕：这一胎生女孩，以后可以连生五个男孩。

［活断实例］

◎明治五年，占某贵显气运，筮得小畜卦的六四爻。

断卦说：卦中六四一个阴爻在九五下，感戴君王的德行，制伏上下四个阳爻的猛进。一个阴爻势力本孤独弱小，只因以真诚相感孚，才使成群的阳爻接受畜止。但阳亢就会发生变故，不无值得忧虑的地方，说“血去惕出”。其虑患太深了，所以“无咎”。

因而将这一占断呈给某贵显，某贵显只是首肯罢了。后来听说他在经过赤坂时，果然遇到暴徒发难，受了轻伤。“血去惕出”的占断，可以说是事情的先兆。

九五：有孚挛如，富以其邻。

《象传》曰：“有孚挛如”，不独富也。

[经传释义]

“挛”与“恋”通假，“挛如”是相连的意思。邻指六四。“富以其邻”，是说九五君王能信任六四，与它一起而畜止乾。六四大臣以诚挚感通君王，君王也推诚对待它，使得上下相孚，畜道得以成就。九五的富都是六四的功劳。

九五得中得正，以阳爻而居君位，因为“有孚”而亲比六四宰相。九五居于君位，所谓“贵为天子，富有四海”；与上爻和四爻同在巽体，协力畜止乾，以防止众阳爻锐进的锋芒。九五君王应当以大的恩泽施予天下，让所有人都得到利益，若只与六四宰相相“挛如”，其丰沛的德泽就未免偏私而不公允，故说“有孚挛如，富以其邻”。把臣称为邻，可见君王的德行并不充分，爻辞不系吉凶，也是为此。

《象传》说“不独富也”，因为爻辞“以”字是助的意思。卦中初九、九二虽然回复了正道，只不过独善其身罢了，九三与六四为敌而互相反目，只有九五终始信任六四，以共享天下的富有，这就是小畜为什么亨通。

[一辞多断]

○问商业：有各种货物辐辏而来，众商人悦服之象，非常有利。○问时运：一生气运亨通，做什么都有利。○问功名：主连续得到升迁，官位与财俸禄两全。○问家业：主历代忠厚，恩惠泽及邻里，不但富有，而且能尊贵显达。○问征战：主将士同心协力，有国土日益开辟之象。○问胎孕：有孪生之象。○问疾病：主麻痹不仁，手足挛拘的病症。○问失物：应当从邻近处寻觅，自会得到。○问出行：应当结伴而行，不宜独自前往。

[活断实例]

◎明治四年三月，友人冈田平藏来到说："我现在要创办一项事业，请占筮成否。"筮得小畜卦，变为大畜卦。

断说：卦中有畜积货物和钱财之象，一定可以得到丰厚的利润。但必须有一个信实的伙计主持这件事，获利之后，应当分给他一部分，这样可以互相助益，各有收获。

后来的事果然和所占断的一样。

上九：既雨既处，尚德载。妇贞厉，月几望，君子征凶。

《象传》曰："既雨既处"，德积载也；"君子征凶"，有所疑也。

[经传释义]

既，指事情已成；"既雨"，上爻变阴则外卦为坎，先前的"密云不雨"已经成雨了。"既处"，已经停止，指阴阳相和，各得其所。阴对阳的畜止，不和就做不到，既然和而能止，畜道就成了。"尚德载"，尚即《论语》"好仁无以尚之"的"尚"，用来赞美六四的孚信充实，使众阳爻得到感孚，说明小畜全卦的功效已经成就。九五和上九都在巽体，知道乾体难以畜止，所以积累德行而共同负载它。望指满月，"月几望"比喻阴德的盛大。上九以阳爻居阴位，处于小畜终极的位置，象征畜道已成的时候，彖辞的亨就是指上爻而言。

全卦只有一个阴爻，有巽顺的性情。顺是妇人之道，巽又为长女，象征妇人，所以比作妇人。六四阴爻象征妇人，九五对它信任不疑，六四的权柄和威德已经很重，恰如几望的月亮，满盈到几乎可以与九五君王相比。"妇贞厉"的贞，是说阴畜止阳正如妇人畜止丈夫。妇人应该以贞固自守，以畜止为常道则有危厉。这时即使贤人君子也无可奈何，故说"君子征凶"，意思是在它将盛未盛的时候，君子最应当警戒。

上爻"月几望"而凶，是阴为阳所疑的缘故；归妹的六五"月几望，吉"，是以阴应阳的缘故；中孚六四的"月几望，无咎"，是阴顺从阳的缘故。"妇贞厉"是就义理说，目的是警戒小人；"月几望"二句是就态势说，目的是提醒君子。《象传》说"有所疑也"，以阴敌阳就必定消阳，犹如以小人与君子相敌是有危害的，君子怎么能不疑？

一说，"疑"即"碍"，即对道义有所阻碍，义理也通。雨与月都指坎象。上爻变阴则外卦为坎，故有这样的爻辞。

[一辞多断]

○问时运：有过去希望无法实现，现在得以如意之象。○问家业：有先困顿而后亨通之象。○问经商：应当得到利润就停止，倘若贪得无厌，最终恐怕因为盈满而导致凶咎。○问征战：既然已经得胜，就应当立即停战，倘若继续进攻，将不利于主帅。○问年成：旱，但不成灾害。○问胎孕：生女孩。○问行人：马上归来。○问出行：不利。

[活断实例]

◎明治二十二年某月，某贵显在来谈时事时，请试占某政党首领的气运，筮得小畜卦，变为需卦。应他的请求，讲解小畜全卦的含义。

断卦说：这是小畜卦的上爻。乾为天，天气上升，有云随着它，但被风吹散而不成雨，叫做“密云不雨”。以小小的巽风畜止广大的乾天，故卦名为小畜。以国家比拟它，孤弱的阴爻六四得时得位，上下五个阳爻牵连着与它相应。阳为大，阴为小，以一个阴爻畜止五个阳爻，为小畜的卦义，所以说：“柔得位而上下应之，曰小畜”。

这占断关系到政党首领，事情的由来已经很久了，请让我从头说起。明治初年，某缙绅因众人的推选、天皇的任命而成为首相，事奉九五君王，深受信任，一时众官员都受他的畜止，的确是千载一时的机缘。就小畜一卦说来，以某贵显当六四的爻位，下卦三个阳爻接连被畜止；众阳爻虽然有健行的特性而要上进谋事，但六四忧虑它们的躁动，全部加以抑制，只以诚信感孚君王，巽顺地实行权术，叫做“健而巽，刚中而志行”。明治元年三月，天皇虽然有任命，却一直没有实行，叫做“密云不雨”。

初九以阳爻居阳位，虽然有才智和力量，但是还没有得到信任。它与六四阴爻相应，见六四专权，难以共事，就中途返回了。

九二爻想上进，但是见初爻回复，也牵连而回复。它进退审慎，不失其宜，是得中的缘故。

九三与六四同居重要的职位，先于众阳爻而锐意进取，为六四所抑止，志愿不能实行，辞去官职，叫做“舆说辐”。“夫妻反目”，是以九三阳爻为丈夫，六四阴爻为妇人，阳爻为阴爻所制，犹如丈夫为妻子所制，因而愤懑地争持，故说“反目”。

六四是全卦的主爻。它以一个阴爻畜止五个阳爻，独得权势；但阴爻孤单而阳爻众多，本身也很危险。只因能以诚信感孚君王，所以九五君王赏识它，使群阳无法进犯，所以“血去惕出，无咎”。

九五居君位，与六四阴爻相挛系，以统御小畜的时代。九五和六四都“有孚”，说明它们以至诚相互感召，上下互相信任。下卦三爻同为乾体，故说“挛如”。赏赐的丰厚，就像富人把财产分给邻里一样。以某贵显来比拟，朝廷记载他在维新过程中的功绩，给予非常优厚恩赐，并且由政府拿出数万元为他置办宅第，就是实例。

上九“既雨既处”，小畜的终极，风变为雨水。先前“密云不雨”，现在“既雨”了。明治维新以来，某首领对国家有功，是人所共知的，但是政令随时变更，关键只在于积累仁德，励精图治，国家的大权不容旁落，也不可以交给别人。明治十四年开始请求开国会，至今二十三年，有开设众议院的决议，叫做“尚德载”。以大臣的身份决定国家大计，抑制君王，未免擅权，而且犹如妻子抑制丈夫，叫做“妇贞厉”。“月几望”，月亮盈满了就会亏缺，几望即将近亏缺，这是阴阳消长的枢纽。“君子征凶”，指应当戒止他的盈满心态。

䷉天泽履

履，冠履的履，篆书从“尸”，从“彳”，从“舟”。“尸”象征人身，“舟”取乘载的意思；“彳”是行进的意思，即所谓步履而行，可以运动身体。所以这一卦以“履”命名，也就是彖辞所谓“履虎尾”。履又引申为礼。礼是人所践履的东西，所以《序卦传》说：“物畜然后有礼，故受之以履。”即《大象传》所谓“以辨上下”。履又转为福泽的意思，例如《诗经》说“福履绥之”。人能守礼，天就会赐给福泽。从卦象看，外卦乾为天，内为兑为泽，天在上，泽居下，上下尊卑得以区分，故象征礼；乾为行，兑为和，《论语》说“礼之用，和为贵”，彖辞又有“履虎尾”的说法，所以取这句话的第一个字为卦名。

履虎尾，不咥人，亨。

《彖传》曰：履：柔履刚也。说而应乎乾，是以“履虎尾，不咥人，亨”。刚中正，履帝位而不疚，光明也。

[经传释义]

此卦乾上兑下，乾为老父，走在前面，兑为少女，跟在后面。刚健者走在柔弱者的后面容易，柔弱者走在刚健者的后面难。卦中以六三一个柔弱的阴爻，介于五个刚强的阳爻之间，有要前进而难以前进之象。以最弱的资质蹑行在至刚之爻的后面，犹如“履虎尾”，极为危险，文王系辞说“履虎尾”，就是为了突出它的危险。乾为虎，虎指刚健者。人是相对于虎而言，“不咥人，亨”。

卦中二五两爻都阳刚中正，九五居尊位。居最高贵的位置而能不愧疚于心，一定有光明的德行，叫做“刚中正，履帝位而不疚，光明也”。《彖传》三句专就五爻而说。五爻变阴则上卦为离，离为火，为日，为电，有光明之象。

以这一卦比拟人事，内卦兑为我，外卦乾为他，象征我柔弱而他刚健。以古人为例，如上杉谦信[1]、织田信长[2]等，都刚毅而果敢，他们的臣仆一不顺从，就可能遭受惨祸，谚语所谓“伴君如伴虎”，说的就是这一点。人世的路很艰险，到处都是危机，老虎咬人的事不只发生在山林，一切关系利害、潜伏危机的事，都可以看作老虎。只有以不敢为天先的心随在人后，以不敢冒犯的心面对事情，以不敢轻率的心处理忧患，恭敬地把持自己，和悦地对待别人，才能“履虎尾”而不至于被伤。由此看来，只要能以谦逊的态度行事，到哪里会不亨通呢！到强暴者的面前，强暴者就会顺服；到蛮野人的地方，野蛮人就得到教化；到患难之处，患难就会消弭，这都是和悦的效用。

就卦体来就，初爻为虎尾，到九五主事的时候，危险已经消弭，身心安泰，自然具有光明的德行。所以履的作用，是柔能制刚，弱能胜强，即使刚暴难制的人也可以用柔术制伏。倘若以刚制刚，则必定有大祸，这就是履卦为什么以和悦地与上位相应为贵。

以这一卦比拟国家，上卦为政府，下卦为百姓，政府刚强，百姓屈从，名分和地位上下悬隔。刚强者行进在前面，屈从者随后，叫做履，是以柔履刚的意思。下位者以和悦的态度敬爱和服从上位者，上位者也喜欢它的柔顺，不再以强暴相凌迫，叫做“悦而应乎乾，是以‘履虎尾，不咥人，亨’”。九五君王的德行与它的地位相称，垂拱无为而天下大治，上无愧于祖宗的鉴临，下不辜负臣民的景仰，还有什么愧疚？于是功业显著，德性光明，叫做“刚中正，履帝位而不疚，光明也”。

通观全卦，高不过于天，低不过于泽，上下尊卑的名分昭然若揭。六三以一个阴爻介于五个阳爻之间，为全卦的主爻，但是才干差而志气刚强，以阴暗的材器却运用明智，不自量力地果敢前进，以致陷于灾祸当中。初九在下位，本于自己的地位行事，不羡慕荣华富贵，即使在危险当中也只做它该做的事，这样自然会得到安乐。九二居内卦的中位，不走名利之路，坦然自乐而不会陷于危险。九四上事奉威猛的君王，下邻奸佞的

---

① 上杉谦信：活跃于日本战国时代的名人。继承了关东管领上杉姓氏，出家后法号谦信。1548年，谦信成为长尾家家督，以其出色的能力统一了越后。此后努力恢复室町幕府的旧秩序，与南方的武田信玄，东南的北条氏康多次作战。由于他拥有很高的军事统率能力，后世称他为“越后之龙”，一般通称为“军神”。官位为从四位下弹正少弼以及从四位下近卫少将，死后赠回正二位。

② 织田信长：活跃于日本安土桃山时代的战国名人。幼名吉法师，自号“第六天魔王”。成功控制近畿地方为主的日本政治文化核心地带，成为日本战国时代中晚期最强大的势力，但后来遭到部将明智光秀的背叛，从此一蹶不振。生前官至正二位右大臣，大正天皇时追赠为正一位太政大臣。

人，处在危惧的爻位而小心翼翼，所以地位尊贵而君王不猜疑，权力重大而别人不忌惮，最终能够实现志愿。九五居君位，雄才大略，独断独行，是以刚猛统御臣民的人。上爻熟谙世故，洞达人情，是能建立伟大的功业而得元吉的人，属于践履的极致。

《象传》曰：上天下泽，履，君子以辨上下，定民志。

履卦上为天，下为泽，象征尊卑贵贱之间等级分明，这是一定不易的道理。君子见到这个卦象，而“辨上下，定民志”，使一切各得其所、各安其分而没有僭越的现象，这是礼制的要点。宇宙间没有比泽更低的，没有比天更高的；用人的装束来譬喻，没有比帽子更尊贵的，没有比鞋更低贱的，上下的区分就是这样。履就是礼。君子体察乾卦的强健，庄敬而日益强健，是为了践行礼。兑的性情是悦，悦就是和。礼仪以逊退的方法谦让别人，履以居下位为前提，所以说：“履，德之基也。”

天不向下与泽相交，江河就不能灌溉；泽不向上与天相交，雨露就不能滋润。天高而能向下交，水土草木之气才能蒸腾为云雨，这样天就更高了。君王尊贵而能谦逊地居于下位，亿万臣民才能分辨上下而礼让别人，这样君王就更尊崇了。倘若上下间的地位不分辨，人民的心志就不安定，天下就纷然，动乱就频繁发生，怎么能达到大治？履卦象征上自天子下至百姓，都安于自己的身份，沟通上下的情意，君王怀有本明的品德，百姓全无二心，这是达到天下大治的根本，叫做“君子以辨上下，定民志”。

[一辞多断]

○问家业：有门庭肃穆，仆人和妻妾都很顺从之象。○问任官：有品级逐渐提高之象，但如果通过攀援寻求进步，则反而不利。○问经商：且辨别货物的品位，切实考察行情，等待销售的时机，一定能得到高价。○问出行：利于滨海之类地方。○问胎孕：生女孩。○问疾病：应当疏通中焦。○问遗失：一时被东西所遮掩，久后会自然出现。

初九：素履，往无咎。

《象传》曰：素履之往，独行愿也。

[经传释义]

素是生帛，指它天然的颜色。“素履”，指一直按自己的本分行事。初九以阳爻居阳位，虽然得正，但在上卦没有正应，象征在下位而不攀援，是《中庸》所谓“素其位而行，不愿乎外”的人。因为居履卦的初爻，持守自己的本业，独善其身而不求闻达，即使得到了地位也不改变做法，所谓“穷不失志，达不离道”，所以说“素履，往无咎”。《象传》说“独行愿”，是说所希望的事物不在本分之外。初爻无正应，故说独。

[一辞多断]

○问功名：应当安居乐道，等待时运亨通，到那时做事就无往不利了。○问经商：应当持守旧业，久后一定能获利。○问谋事：宜于宽缓地等待，不宜急迫。○问征战：应当独自在暗中刺探敌情，没有灾祸。○问家宅：“福履绥之”，门庭吉祥。○问胎孕：生男孩。

[活断实例]

◎横滨某商人来告诉我说：“近来商业不振，得不偿失，想要移居东京另外创办事业，请占前途吉凶。”筮得履卦，变为讼卦。

断卦说：卦中兑少女走在乾父的后面，明明教人谨守先人的事业。商务通达或否塞，不可以局限于一时而论，物价的高低随时变化，先失后得也是常事，何必急于改变计划？不如持守旧业，久后必定亨通，所以说“素履，往无咎”。

某商人听了，于是断绝了改做其他事的念头，仍在横滨从事旧业。不久，商机发生变化，他为此得到了很大的利益。

九二：履道坦坦，幽人贞吉。

《象传》曰：“幽人贞吉”，中不自乱也。

[经传释义]

“坦坦”，形容道路之平；“幽人”，指隐居山林的人。二爻值履卦的时运，阳刚而得中位。中即不偏，不偏就不危险，所以它的履犹如行走在平坦的路上，故说“履道坦坦”。人在社会上行走，走路边就危险，走中间就平坦。只有心中淡泊，忘记荣辱，以中道自守，才能体现幽人的贞正，故说“幽人贞吉”；如果急于进取，恐怕会“履虎尾”而招致祸端。二爻虽然有才有德，但是由于在上卦没有应爻的协助，不能出山用世，只有安居乐道，遵从时势而韬光养晦才吉。《象传》说“中不自乱也”，是说它不降低自己的志愿，不辱没自己的人格，不让利害和穷达扰乱自己的内心。

一说："幽人"指幽囚中的人，如文王被囚禁在羑里而推演《周易》，文天祥被囚禁在土室而作《正气歌》之类，在患难当中而不乱心志。本爻变阴则内卦为震，震为大途，有道之象；又互兑泽，有幽谷之象，故说"幽人"。

[一辞多断]

〇问功名：有志愿高尚之象。〇问经商：一时物价平平，只可以得到微利。〇问出行：平稳而得吉。〇问终身：有以恭敬修身的志愿。〇问家宅：有分财产之象。〇问失物：有意外损耗的忧虑。

[活断实例]

◎一天夜晚，有盗贼潜入某贵显的住宅，偷去了一些衣服。贵显请占能否捉住盗贼，筮得履卦，变为无妄卦。

断卦说：卦中兑少女走在乾老父的身后，象征老父做贼，由少女改变赃物的形态，然后转卖，是父女一同做贼。一时没有暴露，说明是盗贼中最狡猾的。但互卦有离火，火明，象征警探，互卦的主爻六三就是警探。《象传》说"'眇能视'，不足以有明也"，故现在不能捕获；到上爻有"视履考祥，其旋元吉"的爻辞，从二爻到上爻共计五个爻位，赃物的暴露必定在五个月后，到那时盗贼可以就缚。

过了五个月，盗贼果然就缚，和所占断的一样。

六三：眇能视，跛能履，履虎尾，咥人，凶。武人为于大君。

《象传》曰："眇能视"，不足以有明也；"跛能履"，不足以与行也。咥人之凶，位不当也；"武人为于大君"，志刚也。

[经传释义]

眇，眼睛斜视；跛，两脚偏废。"武人"与文官相对，"大君"是尊贵的称谓。六三以阴爻居阳位，不中不正，象征无德无才，以刚暴自取其辱的人。它作为成卦的主爻，想仗势统辖众阳爻，却不足以担当大任。目眇却自以为能视，足跛却自以为能履，不知道躲避危险，一味向前，以致踩到了老虎尾巴，被老虎所噬，所以说"眇能视，跛能履，履虎尾，咥人，凶"。眇和跛说明六三的柔暗，能视能履说明它恃九二而冒险躁进。虎不噬我，是因为我背后有乾体，而六三却以为老虎畏惧的是自己，推开乾体而独自上前，于是为老虎所噬。

彖辞说“不咥人”，爻辞说“咥人”，意思相反，这是彖辞取内卦兑的柔和敬爱，而爻辞取六三阴柔不中不正，只与上九一爻相应的缘故。上九为虎头，履尾而首应，故有咥人之象。六三不自量力，放肆横行，以武人的身份干犯九五大君，它的强暴而无所忌惮，是大凶的做法。

《象传》说“‘眇能视’，不足以有明也；‘跛能履’，不足以与行也”，是说它昏暗柔弱，所见不明，所行不远。“位不当也”，指以阴爻居阳位；“志刚也”，指阴柔而不中正，因志气刚强而遇到灾祸。兑为毁折，互卦离为目，巽为股。离目为兑所毁折，有眇之象；巽股为兑所毁折，有跛之象。另外兑为口，有咥之象；“武人”，巽之象，从巽卦初六的“利武人之贞”可以看到。

“武人”即武士，就是《诗经》所吟咏的“赳赳武夫”。武人专管军政，是奉君王的命令讨伐不朝贡的地方，效忠于疆场的人。“武人为于大君”，指武士以刚愎自用，冒名犯分，属于孔子所谓“暴虎冯河，死而无悔”者，严重的还会窃取和玩弄兵权，不听朝廷的命令，像北条义时①、足利尊氏②那样。我国维新以来，军政严明，海陆两军都类似桓桓武士。捍卫国家的人必须长于谋略，不能只以刚强为勇武。《周易》的教诫，或许不是对当时而是对后世，考虑得太深远了！

[一辞多断]

○问家宅：有暗昧不明，少的欺凌老的，小的欺凌大的之象。○问商业：有被人欺骗或玩弄，急切而无法售出的忧虑。○问征战：应该退守而不应该进攻，妄动的人凶险。○问行人：恐怕中途遇到危险。○问失物：就近寻觅，自会找到。○问胎孕：生男孩，但要防婴儿有残疾。

[活断实例]

◎友人副田虎六从佐贺县来告诉我：“某处的矿山矿质极好，最受工

---

① 北条义时：日本平安时代末期、镰仓时代初期的武将，凭武力成为镰仓幕府的第二代独裁者。

② 足利尊氏：幼时名太郎，元服后名足利高氏，由后醍醐天皇赐名为尊氏。正庆二年（1333 年），尊氏受镰仓幕府之命出征，中途派心腹谒见后醍醐天皇，得到起兵倒幕的命令后，彻底灭亡镰仓幕府。建武政权建立后，尊氏要求获得“征夷大将军”的称号，未获批准，从此与建武政权之间发生裂痕。后来尊氏占据镰仓，拒不回京，又于建武三年（1336 年）率军攻入京都，拥持明院统丰仁亲王为光明天皇，改年号为延元元年，并受封征夷大将军，建立室町幕府。

科学士称赏。我打算请示政府，许可后就着手采掘，请占这件事的利害。”筮得履卦，变为乾卦。

断卦说：卦中刚健的乾父前进，柔弱的少女随后，说明您经营的是先辈所开的矿山。六三以阴爻居阳位，志气刚强而智识昏昧，计划一定有与实际相抵牾的地方，所以说“眇能视，不足以有明也”。商人兴办事业，与官办大不相同。比如矿山，集合了乡间无业的人，只有制定规则，管理得当，众人才会服从；并且指挥众矿工，只有用老成谙练的人才能成事，若指挥者选用不当，矿工的纷扰就不容易箝制，一定会弊病丛生。您虽然精明强干，但在矿业上终究是个生手，譬如走路，这不是熟悉的路途，所以爻辞又说：“跛能履，不足以与行也。”您又说“不入虎穴，焉得虎子”，决意要做这件事，但恐怕入了虎穴却为老虎所噬，其中的危险实在令人心寒。爻象是这样，您应当断除这个念头。

友人不信我的占断，以某学士为主管，并派往矿山。但因为不谙熟实业，部下不服，最后因为事情无法成功而中止。

◎贵族院某议员，是福岛县超额纳税的人。从去年（明治二十 年）冬天到今年春天，输出国外的蚕丝价钱更高了，而今年养蚕的成绩很好，预料蚕丝辐辏横滨以后，价格必定低廉，他于是在横滨四品商行预约，到五六月卖出蚕丝若干，并与买主一同交付保证金数万元给商行。结果到期后，进入横滨的蚕丝很少，而时价却看涨，无法交付现货。卖主知道蚕丝不足，就联合起来更加提高价格，于是有想介于卖买中间做仲裁者的人。某议员来对我说：“这仲裁合我的意吗？请为我占筮。”筮得履卦，变为乾卦。

断卦说：履卦以兑柔随乾刚，犹如少女与强暴者同行，其危险和“履虎尾”一样。现在占得三爻，您对蚕丝的出产与时价的预测，实在是以管窥天，叫做“眇能视，不足以有明也”。横滨商人从产地贩集蚕丝，一向用贷款收买，所以转运往往不快，叫做“跛能履，不足以有行也”。卖者越发乘机抬高价格，几乎要吃掉您的保证金，叫做“履虎尾，咥人，凶”。您不衡量自己的能力，不知道卖家的诡诈，想一时博取巨万的利润，却反而造成巨大损失，犹如以匹夫之勇而想成为武将，叫做“武人为于大君”。现在仲裁难以实行，过六月中旬可以协商，但大的损失不可避免。

后来的事果然所占断的一样。

九四：履虎尾，愬愬，终吉。

《象传》曰："愬愬，终吉"，志行也。

[经传释义]

"愬愬"，畏惧的样子。九四以阳爻居阴位，逼近九五君位，才干强而志气弱，把九五看作老虎，所以有"履虎尾"的戒惧。遇到危险就远远地退出，也不是为臣之道。四爻处在大臣的位置，好的东西或建议没有不贡献出来的，危险或不利的事情没有不亲自代替的，也不是躲避威力而不敢进取的人，只是小心谨慎，时常战战兢兢，故说"履虎尾，愬愬"。这样，即使位高权重也不被君王猜忌，终究会避开忧虑和危险而得到保全，故说"终吉"。全卦以柔为吉。"终"字是对"初"而言，有开始危险，最终平安的含义。

《系辞传》说"四多惧"，所以本爻多畏惧。正因为它防患周密，最终才得以避开危害。彖辞所谓"不咥人，亨"，说的就是这一爻。《象传》说"志行也"，指得以按自己平日的志愿而行。

[一辞多断]

○问时运：以温和待人，以笃实担当事，即使面临危险，最终也能够免于祸患，是气运平稳的时候。○问商业：不宜急于脱货，应当谨慎耐心地守候，终究会得到利益。○问征战：面临危险，宜于固守，遇到救助而获胜，可以扭转战局，转败为胜。○问胎孕：平稳得到男孩。

[活断实例]

◎明治十七年十二月，朝鲜京城发生政党纷扰。当时朝鲜国王派特使来到我国公使馆，请我国公使竹添君护卫王宫，公使于是率兵前去。中国某将官也率兵逼近王城，而抵抗我国军队。这个消息传到我国，朝野骚动，朝廷想派外务卿井上伯去朝鲜责问。这属于国家的大事，某贵显让我占卜这件事的发展。筮得履卦，变为中孚卦。

井上馨像

袁世凯像

断卦说：本卦上卦乾为父，下卦兑为少女，有少女追随老父之象，所以叫履。我国已经实行欧美那样的开化政策，想使朝鲜也随着时势而改变政策，即由我国在前面引导，希望朝鲜跟随在后面，而共同实行改革。万一朝鲜被欧洲人占领，那不但是我国的赘疣，实在是整个亚洲的障碍。无奈朝鲜冥顽不灵，因为嫌忌外国人而发生这次骚乱。现在外务卿井上伯奉使前去责问，对方必定知道自己的柔弱。四爻变阴则全卦为中孚，结局终究会归于平和，叫做“履虎尾，愬愬，终吉”。

当时是明治十七年十二月二十五日。

[附言]

这个月二十七日，交询社传达福泽谕吉①的话，邀请我演说关于朝鲜的易占，我于是来到会场。员工挤满了室内，几位干事对我说：“这回朝鲜的事，彼此互相辩驳，有的说和，有的说战，众人议论纷纷，不知道结果到底怎样。您玩易象，一定已经知道结果了，请为我们讲解爻辞。”我说：“易道是通达天机，预知未来的，与凭空的议论不同。我凭易占已经预知结果，在其他人或许不相信。”于是应他的邀请，详述前面的说法。在座者福泽谕吉等人都不懂得《周易》，脸上显得奇怪乃至惊讶。

福泽谕吉像

福地源一郎像

我回家后，福地源一郎寄信请示卦象，于是另记前面的说法，亲自送给他。第二年即明治十八年一月一日，所记说法在东京《日日新闻》上刊登出来。当时《时事新报》记者嘲笑我的说法，他昏昏然不懂易理，也不值得责怪。后来听说，井上大使于一月二日与朝鲜政府在谈判中展开辩

① 福泽谕吉：日本近代杰出启蒙思想家、教育家，日本近代文明的缔造者之一，被誉为“日本的伏尔泰”。他早年留学欧美，深受近代科学和西方资产阶级民主思想影响，回国后毕生从事教育和著译活动，为传播西方文化，推动日本资本主义发展作出了巨大贡献。一万日元纸币上的肖像就是他56岁时的照片。

论。易理的定数不差分毫，我的易占不失一语，不也值得敬畏吗？

九五：夬履，贞厉。

《象传》曰："夬履，贞厉"，位正当也。

[经传释义]

夬，决的意思。"夬履"，指任凭刚强果决行事。爻象刚健中正，在乾体而居君位，下卦无应爻，有自恃刚强明达，处事果决之象。政事威武刚猛，未免有因为果敢而窒塞的弊端，故说"夬履"。古代的圣人居于天子的尊位，虽然明智足以观照，刚强足以决断，但是未尝不广泛听取天下人的意见，以增加自己的见识，这就是圣人为什么是圣人。

五爻的忧患不在于不刚强明达，而在于急躁。只凭自己的见识，以刚强的性情行动于刚强的爻位，不审时度势，不考察人心民情，导致上下不通，内外阻隔，甚至因为过于急切而激出祸端，是危险的做法，故说"贞厉"。贞本来是正而固的意思，在这里则指固执不变；厉是危险，意思是应当常存危险戒惧的念头。《周易》中用"厉"字的例子都是这样，噬嗑卦九五爻的"贞厉无咎"也是这样。

践履之道，崇尚柔而不崇尚刚。九五以刚爻居刚位，是刚决于履之象；只因为它有中正的品德，同时又能以危厉自我警惕，这才没有过分的行动。《尚书》说，"心之忧危，若蹈虎尾"，国君能常常思考踩到老虎尾巴的危险，就可以说"履帝位而不疚"了。

爻辞"贞厉"，固然说明了它的危险。《象传》说"位正当"，与兑卦九五及中孚九五同一含义，都有君德不足的意思，是说刚断果决的君王，似乎缺少宽仁温和的品德，这是应该反省和努力的。

[一辞多断]

○问时运：先苦后甜。目前正是拨云见日的时候，还应当不忘过去的苦境，兢兢业业地做事，这样才能长保富有。○问商业：应当和衷共济。有货不要急于出售，久后必定得到厚利。○问失物：有不用寻找就自然得到之象。○问功名：目前已经得到升迁，只要谨慎就可以长久地保有。○问疾病：先危险后安然。

[活断实例]

◎某公司经理来占命运的吉凶，筮得履卦，变为睽卦。

断卦说：卦中以兑少女跟在乾父的后面。您富于学识，温和而长于交际，被股东推举为经理，地位中正，固然无可怀疑。但任职以后，不能不尽力谋事，或许有独断专行的时候，这样事情就难保完全没有过失了，叫做“夬履，贞厉”。您精明而果敢，胜任经理的职务，是我所深信的，但从占筮的意思看，还应当时时警戒。劝您多加注意罢了。

后来的事果然和所占断的一样。

上九：视履考祥，其旋元吉。

《象传》曰：元吉在上，大有庆也。

[经传释义]

“视履考祥”，指自己检视行迹，从中考察祸福的征兆。上爻居履卦的终位，象征践履的终结。人的践履，完善就得到福祉，不完善就遭遇祸患，治乱祸福的区分都由践履来决定。人的践履又难保始终都完善，有开始不完善而终结却完善的，有开始虽然完善而终结却不完善的，只有观察到终结才能明了。倘若周旋没有亏缺，终始如一，那么吉就大了，所以说“视履考祥，其旋元吉”。《象传》说“元吉在上，大有庆也”，指君王能这样践履，就会大有吉庆。元即大，吉即庆。

六十四卦中，上爻系“元吉”的不过两三卦，本爻是其中之一。上爻是终极的爻位，所以多有危险。

[一辞多断]

○问时运：目前正是安乐的时候，这人平素的行为一定没有亏欠，所以晚运亨通，福寿双全。大吉。○问商业：往返的经营都得到大利益。○问家宅：“祸福无门，惟人自招”，只要积善行德，就一定有意外的喜庆。○问疾病：恐怕寿命有限。○问失物：不用寻找，自然会得到。○问胎孕：必定生尊贵的儿子。○问征战：获得大的胜利，高奏凯歌而回。

[活断实例]

◎明治二十三年十月，东京府下属第十五区选举代议士，有候补人三名，其中一人是某富商。一天某友人来，请占他的成功与否，筮得履卦，变为兑卦。

断卦说：卦中以兑所象征的柔弱少女，随行于乾刚所象征的老父之后，两者不相匹敌，这是不用说的。履卦上九象征践履的终结，这人必定经历过许多艰难危机，逐渐成就事业，才达到今天的盛运。但它的应爻六三不中不正，像斜视的眇者、偏废的跛者。与这样刚猛的武人相竞争，相当于孙子所谓用下等马与上等马比赛，不能取胜是可以预知的。上爻处于极位，没有继续践履的余地，省察先前的过错，翻然回头，可以得到大吉的结果。倘若不这样考虑，而想勉强实现志愿，其凶险有不可言说的地方。

后来据说富商果然审察机宜，主动退出选举，不再参与竞争。

◎明治三十年，占我国与德国的外交，筮得履卦，变为兑卦。

彖辞说："履虎尾，不咥人，亨。"

断卦说：履，以柔顺者践履刚健者的行迹，有周旋完全没有亏歉之象，故命名为履。说"履虎尾，不咥人，亨"，以柔弱者蹑行在刚强者的身后，态度恭顺而不失正道，所以不但不会被老虎所咬，反而亨通。联系到今年我国与德国的外交，德国夸耀自己的武力，有虎视耽耽的意思，而我国当道的重臣处置适宜，德国驻在公使人选也合适，两者都很平和，所以两国间没有发生什么事情。德国博得强国的称号以后，外交与以前自然不同。这个国家具有猛虎一样的心志，搏噬的志愿一天也没有忘记，况且对我国的强大也不无嫉妒。我国只应当以柔克刚，随时应变。这样就行了。

䷊地天泰

“泰”字从“大”从“水”，字形象征两手决水，是水从中间分开，流通无滞，使百姓得以安居的意思。中国的大禹在治水的时候，疏通了九条大河，划分了土地的等级，教人们种庄稼并定居下来，这才使土地平旷如同天然，使百姓在其中长享泰平的福祉，这是泰卦的含义。卦象坤在上，乾在下，坤为阴，乾为阳，象征天地之气相交，阴阳交相合和，资始资生，而人民与万物无不亨通，所以称这一卦为泰。

泰：小往大来，吉亨。

《彖传》曰：泰："小往大来，吉亨"，则是天地交而万物通也，上下交而其志同也。内阳而外阴，内健而外顺，内君子而外小人。君子道长，小人道消也。

[经传释义]

泰卦乾天在下，坤地在上，从天地的形象看，好像上下颠倒，很不合理，但泰卦的取义不在形象而在气。乾为天气，坤为地精，天地的形象高低悬隔而以气相交；天气上腾，坤气下降，就会形成雨泽，雨泽形成就会万物生发，因此卦名叫泰。泰有通达、安泰、宽缓的意思，像《彖传》所说的那样。

以这一卦比拟人事，乾为夫，坤为妻，阴阳交和，家室必然平安快乐。乾为阳，坤为阴，阴阳二气涵盖很广，天地间任何物事都有阴阳。就人的身体而言，气为阳，血为阴，阴阳得理，血气自然平和；就人的起居而言，静为阴，动为阳，阴阳相交，动静自然得当。

《彖传》说“内阳而外阴”，为的是使阴退阳进，有褒扬君子而抑制小人的深意。易理对于阴阳的消长防止和维护很严格。人生涉世应当推崇阳刚，抑止阴柔，这样二气才能各得其当，使万事泰然。

以这一卦比拟国家，政府体现天地造化的原理，公明正大地推行化育百姓的政事。乾为君王，坤为臣下。君王礼遇他的臣下，推诚任用他们；

臣下忠于他们的君王，竭诚事奉他。明君得到贤臣而光大自己的功业，贤人得到明君而施展自己的才能，于是百姓有感于君王的德化，亲和康乐，一道同风，形成天地交泰的社会，叫做“上下交而其志同”。

就上下两卦来说，阳为君子，阴为小人。君子在朝而行施政令，小人在野而安分地服从教化，叫“内君子而外小人”。天地间有阳就有阴，有君子就有小人，通泰盛极的社会也不能没有小人，只是君子善于教化小人，小人也乐于服从君子，两不相害而情意相通罢了。从朝廷排除到朝外的是阴柔小人，从朝外进入朝廷的是阳刚君子；小人退到朝外而安于自己的生活，大人进入朝廷而乐于推行正道，这就是通泰世道为什么能够形成。天道有消长，时运有否泰，总括天地阴阳的交流，可以了解世运升降的枢机。“君子道长，小人道消”，消长到极处，正是国家治乱的重要防线。

泰卦下三爻象征天下清平的时期，上三爻象征从泰到否的阶段。君子应当玩味爻辞，深入体察气运变迁的规律，用来维持泰运，使它不至于衰替。

圣人对六十四卦的安排，以乾坤为开始，乾后十一卦才是泰卦，这是以屯卦确立君王，以蒙卦教化百姓，以需卦养育万民，以讼卦止息争讼，以师卦匡正世道，以比卦使上下亲和，以小畜卦畜止躁动，以履卦施行礼教，然后才有通泰的世道的缘故。所以乾以下十卦，奇数的爻三十；坤以下九卦，偶数的爻也三十，乾坤这才得以相交。泰运的开辟这样不易，圣人对后世的垂诫太深了！

通观全卦，天气下降，地精上升，天地之气相交，造化才开始真正发挥功用。

初九君子得位，擢拔同气中的贤人一同立在朝廷，操持国事，叫做“拔茅茹以其汇，征吉”。汇，类的意思，说明在援引同类一并进取。

九二有刚健中正的品德，象征开辟和维持通泰世道的大臣。“包荒”指能包容众多人才，即所谓“尊贤而容众”。但在“包荒”的同时，又必须以果决相济。“用冯河”，指任用那些勇敢而足以任事的人才。“不遐遗”，指其思虑深远，不但留心于目前，而且远及僻偏的地区；不但考虑当今，而且谋划久远的策略。为国家选择人才不徇私情，可以进用的，即使仇人也不摒弃，不可进用的，即使近亲也不举荐，叫做“朋亡”。九二的行为光明正大，以中正之道上应君王，使六五君王信任不疑，叫做“得尚于中行”。

九三居下卦阳刚的极位而不中，正值盛极将衰的时候。从卦体看，天气不能长久在地下，地气不能长久在天上，都有回复本位的趋势，叫做“无平不陂，无往不复”。阴阳的消长如同寒暑的往来，是时运使然，无可如何；但天能胜人，人也足以胜天。能在气运将陂将复的时候预先防范，苦心经营，贞固维护，尽人事来挽回天运，就是持盈保泰之道，这样就可以长享其福了。

六四以阴爻居阴位，逼近君位。上三爻都以谦虚接待百姓，下三爻都以刚直事奉政府，四爻正值上下之交，所以“翩翩”相从，乐于与阳爻共进，有不待富有就顺从邻、不待告诫就相孚信之象。这样的志同道合，正是《彖传》所谓“上下交而其志同”。

六五是温顺的君王。它虚怀若谷，信任九二，屈尊顺从臣下，有“帝乙归妹”之象。用这样的做法获得福祉，是大吉而尽善的。

上六是泰卦的终极，通泰到极处就会发生变化，有“城复于隍”之象。在九二九三的阶段，尽人事的诚孚还可以维持泰运，所以上六的地步虽说是天运循环所致，也是人事所招致。上六的时运，通泰之道已经失去，到了上下睽隔，民情离散，以兵戎相争的动乱时期，所以说“勿用师，自邑告命”。这样守卫城邑，修明政教，以挽回天心，拨乱返正，也足以保有通泰世道的终结。平、陂、城、隍，表明事机很快，情况很危险，其中的垂诫是很深的。

爻辞初爻说茅，象征地上；二爻说荒说河，也是地象；三爻的陂是地形。内卦都是阴爻，这是以坤为主而以乾为客的缘故。四爻说富说实，五爻说“帝乙”，上爻说城，都是阳爻之象。外卦都取阳爻之象，是以乾为主而以坤为客的缘故。客人要还家，主人要常住，其中的义理可以了解。

《象传》曰：天地交，泰，后以财成天地之道，辅相天地之宜，以左右民。

泰卦是天地二气相交相通之象，万物由此得到天地的化育。圣人效法这一卦象来助成天地的化育，去做那些天地所不能做的事。天地所生的万物本来笼统而没有区别，圣人能把日月星辰变成历象，区别春秋二分、冬夏二至而成一岁的功用，度量东西南北的山川道路而确定城邑。考察天时，辨别地利，春夏耕耘，秋冬收藏，无非是极尽致泰保泰的能事，叫做“财成天地之道，辅相天地之宜，以左右民”。百姓只有依赖君王才能过上安泰的生活。“财成”是为了限制其过分，“辅相”是为了补充其不及。

［附言］

近年来卫生学普及，医学研究日益进步，种痘的办法盛行，使人民免除夭折的灾患，都足以燮理阴阳，参与和助成天地的化育。欧洲各国由于土地贫瘠和人畜繁殖，百姓生活艰难，而开创了移民的方略，还在南北亚米利加、亚弗利加、濠斯太剌利亚及亚洲各岛开辟了殖民地。拿我国的土地与人口比较，数年来每年增加四十万人口，但是生活并没有不足的说法，这是有原因的。我国土地肥沃，全国米麦两收的暖地占有一半。维新以前，这样的土地不满十分之三，现在已经增加到十分之七，所以人口虽然增加了，却不忧虑生活的不足。但从今以后，可开发的两收暖地只剩下了十分之三，而人口却一年比一年多，朝野至今不曾预先筹划，不也值得忧虑吗？现在北海道铺设了铁路，逐渐移入一千万人口，得以减去内地增加人口的半数，五十年内还可以保持国家的安泰。这期间应当在海外各国设置殖民地，作为国家永远的策略，叫做“左右民”。

［一辞多断］

○问国家气运：正是君明臣良、百姓安泰的全盛时期，但盛极就会衰落。好在否泰在天，回挽却在于人，所以应当深谋远虑。家道也是这样。○问谋事：事情一定会成就，但必须防止后来的败坏。○问婚嫁：属于阴阳合体的卦，是大吉之象。○问商业：买卖都吉，但卖出利益微少，买入利益大，这从“小往大来”的说法可以知道。○问年成：雨水调和，是丰登之象。○问胎孕：有男女孪生之象。○问失物：要从左右近处寻觅，自能见到。

初九：拔茅茹以其汇，征吉。

《象传》曰：拔茅征吉，志在外也。

［经传释义］

茹是草根牵连的样子。“拔茅茹”，指拔一根茅就会带出许多。初爻具有刚强明达的才德而居下位，与六四所象征的大臣阴阳相应，是在野而为大臣所荐举的贤才。因为三个阳爻同在一体，一个阳爻上进就会导致众阳爻共同上进，像拔茅一样连类而起。自古君子得到高位，贤人就会荟萃于朝廷，同心协力，来成就天下通泰的局面；小人在高位，不肖的人也会聚集在朝廷，而造成天下的动乱，是各从其类的。现在初九“拔茅”，能引荐九二、九三所象征的贤士共同进涉，所以说“以其汇”。汇即类。初九为通泰局面的开始，爻位得正，能行君子之道，吉，故说“征吉”。彖辞说来，指天气的下降；爻辞说征，指君子的上进。

卦以气相交，自上而下；爻凭爻位上升，自下而上。君子学习道术，修养自身而等待时机，立足天下的正位，践行天下的大道，要使君王成为尧舜那样的君王，使百姓为尧舜的百姓，这是读书人的夙愿。假如天命不保佑而不能得志，那就曲肱而眠，饮白开水，独居在陋巷里面而独善其身，但是他的心不会有一天忘记天下。《象传》“志在外也”，指初九这位贤士地位虽低，却以泽及万民为志愿。外指天下国家。初爻变阴则全卦为升，升卦初六爻辞说“允升，大吉”，可知贤者能够升迁。

[一辞多断]

○问时运：有因人成事之象。○问家宅：有家室团圆，人口平安的吉庆。○问经商：有主人和伙计志同道合，货物和钱财汇萃而来之象。○问功名：有逐渐升迁的喜庆。○问征战：凭进攻获得胜利。○问失物：应该在从草处寻觅。○问胎孕：初胎生女孩，三四胎生男孩。

[活断实例]

◎明治二年，某武士来，请占可否从事商业，筮得泰卦，变为升卦。

断卦说：泰卦象征天气降落到地下，地气升腾到天上，拿人事来说，是彼此相合，上下相通的时候，所以叫泰。现在得到初爻，爻辞说“拔茅茹”。茅这种东西，茎虽然分别生长，根却是相连的。想来您旧交中必定有从政的，请他帮助您走上仕途，事情必成。我看您的相貌适于做官而不适于经商。我根据易理断卦，知道您的人品和能力，应当从友人谋求官职。

后来这人果然从政，并逐渐得到升迁。

九二：包荒，用冯河，不遐遗，朋亡，得尚于中行。

《象传》曰：“包荒”，“得尚于中行”，以光大也。

[经传释义]

荒是“洪荒”的“荒”，又兼有荒野的含义。包是包容。“冯河”，空手涉河。“不遐遗”，不遗忘远处的人和事。“朋亡”，犹如坤卦的“东北丧朋”。“中行”，犹如说中道而行。

二爻具有刚强明达的素质，又秉有中正的品德，与六五君王阴阳相应，匡扶王道，辅佐霸业，是大有作为的忠臣。它雍容大度，能包容荒远处的百姓，并加以抚育和教诲，使每一个人都各得其所；它又有徒手涉河的果断而不流于文弱，故说“包荒，用凭河”。

在圣贤的心中，从来没有应该抛弃的人。非“包荒”不足以显示天地的大慈祥；非“冯河”不足以显示天地的大威怒。雨露与雷霆不偏废，宽严并济，既不抛弃荒远者，也不私昵亲近者。九二具有这样的德行，光明正大而符合中道，所以说“不遐遗，朋亡，得尚于中行”。

有这四种治理泰世方法，所谓“宽则得众，信则民任，敏则有功，公则众悦”，确实不失中行的美德。而其中的要点首先在包容，所以《象传》以“包荒”二字来概括，以说明它得中行之道而光大事业。其中的旨意太深远了！

为了把这一爻辞活用于占筮，姑且就开垦的事加以说明。“包荒”，就荒野而说。“用冯河”，指诱导无业的贫民开垦荒地，开道架桥，从事政府的劳役。“不遐遗”，指冒险进入深山这样的幽僻之地，克服困难，加以开垦。“朋亡，得尚于中行”，指没有朋比私心，率领众人共同从事，得到天下一致的敬爱。“包荒”是仁，“冯河”是勇，“不遐遗”是智，“朋亡”是公。具备这四种德行，治天下的力量就有余。倘若有包容而缺少决断和制伏，就不是刚柔相济的人了；遗忘遐远的人而结党营私，就会偏倚而失去公正。所以必须包容荒秽而又果断刚决，不遗遐远而又不结党营私，这样才符合中道。

《象传》“以光大也”，是说胸怀宽广，有容人的器量。光明才足以观照，正大才足以包容。

[一辞多断]

○问时运：正是功名显达的时候，可以远游海外，兴办事业。○问功名：有奉使远行或从事军事征伐的征兆，都能得吉。○问商业：有利于行商贩运外地的货物。○问失物：一定坠落在水中，恐怕难以寻得。○问疾病：不吉。○问家宅：用人要宽容，处事要果决，不可偏信仆从的话，以致损耗家业。○问征战：有恩抚偏远处的人民，征伐不朝贡的地区，而疆土日益开辟的趋势。○问胎孕：生男孩。

[活断实例]

◎东京某友人要在常陆开垦沼泽地，请求占问吉凶，筮得泰卦，变为明夷卦。

断卦说：泰字，是人以左右手决开大水之象。洲泽是由大雨冲激山上的砂土，随流壅积而成，其中低处或为湖水，或为沼泽。您现在要开垦沼泽地，这有利于社会，也有利于国家经济。爻辞“拔茅茹”，指芟除杂草，播种五谷，是开垦的好结果。又说“包荒”，指买入荒地；“用冯河”，指致力于沟洫。人有了巨额的财产，往往以安乐为目的，以子孙不用劳动就享福为上策，而不知道这实在是巨大的失策。因为富人不考虑公益，穷人就没有衣食；穷人不得衣食，一定会不顾礼义廉耻，以至违犯法令，叫做国家的乱民。乱民的兴起，都是由游手好闲，坐享现成而来。您能包容他们，奋发地投资，要开垦沼泽以赈济饥寒，志愿和行为都光明正大，的确有超越其他人的地方，故说“朋亡”。您的这项事业利己利人，叫做“得尚于中行”，事业一定能够光大。

友人说：“一定谨慎地遵奉您的指教。但我已经年老，不能亲自去监督工作。目前紧要的事务，是将这件事委托给我所信任的某人，由他代理，请用占筮决断。”筮得坤卦，变为豫卦。

断卦说：坤卦纯阴，没有一个阳爻。《周易》以阳为贵，以阴为贱。现在筮得这一卦，恐怕他是个卑贱的小人。世上皮相的人都根据人所属的阶级来区分贵贱，我则只论心术。第一，不为自己谋划而为别人谋划，众人所喜欢的自己也喜欢，众人所厌恶的自己也厌恶，公正而无丝毫的私曲，这是上等人；第二，自己所喜欢的，希望别人也得到，凡事和衷相济，不任由自己，这是中等人；第三，只顾自己的利益和欲望，不顾亲戚朋友，为了利益和欲望而不顾廉耻，这是下等人。这是我平素所持的观点。从来有智慧的上等人，天性完善，不见异思迁，叫做贵人；下等愚蠢的人，残忍卑鄙，偏于不善，叫做贱人。坤卦的初爻说“履霜，坚冰至”，指为了争利而犯上作乱；上爻说“龙战于野”，指为了谋利而相争相战，两败俱伤。委任这样的人做事，就像把钥匙交给盗贼一样，应当括结钱囊，心怀警惕，叫做“括囊，无咎无誉”。这件事必须亲自去做，不可委托别人。

友人于是听从了我的话。

九三：无平不陂，无往不复，艰贞无咎。勿恤其孚，于食有福。

《象传》曰："无往不复"，天地际也。

［经传释义］

"无平不陂，无往不复"，指时运变迁的常道，就像月亮盈满了就会亏缺，花儿开放后就会凋谢一样。从全卦看，三爻正当泰运的全盛时期，但玩味爻辞，可知是阳刚已经穷极，阴柔前来逼迫，泰运即将终结，否运即将到来的时候。事物适中才平稳，过中必然倾覆，天数和人事都是这样。泰卦到九三，天道复还上卦，地道复归下卦，君子这时只好尽人事来挽回天运，所以思虑患难而加以预防，常警惕世事的艰危，才能无咎。

三爻阳爻阳位而不得中，互震卦主刚健而震动，再进一步就是陂复之象了。本来乾在上卦，坤在下卦，因为上下卦相交，所以乾居内卦，坤居外卦。乾如果不安于下卦，必定上升而逼迫坤；坤如果不安于上卦，必定下降而夺去乾位，故说"无平不陂"。将复而不听任它复，掌握事物的平衡，持守以往的通泰，防微杜渐以保持到最后。凡小人要乘人们的懈怠和懒惰而介入的事，君子就思考如何消弭他们所造成的灾难；凡小人要伺机进攻的人，君子就一定要维持他地位的巩固。君子操心到这个地步，所有的举动措置就不会有过咎，故说"艰贞无咎"。天下没有不知道戒惧却能保持到终结的事，《周易》对于始终消长的机缄，垂诫最为深切。

世运的陂复犹如日食月食。当日食月食发生时，霎间就晦暗了，过后又恢复光明，所以说"勿恤其孚，于食有福"。食即蚀。以日食和月食比喻灾祸，以食后的光明比喻福祉。

六十四卦中，不拘爻位，只根据内外卦区分时运变迁的有四卦，即泰、否、既济、未济。本卦以内卦三个阳爻为泰中的泰，以外卦三个阴爻为泰中的否，因为阳为有余，为实，为富，阴为不足，为虚，为贫。九三居内卦的极位，正值乾坤二体之交，为泰中的泰将终；六四居外卦的开始，为泰中的否将来，所以于三、四两爻表示时运的转变。《象传》说"天地际也"，际即交际的"际"，指阴阳交接处。

［一辞多断］

○问时运：行事谨慎的人昌盛，耽于逸乐的人失败，这是最该留意的。○问商业：现在虽然失意，以后必得大利。○问征战：必须防止敌兵埋伏，适宜固守，不适宜进攻。○问失物：不久就会得到。○问生产：虽然危险，但没有灾祸，必定生有福的儿子。○问家业：应当谨守先人的家业，可以长保富有。○问疾病：少年无害，老年人命限有阻碍。

[活断实例]

◎明治十八年，奉三条相公的指示，在滨离宫占他的气运，筮得泰卦的九三爻。当时的陪同者是武者小路君、福泽重香君两人。

断卦说：卦中太阳的火气透到地下，地精因而蒸发，这是天地的精气相交而万物发育，是国家安泰之象。以国家来比拟，政府的恩惠广泛地施给下面的百姓，百姓的情志能够上达于政府，君能信任臣，臣能服从君，所以卦名叫泰。但泰的局面发展到极致，就会变而为否，这是阴阳的消长，自然的推移，所以有从泰趋否的时候，也有从否趋泰的时候。内卦三个阳爻象征最太平兴盛的气运，外卦三个阴爻象征从泰趋向否的气运。现在筮得第三爻，为内卦的极位，象征泰中的泰运已过，即将推移到外卦，转入泰中的否运，所以爻辞说“无平不陂，无往不复”，以比喻时运的变迁。时运的变迁本来不是人力所能相争的，但保持已然，防止未然，用艰苦和危厉警惕自己，以正固作为持守，也可以在相当意义上战胜天道，所以说“艰贞无咎，勿恤其孚，于食有福”。阁下名声显赫，功业崇高，可以与伊尹和周公相媲美，只要小心翼翼，持盈保泰，自有鬼神在冥冥中默默呵护，所以《象传》说“天地际也”。

后来相公解除了显要的职务，就任内大臣的闲位，长久地矢志尽忠，能够光大所辅翼的事业。

六四：翩翩不富，以其邻，不戒以孚。

《象传》曰：“翩翩不富”，皆失实也；“不戒以孚”，中心愿也。

[经传释义]

“翩翩”，鸟煽羽毛的样子。邻，指六五、上六而言。四爻在通泰的时运，与上面的两个阴爻都与下卦相应。阴柔理应在下卦，现在却居上卦，心中感到不安，所以上三爻相连，都要降下来，象征在上者以谦虚的态度对待下属，不用告诫就相诚孚，叫做“翩翩不富，以其邻，不戒以孚”。

“不富”是阴虚之象。四爻是泰运过中，即将转为否运，小人合起来谋害正道的时候，是君子所应当警惕的。五上两爻都属阴，缺乏见识和器量，所以《象传》说“‘翩翩不富’，皆失实也”。皆，指坤卦的三个阴爻；实，指阳爻。阴从阳犹如穷人依靠富人，现在三个阴爻在外卦失去了依赖。但在通泰的时运，阴气上升，阳气下降，互不猜疑，以利国利民，叫做“不戒以孚，中心愿也”。

[一辞多断]

○问时运：好在得到朋友的同心相孚，凡事可以图谋。○问商业：外表场面很好，内里却已经空虚，全靠同行相助才能成事。○问征战：粮饷缺乏，应当劫掠敌人的，来供应军队的需要。军心稳固，只有胜利，没有失败。○问家业：本来是一个富厚人家，目前却外强中干，幸而亲戚邻里都能互通有无，所以不忧虑匮乏。○问失物：主遗落在比邻的人家，询问就能得到。

[活断实例]

◎东京某豪商的主管某来，告诉我说：“维新以来，商业的行情大变，东家遭遇衰运，想筹划维持的方略而不得方向，要怎样做才好？请筮一卦。”筮得泰卦，变为大壮卦。

断卦说：泰卦天气下降，地精上升，上下安泰，共守成规而享受安乐，是无事的时期。您现在所问的事，无论主人还是经理和伙计，都只知道墨守成规，不知道随时宜而变化。现在世界各国通商，商业也随着更新。他家信用原有的人，不熟悉新的方法，又不雇用人才，致使商业日益落在别人的后面，数代所积累的产业难以继续。泰卦四爻象征泰运已经过半，将逐渐进入衰运，正与他家的气运相符。要筹划维持的方略，想那过去伙计，缺少应付新情况的经验，应该用合适的代替，并委以办事的权力。可以用众人投票推荐的方法确定人选，大家都听从他的指挥。过去的伙计也不宜维持旧态，而应该勤勉地从事新业务，这叫做“翩翩不富，以其邻，不戒以孚”。这样，他家在衰运中还可以维持。

某商人听从我的话，奋起改革家风，让众人投票推荐，果然得到合适的人选。他家至今繁盛，而且超过了以往。

六五：帝乙归妹，以祉元吉。

《象传》曰：“以祉元吉”，中以行愿也。

[经传释义]

“帝乙”是商纣王的父亲。五爻阴柔而居尊位，与阳刚的九二为正应，有恭己无为，虚心尊重贤人之象，象征开创太平盛世的君王。九二是成卦的主爻，辅佐六五君王成就大治，所以用帝乙把妹妹下嫁给大臣，来比喻圣明君王虚心礼遇贤臣，以开国承家，永保福祉。“元吉”，全善的大吉，指保持泰运的成就。

帝王家女子出嫁，不求自己胜过丈夫，而是用来谋求国家的福祉；坤地返回下位，不是为了冒犯乾，而是要辅助它，即《象传》所谓“上下交而其志同”。另外互卦有归妹，故与归妹卦六五爻辞相同。《象传》说“中以行愿也”，指在泰的时运中，君王忧虑泰极而变否，谨慎恐惧，只求保持泰运长久，永享郅治的福祉。

[一辞多断]

○问时运：目前亨通，适宜谦虚柔顺，这样凡事都吉。○问商业：适宜到海外进行贸易，吉。○问家宅：得到贤良的内助。○问婚嫁：适宜远嫁或远娶，吉。○问胎孕：主生贵女。○问疾病：必定得到神的保佑，吉。○问失物：拾到的人必定亲自来归还。

[活断实例]

◎有相识的某富豪来，请占家政的气运，筮得泰卦，变为需卦。

断卦说：泰卦是上下通气之象，为主从相应、家政安泰的时运。现在筮得第五爻，贵府的财产为相承的旧业。您性情善良，家教全面，但对于当今的时势未免不够通达。现在得到第二爻，为经理人，能负担一切事务，忠实可靠，所以家政得以整顿，商运日益兴盛。但过去的伙计中不免有暗中嫉妒，背后用谗言诋毁的。好在二爻经理人能像新婚的妇人那样以柔顺相从，使谗言自然消弭，得以全力维系家庭，叫做“帝乙归妹，以祉元吉”。

上六：城复于隍。勿用师，自邑告命。贞吝。

《象传》曰：“城复于隍”，其命乱也。

[经传释义]

隍是城壕，无水的为隍，有水的为池。城是筑土形成的，隍是掘土形成的。“城复于隍”，指城墙崩塌后落入了城壕。“自邑告命”，指从城邑发出命令，告诉所属国家。上爻居泰卦的终位，象征即将转而为否，柔弱的君王无法制伏阳刚的大臣，所以用时运的变革来说明盛衰消长之机，说“城复于隍”。

当时运已经衰落，天命将发生变革的时候，君王懒于政事，大臣工于谗毁，税收失去限制，贿赂公开进行，发展到极点，必然引起动乱。军旅的关键在于人和，而上六否运方来，人心的不和像冰和炭一样不相容，若以兵戎相争，成败实在难以预料，何况城已经毁坏而没有修，怎么能据以战斗呢？故戒止说“勿用师”。到了这一步，武功已经不可用，只有回过头来修文德；远略已经不可图谋，只有退一步治理切近的事，故说“自邑告命”。固守城邑，明白显示政治与教化，像孟子所说的那样“效死勿去”，以期重得民心，挽回天运。“贞吝”，是说不“告命”于尚未否塞的时候，而“告命”于将否之际，已经已晚了，即使正当也可羞，所以说“贞吝”。

《象传》说“其命乱也”，指上下都已经乱了。那守成的君王，生长在深宫中，天天与妇人和太监为伍，虽然有师傅的传授，但是多半不是正人君子。君王骄奢淫佚，臣下阿谀逢迎，无所不至，使民情抑郁，无法上达，君王的恩泽涸竭滞涩，无法下施，又有鬼蜮奸贼在中间蛊惑扰乱，最后导致人心离散，国家倾覆，这就是所谓“其命乱也”。

［一爻多断］

○问时运：目前气运颠倒，应该谨慎自守，还须防备小人拨弄是非。○问商业：应该保守从事，以等待时运。○问征战：攻城略地，必定胜利。○问家宅：防止颠覆破败，适宜稳守旧业。○问生产：生女孩。○问失物：恐怕难以复得。

䷋天地否

“否”字从“不”从“口”。“不”，“弗”的意思，而“弗”与“茀”相通。茀是车后的蔽障。“否”字以茀蔽口，会意为呼吸闭塞。医书“心下痞硬”的“痞”字，意思也相同，就取这个含义。

否之匪人，不利君子贞。大往小来。

《彖传》曰：“否之匪人，不利君子贞。大往小来。”则是天地不交而万物不通也，上下不交而天下无邦也。内阴而外阳，内柔而外刚，内小人而外君子。小人道长，君子道消也。

［经传释义］

否卦乾天在上卦，坤地在下卦，从天地实体来看，位置自然合宜。但否卦的取象不在形而在气，其含义指天气不下降，地精不上升，阴阳的呼吸否塞不通，所以命名为否。天地阴阳之气不相交，就连造化也无法发挥作用。天地阴阳之气否塞不通的时候，在数十百年中或许有的。听说天明年间夏季大旱，太阳红得像丹砂一样，五谷不收，天下饥馑，这就是天气不降、地精不升的否塞现象。“否”字分为“不”和“口”，指凶荒，因为亿万百姓口中得不到食物。《彖传》说“天地不交而万物不通也”。泰否二卦，《彖传》开始用“则是”二字，等于说其原因不过如此，没有其他缘故。

以这一卦比拟人事，一家人中，上卦为父亲或兄长，下卦为儿子或弟弟。父亲或兄长过于刚猛，儿子或弟弟过于阴柔，上下性情不合，就会动辄相左，事事乖张，往来都是奸邪的人，连仆人也敢做悖逆的事。或者凭空陷于狱讼，或者无故而遭遇飞来的灾祸，钱财因而耗损，名声因而破败，家道因而日益衰替，实在是由于时运否塞导致的。

否运达到极点的时候，在年时是风雨不调，在疾病是胸膈不通，在经商是有货难卖，在功名是屡次考试屡次落榜，即使有善良的人来协助也没有什么办法，故说“不利君子贞”。君子也只有随时顺势，避开忧患罢了。

所以在初爻的时运，君子只能连类而退，共同持守正道；二爻只是以道自处，不肯委屈自己而顺从别人；三爻则已经以占据高位而白吃饭为羞，到四爻否极泰来，才可以乘时而动；五爻否运即将终止，又警惕于“其亡其亡”的告诫；上爻则已经“否倾”了，故说“后喜”。处否运这样艰难，只要一不小心，灾祸就会随后到来，是所谓“小人道长，君子道消”的时候。人值否运，终究应当谨守正道，以等待时运的亨通，这样才不失为君子。

以这一卦比拟国家，乾在上，坤在下，阳气上腾而不下降，阴气下沉而不上升，彼此隔绝而又相违，象征君臣情志不通的时候。小人在朝把持权柄，君子远遁而在野，得势者都不是君子，故说“匪人”。国家值否运，君王骄奢淫逸，大臣谄佞工谗，国事日益荒废，正道日益败坏，内部有奸臣擅权，外部有强敌压境，岁时凶荒就会饥馑频仍，兵役不息而疆土日益狭小，所以说“天地不交而万物不通，上下不交而天下无邦”。在这种情况下，国家怎么能治理好呢？

这时，君子只能居平易无险处而独善其身，而等待天命的降临，即所谓“邦无道则隐”，所以说“不利君子贞”。小人则洋洋得意，诡计百出，其中的狡诈者还会内心怀着奸邪，外表却托名于正道，掩盖他们的不善而显示他们的善，这叫做“内阴而外阳，内柔而外刚”；还会收买君子，以增加羽翼，例如王莽借礼贤下士来装饰他的奸伪，即二爻所谓“包承”。所以小人日益晋升，君子日益退避，叫做“小人道长，君子道消”。

“道”字中包括天的阴阳、地的刚柔、国家的治乱、内外的处置、进退的得失，其含义很广，说明否运都是由阴阳不交不调导致的。《周易》的系辞把泰运归结于天，将否运责成于人，所以泰卦的《大象》说财成辅相，而不敢贪天的功劳；否卦的《大象》说“君子以俭德辟难，不可荣以禄”，圣人垂诫的旨意，可以说太深了！

通观全卦，下三爻是否塞的时期，由小人主事；上三爻为否运已极，是趋向泰运的阶段。

初六虽然是小人牵连进取的时候，但是并非没有君子，君王也没有不寻求和任用人才。初爻象征在下位的君子，它们不忍忘记君王，可以进取就进取，故说“贞吉”。六二值否塞的时运，君子固然应当退避，但也有实行权变之道，屈身而求济世利民的，如汉代陈平对吕后、唐代狄仁杰对武后，也是足以挽救否运的，故说“包承”。另外，“包”通“苞”，“包承”即接受别人的红包。君子处在浊世，其独立廉介的节操往往为小人所畏忌，这样不但不能保护自身，也不利于国家，所以有姑且接受小人的红包，以隐晦自己清廉的节操的。这是称随流扬波为“包承”。还有痛恨小人，而势力却不能清除他们，于是姑且用利益满足他们，以潜消他们的凶焰的，也就是运用枉道行权的计谋，也叫做“包承”。小人而能“包承”君子，是小人中的君子；君子为小人所“包承”，是君子中的小人。大人值否塞的气运，坚决不受小人的“包承”，所以亨通。六三尤其是小人，本来要伤害君子，只是蓄势未发罢了，但现在有感于君子的德行，内省而感到羞耻，故说“包羞”。君子遇到凶顽之徒，与其使他畏慎，不如使他感到羞耻。

九四值阳来的初爻，为由否转向泰的开始，而接近九五。君子见转入泰运的机缄已经发动，即将出来挽救否运，故说“有命无咎，志行也”。九五所象征的明君在位，从容地休止否运，属于中兴的君王，故说“休否”。上九，否运倾覆，已到进入泰运时候，故说“倾否”。“休否”之后，恐怕正又陷于邪、治又入于乱，故有“系于苞桑”的警戒。

天地以好生为美德，圣人以治理天下为心志。君王懂得这一点，必定思考如何杜绝祸患的端倪；大臣懂得这一点，必定思考如何严格辨别邪正；小人懂得这一点，也就知道如何洗心革面了。

否卦是泰的反卦而接续泰卦。人的常情，是安乐就会发生骄惰，骄惰就会发生凶咎，这是自然的趋势，所以《序卦传》说：“泰者，通也，物不可以终通，故受之以否。”只要人能敬畏天命，随时持守中庸之道，那么，即使值否塞的气运，也可以使它转而趋向通泰。所以从否而趋向泰，保持泰而希望它不再趋向否，是君子的用心；从泰而趋向否，任由它否而不使它复归于泰，是小人的用心。

否卦以天地之闭塞不通为含义。否运的到来虽然是天运使然，但是君子不敢推托给天，一定要尽力挽回。泰卦先说往来，是就时运而言；否卦先说“匪人”，是以人为主而言。这等于说泰是时运导致的，否是人为的，由此越发知道，天道未尝不想长泰，否运实在是人导致的，还能说什么呢？只有君子能以人胜天，天与人是相因的。

《象传》曰：天地不交，否，君子以俭德辟难，不可荣以禄。

“天地不交”，即阴阳二气闭塞不通的时候。这时君臣之间相乖睽，上下之间相叛离，内政得不到整顿，外敌都来逼迫，天下无道到了极点。所谓“天地闭，贤人隐”，是说君子在这样的世道，只应当隐居修德，避开禄位的荣耀罢了。倘若还系情于利禄，恐怕利禄得来了，灾祸随后就到，那时即使要隐居避难也来不及了。所以君子必须韬光匿彩，以穷困和俭约自守，躲避荣华利禄唯恐不远，即使有人以荣华利禄来“包承”也不接受，只知道以品德为荣耀，而不知道以禄位为荣耀。

[一辞多断]

〇问时运：目前各种事情都不利，宜于谨慎地持守本分，不宜妄动。〇问经商：适宜买入，不适宜卖出。隐藏货物，等待高价，以后可以获利。〇问征战：不利于进攻，利于退守。〇问家业：应当克俭克勤，这样才能免于祸患。〇问疾病：是痞隔的病症，应当节制饮食。〇问生产：恐怕生男孩而无法养大。〇问失物：恐怕不可能再得到。〇问婚嫁：有分离之象。〇问谋事：不成。

初六：拔茅茹以其汇，贞吉亨。

《象传》曰：拔茅贞吉，志在君也。

[经传释义]

“拔茅茹以其汇”，解释在泰卦初九爻下。否卦与泰卦虽然都是三阴三阳的卦，但是内外卦有区别。拿气运的变迁来说，下卦坤为否中的否，上卦乾为否中的泰。内卦三个阴爻相连，犹如泰卦内卦三个阳爻相连，故初爻爻辞与泰初爻相同。区别只是这一爻属阴，象征阴柔小人，而且三个阴爻相连，一爻兴起就会众阴并起，如同大奸人得了志就会有成群的奸邪争相上升，叫做“拔茅茹以其汇”。

初爻的时候，小人的劣迹还没有表现出来，而且初爻与四爻相应，还有改而为君子的可能，所以圣人不想拒绝他们，而是教它们正道。如果它们能改邪归正，以正道拯救时局，当然可以得吉而亨通。《象传》说：“拔茅贞吉，志在君也”，指小人刚得到地位时，也未尝没有忠君爱国的心，如果能与君子共同上进，改行君子之道，就可以成为君子，与只知道有自身而不知道有君王的情况大不相同。

[一辞多断]

〇问时运：吉，适宜合伙谋事。〇问经商：对新创立的商业来说，用人要慎重。〇问征战：应当与左右营联合起来，一并前进。吉。〇问家宅：主有亲戚同居，吉。〇问疾病：恐怕患传染的病症，但是无害。〇问胎孕：生女孩。○问失物：可以复得。

六二：包承，小人吉，大人否亨。

《象传》曰："大人否亨"，不乱群也。

[经传释义]

"包承"指顺承上位。以下位顺承上位，以臣民顺承君王，都有阴为阳所包容的意思。"小人"，指占问者的品德、地位及事情的大小。为臣也不一样，有事奉君王的，有安顿社稷的，有贤人也有大人。如六二，属于逢迎和取悦君王的小人。

二爻柔顺而中正，上应九五君王，属于小人中的巧佞者。它包承取悦，追求君王的宠幸、爵禄的崇高、赐予的丰厚，可以得到吉祥，但是阴柔而没有才干，没有开通闭塞、拨乱反正的能力，只是与相邻的两个阴爻一同为阳爻所包；同时也能为了向上攀援而包容君子，礼贤下士，与那些妒贤嫉能，残害君子的小人有所不同，故说"包承，小人吉"。大人固守否运，在困境中安居乐道，不肯违心做事，自身虽然处否运，而道却亨通。志愿和节操高洁的人断不会随波逐流，混入小人的群体，所以《象传》说"不乱群也"。可见君子处于否运，是不失正道的。

[一辞多断]

○问时运：目前气运顺适，能以包容的态度待人，凡事都吉。○问商业：买卖双方都有利。○问讼事：防有贿赂、伪造等弊端发生，初审或许不利，上诉则吉。○问家宅：家中人口平安，年老的家长或许有病，但是无害。○问征战：必定得胜，但主将或许受到小害。○问失物：必须看包裹里面，一定能得到。○问生产：生女孩，产母有病，但是无妨。

[活断实例]

◎明治二十二年春天，某亲友来访问我的山庄。他以卖蚕丝为业，说："今年横滨丝价很贵，还势必日益飚升，想回我的家乡奥州多准备蚕丝，以占据这一大利。请占卜这件事的得失。"筮得否卦，变为讼卦。

断卦说：否卦象征天升到上面，地降到下面，用物价来比拟，有高低悬隔之象。彖辞说"大往小来"，明明是说投出的钱多而收入的利小，一定有亏损而无利润。您以经营生丝为业，在这样的时候，我不能袖手旁观，而应当教给你一个有盈无亏的办法。

爻辞说："包承，小人吉，大人否亨。"我劝您回奥州买卖生丝。可以效法牙保行的作法，今天所买，今天就卖，获利虽然微少，但是可以保证不亏损。千万不要打一抛万金的主意。所谓"包承，小人吉"，是明说小利才吉。倘若一定要以上万的钱购买，不但货刚买入时价格低落，各处蚕丝贩集后，货物多价跌，恐怕日后价格也未必上升，叫做"大人否亨"。

后来，他去福岛从事生丝卖买。一时丝市价格较贵，人们都争相购买；不久忽然低落，买的人都有很多损失。只有他，因为相信以上占断，不但不曾亏本，而且得到微利。

六三：包羞。

《象传》曰：包羞，位不当也。

［经传释义］

羞，指耻于自己的错误。"包羞"，指掩蔽自己的羞辱。三爻居内卦阴爻的极位，做恶已经很深，既不能审时度势，又不能衡量自己。否运中的否运已经过去，否运中的泰运即将到来，有作为的人开始施展才能，拨乱反正，以挽救国家的否运。六三阴柔无才，不中不正，比六二更为凶险。六二还"包承"君子，六三则已经有伤害君子的心，但在否运已经逆转，恶势力已经衰落的时候，已经无法伤害君子，所以见了君子反而自惭形秽，曲意掩饰，叫做"包羞"。内心羞耻而加以包裹，心中的凶险就不可测度了。爻辞不说凶，因为既知道羞耻，也就应当知道凶险。

《象传》说"位不当也"，是说它不中不正，以阴爻居阳位而不当。

［一辞多断］

○问时运：目前正是好运将来的时候，应当谨慎自守，以避免羞辱。○问商业：防止内部有暗中的损耗，而在外表上加以掩饰，这是用人不当的缘故。○问家宅：恐怕闺中的德行不好，有男女间发生不正当关系的羞耻。又不宜以妾为妻。○问征战：防止被敌军所困。○问疾病：预防寒中包热的病症，恐怕药不对症，应该马上看良医。○问讼事：恐怕辩护律师人选不当。○问失物：防止偷窃者含羞自尽，这样反而导致多事。○问行人：防止行人贪恋女色，一时不能归来。

[活断实例]

◎明治中兴至今已经二十多年了，这期间文运很兴盛，学者辈出，但是其中学贯汉欧，博古通今，受到立为博士的恩宠与敬重，可以作为一代读书人和君子的楷模的，则只有我们的敬宇[①]先生罢了。

中村敬宇像

先生名正直，幼时字敬助，姓中村。父亲是豆州宇佐美村人，务农，二十岁因为好学而来到江户，后来娶武州幸手驿农的女儿为妻。过了几年，因为没有儿子，去小石川牛天神祠祈祷，于是生了一个男孩，就是先生。先生天资聪慧敏悟，刚到三岁就能写字，七岁就善于赋诗。当时的太守德川齐昭（水户藩主）、岛津齐彬（广岛藩主）、锅岛齐正（佐贺藩主）都听说他早慧，以为奇异，召见他并让他赋诗。诗成后，声律整齐，言句和意境都很好，三位诸侯感叹不已。有人疑心是他父亲预先教会的，但留下住了十天，又用其他题目试验他，结果诗作得越来越好，三位诸侯越发奇异，把他看作神童。稍稍长大后，进入昌平学校，其勤勉超过同学，学业更加进步，不久就当了助教。

二十二岁时，幕府下令将他列入布衣格，那些老辈没有不钦佩羡慕的。及至幕府与外国缔结条约，设置综合研习洋学的机构蕃书调所，以先生为首选。既而奉命率领数十名隽秀的学生去欧洲，在还没有归来的时候，国家的形势发生变化，王室得到中兴。先生回国后，居住在静冈县，译著并发表了《西国立志编》[②]，据说是由先生口译，由夫人某氏笔录而成书的。凡先生翻译的书，世人争相购买和阅读，以至洛阳纸贵，先生因而得到巨额的利益。先生说，这些钱是因为学问得到的，也应该用于学问，于是创立同人社，广泛地聚集后人，请老师加以教授，受他的熏陶而成才的人不可胜数。

最初，我听说先生的大名，就渴望见一面。明治十二年，由栗本锄云、向山黄村两人介绍才得以相识。先生温粹端严，一见就知道是有德行的君子。我结交先生时，因为意气投合，就像老相识一样，与他谈论《周

---

① 敬宇先生：指中村正直，敬宇是他的号。

② 《西国立志编》：1871 年，中村正直将英国作家斯迈尔的《自助论》翻译成日文，以《西国立志编》为名出版，引起日本民众热烈回响。在该书“天助自助者”的感召下，无数日本青年建立起进取积极的人生观。1874 年，日本武士还在全国各地成立了“立志社”，激发全国青年向上意识，《西国立志编》也因此被誉为“明治时代的两大圣书之一”。

易》，几天也不感到疲倦。我私下里以先生为益友，每次相见都欢然而毫无隔阂，十几年如一日。

明治二十四年，我漫游京都，留住了数十日才回家。一天夜里，忽然有人送来急信，接过来一看，是先生的后代一吉的书信，内容报告先生病重。我惊叹不已，心中不安，一夜不能成寐，第二天早早地起了床，径直来到先生家。当时先生患中风，困卧在床上，见我到来，欣然以目光迎接，好像有话要说，但舌头不便，话不能出口，于是躺着伸出右手，写“卜”字示意。我知道他的意思，筮得否卦，变为遁卦。

断卦说：否卦内卦为地，沉滞在下面，外卦为天，腾起在上面，是心魂归天，形体归地，身心相离之象。而且“否”字从“不”从“口”，象征口不能言，是气息将绝的时候。现在六三在上下卦之交，变阳则全卦为遁，是先生将避离俗世而超升到仙界的意思。九四象征第二天，其爻辞说“有命无咎，畴离祉”。“有命”，即所谓“死生有命”；“无咎，畴离祉”，指即将逍遥于极乐的世界，永远享受天神的福祉了。九四变阴则全卦为观，是祭祀的卦，主先生死后，世人追慕他的德行而加以祭祀。

根据占断，已知先生第二天将辞世，于是书写否卦的六三向他示意。先生固然懂得易理，一看到就点头，并且闭上了眼睛，一副自己知道天命，顺受而不违背的样子。第二天，先生果然溘然长逝，世人于是像对待神明一样祭祀并埋葬了他。唉！君子的视死如归，我从先生看到了。

九四：有命无咎，畴离祉。

《象传》曰：“有命无咎”，志行也。

[经传释义]

命指天命，畴即类。“畴离祉”，指三个阳爻作为同类而一同得到福祉。四爻最接近君王的位置，有挽救否运的才能和地位，如果不等待君王的命令就行动，急于求功，那么即使挽救了否运也不能无咎，只有奉行五爻的命令才名正言顺，力量才足以除奸，威权才出于君王，所以说“有命无咎”。及至事后论功行赏，固然不以为只是自己的功劳，而是凡参与谋划的人，都一同得到福祉，所以说“畴离祉”。离是丽的意思，畴指同类，即挽救否运的三个阳爻，一向怀有挽救否运的志愿，因为得不到时机而没有行动，现在奉君命而行动，才得以实现志愿，成就挽救否运的功勋。

［一辞多断］

〇问时运：目前已经得到盛运，随意谋划的事情，都一定获利。〇问商业：得到了大的转机，但必须立定志愿，审察和衡量行情，这样，从前所失去的，现在可以复得，而且有盈余。〇问家宅：宅运已经转变，吉。〇问征战：命令将帅出征，大吉。〇问疾病：命根牢固，无害。〇问失物：一定夹杂在用品中，一找就能得到。

［活断实例］

◎秋田县人根本通明，是近世的大儒，长于经学，尤其精通易理，博学洽闻，在当世很有名望，我平素与他很亲密。以前，我为写《易断》这部书而与他商榷说："您深于古《周易》，对先圣古哲的学说无不研究到精深的程度，请您写《易义》，我来写自己得到的活断，一同公示给世人。"他为此非常高兴。无奈他虽有这个意向，却懒于执笔，我屡次催促也没有动笔。我于是转而计议："您精通易学，是世人所共知的，爱好《周易》的人必定叩您的大门。当今如果有精于易学而又富于文才的人，请介绍给我。"他于是说到了齐藤真男。这人过去是佐仓的武士，长期在滋贺县供职，后来转任元老院书记院书记官，近来没有什么事。我打算延请齐藤，就先占卜由他来编述可不可以，筮得否卦，变为观卦。

断卦说：否是阻塞不通的意思，所以一向无缘相识。现在得到友人的介绍，得以见面，共同写作。我虽然通易理，长于活断，写文章却不是我的长处，幸而遇到齐藤，得以完成我的夙愿，齐藤也借以显示了他的长技，这就是"畴离祉"的占断。

于是造访齐藤，把我的心思告诉他。齐藤欣然许诺，于是开始了《易断》的编纂。十卷《易断》脱稿后，他担任岛根县某郡长，很有良宰的称誉；但不幸患了肺病，于明治二十二年五月死于神户，令我悲怆不堪。

我永远地诀别了良友，追怀往事，特意加以记述。

九五：休否，大人吉。其亡其亡，系于苞桑。

《象传》曰：大人之吉，位正当也。

［经传释义］

"休否"，休止否运。"苞桑"，丛生的桑树。系是维系，目的是使事物坚牢。五爻刚健中正而居君位，才能、品德和威望足以休止否运而开泰运，是有德有位的大人，故说“休否，大人吉”。六二说“大人否”，是因为在六二的阶段，大人有德行无地位，时机未到，只能谨守否运，到九五爻则德行和地位兼备，正是休否的时候。

但在否运刚刚休止，泰运还没有完全复归的时候，就像久病初愈，痛痒虽然消除了，元气却不充沛，如果起居不慎重，饮食不节制，就会旧病复发，那时其灾祸更为严重，甚至立见危亡。所以休否之后，必须怀有敬畏的心，竭尽保护的力量，经常恐怕天命难知、人心难保，夙夜深深地思虑，凛凛然唯恐灭亡。忧虑深入，持心正当，不容有一刻偷安，才能保持长治久安，所以形容其危险说“其亡其亡”。爻辞不嫌反复地重述，垂诫太深了！

说“系于苞桑”，是以六二在互巽下面为桑。初爻、三爻与二爻同类相连，使桑树停止在它们的下位而不再向上长，这样根本就不会动摇，三个阳就能合力休止否运而开辟泰运。无道的君王自以为不会亡国，所以必然亡国；有道的君王时常怀有亡国的忧虑，所以不会亡国。《系辞传》引申这层意思说：“安而不忘危，存而不忘亡，治而不忘乱，是以身安而国家可保也。”

《象传》说“位正当也”。六二说“位不当”，是就“匪人”而言；九五说“位正当”并称它为大人，所以六二说“大人否”，这一爻说“大人吉”。

[一辞多断]

○问时运：目前逐渐进入好境遇，只因为安泰而不忘危亡，所以凡事都吉。○问商业：恰好遇到绝好的机会，但必须另用伙计，谨慎做事，这样必定能得利益。○问家宅：祖业深厚，吉。○问征战：应该暂时休战。○问疾病：有妨碍。○问讼事：和好。○问失物：防止难以复得。○问行人：不利。○问生产：大人无碍，婴儿难以保全。

[活断实例]

◎明治十八年五月，出云大社教正千家尊福[①]君，屈尊来到我的庄园，

---

① 出云大社教正千福家尊：出云大社是明治初年由千家尊福创立的神社，以大国主命为主神，同时奉祀造化三神和天照大神等。认为造化神是宇宙万物的本源，万物虽殊，其本则一；以天皇为中心的政教合一体制符合神意；宣称应上报皇室国家，下尽臣民本分。教正：教职名，即社长。千福家尊：日本明治、大正时期宗教家、政治家。历任贵族院议员，埼玉、静冈县知事、东京府知事、司法大臣。男爵。

寒喧之后说："近日传闻政府为了人民的精神归向，有确定国教的决议。所谓国教，是我国固有的神教呢，还是佛教或耶酥教呢？不知道朝中决议的内容是什么？这虽然不是我辈所敢议论的，但想预先知道结果，请劳驾筮一卦。"我于是先筮神道的气运，筮得否卦，变为晋卦。

断卦说：否卦阴爻上进而阳爻退避，有智术盛行，道德逐渐衰微之象。另外泰是通畅，否为阻塞，占神道的气运而得到否卦，说明是神道闭塞的时期。卦象阳爻都在上卦，阴爻都在下卦，显然有上下隔绝，威灵不通之象。阴阳消长的义理不是人所能改变的。《序卦传》说"物不可以终否"，而且否卦从遁卦来，只要再上进一个阴爻就是观卦，其爻辞说"观国之光"，可知仰观神灵显赫，作为大观而在上面，即将恢复和光大我国的国教。

爻辞的意思是，能维系神道气运于将亡的，只有一缕苞桑罢了。苞桑丛生，一条根而数条茎，大概可以充作求卦的神草吧？复兴我国上古卜部所掌管的太卜之道，有事占问神意，以感动天神地祇，守护国家，其灵妙不可思议。以这样神妙的卜筮，可以悠久地传承神道，使人民永远地仰承神的威灵，所以我国的各种神灵特意借卦象来显示给世人。而且我国古时候称为扶桑，维系扶桑的神教永远存在，所以叫"神道"。近来各国创造并兴起了理学，只有我国崇奉太卜神事，这使他们的理学家很敬佩，因此还要展示实验，让世人敬畏神明，知道神教的遗留而不灭是有原因的。

教正对这些话大有感触。

千家尊福像

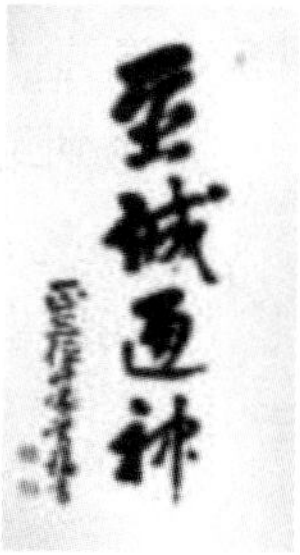

千家尊福手迹

◎明治十五年的一天，某贵显来谈天时说："当今我国有四十万士族，都因为解除原有的俸禄而陷入了贫困。'衣食足而知礼仪'，是古今的常理。现在他们遭受这样的穷困，或许会转而去做不良的事情也不一定。想要替他们谋一个安置的办法，请为这件事筮一卦。"我说："我一向也为他们忧虑，一定认真占筮。"筮得否卦，变为晋卦。

明治维新前的日本武士

断卦说：当今我国士族的贫困超过悲惨的穷人的，处处都有。过去的乞丐，生来就贫困，贫困是他们的常情，士族则本来不贫穷。他们因为祖先的功绩而得到俸禄，生平不知经营是什么事，衣食依靠租税的收入，并且习以为常。维新的时候忽然解除他们世袭的俸禄，于是他们千方百计，或经商或务农，但由于纨绔的习气还没有消除，各种事务一向不熟谙，凡他们谋划的事，有损耗而无利润，所以衣食匮乏，家人交相指责埋怨，困苦到不可言说的地步。天下四十万士族，陷于这样的穷困境地的居多数。在他们享受世袭俸禄的时候，以一死报答君王为本分，临事以有进无退为荣誉，零落到今天还凛然不失勇气。他们向来的行为与农民和商人大不相同，所以不能从事农商，应当给他们以应得的产业，使他们尽自己的长处，这是当政者的责任。

这一爻爻辞说“其亡其亡”，指士族生计的艰难，几乎到了濒死的程度；“系于苞桑”，是说足以维系其将亡的命运的，只有苞桑罢了。爻象指让这些士族开垦新地，种植桑树，专门养蚕制丝，来维持他们的生计。

现在试论这样做的方法。关东多荒芜的原野，关西多平坦的山郊。原野的杂草可以作肥料，山郊的荆榛可以作柴薪。例如肥料，南亚米利加有鸟粪，价格很低廉。政府借给他们资本及一艘船舰，运输我国的出产，交换那里的鸟粪。购入鸟粪，用于杂草丛生的原野，让旧士族加以开垦而种植桑树。为此，在全国铺设铁道，令兵士实地演习，为兵营多建房屋，形成村落的规模，使士族移居到那里。让男子依常备军的年限做屯田兵，以练习军事，让女子勤于牧畜、养蚕业。这是方法的大略，至于详细处置，由当局划策就行了。只要这样施政，现在贫苦的士族就能安居乐业，国家的盛业没有比这更急迫的了。

上九：倾否，先否后喜。

《象传》曰：否终则倾，何可长也。

［经传释义］

“倾否”，指倾覆否运而逐渐恢复泰运。上爻阳刚而居否卦的极位，是能倾覆否运的人。九五君王既有休否的作用，上九又在后面鞠躬尽瘁地辅佐它，这样就能恢复已经失坠的国运，所以说“倾否”。

否泰本来有循环的枢机，否运的极点势必倾覆，否塞已经到头，泰运即将到来。但在否运当中，重要的是不可以推托为天运，而终究应当竭尽人事，所以九五不说否休而说“休否”，这一爻不说否倾而说“倾否”，以表明气运的转移，人力更为重要。

天道引导人事，人事辅助天道。拨乱反正贵于有德，成就治世在于时运。上九阳刚而有为，居否卦的极位，又值可以有为的时机，故能拨乱反正。从前忧苦于否运的动乱，现在又遇到康泰的盛世，而享受安宁的喜乐，叫做“先否后喜。”过去的气运没有不返还的，终结的气运没有不重新开始的，这是天运循环的定理。否运时天地闭塞，阴阳不交，天下无道，小人得时得势，而一旦否运倾覆，泰运就会复来，而这就是天地的生生之道。《象传》说“何可长也”，说的就是这个道理。

[一辞多断]

○问时运：亨通。○问商业：春夏不利，秋冬大吉。○问家宅：迁居大吉，住在老宅不利。○问讼事：当日就可以了结。○问征战：先有小的失败，后有大的胜利。○问胎孕：生男孩。○问失物：马上得到。○问疾病：马上痊愈，但复发的危险值得忧虑。

[活断实例]

◎横滨某商人来告诉我说：“目前商业上有一件大事，想与东京友人共同谋划，请占事情成否。”筮得否卦，变为萃卦。

断卦说：否卦象征天地之气闭塞不通的时期。您要与别人谋事，这人一定已经因故疏远，以至心志不通，而不是知己朋友。现在得到上爻否卦的终爻，是即将消除先前的嫌忌，重归旧好之象。倾心交谈之下，彼此都很愉悦，事情一定可以成功，叫做“倾否，先否后喜”。

后来某商人来感谢说：“东京的交谈，果然和您占断的一样。”

䷌天火同人

同人卦离在下，乾在上，合起来就是“天”字，有光明向上，与天相合而遍照天下之象。乾为天，离为火，天气上升，火性炎上而与天和同，所以叫做同人。

同人上承否卦。天地不交为否，上下卦相和同为同人。与否卦含义相反而足以相济，所以只有与同道者相和同，才能挽救否运。这就是为什么用同人卦来接续否卦。

同人于野，亨，利涉大川，利君子贞。

与人和同之道，要点在于范围广泛，彼此无间，表里如一，这叫做大同。野指旷野，取远与外的含义；“于野”则上面是天，下面是地，中间虚空宽广，无边无际，不容人有任何私欲，这样就没有什么东西不来相应，没有什么人不来相助了，所以亨通。心中没有私欲就没有险阻，无往不利，即使大川也可以涉越。但和同也分公私。合我意的才和同，否则不与人和同，属于小人的朋党而不是真正的和同。必须公正无私，浑然一片天心，即使千里那样遥远、千年那样悠久，志愿没有不合，方法没有不同，所以说“利君子贞”。

《彖传》曰：同人：柔得位得中而应乎乾，曰同人。同人曰“同人于野，亨，利涉大川”，乾行也。文明以健，中正而应，君子正也。唯君子为能通天下之志。

彖辞以卦体解释卦义。柔指六二，乾指九五。六二以柔爻居柔位，得位得中而上应九五，故说“应乎乾”。乾是健的意思，健就长于行动，足以挽救危险，故说“‘利涉大川’，乾行也”。“文明”是离体的特点，刚健是乾体的品德。二五两爻都中正而相应，属于君子之道，所以说“君子正也”。君子的心公允，公允就会使天下得到感孚；君子之道正固，正固就会使天下受到德化。远近结成一体，上下同心同德，天下的心志就通达了。这只有君子能做到，所以说“唯君子为能通天下之志”。

以这一卦比拟人事，全卦五个阳爻一个阴爻，六二以阴爻居阴位，得中得正，为内卦的主爻而上应九五。整个卦象恰如以一个女子介于五个男子之间。以一个女子应对五个男人，宽裕温柔，普遍和同而不搞帮派，使众阳爻和悦而又同心合意，整个天下都结为一体。同人“柔得位得中而应乎乾”，不说应九五而说应乾，可知不是偏应九五一爻，而是普遍应众多阳爻，这样才“能通天下之志”。天下事由一个人独自去做就艰难，与大家共同去做就容易。以私和同的人路子窄，以公和同的人路子宽，譬如平原一望无际，绝无隐蔽，即“同人于野”之象。

内卦离为明，为智，外卦乾为正，为健。人能得到离卦的明和智，而上应乾天的正和健，就事无不利，险皆可涉，即使用来结交天下人，天下人的心志也将无不通达，这样就率领整个天下的人走向大同理想了。

以这一卦比拟国家，上卦为君王，至刚至健，威权赫赫，这就是卦中的九五；下卦为大臣，得位得中，有文明之象，即卦中的六二。六二与九五为正应，象征君臣心志投合，正是明君与良臣相际会的时期。同人在卦序中接在否卦之后。否卦“天地不交，万物不通”，关键在于不能“通天下之志”，这一点只有同人才能做到。“通天下之志”，否运就会转为泰运，所以国家要救否开泰，实在依赖与人和同的力量。

《序卦传》说：“物不可以终否，故受之以同人。”可知天地不交为否，上下相通为同人。因此，君王不但要得位，还要刚健而中庸；大臣不但要得位，还要柔顺而中庸，这样才能刚柔相应，上下合志，即使大川那样的险难也可以涉越，即使天下人的心志也能通达。而且六二所象征的大臣不但上应九五，还与初、三、四、上诸阳爻同心同德，和衷共济。只要体现离卦的明智，效法乾卦的健行，出于至正而不杂丝毫偏心和私意，就不但正人君子会因为感应而相通，就是邪僻小人也会因为感化而相通，这样还有什么人不能和同呢？

通观全卦，上卦为乾，下卦为离。离本来是乾，因为坤卦交于中爻而成了离卦，其象征是火。乾本来是元阳，火则是阳的真气，与乾同体，故说同。天地所生的人类，耳同样听，目同样视，口有同样的味觉，心有同样的明觉。一个人所肯定的，千万人同样肯定；一人所否定的，千万人同样否定。对亲者同样爱恋，对长者同样尊敬，即使最愚蠢的人，心志也没有什么不同。所以孟子说：“圣人先得我心之所同然者也。”“天之所与于我者，不异也。”公正就没有不同，一涉及私欲就会离析乖僻，无法苟同，但是秉彝的善良终究不可昧却。天所给予我而不可昧却的，是离体的明；天所给予我而不可看作相异的，是乾体的健。所以人秉离火的明而行乾天的健，大公无私，险阻自然化为平地，即使涉大川也无所不利，这就是同人为什么亨通。

观察各爻，没有求同之象。人一有意求同就会涉于自私，自私就无法和同了。所说的和同是自然和同。初九说“于门”，出外而没有任何私昵，所以“无咎”。六二说“于宗”，虽然既得中又得正，却因为涉于宗族党派而羞吝。九三以刚强居二五两爻之间，勉强求同，但是伏藏了三年，终于不敢兴兵，只因为知道戒惧，才没导致凶险。九四接近九五，像只隔着一道高墙一样，但是知道自己的理不直，不敢强攻，所以吉。九五以自己的刚健下应二爻的离明，在没得到和同的时候，不胜愤怒和郁闷，一旦得以沟通，自然感到喜悦，故说“先号咷而后笑”。上九隐居在郊外，无意与人和同，所以“无悔”。

合起来看，同人一卦，初上二爻“于门”或“于郊”，都在卦外，故“无咎”或“无悔”；二爻有“同人于宗”的羞吝，三爻有“伏戎于莽”的祸端，五爻有“大师”相克的忧患，都是和同于卦内，所以没有吉的。而且“于宗”不如“于门”，“于门”不如“于郊”，“于郊”不如“于野”。总之，出外则既无党派的系应，也不必迎合别人的喜好。地方越远，心就越公允，而公允就平等，平等就相通，所以圣人以四海为一家、以中国如一人为心，就是大同。倘若求同于切近处，即使和同也属于私昵，所以彖辞首先说到“于野”。可知与人和同之道，应当有含容天下的器量。

《象传》曰：天与火，同人，君子以类族辨物。

同人乾在上卦，离在下卦，《象传》不说火在天下而说“天与火”，是因为乾为日，离也为日，卦象相同，故取它们的相同处。乾阳向上升，离火向上炎，性质也相同，犹如人的本性无不相同，故说同人。君子效法乾体的健，使不同的庶物各归其类；用离体的明，来辨别事物的具体特点。在异中求同，所以物族必须归类；在同中求异，所以对事物必须精细辨别。从异的不可以不明辨，可以更清楚地知道同的不容相混。就此推论，人有善恶邪正的区别，心有是非公私的分判，君子也必须在以类观察的同时详加辨别。比如团结人与搞帮派、结党与合群，表面上似乎相似，而心中自有区别，必须明白分析，严加辨别，丝毫不允许假借。这样异其所不得不异，才能同其所不得不同，这就是“类族辨物”为什么成为与人和同的一大关键。

[一辞多断]

○问时运：目前很有升腾之象，并且能得到朋友的扶助，大吉。○问商业：适宜于合资公司等事业，非常有利。○问家宅：有全家和悦之象，吉。○问征战：主军士同心，应该马上调兵进攻，非常有利。○问疾病：是火症，恐怕医药有误，应该另求良医。○问讼事：防有同党私自庇护，一时无法结案。○问胎孕：生女孩。○问失物：细细在同类物中寻觅，才能得到。○问行人：当日可以回家，必定与朋友一同到来。

初九：同人于门，无咎。

《象传》曰：出门同人，又谁咎也。

[经传释义]

初九居全卦的开始，是同人的起首。同人以六二为主爻。初爻变阴则下卦为艮，象征门，故说“同人于门”；又不愿只与六二和同，所以要出门广泛交际。门以外无所私昵，故“无咎”。《象传》则颠倒它的文辞，说“出门同人”，意思是一出门外，天地万物哪个不与我同？不说无咎而说“又谁咎也”，是因为无咎只是就自己说，“又谁咎”则表明门外的人都乐于与它和同，谁还能责怪它？

《周易》以“人”命名的，有家人和同人两卦。家人指一家人，应当正位于内卦；同人指天下人，应该心志通达于外卦。《周易》言“出门”的，有随与同人两卦，随卦说出门有功，同人说出门无咎，都以门内为容易溺于私情的地方，而门外就廓然大公了。

[一辞多断]

○问时运：目前气运平顺，适宜出门经营，有利。○问家宅：一家人雍雍和睦，无咎。○问商业：有利于行商，不利于坐贾。○问疾病：适宜避到外地调养，没有妨碍。○问讼事：防有受惩罚或服劳役的忧患，应预先出门躲避，可以免于祸患。○问失物：必须在门外寻觅。○问胎孕：马上可以生产，得男孩。

[活断实例]

◎一天，某友人来请占气运，筮得同人卦，变为遁卦。

断卦说：这一卦是出门求友之象。交际之道，应该与善人和同，不应该与不善的人和同。爻辞说“于门”，《象传》说“出门”，是说出外自会得到同人的帮助。因为在门内往来的都是亲友，不能无私，而有私就有咎；出门以后，则相往来的人没有任何私昵，所以无咎。现在占得同人初爻，知道您一定是初次出门。您可以放胆做去，他日必定登上高位，博得众望，这是可以预先决断的。

某友人用这个占断，后来果大得众望，像所占断的那样。

六二：同人于宗，吝。

《象传》曰：“同人于宗”，吝道也。

［经传释义］

六二以阴爻居阴位，文明中正，为全卦的主爻。卦中众阳爻都希求与六二和同，而六二与九五为正应。九五为君王，居一卦中的尊位，二爻说“同人于宗”，宗即尊，指六二得以和同于至尊的九五。二五两爻一个柔中得正，一个刚中得正，从性情到时位无不相应，可以称为尽善；但两相亲密而不及其他，未免偏私而有失至公大同的德行和器量。况且三、四两爻求同而不得，见二爻与五爻亲密无间而产生了嫉妒，这就是六二为什么吝，所以说“同人于宗，吝”。

《象传》说“吝道也”，“道”字最值得玩味，意思是即使一时没有羞吝的事情发生，也属于取吝之道。彖辞就六二得位得中而说亨，爻义就“同人于宗”而说吝，这是卦体主张天下大同，爻义戒止阿谀结党的缘故。

［一辞多断］

○问时运：目前不佳，虽然有人相助，但忌妒的人多，不能事事遂心。○问商业：有利于大宗买卖，只是出纳应该多留意。得利。○问讼事：不利。○问家宅：以勤俭起家，得到长子的帮助。○问疾病：有魂归宗庙之象，凶。○问行人：即将归来。○问胎孕：生女孩。○向失物：被拾到的人隐藏起来，不会归还。

［活断实例］

◎明治三年，占自己气运与将来的方向如何。

在我国刚刚开始维新的明治元年，有奥羽北越之役①，二年又有对箱馆的征讨②，天下动乱不宁。三年后，战争停止了，人们翘首盼望天下升平景象。我于是大有感触，觉得自己生长在商人家庭，只是汲汲于振兴家业，没有顾上考虑到国家大事；现在荣幸地遇到圣明的时代，得以与众多贵显人物朝夕相见，深受礼遇。众贵显毁弃家业而纾解国难，勤于君王的事业，都是维新的功臣；像我这样遇到国家的盛运，却于国家毫无贡献，实在可耻得很。所以现在稍稍施展自己的小小长处，努力跟随众贵显，希望能够更好地报效国家。为此，自己占现在的气运与进步方向，筮得同人卦。

断卦说：在幕府走向末路的时代，国家由于升平已久，政纲废弛，加上外交因素导致的事变，君子不在高位上，小人得以逞奸，上下闭塞，秩序紊乱。于是豪杰之士到处兴起，天下翕然响应，拨乱反正，把否塞至极的世道变为今天的太平盛世，这就是同人一卦的体现。现在筮得这一卦，《彖传》说："同人，柔得位得中而应乎乾，曰同人。"以六二一个中正的阴爻，上应上卦中正的九五，这象征我居于民间中正的地位，与政府的政策相应，目的相同。阴柔象征我本来没有爵位，才能柔弱。"同人于野"，是说我本是在野的草莽之臣。亨，是说我的气运与天下大势都亨通，为国家创兴的事业没有不成功的。

按：同人卦的卦体主张大同，而爻辞则戒止偏倚和私曲。彖辞只说"于野亨"，是应当远取于外，不应当近取于内的意思。而且《彖传》说"乾行"，"乾行"即自强不息；说"利涉大川"，"利涉"即兴造舟楫；说"文明以健"，"文明"即创造和修养文学。卦象一一指示了我着手的方向，并且教我效法海外技术而通行于天下，所以说"为能通天下之志"。

我既得到这样之象，只希望对政府繁剧的政务有哪怕万分之一的帮助，区区的家财有什么值得吝惜呢！明治三年，我下定决心，以家产作投资，先设飞脚船，以方便国内运输；其次修造铁道；再次建设西洋式学校，从外国聘请教师，以振兴教育；在横滨港内全面设置瓦斯街灯。到七

① 奥羽北越之役：明治元年，日本东北、北越各藩结成的反政府军事同盟，与会津、庄内二藩策应，与政府军相对抗的战役。5月6日，"奥羽越列藩同盟"，发出"讨萨檄文"，扬言要清君侧，扫除"伪官军"。官军采取"首先除去枝叶（指各藩），茎干（指会津）自然干枯"的战略，兵分三路进行讨伐。经过惨烈的白河、长冈争夺战，属于列藩同盟的越后诸藩相继向新政府投降，从而注定了"奥羽越列藩同盟"的灭亡命运。

② 对箱馆的征讨：1869年5月20日至6月20日，新政府军和旧幕府军在函馆湾展开的一场海上大战。双方的力量对比是新政府军军舰6艘，旧幕府军军舰3艘，结果新政府军军舰被击沉1艘，旧幕府军军舰2艘搁浅，1艘被捕，以新政府军胜利而告终。

年冬，得以成就这四大创始性工业。

这四大工业，当时我国还没人着手，是由我创始的。明治七年，瓦斯灯设置完成的日子，我光荣地邀请到了天皇陛下①的临幸，并受到接见。我当时怀里藏着先父的灵牌，希望得以一同仰观天颜。又蒙天皇颁予“进步首倡”的敕语，在拜受的时候，我感到多么荣幸啊！

明治天皇睦仁像

卦中以第五爻为同人的主爻，按年计算，从初爻到五爻恰是五年。从明治三年到七年，其间有很多障碍我事业的人和事，即九三爻的“伏戎于莽”，九四爻的“乘其墉”，由于我公平无私，百折不挠，果然成就了功业，收到了实效。但是事物盛极了必然衰落，形势到了极端就必然变化，是天理的常道。我虽然乘同人的气运得以成事，但玩味人事穷困或通达的道理，感到倘若知进而不知退，恐怕有“亢龙”的悔恨，所以同人上九告诫说：“同人于郊，无悔”。这是易理的妙用，其意旨太深了！

到了明治八年，我住在神奈川郊外的望欣台，优游逍遥，不时玩味易理，直到现在。于是讲述同人卦义，追怀往事，附记数语如上。

九三：伏戎于莽，升其高陵，三岁不兴。

《象传》曰：“伏戎于莽”，敌刚也；“三岁不兴”，安行也。

[经传释义]

戎指兵戎，莽是草深的地方。这一卦六二一个阴爻居下卦的中位，卦中众阳爻都要与它和同。其中三爻与二爻最接近，和同的心尤其迫切，但二爻中正，是九五的正应，不与三爻和同。三爻过刚而不中，性情刚强暴烈，居二五两爻之间，企图凭武力与六二和同，但是畏惧二爻的中正、五

① 天皇陛下：指明治天皇。明治天皇，名睦仁，出生于嘉永五年（1852 年）11 月 3 日，是孝明天皇的第二皇子，母亲是英照皇太后。1867—1912 年在位。他的登基誓言是：“广兴公议，万机决于公众；公卿与武家同心，以至于庶民，使各遂其志，人心不倦；破旧来的陋习，立基于天地之公理正气。”一生的主要功绩是实行了日本明治维新，使一个又小又穷，资源贫乏的偏僻岛国，仅用半个世纪的时间便实现了社会、经济、军事多方面的脱胎换骨，成为一大世界强权。陛下是下臣对君主的尊称，秦朝以后只用以称皇帝。陛为宫殿台阶。据东汉蔡邕《独断》，“陛下”中的“陛”实际上是指帝王宫殿的台阶，陛的下面是皇帝的近臣，“谓之陛下者，群臣与天子言，不敢指斥天子，故呼在陛下者而告之，因卑达尊之意也。”陛下之称，即由此而来。

爻的刚健，不敢妄动，于是“伏戎于莽”以等待时机，又登上高陵去窥伺，直到三年之久也不敢兴兵，从中也可以看到小人的情状了。不说凶，是因为许久不兴兵，没到凶的地步，但是说伏说升，其凶险已经露出端倪了。

《象传》所谓“敌刚也”，指它所敌对的是九五刚爻，自己知道无法取胜；所谓“安行也”，意思是“三岁不兴”，到底要做什么？

离为甲，是兵戎之象；互卦为巽，是隐伏之象。卦中九三、九四不说同人，是因为这两爻都有争夺之象，不是真正和同于人的人。三爻变阴则全卦为无妄，无妄卦六三爻辞说：“无妄之灾，或系之牛，行人之得，邑人之灾。”可见它的凶咎。

[一辞多断]

○问时运：目前应该潜伏，三年后才可以出来谋事。○问商业：适宜开山林，三年后可以大获利益。○问家宅：防止有盗贼窥伺。○问征战：须防止敌军埋伏。○问讼事：恐怕有意外的麻烦，一时无法了结。○问失物：要在草丛中寻找，或许是山上的草丛。○问行人：等到三年后可以回来。

[活断实例]

◎明治二十四年，某贵显来，请占当年气运，筮得同人卦，变为无妄卦。

断卦说：卦中有共同谋事之象，所以叫同人。世间有智慧的人少而愚昧的人多，古今都是这样。现在的人往往采取朝野大众的论说，说是公议，即所谓“谋野则获”，所以彖辞说“同人于野，亨”。三爻刚强而不中庸，企图用强力求得和同，不说“于野”而说“伏戎于莽”；又自己知道畏惧，始终不敢兴兵。爻象是这样，贵显的气运就可以知道了，请等三年以后再有所谋求。

后来的事果然和所占断的一样。

九四：乘其墉，弗克攻，吉。

《象传》曰：“乘其墉”，义弗克也；其吉，则困而反则也。

[经传释义]

墉是城墙。四爻以阳爻居阴位而不中正，与二爻既不相应也不相比，而且中间隔着九三这个墉，却想强行与二爻和同，并且忌二五之间的亲密关系，所以要“乘其墉”而进攻。既而想到九五刚健中正，进攻它在道理上不直，在力量上也不敌，无法取胜，所以没有进攻。在这转念之间，改正了过错，变为善良，于是变凶为吉，叫做“乘其墉，弗克攻，吉”。《象传》说“义弗克也”，指不自己逞强，肯反省道理，所以吉。“困而反则也”，指不义的行为必定使自己陷于困境，于是中止邪念而返回了正理。

这一卦叫同人，而三爻和四爻都有乖违之象。人情和同至极必定相异，相异至极必定和同，犹如国家治极必乱，乱极又治。这人事分合的端绪，就是易道循环的义理。凡《周易》说“不克”的，都是属阳而居阴位的爻。因为爻属阳才有争讼和进攻，因为居阴位才“弗克”。本爻及讼卦的九二、九四的“不克讼”，都是例子。

[一辞多断]

○问时运：目前应该退守而不行动，这样才吉。○问商业：应当垄断货物，等待价格上升而不出售，以后必定获利。○问家宅：应当修葺墙垣，吉。○问征战：应该修筑坚固的营垒，防止敌人的袭击。○问讼事：现在虽然不得理，以后反而能得胜。○问失物：久后可以得到。○问疾病：虽然凶险，但无害。

[活断实例]

◎友人来告诉我说：“现在有一项事业可以兴办，请占它的成败。”筮得同人卦，变为家人卦。

断卦说：这一卦有联合众人一起兴办事业之象，事情一定关系到公共利益，这是可以知道的。九五在乾体，象征既有钱财又有能力的人，与在离体的六二所象征的聪明人，阴阳相应而共事，其间有九三、九四两爻嫉妒它们的利益，从中阻挠，企图占据这一事业。您为占事业而来，根据爻辞，您或许是羡慕他们的事业，谋求他们的权利，想要取而代之吧？您一时不露声色，只是暗中让具有同样想法的九三他们筹划，即爻辞所谓“乘其墉”，意思是乘墙垣而窥伺对方，在潜伏中谋事。但这件事必定难以如愿，不如中止，叫做“弗克攻，吉”，所以《象传》说“困而反则也”。

后来有所耳闻，事情果然和所占断的一样。

九五：同人，先号咷而后笑，大师克相遇。

《象传》曰：同人之先，以中直也。大师相遇，言相克也。

[经传释义]

“号咷”，指悲伤忧郁以至啼哭。九五居君位，应当与天下同样和同，如果只与二爻亲密，就既不是人君之道也不是大同之道了。所以为九三、九四所嫉妒、隔绝和阻挠，使它无法与六二相遇，直到兴师攻克了三四两爻才得以相遇。开始因为不能相遇而号咷，现在因为得以相遇而欢笑，叫做“同人，先号咷而后笑，大师克相遇”。九五与六二刚柔相应，上下相投，似乎属于私情，但是义理本来正当，所以《象传》说它“中直”，《彖传》称它“中正”，说明它是凭正理和军威而得胜的，怎么能以私匿批评它呢！

另外，一说：九五象征要与众人和同的君王，但中间有猜疑和离间者，使他们彼此隔绝，无法相遇。国君为此号咷悲泣，连离间者也感服他的德行，这才得以与众人和同而欢笑。

[一辞多断]

○问时运：目前正是欢乐的时候，从前的苦心孤诣，现在终于如愿以偿了。○问商业：虽然有小的挫折，但最终会获得大利。○问家宅：防有惊惶忧虑，但最终会平和。○问疾病：先危险，后痊愈。○问讼事：只有请最好的辩护律师，才能申冤。○问行人：防止中途有阻碍，缓一时才能回来。○问胎孕：生男孩。

[活断实例]

◎明治二十五年三月，我漫游骏州兴津，通过阅读报纸上的新闻，得知北海道炭矿欣道公司经理堀基氏免职。我是该公司评议员，于是迅速回到京城，与同事涩泽荣一、汤地定基①、田中平八等一起为公司周旋，才得以达成协议。评议委员决定由汤地和我两人中选一个经理，请该官厅批准。同事们预先问我是否答应，我先要取决于占筮，于是筮得同人卦，变为离卦。

断卦说：卦中六二一个阴爻得时运，又得中正的爻位，上下五个阳爻都与它相应。由我就任经理，九五所象征的政府、九三所象征的北海道厅长官、九四所象征的大臣、初九所象征的员工、上九所象征的远方股东，不但不会提出异议，还必定同样喜悦，叫做“柔得位得中而应乎乾，曰同

---

① 汤地定基：日本明治时期政治家，做过根室县知事、贵族院议员。

人”。至于处置之道，要像平原上的广阔原野一样无所隐蔽，一概以光明正大为主，叫做“于野，亨”。

我虽然没有什么才干，但对这类事业已经久经历练，加上有六百五十万元的财力和政府补给的利息，我只有公明正大，毫无私曲，才能胜任这个职务，叫做“文明以健，中正而应，君子正也”。这个公司在人迹稀少的地区，搞工业的人多半非常辛苦，还不免暗生弊病，这也是势所必然的。一旦革除这些弊病，必定产生诽谤，但既担任这个职务，自然应当任劳任怨。谚语说：“只要一件事的功劳能够服众，各种各样的指责就都会平息。”公司得到治理，疑谤自会消亡，叫做“君子为能通天下之志”。即使有像九三、九四那样的人，因为自己无法从事而生出意外枝节，甚至窥伺时机，暗中争夺利益，只要我向预定目标不断努力，也终究不会受害，叫做“同人先号咷而后笑，大师克相遇”。

我得到这一占断，答应担任经理职务，后来的事果然和占断的一样。我在经理任上的五百四十天里，公司的整顿得到了同人的认可，价格四十四元的股票上升到八十四元，所有十三万股合计五百二十万元，足见公司的兴盛。拿在任的日数相除，平均一天大约一万元，可以说完全是凭道德得到的。

唉！谁说为仁的人不富呢？说道德与经济相反，这是愚昧无知者的话。道德的功效胜于区区的经济不知其几千倍，世上好说大话而没有真实学问的人，应当知道猛省了！

◎明治二十八年四月，我国与中国和谈成功，签订了条约①，准备派遣大使到中国的芝罘交换条约。当时法、德、俄三国联合告诫我国不可久占辽东，并且在芝罘聚集战舰，有动辄起事的阵势，朝野人心都很不安，各位大臣及机密顾问官等都赶到西京。我听到消息也来到西京，在木屋町柏亭会见了土方宫内大臣②、杜边大藏大臣③。两位大臣说：“现在的形势，

① 与中国讲和成功，签订了条约：指中日《马关条约》的签订。《马关条约》是清朝政府和日本政府于1895年4月17日（光绪二十一年三月二十三日）在日本马关（今下关市）签署的条约，其主要内容有：中国从朝鲜半岛撤军并承认朝鲜的“自主独立”；中国不再是朝鲜之宗主国；中国割让台湾岛及所有附属各岛屿、澎湖列岛和辽东半岛给日本；中国赔偿日本军费2亿两（二万万两）；中国开放沙市、重庆、苏州、杭州为商埠。

② 土方宫内大臣：指土方久元。明治时期政治家。高知县人，参加倒幕运动，早期担任过东京市长，历任农商大臣、宫内大臣等。

③ 杜边大藏大臣：指渡边国武。旧姓小池，渡边千秋伯爵之弟。日本官僚、政治家、子爵。历任大藏大臣、交通大臣、大藏大臣等。

三国联合逼迫我国，其用意有不可测度的因素。我国军舰经过了数月的海战，而且有许多损伤，不适于继续作战，实在是危急存亡的时候。用占筮来决疑，大概就在这样的时候吧?”我说：“已经占问过了，筮得同人卦，变为离卦，请让我陈述卦义。”

同人一卦，六二一个阴爻得到中正的位置，在五个阳爻之间，把离卦的光明辉耀到世界。卦德是文明与刚健，是意志通达天下的时期。现在得到五爻，就知道大事必成了。

土方久元像

伊东巳代治像

法、德、俄三国联合妨碍我国的行动，并且为了达到目的而在芝罘聚集了军舰，又在各要港整顿战备，有随时动武的态势，还有夺取我国所得中国赔款的打算，其诡计洞如观火。就爻象来推究，阻碍二五两相应的是三四两爻。九三的爻辞不是说“伏戎于莽，升其高陵，三岁不兴”吗?“伏戎于莽”，指从航海要路作突然袭击的准备；“升其高陵”，指从旁窥伺可乘之机；“三岁不兴”，指待机而动，不马上起事。九四的《象传》不是说“乘其墉，义弗克也；其吉，则困而反则也”吗?四爻与三爻心志相同，都想乘机而起，叫做“乘其墉”；但是于理有不直处，故说“义弗克也”。这也是不能起事就停止了，故说“其吉，则困而反则也”。三国这样胡作非为，天命是不会答应的，所以不必介意。

现在得到五爻的占辞，虽然忧虑三国的阻碍，但是中国皇帝必定批准条约，其喜悦可以预知，叫做“同人，先号咷而后笑”。我国以后不被世界各国所轻慢，最终得到战胜国的荣誉，适宜在全世界宣扬我国的光辉，叫做“大师克相遇”。

占筮的结果就是这样，我国元老们何必忧虑?于是两位大臣扬眉吐气，不胜欣喜。

后来，朝廷的决定果然和所占断的一样，直接用商船拉伊东巳代治①到芝罘交换条约而回。当时三国虽然伺机挑衅我国，但是没有找到借口，强大的武备无处可用，像易辞所明示的一样。

◎明治二十九年一月，我在热海避寒，偶然得到神奈川县吉田书记官的报告说："前农商务大臣②白根专一③君得了大病，已经送入大学医院，国内外名医无法医治，只好束手待毙。我得到他的知遇已经很久了，因为不胜忧虑和痛苦，希望他出九死而得一生，大胆地麻烦您占一卦。"筮得同人卦，变为离卦。

断卦说：白根君的病，一时间国医也束手无策，说是一定没法治，只有等死了。根据这一卦，预料白根君不但不会死，而且即日就会痊愈，叫做"同人，先号咷而后笑"。他的病只有通过大汗大泻才能痊愈，故说"大师克相遇"。但这一卦上爻为归魂，现在得五爻，则上爻是明年，恐怕难保性命。上爻说"同人于郊，无悔"，这次痊愈后，应当迁到近郊闲静的地方，远离世间的牵累而静心休养，这样尽人事以挽回天命，或许可以无悔。

于是记下占断并报告他。后来大病果然渐渐痊愈。德国的白耳都等名医，都不清楚他康复的道理。后来我也曾去医院看望他，并面见他的夫人，劝他出院后去闲地静养。但他因为重新得到了健康，不再听从我的劝告，第二年果然再次得病，并不治而死。说来不胜痛惜。

上九：同人于郊，无悔。

《象传》曰：同人于郊，志未得也。

[经传释义]

郊，指国都外旷远的地方。本爻在五爻的上位，属于无位的爻位。同人卦中，五个阳爻都要与六二这唯一的阴爻和同。其中三爻与六二相比，和同的心尤其迫切；四爻与二爻非应非比，也要勉强和同于六二；五爻与

---

① 伊东巳代治：日本政治家，历任首相秘书、伊藤内阁农商务大臣、枢密顾问官等职，对昭和初期政界有很大的影响力。

② 农商务大臣：农商务省长官，主管农业、林业、商工业等产业。

③ 白根专一：日本明治时代内务官僚、政治家。长州出身。历任爱媛县知事、爱知县知事、内务次官、递信大臣、宫中顾问官等。男爵。曾在明治时期做过农商务大臣和邮递大臣。

二爻为正应；只有上爻孤介特立，置身郊外，比初爻的“于门”更远。但是上爻没有私情，避免了争夺的忧患，在六爻中也最完善，故说“同人于郊，无悔”。

与人和同的器量越远就越大，国外叫郊，郊外叫野，“于郊”比“于野”近得多，所以“于野”亨，“于郊”则只说“无悔”。《象传》说“志未得也”，志即“为能通天下之志”，说“于郊”，是还不能通天下之志的意思，所以说“志未得”。

[一辞多断]

○问时运：目前顺适，各种事情没有障碍，但应该待在闲静的地方。○问商业：应该在集市的尘嚣外立业，这样不用忧虑耗损，但一时也无法获得大利。○问征战：应该在荒地屯营。○问失物：在郊外寻觅。○问讼事：恐怕难以申冤。○问家宅：平顺，没有灾祸。○问寿命：本卦为归魂卦，用来占寿命，到上爻的时候必死。可以参看师卦的上爻。

[活料实例]

◎有相识的公司某雇员来，告诉我说：“近来我们公司的经理与大股东之间发生了意见分歧。大股东要开总会改选员工，还有一派赞成当时的员工，彼此竞争得很激烈。我不知道自己会不会被免职，请占前途气运。”筮得同人卦，变为革卦。

断卦说：同人是与人和同的意思。不论员工还是股东，考虑的都是公司的利益，都不是各谋私利的人，只是由于对具体事情和做法观点不同，才发生了分歧。由于五爻所象征的经理与二爻象征的经理人之间过于亲密，造成了别人的猜疑，但这猜疑不久就可以消除。您只要不偏倚，不结党，与两派的分歧无关，就没有免职的忧虑，所以说“于郊，无悔”。郊指田舍，是远离街市烦杂的地方。

后来的事果然和所占断的一样。

䷍火天大有

“大”字从“一”从“人”。“一”即天，以人贯通天，达到天人一致，所以大。“有”字从“又”从“月”。“又”即手，即持；“月”渐渐产生光明，月满光就大，有大有的特点。

这一卦离在上卦，乾在下卦，离作“炏”，乾作“三”，合起来作“[炏/三]字。卦中六五一个阴爻居君位，五个阳爻都为六五所有，所以称大有，故以大有为卦名。阴为小，阳为大，阳为阴所有，似乎应当叫小有，然而爻虽然属阴，爻位却属阳，五个阳爻都为卦主六五所有，所以不称小有而称大有。

大有：元亨。

［经传释义］

《周易正义》说：柔爻处于尊位，众阳爻都呼应，能广大所有，故称大有。元为众善之首，大有得到了乾元，通过流行而成就化育，所以把“元亨”归于它。程子说：各卦的“元亨利贞”，《彖传》都解释为“大亨”，恐怕乾坤二卦相同。彖辞有“元亨”字样的卦有四个，即大有、蛊、升、鼎，都应当这样看。

《彖传》曰：大有：柔得尊位，大中而上下应之，曰大有。其德刚健而文明，应乎天而时行，是以“元亨”。

大有的下卦为乾，上卦为离，乾为天，离为日，象征日在天上普照，万有品类繁荣昌盛，也象征君王虚心下交，社会上贤才辈出，百业俱兴，人与物中的大者都归他所拥有。因为所有广大，而命名这一卦为大有。

卦中一个阴爻五个阳爻，五个阳爻都感服六五柔中的德化，所以说：“柔得尊位，大中而上下应之，曰大有。”“大中”即正中，即从容中道。六五阴柔而能应天，以天子的身份建立中和的准则，开启天下伟大和顺的化育，所以上下都与它相应。六五所象征的君王以虚容人，以中服人，以明识人，所以独得大有的尊称。无论各爻得位还是失位，都没有凶咎，是都与六五相应的缘故。而且内卦乾刚健，外卦离文明，六五君王下应于乾体的九二。应于乾就是“应乎天”。它的德行应天而与时运同行，所以“元亨”不在于上下五个阳爻，而在于六五一个阴爻。

健而不明就不能辨别，明而不健就不能决断，只因为卦体健而又明，才足以造成和保持大有的局面。“刚健而文明”是德的本体，象征把德行存养于自身；“应乎天而时行”是德的作用，象征把品德施用于政事。应天才能时行，时行本于应天，它的德行本来是一贯的。人君有这样的德行，天下虽然很大，却可以在掌上运筹。“元亨”，“元”字从乾元而来，亨即通。乾健而离明，居君位而应于天，这就是得“元亨”之道。

以这一卦比拟人事，人有贵与贱、尊与卑，在占有财富等方面各有分限。应该占有那可以占有的，也应该各自保持其所有；但是求有之道，又应该出于公心而不宜溺于私心，宜取自广远而不宜拘泥于切近。有私心就会贪恋，所有必定不正；切近就会狭隘，所有必定不广。譬如求学，应当用古今的知识扩充自己，这样见识才远大；譬如求财，应当山川海陆到处经营，这样利益才丰厚。又必须以刚健行事而毫不懈怠，以明智来考察而不为表面现象所蒙蔽。如果能品德应于天道，行动合乎时宜，那么，天下所有都可以成为自己的所有；所有者都公而忘私，也就可以由近及远了，所以说“元亨”。人能玩味卦象，凡作事都顺应天道而不违背，出于公心不溺于私意，取自广远不拘于切近，这就是大有之道。

以这一卦比拟国家，六五一个阴爻在天位，而抚育五个阳爻。乾为富，为正大；离为福，为公明。有这样公明正大的德行，即使还没有富有天下，他的器量也已经足以囊括天下了。《系辞传》所谓“富有之谓大业”，就说明了这一点。

《周易》六十四卦中，一个阴爻五个阳爻的卦有六个，而以一个阴爻占君位的却只有这一卦，所以能得到大有这个卦名。在大有的时代，六五君王虚怀忘我地抚育亿万百姓，聚集臣民中的贤人，让他们从事正大而中庸的政事。九四象征近侍的大臣，明哲而有作为；九二象征正应的大臣，刚健而富于才能。六五对臣民信任不疑，充分发挥他们的德行和才干，像使用自己的肢体一样自如。

制作尽善叫做元，政治与教化四通八达叫做亨，所以它的政治公明正大，德被四海，天下事务各得其理，天下百姓各得其所，国家和百姓都富有，朝中和四野都安宁，社会日益趋向文明和康乐。抚驭众多善良的人民，大力发展富强的国力；广纳四海的财富，用于提高人民生活；大展天下的宏图，归于一道同风的俗尚；天下百姓无不沐浴在君王的恩泽中，无不以自己的所有贡献给君王，这样才叫大有，才叫“上下应之”。

同人卦，文明的德化实行在下面，百姓都有君子的风度，而没有乖戾的习俗；大有卦，文明的德行具备于上面，天下都沐浴着圣君的德泽，而没有缺陷的遗憾。比卦以一个阳爻居尊位，下应五个阴爻，应者都是臣民；大有以一个阴爻居尊位，下应五个阳爻，应者都是贤人。得到天下贤人的应与，所具有的德行岂不是很大吗？

通观全卦，以五个阳爻包含一个阴爻，而一个阴爻具有离明的品德，上升到五爻天位，为众多阳爻所崇尚，是天子富有四海之象。比卦以一个阳爻统率五个阴爻，接续在师卦的后面，象征继承乱世而适宜用刚；这一卦以一个阴爻统率五个阳爻，接续在同人卦的后面，象征继承治世而适宜用柔。离火为阳精，与天同体，天体高而火炎上，象征高和明都没有边际。上九所谓“自天佑之，吉无不利”，是君王同于上天之象。

六爻都是贡献的意思。初爻为民，二爻为臣，三爻为诸侯，四爻为辅政大臣，五爻为天子，上爻为归天的人。天子富有天下，天下万物的利益和九州的赋税都是天生的，五爻是天子，以天物养天子是造化的定理，谁敢干预？士人和君子涉世，一饮一啄都来自天，何况大的利益呢？这就是大有卦的占断。

《象传》曰：火在天上，大有，君子以遏恶扬善，顺天休命。

离为日，乾为天，日在天上照见万物，所以叫大有。日在天上是明的极致，明到极致就公明正大，善恶的形影无所逃避。君子体会天道，善的就推举和宣扬，恶就加以抑制，恩赏和威罚各得其当，这是福佑善良，降祸给淫邪之道，所以说“遏恶扬善，顺天休命”。卦中的“遏恶”，是使人对恶行加以惩戒；“扬善”，是使人对善行加以劝勉。百姓能惩恶劝善，天下哪有不治的道理？

天命的本性有善无恶，“遏恶扬善”，也不过顺其天命的本然罢了。推论开来，讨伐有罪的人是遵奉上天善的命令而加以遏止，任用有德行的人是奉上天善的命令而加以推举。五种刑法具有五种作用，威怒中没有私意；五种服饰体现为五种文饰，喜悦中也没有私意。于是所有的恶无不转化，所有的善无不劝勉，大有的郅治就可以长久保持了。

[一辞多断]

○问时运：目前亨通，如同日在天上，有光明普照之象。○问商业：

可以放胆大力去做，有富有和日新之象。○问家宅：祖上虽无官爵封邑，却必定是富比王侯的积善人家。应当劝诫子弟，培植积善的根因，这样家业才能长久地保有。○问征战：主将帅明智，赏罚得当，有千军用命之象。○问行人：必定满载而归，非常有利。○问胎孕：生男孩。○问疾病：不利。○问讼事：主公正明哲地断案结案，否则也一定因为和解而止息。

初九：无交害，匪咎，艰则无咎。

《象传》曰：大有初九，无交害也。

[要传释义]

"交害"即涉害。本卦虽然富有，但是初九阳爻在下位，为一卦的开始，还没有与事物交关，所以不涉利害，没有什么灾咎。人富有的时候容易自满，自满就会骄纵，骄纵就会造成危害，而危害就是灾咎。只有时时想到致富的艰难才能小心戒惧，富有而不以富有自居，即使出门而没有涉于危害，也一定要刻苦自勉，不敢有一点骄盈的念头，所以说"艰则无咎"。富有本来无咎，但在未交于害的时候以为"匪咎"，那么一交害就会得咎，而这咎是由自己导致的。能深思致富的艰难，才能保持富有而免于祸咎。

《象传》说"大有初九"，是说大有初爻的时运，与事物没有交涉，与灾害无关。一说训"无交害"三字为国家无外交有害，因为初九的应爻是九四，两个阳爻不相得。也可以备作一解。

[一辞多断]

○问时运：目前还没交盛运，需要以刻苦自我勉力，等待好运的到来，那时自然得利。○问商业：想是初创的基业，货物还没有采办。只要谨守现有规模，自然无害而有利。○问征战：一定是初次用兵，还没有交锋。只要慎于开始，自然没有后患。○问家宅：必定是刚刚致富的人家。艰难创业，以后自有福庆。○问讼事：还没有投诉，以和解为好。○问行人：还没有归来的心思。○问胎孕：生男，离产期还远。○问失物：一时难以复得，长久等待才可以得到。

[活断实例]

◎佐贺县士族深江氏，是我的亲友。明治四年从事纸石灰等商业，因为在横滨被奸商所欺骗而失败。这人虽然有才学，但不习惯经商，请我占后来的气运，筮得大有卦，变为鼎卦。

断卦说：这一卦为大有，足见以后气运的昌盛。现在九居初爻，是大有运初来的时候，所以不免为小人所害。您于商业本来不习惯，所以近来虽然有意外的小损失，却不足为怪。现在打算出山从政，将来必有升迁；但假如值盛运而不思艰难，那么祸咎一定难免。要持盈保泰，必须富有而不忘艰难，时时以刻苦自我勉励。以今天的苦期待以后的甜，既得到后来的甜，仍不忘当日的苦，这样才能无咎，才能长保富有。愿您尽力去做！

后来的事和所占断的一样。

◎相识某县的人永井来，请占气运，筮得大有卦，变为鼎卦。

断卦说：卦名叫大有，已经是资产丰足之象，值得欣喜；又得初爻，知道为大有初运，还没有得到大利。倘若不想到经营的艰难，稍有骄盈就会遇到灾害，千万要小心。就您的家庭来说，您的父亲性情笃实，平生艰苦努力，没能扩充家业。您心中不满足，有一攫千金的念头，想在刚交盛运的时候得到这样侥幸。大有初爻说："无交害，匪咎，艰则无咎。"这"艰"字最值得注意，意思是说初九还没有接触事物，所以"匪咎"，一经接触，害就潜伏在其中，如果不思艰难，灾咎必定难免。请谨慎，请自己努力！

永井一时虽然表面上听从我的话，但是年少气盛，不能自制，逐渐耽于骄傲和奢侈，终于失败，随即因为犯法而陷入囹圄。爻象垂诫的不爽，达到了这样的程度，难道不可敬畏吗？

九二：大车以载，有攸往，无咎。

《象传》曰："大车以载"，积中不败也。

［经传释义］

这一爻属阳而居二位，刚柔适宜。在大有的卦时，居臣下的位置，上应六五君王，象征以大有为的才干遇到了大有为的时机，而肩负国家重任的人。二爻阴柔，所以能包容；九为阳刚，所以能行进，象车。初爻和三爻比辅于左右，有"大车"之象，故说"大车以载"，指其才干足以任重致远。二爻以刚中的品德，恢宏的器量，能把天下的人才聚在一起而量才使用，使他们得以尽到自己的职责而没有丛脞的弊端，故说"有攸往，无咎”。占问者能够这样，其地位足以实现志愿，德行足以胜任事业，上不负君王的委托，下不失百姓的希望，还有什么灾咎呢？

《象传》说“积中不败也”，指大车得到初、三两个阳爻的辅助，车体完好而坚固，即使积物重载也能行远路而不至于败坏，犹如九二才能雄强，能肩负天下的重任，全无败事的忧虑。二爻变阴则全卦为离，离卦的六二爻辞说“黄离，元吉”，可以参考。

[一辞多断]

○问时运：目前正交好运，一路顺风，做什么都有利。○问商业：贩运货物，互通有无，乃至与国外通商，没有不获利的。○问征战：利于陆地作战。率领军队径直前进，攻取都能告捷。○问家宅：平安而没有灾祸，谋求升迁更吉。○问疾病：适宜出外就医，吉。○问行人：因为在外面谋事有很多利益，一时不能回来。○问讼事：得胜。○问胎孕：生男孩，但过月生女。

[活断实例]

◎明治二年，友人来请占某贵显气运，筮得大有卦，变为离卦。

断卦说：卦中六五一个阴爻居君位，统御五个阳爻。内卦为乾，象征乾纲独揽，有正大的特点；外卦为离，象征阳光普照，有光明的特点。光明正大而拥有天下，叫做大有。二爻具备刚健而中庸的品德，与六五君王阴阳相应，能负载天下的大任，辅佐天下的大业，恰如大车运转自如，叫做“大车以载，有攸往，无咎”。根据这一爻辞，可知某贵显以后必定担当大任，立下大功。

后来的事果然和所占断的一样。

◎明治三十二年，占德国的气运，筮得大有卦，变为离卦。

断卦说：卦中五爻属阴而得中，统御五个阳爻，恰如德国皇帝统御德国，人民喜悦而顺服，国家兵强粮足，或战或守，没有不相宜的，正是国家和军队盛大之象。现在占得二爻，爻辞说“大车以载，有攸往，无咎”，也可以看出这一点。

九三：公用亨于天子，小人弗克。

《象传》曰：“公用亨于天子”，小人害也。

［经传释义］

亨，同“享”。“公用亨于天子”，指天子设筵款待公侯，九三得以享用。三爻居下卦的上位，是公侯的爻象。九五君王虚心地礼敬贤人，一时四方的公侯都受到感化而来作宾客，如同《诗经》所吟咏的“喜宾安乐，蓼莪湛露”，所以说“公用亨于天子”。诸侯是天子的藩屏，天子因为他们的功绩而喜悦，所以设置酒宴来犒劳他们。

九三以阳爻居阳位，具有纯正的才德，可以得到这样的宠荣；倘若小人居公侯的地位，就会夸耀富有，作威作福，轻慢君王，欺凌百姓，自己招致祸患，怎么能得到宴享的礼遇呢？九三在上卦无比无应，象征君王不信任，所以说“小人弗克。”《象传》也说“小人害也”。

一说：“亨于天子”，指能把自己的所有贡奉给君王。土地和人民都归天子所有，诸侯谨守臣节，事奉君王，抚育百姓，以起到屏藩的作用；发展经济，积累财富，以贡献给天子，也就是以本国所有为天子所有。反之，小人居于这样的地位，就会以本国所有为私有，而不懂得奉公之道，故说“小人弗克”。这种说法于理也通。

《周易》凡说“先王”，是就君位的承袭而言；说帝，是就君王的主宰作用而言；说“天子”，是就君王的地位而言。另外，“后”是天子和诸侯的通称，“大君”是天子的尊称。

［一辞多断］

○问时运：目前正值显荣的时运，有利于为公，不利于营私。○问功名：正值得到宠任和荣赏的时候，只要收受贿赂，就必定失败，应当谨慎。○问商业：不但得到利益，而且得到名誉。○问征战：有犒赏三军之象。打了胜仗，只恐怕对兵众有损害。○问家宅：有喜庆宴会之象，家中食物丰富。但在使用婢仆的时候应当留意。○问讼事：若为饮食而发生争讼，恐怕难以得理。○问胎孕：生男孩，并且主贵，但幼小时须防止多病和多灾。

［活断实例］

◎大阪某友人来，请占某豪商的时运，筮得大有卦，变为睽卦。

断卦说：卦名为大有，可知是富豪人家。“公用亨于天子”，是大臣得了宠，蒙受君王的恩赐。商人涉足君王的事，得到官家的优待，情形也与此类似。商人得到这样的宠遇，应该谨慎地持守常道，千万别仗势恃宠，倘若因而骄盈，必定损耗资产。吉凶悔吝只在当事人自取罢了。

后来，某豪商管理某省一项官方的资金，在与贵显交往时因富有而自负，很招人怨恨；偶然得病死了，家中因为无法偿还所占用的资金而破产。

◎明治五年，土州人渡边小一郎来请占气运，筮得大有卦，变为睽卦。

断卦说：大有的时代，天子虚心地任用贤人，金帛的出纳都交给臣下。大臣能谨慎地担任政事，小人则必定失去奉上之道，所以爻辞说"公用亨于天子，小人弗克"。您现在负担铁道局神户出张所的事务，在出纳金钱时最需要注意。过去封建时代，士人和百姓都有义气，监守自盗者往往以剖腹的方式谢罪。维新以来，刑法宽容多了，而人的廉耻心却少了，不可不多加小心。

后来在神户，某属员为了私买米市，盗用了官府的若干资金。对这件事，渡边也负有一定责任。他为了救护这位属员，借某商人的钱来补偿官府的资金，结果事情败露后，与某属员都被判了罪。

◎江京虎之门的琴平神社官鸿雪爪①，是我的知己。明治二十九年某月，他来告诉我说："近日浅野侯爵得了大病，病情危重，使我忧虑不堪。请筮一卦，看看结果如何。"筮得大有卦，变为睽卦。

断卦说：大有卦表示生命还在。上爻为有的终结，恰值归魂。现在占得第三爻，病的"用亨"在于药品，可知必定是昨天良医的治疗有效。贫贱的人难请良医，良药就更难得了。克，痊愈的意思，在小人或许要防止"弗克"，在公侯家则不但良医容易招致，即使贵重的药品也容易得到，所以说"王用亨于天子"。如同得到天子赏赐的良药，病情必定无碍。

后来果然痊愈，至今还没有什么病。

九四：匪其彭，无咎。

《象传》曰："匪其彭，无咎"，明辨晳也。

---

① 鸿雪爪：越前孝显寺住持、彦根清凉寺的第26世住持，号称铁面清拙和尚。1871年还俗并信奉神道教，1885出任御岳教第二任管长。御岳教是神道十三派之一。

[经传释义]

彭，盛多的样子。《诗经》说“行人彭彭”、“出车彭彭”、“驷騵彭彭”、“四牡彭彭”，都是形容人马的强盛。九四以阳爻居阴位，值大有的卦时，在宰相的位置，有刚健明达的才和德，在众多贤人的上位，与六五君王阴阳亲比，君王的眷顾和宠爱最突出，所谓“位极人臣”，威权和富贵集一身，是处于过盛气运的人。过盛就有危机，必须体会离体的明、阴位的善于逊让，发现微末的征兆就及时地退避，虽然处在盛运，却不看作自己的昌盛，所以说“匪其彭，无咎”。《象传》解释“无咎”说“明辨晳也”，晳是明的本体；“明辨”，是外卦离日的特点。

一说：以“匪”为“篚”。四爻权威和势力都很盛大，天下人都辐辏在它的门前，有赠予或行贿的嫌疑。身在大臣的位置，正值大有的盛运，区区赠予和贿赂怎么会打动他的心呢？这就是“匪其彭，无咎”。《周易》取象范围广阔，不容偏执于一种含义。

[一辞多断]

○问时运：在六爻中已经值四爻，是已经到了极盛的气运，应当持盈保泰，知止不辱。○问商业：已经得到利益，不要过分贪求，这样才无害。○问家宅：必须稍微富有就看作完备，达到富有就看作美好，像卫公子荆对居室那样，否则未免因为盈满而受到损害。○问疾病：防有膨胀的病症。○问胎孕：生男孩。○问讼事：遇到明达果决的人才，判断适宜。○问失物：到竹篚中寻找。

[活断实例]

◎某亲友因为要作商业旅行，托我代理他的事。一天夜里的深更中，他的伙计突然来哀诉说：“有一件疑难事不知怎么办，请占一卦来解决。我很穷困，今天早上有一位商人到来，领取三百元钱藏在箪笥。忽然丢了钥匙，到晚上去拿钱，却不见了。有人猜想丢在其他地方了，但是到处搜索都没有。于是检查早晨出入及在家的人，都是平素信任的，没有可疑的。丢失的原因实在没法知道。”筮得大有卦，变为家人卦①。

断卦说：卦名叫大有，可知钱没有出门，还在家中。再以卦象比拟家

---

① 筮得大有卦，变为家人卦：这是三个爻发动的卦，却用六四爻辞，疑为“筮得大有卦，变为大畜卦”之误。

中，上卦为第二阶。爻辞说“匪其彭，无咎”，“匪”是盛玉帛的竹器，你应该马上回去，检查二阶的竹器，一定可以找到。

某亲友感谢而去，不一会儿回来报告说，果然在二阶的竹器中找到了。

六五：厥孚交如，威如，吉。

《象传》曰：“厥孚交如”，信以发志也；“威如”之吉，易而无备也。

[经传释义]

孚，用来沟通上下间的情志；威，用来明确上下间的界限。情志不通就会造成乖离，界限不明就会导致亵渎。“交如”，交接的样子；“威如”，威严的样子。孔子说：“正其衣冠，尊其瞻视，俨然人望而畏之。”说的就是这一点。五爻以柔中居尊位，虚心礼敬贤人，不但九二与它相应，上下五阳都归服它的德行，故说“厥孚”。完善自己的德行，使朝野无不倾心，像良友一样与人沟通，故说“交如”。君王的心以谦和为贵，君王的身份却以尊崇为贵，所谓“有仪可象，有威可畏”，故说“威如”。

大有的社会，在下位者有协助治国的志愿，在上位者能以诚信和礼仪感发他们，所以《象传》说“信以发志也”。另外，《象传》说“易而无备”，是说六五居众阳爻之间，独自运用阴柔之道，未免为人所轻慢，而缺少敬畏的感觉。

[一辞多断]

○问时运：平生为人所信服，并且有威望，是晚运亨通的时会。○问商业：一时众商人信服，货物通行，可以长保富有。○问征战：兵众勇跃，威名远扬。这时尤其要加强戒备，以防敌军。○问家宅：主一家和睦。恐怕有盗窃现象，应该预防。○问失物：盗窃者是平时信任的人，威逼就会交还，但恐怕得而复失。○问胎孕：生男孩。○问讼事：被告一定畏惧威力，并因而和解。○问行人：如期归来。

[活断实例]

◎一天，某亲友来请占气运，筮得大有卦，变为乾卦。

断卦说：以大有卦比拟国家，六五所象征的柔中的君王，具备公明、正大、威信、温和的品德，与九二阴阳相应，与九四阴阳相比，统御众阳爻，以保持大有的时运。从个人的角度看也与此相类。您信用忠实的伙计，虚己容人，以众人的喜好为自己的喜好，以众人的忧虑为自己的忧虑，主人与仆人相和睦，家政得以实行。但是不可以没有威严，无威严命令就得不到执行，国政是这样，家政也是这样。现在值大有的时运，预先体会这个意思，可以注意恩威并行。

某亲友信守这一占断，家业越发臻于繁昌。

上九：自天佑之，吉，无不利。

《象传》曰：大有上吉，自天佑也。

[经传释义]

本爻居大有的极位，但不属于拥有者。以阳爻居于六五君王之后，可以说是尽人事而听天命的人，也就是圣贤的师傅。它能效法天道，来计划国政，使大有的君王顺应天时，统御万机，积累功德，享有全盛的福祉。如果不是“自天佑之”，即使身为君王，又怎么能享有这些呢？所谓不期而自致罢了。既然得到了上天的佑助，各种事业就没有不吉利的，所以说“自天佑之，吉无不利”。

圣人制作《周易》，其要义在于天佑助而人归附，如说“天之所助者顺也，人之所助者信也”。本爻的爻辞，可以说足以概括三百八十四爻了。

[一辞多断]

○问时运：目前一路好运，凡事都吉。○问商业：各种货物都能获利。○问家宅：满门福庆。○问征战：这一战获得大捷，就可以结束战争了。○问行人：马上归来。○问疾病：默得神的佑助，吉。○问胎孕：生男孩。○问失物：就高处寻觅，可以得到。

[活断实例]

◎明治十五年，占某贵显气运，筮得大有卦，变为大壮卦。

断卦说：卦象如日中天，五个阳爻所象征的众多贤人辅佐着六五，从中可以看到大有时代的情形。现在占得上爻，象征行善积德，得到了上天的佑助，这样天下事就没有不吉利的，叫做“自天佑之，吉无不利”。

但这年某贵显死了，因为大有卦的终爻为归魂卦，是人命归天的预兆。

䷎地山谦

“谦”字本来作“兼”，指心中念头常收敛，一向氐下而不自满。所以委屈自己而低下于人叫谦，贬抑自己而顺从别人也叫谦。《子夏易传》作“嗛”，“嗛”与“谦”同。卦体艮在下，坤在上，是山在地下的象形。有人说：山各有脉络，山形隆起于地上，根却在地下，所以山从地面向上。山本来是高的，伏在地下而不居高，这就是谦的含义，故以谦为卦名。《序卦传》说：“有大者不可盈，故受之以谦。”这就是谦卦为什么接续大有。

谦：亨，君子有终。

［经传释义］

谦，卑低退让的意思，指委屈自己而低于别人。止于内而顺于外，是谦的意思；委屈自己的崇高而居卑低，是谦之象。以虚廓自守，以逊让行事，所以亨通。小人没有却自以为有，所有很少却很奢侈，这是自满，自满的人难以保持到最终；君子则尊贵而能卑贱，高贵而能谦下，所以路更宽，成就更大。坤卦说“大终”，艮卦说“厚终”，故说“君子有终”。

今文经学说“终”字下应当有“吉”字，这是本于刘向的《说苑》。彖辞说“君子有终”，也不说吉；虽然不说吉，但吉却在其中了。

《彖传》曰：谦：亨。天道下济而光明，地道卑而上行。天道亏盈而益谦，地道变盈而流谦，鬼神害盈而福谦，人道恶盈而好谦。谦尊而光，卑而不可逾，君子之终也。

谦的下卦艮为山，上卦坤为地。山本来在地上，却退居地下，如同人离开高位而退到低位，所以卦名叫谦。济，助的意思。天道高明，天气下降而辅助地；地道卑低，地气上腾而相交于天，这是天地自然之道。“天道下济”而“地道卑”，是谦之所以为谦；天气光明而地气上升，是谦卦为什么亨通。盈是谦的反面，所谓“谦受益，满招损”，满就是盈。

天道的“亏盈”，日月的明晦就是；地道的“变盈”，河川山岳就是；鬼神的“害盈”，奸雄末路，往往被鬼神揶揄就是；人道的“恶盈”，暴富起家，多成为众人怨恨的对象就是。亏、变、害、恶是从益、流、福、好中而来，自然循环，毫无偏心私意。谦就不自我尊大，而别人却越发尊重他，所以“其道光明”；卑就不自居高贵，却越发崇高，所以“不可逾”。君子戒盈满而守谦逊，体会造化的作用，明察阴阳的道理，就凡事亨通而终身不败，所以为“君子之终”。

以这一卦比拟人事，谦有谦逊卑退的含义，这是道德的根基，礼义由来，只有君子能够做到。如果是小人，有地位就会自恃显要，有才干就会自我夸耀，有功劳而自我骄矜，而见别人有地位、才干和功劳，则会嫉妒他们，谗毁他们，只有使他们早日覆败才会感到痛快。完全没有扶助的念头，而多有加以倾轧的意志，难怪吉凶利害相继无穷，而他们却很少有好的终结。这就是小人之所以为小人。君子则持守谦逊退让之道，德行愈加光辉，道义愈加崇高，别人即使想要逾越他也是做不到的，故说“谦亨，君子有终”。天下事开始时亨通的十有八九，终结时亨通的不过十分之一二罢了，说明了终结的不易，所以亨通的终结属于“君子之终”。

以这一卦比拟国家，上卦为地，下卦为山，是高山隐入地中之象，这正是谦的意思。六五君王虚心忘我地礼敬贤人，不敢自以为是，把政务一概委任给大臣，或用他们有吉来平定险难，或肯定他们的鸣而制定乐，或取他们的㧑来制定礼，或崇尚他们的劳而出动军队，既有文德又有武功，愈卑下就愈高大。尧的明察和兴起，舜的舍己从人，禹的拜昌言，所谓“恭己无为而天下治”的人，大概都是实行谦道的吧？后世不明白这个道理，以至君王耽于暴虐和傲慢，大臣陷于骄矜盈满，专擅权威，虐待百姓，掩蔽贤人，官位越高德行就越差，名声越大行为就越污浊，为君的不能始终保有君位，为臣的不能始终保有俸禄，凶祸没有比这更大的了。这没有其他原因，只是不懂得持守谦道罢了。所以《周易》只有谦卦六爻都吉，行与谦相反的做法就凶。《周易》的垂诫太深远了！

通观全卦，谦是兼的意思；处于卑下的地位却能尊崇，所以说兼。卦象艮为止，坤为顺，能止于下位而不居上位，所以为谦。造化的道理，不足的常有益，有余的常亏损。君子以不足留有余地，以有余等待不足的时候，所以有余时终究不至于过盈，不足时终究不至于有大的损害。这两兼之道，是称量事物而得其平允的权衡之道。

各卦以第三爻为凶位，只有谦卦能保有它的终结；各卦以第五爻为君位，只有谦卦使用武力。以谦为主，就是卑贱者也会尊贵；以不足为盈满，就是高贵者也危险；以平衡为福，盈者也会谦虚，这是“裒多益寡”的道理。下卦三爻都吉而无凶，上卦三爻都有利而无害。为君有利，为臣也有利；处平常吉，涉险也吉；平安时有利，平定动乱时也有利。

六爻的爻象，初六为谦的开始，“卑以自牧”；六二为谦的中爻，从心中而发；九三为谦的深至，有功而居别人的下位；六四为谦而过中，不失法则；六五为谦卦的君位，以武力征服柔暗者；上六为谦的极位，反身而自我整饬。从初爻到三爻，为谦而上进；从四爻到上爻，为谦而自我反回。上进到三爻而止，能平定险难，能弘扬善良，能建立功业，一概以谦道行事，有以进为退之象；自我反回到上六而止，能舍己从人才能服人，有从上位返回下卦之象。

谦，不是因为不足而谦，而是正因为有余才运用谦道，所以君子的谦不是委靡。器量大而见识远，根基厚而涵养深，虽有震惊世人的事功，却以虚怀处之，而到了担大任、决大疑、勘大乱、翦大恶，世人退缩推诿而不敢担当的时候，君子却未尝不挺身而出。有可以作为的才干而不敢作为，像山体的静止；不得不作为时才作为，像地势的顺，叫做“君子有终”。

《象传》曰：地中有山，谦，君子以裒多益寡，称物平施。

山本来高耸在地上，现在却隐入地中，有谦退在下的含义，故说“地中有山，谦”。地最低，用一百步登上丘陵，有人会以为高了，这是咫尺的见识罢了。四面八方都有万里那么遥远，崇山峻岭不知有多少，即使高达千仞的山，从百里之外看去也已经低如平地了，哪里是它不高？只是谦逊罢了。上卦坤为多，多就裒减；下卦为艮寡，寡就增益。圣人设置卦象最有深意，君子观象，应当称量品物，酌量贫富，使人们各自得到所应得，叫做“裒多益寡，称物平施”。

[一辞多断]

○问时运：目前平顺，有一步步逐渐升高之象。○问商业：物价平均，利益顺适，事业可以保持长远。○问家宅：想来住宅接近山麓，家道平顺，很有利。○问征战：营屯适宜接近山，必须整理队伍，严明赏罚。到五爻的时候进军，六爻的时候可以攻取城邑，获得大胜。○问讼事：应该平和，不应该纷争。○问疾病：是内郁的病症，应当放宽胸怀而调治。○问行人：乘船归来，吉。○问失物：在积土中寻找，可以得到。○问年成：风调雨顺，在不丰不歉之间，平平。

初六：谦谦君子，用涉大川，吉。

《象传》曰："谦谦君子"，卑以自牧也。

[经传释义]

初爻阴柔而居谦卦的初位，象征谦而又谦的人，是在下位的笃行君子。能善于开始，可知必定能保全他的终结，故说"谦谦君子"。大凡涉越江海之类险难，轻率地急于前进就多有失误，宽容缓渡才能无灾无患，故说"用涉大川，吉"。"用涉"与"利涉"不同。"用涉"指用谦道来涉，虽不说利，但是没有不利的，所以吉。《象传》说"卑以自牧也"，正是用来解释"用涉大川"的含义的。牧，本指驯养六畜，比如放牧牛马，守卫着不让它们奔跑或逃逸。君子牧心也是这样，能安于卑低的地位，而不与别人争先。

初爻变阳则全卦为明夷，明夷卦的初九有"垂其翼"的爻辞，是君子涉越险难之象；但只要"卑以自牧"，不求闻达，大难就可以涉，所以吉。另外下互卦有坎，是大川之象。

一说：牧为郊外的地方，大川在郊外，所以说"用涉大川"。

[一辞多断]

○问时运：目前凡事亨通，有利于涉大险，犯大难。○问商业：经营的开始，宜于谦虚谨慎，这样可以获得很大的利益。○问家宅：靠辛苦发家，靠积累致富，家业可以长保。○问疾病：属于明夷之类伤病。○问失物：失去后不可复得。○问胎孕：生女孩。○问讼事：双方彼此消耗，必有一方被伤害。○问功名：可以成就。

[活断实例]

◎某县劝业部门主管因为去京都，顺路来到我的山庄，自己说："我奉职在某县，想要实施劝业，从美国购入种牛，改良品质，劝人牧畜；并大力开辟桑园，以扩大养蚕业；还将搜集米麦等良种，劝勉农业。某县长也很赞成。现在只是开始，以后的功效还难以预知，麻烦为这件事占一卦。"筮得谦卦，变为明夷卦。

断卦说：谦卦以高山降到低地下面，象征以尊贵的身份尊重卑贱者，所以为谦。高位者为百姓谋划，尊贵者为卑贱者谋划，都体现了谦退之道，您所占的事，正合卦义。彖辞说“谦亨，君子有终”，是说谦逊就没有不通达的事情，终究会取得成就。爻辞说“用涉大川，吉”，是说只要勉力实行，这绝大的事业就不怕不成就。《象传》说“卑以自牧”，卑指卑下的事，牧指畜牧。“自牧”，指人们自愿从事牧畜。有人说郊外为牧。郊外就是郊野，农桑的事都在郊外。

某主管感谢地回去了。据说，后来他住在农场附近，朝夕劳苦，“卑以自牧”，属僚和手下的吏员与他共同从事，果然得以创兴事业。一切和所占断的一样。

六二：鸣谦，贞吉。

《象传》曰：“鸣谦，贞吉”，中心得也。

[经传释义]

二爻柔顺中止，与三爻相比，与五爻相应，运用谦退之道，服从三爻的刚健和五爻的柔顺，所以在远近很有名望，世人盛称他的德行，叫做“鸣谦，贞吉。”“鸣谦”，不是自鸣谦德，而是谦德积在胸中，必定为众人所知，以至谦名昭著，称为有谦德的君子。声誉与实情相符，不是自己营求而来的虚名。

谦是德行的根本。六二在臣位，人臣过于谦虚，恐怕有流于奸佞谄媚的嫌疑，只有贞正才吉。《象传》“中心得也”，“中心”指谦德积在胸中，自然发越于外。

[一辞多断]

○问时运：目前名誉很高，一定有很多得意的事情。○问商业：得利。○问家宅：家中财产富足，外面的名声也好。○问征战：可以鸣鼓径直前进，攻取敌人的中营，大捷。○问疾病：是用心过度的病症。○问功名：有必得的喜庆。○问讼事：鸣冤才能申冤。○问失物：马上得到。○问胎孕：生女孩。

[活断实例]

◎明治二十二年，听说旧时朋友、元老院议员井田氏病重，就赶去访问。当时棉田、三浦两位议官也在。两人对我说：“井田氏在维新前后有功劳，是人所共知的。明治四年担任陆军少将，后来又任外国公使，现在与我们都在元老院。维新功臣各有爵位和赏赐，只有他没得到，我们感到很遗憾，所以想代他请示，让他在生前得以拜谢恩命。请为这件事占一卦，以预知成功与否。”筮得谦卦，变为升卦。

断卦说：这一卦以山的崇高降到低地下面，所以称为谦。拿人事来比拟，有功劳高而地位低之象，恰与井田的有功而没有得爵位和赏赐的情况相吻合。现在各位朋友代他申请，叫做“鸣谦，贞吉”。二爻变阳则全卦为升，即声誉传入宫中的意思。三爻变阴则全卦为坤地，是山崩之象，预料在他死去时，恩命可以下达。

◎一位书生带着友人千众叶人的介绍信到来，说：“想要从现在开始就学，请占气运。”筮得谦卦，变为升卦。

断卦说：卦象以山的崇高而就地下的低位，以人来比方，有高尚的君子不显耀于世俗之象。你临就学而得到这一卦，预示你将跟随高尚的君子求学。刚从乡里来，还不知道世界有多大，一到东京就得到良师的教诲，日夜勤于学习，越来越虚心，越来越进步，谦虚的美德积在心中，发越到外表，必定得到很大的名声，叫做“鸣谦贞吉，中心得也”。

九三：劳谦，君子有终，吉。

《象传》曰：劳谦君子，万民服也。

［经传释义］

九三以一个阳爻而在众阴爻当中，众阴爻都顺应它，有君王信任、百姓归服之象。九三为成卦的主爻，大公无私，人人喜欢它的德行，不曾期望人们的顺服而人们自然顺服。艮为身，二、三、四爻互坎为险难，三、四、五爻互震为动，为戒惧。身在险难当中，行动知道戒惧，就是所谓“有功而不德”，所以说“劳谦”。以一个阳爻居下卦的上位，地位高而责任重，虚心求募贤才，有周公吐哺握发的风范，是《系辞传》所说“劳而不伐，有功而不德”的人。其器量之大，见识之高，足以令天下百姓敬服，这样天下就没有与它争功的人了，其地位就可以始终保持了，所以说“君子有终，吉”。

以乾卦九三君子进入坤卦而成为谦卦，故谦九三也说“君子”。艮有万物成终之象，故说“有终”。九三变阴则全卦为坤，坤卦六三说：“或从王事，无成有终。”从中可见它的谦德。

[一辞多断]

○问时运：一生劳苦，目前万事亨通，老年的运气更好。○问商业：开始经营时非常勤劳，现在基业成就，可以长久获利了。○问家宅：一定是凭辛苦起家，靠积攒致富。只要能持盈保泰，家业就可以长久保有。○问疾病：恐怕疾病使身体衰弱，生命终结。○问失物：以后还可以得到。○问胎孕：生男孩。○问讼事：诬枉的人自己会顺服，马上可以了结。○问功名：有这样功劳，自然必定升迁。

六四：无不利㧑谦。

《象传》曰：“无不利㧑谦”，不违则也。

[经传释义]

四爻居大臣的位置，向上拥戴柔顺而有谦德的君王，下有“劳谦”而有大功君子，自己处于二者之间而阴爻阴位得正，所以君王不猜疑，同僚不忌惮，是谦德很好的人，所以说“无不利”。但是它以阴爻居阴位，德行不及五爻，功劳不及三爻，不敢心安理得，动作行为无时不“㧑谦”。“㧑”字注为“挥”，《周易本义》解释为发挥。“㧑”与“挥”本来相通，即《文言》“六爻发挥”的“挥”，指发越、挥发。

《象传》解释这一爻说“不违则也”，则是法则，指它发挥谦德，能处处合乎法则。《尚书·泰誓》说：比如有一个大臣，心中诚挚，没有什么技能。他的心宽宏大度，别人有技能，就像自己有一样；别人说出圣贤的言语，他的心非常喜欢，就像自己说出的一样，确实能容纳。这样来能保有子孙和黎民，也是很有利的吧？”也可见它的休休有容了。倘若没有功劳却享受俸禄，没有真才实学却盗取名声，就失去法则了。

一说：三爻在大臣的位置，初六已经“谦谦”，如果一味谦虚，未免反而失去权势，恐怕逐渐导致被人轻蔑的结果，所以戒止它说“㧑谦。”这是认为谦而违背法则，必定招致轻蔑和侮辱，只因为不违背法则，才叫做“㧑谦”。

[一辞多断]

○问时运：目前正值好运，凡事吉利。○问商业：听从指挥，没有不获利的；所有买卖，以留些余地为好。〇问家宅：全家以谦和的态度做事，事事吉利。〇问征战：指挥如意，必定获得大捷。〇问疾病：适宜用发散的方法，吉。〇问胎孕：生女孩。

[活断实例]

◎明治二十二年，某贵显来请占某院气运，筮得谦卦，变为小过卦。

断卦说：全卦只有九三一个阳爻，为君王所任用，为众人所尊奉，象征有功劳而在下位的人。某院为众贤人所集聚的地方，现在以阴爻居阴位，气运委靡不振，有进用九三的希望，所以说“无不利㧑谦。”“㧑谦”，指虚心求贤才，提拔并信任他们。

后来不久，事情果然和所占断的一样。

六五：不富以其邻。利用侵伐，无不利。

《象传》曰：“利用侵伐”，征不服也。

[经传释义]

“不富”，指不以自己的爵位为富，是谦逊的意思。《虞书》说“臣哉邻哉”，邻就是臣。“以其邻”，指愿意与臣邻同心求得天下的大治，也是有德必有邻的意思。

这一爻居君位，有柔顺中庸的品德，为温和恭敬而谦让的君王。为君而能谦让恭顺，不为自己地位的崇高而自满，那么天下人就没有不归心的了，属于谦德的极致。但谦逊虽然是美德，如果只崇尚柔和，或许会有轻慢不服的人，所以应当以刚济柔，这样才“利用侵伐”，威德同时昭著，才能怀有和征服天下，而无往不利。所以说：“不富以其邻。利用侵伐，无不利。”谦让柔顺过度，或许会失去威武，所以圣人发明这个意思，以防止过度。

一说：九三从全卦说，为劳谦的君子；从六五说，则为过刚而不顺服的臣邻。《周易》取象的变动不拘就是这样。大有的六五，因为不自以为有才拥有众人；谦卦的六五，因为不自用才能用人。谦德的作用实在太大了！

[一辞多断]

〇问时运：目前虽然处于正运，但或许有龃龉之处，应该自己振作，不可一味姑息。〇问商业：所获得的利益，要防止被他人分取，以致发生事端。○问家宅：能选择邻居而居住，自能得到互相守望、互相帮助的好处。○问婚姻：得与邻近的女子谈论婚姻，非常有利。○问疾病：适宜用攻伐的药剂，吉。○问讼事：应当请邻人作证，得以申冤。○问失物：从邻居家寻觅，能够得到。

［附言］

山隐入地中，是地的变故，有地脉陷落的征兆。我十七岁的时候，与静冈武士早川和右卫门相知。当时他已经八十多岁了，曾经告诉我他年轻时候的一些事。

天明年间，他习文练武，游历各国，有时需要通过卖卜赚取旅费。一年夏天，偶然来到羽州象泄港。这里船舶辐辏，风景奇绝，是北海的大港。他在这里住了几十天。一天午后，他正在旅店楼上扎头发，发现屋里船虫极多。开始以为是这里常有的现象，询问旅店主人，主人回答说："从来没有过。"再向四面一看，壁上和天井都是船虫，心里越发惊异。筮了一卦，得到谦卦，变为蹇卦，卦象为山入地中，有地陷之象。所占卦爻从来没有不应验的，但这样的大事，不可随便告诉别人，心中又很畏惧，于是急切地收拾行李，要离开这里。

时间已经将到晚上，主人劝他暂时留下来，明早再走，他没有听从，提了灯笼径直出发。山路很险恶，走到夜半，只走了大约四里路。这时猛然听到山谷震荡，以致他神魂惊骇，伏在地上，心中傍徨无主。不一会儿，地震停了，但灯火已经灭了，黑暗中不能继续走，踌躇而没有办法。远远地听到有人马的声音，前去询问，回答说因为受地震的惊吓，马倒了，货物也落在地上。他于是对牵马的人说："黑夜难以前去，不如点燃篝火，等待天明。"众人都同意了。拂晓，见有送信人飞快地经过，问他，他说："昨天夜里发生了大地震，象泻港陷落成了海洋，其他地方山倒在谷中，也顿时改了旧形。听来毛发悚然。

卦爻对未来的昭示灵验到这个程度，心里越发惊服，至今回想起来，心里还很畏惧的样子。根据古老的传说，发生洪水的年份，獭会在高处凿洞居住；发生风灾的年份，鸟不在乔木的梢上做巢。过去江户有大火灾，灾前的数夜，老鼠结成队伍，连绵不绝地转渡到桥栏外面，避往他处。其他如老狐狸能预知未来，鹊鸟预知吉事，乌鸦预知凶事，都有令人不能理解的地方。蠢然的动物尚且能与天地相感应而预知祸福，作为万物之灵的人类却不能预知吉凶，真可以说人不如禽兽了。

[活断实例]

◎明治二十七年，占国家气运，筮得谦卦，变为蹇卦。

断卦说：谦卦以崇高的山隐入卑低的地中。拿国运来比拟，在维新的时候，天下的诸侯把身命悬在军门，脱离万死而得一生，逐渐平定后，却奉还数百年领有的封土，恢复古代的郡县制，不是为国家尽心尽力的人是做不到的。他们劳苦而不自夸，有功勋而不自得，厚道极了。此后政府开始推行欧美文化，抚育人民，政令宽裕，世人称为自由。人们一时多误解自由的含义，以为可以放纵自己，不受朝廷节制，这实在是盛世的顽民。现在占国运而得到谦卦的五爻，爻辞说："不富以其邻。利用侵伐，无不利。"这是指国民中往往有不从事生产，只羡慕别人的钱财，暗自效法欧州社会党①的做法，政府虽然宽厚对待人民，其中却有不得不惩罚的因素，以威猛济宽容，也是不得已的。

◎明治十年，某贵显②嘱咐我占本年国运，筮得谦卦，变为蹇卦。

断卦说：谦卦有崇高的山屈尊隐入地中之象，所以叫谦。现在圣明的天子治理天下，又得到贤明的臣邻的辅佐，四海宁静，有太平之象。维新开始的时候，诸侯奉命勤劳王事，以实现复古的大业，各藩奉还封土，改置郡县，当时辅佐的各位大臣，都可以称为"劳谦"的君子；但其间也有功劳卓著，因为偶然意见不合而辞官归隐的。朝野都瞩望着他，以为他谦退避位，有高山隐入地中之象，群情为他惋惜。朝廷因为众望所归，不得不再次征召，而这人以"劳谦"自居，不肯应召，于是平日不平的人乘机制造事端，煽惑人心。朝廷见了，以为对不服朝廷的臣邻不得不用侵伐的办法，这是九三因为过于谦退而导致失败之象。当时掌侵伐的权力的，是上六所象征的大臣。上六与九三阴阳相应，所以说"利用行师，征邑国"。

---

① 欧洲社会党：社会党可以理解为尊奉社会民主主义，反对通过暴力革命方式夺取政权，主张通过改良把资本主义一点一滴和平过渡到社会主义的政党的统称。这类政党如法国社会党、德国社会民主党、英国工党等。人们也经常将这类政党统称为"社会民主党"。

② 某贵显：据有关资料，此处某贵显应指"维新三杰"之一大久保利通，后文的"此公"应指"维新三杰"中的西乡隆盛。即由大久保利通征伐西乡隆盛。西乡战败自杀后，大久保利通因其独裁统治遭到了暗杀。

大久保利通像

西乡隆盛像

这年果然有西南之乱，征讨的事为某贵显所独自担任。经过几个月的征战，贼军被消灭，朝廷的军队凯旋，即爻辞所谓“利用侵伐，无不利”。到第二年五月，某贵显经过东京纪尾井扳，猝然遭到暴徒的袭击，至今西海还有九三的坟墓，东京有上六的坟墓。所占卦爻早已隐示这件事的征兆，由此越发知道天命的不可诬枉。

◎明治二十九年冬至，占三十年的台湾施政，筮得谦卦，变为蹇卦。

断卦说：谦卦以山的崇高，降到卑低的地下，所以叫谦。台湾这个地方，在明代为郑成功所据，后来被清朝人夺取，所以岛民对清廷常常不驯服。清廷苦于他们的难以统治，派满洲人驾驭他们。满洲人不通南方的风俗人情，驾驭无法奏效，只以多斩蛮人的首级向清廷邀功。台湾知县往往聚集广东、福州等地的剽悍之徒征伐他们，并自以为找到了治理方法，所以剽悍之徒常用计谋，或设置陷井，对人如同狩猎禽兽。这样年岁久了，蛮人复仇的念头不能自已，几乎没有不相争斗的日子。

现在台湾已经归入我国版图，务必保卫和抚育那里的百姓，专施恩惠，以得到那里的人心。他们一时不知道感戴德行，也没有什么办法。我国的官吏也苦于风俗的不同，言语的不通，施政往往终究相隔膜，所以对岛民的抚恤格外宽柔，有以山的崇高却降到地下之象。蛮人凶悍，屡次骚乱，抗拒官吏，这是台湾总督府所深深忧患的，加上清廷暗中输送铳器弹药给蛮人，我们若以武力镇压，外国传教士等将批评我们残酷，所以总督府也不能不踌躇。

现在占得五爻，知道本年还有众多匪徒没能平定，不得不再次用兵。我国士兵出征的费用很大，区区的台湾必定有年度收入不足，不得不以国帑补充的现象，叫做“不富以其邻”。用武力镇压外族的蛮人，叫做“利用侵伐，无不利”。就五爻推论，明年值上爻，又有“鸣谦，利用行师，征邑国”之象，不如今年就征伐，使他们不再滋生事端。

上六：鸣谦。利用行师，征邑国。

《象传》曰："鸣谦"，志未得也；可用行师，征邑国也。

［经传释义］

上爻不中而在上卦的极位，象征处在谦的极致。处在谦极的位置而没有得志，所谓"不平则鸣"，所以说"鸣谦"，与六二"鸣谦"的积诚在心而发越于外，爻辞相同而含义相异。上爻以柔爻处柔位，没能得志，不得不以刚相济，故说"利用行师，征邑国"。

《象传》换"利"字为"可"字，"可"指时势可以就用武，不可以就算了，上六的用武哪里是得已的？邑国属于自己的小国，而上六阴柔，不足以战胜强大的敌人，甚至不足以统率王者之师，所以有无法把王者的神武昭示天下之象。《象传》说"志未得也"，可见是无法实现志愿的。

豫卦的利于行师，用其顺而动；谦卦的利行师，用其顺而止。

［一辞多断］

○问时运：盛运已经过去，目前不得意。○问商业：有名无实，应该整顿旧业。○问家宅：防止有鬼怪作祟，不时出现响动，需要用法术镇压。○问疾病：应该自己调养心志。○问胎孕：生女孩。

［活断实例］

◎明治九年，应某贵显的嘱托，为他占一件事，筮得谦卦，变为艮卦。

断卦说：谦卦有以山的崇高降入地下之象，恰如有功的大臣辞去高位而就低位，辞去俸禄而隐居山林，使天下人都颂扬他的谦德。所以众望越发归向他，君王也屡次征召，这人始终谦逊不应，以至有可疑的迹象，于是朝廷不得不宣告罪行而加以侵伐。上六为九三的正应，虽然惋惜九三的为人，但因为朝廷命令征讨而不得已。"鸣谦，志未得"、"利用行师，征邑国"的话值得玩味。上爻变阳则全卦为艮，内外两卦显然出现两座坟墓之象。当时苦于不能理解，到第二年即明治十年，西海隆起一座坟，十一年东京又隆起一座，远远望去，东西相对。我一日与某贵显谈往事而涉及这件事，感慨天命的可畏，彼此都感到惊奇和诧异，以至很久不能平静。

䷏雷地豫

“豫”字从“象”从“予”。右旁的“象”是大象的象形。大象性情柔缓，进退多疑虑，但因为形体庞大，行动安舒，一俯一仰，不抑不藏，故以安舒而不抑不藏为豫。卦体坤在下，震在上，坤以柔顺负载上卦，震以动作振起下卦，外表舒畅而内心不抑藏，所以以豫为卦名。

豫与谦相对。《序卦传》说：“有大而能谦必豫，故受之以豫。”这是为什么豫卦接在谦卦的后面。

豫：利建侯行师。

［经传释义］

豫，和悦的意思。震为动，坤为顺，上位者发动而下位者顺从，故有利。坤为国，震为侯，所以有利于“建侯”；坤为业，震为行，所以有利于“行师”。不动就没有威，不顺就没有利，以顺而动，所以君王确立而百姓顺从，军队出动而有功，利没有比这更大的了，所以《彖传》说“顺以动”。主宰各国，聚集大众，不豫就做不到。

> 《彖传》曰：豫：刚应而志行，顺以动，豫。豫顺以动，故天地如之，而况“建侯行师”乎？天地以顺动，故日月不过，而四时不忒；圣人以顺动，则刑罚清而民服。豫之时义大矣哉！

卦体下为坤，上为震，震为雷，坤为地，有雷出现而地振奋之象。坤为静，纯阴而主关闭，关闭到极致就会郁结不畅；震为动，阳气动而万物出现，所以喜悦。九四一个阳爻值于坤震之交，静极而开始振动，闭极而开始宣泄，不早不晚，顺应时势，所以为豫。凡事如果逆理而动，心中就常劳苦，事业就多艰难，只有以顺而动才能从容不迫，心中安和，所以“刚应而志行”，全在于以顺而动。顺而动，在天表现为四季没有差错，在人表现为动止和顺。以顺“建侯”，可以作为王国的屏藩；以顺“行师”，无非慰问受苦的百姓，讨伐有罪的人，都出于豫乐的含义，叫做“刚应而志行，顺以动，豫”。“顺以动”三个字是豫卦的卦德，所以“天地如之，况‘建侯行师’乎”?

“天地以顺动”以下，是说豫的功用无可比拟。“日月不过”，指日月的行度没有差错；“刑罚清而民服”，是说圣王时代实现天下大治的准则，即狱讼减少乃至没有，对百姓的心志大为敬畏，调和与处理恰如其分，使百姓心悦诚服。圣人无心，只是顺着形势而动，对方善就顺着他的善而奖赏，对方恶就顺着他的恶而惩罚，不敢存有一点偏私。刑罚没有过分处，自然清明，而这都是出于“顺动”二字。三才之道和万物之理都不超过它，故说“豫之时义大矣哉”。

《彖传》前面说“顺以动”，后面说“以顺动”。“顺以动”是就卦象的本然来解释，“以顺动”是就人事的作用来说明。说“天地”，说“圣人”，是相对而言，后面的“则”字对应上文。应当用“故”字而现在用“则”字，很有意味。“天地以顺动”，就是万古也不会退转，属于必然的定理，以“故”字来承接。《周易》中单称“圣人”的指天子，因为只有具备圣人的德行才能富有四海，尊为天子，这叫顺命。文王、周公、孔子三位圣人都生不逢时，不得君位，说明圣人在不在君位不是一定的，所以后文用“则”字来承接。这是本篇的主要眼目，易教的本意，故以天地日月四时为宾，以圣人为主，重在“圣人”一句，读者不要匆匆地看过去。

《彖传》用“大矣哉”的共有十二卦，“大矣哉”前面有说“时义”的，有说“时用”的，也有单言“时”的。其中说“时义大矣哉”的有五卦，即豫、随、遁、姤、旅，言语浅近而旨意深微，希望人深思；说“时用大矣哉”的有三卦，即坎、睽、蹇，虽然都不是理想的事，但圣人有时用到它们；说“时大矣哉”的有四卦，即颐、大过、解、革，都因大的事变而加以警诫。它们的含义各有不同。

以这一卦比拟人事，卦中五个柔爻一个刚爻，在人必定柔多刚少。柔主顺，刚主动，柔只有与刚相应才能行动，故应说：“刚应而志行，顺以动，豫。”天地运动，日月往来，四时才能确定；圣人效法它来制定刑罚，百姓才能顺从。人处在天地当中，沐浴圣人的德化，虽然在下位，无所谓“建侯”，但求友、求亲、求师等事可以类比；无所谓“行师”，但嫉恶祛邪等事可以类比。凡有所行动，都应当效法天地的顺，这样才不会失当。人能顺天地，天地也会顺人，并使人长保他的豫。如果超过了豫的限度还不能自省，则必将导致初六的凶、六三的悔、六五的疾、上六的冥，那就自己失去豫了，他的豫就是忧的根源了，所以必须像六二那样介，九四那样“勿疑”才行。人固然应当顺理而动，顺理的动才能无咎，才是真正的豫。

以这一卦比拟国家，震为动而在上卦，坤为顺而居下卦，上动而下顺，是上面用威发令而下面无不顺从，所以主持万邦、聚集大众非豫不可。天下人虽然不同，心却相同；即使天下人的心不同，道理也相同。自己能顺理而动，别人就没有不顺应的。

九四一个阳爻，居宰相的地位，有刚健明达的品德，威权赫赫地统治国家，所以卦中众阴爻都和顺而悦服。震为侯，为建，坤为国，为臣民，为顺，有建侯而臣民服从之象。九四为成卦的主爻，与六五君爻阴阳相比而辅佐它，使万民豫乐和顺。至于它的行政，一概效法天道，就像寒冷至极的时候温风就会逐渐到来，暑热至极的时候凉风就会逐渐到来，世人所喜好的就喜好，世人所厌恶的就厌恶，赏罚公平而明哲，没有丝毫的私心，这就是豫所象征的社会。

但是宰相担负国家的重任，威权独揽，未免有进逼君王的嫌疑，并因而导致臣僚们的猜疑、君王的心病。尾大不掉也是可畏惧的，只有竭尽至诚，排除疑虑，才能把众人的力量合在一处，以安定国家和君王，这样，君王才会更加信任，赏赐它的功劳，封它为诸侯，有不服君王命令的就命令它去征伐。上卦震所象征的方伯一动，下卦坤所象征的民众就喜悦地顺从，叫做“利建侯行师”。四爻在震体，为长子，故说“建侯”；以一个阳爻统率众阴爻，故说“行师”。本卦五爻以下有比卦的卦形，比卦“建万国亲诸侯”，故说“建侯”；三爻以上有师卦的卦形，故说“行师”。“利”字涵盖“建侯”和“行师”两件事。

豫的时势既是这样，在上下悦乐之余，豫的极致正是危险的根基，所以应当反过来运用谦道。这一转移是天下治乱安危所系。只要有功就归于君王，有过就归于自己，有利就公平而不独占，有害就审慎而不退避，才是大臣处豫之道，才能使上下交泰而长保豫乐。

通观全卦，要旨不出“顺以动”三个字之外。凡顺到极致的，不动就不悦豫，动而顺应才悦豫。形势未顺的时候不先动，已顺的时候不后动，一概任由气机的自然。处于豫的时运，心满意足，快乐达到极致，于是至于纵情逸欲，流连忘返，也是常情所难免的。圣人忧虑这一点，故以没到豫时就先豫为“鸣豫”，以到了豫时却不为所动为“介”豫，以坐而观豫为“盱豫”，以致豫而顺应为“由豫”，以过豫而不忘为“疾豫”，以极乐而流涟忘返为“冥豫”。豫在初爻，戒止人“志穷”；在六三，警告人“有悔”；在六五，要人防止有疾；在上六的“有渝”，庆幸其终于悔改。鸣、盱、疾、冥四者，属于居豫的过咎，即所谓“失豫”的人，只有六二的“介于石”，能够熟练考察忧与乐、治与乱的机缄，所以顺没有比贞更好的，动没有比由更好的。用贞等待顺的时机，用由的道理来行动，未豫而豫的时候必定到来，已豫而豫中不含隐忧。天地和圣人悦豫无边，是因为善于处豫。读这一卦，圣人谆谆教导世人的深意就可以体会了。

彖辞所说的豫，是众人和同的豫；爻辞所说的豫，是各人自己的豫，而六爻所说的豫各不相同。总结其中的要点，是悦豫必须与众人相同，而不可偏私的意思。人事上不可无豫，人心却不可有豫。

《象传》曰：雷出地奋，豫，先王以作乐崇德，殷荐之上帝，以配祖考。

雷，得到时令就会奋然出于地上，使阳气宣发，震动的声音足以鼓动天地的和气。发越阴阳二气，使它们通达和畅，是豫卦之象，所以先王效法震卦的动来制作音乐，以宣鸣事业的盛大；效法坤的柔顺来崇尚德行，以表明本体而报告功用。音乐，近自闺门，远到邦国，显著者如人事，隐幽的如鬼神，没有不用的，以至献给天帝天帝就来感通，配享祖考祖考就来享用。幽冥感应，人间交孚，这就是豫为什么叫做豫。所以履为《周易》中的礼，豫为《周易》中的乐，君王能体会这个意思而使亿万百姓和乐，就是豫的极致。

[一辞多断]

○问时运：目前如春雷发动，正得时运，凡事都吉。○问商业：正值新货刚到，市价飚升，是绝好的机会，必定得到大的利益。○问家宅：防止有变动，应该拜神祭祖，求神降福和保佑，能够得到安宁。○问疾病：应该祈祷。○问征战：雷厉风行，是必胜的征兆。○问功名：所谓“平地一声雷”，是指日高升之象。○问失物：自然出现。○问胎孕：生男孩。

初六：鸣豫，凶。

《象传》曰：初六鸣豫，志穷凶也。

[经传释义]

“鸣豫”，自鸣得意的意思，指悦豫的情绪发动在心里而表现为声音。初爻阴柔而无才干，居最低的爻位而与四爻相应，仗恃四爻的垂爱和眷顾，心中不胜喜悦而自鸣得意，它的凶险就可以预知了，故说“鸣豫，凶”。

《象传》说“志穷凶也”，“穷”指志得意满到了极致。初爻刚刚得志就盈满至极，是时运刚来志愿就已经穷尽了，所以凶险。一说“穷”在“凶”下，作“志凶穷”。

豫卦初六与谦卦的上六相反对，谦卦上六说“鸣谦”，是应九三而鸣；豫卦初爻说“鸣豫”，是应九四而鸣。鸣别人的谦逊吉，鸣自己的豫乐凶，所以说：谦可以鸣，豫不可以鸣。

[一辞多断]

○问时运：初运比较好，但一经得意，假如加以夸饰，就会导致穷困。○问商业：初次一定得利，但不可过于贪求。○问家宅：恐怕鸟啼猿啸，有怪异现象的惊吓，凶。○问疾病：不利。○问讼事：鸣冤而不得申，应当自己中止诉讼。○问失物：得不到。

[活断实例]

◎我有一天去横滨访某亲友，有已经在座的客人求我占一卦，筮得豫卦，变为震卦。

断卦说：卦中九四一个阳爻得时得位，威权赫赫，上下五个阴爻都顺从它。现在您得初爻，与四爻阴阳相应，有大受垂爱和眷顾之象。您得到他的垂爱和眷顾，仗着他的权势，很有扬扬自得的意思，叫做“鸣豫，凶”。占筮是这样，劝您检点身心，审慎行事。客人怫然不悦，马上离去了。

客人走后，主人告诉我说：“他因为女儿是某贵显的妾，时时出入贵显的官邸，卑鄙地谄媚阿谀，无所不至。不时还借助于贵显的手书，一次次去外县谋私利。另外，到了富商等人集会的宴席上，举动摹仿得像贵显的亲族，用以诳惑世人。今天您的占断说破了小人心事，使他不胜惭愧，这才离去。”

六二：介于石，不终日，贞吉。

《象传》曰：“不终日，贞吉”，以中正也。

[经传释义]

“介于石”，指操守坚固而不可移易。豫悦之道，恣纵就失正，所以豫卦的各爻多数不得正，只有二爻以柔中而居阴位，与九四刚爻非应非比，象征有介然独立的操守，像岩石一样坚定。人在豫悦中，或者洋洋自得，或者恋恋不舍，或者昏迷不悟，都失去了中正之道，以至豫悦的时运刚来，祸患就随后而到。世上不知道自守的人往往是这样。六二节操坚固，不为外物所动摇，知道豫乐不可贪恋，离去不等到终日。它对道理想得很明白，持身很坚固，审察几微很坚决，躲避忧患很迅速，所以说“介于石，不终日，贞吉”。

介，坚确不拔的意思，即所谓“不以三公易其介”。正由于介，它才是中正的。《象传》说“以中正也”，正由于“以中正”，所以能明白地辨别、迅速地知道。这一爻互卦为艮，艮为石，故有“介于石”之象。

[一辞多断]

○问时运：这人品行高尚，不随世俗沉浮，吉。○问商业：有自己的志愿，不为奸商所蛊惑，贩运迅速，得以获利。○问家宅：主持家事的人应该态度严正，凡不正派的人来了，就马上斥退，并与他们断绝关系。吉。○问征战：所谓“守之如山，发之如火”，善于审度机宜。○问疾病：新病马上痊愈，旧病马上死亡，时间在一天内。○问胎孕：生女孩，马上生产。

[活断实例]

◎明治二十二年，某局某属官来访，说：“我从明治四年建局开始，就是一等属官。那以来十八年，日夜勉力，在事务繁重的岗位上不曾有一点懈怠，这是您所知道的。但是部下中的多半已经升为高等官，现在居我头上的大体都是过去的部下。那些升迁的人也并没有过人的学问，我心中很不满。本来想辞职，又恐怕别处没有位置，所以还郁闷地坐在这个位置上。请为我筮一卦，以占后来的气运。”筮得豫卦，变为解卦。

断卦说：卦中九四一个阳爻专权，五个阴爻不得不与它相应。现在占得二爻，与九四非应非比，所以对您眷顾特别差。您品行中正，不做谄媚的事，只以坚守职务为念，坚定不移，介然如同石头，对非分的事躲避得很快，唯恐被人拉去，所以说“介于石，不终日，贞吉”。从二爻到四爻，气运会发生改变，三年后一定可以升迁。

后来到明治二十四年，这人果然升为高等官。

六三：盱豫，悔。迟有悔。

《象传》曰：盱豫有悔，位不当也。

［经传释义］

盱，张目企望，譬如发现鸟飞而仰瞻太空，看见鱼游而俯视深渊，不胜眷恋的样子，故说“盱豫”。六三阴爻居阳位，不中不正，见九四为一卦的主爻，居大臣的位置而专擅权力，众阴爻都归附它，所以六三攀附它，以巩固和扩大自己的豫悦。它窥探窃视，行为不中不正，为九四所鄙弃，所以有悔。既然知道后悔，就应当幡然改正，效法六二的介，坚决远避而不等到终日；倘若一会儿后悔，一会儿又觉得豫乐，迟疑不决，流连不返，悔恨就难免了，故说“悔。迟有悔”。“迟”字可以说是当头一棒，提醒那些昏昏的人，令他们及早省悟，最值得玩味。

《象传》说“位不当也”，指六三阴柔而居阳位，优柔不决，不当其位。这一爻变阳则下卦互巽，巽为不果，所以知道悔恨却不改正，有迟疑不决之象。

［一辞多断］

○问时运：目前不是气运不好，而是自己的作为不正派，所以有悔恨。○问商业：能窥探商情是商家的本事。但一得到消息，卖买就应当决断，如果迟疑，就会落在别人后面。○问家宅：必须防止盗窃，应当迅速戒备。○问失物：赶快寻找，可以得到，迟了就没有了。○问讼事：应当迅速了结。

［活断实例］

◎某县官吏，带着友人的介绍信来访，请占气运，筮得豫卦，变为小过卦。

断卦说：豫卦九四一个阳爻得时运，上下五个阴爻都归附和应与它。您占得三爻，与四爻阴阳亲比，可知您与长官意气相投。但在别人看来，或许未免有阿谀长官，借以作威作福的嫌疑。今后应当注意，不要留下日后的悔恨。

后来听说，长官转任其他县，这人请求附在骥尾同去，但是没有办成，于是只好辞职。

九四：由豫，大有得。勿疑，朋盍簪。

《象传》曰："由豫，大有得"，志大行也。

[经传释义]

九四以一个阳爻统率众阴爻，为全卦的主爻。众阴爻的豫都是由九四的豫所成就的，故说"由豫"。四爻挨近五爻，居大臣的位置，上承柔弱的君王，担负天下的重任，包容众多阴爻，独自得到任用和倚重，故说"大有得"。但信任过重，容易招致疑虑，只有开诚布公才能消除疑虑。"勿疑"才能率领众阴爻而尊奉和拥戴君王，像贯穿头发而不乱的簪一样。盍，合的意思。朋，指众阴爻。四爻阳刚而居阴位，可以与众阴爻为朋类，故说"勿疑，朋盍簪"。疑虑造成嫌隙，嫌隙造成忌恨，忌恨使人离心离德，凡事丛脞，即使有"由豫"的伟大事业也无法善始善终，所以戒止说"勿疑"，使猜疑完全断绝，上下同心同德，众多贤人汇聚一朝，一起谋划，广施德泽，足以成就天下的豫乐的，就是这一点吧？

《象传》说"志大行也"，即所谓"得志则泽加于民，功施于后"，大道的运行可以由豫而达到，就可以体现交泰之道了。

从初爻看，九四为权臣，它的豫是逸豫；从四爻本身看，则为执政的贤臣，它的豫是和豫。易道的变动不居就是这样。

[一辞多断]

○问时运：目前正是大运刚刚通达的时候。○问商业：会聚众多货物，很能得到利益。○问家宅：门庭豫乐顺利，得到钱财和福祉，是富有人家。○问功名：马上就有弹冠的喜庆。○问讼事：从现在停止诉讼，两家都豫悦。○问行人：必主满载而归。○问出行：从这里前去，一路顺风，深得喜悦，可以"勿疑"。○问胎孕：生男孩，容易长大成人，并且主贵。○问失物：马上得到。

[活断实例]

◎一天，缙绅某来请占某贵显气运，筮得豫卦，变为坤卦。

断卦说：豫卦春雷得气，奋然出于地上，有扫除郁积的阴气，启发阳和之气之象。以国家来比拟，一定是祛除谗佞，进用贤良，能致太平的重要辅臣。九四一个阳爻居宰相的要位，肩负国家的重任，上承君王的德行，聚集众多贤才，得以大行志愿，开启豫顺的世道。占某贵显的气运而得到这一爻，某贵显的刚毅有为、富于德行和威望就不用说了，只是爻辞中的“勿疑”二字，最应当审慎。一有疑心，上下就会猜忌，政事就会丛脞，就无法实现太平的大治了，所以说“勿疑，朋盍簪”。这是某贵显所应该注意的。

缙绅听了，深感易理精微而切合实际，说：“我以后要把这些话转告某贵显。”

◎明治二十八年四月九日，占我国与中国之间的议和谈判，筮得豫卦，变为坤卦。

断卦说：这一卦“雷出地奋”，有威武而和乐之象。现在占得四爻，爻辞说“由豫，大有得”，指两国议和成功而大有所得，有所作为，豫顺的世道由此而来。又说“勿疑，朋盍簪”，指从此双方没有猜疑，唇齿相依，并将与世界友邦同享欢豫，犹如簪的贯穿万缕头发而为一体。议和的成功可以预先决断。

四月十七日，议和果然成功。豫卦《大象》说：“先王以作乐崇德，殷荐之上帝，以配祖考。”说“上帝”、“祖考”，即伊势大庙[①]以下历代天皇的灵位。

六五：贞疾，恒不死。

《象传》曰：六五“贞疾”，乘刚也；“恒不死”，中未亡也。

［经传释义］

“贞疾”，即痼疾，指无法痊愈的疾病。上下都耽于逸乐，就是“贞疾”的症结所在。五爻柔中而居君位，倚重九四；九四阳刚而执掌权柄，众爻都归附它。六五柔弱的君王受制于专权的大臣，想豫乐也做不到，战战兢兢，心中凛然，常像身体有痼疾一样，故说“贞疾”。疾是豫的反面，即《尚书·金滕》所说的“王有疾，不豫”。六五虽然阴柔，但是居君位，这是贞；受制于臣下，这是疾。虽然失去了权柄，但是君位没有丢掉，故说“恒不死”。《孝经》说：“天子有诤臣七人，虽无道，不失其天下。”

① 伊势大庙：日本三重县伊势市皇大神宫（内宫）和丰受大神宫（外宫）的总称。也称为伊势大神宫、二所大神宫、神宫。内宫祭祀有皇神祖“天照大神”，其神体是三种神器之一的“八咫镜”。外宫祭祀有掌管农业等的丰受大神。神宫由白木修造，花费20年左右的时间伴随着迁宫进行了改造。明治以后，作为日本国家神道的中心受到保护，昭和二十一年（1946年）成为独立的宗教法人。据说殿堂的建造式样是神明设计的。

就是这个意思。太平的日子久了，君王常常耽于逸豫，这样，不是因为刚暴而失去势力，就一定因为柔懦而失去权柄。势力孤单而在上位，权柄却移到臣下手中，即使不灭亡，国事也会日益败坏，身为君王的人怎么可以不戒止呢！

《象传》说“中未亡也”，是由于为六五为九四所逼迫，心中常像有病一样，幸而得中道，所以“未亡”。但说是“未亡”，实际上也几乎亡了，危险得很啊！

六二与六五都贞。贞即不以利益为志愿，所以不说豫；但它们贞的因由不同，所以六二得吉，六五得疾。六二本来不屑于顺从九四，可以上进就上进，否则就隐退，所以吉；六五以阴爻居阳位，力量不足以制约九四，而心里却很疑忌它，所以它的贞适足以为疾。而贞虽然为疾，其中的所守却没有失去，所以“恒不死”，可见居贞到底还是可以仗恃的。

[一辞多断]

○问时运：这人本来尊贵，因为一向性情柔弱，所以不能自己振作。○问商业：基业很好，但因为用人不当，钱财落入别人手中，几乎导致亏耗。○问家宅：恐怕被借居的人侵占，房主反而无法自主。○问征战：因为偏将擅权，主帅失去威风，虽然没有损失军队，也属于幸免。○问疾病：是带病托延年月之象。○问胎孕：生男孩，一定有病。○问失物：可以得到。

[活断实例]

◎相识的某富豪请占他的气运，筮得豫卦，变为萃卦。

断卦说：就一家来说，豫卦有家产殷富之象。九四一个阳爻擅权，上下五个阴爻都应与它，类似旧管家统辖家政，主人只是虚居其位。现在您是国内屈指可数的富豪，承袭累世的旧业，专任一位管家统辖事务，主人不能自作主张，反而受管家的制约。虽然处在豫乐的时期，却恰如老病在身一样怏怏不乐；幸而能谨守祖宗的遗规，不至于败落，叫做“贞疾，恒不死”。

◎明治二十八年十月以来，我横滨本宅四十五岁的侍女，得病几乎到了危重的程度，医生多数说不能治了。筮得豫卦，变为萃卦。

断卦说：豫卦有“雷出地奋”之象，在人为得到阳春之气，精神还能够透发，不至于死亡。所以病虽然危重，还不至于死。但痊愈之后，不能像以前那样强健，只可以苟延残喘，叫做“贞疾恒不死，中未亡也”。

后来果然痊愈，至今（明治三十二年）还在。

上六：冥豫。成有渝，无咎。

《象传》曰：冥豫在上，何可长也。

[经传释义]

“冥豫”，指昏冥于豫乐，流连忘返。上爻阴柔而居豫乐的极位，只顾放纵欲望而不知厌倦，如同进入了黑暗的屋子，故称“冥豫”。下卦为坤，坤为冥，属于过顺的过咎；上卦震为动，动就变，变即渝，所以“有渝，无咎”。人沉溺于淫情私欲，也苦于不知改变。这一爻有雷厉的特点，昏迷虽然已经造成，但是一旦阳刚发动，就能改变心志而复归正道，这样还有什么灾祸？

《象传》说“冥豫在上，何可长也”，垂示逸豫的不可长久，以劝导人反省和自新。故爻辞不指责上爻“冥豫”的凶险，反而称扬它“渝”的“无咎”，其中大有深意。上爻变阳则全卦为晋，再没有冥暗的过咎。凡《周易》说渝的，应当作变卦来看。

[一辞多断]

○问时运：目前坏运已经到了极致，好运即将到来，只要奋然振作，就大有可为。○问商业：应该改变计划，去掉旧的，改就新的，这样一定得到利益。○问家宅：老宅不利，迁居或改造都吉。○问征战：应该另派主帅，改变旗帜，变易辙迹，这样才能得胜。或者从别的路进兵。○问讼事：应该停止诉讼，彼此和好，无咎。○问胎孕：过月可以生产，得女。

[活断实例]

◎某友人来说：“现在是商事繁忙的时候，我另外发现了一个机会，想着手一件事，请占它的成否。”筮得豫卦，变为晋卦。

断卦说：“冥豫”，昏冥于豫乐，属于所谓“溺而不觉”的人；在商业上，象征妄想图利而不知道危害。应该赶快改变想法，这样才能免祸。爻象是这样，您应当知道戒止什么。

某友人听了大有感悟，回头谨守旧业，才免于破产。

䷐泽雷随

随卦兑泽在上，震雷在下。震雷的阳刚在下爻，兑泽的虚阙在上爻，中间是疏落的水流，内卦的动不自主地顺从了外卦。顺从外卦，所以叫随，所以以随为卦名。兑为少女，震为长男，以少女从长男，是随的卦义；兑为泽，震为雷，雷震动在泽之中，泽水随着动荡，是随的卦象。卦义和卦象都取阳刚降低到阴柔下面，阴柔必定乐于随，即朱熹所谓“此动彼悦成随”。

《序卦传》说：“豫必有随，故受之以随。”豫悦之道，别人来随自己，自己也随别人，这就是随卦为什么接在豫卦的后面。

随：元亨利贞，无咎。

[经传释义]

卦体为震，从下面动，兑在上面感到愉悦，从而应和震，这就是随。其中有舍己从人，乐于取别人之善的含义，所以随道可以导致大的亨通。震为健，得自乾，故说“元亨”；兑在地为刚卤，合于坤，故说“利贞”。

《杂卦传》说“随，无故也”，指上下各自安于自己的位置，不必有所作为。无故就无事，无事还会有什么灾咎？但是失于贞正就会枉己徇人，又容易有灾咎，也是值得警惕和戒止的。

《彖传》曰：随：刚来而下柔，动而说。随大亨贞，无咎，而天下随时。随时之义大矣哉！

随卦本于坤在下乾在上的否卦，否卦以坤顺随乾健，现在否的上爻向下，进入坤的初位而构成震，它的初九是全卦的主爻；否的初爻向上，进入乾的上位而构成兑。所以阳降到阴下，以高身份居低位，阳动而阴悦，人来随我，我也随人，叫做“刚来而下柔，动而说，随”。这是随的卦义。

凡君王从善、臣下奉命、学者从理、子弟从师，都是随。至于以人从天、以情从理、以邪从正，是好的随。随道宜于贞正，反之就叫诡随，诡随就违背时宜了。君子随时而动，随时而悦，各得其宜，所以所作所为没有不成功的，所以说“随大亨贞，无咎”。

随卦的道理，是因为动而有随，不动就必定不能随；因为悦而随，不悦就必定不想随。震雷发动在下，雨水随之从上降落，是泽随雷、上随下；违背时宜，就会雷不动而泽不悦，上下不能相随，所以随道必须合乎时宜。由此推论天下的事物，阴阳刚柔无不是这样，所以说“天下随时”。随的时义是这样，不是很大吗？

以这一卦比拟国家，内卦为百姓，行动勤勉地从事各自的职业，听从政府的命令，不敢加以抗拒；外卦为政府，不滥用权力和威武，施行令百姓喜悦的政策。所以君民上下之间亲密而和悦，上倡导而下顺从，天下和平，人心清静，象征随的卦时，叫做“随，元亨利贞，无咎”。这时，九五圣明的君王居中正的地位，廓然大公，以善意相感孚。君王能虚己从臣，臣更恭顺地从君，所以初爻“有渝”而不失正道，二爻有系恋而不免私心，三爻因为贞正而“有得”，四爻因为“在道”而无咎，上爻因为“从维”而“用享”。总之，从正就吉，从邪就凶；凶不是随的过咎，而是随者自取其咎。

人臣的随君，以诚挚相感通，所以“元亨”；行事必须“在道”，以正道相从，所以“利贞”。这样，君王对臣下的随，劝谏就一定会采纳，言论就一定会听从；人臣对君王的随，所有的命令无不服从尊奉。这样用动来感得喜悦，因为喜悦而应和动，上下相随，而治道大为亨通，所以说“随时之义大矣哉”。

以这一卦比拟人事，只在于以强者随弱者。因为阳刚者不肯屈己下人，所以人心常多乖离，而事业一概不得成就。如果阳刚能降到阴柔之下，措置得当，那么众人必定心悦诚服，还有什么灾咎？随是不专用自己的意志，取别人的善为自己的善。它的机兆来去很快，道理很顺畅，功绩必定容易成就，所以说“元亨”。但随道有正有邪，如果只是柔顺，过于在意别人的脸色，必定会走向违背正道而徇私邀宠，那就失去随的正道了。只有动与悦都随顺时宜，内不失去自己，外不失去别人，才是随的正道，这样还有什么灾咎呢？所以说“利贞，无咎”。

《周易·彖辞》中系“元亨利贞”的共有七卦，其中乾、坤、屯、随、临、无妄都在上经，只有革卦在下经，它们象征大有作为的时期。我得以乘时的卦，才说“元亨利贞”。“元亨利贞”的解释，详见乾卦之下，需要参看。

随时的义理很重大，如果推论到造化，那么震为春，是东方的卦，万物随它而生；兑为秋，是西方的卦，万物随它而成。所以春生、夏长、秋成、冬藏各随时宜。天下的道理，不动就无所随，不悦就不能随，这是随的道理，人事上没有不是这样的。

通观全卦，三个阳爻三个阴爻，初九以阳爻与六二相遇，为阳随阴；九五的孚于上六，也是阳随阴。六二以阴爻居阴位，是阴又从阴，所以说系。有系就必定有所失，虽然不说凶咎，它的凶咎也可以知道。六三以阴爻居阳位，为阴从阳，因为属阴也说系，但是所系得当，系就是随，所以说“利居贞”。九四以阳随阴而逼近九五，阳刚而“有获”，臣道就凶险了，但是能以诚相感孚，以明哲来自我保护，还有什么灾咎呢？九五居君位，为上动下悦之主，取别人的善为自己的善，没有比这更吉祥的了。上六以柔顺居随卦的极位，象征极力相随的人，善于用系，系也得正。总之，随道应该随时而动，随宜适度，出于至诚，廓然大公，这样不但可以感通亿万人民，而且可以用来祭祀天帝，这样就将率领天下人随时了。君子观察这一点，就知道随时的义理很重大。

随卦从豫而来，喜悦而随时，没有拂逆的情感。《序卦传》说：“豫必有随，故受之以随。”人能通过谦逊而导致豫乐，就能豫悦而随时。不谦逊怎么能豫乐？不豫乐怎么能随人？谦、豫、随三者道理相同而机缘相因。机缘就是时宜，而适时没有超过随的。但“随必有事”，有事就会导致蛊乱，这是蛊卦为什么接续在随卦之后。因此，随像周文王服事商纣王，蛊像周武王缔造周朝。《周易》是不可测度的神秘宝藏和圆妙灵府，用来观察万物，推论万事，无不清楚完备地体现出来。如果不是神圣之道，怎么会这样呢？

《象传》曰：泽中有雷，随，君子以向晦入宴息。

随卦震阳陷在兑阴下面，有藏伏之象。《象传》说“泽中有雷，随”，不说雷动而说雷有，《周易本义》用雷藏在泽中来解释，深得其中旨趣，知道《象传》的取义在于雷伏藏的时候。君子观察这个卦象，所以不说动作而只言“宴息”。雷的伏藏在寒冬，人的宴息在“向晦”，也是各随其时。君子上应天时而行止，时候应当“向晦”就进入室内，通过“宴息”来休养身体。起居应当随时而自适，动则与雷一同出，静则与雷一同入。豫卦的“作乐崇德”、大壮卦的“非礼弗履”、无妄卦的“茂对时育”，都是效法春雷的发动；复卦的闭关而停止旅行，随卦的“向晦入宴息”，都是效法秋雷的伏藏。

舍去各种作为的烦扰而就枕席上的安闲，是为了养足精神，以准备将来的应用，所以形体的休息是普通人所共同的，心的休息是君子所独有的。君子即使德才兼备也要随时适宜，否则也必定有灾咎，所以遇到随的卦时，要隐藏自己的光芒和德行，辞去官职和俸禄，抱道潜伏。文王服事殷纣、勾践退守会稽，都体现了因时安息的义理，叫做“君子以向晦入宴息”。三、四、五爻互巽卦，二、三、四爻互艮卦，巽为入，艮为止，是“入宴息”之象。

[一辞多断]

○问时运：目前气运平常，适宜暂时晦藏；明年利于远行；到第五年可以得利。○问征战：应当退守。明年应当有小功。必须等六年，那时敌人就都就缚了。○问商业：货物一时难以售出，来年春天可以获利。○问家宅：防有伏藏的怪异，导致夜间多惊惧。○问讼事：恐怕有牢狱的灾难；明年还要防止因为征役而远行。凶。○问失物：应该在枕席间寻觅。○问胎孕：生女孩。○问行人：马上归来。○问出行：明年有利。

初九：官有渝，贞吉。出门交有功。

《象传》曰：“官有渝”，从正吉也；“出门交有功”，不失也。

[经传释义]

卦中六爻各自就随人立义，取相比相承而不取相应。官指心这个思维的器官。人做事都以心这个器官为主宰。渝即变，“有渝”指改变心念。官虽然以有持守为贵，处在随的卦时却不可不懂得权变。变是趋时宜、从权衡的意思。初爻阳刚而得正，为成卦的主爻。主不可随人，所以不称随。“有渝”而得正，故说“贞吉”。“出门”则所见广博，所闻繁多，不沉溺于私人的成见，惟善是从，随而不失所宜，变而不失正道，虚心听从别人的意见，广泛交际而成就功业，所以说“出门交有功”。

[一辞多断]

○问时运：目前正值换运的时候，交入新运后，一动就很恰当，尤其有利于出门。○问商业：货物应当贩运到外地，这样才有利益。○问家宅：应当修造，吉；或者迁居出外，更有利。○问征战：袭击东部的改为袭击西部，进攻南部的改为进攻北部，吉。○问疾病：恐怕药不对症，改变药饵才吉；或者到远方求医，这样更有利。○问失物：到门外寻找，得到。○问胎孕：生男孩。

[活断实例]

◎占某友人就任官职，筮得随卦，变为萃卦。

断卦说：随卦兑在上，震在下，象征阳刚俯伏而顺从阴柔，这是随卦含义的由来。现在占得初爻，您虽然学习能力很强，但不得不俯从愚柔的人，也是时势决定的。凡开始进入仕途的人，因为不熟悉事务，遇事须听从老成者的指挥，这也是随道。做事中不能自己作主，应当舍己从人，叫做“官有渝，贞吉”。又不应该离群索居，而应当广交朋友，集思广益，叫做“出门交有功”。

后来的事果然和所占断的一样。

六二：系小子，失丈夫。

《象传》曰：“系小子”，弗兼与也。

[经传释义]

刚爻则可自立，称随；柔爻不足以自立，称系。所以初、四、五三个刚爻不说系，而二、三、上三个柔爻都说系。随的特点是公而无私，所以没有过失；系的特点是私而不公，所以有过失。六二以柔爻居柔位，与四爻隔位相承，于是系于四爻；四爻以阳爻居阴位，称为“小子”，这是隔位相系的称谓。系于四爻就不能再比初爻了，而初爻为随卦的主爻，为“丈夫”，故说“系小子，失丈夫”。

旧说法以为，二爻系初爻，失在初爻，初九阳气还微弱，叫做“小子”；五爻居尊位，称为“丈夫”。但初爻为卦主，怎么能称“小子”？五爻为君位，怎么可以称“丈夫”？而且阳爻为“丈夫”，初爻属阳，视为“小子”，其说法也相反。

人随了正当的就会远离邪佞的，跟了错误的就会失去正确的。六二系而失去所系，虽然没有凶咎的爻辞，它的不吉也是不言而喻的。《象传》说“弗兼与也”，指天地间没有两全的道理，“系小子”必定“失丈夫”，是理所当然的。

[一辞多断]

○问时运：目前气运颠倒，应当自己审慎。○问商业：有贪小失大的忧虑。○问家宅：阴阳倒置，有女子或小人弄权，反而使家主受制之象。○问征战：只能捕捉敌兵，不能获得斩将拔旗的大捷。○问胎孕：生女孩。○问失物：小物可以得到，大件必定失去。○问婚嫁：恐怕不是良缘。

[活断实例]

◎熊本县人尾藤判事，曾向我学习《周易》。他有个女儿，年方十八，容貌艳丽。当时某缙绅的妻子死了，通过媒人向他求婚，他于是请占其吉凶。筮得随卦，变为兑卦。

断卦说：随卦是以刚从柔之象，而不是以柔从刚的时候。现在您占女儿，要以女方家为柔，以男方家为刚，未免与爻象的以刚从柔相反。二爻说“系小子，失丈夫”，想来某缙绅必定是老夫，您的女儿或许不喜欢他，应该嫁给少年小子，这样双方才能相得。

他听了，好像有所感悟，说：“婚姻是女子终生的事，不可以因为父母的喜好，而屈了女子的志愿。”于是谢绝了缙绅。

六三：系丈夫，失小子。随有求得，利居贞。

《象传》曰：“系丈夫”，志舍下也。

[经传释义]

“丈夫”指初九，“小子”指九四。初九为随卦的主爻，以刚爻居刚位，出门有功，称为“丈夫”；九四以刚爻居柔位，爻义有凶险，称为“小子”。系初爻就会失去四爻，所以说“系丈夫，失小子”，正与二爻相反。初爻本来要出门求随，得到三爻，一定会与它亲善，所以三爻随初爻属于有求而得。初爻以随求人，如果违背正道而屈从别人，即使得到也有所失，故说“利居贞”。六三虽然柔弱，所随却得正，系有“贞吉”的初爻，失去“贞凶”的四爻，得到“居贞”的利益，属于善随，所以求道而得道，求仁而得仁，不求也自得。互卦巽为近利，故“有得”。“居贞”，指安于本分，以道义自守而不躁动求随。

《象传》说“志舍下也”，阳在上，阴在下，三爻居阳位，所系为阳爻，所失为阴爻，所以说“志舍下也”。

一说：“丈夫”指九四，“小子”指初九，与二爻的以五爻为“丈夫”前后不同。况且四爻“贞凶”，怎么能称“丈夫”？初爻“有功”，怎么能称“小子”？与以刚从柔为随，以柔从刚为系的说法也不相符。

［一辞多断］

○问时运：目前交了正运，求财或求名，没有不如意的。○问商业：小往大来，一定能得到利益。○问征战：主生擒敌人的将领，必定得到大捷。○问家宅：家道丰盈，但要防止小儿辈有灾。○问疾病：大人无妨，小儿恐怕有所不利。○问胎孕：恐怕出生后无法养育。○问失物：得到。○问婚嫁：主缔结高贵的亲缘。

［活断实例］

◎神奈川町净土宗成佛寺住职辨真和尚，是名僧辨玉和尚的徒弟，是修小乘佛法的。一天来问我讲《周易》，并因有所感悟而要学《周易》，并且说能不能学成，请烦一筮。筮得随卦，变为革卦。

断卦说：随卦虽然以刚从柔为卦义，但在六爻却不是这样。阳爻叫随，阴爻叫系。现在您向我学习《周易》，既探索佛典的精义，又旁求神《易》的微妙，所求都是天神之道，无关于尘世的琐屑事务，所以说“系丈夫，失小子”。所以随我学《易》，纵使内典中有难解的问题，也可以求神而卜问，而且所求必定得到回答，无论现世还是未来，都可以安然决定。所以说“随有求得，利居贞”。

和尚听了大为喜悦，从此学习《周易》，至今天还不知疲倦。

九四：随有获，贞凶。有孚在道以明，何咎？

《象传》曰：“随有获”，其义凶也；“有孚在道”，明功也。

［经传释义］

获指取得不属于自己的东西。“有获”指得到天下人的心，使天下人追随自己。这样属于私自据有而不归于九五君王，有失于臣道，故说“贞凶”。为臣之道没有别的，只是以诚相感孚罢了，诚才能明，明才能无疑，无疑才能君臣一心，施恩德给百姓而使百姓追随自己。得到百姓追随的九四与百姓共同追随君王，成就君王的功绩，实现国家的长治久安，都在于有相孚之道，否则上下互相猜疑，即使所获得当，也免不掉挟功劳而凌逼君王的嫌疑，就是正当也同样凶险。

九四阳刚，处在大臣的位置，才高而招诽谤，位重启猜忌，一涉于偏私就会招致凶祸。只有存心忠诚，遵循义理，尽心事奉君王，明哲保护自身，所随才能得当，才能使君王信任，民众悦服，所以说“有孚在道以明，何咎”。

“有孚”，指有孚于九五；明，指表明心志。自古臣下有功劳和名誉而不能保持到底，多数是由于自己不孚信，又不能表明心志。如汉代的萧何、韩信，都肩负着君王的重任。韩信求封齐王、求封楚王，没有什么欲望不求满足，时间久了，积累的疑虑造成嫌恶，终于无法免祸。萧何虽然一向知道高祖的心，最终得以保全性命，但没能免除“械击”的耻辱，是还没有完全做到“有孚”和“以明”。只有唐代的郭子仪，功盖当世、权倾天下而君王不猜忌，才是得“有孚在道”的人。

《象传》说“‘有孚在道’，明功也”，说功是为了解释爻辞的“何咎”。“有孚”即有孚于随道，“明功”即表明随的功用。

一说：“随有获”，指权变的权力在我这里，任凭自己怎样做；贞指所系是国家的政务；凶指有僭逼的嫌疑；“有孚”指心志尽诚；“在道”指行为尽道；“何咎”指不失臣职。也通。

[一辞多断]

○问时运：目前有凶有吉。利于单月，不利于双月。明年则吉。○问商业：获利以后，防止有意外的灾祸，必须等到辨明才行。○问家宅：或新买或新造，都不吉。○问征战：小的胜利之后，要防止大的失败。○问疾病：先凶后吉。○问讼事：初审凶险，上诉无咎。○问失物：一时难找，等以后才能见到。

[活断实例]

◎明治二十七年六月，相识岩谷松平来告诉我说：“往年政府付给士族金禄公债证书，鹿儿岛县士族中有遗漏这一恩典的，现在想请示补付，请占问能否批准。”筮得随卦，变为屯卦。

岩谷松平像

断卦说：“随有获”，指一心求获。鹿儿岛县士族因为在维新时期的丰功伟绩而为政府所优待，是人所共知的。现在要请示补付而占得随卦的四爻，这一爻以阳爻居阴位，意在乘政府优待的机会而强求，非得到不可，所以《象传》说“‘随有获’，其义凶也”。但只要以公平的办法向上请求，必定得到许可，叫做“有孚在道，明功也”。

◎某缙绅来请占某贵显气运，筮得随卦，变为屯卦。

断卦说：随卦的道理是我能随别人，别人也就能随我。现在占得四爻，象征某贵显在现职，众人都乐于相随。随的原因不是佩服他的德行器量，而实在是想攀附他的权势。某贵显如果因此以为得到了民心并且自负，就是不祥之兆，故说“贞凶”。而就民心的归向而以诚相感孚，同时明哲地自我审视，把所得民心奉归于君王而不归于自己，这样做法可以孚信，功绩可以表明，还有什么灾咎？反之就难免灾咎了。

九五：孚于嘉，吉。

《象传》曰：“孚于嘉，吉”，位中正也。

［经传释义］

嘉即善，指择善而从，随人的善而不只是随人。孚指以真实诚一的心相感通。吉指君明臣良，天下顺从，没有不服其德化的。舍己从人，乐于取别人的善为自己的善，就是所谓“孚于嘉”。五爻阳刚中正，居至尊的君位，为全卦悦随的主爻，是圣明的君王至诚地随天下之善。君王的随关系到国家的祸福，崇尚贤人而信任他们，是吉祥的原因，这样才既不失去别人也不失去自己，属于随道的正道，叫做“孚于嘉，吉”。《象传》说“位中正也”，指九五以阳刚居阳位得正，处中正的地位而行中正之道，所以嘉美。

一说：五爻以阳刚亲比柔而得正的上六，上六以柔居阴位，有女子之象。现在九五孚于它而成婚，是取婚礼为嘉礼的意思。随之道没有比夫妇更切近的，天下的治理与教化开始于闺门之内，所以说“孚于嘉”。也通。

［一辞多断］

○问时运：目前处于盛运，凡事都吉。○问商业：因为货物美好而获利百倍。○问家宅：一定是积善人家，众人都信任和听从，为一乡所瞩望。○问征战：兵众同心，必定获得胜利，吉。○问婚嫁：百年好合，大吉。○问讼事：和好。○问疾病：吉。○问胎孕：生男孩。

［活断实例］

◎明治三年某月，我应某贵显的召请。贵显说：“有一件事，麻烦筮一卦。”筮得随卦，变为震卦。

断卦说：随卦主秋冬的季节，震雷藏在兑泽中，有以强者随弱者之象，《彖传》称它“刚来而下柔，动而说，大亨贞，无咎”。全卦初、四、五爻以刚爻随柔爻，都得位；二、三、上爻以柔爻系刚爻，都失位；只有四爻系恋柔爻，而又能率领众柔爻而随九五。从这一点看，知道有威权者能使众人顺从自己，而共同追随九五君王。现在占得九五，可见天下没有不服从君王的命令的。天命就是这样，所以《彖传》说“随时之义大矣哉”。

后来不久，有废藩设县的命令。

◎元老院某议官转任某县长，将赴任时，请我占施政准则。筮得随卦，变为震卦。

断卦说：随卦有以刚从柔的义理，属于从尊贵位置降到卑低位置之象。现在您治理该县，顺从民情而不夹杂私意，人民自然悦豫地随从归服，叫做“孚于嘉，吉”。

从前这个县纷争不已，某氏赴任后这样施治，才得以安稳平和。

上六：拘系之，乃从维之。王用亨于西山。

《象传》曰：“拘系之”，上穷也。

［经传释义］

拘，执着不放。维，维系。管子说：“礼义廉耻，国之四维，乃维民之道也。”是所随极其诚挚缠绵，有固结而不可解的意思。至诚可以感孚君心，可以享祀鬼神，是随的最高准则。

王指周王，西山指岐山。上六以阴爻居随的极位，象征天下臣民随顺和服从的极致，故不再说随，反而将拘系九五，九五也顺从所系而加以维持。居随的极位，至诚地对待君王，相知和信任的深挚笃实始终无间。譬如一件物品为人们所喜好，唯恐失去，既“拘系之”，又从而维持，即所谓“拳拳服膺而弗失之”的意思。

过去周太王躲避戎狄的危难，离开豳地，移居到岐山下，百姓的跟随像归市一样，即“拘系之”，太王也就以道维持他们。太王离开豳地，势力穷困而人们却越发追随他，所以周室的事业从此兴起。文王的时候，天下人没有不顺服的，而文王还坚守臣节，在封地内的西山享祀太王，不敢僭越郊褅之礼。固结鬼神正是为了固结君王，所以上六那样的诚意足以通神明，连神明也会随顺人，叫做“王用亨于西山”。

《周易》爻辞说“王用亨”的有三卦，都指王者用享；这一爻则以贤臣享山川，而不是以这一爻为王。如果让它主祭，那么众神都会前来享用，可见王者要想得到上天的认可，没有比用贤更重要的。《象传》“上穷也”，“上”即“尚”字，指随道的极致，无法再推崇了。

[一辞多断]

○问时运：目前左支右绌，不太如意。○问商业：坚固、结实、稳当，可以做，但不能事事如意。○问家宅：恐怕防范和约束过严，以致家人有怨言。○问疾病：祷告就吉。○问婚嫁：有以赤绳系手臂的因缘。○问讼事：恐怕有披枷戴锁的祸患。○问失物：是自己包裹收藏起来了，不曾失去。○问胎孕：生女孩。

[活断实例]

◎南部的山本宽次郎是我的旧友。他维新之际，奔赴函馆战役，边地战争时，在将帅中颇有勇武的声誉。明治十二年七月，他与五个武士到我家来访，对我说：“您有谈《周易》的癖好，以为很快乐，我却感到这是个很苦的差事，换作其他乐事怎么样?”他自己说易占必定应验，认为政府不可不用。陆海军关系到人的生命和国家的存亡，裁判所明辨是非曲直，都不可不用。但对于未来的事，或应验或不应验，恐怕难以一一预知。我说：“小人闻道而笑，‘不笑不足以为道’，《周易》哪里像您所说的那样呢？我在二十年这样久的时间里，没有一天不用《周易》，是因为百占百中。”山本听了，笑道：“如果真像您说的那样，那么我的命什么时候终结？希望占一下迟速，让我预先知道。”我说：“这极容易。”筮得随卦，变为无妄卦。

断卦说：随卦以震长男从兑少女，又为归魂卦。现在占得上爻，您的生命将终结于本年。您的妻子在墓前祭祀之象，正体现在爻辞中。“拘系之”，指系连于您；“维之”，指有子女；“亨于西山”，指把您埋葬在住宅的西面。

山本听了冷笑，好像不介意。各位武士或怀疑或冷笑。后来这年的十月，南部某寄信给我说：“山本昨夜突然中风，半身不遂，于是从本国召唤妻子。他的妻子没到时，请借神奈川别邸中的一户为寓所。不久他的妻子来迎接，一同回到盛冈，到十二月就死了。”于是当时听了我的占断而暗笑的武士，都为此惊叹。

◎明治三十一年十月，宪政党分离为二[①]，原改进党改称宪政本党，原自由党称宪政党，分别树立旗帜。当时的策士井上角五郎、尾崎三郎、雨宫敬治郎等，见宪政党权力薄弱，让他们提携山县内阁，乘虚实行板垣伯所主张的铁道国有论。三人来请占宪政党内阁的提携成功与否，筮得随卦，变为无妄卦。

断卦说：随卦下卦的雷发动，上卦的泽喜悦。《系辞传》说："服牛乘马，引重致远，以利天下，盖取诸随。"由此看来，宪政党宁可粉身碎骨也要追随政府，是能贯彻政府的意向的。现在占得上爻，爻辞说"拘系之，乃从维之"，指提携办法的严密；"王用亨于西山"，指政府得到宪政党的援助，海陆军扩张的费用得以如意，喜悦之余，可以举行靖国神社[②]的祭礼。

后来的事果然和所占断的一样。

---

① 宪政党分离为二：日本明治时期政党分合频繁，情况比较复杂，这里总说如下。1874 年，板垣退助、片冈健吉等成立立志社，1875 年 2 月以该社为基础成立爱国社，1880 年 3 月改称国会期成同盟。1881 年 10 月，国会期成同盟等组织改组成为自由党，板垣退助任总理（即主席）。1882 年 4 月，以大隈重信为总理的立宪改进党宣告成立。1884 年 10 月，自由党宣告解散。1890 年 1 月，大井宪太郎等重组自由党，河野广中等组成大同俱乐部，板垣退助等组成爱国公党。同年 9 月，三党联合组成立宪自由党，1891 年改称自由党。1896 年，立宪改进党吸收几个小党改组成进步党。1898 年 6 月，自由党与进步党合并为宪政党，组成以大隈重信为首相、板垣退助为内务大臣的"隈板内阁"，成为日本历史上第一个政党内阁。宪政党执政约 4 个月，即因旧自由党系和旧进步党系争夺内阁官位而发生分裂。旧自由党系继续使用宪政党的名称；旧进步党系则改称宪政本党，后来又改组为宪政会。经过多次改组，这两个政党分别嬗变为第二次世界大战前日本的两大资产阶级保守党——立宪政友会和立宪民政党。此外，从 19 世纪末 20 世纪初，日本还出现了早期的社会主义政党组织。1898 年片山潜等人组织了社会主义研究会，1900 年 1 月改组成带有政党性质的社会主义协会。1906 年 2 月，日本社会党宣告成立，但在明治时期都没有起到大的作用。

② 靖国神社：位于日本东京千代田区九段板的一个神社，供奉自明治维新以来为日本国战死的军人或军属，其中绝大多数是在中日战争及太平洋战争中阵亡的日兵及殖民地募集兵，并包括 14 名甲级战犯，使得神社备受争议。靖国神社在第二次世界大战以前一直由军方专门管理，是国家神道的象征；在二战以后，遵循政教分离原则，改组为宗教法人。

䷑山风蛊

蛊卦巽在下，艮在上，艮为山，巽为风，是山下有风之象。风是空中的气，可以使气候流通，寒暑往来，万物发育。现在风进入山下，闭塞停息而不振作，以致物品腐败而生了虫。另外巽为气味，为气；艮为止，为覆盖的器皿。艮在上，巽在下，是把有气味的东西藏在器皿中又加以覆盖，所以腐败而生了虫。一个虫就会繁殖为三个，越生越多。虫在器皿中没有食物，至于同类相食，所以蛊是乱的意思。

“蛊”字原作“蠱”，从三个“虫”在一个“皿”中，所以《春秋传》说“皿”“虫”为蛊。朱熹说：指在器皿中聚集毒虫，教它们自己相并，总是败坏的意思，所以称这一卦为蛊。《说文解字》说腹中的蛊是深悔所生，故又有淫溺惑乱的诠释；又转训事，是修饬的意思。《序卦传》曰：“蛊者，事也。”《杂卦传》曰：“蛊则饬也。”凡遇到蛊败，必定谨慎地加以整饬修治，像训“乱”为“治理”一样，所以卦名取败坏的意思，爻辞取作事的意思。

蛊：元亨，利涉大川。先甲三日，后甲三日。

［经传释义］

蛊指败坏的极致。败坏至极就会返回大治，大治就必须有治蛊的人才应世而出，得到这治蛊的人才，就足以导致元亨了。用人才治蛊，犹如用舟楫来涉川。《尚书》所谓“若涉大川，用汝作舟楫”，说的就是这一点，所以说“利涉大川”。

“先甲”“后甲”，众儒说法纷纷。马融就卦位说，子夏就癸丁说，虞翻就贲与无妄变卦说，郑玄取用辛用丁的义理，苏东坡根据尽巳尽亥的说法，都是各执己见。只有《全书》以先甲三日、后甲三日为六爻已经终了，七日又重新开始，取复卦“七日来复”的义理。书页的上端说：甲是事情的开始，庚是事情的变化。蛊从乱极而复治，所以说甲；巽化阴归阳，所以说庚。这种说法最精确。程颐说：“先甲三日”，用来探讨原因，以便处事；“后甲三日”，用来推究未来，以便预防。这种说法也通。

《彖传》曰：蛊：刚上而柔下，巽而止，蛊。蛊“元亨”而天下治也。“利涉大川”，往有事也。“先甲三日，后甲三日”，终则有始，天行也。

[经传释义]

卦中艮体的一个阳爻在上位，两个阴爻在下面；巽体的两个阳爻在上面，一个阴爻居下位。内外卦阴阳不相交，象征意志不果决，行动不刚健，因循苟且，坐失良机，所以弊病逐渐积累而成蛊。蛊怎么能“元亨”？所谓“元亨”，必须使蛊败的事物恢复完好，闭塞的事物重新通达，这样才能“‘元亨’而天下治”。《序卦传》说“蛊者，事也”，整饬蛊败必定有事，而前往不能没有危险，危险没有超过大川的。为整饬蛊败而前往，无不有利。“先甲三日，后甲三日”，先后就是终始。推原蛊的开始，要结蛊的终极，事先不敢荒废，事后不敢怠慢，唯恐努力得还不够，使事物终而复始，这是没有天行之健的人所做不到的，也是整饬蛊的全部功用。

以这一卦比拟人事，我为巽而顺从，对方为艮而静止，意气互不相通。意气不通，彼此就不能协力成事，而因循苟且，事情必定败坏，也就势所必然了。譬如木头朽了就会生蛀虫，谷物久了就会生虫，都是蛊象。

蛊为后天卦，艮巽与乾坤交换位置，象征父母老了而由子女担当事务，所以六爻中五爻都谈家庭的事。初爻“干父之蛊”而承其意；二爻“干母之蛊”而得中道；三爻的干蛊虽然“小有悔”，但是“无大咎”；五爻的干蛊，“用誉”而以德相承；只有四爻因为宽裕而“见吝”，是失于巽顺了。人事以孝为首要，就家庭的事推论，没有什么事不应当如此。到上爻居蛊的终极，独善其身而不言整饬蛊败，这是为了谨守它的志愿而治理身心的蛊，扩充它的志愿而治万世的蛊，属于人间的大事。

以这一卦比拟国家，上卦为政府，下卦为百姓。艮在上，巽在下，一高一低，尊卑悬殊，情意隔绝。臣下逡巡畏缩而不振作，君王因循苟且而无作为，祸乱的萌发已经潜伏于太平当中，由此而百弊丛生，事事棘手，这就是卦名为蛊的原因。在蛊的卦时，最重要的是必须有干蛊的才能，这样蛊才可以治理。《象传》说：“蛊，君子以振民育德。”这是以振起民众，培育德行为治蛊的根本方法。

卦中六爻都谈治家，不涉及治国，因为治家就是治国，没有第二种方法。初爻干蛊而“终吉”，管仲为齐桓公做相、孔明辅佐蜀后主就是例子。

二爻干蛊而得中道，周勃事奉吕后、狄仁杰事奉武后就是例子。三爻干蛊而“无咎”，伊尹为相于太甲，终于得以复位就是例子。四爻裕蛊而“见吝”，李勣不肯劝谏，终于酿成祸患就是例子。五爻干蛊而“用誉”，周公为相于成王，终于成就兴周的功业就是例子。至于上爻的“高尚其志”，则许巢的不接受天下、夷齐的不食周粟就是例子。后世的君臣，考虑到治国的艰难，应当凛凛于“先甲”“后甲”的危惧，谨守成始成终的方法，运用震卦的动，效法乾元的健，这样就“元亨而天下治”了。不然的话，柔顺地安于现状，退止而不肯前进，蛊坏日益严重，即使有善于治理的人出现，也难保有好的结果，可以不畏惧吗？可以不慎重吗？

通观全卦，艮体以一个刚爻止于上位，上亢而不能下济；巽体以一个柔爻进入下位，卑俯而不能上承。刚柔不相交接，两情互相乖违隔绝，卑俯的越发卑巽而逡巡不进，高亢的越发高亢而苟且偷安，积弊日益深入，腐败日益严重，最后就不可救药了。所以说“刚上而柔下，巽而止，蛊”，即自我卑巽于内，苟且偷安于外才造成蛊。古书说：“流水之不腐，以其逝故也；户枢之不蠹，以其运故也。”所以器物要常用，长久不用就会生蠹；身体要常动，长久不动就会生病。可知蛊的原因在于止，它的由来不是一朝一夕。

《象传》说“山下有风，蛊”，风要运行，遇到山的阻碍而停止，旋转于山下而不能通达。“风”字从“虫”，故说“蛊以风化”。君子要治理蛊的局面，没有比振起更得当的，振即动而不止。“振民育德”即“明明德”、“新民”之道，所以各爻都说干。干是植立的意思，即对事物加以整饬、将它撑起来，与“振”一样，都是止的反面。用止的反面，蛊就得以治理了；若像四爻那样“裕父之蛊”，就是加深蛊败了，所以鄙吝。

五爻都说干蛊，有做儿子的方法在里面。上爻居五爻之上，处在全卦的极位，有父亲之象，所以不说干蛊。把干蛊的事归于五爻所象征的王、各爻所象征的侯，而上爻不从事这件事，故说“不事王侯，高尚其事”。就是说，它还有高出王侯之上的事情可做，即以一句话而为天下人所遵行，一个行为而为天下人所效法，虽然不说治蛊，却是治蛊的前提，其做法可以成为万世的法则，所以《象传》说“志可则也”。若以为“不事王侯”指隐居者的做法，仍然重蹈苟止和卑巽的习气，那就不是治蛊，而适足以加深蛊败了，所以与爻的含义不合。

总之，卦中的五爻称父，称母，称子，都是家事；上爻则说王，说侯，属于国事。邱氏说：以这为子，是诤父的儿子；以这为臣，是诤君的大臣。这话得到了其中的道理。

《象传》曰：山下有风，蛊，君子以振民育德。

小畜卦“风行天上”，观卦“风行地上”，涣卦“风行水上”，因为没有阻碍，所以都说行；蛊卦山下有风，风遇山而止，所以说有。行在外，有在内。在内必定郁积而无法宣发，郁积久了就会腐败，说“蛊自内生”，就是为此。君子值蛊的时运，应当振起民众，培育德行，使艮止者动起来，巽入者出现于世，用自己的德行来感化民众，民众也感应他的德行而振奋有为，得以革去旧的污染而“日新其德”，这是君子治蛊的能事。这样，蛊的局面就得到治理了。

[一辞多断]

○问时运：目前好运刚来，必须努力振作，这样才能改变旧面貌。○问商业：防止货物因堆积而败坏，应该赶快贩运或出售。○问征战：屯营应该在空旷的地方，不应该接近山。防止有风声鹤唳之类惊恐。○问家宅：必须整肃门庭，警惕关于诲淫和蛊惑的禁戒。○问疾病：防止巫蛊咒诅，或者腹中患蛊毒的病症。○问讼事：想是听人蛊惑所致，应该赶快停止诉讼。○问婚嫁：恐怕有男女私情。○问失物：失物已经败坏。○问出行：防止因为风而受到阻碍。○问胎孕：防止有异样的胎孕。

初六：干父之蛊，有子考无咎，厉，终吉。

《象传》曰：“干父之蛊”，意承考也。

[经传释义]

干指树干，它使枝叶得以附立，可以维持树身，所以称人能担负重任为干事。蛊即事。“有子”是赞美的话，即所谓“子克家”。考指父亲，父亲死后称考。蛊指物品腐败而生虫，其由来不是一朝一夕，所以蛊卦的各爻都就父子而言。对于家中父亲有蛊有待于干的不幸，孝子心中很悲戚，但幸而得以干蛊，这样父亲才能无咎，孝子也得以没有危厉，所以吉。

[一辞多断]

○问时运：刚交好运，应当克勤克俭，以光大前人的事业。吉。○问商业：旧业重新振兴，必定多获利益。○问家宅：想是祖先的旧宅，应当改造一新，这样非常有利。〇问征战：如同勾践灭掉吴国，伍子胥征伐楚国，一定可以重新振兴。吉。〇问讼事：以前不能申冤，还应该上诉，没有灾祸。〇问疾病：虽然危险，但是无妨。如果是没有儿子的人，得到这一卦不利。〇问婚嫁：好儿子好媳妇，吉。〇问胎孕：生男孩，一定能振兴家业，吉。

[活断实例]

◎和歌山县某木材商人，初次采伐木材，运到东京大阪等处出售后，得到财主的支持，生意特别兴旺。当时东京遭受火灾，某商人正有木材运到东京，很得利益。由于钱多也善于经营，从此生意越做越大。不料偶然患了感冒，竟陷于重病，二十多天就死了。家中有一个妻室，一个儿子，儿子才十五岁。一切遗产，如山中及运往他处的木材、运送的船只、金钱出入等款，某商人一向自己作主，妻子完全不了解。一天，妻子和儿子来访，告诉我其中的情实，于是为她的儿子占筮，得到蛊卦，变为大畜卦。

断卦说：蛊卦山下有风，风是鼓动万物的。风在山下静止而不动，所以郁蒸而生了虫，有成群的虫子互相吞食之象。现在占得初爻，显然可以看出你父亲死后，采伐的所有木材等已经损耗殆尽。现在你虽然年少，但是应当想着继承父业，承当艰难，并且非常勤勉，那财主也将有感于你的志向，出力援助你，所存木材和所遗留钱款都可以收回，叫做“干父之蛊，有子考无咎，厉，终吉”。

后来他果然能勤勉地继承父业，使它更加兴旺。

[活断实例]

◎明治二十五年，熊田某养子占家政得失，筮得蛊卦，变为大畜卦。

断卦说：蛊卦以长女嫁给少男，有家中子嗣相续之象。养父的负债不是一朝一夕造成的，积弊已经很久了。初六为蛊的初始，弊病还不深，所以不难处置。儿子继承父亲的债务，应当努力抵偿，故说干蛊，有这样的儿子，父亲就无咎。干，指负担事情而加以处置；“厉无咎”，是说虽然危险，但终究没有灾祸。

九二：干母之蛊，不可贞。

《象传》曰：“干母之蛊”，得中道也。

[经传释义]

对干蛊的解释见初爻下。这一爻在巽体，以刚中上应六五，象征巽顺而得中道的人。初爻说考，二爻说母，说明父亲已经死了，而母亲还在。蛊卦六爻中，称“父之蛊”的有四爻，称“母之蛊”的只一爻，因为妇人无专制的道理。亚洲自古戒止妇人专制，如《尚书》所谓“牝鸡司晨，惟家之索”就是例子。九二以刚中的品德劝谏他的母亲，故说“干母之蛊”。必须像凯风七子所歌唱的那样，才算得到其中的意味。

如果把二五两爻看作君臣，那么二爻为大臣，五爻是幼主或女主。是幼主，就要像周公做成王的相国那样，劝进《豳风》，婉转地开导，一心期望他归于善；是女主，则要像陈平、周勃辅佐吕后，狄仁杰、娄师德做武后的宰相那样，从容巽顺地辅翼国政，不使蛊败再发展下去。治蛊固然不可过柔，但也不可过刚，过刚就会伤恩义，过柔就会流于懈慢。二爻阳刚而得中，所以能酌量损益，使做法适宜，用刚而没有用刚的痕迹。以柔济刚的不足，弥缝得法，自然不至于使蛊的局面更严重，所以《象传》说“得中道”。

[一辞多断]

○问时运：目前以将就调剂为贵，不可草率。○问商业：防止有旧债和积弊等事，应当以宽缓的方式调节和处置。○问家宅：恐怕母亲一党专擅权力，挑起事端，应该忍耐而善于处置。○问征战：防止有暗中的危险，不可径直前进。○问疾病：在壮年，防止是疟母痞块等病；在小儿，或许是胎气不足的缘故。应当服柔和的药剂。○问行人：在半路上，后日可以归来。○问失物：能得到。○问婚姻：应当得到好媳妇。

[活断实例]

◎某友人来告诉我说：“我的亲族某死后，亲族集会商议有关事情，苦于难以处置，意见没有决定，请为这件事占筮。”筮得蛊卦，变为艮卦。

断卦说：蛊卦是山下有风，刚柔之间不相交接，因而腐败生虫之象。巽为风，为长女，艮为山，为少男，象征寡妇和幼子主持家政。蛊为腹中因淫晦而生的虫，又有淫乱蛊惑的事。现在亲族如果揭出隐秘，关系必定破裂，蛊祸就更严重了。四爻说“干母之蛊”，必定是她的儿子自己能够处置。应该等到四年后儿子长大，那时蛊乱会自己消灭，现在还不是时候。

友人听了，有感触地说："亲族某用若干资金在横滨开店，勤勉得力，获利二十万元。他的妻子死后，纳艺技为妾，生了一个儿子，今年才十岁。他死后，因为儿子还小，由母亲主家事。母亲与某伙计共同经营，于是互相私通，因而家事全权委托给某伙计。亲族都为此不高兴，于是某伙计想分割资产的一半作为自己所有，所以亲族集会商议，难以处置。现在得到这样的占断，才知道处置的方法，即等到四年后她的儿子长大再商议，自然能整顿旧业。"

后来就依爻辞而决定了。

◎占明治二十年教育气运，筮得蛊卦，变为艮卦。

断卦说：卦象山下有风，巽风进入山下而为艮所抑止，是风在山中，入而不出的意思。"风"字从"虫"，所以因为长久郁积而造成蛊后，虫子因为没有食物而同类相食，故以蛊为卦名。就国家而论，是风化不通达、人心败坏之象。人有身有心，教育的目的在于治身治心两方面。治身首先注重衣食起居，治心首先注重仁义道德。人人不缺乏衣食起居，恒产充足，自然不至于流于放肆邪僻；人人知道仁义道德，恒心完善，自然可以共同向圣贤学习。这样，从小的方面说，可以得到一家团聚的快乐，从大的方面说，可以开启国家的长治久安。

我国屹立在亚洲，土地绵长，膏腴和寒暖的程度都很适宜，国家用度充足，不依赖其他国家的物产，礼教也得到了修明。两千余年以来，君王圣圣相承，人民安居乐业。而且全国人民，多属于天皇家的支派，因为中世天子赐臣下源、平、藤、橘四大姓氏，其实都出于皇族。所以百姓见到王室，犹如众支派见到大宗，爱戴之情无异于骨肉。到武门专权①以后，虽然皇威不振，纲纪紊乱，但不过像兄弟间的纠纷，终究不曾觊觎王室，与其他国家的僭夺之事相循环，拿天子的地位作传舍的现象相比，大不相同。而国家之所以历久不衰，全靠这治身治心的教育的作用。

自从维新以来，社会风气和教育发生了很大变化，人们竞相崇尚新奇事物，见异思迁，出行有铁路，居家有电灯，海上有轮船，陆上有电线，凿矿采掘金属，开埠流通商品，以世界为一家，以四海作比邻，对西方的效法越来越深入。所谓富强的事业，今天的确胜过古时候，只是教育的方法，我私下里认为今天不如古代。为什么？因为现在学习欧美学术，派英

---

① 武门专权：又称武家专权。11世纪末，武士进入了中央政界，日本从此陷入源、平两家频繁的内战之中。到12世纪末，源赖朝打败了平氏，受封第一代征夷大将军，在关东地区的镰仓建立幕府，架空了天皇，开始了日本的武家政治，这就是一直持续到明治维新之前的幕府政治。

敏的子弟去学习，学成归国后马上被奉为老师，来教授国内的子弟。那些俨然为老师的人，只在三五年间学了些欧洲人的奇异浮文，却完全抛弃了我国向来有关身心的实用学问。受他们熏陶的子弟不顾知识的层次、长幼的顺序，侈谈自由，倡导利己，只以优胜劣汰、弱肉强食为天则，而不知道以仁义道德为天赋。于是身教不谨严，心术日益败坏，做儿子的不讲孝，做臣下的不讲忠，做兄弟的不讲悌，做朋友的不讲信，残忍狠毒，汩没天良，甚至把父母看作路人，把兄弟看作吴越，犯上作乱，为所欲为，其弊端不胜枚举。阅读现在《日日新闻》所刊载的杀人、盗财、奸淫、诈伪等事，风俗的败坏简直像蛊毒入心，不可救药。这样的世风和教育来自西方。西方即阴方，所以称为母蛊。所感染的蛊已经很深了，不可用刚猛的手段克制，所以说“干母之蛊，不可贞”。

九三：干父之蛊，小有悔，无大咎。

《象传》曰：“干父之蛊”，终无咎也。

[经传释义]

干蛊的解释见于初六爻下。到九三，蛊败已经深入，没有阳刚的德行和才干就难以革除弊端。三爻继承父亲败坏了的事业，如果还是因循坐视，不思补救，就等于加深父亲的恶，不是做儿子之道；但过于刚猛而不中庸，以至径直行事，弥补父亲的过失，却又会伤父亲的心，也不免有悔恨。不是刚阳之才就不能干蛊，既能干蛊，虽然略有悔恨，却可以没有大的过咎，叫做“干父之蛊，小有悔，无大咎”。“小有悔”用来警戒；“无大咎”用来劝勉。“小有悔”固然不算善于事奉父亲，但如果因为怕悔恨而不去干蛊，过咎就更大了，所以三爻的干蛊而有悔，到底胜于四爻的裕蛊而得吝。

[一辞多断]

○问时运：目前应该痛改前非，纵使小有挫折，最终也有所成就。○问商业：应该重兴旧业，改立章程，或许会有小的损失，但必定得到大的利益。○问家宅：恐怕栋宇年岁已久，多半会生蛀虫或腐朽，不要吝惜小的费用，应该迅速改造。○问征战：凭刚武径直前进，不免有小的失败，但一定没有大害。○问失物：得是必得的，但要防止小小的口舌之灾。○问胎孕：生男孩，但生下小孩未免有小的疾厄。○问疾病：无妨。

[活断实例]

◎某公司经理某来，请占公司的盛衰，筮得蛊卦，变为蒙卦。

断卦说：蛊卦风在山下，是风气不通而生虫之象。在公司为事业不振，物品和资本不能通融，员工因而议论纷纷。现在占得三爻，知道公司的失策由来已久，要想挽回，深感艰难；今年虽然多次失策，但年终决算时可以没有大的差错。明年才是紧要的阶段，员工应当勤勉努力，革除旧弊，维持公司的气运；到后年可以得到切实的成就，公司的气运一定会兴盛，叫做“干父之蛊，小有悔，无大咎”。父蛊指弊病承以前而来，明年指第四爻，后年指第五爻，可以就四五两爻的爻辞参究。

经理听了，说：“占断可以称为适当。今年因为员工因循，以致事业不振而酿成损失。员工中还有不胜任的人，常常蛊惑人心，使公司濒临危险，所以先撤这人的职，由我自己补任。像您通过占卜料知明年公司气运的窘困一样，我今天可以预知明后年的兴盛。”

六四：裕父之蛊，往见吝。

《象传》曰：“裕父之蛊”，往未得也。

[经传释义]

裕是宽容，与干相反。“裕父之蛊”，指因循苟且，不敢改革，宽容蛊使蛊越发深重。六四以柔爻居柔位，无法有所作为，而到四爻蛊卦已经过半，对蛊的整治应该像救火和拯救溺水者一样迅速，这样才能成功。父亲既柔暗懦弱而积弊成蛊，儿子如果仍然柔暗懦弱而不能挽救，必定导致羞吝，所以说“裕父之蛊，往见吝”。

四爻变阳则全卦为鼎，鼎卦的九四爻辞说：“鼎折足，覆公餗，其形渥，凶。”也可见它越发羞吝。初六、六四都是柔爻，同样有干蛊之象，但爻辞不同。初六居蛊的初始，败坏还不严重，虽然阴柔，却容易成功，所以吉；六四蛊败过半，败坏比较严重，但是仍然畏缩不前而不能贞固干事，所以“见吝”。

[一辞多断]

○问时运：气运平常，但由于一味因循，最终导致自我贻误。○问商业：只知道持守常道，不知道革除弊端，长此下去，难以得利。○问征战：威仪不足，命令不严，不可前去，前去必定失败。○问家宅：父亲的产业虽然充裕，但是弊病已经深入，难保它的未来。○问疾病：外形还好，但内部病患已经深入，如果不赶快治疗，以后就无法救治了。○问胎孕：生女孩。

[活断实例]

◎某友人来请占某富豪的家政，筮得蛊卦，变为鼎卦。

断卦说：蛊卦山下有风，风鼓舞万物而助成化育，而山则止而不动。现在“山下有风”，是风入山中而生虫，叫做蛊。拿人事来说，风过而不留，象征见识不定的人；另外山止而不动，象征精神萎靡的人。这样的人，不能振作起来成就大事，只知道贪图目前的小利，甚至残酷地侵蚀亲友，是人中的蛊。六四以阴爻居阴位，才智愚钝，力量柔弱，既不仗义又不勇敢，无法革除家庭的弊病，挽救衰败的家运，而是苟且偷安，坐视蛊败的发展，就是在富豪家也难以保住资产，叫做“裕父之蛊，往见吝”。

某友人听了，说：“某富豪的父亲虽然勉强兴起了家业，但因为没有儿子，而养亲族的儿子为后嗣。这后嗣智慧和见识寻常，远不如他的养父。养时虽然略有债务，继承家业时本来有资产可以抵偿，可是少年子弟忽然成了富豪，愚蠢而好自用，不听别人的劝告，竟至于毁败了家业。占辞的恰当，真值得感慨和佩服。”

六五：干父之蛊，用誉。

《象传》曰：干父用誉，承以德也。

[经传释义]

六五以柔爻居刚位，又得中而居君位，与九二刚健中庸的贤臣阴阳相应，专心用九二作辅弼来匡救旧弊，故说“干父之蛊”。五爻在君位而爻辞说父，是因为帝王必有父亲。卦中初、三两爻都说“干父之蛊”，三爻说“有悔”，只是免于灾咎罢了；初爻则说“考无咎”，说“终吉”，不能不说善于干蛊。到五爻，父亲不但无过，而且因为儿子的干蛊而得到荣誉。把恶归于自己而把善归于父亲，曲委弥缝，不是善继善述的人是做不到的。

《象传》说“干蛊用誉，承以德也”，干蛊可以凭才能而成功，“用誉”则必须以德相承，所以说“承以德”。

[一辞多断]

○问时运：虽然家运衰败，财产微薄，但只要能自我振作，就足以立身扬名。○问商业：旧业虽然不很理想，但是经过一番改革，一定会得到名利。○问家宅：祖上的遗产不丰厚，幸而能扩充前人的事业，一定能光大门楣。○问征战：能夺回城池，使军威远扬，吉。○问疾病：应当请名医治疗。○问胎孕：生男孩。○问嫁娶：一定是名门贵族。

[活断实例]

◎某友人来请占某富豪的家政改革，筮得蛊卦，变为巽卦。

断卦说：蛊卦有覆盖的贮器密不透风，以至腐败生虫之象。以国家来比拟，必定是年幼的君王继承了帝位，深居在宫中，不接见外臣，由母后垂帘听政，于是小人充满朝堂，君子隐退到郊野，为宵小蛊惑的时期。现在六五君王已经长大，又与九二刚健的大臣阴阳相应，共同谋划革除国家的积弊。在实施改革的时候，前后七日，兢兢业业，谨慎周密，叫做“先甲三日，后甲三日”。想来富豪家的家政改革，也是这个道理。某豪商家政的弊病不是一朝一夕形成的，现在得到出色的人才，洗除积年的宿弊，改革一定能收到功效。但这件事宜用刚而不宜用柔，宜迅速而不宜缓慢，应当在七天内果决地加以专断，叫做“干父之蛊，用誉”。

友人听了大有感触，说主人夫妇以下都已经同意，仅仅几天，就已经决断并加以实行。后来果然能保有原来的资产。

上九：不事王侯，高尚其事。

《象传》曰：“不事王侯”，志可则也。

[经传释义]

上九为成卦的主爻，以刚明的素质居艮止的极位，既不比九五也不应九三，逍遥于人事之外，不关世间的毁誉荣辱，其清风亮节足以激动人心，振起颓败的风气，这对世间的利益难道少吗？九五为君王，九三为诸侯，而上九不比应它们，故说“不事王侯，高尚其事”。

上九的高尚，不是放情于物外的人所可以假托的。它不仅治一时的蛊，实在足治万世的蛊。其志愿的值得效法，哪有过誉之处呢？所以《象传》说“志可则也”。

一说：蛊卦初至五爻都说蛊，却不说君臣而说父子，这是大臣事奉君王与儿子事奉父亲完全一致的缘故。只有最上面这一爻说“不事王侯”，是由于这一爻既不是君也不是臣，并且不是儿子，而是身居父位的人，所以志向高尚，不再参与天下事，而其志愿实在足以作为天下人效法。

凡读《周易》的人，只有先看熟卦爻象与卦爻所象征的时运，才能读懂卦爻辞，不然，只是拘泥文字，即使终身读《周易》也得不到要领。比如这一爻，《象传》不难读，但难得其中的旨意。为什么？“不事王侯，高尚其事”的人，虽然有才能和德行，却不为众人所了解，不为世间所任用，古往今来也不少，倘若一定要说这些人“志可则”，那么经世致用的圣贤君子的志愿，难道反而不可则了吗？如果这样说，不是几乎大大地妨碍名教，有害纲常吗？上九具备阳刚的德行，居全卦的极位，在这天下蛊败日益严重的时候，不忍坐视，所以从初六到六三，振奋才能来拯救时艰，以光大前人的事业；及至蛊败革除，人人沐浴太平富贵的福泽的时候，上爻则超然远引，“不事王侯，高尚其事”。这种见几而作的君子，难道不值得作为样板吗？

[一辞多断]

○问时运：应当以退为进。○问商业：目前货价必将逐渐升高，不必急于出售。能得利益。○问家宅：应该依傍高阜一类地方，吉。○问疾病：属于归魂卦，恐怕寿命有阻碍。○问婚嫁：一定女子贞正，男子才高，属于天缘巧合。○问征战：想来已经到了战胜凯旋的时候。○问出行：适宜做行商，不适宜求名。

[活断实例]

◎某友人来，请占某贵显的气运，筮得蛊卦，变为升卦。

断卦说：蛊是由于风入山中，郁积而生的。拿国家来比拟，政府为山，有高傲之象；百姓为风，有卑顺之象。双方一高一低，情意不融洽，正如食物放入器皿中，因为不透风气，湿热郁蒸而腐败生虫，以至同类相食而成蛊。去年外交不通达，政策与排外锁国时很相似；但在维新之际，两三个雄强的藩首倡导改革，奋发有为，幕府中的士人为祖先遗业的失坠而悲伤，慷慨地想拼死守卫，因而战争不止。这时，某贵显能洞察内外大势，调剂在双方之间，在酒席上平息干戈，不使内忧外患一时并起，实在是治蛊的能臣，非庸庸碌碌的人所能赶上，其功绩不也很伟大吗？现在占得蛊卦上爻，是某贵显功成身退之象，叫做“不事王侯，高尚其事”。

䷒地泽临

“临（臨）”字从“人”，从“臣”，从“品”。人中属君王最尊贵，臣是把人作为臣民来统御，品是区别人的品类。就是说，君王临朝统御天下，统率臣民，辨别他们的贤良与否而加以任用，即君王莅临百姓，尊贵者莅临卑贱者，上位者莅临下位者。临又有监守的意思，所以“监”字从“临”省文。

另外，临卦兑在下卦而向上，坤在上卦而往下，象征彼此关系密切。卦体兑为泽，坤为地，地在泽上，这是以地临泽；上面是四个阴爻，下面是两个阳爻，阳爻要上进，这是以阳临阴。所以下卦喜悦而依附上卦，上卦柔顺而反降到下卦。附于上卦是从下附上，降到下卦是以上临下，总之是莅临之象。卦爻辞有“临”的字样，于是以临为卦名。

临：元亨利贞，至于八月有凶。

［经传释义］

临卦兑在下，坤在上，兑为悦，坤为顺。坤卦的“元亨”是顺导致的，临卦得到坤元的顺，所以也说“元亨”；兑卦的“利贞”是悦导致的，临卦得到兑卦的悦，所以也说“利贞”。元亨利贞四德首先具备于乾卦，乾为天，临民的人应该效法天，所以临也具备这四德。

“八月”的说法，众多儒者的议论多样，但《周易》之道不外于阴阳消长。就辟卦来说，临为二月的卦，二月值仲春，阳气方长。八月值仲秋，阳气渐消；阳消阴长是凶道，所以“至于八月有凶”。说至，是未至而防至的意思；说有，是没有而防有的意思。如果是已至已有，那么凶险已经临身，要躲避也来不及了。圣人用《周易》垂诫，希望临民的人事先防备，也是“履霜，坚冰至”的意思。这样，凡事有吉而无凶，天下就可以常治不乱了。

《彖传》曰：临：刚浸而长，说而顺，刚中而应，大亨以正，天之道也。“至于八月有凶”，消不久也。

刚指兑下面的两画，即初爻和二爻。浸，渐的意思，指两阳爻渐长于下面而上进。内卦为兑，外卦为坤，象征内悦而外顺。“刚中”，指二爻阳刚得中，应指五爻以柔中应刚中，说明刚爻与柔爻相应。

大即元，以即利。《彖传》中的“以”字，都用来解释“利”字。具备元亨利贞四德的卦，有乾、坤、屯、随、临、无妄、革七个，各卦的四德都从乾卦的六个阳爻而来。乾为天，故说“天之道”。“浸而长，说而顺”是得到了亨通之道，“刚中而应”是得到了正道，即所谓“尽人以合天”。

“八月有凶，消不久也”，临值二月，“刚浸而长”，到八月柔浸而长的时候，刚就浸而消了。“不久”指将消，即浸的意思。刚浸而长，君子应天而行事，才能“大亨以正”；刚浸而消，君子应当预先警戒，这样才能免于凶险。阳长阴消，拿天道来说，叫做寒暑往来；拿世道来说，叫做君子进而小人退。圣人特别在临卦反复垂诫，其用意太深了！

以这一卦比拟人事，或者登高远望，或者临渊羡鱼，或者临事而知道畏惧，或者临钱财，或者临险难，都是临。人事的危害，不是失于过刚就是失于过柔，只有在刚长时能以柔顺相济，在柔长时能以刚健相济，和悦而巽顺，刚柔并济，才能万事亨通，政事公正，成就最好的人事。

阴阳消长属于天道循环，虽然不是人力所能挽回的，但人事的吉凶却就在其中。用浅显的话来说，平时不谋划好衣物，严寒到来的时候就会受冻；平时不谋划好食物，饥饿的时候就来不及了。恶行还不显著的时候如果不自我检摄，那么恶行必定逐渐发展，以至大到不可改正；邪念还不炽盛的时候如果不自我闲防，那么邪念必定逐渐炽盛，以至发展到不可收拾，都是凶道。任凭欲望产生并且放纵它，邪僻奢侈，这就是盗跖为什么终究是盗跖；恢复本性而澄明它，戒慎恐惧，这就是伯夷为什么所以终是伯夷。天道的阴阳寒暑在转移之间，人事的善恶邪正也在一转移间。临卦六爻，只有五爻刚柔得中，称为“知临”，智则明达，能察知几微，自然有先见的吉祥而无后于时机的凶险。人事的趋吉避凶之道，不外是这一点。

以这一卦比拟国家，六五君王莅临天下，以和悦得到人心，以柔顺上承天道，以天道统御百姓，以庄重临政临民，选拔贤能，废黜奸佞，天下没有不大为亨通而正当的。以一个人临天下难，以天下临天下才容易，所以君王不以独自临民为贵，而一定要以得到人才，共同治理天下为贵。过去舜有个五贤臣，周武王有十个贤臣，都是例子。

临卦的六五君王委任九二，刚柔相济，内和悦而外柔顺。考察天时的变化，揆度人事的相宜，以正道体现乾元，以美好的聚会促进亨通，以利用万物富裕百姓，以正而能固撑起事业，道足以教育天下的英才，德足以容保子孙和万民，凭着这些，临一国一国就会大治，临天下天下就会太平。然而君子不敢自以为已经治好了国家、平定了天下，一定要深思泰极即否的道理，防止祸乱于未萌动之前；一定要警惕治难乱易的规律，防止否塞于尚未否塞之前。这就是古人为什么看到鸟筑巢就修葺自己的居室，听到牛喘就要燮理阴阳，其中是有很深的考虑的。

临卦六爻中没有一爻说凶，也是由于能够思虑患难而加以预防。其中五爻居君位，可以说是聪明睿智，足以临天下的圣君；二爻可以说是有德的大臣；初爻以正而行；四爻最近而又当位；上爻以敦厚而最终得吉；三爻虽然不得中正，也还因为知道忧惧而无咎。一个阳爻出面治理天下，使群贤荟萃于朝廷，理应君明臣良，长治久安，岂不是很好吗？

由于当今外交频繁，人们使用太阳历，而太阳历的月份与月亮的盈虚不相应。欧美各国古时候用太阴历，所以至今还把一年分为十二个月。所以在占断上，月份必须以太阴历为依据。《周易》以冬至为一月份的开始，一年的终始与太阳历没有大的差别，所以不附对月份的解释。

通观全卦，象征英明的君王在位，为天下大悦的时期。坤地在上卦，却卑低而顺下；泽水在下卦，却浸长而悦上。水和土本来相亲近，犹如君王平易而亲近百姓，百姓都欢乐地亲附君王，这就是临卦为什么为临卦。初九和九二同样为“咸临”，指泽水从山上流下。在初九时泽还没有盈满，故说行；九二泽水已经盈满，故说“无不利”；六三水已经到岸，故说“甘”；六四地与水相接，故说至；六五为地泽正应的爻，有智者乐水之象，故说“知临”；上六地更厚，泽更深，故说“敦临”。

咸是临的快速，甘是临的祸害，至是临的诚恳，知是临的明智，敦是临的久远。“咸临”体现德行的感通作用，“甘临”体现性质的过于阴柔，“至临”体现地位的得当，“知临”体现临道的明智，“敦临”体现心志的笃厚。六五君王不单独临民而能用人，所以称为“知临”。运用咸、至、敦，君子之道就长；去掉甘，小人之道就消。阳爻喜悦而浸长，阴爻柔顺而消退，于是天时得正，人事和谐，上下同心同德，光明而祥和，天下大治，这实在是莅临百姓的最高境界。

《象传》曰：泽上有地，临，君子以教思无穷，容保民无疆。

上卦的坤地高，下卦的兑泽低，以上位者莅临下位者，所以叫临。莅临下位者的方法不外教导和养育两种。兑为悦，教导而能愉悦，可以用来集思广益；坤为顺，养育而能顺从，足以容纳百姓。教导而有所思虑，如同兑泽的浸润；容纳而又保护，如同大地的博厚而能负载。“无穷”体现泽的长远，“无疆”体现地的广大。另外兑为口，所以能教导；坤为腹，所以能容纳。君子取象泽和地而莅临亿万人民，教导的目的在于培育英才，保护的至诚如同抚育赤子，恩泽普遍地施予众生，德量广大地包容世界，这是临的极致。

[一辞多断]

○问时运：目前作事，恰如一潭活水，流行自在，好运正长。○问商业：泽是货物，地是贩运的地方，得到这一卦，获利不但丰厚，而且特别绵长。大吉。○问家宅：住宅必定在接近水泽的地方，家业正兴旺，人财两方面都昌盛，大吉。○问征战：阵地适宜在临水处，不但一时能够得胜，而且有万民归附之象。○问疾病：性命可以保住，但疾病必定绵延很久，一时难以痊愈。○问讼事：恐怕许久不能了结。○问婚嫁：两姓和合，五世子孙都昌盛，大吉。○问胎孕：生女孩。○问行人：一时不会归来。○问失物：在河岸处寻觅，保证可以得到。

初九：咸临，贞吉。

《象传》曰：“咸临贞吉”，志行正也。

[经传释义]

山泽通气的卦称为咸。本卦泽上有地，阴阳二气相互感应，所以初二两爻都说“咸临”。初爻居卦的开始，其阳气还微弱，与四爻相应。四爻阴柔而当位，初爻阳刚而得志，都得到了正位，所以能相应而共同辅佐大君的“知临”，所以说“贞吉”。《象传》说“志行正也”，指初爻居正位，所以立志进行的事没有不正当的。

[一辞多断]

○问时运：目前刚交新运，能守自己的正道而行，就没有不利。○问商业：值新货上市的时候，市价平稳正常，尽可以贩运，没有不如愿的。○问家宅：一定是忠厚、中庸、正派的人家，现在正有吉事临门，非常有利。○问征战：初次临阵，应该从大路进军。吉。○问疾病：病是刚得的，正气充足，可以保证马上痊愈。○问婚嫁：门户相当，品行端正，是一对好配偶。○问讼事：一经审判就可以了结。○问胎孕：生男孩，临盆时有喜事。

[活断实例]

◎某友人来请占气运，筮得临卦，变为师卦。

断卦说：临卦地下有泽，泽是水所停蓄处。泽得到地就会流淌，地得到泽就会滋润，彼此相临，所以卦名叫临。现在您占得临卦初爻，初爻与四爻相应，而四爻接近君位，有贵显之象。但四爻所象征的贵显以柔爻居柔位，力量还有所不足。您为初九，以阳爻居阳位，虽然有才智，却因为没有地位而无法实现志愿。爻辞说“咸临”，咸是感的意思，双方情意必定相感孚。现在为初爻，是初次相见，意气虽然相投，还不能指望迅速实行，只有等到二爻“咸临”的时候，才能无所不利。时间一定在明年。

于是某友人敬服地离去。

九二：咸临，吉，无不利。

《象传》曰：“咸临，吉，无不利”，未顺命也。

[经传释义]

九二为成卦的主爻，以刚健而中庸的素质，与六五柔中的君王相应，虽然在大臣的位置，但是任职的日子还浅，不能保证没有众阴爻的嫉妒。所以径直相临必定有灾咎，应该等到上位的君长了解了我的才德再临人，这样才能得吉。爻辞说吉，说“无不利”，在六爻中得到特别的赞美，是初爻以正道相感通，二爻以中道相感通的缘故。

《象传》说“未顺命也”，指二爻在下体而不当位，所以小人不能都听从它的命令。

[一辞多断]

○问时运：目前时运正好，又得到贵人的照应，大吉。○问商业：初次已经获吉，第二次更为有利。○问家宅：有福星照临之象，前后都吉。○问征战：再接再厉，行动都吉。但必须防止偏裨将领中有不服从命令的，以致坏事。○问婚嫁：都有利，而属羊的最理想。○问讼事：不至于失败，但一时得不到顺从。○问胎孕：生男孩，但还没有生产。○问行人：行人的归期还没有决定。

[活断实例]

◎友人来请占某贵显气运，筮得临卦，变为复卦。

断卦说：临卦下面的两个阳爻长进，上面的四爻阴爻衰微。阳为君子，阴为小人。君子在位，就会国家安宁，百姓幸福，属于临民的完善者。现在占得二爻，以九二为贵显，与六五君爻阴阳相应，叫做“咸临，吉，无不利”。可知某贵显今年的气运大吉。

◎明治二十七年，友人金原明善[①]来访，说：“我生长在远州滨松附近，以培植山林为业。近来在东京经营银行，家乡的事不能兼顾。孙女现在已经到了出嫁的年龄，想要找一个能继承当家人身份，并可以奉事老母的配偶。我要与妻子一同回故乡，请占这件事的吉凶如何?”筮得临卦，变为复卦。

金原明善像

断卦说：临卦下体为兑，上体为坤，坤为老母，兑为少女。兑又为悦，坤又为顺，象征老母喜爱少女，少女顺从老母。现在占得二爻，爻辞说“咸临，吉”。二爻以阳爻居阴位，与五爻相应，五爻以阴爻居阳位，恰与赘婿的事情相合。爻辞说“吉，无不利”，可以让他们迅速完婚。如果拖延时间，三四两爻都不利，主明后两年不可成婚，所以以今年完婚为吉。

金原氏感谢而去。

六三：甘临，无攸利。既忧之，无咎。

《象传》曰：“甘临”，位不当也；“既忧之”，咎不长也。

[经传释义]

甘在五味中最受人们的嗜好，有使人恬然快乐的含义。“甘临”指不能以德临人，而以甜言蜜语谄媚别人，没有真心实意。三爻接近二爻，见

① 金原明善：明治时代的实业家。出生于远江国长上郡（现浜松市东区安闲町）。曾积极从事天竜川治水事业、北海道的开发、造林事业。

二爻没有从命，就以花言巧语寻求进步。言说虽然甜美，爻位却不当，究竟说来有什么利益？既知道这样做的错误而“忧之”，而改邪归正，弃恶从善，也足以弥补前日的非，从而免去灾咎，叫做“既忧之，无咎”。

《象传》说“位不当也”，指阴爻居阳位，爻位不正；“咎不长也”，指幸而忧虑得快，所以灾咎不至于长。

［一辞多断］

○问时运：运势既不好，行为也不正，幸而能知道改悔，以后有希望。○问商业：店址不得当，只有贩运糖业有利。○问家宅：屋运不好，以迁徙为吉。○问征战：屯营的位置不当，迁营才吉。○问疾病：药不对症，应该服苦辛的药剂。无害。○问婚姻：不合。○问行人：在外面不得利，近期可以归来。○问失物：可以得到。○问胎孕：生女孩，恐怕难以长大。

［活断实例］

◎明治五年，某友人来请占某商人的气运，筮得临卦，变为泰卦。

断卦说：临卦地上有泽。地是坤卦，能生长万物，为母；泽是兑卦，为三索所得的少女，全卦有母女相临之象。临卦三爻说“甘临”，以阴爻居阳位，不中不正，恰如少女仗恃受宠，以甜言蜜语取悦于母亲，企图专擅家政的权力。现在占得这一爻，知道某商人性情必定一向阴险，专门以机巧谋利，一旦得志就自我盈满，像妇人和孩子一样，这有什么好处？如果能改过，还可以避免灾咎。

友人说：“深感易理之妙。某商人曾经以一步十钱的价格，买下横滨吉田新田的若干沼地，后来被某富商以一步一元的价格买去，用来抵当某省寄托金，所以某商人一时得到了一万余元的巨大利益。他于是开始傲慢，轻视所有的人，情状恰像发了狂一样。我将对友人详说易占的奇妙，让他转告某商人。”

六四：至临，无咎。

《象传》曰：“至临，无咎”，位当也。

［经传释义］

四爻接近君位，才干和志气都弱。以柔顺的资质居台鼎这样尊贵的官位，能忘记自己的身份和权势在而与刚正的初九相呼应，象征尊重贤人，崇尚德行，情意恳切到位，故说“至临”。大臣休休有容，诚心好善，而无自满自足的想法，以至诚感应初九，初九贤人也悦服地与它共谋国事，所以无咎。临政的吉祥没有比这更大的。《象传》说“位当也”，指有柔正的德行。

[一辞多断]

〇问时运：好运已到，凡事无不得当，有吉无凶。〇问商业：目前贩运正是时机，贩运什么都有利。〇问家宅：住宅位置得当，家业兴隆，无害。〇问征战：时运已到，正可以临阵杀敌，夺取胜利。〇问疾病：虽然到了危险严重的地步，但还可以无咎。〇问婚姻：彼此欢乐融洽，门户也相当。〇问行人：马上就到。〇问失物：马上得到。

[活断实例]

◎某友人来，请占某贵显气运，筮得临卦，变为归妹卦。

断卦说：临卦内卦兑为口，外卦坤为众，指俯听舆论，酌量民情，然后出面临事，所以卦名叫临。四爻具有柔而得正的品德，向下呼应初九这个刚正的爻，忘记了自己的身份和权势，由衷地礼敬贤人，可以说诚挚极了，叫做“至临，无咎”。某贵显能体会这个意思，就可以无咎。

六五：知临，大君之宜，吉。

《象传》曰：“大君之宜”，行中之谓也。

[经传释义]

“知”即“智”，“知临”指知人善任。以一个人莅临天下，如果以智慧自用，那正是不智，只有广选天下的人才，来担任天下的事业，知慧才能周遍万物而广济天下，从而成就恭己无为的郅治。

五爻具有柔中的品德，居于最尊贵的爻位，下应九二，象征知道九二贤良而倚任它，所谓“聪明睿智，足以有临”，故说“大君之宜”。舜帝被称为大智，是由于集中天下人的智慧作为自己的智慧，说“舜好询问，善于考察切近事理的议论”，也是这个意思。《象传》说“行中之谓也”，指五爻有柔中的品德，倚重和信任刚中的贤人，来成就“知临”的功绩。行中道，即无所偏倚的意思。

[一辞多断]

○问时运：目前正得气运，又得到好人的相助，应该事事成功。吉。○问商业：知道以往，了解未来，通晓商情，自然得以获利。吉。○问家宅：有五福临门的征兆，吉。○问征战：能得军心，就知己知彼，战无不胜了。○问疾病：应当得到良医，详细考察病因，治疗后自然痊愈。○问婚姻：宜于婚娶也宜于出嫁，大吉。○问失物：有人拾到，久后自然知晓。○问胎孕：生男孩，并且主贵。○问行人：还在半路上，后日可以到家。

[活断实例]

◎明治二十二年，占某贵显气运，筮得临卦，变为节卦。

断卦说：五爻居大君的位置，爻辞说“知临”，有大君之象，不是臣所能用的。现在为某贵显占得五爻，五爻与二爻相应，五爻为君，二爻为臣，应当以二爻为某贵显。“知临”的是大君，即某贵显受到大君的知遇。受大君的知遇而临政事，所有善政就都应该归于大君，所以说“知临，大君之宜，吉”。但位高任重的人是众人妒忌的对象，往往宜于君的事情却不宜于臣，这也是阴阳消长的枢机。临卦六爻没有凶的说法，只是彖辞说到“至于八月有凶”。圣人就这一吉卦突兀地指明凶灾，是由于阴阳消长相倚伏，吉福到来祸患就会随后，所以吉在今日，就要预防将来的凶险。

易机很微妙，不易测度。后来到十月，某贵显猝然遭到凶暴者的伤害。不在八月观卦的时候，而绵延到十月遁卦的时候。虽然筮者有不能确知应验时间的情形，但是吉凶的道理却不出阴阳消长的循环。后学的人必须加以注意。

小野金六像

◎明治三十年五月十二日，在东京拜访横山孙一郎，山下町雨宫敬二郎、小野金六[①]两人也在座。他们对我说：“我们从去年以来，想让英国左美以儿商会购买我国公债，极力斡旋，但价格不合适，苦思了很久。请占这一买卖的契约能否签订。”筮得临卦，变为节卦。

断卦说：临是彼此相临的意思。这一卦有兑少女与坤老母相顺相悦之象，买卖公债的情形也是这样。我国

① 小野金六：明治时期企业家，任富士制铁以及富士身延铁道的社长。

得到战胜赔款，想进一步扩张军备，向各国显示威信，巩固国家的基础，所以通过卖公债来补充不足。英国商会也将低利卖与本国的商人，得到其中的赢余。两下互相谋利，犹如老母与少女亲密和悦地成事。现在占得五爻，知道马上可以实现愿望，事情必成，不必多虑。

第二天，果然有签订了四千万元公债买卖契约的报告。

上六：敦临，吉，无咎。

《象传》曰：敦临之吉，志在内也。

[经传释义]

敦是笃的意思，厚的意思。临卦的六五既下应九二，上六又附益于它，叫做“敦临”，犹如复卦六四既应初九，六五附益它而称为“敦复”，它们的道理是一致的。上爻为坤的极位，居临卦的终结，阴柔在上，与九二虽然不是正应，却有从阳的意愿。以尊贵的身份而从卑贱者，从高位上降下而就低位，礼仪和心意敦厚笃实，属于临道中善于把握终结的，所以说“敦临，吉，无咎”。

上爻在卦中为极位，过极常常多危险。上爻说“敦临”，有“安土敦仁”的含义，没有过极的忧虑，所以吉而无咎。《象传》说“志在内也”，内指内卦两个阳爻。虽然与内卦不相应，上六的志向却只在阳爻，故说“志在内”。可以与泰卦初九《象传》的“志在外也”对照来看。

[一辞多断]

○问时运：目前好运已经结束，只因存心忠厚，才得以无咎。○问商业：贩卖到内地，吉。○问家宅：世代都忠厚，内外都肃穆，吉。○问征战：应该增兵加饷，以保护内地，这很要紧。○问疾病：培养元气，不用药就会痊愈。○问胎孕：生女孩。○问失物：就在家里，不曾丢失。○问行人：当日可以归来。

[活断实例]

◎某友人来请占谋事，筮得临卦，变为损卦。

断卦说：上爻居临卦的极位，功业已经完成，别无所图；说“敦临”，只是于临道更加敦厚罢了。能敦厚而临，所以“吉，无咎”。现在占得上爻，您也应当知道这个道理，凡事应该更加敦厚，这样还有什么谋求不能如愿？还有什么事情不能成功？您思虑的诚笃，可以从易象看出来。

某友人说：“《诗经》说‘他人有心，予忖度之’，说的就是先生啊！”深表感谢地回去了。

䷓风地观

“观（觀）”字从“雚”从“见”。“雚”即“鹳”，像大雁，但比大雁大。鹳有黑白两种，白鹳在树上作巢。鹳能审察阴阳的变化，每到阴晴雨雪、大风大水等气候失常的时候，人们就向树上张望，根据大雁的上下而决定趋避。所以土著人也都根据鹳的飞翔、鸣叫、栖止、饮食来占卜气候的变化。“见”即视，常见叫见，非常叫观，所以“雚”与“见”合起来是“观”字。

观的下卦为坤，上卦为巽，巽为风，坤为地。风本来无形象可观，根据它所接触的事物而观，犹如君王的德化无形象可见，需要根据他的施政来观察；百姓的性情无形象可见，需要根据在具体事情上的体现来观察。全卦是相观而化的意思，所以称这一卦为观。

《序卦传》说：“物大然后可观，故受之以观。”这是观卦为什么接续临卦。

观：盥而不荐，有孚颙若。

[经传释义]

“盥”字从“臼”从“皿”，“水”在“皿”上，有用两手捧水之象。上卦为巽，为入，指以两手放入水中清洗。巽为不果，故说“不荐”。

坤在下而坎在上的卦为比，比卦初爻说“有孚盈缶”，缶也是盛水的器皿。乾在下而巽在上的卦叫小畜，小畜的五爻说“有孚挛如”，挛即两手，均得有孚之象。巽在下坤在上的卦叫升，与观卦卦位相反；升卦二爻说“孚乃利用禴”，有用祭的含义。

颙，《说文解字》解释为大头，指昂首而望，有观象。若，顺的意思，有诚心而奉顺的意思。“不荐”而“有孚”，即不动而敬，不言而信，指众人只观了盥手的过程心情就已经诚孚，不用等到荐上牺牲就已经感通了。这说明观在心里而不在外貌，孚在精神而不在迹象。精诚的灌注就在这盥手的开始，天下都已经体察了祭祀者的诚心，所以说“观：盥而不荐，有孚颙若”。

《彖传》曰：大观在上，顺而巽，中正以观天下，观。“盥而不荐，有孚颙若”，下观而化也。观天之神道，而四时不忒。圣人以神道设教，而天下服矣。

观卦有两个阳爻四个阴爻，两个阳爻在上面，四个阴爻在下面。阳为大，阴为小，所以说“大观在上”。坤为顺，巽为入，象征能顺而巽。卦中九五以阳爻居阳位而得中，“天下”指四个阴爻，五爻为君王，四个阴爻都是臣。以大中至正的德行而居上位，足以作为天下的大观了。

观道全在精诚恭敬，极中庸，极端正，没有丝毫间隔。四个阴爻因为观而心意诚孚，都想进而自我洁净，就会发生不预期它们的感化而自然感化的现象，所以说“下观而化”。观圣人就等于观天，因为圣人之道与天道没有区别。天道神妙，所以叫“神道”。天有“神道”而时节“不忒”，圣人有神道而中正无私。天道不说话而四时运行，万物生长；圣人之道“不荐”而百姓感孚。圣人与天合德，效法天的运行，达到神而明之的地步，外发为政治和教化，使天下沐浴圣人的德化，浸透了肌肤和骨髓，并与它巧妙地融合，以至无法言说。所谓“不识不知，顺帝之则”，就像头顶着蓝天而不知天的高一样，其教化的作用是多么神妙啊！所以说“圣人以神道设教，而天下服矣”。

从全卦来看，阳为大，阴为小，四个阳爻的卦有叫大过的，与大过相反，四个阴爻的卦有叫小过的。大壮卦四个阳爻在下，两个阴爻在上；本卦四个阴爻在下，两个阳爻在上，与大壮反对，却不说小。《彖传》说“大观在上”，是因为九五阳刚，得中得正，所以不说小。这是全卦取名的主要义理。

凡阴盛阳衰的卦，必定造成以阴逼阳、以柔逼刚之象，所以六爻多半不吉。观卦九五偏偏不说凶，也是由于五爻居君位，具有中正的德行，足以作为天下的样板，众阴爻都仰观它，仰观者不至于对峙，这样阴爻就不再有逼迫阳爻的嫌疑了。卦义专取仰观对象的意思，不取阴盛的意思。

卦中以六四为主爻。六四以阴爻居阴位得正，上比两个阳爻，下接三个阴爻，率领三个阴爻来仰观五爻的德化，所以以四爻为全卦的主爻。

初六阴爻在全卦起始的下位，与五爻既不相应也不相比，所观很浅，像“童蒙”一样，故说“童观”。二爻与五爻本来相应，但二爻阴暗柔弱，不能进而观光，而只能窥见仿佛，像女子在正常情况下那样，故说“利女贞”。三爻比四爻，四爻为观的主爻，三爻观四爻的动作以决定进退，故说“观我生，进退”。四爻比近五爻，所观最真切，五爻为君王，四爻接近君王而与它相得，故为宾。君王的德教发越为国家的光华。“利用”指将进用和效劳，所以说“观国之光，利用宾于王”。五爻居于卦中的君位，天下的民情风俗由我而化，是所谓“正己以正万民”的人，故说“观我生”。《象传》说“观民也”，是以内观自我为外观人民。上九居观的终位，刚健有德，虽然一向为人民所瞻仰，但因为它高而无位，不必出来观察人民，只是反观自己，谨于身心，免于过咎罢了，故说“观其生”。

彖辞称“圣人”，《象传》称“先王”，都是指五爻君位而言。《彖传》说“神道设教”，是由于向上体会乾德而展示于天下；《象传》说“省方”“设教”，是俯身效法巽风，巡视和观察民俗的意思。所以卦名的观，指从上位观示下位；爻辞的观，指从下位仰观上位。二者含义虽然不同，却各有来由。所谓“设教”，是为了提高观的层次和作用，消除人们旁逸斜出的心志，归化于中庸端正、一道同风的境界，所以说“大观在上”。

[附言]

“神”字从“示”从“申”。示，《唐韵》说音侍，垂示的意思；《说文解字》说天垂象，见吉凶，是为了示人；《玉篇》认为是说的意思，把事情告诉别人叫示。申即引申，神就是引申神道来指示人。《彖传》说“圣人以神道设教”，即以垂示神道来教导天下人。

古时候圣王祭神，以至诚求神告诉罢了，所以上面的神明来到，下面的百姓服从。观卦的圣人把这设为教化的方式，实在巧妙不可思议。天下共同仰观，感应的迅捷就会超过影子和回响，从而没有不服圣人的观示的。

我曾经慨叹我国神教的衰落。明治二十四年春天，曾提出一篇关于兴办阴阳寮①的提议，作为附记来补足关于“神道设教”的说法。

我国称作神国，我国的治理之道称作神道，这样的称谓已经很久了。神道，我国叫“惟神之道”。惟神即随神，所以又作“神随”。考察古代先皇的建国，以祭神为政事，以神的敕语为国是，几乎一切遇到疑问的政事，都依靠神教来解决，这就是为什么称我国为神国。

国君通称天子，天子是天的儿子，指奉行天道，明达天命，抚临众多国家，无比尊贵，以天为父的人。上自大臣，下至属官，都是辅佐天子来

---

① 阴阳寮：日本阴阳师所隶属的官方机构。天武天皇时期成立，隶属于左弁官局之中务省。其主要职责是负责天文、历法的制订，并判断祥瑞灾异，勘定地相、风水，举行祭仪等。阴阳道至此成为律法制度的一部分，成了天皇的御用之学。

施行教化的。《尚书》说："天降下民，作之君，作之师，惟曰其助上帝，宠之四方。"所以天子能辅助天帝。《尚书》又说："乃武乃文，乃圣乃神。"所以天子就是神皇。观卦的象辞说，"圣人以神道设教，而天下服矣"，可知治道与神道相通，只有神道才能弥补治道的不足。古时候国家有了大事，必定通过卜筮来决疑，这是神道中最显著的。天人感通的道理就在这里吧？

人即使贤明，也无法预知未来的事情，只有通过卜筮才能预知。在我国神话时代，有鹿卜的方法询问神意，称为卜问，现在奈良的春日畜鹿，就是这种做法的遗留。后来与中国交际，传来了龟卜和蓍卜的方法，神人感通之道更加完备，预知未来的方法更加明了。"天地设位，圣人成能；人谋鬼谋，百姓与能。"于是朝廷在内务省设置阴阳寮，设置阴阳头、阴阳助、阴阳博士、阴阳士等吏员，来从事这一事务，来修明这一专业。政令和典礼中，自古就有这样的记载。虽然中世以来，皇权衰微，阴阳寮被废弃，专门的官职没有了，但每当遇到国家大事，皇上亲自祭祀伊势大庙及以往贤人祠；让府县长官代拜全国的官国币社①，并告诉祭祀的事由；派遣吏员到外国，让他们参拜贤人祠，以奉神的威严而去异邦。朝廷对神教的崇敬并没有中止，下面的百姓效法朝廷，凡值神诞日祭礼及春天的祈祷、秋天的回报，都陈列贡品来供养神明，敬上香花而求福佑。虽然卜筮的方法几乎废弃，酬报的礼仪却还存在着。

我国地处东海，古时候称为神洲，所以神道的昭示更加显著，民心的爱戴更加虔诚，所有忠君爱国的热忱，无不通过敬神的虔诚而体现出来。它的作用这样大，倘若能竭尽诚敬地宣传神教，达到以往达到的程度，神灵就会感通，以至有求必应，其效验的显著就应当更进一步了。

皇政维新以后，各种衰落的事业都兴盛起来了，只有阴阳寮没有重设，原因没有别的，只是维新事业多半创建于兵马倥偬的时候，后来又侵入了欧美文化，人们汲汲于效法西方，没有功夫复古。何况西方人蔑视神道，把它说成虚妄的事，所以学习西方的人多数被这种说法迷惑，甚至信口胡说，毁谤神祇。这亵渎轻慢的风气，流行于家庭就会侮慢父兄，流行于府县就会侮慢官吏，流行于国家就会侮慢君王，败坏人间的秩序，危害社会的安宁，是当今天下的通病。考察这通病的由来，都是由于神道的衰微，以致人心狂妄，不知道畏敬，如果发展下去，将有说不完的祸患，可

① 官国币社：官币社和国币社，日本神社三种社格中的前两种。官币社是由日本皇室出资建设的神社，国币社是由日本政府出资建设的神社，此外还有诸社，是由民间集资、企业或地方政府出资建设的神社。

以不慨叹吗？

当今圣明的君王独立地决断万机，大臣各自以正直的言论相辅佐，又开设贵族院、众议院了解国民舆论，以决定国是，属于“君从相、从士、从庶民”的从善如流的时代。但谋划于朝野而不谋划于天，询问百姓而不询问鬼神，未必不是圣明时代的缺憾。古时候任命宰相时要占卜，出兵的时候要占卜，求贤的时候也要占卜，即礼所谓“卜筮者，所以决嫌疑，定犹豫”者。古时候我国有这样做的，即阴阳寮之类。现在朝堂上的官吏二万六千人，都在君子的位置，只有阴阳寮的职务没有复古。考察我国古时称为神随国，现在神教既然已废弃，这名称也就即将灭绝了。

我虽然不肖，却深为这件事而恐惧，想要恢复阴阳的方术，推论和阐扬虔诚地感格神明的重要性。谈这件事的人仿佛犯了僭越的大罪，而不谈又会得罪冥冥中的鬼神，罪过是一样的，所以宁可把话说出来。不如使神国的名称得到落实，这样在国内可以与四千余万生灵同沾幸福，在国外可以使欧美各国昏昧而不知神道的人，了解这灵明玄妙的真理。因此，大胆地陈述复兴阴阳寮这一建议。

唉！希望当道的君子赞成这一建议，并振兴舆论，恢复阴阳寮在古时的职能。这不但是本国的幸福，也实在足以使世界更加光辉！

谨议。

以这一卦比拟人事，不外观察自己和观察别人两个方面，而家业的兴衰与此密切相关。卦体下为坤，上为巽，两个阳爻在上面，四个阴爻在下面。五爻为一家之主，居尊位而为家人所观仰；四个阴爻为家人，顺从于九五。一家之主应当庄重严肃，时时怀有承大祭、见大宾的感觉，使家人在仰观中被感化，都想以道德洗涤身心，以至诚相感孚，不敢存有丝毫的欺诈。一家之主虽然柔顺谦和，绝不苛责于人，但以中正的品德垂为仪范，自有不言而信、不动而敬的效果。天道正，四季就调和；家道正，一家人就恭肃而和睦。所以人伦因为其重要而称为天伦，有关的规则必须顺应天道的法则。人能恭敬地顺从天命，与天合德，他的动静之机就会神妙莫测，无不相宜，一旦莅临百姓，先王所谓“省方”和“设教”就可以从容措置了，何况施行于一家这小的方面呢？

初爻为全卦的开始，像家中幼小的儿子，所观很小，在小人固然是无咎的。二爻阴暗柔弱，只能窥见仿佛。窥指从门的缝隙观察，在女子还不失贞正。三爻柔顺到了极处，能够顺应时势而进退，所以不失正道。四爻比近五爻，是家主的亲人，所观最真切，是家主所相信和任用的。五爻刚阳中正，为一家之主，家政的好差都决定于它，所以说“观我生”。上爻居五爻的上位，为家主的长辈至亲。虽然它已经不管家政了，但是家人还必须仰观它的德行，作为言行的法则，所以不能不避开众人而自我反观。古时候的周文王，德行盛大，感化神奇，强调“刑于寡妻①，至于兄弟，以御于家邦”，可知治国必须以治家为根本，即所谓“观于家而王道易见”。

观卦六爻阴盛阳衰，极为危险。卦名叫观，五、上两个阳爻在卦上，虽然不说凶，但是一爻“观我生”，一爻“观其生”，都孜孜于返观内省，对危险和忧患的思虑和预防最为深切。人们持身涉世，只要时时能恭敬地凛然于这个旨意，就差不多可以无咎了。

以这一卦比拟国家，卦象为壮盛的阴柔剥蚀阳刚，象征只能靠神明的呵护和帮助来挽回衰运的时候。从内外卦看，外卦为政府，五爻属阳而居君位，具备中正刚强的品德，足以为亿万百姓所仰观；内卦为人民，怀着柔顺卑巽的心情，常要仰观政治与德化。人民众多，政府高远，百姓不能亲自仰观君王的圣德，必须通过近侍君王的大臣来观。四爻比五爻，同在巽体，为一卦的主爻，下面三个阴爻要想进而仰观五爻，必须先观四爻。所以初爻说“童观”，如小儿从宫门向里面张望，身高不足以见到什么。二爻说“窥观”，有女子畏怯而不敢径直向前，只好隐身窥伺的情态。三爻说“观我生，进退”。三爻与四爻接近，所以凭所观来决定自己的进退。四爻比近君位，得以亲自侍奉君王，瞻仰国光，“利用宾于王”。宾，犹如臣，即所谓“利见大人”。五爻为大君，得中得正，因为两个阳爻势力孤弱，高而危险，故说“观我生”，其兢兢业业，在端正别人之前先端正自己的意思很深切。上爻居观的极位，在五爻的上位，本身虽然无位，却与五爻的德行相合，说“观其生”，其警惕和危厉与五爻相同。纵观四个阴爻，都以观察大君的动作来决定进退；两个阳爻在上面，只是要明彻本明的品德，使百姓成为新的百姓，孜孜不倦地以持盈保泰为职志。

彖辞说“盥而不荐，有孚颙若”，指君王能至诚清洁，就可以感通神明，得到百姓的信任，是恭己南面，无为而治的旨意，所以《彖传》解释这个意思并加以引申，说“大观在上”。既有岌岌乎可危之象，又说“巽而顺，中正以观天下”，是就卦体的巽顺中正而说。君王首先要修明德行，为天下所仰观。“观天之道”几句，也从“盥而不荐”来，指天道神化不测，寒暑往来而四季没有过差，圣人能效法神道而实施政治和教化，使天

---

① 刑于寡妻：先给嫡妻做出样子。刑：通“型”，模范、榜样。寡妻：正妻。

下完全归服。

《象传》说“先王以省方观民设教”，这是说观示之道。《象传》旨在向百姓展示，《象传》旨在观察百姓，综合起来，是说凭阳刚的品德足以为百姓所观仰，也足以观察百姓，这样民心才能归服；反之，如果阳德有亏缺，众阴爻就会因而向上逼迫，也是危险的。两个阳爻都说“君子无咎”，君子指有德行的人，有德行就无咎，无德行就有咎，这一点只要反观，就自然明了。治理国家的人，怎么可以不凛凛然呢？

《象传》曰：风行地上，观，先王以省方观民设教。

坤为地，为国土，为众；巽为风，为命令。观卦“风行地上”，有向百姓施行教化之象。方是四方，“省方”指省察四方民心的向背；“观民”指考察风土民俗崇尚什么；“设教”指考察各地的风俗而加以教化和治理。天下的民情，或者为风气所局限，或者为习俗所移易，各自有所偏倚而不能归于中正和平。先王见风运行在地上，周流披拂，无处不到，就效法它而“省方”，有鼓动万物，嘘除枯朽，吹生新春之象；效法它而“观民设教”，用行政来约束百姓的身体，用教化来化导百姓的心灵。“省方观民”而又“设教”，即百姓奢侈就教导他们节俭，懒惰就教导他们勤劳，教化就更完善了。所以孟子说：“善政不如善教之得民心也。”使教化像风遍行天下一样深入民心，教化就会风行，风俗就会淳美，弊政就会革除，风气就会清新。把观道说成“省方观民设教”，没办法说得更好了。

［一辞多断］

○问时运：目前正值应该振作有为的时候，应该出外游历，不应该关门静守。○问商业：贩运洋货，必须防止风险。○问家宅：宅中或许有原来供奉的神佛像，或者是皈依了教门的人家，或者是家主人设置学馆，教授生徒。○问征战：有风雷疾卷的形势，可以掠得土地，获得民众，吉。○问疾病：是风湿症，应该适当活动，血脉调和了，风湿自然痊愈。○问出行：远游吉，传教更好。○问讼事：得以公平地断案结案。○问胎孕：生男孩。○问天时：有风就会晴。○问失物：初爻在地上，被风吹远了，应该到处寻找，可以得到。

初六：童观，小人无咎，君子吝。

《象传》曰：初六童观，小人道也。

[经传释义]

“童观”，指没有远大的见识，像儿童一样蒙昧，无法振作提升，而观道德的光辉。六爻各自从观取义，依据爻位的远近区分所观的深浅，所以所观一爻胜过一爻，这个道理不可以不知道。

初爻阴柔而在下位，是幼稚的百姓，具有愚蠢蒙昧的性质，处在荒凉偏僻的地域。所居既偏远，所观也就微末，故说“童观”。“小人”蒙昧，没有远大的见识不值得奇怪，所以“无咎”；如果君子这样，不就鄙吝了吗？故说“小人无咎，君子吝”。《象传》说“小人道也”，因为它的地位卑低，见识微浅，只好这样。道即“小人道长”的道。

[一辞多断]

○问时运：初运不好，幸而没有大的妨碍。○问商业：初立的场面，只适宜小的规模，无害。○问家宅：防止有仆人偷窃的忧患。○问征战：防止小胜之后有大的失败。○问疾病：对儿童无碍，对大人不利。○问行人：适宜就近，无害。○问胎孕：生女孩。○问婚嫁：自幼结亲，吉。○问失物：防止被小儿抛弃。

[活断实例]

◎某石炭公司员来，对我说：“正值某局购入石炭，试验两种石炭的火力，然后记录在案，请占这件事成败如何。”筮得观卦，变为益卦。

断卦说：观就是见，即见石炭的真实质量。现在某局刚购入石炭而试验火力，通过竞争来较量高低，可以说实行的是公平的法则，叫做“大观在上，中正以观天下”。现在占得初爻，初六在下位，象征偏僻的远方；说“童观”，是因为幼童的见识愚昧短浅，指检查者没有见识。爻辞说“小人无咎，君子吝”，是正品失败，而不是正品得胜的时候。现在某竞争者多狡猾的智谋，在试验时设计欺诈，令人防不胜防，深怕公司自取失败。

后来果是这样。

◎友人来告诉我说：“偶然得某豪商的请贴，我同行中的人也在集会上，请占这天接待的情况如何。”筮得观卦，变为益卦。

断卦说：观卦《象传》说“大观在上”，必定是一次场面极大的集会。

现在占得初爻，初爻属阴而在下位，地位很低。您见识高远，老成谙练，是我所知道的，而爻辞说“童观，小人无咎”，恐怕有屈尊就低的嫌疑。遇到这种情况，小人还可以，君子未免心中不快。外面被人耻笑，自己内心惭愧，叫做“童观，小人无咎，君子吝”。

友人听了，好像有所疑虑，但因为对方是好意，也不便推辞，就到会了。当天我也在场，某友人在数十个人中列在末座。他的智慧、见识、才能都在众同行之上，这天受到这样的待遇，不知是什么缘故。

六二：窥观，利女贞。

《象传》曰：窥观女贞，亦可丑也。

［经传释义］

艮为门，坤为阖户。“窥观”，指从门的缝隙偷窥。六二以阴爻居阴位，得中得正，虽然比初爻进了一步，但地位还是低，见识还是浅陋，不能仰观刚阳中正的大道。《孟子》中“齐人有一妻一妾”那一章，妻子说“吾将瞷良人之所之矣”。“窥”、“瞷”二字含义相同，是女子的行为，所以说“利女贞”。大丈夫应当眼观天地的广远，心观道理的深微，内观自己的身心，外观天下的形势，怎么能以潜探暗窥为得计呢？

《象传》说“窥观女贞，亦可丑也”，女子以贞正为有利，所以“窥观”还不算过失，倘若是大丈夫，那就丑陋了。“亦”字承初爻“吝”字而来。初爻以小人勉励君子，二爻以女子激励丈夫。

［一辞多断］

○问时运：目前运势不好，只可以株守；但妇女占问，却非常有利。○问商业：蚕丝业很有利，其余不理想。○问家宅：必定是妇女主持家政，有利。○问疾病：是阴寒的病症，无害。○问出行：必须带领眷属一同前往；问行人，必定带着眷属一同归来。○问胎孕：生女孩。○问失物：恐怕在门的缝隙中，窥探可以得到。

［活断实例］

◎明治二十三年占贵族院，筮得观卦，变为涣卦。

断卦说：二爻与五爻相应。五爻阳刚，象征政府，居高位而向下观察人民；二爻阴柔，象征人民，在低位而仰观政府。然而二爻不能光明正大地观，而只能“窥观”，又因为阴柔而象征女子。现在占贵族院而得到二爻，二爻居于阴的正位而上应九五。贵族院聚集皇族、贵族、国家元老，也包括多纳税的人，要纵观世界形势，创立维新的正确理论，与欧美各国竞争进步，取他们所长，补我国所短，从而凌驾于各国之上，为各国所仰观。爻辞说“窥观，利女贞”，所以我国一时只知道顺从，所观还不够远大，或许要通过激励而更加进步。这一占断的要点，是期望见识更进一步。

六三：观我生，进退。

《象传》曰：“观我生，进退”，未失道也。

［经传释义］

“我生”指自己的动作施为，同时意识的发动也叫生。“观我生，进退”，指省察我志向的邪正、行为的通塞而决定进退。另外，进指变为阳爻，退指返回阴爻，即《系辞传》所谓“变化者，进退之象也”。三爻居上下卦之间，在下卦的上位，可进可退，地位比二爻稍近一步，见识也稍微高明了一些，所以能审观“我生”所宜而决定进退。揆度德行而就爵位，衡量能力而居官职，随着形势的可否而进退，叫做“观我生，进退”。出山就能成就天下事，是所行通达，这样就可以进；即使出山也无法成就天下事，是所行窒塞，这样就可以退，进退出处取决于自己罢了。

《象传》说“未失道也”，指观察自己的才能和德行，考察时机的可否，以用于进退去就，虽然不得其道，但也没有失去时机、耽误自己的忧患。

［一辞多断］

○问时运：目前运势平平，能揆度德行、衡量能力而不妄动，即使无所得也不会有所失。○问商业：谨慎地把握，随买随卖，按照行情确定价格，决没有损失。○问家宅：应该居住旧宅，不应该迁移。○问征战：应该审察军情，随机应变，这样决不至于失败。○问行人：归来的心思犹豫未决。○问胎孕：生女孩。○问疾病：应该静心自己休养，可以保证没有忧患。○问失物：马上得到。

［活断实例］

◎友人来访，说三位同行相纠合，要在北海道创建渔业，请占前途吉凶。筮得观卦，变为渐卦。

断说：观是风行地上的卦。风不可以直接用眼看，只有通过物的动摇才能知道有风。推论到事业，座上的议论与最初的打算虽然好像容易，实际上却有遭遇意外变动之象。现在三个人联合创始渔业，其他二人的才智和财力都在您以下，恐怕有半途退出的忧虑。您如果没有独力去做的力量，就一定不要着手。现在占得三爻，说“观我生，进退”，知道这一事业的进退，全在“我生”，丝毫不必借别人的力量。只要自己预先筹划方略，自然可以预知成功与否。

后来某友人不用这一占断，与别人联合。另二人没到半途就退出了，某友人也须支付费用；而且借出了许多钱，却正赶上海鱼不来，所以不但没有成功，反而遭到大的失败。

六四：观国之光，利用宾于王。

《象传》曰：“观国之光”，尚宾也。

[经传释义]

王指九五。阳明阴暗，九五为阳爻，有光明之象。不说君王而说国，是因为君王专指一个人，国则还包括朝廷百官。“观国之光”，指观察国中风俗是好还是差，政教是兴隆还是衰落。光指国家的光华。“宾于王”，古时候人君礼敬贤人像对待宾客一样，所以进入王朝的士人叫宾。圣明的君王在位，怀有才能和德行的士人都愿意进入王朝做官，辅佐君王而利益天下，这是君子的志向所在。四爻接近五爻君位，为一卦的主爻，有献计献策，光被四表之象，所以说“观国之光，利用宾于王”。

项氏说：所履得正，所以为宾，不正就是敌了。可见国家有光可观就为宾，国家无光可观就为敌。六四以阴爻居阴位，得正，《易纂言》说：阴爻得正，所以顺从而没有跛扈现象。《象传》说“尚宾也”，宾即《尚书》所说“宾于四门”的“宾”，是礼敬他的意思。

观卦四个阴爻两个阳爻，与剥卦的五个阴爻一个阳爻，都属于阴盛逼阳，卦象都很危险。六四作四个阴爻的魁首，进逼到了君王的身边，五爻以宾客的礼节尊崇它，是提高礼遇而不给实权，可以说是善于处观的了。剥卦的六五说“贯鱼”，说“以宫人宠，无不利”，这一爻与剥卦的六五爻交互参看，可以发现其中隐秘的含义。

[一辞多断]

○问时运：目前正值盛运，求利当然可以，而求名尤其理想。○问商业：适宜贩运出国，不但可以获利，而且可以得以名誉。○问家宅：主有喜事临门，为闾里增光。○问征战：一定获得大捷，凭功绩邀得赏赐，姓名写进史书。○问疾病：不利。○问行人：不归。○问胎孕：生男孩，并且主贵。○问讼事：得以申冤。

[活断实例]

◎明治七年，占某贵显渡海去中国，筮得观卦，变为否卦。

断卦说：观卦是四个阴爻得时运，向上逼迫两个阳爻的卦，有臣民得志，将要侵犯君王之象。现在占得四爻，贵显渡海去中国，将与中国谈判，一定能不辱君命，而中国的皇帝必定以宾客的礼节相接待，叫做“观国之光，利用宾于王”。

某贵显后来果然不辱君命，完成任务而回国。

九五：观我生，君子无咎。

《象传》曰：“观我生”，观民也。

[经传释义]

“观我生”，与六三爻辞相同，但含义不同。五爻居君位，得中得正，象征当阳出治、首出众庶的人。以阳刚居君位，为观的宗主，四海之内都由我来教化，治道兴隆或衰替、风俗的或好或差都从我生推毂，所以不观察别人而观察自己。观察我的教化是好的，天下人都有君子之风，就可以无咎了，叫做“观我生”，即《中庸》所谓“本诸身，征诸庶民”。

《象传》说“观我生，观民也”，王者以国家为自己，民心的向背无不由于我，所以观我就是观民。

[一辞多断]

○问时运：目前正值好运，正直行事，无往不利。○问商业：应当自己拿主意，或买卖或贩运，没有不利。○问家宅：住宅是自己建造的，君子居住很有利。○问征战：应当审察自己的营垒，所谓“知己乃能知彼”。可以获得大胜。○问疾病：有命在天，无害。○问行人：马上返回。○问失物：仍在身边，没有失去。○问胎孕：生尊贵的儿子。

[活断实例]

◎某友人被推选为公司经理，请占公司的盛衰，筮得观卦，变为剥卦。

断卦说：卦名叫观，有上下互相观察的含义。下观上，是景仰它的威仪；上观下，是考察它的贤良与否。现在占得五爻，爻辞说“观我生”，主反身观察自己。意思是我不善，怎么能期望别人善？我善，自然足以化除别人的不善，所以观察别人不如观察自己。现在您被推选为经理，公司中的各种事情都由您一个人决断。您应当先反观自己。员工们是服从还是违背，都看您的向背，公司气运的盛衰也决定于您。您要自己审慎！

某友人听了，奋发努力，员工及职工都为他的作风而感动。

上九：观其生，君子无咎。

《象传》曰：“观其生”，志未平也。

[经传释义]

上爻具有刚强明达的才德，居五爻的上位，处在一卦的终结，虽然高而无位，但是一动一静都为众人所瞩目。既为众人所观，就不能不自己“观其生”。与五爻的德行相同，所以也与五爻同样反观。“观我生”即观察施行的政治与教化，“观其生”即观察平时的言行，二者稍有不同罢了。重要的是都以君子为归趋，这样才能无咎。

《象传》说“志未平也”，指上爻处在极位，必定危险，虽然无位，但是没有忘记恐惧；说“志未平”，它的谨慎和敬畏就可以知道了。

[一辞多断]

○问时运：盛运已经过去，能反躬自省，也不会有过失。○问商业：这种货物已经即将卖光，由我决定价格，自然获利。○问家宅：属于老宅基，在这里生息繁衍，有利无害。○问征战：军事行动即将终结，马上可以凯旋。○问疾病：性命不久了。○问讼事：马上了结。○问胎孕：生男孩。

[活断实例]

◎明治十八年末，鸟尾得庵君来访，朝夕谈论易理。我说易理玄妙，今天精通易道的人已经很少了。乌尾君说："天下这样广，人才这样多，难道没有一两个通晓的吗?"我说："我玩味易理已经二十余年了，但感通的力量只达到咸卦的初爻，还没能穷尽其中的玄奥。从孔子以来，真得神明变化的人，世人多半听不到他们的姓名。由此看来，彼此妄谈卜筮的，都是皮毛罢了。"辩论了几回，乌尾君说："有无的论辩不必多说，不如占一卦来决断。"于是筮得观卦，变为比卦。

断卦说：上爻是卦外无位的爻位。观卦象辞首先说神道，这是感通神明的卦的通例。以六爻配三才，以五爻为天位，上爻又居五的上位，是天子的父亲，即天。现在占得上爻，说"观其生"，明明教我们反观内省，对《周易》之道到底能不能窥透一二？我没能窥透，就知道别人也没能窥透。另外上爻为未来，现在虽然没有这样的人，后世或许有能精通的。

乌尾君首肯说："由此看来，现在的确没有这样的人。《周易》本来不可以再三占筮，以至亵渎，但我也试着一筮。"筮得节卦，变为需卦。

断卦说：现在求真通易道的人，犹如秋月里求春花，盛夏里吃冬季才有的黄粱，得不到是天意，不是人的过错。

《周易》的灵妙，两次占筮，一个旨趣。我们两人相对长叹而别。

◎某亲友为建造三层楼房，请建筑学士绘图，请占可否。筮得观卦，变为比卦。

断卦说：观卦《象传》首先说"大观在上"。"观"字也作楼观的观，有高楼之象。现在占得上爻，知道学士识见高明玄妙，依欧美各国有名的建筑画出图纸。这样的构造，壮观是壮观了，但欧洲风土和气候与我国不同，住宅的建筑也不得不相异，建筑师体会这个意思而加以折中就可以了。比如我国以夏为本位来建造，西洋以冬为本位来建造，所以我国摹拟西洋构造的住宅，夏天不通风而苦于闷热，冬天采不到阳光而苦于寒冷。其他如事务室，昼夜都不能熄灭灯烛。这样的住宅竣工后，要防止有龃龉，多半会改造变更，所以《象传》说"'观其生'，志未平也"。

䷔火雷噬嗑

噬即啮，嗑即合，二字合起来是啮合的意思。卦象像颐口，以初、上二刚爻为两唇，以二、三、四、五四阴爻为牙齿，有上下噬咬之象。以四爻为梗于其中的一个硬物，就像在口中一样，初上两个刚爻因而无法合拢。下唇动，上唇止，必须噬去四爻这个硬物，两唇才能合拢，所以卦名叫噬嗑。

噬嗑卦承观卦而来。《序卦传》说："可观而后有合，故受之以噬嗑。嗑，合也。"既有可观，以后必定来合，这就是噬嗑卦为什么接续观卦。

噬嗑：亨，利用狱。

［经传释义］

《杂卦传》说："噬嗑，食也。"凡食物下咽的时候口就要合，而有物作梗则不能合，不合就不亨通，合才亨通了，所以说"噬嗑，亨"。由此推论，在家庭有谗邪作梗，在朝廷有奸佞作梗，在道路有强盗作梗，都像物梗在口中一样。有物梗阻就不通达，要想通达就要先整治梗阻之物，整治梗阻"利用狱"，而治理狱案宜用刚，取象于初上两个阳爻，用它们的是五爻。狱指囚狱。外卦为离体，外实中虚，有监狱之象。内卦震为威，外卦离为明，威而又明，有治理囚狱的才干，故说利。这样噬嗑的目的就达到了。

《彖传》曰：颐中有物曰噬嗑。噬嗑而亨，刚柔分，动而明，雷电合而章。柔得中而上行，虽不当位，"利用狱"也。

卦体初、上两个刚爻在外围，二、三、五三个柔爻上下分列，九四一个刚爻在中间，如同颐口中有物，必须使初上两个刚爻相交，啮去作梗之物，颐才能合拢而亨通，故说"噬嗑而亨"。内卦一个刚爻两个柔爻，外卦两个刚爻一个柔爻，是"刚柔分"。雷为动，电为明，是"动而明"。雷震动而电闪耀，一时齐发，威力与光耀交相彰显。"柔得中"指六五，以阴爻居阳位，为刚柔得中。“上行”指五爻居君位，爻位虽然不当，却有利于“用狱”。“用狱”过刚就伤于猛烈，过柔就会伤于宽贷，刚柔得中狱案才能公平。总之，事物有为害于口齿间的，人以噬嗑来整治；有为害于造化的，天地以雷电来整治；有为害于政治的，先王以刑狱整治。所谓“噬嗑而亨”，原因就在这里，所以这一卦有治理天下的大用处。

贲卦也有硬物在颐口中之象，但上卦艮为止，下卦离为附丽，上静止而下附丽，没有动作，所以虽然有颐口中含物之象，却没有噬咬的含义。

以这一卦比拟人事，梗阻之物的为害，不只在颐口：在耳中，耳必定不聪；在目中，目必定不明；在胸中，胸中必定生病；在心中，心中必定昏蒙。这是对身体的危害。父子之间有间阻，父子就会乖违；兄弟之间有间阻，兄弟就会离散；夫妇之间有间阻，夫妇就会怨尤；朋友之间有间阻，朋友就会疏远。这是对彝伦的危害。要除掉危害，在治人方面就用刑狱，在治己方面就在内心自讼，其道理是一致的。动为雷，明为电，以动来决断，以明来察机，动与明相合，赏罚也就交相彰明了。

从爻位说，五爻为君王；从作用说，五爻为心，所以称心为“天君”。在自己，物欲消除才能身心亨通；在处世，谗邪去掉才能凡事亨通，妥善的整治全在心这个天君。本卦六五以阴爻居阳位，说“柔得中”，指心能柔而用刚，就会刚柔得中，这样才能既不失于严也不失于宽，而内心自讼的功用也完全具备了。易理包含面很广，无论为家、为国还是为自身，在于占问者随事取用罢了。

以这一卦比拟国家，朝廷中最有害于政事的，是群臣中有一位谗佞者颠倒朝政，惑乱君心，即使有贤能的人也被他离间，而不能协力共事，这就是国家为什么日益衰替。本卦九四一个刚爻间阻于上下各爻之间，就象征这个人。初、上两个阳爻一上一下，不相会合；二、三两爻柔顺无能；五爻以阴柔居阳位，比近于四爻，未免偏听偏信。雷潜伏而不动，电隐匿而不明，治道不亨通的原因就在这里。《彖传》所谓“颐中有物”，其情形也是这样。

“颐中有物”，整治宜于用牙齿；朝廷中有谗佞的大臣，整治“利用狱”。主狱的是五爻君王，辅助治狱的是初上两个阳爻。但以刚克刚会折断，还必须以二三两个柔爻调剂在其间，这样九四这个刚爻才会服贴。六五君王以柔爻居阳位，爻位虽然不当，但是像雷那样动，像电那样明，只要雷电交作，就会“雷电合而章”。“动而明”，刑罚就不会有冤枉；明而动，对罪犯就不会轻视和纵容，所以刚柔得中囚狱才会公平。

六爻依次谈治理囚狱的方法。初爻象征轻微的刑罚，目的是为了减少罪过；二爻乘刚，易于顺服；三爻“遇毒”，但是无害；四爻守正，从而得吉；五爻用中道，审慎于用刑。以上五爻，刚柔都相宜，只有上爻因为用酷刑而有凶险，属于用刚过度，足以作为治狱者的戒鉴。就一卦来说，九四为颐中的物，即梗阻执法的人，是入狱而等待治理者；就六爻来说，九四刚直守正，为治狱的能干人才。卦象和爻辞各自取义，占筮者不要以辞害意。

通观全卦，噬嗑取颐口之象，上下卦又取雷电两种形象，作为治狱的方法。以雷的动抉出隐伏，以电的明烛照奸邪；动就能决断，明就能审察，合在一起施行，刑法就昭彰于天下了。六五虽然不当位，但是以柔爻居阳位，作为治狱的宗主，专以初上两个刚爻相合为作用。刚柔相合，间阻就会去掉，囚狱就会公平。全卦的旨意是这样，在六爻则另外各取其义。

有人以为初上两爻无位，象征受刑者，中间四爻为用刑者。就卦体来看，以九四一个刚爻为受刑者，其余五爻都是用刑者；但爻辞都主“利用狱”，并没有用刑与受刑的区别。两个刚爻不能单独噬，必须与众柔爻合起来一同噬，所以众爻各有所噬，而噬中区分所噬是坚硬还是柔脆。二爻“噬肤”，肤柔而易噬，说明它的罪轻。三爻“噬腊肉”，较肤稍硬了一些，故有毒。四爻“噬干胏”，胏，肉带骨，比腊肉更硬了，所以“利艰贞”。五爻“噬干肉”，干肉指囚狱已成。五爻为主持囚狱的人，所治都是刑官已经判决了的，五爻复查它们，所以“贞厉”。初爻说“屦校”，初爻在下位，阳刚还微弱，所以刑在足，属于轻微的惩罚。上爻说“何校①”，上爻居卦终，阳刚已到极处，所以刑在头，属于过猛。两爻都不说噬，有人以它们为受刑者，原因就在这里吧？

总之，六爻的用狱各有次第，各得其当，所以都说“无咎”。“利艰贞”就说吉，用极刑就说凶；公平就加以劝勉，过度就加以戒止，这是审慎的极致，所以《象传》说：“雷电噬嗑，先王以明罚敕法。”说先王明威并用，即用刑而期望无刑的意思。《周易》谈用狱，数噬嗑与丰二卦最详尽。丰卦说“折狱致刑”，噬嗑卦说“明罚敕法”，审决的精详，足以避免后世的粗滥。这是全卦的含义所在。

《象传》曰：雷电噬嗑，先王以明罚敕法。

---

① 何校：即“荷校”。何，即“荷”。

《埤雅》说：电与雷同气，“雷”从“回”，“电”从“申”。阴阳因为回迫而形成雷，因为申泄而形成电，都是天地的怒气，用来向天下显示威力的，所以有用刑之象。有人说，雷出于天气，电出于地气，天地之气相合雷电才产生。噬嗑以初上两个阳爻为雷电，先王取形象于它们而治理讼狱，以明象征电光，以敕令象征雷动。彰明刑罚，使百姓知道躲避，申敕法律，使百姓都知道畏惧，这样才能刑罚没有冤枉，用法没有偏私。朝廷的刑罚正如天廷的雷电，上天以好生为德，君王以慎刑为念，道理是相通的，这样社会也就治理好了。

[一辞多断]

○问时运：目前正值好运发动，有威仪，有光耀，有声名远播、上进发达之象。吉。○问商业：买者和卖者同时汇集，有货物畅销之象。吉。○问家宅：天盘地盘都在动，要防止有火灾，必须小心谨慎，这样才能免于灾祸。○问疾病：是郁热的病症，适宜透发。可能会因为热极而作狂态，必须慎重。○问讼事：判决明了而公允。○问天时：有雷雨骤然下降之象，雨后就会睛。○问婚嫁：阴阳本是一气，一定是百年好合，吉。○问行人：马上回来。○问失物：恐怕被人吞没。

初九：屦校灭趾，无咎。

《象传》曰：“屦校灭趾”，不行也。

[经传释义]

震为足，初九以阳爻居阳位而为下爻，象征足；初爻为震的下画，也象征屦。校是刑具，指木校。把木校加在屦上，也就是加在脚上。灭，没的意思。校小，只没脚趾，说明罪过小，惩罚轻。初爻阳气还微弱，用刑也宽，小小的惩戒，使它不再为恶就是了，所以用刑者与受刑者都“无咎”。

《象传》说“不行也”，古人制刑，有小罪的校他的脚趾，禁止他行走，使他不敢重蹈前非，所以说“不行”。

[一辞多断]

○问时运：防止目前有小灾，幸而无大害，应当慎重。○问商业：木材交易最不利，其他商业也应该谨慎。○问家宅：有动工改造的意思，没有灾祸。○问疾病：或许足部患有疮疡，或者患脚气。病症属于初发，医治自然容易。○问征战：防止有埋伏，应该审慎。○问婚嫁：不利。○问行人：没有归来。○问胎孕：生男孩。恐怕小儿有脚部的疾患。

[活断实例]

◎明治二十三年春，某友人来对我说："现在想与别人合办一项事业，请占成功与否。"筮得噬嗑卦，变为晋卦。

断卦说：本卦下卦震为木，有动的性质，上卦离为火，其形象恰如背着柴薪而走近火，前进必定陷于灾难，以不前进为宜。现在占得初爻，爻辞说"屦校灭趾，无咎"，虽说"无咎"，却不免有小的惩戒。《象传》说"不行也"，明确地告诉这件事不可行，应当停止不做。

友人听了，说："现在得到这个占断，越发知道这件事不可行了。我要做这件事本来不属于十全的办法，应当谢绝合作的人。"后来友人又来，说："三个人一同谋划合办贷金业，如果有以股票及公债证书为抵当而借钱的，返还的时候，为了财主的方便而给予证书。得到借主承诺的证书和货款，所抵当公债证书股票等随即卖掉。还以同一方法借钱给对方。这样依次循环，不需要资本就可以获得大利。如果有请求返还的，付给低落的股票等；万一事情不如意，就隐匿财产，作破产的打算。后来奸计暴露，那两人已经下入牢狱。易理的微妙，实在值得惊叹！"

六二：噬肤灭鼻，无咎。

《象传》曰："噬肤灭鼻"，乘刚也。

[经传释义]

肤是柔软而没有骨头的肉，噬它很容易，用来比喻囚狱的容易治理。"灭鼻"比喻了解情况的深入。二爻应五爻，居中得正，是象征用刑中庸而正当的一爻。用刑中庸而正当，罪人就容易顺服，即使"噬肤灭鼻"也"无咎"。互卦艮为鼻，二爻居艮的初位，上面有互卦坎，艮陷在坎下，有没鼻子之象。

《象传》说"乘刚也"，乘初爻这个阳刚以济它的柔，所以噬得深，以至掩没了鼻子。

[一辞多断]

○问时运：目前平平，因为才能肤浅，应该借助于别人的力量做事。

○问商业：现在货物有辐辏集合之象，不妨深藏而等待价格提升，到时候乘机出售。吉。○问征战：肤是大的意思，鼻为开始。从现在开始可以成大功，吉。○问家宅：鼻为祖，“灭鼻”就是灭祖，居住老宅不利。○问疾病：现在邪气在肌肤，恐怕深入为害。○问行人：与伙伴一同归来。○问婚嫁：一定是兴旺的人家，可以成功。

[活断实例]

◎明治二十五年十月二十五日，杉浦重刚[①]、菊地熊太郎、三宅雄次郎、志贺重昂、陆实众学士，聚会于星冈茶寮。前一天晚上政府有命令，停止日本的新闻发行。当时陆氏为该新闻的主笔，问我解除停业的时间。筮得噬嗑卦，变为睽卦。

山浦重刚像

断卦说：噬嗑卦有“颐中有物”之象，噬碎了自会亨通，故说“噬嗑，亨”。现在该报纸所刊载的事项有碍于政府，政府停止它的发行，说明其间有事梗塞。噬嗑卦“利用狱”，现在六二居下卦，罪责不重。所谓“噬肤灭鼻”，就是像噬美味的肉，误被热汁伤了鼻子，相当于编辑匆促地执笔，触动了政府的忌讳，被折去他的鼻子。鼻属金，灭鼻象征因为停业而损失钱财。下卦为震，震数为八；二爻变阳则下卦为兑，兑数为九。今后八日或九日，必定可以解除停止发行的禁令。

过了八天，果然解除了停止发行的禁令。陆氏写信告诉杉浦，感慨占断的奇中。

◎某亲友来说：“有一项商业很有希望，请占问它的成否和吉凶。”筮得噬嗑卦，变为睽卦。

断卦说：卦象为口中有物作梗，拿商业来比拟，是积贮物品之象。占得二爻，是轻易看过商事，反而遭到意外损失。“噬肤”指肉柔脆而容易噬；“灭鼻”指遇到刚强，以致商家被折鼻。所以应该留心，谨慎而秘密地从事，这样才能无过，所以说“噬肤灭鼻，无咎”。

后来的事果然和所占断的一样。

---

① 杉浦重刚：国粹主义思想家、教育家。近江国生人。杂志《日本人》、新闻《日本》的创建者。曾在英国留学，是名噪一时的学者、东宫学问所伦理学教授。裕仁亲王 1914 年开始进入东宫学习后，对他影响最大的人就是杉浦重刚。

六三：噬腊肉，遇毒，小吝，无咎。

《象传》曰："遇毒"，位不当也。

[经传释义]

"腊肉"里面藏有骨头，属于难噬的东西。骨头藏在肉中，为人所不易觉察。六三以阴爻居阳位，外柔内刚，有腊肉之象。肉放久了会产生毒素。互卦（三、四、五）为坎，坎为毒。肉有毒，如同罪人强暴，在治理的过程中遇到反噬，属于可羞吝的事。但用刑并非不当，所以虽然可羞吝，问题却不大，最终是无咎的。

《象传》说"位不当也"，指柔爻居阳位而不得当，所以罪人不服，反而遇毒。

[一辞多断]

○问时运：目前气运不正，得意的事中常常多有失意的成分，或者以诚待人而反被怨尤，幸而无大害。○问商业：明明可以获利的事情，或许反有小的损失，多半是由于处置不当。○问征战：屯营的位置不合适，防止有小的失败，应该谨慎守卫。○问家宅：宅神不安，恐怕有小的灾患，应该祈祷。○问疾病：药不对症，幸而是小病，无碍。○问行人：因为有事，没有回来。○问胎孕：生女孩。

[活断实例]

◎某友人来请占刑事裁判，筮得噬嗑卦，变为离卦。

断卦说：这一卦象征颐口中有硬物，不噬就不亨通，犹如彼此的事被人在中间阻隔，非用力除去它不可。现在占得六三，爻辞说"噬腊肉，遇毒"。腊肉中带骨头，坚韧难噬，日子久了还会有毒，象征犯人刚强难治，久后将会反噬，不免有"小吝"。但秉公审案断案，终究能得到它的罪状，故说"无咎"。判决这一案件，自然应当审慎。

后来的事果然和所占断的一样。

◎占明治三十年秋的丰歉，筮得噬嗑卦，变为离卦。

断卦说：这一卦是颐中有物之象，占年成丰歉而得到这一卦，尤其相应。爻辞说"噬腊肉，遇毒"，腊肉是腌干的整个小兽的肉，腊的时间久了，容易产生毒素，属于不洁的食物。卦中有雷电交作之象，防止七八月间大雨损害田里的谷物，导致秋收不足。百姓因为粮食缺乏而混食杂粮，或许遇毒而导致疾病，叫做“噬腊肉，遇毒”。但现在外国粮食输入很方便，可以缓解饥荒，所以说“小吝，无咎”。

这年八月，果然气候不和顺，洪水到处频发，导致粮食缺乏，幸而输入了外国米，借以缓解了饥荒。

九四：噬干胏，得金矢，利艰贞，吉。

《象传》曰：“利艰贞，吉”，未光也。

[经传释义]

“干胏”，有骨头的干肉，坚硬极了。九四的阳刚象征它骨头的坚硬，居阴位象征肉的柔韧。四爻在卦的中间，治理囚狱必定联合初上两个刚爻。初九一画为乾，乾为金，所以初爻有金象；上九一画属离，离为矢，所以上爻有矢象。四爻近比五爻，象征治理囚狱的官吏，初爻和上爻都追随它，故说“得金矢”。金刚矢直，刚与直是治理囚狱的重要方法，九四得到了它们，还有什么囚狱不能治理呢？所以干胏虽然坚韧却不难噬，就像罪人虽然强悍，却不怕他们不服。九四以阴爻居阳位，它的刚或许过于严酷，所以利在用艰；它的柔或许过于宽容，所以利在用贞。既艰又贞，自然吉祥。

六爻中只有四爻称吉。《象传》说“未光也”，指治理囚狱虽然吉，但是四爻居离的初位，离明还微弱。

[一辞多断]

○问时运：目前正值盛运，改变旧的，采取新的，凡事都吉。○问商业：譬如吃肉而得到金，有利润超过于资本之象，大吉。○问家宅：家业素来丰厚，在安全的时候不忘危险，在平常的时候不忘变迁，是保家的重要方法。吉。○问征战：能获得敌人的粮饷，获得敌人的弓矢，无坚不摧，所向有利。但得胜利时要更谨慎才好。○问婚嫁：因为是勤俭人家，吉。○问疾病：这病不容易治疗，必须谨慎调养。吉。○问胎孕：生男孩。○问行人：在外面得利，还没有归来。

[活断实例]

◎某相识因为商业上产生了大的意见纷歧，请占结果如何，筮得噬嗑卦，变为颐卦。

断卦说：噬嗑卦象征有在中间隔绝彼此而谋求大利的人，首先要致力于除掉这个危害。现在占得四爻，爻辞说“噬干胏”，干胏坚韧难噬，可以知道这人必定刚强暴虐，难以对付；说“得金矢”，金矢是贵重的物品，想来导致争讼的就是它。金象征刚，矢象征直，只有得到一个刚直的人才能判决。但是处置很难，不是一时可以了结的，所以说“利艰贞”。始终忍耐，虽然多有意见纷歧，到时候自会得到归结，可以不必操心。

后来的事果然和所占断的一样。

六五：噬干肉，得黄金，贞厉，无咎。

《象传》曰：“贞厉，无咎”，得当也。

[经传释义]

“噬干肉”，比喻肉中没有骨头，容易噬。“得黄金”，黄即正，取五爻的得正得中；金为刚物，取五爻的阳刚。五爻具备刚明的品德而居君位，象征断决囚狱的君王。囚狱至于由君王亲自决断，必定是已成的囚狱，就像晒干了的肉一样。罪虽然已经定了，但是君王还有疑心罪责轻于惩罚的意思，故说“贞厉”。这样用刑还有什么过咎？

《象传》说“得当也”，指能以柔用刚，守正而思虑危险，治狱的方法得当。

[一辞多断]

○问时运：正得时运，所谋求的事情没有不如意的，吉。○问商业：所贩运的货物都是上等，干净而完美，很得利益；不但一时是这样，而且事业可以保持长久。吉。○问家宅：方位得当，非常有利。○问征战：主敌人的城堡柔弱，容易攻取。吉。○问疾病：肉食应当禁忌，但时间久了也有危险，必须谨慎调养。○问行人：正是获利归来的时候。○问胎孕：生男孩。○问失物：马上得到。

[活断实例]

◎占明治二十二年的稻米收成，筮得噬嗑卦，变为无妄卦。

断卦说：《杂卦传》说：“噬嗑，食也。”《象传》说：“颐中有物曰噬嗑”，“噬嗑而亨”。卦辞都有关食物。本卦雷在下，电在上，互卦四爻为七八月，要防止有洪水。现在占得五爻，是丰收的征兆。爻辞说“噬干肉”，干肉可以储藏，新粮登场后纳入仓廪，也取收藏的意思。说“得黄金”，稻得黄熟时，称作遍野黄金，米粒称作金粒、玉粒，都是说丰收。年丰谷熟，贩运的人就多，米价未必低落。农民既得到十分收获，又得以高价出卖，也叫做“得黄金”。

果然到七八月间多雨。虽有两三个县遭遇水灾，全国却大体十分丰登，米价比较贵。从中可知易理的精妙，不可测度。近日会见某贵显，谈及这一卦，贵显感叹不已。

◎明治二十七年十二月，我海军和陆军在中国山东省威海卫。中国军舰据要地防御，我国军舰在港外，炮击很不方便。这个月二十日，我偶然在汽车中会见土方宫内大臣，大臣问我威海卫战况，我筮得噬嗑卦，变为无妄卦。

丁汝昌像

断卦说：这一卦为“颐中有物”之象。现在中国军队因为以前的失败，退守到偏僻的地方，我国海军和陆军包围了中国海军，犹如颐中有物。现在占得五爻，战机正好成熟，打击敌人的精锐，可以有意外的收获，叫做“噬干肉，得黄金”。虽然这样做有危险，但是可以保证无害，叫做“贞厉，无咎”。

后来果然，伊东海军中将以水雷艇击断铁索，侵入港内，击沉定远等数艘军舰，敌将丁汝昌等人自杀，镇远等军舰全部归我国所有。

上九：何校灭耳，凶。

《象传》曰：“何校灭耳”，聪不明也。

[经传释义]

上爻居卦中的极位，在五爻上面，为离卦的上画，刚和明都过了度。校即木校，指刑具。初九以一个阳爻在下位，故校在足部；上九以一个阳爻在上位，故校在头部。“何校灭耳”，从校的厚重可以知道刑罚的严酷。治理囚狱的方法，与其在监禁时失误，不如在放出时失误，应该慎重不滥，心中存有矜恤的念头。上九刚强自用，以重刑显示威力，怎么能不凶呢？

《象传》说“聪不明也”，指听讼全在于聪，刚强而不中庸就会失聪，失了聪也就失了明，所以说“聪不明”。

[一辞多断]

〇问时运：目前大运已经终结，能柔和处世，可以保证没有忧患；倘若任性用刚，就难免凶险了。〇问商业：得利就停止，不可过贪，这样才没有大的损失。〇问家宅：防止有意外的凶灾。〇问征战：千万不要前进，前进必有凶险。〇问疾病：或者耳鸣耳聋，或者颈上生毒疮，凶。〇问胎孕：生男孩，防有耳聋的疾病。

[活断实例]

◎东京曲街酒店主人，在家业上一直苦心操劳，近日忽然不理事务了。他在一天的午前出门，到晚上也没有回来，家人寻找不到。当时平川町盲人铃木孝伯，曾经和我学习《周易》，家人请求占卜，孝伯筮得噬嗑卦，变为震卦。

孝伯断卦说：噬嗑内卦为震雷，外为离火。离主南方，去了街南。雷火发动，是蒸汽车。占得上爻，爻辞说“荷校灭耳，凶”，依爻辞推论，恐怕主人撞到了蒸汽车，有灭耳而死之象。

听的人都很吃惊，也有不相信的。既而到了夜里十点，爱宕下警察署急切地召唤家人，告诉他们主人在铁道上横死的事。验看时，果然头和耳朵都裂开了。到这时大家才敬服易理的微妙。我听了，为孝伯的判断酷似我而喜悦，所以附记在这里。

◎明治三十二年四月，某贵绅的妻子第一次怀孕，过了产期还没有生产。为了占她的分娩，用《周易》筮得噬嗑卦，变为震卦。

断卦说：噬嗑卦的两个阳爻分别在卦的上下位，一个阳爻在三个阴爻之间，即妊娠之象。现在占分娩而有“灭耳”的爻辞，是胎儿肥大，难以生产，恐怕相轧而伤了他的耳朵。

这妇人临产后，果然许久无法生产。医师见产妇不承受不了，要施行截开术，以求逐渐分娩。因为婴儿肥大，为产门所阻碍，导致耳朵受伤，所以用硝酸银为他疗伤。婴儿虽然没至于“灭耳”，受伤却是确实的。

䷕山火贲

“贲”字从“卉”从“贝”。贲卦上卦为艮，艮为山。《诗经》说“山有嘉卉”，所以“贲”的上部从“卉”。而且艮为果蓏，有卉象。下卦为离，离为鳖，为蟹，为蠃，为蚌，为龟，都是贝类。《尔雅》说龟三足叫贲，所以“贲”的下部从“贝”。《序卦传》说：“贲，饰也。”卉贝都具有彩色，所以说文饰。傅氏说：“贲”是古“班”字，指斑驳陆离而有文采。彖辞所谓“天文”、“人文”，就是由此而来。为卦山下有火。山上生长草木，下面有火光照彻，草木就都会反映出光彩。《尚书》说“贲若草木”，也足以证明这一点。

贲卦上承噬嗑而来。《序卦传》说：“嗑者，合也。物不可以苟合，故受之以贲。”苏东坡说：径情而行叫苟且，以礼饰情才叫贲。以礼饰情在于以敬待人，恭敬的相合才能长久。这就是贲卦为什么接续在噬嗑的后面。

贲：亨，小利有攸往。

[经传释义]

贲卦上体为山，山蕴藏的是质素；下体为火，火吐露的是文光。下卦的火向上烛照，则既质素又有文光，所以叫做贲。文质交错，刚柔得中，故说亨。离火的光明遇到山而止息，进取的距离很小，所以说“小利有攸往”。其中的含义，《彖传》说得很详细。

> 《彖传》曰：贲：亨，柔来而文刚，故亨。分刚上而文柔，故“小利有攸往”，天文也。文明以止，人文也。观乎天文，以察时变；观乎人文，以化成天下。

贲卦与噬嗑相对，是从噬嗑变化而来。噬嗑的六五柔爻来二位而为六二，成为下卦离，这叫“柔来而文刚”。噬嗑的初九刚爻往上而为上九，成上卦艮，这是“刚上而文柔”。刚柔相杂，文采就成就了，这是天下的文采。“柔来而文刚”，离明在内卦，所以无不亨通；“刚上而文柔”，艮止于外卦，所以“小利有攸往”。

卦以上爻为极致，极致就是天。上爻说“白贲”，指自然的文采，所以叫做“天文”。九三在人位，为一卦的主爻，正值文明的盛会，故说“文明以止，人文也”。“天文”指日月星辰，是自然的文采，不必借助外在的文饰。“人文”指人伦和众物，前有纲纪，后有节制和文饰，属于修饰而成的文采。有圣人出现，仰观月亮在晦日朔日怎样相代而明，寒暑怎样交错运行，考察其时节的变化，是为了以人来配合天；俯看人文，用礼乐来引导，以诗书来教训，从而化成天下，是为了用人来治理人。这是圣人运用贲道的方法。

以这一卦比拟人事，贲，缘饰的意思。质素在先，文饰在后，凡是有待于缘饰的事物都是后起的。这就是绘画的事在质素之后的说法。用这个道理谈礼，玉帛是它的文饰；用这个道理谈乐，钟鼓是它的文饰；用这个道理谈宫室，轮奂是它的文饰；用这个道理谈衣服，章采是它的文饰。文饰必须附于质素而显著，比如帛的染上色彩，玉的被雕琢。有实质而又加以文饰，文饰才足以增加其美感。这一卦山因为火而焕发光彩，譬如人的心光透发出来，使面目产生光辉；内在的修行达到以后，声名自然卓著。这样心广体胖，实至名归，即贲之象。

就六爻来说，初爻贲趾，以履行道义为贲，体现了正道；二爻贲须，以随顺上一爻为法则，得到了时宜；三爻“贲如濡如”，贲而“永贞”，得到吉祥；四爻“贲如皤如”，贲而当位，“终无忧”；五爻“贲于丘园”，以敦本务实为贲，最终“有喜”；上爻“白贲，无咎”，以黜去华美，返朴归真为贲，贲才“得志”。这六爻的含义，是用来指导所有文饰的，而人事中文饰虚伪而扰乱正真，黜去章美而诬枉实质的人，都是应当反观自省的。

以这一卦比拟国家，上卦为山，安止而不动，如同圣明君王德性的镇定；下卦为火，光辉向远处辉耀，如同朝廷政教的施行。向内崇尚德性，向外敷施政治和教化，有本质也有文采，刚柔并济，是善于贲饰的表现。推论开来，通过跳干羽舞而使顽固的苗民受到感格，是“柔来而文刚”；用斧钺来安定天下，是“刚上而文柔”。审度时节而确定历数，是为了效法天文；制作礼乐，是为了昭示人文。以德和礼行政，政事才会尽善；以忠和信来判断狱讼，狱讼才能公平。《大象》说“君子以明庶政，无敢折狱”，就是这个旨意。

六爻谈贲，各有次第，含义深邃，旨趣幽远。初爻以阳刚居下位，故说“贲趾”，是守道而无位的贤人。二爻“柔来而文刚”，随刚爻而动，如同胡须随着颐而飘动，故说“贲须”，象征待时而动的君子。三爻值贲的盛会，故说“贲如濡如”，象征从事贲而能守正道的人。四爻则由离卦进入艮卦，贲道变了，故说“贲如皤如”，是不随世俗披靡，能黜去华美而崇尚实质的人。五爻为主贲的君王，忘却了宫殿的华美，谨守丘园的质素，故说“贲于丘园”，用来改善百姓生活，敦化民间风俗的方法就在这里。上爻为贲的极致，物极必反，故说“白贲”。《杂卦传》说：“贲，无色也。”最完善的治理是用不着刑罚，最盛大的德行是拱手无为，这是治道的本原。这样，事情就好办了，教化就成功了。

[附记]

“观乎天文，以察时变”一则：

明治十八年一月，我在热海沐浴。一天晚上，有大的星星出现在月亮的右侧。当时饭田巽氏先看到，喊我出来看。我一见，好像有所领悟，没有说话就进屋了。邻席有《自由新闻》员工藤井新藏，他对饭田氏说：“高岛氏一见就进了屋，必定有所悟解，您请前往探问一下。”饭田氏于是来到我的房间，叩问缘故。我说：“难说呀！”他再三询问，我说：“数日内应当有一位大臣死去。”他问：“您根据什么知道的？”我说：“这就是难说的地方。我考察多年的经验，才知道星宿能昭示变故。您要是不信，请看后天。”

很快到了第三天，报道有栖川宫殿下①去世。饭田氏又说：“您的话果然说中了，但我始终不知道为什么会这样，请您教我。”我说：“《周易》不是说了吗？‘观乎天文，以察时变’，说的就是这种事啊！”

通观全卦，内卦为离，外卦为艮，离为文明，卦德由内在体现于外在，以文明为主，所以卦名叫贲，而取贲饰之象。《彖传》所说柔文刚、刚文柔、观天文、观人文，都是用文采来装饰，也因为文采而得到亨通，说明贲象从离卦而来，因为艮卦而实现。这是全卦之体。

《象传》不说火在山下，而说“山下有火”，隐有以山止火的意思。“以明庶政”是明，“无敢折狱”是止，也可见文不过质的旨意。

---

① 有栖川宫殿下：有栖川宫是日本皇室曾经存在过的亲王宫家之一。和伏见宫、桂宫、闲院宫同列为日本皇室世袭亲王宫家。殿下：对皇室十分有身份的人的称呼，这里指有栖川宫炽仁亲王。他是第九代有栖川宫，八代帜仁的长子，幼名欢宫。1868 年（庆应四年）戊辰战争中曾任征东大总督。

六爻谈贲，内三爻为离本卦，初二两爻所贲还微少，只有三爻为贲的盛大。上三爻从离卦进入艮卦，谈贲都黜去华美而崇尚实质，属于挽救贲饰的过度而返回本真。所以，四爻虽然有疑，但是“无尤”；五爻虽然鄙吝，却得以“终吉”；上爻“无咎”而“得志”，将使人从文饰返回到质素，没有偏胜的忧患。这才是贲道的大成。全卦的含义就是这样。

《象传》曰：山下有火，贲，君子以明庶政，无敢折狱。

艮山的下面有离火。艮，一个阳爻高出两个阴爻之上，阳闭塞于外而不通达，所以为止；离，两个阳爻中含一个阴爻，内虚而含明，所以为明。君子效法它们“以明庶政”。“庶政”或兼教化和养育，或兼足兵和足食，即《洪范》所说的“八政”。昏暗就会紊乱，明达才能治理，取离象，政教就明达了。明是为了观察，而过于明察就会失于严酷，所以就判断狱讼而说“无敢”。“无敢”指不敢自用自己的明。以虚明的心行慈祥的政事，明察那应当明察的，却不敢过于用明，明于是止息下来。丰卦说“致刑”，是由于“明而动”；贲卦说“无敢”，是由于明而止。不动百姓就不畏惧王法，不止百姓就无法正常生活，两方面应该相济而行。

[一辞多断]

〇问时运：目前正值好运发动，凡事顺心适意，但上面有阻止，不能依自己的意愿径直行事。〇问商业：主经理人明达强干，足以担任事务；但是精明的人必定苛刻锐利，还应当留意。〇问家宅：恐怕宅中有火光发动，幸而马上扑灭了，没有大害。〇问征战：前面有山，不易进攻。〇问疾病：是郁火上蒸的病症，应该息火，尤其不可过分用寒剂，以免真火被扑灭。〇问行人：要归来却又中止，还没有决定。〇问胎孕：生女孩。

初九：贲其趾，舍车而徒。

《象传》曰：舍车而徒，义弗乘也。

[经传释义]

初九阳刚而在下位，故说贲趾。徒指徒步而行。古代做高官的人是不可徒步而行的，而初爻无位，所以“舍车而徒”。贲趾指践履仁义，以仁义“贲其趾”，不以乘车为贲，而以徒行为贲。乘车是世人所贲，君子所趾，所以舍去。

《象传》说“义弗乘也”，是喜欢初爻的能守道义。

［一辞多断］

○问时运：生性清高，不合时宜，凭德行而亨通，不是凭名声而亨通。○问商业：一定是肩负的买卖，而不是舟车贩运的事业。规模虽小，却也亨通。○问家宅：属于勤俭起家，很有“知足不辱”的风范。○问征战：陆军有利。○问行人：中途遇到阻碍，步行返回。○问疾病：病症属于初起，不用服药就可以痊愈。○问讼事：恐怕有惩罚或劳役的灾患。○问失物：已经舍去，徒劳寻找。

［活断实例］

◎明治十九年，占某贵显气运，筮得贲卦，变为艮卦。

断卦说：贲卦上卦为艮，下卦为离。所谓“高山仰止”，是某贵显的道德声望；所谓“离明遍照”，是某贵显的功业。这是当今的人都知道的。现在退位闲居，占得贲卦初九，说“贲其趾，舍车而徒”，爻象恰好相合。初爻无位，以阳刚而在下位，贲则有文采，“趾”从“足”从“止”，有退隐回乡之象。“舍车”，犹如舍去官位而隐居。徒指徒行，即将复起。舍车徒行，是某贵显将潜行于民间，考察民情和风俗，加强社会文明建设，弥补维新以来所未能修明的事业。这是某贵显的隐衷，爻象已经明示。某贵显是维新元勋，虽然暂时隐退，心头哪里有一天忘记天下呢！现在值初爻，所贲还没能盛大，到三爻所贲就盛大了，到六爻又能返回而协于中道，贲运正长。可知某贵显日后品德和声望必定更加隆重，功业更加伟大。《象传》所谓“观乎天文，以察时变，观乎人文，以化成天下”，都可以从某贵显身上看到。

后来的事果然和所占断的一样。现在辅佐朝政，声望如同泰山北斗。以良臣遇到明君，这就是他的贲为什么叫做贲。

六二：贲其须。

《象传》曰：“贲其须”，与上兴也。

［经传释义］

六二以柔爻居柔位，这一爻又是从噬嗑卦的六五柔爻而来，变为六二，即《象传》所谓“柔来而文刚”。取象于颐，本爻说须，胡须随颐而飘动。柔爻来文饰刚爻，文饰刚爻即贲，故说“贲其须”。胡须和眉毛是人的仪表，所谓“严其瞻视”，指的就是它们。

《象传》说“与上兴也”，上指上卦噬嗑，兴即动。噬嗑内卦为震，震为动，胡须附在颐上，爻自噬嗑来，所以说“与上兴”。

[一辞多断]

○问时运：目前平平，只可以依赖别人而成事。○问商业：与富商合作，一定非常兴旺，吉。○问征战：必须与大军一同前进，这样才能得胜。○问家宅：托贵人的福，得以光大门楣。○问婚嫁：“归妹以须”，还需要等待。○问胎孕：生女孩。

[活断实例]

◎明治十四年四月占国会。当今我国舆论，都愿意开设国会。因为众人议论纷纷，不可臆断，特意占一卦，得到贲卦，变为大畜卦。

断卦说：贲卦从二爻到上爻为五年，其间看不到凶咎。贲的下一卦为剥，剥卦的上爻为第六年，它的凶咎特别严重。现在考虑避凶趋吉的方法，必须就变卦大畜来探索。为他先解说贲卦终结后剥卦到来的凶象，再阐述变卦大畜的卦义。

彖辞说：“贲亨，小利有攸往。”贲即文饰。凡文饰于外表的事物，其内在必然有所缺乏。现在开设国会，各府县推举议员，才能和学识未必具备，多数都是只有外表的文饰罢了。《彖传》说“柔来而文刚”，“刚上而文柔”，指上卦的柔爻来文饰下卦的刚爻，下卦的刚爻向上文饰上卦的柔爻，上下各以刚柔互相文饰，这是彖辞的意思。现在以国会来比拟，上卦为官吏，下卦为议员，各自以论说相抗衡。说贲亨，可知国会的事没有不亨通的；说“小利有攸往”，知道国会虽然可以进行，但未免有所退止。说“观乎天文，以察时变”，指应当考察时机，审度世界形势，来维持国体的不朽；说“观乎人文，以化成天下”，指适应民心的归向、文运的昌明而开设国会。上下心志相合，可以规划国家的安宁。

这是就彖辞的含义而作的解释，进而推论六爻。

初爻“贲其趾，舍车而徒”。初爻在下位，是无位的爻位，指微贱的百姓也将持杖奔走，来仰观国家的德化。

二爻虽然比初爻进了一位，但是不能自主，随别人的议论而议论，像胡须随颐而飘动一样。

三爻居下卦的上位，近比四爻，“贲如濡如”，是盛大的贲。九三以阳爻居阳位，在卦中为主贲者，在国会中为主议者，所持论点不变，能守“永贞”，所以吉。《象传》所谓“终莫之陵”，指没有能与它相抗衡的。

四爻是政府的位置，与三爻接近。“贲如皤如”，指官吏以从前政府施行的事情相示；“白马翰如”，指听者了解政府的实情；“匪寇婚媾”，指有感于官吏的勤劳，共同辅翼和助成他们。

五爻“贲于丘园”，“束帛戋戋”，指议员中有知道隐于“丘园”的贤人的，要把他们推荐到朝廷共议国是，应当用“束帛”招募他们，所以“终吉”。

上爻“白贲，无咎”，象征退位的老臣，也象征创立国会未免近于粉饰，终究应该黜华崇实，实行返本之道，由此节省费用，谋求富国的方略。

贲卦的终结，就是剥卦的开始，所以再讨论剥卦的含义。

剥卦《彖传》说：“剥：剥也，柔变刚也。‘不利有攸往’，小人长也。”“柔变刚”，是“小人道长”的时候，所以说“不利有攸往”，属于禁戒的言辞。

初爻说：“剥床以足，蔑贞凶。”阴剥阳自下而上，象征邪恶为害正义，有武人厌恶人民的逐渐进逼上爻，要消灭它的党类之象。

二爻说：“剥床以辨，蔑贞凶。”辨指床干，指党类的首长，是初爻已消灭党类，现在又要消灭它的首长之象。

三爻说：“剥之无咎。”它的党类为时势所激，忽然改变了心志，不再顾忌名分，属于最不祥的占断。

四爻说：“剥床以肤，凶。”有众阴爻逼迫上爻的形势，越逼越近，其凶险更加严重。

五爻说：“贯鱼，以宫人宠，无不利。”指剥落阳就凶险，顺从阳则有利，有一时委曲求全之象。

上爻说：“硕果不食。君子得舆，小人剥庐。”意思是虽然值剥落的极致，必定还有硕果仅存。君子处于这样的地位，最终会得到爱戴；小人处于这样的地位，则将无处容身。也就是小人要剥落君子，自己也随着遭遇灾难。

以上是从贲转到剥之象。贲是文明而止的卦，当今的人情，只是羡慕欧洲特别是英国文化，而不审察时势可不可以实行，难免剥落的灾难，如剥卦所述，所以君子必须以思患预防为贵。现在占得贲卦变为大畜，再解释大畜的含义，以示占问者。

大畜《彖传》说："大畜：刚健，笃实，辉光，日新其德。刚上而尚贤，能止健，大正也。'不家食吉'，养贤也。'利涉大川'，应乎天也。"大畜即所畜重大，重在尊尚宾客，培养贤人，使他们为国家所用，以使太平盛世更加完美。

初爻说："有厉利已。"《象传》说："'有厉利已'，不犯灾也。"初爻以四爻为正应，要上进而被四爻所畜止，即为艮卦所抑制，有无法实现志愿之象。

二爻说："舆说輹。"《象传》说："'舆说輹'，中无尤也。"二爻见初爻和三爻停止，也有被屈抑之象。

三爻说："良马逐，利艰贞，曰闲舆卫，利有攸往。"《象传》说："'利有攸往'，上合志也。"三爻刚健，锐意进取，为四爻所畜止而无法上进，于是改变志向，谋划开垦牧畜等事。说"良马逐"，说"利艰贞"，都是开拓牧畜之象；又说"闲舆卫"，说"利有攸往"，又有一并练习军事之象。这样有益于政府，所以叫做"上合志也"。

四爻说："童牛之牿，元吉。"《象传》说："六四元吉，有喜也。"这一爻值县官的地位，县官能使无产业的士族从事牧畜开垦等事业，犹如放牧童牛，容易畜养和制伏。

五爻说："豮豖之牙，吉。"《象传》说："六五之吉，有庆也。"五爻也与六四一样。

上九说："何天之衢，亨"。《象传》说："'何天之衢'，道大行也。"指全国士人和百姓各得其所，是天下太平之象。

以上就是对国会的占断。到第二年七月，政府颁布并实施三条政令：一是发布明治二十三年开设国会的命令；二是救济无资产的士族，给予八十万元的授产金；三是政府锐意修造铁路，计划中山道及奥羽的布设，给予每年百分之八的利息保护。这三条政令都体现在大畜六爻的含义中，并且合乎时宜。易象的灵妙，达到了这样的程度！

九三：贲如濡如，永贞吉。

《象传》曰：永贞之吉，终莫之陵也。

[经传释义]

九三以一个刚爻介于两个柔爻之间，正值贲道盛大的时候。"贲如濡如"，是文饰得很润泽之象。阴象能文饰人也能陷溺人，以"永贞"相告诚，自身保持贞正不变的操守，才没有被别人凌逼的危险，故说吉。

《象传》说“永贞之吉，终莫之陵也”，“终”字与“永”字相对应，因为贞正而不永久就没有好的终结。意思是我刚正而永远贞固，别人自然不能凌驾和欺侮。

[一辞多断]

○问时运：值这样的盛运，光辉而润泽，名利双收，非常亨通。○问商业：财源如水，深受润泽，基业也可以长久保持。大吉。○问家宅：屋宇华美清洁，又得到流水的掩映，可以长久居住。吉。○问征战：全军都为身受的德泽而感动，欢喜融洽，同心同德，可以称为王者之师，天下无敌。○问讼事：得以申冤，对方不敢再次侵犯。○问婚嫁：百年偕老，吉。○问胎孕：生男孩。○问行人：身着锦绣的服装，荣耀地回来。○问失物：向水中寻找，能得到。

[活断实例]

◎某友人来请占气运，筮得贲卦，变为颐卦。

断卦说：贲卦一个阳爻居于两阴爻之间，如同物在水中，沾濡润泽，光彩更加显著，故说“贲如濡如”，属于贲道盛大的时候。但文饰过分，外表上虽然光耀有余，内在美却往往不足，这是贲的流弊所在。现在我国从维新以来，仕途的风气变化很大，有很多以自我炫耀才华来谋求仕途进步的。那些装作智慧，愚弄世人，互相标榜的人大都是这样，而一旦得到官位，却没有丝毫能力。这些盗得虚浮声誉的人，只能暂时得意而不可能“永贞”，有什么吉祥？您有意于济世利民，应该践履真实的德行，不要博取虚名，这样坚持长久，终究吉祥。《象传》说“终莫之陵”，指贲不属于虚贲，谁能相抗？请您留意这一点。

六四：贲如皤如，白马翰如。匪寇婚媾。

《象传》曰：六四，当位疑也。“匪寇婚媾”，终无尤也。

[经传释义]

四爻在上卦的下位，贲道已经过中。皤是素白色，翰是白色的马。三、四、五爻互震卦，为白马，故取白马之象。震卦上六说“婚媾”，所以也有婚媾的意思。四爻与初爻为正应，但是为三爻所阻隔，不能相贲，故说“皤如”；“白马翰如”，也没得到贲饰。但九三刚正，不是贼寇，而是求婚媾者。四爻与初爻为正应，必定相亲贲，始终无法阻隔。

《象传》说“当位疑”，指四爻疑二爻；说“终无尤”，指初四两爻为正应，终究要相合，所以说“终无尤”。

[一辞多断]

○问时运：目前运势有阻碍，安分才吉祥。明年就可以亨通。○问商业：应该迅速贩运和销售，如果迟缓，就要防止货物变色。○问家宅：一座住宅中，既有丧事又有婚事，主先否塞而后亨通，没有灾祸。○问征战：有和亲通好的议论。○问疾病：胸部有阻滞，所以上下不调和，阻滞消化掉就没有问题了。○问行人：有所爱的女子眷恋，一时不会回来。○问胎孕：生女孩。

[活断实例]

◎有人来请占某缙绅的气运，筮得贲卦，变为离卦。

断卦说：六四以阴爻居阴位，与初爻为正应，为中间的三爻所阻隔，无法相贲相亲，《象传》说“当位疑也”。现在占得四爻，知道某缙绅在局中，或许也因为有间阻而产生疑虑，但其中“乘马”“翰如”而来的，实际上是为了互相亲密，并没有其他意思。四爻开始疑心它是寇盗，将要夺取自己的利益，后来逐渐知道了真情，疑心才消除，故说“匪寇婚媾”。

当时某缙绅确有这样的事，开始疑心，后来双方情谊很融洽，果然和这一占断一样。

六五：贲于丘园。束帛戋戋，吝，终吉。

《象传》曰：六五之吉，有喜也。

“丘园”，依傍丘陵的园。艮有丘象。“贲于丘园”，指留意于农桑之事。“束帛”是赠人的物品，“戋戋”是少的意思。不贲于集市和朝廷而贲于丘园，意在敦促根本。“束帛戋戋”，指六五以阴爻居君位，能修养柔中的品德，黜去奢华而崇尚俭约，像大禹那样使宫室低矮，饮食菲薄，所以说“贲于丘园，束帛戋戋”。吝，指居君位而留心卑下的事情，未免鄙吝，但不失黜华崇实的宗旨，所以说“终吉”。

《象传》说“有喜也”，指有可喜的事。天下事成就于节俭，败坏于奢侈，一个人倡导节俭，社会风气就可以返回淳朴，这样所喜就不在于一个人，而在于移风易俗了。

一说：丘园是隐士所居住的地方，六五能以“束帛”聘求丘园的遗贤，共同辅佐文明的政治。仅以戋戋束帛聘求贤人，礼节不够隆重，所以说吝。贤者不因钱帛而喜悦，而为对方的恭敬而喜悦，所以钱帛虽然微少，贤者也会应聘而出，所以最终有喜事。也通。

[一辞多断]

○问时运：目前正行好运，但做事只应该勤劳节俭，这样才吉。○问商业：买卖最适宜木材和绸物两种，货物不一定多，但获利的情况很好。○问家宅：以农桑为事业，以勤俭为家风，吉。○问征战：应该召请山野老人作向导，可以得胜。○问婚嫁：聘礼虽然微少，但好在得到一位贤妇，大喜。○问胎孕：生男孩。

[活断实例]

◎友人来请占气运，筮得贲卦，变为家人卦。

断卦说：五爻居君位，崇尚节俭的德行，将率领天下人从俭，所以不贲于宫殿而“贲于丘园”。“束帛”的礼，指以诚相见，不崇尚丰厚。现在占得这一爻，知道您自幼从事商业，经过一番辛勤才有了今天，资产丰厚宽裕，也足以自乐。近来的商业多学习欧美人的作风，完全采取欺诈手段，自夸华丽，以过去朴素敦厚的作法为鄙吝。我们敦尚古风的人，也不屑于与他们计较。您应当安闲下来，寻觅一个山林佳处，修筑园林水榭，栽植花木，以娱悦心和目，作为养老的打算。别人或许以我们不参与世事为鄙吝，但以这娱乐老年，传承后代，终究得吉，叫做“贲于丘园，束帛戋戋，吝，终吉”。

友人听从了这一占断，也足以自我娱乐。

上九：白贲，无咎。

《象传》曰：“白贲，无咎”，上得志也。

[经传释义]

上爻处在贲卦终位，终极而不变，其弊端是将会有文无质。所以贲卦的含义，是因天下的质素而饰以文采，又将天下的文采归于质素。“白贲”是朴素自然，是无色，如宝玉不雕琢，珍珠不文饰，不使文采掩盖其质地，这就是“白贲”。《象传》说“上得志也”，上九居卦的上位，处在事情的外面，矫正世俗的文饰而敦尚朴素，独行自己所肯定的，而优游自得。

凡卦都有对偶，如泰与否、剥与复、涣与萃。只有贲卦无对偶，只以卦中以贲与不贲两义为对待。这是读《周易》的诀窍。中孚一卦也是这样。

[一辞多断]

○问时运：好运已经结束，劳累者应该归于安逸，动作者应该返于静定。优游自适，聊以取乐罢了。○问商业：货价已经很高，时令即将完结，不必装饰，马上就可以出售，一定赢利。○问家宅：家风清白，位置也高，吉。○问征战：身为上将，堂堂的阵脚，正正的旗帜，不用奇谋妙计而自然获胜，吉。○问疾病：病在上焦，适宜用清淡的药剂，吉。○问行人：得利归来。○问胎孕：生男孩。○问失物：向高处寻觅，可以得到。

[活断实例]

◎维新的时候，浦贺管署吏员下村三郎左卫门是旧佐贺藩的士人。他得病的日子久了，来横滨就医。医生说：“病看去像轻微，而实际上很重，不留下接受治疗，恐怕会发生危险。”下村报告了长官，长官允许他留下治病，但下村对病不在意，勉强回到了任所。长官对我说：“下村的病怎么样？您试筮一卦。”筮得贲卦，变为明夷卦。

断卦说：下村必死。长官说：“医生也认为是重病，但您为什么预言他死呢?”我说：“贲卦上体为山，下体为火，现在山变为地，是离明为坤地所遮没之象。上九阳爻变为阴爻，阳主生，阴主死，即生变为死之象。另外上九的爻辞说‘白贲’，白指丧服，他的死是不可避免的。”

后来不到一个月，果然接到了他的讣音。

䷖山地剥

剥：不利有攸往。

［经传释义］

“剥”字从“刀”，“录”声。录，《说文解字》说是刻木，《归藏》则作“仌”，从两个“刀”。卦体上为艮，下为坤，艮为山，坤为地，象征“山附于地”。卦德为五个阴爻一个阳爻，一个阳爻居上位，五阴爻在下面。艮山也有贲的意思，阴壮盛而阳衰微，有山岌岌可危，即将崩塌为地之象。《象传》不说山在地上而说“山附于地”，附是寄托，已经难以保证安止不动了。一天天削蚀剥落，是势所必然的，所以命名为剥。

剥卦承贲卦而来，因为贲卦文饰的极致而成为剥卦，离变为坤，火化为土，土旷远而山微小。开始的时候剥落非常容易，象征小人众多而君子孤立。与剥相对的卦为夬，夬卦五个阳爻壮盛上长而抉去一个阴爻，故说“利有攸往”；剥卦五个阴爻壮盛上长而剥落一个阳爻，故说“不利有攸往”。

《彖传》曰：剥：剥也，柔变刚也。“不利有攸往”，小人长也。顺而止之，观象也。君子尚消息盈虚，天行也。

《彖传》说：“剥，剥也。”《杂卦传》说：“剥，烂也。”还有解释为脱、为落、为褫、为裂、为击的，都取消剥的意思。剥卦是表示阴阳消长的十二辟卦之一。乾卦时一个阴爻开始生于下位，为姤，为遁，阴柔浸长，阳刚渐消，刚变为柔，到剥卦仅剩下上面一个阳爻了，而且一个阳爻又即将消尽，所以卦名叫剥。

阳爻象征君子，阴爻象征小人。五个阴爻削灭一个阳爻，象征“小人道长，君子道消”的时运，故说“‘不利有攸往’，小人长也”。卦体坤为顺，艮为止，君子观察这个卦象，应当体察坤的顺，效法艮的止。顺而安分，不与小人争功劳；止而等待时机，不与小人争进步。“消息盈虚”，合乎天道的运行；默持气数，而等待一个阳爻的复来。在这剥乱的时候，君子退居无位的地方，留作硕果转移的枢机。所以夬卦一个阴爻穷尽了，姤卦的一个阴爻就生发在下位；剥卦的一个阳爻穷尽了，复卦的一个阳爻就生发在下位。这就是“消息盈虚”，就是天道的循环。

以这一卦比拟人事，命运的通塞，家道的盛衰，以及富贵、贫贱、寿夭、疾病，本来不在阴阳消长之外。“阴阳”二字，在人分为邪恶和正义，在心地判为天理和人欲，在事情区别为公与私。邪恶的人众多，正义的人就孤立；欲心炽盛，天理就会沦亡；私事兴起，公事就会衰败。家道因此而衰替，命运因此而闭塞，危险是很大的。人在这时候，只有顺而止，任凭天道运行的自然，倘若要勉强行事，恐怕一定多有不利。

剥卦的危害自下而来，逐渐消剥，越来越切近。开始是剥落床足，继而剥落床辨，终于发展到剥落人的肌肤，阳越发消亡，阴越发浸长。虽然有三爻的照应和五爻的调护，但是硕果仅存，系而无用。大厦将倾覆，靠独木来支撑它；巨舟将颠覆，靠一根铁索系住它。硕果的仅存虽说属于人事，又怎么能说不是天命呢？家道的从衰落转为兴盛，命运的由否塞转为亨通，都以这一个阳爻作转机，保持这一点孤阳的存在，怎么可以不慎重呢！

以这一卦比拟国家，象征国家治乱的由来。古今国家的大乱，不是从乱开始的，但是到了极乱的时候，祸患就不可挽回了。在极乱的时候，小人充满朝廷，忠臣遭受杀戮，志士殒命亡身，阳刚君子即将剥尽了。如夏代的龙逢，殷商的比箕，因为精忠而遭遇不测，所以“不利有攸往”。只有像微子那样离开殷商，像姜太公那样避开商纣王，像我国的菅右相遭遇贬谪[①]时那样，才算顺而止。这样做，小则叫做明哲保身，大则叫做等待保护国运的时机。剥卦上九所谓“硕果不食”，就是指这些保护国运的君子。小人虽然同恶相济，其中怎么能没有稍微知道名分，顾惜忠良的人？如六三的能应上九，六五的能制伏众阴爻，这是以柔爻居阳位，能抑阴扶阳的缘故。这是卦中一阳来复的枢机，是国家危而复安的预兆。天运的循环就是这样，治理国家的人如果不幸而值剥乱的世道，那就宁可顺止也不要“攸往”。

通观全卦，阴爻壮盛而剥落阳爻，是九月的卦，有肃杀之气剥落万物之象。阴阳消长属于天道的运行，治乱盛衰属于世运的更替。造化的道理，文采胜过质地就必定弊坏，早晨繁华的花草，到了晚上就会零落。这就是剥卦为什么接续贲卦。祸患产生于微细，悔恨发生于终结。勉强与它相争，终究会导致灾祸；而以安定自守，可以保持原初的状态。彖辞戒止前往，勉励顺止，就是这个道理。

---

① 菅右相遭遇贬谪：菅右相，日本历史上的著名文学家、政治家。其生平和遇贬情况不详。

初爻为祸患的开始，剥落的初步；二爻就比较凶险了；三爻知道随从正道，其势力自然孤单；四爻剥到了肌肤，灾祸已经切近了；五爻居尊贵的爻位，能够独自调剂众爻的情态，用恩德加以招怀，使女子和小人各自安于本分，使它们共同从阳，而不至于逼进而剥落上爻。上爻硕果得以仅存，靠的正是这个。善于变化者可以转祸为福，不善于变化者也会化吉为凶，所以剥卦开始凶险，而终结却并不凶险。

《象传》曰：山附于地，剥，上以厚下安宅。

地的厚重足以负载山，山的重量足以镇定地。地在下卦，故取广大厚重的卦义；山在上卦，故取安稳和镇定的卦义。说“山附于地”，像寄附的东西那样，说明山摇摇欲动，已经不得安止了。上指君王，“山附于地”，犹如说君王附于百姓，说明君王也是危险的。君王在这时应该厚待下位的臣民，以保持自己住宅的安稳。上卦为艮，下卦为坤，剥落从从下面开始，故说厚待下位。下位博厚，上位才能安稳，即所谓“地厚而山安”。爻中说床，说舆，说庐，多取与住宅有关的物象。《象传》说“安宅”，所以以类相从。

[一辞多断]

○问时运：运势不太好，应该以安定自守，没有灾祸。○问商业：必须使资本雄厚，然后聚积货物，贩运到国外，必定获利。商业以剥落别人的钱财为利，所以吉。○问家宅：寄居的住宅可以出钱买下，自己的住宅反而不利。○问征战：防止敌人的袭击，应该增加兵力。○问疾病：魂不附体，恐怕不吉。○问行人：随伴侣而行，马上可以回家。○问胎孕：生女孩，开始危险，后来安泰。○问失物：得是可以得到，只恐怕有残缺。

初六：剥床以足，蔑贞凶。

《象传》曰：“剥床以足”，以灭下也。

[经传释义]

床是人用来坐卧的家具。剥卦上实下虚，床也上实下虚，所以取床象。阴对阳的消剥自下而上，初爻在下位，象征床足，所以先剥床足。床有足才能立，剥足床就倾覆了，所以凶险。蔑即灭，贞即正，阴剥阳即邪灭正，即小人危害君子，所以说“蔑贞凶”。

《象传》说“以灭下也”，床足在下面，初爻也在下位，故说“灭下也”。这是剥落的开始。

一说：“贞”即“桢”。《伊川易传》说辨指床干。以“贞”为“桢”，可以备为一种解释。俞氏以“剥床以足蔑”为一句，认为固执而不乱，变阳得正则凶。这又是一种解释。

[一辞多断]

○问时运：目前正值消剥的运，防止有足部的疾病。○问商业：堆积货物，要防止底部朽烂；或者运载出国时，因为船底有水而被浸坏。○问家宅：防止梁柱、基础、门限有损坏，而将要倾覆。○问征战：防止敌人从地道进攻。○问行人：有足病，不能归来。○问疾病：是足少阴的病症，正气不胜邪气，凶。

[活断实例]

◎相识的某商人来，请占气运，筮得剥卦，变为颐卦。

断卦说：剥卦从下面开始剥落上爻，“剥床以足”，是以下灭上，有奴仆消灭主人之象。现在占得初爻，可知您用人不当，要防止手下有不安本分，逞强而轻蔑主人的人。爻象是这样，您应该注意。

这人感谢后回去了。后来听说他家雇佣的人不下数十个，因为多数不得力，主人打算减少薪水，而这些下人各自心怀不平，结伙掠夺主人的家财，以致主家被困。情况与爻象完全相符。

六二：剥床以辨，蔑贞凶。

《象传》曰：“剥床以辨”，未有与也。

[经传释义]

辨，《伊川易传》说指床干，即床足上、床身下的分辨处。初爻剥足，二爻剥辨，阴爻逐渐上进。剥落到床辨，床更危险了，阴邪壮盛而灭正的趋势与初爻相同。

《象传》说“未有与也”，与指上九，意思是说二爻与初爻同恶相济，阴谋剥落上九，上九以孤阳在上位，没有相应的爻。《象传》是在为上九担心。

[一辞多断]

○问时运：从去年以来，气运逐渐低下，被人剥削而无法辩白。凶。○问商业：置办的货物，价格逐渐低落，无法获利。凶。○问家宅："辨"也通"变"，指家宅应该迅速改造或迁移，这样才能避开凶险。○问行人：买了行装就会归来。○问征战：没有接应的军队，不可行动，行动就凶。○问疾病：病人已经卧床，没有良医，要防止无法治疗。凶。○问胎孕：生女孩，难以养育。○问失物：无法重新拥有。

[活断实例]

◎有一位绅士来请占气运，筮得剥卦，变为蒙卦。

断卦说：剥卦五个阴爻剥落一个阳爻，所以叫剥。六二以阴爻居阴位，本来要与五爻一同剥落上爻，但是五爻以阴爻居阳位，并且与上爻相比，不再剥落上爻，于是二爻将连五爻一同剥落。辨为床干，干指床的两边，可见二爻有两边同时剥落的心，是不顾义理，只知道通过剥削别人来利己的人。但这样剥落别人，自己也就难免凶险了，所以《象传》说"未有与也"，意思是这样的人，一定没有好朋友。

绅士听了，如有所感触而回去。后来听说，这人借了亲族上万元金钱，不但不思感谢，反而要消灭亲族，属于最不义的事情。易理能抉出他的隐藏的奸计，灵明显著，值得敬畏。

六三：剥之，无咎。

《象传》曰："剥之无咎"，失上下也。

[经传释义]

六三以阴爻居阳位，与上爻相应。它属于阴类，所以意在扶助阳爻。在众阴爻剥落阳爻的时候，三爻独自与阳刚的上爻相应，象征虽然是小人，却肯保全君子，许以"无咎"，是不埋没它的善行。

《象传》说"失上下也"，指三爻处在上下众阴爻之间，能够排除朋党而从正道。

[一辞多断]

○问时运：运势虽然不正，但只要反其道而行，就可以免于灾祸。

〇问商业：同伙都攀高价，自己独自暗中脱售，虽然有失同伙的心意，却能独自得利。〇问家宅：拆去椽子和瓦，平整地基，剥落后重新建造，没有灾祸。〇问征战：是军队中最有计谋的人。虽然不与各军约会而独自进攻，却可以得胜，没有灾祸。〇问疾病：应该服用消导攻伐的药剂，这样可以痊愈。

［活断实例］

◎明治十七年冬天，横滨某洋银商来请占气运，筮得剥卦，变为艮卦。

断卦说：剥是山崩为地的卦，所以叫剥。五个阴爻浸长，将剥落唯一的阳爻。剥是夺的意思，削的意思。现在占得三爻，三爻属阴而居阳位，与上位一个阳爻相应，是虽然与众阴爻同党，却不与它们同志的人，所以“无咎”。类似做同样的买卖却能独出心裁，人弃我取，必定获得大利。就剥卦来说，指山变为地，可见现在价高如山，过了这一时又会低落如地，占问者应该留意。

后来某洋银商来感谢说：“这次为朝鲜的事①，洋银价格昂贵。我相信易占所说，就高价卖出，一时间得利数十万元。易占高妙到这样不可测度，佩服佩服！”

六四：剥床以肤，凶。

《象传》曰：“剥床以肤”，切近灾也。

［经传释义］

剥卦的灾祸萌发于初爻，到四爻已经逐渐逼近。四爻以阴爻居阴位，与初二两爻同恶相济。初二两爻居内卦，因为卦分内外，床有上下，距上爻还远，所剥只在床足与床辨。四爻与上爻同体，离得越近剥落就越严重，所以直接剥落到肌肤。从爻的次第看，初爻为床足，二爻为床辨，三爻为床身，四爻则为床上的人身。艮为指，为喙，有人身之象，故说“剥床以肤，凶”。《象传》说“切近灾也”，剥及于肌肤，灾已经及身了，所以深为唯一的阳爻担忧。

剥卦象征小人剥落君子，理应为君子担心。初、二、四三爻不说君子

① 朝鲜的事：指“甲申政变”。

凶，而只笼统地说凶，可知剥落的危害国破家亡，君子固然凶险，小人也难免于凶，所以统括地说凶，含意是很深微的！

一说，以“肤”作“簀”，簀即床板，也可以作为一种解释。

［一辞多断］

○问时运：时运很不好，有身体受伤的忧惧。○问商业：恐怕剥耗过重，还要防止意外的灾祸。○问家宅：住宅必定破败不堪，居住的人也寥落，以致需要防止倾塌。○问征战：恐怕主将有灾祸。○问疾病：凶。○问胎孕：生女孩，产妇也危险。

［活断实例］

◎某富商来，请占气运，筮得剥卦，变为晋卦。

断卦说：剥的灾难从远到近。远的时候灾小，还可以避开；及至切近，即使躲避也难以幸免。现在占得的四爻与上爻同体，灾祸已经切近了，说“剥床以肤”，是剥及肌肤了。推论灾难的由来，可知一定是与您同居并就近服侍的人。或许祭祖祈神可以免灾，但恐怕也难免了，应该迅速作避居的打算。另外，据说占象凶险时，须同时参考容貌，如果印堂有黑赤气，或天庭有细赤盘出现，一定难以免祸。现在您幸而气色好，没有露出遇到灾难的形迹，避到外地或许可以幸免。

某富商听了大惊，于是避居到相州汤本。不料某伙计贩米去北国时，在大阪赌买米市，大受亏损。这伙计平素诚实，为某富商所亲近，所以把数万元钱委托给他而从不疑心。现在遭到这样的大损耗，伙计忽然生出奸计，瞒着主人，隐蔽资财，拼了一死，挨个向亲族朋友谢罪。事出无奈，他也只好不再追究。易占垂示的昭彰，可以不慎重吗？

六五：贯鱼，以宫人宠，无不利。

《象传》曰：“以宫人宠”，终无尤也。

五爻是最尊贵的一爻，以阴爻居阳位，与上爻比近。它知道众阴爻向上逼进，一个阳爻已经危险，不可继续剥落，于是暗中存有护持阳爻的念头。如果用阳爻制伏阴爻，阴爻众多而阳爻孤立，一定不能如愿，不如率领众阴爻从阳。说鱼，说“宫人”，都是阴象。说“贯鱼”，犹如说率领众阴爻而形成一贯；说“宫人宠”，是以宫人的身份受一个阳爻的宠爱。一个阳爻既免于剥落，众阴爻也得以免除凶祸，所以说“贯鱼，以宫人宠，无不利”。《象传》说“终无尤也”，六五作为群阴的首领，能率领众小人而慑服于君子，使硕果得以保存，是五爻的力量，所以说“终无尤”。

剥卦的众阴爻都要剥落阳爻，只有三爻和五爻以阴爻居阳位，能够委曲保护一个阳爻。初六以阴爻居阴位，只知道剥落；剥的灾祸实在是起于初爻，因为初爻卑微下贱，象征尤其不仁的人。

[一辞多断]

○问时运：目前气运堂煌，事事圆满到位，没有不利。○问商业：可以得到满贯满万的利润，北海海产生意尤其好。○问家宅：有妇女主持家政之象。○问征战：需要行离间敌军的计策，可以获胜。○问疾病：是阴亏的病症，必须自我珍爱，这样还可以无忧。○问行人：外面有宠妾，必将相伴而回。○问胎孕：生女孩。

[活断实例]

◎滨境町森锭太郎是英国外商的书记。明治十四年春天，他腹中疼痛，请国内外医生诊视，但服药无效，疼痛更严重了。他的母亲请我占筮，筮得剥卦，变为观卦。

断卦说：剥是剥落，到上爻一个阳爻即将被剥尽，有将被消灭的趋势。占得五爻，迅速加以治疗，还可以出万死而得一生。爻辞说“贯鱼，以宫人宠”，贯是贯穿，即用针穿物，指应当用针刺他的穴位。我不懂医道，对针灸也不知合适与否，只是据卦象而说罢了。试用针灸治疗。

他母亲说：“有东京针治家若宫氏，我与他的住宅邻近，可以请他来治疗。”我说：“爻辞说‘以宫人宠’，这人恰姓若宫，最妙，可以马上请他。”

他母亲回去就召请若宫氏来诊察。若宫氏来了，先抚摸患者的肢体，同时问明病状，似乎有所感悟，不一会儿说：“是我所经验的病症，再迟恐怕就来不及了！马上针灸治疗，二三个时辰后腹中雷鸣，是痊愈的征兆。如果过了时间腹中不鸣，就没有办法了。”针灸后，果然腹中鸣响，痛苦忽然消除，不到一天就痊愈了。《周易》的妙理，可以说没有什么细微处不显著。

我曾对中村敬宇谈及这一占断，中村敬宇大为赞赏，说：“以‘贯鱼’爻辞为针灸治疗，是别人所不及的。您的活断，敬服敬服！另外，医生的姓恰合若宫氏，也可以称奇了！”《周易》的精微，达到了这样的程度。

◎明治三十二年三月廿八日，占晴雨。维新之后，我见过去供奉的圣像安置在博览会，这是大不敬的。我于是在大纲山建圣庙，每年冬至日在这里占筮国家大事。三条相国来观看，蒙他赐予写有“神易堂”字样的扁额，此后每年四月八日举行祭典。这年恐怕值雨期，为此占了一卦，以卜晴雨。筮得剥卦，变为观卦。

断卦说：剥卦是全卦无水之象，可知没有雨。五爻变阳则上卦为巽，只有风罢了。而且观是祭祀的卦，适合举行祭典。

到期果然天气晴好，午后三时有微风。恐怕气象学家无法这样验证。

凡关于晴雨的占筮，小畜的上爻变，必定在风停之后下雨，其象辞说“密云不雨”，到上爻说“既雨”。推论爻理，因为卦面有水而断为有雨，因为水变而断为断雨停；以内卦为午前，以外卦为午后，风也这样看。孔明在赤壁之战中用火攻，也是这个旨意。

上九：硕果不食。君子得舆，小人剥庐。

《象传》曰：“君子得舆”，民所载也；“小人剥庐”，终不可用也。

［经传释义］

艮为果。果在树上，所以上爻有硕果之象；艮为止，所以“硕果不食”。舆指地，地用来载物，“得舆”指得到百姓的拥戴。庐即屋，用来庇护人的，“剥庐”就不得庇护了。上爻孤阳在上位，譬如硕果仅存，高出卦外，不是众阴爻所能够剥蚀的，故说“硕果不食”。不食的原因，从天道来看，没有阳爻消灭，众阴爻还能独存的道理；从人事来看，没有君子全部消亡，小人还能独存的道理。天地之间怎么可以一天没有善人呢？

剥卦值十月，正是万木摇落的时候，大的果实还存于树稍，果中有仁，足以复生，这是剥未尽而阳复生之象。况且剥落至极就会乱，乱到极处就会治，所以众人心中爱戴君子，叫做“君子得舆”；小人剥去君子，终将使自己失去庇护，故说“小人剥庐”。

《象传》说：“‘君子得舆’，民所载也。‘小人剥庐’，终不可用也。”君子德泽长流，所以百姓必定承载他们；小人恶迹昭著，所以“终不可用”。上爻变阴则全卦为坤，是“终不可用”之象。

［一辞多断］

○问时运：目前气运衰微，一年后就会值好运。○问商业：卖出的还能得到微利，买入的必定多有损耗。○问家宅：忠厚人家，还有多余的福泽；以刻薄起家的，恐怕有墙屋倾圮的忧患。○问征战：退守者无害，进攻者必败。○问疾病：有饮食不进的忧虑。○问胎孕：生男孩，是独生子。

[活断实例]

◎明治二十三年，为国家筮元老院，得到剥卦，变为坤卦。

断卦说：剥落到上九，所剥将尽，所剩无几了，元老院莫非要废止吗？当时国会的兴起，元老院议官大抵就是贵族院议员，或者是枢密顾问官。它们同样可以尽心于国事，元老院自然可以废止。元老院的废止本来可以推论出来，而易象能预先明示，所以附记在这里。

䷗地雷复

“复（復）”字从“彳”，为行貌；从“复”，象征行走原路，有去而复来，消而复息的含义。所谓乾为积善，以坤配乾，阳灭复出而为震，象征余庆，所以卦名叫复。为卦坤在上，震在下，一个阳爻在五个阴爻之下。阴到极致而阳爻复来，与剥卦相反对，与姤卦旁通。《序卦传》说：“物不可以终尽剥，穷上反下，故受之以复。”这是复卦为什么接在剥卦的后面。

复：亨。出入无疾，朋来无咎。反复其道，七日来复。利有攸往。

［经传释义］

复卦内卦一画，从乾卦的下画而来。一个阳爻就是乾，亨是从乾元而来，所以说亨。外卦为坤，内卦为震，出震而入坤。坤为顺，震为动，动而顺，阴邪不能伤害，所以“无疾”。同类为朋。震体一个阳爻，兑体两个阳爻，所以兑为朋。一个阳爻先到，朋类都来，阴爻不能阻碍，所以“无咎”。剥卦一个阳爻在上位而将尽，复卦则一个阳爻反生于下位，故说“反复其道”。道即路。所谓“七日来复”，姤为五月卦，阴气开始发生；复为十一月卦，阳气开始发生。阴阳反复，共经历七个月，七为阳数，故说“七日”。这是“君子道长”的枢机，所以说“利有攸往”。

《彖传》曰：复：亨。刚反，动而以顺行，是以“出入无疾，朋来无咎”。“反复其道，七日来复”，天行也。“利有攸往”，刚长也。复，其见天地之心乎？

复亨，指阳刚消到极处而复来，这样阳刚就渐长而亨通了。“刚反”，指剥时刚爻几乎去而不返，现在出于震而复来，而震为反生。“动而以顺行”，是出入都属于顺动，所以“无疾”。自己的行动顺，朋友的到来也顺，所以“朋来无咎”。一反一复，是循环往复之道，“七日来复”，属于天道的自然运行。以顺承天，复返的阳刚就日益进长而盛大了，所以“利有攸往”。

“刚反”指阳刚复来的开始，“刚长”指阳刚复来之后。剥复二卦互相消息，属于天地气运的默转，即“天地之心”的发端。“天地之心”本来无所不在，但是无从窥测，只有从生意发露处才能见得，所以说：“复，其见天地之心乎？”用了“其”、“乎”这些辞语，越发觉得像看见了一样真切。

以这一卦比拟人事，象征善恶绝续的一大转机。人即使很不善良，但是在平居的时候，未必没有善念偶然萌动。萌即复，复就动了。逆而动，动仍然归于邪恶；顺而动，就出离邪恶而归入善良了。这样无不亨通，有什么疾患？朋友以类相聚，归于善良，善良的朋友就都会来，自然无咎了。人身是一个小天地，人有贤愚邪正，正如天有雨旸燠寒；人有生老病死，正如天有休咎灾祥。

“七日来复”，就地支来说，数到七就相冲[①]；就建除来说，到七则为破[②]。冲与破都属于动，所以有反复。人的疾病寒热，也往往以七天为周期。这都是阴阳刚柔的转移，人与天没有两样。

六爻的爻辞，初爻象征人改过迁善的开始，所以“返身而诚”。二爻见别人迁善，要一同归于善。三爻屡次复归而屡次迷失，虽然危险，最终还是归复于善了。四爻能舍弃众阴爻而从初九阳爻，象征取别人之善为自己之善的人。五爻以阴爻居阳位，独得中道，象征能安于土地，敦厚仁德的人。上爻居复卦的终位，六近于七，又将变了，“迷复”的凶险很值得戒鉴。《周易》讲天道而为人事作垂诫的意思最为深切。从复卦可以见天心，复时见天心，不复时就浑是人心了。“道心惟微，人心惟危”，可以不恐惧吗？可以不慎重吗？

以这一卦比拟国家，象征国家治乱的一大转机。由治到乱是从阴爻的萌生开始的，从乱到治是从阳爻的来复开始的。古今一治一乱，它们的枢机无不是这样。所以乱不从乱开始，治也不从治开始，其枢机的发动很微妙。复卦的一个阳爻就是阳气的微动，动而顺就亨通，就有利，例如汤武革命顺天应人，拨乱反正，一着戎衣天下就平定了。“七日来复，天行

---

① 就干支来说，数到七就相冲：指子午相冲，丑未相冲，寅申相冲，卯酉相冲，辰戌相冲，巳亥相冲。每个地支都与顺数到七位的地支相冲。

② 就建除来说，数到七则为破：指建除十二辰。《淮南子·天文训》说：寅为建，卯为除，辰为满，巳为平，主生；午为定，未为执，主陷；申为破，主衡；酉为危，主杓；戌为成，主少德；亥为收，主大德；子为开，主太岁；丑为闭，主太阴。除、危、定、执、成、开为吉，建、破、平、收、满、闭为凶。

也。”于感格有苗而说七旬，于即戎而说七年，由此可以感悟“七日”的道理。

六爻都就“来复”而说，重在阳爻的升进。阳爻象征治道和君子之道。初爻说“不远复”，武丁、周宣王、汉光武的中兴就是例子。二爻说“休复”，殷商太甲的复位、周成王的新政就是例子。三爻说“频复”，例如东汉刘备对蜀国的治理，虽然属于偏安一隅，还是无咎的。四爻说“独复”，例如大舜荐举出身微贱的人，公允地执取中道，因为继承尧的禅让而成就治世。五爻说“敦复”，例如夏启继承大禹，周武王继承文王，都能“敦复”治道而实现国运的昌盛。而上爻则应当警惕了，“迷复”而不知道前途的凶险，夏桀商纣等亡国之君都是例子。《周易》所说是天道，治世之道也在其中。治理国家的人，从复卦看到治世的渐进，就应当于姤卦戒止动乱的开始。治乱的枢机只在反复间罢了，可以不慎重吗？可以不畏惧吗？

通观全卦，剥卦的一个阳爻穷尽于上位，复卦就有一个阳爻产生于下位，如同雷藏在地中，无中含有。乾元的资始从这里显露机微，从而贞下起元，坤元的资生也从这里体现。天地生物之心不是到这时才有，而是到这时才可见。顺而动就无不亨通，顺而往就无不有利。出于柔而入于刚，刚有什么病？以我来求朋友，朋友的到来有什么灾咎？一反一复，只在旬日之间罢了。

六爻都就复返之道而言。初九的“不远复”，如克己复礼的颜子，贤良而希望达到圣明，属于“生而知之者”。六二的“休复”，下比初九刚爻，如朋友正直、忠诚、多闻的人，像亲近贤良朋友的宓子贱，属于“学而知之者”。六三的“频复”，如一天或一个月才能达到一次仁的诸子，属于作为士人而希望成为贤者的人。六四的“中行独复”，如喜爱周公、孔子之道的陈良，也是圣人的弟子，属于“困而学之”的人。六五的“敦复”，如通过自省而达到诚的商汤和周武王，属于圣明而希望体现天道的人。上九的“迷复”，则像飞廉和恶来，怙恶不悛，属于“困而不学”的人，不但自身受害，也是天下的祸害，所以说“迷复，凶，有灾眚，终有大败”。圣人在六三的“频复”还说“无咎”，而只这样怪罪上六的“迷复”，其中对改恶从善的期望十分殷切。《系辞传》说“圣人之情见乎辞”，说的就是这种情况吧？

《象传》曰：雷在地中，复，先王以至日闭关，商旅不行，后不省方。

复是十一月的卦，所以《象传》取“至日”，是雷伏藏在地中之象。先王观察这一卦象，通过“至日闭关”不启，阻止商旅的出行，君王在这一天也“不省方”，这是为了涵养方来的阳气而不敢耗泄，务必安静以保合贞正。《月令·仲冬》说：审于门间，谨于房室，一定要重重关闭，由此就可以推知“闭关”的各种表现了。“闭关”取坤卦阖户之象，“商旅”取坤众之象，行取震的大路之象，方取坤的国土之象。

[一辞多断]

○问时运：好运刚来，还没有发动，安静等待，自然获吉。○问商业：货物完好具备，时价也动了，应该暂时停止出售，这样一定能赢利。○问家宅：住宅现在闲置，必须等到春天，才可以迁入居住。吉。○问征战：防止敌军埋伏地雷，须暂时停战，以蓄养兵力。吉。○问疾病：是痰火的病症，饮食不进。交冬令的时候应该防备。○问讼事：一时无法审理结案。○问胎孕：生男孩，交春分时生产。○问婚嫁：现在因为媒人还没有前往说合，春初可以成事。吉。○问行人：冬季不回，开春才回来。○问失物：一时难以寻觅，日后可以得到。

初九：不远复，无祇悔，元吉。

《象传》曰：不远之复，以修身也。

[经传释义]

复卦初九一个阳爻自乾卦而来，进入坤卦的群阴中，忽然复归本位，叫做复。卦的复是就造化而言，爻的复是就人心而言。初爻居复的初位，为复道的开始。“七日来复”，所以说“不远”，所以不至于悔恨而得“元吉”。“元吉”即恢复乾卦的吉祥。祇，至的意思。即使圣贤也不能没有过错，只以迅速改正为贵；倘若知错不改，就会有悔恨，而凶险也就可知了。

《象传》说“以修身也”，修是为了弥补所缺陷，改正所误。占问者懂得这一点，就会人欲日益消损，天理日益昌明，可以为圣为贤了。“修身”二字含义深远，不可以不知道。为什么?《象传》用“仁”字来称赞六二；用“从道”字来赞叹六四，而“修身”二字同时兼仁和道，关系最大。心为内，身为外，就存养说则在心，就修为说则在身，身和心是一回事。

[一辞多断]

○问时运：好运就要到来，渐渐发动，凡事顺利，大吉。○问商业：以前的损失，现在可以重新得到，可以免除悔恨。大吉。○问家宅：旧业的复兴就在眼前，大吉。○问征战：即日可以转败为胜，大吉。○问讼事：初审不得理，再次控告则必胜。大吉。○问婚嫁：主散而又成，大吉。○问行人：很快就会归来，吉。○问疾病：静养可以复原，元吉。○问胎孕：即日生男。○问失物：即日可以得到。

[活断实例]

◎我想购买拉车的马，正巧遇到儿玉少介君，说："我去年在南部求购良马，后来没有音信，于是另买了一匹。近日南部的马到了，但是马厩狭窄，容不下。"他请我买下，我于是占这匹马良不良。筮得复卦，变为坤卦。

断卦说：这匹马不适于走长途，早晨出去，晚上就回来，则是合适的。这从爻辞的"不远复，无祇悔，元吉"可以看出。初爻变阴则全卦为坤，坤卦说"利牝马之贞"，可知这一定是一匹母马，没有暴跳逃逸的忧虑。

后来购得了这匹马，果然和所占断的一样，性情柔顺，最适于驾车。

六二：休复，吉。

《象传》曰：休复之吉，以下仁也。

[经传释义]

六二以阴爻居阴位，得中得正，与初九切近相比，志在从阳爻。它赞叹初爻的能复返于道，甘心低于自己，以初爻为仁德的朋友，与它相切磋，相琢磨，使恶念在无形中消除，善心日益生长，所以说"休复，吉"。初爻得到乾阳的正位，首先开启复来之道，所以说"元吉"；六二取别人的善为自己的善，自能从容进步，其作用逊于初爻，所以说吉。《象传》说"以下仁也"，初爻复于仁德，二爻向下亲比它，所以吉。

《周易》三百八十四爻不曾说到仁，只有这一爻说到了。所谓"复其见天地之心"，天地的心就是仁。所谓仁，即乾元的大善。

[一辞多断]

○问时运：目前气运还好，事事能择善而从，所以事事得吉。○问商业：能与人共享利益，他的事业就必定兴旺。吉。○问家宅：家庭多休祥之象，自然能复兴旧业。吉。○问征战：暂时停止进攻，姑且示弱，以蓄养锐气。吉。○问疾病：应该请最初治疗的医生再作诊视。吉。○问行人：必定随长辈回来。○问胎孕：生女孩。○问失物：就低下处寻找。

[活断实例]

◎明治二十四年春天，某裁判所长及检事长访问我的山庄，请占某贵显上交辞呈后的举止。筮得复卦，变为临卦。

断卦说：雷，春夏出于地上，秋冬潜藏在地中。这一卦雷在地中，即将再次出于地上，所以某贵显现在虽然优游闲居，却可以知道，他复职的日子不远了。

两人责怪我占断轻易，说："《周易》如果这么容易，那么天下的事就都可以问《周易》了。"我说："当然。《周易》包蕴很广，天下的事物没有一样不具备在其中，而且变化神妙，不可测度，所以没有什么事物不可占问，只要占筮，就会过去、现在、未来都得到明示，而且它的应验像回声一样。即使对双方间暗藏奸诈，掩非为是，诬真为假，不易剖决的事，也会使奸计显露出来，所谓'问于人不如问于神'。不然的话，你们只根据法律和口供，怎么能全无冤枉呢？古人说'卜以决疑'，说的就是这个道理。对某贵显的辞职，世人议论纷纷，而我一占卦，神就示以地下有雷之象。二爻爻辞说'休复'，知道他是一时休职，以后必定复职，是很明白的。《象传》说'休复之吉，以下仁也'，由此就可以知道了。"

二人倾心佩服地离去。后来某贵显果然复职，他们更加钦佩我占断的不虚妄了。

六三：频复，厉，无咎。

《象传》曰：频复之厉，义无咎也。

[经传释义]

三爻不中不正，志气刚强而素质柔弱。质柔看事情就不明了，志刚就轻率躁动，所以屡次复返而又屡次迷失，所以有厉；同时也屡次过失而屡次复返，所以终究可以“无咎”。既有失身亏行的畏惧，自然没有高傲和一意孤行的过错，故说“频复，厉，无咎。”

周公所系的爻辞，隐藏六三的屡失的罪过，称赞它“频复”的善行；孔子解释为“义无咎也”，是为人们开启改过迁善的门径，其涵意太深了！

[一辞多断]

○问时运：一好一歹，不时有所得或有所失，能据有所得而不失去，全在于人。○问商业：有亏损也有盈利，能使盈利多亏损少，或亏损后又盈利，也可以获利。○问家宅：有迁移不定之象。○问疾病：屡次治疗屡次犯病，虽然危险，可以保证无害。○问讼事：有频繁翻供，反而导致危厉之象。○问行人：归心还没有决定。○问胎孕：生男孩，很有难产的征候，但是无害。○问失物：失去已经不是一次，应当可以找到。

[活断实例]

◎一位商人来请占气运，筮得复卦，变为明夷卦。

断卦说：复卦象征雷藏在地中，是阳气复来的时候，在人则象征在迷惑中有所悔悟，复返本来之象。三爻不中不正，爻辞说“频复，厉，无咎”，是事屡次去做而屡次失败，劳而无功；不至于破产，是由于随时省悟，随错随改，所以“无咎”。气运的盛衰，天数不可避免。盛运时，如同从上游放船，在顺风中扬帆，不用劳碌就能成功；衰运时，则如同在逆风里泛舟，溯流而上，不但劳而无功，不受损伤的也极少。占问者恐怕就是犯了这个毛病，应当特别注意气运的盛衰。到明后年，气运才能回复。

商人听了，感慨地说：“实在和所占断的一样，从来都是屡遭失败，现在才醒悟失误在哪里。从此要谨守常业，以等待时运的到来。”

六四：中行独复。

《象传》曰：“中行独复”，以从道也。

[经传释义]

四爻在五个骈列的阴爻之间，与初爻卦主相应，所以能在群阴中独自依附仁爱的人。它属于心中好善，虽然不能转移习俗，却能复于正道的人，也是所谓“择乎中庸，得一善，则拳拳服膺而弗失”的人，所以说“中行独复”。但是它的复返还微少，所以不说吉。《象传》说“以从道也”，指初爻复于道，而四爻追随它。

[一辞多断]

○问时运：气运柔弱，虽然想要振兴，可惜力量不够。○问商业：谋划精当，不失正道，但资本不足，这是可惜的。○问家宅：女眷多，男丁少，未免有独自睡眠、独自歌唱的感慨。○问征战：防止中途设有埋伏。○问疾病：是虚弱的病症，应该听从最初治疗的医生调治。○问行人：中途返回，得到伴侣而归来。○问婚嫁：应该从以前的媒人。○问失物：在半路上寻觅。

[活断实例]

◎明治二十二年六月，某友人来说：“有人要购买我的地，约定了相当的价格，收了若干定金。这以前也有人要购买这块地，但没有定约，现在又来找我，所给的价格高于约定者。所以我打算把定金还给约定人，请他解约，但不知他肯不肯答应，请为这件事占筮。”筮得复卦，变为震卦。

断卦说：复是一个阳爻来复的卦，有凡事恢复原样之象。所以得到这一卦，旅行无音信的突然还家，贷钱不还的忽而归还，放荡游情的能恢复本心，都是复卦之象。由此可知，您已经立定卖出的地没有阻碍，一定可以复返。

后来的事果然和所占断的一样。

六五：敦复，无悔。

《象传》曰：“敦复，无悔”，中以自考也。

[经传释义]

五爻有柔中的品德，居于君位而得中，所以能复返。坤为厚，故说“敦复”。自己知道不对，不怕改过迁善；既能复返，又加以敦厚，属于见识明达，用力笃实的人，这样得到后就不会失去了，还有什么悔恨？所以说“敦复，无悔”。

《象传》说“中以自考也”，指初爻的复返切近，可以免于悔恨；五爻的复返敦厚，有没有悔恨不知道，应当复返而“自考”。初爻的“不远复”，是入德的事；五爻的“敦复”，是成德的事。

[一辞多断]

○问时运：目前气运得正，只要事事敦厚，就有前定的成功，没有事后的悔恨。○问商业：资本充足，来回都可以获利。○问家宅：祖基深厚，旧业重新光大，吉。○问征战：军力雄厚，可以克复城池。○问疾病：病人精神旺足，身体丰腴，无害。○问胎孕：生男孩。○问失物：应当自己忖度，应该能回想起来。

[活断实例]

◎某局长来请占气运，筮得复卦，变为屯卦。

断卦说：复卦有雷在地中之象。动到极处而又归于宁静，所以叫复。现在占得五爻，指修身复道的人复返不止，故说“敦复”。它的复返是这样，也可以说是责备自己重而责备别人轻了。由这人监督和统率众人，众人心中感服，还有什么悔恨？这样时运也就可以知道了。

上六：迷复，凶，有灾眚。用行师，终有大败，以其国君凶，至于十年不克征。

《象传》曰：迷复之凶，反君道也。

[经传释义]

上爻居复卦的终位、上卦坤的极位，坤为迷，故说“迷复”。迷而不复返，所以必有凶灾。“有灾眚”，灾是从外面来的，眚是由自己作的，迷惑沉溺到这个地步，无处没有危害。坤为众，震为行，故说“用行师”。坤上六所说“龙战于野，其血玄黄”，就是行师大败的证明。“行师”既至于“大败”，国君怎么会不凶？兵连祸结，十年还没有停止。十年是数的终极，败后一直无法振作，也就是身在迷途无法复返。天下的祸患无不从一念的迷惑而来，迷在一身就会一身遇祸，迷在一国就会一国遭殃，爻辞深切地指明了迷复的危害。

《象传》说“反君道也”，复卦的君是初九阳爻，姤卦的君是初六阴爻。上爻迷复，不尊奉复卦的阳九而尊奉姤卦的阴六，阴阳弄反了，所以说“反君道”。

[一辞多断]

○问时运：气运颠倒，作事乖张，谨慎才能免于祸患。○问商业：货物不齐全，日期的约定不准确，市价不确实，必定导致大的损耗，以至一时不能恢复经营。凶。○问家宅：防止有怪祟，居住者多不利。○问征战：车辙紊乱，旗帜倒伏，是大败之象。○问疾病：病症已经危险，能久病延年也属于侥幸。○问行人：在外面多凶险，十年内恐怕回不来。○问胎孕：生女孩。这女儿长大后，也是大败的命。

[活断实例]

◎明治二十年六月，板垣退助君奉朝廷的命令从高知县来，朝廷为酬报他以前的功勋而赏赐爵位，他再三推辞，于是世人多评论他。有人说："他的坚决辞谢赏赐，正是板垣氏为什么是板垣氏，他的谦退逊让，不是别人所能及的。他作为自由党的首领，鼓舞众人伸张自由的声势，一旦接受封爵，未免为党中人所窃笑吧?"也有人说："爵位是朝廷的恩命，他固辞而不受，未免有违反敕命的过错。"我与板垣君有旧交，于是想要忠告他。前往旅亭造访，他的手下以病为由谢绝了，我于是转而访问佐佐木高行[①]，在见面时说："我每年冬至都要斋戒沐浴，敬占国家大事及各位当道大臣的命运。现在占板垣君，得到地雷复卦的上爻。"

板垣退助像

佐佐木高行像

断卦说：复是一个阳爻复来的卦，卦象是在重重阴爻的下面伏有一个阳爻。就人事来看，全仗这一点微阳渐渐生发，天下绝大的事业，也都是从这一点微阳中做出来；国家的由乱而治，人生的去邪从正，都是这样。现在占得上爻，爻辞说"迷复，凶"，是黑暗中迷惑沉溺，失去原有的明达之象，乃至天灾人祸一齐到来，辱没君王、损丧军队而无法挽救，危险

① 佐佐木高行：高知武士、宫内官僚，参与藩政。与坂本龙马结为同志，致力于实现"大政奉还"的理想。戊辰战争中，率领海援队占领了长崎的奉行所。维新后，进入新政府，担任参议、司法大辅等职务。征韩论争后留在政府，镇压了西南战争的高知士族反叛。1881 年就任参议兼工部卿。历任宫中顾问官、枢密顾问官。参与了对太子（未来大正天皇）的教育工作。

极了，祸大极了。爻辞这样凶险，我私下里为板垣君忧虑。过去板垣君执掌重要的权柄，大有功劳，现在既已经辞职，他的主张只在自由党中。这个党人数众多，品类繁杂，莨莠不齐，以后如果激出变故，也不一定。爻辞的凶险，兆示的或者就是这一点吧？

不久又为板垣君辞爵的事卜了一卦，筮得困卦，变为萃卦①。

爻辞说："九二：困于酒食。朱绂方来，利用享祀。征凶，无咎。"

断卦说：困卦四、五两个阳爻分别为三、上两个阴爻所遮蔽，阳爻九二也为初、三两个阴爻所遮蔽，不能通达志愿，所以成为困卦。"困于酒食"，体现了板垣氏现在的困难。"朱绂方来"，是赐命的下达。"利用享祀"，指拜受爵位，祝告于神明。"征凶"，指违逆朝廷的恩命有凶险；拜受恩命则平安无事，所以"无咎"。占辞详细而明确，板垣君应该恭敬地拜受恩命，千万不要推辞。板垣君是阁下的老朋友，请以我的占辞转告他。

佐佐木伯说："您的话很真切，我也会感慨铭记，一定会转告他。您必须再访问后藤象次郎，告诉他这个占断。我也要与后藤氏谋划，一定可以使板垣君拜受爵位。"

于是我又谒见后藤伯，告诉他我的占断，并且转达佐佐木伯的意思。后藤伯感谢说："奇异啊！您的易占，古今没有听说过这样灵妙的占断。板垣氏的事，我与佐佐木商量，一定尽力，请您不要忧虑。"

后来果然听说板垣君拜受了爵位，我心里这才感到宽慰。

---

① 筮得困卦，变为萃卦：原文是"筮得困卦，变为大过"，但困卦之大过是九三爻动，而这一占却用九二爻辞，显然有误。另外困卦九二爻下作者也提到了这一卦，明确说得到的是九二爻，故改为"筮得困之萃"。

䷘天雷无妄

无妄，诚的意思，即《中庸》所谓“至诚无息”。《序卦传》说：“复则不妄矣，故受之以无妄。”无妄之诚是天道，复而无妄即“诚之”，是人道。为卦乾在上，震在下，乾为健，震为动，健而动，动就合于天，合于天就是诚。古圣人的经传都说诚，“无咎”二字只见于《周易》。朱子解释《中庸》的“诚”字为“即真实无妄”，而解释《周易》的“无妄”为“即实理自然”。其要点在于，出于自然的道理即天，天即诚，诚即无妄，其旨归是一致的。

无妄：元亨利贞。其匪正有眚，不利有攸往。

[经传释义]

元亨利贞叫做四德，只有乾卦完全具备，其余卦说元亨利贞的，都是从乾卦而来。元亨利贞，统括地说，只是一个“正”字罢了；正就无妄了，故说“无妄：元亨利贞”。这自然的实理，从天道而来，不容杂有一毫私意。杂有私意就不正了，而不正就是妄。妄必定多过失，所以“有眚”。既已经无妄，就不宜再有所往，故说“不利有攸往”。

> 《彖传》曰：无妄：刚自外来，而为主于内。动而健，刚中而应，大亨以正，天之命也。“其匪正有眚，不利有攸往”，无妄之往，何之矣？天命不佑，行矣哉？

这一卦内卦为震，外卦为乾，所说的刚就是乾。“刚自外来而为主于内”，指无妄以初九为卦主，下卦震的初九阳刚从乾卦来，故说“刚自外来”。这是就内外卦而言。震动在下卦，乾健在上卦。“动而健”，指行动体现了乾健。“刚中而应”，指二爻上应五爻。九五阳刚中正，即无妄的天，六二又以居中得正而与它相应，是应爻得正。《彖传》的“大亨”即“元亨”，“以正”即“利贞”。乾卦的四德是天命，天命就是诚，就是正，即无妄。命得自天，天必定保佑，所往都适宜，就吉而无不利了。“其匪正”，则是自己违背天命，天必定不保佑，要往哪里去呢？这时还有所往就是妄了，妄就逆天，逆天的人天不保佑，怎么能去做呢？

《伊川易传》解释“匪正”二字说：即使没有邪心，如果不合正理，也还是妄。可知“匪正”与不正迥然有别。正与“匪正”的辨别很微妙，“其”字就三爻和上爻而说。三爻的灾，上爻的眚，过失很微细，“匪正”二字，正是应当体认的。

以这一卦比拟人事，这无妄之诚与生俱来，浑然无私，即所谓天命之性。无妄上承复卦而来。复卦秉乾卦的一个阳画，作为“天地之心”，“天地之心”即无妄的真元，元亨利贞四德就是这一心。自古圣人必定像尧舜那样执中，像商汤那样用中，像孔子那样时中，才叫做“大亨以正”，才是浑全了天命的人。以下如颜子的有待于克己复礼，还靠人为，对于无妄还有一点距离没有达到。除此之外，不用显然违背正理，即使稍有所偏颇，比如动而过动，健而过健，刚而过刚，只要前往失正，就会有灾眚。天不保佑，要前往也无可前往，到这里人事就穷尽了。

卦体内为震，外为乾。震为动，教人动而合于天。任从天道而动才无妄，任从人道而动就妄了。《周易》的垂诫显著白明，六爻爻辞都取任从天道的义理，违背天道就有灾咎。初爻具备全部卦德，行动没有不吉的，志向没有不实现的。二爻遵循当然的道理，不计本钱与利息，属于无心的前往。四爻刚而无私，持守一定要贞正，自然无咎。五爻既得中又得正，即使生了病，也可以不用药而痊愈。只有三爻和上爻，不免近于妄。三爻的灾是牵系于得导致的，上爻的眚是穷于行动导致的，这就是彖辞所谓“其匪正有眚”。观察初、二、四、五四爻，以人合天就吉而无不利；观察三上两爻，只要有丝毫不谨慎，过错就会随着到来。属于圣还是属于狂，区别就在这一点点，做人可以不知道哪些方面应当自我勉励吗？

以这一卦比拟国家，所谓无妄，即唐虞所传授的人心之危、道心之微，对此只有精确地考察、牢固地持守才行。这是千古治统的真传，得到它天下就治，失去它天下就乱，全在君王一颗真实无妄的心。无妄内卦为震，外卦为乾，乾为君，为天，震为动，为行。乾君合乎天道，所以健而刚；震动而能行，所以前往吉祥。古代帝王恭己南面，无为而治，只因为这样能更好地顺承天命。所以，这样茂对天时，天时就无不顺；这样养育万物，万物就无不生。天时无妄，物也无妄，以无妄对待它们，以无妄养育它们。先王效法天道而行政，正如雷行天下，任时而动，就在无妄之中了。

纵观六爻，劝诫的意思十分显著。初爻温良恭敬，正气充实，以至诚使人发生变化，故说“无妄，往吉”。二爻不用说话就使人相信，不用动作就使人恭敬，不期望大治而自然达到大治，故说“利有攸往”。三爻有意求治，反而得此失彼，故说有灾。四爻刚柔相济，能久于正道，故说“无咎”。五爻以正道自我整治，不必以乱治乱，故说“勿药有喜”。上爻好大喜功，行为有过失，故说“无攸利”。治理国家的人只要保持无妄，祛除“匪正”，健而能动，刚而得中，就会四季自然运行，万物自然生长，顺于天而应于人，品德淳美而教化流行，“大亨以正”，天下就大治了。

通观全卦，上卦为乾，下卦为震，行动合于天，阳刚而得中，所以称为无妄。无妄是浑全实理，绝无意外期望的意思，所以遵循实理的自然，就无往不利；出于实理之外，行动就必定得咎。虽然祸福的到来有所不测，但福从天降，确实是天的保佑。从天而降的祸，如六三的灾，九五的疾；由自己导致的祸，“匪正”的灾眚。六爻中说吉，说利，说灾，说疾，说喜，说眚，都是所谓祸福。初爻为卦主，浑全乾元的大善，所以吉祥。二爻循顺自然，不假造作，所以有利。四爻止于所当止，并且持之以恒，所以“无咎”。上爻居卦的终位，静极又动，所以“有眚”。

所有爻象，初爻动的终爻必静，初爻静的终爻必动。这一卦初爻“往吉”，二爻往利，都取动象；三爻的灾，四爻的贞，五爻的疾，都是勉励人守静而不动；上爻“有眚”，则是戒止人陷入动的困境。卦体乾健震动，所以下卦的爻象多动；动到极处就会返回静，所以终爻必定安静。知道了这个道理，就可以谈论无妄卦了。

《象传》曰：天下雷行，物与无妄，先王以茂对时育万物。

“天下雷行”，阳气勃然奋发，鼓动万物，而万物与它同时发动，蛰伏的虫类振作起来，草木开始萌动，有翅膀的腾飞，有脚的奔走，无不勃然发育，各自表现出本有的性命而没有差错，叫做“物与无妄”。效法天象，以茂对天时，指顺承时势而实行政治与教化；以养育万物，指赞助造物的作用，使时节运行，万物生长，各自浑全天命，春生夏长都得当。这样，我心中的万物就都具备了，而天下的万物也同时得到了养育。这就是所谓尽自己之性和尽万物之性。

[一辞多断]

○问时运：目前得时运，凡事都相宜。吉。○问商业：正如大旱的时候渴望甘霖，惊雷一声，人人都翘首而仰望。货物一到，无不畅销，样样获利，大吉。○问家宅：宅中不时有响动，但没有妨碍。屋运很旺，人口繁盛，吉。○问征战：有风雷席卷的气势。务必用正正的旗帜，堂堂的阵容；倘若想以诡诈取胜，恐怕反而有祸。○问疾病：是胃中有积物没有消化，应该随时运动，积物自然消化，“勿药有喜”。○问行人：现在已经动身，即日可以归来。○问婚嫁：两家素有往来，门楣相对。大吉。○问胎孕：生男孩，到时候平安生产，吉。○问失物：或在鼓旁，或在磨下，或在井臼旁边，寻找就可以得到。○问天时：下一点雨就晴。

初九：无妄，往吉。

《象传》曰：无妄之往，得志也。

[经传释义]

初爻是内卦的主爻。震体初爻的阳刚从乾卦而来，所以《象传》说“刚自外来”。初爻一个阳爻才产生，精诚专一而尚未分化，还没有夹杂，属于率性而动，所行动没有不善的，因为它的动合乎天。凭这而前往没有不吉的，所以说“往吉”。

《象传》说“往得志也”，诚心无不通达，志愿无不如意，所以前往能够得志。

[一辞多断]

○问时运：目前吉，只应该出来有所作为，不应该闭门守在家里。○问商业：有利于行商，不利于坐贾。○问家宅：应该迁居，吉。○问征战：应该进攻，吉。○问疾病：应该到外面就医，吉。○问行人：或许有事去了别处。吉。○问胎孕：生男孩，下月可以生产。吉。○问婚姻：招女婿入赘，吉。○问失物：应该去外面寻找。

[活断实例]

◎角抵士[1]毛谷村六介是土州人，体格肥大，体重超常。明治十七年某月，我与友人某氏看见他在两国回向院角抵。友人特别喜爱毛谷村，请占他的前途，筮得无妄卦，变为否卦。

---

① 角抵士：从事角抵的人。角抵又叫相扑，是一种类似现在摔跤的角力游戏。产生于秦朝禁止民间私藏兵器之后，唐以后传入日本。

断卦说：无妄卦上卦为乾，下卦为震，乾为父，震为长男，有上身硕大而强健，下体弱小之象。另外震为足，初爻变阴则震体毁坏，必主足部有病，恐怕这人伤了足。下爻六二说“不耕获，不菑畬”，指农民荒废本业。由此看来，力士明年将废弃角抵，而转就其他行业了。

第二年即明治十八年，六介果然因为折足而转入其他行业。

六二：不耕获，不菑畬，则利有攸往。

《象传》曰：“不耕获”，未富也。

[经传释义]

乾为郊野，震为禾稼，所以爻辞取农业之象。耕而有收获，菑而有畬，本来不属于意外的期望，但是心中有期望，这就是妄。爻辞说“不耕获，不菑畬”，指应当耕种就耕种，但无心于收获；适宜菑就菑，但无意于畬。任凭先天的命运，不借助后天的东西，犹如谋道者不是为了官职和俸禄，修德者不是为了求名。尽心尽力而不计较外在的结果，才属于无妄，才“利有攸往”。就是说，没有妄心就没有妄行，这样就无往不利了。

《象传》说“未富也”，指二爻居柔位而得正，中虚而没有欲求，无心于富。未富而不妄想富，这就是所谓无妄。

[一辞多断]

○问时运：目前得到了正运，自有意外的财物可得，非常有利。○问商业：不用谋划，却得到大利，吉。○问家宅：住宅想是继承的遗产，或者是为别人经管的庄舍。○问征战：前面的敌人倒戈，有不战而胜之象。○问疾病：“勿药有喜。”○问婚姻：是招婿入赘的亲缘。○问行人：在外面得利，一时不回来。○问胎孕：生女孩。

[活断实例]

◎明治十四年一月，我在热海沐浴，同浴的人有花族岛津公及成岛柳北[1]等，闲暇时互相攀谈。不久大限、伊藤、进上几人也来沐浴。当时大

---

① 成岛柳北：日本著名文学家。出身于幕府儒臣，以汉诗、汉文特别是杂文名世。诗以清人袁枚为宗，主性灵，重白描，笔致简洁，名列明治“五诗宗”。文章多以针砭时弊为内容，语言轻灵诙谐，常寓讥讽于绮语，藏锋芒于诙谐。所主办的杂志《花月新志》与现实结合紧密，形式灵活，内容新颖，在明治汉文学界享有盛誉。

隈君对众人说："当今俄中两国互争边界，两国派出的委员争论不休，是和是战还没有结果，是各国所注目的事情。高岛氏请为此占一卦。"我于是应命，筮得无妄卦，变为履卦。

成岛柳北像

断卦说：中国为我国的邻邦，用内卦来代表，而以外卦为俄国。无妄的内卦为震，震为木，譬如木槌；外卦为乾，为金，譬如巨钟。现在看中国政府力量还不足，凭中国抗拒俄国，譬如以木槌叩巨钟，巨钟依然如故，而木槌早已破碎了。所以知道中国必定不抗拒俄国，必定以和议结局，这是很明白的。爻辞说"不耕获，不菑畬"，俄国的利益，就是中国的灾难。

在座的客人，一时或拍手赞叹，或疑虑不服。后来事情果然和所占断的一样，即使怀疑的人也心服了。

◎东京青山有一位富商，二三世以来分为本末两家。末家常守勤俭的信条，家业日益昌盛；本家不善于治理产业，以优游怠惰相承，家业日益凋零。末家虽然屡屡分出钱来相助，但是如同运雪填井，立即就消尽了。本家没有了办法，私下想吞并末家的财产，召唤末家主人商量说："你家的财产，不是你家自己有的，是过去从我们本家分去的。现在本家贫困到这个程度，您想归还吗？你明白这个意思吗？"末家主人异常惊愕，苦苦陈情，但是本家不听，将要诉讼到官府。末家主人来找我，请占这件事的吉凶，筮得无妄卦，变为履卦。

断卦说：这一卦上卦为乾，下卦为震，乾为金，震为木，金为本家，木为末家。末家持木，来击本家的金，末家必定不能取胜，其道理很显然。爻辞说"不耕获，不菑畬"，耕者一定有收获，菑者一定畬，这是常情。现在说耕而不获，菑而不畬，虽然是道理上所没有的，往往却为事情上所可能有。凭您家数代人的勤俭，贮蓄财产，一旦拱手还给本家，固然于心不甘，所以说"无妄，灾也"。现在既得这一占断，应该按本家的意思谦让他们，然后单独用资金另外兴起一家。爻辞说"则利有攸往"，您从此孜孜以求，勉力经营，必定能再次繁荣昌盛。

末家主人果然听从了我的话，把财产让给本家，另开一户产业，励精图治，不久又得以兴起。

六三：无妄之灾，或系之牛，行人之得，邑人之灾。

《象传》曰：行人得牛，邑人灾也。

[经传释义]

“无妄之灾”，指不是由自己导致的灾祸。天数中的灾厄，或许有不可避免的。六三爻位不中不正，所以事出意外，犹如“或系之牛”。系而说“或”，意思是不知是谁家的牛。“行人”指走路的人。行人见了牛，以为没有主人，于是私下里得到它。邑人还不知道这件事，而捕者必定向邑人盘问，邑人无故而受到这样的灾祸，即所谓“无妄之灾”。

三爻变阳则下卦为离，离为牛；下互卦为艮，艮为拘；上互卦为巽，巽为绳，有系牛之象。乾健行，象征行人；震为守，象征邑人。乾行到上爻而停止，上爻为行人，故上爻说“行有眚”，是得牛而遭遇灾眚。震卦的灾归于三爻，三爻为邑人，故说“邑人之灾”。上爻得牛而三爻遭灾，所以三爻为“无妄之灾”。

上爻的《象传》说“穷之灾也”，上爻的灾是自己导致的，属于“自作孽”。《象传》说“邑人灾也”，这意外的灾，只有顺受罢了。

[一辞多断]

○问时运：目前气运尴尬，防止有意外的事，要谨慎。○问商业：防止别人占利，而自己损耗钱财。○问家宅：住宅恐怕被外人侵占。○问征战：出行的军队得胜，守卫的军队防止有损失和失败。○问疾病：这病恐怕是外来人传染的，值得忧虑。○问行人：回来是回来了，只恐怕家人有灾祸。○问婚嫁：适宜与远方的人结亲，吉。○问失物：已经被行人拾去。

[活断实例]

◎一天，某友人突然来访，说：“我近日与某朋友共同谋划一项商业，来信约好今天会晤，但忽然以家事混杂为由谢绝了，对方莫非改变主意了吗？请劳驾筮一卦。”筮得无妄卦，变为同人卦。

断卦说：爻辞说“或系之牛，行人之得，邑人之灾”。离为牛，也为中女，由此知道，他家必有远来的亲友，把妇女寄托给他。这女人取象于离卦，必有离绝的事；而且离为孕，或许这女人已经怀孕了。“行人之得”，是与行人一起私奔。某朋友的住所不是畜牛的地方，所以知道必定是女人。系就是寄托。“邑人”即您的朋友。这位朋友接受了对这女人的寄托，所谓“邑人之灾”，恐怕就难以避免了。某朋友所说的家事混杂，大概就是这件事吧？

友人为我说法的奇异而感到惊讶，赶紧回去了。过了几天来感谢说：“前几天的占辞，没有错一句，全都符合事实。”

九四：可贞，无咎。

《象传》曰：“可贞，无咎”，固有之也。

[经传释义]

四爻阳刚而居乾体，刚而无私，象征无妄的人。但位于上下卦之交，作为乾的初爻，阳刚的程度还不够，恐怕固守不定，或许有偶然涉于虚妄的时候吧？所以告诫说“可贞”。有了乾元的健和自身的无妄，更应当以乾的正固保持无妄的诚心。对这无妄的道理，宁静地加以存养，正固地加以持守，自然没有过失，所以说“无咎”。

《象传》说“固有之也”，无妄的心即天心，秉于人生的初始，不是从外部熔铸的，所以说“固有”。

[一辞多断]

○问时运：目前气运平顺，守本分就会有收获，妄动则有灾祸。○问商业：固守旧业，自然亨通。○问家宅：住宅本是祖上的基业，应该永远保有，不要失去。○问征战：已经占入外卦的地方，应该坚守城池，千万不要躁妄前进。○问疾病：现在应该安静调养，下月不用药就会痊愈。○问行人：一时没有归来，在外面无咎。○问胎孕：生男孩。○问失物：一定会重新得到。

[活断实例]

◎某贵显来请占气运，筮得无妄卦，变为益卦。

断卦说：四爻接近君位，品德秉有乾元的阳刚，正合贵显的身份和地位。现在占得第四爻，爻辞说“可贞，无咎”。贵显品德和地位都很优胜，功业一向卓著，再没有丝毫妄念；恐怕百姓在下位，有以妄动求官职的，全在贵显坚贞地镇定他们，才得以“无咎”。

九五：无妄之疾，勿药有喜。

《象传》曰：无妄之药，不可试也。

［经传释义］

疾，犹如灾。五爻变阴则在坎体，坎为疾，故说疾。疾病有由自己导致的，也有由天时导致的。不是自己导致的疾病，即所谓“无妄之疾”。“无妄之疾”，在天如日月的被食，风的狂暴，雨的淫滥，雷的迅疾，都是阴阳的一时偏颇所致，过去就没事了，不可以用人力来挽救。人的“无妄之疾”也是这样，不容许用药治疗，所以说“勿药有喜”。

“有喜”指疾病消除的喜悦。有疾病时用药治疗，而五爻刚中得位，天德浑全，属于无妄的极致，还有什么缺憾？爻辞取象于疾，类似汤被幽夏台、文王被囚羑里，属于盛德牵累所致。这才是无妄之疾，因时宜而顺守，祸患自然消解，即“勿药”的意思。

《象传》说“无妄之药，不可试也”，“无妄之疾”本来不是真正的疾病，用药就反成为疾病了，所以说“不可试”。这是慎重的极致。

［一辞多断］

○问时运：目前气运当正，对意外的事不必介意，吉凶全在自己罢了。○问商业：一时物价无故起落，于商业无害，过后自然平稳，千万不要扰动。○问家宅：防止因为风扫雪压而导致倾塌，不但没有大害，反而有喜兆。○问征战：防止有时疫流行，应该清洁营地，不要乱用药。没有灾祸。○问行人：恐怕中途涉及意外的事，但会马上归来。○问讼事：有意外牵涉，不用辩解，自然化解。○问胎孕：生男孩。○问失物：不用寻找，自会得到。

［活断实例］

◎明治二十二年，占某贵显气运，筮得无妄卦，变为噬嗑卦。

断卦说：五爻阳刚中正，向下与六二相应，可以说是无妄至极。现在占得这一爻，知道某贵显德高望重，还有什么病？但是道德高而招致诽谤，或者遭遇意外的嫌忌，这就是“无妄之疾”。应当不与对方辩白，过后自然消解；而一作计较，反而导致多事。所以说“无妄之疾，勿药有喜”。

某贵显不信这一占断，以至酿成麻烦，结果第二年被撤职闲居。

◎明治十五年八月，我弟弟德右卫门患大肠痞结，请医师守永某诊治，服药多日也没有痊愈。有人说："这病非用截解手术不可。"与国家名医佐藤商议，我又占问施行手术合适与否。筮得无妄卦，变为噬嗑卦。

断卦说："无妄之疾"不是自己招致的，弟弟的病也属于自然而发，而不是自己导致的。又说"勿药有喜"，意思是不必治疗，而应该安养，顺其自然。三周（震数为三八）后，一定可以痊愈。

后来服补药，没有做手术，三周后果然得以痊愈。

◎占明治三十年海军的气运，筮得无妄卦，变为噬嗑卦。

断卦说：无妄全卦，卦德为真实无妄，概括地说就是正当。彖辞说"匪正有眚"，眚即灾害，所以《说卦传》说："无妄，灾也。"现在占得五爻，说"无妄之疾，勿药有喜"。"无妄之疾"类似意外的灾，恐怕海军中在九十两月中，必有非常惊异的事情。这事不是人为的，实在是由于天意，不可勉强。

后来横须贺镇守府长官相浦中将巡视北海道炭山，我在汽车中与他相见，告诉他这一占断。中将仿佛不介意，但到了九月，听说扶桑舰沉没，占筮的征兆才应验。

上九：无妄，行有眚，无攸利。

《象传》曰：无妄之行，穷之灾也。

[经传释义]

上九以阳爻居卦的终位，象征无妄的极致。到了极致还行动，必有灾眚，有什么利益呢？彖辞所谓"匪正有眚"，指的就是上爻。上爻与三爻相应，三爻为"邑人"，上爻为"行人"。三爻的灾由上爻导致；三爻既遭了灾，上爻怎么能无眚呢？《象传》说"穷之灾也"，爻已经穷尽于上位，还要行动，属于穷极为害。

[一辞多断]

○问时运：好运已经终了，应该安守不动，行动终究凶险。○问商业：所经历的贸易颇为得利。现在值年终，或在时令交换之际，应该暂时安静守份，千万不要再前进，防止有损耗。○问家宅：这虽然是旧宅，居住却吉祥；小心不要迁移，迁移有灾。○问征战：地步已经到了极致，不可再前进了，前进有害。○问疾病：一定是老年人，应该颐养自适。○问行人：当日可以归来，归来后切不要再出行。○问胎孕：生男孩。○问失物：恐怕穷追而得不到。

[活断实例]

◎每年一月，我必定到热海去避寒。明治二十二年一月，静冈县县长关口隆吉①君偶然巡回县中，一同住在汤户的某家。关口氏为旧幕府的士人，曾经就学于昌平校，素有才学，是维新时期五棱廓将帅之一。他请我占当年气运，筮得无妄卦，变为随卦。

断卦说：奇怪！爻象为什么这么凶？《说卦传》说："无妄，灾也。"灾指天灾，即天降的灾。爻辞说"行有眚，无攸利"。观察这个爻象，恐怕在行路过程中忽然遭遇灾祸。眚是损伤，身体必定有大的损伤。《象传》说"穷之灾也"，指灾害达到了极致。我就卦象直说，吉人自有天相，您不要过于忧虑，谨慎些就是了。

关口氏听了，变了脸色。后来报纸报道，由于阿部川城汽车冲撞，关口县长受伤。政府知道后，派侍医偌藤桥本去医治。我读报时惊叹说："果然啊，关口君，竟遭遇'无妄之灾'！"越发感到易占的神灵与前知，心中悚然了很久。

一天，得静冈警部长相原安次郎的来函，其中说："县长遇灾，果然应验热海的占筮，非常敬服。现在要再占一下县长的生命如何，麻烦为这占筮，并把占断告诉我。"筮得泰卦，变为大畜卦。

断卦说：泰是天地交泰的卦，现在占得上爻，是泰运即将终结，转而进入否运的时候。"城复于隍"，是死亡之象；"其命乱"，指性命不能保全。于是将这个意思答复了他。

当时知道的人多怪我占断的凶险，说："据医师诊断，有起死回生的征兆，是报纸所报道的。您的占断岂不是太过分了吗？"我说："各位有疑问，请等待来日。"不久，关口氏的讣音到了，于是当时的人都感服易占的妙用。

后来又会晤了相原氏，相原氏说："当时得到您的回信，已经知道事情无可挽回。怀揣书信去访问县长，县长对我说：'今年春天在热海游浴时，高岛氏的占象已经预先告诫了我的遭难，果然是这样，这也是天命。近日得到医治，说是可以起死回生，也算是侥幸了。'我因而叹息，不忍把您的占断拿出来。"

---

① 关口隆吉：日本近代官员，曾担任山口县和静冈县的知事、元老院议官，死于车祸。

谈到当时的车祸，他说这天县长到了静冈停车场，正赶上要发铁石杂车。县长急忙挥手，工作人员命令暂停，让县长乘坐。车走了二里余路，到铁路的拐弯处，忽然前面有汽车蓦地驶来，与杂车冲撞，轰的一声，车上的货物全都飞出很远。乘客中当时就有一个人死去，两个人负了伤，县长是其中的一个。我本来要同行，因为县长着急，单身乘车，其他的就不知道了。我能免于灾祸，真是侥幸！

第二年春天，我在热海会见了关口氏的养子，他说："亡父平时说到您的易学。去年从热海回来后，常常闲居读您的《易断》，到无妄这一卦，常常再三翻阅，难以放下。"

☶☰山天大畜

大畜一卦，下体为乾，上体为艮。乾为健，艮为止，畜也是止。大对小而言：小畜卦巽在乾上，五个阳爻一个阴爻，以一个阴爻畜止乾体的三个阳爻，巽体柔顺，畜力不足，所以为小畜；大畜卦两个阴爻四个阳爻，艮体笃实，畜力厚重，所以为大畜。

《杂卦传》说："大畜，时也。"大畜以艮畜乾，乾体纯阳，上进不止，而大畜能畜止它，不要它们上进，是时运不适宜的缘故。不崇尚止而崇尚动，健而又动，这就是无妄为什么为灾难；不崇尚动而崇尚止，健而能止，这就是大畜为什么只是一种时运。《序卦传》说："有无妄然后可畜，故受之以大畜。"这是大畜卦接续无妄卦的原因。

大畜：利贞。不家食吉。利涉大川。

[经传释义]

大畜以阳卦畜止阳卦，畜止得正；止而又畜，有于利用，故说"利贞"。外卦为艮，艮为居，有家象；三、四、五爻互震，震为百谷，有食象；二、三、四爻互兑，兑口在外，有"不家食"之象。内卦为乾，初爻为震，为行，有"利涉"之象；乾二爻为坎，有"大川"之象。积畜品德而用于朝廷，用鼎食来养育，所以说"不家食，吉"；积畜其才能而济世利民，类似用舟楫来涉越险难，所以说"利涉大川"。畜的含义不只是止，也为养，为蕴积。止是止它的健，养是养它的德，蕴是储备人才。"不家食，吉"，可以收到养贤的效果；"利涉大川"，可以发挥济世的作用。

《彖传》曰：大畜：刚健，笃实，辉光，日新其德。刚上而尚贤，能止健，大正也。"不家食吉"，养贤也。"利涉大川"，应乎天也。

大畜以艮畜乾，所畜是很大的。乾为天，天德刚健；艮为山，山体笃实。乾为大明，有光辉；艮为星斗，也有光辉。以艮畜止乾，所谓“刚健，笃实，辉光”，就不必分属于乾还是属于艮，而都在这大畜中了，所以光辉发越，盛德每天都有所更新。这就是卦名为什么叫大畜。

艮卦以一个阳爻居上位，故说“刚上”；艮止而能畜，故说“尚贤”。乾健难以畜止，巽就做不到，所以巽的畜小；艮能畜止，它的所畜才大。艮所以能够畜止，在于得正，故说“大正也”。“大正”即“利贞”。

下卦变震则全卦为颐，颐卦《彖传》说“养贤”，《象传》说“观其所养”，可知必定“不家食”。上卦变坎则全卦为需，需卦彖辞说“利涉”，“利涉”前说“位乎天位”，可知它能够“应乎天”。所以艮能止也能育，这样贤人就乐于得到任用了；艮能止也能通，这样险难就无不可以涉越了。

以这一卦比拟人事，彖辞首先说“利贞”。利就是和，贞就是正，既和又正，是人事中最重要的。卦德以止畜健，以静畜动，是大的畜止，所以《彖传》说“大正也”。畜止之道全在于“大正”，有“大正”才能有大畜，所谓“君子正己以正人”，就是这个道理。

“刚健”是天的品德，“笃实”是山的性质，人能效法山的性质而畜养天的品德，就会德性充实，光辉发越，日益进步而无可限量。收起来就藏在心中，加以运用就体现为各种事情，这样“不家食，吉”，就是家食也吉；不涉险难有利，即使涉越险难也有利，因为这样的人事上应天道。

六爻中，内三爻为乾体，要凭刚健上进而被艮畜止；外三爻为艮，因为能止而畜乾的健。所以初爻惧危而自己停止。二爻见时运不可上进而随着停止。三爻前往了，但是还能警惕地持守艰贞，如同人事的步步留有余地，不敢躁进。四爻畜止初爻，为“童牛”加牿，畜止还容易。五爻畜止二爻，“豮豕之牙”，畜止得到了要领。上爻畜止三爻，三爻既然利于前往，自然直上云霄，这是以不畜为畜，如同人事的事事谨慎，各自合乎机宜。人们做事，一味地健就会过分，一味地止就会不及，而过分就会坏事，不及又不足以成事。孔子对遇事退缩的冉有加以鼓励，对遇事轻率的子路加以抑制，是深得艮止的含义的。

以这一卦比拟国家，上卦象征政府，秉有艮山的性质，止而不动；下卦象征百姓，挟有乾健的性质，急于谋求国家的进步，进而将要犯上作乱。而六五君王，得到六四和上九的辅佐，同心合志地抑止百姓的刚强锐进，这就是所畜为什么大。

六五君王温和恭敬，能“尚贤”，与上九阴阳相比，象征言听计从，即爻辞所谓“豶豕之牙，吉”。上九身担天下的重任，居于天位，履行天职，食用天禄，以上爻畜止三爻，所畜越发大也越发正当，所以说“何天之衢，亨”。六四居艮的初始，阴阳当位，与上九一同接受六五的命令。以四爻畜止初爻，初爻的阳还稚弱，故说“童牛之牿，元吉”。

内卦三个阳爻虽然刚健，都能受外卦的畜止。所以初爻的阳还微弱，知道上进有危险，不等畜止就自己停止了。二爻得中，与五爻为正应，知道五爻处在畜卦的盛位，不可冒犯，能知难而止，所以“无尤”。三爻受上爻的畜止，是畜止的极致，而畜极就会通达，象征其品德已经养成，可以上进了，故说“良马逐”。

国家值这样的时期，君臣同德，在下位者免于躁进的危害，在上位者不会遭到窃位的讥讽。于六五君王说吉，是有度量；于上九大臣说“道大行也”，是应天顺人。这实在是千载一时，不是圣人的畜止就达不到这样的地步。

通观全卦，六爻专说畜止的道理。初九怀有刚健的品德，阳还微弱，能受六四的畜止，因为知道困难而自己停止，所以有“有厉利已”的爻辞。九二得中道，有知晓时宜的明智，知道功绩不能一时成就，因而中止不进，所以有“舆说輹”的爻辞。九三以阳爻居阳位，志气刚而才能强，未免有锐进之嫌；只有以“艰贞”自处，看到可以上进再上进，这样既可以济世又可以保身，所以有“利艰贞，利有攸往”的爻辞。六四担当大畜的使命，处于艮卦的初始，能阻止乾阳最初的泄漏，所以说“童牛之牿”。六五处于君位，有制伏邪恶的方法，以柔制刚，所以说“豶豕之牙，吉”。上九是所谓“刚上而尚贤”的人，居于通达显要的地位，体现大公无私的品德，舍己从人，以吸引众多贤人，这是大畜的卦义所在，也象征君子之道大行的时候，故说“何天之衢，亨”。

总之，初九居乾体的初始，阳还稚弱，故称“童牛”，用来禁戒它的上进。九二以刚爻居柔位，志刚而势弱，所以无法上进。九三秉有纯粹的乾德，而乾为马，故称“良马”，又恐怕其径直上进。君子上进之难，达到了这样的程度！

《象传》曰：天在山中，大畜，君子以多识前言往行，以畜其德。

这一卦乾天在艮山当中，是山中蕴畜着一个天地之象，象征内涵既广大又深远。譬如君子在方寸的心中，蕴畜天、地、人的道义和古今的事理，见闻广博，用以使道德和事业日益更新。“前言”指流传的训诫，属于道德的精华；“往行”指功业显著，属于道德的实际体现。嘉言和美行都是散见的德行，君子学道，考察它们的遗迹，审度它们的作用，以行为来体现，用心灵来验证，默识为什么这样说和这样做，以畜成自己的德行，这就是德行为什么能够不断积累而日益广大，所以说“多识前言往行，以畜其德”。

[一辞多断]

○问征战：应该养精蓄锐，乘时而动，这样自然战无不克，攻无不利，一定获得大胜。○问时运：目前心意放纵奢侈，不可行动。必须等到二年后，那时好运到来，才能像骏马腾空一样无往不利。○问经商：暂时应该株守。近则三月，远则三年，业务自然能逐渐拓展。利润的源泉不涸竭，只要日积月累，就大有喜庆。○问家宅：住宅适宜接近山，或在岭上，或在谷中。一定是没有官爵和封地的人家，近来声名显达，家业日益兴隆，是大吉的征兆。○问功名：少年意气轩昂，未免稍有阻碍和压抑。到三十岁后一举成名，青云直上，为国家经纶天下，成绩显著，的确是有大用的人才。○问胎孕：生男孩，并且主贵。○问讼事：开始时被委屈压抑，后来得以申冤。○问疾病：占得初爻到五爻都吉，占得上爻则恐怕寿命有阻碍。○问婚姻：大吉。

初九：有厉利已。

《象传》曰：“有厉利已”，不犯灾也。

[经传释义]

初爻在乾体，刚健而在下位，势将锐意追求上进；但初爻乾阳还微弱，距离五位的主爻还远，与四爻相应。四爻属艮体，艮为止。初爻要上进而被四爻畜止，是应爻不相援助，反而为敌。初九能知道危险而停止，为“不犯灾”，叫做“有厉利已”。

[一辞多断]

○问征战：应该固守而不应该进攻，这样才无害。必须等到四爻援兵得力，才能大踏步前进而夺得胜利。○问经商：目前资本还少，应该以谨慎自守，以免导致灾害。以后得到帮手相助，自然能获利。○问家宅：是新建的住宅，为前面的山势所压制。屋宅不能过高，但无害。○问功名：才学虽然高，但是初次求名，不宜过早地表现自己，而应该自我抑止。可贵的是大器晚成。○问胎孕：可以断为生男，为长子。○问讼事：不宜凭刚健上进，健进会有灾祸。○问婚姻：初爻阳刚，为四爻所畜止，是丈夫将受制于妻子；但丈夫能顺从她的畜止，却也没有灾祸。○问出门：现在应该暂时停止，以等待时运。○问疾病：现在虽然有病，但可以保证无忧。○问失物：以后自然可以找到。

[活断实例]

◎某县士族某来，请占气运，筮得大畜卦，变为蛊卦。

断卦说：这一卦以山那样的小来畜止天那样的大，所以叫做大畜。现在初九以阳爻居阳位，才智和力量都强，而上应六四阴爻；六四能畜止阳刚的初爻，可知所谋划的事情一时必定难以成就。如果一心急于上进，恐怕一定有祸端。

当时某士族不听我的占断，怀着虚妄的志愿去求见某贵显。因为不服书记官的劝说，被警视厅拘留了三天。后来某士族自己悔悟了，才感叹易理的神妙。

九二：舆说輹。

《象传》曰："舆说輹"，中无尤也。

[经传释义]

舆即车，比喻进行的意思；輹，即车轴缚。天的旋转有大车之象，车脱輹就不能运行，而失去了车的作用。二爻变阴则下卦为离，有脱离的意思，故说"说輹"。以艮畜乾，象征将阻止百姓的冒进，使他们停止行动。二爻与五爻相应，五爻处于畜止的壮盛阶段，不可冒犯，二爻知道形势不允许而不上进，是识时务的。《象传》说"中无尤也"，指这一爻得中，没有躁进的怨尤。

初九说"有厉"，言辞舒缓；九二说"舆说輹"，言辞急切。初爻与四爻相应，作为乾体的初始，还很微弱，所以言辞舒缓；二爻与五爻相应，五爻居尊位，不可冒犯，所以言辞急切。何况五爻对二爻的畜止，一方面要阻止它的上进，另一方面要崇尚和任用它的贤明。时运有盛衰，势力有强弱，事情有不得已的，这是学习《周易》的人所应该深知的。

[一辞多断]

○问征战：倘若锐意地一直前进，必须防止车辙乱旗帜倒的灾祸，以致一败而不可收拾。只有以退为进才没有过失。○问经商：所有货物都应该及早脱售，虽然没有大利，但也没有损失。○问家宅：一定是破败的旧家。只要能以谨慎自守，家业自有复兴的时候，所以没有怨尤。○问功名：应该等待时机，不要急于上进。○问婚姻：小畜卦三爻“舆说輹，夫妻反目”，不吉；本卦二爻得中，与五爻相应，而五爻居尊贵的爻位，必定是一位贵婿，大吉。○问疾病：一定是腹部的疾病，一时难以痊愈，但无害。○问胎孕：生男孩，防止有足部的疾病。○问讼事：败诉后和解。

[活断实例]

◎亲友某县人来请占气运，筮得大畜卦，变为贲卦。

断卦说：大畜内卦为乾天，刚健而锐进；外卦为艮山，镇定而不动。以山畜天，所以叫大畜。政府现在不是不想任用人才，而是知道浮躁的人不是大器，急切者没有实在的用处，所以抑制他们而不予任用。而一时急于上进的人，或者互相标榜，或者高谈阔论，奔走权力之门而乞求荣宠，没有什么事情做不出来，使当权者更加轻视。现在九二能察知时运的不利，主动退止，叫做“舆说輹”。舆是用来载物而行的，脱輹即不用事，即甘心晦藏，以等待时机的到来，所以说“中无尤”。

某亲友听了，说：“爻辞正合我的心意，愿意听从这一占断。”果然得到了很大便宜。

◎占明治二十年国家财政，筮得大畜卦，变为贲卦。

断卦说：大畜卦以山畜止天，以上卦一个阳爻畜止下卦三个阳爻，足见所畜之大了。现在占财政而得到这一卦，乾为金，主货币，艮为山，主蓄藏。九二为坎爻，坎为车，故说舆；“说輹”，表示不用。我国古来所有的货币不超过一亿。开港以来，购入兵杖、器械、船舶等，虽然一时花出很多现金，但是由于政府理财的人选适当，得以逐渐恢复过去的款额。在征华战争中，民间募集一亿五千万公债，不足部分以政府预备金补充，战胜后得到赔款三亿五千万元[①]。考察世界形势，强国合起来分割弱国，不得不以赔款扩充军备，这在政府固然是出于不得已，而百姓以为获得这样巨额的赔款，只用来扩充军备，赏恤战士，既不能清偿国债，又不能振兴商业，虽然银行贷出的条件稍宽了一些，利息却还是很贵，各行业的进步终究受到抑制，所以很失望。这就是内卦乾天为外卦艮山所畜止之象。爻辞说“舆说輹”，舆脱輹就不能前进了，犹如赔款另有需要而不能按百姓的希望使用。政府这样做，可以说是中庸而得当的，所以《象传》说“中无尤也”。今年的财政由于中止了货币的运转，属于商工困难的占断。

后来的事果然和所占断的一样。

九三：良马逐，利艰贞。日闲舆卫，利有攸往。

《象传》曰：“利有攸往”，上合志也。

［经传释义］

九三爻辰在辰，在天上值轸宿，轸宿主车驾，所以有马，有舆，有卫。另外，三爻为坎中，坎为艰，所以“利艰贞”。本爻内卦为乾，乾为马。逐，并进的意思。畜到三爻，乾德已经成就，可以前进了，所以其形象为“良马逐”。闲，娴习的意思。卫，即防备不测。艮在外卦为止，有卫象。三爻的应爻在上位，上爻处于“天衢”的亨通，道路大为通达，行进没有阻碍，但是还一定要以艰贞自我警惕。如同调伏马的人，即使已经驰骋自如，还是要“日闲舆卫”，这样才“利有攸往”。《象传》说“上合志也”，说明正是畜极而通的时候。

善骑马的人会坠马，善游泳的人会溺水。在这得意的时候，最应该戒惧谨慎。平常尚且是这样，何况大畜的时候呢？以“良马”体现锐进的意思，以舆表示徐行的意思，良马相逐而又以舆卫相继，锐进与徐行这两层意思都应当体会得到。

---

① 战胜后得到赔款三亿五千万元：从条约的字面上看，中国的战争赔款包括三项：（1）军费库平银 2 亿两；（2）赎辽费库平银 3000 万两；（3）威海日军驻守费库平银 150 万两。三项合计，为库平银 2.315 亿两。但日本实际得到的数目还应该加上两项：（1）以库平实足为借口多得的 1325 万两；（2）“镑亏”（即银镑对换比率所造成的亏损）一项多得的 1494 万两。以上五项总计为库平银 2.597 亿两，折合日金为 3.895 亿日元，是日本实际军费支出的 2.6 倍，也是日本年度财政收入的 4.87 倍。这些赔款的用途，正如下文所说：“专以扩张军备并赏恤战士，既不能清偿国债，又不能振兴商业，虽银行之贷出稍宽，而子利仍复腾贵，则百业之进，终被抑止，人民颇为失望。”一句话，赔偿金专门用来为进一步侵略扩张作准备。

[一辞多断]

〇问征战：有马到功成之象。但必须临事而惧，这样才能无往不利。〇问经商：三爻与应爻志愿相合，卖者与买者必定同心；说“良马逐”，必定去留都很快捷；说“利艰贞”，虽然遇到危险，但是无害。大吉。〇问功名：有青云得路之象。〇问家宅：必定是勤俭起家。目前行履当位，家业日益上升，还能安泰而不忘危机，所以做什么都有利。〇问婚姻：三爻以上九为应爻，上九处在畜的极位，有全盛的气象。占婚姻而得到这一爻，男女志愿相合，是大吉的征兆。〇问疾病：应该谨慎调养，可以保证无忧。〇问胎孕：生男孩。

[活断实例]

◎一天，我访问某友人，某友人说：“我曾经约好购驾车的良马，今天一定有人牵来，请占马的骏驽如何。”筮得大畜卦，变为损卦。

断卦说：大畜的内卦为乾，为马，特点是健，可知这马一定健壮敏捷，善于奔驰。但如果不谙熟驾驭的技术，驾驭它也难，所以说“日闲舆卫”、“利有攸往”。话音没落，有牵马的人来到，扬言：“这马刚健，善于疾驰，是良马啊!”友人见了，就要用鞭子试试。正赶上前面岸边系着的船轰的一声，马于是受惊，狂奔起来。牵马人尽力制伏，它也不肯停下；又逡巡着倒退，以至落入沟中。友人见了大惊，不再购买。

◎某县某士族来请占气运，筮得大畜卦，变为损卦。

断卦说：乾体在无妄为天德，在大畜为贤才，士人只有效法乾体，才能德才兼备。但如果效法乾的行健而进取过急，则恐怕不能走远路。“利艰贞”才能见识深远，受抑止才能气质凝定。如同良马的性质，必须先颠踬而后驰驱，这样才受到规范，所以“良马逐，利艰贞”。现在占时运而得三爻，可知这人必定是有用的人才，足以负担艰巨的任务。《象传》说“利有攸往，上合志也”，可见目前时运已到，可以乘时得到地位。爻辞说“日闲舆卫，则利有攸往”。卫即守卫，用以防备不测、显示威武。料想将任守卫的职务吧？

后来这人果然任职于某警部。

六四：童牛之牿，元吉。

《象传》曰：六四元吉，有喜也。

[经传释义]

六四爻辰在丑，丑为牛；四爻得到了艮气，艮为童，故说“童牛”。以四爻畜止初爻，变阳则在离体，而离为童牛。牛指初九。牿，《说文解字》说是牛马牢，又引用《尚书·费誓》的“今惟淫舍牿牛马”。大畜卦的错卦为萃，萃卦说“用大牲吉”。童牛是祭天的牛。《礼记·郊特牲》说：祭祀的牛用犊，是以诚为贵的缘故。《周礼》说“祀五帝则系于牢”，郑玄注为闲的意思。这是指必须闲防禽兽触伤或咬伤。童牛系在牢中，是准备郊祀用的。初九“童牛”的牿指四爻。初爻阳最稚弱，开始上进就加以闲防，如“童牛之牿”，使它不至于抵触，所以吉而有喜。

天下事，预防于未然的容易得力，制约于已然的难以成功。泯灭那方长的奸佞，暗消那未萌的悖逆，这样，上面不用禁制，教化就会自然流行，下面不必伤于刑戮，奸佞就会自然止息。初爻阳气还微，刚暴的习气还没有形成，六四这时就加以畜止，所以毫不费力。“元吉”，以柔制刚，刚不敢冒犯，这是畜道的盛况，没有比这更可喜的事了。

[一辞多断]

○问征战：有强邻压制小国之象，幸而四爻与上爻志愿相合，而得以保全。有喜庆。○问经商：爻辞说“童牛”，指阳刚的初爻，想来由于贸易是新出现的，以经营时货为利。牿，即牢。想来以畜积和固藏为有利，所以说“元吉”。○问功名：六四爻辰在丑，上值斗宿。石申说：斗主将相爵禄位次。另外，丑属土，其属相为牛。孔子说：“犁牛之子，骍且角，虽欲勿用，山川其舍诸？[①]”童牛即祭天的牛，这人必定被任用，是很明白的，所以《象传》说吉而有喜。○问家宅：乾为门，艮为庭，为庐，为居，为舍，都有家宅之象。“童牛”指初九，牿指六四。初九为阳爻的始位，所以一定是初建的住宅。为四爻所牿，门前的途径必定有阻碍，无法行进；但最后一定亨通，所以说“有喜”。○问疾病：说“童牛”，想必是老牛舐犊，灾难在幼子身上。○问胎孕：生男孩。○问婚嫁：

---

① 犁牛之子骍且角，虽欲勿用，山川其舍诸：普通的母牛也可以产下高贵的牛犊，就算祭祀的人不肯拿它当牺牲，山川会弃而不用吗？“犁牛”是毛色黄黑相间（杂色）的牛。古代用于祭祀的牲牛，要求毛色纯一，这种杂色的牛只能用来耕田，故称。“骍（xīng）”为“赤色”。“角（jué）”是指牛角端正。这里是说犁牛牛犊的皮毛是红色的，角很端正。古人认为，这样的牛做牺牲最好。“用”，祭祀术语，指杀牲为祭。

四爻爻辰在丑，上值牵牛。四爻应初九，初九爻辰在子，上值女宿。说“童牛”，一定是少年缔结婚姻，大吉。〇问讼事：“童牛之牿”，《说文解字》说牿是牛马牢，恐怕有牢狱之灾。到上九说“天衢，亨”，应当有解脱的喜庆。

[活断实例]

◎我有水泥厂在爱知县的热田。它的经理人来，请占明治二十三年水泥贩卖的商机。筮得大畜卦，变为大有卦。

断卦说：六四爻辰在丑，丑属土，而艮为手，又为厚，是能以手练成厚实的水泥制品。原来水泥是混合石灰与黏土，烧成粉末，放在水中积久而成的，凝固后像石头一样坚牢。现在占得大畜，明明是指示我贮畜之象，可知今年这种货物淹滞。依六四爻辞所说“童牛之牿”，牿指牛马牢，以防止其逃逸，从而知道这种货物适宜在仓库积畜到明治二十五年，以等待高价。到上九的“何天之衢，亨”，才可以自在地流通或使用。

后来，事情果然和我的占断一样。

◎占明治三十一年韩国与俄国的外交，筮得大畜卦，变为大有卦。

断卦说：本卦内卦为乾，外卦为艮。占韩国与俄国外交，应当以韩国为内卦，俄国为外卦。乾阳要上进，为艮所畜止，明白显示韩国要求上进，而为俄国所畜止。六四说“童牛之牿”，童牛指初九阳爻，牿它的是六四。童牛入了牿就不能行进，韩国为俄国所畜止之象就更加明显了。目前俄国公使蔑视韩国朝廷，以大国的威力畜止它，恰如把横木置于童牛的角上，叫做“童牛之牿”。韩国如果现在不为此作出计划，到西伯利亚铁路修成后，恐怕就无法保全了。

六五：豶豕之牙，吉。

《象传》曰：六五之吉，有庆也。

[经传释义]

五爻是二爻的应爻，九二为坎爻，于十二辰在子，上值室宿。《广雅》说“营室曰豕”，另外《说文解字》说亥为豕。《开元占经·分野略例》说：从危十六度到奎四度，于十二辰在亥，为陬訾，叫做豕韦。戌亥在乾位，所以豕既属坎又属乾。豮，《尔雅 · 释兽》说是豕子，即幺幼，郭璞[①]注释说：世俗称小豮猪，为豕子。六五爻辞说“豮豕”，指九二而言，九二乾阳还稚弱，故说“豮豕”，这和“童牛”归于初九是一个道理。

牙，郑玄读为“互”。《广韵》说俗作“牙”，说明过去的人以“牙”为“互”，后人转而作“牙”是错误的。《周礼》“修闾氏掌比国中宿互柝者”注：互，指在马行走时加以障互，目的是禁止人。“互”也通“桓”。《韵会》说，桓是把木材交互起来作为遮拦，正合畜止的意思，与初爻牿为牛马牢的含义相同，都是为了禁止它的突进。

五爻居尊位，为百姓和士人所归向，下应九二。九二作为士人，能“说輹”潜修，畜养道德，等待时机而动，所以喜庆不仅在一个人，而且在天下，所以吉而有庆。

[一辞多断]

○问征战：豕属坎，也属亥，所以坎险湿泽处最应该着意禁止，以防止敌军的豕突。能谋划好再行动，自然获吉。○问经商：互有互市的意思，指财物交互成市，正合近时通商的情形。“豮豕”是小豕，譬如初次贸易，资本还少，能接受畜止才吉。○问功名：必定是年少求名，不免急躁于上进，应该懂得自己停下，所以说“豮豕之牙，吉”。○问家宅：豕属亥水，宅前必定有两处水交互流动，所以吉。○问疾病：六五爻辰在卯，属东方木，另外豕属亥水，必定是木旺水亏的病症。应该自己节制和调养，才能有喜庆。○问胎孕：生女孩。○问婚嫁：六五爻辰在卯，属兔。五爻应二爻，九二爻辰在寅，为虎。寅卯相合。又说“豮豕”，豕属亥，亥与寅卯木水相生，都得到制伏，大吉。

[活断实例]

◎明治二年，某友人来谈论时势说：“现在箱馆平定，天下安静，朝廷选拔各藩的俊杰人士，任用人才，整顿政务。在兵马倥偬之后，众武士集中在官府，难免互相争权，以致发生纷扰，请占其形势如何。”筮得大畜卦，变为小畜卦。

断卦说：本卦下卦为乾，指各藩的士族；上卦为艮，指政府。下卦刚健，将要锐意上进，而上卦政府将制止它的躁进，再给予俸给，这是大畜

---

① 郭璞：字景纯，河东闻喜县人（今山西省闻喜县），西晋建平太守郭瑗之子。东晋著名学者，既是文学家和训诂学家，又是道学术数大师和游仙诗的祖师。曾注释《周易》、《山海经》、《穆天子传》、《方言》和《楚辞》等古籍。

的卦义所在。在这兵马倥偬之后，各藩士族开始接受奉给。九二的乾阳还稚弱，故说“豶豕”，六五能畜止它，使它不至于突进。牙指遮拦，有止畜的含义，犹如说英才能够隐居潜修，养成大器，所以《象传》说“六五之吉，有庆也”。

后来的事果然和所占一样。友人每当相会谈及这一占断，没有不感服的。

上九：何天之衢，亨。

《象传》曰：“何天之衢”，道大行也。

［经传释义］

衢是四通八达的道路。“天之衢”，犹如说天路，旷达而无障蔽，以比喻其通达。上九为艮爻，位置近于丑，丑上值牛宿。《文献通考》说：牛七度，正值日月五星的运行的轨道，它北面的两颗星主道路。所以说衢。另外乾为天，艮为路，故说“天衢”。“何”作“荷”。“何天之衢”，犹如《诗经》所谓“荷天之休”、“荷天之宠”。

卦中四爻畜初爻，五爻畜二爻，上爻畜三爻。上爻为卦主，所谓“刚上而尚贤”就是指上爻而言，所以《象传》说“道大行也”。艮的畜止，不是为了使对方无法行动，而是为了使对方成才，大畜是为了光大对方的行动。畜极就会通达，通达了才安泰，这就是为什么上爻变阴就是泰卦。

［一辞多断］

○问征战：上九爻辰在戌，上值奎、娄、胃三宿。奎宿象征白虎，主兵；娄宿主兴兵聚众；胃宿主征伐，都是军事。爻辞说“何天之衢”，意思是旌旗飘扬在路上，通过一次作战而建立功勋，所以《象传》说“道大行也”。○问经商：上爻下应九三，九三说“利艰贞”，可知当时贸易还有很多艰苦。到上爻为畜的极致，畜到极致就会通达，所以“何天之衢，亨”，即三爻所谓“利有攸往”。《象传》说“道大行”，必定大获利益。○问功名：爻辞说“何天之衢”，可以说是青云得路的时候，大吉。○问家宅：爻辞说“何天之衢”，衢是大道，可知住宅必定在大道旁边。“何天”，指得到天的保佑。亨属吉，住宅必定吉祥。○问胎孕：生男孩。○问婚嫁：想是天作的配合，吉。

［活断实例］

◎明治十四年，应某贵显的召请，占开设国会的请愿成否。筮得贲卦，变为大畜卦。

就贲之象推论今天的政略，可知五年之间国家无事；从明治十九年到明治二十四年，这五年值山地剥，有不祥之兆。所以我活用贲卦的二爻变为大畜，来阐述现在的政略，推论到明治二十年，值当大畜卦的上爻。

断卦说：大畜卦一个阳爻止于上位，其中畜藏三个阳爻，象征过去刚壮健行的人，由于备历艰辛，现在已经通晓时势，不必再畜止了。艮山变为坤地，四通八达，无不豁然通达，恰如天衢的广阔无碍，叫做“何天之衢，亨”。明治二十年值这一爻象，可知铁道的修筑必定可以盛行。

后来到明治二十年，全国人心果然都倾向于修铁道，有关的股票很流行，修筑自然蒸蒸日上。

䷚山雷颐

“颐”字从“𦣞”从“页”。“𦣞”为“颐”的本字。“页”本是“首”字，《说文解字》说指头面，从“口”，从“一”。“一”象征舌头，有养的意思。

卦体艮在上卦，震在下卦，艮为山，震为雷，雷动而山止。卦以上下两个阳爻象征上下唇，中间四个阴爻象征虚而求食。颐口张而不合，有求食的状貌，所以可以作为观的对象。震阳在下而动，是进食之象。艮主止，止才能观。但震不是自己动，是系于艮而动。如果艮不止于上卦，震体即使要动也做不到，所以颐卦的主体在艮。卦象上下实而中间虚，动而能止，象征颐口，这就是卦名为什么叫颐。

颐：贞吉。观颐，自求口实。

[经传释义]

《序卦传》说：“物畜然后可养，故受之以颐。颐，养也。”“观颐”就会想到所养，想到所养就会知道节制，这样嗜欲就可以免除，廉耻就可以确立，心志就可以安宁，养生养德的道理就都在其中了，所以“贞吉”。修养之道大体以静为主。天地万物都上面动下面止，只有颐下面动而上面止。以艮止制伏躁动和贪欲，是“观颐”的含义。人的颐口本来用来养身，颐口中空虚，所以能养身体，所以说“自求口实”。

《彖传》曰：颐：贞吉，养正则吉也。观颐，观其所养也。“自求口实”，观其自养也。天地养万物，圣人养贤以及万民，颐之时大矣哉！

颐卦外卦为艮，内卦为震。艮为黔喙之类，喙为口，即颐口之象；又为果蓏。震为蕃鲜，为百谷。上下卦都有养的意思。“颐，贞吉”，所养得正就吉。养有得正的，有不得正的，不观察就不知道。观察所养的是什么人，养的公与私就区别开了；观察求什么来自养，养的贪与廉就可见了。

如果所养的都是贤人，自养有所节制，养就得正，就没有不吉了。

说到天地圣人，意在把养道的伟大说到极处。人的养生多半在于自养，但是必须像天地的化育那样无私，使万物都得到它的德泽；必须像圣人那样对别人的疾苦感同身受，使贤哲和百姓无不同时沐浴他的恩惠。圣人体察天地的养而养，所以所养和天地一样大。《彖传》说“颐之时大矣哉”，是说所养至为广泛，在养时就体现出来了，不说义，“义”字也在其中了。

以这一卦比拟人事，上三爻为艮，艮六五说“艮其辅”。辅，指上颔，有颐象。下三爻为震，上六说“视矍矍”，有观的意思。上下都互坤，坤为缶，为浆，有养的意思。但养也不只有一种方法，节制与宣发用来养正，饮食衣服用来养身体，威仪礼貌用来养品德，推己及物用来养人。人没有不有所养的，而所养各有各的不同。无论对内养自身还是对外养天下，重要的是只有得正才吉。

士人得到禄位，农民从事耕种，工人制造器物，商人流通货财，都是各食其力、各自养身而又得正的，否则，因为无钱糊口而忘记廉耻，像孟子所谓“苟无恒产，则放僻邪侈，无不为矣”，这样的人还有什么可观呢？观察人应当先观察他对“口实”的谋求。人只要不以饥渴害了心志，而能安贫乐道，所求有在“口实”之外的，所养就一定能体现应有的性情。自养是这样，养人就更崇高了，一定要像天地养万物、圣人养贤人以及亿万人民那样，得正而获吉。颐养之道都在其中。

以这一卦比拟国家，下卦为百姓，好动，有震象；上卦为政府，能安定百姓，有艮象。卦名叫颐，颐为口，百姓各有一张口，各自求养。各行各业的人都以才智和力量“自求口实”。但是还有不足以自养的，政府为此减少和免去他们的税收，甚至发粮救济，给药治病。朝廷的仁义使百姓得以活命，但政府并没有其他目的，只是以天地好生之德养民罢了。百姓中有贤人，政府更是一定要给他们尊贵的地位，丰厚的俸禄，使他们得以亨通，而贤人们在沐浴朝廷的荣耀与恩德的同时，又能把朝廷的德泽施予万民，这就是颐养之道为什么愈推愈广。《彖传》说“颐之时大矣哉”，是有原因的。

通观全卦，上卦三爻都用于养人，下卦三爻都用于自养。养道以养人为公，以自养为私；自养之道以养道德为大，以养身体为小。所以初、二、三爻所养都在口和身体，是私而小的；四、五、上爻所养都在道德和他人，是公而大的。无论养人还是自养，都以得正为吉，所以《象传》说：“山下有雷，颐，君子以慎言语，节饮食。”指颐口的作用在于说话和饮食，君子观颐象，就知道所应该慎重和节制的是什么了。

初爻以阳爻居下位，为动的开始，象征动而谋求自养，舍“灵龟”而观“朵颐”，所以凶。六二处于下卦的中位，因为上卦没有应爻而回头养初爻，故说“征凶”。六三虽然与上爻相应，但是上九拂逆颐养的节度，向上谄媚，所以至于“十年勿用”，还有什么利益？六四身在上卦，所居当位，下应初爻，以上养下，体现了养的正道，又能威严寡欲，所以得吉。六五以阴爻居阳位而亲比上爻，行动就会失位，安居才“贞吉”，所以“不可涉大川”。上九以阳爻处上位而据有四个阴爻，众阴爻都由它来养，故说“由颐”。但四个阴爻的得养，不知经历多少危险才能得吉，故说“厉吉”。养到这里就无往不利了，所以说“利涉大川”而“有庆”。

颐全卦专讲养生之道，而其根本在初爻。说龟，说虎，说颠，是为了显示作用；说拂，是为了调正趋向；说由，是为了表明原委。圣人之所以能够掌握造化的枢机，竭尽性命的道理，从颐卦就可以得到了解。

《象传》曰：山下有雷，颐，君子以慎言语，节饮食。

颐卦山下有雷，是上止下动的意思，即颐口的作用。言语是祸福的原因，饮食是生病的原因，只有动止得当才能言语不妄发，饮食不过度。君子观察颐象而知道应该慎重和节制，命令审慎而没有失误，财货节俭而没有浪费，推论到极处，即使养德和养天下，也无不是这样。

［一辞多断］

○问征战：上卦止而下卦动，防止手下有妄动而导致混乱的，或者漏泄机密，或者酗酒肇事，最需要谨慎。○问功名：山下有雷，雷发声，山也鸣，有声名腾达之象。○问经商：颐卦内震动而外静止，主内地物价上升，外地物价低落。又恐怕贩货到了外地，一时不能销售。货物大约不出食品之类。○问家宅：艮山静止而震雷动，山在上卦，雷在下卦，恐怕地盘震动，应该防止火灾。○问疾病：上卦止而下卦动，山属土，雷属火，主上焦寒冷闭塞，下焦发热泄泻的病症。必须等到五爻，《象传》说“顺以从上”，才能上下通畅而得吉。一爻为一日，必须到五日才能痊愈。○问行人：内卦动而外卦止，一定已经动身而为外面的事情所阻止。上九说“利涉大川”，可知必定从水路而来。近则六七日可以到，远则六七个月才能回来。○问胎孕：生男孩。○问失物：山下有雷，可知失物压在重物下，一时看不见，以后可以得到。○问讼事：主为言语饮食之类小事而争讼。下卦震动而上卦静止，一定有长官出来阻止，不会争讼到底。○问婚姻：颐即养。妇人主饮食，有养的意思。丈夫主外，妻子主内，内动而外止，有妇人顺从丈夫之象。吉。

初九：舍尔灵龟，观我朵颐，凶。

《象传》曰："观我朵颐"，亦不足贵也。

[经传释义]

爻辞尔与我对言，是《周易》中相比相应的爻互为宾主的体例。初爻的尔我，是应爻六四告诉初九的话，尔指初九，我是六四自称。龟为四灵之一，不饮不食，服气吐纳，是以渊深和缄默自养的动物。颐卦以初上两个阳爻包括四个阴爻，有离象，而离为龟，故说"灵龟"。初九一个阳爻肇始，使万物萌生，即我身中的灵龟，不需要外面来养。舍"灵龟"而观"朵颐"，象征捐弃自己廉明的品德而做贪婪盗窃的事，这样的人可悲可叹，所以戒止说凶。《象传》说"不足贵"，指所养小而所失大，即使满足了欲望也没有什么可贵。

[一辞多断]

○问征战：古时候行军前必须占卜，以确定吉凶。爻辞说"舍尔灵龟，观我朵颐"，象征不敬畏神明而只知道贪取财物，所以说凶。○问经商：初爻象征初始，变阴则全卦为剥。剥是剥落，《象传》说"不利有攸往"，经商恐怕难以获利。爻辞所说的尔我指宾主，"朵颐"即口动进食。舍"灵龟"而观"朵颐"，即使有利也恐怕被别人夺去，所以凶。○问功名："灵龟"指内心，"朵颐"是外貌，舍去内心而求外貌，舍去自己而观别人，必定徒有虚名而没有真才实学，功名难以成就。○问家宅：宅中六神不安，恐怕有外鬼来求食作祟，凶。○问疾病：病是饮食不节制所致，应该向神祈祷，可以痊愈。○问婚嫁：尔我即男女两姓。"舍尔""观我"，显然可见两姓间不和谐，原因在于争论采礼。婚姻必定不成，成了也一定凶。○问讼事：一定是由口舌引起。说"舍我"，说"观尔"，是双方各执一辞，一时无法判决。凶。

[活断实例]

◎某友人来说："我私下里有一个希求，想面见某贵显，请占这件事成否如何。”筮得颐卦，变为剥卦。

断卦说：颐卦内卦为震雷，为动，外卦为艮山，为止，雷欲动而为山所止，显然可见。现在占得初爻，明白显示您将有所行动，而为贵显所阻止。爻辞说“舍尔灵龟，观我朵颐”，所说的“尔”为贵显，“我”是您。“舍尔”“观我”，是您想勉强使贵显顺从您的谋求。所谓“朵颐”，指口腹的要求，无餍的欲望，为这而去谒见贵显，非但事情不成，恐怕反而受到谴责，所以说凶。

友人听了，心中不快，后来去谒见贵显而被谢绝。

六二：颠颐，拂经于丘颐，征凶。

《象传》曰：六二征凶，行失类也。

[经传释义]

二爻比初爻而应五爻，阴柔而不能自我颐养，犹如女子不能自处而必须嫁人。这是阴柔不能独立，而必须从阳刚的原因所在。颠，倒的意思；拂，违的意思。经，指道理；丘，所行履处，象征常道。颐养以从上养下为常道，现在二爻虽然与五爻相应，但是阴柔而不能养五爻，反而向初爻求养，爻辞说“颠颐，拂经”，指颠倒错乱而违于常理。这样求养不会有福，这样去做也不会有同道的人，所以说“征凶”。《象传》说“行失类也”，震为行，阴阳各从它们的类，二爻不知道养内卦的乾，反而养外卦的坤，属于“失类”，所以“征凶”。

[一辞多断]

○问征战：行军的要点首先是纪律严明，步调一致。爻辞说“颠颐，拂经”，一定是违反了纪律，步调纷乱，凶险没有比这更大的了。○问经商：二爻变阳则全卦为损。损有耗损的意思，对经商不利。爻辞说颠，说拂，是明说买卖出入不合常理，所以说“征凶”。○问功名：“颠颐，拂经”，是不循常道而侥幸求功名，即使得到，最终也凶险。○问婚嫁：六二阴柔而居下卦，不奉养上位而养下位，属于颠倒拂乱而不得正道，妇道如何就不可问了。所以《象传》说“行失类也”，其凶险由此就可以知道了。

[活断实例]

◎友人医师伊藤某，他的儿子在横滨经营商业。伊藤某有一天来访，请占儿子的终身运限。筮得颐卦，变为损卦。

断卦说：颐卦的六二以阴爻居阴位，素柔弱，不足兴办事业。颐是养的意思，应当居下位而奉养上位者，不应当作为上位者而养下位者，这是养的常道。现在爻辞说“颠颐，拂经于丘”，说明颠倒拂乱而失正了。您占问儿子的终身而得到这一爻，可知他虽然从事商业，却不能获利而奉养双亲，反而将损耗父亲的财产，所以说“征凶”。而且与他共事的都不是好人，所以《象传》说：“六二征凶，行失类也。”现在的办法，只有让他停止商业，才可以免除后患。

伊藤某听了，大为叹息，说易象所说丝毫不差，随即命令他的儿子关闭商店。他的儿子不听，竟至把产业浪费殆尽，可惜可惜！

六三：拂颐，贞凶，十年勿用，无攸利。

《象传》曰：“十年勿用“，道大悖也。

[经传释义]

三爻居内卦的极位，阴柔而不中正。三爻变阳则全卦为贲。《吕氏春秋》说，孔子卜得贲卦，说不吉，因为贲卦不得五色之正。颐卦三爻亲比二爻而应上爻，象征以谄媚奉养上爻，拂逆颐养的正道，所以凶。上下都互坤，坤为十年；坤又为用，因为拂逆正道，故说“十年勿用”。三至上爻有剥卦之象，剥卦的彖辞说“不利有攸往”，有注说在剥落的时候，高亢愤激，拂逆于人而伤害了自身，所以“不利有攸往”。颐三爻拂逆的是正道，所以直说“无攸利”，说明无处可去，更无利可得。《象传》说“道大悖也”，指大大拂逆了颐养之道，以致“十年勿用”，这是深切地谴责而又弃绝它。

[一辞多断]

○问征战：军队以正为吉，拂逆正道则不吉。颐即养，养兵而拂逆正道，兵就不可用了。《象传》说“道大悖也”，指好犯上作乱，败亡是必然的，所以凶。○问经商：商业的目的只是获利，说“无攸利”，无论商业大小、贩货远近，都无利可得。以至“十年勿用”，意思是很久也无法成事，所以凶。○问功名：求功名的要点是出山用世，以济世利民，以道养天下。倘若拂逆颐养的正道，至于“十年勿用”，那就将终身不能被任用了，所以说“无攸利”。○问家宅：住宅必定很久无人居住了，而且恐怕有鬼祟出来求食。家宅不安，居住不利。〇问婚姻：主闺门不正，她的婚事也一定要等到十年后才能成。〇问胎孕：生男孩。

［活断实例］

◎明治二十五年，占国家的气运，筮得颐卦，变为贲卦；又占众议院而得初爻，推论如下。

断卦说：颐卦雷在下卦，山在上卦，雷欲动而为山所阻止。卦象像人的颐口，上腭静止，下腭动作。卦义为养，有张口求食之象。现在占国家气运而得到这一卦，国家所重视的是百姓，百姓所重视的是饮食。人一天不进食就会饥饿，七天不进食就会死亡，百姓朝夕忙碌而不惮劳苦，无非是为了“自求口食”。从家庭到国家，仰而事奉君王，俯而畜养百姓，都靠食物的养育。况且颐的倒卦还是颐，象征百姓发动了，政府从上面加以阻止；政府行动了，百姓在下面也能够阻止。犹如颐口的上下唇，有互相开合的作用，所以利于用观。“观颐”即观察养道的贞与不贞。贞即正，所谓“养正则吉”；由自己推论到家国和天下，都以得到养的正道为吉。

我们日本全国的人口，明治五年为三千五百万，二十年间已经达到四千余万，每年平均增加四十万。而土地的开垦，每年只不过二万町步①。土地的产出和人口的需要相比，每年有二十万人口得不到食物，所以百姓不能不“自求口实”。但谋求正当的吉，不正当就会放僻邪侈，无所不为，以至丧失廉耻，争夺日益激烈，盗贼蜂起。推论它的原因，无非从“自求口实”而来。如果朝廷只用禁止暴乱的法律来治理，而不开辟养生的泉源，正如见赤子呱呱啼饥而不哺乳，却给予止啼的苦药，终究是无益的。现在的办法，只有诱导穷苦百姓开垦荒地，同时振兴国家的公益事业，作为人民生产和生活的来源。这叫做“颐贞吉”。

三爻爻辞是彖辞所谓颐贞吉的反面。“十年勿用，无攸利”，是凶的极致。三爻以阴爻居阳位，不中不正，上下都有悖于颐养的正道，所以说“拂颐，贞凶”。国家的气运值这样的爻象，到现在还不急于调剂，恐怕以后的灾祸难以测度。而且今后十年，即到大过上爻的气运，有穷困的百姓辗转于沟壑当中之象，所以说“十年勿用，无攸利”。爻象这个样子，可惧可惧！

占众议院而得初爻。

断卦说：龟是介虫中最灵的，拖着尾巴爬行在泥途，是荷养灵德而不

① 町步：日本计算土地面积的单位，每町步约合1公顷。

求口实的动物。初爻为震阳的开始，为下卦的主爻。现在就议员而论，所谓尔指主选的人，所谓我指应选的人。舍弃主选者的明鉴，而专观应选者的口实。正如龟无灵就不足以为龟一样，议员无才干也不足以为议员，所以《象传》说“观我朵颐，亦不足贵也”，明说这些只求温饱的人，即使侥幸当上了议员，又有什么可贵？另外，三爻变阳则全卦为剥，剥卦“君子道消，小人道长”，与国家的盛衰关系最密切，这是主持议员选举者所应当警惕的。

◎某友人从事商业，家道富裕，生有一个儿子。平生悔恨自己没有好好学习，于是让儿子去东京就学。儿子虽然从学校毕了业，但是由于平素缺少家教，所交往的都不是好人，每天征逐酒食，浪费金钱，或者侮慢老成的人，或者诽谤亲戚朋友，甚至认为父母顽固，把他们看得和奴仆一样，逼迫父母分家产。又来东京当辩护律师，间或经营米。因为争输赢而丢了资本，又托朋友向父亲提出请求，于是他父亲来请占卦。筮得颐卦，变为贲卦。

断卦说：颐，养的意思，指应该以下养上。现在您的儿子分了您的财产，不久就耗尽了，又来向您求食，属于在下位而不能养上位者，反而想由上位者养自己这个下位者，所以爻辞说：“拂颐，贞凶，十年勿用，无攸利。”您的儿子素来有失于教训，不知道生产的艰难，必定“十年勿用”，必须使他困苦穷厄，历尽艰辛，直到困顿至极，知道了悔恨，才或许可以有所作为。现在只可以稍微给他一些口食，使他得以度日就行了。这就是现在所应该采取的处置办法。

他的父亲叹息说：“所谓‘养不教，父之过’，我知道后悔了！”于是感谢了离去。

六四：颠颐，吉。虎视眈眈，其欲逐逐，无咎。

《象传》曰：颠颐之吉，上施光也。

[经传释义]

四爻阴柔得正，与阳刚的初九为正应。所居得位，以上养下，符合颐养之道，故说“颠颐，吉”。四爻属于上卦，得到了艮气。艮为虎，耽即下视的样子，是威而不猛的意思。“逐逐”，《子夏易传》作“攸攸”，荀爽作“悠悠”，刘表作“跾跾”，解释为远。《汉书·叙传》的“六四耽耽，其欲浟浟”，颜师古注浟浟为利欲貌。初爻取象于龟，龟为介虫之首；

四爻取象于虎，虎为百兽之王，两者相对应。龟的作用在于灵，虎的威风在于视，初爻与四爻取义各得其当。颐卦旁通大过，“大过，颠也”，所以四爻称颠，二爻也称颠。六二“颠颐，凶”，六四则因为“颠颐”而得吉，这是为什么？因为六二处在下体而又养下，所以凶；六四处在上体而又应初爻，以阴应阳，又能威严寡欲，所以吉。

《象传》说：“颠颐之吉，上施光也。”上指上九。上九得到乾的一画，有乾阳上烛，光明无所不照之象。四爻知道养乾元，乾的光就会施于四爻，而四爻即以乾光为自己的光，所以说“上施光也”。

［一辞多断］

○问征战：将士中的勇猛者称虎臣，也称虎贲，都是就有勇力而言。但必须先养精蓄锐，而不能仗恃威猛而轻率地前进，所以说“颠颐，吉。”○问经商：颠，恐怕一时物价有下跌之象。“虎视眈眈，其欲逐逐”，比譬商人谋利的情状。能看取贱价而购入货物，所以吉而无咎。○问功名：自古功名的征兆多取龙虎，所以吉。“视眈眈”，“欲逐逐”，都是谋望腾达的意思。○问家宅：住宅右山白虎必定高，有怒目欲噬的形态，幸而四爻以阴爻居阴位而得正，可以无咎。○问胎孕：生男孩。

◎内务省参事官松本郁郎，将为公事去浓尾，所以请占任命的事。筮得颐卦，变为噬嗑卦。

断卦说：颐卦内卦为震动，外卦为艮止，知道您去浓尾地方，是为了办理地震灾害后的事宜。震动艮止，卦象显然。颐养之道，以由下位者养上位者为正。现在震灾之后，百姓得不到食物，朝廷下发粮食来赈济，属于上位者养下位者，属于颠倒，所以说“颠颐，吉”。“虎视眈眈，其欲逐逐”指灾民，其惶惶求食，俨然像饿虎一样，也不值得奇怪。但其中能保证没有奸吏营私，暗中把政府赈灾的粮饷中饱私囊吗？所谓“视眈眈”、“欲逐逐”，也未必没有这样的人。您办灾案尤其应当明察奸邪和委曲。四爻变阳则全卦为噬嗑，噬嗑卦利于用刑狱，以严明惩罚，即所谓“小惩而大诫”。抚恤灾民，惩罚奸吏，即使“虎视眈眈，其欲逐逐”也没有过咎。

松本氏首肯而去，后来的事果然和所占断的一样。

◎某友人来，请占某贵显，筮得颐卦，变为噬嗑卦。

断卦说：四爻接近六五，显然是宰辅之象。四爻在上卦，为艮的初始，其威望和德行能使躁动的众人镇定下来，其恩泽能养育百姓。以初爻为正应，以阴柔养阳刚，又能威严而寡欲，所以说：“颠颐，吉。虎视眈耽，其欲逐逐，无咎。”

友人说：“断语像见到了本人一样。”

六五：拂经，居贞吉，不可涉大川。

《象传》曰：居贞之吉，顺以从上也。

［经传释义］

六五以阴爻居阳位，无正应而亲比上爻，象征身为君王却不能养人，反为别人所养。这有拂于君王的常道，故说“拂经”。颐卦六爻只有初上两爻属阳，阳适宜行动，阴适宜静居，而且五爻在艮体，艮为止，行动就会失去伦类，故说“居贞吉”。五爻中虚，象坎卦，坎为险，又为大川。“居贞”虽然吉，但是养道未成就，不能涉越险难，所以说“不可涉大川”。

二爻说“拂经”，三爻“拂颐”，拂，违逆的意思。二三爻违逆颐养之道，所以都说凶。五爻也说“拂经”，却偏偏说吉，为什么呢？因为五爻的吉不在“拂经”，而在“居贞”，所以《象传》说：“居贞之吉，顺以从上。”上指上九，意思是五爻接近上爻，能以阴柔顺从阳，所以居正而得吉。

［一辞多断］

○问征战：行军之道，有成法也有权变。爻辞的意思是能权变，似乎不必拘泥于常道，所以“拂经”无咎。说“居贞吉”，是宜于固守，不宜进攻。“不可涉大川”，恐怕在河流处有伏兵；借助于舟楫前往，要防止有风波的厄难。都应当谨慎。○问经商：有利于坐贾，不利于行商，贩货出国更值得忧虑。○问功名：出来应试，难以指望成名。○问家宅：上体为艮，居住在山中吉祥；如果临江近水，住宅不利。○问婚嫁：恐怕有不得媒人正聘的事，但只要能从一而终，也吉。○问胎孕：生男孩。○问疾病：病在五爻，久则四五月，快则五六天，因为调养失宜而得。能安居静养则吉，如果冒风雨走远路，恐怕难以治疗。

◎明治十年中秋，东京增上寺大教正福田行诫[①]，带着他的徒弟少教

① 福田行诫：日本净土宗名僧。武藏人，字晋阿，号建莲社立誉，法名行诫。出家于小石川传通院，至比睿山广学佛法。明治维新时任诸宗代表所组织之同盟会盟主，反对政府许可僧侣食肉娶妻，遂为大教院的教头。历住传通院、增上寺、知恩院，任净土宗管长。对日本缩刷大藏经之刊行多有贡献。著有《雪窗答问》、《法语笔话》、《释教百首》等传世。

正朝日氏来访，说："我们增上寺佛殿过去曾经遭过火灾，至今已经十年了。寺中僧人请求重建，我说兵革刚刚过去，集资不容易。僧徒听了不以为然，说本山没有大殿，有失庄严的形相，都发誓愿意募化，以求重建。于是预算经费，一共需要若干万元。后来因为物价上升，施工还没有完经费就没有了。请为这件事占一卦。"我说："易道讲究尽人事而听天命，琐细的事情不可以亵渎地占问，不如占问佛殿的建筑什么时候完成。"朝日氏答应了。筮得颐卦，变为益卦。

断卦说：筮得颐卦五爻，可以看到现在佛教的结果。经即佛经。"拂经"指有违于佛经的旨趣。维新以来，佛教制度也随着改革，寺庙的产业已经奉还，法律方面的禁令也随着改变，食肉娶妻都不禁止，出家和在家还有什么区别？这就是"拂经"。但佛教的宗旨从来不一，古代的名僧也有以饭鸽为食物的；据经文记载，还有以法喜为妻的。这是把以身犯法当作无事，空去一切而归寂灭的人。这也是一种方法，但必须以安居守正为吉，倘若不避危险，与俗人争逐利欲，那是不行的，所以说"不可涉大川"。颐卦旁通大过，大过卦四爻说"栋隆，吉"；九四互乾，于十二辰在亥，上值危室二宿。《开元占经》引甘德的话说"危主架屋"，又引《地轴占》说"营室，大人之宫"，所以"栋隆"。佛殿用来供大佛，所以也有"栋隆"之象。颐卦五爻《象传》说"居贞之吉，顺以从上也"。上指上九，上九说："由颐，厉吉，大有庆也。"从五爻到上爻差一爻，为一年。顺序数到上爻，到明年佛殿可以完成，所以说"有庆"。

上九：由颐，厉吉，利涉大川。

《象传》曰："由颐，厉吉"，大有庆也。

[经传释义]

颐卦初上两个刚爻合起来养四个阴爻。初爻在下位，震阳还微弱，势力还不充沛；上爻居上位，艮阳已经到了极致，德行足以养人，卦中四个阴爻都由上九来养，故说"由颐"。上爻在卦是成卦的主爻，在爻是养人的主爻，责任很重；而且以阳刚居危险多疑的位置，如果稍微表现出一点骄惰情绪，就会导致君王的疑忌和众人的怨恨，属于危殆之道。所以这时的为臣者，只有常怀危厉的念头才能保持吉祥。伊尹和周公忧勤惕厉，最终得吉，就是这个道理，所以说"厉吉"，即因惕厉而得吉。养到这时，就乾元在我了，大川可以涉，危险可越，弱水不能陷溺，大海不能阻挡了，做什么不行呢？故说“利涉大川”。比六五的只可“居贞”而“不可涉大川”，又进了一步，这样就足以担当天下的大任，平定天下的艰危了，而且天下的大治也在这“由颐”的作用。

《象传》说：“‘由颐，厉吉’，大有庆也。”指阳刚在上位，能从养己而及于养人，更推而至于养天下，这样就无人不被它养，无人不得吉庆了，所以《象传》说“大有庆也”。

[一辞多断]

○问征战：谚语说“养兵千日，用在一朝”，能够效力于疆场，是从平日的教养而来，所以说“由颐”。兵是危险的事，不知经历多少危险才能告捷，所以说“厉吉”。“利涉大川”，必须军士同心同德，临危不惧，比如周武王率军在孟津与八百诸侯会盟，诸葛渡过泸水就是例子。○问经商：商业的目的只在谋利，得利才足以养身养家。但商人不能安居而得利，必须涉历艰险，甚至远涉重洋才能获利，故说“厉吉”。○问功名：功名之道，要由小而大，由卑而尊，必须忧勤惕厉，才能功成名就。《象传》说“大有庆也”，即所谓“得之有喜”。○问疾病：虽然危险，但能得救，所以说“厉吉”。○问胎孕：生男孩，所以《象传》说“大有庆也”。

[活断实例]

◎我每年在冬至这一天占问第二年事物的吉凶，并作为常例。明治二十二年冬至占了一卦，筮得颐卦，变为复卦。

今年一月，某贵显来访，问及麦子的丰歉如何，我说：“今年政府备钱备荒，购入外国米，用来救济灾民。”某贵显问：“你怎么知道?”我回答说：“冬至我曾占今年庄稼，遇到颐卦，变为复卦。颐卦象征颐口，含义主要是养，小则养一身一家，大则养天下百姓。百姓的衣食由此决定，所以说“由颐”。上九一个阳爻在上位，四个阴爻在下位，一定是先多雨，使麦子不丰茂；到上爻的时候，阳光灿烂，收成还可以，故说“厉吉”。前年因为遭受了水灾，五谷歉收，今年春天麦子又不丰茂，会导致百姓食物的匮乏。米价昂贵，百姓势必困苦流离，甚至不可想象。政府看到时势的艰难而设法赈济，只有购买外国洋米来救济饥民。米的来源或是中国，或是印度，或是暹罗，都由船舶运输，所以说“利涉大川”。

后来我将这占断上报大藏省，政府于是明察机宜，马上用备荒蓄金购入外国米，并出卖到各港，民心于是得以安定和喜悦。

䷛泽风大过

大过自颐卦而来。颐卦以上下两个阳爻包括四个阴爻，而大过相反，以两个阴爻包括四个阳爻。四个阳爻属于过盛，所以叫大过。大道中庸罢了，阳刚要盛而不要过，因为过刚的必定折断，太坚实的必定龟裂。现在四个阳爻充满了卦的中间，两个阴爻被排挤到无位的位置，盛阳在下面没有根基，在上面没有系缚，反而要借取两个阴爻的作用；两阴爻柔弱，无法辅助，就失去中道而过度了。卦体上为兑，下为巽。兑为正秋，秋属金气，是水的母体，所以兑为泽；巽于十二辰在巳位，巳值轸宿，轸宿主风，所以巽为风，合起来叫做泽风大过。

那么大过不同于小过的是什么呢？小过以艮遇到震，为止而动，所动并不危险；阴虽然壮盛，但下面有根基，止了就吉祥。大过以巽遇兑，为入而悦，悦到极处而不能出；阳虽然壮盛，但下面没有根基，入了就会颠覆。《杂卦传》说："大过，颠也。"大过全卦不说颠，而在颐卦说颠，因为颐与大过阴阳相反，相互为用，所以《序卦传》把这两卦安排在上经的末尾，表示天地再交就会形成坎离二卦。

大过：栋桡。利有攸往，亨。

[经传释义]

大过卦中，阳为大，阴为小，阳刚畜积在中部，足以任重，类似栋梁。兑在上卦，巽在下卦，巽为木，兑为毁折，木毁折栋就桡了。这大厦将倾的时候，不是一木所能支撑的，只有出门求助，拯救患难才能亨通，所以说"利有攸往，亨"。

《彖传》曰：大过：大者过也。"栋桡"，本末弱也。刚过而中，巽而说行，"利有攸往"，乃亨。大过之时大矣哉！

大过下卦为巽，上卦为兑，四个阳爻积聚在中部，象征阳刚过盛，所以叫大过。阳大阴小，故说"大者过"。栋是屋脊，巽木被兑金所损伤，所以"栋桡"。巽木本来柔弱，上面没有依附，下面没有根柢，所以本末都弱。"刚过而中"，不是指二五两爻位置的中，而是指四个刚爻连亘位于卦的中间。阳刚虽然过盛，但不可仗恃刚强，必须以"巽而说"行事。巽就初爻而言，悦就上爻而言。四个刚爻互乾卦，为行，以柔济刚而努力前进才能亨通，所以说"利有攸往，乃亨"。奇才成长在困厄中，定力养成在艰辛中，转败为胜就在这个时候，所以说"大过之时大矣哉"。

以这一卦比拟人事，就卦体来说，四个刚爻居中，象征为主于内部；两个柔爻在上下位，象征为客于外部。为主的刚过，说明主刚而客柔。就卦象来说，四个刚爻排列在中间，两个柔爻分别居上下位，正像栋梁一样。人有刚强的品德才足以作栋梁，但过刚而无制伏，就未免容易折断，只有"巽而说"才不至于因为过刚而折断。只有大过的人才才能成大过的事。

"利有攸往，乃亨"，是从乾元用九而来。"利有攸往"，即乾的"行健"；"乃亨"，即乾的"元亨"。圣人在《周易》中虽然以扶阳抑阴为主，但有时也借阴来济阳。从巽顺开始，以兑悦行事，也就是祛除大的过度而实现时中，这样就变化而不失常道，穷困而不失正道了，所以说"大过之时大矣哉"。所谓时，实际上就是"终日乾乾，与时偕行"之道。

以这一卦比拟国家，下卦巽风象征人民，有四方风动之象；上卦兑泽象征政府，有恩泽如春之象。卦中阳刚当权，象征既有威力又有福泽，执持中道而施政。凡国家建大功，做大事，无不以一个人挑重担，像大厦的栋梁一样，但如果负担过重，就会因为不胜任而立见桡败，这是"本末弱"的缘故。所谓"本末"，就上下两个阴爻而言。两个阴爻柔弱而不能任重，所以桡，是阴衰弱而阳无辅助，臣弱而君王失去卫护，阳刚越过了中道所致。这时，安常守旧的人多数不敢有所作为，只有识时务而又通权达变的人才能奋然前往。必须秉持阳刚的品德，而又能以巽顺和悦行事，以宽克猛，以柔济刚，体现相宜的时中，没有阳亢的忧患，才足以平定大难，兴立大业。乾卦所谓乾元"以美利利天下，不言所利"就是这样，所以说"利有攸往，乃亨"。前往调剂时运的过度，一定能通达时势而加以权变，返回形势的平衡，把天下整顿一新，把世道维持到无穷，而得到亨通的结果。

通观全卦，阳刚太实，有无法运转之象，如同人的肢体肥大沉重，无法运转。另外四个阳爻居中，两个阴爻退而听命，下面没有根柢，生气已经断绝，上面没有系附，枝叶也已经凋零，所以有"枯杨"的爻辞，还不如剥姤二卦可以复来。但大过自颐卦而来，颐即养，指应当养两个阴爻而求得相济。兑泽在上卦，巽木在下卦，即《象传》所说的"泽灭木"。泽本来应该在下卦却在上卦，木本来应该在上卦却在下卦，这就是大过为什么为颠，为超越常分的过大现象。效法这一卦象，“独立不惧，遁世无闷”，通过退藏来养阳而防止它的过度，这是只有君子才能做到的。

大过六爻，两个阴爻四个阳爻，有阳爻处阴位的，有阴爻处阳位的，有阳爻处阳位的，有阴爻处阴位的。爻象有所不同，爻义也各自相异。初六以阴爻居阳位，是过的程度还微少。巽为茅，茅虽属于柔物，借助它却足辅助阳刚，所以“无咎”。九二以阳爻居阴位，象征过度中的不过度。巽木为杨，被泽水淹灭而枯萎，得到阳爻的生气，枯萎后又生了稊，所以也“无咎”。九三以阳爻居阳位，是过度中的过度。四个刚爻在中间，像屋宇有栋梁一样，但是刚愎自用，终于导致了“栋桡”的结果，所以凶。九四也以阳爻居阴位，也属于过度中的不过度。四爻与初爻相应，得到了所藉，所以三爻说桡而四爻说隆，所以吉。九五以阳爻居阳位，属于过度而又不过度。“枯杨”之象与二爻相同，但阳到五爻已经是极致，虽然华美却已经衰落，所以说“何可久也”。上六以阴爻居阴位，四个刚爻已经倾覆，属于过度的终极，“利有攸往”，正是这个时候。所谓“过涉”，指一片忠心挽救时局，所以即使有灭顶的凶险也无咎。就爻位来说，初爻与上六相对，象所谓“本末弱”就指初上两爻。一个因为藉茅而无咎，一个因为“过涉”而忘记凶咎，都足以解救过度。二爻与五爻相对，“枯杨”之象相同，“生稊”与“生华”则有持久和短暂的区别。

总之，卦以阴阳相偶为得中，偏刚就是过度，而卦中四个阳爻两个阴爻，所以说“大者过也”。君子对这样的时运，以“独立不惧，遁世无闷”来对待，怀着忧时嫉俗的心，具有拨乱反正的才能，利害不计较，成败不谈论。上爻的“过涉灭顶”，必定是这样的人，还有什么可归咎的？

《象传》曰：泽灭木，大过，君子以独立不惧，遁世无闷。

大过卦泽水浸淫到巽木上面，巽木因而枯槁，故说“泽灭木”。这时俗人都随波逐流，极少有不被磨灭的，只有君子具有大过人的才干，即使在困厄当中也坚守节操，所信的是道理，所乐的是天命，叫做“独立不惧，遁世无闷”。这样刚而能柔，过度而能前往，可以说是善于处大过时运的。

［一辞多断］

○问征战：灭即灭绝。大的欲望毁灭国家，小的欲望灭自身，卦象凶险。行军占得这一卦，恐怕有暴水淹没的灾祸。○问经商：《象传》说

"泽灭木"，低价忽然有高涨的势头。○问功名："独立不惧，遁世无闷"，指应当退身隐居，一时还不可以求功名。○问家宅：兑泽在上卦，巽木在下卦，卦象反复，位置不正，要防止有凶险乃至毁灭的灾祸。○问疾病：是肝火内郁的病症，肾气向上冲击，不容易医治。○问婚嫁："泽灭木"，恐怕配偶之间老少失去了平衡。○问胎孕：生女孩。○问失物：必定坠入了水沟处。

初六：藉用白茅，无咎。

《象传》曰："藉用白茅"，柔在下也。

[经传释义]

藉，指铺地；"白茅"，取它的洁净。古代祭祀的时候，把白茅铺在地上再灌酒降神。茅的白色取自巽象。巽在下卦，借用下面的白茅来承上面的阳刚。初爻阴柔而居下位，不冒犯刚爻而能上承刚爻。在这大过的时候，以恭敬和谨慎的态度事奉上爻，不能算作过分。虽然和礼义适中者相比，有过于敬慎的嫌疑，但是与高傲侮慢的人相比，却不知胜过了多少倍。高傲者一定有过咎，而谦卑者却一定没有过咎。茅是柔软的东西，借用它足以作为辅助，不可因为茅的微不足道而忽视它。

《象传》说"柔在下也"，从爻看初爻在下位，从茅说则是所凭借的东西在下面。初六属阴，阴为柔，茅质也柔弱，所以说"柔在下"。

[一辞多断]

○问征战：初次出兵，最忌过于刚暴，应该以宽柔的态度对待部下。○问经商：贩运的货物一定是药品，或者是茶叶、木材、棉花；它的颜色一定白，它的质地一定柔，都可以获利。○问功名：拔茅连茹，有连类一同升进之象。○问家宅：住宅必定接近潮湿低下处，屋外蔓草荒芜，属于初次建筑。○问疾病：病体柔弱，下焦有湿气，必须用温燥的药治疗。○问失物：到草地上寻觅。○问胎孕：生女孩。

[活断实例]

◎明治元年，东久世中将、锅岛肥前守[①]作先锋，准备收复横滨。我

---

① 锅岛肥前守：锅岛指锅岛直茂。佐贺人。一生当中几经沉浮，从一介陪臣最终成为领地达三十五万七千石的雄藩之主。肥前：锅岛故乡地名。守：藩主。

当时在肥前守的营中兼管各种事务。武士下村某奉命，率士兵一百人先收复浦贺，让向导嘱咐我为他筮一卦。筮得大过卦，变为夬卦。

断卦说：凡占军事，内卦为我方，外卦为敌人。初爻在内卦的下位，以阴爻居阳位，阴属柔，显然可见我方应当用柔。兑为泽，要攻取的一定是水泽一类地点。白茅是柔软的东西，用来铺地，走上去没有失足的忧虑，这是教我们咬住敌人的尾巴而在暗中前进。现在听说浦贺港上有开阳、回天等六艘舰船碇泊，幕府逃走的兵众有数千人搭载它们，浦贺的兵士又与它们联络一气，敌人的势力过于壮盛，不便强力攻击。爻辞说“藉用白茅”，《象传》说“柔在下也”，是明白指示以柔克刚的方法，以收取海门咽喉为上策。

下村某率领十几个人前进，没用作战就平定了那里。

九二：枯杨生稊，老夫得其女妻，无不利。

《象传》曰：老夫女妻，过以相与也。

［经传释义］

九二以阳爻居阴位。阴尽就死掉，阳来就生发，是事物的常理。巽为木，兑为泽，近水的树是杨树。杨树被泽水淹没后必定枯槁，得到九二阳气的生助才得以复生。稊，杨树的嫩芽。二爻在乾体，乾为老，为男，所以说“老夫”。下面有巽爻在初位，巽为处女，故说“女妻”。二爻与初爻相比，故说“老夫得其女妻”。夫妇间的匹配以年纪相仿为正理，老夫少妻也属于颠倒。但匹配虽然不正，阴阳却得以相济，“老夫”“女妻”犹如枯杨生稊，终究能够生育，所以说“无不利”。

《象传》说“过以相与也”，卦义是刚过，也就是丈夫过老，妻子过少，所以说“过以相与”。《杂卦传》说“大过，颠也”，就是指这一点吧?

［一辞多断］

○问征战：有转败为胜之象。○问经商：兑为阴，也为金；巽为风，也为木，一定属于金木生意。“枯杨生稊”，种植林木或贩运树木，都没有不利。○问功名：就爻象来看，必须等到晚年才能成名。○问家宅：住宅属于阳宅居于阴地，过去一定有很多不利；近来得到阳九发动，必定枯树开花，这是有利的征兆。○问婚姻：主有年老的鳏夫重新娶妻，得以生育，非常有利。○问疾病：虽然危险，但得以痊愈。○问失物：一定能得到。

[活断实例]

◎明治二十二年，友人来请占某家气运，筮得大过卦，变为咸卦。

断卦说：大过上卦为兑，下卦为巽，是以兑少女居巽长女之上。少女不善于理家，长女将取代她，因此全家有颠覆的忧患。现在占某家而得到二爻，家业衰微而有人治理，自会恢复和兴盛。犹如木在枯萎时有阳气发动，自然会生稊；人虽然老了，匹配年少的妻子也能生育，都有败而复成之象，即所谓“枯杨生稊，老夫得其女妻，无不利”。

○明治二十七年十二月，我军进入海城，有敌将宋庆利用雪中的通路，屡次袭击挑战，海城几乎陷于危险。筮得大过卦，变为咸卦。

断卦说：大过卦全卦有坎险的卦形，象征双方军队同样困难。现在爻辞说“枯杨生稊”，杨树冬天枯萎而春天复生，必须等到春暖以后，我军才可以突击。“老夫得其女妻，无不利”，是我国军队已经过老，必须有新来的兵鼓舞士气，这样才能制胜。

后来果然有第二军的精兵开来，占领盖平而声援海城。二月十四日攻克太平山，三月四日占领牛庄，六日占领营口，九日攻陷田庄台。

宋庆像

中国军队与日军作战场面

◎明治三十一年，占我国与中国的外交，筮得大过卦，变为咸卦。

断卦说：大过兑在上卦，巽在下卦。兑为金，为泽，属正西；巽为风，为木，属东南。金来克木，显然是西方来侵夺东南方，《象传》所谓“泽灭木”就是征兆。现在占得二爻，二爻以阳爻处阴位，爻辞说“枯杨生稊”。杨指巽木，为泽水所淹灭，所以枯。枯是衰败之象，足见东南方的衰弱；但“生稊”是得到春天的阳气而发动。“老夫”也是衰败之象；

但“得其女妻”，是得到了少阴的相助。

我们日本与中国都居东南方，朝鲜介于两国之间。我国一向要与中国合力保护朝鲜。中国因为朝鲜是自己的属国，不容我国干预，两国因而开战。中国失败，割地讲和后，俄、德、法三国联合起来，想要护持中国，逼迫我国割还辽东半岛。这三国包藏祸心，未必不借这一功劳向中国分割要地，这也是势所必然的。中国近来知道欧洲列国不可仗恃，愿意与我国联盟，我国也愿意从此与中国合力保护东南，抗拒西欧，犹如“枯杨生稊”。《象传》说“过以相与也”，是说我们两国过去相战，现在相和，属于“过以相与”。

九三：栋桡，凶。

《象传》曰：栋桡之凶，不可以有辅也。

[经传释义]

就全卦说，四个刚爻连亘在中间，如同屋栋，上下两个阴爻都弱，所以桡。就三爻来说，九三互乾，在十二辰的亥位，上值危宿。危宿三星在虚宿的东北方，形状如同盖屋，有屋栋之象。九三以刚爻居刚位，过而又过，而过刚必折，所以桡。

九三刚愎自用，以为群策群力不如自己一个人，所以孤立无援，越高越危险，终于导致“栋桡”的凶险。《象传》说“不可以有辅也”，指三爻予智自雄，不能与别人共事而集思广益，所以无法成功。这也是三爻自己导致的。

[一辞多断]

○问征战：栋是房屋的主檩，像一支军队的主帅。挠是摧折，栋挠是主帅受伤之象。弊病在于主帅过于刚猛，不听别人的意见，所以凶。○问经商：商业必须有人辅助才能成事，如果自行其是，不但经营规模不大，而且恐怕导致意外的损失。“栋桡”，有人财两失的忧虑，所以凶。○问功名：能担当大任的人称为栋梁之材。说桡，就栋不成栋了，即使一时得到了成功，最终也要归于失败。凶。○问家宅：住宅不吉，栋与榱都被折断，不可居住，凶。○问婚嫁：九三以阳爻居阳位，孤立无援，婚姻不成，成了也不吉。○问胎孕：生男孩，恐怕无法抚养。

[活断实例]

◎明治二十三年某月，某友人来说："依照市町村的制度，即将选举市长。市民一向瞩望的有甲乙二人，我以为甲适当，所以打算投他的票。请占他的成败。"筮得大过卦，变为困卦。

断卦说：大过卦四个阳爻居中间，为栋，初上二个阴爻柔弱，不能负重，故桡。现在占选举市长而得三爻，甲方才智和力量都强，足以胜任职务；但是过于自恃而傲视别人，刚愎自用，而过刚必折，这就是"栋桡"的原因。九三以阳爻居阳位，属于过度而又过度，虽然与上六相应，但是上六以阴爻居阴位，柔弱无力，即使极力推荐也无能为力。四爻为乙，说"栋隆"，当选的一定是乙，甲没有希望。

后来的事果然和所占断的一样。

九四：栋隆吉，有它吝。

《象传》曰：栋隆之吉，不桡乎下也。

[经传释义]

九三说"栋桡"，九四说"栋隆"，含义相反，因为九四在下卦以上，以阳爻居阴位，也属于过而不过；与下面的初六相应，初爻虽弱，却得所凭借而可以不桡。九四爻辰在午，午在天上值张宿。南宫侯说，张宿为天府，所以有栋象。隆，《说文解字》解释为丰大，《玉篇》解释为中央高。栋是用来负重的，宜于大；在房屋中部，又宜于高。但高必须以低为根基，下面有所凭借才能高而不危。三爻的桡是由于下面无可凭借，而四爻则得到了凭借，所以隆。凡事得所凭借，就可以涉越大的险难，成就大的功业，上不辜负君王的托付，下不辜负百姓的期望，都是这个道理。其吉祥可以预知，所以说"栋隆吉"。

"有它吝"，指四爻若怀有其他志愿，厌弃初爻的柔弱而不用，那么三爻的桡即四爻的桡，一定不能免于羞吝了。《象传》说"不桡乎下也"，指栋既隆起，下面必定不会桡败。

[一辞多断]

○问征战：行军屯营，适宜占据高阜要地，使下面有所凭借，这样才能营寨巩固，可进可退，自然不为敌所桡败，所以吉。○问经商：想必是木材生意。木料高大，足以作为巨室的材料。如果经营其他项目，恐怕不佳。○问功名：又说“栋隆”，必定是大才，可以担当大任，足以副“栋隆”的爻辞。其他小事不是他所擅长的，或许不屑于去做。○问家宅：住宅栋榱辉煌，门户宽敞，吉。○问疾病：想是腹中有痞块隆起，但无害。

[活断实例]

◎有甲乙两个公司，因为属于同行而互相竞争。一天，甲公司经理某来，说：“现在两个公司在市内势难两立，请为此占一卦。”筮得大过卦，变为井卦。

断卦说：卦名叫大过，是刚过的意思。在当地建立两个同业的公司，也属于过分。占得四爻，爻辞说“栋隆吉”。卦中三四两爻都取象于栋，犹如两个公司并立，可知甲乙的竞争，即在这三四两爻：乙公司为九三，以阳爻居阳位，象征才干与资本都充足。它的应爻是上爻，上爻无可凭借。甲公司为九四，以阳爻居阴位，才干与资本稍逊一筹。它的应爻为初六，初爻可以凭借。有凭借的兴隆，无凭借的桡败，所以甲公司得胜，叫做“栋隆吉”。

后来果然甲公司兴盛，乙公司衰败。

九五：枯杨生华，老妇得其士夫，无咎无誉。

《象传》曰：“枯杨生华”，何可久也；老妇士夫，亦可丑也。

[经传释义]

对“枯杨”的解释，见于九二爻下。五爻与上六阴阳相比，因为得到了阴爻的协助而生华，故说“枯杨生华”。杨华虚浮不实，随风飘荡而尽，荣华不了多久。九二因为得到初六阴爻的协助而“生稊”，而九五下面没有应爻，只好与上六相比，犹如断根的杨树得到了雨露的滋润，虽然一时繁华，不久就会凋落。

“老妇”指上六，比喻上六阴极而衰落；“士夫”指九五，比喻九五的没有内助。士是还没有娶妻的男子。六爻属阴而居上位，所以称“老妇”；五爻属阳而居下位，所以称“士夫”，这也是大过的一种现象。九五以刚爻居刚位，三个阳爻都不为它所用，只有上六与它阴阳相比，所以说夫妇。根据夫妇次序，应当说士夫得到了老妇，现在却说老妇得到了士夫，这是由于匹配的主意出自老妇。老妇首先求士夫，羞耻主要在老妇一边，也可见圣人曲尽人情、深通世故的巧妙。《象传》说“老妇士夫，亦可丑也”，丑是污辱的意思，属于深感厌恶的言辞。

[一辞多断]

○问征战：行军占得五爻，军中主将和偏裨的位置必定颠倒，任用不当。虽然一时能打胜仗，但不能持久。○问经商：防止经商者贪恋外遇，以致丑名远扬。○问家宅：防止闺房不正，墙侧有男人。○问功名：必主晚年获如愿。○问婚嫁：必定年纪失衡，匹配不正。○问胎孕：生女孩，养不大。

[活断实例]

◎明治十七年，因为朝鲜滋事而占日中关系。筮得大过卦，变为恒卦。

断卦说：这次朝鲜发炮制造事端，不但关涉到朝鲜，也关涉到中国，是三国关系中的一件大事。朝鲜孱弱已极，譬如枯杨，即使一时开花，不久也会零落。中国以朝鲜为属国，朝鲜的政令都听命于中国，正如少年的男子受制于老妇。现在我国受朝鲜的侮辱，必将大开兵端。中国也知道这个结果，所以愿意与我国议和。就爻象细究，知道日中两国必定不至于决裂。其间的机密事宜，爻象虽然有所透露，但是不好明说。

◎明治十八年夏天，我避暑于箱根，与贵显某等一同住在旅舍中。一天一起闲游山野，某贵显说：“这里幽闲僻静，觅一块好地方，修一座别墅，足以避开尘嚣，也足以娱乐老年，确实可喜。您有这样的意思没有?”我听了也觉得欣然。过后再想到这件事，却无法决定，为此占了一卦，筮得大过卦，变为恒卦。

断卦说：九五以阳爻居阳位，象征贵显属阳，还不可以引退闲居。就地点说，箱根在东海道，为巽木的位置。爻辞说“枯杨生华”，可知箱根的繁盛也不会久了。而且游客的往来多在避暑的时候，过了这时很少有人来。“老妇得其士夫”，比喻箱根的名声显著已久，如同老妇曾经有美艳的名声。“士夫”指年轻人，他们闻名而不曾涉略，所以多有来游赏的。说到底来一次也就过去了，既“无咎”也“无誉”。而且年轻人不识风雅，反而来作践，所以《象传》说“亦可丑也”。因此，我谢绝了某贵显的劝说。

◎明治三十一年，占国民协会[①]气运，筮得大过卦，变为恒卦。

断卦说：九五以阳爻居阳位，属于过而又过，理应民心强盛，而爻辞却说“枯杨”，这是为什么？因为巽本来是柔木，一经兑泽淹灭，几乎成了枯木，即使一时恢复繁华，不久也会摇落。而且阳爻到五位已经是极致，马上就会衰落，将变而为阴，故称“老妇”。“士夫”是年轻的男子。社会上近年来往往多任用年轻人，这也是时势使然，所以说“老妇得其士夫”。总是老者无能，反而以年轻人的议论为得计。唉！“亦可丑也”。爻辞说“无咎无誉”，可知本年协会的气运，也就是无荣无辱罢了。

上六：过涉灭顶，凶，无咎。

《象传》曰：过涉之凶，不可咎也。

[经传释义]

“过涉灭顶”，指冒险渡河，无法到达对岸，水淹没了头。以互卦乾为首，爻例以上爻为顶。上六为兑爻，兑为水为泽，在西位，值胃宿，附星积水。石申说积水星明亮，大水就会出现，所以有“过涉灭顶”之象。

上六以阴爻居阴位，才智和力量都弱，但是志愿在于解救时艰，明知“过涉”的凶险，还是为国忘身，义无反顾，即使不能成功也很值得崇尚，还有谁来责怪？所谓“勇士不忘在沟壑，志士不忘丧其元”，万世的纲常正靠这样的人来延续。

[一辞多断]

○问征战：恐怕有主将阵亡的悲惨事。○问功名：有头悬梁、锥刺股的苦心，理应声名远播。○问经商：运货出国，最应该谨慎。○问疾病：恐怕水气上冲，头面浮肿，凶。○问家宅：恐怕有大水泛滥，墙倾屋倒的灾难。○问胎孕：生女孩。

[活断实例]

◎某县人带着某友人的信来，说：“现在谋划开创一项事业，但是很忧虑，请占其成否如何？”筮得大过卦，变为姤卦。

断卦说：六爻居兑卦的终位，志在挽救时局，未免过于果断，所以凶险。现在您占事业而得到这一爻，知道您所谋划的事业与公益有关；但其

---

① 国民协会：日本明治时代的一个政党，是国粹主义团体。

中事情多有颠覆现象，率性径直而行，会有不测的灾祸。还是应该等待时机而动，不要踏上险路，白白地苦了自己。切嘱切嘱！

后来这人不用这一占断，终于失败了。

◎明治二十八年，占我国与法国的外交，筮得大过卦，变为姤卦。

断卦说：上爻居外卦的极位，难道是外交问题解决以后，还将发生另外的波澜吗？爻辞说“过涉灭顶，凶”。我国过海远征以来，中国战败，我军凯旋。就爻象来看，或者其他国家认为我国刚强过度，或许将有出来干涉这件事的。

后来果然有俄、法、德三国同盟，干涉中国对我国的战争赔款，逼我国马上归还辽东半岛。由于我国政府的处理能适应这一卦的意思，才得以平安结局。

䷜坎为水

坎卦上承大过而来。《序卦传》说："物不可以终过，故受之以坎。""坎"字从"土"从"欠"，欠即不足。以不足平衡大过，所以接下来是坎卦。卦体一个阳爻两个阴爻，两个阴爻为坤地，一个阳爻为乾天，乾天藏在坤地中而元气充盈，化湿而生水，这叫做"天一生水"，所以坎卦的基本卦象是水。

习坎：有孚，维心亨。行有尚。

[经传释义]

坎卦的上下卦都是坎水。八纯卦都上下一体，只有坎卦加一个"习"字。"习"字有两层意思：一是练习，即"学而时习之"的"习"，指坎险难以涉越，必须娴习谙练才行；一是重习，指上下卦都是坎，取重叠的意思。坎中一画就是乾阳，乾阳刚正，象征诚实而居中位，故说"有孚"。一个阳爻在中位，象征心而元阳开通，故说"维心亨"。"心亨"也从乾卦的"元亨"而来。凭这而行险就诚孚而无不通达了，所以说"行有尚"。

> 《彖传》曰：习坎：重险也。水流而不盈，行险而不失其信。"维心亨"，乃以刚中也。"行有尚"，往有功也。天险，不可升也；地险，山川丘陵也。王公设险以守其国，险之时用大矣哉！

"习坎"，习是重复的意思，坎指危险。危险不一，故说"重险"。"习"字从"羽"从"白"，注释说鸟反复飞翔。鸟反复飞翔，能避开罗网的危险，所以坎卦说"习坎"，也取可以避开危险的意思。

坎水流淌不停，一边流淌一边前进，不见盈满。水随着月亮而盈虚，朝夕都有潮水，涨落有一定规律，从来不失时宜。二五两爻以乾为体，都坚实而在中位。中象征心，因为中实才"有孚"，也因为中实才亨通。心的亨通是由于刚中，中位有刚心中就泰然，心中泰然精神就旺盛，精神旺盛就可以一往无前，成就事功，这样的行为是可嘉的。天下事处顺境容易，处逆境难。孔子论仁，强调造次颠沛中的持守；《中庸》论道，推极到行于夷狄和患难。艰险的地方，没有相当的见识和定力的人不敢去，而鲁莽行动的人又极少成功。

八卦的品德美好而又多吉，只有坎卦象征险难而多凶。人们都把危险看得可怕，而坎卦竟然运用危险。天以危险而成就它的高明，地以危险而成就它的博厚，国家以危险而成就它的强大，危险的用处很大。知道危险的用处，就可以知道坎卦的用处了。

以这一卦比拟人事，《彖传》说“重险”，是为了说明危险不一。卦体上下虚而中间实，虚的是水，中间实的是土；同时虚处为凹陷，而中实为诚孚。什么叫孚？就是以心相感通。人能以心相感通，他的心自然亨通，所谓“忠信可涉波涛”，就是这个道理。最初涉险的人，往往临险而却步，但是万里的风帆，客商频频行走而不惧怕；千重绝壑，樵夫徒步攀登而忘记了危险，因为他们习惯了，也熟练了。坎卦加一个“习”字，正是为了勉励人习惯和熟悉危险，而不要忽视它。

水的流动依时往来，从不违背时宜，这是它的信；水的运行注入河川，自然流通，这是它的功能。人都以为水性阴柔，却不知道水有刚中的品德；正因为刚中，所以亨通。人如果执着于它的阴柔，一定会迂滞，这样怎么能亨通呢？又怎么能行动呢？知道它的刚中，通过练习而涉越它，就会把大川看得和平地一样而所向成功，就确实是可嘉可尚的了。

观察天的悬邈高远，它的危险不可攀登；观察地上的深山大泽，它们的危险各自不同；观察国家的雄关城防，它们的危险有必争的道理。说危险可以用，但有时也不可用；不是危险不可用，而是要用得合乎时宜。所以不说危险的用大，而说“险之时用大矣哉”。

以这一卦比拟国家，坎卦两个阳爻四个阴爻，其中二五爻两个君臣的位置，都陷在阴爻所象征的危险中。朝政紊乱，百姓心志嚣张，加上气候失去节度，五谷不丰登，正值天时和人事穷困的时候，因而成为坎险的世道。内卦初爻为坎的开始，是国家初值险难，失道就凶了。三爻象征一个危险没有平定，另一个危险又到了，国家已经濒危了。二爻虽然秉有阳刚的品德而力求度过险难，无奈两个坎卦相连，陷溺已经太深，只能有小的成效了。外卦的六四以阴爻居阴位，处在重险多惧的位置，以“樽酒簋二”象征险难的重叠，属于国家危急存亡之际。上六与初爻互为首尾，初爻为险难的开始，上爻为险难的终结。初爻还可以说没有经历过，上爻则玩忽惯了，不可理喻了。九五为卦主，以阳刚总揽一切，与九二相应。九二能操心虑患，日夜恭谨地辅佐九五君王，以拨正天下的混乱，平定国家的危难。这样上下相孚，治道才能亨通，前往才能有功，怎么能被险难吞没呢？

圣人对于坎险，勉励人去习练和熟悉它，告诫人警惕它的重复出现，于“流而不盈”说水的渊深，于行而有信检验人的诚信，这样坎险就可以涉越了。君子要“常德行，习教事”，就是这个道理。天之所以高，地之所以厚，王公之所以立国，都是险的作用。如坎、睽、蹇卦，都不是理想的事，但圣人有时运用它们，所以都赞叹说“时用大矣哉”。这个道理不可以不知道。

通观全卦，前进固然有危险，但后退也有危险，叫做重险，是困上加困之象。彖辞说君子处于险难，爻辞说小人处于险难，以指示脱离险难的方法。处于险难而能动于心、忍于性的是君子，处于险难而失去节操的是小人。虽然人生在世没有不遇到坎险的，但防止坎险也有一定的办法，所以彖辞首先勉励说习，继而警戒说孚，而最终肯定地说亨。就是说，水这种东西，流行才没有涨满盈溢的灾祸，而滞塞则必定盈溢。所以行险的人只要谨慎恐惧而不失信义，就能最终得到成功。

考察六爻的情状，同样处于险境，却各有吉凶。初六象征涉险的开始，练习而没有精熟，于是陷入深坑，既不能自己涉越，外卦没有应援，所以凶险。九二阳刚而得中，谋求而有所得，这样险难就不成其为险难，人虽然在险难中，亨通却在心中，所以说“未出中也”。六三值两个坎相接，象征进入险难已经很深，本身又阴柔不正，无法出离险难，所以“终无功”。六四虽然怀着忠贞的心，但器量狭隘，自然缺乏救险的能力，只有祈祷鬼神，上承九五阳刚而得以脱险，所以说“刚柔际也”。九五阳刚中正，高居君位，为全卦的主爻，《彖传》所谓“水流而不盈”，只有五爻足以承当。水的好处在于平，能平，险难就不成其为险难，所以说“无咎”。上六居坎的极位，坎为狱，象征陷于险难而进入了监狱。初爻的失道还有可原谅，上爻的失道不可原谅。用三年的关押来惩处，希望它悔改，所以有三年凶险。人的涉世像坎水的流动一样，时时都有险难，处处都有缺陷。庸人处于坎险中，举步就是荆棘；君子行走在坎险中，令人生畏的路也会成为康庄大道。因为君子习惯而谙练，而庸人生疏，这就是坎为什么以习为贵。

《象传》曰：水洊至，习坎，君子以常德行，习教事。

坎为水，水性本来最平，可以作为平的准则，所以坎为通，为平，为中实的诚信。洊，重袭的意思。就雷说洊，是因为声音相续；就水说洊，是因为水流相续。常指终始如一，习指一再不止。君子效法水的洊而日日更新自己的品德，效法坎的习而不厌倦教导，使品德有恒不变，教导因为练习而不停止。内卦三爻为自己，用来修养自己；外卦三爻为他人，用来教导他人。修明已成的方面，勉励未成的方面，君子平定险难的功用就在这里。

［一辞多断］

○问征战：有敌兵频繁侵袭之象，应该时刻防备。○问功名：有逐步升腾之象。○问营商：财如流水，源源而来，商运亨通，可以持久而盛大。○问家宅：住宅外北面必定有坑陷，泉流不息。坎卦于十二辰在子，子上值虚危二宿，危主盖屋，恐怕邻居有修造房屋，以致影响此宅风水的。○问疾病：防是水泻的病症，很久没有痊愈，应该取“樽酒簋二”的意思加以祷告。○问婚嫁：必定是亲上加亲，有重复联姻之象。○问胎孕：生男孩。

初六：习坎，入于坎窞，凶。

《象传》曰：习坎入坎，失道凶也。

［经传释义］

习是重复和惯习的意思，窞是坎中小穴。初爻是一卦的开始，也是坎险的开始。《列子》说：有人滨河而居，习于水性，勇于泅水。即所谓“善泅者不溺”。初爻练习得不够精熟，所以无法出离坎险，反而“入于坎窞”。窞是小坎，入于小坎就会越陷越深而难以脱险，所以凶。

《象传》说“习坎入坎”，指习坎本来是为了出坎，入坎不是由于习坎，而是由于习坎失去了正道，所以说“失道凶”。

［一辞多断］

○问征战：虽有设计或埋伏，却因而陷入了敌人的老计谋，这是凶险的做法。○问功名：有侥幸求名而反遭侮辱之象，无益而有害。○问经商，因为贩货失利而转运到别处，到货后市面更小，无法销售。○问疾病：求医治病，医治不得法，病症更加危险。○问婚姻：恐怕陷入骗局，一定不是明媒正娶。○问胎孕：防生产有危难。

[活断实例]

◎某友人来请占气运，筮得坎卦，变为节卦。

断卦说：坎为水，为大川，为沟渎，都是水流污下的地方。初爻居下位，值卦的开始，是初入水处，不知有多深。现在占气运而得初爻，论人生命运，平顺兴旺的吉，缺陷穷厄的凶。坎即险陷，可见目前不利，应该以道自守；如果妄动，恐怕陷溺得更深，那样凶险就难以言说了。一爻为一年，必须等到五爻，爻辞说“坎不盈，祇既平”，那时才可以无害。

后来的事果然和所占断的一样。

九二：坎有险，求小得。

《象传》曰：“求小得”，未出中也。

[经传释义]

上坎为穴，下坎为险。“有险”指前后左右都是危险。九二以一个阳爻陷在两个阴爻中，又没有应援，固然不能一下子出离坎险，但因为它有刚中的品德，能够坚忍地困守，这样就算赶不上五爻的不盈而平，也可以免于灾咎；而不停地谋求，也不至于得不到一点好处，所以说“求小得”。

《象传》说“未出中也”，可知亨通就在其中。

[一辞多断]

○问征战：可以暗中挖通隧道，用来袭击敌营，虽然无法取得大捷，但一定有小的胜利。○问经商：小利可以谋求。○问功名：小试一下，必定有利。○问家宅：宅外恐怕有河岸崩塌，应该加以修治。○问疾病：一定是疮疡等症，请医生治疗，应当小有疗效，难以期望完全康复。○问胎孕：生男孩。

[活断实例]

◎有东京某富商的主管来，请占所在商店的气运，筮得坎卦，变为比卦。

断卦说：九二以阳爻居阴位，得中得正，为内卦的主爻。二爻的应爻在五位，而五爻居尊位，一定是五爻为主店，二爻为分店。现在占得坎二爻，说“坎有险”，一定是两店同时遇到了险难，一时商运衰微，动不动就遭受损失。这不是人为的过咎，而是气运使然。您既代主人占问，必定能尽心做好店中的事。应当至正至中，不涉丝毫偏私，竭力图谋，这样虽然没有大的利润，却必定有小的所得。

后来的事果然和所占断的一样。

六三：来之坎坎，险且枕。入于坎窞，勿用。

《象传》曰："来之坎坎"，终无功也。

[经传释义]

六三以阴爻居阳位，不中不正，才干柔弱而志气刚强，在两个坎体之间而全无应援。要涉越险难而前行，有上卦坎险的阻止；要避险而去别处，又有下卦坎险的阻拦。本位既不能安居，前后左右又无不是坎险，所以说"来之坎坎"。枕，止的意思，安的意思，指暂且休息，虽然一时无法脱险，却也不至于陷溺得更深。倘若不肯休息而勉强力争，必定"入于坎窞"，那样就无法挽救了。

窞，《说文解字》说是坎中的小坎，虞翻说是坎中的小穴。初三两爻都属阴，象征空穴，所以都称窞。《象传》说"终无功也"，指豪杰从来都是从困苦中磨砺而成的，坎险足以困厄人，也同样足以成就人。如果遇到坎险而只知道苟且偷安，就失去坎险的时用了，所以说"终无功"。

另外，"险且枕"，费直古文易作"检且沉"。检是检押，指筑堤防水。沉，川祭的名称。《礼记》说"祭川沉"，指分裂牲体祭祀河川。治水只有顺着水性加以引导才行，倘若只用堤防，那么水势就会越壅越猛，一旦冲决堤岸，损失就更大了，这样即使沉牺牲祭祀，又有什么用呢？所以爻辞以"勿用"来戒止，《象传》以"无功"来解释。这又是一种说法，似乎比训"枕"为安为止，义理更为精当。

[一辞多断]

○问征战：卦象象征营垒的四面都临坎险，进退两难。应该枕着戈矛暂时休息，以等待援军。○问经商：观察爻象，是海运生意；船在航行中受到阻碍，应该入港，暂时静心等候。○问功名：从爻象看，正值万般困厄，是"劳其筋骨，饿其体肤"的时候。目前不成功，以后可以实现愿望。○问家宅：住宅水法错乱，有杀气，多凶险。屋北有一个坎窞，应该赶快填满。○问婚嫁：坎为男，象征男家求婚。爻辞说"勿用"，一定不成。○问胎孕：生男孩。

[活断实例]

◎某氏来请占气运，筮得坎卦，变为井卦。

断卦说：坎象征危险，险即难。爻辞说“来之坎坎”，是坎险重叠，困苦缠绵之象。占气运而得到三爻，显然前进危险，后退也危险，一时终究难以摆脱厄运。如果妄动，必定陷溺更深，以至不可挽救。应该以困穷自守，以等待后来的气运。

◎明治三十年占外交，筮得坎卦，变为井卦。

断卦说：坎卦上下都是水，坎体一个阳爻陷在两个阴爻中，是坎而又坎，困难重重之象。现在占外交而得到这一爻，我们日本是滨海国家，东西南北有重洋环抱，舟舶往来又有岛屿重叠，到处都是危险，用来设险守国，固然相宜。谈到外交，自从海禁开启，西方夷人、北方狄人时常通航，正是“来之坎坎”之象。遇到这样的时艰，只应当加强国防，枕戈以待，如果滥用武力，反而会更加艰难，所以说“入于坎窞”。《象传》说“来之坎坎，终无功也”，指坎险频频到来，加强国防尚且来不及，如果再胡乱制造与外国的战端，怎么能行呢?

果然，这年政府从事海陆军的扩张，筑造炮台，正合这一爻象。

六四：樽酒簋贰，用缶，纳约自牖，终无咎。

《象传》曰：“樽酒簋贰”，刚柔际也。

[经传释义]

樽是酒樽，簋是盛黍稷器物，贰即副。礼有副樽，《周礼》说大祭三副，中祭两副，小祭一副，指从三副酒樽开始增加。缶又叫盎，是瓦器。六四爻辰在丑，丑上值斗宿，可以斟，象征樽；又有建星，形状像簋；建星上有弁星，形状也像簋，所以六四取这样的形象。约，俭约的意思。用“贰”来体现礼的隆重，用缶来注明所用的节俭。牖，屋中的通明处。坎为纳。《诗·采苹》说“于以奠之，宗室牖下”，“纳约自牖”就取这个意思。

六四以阴爻处阴位，本来容易有灾咎，而四爻能以“樽酒簋二”这样的俭约，而从窗牖纳入，既可以献给王公，也可以祭祀宗庙，所以最终得以“无咎”。《象传》说“刚柔际也”，指上下两卦两个刚爻说柔之际。两个坎相重叠，樽簋的成副，体现了祭仪的庄重，意思是说处在刚柔之交，能以樽簋自牖纳入，也足以昭示它的虔诚，所以说“无咎”。

[一辞多断]

○问征战：行军以粮饷为重，即所谓“足兵首在足食”。“纳约自牖”，窗牖不是纳入食物的地方，犹如说应该暗中运饷，以防敌兵劫夺。○问经商：坎为酒，想来属于造酒业。○问功名：想是春风得意的时候，宴乐嘉宾，可喜可贺。○问疾病：应该祈祷。○问婚姻：吉。

[活断实例]

◎缙绅某来请占气运，筮得坎卦，变为困卦。

断卦说：四爻处于多惧的地位，坎险重重，本来容易招致灾咎。现在贵显占气运而得四爻，爻辞说“樽酒簋二，用缶，纳约自牖”，可知贵显食用俭约，以礼自守，这样当然无咎。而且四与五爻相比，四爻以阴爻居阴位，五爻以阳爻居阳位，四爻为臣，五爻为君，《象传》说“刚柔际”，正可以看出君臣之间的相得。

◎明治三十年，占我国与韩国的外交，筮得坎卦，变为困卦。

断卦说：韩国处于偏僻的东海，国家又小又弱，却位于海上的要道，所以为各国所窥伺，现在遇到了重重险难。国运到了这一步，是危险而又危险了。现在占与我国外交而得坎四爻。《周易郑荀义》说：六四象征大臣出朝会诸侯。四爻上承九五，有天子手下的大臣之象。“樽酒簋二”，是东道国燕飨之礼。当今各国外交都由使臣出面，使臣受到燕飨也是寻常的礼遇，只有“纳约自牖”一语很有可疑处。燕飨奉献在筵席上，断不会从窗牖纳入。四爻居外卦，或许韩国君王躲避在外，就食于使馆吗？“纳约自牖”指暗中送食品，说“终无咎”，指一时虽然遭了难，但最终必定能复位。

这年韩王果然有出宫投奔俄国使馆的事。

九五：坎不盈，祇既平，无咎。

《象传》曰：“坎不盈”，中未大也。

[经传释义]

九五以阳爻居阳位，得中得正，为坎卦的主爻。《象传》所谓“水流而不盈”，只有九五足以承当。水的品德是平，平了危险就不成危险了。“祗既平”指刚好得平。坎为穴，穴中的水不是盈就是平，盈则泛滥横流，有冲决的忧患。天下事多数是由盈满招致灾祸，水也是这样，只因为不盈而平才“无咎”。《象传》说“中未大也”，大犹如满，水流不大才能平稳而没有危险，否则大水造成灾害，又有什么可取呢？

坎险之类危险处本来不好，五爻的“不盈”虽然属于善处险境，但也只说“无咎”罢了，不足以称吉。

[一辞多断]

○问征战：为将之道，最忌仗恃功劳而骄傲，以致众人心中不平，是自取失败之道，即使孙武和吴起再生也无法成功。○问经商：不贪一时的和意外的利益，一定要酌量物价的平衡而作长久打算，属于善于作生意的人。○问功名：名誉和地位不高。○问时运：“满招损，谦受益”，可以终身吟诵。○问家宅：宅外有一小片地，水流清浅；又有一个平坡，风景很好。无害。○问婚姻：两家门户相当，吉。

[活断实例]

◎相识的某商人来，请占气运，筮得坎卦，变为师卦。

断卦说：坎是象征困难的卦，现在得到第五爻，主历来的辛苦逐渐得到平和，以后可以交盛运，所以说“坎不盈，祗既平，无咎”。

后来的事果然和所占断的一样。

上六：系用徽纆，寘于丛棘，三岁不得，凶。

《象传》曰：上六失道，凶三岁也。

[经传释义]

上六以阴爻居阴位，象征居坎险的终极而不知悔悟。初爻的失道，还可以说是由于没有经验，上爻的失道则属于玩忽惯了，不可理喻了，只好绳之以法。坎为罪，为狱，为丛棘。“徽纆”是绳索，“丛棘”是监狱的墙。用徽纆捆缚，放在丛棘当中，是为了治罪而使人悔悟。坎为三岁，所以禁锢三年，即法律所谓“上罪三年而舍”。三年后悔过迁善，就返回正道了；如果三年还不改，就将终身失道了，所以《象传》说失道凶。

圣人对恶的惩处，开始是加以严惩，最终必定要宽宥，对于长久不改悔的，也不能拿他怎么样。由此可知，圣人是不轻易放弃人的。

[一辞多断]

○问征战：有劳军队去远方征伐，很久也不归来的忧虑。○问营商：想是采办蚕丝生意，三年后才可以获利。○问功名：恐怕有意外灾难，不但功名不成，还要防止牢狱之灾。凶。○问婚姻：红丝系足，婚姻是前生注定的；但良缘还没到，要等待三年才能成就。○问胎孕：得儿子将迟晚。○问家宅：住宅不知为什么荒废了，墙围到处生长藤蔓，应该加以修葺。以前住的人不利，以后住的人吉祥。

[活断实例]

◎明治十七年十月，埼玉县秩父郡暴徒蜂起，非常猖獗，势将蔓延到各郡，我深感忧虑。有一位朋友人请占结局如何，筮得坎卦，变为涣卦。

断卦说：爻象明示，教化他们不会听从，必须用刑法来整治。用徽纆来拘捕，用丛棘来禁锢。这是治罪的规律。当时国家效法西欧而改革旧政，那些顽梗之徒认为新政给他们造成了不便，惑乱众人，蜂拥而起，侵掠各郡。他们都是无赖游民，刁蛮而不畏惧法律，自己陷入了坎险还不知道畏忌。国家不得已，捉住他们的魁首，关在监狱里面，但不急于杀戮，囚禁三年，使他们知道悔改。如果三年还不悔改，凶险就没有比这更大的了。

后来政府的处理，不外是这一爻的意思。

◎我国战胜中国以后，俄、法、德三国同盟假托保护中国，逼迫我国归还辽东半岛。后来三国因此借得旅顺、山东、云南等地，强设铁道，开采矿山，所作所为与逼迫我们的口实完全相反。我国当时已经预料到三国的野心。占问一卦，筮得坎卦，变为涣卦。

断卦说：上六为坎卦的终位，本来过了这一爻就可以出险了。上六又以阴爻居阴位而在卦外，显然可见外国有阴谋诡计。三国逼我国归还辽东不是为了中国，实际上是为了自己，所以不久就各自强借山东、旅顺、云南等要地，设立铁道，这是诡计中明显可见的。“系以徽纆，寘于丛棘”，是比喻他们强逼的情状。“三岁”犹如说三国，指三国如果达不到目的，必定不肯罢休。《象传》说“上六失道，凶”，道即路，指三国兴筑铁道，在中国明明失去了自己的道路，所以凶。

䷝离为火

离卦两个阴爻四个阳爻，上下一体。离卦有阳爻两分之象。奇画充实于阴爻之间就形成坎卦，偶画间隔于阳爻之间就形成离卦。水资始，火资生，水化气，火化形，所以“地二生火”。离火的卦象是两个阳爻相分离，所以没有比火更善于分化的。火哪怕只有一星，也可以分化为上万火炬，凡遇到的东西无不焚烧；人只有一颗心，却可以分别应付万事万物，而没有不通达的。火中虚，虚才善于分化。

离：利贞，亨。畜牝牛吉。

［经传释义］

坤卦的第二爻间隔于两个阳爻之间而形成离卦，因为阴虚而内敛。卦体以柔为主。柔近于不正，不正就不亨通，即使开始亨通也终究会闭塞。也就是利在行正，行正才能亨通，所以“亨”字在“利贞”的后面，而不像其他卦那样说“亨利贞”。“畜牝牛吉”，离是坤的女儿，坤为牛，离也为牝牛。牝牛柔顺，得到了坤的性情。六爻以阴爻为牝，以阳爻包括阴爻为畜，而二五两个阴爻在中位。牝牛不能用作牺牲，利在繁殖，故说畜。

离卦以坤卦的二爻为主。坤为“牝马”，“牝马”利在致远，所以取它的贞正；离为“牝牛”，牝牛利在生息，所以不取它的贞正。坤资生，离为火，火生土，牛性属土，有生生不息之象，所以说“畜牝牛吉”。

《彖传》曰：离：丽也。日月丽乎天，百谷草木丽乎土，重明以丽乎正，乃化成天下。柔丽乎中正，故亨，是以“畜牝牛吉”也。

离卦上下都是火，取“明两作，离”之象。离是附丽的意思。离为火，火有气而无形，因附着的东西而显形。万物无不有所附丽，“本乎天者亲上”是附丽于天，“本乎地者亲下”是附丽于地，日月的在天，百谷草木的在地，是最明显的附丽现象。“重明”指重叠的离卦。离因为中虚而明，而中虚的二爻得中得正。全卦以六二为主爻，六五加以重叠，与二爻相附丽，以成就它的明，所以说“重明以丽乎正”。因为附丽得正，所以能向明而治，成就天下的教化。

“柔丽乎中正”指六二。六二以柔爻处柔位，既得中又得正，得到了附丽的对象，所以亨通。离卦互巽和兑，兑卦于十二辰在酉，酉在天上值昴宿。昴宿南面有天苑星，主畜养牛马；天苑星的西面有刍藁六星，主积累草而供牛马食用，所以说“畜牝牛”。牝牛性情柔顺，需要人的刍牧，对人的附丽属于无心。无心的附丽属于正当的极致，所以吉。附丽于天地是亨通中的大者，牝牛的畜养是亨通中的小者，分别举大小两种例子而使它们互相附丽，离卦的作用就含在其中了。

以这一卦比拟人事，离卦因中虚而成；人心也中虚，所以离为火，人心也属火。离火以明为用，人心也取明为用。火本来无质，有所附丽才能生焰；心也无形，有所附丽才能起作用。所以心附丽于眼睛就能视，附丽于耳朵就能听，附丽于口就能进食，附丽于身体就能进退周旋。人心不能无所附丽，附丽于道就正，附丽于欲望就邪，附丽于德就中庸，附丽于利害就偏倚。邪而偏的附丽必定窒塞不通，中庸而正当的附丽才亨通。由心的所存发为具体的事情，所附丽就都得正了；由一个人的心而推及众人，天下就无不感化了。人心虚才灵，灵才明，明才通达，而虚灵的原因，在于柔得正。

离卦柔爻居中，以两个刚爻包容一个柔爻，也就是以两个刚爻畜养一个柔爻。动物性情最柔顺的是牛，而牝牛又是牛中最柔顺的，所以最容易畜养。离卦以二画得到坤柔，所以坤卦说“牝马”，离卦说“牝牛”，都取义于柔顺。这也是教给人牧畜的事。

以这一卦比拟国家，上卦为政府，下卦为百姓。离为火，火性炎上，象征威德都出自在上位的政府；离又为孕，孕能育，象征下面的百姓都受它的畜养。离卦以二爻为主，以五爻为君位，二五爻都属阴，上下同体，足可以看出君臣一心，朝野同志。

离即附丽，附丽事物才能彰明，“在天成象，在地成形”，都因附丽而显著，国家的治理也与此类似。国家的治理附丽于政令，是在天子、诸侯宫门外的观阙上悬示教令；附丽于刑罚，是林则徐在虎门销烟时向英国殖民者宣读中国禁烟的法律。政即正，附丽不正，刑罚就会失当，百姓就会多怨言和诽谤；附丽得正，政教才亨通，百姓才能被感化。教化的流行从近到远，遍及天下，是从这里开始的。“畜牝牛”，指畜养其柔顺。牧民的道理与牧畜本来相同，孟子所谓“受人之牛羊而为牧之”，本来就是为牧民者说的。知道了这一点，治理天下的方法也就得到了。

通观全卦，离卦得到了坤二爻，坎卦得到了乾二爻，所以天地间有用的东西没有比水火更重要的。周文王的卦序开始于乾坤，中间为坎离，是由于这两卦属于天地的中气，上承乾坤二卦，下启咸恒二卦。以坎的中实为诚，以离的中虚为明，而诚明是易理的妙用，圣人的心学。

明的本体在人心，作用在国家。离为火，拿流萤与烛火相比，烛火更明；拿烛火与群星相比，群星更明；拿群星与日月相比，日月更明。所以，偏僻的学问犹如飞萤，文人的学问犹如烛火，贤人的学问犹如群星，圣人的学问犹如日月。圣人的明本体没有瑕疵，运用没有间断，是明的极致。

明是由虚产生的，中实者必定暗然无光；明是因为柔而显著的，过刚者必定一明就灭。离卦既中虚而又阴柔，而且得正。圣人以火食度化天下，而天下也接受了度化，所以离卦的运用得正，离卦之道也就亨通了。

就六爻来推论，初爻为初始，如同火开始燃烧，开始宜于恭敬，所以“无咎”。二爻居中得位，如同日在中天，离色黄，所以说“黄离，元吉”。三爻处在内卦的终位，其明即将消没，如同太阳偏西，哀乐失常，所以凶险。这是内卦三爻。九四介于内外卦两个火之间，火势更烈，上卦多凶险，九四正值这样的爻位，故有“突如其来”的灾祸，焚、死、弃，都是说它的凶险。六五得中而居君位，为外卦的主爻。离卦到五爻，拿日来说为重放光明，象征大人继明久照的时候，能忧虑盛运而防止危机，励精图治，所以吉。上九处于明的终极，离道已经成就，已经化成天下，再有顽梗不化的人，就不能不动武了，所以用征伐来济礼乐的不足。歼灭顽梗者的魁首，舍去附从的人，是所谓“王者之师”，有什么过咎？这是外三爻。

统括起来说，整个离卦以二五两个阴爻内外相应，二爻得到了处盛运的方法，五爻怀有持盈保泰的危惧，都属于至中至正，所以都得吉。《大象》所谓“大人以继明照乎四方”，在二五两爻得到了充分的体现。

《象传》曰：明两作，离，大人以继明照于四方。

“明两作”，是内外两个离卦之象。离为日，但不说日而说明，是因为天无二日。离卦六爻是重离之象。日月的明自古没有差错，大人的明遍照四面八方，辨别忠奸，了知疾苦，烛照幽隐，长久发挥作用。“大人”是根据德行来称谓，指王公而说，有德行与天地相合，光明与日月相合之象。“继明”，指内卦是离，又以外卦离相继，即“明两作，离”的意思。

明的作用不继续，就有昏昧的时候，所以只有像《大学》所谓“明明德”，《汤盘铭》所谓“日日新”，才能向明而治，光照四方。

［一辞多断］

○问征战：战胜适宜用火攻，防守也适宜防备火攻。“两作”，恐怕前后都被焚烧。○问经商：想经营的业务一定接近火，或者办运硫黄，或者设计电火，或制造火柴等行业，都有利。○问功名：离为目，有成为榜眼的征兆。○问家宅：这房屋一定是新建的，前后开通，窗户通明，屋外四面空旷宽广，是巨室贵人的住宅。吉。○问婚姻：不是原配，一定是继妻。丈夫家一定属于贵室，不是寻常百姓的配偶。○问胎孕：生女孩。○问疾病：病情很重，恐怕一两天内就要防止神魂离散。

初九：履错然，敬之无咎。

《象传》曰：履错之敬，以辟咎也。

［经传释义］

初爻为内卦的开始，如太阳刚出山，如人在黎明的时候乍起，是作事谋始的时候。履是践履，“错然”指应酬交错。如果人事纷至沓来而不以敬的态度来处置，就会动辄得咎。履卦说“履虎尾”，象征践履而知道畏惧，所以说吉；离卦说“履错然”，践履而能敬，所以“无咎”。二者的道理是相同的。

祸福的征兆往往体现于几微，开始能谨慎，结果一定没有灾祸，所谓“君子敬而无失”，就体现了这个宗旨。《象传》说，“履错之敬，以避咎也”，人与事物交接，不一定要有功，但是必须避祸，而避祸的方法，只是居敬罢了。

［一辞多断］

○问征战：初爻为开始，是三军开始行动，旗帜和车辙交错的时候。敬，就是所谓“临事而惧”。征战是危险的事情，慎重地去做，或许可以免除过咎。有人说，斜行叫错，应该从横路进兵。○问商业：必定是新成立的商业。初九爻辰在子，子居北方，属水，而离卦居南方，属火，想是南北生意。一时难以获得大利，但重要的是可以无害。○问功名：《诗经》说：“他山之石，可以攻玉。”指得到辅助而成就。○问家宅：履卦说：

"履道坦坦，幽人贞吉。"住宅必定在大道旁。吉。○问胎孕：生女孩。

[活断实例]

◎某友人来请占气运，筮得离卦，变为旅卦。

断卦说：离为火，火性炎炎向上，其作用是明，又足以取暖和烹调，是世人一天也不可缺少的东西。拿人身来说，火为心魂，有心魂才有知觉，有知觉才能谋划和实行各种事情。现在占得初爻，知道必定处于谋事的开始。但火的作用很大，火的灾祸也很惨烈。它开始燃烧的时候，最需要谨慎小心，如果稍有不慎，延及应位的四爻，就会"突如其来"，灾祸极大，所以告诫说"敬之无咎"。您占得这一爻，应该知道所畏惧的是什么。爻象一爻为一年，三年后正值四爻，尤其应该谨慎，到第四年则吉祥。

六二：黄离，元吉。

《象传》曰："黄离，元吉"，得中道也。

[经传释义]

六二以阴爻居阴位，本来是坤卦的二爻，现在是离卦成卦的主爻。六二得中得正，《彖传》所谓"柔丽于中正"就指它。离为黄，故说"黄离"。黄为中央的颜色，离为文明，居中而文明，所以"元吉"。《象传》说"得中道也"，离卦六爻中，只有六二以一个柔爻居于两个刚爻之间，既得中又得正，《象传》说"得中"，不说正而正也在其中了。

[一辞多断]

○问征战：离卦二爻变阳则全卦为大有，大有《象传》说："'大车以载'，积中不败也。""大车"指兵车，黄是中央的颜色，"积中"指营中军粮充实，"不败"指兵士勇敢强健。得以获胜，所以吉。○问经商：离属于南方卦，经营的利益在南方。黄为土色，而土中生木，所以又利在经营土木之类。○问功名：离位在午，午上值文昌星，有文明的气象，功名必定显达。○问家宅：离为火，土色黄，土为火之子，这是比喻这一家有能振起家声的儿子。吉。○问婚姻：六二以阴爻居阴位，得中得正，主夫妇顺随，属于好的配偶，吉。○问疾病：必定是内火郁结在中焦的病症，适宜用凉消解。无害。○问胎孕：生女孩。

[活断实例]

◎某人来请占某贵显，筮得离卦，变为大有卦。

断卦说：离为火，又为日，得到它柔和温暖的气息，自然足以使枯木回春，有照耀和发育万物征象。现在占得六二，二爻与五爻相应，五爻为君位，可知某贵显辅佐君王，君臣合德。离卦有文明的品德，黄属中央的颜色，可知必定能运用中庸之道治理天下，通过教化来开启文明，所以说“黄离，元吉”。

九三：日昃之离，不鼓缶而歌，则大耋之嗟。凶。

《象传》曰：“日昃之离”，何可久也！

[经传释义]

九三以阳爻处阳位，有从明转暗之象，故说“日昃”。昃指太阳将落。缶即盎，腹大而口小。离卦上下为阳爻，中间为阴爻，形状像缶，故取缶象。坎卦说“用缶”，坎中实，用来盛酒；离中虚，敲击作为节奏。“不鼓缶而歌”，歌唱必定没有节奏。离卦互兑，兑为西方，太阳升起在东方，而降落在西方。日薄西山象征衰老的年龄，迟暮的景象，所以取象于“大耋”。八十岁称耋，三爻居两卦之间，象征半百的年纪，还不能称为“大耋”。嗟是悲叹的声音，是没老而悲叹它的老。歌唱失去了节奏，嗟叹失去了常度，哀乐失去了时宜，导致神魂颠倒，寿命就不长了，所以凶险。《象传》说“何可久也”，是说这样的人，忽而歌笑，忽而嗟叹，是天夺去了他的魂魄，怎么能长久呢？

[一辞多断]

○问征战：“日昃”是将到晚上。军队中长歌浩叹，失去纪律，是不吉之兆，尤其要防止敌兵夜袭。○问经商：《周礼》地官掌管集市，所谓“大市日昃而市”，意思是大的集市交易繁多，到日偏西开始集中交易。爻辞说“日昃之离”，是日偏西后而离散。市区扰乱嘈杂，或歌唱或嗟叹，哀乐无度，必定有损于正业，应该戒止。○问功名：恐怕年龄大的而没有成就，白白地自我悲伤。○问婚姻：“鼓缶而歌”，难以指望白头偕老，凶。○问胎孕：生女孩，难以养育。

[活断实例]

◎某友人到来，说："我将娶某女子为妻，请占吉凶。"筮得离卦，变为噬嗑卦。

断卦说：爻辞说"日昃之离"，离是离散的意思，"日昃之离"指婚后又离异。鼓缶而歌，是畏惧死亡；"不鼓缶而歌"，不是死亡就必定活着分离。"大耋之嗟"，是慨叹不能白头偕老。这婚姻以不成为好，成了也一定离散，是不吉之兆。

后来友人不信这一占断，通过媒人成就了婚姻，但不久又因为家庭不和而离了婚，果然和所占断的一样。

◎明治三十年，占我国与法国的外交，筮得离卦，变为噬嗑卦。

断卦说：离为甲胄，为刀，为矢，都是作战的兵器；离又为火，具有火炮的作用。现在占与法国外交而得到三爻，是让我国赶快准备兵甲等作战的用具。爻辞说"日昃之离"，"日昃"指太阳将要西落，可见是西方国家气运旺盛的时候。"不鼓缶而歌，则大耋之嗟"，是说不应当歌唱却歌唱，不应当嗟叹却嗟叹，用来比喻措置不合时宜。善于谋划国事的人应当及时准备，不可耽于安逸，也不必自己示弱，通过睦邻修好来保证长远的利益才好。

九四：突如其来如，焚如，死如，弃如。

《象传》曰："突如其来如"，无所容也。

[经传释义]

"突如其来如"，指刚暴的祸患不可测度；"焚如"，比喻像烈火焚烧东西一样；"死如，弃如"，指人死了，他的名也被废弃。四爻处于上下卦之间，下卦的火即将熄灭，上卦的火又炽盛起来，火性炎上，尤其炽烈。

突，扬雄《方言》说：江湘人把仓猝相见叫突。"突如其来"，是骤然而来，来不及防备。"焚如"是烧他的房子，"死如"是毁掉他的身体，"弃如"是举起来扔到沟壑里面。"焚如"是离火本象；四爻变阴则上卦为艮，艮为鬼冥门，所以说"死如"；又互兑，兑为刑人，在市面上诛杀了人，与众人一同抛弃他，所以说"弃如"。焚而死，死而弃，气势相连，灾祸极凶。因为九四在上下两个离火相传之际，所以凶焰这样厉害。

《象传》说“无所容也”，指火焰逼近，无法容身。四爻与初爻相应，初爻的火灾可以避开；四爻的火猛烈到屋毁人亡，就没有地方容身了。

有人说突指灶突，即《汉书》所说“其灶直突”的“突”。“突如其来”，指祭神像神存在一样，恍惚中仿佛看见了神的到来。“焚如弃如”，指灶神明察他的恶行而降下这样的凶灾。这又是一种说法。

[一辞多断]

〇问征战：有营垒被焚毁，枪炮声暴烈的灾祸。灾祸来势汹汹，应该谨慎防守。〇问经商：有人财两失的灾祸，应该隐藏或退避，这样或许可以免灾。〇问功名：有唾手可得的形势；但名誉和地位越高，得到的灾祸就越重，不如隐退。〇问家宅：旧说以突为不孝的儿子，这家必生逆子。焚、死、弃，都是就逆子的罪行而说。〇问婚姻：四爻变阴则上卦为艮，艮为鬼冥门；另外离卦互兑，兑为刑人。这婚姻很不吉利。〇问胎孕：生女孩，一定养不大。

[活断实例]

◎明治二十三年春天，某友人来请占本年气运，筮得离卦，变为贲卦。

断卦说：九四在上下两个离火之间，下火即将熄灭，上火又燃烧起来。火性炎上，所以离卦四爻最凶。现在占气运而得到四爻，以阳爻处阴位，外刚内柔，不中不正，象征有阴险邪僻的人在中间拨弄是非。开始还不觉得，其势焰一盛，“突如其来”，不但灾祸延及家室，而且身体发肤同时遭殃，像燎原的火一样，有不可扑灭的势焰，叫做“焚如，死如，弃如”。您应该谨防小人，不要喂狗却被狗咬了手。

某友人平素性情柔弱，不太介意，任用亲族的青年。不料这青年胡作非为，既凶险又狠毒。某友人的家产因为他而毁败，灾祸还没有停止。某友人这才悔悟，但为时已经晚了。

六五：出涕沱若，戚嗟若，吉。

《象传》曰：六五之吉，离王公也。

[经传释义]

六五为外卦的主爻，得中而居君位，与二爻相应，《象传》所谓大人的继明久照，就指五爻而说。离为目，从目中流出的叫涕，故说“出涕沱若”。另外离卦互兑为口，嗟是口中的叹息，故说“戚嗟若”。所谓若，是不应当“出涕”而好像“出涕”，不应当“戚嗟”而好像“戚嗟”，用来形容忧伤的情状。

九三乐极生悲，以“大耋之嗟”为凶兆；九五忧虑繁盛以后的危机，“先天下之忧而忧，后天下人之乐而乐”。《象传》说“离王公也”，九五在王公的爻位，所以这样说。

[一辞多断]

○问征战：根据爻辞的“沱若”和“嗟若”，有临事而惧的意思。战争是危险的事，能惧怕才能谋划，能谋划才能制胜，所以吉。○问经商：经营的一定是王家商务或公家事业，不属于百姓的私事，所以说“离王公”。事业也必定通过辛苦艰难而成就。○问功名：地位达到宰辅，极为尊贵显耀，但自己的忧虑和劳苦倍于普通人，像诸葛武侯那样鞠躬尽瘁才吉。○问婚姻：这婚事极可贵，但有“先号咷而后笑”之象。○问胎孕：生女孩，要防止难产，不过最终吉祥。

[活断实例]

◎占某豪商时运，筮得离卦，变为同人卦。

断卦说：五爻居君位，在国家为一国的君王，在家庭为一家之主，在一乡为一乡所瞩望。爻辞所说“出涕沱若，戚嗟若”，指能事先预谋，在盛世中忧虑和防止危机，千方百计求得万全，这非老成练达的人不可。您占得这一爻，可知您历经艰辛，即使在平时，悲泣号叹的情状也不知多么哀切。由这以明相继的品德足以察知事机，保持家业，不为亲族少年所欺瞒，所以吉。

上九：王用出征，有嘉折首，获匪其丑，无咎。

《象传》曰：“王用出征”，以正邦也。

[经传释义]

王指六五，所用指上九。离为兵戈，故用来“出征”。首指首恶，丑即类，嘉是赏赐有功的人。所嘉尚的是折伏了敌人的魁首而不涉及一般同类，也就是《尚书》所谓“歼厥渠魁，胁从罔治”。九三居下卦的上位，与上爻为敌应，不顺服王化，残害百姓，上九于是奉命出师，铲除天下的祸害，捕获并杀掉了他们的首恶，其余党类都予以赦免。这实在是吊民伐罪的王者之师，还有什么灾祸呢?《象传》说“以正邦也”，指像商汤征伐葛伯，文王征伐昆夷一样，目的在于平定祸乱，安顿国家，哪里是喜欢穷兵黩武呢!

[一辞多断]

○问征战：爻辞已经明白显示了。王者之师不乱杀人，才能体现出正道。○问经商：贩售货物，应该选取上等货，不取低劣的，这样才能获利。○问功名：必定光荣地成为首选，吉。○问疾病：折指夭折，不利。○问胎孕：生女孩。

[活断实例]

◎明治七年三月，佐贺叛乱，朝廷将派兵征讨。有某陆军大佐同某中佐来访，说：“现在即将出师，请为我们占一卦。”筮得离卦，变为丰卦。

断卦说：爻辞所说“王用出征”，正符合今天占问的事。佐贺乱党发动叛乱，其中必有主谋，即所谓“魁首”，属于乱首和罪魁，有不赦的大罪；一时响应而起的都是胁从的人，为丑类。我们的皇上在庙堂上神机妙算，一向以不嗜杀人存心。现在因为佐贺叛乱，命令军队前去征伐，必将布告天下说：“兴兵作乱的罪责在一个人，我一定要捉住并杀掉他，其余人不问罪，有能擒获罪魁的得上等赏。”这与爻辞说“有嘉折首，获匪其丑”，如出一辙。上爻与三爻相应，上爻为王者的军队，敌人必定是三爻。三爻说“日昃之离，何可久也”，可知这次行军一定会马到功成，用不到几日就平定了。

后来果然不到一个月，魁首被诛杀，佐贺得以平定。

白話高島易断

下

（日）高岛嘉右卫门 著
孙正治 孙奥麟 译

九州出版社 JIUZHOUPRESS | 全国百佳图书出版单位

周易下经

［下经］

䷞泽山咸

《上经》以乾坤二卦为首，因为天地是万物的本原；《下经》以咸恒二卦为首，因为夫妇是五伦的开始。天地不分开就不成两仪，男女不结合就不能生育，所以乾坤二卦以老阳老阴相对，而咸恒二卦则以少阳少阴相交。

咸卦也从乾坤而来。坤三索于乾而得到艮卦，艮为少男；乾三索于坤而得兑卦，兑为少女。男女间的相互感应发自性情，而少男少女间的相合，男子低下于女子，感应尤其正当。有“心”旁为“感”字，无“心”旁为“咸”字。咸有全部的意思。卦体“山泽通气”，六爻都相应，咸和而通畅，于人于我都好，这就是卦名为什么叫做咸。

咸：亨，利贞。取女吉。

[经传释义]

咸卦亨，亨即通达。男女相合的卦有七个，恒卦是长男和长女，既济、未济是中男和中女，渐、归妹是少男遇到长女、少女遇长男，损卦虽然男女都少，但女子低于男子，都不像咸卦那样亨通而又贞正。“取女吉”，婚礼从纳采到亲迎，都是男子低于女子，六礼的礼节不具备，贞正的女子就不出嫁。《关雎》一篇所说“窈窕淑女，君子好逑”，从中可以看出娶女的吉祥。《诗经》注说淑女有幽闲贞静的品德，这就是“利贞”的旨意。咸卦以兑泽和艮山二气相感而通达，而少男少女的情爱容易感通，得正就吉，不正就凶，所以说“利贞”。娶女的吉祥，只在于贞正。

《彖传》曰：咸：感也。柔上而刚下，二气感应以相与。止而说，男下女，是以“亨，利贞，取女吉”也。天地感而万物化生，圣人感人心而天下和平。观其所感，而天地万物之情可见矣。

咸卦以艮少男低于兑少女，取象于夫妇的开始，属于婚姻之道。“柔上而刚下”，柔指妇道，刚指夫道，说的是刚柔二气上下相感通。“止而说”指闺房的事，如果悦而不止，未免流于淫荡；如果止而不悦，或至于失去欢乐。在以艮阻止的同时以兑娱悦，相感才能得正，倡随才能得体，节宣才能得时，从而所感都能通达，所以亨通。卦体以感应为含义，卦象以亨通为理想，卦位以男子低于女子为吉。“取”即“娶”。

《礼记》说：“男子亲迎，男先于女，刚柔之义也。”可知所谓“男下女”，是男子降低尊贵的身份，使亲迎的礼仪更加庄重，不是钻穴翻墙的人所可以比拟的，所以说“利贞”。女子低于男子是夫妇的常道，所以用于恒卦；男子低于女子是迎娶的礼仪，所以用于咸卦。

咸即感应。刚柔的作用以气息相感应，婚姻之道以情爱相感应，而少男少女的情爱是尤其容易感应的。因为情爱的容易感应而互相愉悦，也因为情爱容易相悦而以能止为贵，即以艮山的静制伏兑泽的动。由此推论，闺房开启王化的本原，修身和齐家囊括了治国平天下的要点。天地以咸感应万物，万物就产生了；圣人以咸感应人心，人心就平衡了。化生的作用由此而成就，和平的福祉由此而普遍。艮的止没有形象，兑的悦没有言说，既没有形象又没有言说，感化就神了。君子观察这些，天地人物感应的奥妙就可以了解了。

以这一卦比拟人事，卦体为艮少男和兑少女，彖辞说“取女吉”，是人伦开始的事。《序卦传》说：“有男女，然后有夫妇；有夫妇，然后有父子；有父子，然后有君臣；有君臣，然后有上下。”其道理实际是从乾坤定位而来。乾为老阳，坤为老阴，乾变艮则为少阳，坤变兑则为少阴，阴阳的本体是一个。阴阳即男女。艮一个阳爻两个阴爻，兑两个阳爻一个阴爻，阴阳合为一体，象征男女的交合。艮为求，有“好逑”的意思；兑为妹，有归妹之象，称为婚姻的开始。兑为悦，艮为止，快乐而不淫荡，妇道因而注重“利贞”。

六爻爻辞多取象于人身，拇、腓、股都属于下体，心、脢、辅都属于上体，一俯一仰，一动一静，阴阳相济，刚柔相交，咸的卦德就具备了。夫妇是一个小天地，万物各有阴阳就是各有夫妇。万物的化生，人心的和平，都是这个道理。这就是圣人为什么是人伦的极致，咸卦为什么作为《下经》的首卦。

以这一卦比拟国家，上卦为政府，有兑的恩泽普遍敷施之象；下卦为百姓，有各自持守艮的安止的含义。九五阳刚的君王与上六相比，与六二相应，各爻也都与九五相感应，所以咸卦取象于拇、腓、股、思、脢、辅，譬如人身的四肢九窍，有痛痒相关，一气联络的意思。

《象传》说“君子以虚受人”，这君子指九五而言。虚就是无我，无我就会以天下为一家，与万民为一体。以一个念头感通万物，以一颗心包养众人，上下相通，君民合志，叫做“天地感而万物化生，圣人感人心而天下和平。观其所感，而天地万物之情可见矣”。这就是圣明天子恭敬地面向南方而坐，以无所作为的方式治理天下的大体。

通观全卦，有“心”为“感”，无“心”为“咸”。咸，皆、全部的意思。卦中六爻都相应，咸和通达，别人与自己都好，像元气的浑合一样自然而然，这就是兑悦艮止的卦为什么叫咸。

咸主感应，感应必然动作，而六爻却以安静为吉，以动作为凶。初爻居卦的下位，说“咸其拇”，拇是足大指，其感应还浅，动作也微小，所以不说吉凶。二爻说“咸其腓”，腓为足肚，比拇进了一步。腓本来不动，足动时才随着动，象征动作虽然凶险，但腓还是吉祥。三爻说“咸其股”，股在下体的上部，是三爻之象，比拇与腓更进一步了。“志在随人”，所执低贱，故说“往吝”。四爻居三个阳爻的中间，是心的位置。所有感应都从心产生，贞正就吉，不贞正就凶。五爻为全卦的主爻，居兑的中位。脢在心上，指背脊肉，是人体的不动处，其他部位感应时它不感应，其他部位动时它不动，所以说“无悔”。上六处在全卦的上位，“辅颊舌”在人身的上部，象征感应在心中而表现为言语。但如果不能至诚相感，而只以好听的言辞取悦别人，感应之道就薄了。六爻的感应各有深浅，而悔吝吉凶也各随爻象而昭著。

只有君子能“以虚受人”。心虚就公道，公道就来者不拒，感而遂通，所容就广大了。容受的方法取自兑，专直的义理取自艮。刚健而能止，柔顺而能悦；以悦感通阴，以止呼应阳。天地无心而成就对万物的化育，圣人无为而成就治国平天下的事功，才算达到了极致。

《象传》曰：山上有泽，咸，君子以虚受人。

卦象为“山上有泽”，为山气向下交，泽气向上交，使上下得以相辅相成。天下至静而虚的东西没有超过山的，因为山以虚容受兑泽之气。君子体会这一现象而容纳别人的善，所以能在寂然不动的时候清净自己的心，在廓然大公之处安定自己的性情。从古以来，如舜的取人为善，禹的拜善言，周公的吐哺握发，都是虚廓自己而容受别人的表现。

[一辞多断]

○问征战：军队前进时，防止有陷坑；在山谷间，防止有埋伏；固守城池，防止敌兵暗通地道。都应当谨慎。〇问经商：山泽是生财的地方，即财源。“以虚受人”，所以购入物产，贩运转售，一定大得利润。〇问功名：“山上”是高阜之象。“山上有泽”，泽积水于低洼处，含有居高思危的意思。只应该虚心待人，这样功名才可以长久保持。〇问家宅：住宅必定傍山临水，知道所应该安止的地方，吉。〇问疾病：是虚弱的症候，应该服滋补的药剂。〇问婚姻：卦象为“山泽通气”，主两姓和好，大吉。〇问讼事：双方必定是少年意气相争，讼事以和解而中止为好。〇问胎孕：生男孩。〇问失物：必定落入空洞有水的地方，无法再得到。

初六：咸其拇。

《象传》曰：“咸其拇”，志在外也。

[经传释义]

拇指足大指。初爻是感应的开始，所感还微弱肤浅，譬如足指，即使有所动作也不能移步。这是比喻人心初有所感而还没有发动，刚有意向罢了。《象传》说“志在外也”，外指九四，因为初爻与四爻相应，故说“在外”。志是心的向往，指只有意向而不曾躁动，所以不说吉凶。

[一辞多断]

〇问征战：是兵刃刚刚交锋的时候，应爻主第四天，那时可以得胜。〇问经商：一定是初次交易，货物已经办妥，只是还没有销售。〇问功名：必定一举成名，有捷足先登的征兆。〇问家宅：有迁居到外地的意向。〇问疾病：是足上初起的毒疮之类，应该用外敷药调治。〇问婚姻：初六与九四相应，以艮男向兑女求婚，是“取女”的开始。吉。〇问胎孕：生男孩，是第一胎。

[活断实例]

◎明治二十三年，占某贵显气运，筮得咸卦，变为革卦。

断卦说：这是咸卦初爻。拇是足指，是人身最小的部分，动与不动无关轻重。初爻的应爻是九四，九四比近九五君位。这一卦应当以应爻象征贵显，以初爻象征替贵显占问的人。初爻为咸的初始，象征某贵显从幕府以来历经困苦，现在虽然已经年老，但是志愿还是很大，凡有指挥和谋划，众人都乐于服从。《象传》说“志在外也”，指在贵显的心目中，当今国家的政务应该以外交为重点。可知贵显老年的气运仍很兴盛。

六二：咸其腓，凶，居吉。

《象传》曰：虽凶居吉，顺不害也。

［经传释义］

腓为胫，或叫足肚，是无骨处，在拇上面，股下面。腓不能自己动，随着足而动，足动若凶，腓也就无法获吉了。但动作凶，静居却吉，所以《象传》说“虽凶居吉，顺不害也”。六二以阴爻居阴位，其性情本来静定，能顺性情而不动，自然可以免于危害而得吉。

［一辞多断］

○问征战：适宜固守不动，这样可以免于危害。○问经商：不利于行商，有利于坐贾。○问功名：只可以依赖别人而成事，所达到的地位和成就不能高远。○问疾病：腓部有病，症状一定是四肢痿弱麻痹，只能坐卧不能步行。○问婚姻：婚事已成，恐怕有变故，能以柔顺自守，即使处境凶险，终结时也吉。○问胎孕：生男孩。

［活断实例］

◎华族某君来对我说：“最近某知己以数年的刻苦努力，新创了一种技术，被特许专卖。我为此要借给他资金，但不知新创的技术是否真能推广，也不知借给他的资金是盈是亏，请占筮一下。”筮得咸卦，变为大过卦。

断卦说：咸是山泽通气的卦，象征两种东西相互依存而起作用。某友人有所发明，借您的资金而成就实业，说明某友人与您实属相依为用，其发明的广泛推行也是必然的。腓是足肚，本身不动，随足的动作而动，象征资金的运转全靠货物的贩运。这发明属于新事物，销售一时未免涩滞，应当居积货物，等待时机，这样自然能够获利。也就是开始虽然凶险，但结果吉祥。

九三：咸其股，执其随，往吝。

《象传》曰：“咸其股”，亦不处也；志在随人，所执下也。

[经传释义]

三爻居下卦的上位、上卦的下面，有股象。股随着上下体而动，是不能自主的。九三以阳爻居阳位，与上六阴爻相应，但是舍去上六而比初二两爻，并随它们而动作或停止。凭这而前往，其鄙吝是可以预知的。

九三为艮卦的主爻，艮为股，所以说股；艮又为执，故说执。艮本来是止，但是九三因为有所感而思动，又牵动初二两爻，使它们都动，所以说“执其随”。

《象传》说“亦不处也”，亦指率领拇和腓而动；“志在随人，所执下也”，“随人”指随上，“执下”指执初六与六二。

[一辞多断]

○问征战：适宜退守，不适宜进攻。○问经商：凡商业合作中分别出的资本，叫做股份，必定推举一个人来主持商业。而主持商业的人不能自主，只好随着别人上下，这样商业一定难以获利。○问功名：追随声望，依附名人，其人品未免低下，必定难以成功。○问家宅：住宅接近艮山，本来可以安住，但占问者不愿意住在这里，想随别人迁往别处。恐怕前往鄙吝。○问婚姻：过失在于过分听从主事者的言语，恐怕所嫁不是好配偶。○问胎孕：生男孩。

[活断实例]

◎某友人来请占气运，筮得咸卦，变为萃卦。

断卦说：卦体为艮山与兑泽，山得泽就会滋润，泽得山就有源头，象征山泽通气，阴阳相感，正是气运旺盛之象。您占得第三爻，三爻为内卦的主爻，与上六相应。九三属阳，上六属阴，因感应而思动，所以说“咸其股”。股属于下体，也是阴象。卦体本来是少男少女两相爱悦，三爻“志在随人”，率领下面的两个阴爻一同前往，其溺于私情尤其严重，怎么能摆脱鄙吝？现在的气运并不是不好，只是因为沉溺于色欲，以至阳被阴累，必须防止造成疾厄，应该谨慎和戒止。

友人听了，开始好像有所感触，但后来还是溺于私情而不悟，以致终身落魄，没有娶妻。悲哀啊！

九四：贞吉悔亡。憧憧往来，朋从尔思。

《象传》曰：“贞吉悔亡”，未感害也；“憧憧往来”，未光大也。

[经传释义]

四爻居三个阳爻之间，在心的位置，是全卦的主爻。初爻的拇，二爻的腓，三爻的股，五上两爻的脢和辅颊舌，都从心而发，所有的感都由心而生，所以不就心说感。心体本来灵明不昧，寂然不动，有所感才动，动就可能有悔，要想无悔，只有贞。贞即正，正才能吉而“悔亡”。但人心不能无感应，而感应也不能都正；不正心就会被它所害，而悔恨随着就会产生，怎么能得吉？“憧憧”是急遽的情状，“往来”是匆促的状貌，“憧憧往来”，指事情纷至沓来，心志错乱，弊害丛生，下卦的拇、腓、股和上卦的脢、舌、辅，也都纷纷乱动，只见“朋从”罢了，心难道还有一时的安泰和静定吗？

《象传》所说“‘贞吉悔亡’，未感害也”，指心中贞正才无私。在没有感触之前，心里本来洞然明白，所以说“未感害”。“憧憧往来，未光大也”，指事物与感触纷至沓来，不能没有思想和欲望，所以说“未光大”。

[一辞多断]

○问征战：军队完全以主帅为心。在军队纷然集聚的时候，以一位统帅来镇定，就会令行禁止，寂然不动；否则扰乱错杂，灾害就产生了。○问经商：商务虽然是谋利，也以贞正为吉，倘若见利忘义，就会众人一齐起来争夺，不夺得就不停止。这样的危害是说不尽的。○问功名：九四以阳爻居阴位，接近九五至尊，有得正而功名显达之象。但如果所求不正当，灾祸就会随后到来，这是最应该谨慎的。○问家宅：这住宅必定临于往来畅通的大路。这里的人邪正杂处，交往最需要审慎抉择。○问疾病：一定是心神恍惚的病症，应该静养。○问婚姻：防止女方家闺范不严谨。○问胎孕：生女孩。

[活断实例]

◎明治二十二年，某缙绅来，请占某贵显气运，筮得咸卦，变为蹇卦。

断卦说：九四以阳爻居阴位，是外卦的开始，比近九五，是贵显之象。为某贵显占气运而筮得四爻，四爻在三个阳爻之间而居心位。心为四肢百骸的主宰，心正则四肢百骸都正，就像大臣端正自身而作出表率，众官僚就会都服从他的命令，所以说“贞吉悔亡”。这固然是某贵显善于做到的事情。如果心中所有不正，必定使众多事情发生丛脞，使小团体纷然而起，开始是害自己，最终是殃及全国。这都是从一个人的心不正开始的。某贵显秉心正直，公而忘私，为国忘家，能以天下为己任，古时候所谓“正己以正天下”，在某贵显身上有明显的体现，民众对他的仰望正在热切当中。

九五：咸其脢，无悔。

《象传》曰：“咸其脢”，志末也。

[经传释义]

脢，注释说指心上口下，马融说指背部，《博雅》说胛就是脢，即背脢。心在前面，背在后面，是不动处。艮卦说“艮其背”，可知背是为艮所止的地方。爻辞说“咸其脢”，即孟子所谓“君子所性①”，“根于心，盎于背，施于四体，四体不言而喻”。

五爻以阳刚中正的品德，居君王的地位，下应六二。六二说“咸其腓”，腓是足肚，不能自己动；五爻说“咸其脢”，脢为背脊，也不能自己动。所以五爻的感应仿佛是不感而感，它的动也好像不动而动。不动而动，脢本身也不知道它动，有什么悔恨呢？

《象传》说“志末”，是说这不感而感，是感的极致。初爻的“志在外”，三爻的“志在随人”，都是有心而感，属于枝末。一说：《象传》“志末也”，指居九五尊位，应当抚恤亿万百姓的心，这样志愿才算远大，如果只是谋划个人的安逸，以求免除目前的悔恨，其心志不也很微末吗？

[一辞多断]

○问征战：适宜暗中跟在敌人的后面，进攻他们的背后，有胜无败。○问经商：《象传》说“志末”，末是微小，可知他的商业不大，利润也微薄。○问功名：背指败北，可知所求未必能成。○问疾病：台背是长寿之象，可知疾病马上痊愈，没有悔恨，而且长寿。○问胎孕：生女孩。

[活断实例]

◎明治二十一年，缙绅某请占某贵显气运，筮得咸卦，变为小过卦。

---

① 君子所性：指人的本善之性，亦即仁义礼智。语出《孟子·尽心上》。

断卦说：卦例以九五为君位。但是乾为君为父，而为臣为子的也可以用来占断；坤为臣为民，而做君王和父母的也可以用来占断，易道是不拘一种体例的。咸卦以艮山兑泽二气相感通，所以“天地感而万物化生，圣人感人心而天下和平”，可知大臣执掌国政，都是以至诚感孚上下的。现在占某贵显气运而得到第五爻，爻辞说“咸其脢”，脢指背脊处。前面属阳，背后属阴，心背之间的阴阳相感也痛疼相关。某贵显深切体念百姓的艰难，自然能感同身受，而不是彼此隔膜，这样就没有悔恨，并且一定能达到台背的寿数，其福泽不可限量。《象传》说“志末也”，指目前志愿还没有光大。

上六：咸其辅颊舌。

《象传》曰：“咸其辅颊舌”，滕口说也。

[经传释义]

辅是颊的里，颊是辅的表。舌在口中，舌动辅颊就会随着。上爻阴柔而不得中，居卦的极位，比近君位，象征专门以谗言蛊惑君心的人。这样的巧佞小人，是圣人所深深厌恶的，所以不说凶辞，而其凶险自然体现出来。

《象传》说“滕口说也”，滕指张着口驰骋言辞，也有人解释为虚伪而无诚实，只是夸诞虚说来诳骗世人。这样咸道就薄了。

[一辞多断]

○问征战：防止有间谍窥探。○问经商：恐怕有口舌的祸患。○问功名：可以献计献策，陈述言辞，应当得到任用。○问家宅：主人口不和睦，发生口舌的争辩。○问疾病：谵言呓语，主病人心魂不安，应该祈祷。○问婚姻：中间人的言语，不可完全相信。○问胎孕：生女孩。

[活断实例]

◎明治二十五年，岩平县众议院议员佐藤昌藏氏来，说：“这回地租修正的议论兴起，奥羽各县已经设置地租增加部门。但我们县土质不肥沃，觉得增加地租很不应该。请占院议的结果。”筮得咸卦，变为遁卦。

断卦说：兑为口，辅、颊、舌都是用来说话的，这是议院事务的体现。现在占地租增加而得到咸卦的上六，咸即感，所有议论必须上下直接而诚恳地互相感通，事情才能通行无阻，现在只以空谈相争而没有实惠，怎么能让百姓遵从呢！

后来佐藤氏来感谢说：“易断真是名不虚传！”

䷟雷风恒

《上经》以乾卦为首，接下来就是坤卦，坤卦是乾卦的配偶；《下经》咸卦为首，接下来就是恒卦，恒卦是咸的恒久。咸卦是可大的事业，恒卦是可久的品德，可久配天，可大配地，所以乾也为久，坤也为大。震男和巽女本来从乾坤而生，雷和风就是乾坤的嘘气。乾坤不变，雷风也不变，所以雷和风构成的卦叫恒。

恒：亨，无咎，利贞，利有攸往。

[经传释义]

“恒”字从“心”从“亘”，常的意思。《彖传》说：“恒，久也。”暂时闭塞的事物，久后就会通达，通达就“无咎”了。贞是正的意思。咸卦象征夫妇结合的开始，少男低于少女，所以“取女吉”；恒卦为夫妇居家的常道，长女低于长男，所以“利贞”。巽柔而顺，顺才能贞正；震刚而动，动才能有所往。贞是女子的品德，往是男子的事情。《周易正义》说：得其常道，往哪里不利？所以说“利有攸往”。

> 《彖传》曰：恒：久也。刚上而柔下，雷风相与；巽而动，刚柔皆应，恒。恒“亨，无咎，利贞”，久于其道也。天地之道，恒久而不已也。“利有攸往”，终则有始也。日月得天而能久照，四时变化而能久成，圣人久于其道而天下化成。观其所恒，而天地万物之情可见矣。

恒卦上卦为震，下卦为巽，震为雷，巽为风，是刚在上而柔在下，雷风相与而成为恒卦。雷和风气息从山泽产生，所以恒卦接在咸卦的后面。风雷之气通上彻下，运行周遍而无所遗漏，化育万物而生生不息，变化而又有常道，它的品德古今不变，这就是“天地之道，恒久而不已”，所以称这一卦为恒。

恒是常的意思，久的意思。恒道亨通才“无咎”，“无咎”才“利贞”。恒有两种：有不变的恒，有不止的恒。“利贞”是不变的恒，“利有攸往”是不止的恒，合起来是常道的意思。亨是恒的作用，贞是恒的本体；“刚柔皆应”是恒德的成就，“利有攸往”是恒的行事。巽以贞为终结，震以行为开始，出于震而入于巽，所以说“终则有始”。观察日月的得天而久照，验证于四季的变化而久成，征引于圣人的久于道而成就教化，天道和圣道的历久而不凋敝，无非由于这恒久之道。

以这一卦比拟人事，震为长男，巽为长女。把咸卦的少男少女变为恒卦的长男长女，属于婚姻的礼制、夫妇的常道。“雷风相与”是天地的运行，“刚柔皆应”是阴阳的枢机，君子遵循它而保持它的恒久。以恒久修身，身教才会亨通；以恒久治家，家道才会亨通；以恒久治国，国运也才会亨通。所说的无往不利，就是这个缘故。读《关雎》这首诗，文王的教化流行于远方，后妃的品德修明于宫内，才算得到了恒卦的旨意。推论开来，日月的久照、四季的久成、圣人的久于教化之道而得到成功，这样仰观俯察，恒久的情形就可以见到了。人事的通塞与兴衰，不在这一点之外。

以这一卦比拟国家，上卦为政府，有雷厉的性质，用来振兴各种政务；下卦为百姓，有风动之象，用以顺从政府的命令。恒卦震在上，巽在下，震为丈夫，巽为妇人，卦体本来就是夫妇。咸卦以少男少女主情爱，恒卦以长男长女主礼制，恒就是使咸卦所主的感应恒久。但在家中所修就是在朝廷所献，王道的教化起于闺门之内，齐家与治国本来就是一贯的。王道终世实行仁政，圣人的作为一万年也没有弊端，这就是圣人的“久于其道而天下化成”。用雷震动，用风散发，可见赏罚的恩威并施；刚在上而柔在下，可见为政的宽猛相济。和顺取于巽，振作取于震，既有所作为又有所持守，而没有懈怠与荒芜。内心秉持巽卦洁齐的志向，外部协和通变的相宜，治道因为亨通而无咎，教化因为持久而更加神妙。始终如一，上下不相疑，这样久于其道，而天下的大治就恒久了。日月的久照，四季的久成，都由此可见。

通观全卦，《序卦传》说：“夫妇之道不可以不久也，故受之以恒。”咸卦象征夫妇的开始，恒卦象征夫妇的常道，所说的《下经》以咸恒二卦为首，是为了以夫妇之道配乾坤。但恒全卦只有五爻说夫妇，其余各爻都例言恒的不当作为垂诫；而且六爻没有一句吉的爻辞，就是彖辞也只说“无咎”。恒为天地的常道，比如日月的久照，四季的久成；不恒就会变，恒才是正常的，所以孔子说：“人而无恒，不可以为巫医。”都是用反面的说法来警示人，而于恒卦不曾有赞赏的话。《象传》说“君子立不易方”，也只是以不变地持守恒道罢了。

卦中六爻相应，刚柔二气交相为用。刚有刚之道，柔有柔之道，恒卦的亨而无咎，只在久于其道罢了。恒的倒卦为咸，所以两卦的爻象都颠倒相因。恒初爻的深求，即咸上爻的巧言令色；恒二爻的“悔亡”，即咸五爻的“无悔”；恒三爻的承羞，即咸四爻的“朋从”；恒四爻的不当位，即咸三爻的“随人”；恒五爻的“妇人吉，夫子凶”，即咸三爻的“凶，居吉”；恒上爻的“大无功”，即咸初爻的“志在外”。所以两卦同体而爻象反复。咸卦说“圣人感人心而天下和平”，恒卦说“圣人久于其道而天下化成”，天地万物的情状，都可以从中看到。

《象传》曰：雷风，恒，君子以立不易方。

震雷动而在上卦，巽风入而在下卦。雷和风虽然最好动而又变化无常，但是究极说来，雷的发声不失节候，风的吹动各应时令，而且自古就是这样，从来没有差错，所以说雷风恒。君子体察这一卦象而应付万变，道却不变，一个“恒”字就是了。立是坚定不移，方是主于一种方法而不变。志向有一定而持守越来越坚定，不为富贵所淫，不为贫贱所移，不为威武所屈，特立独行而无所畏惧，这就是君子为什么成为君子。

[一辞多断]

○问征战：雷出于大地，风生于山谷，要防止有敌兵埋伏，用火炮攻击。应该坚守营垒，不可后退，以后可以转败为胜。○问经商：震属正东，巽属东南，说“立不易方”，指贸易不可换地方。○问功名：震巽都属木，木植立不变，冲霄直上，有直达之象。但适宜积久而成，不宜急于上进。○问家宅：住宅坐西北，朝东南，是祖上留下的旧宅，是恒产，方向切不可改变。○问婚姻：男家是长男，女家是长女，长男长女相配，婚姻非常有利，可以预卜百年偕老。○问疾病：一定是肝火上冲，痰火气喘的病症，必须服以前的药方，不必改换。○问胎孕：生男孩，一定是第一胎。

初六：浚恒，贞凶，无攸利。

《象传》曰：浚恒之凶，始求深也。

[经传释义]

浚，深的意思。初爻值恒的开始，求终应当循序渐进，才有可能达到。所谓“登高必自卑，远行必自迩”，这样前往才无所不利。倘若像指望一撮土成山，一勺水成海一样，初步的基础刚刚建立，对后来效果的期望却特别高，那么事情即使不失正也难免凶险，所以说“浚恒，贞凶”。

《象传》说“始求深也”，始指初爻，指还没有浅涉就急于深求，属于欲速而不达，不但无益，反而有凶咎。譬如用智慧而失于穿凿，求道而去探索隐幽，都是“浚恒”的过失。

[一辞多断]

○问征战：应该步步为营，切忌孤军深入，深入必定凶险。○问经商：应该得利就出售，不可垄断居奇，贪图高价。○问功名：应该安分守职，千万不要想方设法地乞求荣宠。企图侥幸成名，恐怕反而招致困辱。○问婚姻：婚姻之道，应该门户相当，切不要羡慕富人，攀援贵人，贪图缔结高亲，反而会导致后悔。往往有这样的事。○问家宅：住宅是新建的，可惜过于追求华丽，导致难以持久。○问讼事：恐怕一涉诉讼，就很久不能了结。○问胎孕：初胎生女，只怕难以养育。

[活断实例]

◎明治十五年七月，朝鲜发生壬午兵变①，花房公使②等人逃回长崎。同年八月，朝廷派出陆军和海军，命花房公使重新到朝鲜问罪。我占筮这件事，得到恒卦，变为大壮卦。

断卦说：看初六的爻辞，知道朝鲜逐渐开化。这一次朝鲜虽然对我国失礼，但我国政府如果乘一时的怒气，忘记了恒久之道，谴责得过深，就属于爻辞所说的“浚恒，贞凶，无攸利”，应该为政府忧虑了。如果政府

---

① 壬午兵变：1882 年 7 月 23 日（阴历壬午年五月）开始，朝鲜京城五营士兵同市民一起发动暴动，攻入昌德宫，杀死躲藏在宫中的闵谦镐、李最应（大院君胞兄），并搜寻闵妃。闵妃化装成宫女逃往外地，日本公使花房义质和随员也逃往济物浦（今仁川），由英国军舰搭救回国。7 月 25 日，高宗召大院君入宫，委托其主政，并向暴动士兵宣布闵妃已经死于动乱中，士兵才撤出王宫，放下武器。逃到忠州的闵妃和逃回长崎的花房义质分别请求清朝和日本出兵朝鲜。直隶总督张树声和李鸿章派吴长庆率军在南阳登陆，不久赶到汉城。吴长庆扣留了前往中国军营拜访的大院君，将其用军舰运回中国，并在汉城郊区逮捕参加过壬午兵变的士兵，闵妃集团重新掌握朝鲜政权。日本公使花房则于 8 月 12 日回到汉城，带来了 1500 军队和四艘军舰，逼迫朝鲜政府赔偿损失、同意日本军驻扎朝鲜。8 月 30 日，日本和朝鲜就上述内容签订了《济物浦条约》。

② 花房公使：指当时驻朝鲜的日本公使花房义质。

现在的问罪，目的不在于深求而在于和解，事情就可以了结。即使一时不能了结，由于恒卦初爻变阳则全卦为大壮，也不过以壮大的军备加以压制罢了。具体策略是把我国军队分为六份，留其中的四份在马关，以其中的两份作为朝鲜开化党的声援。如果还不够，可以派一支军队从元山津冲击他们的背后，可以使开化党维持朝鲜。这是天道的数理。

占筮后，把这一卦上呈给某贵显，某贵显又派人问："朝鲜的事虽然不值得忧虑，但是与中国的关系实在很大，请您占我国与中国关系。"我又占筮，得到艮卦，六爻不变。

断卦说：艮是两山相对的卦。两山相对，彼此可以看见而不能接近，也不能相应。从既不能接近也不能相应来看，没有战争是断然可知的。

后来朝鲜的事情果然和所占断的一样。

九二：悔亡。

《象传》曰：九二悔亡，能久中也。

［经传释义］

九二以阳爻居阴位，属于失位，所以有悔。但二爻居巽的中位，为巽卦的主爻，与六五阴阳相应。九二以刚中的品德辅佐柔中的君王，既得中道又能持久，所以说"悔亡"。《象传》说"能久中也"，指可久之道不外是中，能"久于其道"就能久于其中。二爻能这样，悔自然消亡。

［一辞多断］

○问征战：营地位置失当，恐怕有后悔，只好居在其中而不动。这样持久地固守，才能免祸。○问经商：货物得不到销路，以致有损失。应该持久地等待价格，可以返回本钱。○问功名：失去机会反会招致灾害，等待时机再前往，即使不能成名也不会有怨尤。○问家宅：住宅位置不当，居住者不利。十年后宅运可以转变，那时才能无咎。○问婚姻：平平。○问胎孕：生女孩。

［活断实例］

◎某公司经理来请占公司气运，筮得恒卦，变为小过卦。

断卦说：恒卦"雷风相与"，"刚柔皆应"，是公司之象。卦名叫恒，事业必定是积久而成的。现在占得第二爻，二爻属阳而居阴位，未免位置不当，象征事情有所窒碍。您身为经理，应当用中正之道来处事，保持事业的恒久。持守巽的贞正，效法震的前往，经久不倦，努力推行，穷尽事业的利益，才能亨通，这样还有什么悔恨？

经理听了，说："这公司从开业以来，多处不能如意。现在得到这一占断，自然应当恒久不已，以图远大的事业。"

后来这公司果然得以盛大。

◎明治二十六年二月，北海道炭矿铁道公司支配人植村登三郎来，对我说："我从事公司业务有些年了，事务多端，深怕才智和力量不足以胜任；想要改就官职，也犹豫未决，幸请筮一卦。"筮得恒卦，变为小过卦。

断卦说：卦体巽在下卦，震在上卦。巽为柴薪，有煤炭之象；又为商，为利，有公司之象。震为行，为奔，有铁道之象。现在占得第二爻，九二属坎爻，于十二辰在子，上值虚宿。虚宿在北方列宿的中间，所以公司在北海道。九二以阳爻居阴位，属于失位，所以有悔恨。但您既从事公司业务，必定深知其中的利益，久于其道，自然精明练达，能振兴事业。

植村氏得到这样的占断，后来更加努力，不到数月，至于再担重任。

九三：不恒其德，或承之羞，贞吝。

《象传》曰："不恒其德"，无所容也。

[经传释义]

九三处于巽的极位，而巽为进退，为不果，有"不恒其德"之象。羞即耻。九三以阳爻居阳位，虽然得正，但是因为持心不定、缺少恒久的品德而有犯错误的可能。或，表示可能的事，指虽然没有实际看到它的羞吝，但是有这样的可能，而这样，即使贞正也是鄙吝的。吝即可鄙。《象传》说"无所容也"，大节一亏，在天地之间无处逃避，属于深深的斥责。

[一辞多断]

○问征战：军事以勇往果决为贵，这样才能制胜。巽为不果，必定多畏缩，这样进退无恒，势必丧失军队，辱没国家，怎么能无咎？○问经商：爻辞说"不恒其德"，必定是经商而没有固定的行业，这样怎么能获利？○问功名：没有专一的品德，事业必定不能成就，名誉凭什么得到？○问家宅：三爻居巽的终位，巽终变震，震为大途，住宅必定接近大路。

住宅不利长久居住。○问婚姻：婚事没有结果，恐怕会留下羞辱。○问胎孕：生女孩。

［活断实例］

◎一天，某贵显来访，对我说："有一位同僚，因为负债而请我帮助，某长官也替他说情，我就答应了。但借款到了期限，他竟无力偿还。请占这件事的得失。"筮得恒卦，变为解卦。

断卦说：这一卦"恒久而不已"，他的借款永远不会返还，也就可以知道了。爻辞说"不恒其德"，是说他穷困到这个地步，势必不能遵守约定和信誉。"或承之羞"，是说您如果负气责备他，他必定出言不逊，结果反受他的羞辱。

后来的事果然和所占断的一样。

◎明治二十八年，占中国国运，筮得恒卦，变为解卦。

断曰：恒是久的意思。追溯我国的外交，只有与中国最久，这是恒卦之象。两国并立在亚洲，像颊骨和齿床一样互相依靠，又是同文的国家，所以尤其亲密。近年来，欧美各国的文明开化一天胜过一天，我国于是取他们的长处，补自己的短处，派遣少年子弟留学西欧，又聘请那里的教师教我国的子弟。而中国墨守旧的习惯，妄自尊大，不能通达世界大势。朝鲜介于我们两国之间，我国与中国商议，谋求互相保护，中国对我国有疑虑，终于发展到了兵戎相见的程度。现在占得三爻，爻辞说"不恒其德，或承之羞，贞吝"，巽为进退，指中国进退无恒，势必受辱。

九四：田无禽。

《象传》曰：久非其位，安得禽也。

［经传释义］

禽是鸟兽的总称。震为猎人，巽为禽。九四处在震卦的初爻，已经出离巽卦，是震所象征的猎人前进，巽所象征的禽后退之象。这样田猎，必定没有收获，所以说"田无禽"，用来比喻失去了民心。恒道以品德与地位相称为贵。胜任职务，在事业上有所建树，在治理社会方面有所贡献，这样日积月累，才能多有裨益。九四以阳爻居阴位，与初六相应，而初六"浚恒"而"无攸利"，无利也就是"无禽"。

《象传》说“久非其位，安得禽也”，凡所处地位不当，所乘时机不当，所采取的方法不当，所交往的人不当，即使长久也不能成功。田猎而不得禽，是其中得失最显著的，所以爻辞取作象征。

[一辞多断]

○问征战：立营寨的位置不当，必定导致军队已老，却没有功绩。○问经商：凡货物的销售，各有不同的地点。如果缘木求鱼，即使恒久从事也一定没有收获。○问功名：如同不入考场而期望高中，不入朝廷而求显要的官职，所居位置不当，即使恒久也没有收获。○问家宅：住宅方位不利，不可久居，应该赶快迁移。○问婚姻：两姓配偶不合。○问胎孕：生男孩，恐怕难以养育。

[活断实例]

◎明治二十三年，某缙绅来请占某贵显气运，筮得恒卦，变为升卦。

断卦说：就卦论卦，直言不讳，希望不要见怪。现在您为某贵显占气运，得到恒卦的四爻。四爻属阳而居阴位，不当，爻辞说“田无禽”，等于说谋而无功。可知某贵显虽然长久地处于高位，但目前时运已经衰退，才智和力量也衰落了，所作所为多半没有成效，自然应该退隐，不要留下占着高位白吃饭的讥笑。

六五：恒其德，贞，妇人吉，夫子凶。

《象传》曰：妇人贞吉，从一而终也。夫子制义，从妇凶也。

[经传释义]

六五居君位，为恒卦的主爻，与下面的九二相应。九二居巽体，巽为妇；六五居震体，震为夫。六五专守九二应爻，有恒一的品德，贞正是贞正了，但是作为妇人才吉，作为丈夫却凶。五爻为震的主爻，震为行。大丈夫应当根据道义决断事情，使事业恒久，并穷尽其中的利益，倘若只以追随一个人为正，就是妾妇之道了，就是孟子所说的“贱丈夫”了。

《象传》说“从一而终”，指妇人的品德只应该追随一个人，所以说“贞吉”；“夫子制义”，指大丈夫的行为，应该审度道义。道义不会有害于贞，而贞却可能有损于道义，所以说“从妇凶”。《象传》所说“贞吉”指妇人，“利有攸往”指丈夫。知道了这一区别，就得到恒久之道了。

[一辞多断]

〇问征战：古人说军队中有妇女，士气就不高，项羽的失败，未必不是由于虞姬连累了他。行军应该小心这一点。〇问经商：商业应该随时变通，如果固执一端而拘泥不变，像妇人和孩子那样，就一定没有大利。〇问功名：大丈夫志在四方，前程远大。倘若贪恋闺房，伤害身体，败坏名誉，凶险没有比这更大的。〇问家宅：古人说“牝鸡司晨，惟家之索”，应当深以为戒。〇问婚姻：女方家占得这一爻吉，男方家占得这一爻凶。〇问胎孕：生男孩。

[活断实例]

某大商人来请占气运，筮得恒卦，变为大过卦。

断卦说：您长久地经营商业，精明强干，是我一向知道的。现在占气运而得到恒卦的五爻，五爻为震的主爻，震为从，所以《象传》说“从妇凶”。女子和小人都属于阴象。商业的进行应该自主地权衡时宜，不可听从别人的话；治家之道也不可偏听妇人的话。爻辞的垂诫很深，您应当多加小心。

上六：振恒，凶。

《象传》曰：振恒在上，大无功也。

[经传释义]

震为动，所以到了恒卦的上爻，有振动之象。上六处于震卦的终位，为动的极致。动者应该守静，终结者应该返回到开始，这样才能即使到了末路也能保持品德，使事业不至于在垂成的时候失败，恒道也成就了。现在上六处在恒的极致而振动不已，属于以振为恒，但是恒有穷尽而振动没有穷尽，所以凶险。震为决躁，巽也是躁卦，躁动而没有节制，犹如震雷只发不收，巽风只行不止，怎么能成事呢？所以《象传》说“大无功”。

[一辞多断]

〇问征战：上爻为主帅。行军之道全在镇定，倘若贪功妄动，一定不能成功。〇问经商：上爻为一卦的归宿，是商业收束的时候。应当收束而不收束，收发失去时宜，最终就无法结局。〇问功名：上爻处于卦的终位，功名已经穷尽，如果还痴心妄求，不但没有成就，恐怕反而招致灾祸。○问家宅：住宅已经旧了，不必改造，改造一定凶险。○问婚姻：一定是晚年续娶。不必续娶，续娶一定凶险。○问讼事：应该赶快停止诉讼。○问失物：得不到。

[活断实例]

◎某商人来请占气运，筮得恒卦，变为鼎卦。

断卦说：凡占卦遇到上爻，为卦的终局，象征当事人好运已经终了，只适宜静守罢了。现在恒的上六说“振恒”，以振动为恒，是卦已经终结而行动没有终结，所以说凶。您占得这一爻，应当以静制动，这样才能无咎。

䷠天山遁

《序卦传》说："恒者，久也。物不可以久居其所，故受之以遁。遁者，退也。"卦体上卦为乾，下卦为艮，四个阳爻在上面，两个阴爻逐渐升进。从姤卦一个阴爻浸长到两个阴爻，阴爻长而阳爻退，卦名叫遁，指阳爻为避开阴爻而退。"遁"字从"豚"从"走"。豚见人就会逃走，所以遁卦以豚来象征退。乾为天，也为远，有远遁的意思；艮为山，也为居，有遁而隐居之象，所以叫做天山遁。

遁：亨，小利贞。

［经传释义］

遁是阴爻浸长的卦，象征小人刚刚升进，君子之道消退。邪正不能同居，阴阳不能两立，君子在这时如果不隐遁，一定会受到阴邪的迫害。应当遁就遁，遁才能通达，所以说"遁亨"。"小利贞"，小指两个阴爻而言；阴道开始浸长，阳道还没有完全消逝，所以说"小利贞"。

《彖传》曰："遁：亨"，遁而亨也。刚当位而应，与时行也。"小利贞"，浸而长也。遁之时义大矣哉！

《尚书·微子》所谓"我不顾行遁"，"遁"字是隐遁的意思；《后汉书·郅恽传》所谓"南遁苍梧"，"遁"字是逃亡的意思；贾谊《过秦论》所谓"遁巡不敢进"，"遁"字又与"逡"字的意思相同。总之，都不外是退避的意思。

"遁而亨"，亨即通达。君子不敢与时运相违背，时运应当遁，不遁就不通达，遁才亨通。"刚当位"指九五。五爻与二爻为正应。所有的二五两爻都互相应援，并因而有所成就，只有遁卦的二五两爻，其相应实在有互相逼迫的意思。二爻居内卦，阴爻的势力逐渐上长；五爻居外卦，阳爻的势力逐渐消退。阴长阳消，逼迫阳而使它后退。两个阴爻的浸长不只是两个阴爻的作用，主要是时运使然。君子审度时宜而隐遁，人虽然隐遁了，道却是亨通的。“利贞”即利于正。两个阴爻势力还小，没有达到横行的程度，还利于贞正，所以说“小利贞”。

遁卦通于临卦。临卦两个阳爻而四个阴爻，说“刚浸而长”，而遁卦说“浸而长”。易道扶持阳而抑制阴，厌恶阴的浸长，所以不称柔。“浸而长”的是二爻，“遁而亨”的是五爻。二爻刚刚浸长，五爻就考虑隐遁，属于识时务，审几微，隐遁得法，体现了所谓“君子远小人，不恶而严”。隐遁适时，合乎道义，所以说“遁之时义大矣哉”。

以这一卦比拟人事，遁卦两个阴爻生于乾卦的下面。阴长的卦，否为中，观、剥过中，遁“浸而长”。拿人事来说，姤卦就一个阴爻而称壮，遁卦两个阴爻而达到坤体的一半，即将进于壮以至于老。譬如物候，虽然还没有十分寒冷，却应当退而穿上棉衣；譬如一年中的五谷，虽然没有达到十分的灾荒，却应当退而谋食；譬如疾病，虽然没有十分严重，却应当退而求治。在阴爻的浸长之前隐退才能亨通，等到阴气已盛，隐退就晚了。

隐退的是五爻，逼使它隐退的是二爻，二爻虽然应五爻，而实际上却消损五爻。二爻息而五爻消，五爻值时运衰微，象征人事上的穷困。这时五爻只有顺应时势，退避二爻，才有希望等到阳爻的来复，才可能在日后作补救，而不至于穷困到底。剥卦反过来是复卦，观卦反过来是大壮卦，否卦反过来是泰卦，这未尝不是人事的调护可以挽回的，这样才算得到了处遁之道。遁卦有先见之明在其中。

以这一卦比拟国家，国运逐渐趋于否塞，就像周太王避狄迁岐、越王勾践屈身服事吴王的时候。太王避居岐地，后来振兴了周国；勾践服事吴王，后来得以振兴越国，就是“遁而亨”的表现。遁卦两个阴爻居内卦，四个阳爻居外卦，以二爻为内卦的主爻，以五爻为外卦的主爻。阴在内而阳在外，是“内小人而外君子”，阴阳的消长、国运的盛衰都系于这一点。

阴爻浸长时，小人逐渐得势，君子逐渐失去地位，君子应当见几而作，超然远引，明哲保身，倘若恋恋不退，等到小人权势炽盛，朋党形成，就会轻则被贬谪，重则被杀戮，想隐遁也来不及了。孔子的“可以止则止，可以去则去”，就是他为什么是“圣之时者”。与时偕行，为国家保留有用的身体，是谋求国家重兴的前提。隐遁而后亨通，属于身遁而道亨，这不是孤高地忘记世事的人所可以同日而语的。

通观全卦，阴阳不能单独存在，厌恶阴的，只是它的浸长而消阳罢了。人们或许以为阴柔容易制伏，不知即使纯阳的乾卦，阴爻的逐渐积累也可以把它消尽。应当在阴开始浸长的时候就隐遁，从而远避它们，不授给它以消阳的权柄，阳才能复来而亨通，所以说“遁亨，遁而亨也”。《象传》说“君子以远小人，不恶而严”，是不与小人比近，也不与小人相争，决然地远遁，这样遁就得正了。

把上下两卦合起来看，上卦乾健，有断然舍去之象；下卦艮止，有依恋执留的意思，所以下卦不如上卦吉。遁不嫌远，位置越在上就越吉。分别看六爻，初爻遁而露出了尾巴，不是真遁的人。二爻说执而不说遁，是不想隐遁的人。三爻遁而有所系恋，象征将遁而尚未决断的人。四爻说“好遁”，象征不迎合所好，超然远遁的人。五爻说“嘉遁”，是能以贞正自守，遁而得吉的人。上爻说“肥遁”，是能明察几微，飞遁离俗的人。但《周易》不可执一端而论，得到任用就出来行道，得不到任用就退到隐秘处，要识其时务就是了，所以遁卦体现的是君子灼见几微的智慧。说“君子”，说“小人”，只是指示遁的大体罢了。

《象传》曰：天下有山，遁，君子以远小人，不恶而严。

“天下有山，遁”。天与山相距遥远，不可接近，是天远避山，而不是山远避天，但是即使山也不能怨天的远避。君子效法这一现象来远避小人，不必显著地说出厌恶的话，也不表示和气，只是望去自然觉得值得敬畏，接近时俨然难以侵犯，使小人即使不想远离也自会远离。“不恶而严”，是对待小人的好方法。

[一辞多断]

○问征战：防止前进有山，山间有敌兵埋伏，以致遭受失败。○问经商：恐怕一时物价涨落不同，相差很远。○问功名：应该隐退，不应该进见。君子吉，小人否塞不通。○问家宅：住宅接近山，前面空旷辽远，要防止有阴祟。○问疾病：病是由于有鬼祟，应该敬而远之，以避居为吉。○问婚姻：二五两爻一阴一阳，本来相应，但邪正不同，以谢绝为吉。○问胎孕：生女孩。

初六：遁尾，厉。勿用有攸往。

《象传》曰：遁尾之厉，不往何灾也。

[经传释义]

初爻居艮卦的开始，艮为穴居，又为尾，故说“遁尾”。贤者避世隐居，入山只怕不深，入林只怕不密，不想有人尾随在后面。隐遁而不藏尾巴，不是真的隐遁，那是以名山为捷径，想把隐遁作为上升的阶梯。古来在高山上隐居不到底的人，不但贻笑给猿与鹤，而且事功还没有成就，失误就会随后到来，其危厉都是自己招致的。所以禁戒说“勿用有攸往”，意思是应该隐遁而不应该前往。《象传》说“不往何灾”，指前往有灾祸，不前往就没有灾祸，这是从反面阻止人前往。

［一辞多断］

〇问征战：爻辞好像就伏兵而说。埋伏应该深藏不露，使敌人找不到痕迹。倘若藏头露尾，必定导致危厉，还不如不埋伏。〇问经商：销售货物应当赶快，不应当落后，并且应该首尾一并卖完，这样才能避免灾祸。〇问功名：有鲤鱼跃龙门而被烧去尾巴[①]之象，吉。〇问家宅：应该迅速迁移，落后有灾祸。〇问婚姻：遁指避开并远离，象征婚姻不合。〇问胎孕：生女孩。

［活断实例］

◎某友人来请占气运，筮得遁卦，变为同人卦。

断卦说：遁卦四个阳爻在外，两个阴爻在内，在外的阳浸而消，在内的阴浸而长。气运以得阳为好，阳消阴长，象征好运已经退去。现在占得遁卦初爻，初爻属阳而居阳位，爻辞说“遁尾，厉，勿用有攸往”，是说好运已经退去，只留有这末尾罢了，所以厉。戒止说“勿用”，是应该退守，不要前往的意思。气运以五年为一阶段，到上六就“无不利”了。

六二：执之用黄牛之革，莫之胜说。

《象传》曰：执用黄牛，固志也。

［经传释义］

“执之”，“莫之”，两个“之”字都指遁者而言。黄是中央正色，牛性柔顺，革性坚韧。艮为皮，故说革；艮为手，故说执。二爻得坤气，坤为黄牛。二爻居内卦，为成卦的主爻而上应九五。阴长阳就消，应五爻实际上正是消五爻。五爻既因此而遁，各爻也相随遁去，而二爻想挽留它

---

① 鲤鱼跃龙门而被火烧去尾巴：传说鲤鱼跳龙门时，只有被天雷击去尾巴，才能化身为龙。

们，如《白驹》[1] 这首诗所吟咏的“执之维之”那样。“执之用黄牛之革”，用来比拟二爻挽留的坚决，好像不能遁了。胜，能的意思；说，即“脱”。“莫之胜说”，使对方无法逃脱。

各爻都说遁，只有二爻不说遁。遁的是各爻，而驱使各爻遁的是二爻。二爻既驱使各爻遁去，却又假意挽留，不让它们隐遁，这是小人笼络的计谋。《象传》说“固志”，五爻的《象传》说“正志”，二爻和五爻的志向本来不同。二爻想借嘉会之礼来笼络五爻而使它不遁。“固志”，巩固五爻的心志。

[一辞多断]

○问征战：在各军逃散的时候，能独自坚决固守，这种精神可嘉。○问经商：一时货物价格固然没有涨，因为执着于来时的本钱，没能脱售。○问功名：席珍待聘、美玉待沽是功名的征兆，“莫之胜说”，功名就难以指望了。○问家宅：住宅阴气逐渐壮盛，对居住的人不利。大家都想迁移，但一时难以出售。○问婚姻：婚约已经成了，后来却想退悔，令主事者非常为难。○问胎孕：生女孩。

[活断实例]

◎某友人来请占气运，筮得遁卦，变为姤卦。

断卦说：遁卦两个阴爻浸长，四个阳爻浸衰。阴爻象征小人，阳爻象征君子，小人日益升进，君子日益退避，所以叫做遁。就气运来说，正是气运衰退的时候。“黄牛之革”是又软又坚韧的东西，用它系东西，东西无法解脱，用来比喻人生虽然有志愿，但是终生受束缚而不得施展。现在占得二爻，卦象是这样，气运也就可以预知了。

◎明治二十九年，占帝国气运，筮得遁卦，变为姤卦。

断卦说：遁卦四个阳爻为两个阴爻所侵犯，拿人事来说，是我为别人所侵犯，于国家之间也是这样。自从我国战胜中国，俄、德、法三国以亚洲和平为口实，迫使我国归还辽东，加上俄、法为中国的赔款斡旋，俄中之间的关系改变，将于东洋不利。当今欧洲各强国都为自己的利益而约束中国，譬如用“黄牛之革”捆缚中国的手足，使它无法解脱，几乎要瓜分

---

① 《白驹》：指《诗经·小雅·白驹》。一般认为这是一首有关朋友离别的诗。也有人认为它表达了因为贤者不可留而产生的惋惜之情。

它而后快，而对于我国，也未尝不想以此来束缚。我国只有固守志向，对内加强军备，对外搞好辞令，以敦促邦交，而不受这一笼络。这才是合适的策略。

九三：系遁，有疾，厉。畜臣妾吉。

《象传》曰：系遁之厉，“有疾”，惫也；“畜臣妾吉”，不可大事也。

[经传释义]

系是羁绊的意思。三爻以阳刚居内卦的上位，与两个阴爻相亲比，为二爻所羁縻，不忍超然远引，想隐遁而心志不决，故说“系遁”。应当隐遁就隐遁，以迅速和遥远为贵，一有所系恋就会犹豫徘徊，难以决断，好像有病在身，属于危厉之道，故说“有疾，厉”。系指三爻系于二爻，以阴爻为主；畜指二爻畜于三爻，以阳爻为主。以阴爻系阳爻就危厉，以阳爻畜阴爻就吉祥。“臣妾”是阴爻之象，三爻属阳而在两个阴爻上面，所以能畜。君子对于臣妾，畜养是为了驱使，畜或不畜无足轻重，所以“系遁”不失为吉；至于面对大事，则必定至于因循坐误。

《象传》说“‘有疾’，惫也”，惫指力竭而疲惫。“不可大事也”，大事就三爻的一生大节而言，是不可忽视的。

[一辞多断]

○问征战：军阵的进退都有纪律。敲鼓前进，鸣金后退，最需要便捷，一有迟误，必定导致大的失败，应该慎重。○问经商：货物在脱售的时候，不应该踌躇不决，或系恋私情，防止为此耽误大事。○问功名：值奸人秉政的时候，应该急流勇退，这样才无疾无害。○问家宅：住宅不利，主多病厄，应该迅速迁移。倘若迟延不去，恐怕有大祸。○问婚姻：娶正妻不利，娶妾却吉。○问胎孕：生女孩。

[活断实例]

◎某友人来，请占商业的盛衰，筮得遁卦，变为否卦。

断卦说：九三以阳爻而又居阳位，留恋两个阴爻，要隐遁却不能决断，以致“有疾，厉”。现在您占问商业而得三爻，可知这是商业失败之象。应该迅速脱售货物，这样损失还小些，倘若吝惜金钱而踌躇不决，那么品物的价格日益低落，损失就更大了，叫做“系遁，有疾，厉”。“畜臣妾吉”，指保有剩余的资本，可以用来畜养家人；若要重兴商业，那是不可能的。

九四：好遁，君子吉，小人否。

《象传》曰：君子好遁，小人否也。

[经传释义]

四爻与初爻相应，相应意味着相喜好。但初爻喜好四爻，四爻却不喜好初爻，而且四爻因为初爻的喜好而决意远遁，所以叫“好遁”。但初爻对四爻的喜好也不是真的喜好，不过想借四爻来自重，是借重于君子的意思，像王莽的礼贤下士之类。四爻看清了这一点，不为初爻所笼络而超然远引，好像说你虽然喜好我，我却不喜好你；你不让我隐遁，我自己隐遁，我行我的志愿罢了。四爻进入了乾体，乾为君子，故说“君子吉”。初爻以为四爻必定感激和留恋它的喜好，没想到九四一去千里，竟然不可执留。初爻在艮体，艮为小子，所以说“小人否”。

一种说法：“好遁”，指有所好而遁，犹如《论语》“从吾所好”的“好”。世人所好，在富贵功名；君子所好，在乐天知命，后者才是好遁。也通。

[一辞多断]

○问征战：四爻处在乾体的开始，乾为健，只知前进而不知后退。或许军队中有一个人谋划隐退，避开危险。隐退也吉。○问经商：商家以买入为进，卖出为退。四爻说“好遁”，可知以卖货为有利。○问功名：爻辞“好遁”，这人必定无意于功名。但名也有不同，或者盗虚名于一时，或者垂大业于千秋，是君子还是小人，从这里就区分开了。占问者应当自我审视。○问疾病：四爻在乾体，爻辞说“好遁”，阳遁入阴，他的病危险了。但转危为安，也是遁象，想来大人可以治疗，小人就难办了。○问婚姻：防止以后有离婚的忧患。○问讼事：俗话所谓“三十六着，走为上着”，说的就是“好遁”。○问胎孕：生男孩。

[活断实例]

◎某亲友来请占气运，筮得遁卦，变为渐卦。

断卦说：四爻居乾卦的初始，乾卦说现而不说隐，但四爻为两个阴爻所逼迫，超然远遁，属于为避害而遁。现在占得第四爻，您身担官职，也知道僚属中的人邪正不一。有的人外表上情义敦笃，内心却诡计百出，不可不防。您知道是这样，而不露声色，决心引退，是明哲保身的重要方法。爻辞说“好遁，君子吉，小人否”，指君子飞遁而远离世俗则吉，小人溺情于爵禄则否塞不通。爻象是这样，您请审慎。

后来某友人果然因官制改革，而有无法接受的任命。

◎一天，杉浦重刚来访，说：“当今为千岛舰事[①]，我国认为上海英国上等裁判所的判决不当，将再次向英国论理。这件事的结局怎样？请占筮。”筮得遁卦，变为渐卦。

断卦说：遁卦阴长阳消，是邪恶者强而正义者弱之象。正义者必定反而受屈，卦象就是这样。现在占千岛舰判审的事而得遁卦四爻，遁卦两个阴爻在内卦，浸长而向上逼迫，到四爻，阴爻的势力已经壮盛，而阳气将尽了。阴爻在下面虽然假装有情义，而内心实在阴险莫测，与千岛舰事件的情形相符合。我国因为千岛舰失事，根据万国公法向他们论理，屡经审理，始终得不到应有的处理。现在的天下大势，是凭强弱而不凭曲直，这也是无可奈何的事。爻辞说“好遁”，是教我国退避，即得以退遁了事罢了。

九五：嘉遁，贞吉。

《象传》曰：“嘉遁，贞吉”，以正志也。

［经传释义］

五爻属阳而居阳位，刚健而中正，虽然与六二相应，但是善识时务，应机而超然远遁。它的隐遁不为情感所移，不为势力所屈，心志果决，行为正大，实在值得赞美，所以说“嘉遁，贞吉”。《象传》说“以正志也”，指九五的隐遁得到了正道，就可以端正二爻的心志，属于“不恶而

---

① 千岛舰事：法国建造的水雷炮舰千岛号在返航日本途中，于明治二十五年十一月，在爱媛县堀江冲与英国 P. O 汽船公司的邮船拉宾号相撞沉没，乘员 74 人死亡。到二十六年五月为止，政府向横滨的英国领事馆提出起诉，要求该汽船公司向日本赔偿损失 85 万元。对公司方面的抗诉，领事裁判的结果认为理由不充分，应以驳回。但在上海的英国高级裁判所却下达了推翻一审，支持公司方面的判决。日本政府上告到英国枢密院，结果该院支持日本方面的主张，在英国外务省的斡旋下双方达成和解，日本政府从该公司接受了 1 万英镑的支付金。

严”的做法。

[一辞多断]

〇问征战：正当敌势强盛的时候，能通过暗中返回，使军队得以保全，也是可嘉的。〇问经商：到货后，因为与时价不合而转到其他地方，得以获利，可以说应变而不失正当，所以吉。〇问功名：九五为尊位，占得九五，必定功名显达，地位近于台辅。伊尹说，臣不要因为宠利而觉得自己成功，指能做到功成身退，所以吉。〇问家宅：住宅必定是南阳诸葛的茅庐、栗里陶令的住宅。高风亮节值得崇尚。〇问婚姻：二五两爻本来阴阳相应，有意谈论婚嫁，五爻因为心志不同而不肯应允。另就其他人的聘约，吉。〇问疾病：是阴邪纠缠的病症，暗中而避开，可以获吉。〇问胎孕：生男孩。

◎我的亲友水进泰次郎，他的妻子有孕，设筵招我去，请我占卜胎儿是男是女。筮得遁卦，变为旅卦。

断卦说：九五在乾卦，以阳爻居阳位，是生男孩的征兆。乾为父，艮为少男，以后儿子继承父亲的事业而续家谱，老父亲让出财产而隐居，所以这一卦叫遁。而且其爻辞说“嘉遁，贞吉”，有儿子能治理家业之象。

后来果然生了个男孩。

上九：肥遁，无不利。

《象传》曰：“肥遁，无不利”，无所疑也。

[经传释义]

肥，宽裕的意思。卦中各爻想隐遁而多系累，只有上爻无应无比，所以无系累。不用再有什么顾忌，飘然远引，是所谓“进退绰有余裕”的人，所以说“肥遁，无不利”。《象传》说“无所疑也”，指上爻为乾阳之首，考察形势特别明了，发现几微就能决断，首先远遁，绝无一毫的犹疑和障碍。

有人说，“嘉遁”如殷商的微子、汉代的张良；“肥遁”如泰伯、伯夷，或又如汉代的商山四皓。

[一辞多断]

〇问征战：战事应进而不应遁，遁必定不利。爻辞说“肥遁，无不利”，当得起这一爻辞的，大概只有太王避狄迁岐的故事吧？○问经商：商人谋利，往往众人竞争。现在能独自实行人取我弃、以退为进的策略，他的后退反而会得到厚利，所以爻辞说“肥遁”。○问功名：这人一定不以膏粱肥口，而能以道义肥身，所以说“肥遁，无不利”。○问家宅：住宅地势很高，家道也富裕，但只利于求财，不利于求名。○问疾病：胖人气虚，遁是脱的意思，恐怕导致虚脱。○问婚姻：恐怕女子因为贪恋富家子弟而私奔。○问胎孕：生男孩。

[活断实例]

◎明治十八年三月，因为阿富汗境界的事，英国这头狮子与俄国这只鹫之间发生了麻烦。新闻电信所报道的，有的论和，有的论战，有的主俄国，有的主英国，众说纷纭，各国都有戒备的意思，对我国的利害关系也不小。因此占这件事是和还是战，筮得遁卦，变为咸卦（明治十八年五月八日）。

俄国皇帝彼得一世像

断卦说：内卦为山，象征英国；外卦为天，象征俄国。艮山象征止。现在看英国的所作所为，虽然频繁地加强战备，但不过是虚张声势罢了，其实无意于作战。为什么？英国的海军虽然强大，对阿富汗这块亚洲中部的地方，却无法专用海军。英国陆军兵数不多，只够保护国土罢了，而且苏丹的战争已经分派了不少。其他如印度兵，即使派往阿富汗这高寒的地方，也无法得力。加上印度分为各种宗教，兵士各守自己的宗教规定，粮食也不足，即使驱使他们，又怎么能对付强大的俄军呢？所以要作战就不得不用海军。用海军，有关于通商航海的障碍可以牵动各国，这样就可以压制俄国。英国无心开战，可以从艮止得到征象。

乾天象征健。现在看俄国的所作所为，是遵奉彼得大帝的遗训，只知道前进而不知道后退，以鲸吞各国为快事，可见俄国有意开战。内外卦合起来为遁卦，即遁卦属于英国的气运；遁的倒卦为大壮，属于俄国的气运。英国对俄国只有加强守备，使俄国无隙可乘，由此就可以决断英俄交涉的结果了。

䷡雷天大壮

《序卦传》说："物不可以终遁，故受之以大壮。"遁是阳的消退，大壮是阳的健进。无往不复，这就是大壮为什么接续遁卦。

卦体乾在下，震在上。刚健的乾在下卦，加上震阳在上卦，是乘健而动，动而越发刚健，以壮盛前往而不止。既壮又大，是四个阳爻过度的缘故，所以叫大壮。

大壮：利贞。

[经传释义]

阳为大，阳上长到四爻，坚实而壮盛，所以叫大壮。三个阳爻为泰卦，到四爻才称壮。壮而说大，是壮过度了。乾卦说元亨利贞，震卦说亨，但大壮不说元亨，只说"利贞"，而六爻又多戒止的言辞，是恐怕失正而动，必定得咎，可见大壮不是《周易》所推崇的。

《彖传》曰：大壮：大者壮也。刚以动，故壮。大壮"利贞"，大者正也。正大而天地之情可见矣。

这一卦下为乾，上为震，震为雷，乾为天。乾在下卦为刚，震在上卦为动，刚而动，动得到刚就越发动，壮盛的势力无法遏止，这就是壮为什么称大。大没有超过天地的，天地的动得正，所以四季运行，万物生发。天地的大就是天地的正，所以大壮必定说"利贞"。贞即正，大壮的"利贞"即大者的正。大而正，其壮盛就"配义与道"，可以充塞于天地之间，而天地之情也可以从这里看到了。

以这一卦比拟人事，人的性情本来刚强，而又乘刚而动，勇往直前。这样不是不足以有所作为，只是过刚就会折断，过勇就会颠蹶，失败的过咎就在这大壮当中。《杂卦传》说"大壮则止"，就是为此。大壮首先说"利贞"，"利贞"即利于正，即所谓"大者正"。

卦体震在上，乾在下。乾本来健行，到上九阳极处就会过亢，所以有悔。震卦主震动，而爻象都说恐惧，可知易道厌恶过刚。僭越礼仪，违背谦德，前往必定不利，所以君子以“弗履”来戒止，以“用罔”来提醒。以柔来济刚的不足，用静来决定动，这样才能动如不动，刚如不刚，才能壮就是正。孟子所谓“至大至刚”之气，就是这样吧？

以这一卦比拟国家，象征国运壮盛的时期。上卦说遁，四个阳爻在上面，两个阴爻浸长；大壮卦反过来，四个阳爻在下面，两个阴爻浸消。阳长阴消，乘刚而动，所以说“大者壮”。君子日益上进，小人日益消退，国运的全盛正在这个时期。但国运过盛就会奢侈，卦象过壮就会刚暴，奢侈与刚暴都属于失正，所以大壮一定要说“利贞”。不正就不能成就大，大而正才属于以正用壮，这样“大者壮”也就是“大者正”。

《象传》所说“君子以非礼弗履”，礼即正，非礼即非正，君子也只是用正罢了。孔子所谓“政者，正也，正则行，不正则不从”，垂诫太深了！所以六爻多戒止“用壮”：初爻以凶来惩罚，三爻用厉来戒止，五爻以易来教导，上爻以艰来警惕，只有二四两爻“贞吉”。易道厌恶太过，以得中为吉，治世之道也是这样。这就是王者为什么以持盈保泰为贵。

通观全卦，卦体乾在下而震在上，卦象内刚外动。乘着这阳爻壮盛的时候来逼迫将消的阴爻，好像很容易，然而阴爻刚刚得位，不可骤然逼迫。刚健不可仗恃，前进不可急躁，所以君子必须践行礼。大壮的倒卦为遁，遁为退，两个阴爻刚刚升进，退避不可不果决；大壮为进，两个阴爻还没有退，前进不可太刚猛。《杂卦传》说：“大壮则止，遁则退也。”它们的卦义相反，而爻象也都先后互相反对。阴进阳就退，阴退阳就进，这就是大壮为什么接续遁卦。

六爻分属上下两卦，内三爻为乾体，外三爻为震体，以二五两爻为得中。初爻为乾卦的开始，勇往直前，知进而不知退，所以凶。二爻为乾的主爻，好在得中而不失正，所以吉。三爻居乾的终位，“小人”指初爻，“君子”指二爻，罔指法网，即“君子怀刑”的意思。这是把初爻与二爻放在一起说。四爻出了乾卦，进入了震卦，是大壮的主爻，以阳爻处阴位，行动不违背谦德，所以得吉而“悔亡”。五爻居震的中爻，能在平易的时候柔中，而不用它的壮，所以“无悔”。上爻居震的极位，进退维谷，有什么利？只有凛然于艰难困苦才吉。总之，持盈保泰，壮盛才吉；僭越礼仪，违背谦德，壮盛必然有悔。像三爻那样，“用罔”而不“用壮”，才是处壮盛形势的要道，玩味《周易》的人可要审慎啊！

我读大壮这一卦，对维新前后的义士颇有感慨。在幕府政治刚衰落的时候，他们乱发议论，不知有所忌讳，即初爻所谓“壮于趾”的凶险。著书立说，对应该尊崇和排除的事物有所主张，以兴起天下的大义，如二爻的得中“贞吉”。当各藩响应义举，众多人才振奋而起，有的急躁，有的迟缓，有的邪恶，有的正义，都不一致，结果祸福由此区分，像三爻所谓“用壮”、“用罔”的不同一样。有慎于礼仪、持守谦德而不失其壮盛，能以“尚往”而得吉的，如四爻的“藩决不羸”；有居平易之处，不涉入险难，以退为进而“无悔”的，如五爻的“丧羊于易”；至于当今当道的大臣，都出自那时倡义的武士，历尽艰险而得以逢盛运的，如上六的“艰则吉”。简要地说，废藩的众多武士，忠肝义胆，为国忘身，都值得赞美和崇尚，他们的成败祸福，也是各自自取的。“用罔”实在足以作为借鉴啊！

《象传》曰：雷在天上，大壮，君子以非礼弗履。

大象为震雷发于乾天，势力强壮，所以叫做大壮。随、复、豫、大壮四卦都有震体，所以都取象于雷。随卦雷入泽中，阳势逐渐收敛，是秋雷；复卦雷入地中，阳势已经衰微，是冬雷；豫卦“雷出地奋”，阳势刚盛，是春雷；大壮说“雷在天上”，阳势强健而壮盛，是夏雷。君子效法这一卦，是因为雷的发声必定根据时令，违背时令就成为灾难；君子的践履必定根据礼，违背礼就有悔恨。乾为行，震为足，有履象。乾卦的《象传》说“君子以自强不息”，震卦的《象传》说“君子以恐惧修省”，合起来说，君子因为要自强，只以非礼的践履为可惧，即孔夫子所谓“非礼勿视，非礼勿听，非礼勿言，非礼勿动”的宗旨。

[一辞多断]

○问征战：军力强盛，有迅雷不及掩耳之势；但兵骄必败，这是应当深深戒止的。○问经商：雷在天上，是货价正高之象，得价就要出售，不可过于贪财。○问功名：雷声远震，一定能成名。○问家宅：防止有火灾，应该祈祷。○问疾病：震为雷，也为足，防有足部的疾病，而不能行走。○问婚姻：震为乾的长子，巽为坤的长女，属于天作的配合，吉。○问失物：雷一过就无形，恐怕这东西无法再得到。○问胎孕：生男孩。

初九：壮于趾，征凶，有孚。

《象传》曰：“壮于趾”，其孚穷也。

[经传释义]

初爻居大壮的开始，在下位而动，故说“壮于趾”。震为征，“壮于趾”而征，有急起直追的气势，无“视履考祥”的念头，所以凶险。“有孚”，《象传》说“其孚穷也”，初爻虽然与四爻相应，本身既无可前往，四爻又远隔而无能为力，所以“其孚穷”。

[一辞多断]

○问征战：“壮于趾，征凶”，为孤军深入的人提出了警戒。有勇无谋，所以凶。○问经商：货物的贩运，有不胫而走、不翼而飞的妙处；但不考虑销路而贸然前往，怎么能获利？所以凶。○问功名：初爻本来在下位，说趾，是动在下位，功名必定低微。○问家宅：趾，止的意思。住宅应该安止，不应该迁移，迁移有凶险。○问婚姻：防止女子有足部的疾病。“征凶，有孚”，指虽然有聘约，但是“其孚穷”。○问失物：失物已经被踏坏了。○问胎孕：生男孩。

[活断实例]

◎某友人来，请占事业的成败，筮得大壮卦，变为恒卦。

断卦说：初爻居乾卦的开始，在内卦的下位，必定是时机没到而要先动，所以有“壮于趾”之象。您占事业而得大壮初爻，知道您意在速成。谋划还没有详细、经验还不充足而贸然前进，不但无利而且凶险，故说“壮于趾，征凶，有孚”。“壮于趾，征凶”，指轻举妄动而自取失败；“有孚”，指徒有这个约定。这件事必须待时而动，慢慢图谋，这样才吉；现在仓猝求成，所以凶险。

友人不用这一占断，急急地兴起事业，以至失败后倾家荡产。后来有人以三分之一的资金继承这项事业，反而得到了大利。

九二：贞吉。

《象传》曰：九二贞吉，以中也。

[经传释义]

全卦各爻都失于过刚，只有二爻得中。中就是不偏。二爻与五爻相应，无抵触的缺憾，即无过与不及，进退适宜，所以不说壮也不说正，而直接说“贞吉”。这是把彖辞的“利贞”归于这一爻，以彰显它的吉祥。易道虽然以扶阳抑阴为贵，但是如果阳刚过盛，也有失于中道，所以一定要抑制其过刚而使它就中道。《象传》说“以中也”，这是由于九二值下卦的中位，象征刚而能柔，处置适中。

[一辞多断]

○问征战：因为谋划得力，所以能得胜，吉。○问经商：因为货价适宜而得时中的价格，可以获利。○问功名：恰好中式，吉。○问婚姻：雀屏中选[①]，吉。○问家宅：住宅坐西朝东，位置适中，大吉。○问疾病：病在中焦，应该用潜阳滋阴的药剂，自然得以痊愈。吉。○问讼事：得到中间人的调剂，马上平息。○问胎孕：生男孩。○问行人：已在途中，马上可以归来。

[活断实例]

◎某公司经理来请占气运，筮得大壮卦，变为丰卦。

断卦说：大壮卦四个阳爻在下面，两个阴爻在上面，阳为大，阴为小，刚浸而长，所以叫大壮。您占公司而得二爻，可见公司资金充裕，足以有所作为。您身为经理，应当以柔济刚，以静制动，从容办事，不要期望迅速收到效验。谦和有礼，进退都得当，自然能渐渐获得利益，吉，没有不利。二年后到四爻，四爻为大壮的主爻，可以得到大利。

后来的事果然和所占断的一样。

九三：小人用壮，君子用罔，贞厉。羝羊触藩，羸其角。

《象传》曰：“小人用壮”，君子罔也。

[经传释义]

羝羊即公羊。三至五爻互兑为羊，故取羊象。卦体纯刚，故说“羝羊”，来比喻阳刚的壮盛。三爻在内卦的终位，逼近外卦，乾刚而震动，壮象即将成就。小人处在这时，必将仗恃他的壮盛而表现出凌人的气势，

---

① 雀屏中选：指得选为女婿。雀屏指画有孔雀的门屏。典出《旧唐书·高祖窦皇后传》记载：“……于是在门屏上画了两只孔雀，让求婚的公子以两箭射取，暗中约好许给射中孔雀眼睛的人。前面数十人都射不中。高祖到后，两箭各射中一只眼睛。……于是小姐归于我高祖皇帝。”

这就是“用壮”；君子有壮盛的势力却不敢以壮盛自居，就像没有壮盛的势力一样，所以说“用罔”。罔即无，即京房所谓“壮一也，小人用之，君子有而不用”。

九三以阳爻处阳位，阳爻阳位而不得中，即使贞正也是危厉的，所以说“贞厉”。君子因为危厉而更加谨慎，白天乾乾上进，夜晚自我警惕，时时防止自己有违背礼的地方，一点也不敢逞其壮盛的势力，即所谓“虽有如无”。

九四在震体，为竹苇，故说藩。藩是用来防止羊逃逸的。四爻在前面，三爻触到它，所以说“羝羊触藩”，以象征小人用壮。羸，郑玄和虞翻作“累”，是拘累缠绕的意思。“羸其角”，指羊触到藩篱，羊角被藩篱拘累而无法解脱，用来比喻用壮的危险。

“小人用壮”，这时就应当知道改正了；“君子用罔”，这样就可以免于危厉了。《象传》说“小人用壮”，小人只知道拥有壮盛的势力；“君子罔也”，去掉一个“用”字，更可以看出君子的不用，以收敛到不可见为贵。

另一种说法：罔指法网。君子知道用壮的危厉，凛凛然以法网为戒，即“君子怀刑”的意思。也通。

[一辞多断]

○问征战：善于作战的人审度时机，观察敌情，不敢妄动；自恃勇力的人逞强战斗，以孤军长驱直入，以致陷于危险而无法脱离，所以凶。○问经商：自恃资财的富有而任意垄断，一旦货物毁坏，无处销售，必定遭受大的损失。善于经商的人应当没有这个忧虑。○问功名：鲁莽者必定失败，谦退的人必定成名。○问家宅：住宅位置既高，建房就应该低。房屋过高，恐怕有震陷的灾祸。○问疾病：病是由于血气过刚，用药适宜调血下气。○问讼事：以忍气吞声，中止诉讼为宜。倘若强讼不休，最终凶险。○问婚姻：两姓或许一贫一富，倘若富者仗恃富有而凌驾于贫者之上，会导致夫妻反目，凶。○问胎孕：生男孩。

[活断实例]

◎某友人来，请占商业的盛衰，筮得大壮卦，变为归妹卦。

断卦说：这一卦内卦乾为老父，外卦震为儿子，是老父主谋于内，儿子干事于外，父子协力振兴家业，财力旺盛，所以叫大壮。您占商业而得三爻，三爻以阳爻居阳位，爻与位都刚强，倘若任凭性情径直前往，其壮强的势头几乎可以压倒同行；但过刚必折，恐怕反为同行所倾轧，必定遭受窘迫和侮辱，如同羝羊触入藩篱而无法解脱。善于经商的人以坚贞自处，不敢因为富有而产生骄气，也不敢仗恃才干而自我夸耀。有壮盛的势力而不用，这样才算得到了处于壮盛势力的方法，也就是得到了生财之道。您一定要认真考虑这一点

后来友人乘壮盛的势力做事，果然遭到了同行的排挤，损失了数万元。

◎明治二十七年五月中旬，我国驻英国公使某患病，某友人很忧虑，请我占卦。筮得大壮卦，变为归妹卦。

断卦说：大壮是阳盛的卦，九三又以阳爻居阳位。震为木，木属肝，一定是肝阳过盛，脾阴受克的病症。某公使平素身体健壮，医生因为他的健壮而误认为实火，一味地泻肝息阳，以至元气越来越虚，肝阳越来越燥，几乎不可救药，这是“用壮”的失误。善医者应当用育阴潜阳的方法治疗，即所谓“用罔”。至于论爻象，三爻变阴则全卦为归妹，归是归天；到四爻变阴则全卦为泰，这时疾病可以治疗。现在是五月中旬，必须过一个月后才能指望痊愈，但恐怕等不及了。

后来，某氏果然于第二个月四日死亡。

九四：贞吉，悔亡。藩决不羸，壮于大舆之輹。

《象传》曰：“藩决不羸”，尚往也。

［经传释义］

九四出了乾体而进入震卦，为震卦的开始，以阳爻居阴位，刚不过度，所以得吉而“悔亡”。三爻的藩篱指四爻，四爻前面是两个阴爻，所以藩篱已经决了。輹是车轴缚，坤为大舆，震卦上面两个阴爻得到了坤元之气，所以也称“大舆”。輹壮舆就强，远行就没有妨碍，凭这而前往，壮而不见其壮，有什么悔恨呢?《象传》说“‘藩决不羸’，尚往也”，指壮而贞正，才可以允许前往。

［一辞多断］

○问征战：前途城垣已经破败，车马往来驰逐，进攻可以全无阻碍。

○问功名：九四互乾卦，爻辰在戌，戌上值奎壁二宿，壁宿主文昌，用来崇尚文德，功名必定显达。王良五星在壁宿的北面，主车马，有大舆之

象；雷电六星也相近，主兴雷，即震雷之象。○问经商：可以许为满载而归，吉。○问家宅：住宅在车马往来的地方，宅前藩篱破落，应该赶快修整。○问疾病：人以发肤为藩卫，以心神为车马。发肤破裂，心神摇荡，病体不会久了。○问婚姻："舆说辐，夫妻反目"，不是好配偶，不吉。○问胎孕：九四为震体的开始，震一索而得到男孩，为长子。

[活断实例]

◎明治二十七年九月，大本营进入广岛，大元帅陛下将要亲征。恭敬地筮了一卦，得大壮卦，变为泰卦。

图为1894年9月明治天皇在广岛大本营召开会议

断卦说：这一卦四个阳爻牵连上进，以决去两个阴爻，其势力盛大，所以叫大壮。现在我国兴起征伐中国的军队，中国以严密的兵阵固守还不能抵挡，何况其藩卫已经决破，怎么能抵御我们呢！恍然如同在平坦的大路上驰骋大车，这是可以预先决断的。爻象是这样，其吉祥就可以知道了。

于是把这一占断上呈给某贵显。

六五：丧羊于易，无悔。

《象传》曰："丧羊于易"，位不当也。

[经传释义]

上卦互兑，兑为羊，五爻正是羊。丧，丢失的意思。易，音"亦"，陆德明作"场"，指疆场。"易"、"场"古时候是通用字。乾为郊，郊外称作牧。

五爻值乾，为郊外的疆场，是畜牧的地方。畜牧有藩篱，是为了防止羊的逃逸。卦中以震下画为藩，三爻触到它，到四爻藩篱就决了，所以到五爻羊逃跑了。羊在易逃逸，所谓"大道多歧而亡羊"，所以说"丧羊于易"。五爻为震卦的中爻，属阴，而易为空旷的郊外阴地。阴爻进入阴地，看不出壮盛，所以卦象为"丧羊"。而且羊性刚卤，喜欢触物，无羊就无触，无触就没有用壮的悔恨，所以说"无悔"。

旅卦的上九说"丧牛于易"，这个"易"字也作"场"。旅卦宜于柔顺，却丧失了柔顺，所以“有凶”；大壮厌恶刚强，现在丧失了刚强，所以“无悔”。《象传》说“位不当”，指“无悔”在于得中，不在于当位，犹如九二的“贞吉”，《象传》说“以中”，也不在于当位。

总之，大壮一卦，彖辞所谓“利贞”是就事理说，不是就爻位说，这是很明白的。“易”字，郑玄认为指交易，《周易本义》读音异，指容易，含义各有所取。

[一辞多断]

○问征战：二爻说“羝羊触藩”，有攻击之象。“丧羊”就无触，这样战事就可以消弭了。○问经商：易，郑玄认为指交易，有经商的含义。丧，丢失的意思。恐怕有小的损失，但没有大的悔恨。○问功名：以得到为吉，以丧失为凶，亡羊补牢，不能算晚。晚年还可以指望。○问家宅：住宅在郊外空旷处，于畜牧不利。○问疾病：丧是凶象，不吉。○问婚姻：牵羊担酒是婚礼上必备的节目；因为没有羊，婚礼不成。○问胎孕：生女孩。

[活断实例]

◎某友人来说：“近日有一种货物，可以居奇获利，请占一卦，来决定盈亏。”筮得大壮卦，变为夬卦。

断卦说：大壮卦四个阳爻在下面，其势力很壮，所以叫大壮。现在占得第五爻，五爻处于外卦的中位，属阴，象征壮盛的势力已经失去。爻辞说“丧羊”，必定有丧失而无所得。

友人说：“因为台湾的事，购入军队所需要的粮食等物品，以后与中国开战的时候，实在是一笔大买卖。”后来听到和平的消息，顿时惊愕，于是遭到很大损失，三年之后还还不清全部借款。

被日军占领的旅顺海军公所

◎明治二十七年十一月二十日，某贵显来访，说："目前旅顺口形势如何？试为这件事筮一卦。"筮得大壮卦，变为夬卦。

断卦说：以我国占旅顺，旅顺属于中国，也就是属于外国。现在占得五爻，五爻居外卦的中位，应当以我国为内卦，旅顺为外卦。丧失的是中国，得到的是我国。爻辞"丧羊于易"，易是容易的意思。不需要努力作战就能得到旅顺，数日内必定有捷报传来。

数日后旅顺被攻陷，果然和所占断的一样。

上六：羝羊触藩，不能退，不能遂，无攸利。艰则吉。

《象传》曰："不能退，不能遂"，不详也；"艰则吉"，咎不长也。

［经传释义］

上爻处于外卦的终位，与三爻相应，上爻的羊即三爻的羊，上爻的触就是三爻的触。三爻虽然"羸其角"，但是乘刚而动，力量足以撞决藩篱，可以前进；即使不能前进，也还可以后退。到上爻则势力衰落，爻位穷极，以阴爻居阴位，象征后路断了，前面的路又穷尽了。不说"不能进"而说"不能遂"，说到底是无法实现用壮前往的志愿，比三爻的"羸其角"更加窘困，有什么利呢？因为既不能退又不能遂，而用艰难来警惕自己，惩前毖后，不符合礼的事就不去做，转咎为吉又有什么难处呢？

《象传》所谓"不详也"，是说它不能"视履考祥"，以至退与遂都没有办法；所谓"咎不长也"，是说能知道艰难，就会以谨慎自守，用壮在这里终结，祸咎也就到这里为止。

［一辞多断］

○问征战：上六处于爻的极位，如同追穷寇，仗恃得胜而深入，反倒为失败的军队所困，以至进退无路，就是凶道了。○问经商：一心囤积居奇而不销售，到时机过去、价格低落的时候，就保本也不可能了，那时窘困就严重了。○问功名：上爻有地位高而危险之象，倘若系恋不退，灾祸一旦到来就不及后退了，那时后悔也晚了。○问家宅：上爻居震的极位，震为声响，宅中必定有响动；震又为木，木动克土，恐怕有土精出现。土精为羊。住宅不利，应当以艰难自守。变卦为晋，彖辞说"锡马蕃庶"，到晋卦就可转咎为吉了。○问婚姻：没来得及详细打听就敲定，现在改悔已经晚了。应当知道艰苦困守，久后必有好结果。○问胎孕：生女孩。

[活断实例]

◎一天去拜访杉君，闲谈了很久。杉君对我说：“昨晚有偷儿进入我的仓库，偷去了一些东西。其中有勋章和礼服，是贵重的物品，不知还可以得到吗？您试着占筮一下。”筮得大壮卦，变为大有卦。

断卦说：上六为爻的极位，盗贼窃得勋章和礼服等贵重物品，既不能转售，又无法自己使用，没有任何好处，也属于黔驴技穷。爻辞说：“羝羊触藩”，羊性刚卤，用来比喻贼的卤莽。“触藩”的是贼，或者将把这贵重物品放在邻近的藩篱间吧？您请搜寻一下。

后来，果然在邻宅的墙垣上寻到了。杉君大为称赞。

䷢火地晋

卦体上为离，下为坤，坤为地，离为火。坤卦《象传》说“行地无疆”，行即进；离为火，炎上，也是进。善进的动物没有比得上牛马的，坤为马，离为牛，都能远行，有进象。火的特点是明，地的特点是顺，明就足以烛照远处，顺就足以推行，也有进长的含义。

按：晋，进的意思。“晋”字古文作“簮”，从“臸”从“日”。“臸”、“正”二字通用，即刃切，音“进”，是前往、上升的意思。《序卦传》说：“物不可以终壮，故受之以晋。”这是用晋卦接续大壮的原因。

晋：康侯用锡马蕃庶，昼日三接。

[经传释义]

卦象上明下顺，其中离明为日，象征君王，坤顺为臣，合起来是君明臣良之象。坤为国，为邦，所以说侯。坤为康，康是安的意思。坤为马，为众，故说“马蕃庶”。离为日，故说昼。爻辞称“康侯”，指明臣。明臣升进，天子赞美他，“赐马蕃庶”是说赐予的车马数量很多。“昼日三接”，是说不但赐予很多，而且接见很频繁，一个白天就达到了三次。

《彖传》曰：晋：进也。明出地上，顺而丽乎大明。柔进而上行，是以“康侯用锡马蕃庶，昼日三接”也。

晋卦离为日，坤为地，取日出于地之象。日出于地而向上升进，光明上达天空，照耀大地。顺而柔的是坤，丽而明的是离。“大明”象征明君，“上行”象征大臣的升进，意思是天子像太阳一样在上位，诸侯恭顺地在下位，明君与良臣相济，上下同心同德，天子奖赏功勋，多赐车马，一昼之间三次接见。宠赐很隆重，品物众多；礼遇很优厚，慰问再三。考察大行人①这一职务，说“诸公三飨三问三劳，诸侯三飨再问再劳，子男三飨一问一劳”，这就是天子三接诸侯的礼仪。“锡马”，即《觐礼》所谓“匹马卓上，九马随之”。

以这一卦比拟人事，在国家为君与臣，在家庭则为父与子。离在下巽在上的卦为家人，家人说“有严君焉”。坤为母，也为民，有母子之象。老父在上位而能明察，有正道而无溺爱；儿子在下位而能顺从，有孝敬而无忤逆。由此治家，就会盘中有肥美的奉养，门庭得到欢乐的休祥。先于父母的意思进奉，却符合他们的需要，是顺的极致；一团和气而容色温和委婉，是柔的正道。

“丽乎大明”，是继承志愿而做到最高的孝；“进而上行”，是接受别人的侍奉而承受欢乐。就国家所说的“康侯”，即家庭所称的孝子贤孙。“锡马蕃庶”，国家有恩赐，犹如家庭有庆赏。“昼日三接”，接见的礼仪叫做三飨三问三劳，犹如世子所谓“朝问安，昼视膳，夜视寝”。《大学》说修身齐家，首先称“明明德”，因为有离明的品德才能进而修身，再进而齐家，而治国，而平天下，都是从这里开始的。这就是晋卦为什么取象于“明出地上”。

以这一卦比拟国家，上卦象征政府，有火的性情，能开启文明的国运；下卦象征百姓，体现了地的性情，能柔顺地上进。政府以它的光明照临下位的百姓，下位的百姓以它的顺从服从政府。《象传》说“明出地上”，指太阳刚出山的时候逐渐升高，用来比喻明君擢用贤臣，使他们升到高位。顺只有附丽于明才有用，柔只有进升到明才得当。不然的话，以顺取悦，反而会蒙蔽明；因为柔而生暗，必定不能上行。所以《象传》说“顺而丽乎大明，柔进而上行”，这就是晋卦为什么说进。

说“用锡马藩庶”，用指用来赏赐。如《采菽》一诗所说：“君子来朝，何锡予之？虽无予之，路车乘马。”“昼日三接”，一是行观礼；二是三次燕飨，三次传令，降下西阶而拜；三是右肩袒露，进入庙门，出自屏南，最后进入门左，君王慰劳他，再次下拜。这是元首明达，股肱之臣优良的结果。一时远处的大臣来朝见，天子燕飨食物丰美，礼仪之隆重，赐予之丰厚，接见之频繁，达到了最高的程度。

历观六爻，初爻为开始上进，所以有“摧如”之象。二爻的“愁如”，也是凛然于初爻的“摧如”而来。三爻不“摧如”也不“愁如”，众人感

---

① 大行人：官名。《周礼》说秋官司寇所属有大行人，设中大夫二人。掌接待大宾（诸侯）、大客（孤卿）之礼仪。

孚而允服。这是内卦，属于坤柔而上进的。四爻不当位，所以有“鼫鼠”的禁戒。五爻为卦主，所以前往有喜庆。上爻处在离的极位，离为戈兵，所以说“伐邑”。这是外卦，属于得离丽而光明的。《象传》说“君子以自昭明德”，“君子”即离卦所称“明两作，离”的“大人”。

通观全卦，卦体从大壮来，把上卦震的下画变为坤，把下卦乾的中画变为离，再交换位置，就是大壮了。晋是前进的意思，壮就会前进，所以“进而上行”。《象传》说“明出地上”，明指离，地指坤，出即所谓“上行”。日的光明在天，日所照临的是地。日凭明而上行，不明则不但不能上行，而且不成其为日。

六爻都说晋，而各随其先后为象。初爻是进步的开始，别人或许不孚信于我，应该以宽裕对待它们。二爻比初爻进了一步，虽然怀有愁闷，但已经看出吉而受福的结果了。三爻又前进了一步，不孚信的忽然得到了感孚，众心允服，有什么悔恨？内三爻得坤顺的特点，所以都吉。四爻是外卦的开始，出震体而入离体，首鼠两端，有忽进忽退之象，这样即使贞正也有危厉。五爻为卦主，是“柔进而上行”而成卦的一爻，所以“往吉，无不利”。上爻处于晋的极位，角即大壮羝羊的角，进而不顺，必定导致羞吝。外卦三爻在离体，爻位高而难以前进，所以多有危厉。

离的配卦有十六个，卦象最理想的是晋和大有二卦。大有“明在天上”，光明最盛；晋卦“明出地上”，光明刚发出。刚发出的光明，前进以柔为贵。六爻中四爻和上爻说厉。四爻的前进不走正道，所以像技穷的老鼠一样；上爻前途穷尽了还前进，所以有晋角的危厉，都失去了柔的上进之道。圣人显示微小的事物来阐明幽隐的道理，因为忧患而制作《周易》，所以在晋卦所象征的世运，还必须以“贞厉”、“贞吝”为禁戒。初、二、三、五爻的吉，正是为了劝进。自己发明自己的性德，用以发明天下人的性德，全卦的宗旨就在这里吧？

《象传》曰：明出地上，晋，君子以自昭明德。

日以向西降落为夜晚，以从东方出现为早晨。日刚出山的时候，逐渐升高，越高越明亮，没有什么不照临，即使幽隐处也全都了然可观，这就是晋卦之象。君子效法这一卦象，来自己发明性德。德是本心的作用，它的灵明一直具备，与生俱来，本来没有一毫私欲可以掩蔽，犹如太阳刚出地面，沧沧凉凉，明光华照，本来没有一点云翳。“自昭明德”，昭即明，即所谓“明明德”。明德而还有待于明，这件事不容假借，只在于自己知道、自己去明罢了。君子痛切地责备自己，格除物欲，推致良知，以开启自昭的端始；使意至诚而无妄，心贞正而无邪，以实现性德的自我昭明，叫做“君子以自昭明德”。

［一辞多断］

○问时运：正值好运刚来，犹如朝阳初现，逐渐升高，光明普照。吉。○问征战：值大军刚刚出发，顺路前进。应该在白天作战，不应该在夜里进攻。○问经商：最有利的是煤炭地火等生意，取它们光明之象。吉。○问功名：有功名指日高升之象，吉。○问讼事：应该返身自我诉讼。○问家宅：住宅朝东南，高大宽敞明亮，有吉星太阳的照临，大吉。○问胎孕：生女孩。○问失物：在明堂[1]中寻找，得到。

初六：晋如摧如，贞吉。罔孚，裕无咎。

《象传》曰：“晋如摧如”，独行正也；“裕无咎”，未受命也。

［经传释义］

“柔进而上行”从初爻开始。初爻先说“晋如”，想要上进而没有结果；继而说“摧如”，遇到摧折而受阻。初爻与四爻相应，但四爻不当位，不但不应援它，而且摧阻它的进取。初爻虽然遇到摧折，但因为位得贞正而吉。“罔孚”，指摧折也是由于上下之间没有感孚。坤为裕。在没有感孚的时候，或者汲汲地谋求上进，或悻悻地怀有忿懑，都是导致灾咎的原因；只有雍容宽裕，安贫乐道才没有灾咎，所以说“裕无咎”。

《象传》说“独行正也”，指九四不正，初爻能独自践行正道；“‘裕无咎’，未受命也”，指没有得到赐命，只应该宽裕地等待时机。

［一辞多断］

○问时运：目前好运刚来，虽然没有灾咎，但也没到兴盛的时候，应该从容等待。吉。○问征战：初次行军，兵众的心没有安定，应该宽容等待。吉。○问经商：货物刚到，行情不理想，应该等待时日。早则四天，迟则四个月，到四爻所谓“众允”时，货物可以畅销，必定大获利益。○问功名：功名固然属于本来有的，只是不能预知迟早罢了，应该宽心等待。○问家宅：住宅本来吉祥，一时不能入住，是由于双方情志没有沟通

---

① 明堂：风水术中称阳宅大门前面或阴宅前方的范围，是地气聚合的处所。

好。缓一步必定成就。〇问婚姻：因为探听的结果不确切，迟缓一步可以成就。〇问失物：日后可以得到。〇问疾病：应该宽缓调养，可以痊愈。〇问胎孕：生女孩。

［活断实例］

◎某县人来，请占志愿能否实现，筮得晋卦，变为噬嗑卦。

断卦说：晋指进步，晋的初爻象征进步的开始。“摧如”，指要进步而有所摧折。初爻的进步虽然正当，却无奈别人不信任。现在您占问志愿而得初爻，知道您品行端正，才能可以有为，但一时众人的情意还没有感孚，所以进步受到阻碍。初爻与四爻相应，而四爻不但不应援初爻，反而来阻挡初爻，料想您所托请的谋事人不但不能相助，反而相毁坏，所以一时难以如愿。到四爻“众允”的时候，志愿可以实现。一爻为一个月，大约四个月以后大吉。

这人曾经携带建议书请见某贵显，不但没能当面提出建议，反而受到警部的侮辱。得到这一占断，大有感悟。

六二：晋如愁如，贞吉。受兹介福，于其王母。

《象传》曰：“受兹介福”，以中正也。

［经传释义］

“愁如”，不悦的意思，与“摧如”不同。愁是我自己的事，摧却是为别人所阻碍。但二爻的“愁如”实在是从初爻的被摧而来。二爻居中得正，所以“贞吉”。“介福”，即大福。二爻与五爻相应，五爻居王位，属于坤阴，坤为妣，所以说“王母”。“王母”即所谓太后。二爻属坤，坤旁通于乾，乾为“介福”。井卦三爻说“王明，并受其福”，既济卦五爻说“实受其福”，井卦三爻、既济五爻都得到了乾体，它们的福都来自乾。二爻互艮，艮为手，象征用手持福给二爻，而二爻接受，所以说“受兹介福”。

《九家易》说，介福指马与蕃庶之物。《象传》说“以中正也”，指持守中正，不因为无应爻而灰心，所以最终得以享受大福。

［一辞多断］

〇问时运：目前不是气运不好，只是所求多有阻碍，心中未免忧郁。

只要能持守正道而不变，最终必定亨通而得到大利。〇问征战：前一次的进攻既遭到摧折，现在再前进，未免特别忧愁和畏惧。但临事的时候能畏惧，以后必定获吉。六二与六五相应，六五爻辰在卯，在天上值氐、房、心、尾四宿。氐宿前面的两颗大星主后妃，所以取象为王母。向它祈祷就会得福。〇问经商：因为以前贩运的货物已经折本，现在未免怀有愁闷，所以说"晋如愁如"。必须以中正自守，到五爻说"失得勿恤，往吉，无不利"。这是劝人不必忧愁，会自然获得福庆。〇问功名：现在虽然忧愁，但是到五爻说"往有庆"，二年后可以获吉。〇问婚姻：吉，但目前不成，必须等到第三年才成。应当有祖母为此作主。〇问家宅：应当迁居，与祖母同住同食，吉。〇问失物：久后可以得到。〇问胎孕：生女孩。

［活断实例］

◎明治五年，我随着陆军大佐福原实氏，去赞州谋划建筑兵营。当时坐在轮船中，福原氏说："当今我国形势，前途不可预知，请试着占问一下。"筮得晋卦，变为未济卦。

断卦说：晋即前进。要前进而忧虑被摧折，是要前进而没能前进，所以爻辞说"晋如愁如"。六二以阴爻居阴位，得中得正，与初爻相比，因为初爻的被摧而倍加忧虑，可以说是临事知惧的人，所以"贞吉"。现在占我国时势而得到这一爻，我国从维新以来，力图进取，以开启文明。开始时为内部武士的意见不合所阻碍，在外部为西方各国风气和教化的不同所困厄，下面又为不便改革所扰乱，所以要前进而没能马上前进。现在得到二爻，二爻与五爻相应，五爻居君位，可知当道的大臣蒙受皇上的知遇，上下一心，固然不敢畏难而退缩，只是进步困难，日益忧虑，这就是爻辞所谓"晋如愁如"。当时三条公等大臣，秉持正道而为国谋划，不但受到皇上的知遇，也为太后所信任，这就是爻辞所谓"受兹介福，于其王母"。

就前后爻辞作详细的推论，初爻属于以前的事，二爻属于现在的事。二爻和五爻相应，即彖辞所称的"康侯"。到三爻，初爻时"罔孚"的众人孚信了，所以得以上行而无悔。四爻则恐怕有谗佞邪恶的大臣在高位，如同老鼠的昼伏夜出，进退都很诡秘，打算窃取并玩弄权柄，属于应该戒止的。五爻值君位，象征明君在上位，殷勤地为诸臣劝驾说："失得勿恤，往吉，无不利。"就"愁如"的二爻而说，意思是得失不足以忧虑，前往"无不利"。"有庆"即受福。上爻居离明的极位，离卦上爻"王用出征"，所以五爻也用"伐邑"，指再有摧折我的，必当用王师讨伐，使它不敢再阻碍我的前进。爻象一爻或者当一年，或者当十年，可以按定数求得。

统括地说，晋是进的意思。晋卦继大壮而来，象征适宜柔顺地上行，不宜刚健地躁进。取坤卦的柔顺而在下位，更要取离的光明而在上位，君子自昭明德，就是这个道理。要成就武功必须先具备文德，上爻的“伐邑”也是不得已的做法。我国明君良臣，文武兼修，国富兵强，日益进步和强盛，正是难以值遇的有道时期，岂不是很吉祥吗？

福原氏听了，大为感慨和佩服。

六三：众允，悔亡。

《象传》曰：众允之，志上行也。

[经传释义]

三爻在内卦的上位，与四爻相比，有阳刚的爻阻碍在前面，似乎应该有悔。允，信的意思。六三爻辰在亥，得到了乾元之气，而乾为信。三爻比近于初二两爻，又与初二两爻同心协力，合成三爻，如同三人成众，所以说“众允”。外卦为离，取它的明，即所谓“克明克允”。“众允”，四爻就不会摧折它们了，所以“悔亡”。古来为国家谋事，成败都决定于人心的向背，人心不顺应，事情即使正当，最后也不会成功。孟子所谓“多助之至，天下顺之”，就是“众允”的意思。

初爻的“罔孚”，是由于还没有得到信任；三爻的“众允”，是得到了众人的信任。孔子所谓“信而后谏”，“信而后劳其民”，事奉上面，指使下面都是这样。《象传》说“众允之，志上行也”，三爻与上爻相应，志在上行，所以能被众爻所共同信任。

[一辞多断]

○问时运：目前灾悔已经过去，大众心悦诚服，所以吉。○问经商：开始时被人摧折，无法获利；现在众人和睦，可以无咎，卖买都有利。○问征战：众志成城，作战必定胜利，进攻必定克敌，上行不会后悔。○问功名：要得到众人的推举才行。○问家宅：主眷属和睦，吉。○问婚姻：两姓和谐，吉。○问讼事：有第三人出面处理，双方都会应允和服从，没有悔恨。○问胎孕：生女孩。

[活断实例]

◎九州某商人来，请占购买某大公司物品的事，筮得晋卦，变为旅卦。

断卦说：卦体下顺而上明，显然以明白而无欺瞒，柔顺而得到众人的支持为要点。现在占购卖物品而得到晋卦三爻，可知在初爻时已经想要购买，因为众人的摧折而没有成功；二爻时又要购买，因为自己多忧虑而没有决定。现在值三爻，已经得到众人内心的允服。虽然四爻象征贪婪的人，想要从中取利，但由于大众已经允服，它也不会再阻止了。可以购买，没有悔恨。

九四：晋如鼫鼠，贞厉。

《象传》曰：鼫鼠贞厉，位不当也。

［经传释义］

九四以阳爻居阴位，不中不正，在上下四个阴爻的中间。上互坎，下互艮，坎为隐伏，艮为鼠。坎隐伏有害于明，艮止有害于顺，象征没有大臣的品德却居大臣的位置，向上顺承阴柔的君王，窃取和玩弄权势，向下抑制众人的意见，使忠诚的言论无法上达，上下之间互相隔绝。它的贪戾本性犹如鼫鼠，所以说“晋如鼫鼠”。从来奸臣得到权位，贪婪而残忍，白天潜伏，夜里活动，诡秘多端，玩弄权柄，像鼫鼠一样狡诈；一旦君王明察奸邪，则像鼫鼠见猫一样无不捕灭，所以说“贞厉”。《象传》说“不当位”，指这样的人不应当居这样的职位，属于窃位。

解卦以阴爻居阳位象征狐，晋卦以阳爻居阴位象征鼠。本卦互体为艮，一个阳爻在上面，所以称“鼫鼠”。狐性情多疑，在解卦应当去其狐疑；鼠性情贪婪，在晋卦应当去其贪婪，取象各得其当。

［一辞多断］

○问时运：气运有蹊跷，应该以光明正大的态度来处置。倘若首鼠两端，喜欢狡诈，结果必定凶险。○问征战：晋卦彖辞说“昼日三接”，有人认为“接”即“捷”，即一个白天就得到三次胜利。倘若多疑而又贪鄙，像鼫鼠那样昼伏夜出，那就危险了。○问功名：爻辞说“鼫鼠”，鼫鼠五种技能都很拙劣，一定无法得志。○问经商：鼠性贪婪，贪婪的人没有不失败的。要防止因为同伙的贪财而失败。○问家宅：鼠是穴居的动物，善于盗窃。住宅鼠多必定主耗失，不利。○问疾病：《诗经》说“鼠思泣血”，或许有呕血的病症；又说“癙忧以痒”，或许有疥疮，这也很危险。

○问讼事：首鼠两端，又要退却又要前行，一时无法决定。○问行人：白昼潜伏而夜里行路，一定有特别的原因。一时不能归来。○问失物：已经进入鼠穴，无法再得到。○问婚姻：鼠主鼠窃，主婚姻不正当。○问胎孕：生女孩。

［原活断实例］

◎某商人来请占家政，筮得晋卦，变为剥卦。

断卦说：卦体“顺而丽乎大明，柔进而上行”，足见主持家政的人公允明达而在上位，一家人柔顺而和乐，有家业日益升进之象。现在占得九四，以阳爻居阴位而不得正。鼠为穴居动物，昼伏夜出，贪婪而怕人，属于阴性的动物，四爻像它，所以爻辞说“晋如鼫鼠”。料想您家中必定有鼠窃一类人管理家务。如《诗经》所吟咏的“硕鼠硕鼠”，一则说吃禾苗，再则说吃谷米，知道它盗食家产，祸害不轻，所以说“贞厉”，即家道虽然贞正，但也危厉。您一定要审慎！

◎子爵五条为荣君即将迁居到西京，请占迁居的吉凶如何，筮得晋卦，变为剥卦。

断卦说：这一卦内卦为坤，外卦为离，合起来为晋。《象传》说“明出地上”，太阳出于东方为明，入于西方为晦。卦德既然为明，就是宜东不宜西。现在您将移居到西京去，辞去爵位而归隐，占得晋卦四爻。晋的意思是进，不宜退；日出在东方，不宜去西方，卦象都不合。四爻说“晋如鼫鼠，贞厉”，指首鼠两端，又前进又退却，正如您的进退疑虑，要迁移而无法决断。“贞厉”，指退隐的想法不是不正当，只恐怕以后有危厉。劝您不必迁移。

六五：悔亡。失得勿恤，往吉，无不利。

《象传》曰：“失得勿恤”，往有庆也。

［经传释义］

五爻为晋卦的主爻，高居在君位，阴柔而得中，只是与四相昵比，使四爻得以窃取和玩弄权柄，隔绝二三两爻，使它们无法亲近六五，所以有悔。但五爻具备离明的品德，智慧足以明察奸邪，于是废黜六四而任用六二，使正道光明朗然，上下互相感孚，所以说“悔亡”。“失得勿恤”，指五爻不自恃它的明达，能任用六二而信任不疑，只计是非而不计得失，即使有小失小得也不值得在意。往即“上行”，指康侯前往朝见天子。“吉，无不利”，指受“介福”于王母，所以《象传》说“往有庆也”，庆即“受兹介福”。

[一辞多断]

○问时运：目前正当盛运，灾祸远去，福祉到来，有获得而无损失，大吉。○问征战：转败为胜就在这一战，奋勇前去，立刻就会成功。○问经商：以前有小的损失，现在可以有大的收益，吉。○问功名：不必汲汲于求名，可以在无意中得到。吉。○问家宅：日出于东方，离卦位于南方，住宅必定朝向东南。从前略有灾悔，现在屋运已经转变，吉，没有不利。○问婚姻：以九五为男方家，以六二为女方家，两爻都吉，非常有利。○问讼事：说“悔亡”，指灾害已经过去。停止诉讼，吉。○问失物：去寻找，一定会得到。○问胎孕：生女孩。

[活断实例]

◎华族某来请占气运，筮得晋卦，变为否卦。

断卦说：晋卦以五爻为全卦的主爻，象征高明而在上面，并且坤卦为邦，为国，有屏藩一个国家之象。阁下占气运而得到这一爻，爻辞说“悔亡，失得勿恤”，想来阁下从废藩以来，以前或许小有灾悔，现在能柔顺地上进，观光的志向正当，不以失得为忧虑，所以说“悔亡”。往指前往朝见，上下交孚，所以无往不利。听说阁下要用每年财产的余利教育武士子弟，为国家培养人材，对财产的得失不再考虑，彖辞所称的康侯必定就是阁下了。以后天皇的恩赏下达，一定会车马蕃庶，这是可以等待的事情。《象传》所谓“往有庆”指的就是这个。

◎明治三十一年，占内阁气运，筮得晋卦，变为否卦。

断卦说：晋卦象征太阳出现在大地上，柔顺而附丽于大的光明，是国家政治骎骎上进的气运。现在占得五爻，五爻居君位，明德朗然，上下交孚，正是君明臣良的时期。但其间人才的进退，官吏的升降，不能没有一点纷扰。各位内阁大臣都肃穆地立在朝廷，秉持着忠诚做事而不计较荣辱，叫做“悔亡，失得勿恤，往吉，无不利”。

伊藤博文像

山县有朋像

果然，这年伊藤侯爵辞去了总理的职务，大隈、板垣两位伯爵进入内阁；五月，山县侯爵提升为总理。这期间虽然不是没有纷扰，但是国家却更加进步，正合这一占断。

上九：晋其角，维用伐邑。厉吉，无咎，贞吝。

《象传》曰："维用伐邑"，道未光也。

[经传释义]

角，是阳爻在上位之象，含有威猛的意思。上爻处于晋卦的极位，过刚而失去了中道，所以说"晋其角"，意指它的知进不知退。离为甲，为戎。离卦上爻"王用出征"，上爻在离体，所以也说"维用伐邑"。用者是五爻，邑指四爻，奉命讨伐的是上爻。四爻既有罪，声明它的罪过而加以讨伐，用兵虽然危险，却吉而无咎。但干羽的舞蹈可以感格顽固的苗民，玉帛可以止息战争，现在却不用文德而用武功，也未必不是有累于圣明的事情，所以即使正当也不免鄙吝，所以《象传》说它"道未光"。

[一辞多断]

○问时运：目前好运即将告终，要防止有事故，但无大害。○问征战：只可以就近征讨国内，不可远去攻伐海外。危险，但最终吉祥。○问经商：防止与同行有纷争。事情虽然危险，货物却有利，只是在人情上未免鄙吝，幸而没有灾祸。○问功名：晋即进，角在头上，有首选之象。功名成就以后，防止有从军作战。吉。○问家宅：居住者与乡党有纷争，未免不安，但没有大问题。○问婚姻：上爻与三爻相应，象征男女两家。开始有纷扰，最终得以和谐，所以"悔亡"与三爻相同。○问讼事：《雀角》一诗，用来讽刺诉讼，中止诉讼就吉。○问胎孕：生女孩。

[活断实例]

◎某友人来说："现在有一个公司，从创立以来我就很关注。去年总会整顿员工，后来事务不规范，有股民的纷扰，这是由于公司形势不振呢，还是由于员工不得力？请占一下它的盛衰。"筮得晋卦，变为豫卦。

断卦说：晋是光明出现在地上的卦，有公司气运日益上升之象。现在占得上爻，为晋的极致，就是要上进无可上进了。物极必反，想来还有再次改革吗？"伐邑"就是端正那些不端正的，可以让以前员工中的练达者来确定公司的规则，这样或许就可以得吉了。事情虽然危险，最终是没有灾祸的。公司从此会得以复兴而不失正道，但在有识者看来却未免窃笑，所以说"贞吝"。

䷣地火明夷

“明出地上”，称为“火地”；这一卦相反，称为“地火”。明出于地的卦光明向上燃烧，所以为晋，是上进的意思；明入于地的卦光明向下而被掩蔽，所以叫明夷，是光明受伤的意思。明夷的时运，柔暗的君王临朝，众多正直的人都受到它的伤害。

明夷上承晋而来，离来居下卦，地往居上卦。《序卦传》说：“晋者，进也，进必有所伤，故受之以明夷。”这就是明夷为什么接续晋卦。

明夷：利艰贞。

[经传释义]

明夷，光明受伤的意思。卦体上卦为坤，下卦为离，坤为地，离为火。火进入地中就会为土所掩蔽；火不能向上产生光明，象征火被土制，离火受伤。火既受伤，势必无法出于坤地而显耀光明，只是晦暗罢了。以艰贞收敛它的光彩，通过后退来躲避伤害，以潜伏为有利，属于用晦之道，所以说“明夷：利艰贞”。

《彖传》曰：明入地中，明夷。内文明而外柔顺，以蒙大难，文王以之。“利艰贞”，晦其明也。内难而能正其志，箕子以之。

卦象日出于地就光明，日入地就黑暗，黑暗就会伤害光明，所以晋卦《大象》说“昭明”，明夷卦《大象》说“用晦”。所谓变化而不失贞正，危险而能保持平安，就算得到了用晦之道。

古代的圣人有这样做的，内心修养文明的品德，外部竭尽柔顺的诚意，即使自身蒙受大难，在羑里受到囚禁，但是七年当中，秉持忠心，谨守职责，没有一点二心，这就是文王为什么是文王，叫做“内文明而外柔顺，以蒙大难，文王以之”。

但文王是外臣，与商纣王疏远，他的用晦还算容易。还有身为商纣王宗亲箕子，诤谏就要遭受杀戮，要离去也无处可去，因而披散头发，假装颠狂，甘心受辱，这就是箕子为什么是箕子，叫做“内难而能正其志，箕子以之”。所谓“内难”，指箕子是纣的宗亲，不忍离去，而不离去就有灾祸朝夕逼迫，这是大臣尤其难处的。箕子能用佯狂的方式隐晦他的明达，得以免于灾难，是殷商三位仁人中最显著的。

总之，在商纣王的时代，不用艰贞来隐晦自己的明，就一定会遭受惨烈的灾祸，文王和箕子的行为，可以说是千古人臣用晦的最高楷模。文王和箕子两位圣人的行为，换个位置都是一样。

孔子解释六十四条彖辞，都推阐文王彖辞的含义，只有这一卦称文王，这也是有原因的。“明入地中”，是文王事奉纣王之象。文王有大明的品德而被幽囚在羑里，也可以说是“明入地中”之象。人们得到明夷卦，知道了时运的艰难，就应当固守贞正之道。明夷时“利艰贞”，与其他卦所说的“利贞”不同。凡爻中说“利艰贞”的，多数是单就一爻而说，而明夷则全卦都取“利艰贞”的含义。《象传》说“君子用晦而明”，即“利艰贞”的意思，其垂诫太深了！

以这一卦比拟人事，象征门祚衰薄，家庭遭遇不幸的时运。坤为老母而在上卦，离为中女而在下卦，女儿虽然明达，却得不到老母的垂爱，类似晋文公出亡国外才得以存活，宜臼在国内而几乎被杀，说明不明达还可以，明达遭遇的灾祸尤其酷烈。古来由妾所生的儿子，一旦家庭破败，情形大体都与这相类似。推论开来，与人共事而遇到昏庸的首领，为国出征而遇到柔暗的主将，有才能就遭受妒忌，有德行就被谗言所伤害，不但无济于事，而且身命难保。所谓“顽石得全，璞玉必剖”，这正是明的害处。

明夷这一卦，要旨全在“用晦”二字。用晦来隐藏明，明才无害；以明来用晦，晦才能得正。坤为用，又为晦，的确是用晦的含义。离火上炎，离体中虚，中虚就足以藏明，这是“用晦而明”之象。谚语说“闭口深藏舌，安身处处牢”，也是处世的要诀。人生入而居家，出而谋划国事，如果不幸遇到了艰难的时运，就应当效法明夷的用晦，以求自我保全。

以这一卦比拟国家，上卦坤为政府，因为坤土过厚而导致阴暗；下卦离为臣民，离火虽然光明，但是明在地下，是贤臣遇到暗主之象。身值乱世，动辄遇到危机，才华和声誉都足以招致祸端，所以庸碌的人得福，杰出的人被害，也是时势使然。君子处在这样的境遇，要时常凛然地知道畏惧，如履薄冰，如临深渊，怀着韬光匿彩的想法，有才能而不敢显露，有德行而一定要深藏，或者看到风头就早早隐退，明哲保身，才算“用晦而明”的君子。

所以六爻取义虽然不同，其宗旨不外“用晦”。内三爻属离卦，为鸟，为马，为狩猎。鸟能高飞，马能远行，狩猎而献给王公，都是用隐晦离明的方法避祸。外三爻属坤卦，四爻说“出门”可以免灾，而“入地”则凶。五爻为卦主，用箕子来象征，都用坤的顺来隐晦离明。这是关系国家的兴废大事，圣明如箕子，也只能乐天知命而尽臣道，以求挽回天意，所以六爻不说吉凶。说吉凶反而开小人趋吉避凶的门径，不属于圣人用晦之道。

通观全卦，明夷在晋卦的后面，因为晋是前进的意思，而前进不止必定受伤。时运有泰否，道术有显晦，时运与道术相违背，即使圣贤也无法免于灾难。晋卦所象征的时运，明君当阳而治，康侯得以受到明君的宠赐；明夷所象征的时运，暗主君临天下，众贤人都被他所伤害。太阳落入地中，明为地所夷，所以贤人不被容纳，道术正大而不被信用。仁爱者怀揣他的宝物，智者隐藏他的明鉴，“用晦而明”，得到了这个宗旨。

六爻分别看，初九为明夷的开始，值逸民的位置，见到微末的征兆就早早离去，以潜藏为贞正，有保护自身的智慧，如伯夷、姜太公就是这样。六二文明而中正，为离卦的主爻，上承于坤体，值宰辅的位置，以匡救时势为贞正，执经守常，比如周文王就是这样。九三值明极生暗的时候，与上六相应，善于通达权变，能够顺天应人，比如周武王就是这样。六四弃暗投明，见机而作，知道上六不可挽救，远远地洁身隐遁而去，比如微子就是这样。六五居坤阴的中位，身为王室宗亲，担任着股肱一样的职务，不幸遇到了暗主，因为关系到社稷，能够持守贞正，比如箕子就是这样。上六已经是穷阴极晦，与日俱亡的人，比如商纣王就是这样。

总之，明夷全卦以上六为卦主，下五爻都为上爻所伤，其中内三爻受伤尤其严重，所以都首先揭出“明夷”二字。卦象以上一卦晋为日出，这一卦为日落。日即君王，君王以贤人为羽翼，以忠臣为股肱，以自身为元首，以亲戚大臣为心腹，才能升上天位而照耀四国。现在初爻羽翼受了伤，二爻股肱受了伤，三爻元首堕落，四五爻腹心远离，上爻的入于地，其伤害节节都可以目睹，其征象一一都很危险，后世的君王应当作为借鉴。

《象传》曰：明入地中，明夷，君子以莅众，用晦而明。

离为明，坤为地，“明入地中”是隐藏光明而不用之象，君子效法它。坤为众，故说“莅众”，即用以统御众人。智慧不可以不明，但也不可以过明；不明就会被别人所欺瞒，过明就不会为别人所容纳。应当把明智隐藏在宽和柔顺中，韬晦光明而不露，蕴含美德以自我保全，这样才会使上位者不至于妒忌自己的功劳，使众人都顺服自己的德化。这样处昌盛的局面，昌盛局面就会越发显耀；涉越危难，危难中也能得到安康。古代的圣贤用旒纩来阻塞聪明，通过树立屏风来间隔内外，而不过分使用聪明，都是这个道理。

[一辞多断]

○问时运：值大难的气运，应该深自晦藏。○问征战：《象传》说“莅众”，正值用兵的时候。应该效法明修栈道，暗度陈仓的计策，必定得胜。○问以商：卦象艰难，大众恐怕难以取利，但暗中还有分肥的机会。○问功名：离火被土所克，功名无法显达，显达反而有灾害。○问家宅：家道不顺，或许父子分居，还可以保全。○问婚姻：一定不是明媒正娶。○问疾病：是肝火内郁的病症，应该用熄火的办法治疗。○问讼事：应该忍受委屈而停止诉讼，这样可以免祸。○问胎孕：生女孩。

初九：明夷于飞，垂其翼。君子于行，三日不食。有攸往，主人有言。

《象传》曰：君子于行，义不食也。

[经传释义]

“于飞，垂其翼”，指飞鸟因为伤了翅膀而下垂。“君子于行，三日不食”，指仓促间决然离去，无法得到食物。“有攸往”，离开这里叫做行，去别处叫做往。“主人有言”，指或者议论它的迂阔，或者讽刺它的偏颇固执，虽然无法确定所议论的是什么，但是不免啧有烦言。

初爻与四爻为害应，被四爻所伤，而离为飞鸟，所以取来作为比喻。鸟受了伤而得不到安栖，要离去而避害，故说“明夷于飞，垂其翼”。但初爻值离卦的开始，距上爻还远，受伤也还轻，其离去也还早。“三日不食”，离为大腹，其体中虚，中虚即腹中空，是不食之象。“三日”，以离三爻都为明而被伤，所以说“三日”。君子不断地行走，既离开这个国家，就不再吃这个国家的粮食，所以《象传》说“义不食也”。

“君子”指初爻，“主人”指四爻。初爻与四爻相应，四爻要伤害初爻，初爻为避开四爻而远行，四爻见初爻离去而有言说。像初爻那样，可以说明善于考察朕兆，而不受四爻的伤害，真是善于用晦的人。

［一辞多断］

〇问时运：开始气运不好，但因为善于自我保全，得以无害。〇问征战：军营中粮食已经吃尽，应该暂时退却。〇问经商：明夷，恐怕资本有折损。运货远行，有中途受难之象，又恐怕主人啧有烦言。〇问功名：于飞垂翼，明白显示了不能腾达之象。〇问婚姻：初爻与四爻相应，反倒相害，婚姻不成。〇问家宅：住宅必定是租赁的，而不是自己的，所以有主人。“三日不食”，有灶台破损而无法做饭之象。不利，应该迁移。〇问胎孕：生女孩。

［活断实例］

◎有为别人主管事务的友人来，请占气运，筮得明夷卦，变为谦卦。

断卦说：明夷，离火被坤土所掩，光明受到伤害；离又有离散的意思。观察您的相貌，骨间有黑气蒙覆，属于明被黑掩，可知即将与主人离散了，所以爻辞说“主人有言”。玩味初爻的爻辞，您与主人显然不和，想要辞去。爻辞说“于飞，垂其翼”，恐怕要离开却为主人家所束缚，所以垂翼而不能飞。即使能够从这里去往别处，也恐怕前途不利，还有子胥吹箫的危难。时运不好，应该用隐匿的方法避祸。

〇明治二十八年，占我国气运，遇明夷卦，变为谦卦，上呈给内阁总理大臣。

断卦说：明夷卦日落入地中，象征昏暮的时候。就我国近一时期而论，离火的文明盛于内地，而为外交的不如意所逼迫，故说“明夷，利艰贞”。现在我军战胜了中国，我曾经于今年六月初次开战时占得需卦，从中知道了海陆军的全胜，并料到后来有三国干涉的事。三国外表上或许用威武来颂扬，内里实在是由于嫉妒我国的富强，这是他们的诡计。现在得到明夷卦，可知我军在战胜之后，军舰有有所损伤而不再适用的，兵士有疲敝而不可再劳累的，正如鸟伤了羽翼而不能飞，叫做“明夷于飞，垂其翼”。想要前进而与三国相抗衡，无奈兵力不足；想要退却而议和，又无奈国民的不服。日夜筹措思考，几乎废寝忘食，叫做“三日不食”。爻象所谓“用晦而明”，是指我国所向往；所谓“有攸往，主人有言”，即指三国的烦言。

果然，四月媾和的条约签订，同时有三国的干涉，我国于是归还辽东，得到战争赔款就算了①。

六二：明夷，夷于左股，用拯马壮，吉。

《象传》曰：六二之吉，顺以则也。

[经传释义]

二爻是臣位，在离卦中，与五爻相应。五爻在坤体，为暗的主爻，想要伤害贤臣，这就是明夷为什么叫明夷。“左股”，以二爻为股肱之臣，《管子·宙合》说：君王立在左边，臣立在右边，这是君臣之分决定的，左属阳，右属阴。因为君王在左边，所以说“明夷，夷于左股”。“用拯”，与涣卦初爻爻辞相同。拯，救助的意思，子夏作“升”。二爻变阳则下卦为乾，乾为马，健，故“马壮”。所谓用马来拯救自己，即使受伤也吉。

《象传》说“顺以则也”，坤为顺，柔顺地效法，即承乾，即取乾马而用拯的意思。

有人说，二爻中虚，即内文明之象，象征周文王。文王居西岐，看商纣王都城为左方，所以用左股来比喻；文王囚禁在羑里，当时向商纣王贡献了九匹毛色有文采的良马，这是用拯的实事。这个说法特别精辟和贴切。

[一辞多断]

○问时运：目前运势不太好，有伤残之象，幸而得到禄马相救，所以吉祥。○问征战：左营的军队不利，幸而马队得力，所以转败为胜。○问经商：不适合时宜的策划叫左计，可知经营谋略不合时宜，所以有损失；幸而有姓马的人出面调剂，这才导致吉祥。○问功名：官职下降叫左迁，似乎不利，只有值午年或交午运才吉。○问疾病：离卦二爻中虚，像陷进去的样子，这人必定陷入深坑，伤了左足；幸而马健壮，得以一跃而出，受了伤也吉祥。○问家宅：必定是左边的柱脚受了损伤，应该赶快修整。○问婚姻：离卦为阴象，女子恐怕有足部的疾病，不利于行走。适宜匹配午命人，吉。○问胎孕：生女孩。

---

① 我国于是归还辽东，得到战争赔款就算了：中日《马关条约》签订后，日本得到了中国战争赔款的巨大的利益。由于俄、德、法三国的干涉，日本又以三千万两白银的“酬报”，将辽东半岛退还给了中国。

[活断实例]

◎明治二十二年，占某贵显气运，筮得明夷卦，变为泰卦。

断卦说：明夷《象传》说“明入地中”，也就是向晚的时候。人的命运以朝向光明为盛，以向晚为衰。现在您占气运而得到明夷的二爻，推论爻辞所说，恐怕您在目前的气运不免有损伤或刑克。旁门左道的人千万不要接近；走路时应该小心，防止左足跌伤，同时防止生疮。大运要交午运才好，或者逢午年，或者值五月，都有利。

九三：明夷于南狩，得其大首，不可疾贞。

《象传》曰：南狩之志，乃大得也。

[经传释义]

九三居离体的终位，南方是离的本位；狩是冬季的田猎，即守在一个地方而猎取禽兽。从离位到坤位为向西，坤伤害光明而不可前往，所以说“南狩”。离为兵戈，不说行师而说狩猎，也是用托言狩猎的方式来自我晦藏。离卦的上六说“王用出征，有嘉折首”，首指魁首，即极恶的人。现在“得其大首”，必定是大的禽兽。猎获大的而舍去小的，即圣人网开一面的意思，从中可见离明的仁德。疾，频繁的意思，就狩猎而讲求武备，固然是正经事，但是频繁地这样做，不但违犯游猎无厌的戒条，而且关涉到日日出征，使军队疲惫的忌讳，不是用晦之道，所以说“不可疾贞”。

《象传》说“南狩之志，乃大得也”，指在这明夷的时候，还可以狩猎和进献猎物，使双方嫌隙不生，以达到晦藏的目的，这也是大幸了。另一种说法：“南狩”指周文王在南阳狩猎而遇到姜太公，以得大首来比喻姜太公。也足以备为一种解释。

[一辞多断]

○问时运：大运有破败，适宜退守；交冬令的时候从南方出行，必定得到大的利益。○问征战：卦名叫明夷，明说进兵必定有伤亡和失败，应该用暗兵从南方进入。离卦上爻说“王用出征，有嘉折首”，正合于这一占断。○问功名：南方属文明，猎取禽兽与猎取功名都期望有所得。“大首”指魁首，一定会荣膺首选吧？所以说“志大得也”。吉。○问婚姻：婚礼上的送雁与射雀，也取“从禽”之象。“得其大首”，指得到好的配偶，吉。○问疾病：应当出门到南方躲避，吉。○问失物：可以到宅南寻找，一定得到。○问胎孕：生女孩。○问家宅：住宅离位南向。“大首”，指一乡当中的大富人家，吉。

[活断实例]

◎明治十六年，某商人来请占气运，筮得明夷卦，变为复卦。

断卦说：明夷“明入地中”，离为日，日隐入坤土当中，光明受到伤害，所以叫明夷。夷是伤的意思。用来讨论人生的气运，是目前气运被伤害，本来不好。您是商人，拿商业来说，应当在冬季往南海道一带收购或销售货物，必定有一种大生意可以获利。但是不适宜再去，叫做“明夷于南狩，得其大首，不可疾贞”。

后来某商人果然得到了大利。

◎明治二十七年八月二十六日，占我国进军平壤，筮得明夷卦，变为复卦，于是把占断赠给某人。

断卦说：明夷卦内卦为日，外卦为地，象征太阳转入地下的时候。古来解释这一卦的人，以为三爻是武王的事，说“于南狩，得其大首”，指周武王讨伐商纣王而获得了全面胜利。现在占进兵平壤而得到这一爻，九月十五日，我军从四面围攻平壤。从南向北的是大岛少将的部队，作战很艰苦，少将也被枪铳所伤。这应在明夷，夷就是伤。从北向南的是佐藤大佐的部队，得到大的胜利，攻陷了牡丹台，直逼玄武门，于是杀死了敌将左宝贵，敌军全部崩溃。十六日拂晓，没有损伤一兵一卒就占领了平壤。爻辞说“南狩”，说“得其大首”，一一中的，易理的玄妙达到了这个程度！

朝鲜平壤牡丹门

六四：入于左腹，获明夷之心，于出门庭。

《象传》曰：“入于左腹”，获心意也。

[经传释义]

四爻出了离卦，进入了坤卦，坤为大腹。按照卦位，坤在离的西面，为左，“入于左腹”即入于坤腹。进入了它的腹中，自然可以获知它的心意，但是不说获坤的心，而说“获明夷之心”。明夷是就全卦而言，为“用晦而明”的心，是能卑下巽顺而不违逆，可以发挥心腹作用的。出是出于离体。坤方来，故说“入于”；离已退，故说“于出”。另外，初爻变阴则下卦为艮，艮为门庭。门庭是光明的地方，“于出门庭”，也是取“用晦而明”的意思。

另一种说法：“于出门庭”，即微子离去之象。明夷全卦六爻，分别以周兴商亡的历史相配，历历可以为证。

[一辞多断]

○问时运：爻象出离光明而进入黑暗，可知时运不利。不应该居家，而应该出门。○问征战：可以潜入敌人的左营探听密谋，然后告诉大营，可以得胜。○问功名：功名以高升为吉。“入于左腹”，坤为腹，为入地，不吉。○问经商：《释名》认为，腹是复和富的意思。入于腹即入于富，获心即称心。“于出门庭”，是出门经商之象。○问疾病：病在心腹，恐怕是内部受损的病症，应该出门求医。○问家宅：住宅明堂左首的道路有阻碍，出入不便。○问婚姻：女子腹中已经有孕，不利。○问胎孕：生女孩。

[活断实例]

◎缙绅某来请占气运，筮得明夷卦，变为丰卦。

断卦说：时运适于阳而不适于阴，适于光明而不适于黑暗。卦象说明夷，“明入地中”，是正在进入黑夜。现在得到第四爻，根据爻辞所说，料知您手下的执事者中，必定有腹中非议的小人暗中窥探您的心意，借以制造事端，出去告诉长官，使长官对您有疑虑，使您事事遇到掣肘。这都是目前气运的不利之处，不如退身避祸。

后来缙绅依照占断，恳求友人向长官提出调转的请求。长官答应了，把他调到其他局去任职。

六五：箕子之明夷，利贞。

《象传》曰：箕子之贞，明不可息也。

[经传释义]

《宋世家》说：纣王淫佚，箕子劝谏而不听。有人对箕子说：“可以离去了。”箕子说：“劝谏不听而离去，是彰显君王的恶而自己取悦于民，吾不忍心。”于是披发佯狂而为奴，后来又隐居而弹琴……”由此可见箕子的贞正。

《象传》说：“内难而能正其志，箕子以之。”五爻居上卦的中位，所以用它象征箕子，并上承《象传》的意思来解释“用晦”的含义。《象传》所谓“内难”，指与纣王同姓；所谓“正其志”，也就是“利贞”。《象传》说“明不可息”，指《洪范》九畴[1]，它所体现的道万古常明，箕子能把它陈述给周武王，所以虽然暂时受到伤害，而终究大明于天下。这叫做“明不可息”。

[一辞多断]

○问时运：目前正在困厄中，只要不失正道，久后必定亨通。○问征战：主帅不明达，以致有谋士逃亡的现象。○问经商：一定要历经艰苦，才能获利。○问功名：时事日益艰难，不应该进取，只应该退守。○问家宅：主亲族不和。○问疾病：防止有发狂的病症。○问婚姻：应该中止婚事。○问讼事：一时无法得理，久后自然明白。○问胎孕：生女孩。

[活断实例]

◎明治十八年五月，应千家大教正的请求，筮佛教的气运，得到明夷卦，变为既济卦。

断卦说：佛法是印度圣人了达三世、灵妙高远的道法，世界宗教中没有超过它的，自然足以昭明万世，终古不息。现在占得五爻，爻辞说“箕子之明夷，利贞”。箕子是纣王的庶兄，因为纣王无道，不听劝谏，而假装颠狂，用做奴隶的方法躲避官位。到了周朝兴起，向武王陈述《洪范》九畴，受到分封，得以保存殷商的祭祀。他虽然受到伤害，但是他的道却终究得以大明于天下。现在佛法的气运也像商朝衰微的时候一样，千家大教正正如当日的箕子。应当恪守宗教的正道，以显明宗旨的传承，使释迦牟尼的圣德常明于天下，佛教的宗风不灭于世间，这些都靠大教正的力量。《象传》说“明不可息也”，说的就是这一点吧！

于是千家大教正感叹说：“唉！神佛二道的气运真是这样吗？不胜

---

① 九畴：指传说中天帝赐给禹治理天下的九类大法，即《洛书》。《书·洪范》：“天乃锡禹洪范九畴，彝伦攸叙。初一曰五行，次二曰敬用五事，次三曰农用八政，次四曰协用五纪，次五曰建用皇极，次六曰乂用三德，次七曰明用稽疑，次八曰念用庶征，次九曰向用五福、威用六极。”

感悟。”

上六：不明，晦。初登于天，后入于地。

《象传》曰：“初登于天”，照四国也；“后入于地”，失则也。

[经传释义]

上六居坤卦的极位，为明夷全卦的主爻，象征昏君，所以说了“不明”又说晦，意思是昏暗又昏暗的人。最初登天，最后入地，是开始时自诩为明，最后却“明入于地”，属于明夷的实象。

《彖传》所称文王和箕子，他们的圣德的光明难道不足以照耀四国吗？而当时文王被囚禁在羑里，箕子假装颠狂而做了奴隶，正是所谓入地。所以明夷时运的社会，昏君在上位，入地者运用晦暗，登天者失去了法则。在这样的社会中，如果不审时度势而急于上进，就会光照还没有普遍就身败名裂，而且祸患都是自己拾取的。一定要像文王那样以柔顺蒙难，像箕子那样“内难而能正其志”，才是善于处明夷世道的人。

明夷卦六爻都教人“用晦”的方法，昏君的凶险不说也可以知道。

[一辞多断]

○问时运：开始的运虽然好，后来的运却不佳。凡事应当作退一步想，这样才能无咎。○问功名：应该晦藏心志，隐遁形迹，不宜自我炫耀才华。○问经商：货价初次太贵，末后太贱，显然有天渊的差别，应该得到二者的平均值。○问征战：防止在攻山夺险时坠入深渊。○问婚姻：有先富后贫的嫌疑。○问家宅：住宅面对高山，后临深渊，地势过于低陷。○问疾病：开始患气冲，后来又下泄，难治。○问胎孕：生女孩。

[活断实例]

◎明治二十一年六月，我与坂田、服部两氏，在尾州热田谋划合作建立水泥厂，并推坂田氏为厂长。生产水泥的方法，是把石灰与黏土合在一起烧造而成。我国所用的水泥向来靠外国输入，每年约费数十万元，而设立制作局，每年可以减少十万元。而且热田厂生产的水泥，品质好于外国，很有声誉，价格也高。明治二十三年春天，占该厂的境况，得到明夷卦，变为贲卦。

断卦说：水泥本来是黏土石灰两种东西合起来制成的，黏土从污湿的地中掘得，就是所说的入地；不取洁白的，而取黑而润泽的，就是所说的

"不明，晦"。这种土从地中掘出后，历经工匠的熔化锻炼，犹如"登天"；炼成后，用来粉墙筑地，俨然有"后入于地"之象。该公司制作的产品工艺精良，可以远销国外，即《象传》所谓"照四国"。玩味爻辞的意思，与水泥的制造与贩运历历互相符合，该公司的盛大是必然的。

过了几个月，又占了一卦，仍然得到这一爻，越发知道神的指示没有二话，其灵妙实在值得敬服！

䷤风火家人

卦体巽在上，离在下，巽为木为风，离为日为火。木燃烧就产生火，所以木火相生；日照空气而成风，所以风日相成。这都是由于一气的鼓铸，犹如人一家的生育。另外，取火的明，取风的和，象征人伦和纲纪修明，门庭和睦，所以说“风火家人”。而且家人卦从明夷而来。明夷值周朝兴起、商朝灭亡之际，周朝的兴起开始于太姒，商朝的灭亡是由于妲己。国运的兴亡以家政为根基，这就是为什么用家人卦来接续明夷。

家人：利女贞。

［经传释义］

“利”、“贞”两字，是家人全卦中的关键。自古家道的成败，无不从妇人开始。贤德的妇人称为内助，只有淑女才适宜于家庭。贤淑就是贞，否则“牝鸡司晨，惟家之索”，是应该禁戒的。《周易》全经，《上经》以乾坤为首，乾为父，坤为母，是老夫老妇，它们具备四德而不只是利贞；《下经》以咸恒二卦为首，其中咸卦是妇道的开始，恒卦是妇道的终结。咸卦彖辞说“利贞，取女吉”，恒卦彖辞说“利贞，无咎”，可知“从一而终”，“妇人贞吉”。恒卦五爻爻辞，清楚地揭示了家人一卦的要旨，即贞就吉，不贞就不吉，而家人的卦德只注重贞。贞吉专属女人，所以家人卦彖辞一开头就说“利女贞”。

《彖传》曰：家人：女正位乎内，男正位乎外，男女正，天地之大义也。家人，有严君焉，父母之谓也。父父子子，兄兄弟弟，夫夫妇妇，而家道正。正家而天下定矣。

卦象为巽风和离火，风主顺，火主明。巽为长女，下爻虚而象征顺；离为中女，中爻虚而象征明，全卦明而又顺，所以是贤德的女人。卦体都是女人之象，家道首重妇人的品德，所以《彖传》说：“家人，女正位乎内，男正位乎外。”先说女人而后说男人，是说家人以治理内部为首要。

男子有妻室，女子有夫家，这是人伦中的大事，也是“天地之大义”。人伦端正，天地的大义也就确定了。

君是尊的意思，一国人中以君王为尊，一家人中以父母为尊。父道虽然以慈爱为极致，但是《孝经》也称“严父”，所谓“教笞[①]不废于家”就是严。母子之间多有溺爱的现象，圣人特意用严来解释，使母子的关系与父子相同。用风的柔和顺从象征贞正，用火的炽烈象征严明，即程子所谓“正伦理，笃恩义”，这样家人之道就完备了。家人当中，不外乎父子、兄弟、夫妇，一种关系得到了端正，其他关系就没有不正的，所谓“正一身以正一家，正一家以正一国，正一国以正天下”，不外于家人之道。

以这一卦比拟人事，卦名叫家人，彖辞和爻辞所说都是治家的要道，人事全在其中。所谓“女正位乎内，男正位乎外”，大旨是家内的事由女人主持。自古女子的贤德最难得。女性属阴，容易流于阴险狠毒；女性质柔，容易溺于偏狭和私昵。闺门不严谨的祸害，有导致失败、灭亡而不可挽救的，所以彖辞首重利贞。

女人的不贞，开始都是由于家教不严，《彖传》说“家人，有严君”，是为了强调父母的责任。初爻女子还幼小，所以先确立防闲；二爻稍微长大些了，应当让它们在家中调制饮食；三爻已经长成，所以禁戒它们的失节。内卦三爻，女子还在家中，约束不怕严。四爻说顺，是得正的缘故；五爻说假，是“交相爱”的缘故；上六说孚，是根本在自身的缘故。外卦三爻，女子已经成家，“威如”才能得到“终吉”。孟子所谓“女子之嫁也，母命之”，“曰必敬必戒，无违夫子”，都与爻辞相符合。严取自离卦，离火酷烈，所以家教以严为主；顺取自巽卦，巽风柔和，所以妇道以顺为正。

《象传》说“风自火出”，火固然因为风而炽烈，但是火焰自然能够产生风。君子效法它而端正自己的言行，言论有物而不虚伪，行为有恒而无羞惭。或言语或沉默，或行动或安静，都是人事的大堤防。没有风和火，天必定不能久远运行；没有言论和行动，人也无法成就事业。女子正位于内，即所谓“言不出于阃，行不履于阈”；男子正位于外，即所谓“言满天下无口过，行满天下无怨恶”。言行的妥善与否，关系到人事的成败和家道的兴替，所以家人一卦取义于男女，而《象传》则说“言有物而行有恒”，其旨趣太深远了！

以这一卦比拟国家，家中所修就是朝廷所献，家与国本来相通；家人

---

① 教笞：教师用的刑具。

也称“严君”，君王与父亲本来一致。所以读《关雎》这首诗，就知道王者的教化开始于闺房，《彖传》所谓“女正位乎内”，说的就是这一点。反之就是西汉的赵飞燕，唐代的武曌，她们秽乱宫帏，摧残国家纲纪，祸患延及宗庙社稷。自古以来，女人的祸患大体都是这样，圣人因为忧患而作《周易》，所以在咸恒等卦之后突出家人卦，用来彰明齐家之道，以通过端正家庭来端正天下。君子治家也好，治国也好，终究不出于言行两端之外。言论可以取信于一家，就可以取信于天下；行为可以展示给一家，就可以展示给天下。朝廷颁布教条和政令，也是这个道理。

全卦六爻，下三爻主齐家的事，这是教人持家的开始；上三爻主家齐的事，这是教人持家的终结。在开始时建立堤防，在终结时就其完成而说“反身”。《大学》所谓“自天子以至于庶人，一是皆以修身为本”，可知家与国的根本都在这一身罢了。

通观全卦，《说卦传》说：“万物齐乎巽，相见乎离。”这个“齐”就是为什么要齐家；这个“见”就是可以推行到天下国家。家人的卦体离在下而巽在上，就是取这个义理。修身齐家之道最终靠明德，所以取离明之象；社会的化育开始于宫帏，所以取风顺之象。这就是卦名为什么叫“风火家人”。

全卦以巽长女居上卦，四爻作为巽的主爻而从九五；以离中女居下卦，二爻作为离的主爻而从九三。六二、六四以阴爻居阴位，各得其当；长女在上而中女在下，各循其序；从九三或者从九五，各得其配偶；外爻属阳而内爻属阴，各司其职。君子效法风火而言行，修明言行而垂示家庭与国家。一家当中丈夫制义而妇人服从，内明而外顺，恩惠得以施行，爱憎得以公正，这样家才能齐，天下才能定。

《象传》曰：风自火出，家人，君子以言有物而行有恒。

巽为风，离为火；巽位在巳，离位在午，巳午都是火，所以有“风自火出”之象。《康成别传》说：郑康成见起了大风，到县衙说：“某时应当有火灾，应该多设禁备。”到了所说的时候，果然起了火。《左传》所谓“融风①，火之始也”，就是“风自火出”的体现。而且风的发生，瞬息之间就会遍及一切；火的燃烧，递相烧起而无穷无尽，比喻教化的施行从内到外，非常快捷，所以说“风自火出，家人”。

---

① 融风：即东北风。东北风属木，故称“火之始”。

考察《洪范》五行，以火配言语；小畜等卦，于巽风都说行，所以君子取象于风火，来决定自己的言行。物即事，恒即常。火附于物就会产生光明，言论有物就可以取为法则；风能恒久才不变易，行为有恒才能成就教化。言行是君子的枢机，风火是天地的嘘气，发于近处而见于远处，这个道理是相同的。

闺门的内部，往往恩德掩盖道义，人情压倒礼仪，所可以仗恃和慑伏家人的，只有言行罢了。教化出自言行，言行又必定出自诚心。诚才足以感化人，不诚则只能使自己走向危险，所以君子居家，对于言行尤其战战兢兢。

[一辞多断]

○问时运：风得到火会更加狂野，火得到风会更加炽烈，正是时运全盛的时候。但涉入于邪恶就邪恶，涉入于善良就善良，言行之间，最应该加以勉励。○问经商：《尔雅》说，“风与火为庉”，庉是聚的意思，有屯聚货物之象。爻辞说“有物”“有恒”，物是货物，恒是恒久，指货物不可急于销售，过后可以获得高价。○问功名：风行于远方，火性炎上，有高升远到之象。言行是出于自身、加于百姓的东西，功名一定成就。○问家宅：防止有火灾。○问婚姻：家人一卦取象于夫妇，离火巽风都象征女子，这或许是长女为姊，中女为娣之象，或许是两姓相对缔结的亲缘。吉。○问疾病：是风火上升，痰多气喘的病症，一时无法治疗。○问胎孕：生女孩。

初九：闲有家，悔亡。

《象传》曰：“闲有家”，志未变也。

[经传释义]

“闲”字从“门”从“木”，门内加木是为了防备外面，所以训释为防。《周易·文言》说“闲邪存其诚”，指闲防邪念；《论语》说“大德不逾闲”，闲是阑的意思，指阑止出入，都是禁止防范的意思。

初爻处在下卦的下位，为家人卦的开始。“有家”，即孟子所谓“女有家”，是专指女子而言；闲，如闺房有规范，女子有箴规，都是用来教诫的。对女子要先立闲防，使她们知道所要谨守的规矩而不敢逾越，就像蒙卦必须先“养正”一样。如果家庭已经渎乱了才加以闲防，心志已经变坏了才加以治理，就会有悔恨了。《象传》说“志未变也”，是说其心志本来明达，在还没有邪欲的时候加以闲防，悔恨自然消亡。

[一辞多断]

○问时运：目前好运刚来，正应当知道自我检束，这样才能没有灾祸和悔恨。○问征战：在行军的开始，应该步伐整齐，号令严明，这样才能有胜无败。○问经商：是初次贩运，应该恪守商规。○问功名：是初次求名，要遵守法纪，不可任凭个人意志而往上爬。○问家宅：住宅墙围坚固，门庭整肃而和睦，治家的人有条理，有规则，约束详细而明白。到四年后可以致富。○问疾病：病属于初起，应该自己谨慎保养，这样必定没有灾害。开始如果不治疗，病症必将发生变化，那时就难治了。○问婚姻：初订姻缘，知道对方家风清白，闺门一向谨严，可以成功。○问讼事：刚诉讼就中止，这样才吉。○问胎孕：是第一胎，生女孩。

[活断实例]

◎明治二十三年十二月，某友人来，请占商法能否成就，筮得家人卦，变为渐卦。

断卦说：风着物就会鸣叫，火着物就会燃烧，这是风和火本身都虚，必须寄托于物才能成形的缘故，就像商业必须凭借资本才能成事一样。现在占问商业而得初爻，象征商业谋办刚刚开始。我国在闭关锁国的时候，外商没有来过，国内所有商人都守着旧习而没能远行，所以有悔恨。近来开始与各国贸易，应当先制定商规，熟识行商的利益，犹如女子刚刚出嫁，应当先学闺门的规范，谙熟做妇人的礼教。为妇之道在于正家，为商的利益在富国，其道理是一样的，如果不在开始的时候加以熟习，茫然从事，怎么能获利呢？爻辞说“闲有家，悔亡”，家庭的有闲防，是谨慎于人的出入；商业的有闲防，是谨慎于钱财出纳，能守闲防，自然有吉而无悔。《象传》说“志未变也”，指在通商的开始，陋习还没有破除。商法必定成就，并起到重大作用。

六二：无攸遂，在中馈，贞吉。

《象传》曰：六二之吉，顺以巽也。

[经传释义]

“无攸遂”，指妇道“无成”，对事情不专制。二至四爻互坎，坎为酒食，故说“在中馈”，指早晚制作饮食，这是妇人的职责。二爻在妻子的位置，具备中正的品德，上应九五巽顺的主爻，是能柔顺得正，上从九五中正丈夫的妇人。妇人之道只是奉祭祀而制作饮食罢了，不得干预外面的事。《诗经》中的《采苹》、《采蘩》两篇，都赞美妇人能以诚心奉从祭祀，可知妇人的职责只在于制作饮食，即《仪礼》所谓“奉箕帚，操井臼”。《象传》说“女正位乎内”，指的就是这一爻。

《象传》说“顺以巽也”，《象传》称“顺以巽”的有三卦：蒙卦的六五，是事奉师长之道；渐卦的六四，是事奉君王之道；本爻，是事奉丈夫之道。即孟子所谓“以顺为正，妾妇之道也”。

[一辞多断]

○问时运：目前正值盛大的气运，但爻象阴爻阴位，只适宜因人成事，不能独断独行。○问征战：这是偏将，一定不是主帅；或者是在后营，主管粮食和军饷的。职责最要紧，谨慎防备，不要有过失。○问经商：想是贩运粮食的生意。吉。○问功名：难以如愿。○问家宅：住宅朝南，宅主一定是妇人，对家里的事不能自作主张。只有灶台最吉祥。○问疾病：幸而胃口强健，可以无害。○问胎孕：生女孩。

[活断实例]

◎某缙绅来请占气运，筮得家人卦，变为小畜卦。

断卦说：二爻处在下卦的中位，为离卦的主爻。离卦中虚，没有专制的权力；离火的作用在于通过烹饪来养人，职责在于调和五味。爻象属阴而柔顺，所以只适宜在内，而不适宜在外。现在占气运而得到家人卦的二爻，知道您气运平顺，但是才智和力量柔弱，不能独揽大权，只可以奉公从事。或许会授职于宫内省，那正是您所擅长的，吉。

◎明治三十年，占递信省气运，筮得家人卦，变为小畜卦。

断卦说：风火家人卦取风的迅疾，火的快速，都主来往迅速。轮船和铁道也都以风与火为动力，可知卦象所说，正与递信局的事务大旨相合。家人二爻的爻辞说：“无攸遂，在中馈，贞吉。”“无攸遂”指递信，都是代人传送信物罢了；“在中馈”，是说邮函报告、铁道的贩运只以粮食为重。这些事务进行在国内，通达于海外，正位于内和正位于外也与此类似，所以说“贞吉”。

九三：家人嗃嗃，悔，厉吉。妇子嘻嘻，终吝。

《象传》曰："家人嗃嗃"，未失也；"妇子嘻嘻"，失家节也。

［经传释义］

"嗃嗃"，《广韵》说是严厉貌，《玉篇》说是严大声。"嗃"从"口"从"高"，指提高声音使人畏惧。"嘻嘻"，《玉篇》说是和乐声。"嘻"从"口"从"喜"，指声音和畅而使人喜悦。

九三以阳爻居阴位，处于下卦的极位，象征一家之主过于刚强严厉。过于严厉就会伤害恩德，未免有危厉，这是"嗃嗃"的过失；但是倘若嘻嘻，就会和乐无度而伤害道义，终究会导致羞吝。治家之道，严厉虽然不符合中道，但是能使家庭整肃而和睦，人人知道敬畏，就不会造成不合礼仪的事，所以说"厉吉"。过于和乐虽然可以使上下欢欣喜悦，但是荒淫佚乐的流弊有不可能言说的危害，所以说"终吝"。《象传》以失与不失相对勘，说明与其过于和乐而导致终吝，不如过于严厉而得吉。

［一辞多断］

○问时运：运限平平，终究以自我勉励为贵。严谨刻苦，不怕辛劳，一定获得吉祥；倘若一味取乐，必将一事无成。○问征战：号令严明，全军敬服，纵使不免杀戮过分，所向却自然能够成功。○问经商：想是外面作商店，里面作住家。内外整肃而和睦，家政严明，店规谨饬，才能获得吉祥；否则，过于和悦而流于荒淫，必将有鄙吝的事要防止。○问功名：爻象专主适宜家居，功名的谋求还要暂缓一时。○问家宅：这宅中家规严肃，吉。○问婚姻：九三的应爻在上九，上九说"有孚"，可知两姓相从，吉。○问疾病：九三属离，为火，应该进用凉剂，即使危险也可以痊愈。○问失物：赶快严格查问，可以得到；倘若宽容迟缓，就永远失去了。○问胎孕：生女孩。

［活断实例］

◎某缙绅来请占气运，筮得家人卦，变为益卦。

断卦说：九三以阳爻居阴位，象征刚强严厉的人；处在下卦的极位，象征一家之长，以刚强严厉的作风监督和统率家政。刚强严厉未必无悔，但是比那和悦以至流荡的强得多了。您现在占气运而得到三爻，知道您禀性刚强，一生的处世与卦象相符合。您职掌政务也都很严厉，一时属员未免怨恨叫苦，但是一切政务无不整肃，自然没有疏忽紊乱的弊病，所以可以断为吉卦。

六四：富家，大吉。

《象传》曰："富家，大吉"，顺在位也。

［经传释义］

离巽二卦象征两个女子，都是坤卦所生。坤为富，为财，又为户，有"富家"之象。六四以阴爻居阴位，处于上卦的第一爻而与初爻相应。初爻说"闲有家"，象征有保护家庭的方法，这样克勤克俭，日积月累，到四爻俨然成了富厚人家，所以说"富家，大吉"。

《象传》说"顺在位也"，二四两爻都是卦主，二爻"在中馈"而掌烹任，是离的位置；四爻说"顺在位"，是巽的位置。妇人以顺德跟从他的丈夫，得以致富，自然能不失她的职位。

［一辞多断］

○问时运：目前正值盛运，已富的能保有家室，未富的马上发财，是大吉之象。○问征战：国富兵强，粮饷充足，可进可退，吉，没有不利。○问经商："利市三倍"，立刻就能致富，其吉祥可以预知。○问功名：官职与钱财常相反，往往必须破财才能成名。○问家宅：一定是巨室阀阅人家，大吉。○问讼事：钱财可以通神，事情没有不能了结的。○问疾病：一定是身体肥胖，膏粱过度所致，用药就会痊愈。○问胎孕：生女孩。

［活断实例］

◎近来我与友人谋划创办一项事业，占问成败吉凶如何，筮得家人卦，变为同人卦。

断卦说：我与友人谋事，则内卦离象征我，外卦巽象征友人。离与巽方位相同，可知我与友人意气相合；二爻和四爻分别为内外卦的卦主，可知我与友人各自主一个职务，通过合作而成事。现在占得六四爻，六四居巽位，巽为商，为利，取象于近利市三倍。得到三倍的利就可以致富，这是商家的大吉象，所以爻辞说"富家，大吉"。得到这样的占辞，决定创立事业，果然得到吉利。

九五：王假有家，勿恤，吉。

《象传》曰："王假有家"，交相爱也。

[经传释义]

九五是君王的位置，王者以天下为一家，所以推极而言。"假"与"格"同，指感格。五爻刚健中正，居至尊的爻位，与六四相比，与六二相应。四爻以顺在位，二爻以顺相从，顺则性情相通，结交缠绵而牢固，互相喜爱，这是假的由来。一家当中，父子、兄弟、夫妇情意如同一体。王者家庭广大，人口众多，推及天下，没有不各自以尊长为尊长，以幼小为幼小的，所谓"王假有家"，真是感格的极致了。"勿恤，吉"，指君王感化的神妙，不用忧恤，自然没有不吉处。初爻说"闲有家"，是以法度闲防，为家道的开始；到五爻说"王假有家"，假即感格它闲防的妥善。君王有家，是化家为国，化国为天下，都作为王者的家，这是家道的终极。

一种说法：假，大的意思，取"假哉天命"的"假"为义。"王假有家"，指王者大而居正位，故说大有家，比四爻的富家更进了一步。这种说法也通。

[一辞多断]

○问时运：好运来了，福气到了，人心自然感通，何必忧虑不吉？○问征战：王者的军队，所向无敌，吉。○问经商：想来这一商业一定是奉公家的命令而办，或者是贡献品物，属于王家的事业。吉。○问功名：恰如姜太公在渭水垂钓，有梦中感通之象，吉。○问家宅：住宅想来是公卿的巨大宅邸。吉。○问疾病：人身以心为君，五爻居巽木，一定是肝木太强而生风，心火生热。应该用熄火定风的药，使心气开通，可以不必忧虑，吉。○问婚姻：有选入宫帏之象。○问胎孕：生女孩。

[活断实例]

◎某友人来请占气运，筮得家人卦，变为贲卦。

断卦说：人生作事，全凭气运。气运如果不好，不但事情多掣肘，即使一家当中的父子、兄弟、夫妇也互不信任，比如苏秦落魄归来的时候，嫂子不下织机，妻子不去做饭。反之，气运一通，不但下面的百姓信服，而且有梦中感通之象，或者忽然从王朝来了征用人才的使者，这都是气运的作用。

现在占得五爻，五爻居君位，故称王。假即格，“勿恤”，不要忧虑的意思。可知您大运正盛，才能和志愿也强，一年半载当中必定有任命颁下，从家中起用。五爻与二爻相应，二爻说“在中馈”，馈指食物和祭物，象征您以后或许主持祭祀，或者为公家采办粮饷。不必忧虑，自然能够得吉，您可以拭目以待。

上九：有孚，威如，终吉。

《象传》曰：威如之吉，反身之谓也。

[经传释义]

上九居巽卦的极位，巽卦的三爻两个属阳一个属阴。上爻得到了乾元之气，而乾为信，故“有孚”；乾又为威，故“威如”。而且巽风善入，有感孚的意思；离火可畏，有威严之象；合上下卦形成一爻，可以从卦象探求这一爻的义理。上爻与三爻相应，三爻的“嘻嘻”，和乐而失去了节制；上爻的“有孚”，则和顺而能够感通。三爻的“嗃嗃”，严格而近于厉害；上爻“威如”，则严正而可以仰望。上爻为卦的终结，教导家人之道也到上爻而成就，所以“终吉”。

所谓正家，其方法不是从家开始。家的根本在自身，先端正自身，家就没有不齐的道理了。君子不说话就使人信任，不发怒就很威严，也是以至诚之道相感通的结果。《象传》说“反身”，即《大学》所谓“齐其家在修其身”的旨意。

[一辞多断]

○问时运：得到别人的信服和敬畏，事情没有不成功的，前往没有不利，可以行于近处，也可走向远方，凡事都吉。十年好运，过了这时就会终结。○问征战：行军之道，有信义别人就不欺负，有威严别人就不轻慢。赏罚无私，号令必行，是王者之师，所以吉。○问经商：有信义，可以托付许多金钱；有威严，所有的事情都可以办好。这是真正的商道。○问功名：上爻处在极位，必定是身居上位，信义早已感孚，威望一向昭著的大人。○问家宅：住宅地势一定高，为一乡所瞩望。吉。○问婚姻：两姓应允而相从，吉。○问胎孕：生女孩。

[活断实例]

◎明治二十年，占某贵显气运，筮得家人卦，变为既济卦。

断卦说：爻居上位，正合贵显的情况。爻辞说孚，说威，知道孚信普遍地感通了上下，威望在朝廷一向很昭著，所谓“不言而信，不怒而威”，能得君子之道，多么吉祥啊！《象传》说“正家而天下定”，贵显有这样的迹象。《象传》说“反身之谓”，国的根本在家，家的根本在人，贵显必定能修身齐家，气运的吉祥是不说也可以知道的。

䷥火泽睽

卦体上为离，下为兑，离火向上燃烧，兑泽向下渗透，火动而越发向上，泽动而越发向下，上下相违背，所以称睽。“睽”字从“目”从“癸”。离为目，癸属水，泽也是水。《六书故》说，反目为睽，睽是乖违的意思。泽在火上，泽火相济而构成革卦；泽在火下，火泽相反而构成睽卦。这就是上火下泽的卦为什么叫做睽。

睽：小事吉。

[经传释义]

《序卦传》说：“家道穷必乖，故受之以睽。睽者，乖也。”睽则人心离散，不可以做大事，小事则可以凭个人的力量单独完成，不必众人，即使睽违也还是可以做，所以说“小事吉”。睽卦中四爻互既济，既济《彖传》说“亨，小者亨也”，指亨通的只是小事；这一卦说“小事吉”，吉也只在小事罢了。兑为小，所以只说小而不说大。归纳要点，乖睽的时运不足以成大事，就可以知道了。

> 《彖传》曰：睽：火动而上，泽动而下，二女同居，其志不同行。说而丽乎明，柔进而上行，得中而应乎刚，是以“小事吉”。天地睽而其事同也，男女睽而其志通也，万物睽而其事类也。睽之时用大矣哉！

离火在上卦，兑泽居下卦，在上卦的向上燃烧，居下卦的向下润泽，没有彼此相成之道，所以为睽。离为中女，兑为少女，合起来构成一卦叫做“同居”；动的方向相反，各去自己的方位，各行自己的志愿，不能勉强使它们相同。卦德以兑从离，兑为悦，离为明，又为附丽。“柔进”指从下卦进到上卦，“得中”指居上卦的中位而应阳刚。卦爻以六五下应九二，六五居离的中位，九二居兑的中位，以上位应下位，象征上位者能舍己从人，下位者得以与他相交，虽然处于乖睽的时期，但是小的行动还可以得吉。

睽是散的意思，主人心离散，国势离析，一定不足以成就大事，似乎没有用处，而实际上不睽就不能合，只有通过睽才能体现合。圣人于是因应睽而加以运用。天高地低是睽，但是位置确定了，天地之间的睽就走向了同；男主外女主内是睽，但是礼仪确定了，男女之间的睽就实现了通；耕种的所得不能穿，纺织的产品不能吃，车不能涉越河海，船不能行于陆地，都是睽，但是体制确定了，万物之间的睽就类同了。所以说：“睽之时用大矣哉！”不说“时义”而说“时用”，因为必须通过人的运用，睽的作用太大了！

以这一卦比拟人事，凡起居饮食乃至婚嫁丧祭，都是人事。事不论大小，无不以情相同、志相通、事物相类为贵。卦体离火向上燃烧，兑泽向下渗透。离和兑都主女性，同样出自坤体，这是“同居”；动就会变化，变化则女子变为妇人，所嫁的人不同，志愿也相异，这是动而成睽。睽在天地，天地的气运就会闭塞；睽在男女，男女的伦类就会淆乱；睽在万物，万物的品类就会混杂，大的纲纪怎么能得吉呢？君子只有“以同而异”，才算善于用睽。用来设置众多黎民的长官，天地就可以因睽而趋同；用来实行嫁娶的典礼，男女就可以因睽而相通；用来确定利用的常道，万物就可以因睽而相类。这样，火泽的运用就普遍了，人事的准绳就确立了。

以这一卦比拟国家，卦名叫睽，睽是散的意思，象征政府与百姓有动而不相见、散而不相合的趋势。睽旁通于蹇卦，蹇是险难的意思。如果因为睽就不能挽救危险，又用什么来匡正国家呢？睽的倒卦为家人，家人指家中。如果因为睽就不能端正家中，又用来什么来安定社会呢？

上卦为离火，本来就燥；下卦为兑泽，本来就湿。上下相背，燥湿相反，这就是“二女同居，其志不同行”。“二女”是就离和兑两个卦象而言。不但女子的志愿与行为有相异处，推论到天地万物，其情形也不能勉强相同。大的如天地，中间的如男女，小的如万物，相同就亲近，相异就疏远，国运的治乱兴衰也不从这里预卜。但天下没有久合而不睽的道理，天下也没有久睽而不合的形势，方法是利用事物的睽违来挽救睽违。倘若只是附丽而得正，上进而越发在上，得中有应援，那么事情还小，吉祥也微末。只有统一它们的造作，天地之道才能宏大；只有通达它们的情意，男女之情才能融洽；只有归类不同的种属，万物的利益才普遍。这样做的人，德行协于造化的枢机，作用关系到治国平天下的要点，不是“以同而异”的君子，就无法把这个作用发挥到极致。

通观全卦，火在上，泽在下，彼此背道而驰，这就是卦为什么叫做睽。卦体下面互另一个离卦，象征多视伤明，为睽；上面互坎，坎为心病。人各有一颗心，诚孚就相感通，疑忌就相睽违。人情没有亲于家人的，而睽则为恶人，为鬼，为寇，或者劓它的鼻，或者用弓箭射它，都不以为是过错。在下位者如果能以和悦的态度事奉上位者，而上位者也能以明达看待下位者，就会疑忌消释，人情亲近，即使作为丈夫、宗族、婚姻的对象也不嫌厌。先前的相疑这样严重，后来的相合又这样亲切，睽与合的机微就在这转移之间。

所以睽在内卦，都有所疑并有所等待；睽在外卦，反而都有应与。初爻与四爻相应，初爻的“丧马”，得到四爻的“元夫”而全备；二爻与五爻相应，二爻的巷中相遇，得到五爻的“噬肤”而相合；三爻与上爻相应，三爻的“舆曳”，得到上爻的“遇雨”而相合。相合则即使恶人也会化为同室，睽违则即使家人也会疑心为寇仇。恩怨反复，变态无常，君子以无心之心因应事物，不党同也不伐异。初九见恶人而避咎，是能得用睽之道。卦体两个阴爻本来柔弱，在内的用喜悦来缓解忧虑，在外的以明了破除疑忌。造成开始的睽违的，是“二女同居”；造成最终的相合的，是众多疑忌的全部消除。卦体睽而卦象合，这就是《周易》为什么变化无穷。

《象传》曰：上火下泽，睽，君子以同而异。

卦象都是女人，卦体为火和泽，分别炎上和润下，作用各异，所以叫睽。君子效法它，从相同处看它的形象，从不同处看它的作用，不和与自己相同的人结党而违背道义，也不标新立异而违背世俗。“以同而异”，譬如声色财物是人人都希望得到的，而推辞或接受却不敢苟同于别人，这是一个人的特异之处，由此可见君子的“以同而异”。火泽在同一卦，而炎上与润下的性质各异，也与此类似。

[一辞多断]

○问时运：目前气运颠倒，只适宜以正道自处。○问征战：军情不相协调，上下级趋向各异，应该防止因睽违而离散。○问功名：上下不通，功名难以指望。○问经商：货价涨落悬殊，若能人弃我取，还有小利可以希望。○问疾病：病在上下焦，胸部气息隔绝，上有火下有湿，医治很棘手。○问家宅：住宅天盘地盘都动，全家上下不利，应当赶快迁移躲避。

○问婚姻：有两个女子都愿意受聘之象，大的性情躁急，小的性情宽柔，应该选择一个婚娶。○问讼事：马上可以停止。○问胎孕：生女孩。

初九：悔亡。丧马勿逐，自复。见恶人，无咎。

《象传》曰："见恶人"，以辟咎也。

[经传释义]

初爻居兑体的下位，是从家人卦的上爻而来。家人的上爻说"终吉"，所以睽卦的初爻说"悔亡"。这一爻属震体，于十二辰在卯，在天上值房宿，房宿为天驷，故称马；初爻动而向上，舍我而去，故说丧。但四爻与初爻同属阳刚，没有其他正应，姑且听任它，去后势必复来，故说"勿逐，自复"。下互卦为离火，性情猛烈可畏，故说"恶人"。兑为见，离也为见，象征离卦恶人既来求见，兑卦若拒而不见，未免嫉恶过甚，必然导致凶咎。姑且与它相见，如同阳货要见孔子，孔子依礼前往回拜，所以"无咎"。

失马而追逐它，越追逐逃得越远；见恶人而激怒他，越激怒就越乖违。所以马逃跑了不要追逐，自会回来；"见恶人"而不躲避，可以免于祸咎。能以无心来应付事物，所有的睽违就没有不相合的。《象传》说"以辟咎"，是以不躲避来躲避。躲避反而有祸咎，不躲避则无咎，这是可以知道的。

[一辞多断]

○问时运：好运刚来，灾祸和悔恨已经退去。虽然有所丧失，但是不必计较；即使有恶人来结交也不必拒绝，自然无灾无祸。○问征战：初次作战，虽然有小的失败，后来必定大胜，强敌也无法为害于我。没有灾祸。○问经商：新的贸易，损失必定复得，无须忧虑；来者不拒，不必计较。目前还没有得到大利，以后必定大为亨通。○问功名：现在虽然无灾无悔，但是无法成名。必须等到明年，即二爻的巷遇的时候，才能显达。○问家宅：全宅平顺，没有悔恨和灾祸。○问失物：不必寻觅就会复得。○问婚姻：现在不成，等六个月或六年必定成，吉。应验在上九"匪寇婚媾"的爻辞。○问讼事：所争讼的事情必定得理，没有灾祸。○问胎孕：生女孩。

[活断实例]

◎某友人来请占气运，筮得睽卦，变为未济卦。

断卦说：睽卦火性上升，泽性下降，彼此的情意不融洽，叫做睽。睽是乖违的意思。现在您占气运而得到初爻，初爻地位最低，孤立而没有应爻，可知您生性孤高，很少与人交往。不要计较得失，即使平素厌恶的人，如果他有求而来，也不要拒绝。以初爻处于兑体的开始，外卦为离，兑为喜悦，离为明达，喜悦而又明达，必定能鉴别人的善恶，而又能够和光同尘，不做过分的事，也不说过分的话。卦象虽然睽违，但是不会始终睽违，所以无悔无咎。二爻说“遇主于巷”，您明年必定有升进的希望。

九二：遇主于巷，无咎。

《象传》曰：“遇主于巷”，未失道也。

[经传释义]

主即君王，指六五。巷，闾里中的路，从“邑”从“共”，指闾里所共同往来的径路。二爻处于睽卦而失位，与所遇不相合，与六五为正应。二爻在兑的中位，五爻在离的中位，兑与离都象征见，可知九二和六五都有相见的意思。邂逅于巷中，是不期相遇而凑巧相遇。君臣相遇，睽违最终相合，有什么祸咎？

《象传》说“未失道也”，指不必远行，自会相遇于巷中。巷也是路，即《论语》所谓“遇诸途”。

[一辞多断]

明治天皇自画像

○问时运：值遇乖睽的卦，时运本来不佳，最近才有了绝好的际遇，前往必定有喜庆。○问征战：以二五两爻为敌我，二爻为我军，五爻为敌军，在曲折的里巷相遇，白刃相接。这一战不分胜负。○问经商：“巷”字从“共”，必是合伙共谋的事业。应当遇到一位财主共同经营。○问功名：正是风云际会的时候。○问家宅：住宅在曲折的巷内，近来有贵人到来，会晤很快乐，大吉。○问疾病：得以遇到良医，没有灾祸。○问婚姻：《诗经》所吟咏的“邂逅相遇，适我愿兮”，属于男女私情，不是正当婚配。○问胎孕：生女孩。

[活断实例]

◎明治二十三年，占文部省[1]教育准则，筮得睽卦，变为噬嗑卦。

断卦说：睽卦火性炎上，泽性润下，因为上下相违，所以叫睽。现在占教育准则而得二爻，二爻在睽卦属于失位，将无处安顿。拿近来文部省的教育来类比，是专门效法欧美，以智巧和逻辑为主，我国原有的道德教育也和二爻的所处失位一样，几乎要废弃不用了。凡留学欧洲的学生，归国后都做教师来教育子弟，这些学生本来不知道我国古来敦进纲纪的教育，不知道只要注重名分，自然足以卓然自立于万世，培育众多的人才，却喜新厌旧，如同陈相见到许行，完全抛弃了自己的学问而向欧美学习，又带领我国子弟一概受这样的教育。我实在忧虑这件事，为此撰写了《道德本原》一文。明治二十三年十月十八日请见山县总理大臣，又陈述意见。这一天各县县长也刚好在座，共同倾听。总理大臣说："您的议论切中时弊。"让我去谒见芳川文部大臣。我当天就到了文部省，以申述前面的说法。过了一天，天皇召问两位大臣，于是颁布有关教育的敕令。凭我的鄙野议论而能够上达天皇的视听，还有什么比这更幸运呢？爻辞所谓"遇主于巷"，恰好相合。易理的先机，神妙到了这个程度！

[附言]

《道德本原》节略：

过去我国以神、儒、佛三教为道德的标准，来维持世道人心。自从西学日益兴起，旧的学问日益废弃，不追究这种情况的由来，就不足以施行挽救的策略。据我的看法，"仁义忠孝，节操廉耻"八个字，实在是儒教的要旨。

明治八年，文部省讨论废除汉学科，借以排斥儒教，这以后的政治方略所及，直到今天，陷溺得更深了。文部省开始也没有废弃的意思，因为要确定各学科卒业的年限而咨询汉学教师，教师回答说："西洋的学问不是我所能知道的，说到汉学，即使终生专修也未必究竟，难定年限。"因此提出了废弃的意见。

我说，这是迂儒的议论罢了。难道没有听说孔子所谓"吾十有五而志

---

① 文部省：全称文部科学省，是日本中央政府行政机关之一，负责统筹日本国内教育、科学技术、学术、文化、及体育等事务。文部科学省的首长称为"文部科学大臣"，是内阁成员，多数从国会中由首相任命。

于学，三十而立"，孟子所谓"幼而学之，壮而行之"？所以学习都在幼年的时候。三十岁开始叫壮年，从这时起就要实行所学，来济时救世了。程颐说："《中庸》之书，善读者，玩索而有得，终身用之有不能尽。"不说终身学不完，相当于普通科目，怎么会没有卒业的期限呢？俗儒不知时务，胡乱作迂腐的议论，以致切要的学问被废置不讲，导致今日的祸患，其罪过之大，甚至不容只是处死。

尽管这样，文部省也是有罪过的。当时的俗儒有这样的议论，必定是由于醉心于西学，不了解道德的本原，而在文部大臣以下，满朝名臣贤相都出自汉学的大门，为什么顿时忘了这亲自修习的实学呢？实在遗憾！谚语说"上有所好，下必甚焉"，从这时开始，那些浮薄子弟蔑视汉学，不知它有什么用处。道德败坏，廉耻灭绝，小则无法分判个人的邪正，中则关系到一家的盛衰，大则决定天下的安危，其害处是说不完的。

已经过去的事情不能再追究，当今的办法是要挽狂澜于既倒，以矫正世道人心，对上用来安慰天子的心怀，对下用来增加国民的福利。道德的教育关系最大，地方长官已经具文申请文部大臣，以儒教为后来学科的准则。讲究儒教这道德的本原，也实在是今天急迫的要务。设定两种教育，一种叫真理的教育，一种叫现理的教育。真理出于天的公理，合乎性命的正义，即所谓正心、诚意、修身的学问，属于形而上的教育；现理形成于人类的私意，得自有形的利益，即所谓立身、兴家、富国的学问，属于形而下的教育。古人说"衣食足而知礼节"，又说"无恒产者无恒心"，这实在是人世的常态。真理和现理二者，是不可一日或缺的。

其大略是这样。

六三：见舆曳，其牛掣，其人天且劓。无初有终。

《象传》曰："见舆曳"，位不当也。

［经传释义］

上互卦为坎，坎为舆；下互卦为离，离为牛。"无初有终"，是遇到刚爻的缘故。离又为见。上下互卦合起来构成既济卦，既济的初爻有"曳其轮"的爻辞，所以说"见舆曳"。掣是牵掣的意思。舆指三爻，曳指四爻，掣指二爻。三爻居上下卦之交，爻位不当，四爻在前面曳它的舆，二爻又在后面掣它的牛。

天，胡安定说："天"字应当作"而"。篆文"而"与"天"字形似，即《周礼》所谓“髡刑曰而”。劓是截鼻的刑法。头发属心，主火；鼻属肺，主金。这一爻兑金值离火，金火相克，所以有头发和鼻子受伤之象。兑为刑人，故说“其人而且劓”。

三爻处在下卦的终位，在睽违的时候，以阴爻居阳位，所履不当位，与上爻相应；上爻居离卦的极位，离火性烈，不相合就会相伤，相合才能相得。遇到雨而疑虑消亡，睽违终于相合了，所以说“无初有终”。

《象传》说“遇刚也”，刚指四爻，即上爻的“遇雨”。四爻互坎，坎为雨，四爻中立而不偏倚，所以称刚。指四爻能消解上爻的疑虑，使它们最终相合。

[一辞多断]

○问时运：时运不得当，恐怕有刑伤的灾厄，三年以后才会有好运。○问经商：与人不和睦，不但无法获利，而且要防止有刑狱的灾厄。等以后可以成就。○问功名：左右掣肘，一动就得咎，怎么能成名？晚运则很好。○问征战：车丢马逃，兵败将死，无法前进。必须等待，得力于接应的军队，才会最终得胜。○问婚姻：开始因为男方家的疑忌，未免受辱，但最终得以消除疑虑而完婚。○问家宅：住宅位置不当，前后左右都有牵制，宅中的人不时发生头面伤残的灾祸。因为朝山向午，离火来克，应该改向朝西，兑位才吉。○问疾病：一定是脸上有疮，久后自然痊愈。○问讼事：不免有受刑的厄难，但最后讼事会自然消解。○问失物：以后可以寻得。○问胎孕：生女孩，防止面部有伤痕。

[活断实例]

◎一天，某友人来说：“某贵显托我一件事，请占这件事的吉凶。”筮得睽卦，变为大有卦。

断卦说：《象传》说睽卦“火动而上，泽动而下”，上下相背，所以构成睽卦；又说“男女睽而其志通”，是开始睽违而最终相合，即三爻所谓“无初有终”。现在您代人占问而得到三爻，三爻说：“见舆曳，其牛掣，其人天且劓。无初有终。”玩味爻辞，是说人在车中，拉的人要它向前，掣的人要它向后，前后同时牵引，不能上行，而且有面部和鼻子受伤之象。卦体为女子，料知某贵显所委托的一定是女子的事。初次向他说，必定有上下的人阻隔，以致发生纷争，所委托的事情不成，您对某贵显也觉得脸上无光。《象传》说“遇刚”，看来应当再得到一个刚直的人，帮忙与他说话，事情才能相合，所以说“无初有终”。贵显觅一个小妾，本来是小事，象辞说“小事吉”，结果一定吉祥。

◎明治二十九年冬至，占三十年农商务省施政实际情况，筮得睽卦，变为大有卦。

断卦说：玩味爻象，牛本来足可以驾舆，说曳，说掣，是反而受到牵制，无法前进了。舆无法前进而勉强前进，这人于是受了伤。爻象就是这样。现在占农商务省施政实际情况而得到这一爻，我国要效法欧美各国农业和商业的实例而施行于内地，无奈富有的商人安于坐地食利，不愿意航海远行，而贫乏的商人却苦于没有远行的资本。现在丝局和茶厂只用仿制的器械，想贩运外洋的，却不是为关税所困就是为行船的风险所阻碍。

外洋的贸易一向与内地不同。在农业方面，我国土地狭小，按人口的一半从事农业计算，一个人只不过二段，所以欧美便宜的方法在内地实际上无法应用。如果勉强应用，都会归到游手好闲而无恒产的人手中，危害和忧虑更为严重。只有北海道新开垦的田土可用罢了。至于一切杂项商务，也多半不便实行，犹如离火炎上，兑泽润下，不能互相融洽，最终必定导致睽乖而不合用。幸而农商务省多方设法，使老练的人兴办工业，对所生产商品给以一定的商标，使各种产品得到信用；又奖励富商，使他们兴办海陆保险公司、银行支店，以振兴商业，可以逐渐收到效果，叫做“无初有终”。

九四：睽孤，遇元夫，交孚，厉，无咎。

《象传》曰：交孚无咎，志行也。

［经传释义］

四爻居离卦的开始，离为目。《说文解字》说目不相视为睽。孤指独立而没有辅翼。情意既已经睽违，势力又孤单，所以说“睽孤”。“元夫”指初爻。四爻与初爻所处的卦时都是睽，所居的爻位都是初始，爻象相同，所以意志也相同。四爻无应爻，以初爻为同志，初爻在卦初，故称元；四爻在阴位，初爻在阳位，所以四爻以初爻为夫。而且初爻是震爻，震为元夫，故说“遇元夫”。四爻变阴则全卦为损，损卦说“有孚”；四爻升到五位则全卦为中孚，中孚的五爻说“有孚挛如”，有交孚之象，故说“交孚”。“厉，无咎”，指值睽乖的时候，幸而得以相孚，虽然危厉，但是无咎。

《象传》以“志行”来解释爻辞，是说四爻的志愿，得到这样的“交孚”才可以实行。

[一辞多断]

○问时运：性情孤傲耿介，不合时宜，幸而得到了志同道合的人，足以免除灾祸。○问征战：孤军深入，几乎导致危险和失败；幸而得救，可以无咎。○问经商：孤身为客而远行，货物却不合销路，进退两难；遇到故乡的旧友才可以脱售。平安，没有灾祸。○问功名：命运孤独贫寒，难以指望显达，无咎罢了。○问家宅：住宅在孤村僻壤，只有樵夫野老来往。○问疾病：病是眼病，遇到良医可以无咎。○问胎孕：生女孩。

[活断实例]

◎明治二年十二月晦日，我借海军省蒸汽船飞龙九号运载中国米去南部的宫古，临行筮得睽卦，变为损卦。

我在临事的时候，常常自己占筮，并习以为常，对本爻的“无咎”二字，不再介意。乘船之后，平时忙碌的身体转为闲散，追念过去在南部亲近过一个艺妓，打算登岸后招呼船长等人，让他们惊艳称奇，一起求得一醉。一涉及痴想，竟然夜不成眠。

过了三天，船到了宫古。号炮一响，村吏就赶来迎接，其中有两个旧时的朋友，于是偷偷地告诉他们，让他们去招唤。既而带众人上陆，剪灯备酒，围坐在一起饮酒，但是频频催促呼唤，艺妓却只答应而不出来，心中很是失望。

日本艺妓

夜深客散之后，才拍手追问。这艺妓出来说：“妾来这里已经很久了，自愧丑陋，无法侍奉而使您欢娱，所以不敢进来。”我也惊骇地说：“怎么会这样呢!”既而又想，相别已经十八年了，《周易》说老妇士夫，可羞而且可笑。艺妓又哭泣着告诉我说：“近年因为患病，容颜顿时改变，生计也很窘迫，只有一死罢了。”我追思往昔，心中未免多情，谁能遣除它？于是赠给她二十包米，付给她券书，她很欢喜地辞去了。这正符合“睽孤，遇元夫，交孚，厉，无咎”之象。

六五：悔亡。厥宗噬肤，往何咎？

《象传》曰："厥宗噬肤"，往有庆也。

[经传释义]

五爻居君位，值睽乖的卦时，所以有悔。宗指二爻，五爻与二爻相应。五爻在离体的中位，二至四爻又互离，离与离相合即宗。二爻说"遇主"，是以五爻为主，五爻说"厥宗"，是以二爻为宗，象征君臣会合，所以"悔亡"。二爻变阴则全卦为噬嗑，噬嗑二爻说"噬肤"、"无咎"。肤指肤肉，柔脆而容易噬。嗑是合的意思，二爻居柔位，犹如说柔而易合。肤肉，犹如骨肉，指"厥宗"而言。《大宗伯》说"以饮食之礼亲宗族兄弟"，就是"厥宗噬肤"的意思。二爻前往而得到饮食，所以"有庆"。聚合全族而进食，还有什么睽违？二五两爻"交孚"，所以"悔亡"而无咎。

[一辞多断]

○问时运：坏运已经退去，得以与同宗的人共事，可以无咎。○问征战：可以踊跃前去，没有灾祸。○问经商：防止有合伙人侵夺蚕食的忧患，但径直前去，终究有利。○问功名：得到同宗的相助，才能获得吉庆。○问家宅：住宅是宗族的旧屋，居住有喜庆。○问疾病：是肌肤的疾病，容易治疗。○问婚姻：二爻与五爻为正应，是亲戚旧家，成婚则有喜庆。○问胎孕：生女孩。

[活断实例]

◎明治二十三年春占众议院，筮得睽卦，变为履卦。

断卦说：五爻居君位，二爻居臣位，两爻相应，可见君臣之间的相合。相合则言听计从，有会议之象。卦名叫睽，乖违的意思，可知会议中必有睽异不合的人。"厥宗"，议院有两个，上院为贵族院，下院为众议院。贵族院多是同姓的诸侯，众议院也有同姓的臣民。"噬肤"，指决议形成，得以置酒会饮。五爻既居君位而亲近二爻，二爻得以受宠而事奉五爻，可见上下的志愿因为睽违而得以通达。

上九：睽孤。见豕负涂，载鬼一车，先张之弧，后说之弧。匪寇婚媾。往遇雨则吉。

《象传》曰：遇雨之吉，群疑亡也。

[经传释义]

上爻居外卦的极位，孤高而独立，所以也称“睽孤”。上互卦为坎，为疑，为豕，为车，为鬼，为孤，都是坎象。离为目，为见。兑泽污秽而润下，象征涂泥。因为睽违而导致孤独，因为孤独而产生疑虑，本来没有豕，没有鬼，也没有车，由于睽违而目光不明，疑心暗起，好像看见有豕负涂，有车载鬼。郁积的疑虑形成了幻象，而且变化百出，疑心为鬼的，忽然又疑心为贼寇了；将要张离卦象征的弧而射它，既而审视所见，原先所见的豕啊，鬼啊，寇啊，忽然又变了。上爻变阴则全卦为归妹，于是“婚媾”，原先张开的弧，后来丢下了。坎又为雨，故说“遇雨”。上爻处离卦的极位，火烈烟腾，不可向远方，但遇到雨就会熄灭，就可以前往了，故说“往遇雨则吉”。

《象传》用“群疑亡”来解释爻辞，指众多疑虑消亡后，见闻都确实了，睽孤自然相合了。

[一辞多断]

○问时运：正值交运脱运的时候，一定要息心宁虑，不动妄想。妄想只有一端，幻象却有百端，要防止生疑心病。○问征战：营寨位置太高，军队力量太孤单，要防止有敌兵来袭击。○问经商：目前的货物，价格变化百出，涨落不定。时值盛夏，来客稀少，必须等到秋雨降落，才能获利。○问功名：现在牛鬼蛇神变动不一，等十年后出离蹇卦，进入解卦，可以在乡试中考中举人。○问婚姻：以前因为疑忌而不和睦，后来得以和好。吉。○问家宅：住宅有变动，防止有鬼祟，遇到婚嫁喜事，可以化解。○问疾病：杯弓蛇影，因疑心而成病，能破除疑虑，自会霍然痊愈。○问胎孕：生女孩。

[活断实例]

◎东京大家的某夫人，带着女儿访问我的别庄，说：“丈夫最近患气郁的病，医治无效。他的养子是女儿的丈夫，生性游荡，无法继承家业。我们实在很忧虑，请为我占一卦。”筮得睽卦，变为归妹卦。

断卦说：卦体下为兑，上为离，炎上的离卦动而越发向上，润下的兑卦动而越发向下，上下卦不相合，所以卦名为睽。卦象为“二女同居，其志不同行”，又说“男女睽而其志通”，这是就内三爻说睽，就外三爻说睽而相合，即开始睽而后来相合。上九居睽卦的极位，因为疑心而发生睽违，而且越睽违越疑心，积疑成象，豕啊，车啊，鬼啊，寇啊，恍如历历在目，而实际上一一都是幻象。天下事杯弓蛇影，因为疑心而导致祸患的，大体都是这样。

现在夫人为丈夫的病和养子的行为而特意来占问，筮得睽卦的上爻，知道病的由来和所占的本意，都是从猜疑的念头产生的。丈夫因为养子不能继承家业而日夜疑虑，以致火气上冲，湿气下郁，上下不通，而形成了这个病。雨有下降的意思。大小便一通，病自然痊愈。你家的养子是我所深为了解的，文才、志向和节操一向超越流俗，只是由于性情风雅，偶然或许招妓女，置酒食，留情于花街柳巷，这也是雅人的深致，有什么值得深怪？夫人等因而发生疑虑，开始是猜忌，继而交相谴责，最后导致反目，一切所闻所见，像爻象所说的豕、车、鬼、寇一样，无不显现出具体的形态。床笫间的恩爱私情和云雨之梦，都久已睽隔，这样就使疑心者更加疑心，睽违者越发睽违，男女的心志就无法通达了。上爻居离火的极位，而物极必反，炎上之后应当润下而为雨；夫人等也应该反过来思考，务必劝您的女儿，温柔地接纳他，喜悦地事奉他。如同枯木得到雨就会复苏，虽然原先睽违，但不会睽违到底。《象传》所说“男女睽而其志通”，正合这一占断。

◎明治二十四年四月十日，我清晨无事，闲翻新闻及杂书。不多时感到倦意，于是抛书而起。喜爱这一天的风日晴和，游兴顿时产生，想要去近县探赏春光。临行偶然试着筮了一卦，得到睽卦，变为归妹卦。

断卦说：爻辞说“睽孤”，犹如指示我孤身独行。说“见豕”、“载鬼”、“张弧”、“说弧”，是说眼睛所见的事物没有定形，犹如说我的出游没有一定的地方。

我这一天的出游，憩息于神奈川停车场，或赴横须贺，或赴箱根、汤本，还没有拿定主意，直到登了车才决定去箱根。车中巧遇东京的一位旧友去大孤，于是并肩坐着谈论《周易》，兴味很好，我于是改主意去大孤。

第二天吃过早饭后，我游到市中，准备到旧书肆阅览古书，于是过了心斋桥，来到鹿田书店，问有没有《周易》珍本。主人出示了松井罗州所著的《周易解故》。这本书，我往年到处寻找都没有得到，今天得以购买；又出示了松井氏所著的《周易释故》，以及直势中洲所著的《周易大传》等，都是读《易》家所珍视的。书面有小岛氏的一个藏书印。我叩问它的出处，主人说：“昨天从西京古书肆购买的。这些书都是小岛氏原来收藏的，他死后，儿子不能读他的书，所以卖掉。我说：“除你之外，还有一同购买的人吗？”主人说：“西京麸屋町书林的某人，及东京书林的某人，和我分别买了他的书。”我于是全部以要价购买下来。

后来去了西京，又到麸屋町书肆，凡小岛氏的遗本，又全数购买下来。回到东访书肆琳琅阁，又得到小岛氏的易书三种。于是小岛氏的遗书，全都归我所有了。

我越发感到易辞的精切。爻辞所谓“载鬼一车”，不是鬼，而是书；“遇雨”，指旧友，即车中遇到的旧友；所谓“遇雨则吉”，原来是这么回事。

䷦水山蹇

蹇与睽不相对，但是刚好相似：离在上，兑在下，泽要润下而火从上面使它干燥，作用相反，所以为睽；坎在上，艮在下，水要流润而山从下面阻止，作用相碍，所以为蹇。《序卦传》说："睽者，乖也。乖必有难，故受之以蹇。蹇，难也。"这是蹇卦为什么接续睽卦。

蹇：利西南，不利东北。利见大人，贞吉。

[经传释义]

坎位于北方，艮位于东北。天气由北而东，而南，而西；日月出自东方，没于西方，这是天的运行。卦体内卦为艮，外卦为坎，从东到北逆天而行，所以为蹇。蹇卦从睽卦而来。艮和坎位在东北和北方，兑和离位在西方和南方，去东北本位难上加难，所以"不利"；去西南是睽位则可以救助蹇难，所以有利。而且由东北而西南为顺天，顺天必定有利。"大人"，即以离明继照的大人，他的明达足以救助蹇难，所以"利见"。得到贞正之道就吉，而没有不利。

《彖传》曰：蹇：难也，险在前也。见险而能止，智矣哉！蹇"利西南"，往得中也；"不利东北"，其道穷也。"利见大人"，往有功也。当位"贞吉"，以正邦也。蹇之时用大矣哉！

卦体下为艮，上为坎，坎为水，艮为山，水在上，山在下。坎为险，故说"险在前"。互离卦，离为见，艮为止，故说"见险而能止"。就艮卦来说，取象于能止；就蹇全卦而言，取义于能往，所以爻辞多说往。"蹇利西南"，离为正南，兑为正西，喜悦而又明达，可以脱离险难，故说"往得中"。东北是蹇的本位，所以难入；难，所以"其道穷"。知道所往才有利，不知道而贸然前往则不利。"智矣哉"三个字，是在警醒处于蹇难中的人。

"大人"，指居于至尊的地位，德行足以济蹇的人，所以凡有事于蹇者都“利见”。前往见他不但可以平定蹇难，而且可以成就功勋，所以说“往有功”。二至上爻都当位得正。“贞吉”指五爻，五爻为蹇卦的主爻。所谓“大人”，是既能端正自己又能端正众人众物的人，所以说“正邦”。孔子论兴邦，说要知难，蹇即艰难。五爻处于“大蹇”，象征知道艰难的君王；其他爻都说“往蹇”，是群策群力，能相助而走出蹇难。处在蹇难的时候，不以知道蹇难而终止为贵，而以利用蹇难而前往为贵，这样蹇难的时运才可以拯救，蹇难的作用才大，故说“蹇之时用大矣哉”。

以这一卦比拟人事，“蹇”字从“足”从“寒”省文，与“謇”、“骞”字相类，都有难的含义。蹇，《说文解字》说是足偏跛，行走不正，而又值“险在前”，所以为蹇。“蹇，难也”，人在蹇难的时候，进退趑趄，有偏跛而不便行动之象，这就是卦名为什么叫蹇。

卦象为山上有水。水在地上就平，在山上就险。人看到险难而裹足不前，险难就无法消除，人也会停滞在这里，即使他的智慧足以避开险难，又凭什么平定险难呢？爻辞都说“往蹇”，可知蹇的作用不在于能止，而在于能往，所以说“往有功”。但前往也要审明方向。北为坎方，东北为艮方，坎水艮山仍然是蹇难的方位，前往“不利”，这叫做“其道穷”；西南为坤方，坤为地，为康，是康庄的地方，前往有利，这叫做“往得中”。有地位的人叫“大人”，有德行的人也叫“大人”。在这艰险在前面而难辨方向的时候，去拜见老成熟练的人，请他指示自己的行动，才会“往有功”。

“当位”，指方位得当。在正道上前进，自然获得吉祥。得以出离蹇难，人事才会亨通，小则可以匡正自身，大则可以匡正国家。在蹇难的时候，看到蹇难的作用，不因为蹇难而感伤自己的穷途末路，进而大力发挥蹇难的作用，所以说“蹇之时用大矣哉”。

以这一卦比拟国家，五爻为卦主，居尊位而为君王，爻辞说“大蹇”，是正值国家的大难。坎为沟渎，为隐伏，隐伏处而有沟渎，是陷阱。艮为径路，径为极狭小的路，即山间由野兽走出来的小路，也属于险地。卦象为险，卦名为蹇，国家值于这样一卦，显然有水阻挡于上，山阻隔于下，政令窒塞不通，教化得不到施行，正是国事艰难的时期，足以图蹇而成功的，只有这五爻罢了。

彖辞所谓“利见大人”，指五爻而言。五爻能衡量所往的方位，审视那个方位的利害，并使蹇的功用神妙不可思议，所以各爻都说往，而五爻却说来，指能聚集所来朋友的力量，来平定大蹇的险难，向内匡正自身，向外匡正国家，不是“大人”就做不到这样完美。

通观全卦，卦体以坎在上艮在下为蹇，上下卦掉换位置则为蒙。蒙卦《象传》说“山下出泉”，泉水刚涌出时，以养正为贵；蹇卦《象传》说“山上有水”，水为险难，以前往而得中为贵。得中就能了解险难，了解险难所往就不会失误，这样蹇难就可以平定了。从来处于蹇难而能用蹇的，只有“当位”“贞吉”的“大人”，“大人”以下的都“利见”“大人”。所谓“大人”，即六爻中的九五。

五爻也知道蹇难不是自己独力能平定的。五爻与二爻相应，所以五爻说“大蹇”。二爻说“蹇蹇”，勤勉不懈地共济艰难，惟恐稍有落后。五爻体现的是君王之道，百姓的危难犹如自己的危难；二爻体现的是宰相之道，君王的忧患就犹如自己的忧患。身任天下的人理应这样，倘若一味明哲保身，对世事视而不见，听而不闻，还能平定蹇难吗？就连初、三、四、上各爻，也都有社会责任，或者返回而得安，或者迅速平定，或者见险难而“来硕”，都要为治理天下尽力。对“来誉”的贤人，还希望他有所等待，圣人的不能忘怀天下，本来就这样无微不至。

天下不是一个人的事，拯救天下也不是一个人的力量所能做到的。君王必须网罗人才，以求收到群策群力的效果；臣下必须克尽职守，以求起到自己的辅翼作用。不过平定蹇难靠人才，而尤其靠德行，《象传》说“君子以反身修德”，是因为有德足化险为夷，这样才足以平定危难。明夷卦的《彖传》说“以蒙大难，文王以之”，由此可见文王德行的纯粹。文王成就了西南的吉祥，彖辞说“利西南”，就是为此吧。

《象传》曰：山上有水，蹇，君子以反身修德。

山上有水为蹇，蹇的倒卦为解。解卦的《象传》说“雷雨作”，雷雨从上面降落，山上的水必定随之降落，这样蹇难就可以解除了。君子效法这一卦，“以反身修德”，不忧虑蹇难的难以解除，只忧虑自己德行还没有修好。坎为悔，有反悔的意思；艮为慎，有德的意思。孟子说：“行有不得者，皆反求诸己。”说的就是这一点。

[一辞多断]

○问时运：时运艰难，应该振作努力，这样才能脱离险难。○问征战：进入深山穷水的复杂地点，进退两难。应该率领大军努力向西南进攻，才能获得胜利。○问功名：坎为险，艮为止，功名有阻碍。返身加以努力，五年后到上爻，《象传》说“利见大人，以从贵也”，可以指望成名。○问经商：水在山上，就会蓄积而不流，有钱财与货物不流通之象，令经商者为难。○问家宅：住宅傍山，防止有山上下来的水冲坏墙屋，应该改变朝向，这样才有利。○问婚姻：山水本来互为配偶，而山低水高则失去了配偶的作用，所以有蹇难。要么不成，成了也必定反悔。○问疾病：蹇为足部的疾病，涉水登山，一定不能前往。○问失物：应该反过来从身上寻找。○问讼事：应该自我反省，停止诉讼。吉。○问行人：中途发水而被阻遏，有大的险难，以后可以空手归来。○问胎孕：生男孩。

初六：往蹇来誉。

《象传》曰："往蹇来誉"，宜待也。

[经传释义]

初爻居艮卦的下位，值蹇难的初始。"往蹇"指前往蹇难的地方。在初爻，离上面的蹇难还远，可以不前往，而它却不避艰险，敢于犯难。作为六爻中的初爻，能首倡而奔赴道义，开"朋来"的先河，所以很受赞誉。

《象传》说"宜待也"，以为轻率地尝试，只能博得一时的赞誉，不如审度机宜，观察变化，等到时机再行动，这样才能收到平定蹇难的实效。

[一辞多断]

○问时运：好运还没到来，应该在谨慎持守中等待。○问征战：前面有险难，不可前往，应该暂时退守。○问经商：销售处正有危难，不可贩货前去，需要暂时等待价格上升。○问功名：从军效力，无非冒险犯难，获得奖赏，所以说"来誉"。○问家宅：地点有险阻，迁居不利。○问疾病：病属于初发，不必急于求医，应该退而自己将养。○问婚姻：不必急于成就，还应该等待。吉。○问失物：缓一时可以得到。○问胎孕：生男孩。

[活断实例]

◎某友人来，因为有一件事进退未定，请我通过卜筮来决断。筮得蹇卦，变为既济卦。

断卦说：卦名叫蹇，蹇是难的意思。卦爻在初位，象征初次遇到险难。爻辞说"往蹇"，指前去险难的地方；说"来誉"，指对它勇于赴难的精神的赞誉。而《象传》则说“宜待”，是说与其轻率尝试，不如等待时机到来再行动。玩味解释爻辞的意思，对于临难时的进退机宜，一一加以明白指示。您所问的事进退未定，得到这一爻就昭然若揭了。神机的发现不爽毫厘，《周易》的神妙达到了这样的程度。

六二：王臣蹇蹇，匪躬之故。

《象传》曰：“王臣蹇蹇”，终无尤也。

[经传释义]

王指九五，臣指六二。二爻居下卦的中位，上应九五，互有重叠的坎卦，所以说“蹇蹇”。六二为了平定蹇难而涉入蹇难，有鞠躬尽瘁的诚心和热忱。各爻都说往，犹如奔赴国难；二爻则直接以国家的事为自己的事，即使冒险犯难也义无反顾。《象传》以“终无尤”来解释爻辞，是说它能致身事奉君王，还有什么怨尤？

[一辞多断]

○问时运：目前气运尴尬，险难重重，主自身劳碌。○问征战：防止军队进入危险的地方，自身被重重包围，有庞士元魂断落凤坡之象。○问经商：为内地运货，中途遇到大水，有人财两失的忧患。○问功名：为急于公义而求名，名虽然能够成就，身命却无法保全，只是邀得死后的荣誉罢了。○问家宅：住宅在艮山中，属于东北朝向。显然险难重重，不利。○问婚姻：二爻应五爻，主缔结尊贵的亲家；要防止以后丈夫有危难，身命难以保全。○问讼事：凶。○问行人：凶。○问失物：终究无法再得到。○问胎孕：生男孩。

[活断实例]

◎明治十三年某月，我访问东京某绅士，互相叙谈久别的情谊。主人说：“近来小儿子为商务而负了债，整天奔走想办法，我很忧虑。”我说：“这样的债务，忧虑也没有用，应当好好谋划一个处置办法。如果想不出来，不如占问一卦，以决定可不可行。”于是主人自己拿起占筮用的蓍草，我代为祈祷，筮得蹇卦，变为井卦。

断卦说：蹇是多难的卦，二爻为下卦的主爻，是身担处置险难重任的人。您的儿子为商业而负了这样的巨债，不能不前去处理，无奈债务重重，一时终究无法了结。现在占得蹇卦二爻，爻辞说“王臣蹇蹇，匪躬之故”。“蹇蹇”，指事情难而又难；“匪躬之故”，指债务因为商业而负，原因主要不在自身。玩味前后爻象，三爻以“来返”为喜，可知三爻不能协助处理。四爻说“来连”，指能与人联手。五爻为卦主，是经商的正主，形成诉讼后则为裁判的长官。说“朋来”，指招集债主共同商议。《象传》说“中节”，节是省的意思，指以减少债款了事。上六为局外的长者，前来居间调剂。据此，现在应该听从初爻的爻辞，暂时退守，以等待时机，不必劳碌。

某绅士深感《周易》的神妙，后来的事果然和所占断的一样。

九三：往蹇来反。

《象传》曰：“往蹇来反”，内喜之也。

[经传释义]

三爻居内卦的上位，为艮卦的主爻，值上下卦之交，与坎相邻。“往蹇”，指去赴五爻的“大蹇”。五爻因为三爻属阳而当位，让它“来反”而治理内部。三爻本来见到险难就停止了，喜欢后退而不喜欢前往。它的前往是迫于各爻而一同前往；它的返回是为了自我保全，所以有喜。三爻变阴则全卦为比，比卦的二爻说“比之自内”，所以《象传》用“内喜”来解释爻辞。

[一辞多断]

○问时运：正值多难的时运，前进不利，不如退守。○问征战：军队出动后，有回转之象。○问经商：贩运货物，有去而又来，转销到内地之象。○问功名：改出使在外为内部使用。○问家宅：住宅后面靠山，前面临水。开始要迁移到别处，后来返回，以得以团聚为喜庆。○问婚姻：先前要嫁给别人，后来嫁给这人，可喜。○问行人：即日到来，可喜。○问失物：失而复得。○问胎孕：生男孩。

[活断实例]

◎明治二十三年占国运，筮得蹇卦，变为比卦。

断卦说：卦名叫蹇，蹇是难的意思。爻辞说“往蹇”，指前往蹇难的地方；说“来反”，指又返身回来。《象传》说“内喜之”，是喜它的返回而得以自我保全。详细推绎爻辞，可知国运正值多难的时期，前往平定蹇难，不如返身治理内务。到五爻大君独擅权势，朋类前来相辅助的时候，蹇难就可以平定了。由此可知，以三爻济渡内部的蹇难，以五爻济渡外部的蹇难，互相辅助，各有功绩，是可喜的。按爻象计算，应当应验在二年以后。

◎明治元年四月，某友人来对我说："我近来奉仕官某藩的命令，确定了出行的日期，特意前来告别。"看他容貌威武，腰间佩有两把刀，还是武士的老样子，现在得以风云际会，是个有志于维新的人。他请我占前途气运，筮得蹇卦，变为比卦。

断卦说：九三为艮止的主爻，值上下卦之交，进退本来多有难以决断处。它的前往固然不是自己的意愿，只是随别人一同前往罢了；到了"来反"的时候，怎么能不心中喜悦？爻辞的意思是这样。现在您将要奉命出行而占得这一爻，料想您的意思，或许也有因为前途危难而不喜欢前往的因素。我劝您，不妨准备前行，后来应当有召回的命令，要您在内部奉职。

后来友人还没有启程，就接到了停止行动，留作内用的命令。

六四：往蹇来连。

《象传》曰："往蹇来连"，当位实也。

［经传释义］

四爻居上卦的初位，比近于五爻，为五爻所倚重，象征亲近的大臣。连，指君臣一体，像心腹和股肱一样的关系。"往蹇来连"，指三爻与上爻为正应，所以与上爻一同前往最合适，比初爻的前往而有所等待、三爻的前往而又返回，更为有实际作用。

《象传》说"当位实"，四爻当位得正，艮为实，故说实。四爻既向上比连五爻，又向下联络各爻，得以互相以实心相交而共同平定蹇难。

［一辞多断］

○问时运：运途多险难，因为能联合众人而成功。○问征战：四爻阴柔，可知军队力量单薄。能与众人同心同德，联成一气，可以脱险。○问功名："来连"，有接连高升之象。○问经商："来连"，指商客连续到来。

说“当位实也”，实是充实，指所得利益盈满。〇问家宅：住宅必定与邻屋相比连，位置相当，家道殷实。〇问婚姻：必定是老亲之间结亲，重结姻缘。吉。〇问疾病：这病必定绵延已久，一时无法痊愈。〇问讼事：久后可以了结。〇问行人：流连在外面，一时不能归来。〇问胎孕：生男孩，想是双胞胎。

[活断实例]

◎明治二十四年，有某友人来占问某国枢密院气运，筮得蹇卦，变为咸卦。

断卦说：四爻比连君位，象征亲近的大臣，即所谓“心腹股肱”，与君王一气相联的人，恰合枢密院的地位。您占问的某国是外国，所以用爻应该在外卦。爻辞说“往蹇来连”，可知某国近来内部的艰难与外来的侮辱交作，枢密院的各位大臣，要防止因受连累而及于祸患。各爻都说“往蹇”，只有五爻与二爻不说前往。五爻为大君，二爻为内臣，是身临险难的人。枢密院本来在内臣的位置，各爻都图谋平定蹇难，说“往蹇”，或许指出使到外国而言。一时蹇难无法平定，气运不佳，必须等到上爻才能出离蹇难。

◎明治三十一年，占众议院气运，筮得蹇卦，变为咸卦。

断卦说：爻辞说“来连”，有联合众人共同计议之象；《象传》说“当位”，指胜任议员的位置。政府在战胜中国之后，由于受各国的猜忌，将要扩张军备，预先作好平定蹇难的准备，已经把意见呈给议会讨论。但议员等人联络私党，不响应政府的意见，政府因而遇到很多困难。上卦为坎，坎为险，下卦为艮，艮为止，合起来叫做蹇，以致政令遇到阻碍，无法贯彻实行。现在占得四爻，四爻比近五爻，可知众议员中必定有人能够衡量时艰的大小，体会君王的心意，折衷众议院的议论，排解国家的困难，这样决议就可以形成，而蹇难也可以度过了。《象传》说“当位实”，实指能实际地挽救危难，不只是空话。

当时议会自由党和改进党互相倾轧，议论多半不相契合。后来自由党迎合政府的意思，与国民协会联合，增加税收的提议才得以形成决议。

九五：大蹇朋来。

《象传》曰：“大蹇朋来”，以中节也。

[经传释义]

就各爻来说为往，就五爻来说则为来；在各爻蹇难还小，在五爻则蹇难特别大。因为五爻既以各爻的蹇难为蹇难，又独当大的蹇难，所以说“大蹇”。君臣以道义相合，朋友以情义相合，五爻忽略自己的身份而讲情义，所以喜欢二爻的到来而称它为朋友。五爻刚健中庸而当位，德行足以任用他人，故能使远近都来辅翼，得以靠众多人才来平定大蹇。它对蹇难的平定虽然出于君王的威德和福泽，但众臣也出了大力。五爻变阴则上卦为坤，坤卦“西南得朋”，而“蹇利西南”，所以也说朋。《象传》用“中节”来解释爻辞，是说五爻得位得中，不改变它的节操，所以最终得以平定蹇难。

[一辞多断]

○问时运：厄运即将退去，可以逐渐转危为安。○问征战：先前已经被包围，现在幸而救兵一齐到来，得以凭一次作战而解围。○问功名：爻位接近君王，足以匡济蹇难，非常光荣。吉。○问经商：众多货物辐辏而来，一时难以销售。○问家宅：地点接近禁卫，正当车马纷纷，互相追逐的地方，防止受到冲击，以至疲惫和危难。不适宜百姓居住，可以改作会馆。○问疾病：这是危险的大病，应该聚集众多医生会诊治疗，这样才有痊愈的希望。○问胎孕：生男孩。

[活断实例]

◎明治二十年，占某贵显气运，筮得蹇卦，变为谦卦。

断卦说：卦名叫蹇，爻辞说“大蹇”，可知蹇难重重，不是一个人的力量所能平定的。现在某贵显占气运而得第五爻，五爻为蹇卦的主爻，它的蹇难更大，平定也更难。幸而某贵显德行和声望一向昭著，众人诚心归服，得以靠朋友的相助而戡平大难。目前正值协力匡济的时候，还没有出离蹇难，等一年以后蹇卦过去，解卦到来，才能平安无事。

上六：往蹇来硕，吉，利见大人。

《象传》曰：“往蹇来硕”，志在内也；“利见大人”，以从贵也。

[经传释义]

上爻居蹇卦的极位，身在局外，本来不涉及蹇难，爻辞说“往蹇”，是因为贤人君子忧心于时势的艰难，不敢因为不在其位而置之不理。硕，大的意思。“来硕”，五爻得到它的相助，就把大任交给它，如同从莘野、渭滨出山而匡济时艰的诸葛亮和姜子牙，所以说“来硕”。蹇卦各爻都在蹇难中，不曾说吉，到上爻则蹇难已经终结，所以称吉。“大人”指五爻。君臣同德，五爻以臣下为朋友，上爻把五爻当作君王，称为“大人”，即《彖传》所谓“利见大人，往有功也”。

《象传》用“志在内”解释“来硕”，因为上爻的正应是三爻，故说“志在内”；以“从贵”解释“利见”，因为上爻属阴而从阳，故说“以从贵”。

[一辞多断]

○问时运：现在大难已经过去，好运即将到来，可以出山求官了。○问征战：大军已经集结，可以作战，以突出重围。○问经商：众多商人都到来，货价大涨，就此销售可以收回本钱，也可以获得利润。○问功名：文名大振，可以“利见大人”。○问家宅：住宅位置很高，灾煞已经退去，有吉星照临，而且得到了贵人的扶助。○问婚姻：主贵。○问讼事：必须经高级法院判决，这样才能结案。○问胎孕：生男孩。

[活断实例]

◎某友人来请占气运，筮得蹇卦，变为渐卦。

断卦说：上爻居蹇卦的极位，一定会变蹇卦为解卦，象征大难即将消解的时候。现在您占气运而得上爻，爻辞说“往蹇来硕，吉，利见大人”。玩味爻辞的意思，是说大的蹇难已经过去，好运即将到来，吉，没有不利，而且可以去见大人物。出山求官，必定得到贵人的提拔，仕途亨通。

䷧雷水解

卦体下为坎，上为震，震为雷，坎为水，也为雨。震坎二卦相交错，就成为雷雨交作之象。坎在季节为冬，震在季节为春，从冬到春，雨水乍到，春雷刚刚发动，和风送来温暖，坚冰逐渐化解。天地郁结闭塞之气一经雷雨的鼓动，就会使枯萎的得到新生，蛰伏的得以复起，所以称这一卦为雷水解。

解：利西南。无所往，其来复吉；有攸往，夙吉。

[经传释义]

解，缓解的意思。坎位于北方，震位于东方，从北而东，而南，而西，属于顺天而行，故说“利西南”。解即消解蹇难，与东北相反而为东南，与坎艮颠倒而为震坎。解卦的西南即蹇卦的西南，所以它们的利相同。“无攸往”，指蹇已经消解，难已经平定，无险难就不用前往，只须宽缓地休养，以等待阳气的来复，所以“来复吉”。“有攸往”，指蹇消解了而难还在，有难就要有所往，急速地前去解救，夙夜来不及休息，所以“夙吉”。

《彖传》曰：解，险以动，动而免乎险，解。解“利西南”，往得众也。“其来复吉”，乃得中也。“有攸往，夙吉”，往有功也。天地解而雷雨作，雷雨作而百果草木皆甲坼，解之时大矣哉！

“解”字有两个读音，一个读“古”、“买”二字的合音，指解难的开始；另一个读“谐”、“买”二字的合音，指解难之后。《序卦传》说：“解，缓也。”险难既已解除，物情舒缓，所以为解。解是解除蹇难，静止则止于蹇难，动才能解除它。凡遇到险难，不可以不动，动才能免于险难，免于险难才是解。

“西南”为坤位，坤顺得常，故有利；坤又为众，所以“往得众”。往是从内到外，来是从外到内。坤是纯阴卦，到震卦一个阳爻来复，犹如大难刚刚平定，疮痍还没有痊愈，必须休养生息，恢复元气，所以不必“攸往”而自然“来复”，所以得中而吉。二爻升到上爻则全卦为晋，晋卦象征“明出地上”，为旭日初升，故有夙象。晋，进的意思，所以“有攸往”。晋卦五爻说“往有庆”，即指“往有功”。“来复”治理内部，前往治理外部，内外都得到治理，解卦的能事就尽到了。

解是二月的卦，震阳执掌时令。用雷来震动，用雨来滋润，天地寒凝之气因而开解和消散，万物化育之机因而开启和兴盛，以至各种果实和草木的种子都破了壳。睽蹇二卦都取“时用”，到解卦说“时大矣哉”，这是由于睽蹇二卦因为得到运用而成功，解卦则不再被运用，只是待时而动罢了。

以这一卦比拟人事，象征险难乍解，元气尚未恢复的时候。处于险难当中，不动就不能脱险，动则必须审明方向，并得到众人的协助。西南为坤顺的方位，“得众”即“朋来”协助。及至蹇难解除，有不可再行动的道理，譬如人体疾病初痊，血气还没有恢复，应当休养调摄，这样才算得中；又有不可不迅速行动的道理，譬如人家刚刚摆脱困境而盗贼还在，必须迅速翦伐他们，这样才能巩固解除险难的效果。震为春季，春气一动，雷雨交作，天下的积气得以化解，万物的生机开始畅达，犹如人威怒一振，众多邪恶的人就全都退去了。

六爻都应该与蹇卦合起来看。初爻象征蹇难刚刚平定，只求“无咎”罢了。二爻则蹇难已经消除，这才“贞吉”了。三爻蹇难虽然已经消除，但是因寇“致寇”，咎由自取。四爻的蹇难没有得到全面消除，还希望得到别人的相助。五爻的蹇难，只要能以诚心相感孚，坏人就会自己退去。上爻的蹇难，是恶贯满盈的人还没有消灭，不能不用威武。天怒表现为雷霆，天恩体现为膏雨，在人则体现为对善的奖赏和对恶的惩罚。

以这一卦比拟国家，解卦从明夷来。从家人到睽，到蹇，到解，都是周朝兴起，商朝灭亡之象。解卦象征周文王从羑里解脱囚禁的时候，其“利西南”指文王的教化施行于西南方。虞芮两国请西伯侯裁定争地的是非，是“无攸往”；周文王对崇密两国的翦伐，是“有攸往”。所以在险难当中不得不兴兵动众，因为不动就无法免于险难，更无法平定天下的蹇难。等到周武王在商朝京都郊外誓师，来聚会的诸侯达到八百，这是得众，也是得中。周国能摆脱大难体现在解卦，周国能成就大的功业也体现在解卦。王者的怒如同雷霆，王者的恩泽如同雨露，后代称王于天下的人，只要效法周文王即效法天道就是了。天地得到阳和之气，雷雨就会大作；万物得到阳和之气，萌孽就会发生，治世之道也是这个道理。

通观全卦，解卦与屯卦上下互换位置。屯卦震体所象征的生在下卦，坎体所象征的难在上卦，象征“动乎险中”，为险难开始发生，其《象传》称“云雷”，是天气郁结而没能发泄，所以不成雨；解卦坎难在下卦，震生在上卦，动而免于险难，象征险难已经解除，《象传》说“雷雨”，是天气发泄，恩威并施之象，所以说“雷雨作”。

解卦象征难的是坎，是阴，解难的是震，是阳。初爻因为开始缓解而暂时安于现状。二爻因为险难消除而加以治理。三爻防止刚刚得到解脱而又陷于蹇难。内三爻属坎体，坎属阴，所以不说解。四爻的解得到了朋友的协助，五爻的解因为孚信而得吉，上爻的解因为“用射”而获利。外三爻属震，震属阳，所以说解。总之，险难的发生没有不是由于小人的，险难的解除没有不是由于君子的。五爻为解卦的主爻，《象传》说“君子有解，小人退也”，所谓君子，即《大象》所说“赦过宥罪”的君子。这是理解全卦的要领。

《象传》曰：雷雨作，解，君子以赦过宥罪。

按十二消息卦，坎为十二月到正月的卦，坎卦的五上两爻，值雨水惊蛰的节气；震为二月到四月的卦，震初爻值“雷乃发声”，三爻值谷雨。解为二月公卦，《大象》说“雷雨作”，是根据卦时来取象。

坎为罪，为灾，所以有过有罪；震为缓，为生，所以用赦用宥。君子效法解卦，号令如雷的震发，使天下无不耸动；恩泽如雨的降落，使天下无不喜悦。幽囚已久的人一旦被“赦过宥罪”，打开禁锢，脱去桎梏，就会像出离陷阱而重见天日一样，其忧闷郁结之气无不消散。这象征君子与百姓更新时势，用来解除万民的险难。

[一辞多断]

○问时运：解脱的灾难，大有奋发振作之象。○问征战：威武一振，有大贼被消灭，小贼来投降之象。○问功名：有声音的震惊达到百里，恩泽普施给亿万百姓的征兆。○问经商：得时得令，“雷雨之动满盈”，非常有利。○问婚姻：震为雷，坎为雨，阴阳相交相济，万物生机畅茂，吉。○问家宅：天盘动，地盘有难，应该通过祈祷消除灾难。○问行人：一时可以归来，防止小有灾难。无害。○问讼事：幸而被宽宥无罪。○问胎孕：生男孩。

初六：无咎。

《象传》曰：刚柔之际，义无咎也。

[经传释义]

初爻居解卦的开始，象征大难初平的时候，不求有功，只求无过。初爻与四爻相应，靠应爻的力量得以解除险难，所以说“无咎”。

《象传》所说的刚指四爻，柔指初爻，际指初爻与四爻相应。阴阳相交，自然可以无咎。

[一辞多断]

○问时运：困难初步解除，安于时运，恪守本分，自然无害。○问征战：刚刚脱出重围，应该养精蓄锐，不可妄动，这样才能保证无害。○问经商：不遭受损失就算幸运了。○问功名：目前只可以谨守原有的规模罢了。○问家宅：平安无害。○问讼事：应当和解。○问婚姻：平平。○问胎孕：生男孩。

[活断实例]

◎明治二十四年三月，因为郑永宁[①]与中国公使馆内通书信，一时议论纷纷而起，真假难辨。制纸分经理阳其二氏来信请占一卦，以判别虚实，筮得解卦，变为归妹卦。

断卦说：解，释的意思，是坚冰得到暖气而消解之象。初爻说“无咎”，《周易》爻辞中单言“无咎”的只有这一爻，是上天张口证明郑氏的无罪。而且解指解脱罪过。初位的阴爻为郑氏，四位的阳爻为中国公使。阴阳相应，可知彼此情谊很深厚，但是对国家大义没有一点妨碍。《象传》说“君子赦过宥罪”，料想日后审判官也必定推原情由而加以宽宥，断不会根据无稽的文字而继续追究。

九二：田获三狐，得黄矢，贞吉。

---

① 郑永宁：日本外交官。其先世为明朝遗臣，原籍福建。1868 年任政府翻译官，随同日本使臣来华，1871、1874—1879 年任驻华使馆参赞。其间，1873 年来华协助副岛种臣、柳元前光与清政府换约（《中日修好条规》），后又协助森有礼同李鸿章谈判朝鲜问题。1885 年又随伊藤博文来华谈判，订立《天津条约》，其后退出外交界。

《象传》曰：九二贞吉，得中道也。

[经传释义]

田，田猎。上互卦为坎，坎为狐；下互卦为离，离为黄矢。狐是阴兽，善于蛊惑人，所以用来比喻蛊惑君王的奸佞小人。三表示数量多，黄是中央正色，矢表示直。九二以阳爻居阴位，刚柔得中，上与六五阴阳相应，象征能辅佐君王进贤黜邪、匡济时艰的人。要解除蹇难，必须先驱逐狐狸，所以取离矢而去坤田，猎获坎所象征的众多狐狸，并全部歼灭它们，从而肃清内部。这对于济蹇出险，把社会纳入中正之道，关系非常重大，所以九二“贞吉”。

[一辞多断]

○问时运：除去邪恶而归于正道，自然安稳而吉祥。○问征战：田指猎取禽兽，就像战争猎获敌人一样。获狐，象征捕获了敌人的魁首；得矢，象征获得敌人的兵器，所以“贞吉”。○问经商：田猎的目的是猎获禽兽，经商的目的是获取利益。三表示多数，黄指黄金。必定获得厚利，吉。○问功名：说获说得，功名大有希望，吉。○问家宅：住宅要防止狐狸作祟，必须猎获它们，这样才吉。○问婚姻：必定是先有小妾，后娶正妻。黄是正色，象征正配。吉。○问疾病：防止是狐媚作祟所导致的邪病，应该用弧矢驱逐。吉。○问胎孕：生男孩。

[活断实例]

◎某商人占气运，筮得解卦，变为豫卦。

断卦说：猎获狐狸而得黄矢，可知无论猎财还是猎名，都无往不利。您的灾难既然已经解除，所求必定得到，正是好运发动的时候，有雷雨得时之象。黄为正色，矢象征直，又可知您品行正直，不为狐媚所蛊惑，能以正道除掉邪祟，所以“贞吉”。

◎明治二十五年，我患了鼻痔，呼吸不通畅，谈话也困难，觉得很痛苦。听说金杉某留学国外，专修鼻科，回国后设医院诊病。我想向他求治，筮得解卦，变为豫卦。

断卦说：内卦水为险，外卦雷为动，是动而免于险难之象，所以不能坐视，而应该迅速治疗，以摆脱疾病。占得第二爻，为坎卦的主爻，变阴则全卦豫，有预先治疗之象。田是狩猎，狐是怪物，黄矢即射怪物的箭矢。现在鼻子中的疣是身上的怪物；三表示数量多；“黄矢”，想是医治的器具，值得观赏。卦象属吉。

我于是向金杉氏求治。金杉氏一诊断，说是容易治疗。先用麻药，然后把铜线挂在疣上通电，于是截断了它们。疣数不是一个，全部截去了，病痛顿时解除。医术的高妙实在值得惊喜，而《周易》的预示又与病状完全符合，更值得惊叹。唉！《周易》把森罗万象的事物，照彻于三百八十四爻当中，一一发露它们的灵机，用来垂教于天下后世，这就是圣人之所以是圣人！

◎相州横须贺在建筑炮台，又有造船的大工场，年年埋筑海面。采取土炭岩石的事，一向归大仓组担保。那些岩石用船运到海岸建筑处，为了快捷，又用小轮船牵引。大仓组于是自己制造运输船，以免受雇船的勒索，再加上指挥得当，独占了许多利益。官方考虑他一个人担保难免有弊端，想让高岛嘉兵卫分但他的工作，于是大仓组忌恨他，暗中让船夫等人百般妨碍，而且故意多支付赁金，每天的损失不下七八百元，两家都受到困厄。我于是占了一卦，筮得解卦，变为豫卦。

断卦说：《彖传》说“解，险以动，动而免乎险”，明明是说一动就可以出险。就占法而言，以二五两爻为纷争者。现在占得二爻，二爻在内卦，象征高岛氏；五爻在外卦，象征大仓氏。二爻的工作为四爻所妨碍，以至双方发生矛盾，同时遭受亏损。爻辞说“三狐”，指对方有三个人，狡猾而妨碍做事；“黄矢”，指我方有一个人，正直做事。用矢射狐狸，狐狸就退去了。四爻说“朋至斯孚”，朋指居间讲和的朋友；孚指二五两爻所象征的纷争双方得以相感孚而停止纷争。五爻本来是君子，开始时被小人所蛊惑，所以说“君子有解，小人退”。

于是依照这一占断，让横山孙一郎传达高岛氏的意思给大仓氏，事情这才得以平息。

六三：负且乘，致寇至，贞吝。

《象传》曰：“负且乘”，亦可丑也；自我致戎，又谁咎也。

［经传释义］

负是背着偷来的东西，乘是乘着四匹马拉的车子。“负且乘”，象征盗贼占据了公卿的官位，所以“可丑”。“致寇至”，坎为寇，六三在坎体，本来就是寇。寇盗因为窃取了官位，得以策肥壮的马，乘高大的车，为寇的人见了会说：“他也是寇，现在居然像有身份的人一样乘车而行了，我可以取代他。”这是以寇盗招致寇盗。在这险难刚刚缓解的时候，使寇盗滥居高位，难道不是用人者的过咎吗？所以说“自我致戎”，过咎怎么能推辞？吝，丑的意思。

[一辞多断]

〇问时运：时运不是不好，只因为一向行为不端，为别人所鄙视和笑话。〇问征战：战端从我而开，以致盗贼蜂起，一时难以平定。〇问经商：防止有盗贼劫掠的灾患。〇问功名：沐浴猴子，戴上帽子，这样难道能长久吗？〇问家宅：自己门户不谨严，或者用人不当，而招致了窃贼或强盗。〇问婚姻：两姓都不是正经人家，属于为富不仁的人，“可丑”。〇问讼事：双方都没有理。〇问行人：满载而归，但是来路不正。〇问失物：已经被窃盗掠去，得不到了。〇问胎孕：生男孩。

[活断实例]

◎某人来，请占某区长品行，筮得解卦，变为恒卦。

断卦说：负为肩负，是小人的劳作；乘为乘车，表明君子的身份。“负且乘”，是小人窃居君子的身份，寇盗见了，会说：“这也是寇盗，他可以显达，我就不可以吗？”所以以寇盗招致寇盗，这是他的羞耻的由来。看这一爻辞，可知某氏虽然身为区长，也不过是以寇盗的方法取得的，必定另有寇盗在后面窥伺他，怎么能长久在任呢？

不久，果然被削职。

九四：解而拇，朋至斯孚。

《象传》曰：“解而拇”，未当位也。

[经传释义]

四爻居震卦的开始，震为足，拇是足大趾。九四为解卦的主爻，解即解除蹇难。蹇为足部的病。病在一个拇趾还不足以为蹇难，解一个拇趾也不成其为解。四爻不当位，所以不能全部解除蹇难，只能“解而拇”。拇即四爻，从对方的角度说，故称“而拇”。解四爻从蹇五爻而来。蹇五爻说“朋来”，所解四爻说“朋至”。四爻知道自己无法解除蹇难，只希望“朋至”而协助治理。将由拇而及于心，这样心心相感，蹇难才能全部消解。坎为孚。

[一辞多断]

○问时运：已经到了做官年龄，但是行运不得当，全靠别人帮忙成事。○问征战：防止炮弹伤害足部，幸而救兵得力，可以解围。○问经商：所得很微少，但是众人心心交孚，一两年后可以得到厚利。○问功名：拇为足趾，卑下极了。到五爻说“君子维有解”，必须等待下一科，才有希望登榜。○问家宅：住宅地势低下而不当，只可以作为行栈或店屋。○问婚姻：得到有力的媒人说合，才能成事。○问讼事：有朋友出来交相劝解，可以平息诉讼。○问胎孕：生男孩。

[活断实例]

◎群马县高崎市某甲写信来说：“我的近邻有乙某，他的一个儿子患了危重的病，在榛名神社祈祷后很快就痊愈了。乙某很高兴，带着儿子拜谢神社。一天，乙某把所有的金钱全部交付给儿子说：“我在住处恐怕遭到杀害。”于是突然离家，儿子马上出去追寻，却不知去向。全家经不起这样的悲伤，请占一卦，以预知吉凶。”我当时正患病，因而让本门弟子占筮，得到解卦，变为师卦。

我见了这一占，问本门弟子如何判断，本门弟子回答说：乙某不会进山，也不会投水，在东方朋友家罢了。《彖传》说：“解，险以动，动而免乎险。”乙某自己说恐怕遭到杀害而逃去，是因危险而动；既已经逃避，就“动而免乎险”。爻辞说“解而拇，朋至斯孚”，拇为足大趾。父子一体，儿子在下位，有足趾之象。留下金钱而分别，即所谓“解而拇”。“朋至斯孚”，是明说在朋友家。孚，指听到朋友的一番话而心中感激。

他的断语适当，我很高兴，于是把他的断语写在信中告诉某甲。后来见到某甲而问及这一占的结果，回答是乙某的踪迹正如占断所说。

六五：君子维有解，吉。有孚于小人。

《象传》曰：君子有解，小人退也。

[经传释义]

“君子”，即《大象》所说“赦过宥罪”的君子。五爻居君位，与二爻相应，二爻既得中道，能祛除众多邪祟，而让它们重新做人，五爻就推原情由，赦过宥罪，不再追究到底，这是以不解为解。小人因此感激而有孚，所以吉。

《象传》说“君子有解，小人退也”，指君子不必努力去除小人，小人从内心感服君子，但不敢与君子在一起。自古奸邪为害政事，都是由于君子不能感化小人，小人因此不信服君子，以致互相倾轧。历史上这方面覆辙相循，都是由于不明白六五“有解”的旨意。

[一辞多断]

○问时运：值于亨通的正运，众多邪佞全部退去。○问征战：不杀戮一个人，不用一根箭，外国人就来朝拜了。○问功名：有利于君子，不利于小人。○问经商：不必苦心经营谋划，自然会获利。○问家宅：住宅有福星照临，邪魔远远地避开。○问婚姻：吉。○问行人：马上归来。○问疾病：外来的邪气已经消散，本身的正气已经复来，吉。○问讼事：理直的胜诉了，理亏的服从了，就可以停讼了。○问胎孕：生男孩。

[活断实例]

◎友人横山孙一郎来对我说：“近日见报纸上说福地氏被下入监狱，他衰老的身体在这样的暑热中，困苦不言而喻。推论原因，是由于为了钱而写文章。为了钱而写文章与受贿营私本来有本质的区别。公冶长入狱后，孔子特意说明不是他的罪过。我将为福地氏筹划一个解救方法，请麻烦占一卦。”筮得解卦，变为困卦。

断卦说：解是解散的意思。占得第五爻，这是解卦的主爻，爻辞说“君子维有解”，而且说吉，并称这一爻为“君子”，可知所定的罪不是他犯的，因此不能因为罪名而看低当事人。说“维有解”，可知不特意解而自然得解，不用救助就能摆脱罪名。说“有孚于小人”，那些生事的小人陷害君子，也于心不忍，自愿认罪。福地氏暂时受到囚禁，以后自然安泰吉祥。

我于是面见东京裁判检事，把这一占断详细告诉他，不久福地氏就出狱了。

事后，有相知永井泰次郎，因为讼事的嫌疑，牵连被捕，他的妻子来请我占卦，又得到这一爻，于是把这一占断告诉她。永井氏果然也因为无罪而得到赦免。事情相同，得到的卦爻也相同，占断的应验果然又相同，所以附记在这里。

上六：公用射隼于高墉之上，获之，无不利。

《象传》曰："公用射隼"，以解悖也。

[经传释义]

震为诸侯，故称公；坎为弧，为弓，故说射。下互卦为离，离为飞鸟，有隼象。四爻变阴则上卦为坤，坤为城墉，象征"高墉之上"。上爻居解的极位，从初爻到五爻象征解除内部的险难，宽柔和刚猛的手段都用上了，到上爻还有飞翔在外，像鸷鸟一样的强悍者，五爻于是命令上六说："公且乘上坤墉，张开离弧，抽出一根矢而射它，获得它们的魁首，没有不利，可以解除凶悖。"坎为悖，只有消灭悖逆之徒，内忧外患才能全部扫平。

前面的各爻，即彖辞所说的"其来复吉"；上爻，即彖辞所说的"有攸往，夙吉"。

[一辞多断]

○问时运：运途吉祥顺利，出外或许会遇到小的贼寇，应该迅速加以防备。○问征战：防止有敌兵劫掠城外，应该在高阜上埋伏弓矢手射击他们，必定有斩获。○问经商：运货外出，必须严格防范盗贼的劫掠，这样不但没有损失，而且可以获得盗贼的粮食，所以说"无不利"。○问功名：爻辞称公，必定已经贵显。应当在外面立功。○问家宅：墉墙要高，可以防备外面的窃贼。○问婚姻：《诗经》说"弋凫与雁"，有射击之象，吉。○问讼事：悖逆自然解除，有利。○问胎孕：生男孩。

[活断实例]

◎镰仓圆觉寺的住持僧人今北洪川[①]和尚，博通佛典，是当今的高僧。我有一天游镰仓，要拜访和尚，又想我所要谈的是易理，和尚所说的是禅味，不知禅的三昧与易的六爻，其旨趣是否相符合？试着占了一卦，筮得解卦，变为未济卦。

断卦说：佛法以解脱为宗旨，取解脱烦恼的意思。现在占得解卦上

---

① 今北洪川：幕末、明治前期的临济宗名僧。名真三郎，讳宗温，字洪川。大阪福岛人。最初是一位儒者，师从大阪徂徕学派的儒者藤泽东，涉猎四书六经、诸子百家，并以此为天下第一乐趣。27岁时开悟见性。主张禅儒和合，著有《禅海一澜》等书。

爻，不说解而说射，象征用佛法摄伏外部的邪魔。内在的本性静定了，外在的邪魔自然消亡，与解卦所说的“三狐”为内魔，上爻的隼为外魔，意旨相同。可知今天和尚对我所谈的大旨是这样。我于是根据卦义写道歌一首，揣在怀里，去拜访和尚。

日本镰仓圆觉寺禅堂

和尚请我进入禅堂，品茗倾谈多时，佛法和易理都达到了极妙的程度，我于是拿出道歌给他看，一笑而分手。

◎一天，横滨商人左右田金作氏来访，请占利根运河股票价格的高低，筮得解卦，变为未济卦。

断卦说：解是动而免于险难的卦。应当卖掉股票，得到这难得的利益，以免后日的灾悔，所以说“无不利”。恰如看见隼落在高墉上，用一支箭射向它，以铲除后患。倘若迁延时日，到了损卦，必定有损失而无利益。

左右田金作听从这话，一次卖掉了股票，得到了利益。后来因为获了利而又买进，结果招致了损失。

◎明治三十一年，占伊藤内阁的气运，筮得解卦，变为未济卦。

大隈重信像

断卦说：爻辞说公，是正合内阁的称谓；内阁居高位，故说“高墉”。隼，指政党首领而说。政党首领不在官位，飞扬跋扈，时常与政府为难，残害好人，像隼一样凶悍阴鸷而善于猎取。六五君王命令您乘高墉射取它。不说歼而说获，因为隼本来是有用的人才，一向有功劳，希望获取而加以任用，以收到好的效果，所以说“获之，无不利”。《象传》说“解悖”，是指解去悖逆的心，而希望他们归顺。您身为内阁总理，既修文德又具备武功，平定内患，抵御外侮，固然是公所擅长的。解卦到上爻蹇难就解除了，正是您现在的情况；但解除蹇难是解，解除职务也是解，这尤其是您所应当慎审的。

于是把这一占断呈送给内阁。后来内阁推荐大限、板垣两位伯爵，问我占断得当与否，我说：“捉住了一只隼，又要得到一只隼，只恐怕所执的隼振翅要飞，不得不放手，因为两只隼相倾轧，无法相容。”伊藤公于是辞去内阁总理职务。这也符合解卦的意思。

䷨山泽损

上卦为艮山，下卦为兑泽。山本来高，却越发增高，叫做增益上面；泽本来低，却越发降低，叫做减损下面。所以下面不可以减损，却减损下面而增益上面，叫做损；下面本来应当增益，于是增益下面而减损上面，叫做益。

损益的道理固然相反，但损益的作用却相成。人们只知道减损，却不知道增益就是增益减损了的；人们只知道增益，却不知道减损就是减损增益了的。所以《序卦传》先是损卦而后是益卦。事情先简约而后烦琐，礼仪先节俭而后奢侈，万物先虚空而后盈满，所以易道把损卦排在前面。减损兑而增益艮，所以为损。

损：有孚，元吉，无咎，可贞，利有攸往。曷之用？二簋可用享。

［经传释义］

损卦旁通于咸卦。有"心"旁就是"感"字，无"心"旁就是"咸"字。咸是感孚的意思，故说"有孚"，因为它的减损出于心中的诚意，足以为别人所信任；不然的话，减损主节俭，而如果节俭而不符合礼，就会遭到讥刺，过咎尚且难免，怎么会"元吉"呢？只有损而"有孚"，别人才会感念他的诚心，这样自会"元吉"，还有什么过咎？减损而"可贞"，凭这而前往，就无往不利。减损节俭既然有这样的效用，干吗还要丰盛呢？俭约的"二簋"也可以"用享"，不但可以有孚于人，而且可以有孚于神明了。

《彖传》曰：损：损下益上，其道上行。损而"有孚，元吉，无咎，可贞，利有攸往。曷之用？二簋可用享。"二簋应有时，损刚益柔有时。损益盈虚，与时偕行。

损，减损的意思。减损乾下卦的刚爻，而增益坤上卦的柔爻，所以叫做"损下益上"，也即"损刚益柔"。所益的是上卦，所以说"其道上行”。“有孚”，以诚孚进行减损，就会减损下面而下面不以减损为病，增益上面而上面不以增益为嫌，上下交孚，吉祥没有比这更大的，还有什么过咎？贞，正的意思，指可以端正那些尚未孚信的人。艮在上卦为止，艮得到增益就会不止而前往，所以说“利有攸往”。

减损既然“有孚”，自然“无咎”，何必丰盛？减损又减损，即使“二簋”也可以“用享”。震为祭，艮为宗庙，有用来享祀之象。簋是盛黍稷的器具。按照礼，簋多半用八个或六个，现在用两个，是从俭了。享祀靠的是以诚相感孚，所以即使二簋也是可以的。但减损应该应时，应当减损的时候，即使用太羹[1]也不算节俭；不应当减损的时候，就是用豚肩也不算丰盛。所以损益盈虚，贵在“与时偕行”。

以这一卦比拟人事，损是减损的意思。节财是减损，节欲也是减损。节财是为了利用，节欲是为了清心，都是人事的要点。看可以减损再减损，即使减损了对方也不觉得受损；不可减损而减损，即使不减损对方也会疑心已经受损。凡人事中动辄得咎的事，都是由于减损得不到别人的信服；别人不信服就会有损无益，过咎尚且无法避免，怎么会得吉？或者减损大的而增益小的，连停止都不可以，怎么能前往？所以损卦首先说“有孚”。

卦体艮在上卦，兑在下卦，艮为止，兑为悦。有孚就会悦与止相承，山与泽通气，刚与柔合志，上与下相孚，不但自己愿意被减损，别人也不疑心这种减损。所以用于家庭，钱财用度就会得到节省；用于自身，情欲就会减少，推论到用来感格神明，神明也会因为他的诚心而用享，而保佑。这样就可以从俭而不用丰盛了，有所往还有什么不利呢？也不过因时制宜罢了。倘若时宜不应当减损而一概从俭，就会有人讥讽他损人利己，斥责他损公肥私，这是人事的忧患，怎么能避开过咎？所以人事的进行应当考虑天时，观察日月的盈昃，寒暑的往来，这样就可以知道“损益盈虚，与时偕行”的道理了。

以这一卦比拟国家，根据国家制度，田地有赋，集市有征收，货物出入有税金，这都是减损下面而增益上面。在全盛的时候，上面不必向下面索要，下面自然乐于送给上面。上面下施仁德，下面感念上面的恩德，朝野一心，无事时献大兽而私留小兽，来奉养上面，有事时箪食壶浆地欢迎王者的军队。所谓“有信则民从之”，就是为此。得到信任就会上下交孚，有吉无咎，无往不利，但是以“与时偕行”为贵。取那俭约的而不取那丰

① 太羹：不和五味的肉汁，品极最高的羹。

盛的，只看真诚还是虚伪而不看物品的丰俭，这样可以福裕国家，可以理财，也可以感格宗庙。凡国家的损益盈虚，只要效法天而因应时宜罢了。

六爻谈减损，酌量盈满还是空虚，审察是别人还是自己，衡量是开始还是终结，各有各的义理。初爻“酌损”，二爻“弗损”，三爻“损一”，四爻损疾，五爻不说损，上爻也说“弗损”。卦虽然称损，爻却多半不说损。初、二、上爻都说志，三爻说疑，四爻说喜，五爻说佑，都取诚孚的意思。治国之道首先在于得民心，民心没有得到，即使上面天天施恩惠，百姓也不知道感激；得到了民心，百姓将会说，我们的饮食日用都出自上面的施予，怎么敢把自己的东西看作私产呢？即使减损他们也不会怨恨。损卦首先揭出“有孚”二字，其旨意深远，最应该体察和玩味。

通观全卦，下体本来是乾，三画都是阳刚，属于有余而应当减损的；上体本来是坤，三画都是阴柔，属于不足而应当增益的，这叫做“损下益上，其道上行”。损益是盛衰的枢机，也是否泰的征兆。损卦从泰卦而来，益卦从否卦而来。损卦二五两爻失位，益卦二五两爻得位，可见否泰是相反的。减损兑的有余，补充艮的不足，上与下融洽，艮止与兑悦相承，所以益卦不必等到孚信百姓就会喜悦，损卦只有首先孚信才会吉祥。

减损是违反人情的，人们因为忧虑缺乏而渴求盈满，但是君子则厌恶盈满而向往节俭。“二簋”虽然菲薄，却可以祭祀宗庙，因为以诚为贵罢了。“二簋”指兑卦的两个阳爻，是说祭品的菲薄。上卦爻辞多取“有孚”的旨意，下卦爻辞多取用享之象，合起来是取悦而止的意思。不是说阳刚尽可以减损，阴柔尽可以增益，时候可以减损才减损，时候可以增益才增益，不是人所能勉强的，所以说“损刚益柔有时，损益盈虚，与时偕行”。

《象传》曰：山下有泽，损，君子以惩忿窒欲。

地因为增益而成为山，因为减损而成为泽。山和泽本来是损益的东西，山不增益就会崩塌，泽不减损就会涸竭，这就是卦名为什么叫损。人最容易爆发而又最难制伏的是忿怒，最容易炽烈而又最难以断绝的是欲望。君子见到损卦之象，就知道人的怒气之盛，势力足以拔山，所以必须惩治，以遏制刚强的性情；人的贪欲之深，像大壑一样难以填满，所以必须窒塞，以阻塞利欲的源泉。怒火起于过刚，要通过“惩忿”来平息；贪欲牵连于情志，要通过“窒欲”来闲防。艮山止而兑泽塞，都有减损之象。

[一辞多断]

○问时运：目前行运不正，应该自我控制忿怒。○问经商：经商是为了求财，应该和气而不应该使气；应该审度利益而不应该放弃利益。○问功名：忿火和欲念不消除，即使有了功名，恐怕也无法保持到最后。○问征战："山下有泽"，防止山下深处有敌兵埋伏。○问婚姻：损卦从咸恒二卦而来，女子喜悦而男子节制，夫妇之道就得正了。○问家宅：住宅后面有高山，前面有深泽，地势很险峻，应该凿平。○问讼事：不使气也不贪财，诉讼自然平息。○问失物：得不到。○问胎孕：单月生男，双月生女。

初九：已事遄往，无咎。酌损之。

《象传》曰："已事遄往"，尚合志也。

[经传释义]

初爻处于一卦的开始，也就是谋事的开始。"已事"，停止正在做的事，是艮止之象。"遄往"，遄是迅速的意思。事情既可以停止，就应当"遄往"，一因循就会误事而得咎，所以说"已事遄往，无咎"。倘若事情在可以停止与不可停止之间，比如停止就会失业，不停止则会耽误公事，就要斟酌其轻重缓急，所以说"酌损之"。

《象传》用"尚合志"解释爻辞。"尚"作"上"，差不多的意思。"已事遄往"，差不多与上爻合志。虞翻以"已"作"祀"，说是祭祀。祀事而说"酌损"，即《象传》所说的"二簋可用享"。这种说法也通。

[一辞多断]

○问时运：以往的事不要追究，目前应该马上作出努力，这样可以免于过咎。○问征战：应该迅速进兵，不可迟缓，辎重和粮食也必须酌情减损。○问经商：贩运应该迅速，应该审时度势，酌量前进，这样一定可以获利而又无害。○问功名：迅速前往可以得到，迟缓就不成了。○问婚姻：即日迎娶，属于两姓间好的结合。○问家宅：必须迅速迁往别处。吉。○问讼事：马上罢讼了结。○问失物：赶快寻找，可以得到。○问胎孕：生女孩。

[活断实例]

◎某友人来说，因为有朋友急需要借钱，请占以后的利害，筮得损卦，变为蒙卦。

断卦说：爻居内卦，又在初位。内卦为兑，兑为口，有开口求人之象。爻辞说“已事遄往，无咎”，指在这困难的时候，应该抛开自己的事，赶紧去求救援，像季布那样千金一诺，就可以无咎了。“酌损之”，指所借钱数或许有所不足，又应该酌量多少，补足他所缺乏的。玩味爻辞，知道对方的需要急切，片刻也不能迟缓，迟缓就会有灾祸；所借的钱一定有所减少，但也不至于空手而回。

九二：利贞，征凶。弗损益之。

《象传》曰：九二利贞，中以为志也。

[经传释义]

二爻在内卦的中位。凡有待损益的事情，一定没有达到中道，二爻得中，故以“弗损”为“利贞”。如果不可减损却加以减损，反而会失去中道，所以“征凶”。减损与增益相对，人只知道减损他所减损的，只知以减损为有益，却不知道不减损那不可减损的也是一种增益。不损不益，只在于守中道罢了，得中道就是“利贞”。《象传》用“中以为志”来解释爻辞，志犹如射击的靶子，以击中为目的，因为志在这里。

[一辞多断]

○问时运：好运才来，不用增加或者减少，凡事得中道，自然能够获利。○问征战：不必减粮，也不必添兵，只要坚守中营，就有胜利而无失败；倘若鲁莽前往，恐怕有凶祸。○问经商：货物适宜，不必减价，没有不获利的。○问功名：无荣也无辱，还是一副老样子。○问婚姻：两姓门户相当，吉。○问家宅：位置得中，不必添改，非常有利。○问讼事：平和。○问失物：原物没有丢失。○问胎孕：生女孩。

[活断实例]

◎某友人来说：“我为家兄在大阪垄断米市，受了很大的亏耗。有献斡旋办法的人打电报来，催我送去大笔现金，说这样还可以转败为胜。我恐怕再次失败，亏损就更大了，所以请占这件事成败如何。”筮得损卦，变为颐卦。

断卦说：卦象泽低而山高，可知一时米价涨落很大。当初因为价格低而多订货，现在面临贵价，又不能不如数应付，以致亏损。东京支店的钱不可动，叫做“利贞”；倘若送钱去，叫做“征凶”。大阪本店虽然亏损，但只要用东京支店来维持，自然可以挽回，叫做“弗损益之”。

后来的事果然和所占断的一样。

◎明治六年，某贵显任某县县令，来请占气运，筮得损卦，变为颐卦。

断卦说：损卦是减损下面而益上面的卦，二爻说“弗损益之”，是明明说下面不必减损，上面也不必增益。现在您出任某县县长而占得这一爻，爻辞说：“九二：利贞，征凶。弗损益之。”因为九二爻位得正，应该固守成规，不必改变，自会得到利益。倘若妄自改弦更张，急于进步，反而会导致凶险，所以不用减损，“弗损”就是“利贞”。您只要认真按爻辞行事就可以了。

六三：三人行则损一人，一人行则得其友。

《象传》曰：“一人行”，三则疑也。

［经传释义］

六三爻辰在亥，得到了乾元之气。乾为人，又为行，三爻象征三人，故说“三人行”。乾卦的上爻降到三爻则上卦变兑，是在三个中减损一个；上互卦为坤，互坤的上画变阳则为艮，为两个阴爻一个阳爻，故说“一人行”。三爻为损卦的主爻，居兑卦的终位，兑为友，故说“得其友”，即艮得到朋友。

天下事只有一个就不足，有三个又过多，以两个为得中，这是奇偶的定数。所以“三人行”就减损其中的一个，一人行就“得其友”也为两个。一而二，二而一，这样才算合志，不然的话，三人构成“众”字，人多了心就不齐，疑惑就产生了，所以《象传》用“三则疑”来解释爻辞。

［一辞多断］

○问时运：财运平平，少了会获利，多了会损失。有利于双月，不利于单月。○问征战：应该从正西方一路进军，自有援兵相助，有胜利而无失败。○问经商：商业宜于一个人独立去做，两个人一同做也可以，人再多就必有损失了。○问功名：必须一个人单独前往，一定成名。○问婚姻：得友即得偶，吉。○问家宅：住宅在兑的方位，宅中的男丁，可以断作每家只有两个。○问讼事：双方的诉讼，是中间有一个人挑唆所致，去掉这个人，诉讼就了结了。○问胎孕：生女孩。

［活断实例］

◎明治二十五年四月，我担任北海道炭矿铁道公司长。在去公司前，占问改革办法，筮得损卦，变为大畜卦。

断卦说：卦体是艮山兑泽，卦德是减损下面而增益上面，明白表现出上卦的山越发高，下卦的泽越发低，有上下不通的形势。上下不通，必定导致事务阻碍，弊端丛生，使公司遭受损失。现在我担任经理，势必淘汰人员，革除弊端。这公司的弊端有两个方面：一是事务不只决定于营利原则；二是员工多从官吏出身。公司事务不只决定于营利原则，公司的出纳就没有准则；员工从官吏出身，规章的约束就难以完全落实。于是耗费多，冗员也多，各项事务都有名无实。我要振兴公司，就不能不锐意改革。现在占得三爻，玩味和演绎爻辞，是明明告诉我减损员工中的三分之一。

我得到这一卦，于是单身去北海道，断然实行改革，先以裁减三分之一的员工为开端。从此公司事务得到了很大程度的整顿。

◎明治二十五年，我为北海道炭矿公司经理，当时因为石炭的销路有障碍，所采掘的石炭堆积着销售不出去，员工都为此心焦。筮得损卦，变为大畜卦。

断卦说：爻辞说“三人行则损一人，一人行则得友”，是明明表示少生产才会盈利，多生产反而会亏损，这正是目前的情形。到四爻则说“损其疾，使遄有喜”，是明说去掉货物中的劣质部分，这样前往销售才有喜庆。五爻则说“或益之十朋之龟，弗克违，元吉”。古时候货贝五朋[1]，是明说必将提价，不能违背，所以大吉。上爻则说“弗损益之，利有攸往”，是明说价格上涨，可以到处销售，自然能够获利。这以后从损卦进入益

① 货贝五朋：货贝指用作商品交换的媒介的贝。古代以朋为货贝的单位。郑玄说：“古者货贝，五贝为朋。”“货贝五朋”，指五个贝壳串起来为一朋。又一说，五贝为一系，二系为一朋。

卦。益卦象辞说“利有攸往，利涉大川”，明说可以贩运出洋，销行到国外。益卦六爻都有畅销获利之象。由此推论，以一爻为一年，洞悉九年的情况如同一日。于是聚集员工，通报了这一占断。

果然，在明治二十五年，积蓄了很多石炭，到二十六年销路顿时打开。按照这一占辞，料想公司以后一定可以兴隆。

◎某友人来，请占事业的成否，筮得损卦，变为大畜卦。

断卦说：损卦艮山高而向上耸，兑泽低而向下陷，山泽不通气，有草木不生发、鱼和龟都不生长之象。现在占得三爻，爻辞的大旨是说，三个人则有亏损，一个人则能得利，可知聚合众人兴办事业，一定多有意见不合的事，反而会导致损失。您能独力成事，一定会得到同心的朋友的协助，可以兴起事业而有所作为。

◎明治三十二年一月，自由党与政府提携议会，所议的内容逐渐符合政府的意志。自由党于是推选三个人，请政府安排在大臣的位置上。政府不答应，各新闻媒体多议论这件事可不可以。某议员来请占自由党的意向能否实现，筮得损卦，变为大畜卦。

断卦说：这一卦以外卦为政府，以内卦为党员。党员向政府推举大臣，政府秉艮止的性质而不答应请求，是下面悦而上面止，故称这一卦为损。六三是阴爻，与上九阳爻相应，所以党员的意思能够上达政府。但是政府新进三个党员，就不得不罢免三个大臣，这是政府的为难处。或许在三个人中选用两个吗？叫做“三人行则损一人”；或只用一个吗？叫做“一人行则得其友”。

另一天，偶然会晤板垣伯，谈及这一占断，彼此相对一笑。后来因为党内有猜忌的人，这件事就放下了。

六四：损其疾，使遄有喜，无咎。

《象传》曰：“损其疾”，亦可喜也。

［经传释义］

这一爻以阴爻居阴位，为外卦的开始，与初九相应。初爻变阴则下卦为坎，坎象征心病，是疾病产生的原因。说“其疾”，其指初爻，它得到四爻作应援。内外都知道它应当减损，就决计减损它，这样事情的减损还在后面，疾病的减损则在前面。减损疾病而说遄，遄的是初爻，使初爻遄的是四爻。有疾病就会忧虑，疾病损去就会喜悦，所以“无咎”。

《象传》用“亦可喜”来解释爻辞，指不必说减损事情，只说减损疾病就已经可喜，减损事情的喜悦就可想而知了。

[一辞多断]

○问时运：目前虽然有小的灾病，但只要治疗就会痊愈，可以转忧为喜。○问经商：购买的货物应该减少，马上去贩卖，能获得可喜的利润。○问征战：未免受伤，医治可以痊愈，无害。○问家宅：住宅阴气过盛，以致宅中眷属多生疾病。祈祷可以痊愈，无害。○问功名：一时难以指望。○问婚姻：四爻与初爻相应，初爻属阳，四爻属阴，阴阳相合，一定成就，可喜。○问讼事：疾就是危害，去掉危害，诉讼自然平息了。○问行人：有事去了别的地方，一时没有回来，有喜庆而没有灾祸。○问胎孕：生男孩。

[活断实例]

◎工部省[①]书记杉实信是我的旧亲。明治十五年二月某日晨起得到电报，说杉氏患了急病，我吃惊地筮了一卦，得到损卦，变为睽卦。

断卦说：看爻辞，已经得到明白的兆示，这病比较重，但让名医迅速加以治疗，可以立刻痊愈；倘若迟缓到过了期限，那么名医也将束手无策了，所以说“损其疾，使遄有喜，无咎”。

不幸夜里大雪纷飞，道路不通，早晨风雪更大。我冒雪赶往品川，来到他的病室。医师都为大雪所阻隔，过了期限还没有赶到，果然在当天死去。这也是天数，值得慨叹和悲悼！

六五：或益之十朋之龟，弗克违。元吉。

《象传》曰：六五元吉，自上祐也。

[经传释义]

“十朋之龟”，元龟[②]是长一尺二寸，价值二千一百六十，相当于大贝

---

① 工部省：日本政府部门，相当于中国的工业部。

② 元龟：大龟。龟宝四品（元龟、公龟、侯龟、子龟）之一。古时候的货币。

十朋[1]；公龟九寸以上，价值五百，相当于牡贝十朋；侯龟七寸以上，价值三百，相当于公贝十朋；子龟五寸以上，价值一百，相当于小贝十朋。——见《汉书》。坤数为十，另外偶为朋，故有“十朋”之象。龟是灵物，能预知吉凶，是卜问吉凶的工具。六五爻柔顺而得中，与下面以诚信相孚，所以别人与它赤诚相见。“或益之十朋之龟”，“或”是不知来处的意思。意外的增益，君子有疑问，所以卜问。理数已经确定，对十朋的元龟不能拒绝，它的吉祥就可以知道了，所以说“十朋之龟，弗克违，元吉”。

《象传》用“自上祐也”来解释爻辞，“上祐”即天祐。就爻象来说，上指上爻，意思是上爻能佑助六五君王。

[一辞多断]

○问时运：运途全盛，可以得到意外的宠遇。○问征战：军事必须事先占卜，征兆大吉。○问经商：财运一旦到来，推辞也推辞不掉。○问功名：“自天祐之，吉，无不利。”○问家宅：家业兴隆，不卜问也可以知道。○问婚姻：天作之合，吉。○问疾病：疾病痊愈之后，可以得到财富，吉。○问胎孕：生男孩。

[活断实例]

◎东京某家豪商的某主管来访，说：“我接受本店的命令，担任大藏省的事务，率领数百人做事。最近听说明年大藏省将要进行改革，打算废止这一事务，这样我所掌管的数百人就都会失业，实在于心不忍。现在转而谋求于某公司，想让该公司给这些人以相当的工作，请占这件事可行吗?”筮得损卦，变为中孚卦。

断卦说：这一爻以阳爻居五位，得中得正，可知您秉心正直，应当长久担任这事务，不必去做别的。“十朋之龟”，指将来有意外的幸福。现在大藏省有改革的提议，其中或损或益，您另有任务，说不定这数百人因而得福呢。就爻位推论，明年值上爻，爻辞说“弗损益之，无咎，贞吉，利有攸往”。明年没有什么损益，而且贞吉有利。这事务也许不会废止。总之，您与这数百人都无害，而且吉祥，不必忧虑。

某员工大喜，后来的事果然和所占断的一样。

---

① 大贝十朋：古时以贝为货币，大贝即大币。一朋为大币两枚，十朋为大币二十枚。

上九：弗损益之，无咎，贞吉。利有攸往，得臣无家。

《象传》曰："弗损益之"，大得志也。

[经传释义]

这一爻居损卦的极位，不可以再减损了。说"弗损益之"，爻辞与二爻相同，但含义与二爻有区别。上爻与三爻相应，三爻处在应当减损的位置。人们或许疑心通过减损三爻来增益上爻，三爻的减损实在是上爻的增益，所以特意表示说"弗损益之"，以明确三爻虽然有减损，对上爻却无所损益。无所损益，事情就都平均而"无咎"，理当安详而"贞吉"。"利有攸往"，即《彖传》所说"与时偕行"的意思。上爻为艮的极位，到了极致就会变化，所以不静止而要前往。上互卦为坤，坤为臣，艮为家，上爻变阴则艮卦变坤，是"得臣无家"之象。不通过减损下面来增益上面，象征王者以天下为家，臣下受到感化，也都为国忘家，故说"得臣无家"。

《象传》用"大得志"来解释爻辞，是说王者以不损益为增益，潜移默化，不见痕迹，志愿很大。

[一辞多断]

○问时运：目前绝无窒碍，所做的事情都有利，大吉。○问征战：军队不必增添或减少，率领这些人前往，攻就能克，战就能胜，无往不利，可以"大得志"。○问经商：货价没有什么涨落，前往销售都可以获利，大吉。○问功名：目前就可以得志。○问家宅：住宅不必改造，自然吉利。○问疾病：应当出外求医，没有灾祸。○问行人：在外面大吉，一时未必回家。○问胎孕：生男孩。

[活断实例]

◎明治九年，长崎商人大浦阿启①与神代某来，说："以前，横滨制铁所从驿递局借得从事船舶修缮的费用，后来因为得不偿失，受到很大亏损。想要把制铁所交给驿递局，或转让给别人，两个办法还没有决定，请占怎么做好？"筮得损卦，变为临卦。

断卦说：上九居损的极位，今后就没有什么可减损了。不减损就必定

---

① 大浦阿启：日本长崎著名美女商人，曾偷渡到上海贩卖茶叶，并由此起家，成为日本近代史上不可忽视的国际巨商。

有所增益，所以爻辞说“弗损益之，无咎，贞吉，利有攸往”。

两位朋友信从占断，决定继续这一事业。第二年有西南战争，所用船舶繁多，所以大得利益。

䷩风雷益

卦体上为巽，下为震，巽为风，震为雷，风从天来，雷自地出，所以减损乾下画的阳爻而为巽，增益坤下画的阴爻而为震。益是增益阴，损是减损阳。阳实，而乾为纯阳，是实的极致，所以可减损；阴虚，而坤为纯阴，是虚的极致，所以叫益。而且风的势力过暴，必定会摧毁万物，减损它就平和了；雷的威风不振发，就无法鼓动万物，增益它就畅达了。所以减损上面而增益下面的卦，叫做风雷益。

益：利有攸往，利涉大川。

［经传释义］

“益”字上部从“㳒”，横过来就是“水”字，而坎为水，也为大川；下部从“皿”。《经典释文》说：“益”字以增长为名，以宏裕为义。增长宏裕，都是说利益的普遍性。震为行，巽为利，故说“利有攸往”。凡说“利涉大川”的卦，有取乾象的，有取坤象的，有取巽象的，随卦取象。益卦上卦为巽，改变巽的下画就成为乾卦，改变巽的上画就成为坎卦，得到了乾坎二卦之气；巽为风，风的运行最快，波涛也不能阻碍，所以既说“利有攸往”，又说“利涉大川”。

《彖传》曰：益：损上益下，民说无疆。自上下下，其道大光。“利有攸往”，中正有庆。“利涉大川”，木道乃行。益动而巽，日进无疆。天施地生，其益无方。凡益之道，与时偕行。

益卦与损卦相对。损是减少，增益归于上卦，减损归于下，未免有剥削百姓而贡奉给君王的嫌疑；益是增益，增益归于下，减损归于上，即孔子先富裕百姓，再教育百姓的意思。“民说”从损卦中的兑体而来，兑为悦；百姓受了上面的益，必定感念上面的恩德，所以悦。下互卦为坤，坤道无疆，坤又为民，所以说“民说无疆”。

“损下益上”叫做“上行”，现在“损上益下”，故说“自上下下”。

道指乾道。减损乾阳，增益坤阴，坤阴得到乾的增益，正可以成就乾的伟大，显示乾的光明，故说“其道大光”。益卦旁通恒卦，恒卦彖辞也说“利有攸往”。恒卦的“攸往”利在恒久，益卦的“攸往”利在“中正”，正而又中，所以“有庆”。

就“利涉大川”而说到木的有三卦，即益、涣、中孚，都是取巽木之象，而益卦则震巽都是木。卦体三个刚爻在外围，三个柔爻在中间，有“刳木为舟”之象。乘风而行，呼呼地到达北海，又呼呼地到达南海，这就叫“利涉”，叫做“木道乃行”。

益卦，如果动而骄盈，增益就变为减损；如果动而巽顺，所益就会日益增加。“益下”即增益坤，所以喜悦无疆，进益也无疆。乾为施，坤为生，四季运行，百物生长，同时受到化育，不可用方隅来限制，所以说“其益无方”。四季的次序由震而巽，益是正月的卦，风雷开始发作，膏泽开始下降，王者体会这一卦而利益百姓，有增加而无休止，所以说“与时偕行”。

以这一卦比拟人事，有益于我叫做益，但如果有益于我却有损于别人，就不能叫做益。只有既有益于我又无损于别人，才可以叫做益，这叫“损上益下”，即“裒多益寡”。以这个道理治家，因为有余而减损，减损就是增益；因为不足而增益，增益却不是减损。以这个道理修身，自己有过多的欲望和习气就努力减损，属于减损所应当减损的；礼仪有不周到处就努力增益它们，属于增益所应当增益的。得到增益而前往，就会无往而不获益，也就是无往而不获利。坦途可以前往，“大川”也可以前往，因为“中正”才“有庆”。

“木道”指震巽。人所用的东西，无不因应它们的作用。陆地用车，水上用船，人力的无处不到，就靠这木道而行。动的是震，把动说成进，是得到了巽顺的缘故。推论到天地的运行，万物的化生，都是一气鼓铸而发育无穷，其增益正不可限量。人事是一个小天地，也只有效法天地，顺应时宜罢了。

以这一卦比拟国家，卦以“损上益下”为益，为拥有国家的人指示了一条戒律：不要独占你的财产，不要剥削下面而用来自己享用，不要使国家充足而使百姓贫困。与这相反则叫做损，即使有孚而且无咎，减损下面也终究不是美名，这是拥有国家的人所应当凛然小心的。人情没有不希望无损而有益的，有益就喜悦，增益越多喜悦的人也就越多，所谓“自西自东，自南自北，无思不服”，其喜悦确实有悠久无疆征象。增益之道，从上面施予下面，喜悦的情感从下面感激上面，上下相感孚，即五爻所说的

“有孚惠心”。道即乾道，减损乾而增益坤，才能充分体现乾道的伟大和光辉。

乾为健行，震也为行，凭这前往，无不利，所以“利有攸往”。涉川适宜用舟楫，舟楫是用木做成的，故说“木道”。圣人“以美利利天下”，是刳木还是剡木，根据时宜来决定，所守简约而所施宏博，大道足以济利天下，智慧足以周遍万物，《说卦传》所谓“益以兴利”，说的就是这一点。君王本着施惠的心念，实行施惠的政治，通过视察四方来了解民情，使百业俱兴而归于有孚，其增益就没有任何限制。有施有生，这是天道，是地道，也是君道，其“与时偕行”都是一样的。

通观全卦，损与益名义相反，作用却相济。乾体在下卦，是百姓富庶之象，所以减损下卦；乾体在上卦，是朝廷丰盈之象，所以减损上卦。不称减损上卦为损而称为益，这是为了使根本雄厚；不称增益上卦为益而称为损，这是由于在剥削它的基础。这也是圣人厚待百姓的表示。能减损就有益，这就是益卦为什么接在损卦的后面。

减损上卦而增益下卦，即“自上下下”，上卦为增益而往，下卦因喜悦而来，上卦的增益得“中正”，下卦的喜悦为“有庆”。这是上卦“以美利利天下”的结果，不预期喜悦而百姓自然喜悦。喜悦到这一步，将出现以喜悦劳累百姓，百姓却忘记了劳累，这样百姓就不躲避险难，而波涛也可以涉越，到哪里没有利呢？所以说“利涉大川”。

“益动而巽”，震为动，巽为顺，动而以顺行，所以“日进无疆”。“其道大光”指乾道，“木道乃行”指巽道，也指震道。乾动为施，坤动为生，不动就不能增益，动才能增益；动没有一定的方式，增益也没有一定的方式。天道随时而动，所以增益随时进行；君子的“见善则迁，有过则改”，也是随时而迁，随时而改。懂得了益卦在修身方面的道理，也就懂得了在治理天下国家方面的道理。

上下互卦为剥，剥卦的《象传》说“上以厚下安宅”，宗旨与“损上益下”相同。但剥卦六爻多数凶险，而益卦六爻多数吉祥，所谓“因民之所利而利之”，就有增益的恩惠而没有增益的弊端，所以与剥卦的上爻有所不同。

益卦与损卦相反，六爻也与损卦先后互相反对。益卦初爻“大作”而“元吉”，即损卦上爻的“大得志”。二爻的“十朋之龟”，即损卦五爻“或益”的龟。益卦三爻的“用凶事”，即损卦四爻的“损其疾”。四爻的“迁国”，即损卦三爻的“得其友”。益卦五爻的“有孚惠心”，即损卦三爻的“中以为志”。益卦上爻的“莫益之”，即损卦初爻的“酌损之”。它们的爻辞或者相因而来，它们的含义或者相济而成，它们的宗旨或者相反而作为禁戒。《论语》说："节用而爱民，使民以时。"损就是节省用度，益就是爱护百姓，"以时"即"与时偕行"的意思，治国之道的要点就在这里。

《象传》曰：风雷，益，君子以见善则迁，有过则改。

风雷是阴阳二气通过升降、进退、周旋来相损益的东西，所以震在上巽在下的卦为恒，《象传》说"雷风，恒"；巽在上震在下的卦为益，《象传》说"风雷，益"。两卦之象是风与雷交换位置而构成的，因为风雷天地之间相遇，在上还是在下没有一定。就方位来说，震为卯，巽为辰巳，从震到巽为顺行，所以利益广远。君子效法这一卦象，见到别人的善就向别人学习，见自己有过错就反躬自省。所以迁善应当像风那样迅速，改过应当像雷那样勇猛，这叫做"见善则迁，有过则改"。"见"、"有"二字，可以体现别人和自己的分界。王弼说：迁善改过，益处没有比这更大的。

［一辞多断］

○问时运：卦象为迅雷烈风，正值运途振作的时候，改变旧面貌，创新的局面，就在这时。○问征战：雷追逐风而行，正可以一鼓作气，消灭敌人。○问经商：有利就贸易，无利就改售其他物品。应该迅速而不迟缓。○问功名：风雷合起来构成益卦，非常得志。○问疾病：是肝木太盛的病症，治疗适宜减损阳而扶持阴。○问婚姻：震为男，巽为女，是天然的配合。○问家宅：住宅要防止雷击风摧，完好处应该修葺，朽坏处应该重建。○问讼事：反躬自省后，怒气平息，讼事自然中止。○问失物：已经改变，不能再得到。○问胎孕：单月生男，双月生女。

初九：利用为大作，元吉，无咎。

《象传》曰：元吉无咎，下不厚事也。

［经传释义］

"大作"，指天子巡狩的事，所谓"春省耕而补不足，秋省敛而助不给"。其他如祭告、赈贷、迁国，也都属于"大作"。震为作，巽为利，乾为大，为元，坤为用，为厚。"厚事"即"大作"。初爻居内卦的下位，象征事情的开始。王者做大事，建大功，计算恒久的利益，在动手之前制定规则，所以“利用为大作”。初爻与天下共同做事，它的利益也与天下共同享受，这样下面的百姓才乐于效劳，才不把所做的事看作上面的事，而看作自己的事，所以“元吉，无咎”。《象传》以“下不厚事”来解释爻辞，是说百姓不以为事情沉重难做，竟以为轻易而乐于从事，踊跃争先，所以吉而无咎。

有人说，震属春季，巽属春夏之交，“大作”指耕种的事，即《系辞传》所说的“耒耜之利，以教天下，盖取诸益”。这种说法也通。

[一辞多断]

○问时运：刚交好运，可以参与大事，没有不如意的，吉。○问征战：初次作战就可以建立大功，吉，无害。○问经商：初次营业，资本既雄厚，经营规模也大，可以获得大利，而且能保持长久。无害。○问功名：有希望夺得天下第一，大吉。○问家宅：住宅是新建的，屋宇宽敞，大吉而无害。○问婚姻：大吉。○问讼事：这件讼事是为了公众的大事，无关于自己的私愤。无害。○问行人：正在外面谋划建立事业，一时不会回来。○问胎孕：生女孩。

[活断实例]

◎明治二十四年，占秋收丰歉，筮得益卦，变为观卦。

断卦说：虞翻以“大作”为东作，即《系辞传》所说的“耒耜之利，教天下，盖取诸益”，与所占的秋收爻象吻合。爻辞说“利用”，说“元吉”，说“无咎”，可知收成必定丰熟无歉。卦名叫益，卦体说“益下”，所以五谷丰登，千仓万箱，正如《彖传》所说，“天施地生，其益无方”，吉祥没有比这更大的。

六二：或益之十朋之龟，弗克违，永贞吉。王用享于帝，吉。

《象传》曰：“或益之”，自外来也。

[经传释义]

“十朋之龟”，解释与损卦五爻相同，因为益卦二爻的龟即损卦五爻的龟。损卦五爻把龟贡奉给上面，益卦二爻就把下面所贡奉的东西，转而利益下面。龟的有益于人，其灵验足以世代恪守，不在于一时的吉祥，所以说“永贞吉”。二爻居震体的中位，当位而上应巽体，震为帝，为祭，故说“王用享于帝”。王指九五。五爻用二爻的朋龟祭告于天帝，以求佑助，吉祥无比。《郊特牲》说：“卜郊，受命于祖庙，作龟于祢宫[1]。”这是祭礼天帝而用龟的事。

《象传》用“自外来”来解释爻辞，以益卦为内，以损卦为外，龟自损卦而来，故说“自外来”。

[一辞多断]

○问时运：主得意外的财，而且能世代保有，永久吉祥。○问征战：古时候行军必须先问卜，出兵必须先祈祷。本爻都吉，作战一定取得胜利。“自外来”，可以从外面攻击。○问经商：贝货即货币，十是盈满的数字。“或益之”，疑心有神明相助。经商得到这一爻，必定获得厚利，并且长久吉祥。○问功名：古时候任命相国，举荐贤人，都要事先枚卜[2]，得到吉兆后，结果显然可知，故说“永贞吉”。○问疾病：祈祷就会痊愈。○问家宅：二至四爻互坤，坤为安，为土，有安宅之象。坤“利永贞”，所以说“永贞吉”。住宅可以长久居住。○问婚姻：震巽分别为长男长女，这是卜凤的征兆[3]，用来选择女婿，自古认为吉祥，属于百年好合，所以能够“永贞吉”。○问胎孕：生男孩。

[活断实例]

◎某友人来，请占某富绅家政，筮得益卦，变为中孚卦。

断卦说：二爻处在内卦的中位，阴柔而当位，卦名叫益，可知他家内政得当，有增益而无损耗。《汉书·食货志》说“人用莫如龟”，龟指用来购物的贝壳。“十朋之龟”，十是盈满数，是富足之象。“或益之”，不知道谁送给他的意思。《象传》说“自外来也”，指它的增益来自外面。《周易正义》说：二爻居益的时运而用谦道，有物从外面而来，朋龟献策，无法推辞。所以说永远贞正才吉。“享于帝”，指神灵降福，报告给天，即损卦五爻的“上佑”。上就是天，所说的“自天佑之，吉无不利”，大概就表现在这里吧？现在占某富绅的家政而得到这样的爻辞，可知某富绅家风清正，内政修明，卜筮就会蓍龟呈祥，祈祷就会神明赐福。家道的昌盛，日

---

① 祢宫：亡父的庙。祢，古代对已在宗庙中立牌位的亡父的称谓。

② 枚卜：古代指以占卜的法式选任官员。

③ 卜凤的征兆：春秋齐懿仲想把女儿嫁给陈敬仲，占卜时得到“凤凰于飞，和鸣锵锵”等吉语。后世因而称选择女婿为卜凤。典出《左传·庄公二十二年》、《史记·田敬仲完世家》。

益进步和增益，应于时运，得自上天，可以盛大、永久而没有穷尽。

六三：益之用凶事，无咎。有孚中行，告公用圭。

《象传》曰：益用凶事，固有之也。

[经传释义]

六三以阴爻居阳位，处于震的极位，象征主动求益的人，故说“益之”。下互卦为坤，坤为用，为事，为死丧，故说“用凶事”。所益在三爻，百姓的孚信素来突出，不但在日常有益，即使处于变故也有益。因为所益不是为了自己，运用得合乎时宜，用心在于消除凶险，事情就没有过咎，所以说“无咎”。

三爻变阳则全卦为家人，家人卦五爻说“有孚，威如”，震为应，以诚心相应，有威孚之象。三爻值内外卦之交，震又为行，故说“有孚中行”。震为诸侯，又为告，故说“告公”。《周礼》说：“珍圭以征守，以恤凶荒。”毛西河说：凡王者忧虑凶荒的礼仪，出示珍圭来传达君王的命令，对遭遇凶荒的地方，或减免征税，或宽缓政事。这就是“损上益下”的“用凶事”。圭是符信，用来表示信用，通达上下的情志，故说“告公用圭”。

《象传》以“固有之”解释这一爻，是说益的“用凶事”，百姓好像只知道是增益，而不知道事情的凶险，以为是理所当然的。增益而至于用凶事，其益就真是没有一定的方法了；凶事而好像固有的，越发体现出百姓愉悦的无边了。初爻《象传》说“下不厚事”，意思也与此相同。

[一辞多断]

○问时运：运途多有不如意的因素，但因为素来言行诚实，人们都信任他，所以可以无咎。○问征战：军事本来是凶事，又陷于危险的地方，幸而众军人同心戮力，得以报告大营，才得救出险而没有灾祸。○问功名：先苦后甜，先难后得。○问经商：谚语说：“要求富，走险路。”○问家宅：住宅多有凶险，只有中庸行事才能逢凶化吉。○问婚姻：恐怕是在丧服的期限内成亲，但是无害。○问讼事：必须向上级控告，才能得到信任和允准，而从此结案。○问失物：恐怕涉及诉讼。○问胎孕：生男孩。

[活断实例]

◎某友人来请占气运，筮得益卦，变为家人卦。

断卦说：爻辞说把益用于凶事，能拯凶济危，是益中最困难也最急迫的事情。说“有孚中行，告公用圭”，所益的事，必定得到了中行之道，可以得到别人的信任，即使告诉上级官员也没有不允许的道理。现在您占气运而得到这一爻，可知您有过于求益的念头。一涉及到自己，过咎就难免了；幸而用心在于拯救凶危，行为素来中庸端正，又能实心办事，可以无咎。这都是就爻象推论。

最近听说您设立移民公司，在美国西部购买土地，创办开垦和牧畜的事业，使无产的人各自就业。爻辞所谓“益之用凶事”，指的就是这件事。近来贫民信任您，纷纷迁徙出国，这就是爻辞所谓“有孚中行”。政府因为您创立和实行这拯救凶危的大业，而给予奖赏和赞誉，即爻辞所谓“告公用圭”的意思。到四爻说“从，利用为依迁国”，爻辞越发明了；五爻说“有孚惠心”，其德行越发超越。《象传》说“大得志也”，正是您得志的时候。

◎明治二十五年四月，我就任北海道炭矿铁道公司长。一次巡行铁道和矿山，因为地方严寒，连冰雪还没有化，一时因为胃寒而得了病，住宿在札幌旅店，请札幌医院院长诊察，发热超过四十度，估计第二天早晨将入院治疗。因而筮了一卦，得到益卦，变为家人卦。

断卦说：这一卦叫益，益是增益的意思，对病来说也是这样。爻辞说“益之用凶事”，恐怕病情会越发凶险。到第二天值四爻，四爻有“利用”、“迁国”的爻辞。

我笃信易占，决定带病起程。于是告诉院长，请他给些药剂，院长阻止也没有听从，当夜从小樽搭乘汽船，第二天早晨来到函馆。这时忽然得到札幌来的电报，说昨天夜里札幌市内失火，我所住宿的旅店已经被烧光了。我这才知道，爻辞所说不在病而在火，其神妙实在不可测度。

当时札幌新闻社的议论说，我的举动好像是预先知道有火灾而私自逃离了。但我是因为生病而占卜，就病论病，只知道凶险，还在庆幸没有大的问题，可以力疾而行，并没有推测火灾。现在灾后推绎，才知道下卦变为离，而离为火。

六四：中行告公从，利用为依迁国。

《象传》曰：“告公从”，以益志也。

[经传释义]

四爻居巽体的开始，与初爻相应，与三爻相比。初爻说“利用”，所以四爻也说“利用”；初爻说“为大作”，四爻的“迁国”就是“大作”一类的事。三爻说“中行”，说“告公”，所以四爻也说“中行告公”，三四爻都在内外卦之交，所以都属于中行。告指三爻，公指四爻。以四爻为益卦的主爻，三爻要益下，恐怕四爻阻止它，所以报告四爻。所谓“公从”，指四爻听从三爻。

上互卦为艮，艮为社稷，下互卦为坤，坤为邑国，震为奔走，巽为进退，都有迁徙之象，故说“迁国”。卦体本来是天地否，否卦的五爻说“其亡其亡，系于苞桑”，有国家发生危难的忧虑；否卦《象传》说“俭德辟难”，有遁避的意思。否卦变为益卦，所以利用迁国。《春秋》隐公五年，《左传》说周朝国都的东迁是为了晋国和郑国有所依恃，《盘庚》说根据百姓的利益而迁徙，都以迁徙为有益。《象传》以“益志”解释爻辞，是说四爻听从而迁徙，四爻的心志只是要有益于下面。

震为东方，巽为东南，《周易》值商周之际，“迁国”指太公迁到岐地而言。岐地属于殷商的西南方，也就是坤方，这是明证。

[一辞多断]

○问时运：目前有危难，应该选择妥善的地方暂时躲避。○问征战：应当撤退兵马，迁移营寨，赶快请求救援。○问经商：应该禀告店主，迁到别处，另外开辟市面。○问家宅：适宜迁居。○问功名：不成，必须从事别的行业。○问婚姻：必须另外寻求媒妁。○问失物：得不到。○问胎孕：生女孩。

[活断实例]

◎友人来请占某贵显的气运，筮得益卦，变为无妄卦。

断卦说：卦象为减损上面而增益下面，爻象为动员众人迁徙国都，某贵显身为当道官员，为国家和人民工作，正符合爻象。我国寰海已经平定，固然没有盘庚迁殷、太公迁岐之类事，只是近来为开拓北海道地面，使内地居民移住到那里，天皇陛下决定在北海道建筑行宫，作为避暑的地方，爻辞所说的利用迁国，想来就是这件事吧？而且听说某贵显主持移民的事。爻辞所说“中行告公”，预示某贵显秉持中庸的品德，创制利用的规划，进而报告天皇，得以批准实行。这是国家开化的盛业，由此就可以知道贵显运命的昌盛了。

友人大喜，说：“爻辞精切得当，的确是吉事的占断，应当马上回去告诉某贵显。”说完匆匆辞别而去。

九五：有孚惠心，勿问元吉。有孚惠我德。

《象传》曰：“有孚惠心”，勿问之矣；“惠我德”，大得志也。

［经传释义］

五爻刚健中正而又居君位，是益卦的主爻。以恩惠为益，增益就更盛大；用心施行恩惠，恩惠就更广博。用实心而行实惠，实心没有穷尽，实惠也没有穷尽，所以说“有孚惠心”。从初爻以来，举凡巡狩、祭告、赈灾、迁国，没有一件不是给百姓实惠的事，也就没有一件不体现给百姓实惠的心，所谓“以美利利天下”，就是这样的心。事情的增益，其吉祥还有待于问卜；实心的施惠，其吉祥是不用问的，所以说“勿问元吉”。施实惠给百姓，在我只是心念，而百姓接受实惠时却看作德行。九五得坤气，坤为我，所以说“有孚惠我德”。

问指问卜。古时候做大事必须卜问，以决定吉凶，但以惠人的心行惠人的政事，没有疑问，何必卜问？“元吉”从初爻的“元吉，无咎”而来。政府以实心施惠给百姓，百姓就会以实心赞叹政府的德政，这样下上交孚，不但百姓受益，政府也受益。《象传》以“大得志”解释爻辞，是说本着这样的惠心，行这样的惠政，天下都受我的德惠，因而心中诚服，正可以得志而有作为。

［一辞多断］

○问时运：“好心无歹运”，以仁爱存心，事情没有不吉的，这是不用卜问的。○问经商：以义为利，以诚实相交往，利益与对方共享，这样经商，利益太大了。○问功名：行动上做到了，名声也得到了，大吉。○问征战：惩罚必须有信义，奖赏必须公平，这样才能战无不胜。大吉。○问家宅：这是仁爱的闾里，有道德的门庭，不用问也知道是善人的家。大吉。○问婚姻：不是亲戚就是朋友，一定是旧交。“勿问元吉”。○问胎孕：生女孩。

［活断实例］

◎某友人来访说：“想以某人的儿子为养子，占问前途的吉凶。”筮得益卦，变为颐卦。

断卦说：九五是坎爻，坎为孚，为心，为美，也为后嗣，所以爻辞说“有孚惠心”。美即吉。为后嗣，正符合您关于养嗣的占问。益卦以减损上卦而增益下卦为益，就养嗣而论，益在减损父亲而增益儿子。“有孚惠心”，是父亲以诚实心施惠给儿子，儿子必定乐于做他的儿子，这是不用问也知道吉祥的。儿子既接受了父亲的恩惠，必定报答父亲的恩德，继承父亲的事业，兴起父亲的宗族，所以说“有孚惠我德”。

◎明治二十八年，占我国与中国的外交，筮得益卦，变为颐卦。

断卦说：益卦内卦为雷，特点是动，外卦为风，特点是顺。以内卦象征我国，以外卦象征中国，就可以从中看出两国的动静了。卦名叫益，可知两国必定互相受益。爻居九五，应爻为六二，二爻在内卦，五爻为外卦，又应当以二爻象征我国，以五爻象征中国。二爻说“或益之十朋之龟，弗克违，永贞吉”，我国得到的这十朋的增益，即中国的战争赔款。“永贞吉”，是说它的吉祥不只在于一时。五爻说“有孚惠心，勿问元吉”，“有孚惠我德”，是说中国与我国从此议和，以后的情况不用问就知道是“元吉”了。欧洲各国虎视眈眈，只想损害中国而增益自己，或者侵占中国的土地，或者夺取中国的利益。中国固守陈旧的政治而不知道变革，为外国所减损和剥削的东西不知道有多少了。我国与中国相邻，应当有利共享，有益共受，以共同保卫这东海的国家。《象传》说“大得志也”，是不为西欧各国所轻视的意思。

上九：莫益之，或击之。立心勿恒，凶。

《象传》曰：“莫益之”，偏辞也；“或击之”，自外来也。

［经传释义］

上九阳刚，居外卦的极位，象征求益过甚的人。太过就会发生变化，变化就不再增益它，而是打击它了。圣人观察万物而设计卦象，以“损上益下”为益，他的心本来偏于增益下面，到了上九，上面对下面的增益已经很多，于是转而要求下面增益上面，不但“莫益之，”而且“或击之”。或，表示疑而未定的辞。

上爻变阴则全卦为屯，屯卦九五的“屯其膏”，即益卦上爻的“莫益之”。益卦倒过来为损，损卦的上卦为艮，艮为手，所以称击。巽为进退，为不果，是无恒之象。上爻变阴则上卦为坎，坎为心。本来要增益下面的心，变成了增益上面的心，这就是无恒。益卦旁通恒卦，恒卦上爻说“振恒，凶”。“振恒”在垂成的时候导致失败，无恒不可以持久，所以都凶。

《象传》所谓“偏辞”，是说它偏向而不公允；所谓“外来”，是说打击出于意外。

[一辞多断]

○问时运：好运已经退去，却贪心过度，必须防止意外的灾祸。○问征战：不用添兵加饷，马上就可以进攻。○问经商：专门求利己，所谓“不夺不厌”，一定会造成争端。凶。○问功名：抢夺别人的功绩而求名誉，其名誉一定无法长久。凶。○问家宅：住宅位置太高，有害无利，不可长久居住。○问婚姻：恐怕不能白头偕老。○问讼事：讼事不恒常，会转凶为吉。○问行人：防止中途有盗贼抢劫的灾患，凶险。○问失物：或者已经打破，不能再得到了。○问胎孕：生女孩。

[活断实例]

◎某友人来请占气运，筮得益卦，变为屯卦。

断卦说：卦名叫益，本来有大得利益之象。现在占得上爻，上爻居益的极位，物极则变，恐怕不但无益，而且有损伤的忧患。爻辞说“莫益之”，是无益；说“或击之”，是被伤；说“立心无恒”，指人心不测，翻手为雨，覆手为云，必须防止有意外的变故；最后说凶，是明说这一卦不吉。爻象是这样，您应当有所戒备。

友人听了，心中很忧虑。后来听说，这位朋友有一天到某家，商量借一千元钱，当时某家现金不多，只借得五百元，揣在怀里回家。途中经过某朋友家，告诉事情的经过说：“现在因为商业要用钱，大约需要一千元，刚才向某人借得了一半，还想向您借，以凑足需要的数目。”这位朋友以没有余钱婉言推辞。没想到这位朋友近来破落了，知道他带有巨额现金，忽然产生不良的念头，在他回家的路上乘机袭击，抢了他的钱。某友人失去了重金，又被重伤，直到日后朋友被缚，才知道抢钱的原来是他，因而倍感易理预先垂示了有关征兆。

◎明治二十六年某月，受亲友雨宫敬次郎①的嘱咐，占银货涨落的结局，筮得益卦，变为屯卦。

雨宫敬次郎

断卦说：益卦下卦为震，震为玄黄，上卦为巽，巽为白色，白色的是银子，黄色的是金子。卦象巽在上，震在下，象征银价上涨，金价下落，可知银子的产量多于金子。爻辞说："莫益之，或击之。立心勿恒，凶。""莫益之"，是价格不再上涨了；"或击之"，指价格必定下降。或是表示将然的辞。"勿恒"指时价不稳定。上爻变阴则全卦为屯，屯是难的意思，银货价格下落，市面都感到困难。必须等到出离益卦而进入夬卦的时候，夬是决的意思，将决去其中的弊病，使银货的时价再次恢复原来的水平。倘若只以纸币充市，恐怕无法长久。

① 雨宫敬次郎：日本的实业家、投资家，被称为"及时雨"、"投机界魔王"，"甲州财阀"集团中的一分子。在中国，曾因京张铁路问题而上书袁世凯。

䷪泽天夬

《序卦传》说："益而不已必决，故受之以夬。夬者，决也。"万物没有增益到盈满而不溃决的，这就是夬卦为什么接于益卦的后面。

夬卦与剥卦相反。剥卦以五个阴爻剥落一个阳爻，阳爻几乎被剥落尽了。剥是削的意思，阴柔的用心险恶，所以剥削也特别刻薄。夬卦以五个阳爻决去一个阴爻，阴爻几乎穷尽了。夬是决的意思，阳气刚强果决，所以它的决公正而光明磊落。卦体乾在下，兑在上，泽在天上，有决开而向下流的趋势，所以称这一卦为夬。

夬：扬于王庭，孚号，有厉。告自邑，不利即戎，利有攸往。

[经传释义]

夬，五个阳爻壮盛，而孤零的阴爻即将消尽。兑卦在乾卦上面，是一个阴爻处于众阳爻之上，其势力足以压制众阳爻，而众阳爻虽然壮盛而要决去阴爻，却不敢轻率行动。乾为王，兑为口，"扬于王庭"，指在君王的朝堂上宣明小人的罪恶。"孚号"，五个阳爻同心同德，异口同声，呼号伴侣，以决去一个阴爻。"有厉"，譬如"履虎尾"而"咥人"，卦时危险，值得畏惧，所以说"有厉"。

兑卦二爻变阴则上卦为震，震为告。兑卦上爻本来是坤，坤为邑，"告自邑"即告自坤。坤阴的势力到兑卦已经孤单弱小，告自坤是希望它变阳而从乾，去除邪恶，改就正道而成为君子。倘若仗恃这一个阴爻而与五个阳爻相抗衡，就会导致"阴疑于阳必战"、"其血玄黄"的结果，不利还有比这更大的吗？所以说"不利即戎"。乾为健行，乾阳刚直，不会为险难所阻碍；阳刚日益进取，使阴邪日益退缩，所以说"利有攸往"。

《彖传》曰：夬：决也，刚决柔也。健而说，决而和。"扬于王庭"，柔乘五刚也。"孚号，有厉"，其危乃光也。"告自邑，不利即戎"，所尚乃穷也。"利有攸往"，刚长乃终也。

卦体兑为泽，乾为天，兑为附决。“决”字从“夬”，所以“夬”字的意思为决。一个柔爻与五个刚爻合起来构成夬卦，叫做“刚决柔”。乾刚健而果决，兑喜悦而平和，叫做“决而和”。五个阳爻在下位而决去上位者，不声明它的罪恶，就不足以说明它的祸害，所以一定要声明它的罪行而加以声讨，显著地宣扬于君王的朝堂上，以示公正无私。孚即信，号即号令，厉是危险。秉持乾的信义，号召众多阳刚的爻共同一决。夬卦与履卦是上下卦互换位置的关系，履卦五爻说“夬履，贞厉”，是说怀着这危厉的心，才能履而不愧疚。履卦《彖传》说“光明也”，所以夬卦《彖传》说“其危乃光”。

告指告诫。阴爻居上位，必定有采邑。邑即阴爻所象征的邑。“告自邑”，指用告诫和劝说的方式使阴爻自己退却；如果告诫了阴爻还不退却，必将使用武力，群起而攻伐它，这就是“即戎”。以一个阴爻对抗五个阳爻，势必不利。尚，加的意思，指阴爻虽然加于五个阳爻之上，到这时却陷入了穷困，不利于阴而利于阳。阳刚一齐前进，以决去孤弱的阴爻，属于去恶务尽，前往有什么不利？柔爻消除，刚爻才能浸长，故说“刚长乃终”。君子去除小人，深思熟虑，不敢轻易用夬，一定要先以文德相告诫，不得已才以武力相讨伐。与小人害君子的残忍苛刻相比，其用心迥然不同。

以这一卦比拟人事，阳象征正义，阴象征邪恶，刚象征廉直，柔象征谗曲。人事与国事虽然大小不同，为害者却是一类。比如治家，奸邪足以造成祸患，如果众多奸邪的人争相捣乱，这一家就一定灭亡。宽容一个奸邪的人，似乎可以无害，不知余孽由此逐渐滋生，最终会到处蔓延而无法除掉。比如交朋友，谄媚逢迎的朋友足以招致损害。如果朋友都是奸佞小人，彼此隔阂就一定很深，即或偶然与他们往来，也应当考虑避开；一旦与他们为友，却会因而毁坏名誉，最终一定会牵连在一起而无法解脱。譬如一群鸟中畜有一只鹤，一群鸟都会被它吞噬。譬如百谷中留有一棵秕稗，众多的谷物都会受它的害。

君子处于这种情况，不敢因为邪恶势力孤单柔弱而加以宽容，也不敢以轻率的态度去除掉他，一定要向众人宣告他的罪恶，以昭示信义，号召众多阳刚君子除去他。这样做虽然危险，却光明磊落。但是不要急切激烈，以致有失忠厚之道，一定要到他的家里去告诉他，劝诫他改邪归正，不要执迷不悟。如果他不听劝告，再兴师动武就势所难免了，这样不利在他，而有利终究在君子。

一个阴爻势力衰微，众多阳爻势力强盛，所以前往当然没有不利。除恶如同铲除杂草，务必断绝它们的根株，不让它们复萌。一个阴爻虽然微弱，但是务必完全决去，使阴柔尽灭，这样阳刚才能达到全盛，决除的事情才能结束。效法这一卦来处人事，就会阴气消亡，家道端正，奸邪去除，交友之道得当。凡起居动静，一概以崇尚正直、黜除邪佞为主，人事就完善了。

以这一卦比拟国家，就卦体而言，五个阳爻象征五位君子。它们秉持乾阳的品德，刚方中正。有众多的贤人在位，不能不说是国家的幸福，只可惜居上位而为首的是阴险奸邪的小人，如同汉献帝的朝廷有曹操，宋高宗的时候有秦桧。开始，奸臣也曾经屈己下贤，罗致众多人才，以收买人心；但正人君子则不受他们的笼络，一定要剪除奸恶，以肃清朝政。或者通过奏章来辨奸，或者奉诏而除乱，如果计谋不保密，反而会被斥为罪臣，指为朋党。古来忠臣因此遇祸的不乏其人，这都是没有详察夬卦含义的缘故。

夬卦的卦体是上兑下乾，五个阳爻在下，一个阴爻在上；夬卦的卦义是五个阳爻合起来决除一个阴爻。《象传》说“泽上于天，夬”，意思是要决开这天上的水，使它向下流，如果决而不慎，势必洪水滔天，不但一个阴爻没有除去，五个阳爻反而受它的害。《彖传》所说的刚即阳，柔即阴。“健而说”，是刚健而不单单用刚健的意思；“夬而和”，是决除而不急遽决除的意思，它的审慎和周详达到了什么程度啊！“扬于王庭”，即声明罪恶而加讨伐；“孚号有厉”，即乾卦九三所谓“夕惕若厉”，其深思熟虑熟达到了什么程度啊！

即使这样，还是不想径直行事，靠力量取胜。纵使嫉恶如仇，但是劝善还是很殷切，一定要先去告诉他：“驩兜和共工在圣君在世时被流放，恶来和飞廉在圣人开国的时候被诛戮。不要仗恃自己崇高的官爵，应该及早投诚，能够听从就继续当官，不听从就押到社神庙去杀掉，哪种做法有利，请自己选择吧！”这就是所谓“‘告自邑，不利即戎’，所尚乃穷也”。我们的同志决除奸邪，崇尚正义，以光复朝政，整肃官场，志在求得全面胜利，这就是所谓“利有攸往，刚长乃终”。小人对君子的迫害，从来都穷凶极恶，无所不至，而君子对小人却往往姑息宽容，反而受他们的祸害。《彖传》所说“刚长乃终”，是用来向后世指示除恶务尽之道。

考察六爻，没有一句吉祥的爻辞，多半以凶咎作禁戒，这是为了痛绝小人，也即为了警告君子。履卦的一个阴爻被看得如同老虎，因为君子对小人的防备无异于防虎，否则就会为他们所伤害。《彖传》所谓“健而说，夬而和”，决除阴柔的要旨，就在这里吧！

通观全卦，五个阳爻一个阴爻的卦有多个，如履、夬、姤、小畜。姤和小畜的一个阴爻属巽体，夬和履的一个阴爻属兑体。履卦的一个阴爻在三位，小畜卦的一个阴爻在四位，象征小人处于君子之间。姤卦一个阴爻在下位，象征初进的小人，势力本来孤单，力量都很微弱；夬卦则一个阴爻在上位，象征小人居高临下，足以压制众多阳刚君子，不可轻易用力决除。所以《彖传》说健，说决，说扬，说号，说往，都示以一定要决除的意思；说悦，说和，说厉，说危，说“不利”，都用决除的危险性来使人警惕。大壮卦的戒“用壮”与夬卦的用决，旨趣相同。倘若藐视孤弱的阴爻，仗恃阳刚壮盛的势力而贸然决除，就是予智自雄，而不是通过观察事情的变化而实践时中之道。这方面，古来的党祸可以作为前车之鉴。

六爻爻辞多与《彖传》相表里。初爻以“不胜”来告诫，二爻以“有戎”来提醒，三爻以“有凶”来警告。内三爻为乾，乾为健，所以宜于前进。四爻说“牵羊悔亡”，五爻说“无咎”，上爻说“不可长”。外三爻属兑，兑为和，和才可以决除小人。五个阳爻以刚健决除阴柔，属于以壮盛决除衰微，以强大决除弱小，好像应该很容易，而卦爻辞却谆谆垂诫，显得不胜危惧。这是因为君子容易排挤，小人难以斥退，这种情况由来已久。夬卦的一个阴爻刚刚被决除，姤卦的一个阴爻就会产生在下位。阴阳消长不能与造物相争，因应时宜而实现自我保护，只在各人自己罢了。

《象传》曰：泽上于天，夬，君子以施禄及下，居德则忌。

兑是泽水之气，升腾到天上就会化为雨而下降，有夬卦之象，所以说“泽上于天，夬”。君子效法这一卦象，取上面的富贵德泽而施予下面，所以说“施禄及下”。“施禄及下”犹如天降雨泽给万物；下面对禄位的等待，犹如万物等待天上的雨泽。君子与贤人都履行天职，共同食用天禄，并不自居德泽。倘若自居德泽，吝惜而不肯下施，就失去夬卦的含义了，所以说“居德则忌”。忌，禁忌的意思。凡施恩惠的事，喜欢决开阻碍，使恩惠畅达，而忌吝惜自居；凡乘人之危、造成怨恨和嫌隙的事，喜欢静居而忌决。这也是圣人的言外之意。

[一辞多断]

○问时运：目前气运强盛，钱财应该散布而不是聚敛，聚敛会导致祸患。○问征战：赏要光明，罚要公道，切不要以骄傲自伐，或克减军粮。

○问经商：获利很丰厚，但应该利己利人，平均分配钱财。倘若吝惜而不肯施予，一定会为众人所嫉恨。○问功名：“泽上于天”，有官居高位之象。盈满者受损，是所应当自我警惕的。○问家宅：“泽上于天”，防止有大水横溢的灾患。○问婚姻：夬有决绝的含义，而且夬的倒卦为姤，姤卦说“勿用取女”，这婚姻不成。○问讼事：夬是决的意思，有决断的意思，一次决断就可以了结诉讼。○问胎孕：生男孩。

初九：壮于前趾，往不胜为咎。

《象传》曰：不胜而往，咎也。

[经传释义]

初九居卦的下位，为夬卦的开始，象征率先用夬的人，故说“壮于前趾”。壮趾的爻辞与大壮初爻相同。所谓前，是比大壮又长了一个阳爻的缘故。以最下面的阳爻去决除最上面的阴爻，上下悬殊，如果径情直往，不但无济于事，反会招致灾祸，这又何必呢！爻辞以为初爻应当观察形势变化，等待时机，量力而进，不应该躁妄地自取灾祸。《象传》以“不胜而往”来解释爻辞，是说还没有前往，就已经知道无法取胜了，比爻辞来得更加激切。

[一辞多断]

○问时运：负气太盛，任意妄动，必定遭遇灾祸。○问征战：将领地位低微，仗恃勇敢而径直前进，一定失败。灾咎是自己导致的。○问经商：不衡量地位，不审察机宜，率性地贩货前去，不但损失钱财，还要防止丢掉性命，应该小心防备。○问功名：急于前进，胆大妄为，属于自取失败。○问婚姻：门户不当，不成，成了会有灾祸。○问家宅：住宅地势低下，居住不利。○问行人：应该马上归来，这样可以免于灾祸。○问失物：不必寻找，寻找反而有其他灾祸。○问讼事：应该马上中止诉讼。○问胎孕：生男孩。

[活断实例]

◎丰岛某人来了，说：“我最近有所谋划，请占事情的成败。”筮得夬卦，变为大过卦。

断卦说：夬是决的意思，卦义在于用刚决除柔。初爻说“往不胜为咎”，是说不可轻率用决。现在您占谋事而得初爻，就卦位来说，初爻居卦的最下位；就爻辞而论，前往一定“不胜”。想来您所谋划的事，地位一定很高，不易企及。虽然与您同一志愿的人还有不少，却只有您奋然前进而不自量力。不但谋划的事情难成，还要招致祸咎，您应该从缓图谋。

后来某人不听从占断，赶去谋事，果然招致侮辱。

九二：惕号莫夜，有戎勿恤。

《象传》曰：“有戎勿恤”，得中道也。

[经传释义]

二爻居乾卦的中位，得到了乾卦“夕惕”的含义，故说“惕号莫夜”。“惕号”，内心凛然警惕，外部号令严明，即彖辞所说“孚号，有厉”的旨意。“莫夜”，凡阴爻都属于坤象，坤为夜。兑卦所象征的寇盗暗中行动，乘人不备，多在昏暮的时候，所以严密防范，暮夜时尤其应该加以警惕。二爻变阴则下卦为离，离为戈兵，故说“有戎”。“勿恤”，九二为坎爻，坎为恤，坎变为坤，所以“勿恤”。“有戎勿恤”，是有备无患的意思。

《象传》用“得中道”来解释爻辞，二爻居乾卦的中位，说“有戎勿恤”，指能得“大哉乾元”的“刚健中正”之道。

[一辞多断]

○问时运：目前运途中正，只要事事谨慎，即使有意外的事情发生，也可以安然无患。○问征战：军事上最怕夜袭，应该时刻防备，这样才能无忧。○问经商，贩运货物最忌盗贼的惊扰和水火的灾难，总要保险，使事情没有忧患。○问家宅：住宅阳刚过盛，二爻变阴则下卦为离，应该防止火灾。暮夜更当小心。○问婚姻：“婚”字从“女”从“昏”，有暮夜之象。《诗经》说“弋凫与雁”，弋有戎象。“勿恤”即有喜，占婚姻吉。○问讼事：马上可以断案结案，没有忧患。○问疾病：日里轻，夜里重，是阴虚火盛的病症，应当小心调治，可以无害。○问胎孕：生男孩。

[活断实例]

◎某豪商家的主管某来访，说：“我因为商业旅行，暂时把店里的事托付给朋友代理。不料他们通同舞弊，擅自支取我的钱，又作假而抬高货价，捏造假帐。我近来已经知道了他们的奸情，是揭发他们而治他们的罪，还是隐瞒他们的劣迹而就此了结呢？这两者应该怎样选择？请为我占一卦。”筮得夬卦，变为革卦。

断卦说：夬是以刚决柔，决去小人的卦。上位一个阴爻是奸恶者的首领，五个阳爻在下面联合起来决除它。彖辞说“孚号，有厉”，指表明信义，发出呼号而不胜危惧，奸恶的难除就是这样。现在您占得二爻，爻辞说“惕号，莫夜有戎，勿恤”，凡作伪舞弊都属于阴谋。阴为夜，鼠窃之徒昼伏夜出，其形象也属于暮夜，所以防止他们也主要在暮夜之间。“惕号”，是警惕申令，像防盗那样整夜地击柝。兑为口，只有口舌容易导致争斗。他们都是穷寇，您若过严地诘问，小则引起口舌，大则导致动武，都在所不免。只要您有理有据，言辞得当，即使他们动武也不必忧虑，所以说“勿恤”。卦义虽然在于决除小人，而《彖传》却强调“健而说，决而和”，这是在决除过程中也不失忠厚的意思。您请深思而后行。

某主管听了大有感触，完全听从我的占断，事情才得以和平了结。

九三：壮于頄，有凶。君子夬夬，独行遇雨，若濡，有愠，无咎。

《象传》曰：“君子夬夬”，终无咎也。

［经传释义］

頄指面部颧骨的位置。三爻居乾卦的极位，过刚而不中，而且夬卦大象与大壮大致相似，所以初爻与三爻都称壮。壮是阳刚壮盛。“壮于頄”，指刚怒首先表现在脸上。凡驱逐奸臣，最需要秘密谋划而不动声色，倘若事情还没有做就先怒形于色，则机要的事不保密，灾难就一定会伤害自身，所以说“有凶”。

夬卦三爻的“君子”即乾卦的九三的“君子”，乾卦九三说“乾乾”，所以夬卦三爻称“夬夬”，指决而又决的样子。决去阴爻的是五个阳爻，而三爻却独自与上爻相应，乾为行，故说“独行”。兑为雨，夬卦倒过来则为姤卦，姤为遇，故说“遇雨”。兑泽在上卦，有降雨之象；三爻独行前进，有遇雨之象。濡是濡滞，“独行遇雨”，所以好像有所濡滞。愠即《诗经》所谓“愠于群小”，故说“有愠”。但君子志在祛除邪恶，虽然与上爻相应，实际上却与上爻相敌，即使濡滞也一定要前进，所以虽然“有愠”，但是“无咎”。

《象传》用“终无咎”来解释爻辞，指“无咎”从乾卦的九三而来。三爻阳气盈满，值上下卦之交，位置本来危险。“君子夬夬独行”，虽然

"若濡有愠"，但是有危惧的心就不会有危险的遭遇，所以最终得以无咎。

[一辞多断]

○问时运：目前气运得正，只是阳气过盛，如果率意地独行其是，未免被别人疑心和忌讳，但幸而可以无害。○问征战：孤军深入，防止中途遇到大水的阻隔，但没有灾祸。○问经商：孤独的客商独自远行，虽然无咎，却恐怕遇到雨的阻挡，因而濡滞时日。○问功名：孤芳自赏，恐怕遭到小人的嫌忌。○问家宅：这屋子门面壮丽，栋梁上却恐怕有渗漏处，以至东西被濡湿，应该赶快修葺。无害。○问婚姻：爻辞说独，一时得不到好的配偶。○问疾病：面部浮肿，一定是湿热之气上冲所致，医治无害。○问胎孕：生男孩。

◎明治二十二年某月，占印幡沼的开凿。

按：关东沃野与常总武野，都是从利根、户田两川流出的泥土。它们联络安房国，所以上总国与下总国就是上洲砂与下洲砂，关东居民都沾利根、户田两川的利益。两川中利根川大，河水常年注入下总。铫子港流出的泥沙归入大海，善于识别地利的人为国家深感可惜。若能开凿印幡沼，疏通检见川，把流出的泥沙蓄在东京弯上，日积月累，就可以形成一片沃土，使上总下总之间增添一个中总，与古来天明度、田沼、玄蕃头、天保度、水野、越前守等同得利益。

在开凿的土地中，有一种称为硅藻土的，把这种土和水搅和，半浮半沉，土不粘，用来筑堤防，立刻就会崩塌。把这种土积于两岸，用重物压住，使地下的泥土反到上面，才能坚固。大约开凿的地共有四里。从印幡沼到大和田一里半，都平坦，间或有一两丈的高低罢了。至于山间的地，应当筑三丈的堤，上面设置二十台二十马力的水泵。用这些水泵，一昼夜可以向堤中注入五万步开方的水，俨然像在山中蓄了一个大湖。根据水的力量所及，将冲过花山、观音山下，那山下所蓄的硅藻土每天被水冲击，大约可以流出二万步的砂土，以一昼夜的水力可以代替数万人的劳动。随蓄随流，经过一年，左右的山土流空，可以变成像利根一样的川底。看横须贺船渠所用的小水泵，一时就能抽干船渠的水，可知水泵的作用很大。到山平地成的时候，除去山间的堤，从大和田到印幡沼，又形成一块可以安居的乐土。在布施和新田之间，应当根据地形作堰，塞堵利根川的上流，使水流入东京湾。

有人担心把利根川引到东京湾，利根川下流的水势必减少，以至失去通船的便利，说是应该预先谋划一个好办法。不知铫子港地势最平，向南沿着犬吠岬的暗礁，向北带着常陆原的沙漠，而流入大海。至于利根川，一遇到大水就因为水口狭窄而逆流入霞浦和北浦，沿湖田圃被水淹没，危害很大。这一开凿工程竣功后，不但免除了这种灾害，可以新得数万町步的肥沃土地。

现在请占一卦，以决定开凿印幡沼的成否如何，筮得夬卦，变为兑卦。

断卦说：泽是蓄水的地方，以低下为用处。《象传》说“泽上于天”，是洪水滔天，来势汹汹，所以夬卦以决除为含义，即所谓“夬，决的意思”。“决”字从“水”从“夬”，显然是决水之象，与所问开凿印幡沼水，卦象正好相合。现在占得三爻，爻辞说：“壮于頄，有凶。君子夬夬独行，遇雨若濡，有愠，无咎。”頄在头面，是高处，譬如水势盛大而在高处，一旦冲决就很危险，故说凶。“君子”指决定开凿的人；“夬夬”，指这件事不是一个人能干的。“独行遇雨”，提出开凿者虽然有许多同志，但是以三爻为首创，故说“独行”；水向下流正如雨的下降，故说“遇雨”。“若濡有愠”，指水一决，势必汹涌直下，附近的村居或许有稍被淹没的，受灾的居民未免有愠恨的意思。谚语说：“谋大事不记小怨，成大功不顾小害。”印幡沼凿成，利益普及数十万百姓，其功绩下垂千百年，所以《象传》说“终无咎”。兴一利必有一弊，《象传》说“终无咎”，可知这件事有利有弊，如果得以长久，利益没有比这更大的了。

九四：臀无肤，其行次且。牵羊悔亡，闻言不信。

《象传》曰：“其行次且”，位不当也；“闻言不信”，聪不明也。

[经传释义]

夬卦与姤卦互为反卦。姤卦四爻“臀无肤，其行次且”，姤卦九四即夬卦的九三，所以爻辞相同。四爻在坎体，坎为臀，故有臀象。按照易例，以阳为脊，以阴为肤，四爻本来是阴位，所以“无肤”。并且夬卦旁通剥卦，剥卦四爻说“剥床以肤”，“无肤”则已经剥尽了。夬卦四爻出了乾而进入兑，与上爻同体，不无观望的意思，所以“其行次且”，要前行而又后退。

兑为羊，羊善于触决。四爻也是羊中的一只，能牵率群羊而行，悔恨就可以消亡。朱子说：在前面牵着羊走，就无法前进，随在羊的后面才行。四爻随在九五之后，可以牵着它前进。“闻言不信”，言即《象传》的“孚号”，指大声疾呼，声明罪恶，加以讨伐，使天下人没有不知道的。四爻首鼠两端，“其行次且”，不是没有听到呼号，只是疑信不定，所以欲行又止，还能说它有耳能听吗？

《象传》以“位不当”解释“次且”，是说九四以阳爻居阴位，为阴所蔽，故说“位不当”。“聪不明”是解释“不信”的，指四爻居兑卦的初位，与上爻相比。

[一辞多断]

○问时运：目前运途不当，做事颠倒，精神不安，所谋划的事难以成就。○问经商：心中没有主见，所以贩售的货物时常失去机宜，获利很难。○问功名：“次且”，难以行进的样子，怎么能成名？○问征战：“臀无肤”，是受了伤；“行次且”，是想退却；“闻言不信”，是号令得不到执行。这样行军，怎么能取得胜利呢？○问疾病：剥肤的灾难，大概是疥癞之类吧？防止溃烂到耳朵，以致两耳失去听力。○问家宅：住宅屋后没有余地，屋前所走的路曲折偏斜，为羊肠小径，居住者没有灾祸和悔恨。○问婚姻：开始踌躇不决，久后得以牵羊成婚。○问讼事：防止有杖笞的灾祸。○问行人：一时不回来。○问胎孕：生女孩。

[活断实例]

◎元老院议官西村贞阳、前神奈川县令井关盛艮两人，带着一位商人来访。两人指着商人说：“这是横滨洋银仲买雨宫启次郎。这位朋友最近以洋银的时价博得了十五万元。获得了这样一大笔钱，想要谋定以后的基业，与我一起来请求占筮，以便决定。”筮得夬卦，变为需卦。

断卦说：您一次骤然博得十五万元的巨款，可以说是太幸运了。您为确定后来的基业而问卦，我有一个办法，先告诉您。山梨县是您的父母之乡，县下有富士川，川路浅而狭窄，无法运载重物。从陆路到横滨和东京，道路险恶，行路都很怨苦。如果您能用这巨额金钱，首创一项大利益，开凿从山梨八王子通到东京的公路和铁道，县下富绅也必定闻风兴起，这样就可以一举成就事业。聚合山梨、长野两县的百姓，开一条大家行走的便道，可以一天就到达东京，它的利益有多么大啊！您凭这十五万金，每年也能得到百分之五的利润，一年大约可以得到七千五百元，比华族所享的世禄也不差多少。

现在占得夬卦的四爻，爻辞说：“臀无肤，其行次且。牵羊悔亡，闻

井关盛艮像

言不信。”臀在人身和下体，“无肤”是皮肤受了伤，可知您早年气运不佳，不免有剥肤一样的忧患。现在去皮而得肉，肉肥满，是目前得巨款之象。“其行次且”，指您得巨款后筹谋不决，行止不定，这是您来问卜的本意。“牵羊悔亡”，兑为羊，也为钱，牵是牵率，指您得到巨款后，在山梨县下建设公路和铁道，牵率众豪商共同完成这一壮举。“羊”字也通“祥”。夬卦上下卦换位则为履，履卦九二说“履道坦坦”，履卦上爻说“视履考祥”，指的就是这件事吧？既说祥，悔恨自然消亡了。“闻言”，即我这些话，“不信”指您有疑问，不能听从。就夬卦的含义说，夬也是去掉险恶而成就坦夷的意思。

雨宫氏听了，唯唯诺诺地离去。过了十四天又来，说：“那一天受到您的教诲，实在感铭在心肺，没想到回家的中途遇到同行某商人，他劝我乘着盛运再博一筹，结果大为亏本，损失超过一半。以后如果再得到大利，一定听从您的话。我说：“唉！算了！爻象所示，到这里越发应验了。‘臀无肤’，指您有切近的灾祸，到底不能安坐享福；‘其行次且，闻言不信’，与您的行为深切著明，不用解释就很清楚了；‘牵羊悔亡’，指您以后应当牵牢这羊，不再萌生贪心，否则连这羊也会丢了。人生的得失自有定数，易道只是预先知道罢了，是不可勉强的。”

九五：苋陆夬夬，中行无咎。

《象传》曰：“中行无咎”，中未光也。

[经传释义]

对“苋陆”二字的解释，马融、郑玄、王弼都说又叫商陆。宋衷以为“苋”是苋菜，“陆”是商陆，分作两件事物，《周易本义》信从它。虞翻作“莞睦”，以“苋”为“莞”，以“陆”为“睦”。众说纷纭，各有一偏的见解。《说文解字》说苋是山羊的细角，音桓。“苋”字从“廾”，象征羊角，不从“艹”。

夬全卦是兑，都有羊象。羊性善决，五爻变阴则全卦为大壮，所以夬卦的爻象多与大壮相同；大壮卦五爻说“丧羊”，所以夬卦五爻取象于山羊。古人说皋陶断案时，遇到疑心有罪而又无法确定的人，就叫羊去触它，这是羊能决除奸邪的明证。四爻说“牵羊”，羊指五爻，四爻在它的后面而牵着它。“夬夬”，四五两爻在同一卦，牵连并进，故说“夬夬”。五爻居兑卦的中位，承乾而来，乾为行，故称“中行”。阳爻到五位就没有了，上六一个阴爻与五爻比近，最容易被蛊惑，必须夬而又夬，才能斥退谗佞小人，而廓清君王的朝堂。“中行”指中道而行，没有偏颇委曲，不做过分的事。

《象传》以“中未光”来解释爻辞，是说五爻接近小人，纵使能够联合众多阳爻来决除它，而且不失中道，但是终究没有完全体现光明的本体，所以说“中未光”。

[一辞多断]

○问时运：时运得中得正，凡事无害。○问征战：五爻为卦主，象征主将，率领军队一齐前进。“中行”是在大道上行进，所以无害。○问经商：夬，决除的意思。爻在五位，时令将要过去，货物要果决而迅速地销售才能无咎，否则将有悔恨。○问功名：五爻为尊贵的爻位，名声必定显扬。只是应该远离小人，接近君子，这样才能无害。○问家宅：住宅蔓草丛生，几乎荒废，迅速剪除净尽，居住才无害。○问婚姻：五爻与二爻相应，五爻居兑的中位，二爻居乾的中位，阴阳相合。“羊”取义于祥，有吉祥之兆，所以无害。○问疾病：五爻以阳爻居阳位，阳气过盛，调剂到适中才能无咎。○问讼事：以正义决除邪恶，务必净尽，使它不再萌发，诉讼才吉。○问胎孕：生女孩。

[活断实例]

◎某华族的家仆来，请占他老主人的气运，筮得夬卦，变为大壮卦。

断卦说：五爻与上位的一个阴爻相比，众多阳刚在下面同心协力，一并前进，以决除小人，廓清君王的朝廷，所以卦名叫夬。您的老主人一向性子急，脾气暴，维新以来隐居在别墅，遗弃故旧而亲近小人，以致家业日益萧索，这是人所共知的。现在占得夬卦五爻，卦义是以刚决柔。苋草柔弱，容易生长，如果决除不尽，就会逐渐再次萌生，所以夬而又夬，务必使它断根灭种。但是不得中行之道就不足以使邪恶的人心服，也不足以去掉危害，只有中行才能无咎。五爻为卦主，正合您老主人的身份。务必劝老主人远离小人，亲近君子，家道才能端正，气运才能盛大。

上六：无号，终有凶。

《象传》曰：无号之凶，终不可长也。

[经传释义]

号，即彖辞的“孚号”、二爻的“惕号”。上爻已到卦终，小人已经决除净尽，似乎小人之道已消，可以“无号”了。不知“无号”，小人的罪名就不能昭彰，其图谋还将再次发生。夬卦到这里结束，姤卦就从这里开始，所以说“终有凶”。

《象传》重申说：“无号之凶，终不可长也。”姤夬二卦相反，姤卦上面五个阳爻，喜欢君子的存在；夬卦上面一个阴爻，忧虑小人的再度兴盛。阴阳消长本来互相倚伏，明白了“无号”的凶险，姤卦的开始就伏藏在夬卦的终结中，所以说“终不可长”。

[一辞多断]

○问时运：正运已经退去，更应该警惕，这样才可以免于凶险。○问征战：军事行动即将结束，但是余孽还在，应当重申号令，严加戒备，以彻底肃清敌人。倘若苟且偷安而忘记了防备，终究有凶险。○问经商：上爻是卦的终结，象征货物脱售将尽，应当重申以后的约定，商业才能继续。“无号”是商业没有名目，生意必然凶险。○问功名：“无号”是声名灭绝之象，凶。○问家宅：一座宅中，或书声，或歌声，或笑语声，以至鸡鸣狗吠，都有声。“无号”则寂灭无声，这家必然凶险。○问疾病：是阳尽阴生的病症。痛痒不觉得，号叫没有声音，病情已经危险了。凶。○问婚姻：没有媒妁的介绍，不成。○问讼事：有冤不能申，诉讼不得理，凶。○问行人：不通音讯，凶。○问胎孕：生女孩。

[活断实例]

◎一天，外务书记官北泽正诚君来访，说：“与我同藩的武士佐久间象山①先生，是当代的有志之士，平时讲洋学，但是也谈易理。我曾经到过他的门庭，屡次听先生讲说。长藩吉田松荫氏②谋划私自出洋，先生大对他的志向加赞赏，赋诗赠给他。及松荫的事被追究，先生也被论罪，幽禁在江户，不久被赦免。

---

① 佐久间象山：日本江户末期思想家，兵法家。幼名启之助，通称修理，字子明，号象山。别号国忠。遗著有《省侃录》、《象山诗钞》等。后刊有《增订象山全集》全五卷。

② 吉田松荫：日本长州藩士、思想家、教育家、军事家。明治维新的精神指导者和理论家。

“当时辰侯和萨侯[1]都仰慕先生的名望，派使者来招聘，先生都不答应。后来一桥公以重礼来请，先生才应命。我说：‘先生嗜好《周易》，请为此行筮一卦。’先生说：‘现在四方的夷狄侵犯，国家艰难，士人应将军的召请是莫大的荣誉，出山有所作为，正在这个时候，何必问卜？’我还是请他占卜，先生于是分数蓍草筮卦，得到夬卦，变为乾卦。先生说：‘这一卦是凶象，但既然应命了，就不再犹豫了，只要谨慎就是了。’”

左久间象山像

吉田松荫像

即将携带装备出发时，苦于得不到马。正好木曾氏有一匹马来卖，先生知道是骏马，于是高价购买了，起名叫做都路，取乘着去京都的意思。

“先生经过大垣，住在旧友小原仁兵卫的宅邸。小原氏也懂得《周易》，于是问道：‘这次出行易卜如何？’先生说：‘夬卦变乾。’小原氏默然良久，似乎有劝阻的意思。先生没有说话，告别上了路。

“到了京都，许多公卿来问候和祝贺。一天奉命去中宫，酒席间陈说欧洲的形势、兵备的严整及马术，兴味正酣，先生请求出去一会儿，于是骑上都路，以骑术的精湛来夸耀。中川宫大为赏赞，亲自赐予一杯酒，先生感激地说：‘微臣出身卑贱，受到殿下的宠遇，荣誉已经到了极处。’又改都路为王庭，拜谢后退了出来。

“归途上走到木屋街，有浪人左右截击先生，先生死在马上。我当时在藩邸，听说这一变故大为慨叹，惊讶和感慨易理的神妙，以至凶祸的到来竟不能幸免。”

我听了北泽的话，觉得象山先生虽然能懂得《周易》，但是可惜不能恪守《周易》，所以终于为急于用世的念头所误。我有感于这一点，特意节录北泽的话作为附录。

① 辰侯和萨侯：指明治维新前的两个藩主。

䷫天风姤

姤卦是夬的反卦。夬卦一个阴爻在上位，五个阳爻决除它，几乎决除净尽，到姤卦则一个阴爻又产生于下位。造化的道理，是阴阳奇偶，如影随形，循环往复，去了又生。天地不能有阳无阴，圣人虽然厌恶阴，但是终究无法根绝它。姤卦的一个阴爻是从坤元的下画而来，履霜时阴爻的逐渐积累，已经兆示在这里了。"姤"字从"女"从"后"，"女"是阴爻之象，"后"与"後"同，指阴爻伏在乾刚的后面。这就是五个阳爻一个阴爻的卦为什么叫姤。

姤：女壮，勿用取女。

[经传释义]

姤是五月的卦，一个阴爻自坤卦初位而来，发生在乾卦的下位。坤为女，又为老阴，故说"女壮"。阴的开始发生，其机缄很微妙，其发展很快捷，从履霜到结成坚冰，逐渐积累，象征阴对阳的侵蚀，有防不胜防的忧虑。家道的萧索往往从女子开始，说明没有比女子更壮盛的了。惩戒它的壮盛，所以用"勿取"来禁戒。特意在阴气开始发生的姤卦申明这个意思，是为了杜绝女祸的萌发。

> 《彖传》曰：姤：遇也，柔遇刚也。"勿用取女"，不可与长也。天地相遇，品物咸章也。刚遇中正，天下大行也。姤之时义大矣哉！

姤，古文作"遘"，或者作"逅"。遘指在行进中彼此相值，逅是邂逅，指不期然的相会，都是遇的意思。卦体下为巽，上为乾，乾为天，巽为风。天本来清明而在上面，而微风乍起，正与它相遇，所以说"柔遇刚"。

娶女本来是人伦的大事，但《诗经》中的"野有蔓草"所吟咏的，属于男女以私情相遇，所遇不正当，所以说"勿用取女"。而《彖传》说

“不可与长”，是防止姤卦阴爻浸长而侵害阳刚。只有相遇而不相侵害，阴阳才能相辅相成。独阳不生，独阴不育，天地相遇才能化生万物。乾卦说“品物流形”，坤卦说“品物咸亨”，都是以相遇为前提的。

姤卦在四月纯乾的后面，象征坤阴开始产生。乾为刚，坤土居中为中正，叫做“刚遇中正”，象征将出现天子当阳出治，秉持乾元的刚方的品德，阐扬坤元的中正之道的局面。这样，德行就会因为地位而显著，大道就会与时运一同推行，所谓“黎民于变时雍”，以至四方闻风而来归附，就在这个时候。

风的运行最快捷，风在天下，故说“天下大行”。王者的教化收到实效，礼义就修明，风俗就淳正，社会上的女子都能以贞洁自守，相遇而不使它浸长，“女壮”还有什么可虑呢！姤卦的卦时为盛夏，夏有养的意思，姤卦的时义的重大，从这里就可以看到了。

以这一卦比拟人事，不外男女嫁娶，这是人伦中的大事。不嫁不娶，人伦就会消灭，天地就会闭绝，阴阳就会睽隔而不能化育，不但没有家庭，而且将没有天下。彖辞所谓“勿用取”，并不是不娶，只是不能用姤道来娶罢了。“姤”字从“女”，含义为遇。女性本来阴柔，阳遇到阴柔而授以权柄，阴柔就会浸长，而阴长就会导致“女壮”。五个阳爻虽然壮盛，一个阴爻却可以消剥它们。《象传》说“不可与长”，是抑制它的壮而归于中正的意思。所遇既得中正，阴柔就会巽顺地服从，所谓“宜尔室家，乐而妻孥”，刑于之化①，可行于邦国。由此推论，就是天下也是可以大行其道的，何必忧虑“女壮”呢！

圣人制作《周易》，以彰显消长的几微。阴阳的起伏不能偏废，只在于因时保护罢了。所以六爻的含义多取以阳包容阴，而九五的包容最中正。诸爻受它的包固然是包容，即使不接受它包容，实际上也不在它的包容之外。这样阴就不至于侵害阳了，阴阳就得到平衡了；阴阳平衡夫妇就和谐了；夫妇和谐了，人事就没有不中正的了。

以这一卦比拟国家，从来国家的颠覆，往往肇端于后宫当中。比如商纣的灭亡是由于妲己，周幽王的祸乱起于褒姒，“女壮”的祸患值得人们万古垂鉴。圣人于姤卦首先示以禁戒，说“勿用取女”，是为了防微杜渐，它的道理正当，它的意旨严明，但是言辞未免过激。因为“女壮”而不娶，不但人伦有缺憾，而且如何看待《关雎》的“君子好逑”呢？所以

① 刑于之化：指为嫡妻做榜样，并推之于兄弟，乃至全国。语出《诗·大雅·思齐》：“刑于寡妻，至于兄弟，以御于家邦。”刑：即“型”，样板。

《象传》解释为“不可与长”，以表明所厌恶于女子的，是阴的渐长。阴不长阳就不消，阳就足以育阴，阴就不能剥阳，这样才相遇而不相争，而且得到阴的相助。王者的教化开始于宫中，王后和嫔妃的德泽普遍地被于社会。从来大治的朝廷，并非不借助贤内助的力量。

姤是遇的意思。卦体上为乾，下为巽，乾刚而巽柔，叫做“柔遇刚”。推到极处来说，天地相遇就会万物化生，夫妻相遇就会家政修明，君臣相遇就会治化大行，因为得遇就会成偶，不遇则为奇。事情不论大小，没有不因为相遇而成的，只是所遇务必达到中正罢了。

姤卦的六爻，只有九五得中得正。以杞为刚，以瓜为柔，杞遇到瓜就是刚遇柔。“以杞包瓜”，刚就不为柔所侵犯，而柔也自然乐于为刚所使用。各爻也以中正为吉，以不得正中为凶。从现象上看是刚包柔，实质上是乾元包坤元，“大哉乾元”，所遇广泛，所包也就更大了。这些道理为姤卦而说，但不只为姤卦而说，国家教化的好与不好，都可以通过这一卦来考察。

通观全卦，卦体取女子，卦义取相遇，卦象用来惩戒女子的壮盛，卦的作用在于戒止人使她们得以浸长。天下不能没有女人，天下也不可以没有邂逅。因为女子壮盛的为害而断绝与女子的关系，断绝相遇之道，属于率领天下人走向寂灭的道路，哪里是圣人作《周易》的宗旨呢？女子壮盛的害处不在于壮，而在于给它权柄，这样壮盛才得以渐长。《象传》说“不可与长”，壮盛就没有权柄了，女子就不会为害了，就相遇而适足以相成了，而相遇就正大而可以运用了。

姤卦何尝不好？乾天运行在上，巽风运行在下，“帝出乎震，齐乎巽，相见乎离”，就是遇之象。所以天地相遇则万物化生，刚柔相遇则大道均平，君臣相遇则治世之道成就，这就是姤卦的时义为什么称大。天下有风为天与风相遇，天没有什么地方不覆盖，风没有什么地方不到达，古代的先哲把大中至正之道宣告给四方，就是取象于这一卦。

六爻以阳刚的九五居君位，作为全卦的主爻。初爻一个阴爻方来，有君民相遇之象；二爻以刚中的品德在下面相应，有大臣宣传和教化之象，是五爻所用以招致百姓，忧念远方，使教化施行于天下的人；三、四、上三爻，或者病于相牵，或者失于遥远，或者伤于穷困，都不善于包容，象征相遇不中正的人。圣人喜爱阳而厌恶阴。喜爱阳，所以喜欢复卦一个阳爻的“来复”；厌恶阴，但是也不能使阴不来，所以戒止姤卦一个阴爻的用壮。可见圣人对于阴，并不是不许它与阳并生，只是不使它浸长到为害的程度罢了。

《象传》曰：天下有风，姤，后以施命诰四方。

“风（風）”字从“几”，从“一”，从“虫”。“几”象征天体，“一”是大的意思，虫是生化的枢机。巽为风，为虫。风的到来，普遍地运行于天下，所以叫风。乾为君，巽为命，君王的宫门有九重那么多，朝堂下有万里那么遥远，如果不颁布诰命，就会上面情意壅塞而不通，下面心中疑惑而不信，这样怎么能与百姓相遇呢？所以凡是确立一件政事，施行一种方法，必须颁布于典章和训诰，使天下从朝廷到闾里，清楚地知道君王的心意。风教的施行迅疾如同回响，所以说“后以施命诰四方”。乾为西北，巽为东南，是四方之象。

[一辞多断]

○问时运：好运盛行，能使四面八方闻名。○问征战：军令迅速，奖赏必定有信，惩罚必定实行，有席卷天下的势头。○问经商：商人为的是利益，应该贩运到远方，可以随处获利。○问功名：有名扬四海之象。○问婚姻：婚礼注重父母的命令，媒妁的言语，就像政事有诰命一样。得正道可以走遍天下。○问家宅：有被风吹倒的忧虑，要小心防止。○问疾病：在小儿为惊风，在大人是肝风，防止有四肢麻木不仁，或手足拘挛的病症。○问讼事：诉讼牵连面很广，一时无法休止。○问失物：偷窃者已经远去，难以再次得到。○问胎孕：生女孩。

初六：系于金柅，贞吉；有攸往，见凶。羸豕孚蹢躅。

《象传》曰：“系于金柅”，柔道牵也。

[经传释义]

初爻是巽卦的下画，属阴，有女子之象。乾为金，巽为木，以木入金，是柅象，故说“金柅”。金柅是络丝的柎，是女子所用的。“系于金柅”指系丝。系犹如牵，丝最柔软，所以《象传》说“柔道牵”。《九家易》说：丝系于柅，犹如女子系于男人。《高古录》说晋武帝从女子中选有姿色的，用绯来系她们的臂，就是证明。

系指系着不动。妇人的品德以静为吉，以动为凶。系而不动则“贞吉”，“有攸往”则“见凶”。妇人言行不出家门，要往哪里去呢？有所往就是不安于家室，她的凶险也就可以知道了。

初六爻辰在未，在天上值柳宿。南宫侯说，柳宿在物为豕，所以象征豕。巽初爻阴柔，为牝豕。豕牡的强，牝的弱，故说“羸豕”。“蹢躅”，不安的意思。牝豕性质属阴而淫，躁动尤其严重。初爻以阴柔上承五个阳刚的爻，不系缚而前往，所以说“羸豕孚蹢躅”。

总之，丝是柔软的东西，豕是阴性的畜牲，一旦失于系缚，丝必定紊乱，豕必定奔突，如果任凭它奔突，势必消剥阳刚，它的蹢躅，不用等到否卦或剥卦就可以预知了。孚，诚信体现于事先的意思。

[一辞多断]

○问时运：目前的运途有所牵制，不可妄动，妄动必定凶险。○问征战：初爻象征出兵的开始，巽象阴柔，兵力必然柔弱，显然固守吉，躁进凶。○问经商：有利于坐贾，不利于行商。○问功名：只应该守旧。○问婚姻：《九家易》说：丝系于柅，犹如女子系于男人。女子居于家中这个正位，所以吉。○问家宅：住宅要防止闺门不谨的羞吝。○问疾病：这病是柔弱的病症，应该安居静养。○问失物：必定被绳索系住，马上寻找能找到，过这一天就找不到了。○问行人：在外面必定有女子牵连，不能马上回来。○问胎孕：生女孩。

[活断实例]

◎明治十八年十二月，鸟尾得庵居士来访。谈及东欧的动乱，居士对我说：“当今保加利亚、罗马尼亚两国暴动，关系到全欧洲的大局，您请占这件事的结果。”筮得姤卦，变为乾卦。

断卦说：姤是遇的意思，必定是偶然相遇而造成了仇隙。初爻属巽体，是一个微弱的阴爻，一定是小国。初爻应在四位，四爻说“包无鱼”，这是包藏祸心，因而“起凶”的国家，想是俄罗斯吧？如果保加利亚、罗马尼亚两国能各自安于自己的疆界，共同修好，那就像否卦所说的，“其亡其亡，系于苞桑”，属于“安不忘危，治不忘乱”，得到维系，国本就坚固了，即爻辞“系于金柅，贞吉”的旨意。倘若无端听信外国的挑唆而胡乱动武，势必立刻遇到凶灾，即爻辞所谓“有攸往，见凶”。

“羸豕孚蹢躅”，《说文解字》说亥为豕，在戌亥乾位，可见犬和豕都在乾位。初爻变阳则全卦为乾，所以有豕象。初六以一个阴爻作巽卦的主爻，而巽卦柔弱，所以是“羸豕”。巽为躁卦，豕又属阴，性情淫荡而好躁动，所以说“蹢躅”。这是说两国柔弱暗昧，像豕一样猖狂躁动，逃出圈去，只是纷扰奔突罢了。

巽为风，《象传》说“天下有风”，想来两国因此造成了仇隙，恐怕天下还有闻风而骚动的，其结果应当在上爻的时候。上爻说“姤其角”，为姤的终结，已经穷困了。穷于上就会返于下，两国大概反而会修好。

鸟尾君听了，别有领悟。

九二：包有鱼，无咎。不利宾。

《象传》曰：“包有鱼”，义不及宾也。

[经传释义]

乾为包，巽为鱼。鱼为阴物，指初爻，二爻包它，故说“包有鱼”。剥卦的“贯鱼”即从姤卦的一条鱼而生，能就姤卦的开始而包，所以无咎。二爻居内卦的中位，值刚柔相遇的开始，见初爻阴柔，特别以优待的方式包它，既不敢因为激烈而造成变故，也不至于姑息养奸，的确是驾御阴柔的好办法。

宾指九四。九四爻辰在午，上值张宿。石申说：张宿主赐宾客。二爻“有鱼”，四爻无鱼，因为不及四爻，所以说“不利宾”。《象传》以“义不及宾”来解释爻辞，“不及”即《象传》“不与长”的意思。千古以来驾御小人的方法，没有比使他们无法相及更好的。允许他们与自己并生，却不让它们逐渐上长，这样就最终也没有相及的时候了。姤卦初爻的“不利宾”，是二爻包有它的缘故。

[一辞多断]

○问时运：人生处世，遇到的怎么能都是君子？只要曲意调护，不为小人所害，自然无咎。○问功名：鱼有化龙之象。“包有鱼”，鱼已经为人包有了，所以升腾是必然的。“不利宾”，则利益必定属于自己。○问经商：包是包罗富有之象。众多的只有鱼，鱼也有众多之象，主货物充盈，财利富厚。“不利宾”，是说利益不是外人所能窃取的。○问征战：马融说，鱼是介鳞类动物，有兵象。能包有鱼，一定是善于用兵的人。说“不利宾”，宾即敌人，敌人一定可以攻破。○问婚姻：鱼是阴物，以阳包阴，婚姻的事就成了。○问家宅：鱼是阴物，取象于女子，宅中一定是女子主持家政。○问疾病：防止有城门失火，殃及池鱼的事情发生。○问胎孕：生女孩。

[活断实例]

◎某甲来请占气运，筮得姤卦，变为遁卦。

断卦说：姤卦以一个阴爻上承五个阳爻，一定是不贞的女子。现在占得二爻，爻辞说“包有鱼”。鱼是阴物，容易腐败，“包有”指匿藏和占有。又说“不利宾”，可知宾也曾想占有它，但占有它反而不利。不利于宾，一定有利于主。想这物品好像市场上的鱼，你可以占有，我也可以占有，本来没有一定的主人，利与不利在于包它的人善于处置罢了。

后来听说，某甲来问占，并非为了气运，实际上是为一位女子。有商人把妻子留在家中，暂时回到故里，过了四月才回来。他的妻子因为丈夫不在，与某甲私通。等到丈夫回来，某甲竟把商人的妻子寄托给外国商人，谎称因为预先借了外国人数百元钱，不得已而以人身作抵押。她的丈夫没有能力还钱，抛弃妻子而去，某甲于是娶来作为自己的妻子。后来某甲死了，财产全归这位妻子所有，所以爻象体现为这样。

九三：臀无肤，其行次且，厉，无大咎。

《象传》曰：“其行次且”，行未牵也。

姤卦与夬卦上下相反对。姤卦的臀在三爻，夬卦的臀在四爻，因为姤三爻即夬四爻。三爻居下卦的上位，巽为股，臀在股上，所以三爻有臀象。剥卦四爻说剥肤，指的是剥阳；姤卦三爻也为初爻的阴柔所剥落，所以说“无肤”。上卦为乾，乾为行，三爻在乾和巽之间，没有变柔，所以“其行次且”，有危惧的心。乾卦九三说“厉，无咎”，姤卦三爻化巽而变柔，进退不果，它的趑趄就是它的咎。幸而它由此前进，即将进入乾体，还不失健行的性质，所以说“无大咎”。

《象传》以“行未牵”来解爻辞，牵是牵制，指行进虽然缓慢，还能不失乾健，不为阴柔所牵制。

[一辞多断]

○问时运：气运太柔弱，凡事迟疑，所以一动就有危险。○问征战：要前进却又不前进，因为狐疑而产生危惧，无法得胜，不大败就算侥幸了。○问经商：贩运不快，怎么能赢利？○问功名：急不得，还必须慢慢等待。○问婚姻：缓一步可以成就。○问家宅：住宅后面的墙屋，一定已经倒塌，特别危险，加以修葺才能避免灾祸。○问疾病：这病一定是下体溃烂，行走或坐着都不安，治疗就无害。○问讼事：防止遭受杖刑。○问失物：物品已经损坏，过一段时间可以得到。○问胎孕：生女孩。

[活断实例]

◎有朋友请占一件事，以决定成败，筮得姤卦，变为讼卦。

断卦说：姤是不期而遇，属于出于意外的事情。现在您占得三爻，仔细玩味爻象，臀在人身的下体，用来安坐，“无肤”就无法坐安稳。“次且”，指蒙昧于事机，要前进而又不前进，静止与行动两难，所以危厉。事情终归不能成功，所以也没有大的害处。

◎明治二十八年六月，三浦中将[1]奉命为朝鲜公使，临行的时候占问对朝鲜的外交政策，筮得姤卦，变为讼卦。占问后上呈给内阁总理大臣。

三浦梧楼和被他暗杀的朝鲜女政治家闵妃

断卦说：卦名叫姤，是遇的意思。当今海关的禁制大为开放，友好往来，正是众多国家相会相遇的时候。卦体为五个阳爻在上，一个阴爻在下，是孤阴为众阳所制伏，有大国提携和威服小国之象。现在值三浦中将出使朝鲜，为他占问两国外交方略。公使去国外，应当以我国为外卦，以朝鲜为内卦。内卦为巽，柔顺无力，可见朝鲜的弱小。臀在身后，属于隐伏的位置，有后宫之象，主有嫔妃擅权，侵害朝政。“无肤”即剥肤，属于切近的灾难，以致无法安坐深宫。天下大势，应当去旧图新，力图富强，而朝鲜却因循守旧，要改革又不改革，属于“其行次且”。国势的危险因此更加严重，所以说“厉”。三爻居巽的终位，为乾体的开始，即将化为阴柔，在内卦而顺从外卦。三爻又以二四两爻为上下邻爻。朝鲜一向属于中国，四爻即中国，因为无所包而发生凶险；二爻本来属于乾体，指我国，因为能包而无咎。朝鲜盛衰的枢机，从卦中历历可以看到。我国的外交方略，也不外于这些情况。

◎明治三十年，占伊藤侯爵的气运，筮得姤卦，变为讼卦。

---

① 三浦中将：指三浦梧楼，原名五郎，号观树。明治、大正时代的陆军军人（中将）、政治家。曾任东京镇台司令官、陆军士官学校校长、朝鲜住在公使、枢密院顾问官。在做驻朝公使期间，曾派人暗杀不利于日本的闵妃，然后用煤油烧了她的尸体。

断卦说：卦体乾在上，巽在下，一个阴爻产生在五个阳爻的下面。阴爻象征小人暗中滋长，五个阳爻逐渐受它的剥落而不自觉。现在占得三爻，说臀，指人身的下体；说“无肤”，说明剥蚀已经严重；说“其行次且”，指阳刚变为阴柔，所以要前进却又不前进。这都是小人的情状。侯爵刚方端正，断不会为小人所蛊惑，只是五个阳爻一有失察，就会使小人得到权柄，而小人于是得以跳出来为难。侯爵所有的善后谋划，必定因为他们而失败，所厉行的政策，必定被他们所阻碍，这就是所谓“臀无肤，其行次且”。到这时，侯爵一定会不安于自己的位置，所以说厉；但是侯爵的道德和声望向来昭著，所以也“无大咎”。这属于侯爵今年不得意的占断。

这年十月，侯爵果然辞去总理大臣职务。

九四：包无鱼，起凶。

《象传》曰：无鱼之凶，远民也。

［经传释义］

四爻进入了乾体，乾体变为巽体，巽为鱼。鱼已经为二爻所包有，所以“无鱼”。天包地，阳包阴，得到所包而“含宏光大”，就同时养育而没有危害，这就是二爻的包为什么“无咎”；如果失去所包，鱼就会兴风作浪，使凶险和祸患顿时发生。小人危害君子的凶险，就是从这里产生的。

《象传》以“远民”来解释爻辞，意思是鱼就像百姓，鱼不可不包容，百姓也不可疏远。不因为百姓属于小人而加以驱逐，而以百姓为同胞而加以亲近，使亿万百姓得到兼包并育，何至于有消阳的忧患呢？

［一辞多断］

○问时运：刚变为柔，运途不正，气量微浅狭窄，所以多有凶险。○问征战：主将才智和力量都弱，不能包容众多军人，要防止有兵变的祸患。○问经商：“包无鱼”，有囊里空虚之象，用什么获利？○问功名：鱼喜欢水，人喜欢名；没有水鱼就会死亡，没有名人就会穷困，所以凶。○问婚姻：婚姻之道重在生儿育女，“包无鱼”，是说没有胎孕，凶。○问家宅：《象传》说“远民”，住宅一定在远离民居的地方，属于孤村。恐怕有不测的灾祸。○问疾病：鱼是阴柔之象，无鱼是阴已经亏损到极处，阳无法包有它，一定凶险。○问胎孕：生女孩。

[活断实例]

◎有朋友来占气运，筮得姤卦，变为巽卦。

断卦说：卦象为天下有风。风的刮起，忽然而来，忽然而去，有不期而相遇的意思，在人则为意外的遭逢。现在占得四爻，四爻进入了乾体，乾为包；四爻变阴则上卦乾变为巽，而巽为鱼。四爻要包鱼，而鱼已经先为二爻所包有，所以“包无鱼”。您占问的意思，想必是有一件事要图谋，但是已经落入别人的手中。这是您运途不顺所致，还要从容对待，才能免于凶险，否则凶祸就要由此发生了。

九五：以杞包瓜，含章，有陨自天。

《象传》曰：九五含章，中正也；“有陨自天”，志不舍命也。

[经传释义]

巽为杞，杞指杞柳，可以折叠起来包裹物品。杞指五爻，瓜指初爻。杞刚而瓜柔，“以杞包瓜”即以刚包柔。姤是五月的卦，瓜在五月产生，杞在五月繁盛，包瓜正赶上时候。及时地包有，就会柔的焕发光华，刚的蕴含美好，自然含有章采。

五爻秉有中正的品德，初爻得到它的包容，也会归于中正。《彖传》所谓“天地相遇，品物咸章”，就在这一爻吧？“有陨自天”，瓜这种东西不能经久，黄熟了就会陨落，这是天道的作用。包瓜者不肯委于天命，对于它的陨落不胜哀怜，所以《象传》以“志不舍命”来解释爻辞。

[一辞多断]

○问时运：行运中正，在力所及的范围内，自能包罗所有，爻辞虽然不说吉，吉祥也是可以知道的。○问经商：生意虽然不过植物瓜果之类，但包含很广，自有大财可发。○问功名：五爻居君位，功名自然显达，但进退荣辱都应当安于天命。○问征战：堂堂的阵，正正的旗，属于王者之师。违逆的就诛杀，顺从的就收容，有包容和横扫一切的势力。○问婚姻：有瓜瓞绵绵之象，吉。○问疾病：是热里包寒的症状。○问胎孕：生女孩。

[活断实例]

◎明治二十二年某月，横滨某辩护律师来了，说：“近日，商人与地主为争夺公共财产上的权利，发生了一件大讼案。这案子向来纷争，到今天也不见和解。请麻烦占一卦，以预知胜负。”筮得姤卦，变为鼎卦。

断卦说：姤是一个阴爻遇到五个阳爻的卦，阴要浸长而阳抑制它，因为阴长就会消阳，阳长就会消阴。姤卦与夬卦上下相反对，所谓“反复其道”，一消一长，也是天运使然。现在您为占争夺财产的讼事而得到九五爻，可知这财产属于公共，甲可以取，乙也可以取，正如阴阳消长，彼此都有权力。爻辞说“以杞包瓜”，就杞和瓜而论，杞为树木，挺立在地上；瓜属于蔓生植物，绵延在地面上，应当以杞树为商人，以瓜为地主。所谓包，应该以商人包容地主，因为地主的权利靠商人来调护，犹如瓜依托杞木而生长。“含章”指所包自有华彩在其中，可见利益很大。“有陨自天”，陨是落的意思，财产的最终归属自有天数，不是人力所能勉强争夺的。孔子说“得之不得曰有命”，劝双方也都各自听从命运的安排。

上九：姤其角，吝，无咎。

《象传》曰：“姤其角”，上穷吝也。

[经传释义]

上九爻辰在戌，得到了乾元之气。乾为头，上九在头上，故称角。相遇于上爻，所遇也到了极处，故说“姤其角”。角善触，但相遇而触不如相遇而包。触，所以吝；但无碍于它的正当，所以“无咎”。

《象传》以“上穷”来解释爻辞，是因为凡穷困于上位的爻必定返回下位。剥卦穷困于上位，返回到下位就“硕果不食”，一阳“来复”；“姤其角”正是穷困于上位而返回到下位之象，所以吝而无咎。圣人对于阴柔，希望它与阳刚并存，但是不希望它浸长。上爻的“姤其角”，是令阴柔因为穷困而自己返回到下面的意思。

[一辞多断]

○问时运：行运到了上爻，也就穷尽了。○问经商：角逐是为了争利，“姤其角”象征能得到第一份利。鄙吝发生在商人身上，鄙吝也无咎。○问功名：有头角峥嵘的征兆。世上传说魁星[1]有角，“姤其角”，是遇到

---

① 魁星：星名。北斗七星中前四颗星，即天枢、天璇、天玑、天权的总称。后道教尊其为主宰文运的神，作为文昌帝君的侍神。

魁星了，求功名非常有利。○问征战：角力角胜，都有战斗之象。“角”字为“刀”下“用”，这一战杀戮很多，属于穷兵黩武的祸患。○问疾病：想是头上生疮，医治就无害。○问婚姻：上爻居乾体的极位，穷困于上位而返回到下位，一定是老夫求少妻。○问失物：失物本来在高处，穷困于上位就会返回到下位，必须从低处寻找，这样才能找到。○问胎孕：因为穷困于上位而返回下位，生男孩。

[活断实例]

◎一天有友人来，说：“我与某贵显素来亲近，很受他的恩遇。但自从他从欧美回国，交情忽然疏远了，偶然请求见面也被拒绝。我实不知道自己什么事得罪了他，请为这占一卦。”筮得姤卦，变为大过卦。

断卦说：姤是“女壮”的卦。女子的话最容易惑乱人，朋友间的交情被妇人的谗言离间的很多。现在占得姤卦上爻，姤卦本来是女子之象，含义为遇。爻辞说“姤其角”，角善触，所以一定是在相遇的时候，有触怒她的事情，那妇人于是因为怨恨而设下计谋，让你们彼此抵触，并向贵显进了谗言。这就是贵显与您疏远的原因。“无咎”，是说因为角在上爻，因为穷困而返到下面，象征贵显久后会自我反省，从而知道妇人的谗佞而怀念老友，与您重修旧好。

友人听了，顿时有所醒悟，说：“我曾经在贵显出门期间屡次访问他家。一天见了他夫人，因事加以规劝，以致拂逆了她的心意。既而贵显回国，想来那妇人怕我告诉贵显，于是以谗言离间我们，也是必定会有的事。后来想起来，贵显说过：‘我家的事，不是外人可以干涉的。’知道这话不是无缘无故地说出来的。现在得到这个占断，疑虑才解开。那妇人可羞吝，我是无愧的。”

䷬泽地萃

卦体泽在上位，地在下位，泽能畜水，而地能畜泽。卦义与大畜相通，有畜聚之象；卦象倒过来就是升卦，升卦《象传》说“积小以高大”，有积聚的含义。萃卦从姤卦而来。《序卦传》说：“姤者，遇也。物相遇而后聚，故受之以萃。萃者，聚也。”这就是本卦为什么叫做萃。

萃：亨。王假有庙，利见大人，亨，利贞。用大牲吉，利有攸往。

[经传释义]

萃与涣卦名相反，卦义相对。涣卦的亨通取象于水流而风行，萃卦的亨通取象于兑悦而坤顺。涣卦也假庙，但涣卦的假庙表现为神气的发扬，萃卦的假庙表现为精诚的贯注，一散一聚，含义不同，但用来导致诚孚则是一致的。王者凝聚天下人的欢心而事奉祖考，侯爵协助，男爵护卫，虔诚地在太庙中祭祀，属于盛大的萃聚。“大人”指九五，九五“萃有位”，能统御众人而治理乱世，所以“利见”。“亨，利贞”，兑卦说“亨，利贞”，坤卦说“柔顺利贞”，所以是从坤兑而来。坤为牛，也为用，所以说“用大牲”。这是说大人有美好的聚会，一定要杀牛盟誓；盟誓以后就可以行动了，所以说“利有攸往”。

《彖传》曰：萃：聚也。顺以说，刚中而应，故聚也。“王假有庙”，致孝享也。“利见大人，亨，”聚以正也。“用大牲吉，利有攸往”，顺天命也。观其所聚，而天地万物之情可见矣。

坤为聚，泽是水聚成的，坤地与兑泽合起来就是萃卦。萃是聚的意思。上卦喜悦，下卦柔顺，象征上下心意相合；二爻柔和而中庸，五爻刚健而中庸，而二五两爻又相应，所以能聚。“王假有庙”，陆绩说王指五爻，庙指上爻。王者聚集众多物品来祭祀他的祖先，诸侯在庙中助祭，这叫做致孝于鬼神。五爻刚中而二爻与它相应，故称“大人”；二爻得到了离卦之气，离为目，故说“利见”。萃卦与升卦是上下颠倒的关系，升卦说“用见大人”，不说利，所以不说亨；萃卦说“利见”，利就一定亨，而亨的原因又在于聚合得正当。

“大牲”指牛。《左传》“牛卜日曰牲”注：既已得到吉日，牛就改叫牲了。坤为杀，执坤牛而杀掉，是为了贡献牺牲，所以说“大牲吉”。用来给神享用，是为了收摄人心；前去助祭，是为了集聚人力。这样的萃，不是用势力驱赶胁迫所能达到的，只有顺从天命才能实现。过去商汤以公牛作牺牲而昭告天帝，与各国人共同盟誓，经过十一次征伐就无敌于天下了，这就是“用大牲吉，利有攸往”，就是顺天命的明证。

以这一卦比拟人事，聚集内部的精神，聚集外部的财力都是萃。但是不顺就会涣散，不悦就会离析，不刚就无法使众人畏惧，不中就无法使人心服，即使萃聚了也终究会涣散。只有顺而悦，阳刚中正而有应援，萃聚才能正当。庙是祖庙，以礼祭祀是为了表达孝心。“大人”是主祭的人，即一家之长。大人率领一家子孙，到祖庙去祭祀，凡入庙的子孙必须先见主祭的家长，所以说“利见大人”，这样就心中亨通而得正理了。

“大牲”关系到祭礼。大牲指牛和羊，小牲指鸡和豚，都叫牲。牲不丰富就不足以祭祀，不完备就不能祭祀，故说“用大牲吉。”“利有攸往”，承祭和使用百姓的道理本来是一致的，入庙可以承祭，出庙才可以使用百姓，故说“利有攸往”。个人的事以祭祀为重，以孝敬为先。以精诚感格祖考，以和乐与家人相处，虽然属于人事，又怎么能说不是天命呢!

由一家而推论到一国，由一国而推论到天下，观察所聚，就可以知道天地万物的情状了。《彖传》的旨意在于上聚祖庙的神灵，下聚四海的欢心。圣人以孝道治理天下，百姓的道德就会归于淳厚，众多国家就会前来和同，这是萃卦的全象。如同天的无不覆盖，地的无不承载，万物都荟萃和发育在天地当中，叫做“观其所聚，而天地万物之情可见矣”。

以这一卦比拟国家，国家的要点在于广阔的土地和众多的百姓。兑为悦，坤为土，为众，有喜悦地归附和相聚之象。顺主百姓的追随，悦主百姓的悦服，刚主不屈不挠，中主不偏不倚，都足以使用百姓，因为自己得正百姓就会来聚合。王者继承大统，还没有莅临百姓就先感格于太庙当中，是为了继承祖考的重托。《孝经》所谓“王者合万国之欢心，以事其先王”，对上用来尽孝享的诚心，对下用来推广以孝治天下之道，天下的孝道就会兴旺起来了。

“大人”即王者。“利见大人”、“利有攸往”，即所谓“济济多士……骏奔在庙……率见昭考，以孝以享”。一时广荐牺牲，协助祭祀的人都顾视上天的圣命，无不肃然庄敬，没有比这更盛大的萃聚了。王者效法天地，以天地化育万物的精神聚合众多国家，其情意就可以参与和赞助天地的化育了。

六爻都反复地说萃。初爻因为萃而导致纷乱，三爻因为萃而发生嗟叹，上爻因为萃而流涕，都不得萃的正道，属于值得畏惧的情况。五爻得到了萃的地位，四爻得到了萃的吉祥，二爻得到了萃的诚孚，即《彖传》所谓“顺以说，刚中而应，故聚也”。百姓的归附如同水向下流，从这里可以体会到萃卦的功用。

通观全卦，“国之大事，在祀与戎”，所以《彖传》说“假有庙”，《象传》说“戒不虞”；而其要点首先在于得众，这是本卦为什么取萃聚的含义。卦体下顺而上悦，为柔顺而喜悦，所以万民感服而前来归附。以这捧着食器而协助祭祀，礼仪就没有差误；以这持着戈矛而为王者带兵打仗，就踊跃而处置恰当。上面能振兴孝道，下面能兴起仁爱，风气相同，做法一致，众多国家协调而和乐，没有什么萃聚比这更像样了。

萃卦上下调换位置就成为临卦，《象传》就临卦说“容保民无疆”，即萃之象。两卦同样是以泽和地构成卦，泽足以施给人民恩惠，地足以容纳百姓，所以泽在下地在上的卦为临，地在下泽在上的卦为萃。

六爻中，五爻为萃的主爻，象征刚健而中正的大人。二爻萃聚于它，初爻与四爻也萃聚于它，其地位足以实现萃聚，故说“萃有位”。上爻无位，就未免泣涕而不安了。三爻与上爻相应，上爻悲泣，三爻也就嗟叹了。内三爻为地，地的萃聚不选择土壤。萃聚的人虽然众多，心思却不一致，所以初爻因此而号令，三爻因此而嗟叹，二爻虽然吉，也还有待于接引。外三爻为泽，泽的萃聚自然喜悦。五爻的萃聚得以“永贞”，四爻的萃聚自然“无咎”，上爻居泽的极位，泽满了水就会溢出，故有“涕洟”之象。因为天下的百姓都有欲望，没有君王就会纷乱。众多国家的前来相会使大禹成为帝王，百姓的悦服使周武王兴起，人心所向就是天命所归，所以萃聚不可以用力量夺取，只可以靠德行的感召。

《象传》曰：泽上于地，萃，君子以除戎器，戒不虞。

兑为金，坤为器，有戎器之象。除，修治的意思。修治戎器，以防备不虞，即所说的有备无患。卦象为泽在地上，水满了就会溃决奔突，难以阻挡，应当加以预防。水与兵相类似，所以可以借鉴。

《穆天子传》说：有所谓“七萃之士”，这是宿卫环聚为名。萃是防御的人，是用来遏制动乱的，萃卦的“除戎器”，就取义于这里。

[一辞多断]

〇问时运：气运平顺，只要安乐而又不忘危机，自然欢乐无忧。〇问征战：兵是凶器，战争是危险的事，能够在遇事的时候知道畏惧，善于通过谋划来成就事情，才没有意外的忧患。〇问经商：萃有聚财之象，但是有聚就有散，有盈就有亏，也是循环之道，应当时时预防。〇问功名：适宜通过武功求名。〇问婚姻："匪寇婚媾"，《周易》往往拿寇与婚相对而说，因为兵祸和女祸一样，能预防才能无咎。〇问家宅：泽在水上，防止大水入屋的危险。〇问疾病：防止胸腹有水胀的病症，应当预先调治。〇问行人：中途有军兵阻碍，一时难以归来。〇问胎孕：生女孩。

初六：有孚不终，乃乱乃萃。若号，一握为笑。勿恤，往无咎。

《象传》曰："乃乱乃萃"，其志乱也。

[经传释义]

兑为孚，坤为终，初爻失位，所以"有孚不终"。坤为聚，也为乱，故说"乃乱乃萃"。初爻象征萃聚的开始，相感孚还微浅，所以有好的开始而难以有好的终结。得不到好的终结就会一个念头萃在这里，另一念萃在那里，心志先乱了，这样的萃聚正足以助长纷乱。《象传》用"志乱"解释这一爻，"乃"相当于"你"，意思是既是你自己萃聚它，也是你自己扰乱它。

初爻阴柔而居下位，虽然得到了众人，但不足以统率它们。初爻与四爻相应，掌握萃聚的权柄的应当是四爻。若是顺的意思，号是号令，"若号"指顺从四爻的号令。"一握为笑"，指推诚相待，众人都欢悦，即《象传》所说的"顺以说"。上互卦为巽，巽为号；下互卦为艮，艮为执。执手犹如握手，即韩退之所谓"握手出肺肝相示"。兑为口，故说笑；得以笑，所以"勿恤"。往，指前往四爻。四爻能恩威并用，初爻自然不至于乌合而作乱，所以"无咎"。

[一辞多断]

〇问时运：气运初交时，一顺一逆，反复无常，得到救援才能无咎。〇问功名：忽而荣耀，忽而屈辱，这是由于心中没有主见。〇问经商：有始无终，聚散无常，无法获利，只能免于危害罢了。〇问征战：率军出征，要防止有兵变。○问婚姻：有先乱后娶之象。○问家宅：住宅不利，只可以暂住，不可以久居。○问疾病：这病忽而号哭，忽而欢笑，因为心神已经昏乱。前去求医，一定无咎，可以不必忧虑。○问胎孕：生女孩。

[活断实例]

◎明治十五年十月，大水突然暴发，上野和高崎之间铁路所辖户田川口简易桥被冲塌。我曾经掌管过施工的事，所以前去拜见铁道局长井上君。井上君说："川口简易桥冲裂，铁路无法通行，不得不赶快商量抢修。川口堤岸高出平地一丈有余，倘若架造坚固的铁桥，不仅工程浩大，经费也多；如果仍然修筑简易桥，一发水又会冲决，也不是好办法。应该怎么办呢？请为我衡量。"我说："不如问于神易。"于是筮得萃卦，变为随卦。

井上胜像

断卦说：萃卦泽在地上，明白显示洪水泛滥之象。占得初爻，可知这简易桥修筑不久。刚修筑就冲塌，所以说"有孚不终，乃乱乃萃"。初爻的正应是四爻，应该听从四爻的号令。"若号"就指四爻的号令。握即执持。得到四爻的号令，众人都欢欣，愿意承担这项劳作。兑为悦，即所谓"说以劳民，民忘其劳"，故说"一握为笑"。但四爻不当位，一定是桥的位置不当。五爻说"萃有位"，说明位置应该根据五爻而定。五爻变阴则全卦为豫，豫有豫备的含义。豫卦震在上位，坤在下位，萃卦则兑在上位。兑为西，震为东，应该把兑换为震，即桥的位置应该从西面改到东面。坤地在下卦，坤为厚，为基，应该从平地培土为础基。架一座桥，再设铁索，系锁在两堤，水来随着升高，水落随着降低，可以使桥没有冲溃的忧患，而得以"无咎"。

井上君听了，也以为合理，众人才决定依照这个办法架桥。第二年又发了大水，桥得以安然无恙，大家越发感叹易象的神奇。

六二：引吉，无咎。孚乃利用禴。

《象传》曰："引吉，无咎"，中未变也。

[经传释义]

二爻居下卦的中位，上应九五，说明萃聚应当归于五爻。二爻与初三两爻同体，初爻的纷乱和三爻的嗟叹，是失去了萃的对象的缘故，二爻能引导它们一同萃聚于五爻，所以说"引吉，无咎"。上互卦为巽，巽为绳；

下互卦为艮，艮为手，有引象。

禴，夏季祭祀的名。六二为离爻，离为南方，为夏季，故“利用禴”。二爻变阳则全卦为困，困卦二爻说“利用享祀”；萃卦倒过来为升卦，升二爻也是“利用禴”。因为二爻得中，所以卦象相同。象辞称“假有庙”、“用大牲”，二爻为助祭的人，助祭应当献各地的贡物。坤为吝啬，所以贡物菲薄；但以诚心萃聚就有孚信，孚信与否不在贡物的多少。

[一辞多断]

○问时运：运途得正得中，吉。○问功名：可以指望被提拔。○问经商：引指牵引。想是聚集众人的生意，一定可以获吉，但必须还愿，以酬谢神灵。○问征战：古时候出兵前必须祭祀，祭于朝内叫类，祭于野外叫祃。这是通过祭神而誓师。吉。○问婚姻：二爻上应五爻，象征二五两爻订婚，所以说“引吉”。○疾病：仙人辟谷[1]的方法叫导引，即引导和运行他们的元气，使它充实无亏，这样可以治病。○问胎孕：生女孩。

[活断实例]

◎某友人来请占气运，筮得萃卦，变为困卦。

断卦说：萃卦地上有泽，可以蓄水，也就是可以聚财，所以卦名叫萃。现在占得二爻，爻辞说“引吉”，可知您所谋求的事，必须有人指引才能获吉。二爻与五爻相应，能为您指引的一定是五爻。可惜中间有三四两爻阻隔，应该准备祭礼，通过虔诚的祈祷，求得神的佑助，使三四两爻无法阻隔，这样所谋求的事情才能如意，自然吉而无咎。

六三：萃如嗟如，无攸利。往无咎，小吝。

《象传》曰：“往无咎”，上巽也。

[经传释义]

三爻处在坤的上位，坤为众，是得以萃聚之象。只有众人心中欢悦，萃聚才可用。三爻以阴爻居阳位，不能统率坤众，属于为利而萃聚，一旦无利，萃聚者就要嗟叹了，故说“萃如嗟如”。卦以五爻为萃聚的宗主，即象辞中“利见”的“大人”，前往归附它是有利的。“小吝”，指三爻不

---

① 辟谷：又称“却谷“、“断谷”、“绝谷”等，即不吃五谷。方士修炼成仙的一种方法。

具备统御萃聚的才能，以致众人嗟叹，是可鄙吝的。

《象传》说“上巽也”，萃的上互卦为巽，巽五爻说“无不利”，指前往可以得到巽体所象征的利益。

[一辞多断]

○问时运：运途平平，无法获利。○问功名：求功名不利，反而被人鄙视。○问经商：货物虽然多，可叹的是不去销售，怎么能获利？只有转运到别处才能无咎。○问征战：有兵而不能正确使用，反而导致怨恨和嗟叹，是因为主将没有御众的才干。○问婚姻：未免兴起怨偶的嗟叹。○问家宅：同居而不和睦，以至多生口舌，迁居才可以无咎。○问疾病：胸膈因为积滞而作痛，以至声声叫苦。这是二便不利所致，通利就无咎了。○问讼事：不利。○问胎孕：生女孩。

[活断实例]

◎友人来请占气运，筮得萃卦，变为咸卦。

断卦说：卦体上悦而下顺，象征众人归附。占得这一卦象，可以说很好了。现在占得六三爻，六三以阴爻居阳位，自然没有统御众人的才干，无法给众人带来利益，以致众人埋怨嗟叹，所以说“萃如嗟如，无攸利”。您身为副局长却不得人心，爻辞正像针对您而设的一样。您应当让众人去归附局长，这样众人才能得利，您也才可以无咎。《象传》说“上巽”，巽为顺，您的运途也就顺了。

九四：大吉无咎。

《象传》曰：“大吉无咎”，位不当也。

[经传释义]

九四出离坤体而进入兑体，在内外卦之交，属于多惧的爻位。初爻应与它，三爻亲比它，象征开门招致人才，礼贤下士，如同东汉的王莽和曹操。作为大臣而得到众人的归附，凶险极了。爻辞说“大吉无咎”，是说只有尽到“大吉”之道才能“无咎”，只有立于“无咎”之地才能“大吉”。例如周文王，已经占有了整个天下的三分之二，却用来服事商朝君王，这样拥有众人的萃聚而不自居，一定要将所萃聚归于君王，这才真可以说“大吉无咎”。《象传》以“位不当”解释“大吉无咎”，其旨意太严正了！

[一辞多断]

○问时运：气运很好，无往不吉，但是位置不当，应当慎重。○问功名：大吉，只恐怕德行与地位不相称。○问经商：得财得利，大吉；应当作退一步想，这样才能有始有终。○问征战：作战就一定胜利，进攻就一定取得，大吉大利；但要防止功劳太高以至震慑君王，以至毁谤随即到来。○问婚姻：四爻与初爻为正应，象征正配，吉；但门第恐怕不太相当。○问家宅：住宅人口兴旺，家室平安，大吉；只嫌位置稍稍低下。○问疾病：是外强中干的病症，目前可以保证无害。○问胎孕：生女孩。

[活断实例]

◎某家支配人请占气运，筮得萃卦，变为比卦。

断卦说：凡占卦看爻辞，也应当兼看爻象，往往有爻辞吉而爻象凶的，也有爻象凶而爻辞吉的。这一爻的爻辞说“大吉无咎”，《象传》说“位不当”，未免吉中有凶。您占气运而得到这一爻，您身为支配人，主家的权势和利益都由您担负，一时趋附权势和利益的人不必归向主家，都归向您，也是势所必然的。于是您名声大震，气运大盛，怎么能不称为“大吉”呢？其实这些权势和利益都是主家所有，不是您可以看作自己所有的。《象传》以“位不当”来禁戒，您最应该凛然而知道畏惧。

九五：萃有位，无咎。匪孚，元永贞，悔亡。

《象传》曰：“萃有位”，志未光也。

[经传释义]

五爻居君位，为萃卦的主爻，故说“萃有位”；居君位而统御众人，故“无咎”。但亿万百姓的归附既在于有位，又不仅仅在于有位，必定还具备足以得到众人拥护的德行，这样众人才能心悦诚服，所以说的虽然是以位萃聚，实际上是以德萃聚。以德服人才叫孚，如果只是“萃有位”，就是以权位相胁迫，众人就不会心服了，孚在哪里呢？不孚而萃，以后还会有悔恨。“元永贞”是乾坤的卦德。元是乾元作首长的品德，“永贞”是坤元载物的品德。既具有这样的品德，就德位兼备，亿万百姓无不相应，悔恨自然消亡。《象传》所谓“志未光”，是就徒有其位的人而言。

比卦彖辞也说“元永贞”。比卦以一个阳爻统御众多阴爻，所以“元永贞”是就全卦而言；萃卦虽然以两个阳爻统御众多阴爻，但是以五爻为主，所以“元永贞”是就五爻而言，含义各自得当。

[一辞多断]

○问时运：得到地位和权势，气运正在全盛时期，自然可以无咎。○问经商：财虽然萃聚了，但孚信还没有做到。能持守正道，事业自然可以长久。○问功名：地位够高，声望也够隆重，就更应该修养道德，践履正道。○问征战：三军已经集结，大业可以成功；还要推诚相待，这样可以保持长久。○问婚姻：地位尊贵，金钱富有，可以称为贵婿。○问家宅：住宅的位置山环水聚，集聚家族居住，吉祥。○问疾病：心神不定，应该静养。○问讼事：由于诉讼者爵位高，声势大，即使已被冤枉也能赢。○问胎孕：生女孩。○问失物：久后可以得到，无咎。

◎一天，友人来请占气运，筮得萃卦，变为豫卦。

断卦说：五爻为萃卦的主爻，既有地位又有拥护者，是无咎的气运。您占气运而得到这一爻，可知您不是无名之辈，而是有地位有钱财的，不是一乡中最有名望的人就是一家之主。只是一时信义没能感孚，众人或许还怀有疑虑，您应当长久不懈地持守正道，这样才能言语无人怨尤，行为没有悔恨，从而万事亨通。

上六：赍咨涕洟，无咎。

《象传》曰：“赍咨涕洟”，未安上也。

[经传释义]

“赍咨”指感叹。从眼睛出来的叫涕，从鼻子出来的叫洟，“赍咨涕洟”是悲泣的情状。上爻阴柔而不得中道，居萃卦的极位，与三爻为敌应，敌应就谈不上萃聚，而是孤立在高位，怎么能安稳呢？知道不能安稳而深深地忧虑，以至“赍咨涕洟”，万般悲愁，别人也会体谅它的哀愁而来萃聚，所以“无咎”。

皖江陈氏以为“咨”指资财，“赍”为执持，说是财虽然萃聚，百姓却散去了，能拥有财富而不能拥有众人，于是坐拥巨资，适足以感到自危。比如鹿台[①]和巨桥[②]的财富，最终成为周武王施行恩赏的来源，这实在是值得痛哭流涕的事。这种说法倒也亲切。

［一辞多断］

○问时运：这人一定是年老运衰，穷困到了极点，悲苦到了极点，值得怜悯。一定要有救援他的人才能无害。○问经商：客商孤独而没有伴侣，路穷尽了，天也晚了，很值得同情和担忧。幸而得到了救助，无害。○问功名：时运衰落到了极点，难以指望成名。○问征战：有众叛亲离，导致主将孤立之象。○问婚姻：有生离死别的悲痛。○问家宅：妻子因为被遗弃而啜泣，家室不安。○问疾病：病从过分悲泣而得，应当宽心调养。○问胎孕：生女孩。

［活断实例］

◎明治二十一年六月，我为谋划创建水泥厂而去爱知县热田。偶然来到热田神宫，得以会晤某神职人员，一起谈论《周易》。当时旱魃肆虐，有数百乡民举行赛社[③]求雨。我对某神职人员说："乡民诚心求雨，神会谆谆嘱咐要下雨吗？"神职人员说："神怎么会说话呢！"我说："神固然不说话，足以通达神的话的大概只有《周易》吧？何不筮一卦？"于是筮得萃卦，变为否卦。

著名的热田神宫

断卦说：萃卦中的泽是畜水的地方，泽在地上，有泽满水溢之象。爻辞说"赍咨"，在人为悲伤怨尤的情绪，在天为震怒的声音，即迅雷；说"涕洟"，在人为悲泣的情状，在天为滂沱的膏泽，即大雨。在迅雷大雨，

---

① 鹿台：古台名，别称南单之台，商纣王贮藏珠玉钱帛的地方。故址在今河南省汤阴县朝歌镇南。武王克商后用这些财帛赏赐功臣。

② 巨桥：古代粮仓名。故址在古衡漳东岸，因水上有大桥得名。今属河北省曲周县。相传为殷纣聚敛粮食之所，周武王克商后用这些粟赈济百姓。

③ 赛社：迎神赛会的简称。"赛"是报答、酬谢的意思，"社"原指土地神。举行赛社的目的是报答神祇的护佑，俗称"赛神会"。

洪水暴发，人民遭受灾难的时候，神也为此感到不安，所以《象传》说“未安上”。计算时日，从初爻到上爻为六日，到时候必定应验。

当时是七月十六日，听的人多半不相信。到了日子，天气晴朗，大宫司角田氏对我说：“大雨的日期断在今日，恐怕不会应验了。”我说：“我只是就卦论卦，应不应验不是我所知道的。但向来的占断没有不应验的。”到午后，风起云涌，三小时后，雷公、电母、风伯、雨师数驾一齐到来，顷刻之间，沟浍都满了，平地上都是水。宫司等人这才惊骇感服地向我称谢。

翌年伊藤议长、佐野顾问赛社热田神宫，向宫司等人询问我占雨的神验，宫司就把断辞报告了一遍。两人深感神德的灵应，详细询问热田神社开始祭祀的缘由。后来宫内省又发给祠钱十万元，神社规格的排位仅次于伊势大庙。

䷭地风升

卦体坤在上位，巽在下位。坤卦在十二辰中的位置是未，未为土，故坤为地；巽卦在十二辰中的位置是巳，在天上值轸宿，轸宿主风，故巽为风。陆绩说风是土气，巽为坤所生，所以风从地而起，即庄子所说的“大块噫气，其名为风”。地在上而巽在下，是因为风起于地下，顷刻间就会吹到天上，有上升之象。升是十二月的卦，阴气下凝、阳气上升就在这时。这就是这一卦为什么叫地风升。

升：元亨。用见大人，勿恤，南征吉。

[经传释义]

卦象由巽位升到坤位，故说升。巽卦本来只有“小亨”的占断，但是元指坤元，因为得到了坤元之气，所以说“元亨”。“大人”指二爻。巽卦象辞说“利见大人”，这里说“用见大人”，意思是不升就见不到，上升后才能见到。见到大人后，大人必定与自己一同上升，这样自然没有忧恤。“南征”指出离幽暗而进入光明。巽往坤位、坤去巽位都必定经过南方，譬如日月的上升都属于南征，降落都属于北行，所以说“南征吉”。

《彖传》曰：柔以时升，巽而顺，刚中而应，是以大亨。“用见大人，勿恤”，有庆也。“南征吉”，志行也。

巽位在巳，坤位在申，它们的上升随时渐进，故说“柔以时升”。阴开始于巽而终结于坤，没有比巽更柔的了。巽卦《彖传》说“柔皆顺乎刚”，坤卦《彖传》说“柔顺利贞”，这就是所说的“巽而顺”。九二为升卦的主爻，阳刚而得中道，与五爻相应，叫做“刚中而应”，所以大亨。

按照《王制》，升到司徒①和司马②都算大人。能够“用见”就可以

① 司徒：中国古代官职，是管理土地、人民的官，与后世的户部尚书相当。西周始置，位次三公，与六卿相当。

② 司马：中国古代官职，掌军政和军赋。西周始置，位次三公，与六卿相当。

“勿恤”。阴柔依附阳刚而立，初爻得以上承二爻，升的基础就更加巩固，升道才亨通，故说“有庆”。阳称庆，而庆在初爻。巽属东南方，坤属西南方，从下卦巽升到上卦坤必须经过离卦所在的南方，南方为阳明的方位，所以“征吉”。升而得吉，志愿得以实现，所以说“志行。”

以这一卦比拟人事，是屈曲者求伸张，穷困者求通达。但是屈伸穷达有时运的因素。刚主动，柔主静，“柔以时升”，指应当静待时运。巽为柔，坤也为柔，没有刚可以依附就柔弱而不能树立，怎么能上升呢？所以一定要与阳刚得中的爻相应，阴柔才能依阳刚而树立。这就是巽卦《彖传》所谓“刚巽乎中正而志行”，其亨通可以称大了。

人的求升，必须以大人为先导，引进他，任用他，都是大人的作用。但必须先见到大人再得到他的赏识。“用见”即进见，能否得到任用还不知道，所以不说“利见”。因应时宜而进见，必然因应时宜而上升，应当有庆而无忧。过去吕望与周文王相见于渭南，孔明与刘先主相见于南阳，就是“南征吉”的证明。当代的英才有志于大道的推行，在人事的亨通方面有巽为风，坤为用，正是风云际会，得到任用就能实现志愿的时候。

以这一卦比拟国家，升是升平，所谓道德崇高，国家全盛的时期。升卦从萃卦而来。萃卦主得到民众，得到民众国家就会大治，国家大治天下才能太平，是治世之道的大亨通，所以升卦说“元亨”。但一治一乱也是时运决定的，时运不可以上升，就应该静待上升时运的到来，而不应该急于前进。“巽而顺”，指坤卦以柔顺上承乾天；“刚中而应”，指巽卦中的刚爻顺应时运。得时运就会贤能升进，俊杰超迁，一直升到天子的阶前，而顺布永远清宁的教化。君臣同心同德，政治与教化像风一样得到推行，民俗淳和美好，就在这个时候。

“大人”，指恭谨而无所造作，面向南方治理天下的君王。大人登君位而治天下，天下的士人都怀有治国的才能，以能见到他一面为荣，这样，士人没有被罢黜的忧患，朝廷得到富有人才的吉庆。《说卦传》说“帝出乎震，齐乎巽，相见乎离”，离为南方，所以“南征吉”。二五两爻为“刚中而应”，二爻说“有喜”，五爻说“大得志”，可见升平的景象。

通观全卦，卦名取地风，卦象取地木，象征风从地而起，木从地而生。巽为风，也为木，木与风同样象征升。升是萃的倒卦，萃卦坤居下位，是民众之象；升卦则升到民众之上，类似古代乡中的选举制度，所以萃倒过来就是升卦。

爻辞说“用见”，说“征吉”，指贤士怀抱道德，乐于为社会所用；说“大亨”，说“有庆”，指朝廷任用杰出的人才，得以实现政通人和的局面。

前往谒见的是士人，推荐和任用他们的是大人，所以士人的吉就是大人的吉；大人的“有庆”就是士人的“有庆”。阴柔依附阳刚才能树立，志愿得到坤卦所象征的民众才能实行。《象传》说“积小以高大”，譬如升高，必须从卑低开始，越升越高，大旨只在于“柔以时升”。先于时运属于躁进，后于时运就会后悔，都有失于升进之道。士人出来为社会做事，以把握时运为关键。

《周易》的制作主要在商周之际。周朝王化的实行，开始于《周南》和《召南》[1]，这是所说“南征吉”的明证。爻象内三爻为巽，初爻“合志”，二爻“有喜”，三爻无疑，是说上升的人和方法都得当。外三爻为坤，四爻说山，五爻说阶，六爻说冥，是说上升既有地方又有时运。总之，二爻为大人而五爻与它相应，就会升阶相见；初爻得到允升之吉而四爻应和它，就会恭顺地从事；三爻还可以升而上爻应和它，就会升进到极致。坤和巽卦体都属于阴柔，如同树刚刚出土，枝条柔弱，及至干霄直上，自然刚强不屈，成为所谓“巽而顺，刚中而应”的大树。

《象传》曰：地中生木，升，君子以顺德，积小以高大。

地中长出的树，开始的时候很小，到遮蔽太阳、直干云霄的时候，才高大不可限量。不知要经过多少岁月才能积累到这样。顺德以坤为极致，巽柔顺而在下卦，坤柔顺而在上卦，从巽位升到坤位，非不断积累不可。君子效法这一卦象，以顺的品德，积累微小以至高大，其德行必然日益盛大。别人这样树树木，君子这样立德行。

[一辞多断]

○问时运：得到春天的生气，运途应当日益进步，日益盛大。○问功名：有指日高升之象。○问经商：一锱一铢地积累，可以逐渐成富饶的巨室。○问征战：应该在平地上架设木梯，用来登高攻城。○问婚姻：顺是妇人的品德，有从妾上升为正妻之象。○问家宅：住宅开始时低小，近来将要改造成大厦。○问疾病：是肝木旺于春季的病症，如果不宽心顺气地休养，势必日益严重，后果很可怕。○问货价：有逐步上升之象。○问秋

① 《周南》和《召南》：《诗经·国风》中的部分内容，绝大部分诗是来自江汉之间的一些小国，有少量诗篇也远及原来周公旦和召公奭分治的地区——今河南洛阳一带。旧说以为二南是文王时期的诗，故说周室王化开始于二南。

收：一年风雨调顺，五谷丰登。○问行人：一路顺风，而且积蓄很丰厚。○问胎孕：生女孩。

初六：允升，大吉。

《象传》曰："允升，大吉"，上合志也。

[经传释义]

初爻居升卦的开始，为巽卦的主爻。升者在下位，允升者在上位。上位者允升，初爻的志愿就实现了。上互卦为震，震雷出于地而声音传到百里之外，有上升之象；下卦上升而上卦允升，志同道合，吉祥没有比这更大的。晋卦六三说"众允"，是为下面的两个阴爻所孚信；升卦初六说"允升"，是为上面的两个阳爻所孚信。阴爻孚信于阴爻，悔亡罢了；阴爻孚信于阳爻，才能得到大吉。

[一辞多断]

○问时运：运途极为顺利，求名求利无不如愿以偿，大吉。○问功名：一举成名，大吉。○问经商：货价高升，很赢利。○问征战：登高窥望，得以了解敌情，一次作战就可以得胜，大吉。○问婚姻：两姓应允结合，大吉。○问家宅：有出于幽谷，迁于乔木的征兆，吉。○问疾病：爻象本来吉祥，只有问病不是吉兆；问病，只有下痢下陷等症才吉。○问失物：必须从高处寻觅。○问讼事：适宜上诉，吉。○问胎孕：生女孩。

◎某缙绅来请占气运，筮得升卦，变为泰卦。

断卦说：卦象取"地中生木"。树木得到春气，枝叶蓬勃而生，逐渐长大，犹如人得到好的时运而渐入佳境。现在占得初爻，属于初运。升是从下面升到上面，允是我求而得到了应允，这样升的志愿就可以实现了。得到这样的气运，求名求利无不"合志"，属于大吉的卦。

九二：孚乃利用禴，无咎。

《象传》曰：九二之孚，有喜也。

[经传释义]

二爻居巽卦的中位，具备刚中的品德，即所"用见"的"大人"。初爻想升到五位，必须先经过并求得二爻的孚信。古人求贤人为官，得到人才就到宗庙去祭告。二爻既孚于初爻的上升，于是特别为它斋戒沐浴，祓除秽恶而加以推荐。上互卦为震，震为祭，故“用禴”。巽卦主夏月，禴是夏祭，“用禴”取“柔以时升”的意思。禴为薄祭，但祭祀在于精诚而不在于祭物的丰盛与否，只要精诚求升，薄祭也可以感孚，所以“无咎”。

《象传》的“有喜”，即《象传》所谓“有庆”。萃卦六二以阴柔上应九五阳刚，升卦九二以阳刚上应六五阴柔，二者的至诚感应是一样的，所以爻辞“用禴”相同，“无咎”也相同。

[一辞多断]

○问时运：运途得中道，必有喜事临门。○问经商：商业全凭信誉。有信誉，买进卖出无诈无虞，生意自然长远而可以获利。○问功名：一定有以读书及第，以泥金贴子附在家书中报喜的事。○问征战：出师必须先祭祀，的确是兵家的要事，得到信孚就三军一心，战无不胜了。○问婚姻：二五两爻交孚，阴阳合德，大喜。○问家宅：主有喜兆。○问疾病：应该祈祷。○问胎孕：单月生男，双月生女。

◎某友人来请占气运，筮得升卦，变为谦卦。

断卦说：升是从下面升上面，有“积小以高大”之象。现在您问气运而占得第二爻，二爻刚中，为卦中的大人。孚即信，得到信任，不但上下之间可以沟通，即使鬼神也能感通。爻象是这样，可知您信誉一向昭著，在朋友上下无不交孚，所以“无咎”，而且近日就有腾达的喜兆。

◎明治二十九年，某贵显来占问建立农工银行的事成否，筮得升卦，变为谦卦。

断卦说：卦体坤在上，巽在下。坤为财为富，巽为商为利。五行以我克的一爻为财，巽木克坤土，即以土为财。升是“积小以高大”，有渐进渐长之象。现在您占问银行生意而得第二爻，爻辞说孚，孚即信。金银生意，最重要的就是信誉。“利用”即利于用，《洪范》所说的“心为利用”，就是这个意思。根据这一爻辞，银行必定建成，而且有喜兆。

九三：升虚邑。

《象传》曰：“升虚邑”，无所疑也。

[经传释义]

升卦的三爻居巽的终位，坤卦即将开始。坤为虚，也为邑，故说“升虚邑”。《说文解字》说虚是大邱。九个男人为一井，四井为一邑，四邑为一邱。《诗经》“升彼虚矣”，“虚”即“墟”。墟为空旷的高地。从井升为邑，从邑升为虚，可见经过诸多艰难，“积小以高大”而胜任愉快，土地日益开辟，地位日益升高。

《象传》说“无所疑”，三爻的上升，的确升到了合适的职位。引证周太王居岐的故事，一年成为邑，二年成都城，三年人口和地盘达到了最初的五倍，爻辞所说的“升虚邑”，指的就是这件事。升卦三、四、五三爻，都暗指周室的事。

[一辞多断]

○问时运：目前运途恰好，可以在前进中逐渐盛大。○问经商：集市上的话叫趁虚，指在空地上会集货物，而成为市场乃至城邑，可见商业日益盛大。○问功名：升卦本是发达之象。初爻刚刚应允，二爻已经诚孚，三爻则已经升到了上位，可以无疑。○问征战：经过这样的兵火，城邑已经空虚，“升虚邑”主夺取空城。○问家宅：有先空虚后富实之象。○问婚姻：“虚邑”犹如空房，不吉。○问疾病：无疑是虚弱的病症。○问失物：不得。○问胎孕：九三是阳爻，主生男。

[活断实例]

◎明治十六年，某缙绅在即将赴任某县县长的时候，请占任期的吉凶，筮得升卦，变为师卦。

断卦说：“虚邑”，象征人烟寥落，经济凋敝的地方，治理很难，不是出色的人才难以胜任。现您新授某县县长，即将赴任而占得这一爻，以您这样练达的人才，任职于积弱不堪的县份，一定能从容地处理繁剧的政务，做到别人所难以做到的，不必怀疑。

◎明治廿八年五月，占开垦北海道十胜国利别原野成否，筮得升卦，变为师卦。

断卦说：爻辞与所占的事情完全符合，可以说深切而又详明。说“虚邑”，指荒土地；说“升虚邑”，是开辟荒土而成村落。初爻应允上升，指从事开垦的人情志相合；二爻有孚于升，指从事开垦的人必定“有喜”；

三爻已经实现了升。所以事情虽然艰难，却没有可怀疑处，成功是必然的。

◎明治三十一年，占司法省气运，筮得升卦，变为师卦。

断卦说：《象传》说“积小以高大”，凡社会习俗的日益向上，政教的日益进步，都是升。现在占司法省要改设公平清明的法律，作为内地杂居的准备，得到升卦三爻。有邑而不去治理叫“虚邑”，有法而不用则叫虚法。现在司法省新颁布的法律将在内地实施，属于升虚而作实。这法令一经实行，必定没有阻碍，不必疑虑。

六四：王用亨于岐山，吉，无咎。

《象传》曰：“王用亨于岐山”，顺事也。

[经传释义]

岐山为周朝的发祥地，太王迁到那里，文王使那里走向康庄。当时告祭高山，岐山一定也在其中。天子祭祀天地，诸侯祭祀自己境内的山川。“亨于岐山”，岐山在周的境内，由周先王主持祭祀。称王，指后来追认的王。太王迁到岐山，是为了避开狄人，但是来到岐地后，却“积小以高大”，成就了王业的基础，这是多么吉祥啊！

《象传》用“顺事”解释这一爻，是隐指文王服事商纣的至诚，有顺德而无二心。这是周公的爻辞中没有说的意思，结合前后爻象来看就可以知道了。

[一辞多断]

○问时运：事情顺适，吉而无害。○问征战：古时候打仗，祈祷和祭祀上帝后才与敌人接战，这就是“用亨”的意思。祭祀后战斗就必胜了，吉。○问经商：货物多取自山林川谷之间。按照祭法，百姓从山林取得财用必须先祭祀，指祭祀可以获利。吉。○问功名：“亨于岐山”，变诸侯为天子，是大吉之兆。○问家宅：应该祭告宅神，吉。○问疾病：应该祈祷。○问胎孕：生女孩。

[活断实例]

◎某商人来请占气运，筮得升卦，变为恒卦。

断卦说：升卦各爻都说升，只有二爻和四爻不说升。这两爻都从祭享取义，这表示人要升腾发达，必须先求得神明的保佑。四爻爻辞说“王用亨于岐山”，岐山为太王避狄的地方，却逐渐兴旺发达起来，以至成为周室王运的发祥地。现在您占得这一爻，可知您气运通顺，正如朝阳东升，逐渐升高，财运亨通。这虽然是由于您计划的精密，却也有赖于神助。应该斋戒沐浴，为祓除秽恶而祈祷，这样才吉。

六五：贞吉，升阶。

《象传》曰：“贞吉，升阶”，大得志也。

[经传释例]

五爻以坤德居中位，地位极为尊贵，《象传》所说的“君子以顺德，积小以高大”，只有五爻可以承当。阶，指天子的阼阶，即君位。升到阼阶，尊贵极了，但是如果不正，就如同王莽和曹操，这样怎么能吉？自古必须像大舜那样，作为鳏夫而在下层，被尧帝选拔上来，最后被禅让为帝。爻辞说“贞吉”，《象传》说“大得志”，在舜身上都有完美的体现，而制作《周易》的旨意，则暗指西伯从方圆百里的地方兴起，最终为上应天命而作好建立周朝的准备。

[一辞多断]

○问时运：平生的志愿无不得以实现，大吉之兆。○问功名：拾级上升，荣宠已经达到极致。○问经商：五为中数。经营方法是不宜过于盈满，以得中为吉，所以说“贞吉”。○问征战：攻城必须用阶梯来登高。城池必定可以攻克，所以吉。○问婚姻：五爻与二爻相应，爻辞说“升阶”，有攀结高亲之象，所以二爻说“有喜”。○问疾病：升是增益的意思。病不宜升，导致动乱和危厉的阶梯都不是吉兆。○问讼事：诉讼本来是凶事，叫做“祸阶”。升阶诉讼就更凶了，凭什么得吉？○问失物：应当在台阶之间寻找。○问胎孕：生女孩。

[活断实例]

◎某氏来请占他女儿的气运，筮得升卦，变为井卦。

断卦说：升卦“柔以时升”，上升符合时宜，所以吉。人的气运也随时而行，得时就顺，失时就逆。只有值于恰好的时候才叫时。现在您占问子女的气运，想必是为了嫁娶的事。《诗经》吟咏“迨吉”，“迨吉”指婚姻的及时。阶是上进的凭借，“升阶”就会越升越高。一定有贵戚订亲，是出嫁的上等征象，大吉。

后来听说，这女儿果然嫁给了某缙绅。

上六：冥升，利于不息之贞。

《象传》曰：冥升在上，消不富也。

[经传释义]

上爻居坤的极位，不能再升了。如同太阳，早晨升起，白天在天上，晚上降落。冥是昏暗的夜晚，坤为冥，故说“冥升”。“不息”是昼夜循环的意思，日今天落下，明天还会升起，所以说“利于不息之贞”。

坤卦所说的“永贞”，即“不息之贞”。人的上升，到上爻禄位就穷尽了，于是魂升魄降，归入幽冥的地方，生前的富贵通达都消归于无，只有道德和勋名可以不息地流传，所以《象传》以“消不富”来解释爻辞。

[一辞多断]

○问时运：好运已经过去，且等待以后时运重来，可以得利。○问征战：有率军乘夜前进，误入幽谷之象。利于休息，天明后可以出险。○问经商：防止有人财两失的灾患。○问功名：升到上位，功名已经显达，要防止身后萧条。○问婚姻：恐怕无法白头偕老。○问家宅：宅运已经过去，家道势必中落。○问疾病：大象不利，“冥升”，是魂升天的意思。○问胎孕：生女孩，恐怕养不大。

[活断实例]

◎明治二十四年占国运，筮得升卦，变为蛊卦。

断卦说：论卦体，坤在上而巽在下，由巽位升到坤位。升到上爻，坤位已经终了，不能再升了。现在占国运而得到升卦上爻，我国家从维新以来，变革旧时的政事，取长补短，完全效法欧美的做法，以求国家的日益富强。当时使年轻子弟去欧美游学，学习他们的文学、言语、政治、教化和风俗，三年学成归国，就升为学士、博士，让他们教授国内的子弟。做法和用心都不是不好，无奈这些游学子弟，对我国一向所实行的政教本来没有谙练，即使对于外国教育也只是窥见皮毛，而他们反而扬扬自得，蔑视老成。其间进步的方面，比如海军和陆军的蒸蒸日上，也自有可取之处，但是推究教育的本原身心这个根本，终究觉得利益小于危害，这是值得慨叹的。维新至今已经二十余年，升进的程度估计已经到了上爻。“冥升”指太阳已经接近夜晚，无可再升，只利于“不息之贞”。“不息”指去而复来，循环不息，也就是说，与我国治运有关的不完善新法，都应当恢复原样。以返回为上升，犹如太阳落而又升，晦而复明，这就是所谓“不息之贞”。这样才有利，这样才叫贞。

䷮泽水困

卦体本来是天地否。坤卦上面一个阴爻入乾体而构成兑，乾卦以中间一个阳爻进入坤体而成坎，这就是兑上坎下的困卦。困卦上下卦互换位置则为节卦，节卦《象传》说“泽中有水”，指泽能节制水，不使它渗漏流溢，有滋润而无枯涸。困卦则泽在水上面，象征水失去了节制，随泻随下，导致泽的涸竭。上互卦为巽，巽为木，泽涸竭木就会枯槁；下互卦为离，离为日，日有蒸发作用，所以水更加涸竭。《序卦传》说：“升而不已必困，故受之以困。”有升就必然有降，升而不降，越升下面越涸竭，涸竭就会穷困，所以称这一卦为困。

困：亨，贞，大人吉，无咎。有言不信。

[经传释义]

“困”字从“木”，在“口”中。木为阳性的生气，经过坎地就会凋敝，遇到兑金就会受刑，这样木就困顿了；只有从兑而坎，转而入震，震为春，为生，木道才会亨通。古来的贤哲多蒙难而艰贞，不知经过多少困苦才得到亨通，所以说“大人吉，无咎”。“有言不信”，指在困厄当中，自身既不能发挥作用，言语又有什么值得注重的？只应该隐忍缄默，以道自守，倘若还喋喋不休地多话，反而足以招致怨尤，有谁会听信呢！

《彖传》曰：困，刚揜也。险以说，困而不失其所亨，其唯君子乎？“贞，大人吉”，以刚中也。“有言不信”，尚口乃穷也。

困，如同敌人被困在重围当中，野兽被困于陷阱当中，即《彖传》所谓“刚揜”。坎为刚，兑为柔，九二为两个阴爻所揜，四五两个阳爻为上六所揜，内卦坎阳为外卦兑阴所揜，叫做“刚揜”。刚为柔所揜，所以困顿。

坎为险，兑为悦，象征困在身体而道却亨通。二五两爻阳刚得中，有大人之象。处在困顿中而能亨通，能得正道，只有君子能够做到。以德为根据则称为君子，以地位为根据则称为大人。因为它刚而得中，才不失所亨，才吉。比如周文王在幽囚羑里期间仍然鸣琴自娱；周公因为流言而退职避嫌期间，仍然穿着赤舄①娱乐；孔子受厄于陈蔡期间，仍然像平时一样歌唱，这就是“险以悦”，困而亨，乐天知命，其快乐心情是不会因为艰难险阻而改变的。

兑为口，故说“有言”；坎为孚，坎刚为兑柔所揜，故说“不信”。人在困厄的时候，或通过上书来谋求官职，或通过著书立说来夸耀自己的才能，君子会暗暗感叹徒然崇尚口舌的人。道既不能行于世，言论一定不为别人所信所用，这时还侈侈烦言，只能导致进一步的困穷罢了。大人处于困厄的时候，只是秉持阳刚，践履中道罢了。

以这一卦比拟人事，“困”、“囚”二字字形相似。“木”在“口”为“困”，“人”在“口”为“囚”，所以困也有囚禁的含义，象征人困厄的时候。困与亨相反，困就不亨，亨就不困。只有君子才能身体被困，心却亨通；遭遇虽然困厄，道却亨通。所以“不失其所亨”的要点在于持守贞正。持守贞正就不会像小人那样，在穷困的时候无所不为，而是所做所为无非大人的事，所以吉祥。这说明天用来玉成大人的，正是困厄。

卦从刚被柔揜取义。阳刚上升，升到极处，转而为阴柔所抑制，屈而不伸，这就是困。卦体下为坎险，上为兑悦，象征居坎险而不失兑悦，即所谓“遗而不怨，穷而不悯”，只争道的亨与不亨，不问际遇的困与不困。卦象为泽无水，泽以得水为滋润，无水泽就会干涸，但泽不因为干涸而怨水，人也应当不因为困厄而怨命。“致命遂志”，这就是君子之所为君子。不安命的小人一遇到困厄，势必心中怏怏不乐，愤懑急躁，轻举妄动。他们一开始以甜言蜜语讨好世人，用以乞怜；如果达不到乞怜目的，就会愤激而发出怨言。不是因为困厄而有言说，而是因为言说而越发困厄，这就是“有言不信，尚口乃穷”。

玩味六爻爻辞，多半以往为凶，以来为吉。往指要前往争辩，属于小人不知命的行为；来指等待脱困时机的到来，而在到来前则安于困境，属于君子等待命运的降临。《周易》的大旨不外于扶阳抑阴，这是为了禁戒小人，劝进君子。看小人处困境，一困就会困到底；君子处困境，困的同时就亨通。

以这一卦比拟国家，在人为困与亨，在国家为治与乱。人不能有亨无困，国家也不能有治无乱。困不至于一困到底，秉持正道，恪守不渝，困

① 赤舄：鞋，在王的吉服中有三等，赤舄在娱乐活动中最尊贵。

就必然转而为亨通；乱不至于一乱到底，以正道来治理，乱世就会转而为治世。乱世的由来在于亲近小人，远离君子。小人是阴柔的爻象，君子是阳刚的爻象，所以是柔揜刚。坎为险难，兑为愉悦，险难主艰难离乱，在国家为政治涣散，百姓流亡，上下交困，要它愉悦地使用百姓不是很难吗？如果处在险难中仍能保持愉悦，就是以兑济坎，就不会险难到最后。比如太王避狄迁岐而最终得以兴起周室，勾践卧薪尝胆而最后能够灭亡吴国，都是处于困境而不失亨通，国家虽乱，而最终得到大治的例子。

推原国家治乱的原因，在于刚中之道罢了。“刚中”是就二五两爻而言。二五两爻都得中，五爻为君，二爻为臣，君臣合志，共济时艰，犹如文王得到了吕望，越王得到了范蠡。乱而得治，都是二五两爻的功劳，所以幽谷无法掩藏，蒺藜无法伤害，葛藟无法屈服。天下事没有不可为的，只是要居刚履中，顺天应人罢了。倘若只以空洞的言论惑乱世人，那么口头的讨伐正足以助长祸乱，有什么益处呢！

通观全卦，蹇、需、困三卦都象征处于险难。蹇卦“险而能止”，足以避难；需卦险而不陷，不至于穷困；困卦上下三个刚爻为柔所揜而无处容身，是真正的困厄。《彖传》的旨意是在险难中愉悦，处困境而亨通；爻象的含义是以往为凶，以来为吉。往是从下往上，来是自上来下。来者彼此龃龉而不得相合，往者内外互相阻塞。初爻的“株木”障碍在下面；三爻的“蒺藜”拒绝于中间；上爻的“葛藟”蒙覆在上面。九二在险难中，九五与它同德，为拯救困厄的主爻，却为四爻所阻隔；四爻与初爻相应，却为二爻所阻隔，必须等到四爻来初位，五爻才能与二爻相合。如果三爻的“蒺藜”不去，四爻就无法行动；上爻的“葛藟”不去，五爻也无法亨通。所以困卦的危害在三上两爻，三上两爻除去，初爻就可以无忧了。

总之，造成困厄的是阴柔，而为柔所困的是阳刚，即《彖传》所谓“刚揜”。哪知道刚困而柔也就困。刚的困为“酒食”，为“金车”，为“朱绂”，愉悦而在下卦，是困而亨之象；柔的困为木石，为“蒺藜”，为“葛藟”，险难而在上卦，是困人之象。因为险而能悦，所以在险难中而不会一直陷于险难。效法坎卦的诚信，坎就可以得济；得到兑卦的愉悦，困就可以亨通。那“酒食”、“朱绂”、“金车”，就是从木石、“蒺藜”、“劓刖”、“葛藟”而来，它们的百般折磨，正可以使人历经考验而得成就。困厄越深，成就越大，《孟子》所论的“天降大任于斯人”一章，可以作为困卦的注脚。

《象传》曰：泽无水，困，君子以致命遂志。

井卦《象传》说“木上有水”，是取可以汲取而养身的意思；师卦《象传》说“地中有水”，是取能容能畜的意思；困卦《象传》说“泽无水”，无水就无可汲取和养身，也无所容畜了，于是泽就困了。坎为水，也为志，在君子看来，泽不得水正如士人不得志。孔子说“得之不得曰有命”，命运值于困，身可以困，但志气不可夺。譬如以孤军困守危险的城池，强敌从四面围攻，城内兵众疲惫不堪，而外面的援助也已经断绝，箭矢用光了，力气也用尽了，最后战死，以尽忠心，不失临危受命的道义，叫做“君子以致命遂志”。命运在天而志愿在自己，在困穷已极的时候，只要尽自己的心志，而命运则听凭上天的安排。谋道而不谋身，为百年不为一日，“困而不失其所亨”，只有君子能做到。

[一辞多断]

○问时运：困穷到这一步，应该安于命运。○问征战：这是危急的孤城，只有竭力图存，不考虑生死才行。○问功名：功名成了命就难保，命保住了名声恐怕会毁败，在这种情况下，只有善于自处才行。○问经商：资财已经穷尽，时事又危急。爻辞取前往凶而复来吉的意思，不如归来，可以免于困顿。○问婚姻：《象传》说“刚揜”，是男的必定丧命，是女的必定守寡。上下卦换位则为节卦，女人必定因为守节而成名。○问家宅：宅中有枯井，防止因而丧命。○问讼事：不但无法赢得讼事，而且要防止因为讼事而丧命。○问行人：在外面困苦不堪，而且有性命的忧患。○问疾病：肾水亏损虚弱，症状已经危险。○问失物：坠入深潭的下面，不可能再得到。○问胎孕：生男孩。

初六：臀困于株木，入于幽谷，三岁不觌。

《象传》曰：“入于幽谷”，幽不明也。

[经传释义]

坎为臀，初爻在内卦的下位，臀在人躯干的下部，取下卦坎象。《象传》说“泽无水”，说明是漏泽，臀的形象下面也漏。坎在木为坚多心，“株木”是根株露出地面的树。人以臀为下，木以株为下，所以为“臀困于株木”。人们把失业称为株守，可以为证。

兑为谷，为幽。坎为入，为穴，为陷，阴爻也为穴。“入于幽谷”，是陷入坎穴的底部。兑为见，坎为三岁，坎伏在兑下，从初爻经三爻到兑，所以说“入于幽谷，三岁不觌”。都是从坎为隐伏取象。

《象传》以“幽不明”解释这一爻，幽即暗。人在困厄到来的时候，应该审时度势，择地而行，以求免于厄难。“困于株木，入于幽谷”，属于困上加困，这是不明达所致。

[一辞多断]

○问时运：厄运刚来，逐渐进入痛苦境遇，三年后才可以希望顺适。○问征战：军队陷于险地，如同司马懿的军队陷入葫芦谷。○问经商：是贩运木材的生意，木材在深谷，难处在于运输。○问功名：卦有卑下之象，名位必定不显达。○问家宅：住宅在深山，人迹罕到，适宜于幽居的人。○问疾病：“株木”、“幽谷”，有棺椁和山丘之象，凶。○问婚姻：男方家地位卑微，恐怕有所遇的人不理想的叹息。○问行人：三年后可以归来。○问胎孕：生男孩。

[活断实例]

◎明治十九年七月，横滨某友人来，说：“今年大孤兵库等处，霍乱流行，幸而东京和横滨都没有发生。不料本月横滨花町忽然有一个人患了这病，近来他住处的附近也有传染。我为这事深感忧虑，请占一卦，以决断吉凶。”筮得困卦，变为兑卦。

断卦说：坎为疾，为灾，显然有病。卦名叫困，困即难。卦象“泽无水”，泽在水上，水向下漏；臀有孔道，一定是泄泻的病症。兑为秋，坎为冬，病起于秋天，牵延到冬季，属于时疫之类。现在占得初爻，爻辞说“臀困于株木”，形象近于棺木；“入于幽谷”，形象近于坟穴，爻象很凶险。幸而在初爻，病属初发，《象传》说“困亨”，明示困顿中自有得亨的办法；“入于幽谷”，是指示躲避时疫的地方。说“幽谷”，一定是深山幽僻处。“三岁不觌”，从初爻到四爻经过三个爻位，四爻进入兑卦，兑为悦，为见，象征到兑卦可以摆脱灾难而心中喜悦，可以出山相见了。三是发生变化的数，长则三年，短则三月，都取三。玩味这占辞，您应该暂时躲避在函根、伊香保等处，这样自然可以无患。

某友人听了大惊，即日起程赴伊香保，果然得以平安无恙。

九二：困于酒食。朱绂方来，利用亨祀。征凶，无咎。

《象传》曰："困于酒食"，中有庆也。

[经传释义]

二、四、五三爻为阳刚，都象征困于富贵的人。二爻与五爻相应，二爻所说的服饰和祭享与五爻相同；五爻虽然没说"酒食"，但是有祭享必定有酒食，含义也可以相通。坎卦四爻说"樽酒簋二"，所以有酒食之象。困卦三个阴爻三个阳爻，从乾坤而来。乾为衣，也为朱，坤为裳，故有朱绂之象。二爻变阴则全卦为萃，萃卦二爻说"利用禴"，所以有享祀之象。绂，遮蔽膝部的祭服，又作"韨"。《玉藻》说："一命缊韨幽衡，再命赤韨幽衡，三命朱绂葱衡[①]。"二爻为大夫，故祭服用朱绂。二爻得到了乾元之气，这才能承当大夫的任命，故说"方来"。

"酒食"和"朱绂"，指美味的饮食足以伤害身体，锦绣的衣裳会淹溺人的志愿。富贵对人的困厄，即所谓"死于安乐"。君子知道了这一点，不过分以酒食养身，不因为朱绂而炫耀，而是把它们用于祭祀，这样祭品馨香，孝敬的子孙也有庆了。"征凶"，指困于富贵而有所往，有坎险在前面，为三爻所阻碍，所以凶险；幸而二爻居坎的中位，得以"无咎"。因此《象传》以"中有庆"来解释爻辞。

[一辞多断]

○问时运：爻象富贵，时运也不是不好，可惜不懂得撙节，反而为富贵所困。○问征战：防止因酒食误事，而导致失败，主将因而招致夺去官服的耻辱。○问经商：从经商起家，吃美食，穿文绣，足以光彩和享受，但再前往就有凶险了。○问功名：功名已经显达，只恐怕为功名所困。○问疾病：是因为逸乐过分、醉饱无度而致病，应该祈祷。○问家宅：是富贵人家，但住宅六神不安，应该虔诚祭祀和祷告。没有灾祸。○问婚姻：聘礼已经备齐，采礼刚到，一说就成。○问胎孕：生男孩。

◎板垣退助占气运，得到这一爻，断辞附载在地雷复卦上爻的下面，可以参看。

---

① 一命……葱衡：命：等级。《周礼》规定：公侯伯爵位的卿三命，其大夫再命，其士一命；子男爵位的卿再命，其大夫一命，其士不命。其中三命最高，一命最低，不命无等级。缊是赤黄之间的颜色，赤是稍暗一些的红色，朱是红色。韨：蔽膝，遮蔽前身的服饰。幽，通"黝"，指黑色。衡，指佩玉之衡。

六三：困于石，据于蒺藜，入于其宫，不见其妻，凶。

《象传》曰："据于蒺藜"，乘刚也；"入于其宫，不见其妻"，不祥也。

[经传释义]

初、三、上三爻为阴柔，都象征困于患难的人。柔爻取象于草木。三爻与上爻相应，三爻说"蒺藜"，上爻说"葛藟"，取象相近。三爻居坎的极位，互卦为艮，艮为小石；《象传》说"泽无水"，无水的地方，泥土都成为砂碛，有石象，故说"困于石"。坎为蒺藜。蒺藜是有刺的草。军事上有铁蒺藜，形似蒺藜，以铁做成，散布在地上，使敌人无法前进。三爻下陷，乘二爻阳刚，欲进不能，欲退不得，有"据于蒺藜"之象。

坎为宫，为入，兑为少女，有妻室之象，也为见。三爻变阳则全卦为大过，大过二爻说"女妻"，五爻说"老妇"，三爻则说"栋桡"，栋桡宫就崩塌了。宫中已经空寂无人，还有什么"女妻"？还有什么"老妇"？故说"入于其宫，不见其妻"。《系辞传》说"非所困而困，名必辱；非所据而据，身必危"，受辱而又危险，所以凶。

《象传》以"乘刚"解释"据于蒺藜"，是因为三爻乘二爻阳刚；以"不祥"解释"入于其宫"，是以不见其妻为凶。

[一辞多断]

○问时运：命运尴尬，进退两难，凶。○问征战：上面布置了箭矢和石头，下面设有陷阱，前进则自身多危险，后退则营寨已经陷落，是大凶之象。○问功名：身命即将不保，还求什么功名？○问经商：占例以妻为财爻，宫即命宫。既丧命又失财，大凶。○问疾病：《系辞传》说"死期将至"，可知病势已经不可救药了。○问婚姻：防止有悼亡的悲戚。○问失物：得不到。○问讼事：必定消散。○问胎孕：生男孩。

[活断实例]

◎明治十九年七月，我为避霍乱这一时疫，滞留在函岭木贺温泉。东京物商藤田某也为躲避时疫而来，并住在同一家旅馆。他拿出东京来的信说："我亲戚的妻子忽然感染了时症，不知死生如何，冒昧地请占一卦。"筮得困卦，变为大过卦。

断卦说：《系辞传》说："非所困而困焉，名必辱。非所据而据焉，身必危。既辱且危，死期将至。妻其可得见耶?"已经明示她的凶险了，不用占断就可以知道了。

第二天得到电报，这妇人已经死去，计算死去的时刻，昨天筮卦的时候正值她入棺。三爻变阳则全卦为大过，《周易》以大过为棺椁，其神机更为灵妙。

九四：来徐徐，困于金车，吝，有终。

《象传》曰："来徐徐"，志在下也；虽不当位，有与也。

[经传释义]

兑为金，坎为车。九四为震爻，爻辰在卯，在天上值房宿。石申说房宿主车驾，故有金车之象。四爻与初爻相应，故相往来。"徐徐"，舒缓迟滞的样子。初爻在最下位，四爻从外卦来，为二爻所间阻，疑惧而不敢前来，所以说"来徐徐"。四爻为诸侯，得以乘金车，也象征乘刚而困于富贵的人。

困于坎窞，只是困在身体；困于富贵，却困在心灵。四爻知道初爻困于阴柔，却仿佛不知道自己困于阳刚，它乘着金车，徐徐而来，却无法济助困厄，而车险马烦，白白地自苦罢了，所以吝。它以阳爻居阴位，属不当位，但是虽不得二五中位，自有二五那样的阳刚，只有阳刚足以自立。四爻得其刚，而二五又为它或推或挽，可以相助而有成就，哪里至于始终"困于金车"呢！所以说"有终"，所以《象传》以"有与"来解释。

[一辞多断]

○问时运：时运不是不好，只是地位不得当，以致多有犹疑和畏惧，未免为人所鄙视。○问征战：迟缓地不肯前进，以致车辙错乱；幸而得到救援，不至于最后失败。○问经商：办事不力，所贩货物在中途失陷。紧急救助还可以保全。○问功名：开始受困，最终亨通。○问家宅：位置不当，间分间隔而不能联合，迟缓一时才好。○问婚姻：缓缓地可以成就。○问疾病：病势迟缓，已经不是一天，想是驰驱劳顿致病。爻辞说"有终"，他的性命永远终止了。○问失物：想是遗落在车中，寻找可以得到。○问讼事：迁延已经很久，现在才可以停止。○问胎孕：生女孩。

[活断实例]

◎某友人来请占气运，筮得困卦，变为坎卦。

断卦说：您所问的是气运，而您的心志只在借贷上，所以要就借贷论卦。四爻与下面的初爻相应，初爻阴柔，象征贫乏，四爻阳刚，象征富有，应当以初爻象征您，以四爻象征借贷者。四爻固然有意于初爻，但是中间为二爻所阻碍，以致四爻迟疑而不能迅速应允，四爻也未免有羞吝。现在的办法是，二爻与五爻相应，必须请五爻与二爻说开，使二爻不相阻碍而相助，这样借贷就得到最终的应允了。

后来请人向二爻所象征的人说话，果然得以成就。

九五：劓刖，困于赤绂，乃徐有说，利用祭祀。

《象传》曰："劓刖"，志未得也；"乃徐有说"，以中直也；"利用祭祀"，受福也。

[经传释义]

兑为毁折，也为刑人。劓是截掉鼻子，刖是砍断双脚，都属于古代的肉刑。五爻居君位，为困卦的主爻，象征主刑的人。大治的朝廷政事简约，刑罚清明，君王与百姓相互投合，人们不做无耻侥幸的事，而做有道德的事，这样就可以算是得志了。倘若只是仗恃劓刖等刑罚的作用，自我夸耀明察，向上邀取受服的荣耀，在下遭受身穿囚衣的苦楚，在监狱和囚车当中只见困厄，所以把"困于赤绂"，系在"劓刖"二字的后面。

兑为口。"乃徐有说"，教化之道，是逐渐进入人心，故说徐。知道用刑达不到治世的目的，用刑罚来惩治人不如用道德来引导人，这是教化开始、仁义的启迪，其效果不只在于表层。做法要中直，中就无偏倚，直就无枉曲，以中直之道莅临百姓，也就是以中直之道事奉鬼神，这样，穿戴赤绂而贡献馨香，鬼神感通而来享，降下长久的大福，困于人者就一定不会困于天了，所以说"利用祭祀"。

《象传》以"受福"来解释爻辞，是因为九五阳爻，又属乾体，乾为福，福从乾来即所谓从天得到。

[一辞多断]

○问时运：命运刚强，而过刚必折，所以要防止有损伤。作事细细筹划，才能转祸为福。○问经商：防止货物底下一面有溃烂和损伤，必须察看和收拾，徐徐出售。无害。○问功名：防止富贵之后有刑伤，应该祈祷。○问征战：主败，必须徐缓收兵，这样还可以图谋以后的胜利。○问家宅：家业还好，主家人有烂鼻和跛足的忧患，应该祈祷。○问疾病：病在头或足，慢慢调养，求神医治，可以痊愈。○问婚姻：主有残疾，开始不合意，后来得以投合。○问讼事：防止有刑狱的灾难，必须徐徐辩白，才能避免或中止。○问行人：在外面有灾祸，应该祈祷，以后可以得意而归。○问失物：必定有损伤，久后可以寻到。○问胎孕：生女孩。

[活断实例]

◎缙绅某来请占气运，筮得困卦，变为解卦。

断卦说：劓，指截掉鼻子；刖，指砍断双脚。“困于赤绂”，指富贵而遭受困辱。“乃徐有说，利用祭祀”，指舒缓地加以开导，利用酒食来和解矛盾。想来您对朋友过于严厉，令人脸上无光，没有退路。现在对方故意与您为难，在大庭广众之下，乘着您衣着文绣而大加侮辱，即所谓“困于赤绂”。您只有降下心气，徐徐辩白，或者再摆下酒席，立一个誓言，不再记恨以前的事，才能转祸为福，否则冤冤相报，没有终结的时候。您占得困卦五爻，爻象就是这样，我就占而断，与您的情况符合与不符合，您自己应当知道。

上六：困于葛藟，于臲卼。曰动悔，有悔，征吉。

《象传》曰：“困于葛藟”，未当也；动悔有悔，吉行也。

[经传释义]

兑为附决。孔颖达说，附决为果瓜之类，故有葛藟之象。上六居兑的极位，与初爻和三爻都属阴柔，故取象于草木，象征困于患难的人。上六离坎险已经很远，似乎可以出于幽谷而迁至乔木了，但是由于柔爻柔位而不得中，无法自立，如葛藟附物而蔓延，摇曳不定，所以臲卼。臲卼，不安的样子。一作“杌陧”，字形相异而音义相通。要摆脱困境非行动不可，但行动不能无悔，所以说“动悔”；知道行动有悔而审慎行动，因为有悔而求全，反而可以前往。道术经过穷困才能通达，境况经过艰苦才能甜蜜，这就是为什么迁善必须先悔过。由此前往就没有不吉了，故说吉。

《象传》一方面以“未当”解释这一爻，说它为阴柔所困，柔而“未当”；另一方面以“吉行”来解释，说它因为行动而有悔，但有悔也吉。

[一辞多断]

○问时运：目前苦运已经终了，本来可以摆脱困难，但是它心神不安，不能立刻悔改。一旦悔改，立刻就可以得吉。○问功名：穷困已经很久，风云即将变化，可以一举成名，吉。○问经商：“困于葛藟”，一定是包扎的货物长久销售不掉。现在时价已经变动，马上可以获利。吉。○问征战：爻辞说“征吉”，《象传》说“吉行”，其中虽然有灾祸和后悔，但是一定可以因为后悔而得吉。○问疾病：这病一定缠绵已久，神志不安，迁到别的地方静养，自然会痊愈。○问家宅：住宅已经破旧，藤葛丛生，栋柱倾斜，动工改造才吉。○问婚姻：防止其中有瓜葛没有弄清，且看他们的动静。一动就可以成就，吉。○问讼事：缠绕不休，以致多有𫄨𫄨，等结案才能无事。○问行人：一时被事情纠缠，难以归来。○问失物：被东西绕住，看不见，移动后才能找到。○问胎孕：生女孩。

[活断实例]

◎某友人来请占气运，筮得困卦，变为讼卦。

断卦说：《大象》说“泽无水”，无水草木就得不到滋养，而无法生发，就像人无钱财就没法生活，属于严重穷困的境况。现在占得上爻，上爻为困卦的终位，本来可以摆脱困境，但卦体过分柔弱，像葛藟一样不攀援树木就不能自立，以致飘荡不安。但只要真能发愤，就能有所作为，所以说“征吉”。所谓“征吉”，是利于出行而不利于坐守。您应该遵照这一占断行事，以后的气运会很好。

䷯水风井

卦体坎在上，巽在下，巽为风，也为木。风善入，木善出，巽在坎下，象征既能入水又能出水，有辘轳之象。坎为水，也为穴，地穴出水，这是井。井卦从困卦而来，困卦兑泽干涸而“无水”，卦象倒过来就有水了。坎又为平，水平没有超过井的。这就是本卦为什么叫做井。

井：改邑不改井，无丧无得，往来井井。汔至，亦未繘井，羸其瓶，凶。

［经传释义］

井，通的意思，因为是通用的东西。古时候建设都邑，一定要凿井养育百姓，即使都邑迁改了，井制也不会改变。人以井以为养身的泉源，井却不因而有所减损，所以“无丧”；井被用来养人，而井却不以此为功绩，所以“无得”。只见往的往，来的来，人求养于井，也并不归功于井。繘，用来把打水的瓶引到井下；瓶，用来盛水而上。倘若繘没入井而瓶已经脱了钩，那么井就成了虚设的东西，而繘也成了虚悬的东西，所以说凶。

《彖传》曰：巽乎水而上水，井。井养而不穷也。“改邑不改井”，乃以刚中也。“汔至亦未繘井”，未有功也。“羸其瓶”，是以凶也。

巽木入水，取象为桔槔[①]。《庄子》说：坎凿木材作为机械，后面重前面轻，提水像抽水一样快，这机械叫槔。即井上转水的辘轳，所以说“巽乎水而上水”。巽为绳，象征繘；坎为虚，象征瓶。用繘系瓶，用来把水引到井上。井有水，取用不竭，所以说“井养而不穷”。

卦体三个阴爻三个阳爻，本是从乾坤而来。坤为邑，坤卦五爻化成

① 桔槔：俗称“吊杆”，是一种原始的井上汲水工具。它是在一根竖立的架子上加上一根细长的杠杆，当中是支点，末端悬挂一个重物，前段悬挂水桶。一起一落，汲水可以省力。

坎，全卦就成为井卦，成井卦坤邑就改变了，而坎井不变，所以说“改邑不改井”。《象传》所说的“刚中”，就是由坎卦的《象传》而来。刚中指坎卦五爻的“坎不盈，祇即平”，井之所以为井，就在这里。但井不能自己养人，必须有汲取的东西才能体现养的作用。用繘系瓶而下到水中，用瓶盛取水而向上，可见繘与瓶有汲水的大用处。汔至而未繘，井就成了虚设，有什么用处呢？倘若瓶再脱钩，繘也没有用，其凶险已经可以知道了。汔，几乎的意思。繘，指井绳。羸，指井绳上的钩过于柔弱。

《系辞传》说：“井，德之地也。”这是就它养人的作用来说。井养人而不穷尽，用来比喻王者的政事以养民为目的。汲水的目的是得到水，为政的目的是得到民众的拥护，所以不可半途而废。孟子所谓“掘井而不及泉，犹为弃井”，也是这个旨意。

以这一卦比拟人事，井是节制的意思。井通过节制水来为养人作准备，正如人节制财物而为用度作准备。国家有治有乱，都邑会因而迁改，但是井却仍然存在。人汲用，井水无所得；人不汲用，井水也无所丧，井固然与得丧无关。人对于钱财也是这样。我听说过人抛弃钱财，没听说过钱财抛弃人。天下攘攘，都是为财而往；天下熙熙，都是为财而来。财在地上，任人取用而不会枯竭，正如水在井中，任人汲取而不会穷尽。

但汲水不可以空手前往。卦体是坎水巽木，坎水为井，巽木为辘轳，又为绳，互体离为瓶，兑为口，象征井口。这是说用辘轳的绳系着瓶，下入井口，汲水而上。《象传》所说的“巽乎水而上水”，是井象；不管在什么地方都不迁改，是井的品德。井若不繘，就无法汲水，即无法发挥作用；瓶既然脱钩，势必坠入井中，这样汲水者就凶险了。彖辞虽然是为井而说，但不只是为井而说，凡天下节源通流的事情，都可以作井看。

卦体以坤卦五爻化坎水，以乾卦初爻化巽木。乾为用，利用的是财，有益于身体的是养，都是切要的人事。有水而不知如何得到，井就差不多成了虚设；有了财却不知道如何运用，财终究要归于浪费。这不是财的过错，而是人不善于取用的过错。这就是君子为什么“劳民劝相”，为天下通达财的源流。

以这一卦比拟国家，井的作用是养百姓。井因应人们的所养而养人，而自己并不知道它的作用；王者以德养育万民，因应万民的所利而利益他们，而王者也不会自夸对百姓的利益。巽为入，坎为信，井即静。能入所以能通，而取用却不涸竭；能信所以能深，都邑改了，井还是不迁移；能静所以能安，因应而不烦劳疲倦，这是刚而能中的品德。君子效法井德，以它的渊深来修养自己，以它的可以养人来恩惠百姓，从自己推及万民，利益就普遍了。

但君子如果具备这样的品德，却没有好的际遇，那就要听任天命，正如井能养人，而汲用与否在于人一样。其中或得或丧，或吉或凶，都是人自己招致的，君子的品德一定不会因而改变。汲水的器具有繘和瓶，繘的作用是系瓶而下，瓶的作用是盛水而上，其变化很迅捷，如果弃置不用，那么不但器具被废弃，井也被废弃了。为政的手段是德行和礼制。用德行来引导，用礼制来整顿，使人发生变化的作用很神奇；但如果废弛而不用，那么不但行政的手段毁坏，政治本身也毁坏了。所以制作《周易》的人以无功来垂诫，以有凶险来提醒，也是深为功败垂成的人惋惜啊！

通观全卦，井卦倒过来就是困卦。《序卦传》说："困乎上者必返下，故受之以井。"《杂卦传》说："井通，而困相遇也。"井卦上下卦易位就成了涣卦，涣卦《彖传》说"乘木有功"。井卦取象于辘轳而不取象于舟楫，但是用巽木是一样的。井的旁通卦为噬嗑，噬嗑是进食的意思，有井卦养的含义。井的下一卦为革，革是改革，有"改邑不改井"之象。要之，井之所以为井，是由于汲用而不会穷尽；它的作用是养，是在地中而不迁改的缘故；它的品德在于阳刚而得中，汲用或不汲用，对井来说本来无所谓得，也无所谓丧。你汲用，他也汲用，任凭人们往来。如果舍去繘，打破了瓶，却以为井水不可食用，就是自己废弃井了，井固然是无咎的，而汲的人则凶险了。

全卦以坎为主，是井中之象，以阴虚为汲用的出口。初爻属阴而在下位，故为"井泥"；二爻属阳而无坎水，故为"瓮敝漏"；三爻阴阳得位，有上六相应，故为"受福"；四爻修德补过，故为"井甃"；五爻阳刚中正，故为美好的泉源；上爻进而养人的功用成就，故为"井收"。

从卦时来说，巽初爻值春夏之交，水潦混浊，所以井有泥。二爻值离卦所象征的夏天，所以水中多鱼。三四两爻为秋天，秋水澄清，其中三爻为坤，泉水泄在地上；四爻为兑，所以毁折。五上两爻为冬季，故井水寒而凛冽；上爻终结坎卦，为水的作用的终结。大致上，下卦坎水流行于东南，失时而没有际遇，所以不吉；上卦坎水归西北，得到有利的方位，所以多吉祥。

《象传》曰：木上有水，井，君子以劳民劝相。

坎为水而在上卦，巽为木而在下卦，卦象为"木上有水"，即《彖传》所谓"巽乎水而上水"。君子玩味这样之象，修养这样的品德，而用以

“劳民劝相”。劳民指使用民力，劝指劝导，相是辅助。坎为劳卦，互卦为兑，兑为悦，有以愉悦劳动百姓之象；兑又为口，巽为同，为交，有同心相助之象，故说“劳民劝相”。天下的百姓无穷，一个人的养育难以周到，君子于是招来百姓，指挥、劝导和辅助他们，使族党邻里之间相亲相爱，使贫穷患难的人得到抚恤；开导诱掖，以尽相生相养之道。这样养民，就抚恤周全而没有一个人被遗忘了，所谓“井养而不穷”，就充分体现出来了。

[一辞多断]

○问时运：目前交木水相生的运，正可以相助而成事。○问征战：有大水淹灭树木之象，水军有灾厄，应该出力相助，这样可以脱险。○问功名：“木上有水”，有春雨发生之象，功名有希望。○问经商：有利润超过于资本之象，吉。○问家宅：屋的梁柱，恐怕有因为水湿而溃烂的地方，应该赶快修葺。○问婚姻：坎为男，巽为女，男在女上，是阴阳的正道，吉。○问疾病：肾水横溢，应该赶快调治。○问胎孕：生男孩。

初六：井泥不食，旧井无禽。

《象传》曰：“井泥不食”，下也；“旧井无禽”，时舍也。

[经传释义]

“旧井”是坏了而没有修治的井。禽指辘轳的轴，是用来运转繘的，上面刻有禽形。也有人说是因为轴转动的声音像鸟鸣，所以说禽。初爻的位置最低，象征井底，水干涸而泥污浊，故说“井泥不食”。成了废井，时间长了泥水就有毒，所以人们不食用；辘轳上的禽形也就腐朽而没有了，故说“旧井无禽”。

《象传》以“下也”解释“井泥”，是说泥在井下，所以不可食用；以“时舍”解释“旧井”，是说井已经废旧，故为时运所舍弃。

《鲁语》“取名鱼，登川禽”，韦昭注：川禽是鳖蜃之类。《易林》遁变井的卦说：“老河空虚，旧井无鱼。”“无禽”即蜃蛤鱼蛙之类。这种说法也有根据。

[一辞多断]

○问时运：时宜已过，气运已衰，不为世间所用。○问征战：有兵器陈旧朽坏，不能制胜的忧患。〇问经商：货物陈腐，无法贩运和出售。〇问功名：年老无用了。〇问家宅：荒芜已久，不可居住。〇问疾病：是老病，无法治疗。〇问婚姻：人品卑下，虽然属于旧亲，但是不成。〇问讼事：一定不会得理。〇问胎孕：生男孩，防止难以养育。

［活断实例］

◎友人某来请占气运，筮得井卦，变为需卦。

断卦说：井已经陈旧，有泥无禽，属于废井。在人象征时运衰退，必然被弃置不用。占者得到这一爻，可知这人品行卑下，为众人所抛弃，难指望提拔任用。初爻与四爻相应，初爻的旧井得到四爻的修治，就可以无咎了。现在您犹如旧井，甘心辱没在泥涂，不肯自我悔改，所以终究要被世人所抛弃，不可以再用了。

九二：井谷射鲋，瓮敝漏。

《象传》曰："井谷射鲋"，无与也。

［经传释义］

"井谷"指泉穴。《汉书·沟洫志》说，井下相通水为井渠。井中固然有旁穿的孔穴，二爻变阴则下卦为艮，艮为穴。鲋，小鱼，《子夏易传》说是虾蟆。井是五月的卦，所以有虾蟆。《尔雅翼》说：鲋即"鲼"，现在作"鲫"。二爻在巽体，巽为风，风主虫，虾蟆与鱼都不离介鳞虫类。"射鲋"，古时候有射鱼的游戏。《淮南子·时则训》："季冬之月，命渔师始渔，天子亲往射鱼。"《史记》记载：秦始皇到芝罘，射得了巨大的鱼。井谷没有巨大的鱼，所射的不过是鲋罢了。

瓮，盛水的陶器，与瓶相类似。二至四爻互兑，象征兑口，巽在下卦，象征底部已经穿孔，故说"瓮敝漏"，即《象传》所谓"羸其瓶"。井水，向上汲才有用，而谷水下注，像无底的瓮一样，还怎么发挥井水养人的作用呢？只以射鲋为能事，所以为君子所不取。

［一辞多断］

〇问时运：所得很小，所失很大。〇问征战：误中敌人的计策，军队进入幽谷，以致锅破粮缺，仍然无法脱险。〇问功名：猎取虚名，怎么能长久？〇问经商：为了贪取意外的钱财，而失去本分中的利益。〇问婚姻：门第低微，名声破败，不理想。○问家宅：住宅有废井，井口已经残破，井水不可食用。○问疾病：是下漏的病症，医治可以痊愈。○问失物：失物已经破败，得到也没有用。○问胎孕：生男孩，防止这婴儿有残疾。

[活断实例]

◎友人某来请占气运，筮得井卦，变为蹇卦。

断卦说：井卦说“井养”，但井不能自己养人，要有人汲取才行；但是不取水而取鲋，所取不属于应取，就失去井的作用了。现在您占气运而得到井卦二爻，知道您素来爱好学问，就像井水有源；但是毛病在于专门崇尚旁门，不务正经学问，犹如谷水为井的旁穴，射鲋不是井的正用，究竟与井养的作用有什么关系？“瓮敝漏”，是说井水向下流注，如同人品日益卑下。爻象实在是在警示您，您应当通晓世情，躬行实践，不要只想博得虚幻的声誉。

◎明治三十年，占司法省气运，筮得井卦，变为蹇卦。

断卦说：井卦下三爻为井中的水，上三爻为汲水以供使用，所以下三爻不吉，上三爻都吉。我国近来效仿欧美各国的规则，允许外国人杂居，并定为法律。我国人居住在欧美各国的，也受欧美的保护，所以我国也保护外国旅居的人，做法如出一辙。现在占得二爻，立法恐怕有徒贪小利，失其大体的问题，叫做“井谷射鲋，瓮敝漏”。掌管外务责任的人，应该加以注意。

九三：井渫不食，为我心恻。可用汲，王明，并受其福。

《象传》曰：“井渫不食”，行恻也；求王明，受福也。

[经传释义]

渫，修治的意思，指淘井而除去其中的污泥。初爻井泥，二爻井漏，三爻居巽卦的终位，巽有洁齐的含义，所以为“井渫”。井渫则泥被淘去，漏洞被堵塞，水就清洁而可以食用了。如果仍有不食用的人，那就不是井的问题了，犹如人像洗澡一样沐浴在德行当中，惠泽足以养人，当局者虽然不知道，旁观者却知道了。我，旁观者的自称，意思是说，这样清洁的泉水，竟然弃置不用，我为此心中恻然。

井既经过了浚治，汲水养人的作用就没有超过它的了；如果仍然不汲用，就是严重的不明了，哪里能得到明达的君王出来汲用它呢？这是众人祈祷而为它求用的话。王指五爻，三至五爻互离，故为明王。阳为福，比喻王者任用贤才，则德泽普遍敷施，远近的人都能享受福泽。贤才的福也就是明君的福、天下的福。“并受其福”，指一口井的利益遍及千家万户。

[一辞多断]

○问时运：怀才不遇，这是命运造成的。○问征战：兵器已经修治好，士卒们可以使用，但是没有主将，以致士气颓丧，这是可惜的。○问经商：眼看着货物云集，可以获利，却不贩运而只知推诿，这没有用处。○问功名：有才能而没有气运，为当政者所抛弃。两年后到五爻，有得到录用的希望。○问婚姻：目前不成，到五爻一定成就，时间在二年以后。○问家宅：住宅一定有久已湮没的旧井，应该淘净。能食用这井的水，一家都会获福。倘若不淘井也不食用，那就太可惜了。○问疾病：一定是心神不安的病症，应该饮井水或泉水，可以痊愈。○问失物：一定坠入井中，要汲取它，可以得到。○问胎孕：生男孩。

[附言]

井为震宫的五世卦，凡问疾病灾厄，得到下卦多半无法治疗。下卦变动，瓶体就会打破而无法汲水，即爻辞所谓“羸其瓶，凶”。补治瓶的破漏，犹如病人得到医治，凶险还可以挽救。卦象是这样，我二十年来屡占屡验，没有一次不应验。

[活断实例]

◎明治二十六年一月祝贺新年时，偶然拜见某贵显。贵显对我说：“近来有奇妙的易断吗？”我说：“易象精微，诚心感格，没有不奇妙的。去年十月间，与杉浦重刚等会于星冈茶寮，为占众议院议会结局，得到井卦三爻。当时政府与众议院意见不合，形势很僵，后来请求天皇的裁断，才得到平允的结果。这是属于所谓“井井有条”了。

断卦说：井是一口，但食用的人众多，所谓“往来井井”，有众多之象。当初凿井，靠众人的力量而成；井成以后，则众人都得到井的滋养。用来比喻议案的提出，靠众人首倡，议案既定，众人都要依决议去做。所以在众议院方面，主张人民生活还多有不足之处，主张节省官费，整顿财政，目的是开国家富足的泉源；在政府方面，认为议员不懂得政体，不通达时事，以致两方面意见不协调。譬如汲水者来到井上，互相议论井水的清浊，而两方都停止汲水，这样终归无用，又何必呢？于是局外的人未免为他们心忧，即所谓“井渫不食，为我心恻”。政府既不应允议院，议院又想逼迫政府，彼此各执己见，至于互相冲突。这种形势无法中止，只有上求天皇的明断，即爻辞所谓“可用汲，王明，并受其福”。幸而圣上最仁爱最明达，能斟酌双方的平衡，政府有可以让步的地方就让步，议院有可以容忍的地方就容忍，在适宜中确立预算的标准，以体现上下各方面的道理，这样天下就“并受其福”了。

贵显听了，说我善于臆测时事，只是借《周易》来立说罢了。我说：“这是因为易理能贯彻到事前，我不过就《易》论《易》，而时事的应验自不能出于《周易》之外。”

◎明治二十三年七月，新潟审判所长富田祯次郎来访。他是我的旧知己，不相见已经数年了。相见之余，互谈别后的情况，他说：“我今天来访，专为往年的易断道谢。”于是详述从前求卜的事。

当时得到井卦的第三爻，爻辞的意思是井水本来清洁，却无人汲用，井水养人的作用体现不出来。这是比喻人虽然有才有德，却无人任用，济世的能力无处发挥，必须得到明王的赏识，加以提拔和任用，这样不但一个人受到福泽，天下人也“并受其福”。就爻位推论，以五爻为任用的日期，六爻为当大任的时候，就在三年四年间，必定有应验。到今天，断卦的话一一灵验，不差毫厘，心中暗自喜欢，所以特来致谢。

六四：井甃，无咎。

《象传》曰：“井甃，无咎”，修井也。

［经传释义］

甃，以砖垒井，用来防止井的败坏。卦中三个阳爻为泉，三个阴爻为井。初六在最下位，故说泥；上六在最上位，故说收；四爻居二者之间，不失正位，故说甃。井的毁坏，是由于污浊而不修治，至于无用，四爻能垒井，所以“无咎”。有四爻的垒井，才有五爻的“寒泉食”。五爻得以养人，全靠四爻的甃，甃井的功绩，不能说不大。

[一辞多断]

○问时运：正是运途改变的时候，应该自我修饬，不但无咎，还有希望进步。○问经商：应该整顿旧业，这样自然可以获利。○问功名：通过自我修养来立名，二三年后，可以大得志愿。○问征战：《诗经》所说的“修我矛戟，与子偕作”，就在这时候。○问婚姻：还需要等待时间。○问家宅：这住宅以改修为吉。○问胎孕：有弄瓦之象，生女孩。

[活断实例]

◎横滨港町接近居留地，有鱼鸟菜兽市场。这市场依各国开港条例而开设，生意特别兴盛。一天有朋友来，说：“近来横滨市场上，商人之间发生了很大的争论，竟至于停了业。有人想出面调停，但是没得到好的处理方法，特意请您占一卦。”筮得井卦，变为大过卦。

断卦说：就市场中的商业而论，彼此都有关系。譬如汲井水要用繘和瓶，有井而无繘和瓶，井水怎么能汲用？有繘和瓶而无井，繘和瓶也终归无用。同在这个市场上做生意，要知道有益则大家都受益，有害则大家都受害，两相争斗的结果必定是两败俱伤。现在占得三爻，爻辞说“井甃，无咎”。甃是修治，即因井已经败坏而加以重修。现在两家的商业因为这一争，未免败坏，出面修治的是四爻，四爻即居中调停的人。得到四爻的调停，五爻的“寒泉”才可以继续食用。四爻与五爻差一爻，一爻为一个月，下月一定可以和解而恢复营业。

◎占中法两国争夺越南[①]的事情。

今年三四月发生争端，或和或战至今没得到确切消息，各报纸所刊载的消息都是从街谈巷议而来，不足以作为根据。我于是先筮中国，得到井卦，变为大过卦。

断卦说：卦德为“井养而不穷”，指井极大，得到它滋养的人非常众多。用来比喻中国之大，物产之丰饶，其他国都愿意与它贸易，承受它的润泽。所以已经汲得的人离去，不曾汲取的人到来，它用来贸易的物品无

---

① 中法两国争夺越南：指中法战争。中法战争是由法国侵略越南并进而侵略中国引起的一次战争。战争的时间是 1883 年 12 月至 1885 年 4 月（光绪九年十一月至十一年二月），第一阶段战场在越南北部，第二阶段扩大到中国东南沿海，战争双方在军事上互有胜负。由于清朝统治者的腐朽昏庸，最后法国强迫清政府签订了丧权辱国的不平等条约。当时人称：“法国不胜而胜，中国不败而败。”

中法战争中的海战场面

穷无尽，犹如井水取用不竭。但中国航海技术不精，不能由自己运输物产，譬如井水不能自己出井，必须有人汲取才能泽及于人。所以现在为了越南事件，虽然想与法国开战，却始终没有真的开战，也正如井水不能自己行动，可知中国一定不开战。万一中国下决心开战，将会大大妨碍各国贸易，局外中立的国家必将出面调停，曲意保护，犹如用砖垒井，不使污浊的东西进入其中。“井甃，无咎”，说的就是这个。从井卦四爻到革卦四爻为七年，今后七年，中国必定有改革导致的变化。谚语说“唇亡齿寒”，我国也应该严加整饬，以预防不测。

九五：井洌，寒泉食。

《象传》曰：寒泉之食，中正也。

[经传释义]

洌，水清的意思。井水在上面，故洌。九五为坎卦的主爻，居中正的位置。坎为寒泉，辰在子，子属水，位于北方，所以寒。水的性质冬天温，夏天寒，这是阴中纳阳、阳中纳阴的性质决定的。井是五月的卦，所以洌而寒。孟子说：“夏日饮水，冬日饮汤。”值于这仲夏的季节，汲取寒泉饮用，正是时候。井经过三爻的渫，四爻的甃，泥被淘去，漏被堵塞，而五爻的寒泉才出井。修复它的人众多，受它的福泽的人也就多了。王者的德行润泽万民，遍及四方，也是这样。井卦旁通噬嗑，噬磕是进食的意思，所以说“井洌，寒泉食”。

[一辞多断]

○问时运：家道必定贫寒，幸而行运得时宜，有被任用的希望。○问经商：井里出寒泉，比喻财源的长久，有获利的希望。〇问功名：品行中庸正直，可以享受列鼎而养的荣华。〇问家宅：有廉泉让水的风范。〇问婚姻：家风清白，同甘共苦，是夫妇的正道。〇问疾病：是外寒里热的病症，应该服寒凉的药剂。〇问胎孕：生女孩。

[活断实例]

◎明治二十二年，占山县伯气运，筮得井卦，变为升卦。

断卦说：井的作用是养人，但是如果不去汲取，那么即使井水清冽也起不到作用。这是比喻贤人足以施惠于民，但是没有人举荐也无法施惠。现在占山县伯的气运而得到井卦五爻，知道他才德渊深，志操清洁，从寒素起家而超升到显要的位置，其惠泽的施敷正如“王明”的“用汲”，使民众共同承受它的无穷福泽。爻辞说“井甃”，是说他气体清明；说“寒泉食”，是说下面的百姓享受他的德行，婉如一酌寒泉，顿觉胸膈凉爽。他的恩惠无穷，他的地位的荣显，也还大有前景。

这一年，山县伯果然荣任内阁总理。这占辞，当时上呈给了三条公和伊藤伯。

上六：井收勿幕，有孚元吉。

《象征》曰：元吉在上，大成也。

[经传释义]

收指用辘轳收繘，幕指井盖。“勿幕”，即象辞所说的“往来井井”。汲水的人众多，无昼无夜，取用不竭，井固然不会专擅它的所有、私占它的利益，而是任人汲取，所以“勿幕”。上爻居坎的极位，偶画两开，有“勿幕”之象。孚指五爻，五为明王，是能汲用的人。“元吉”，元是大的意思，指井的利益大，所以吉也大。

“在上”，指上爻在井口，养人的功用从这里体现。“大成”，指井养之道，到此得以高度成就。阴柔在上位，爻辞多不吉，阴爻在上位而说“元吉”的，只有井这一卦罢了。

[一辞多断]

〇问时运：功德在世上，信用在人们，“大成”以至“元吉”，是极盛的时运。〇问功名：有大用大受之象，不是一个官职、一个城邑那么微小。○问经商：商务会集，利益浩大繁复，可以持久而盛大，无往不吉。○问婚姻：上爻应在三爻，三爻说“并受其福”，可知两姓都吉。○问征战：军队将出发就会撤幕，“勿幕”，即撤幕前进。一战成功，故说“大成”，吉。○问疾病：“幕”也作“暮”，指朝夕之间就可以痊愈，吉。○问胎孕：生女孩。

［活断实例］

◎明治三十年占贸易情况，筮得井卦，变为巽卦。

断卦说：井的下卦为巽木，上卦为坎水，即《彖传》所谓“巽乎水而上水”，是汲引井水之象。到上爻，井的功用已经达成。“勿幕”，即王弼所谓“不擅其有，不私其利”。现在外商与我国商人从事贸易，我国不自己输出，等待外商舶运而去，正如井水有待于人的汲用。内三爻井水不能食用，象征货物不能旺销；外三爻寒泉清洌可食，汲取的人众多。四爻当七、八两月，五爻当九、十两月，上爻已经在井口，当十一、十二月，正是各种货物辐揍而来，销运兴旺的时候。在生丝行业，也是大宗输出，属于最好的贸易情况。

果然，上半年生丝经营情况不振，七八月以后逐步好转，到十一二月，时价涨到千元以上，全部为外商买去，国内的机织场反而因此停了业。

䷰泽火革

卦体兑泽向下流润，离火向上燃烧。兑泽在上而要向下，离火在下而要向上，上下相争而不相得，所以不能不变革。革卦从井卦而来。井卦《彖传》首先说改，改就是革。革卦倒过来为鼎，鼎卦三爻说“鼎耳革”，说明鼎也取革象。革卦上下卦换位则为睽，睽卦五爻说“噬肤”，革为皮，肤也是皮，所以睽卦也有革的含义。卦象是兑泽和离火，上互卦为乾，为金而生水；下互卦为巽，为木而生火；合起来为金克木、水克火。上下相克，必然相革。《洪范》说“金曰从革”，兑是西方的卦，属金，所以称这一卦为革。

革：己日乃孚。元亨利贞，悔亡。

[经传释义]

革即改革。日是离象。按照纳甲，离纳己，己属土，位居中央。易道以得中为贵，以为事物过中就会发生变故。古人又认为“己”字有变更的意思。《少牢·馈食礼》说“日用丁己”，郑玄注释为必须用丁己，取其自我丁宁、自我变更之义，说明“己”字有革的意思。人的五种常德以土为信，土就是己。在即将改革的时候，要先表示信义，而“己日”正是得到人们的信孚的日期，所以说“己日乃孚”。

离火生于乾二，兑金生于乾四①，都是从乾元而来，所以元亨利贞四德都具备。有孚而“悔亡”，是己日的作用。王弼说：当日不孚，己日才孚。“己”同“已事遄往”的“已”。《周易正义》遵从他的说法。但《周易》中用甲用庚，用日用月，各有精深的含义，王弼的说法恐怕不对。

《彖传》曰：革：水火相息，二女同居，其志不相得，曰革。“己日乃孚”，革而信之。文明以说，大亨以正，革而当，其悔乃

---

① 离火生于乾二，兑金生于乾四：此处疑有误。按爻性和爻的正位，应当是离火生于坤二，兑金生于坤六。即使从变卦看，可以说离火生于乾二，也不能说兑金生于乾四。

亡。天地革而四时成，汤武革命，顺乎天而应乎人，革之时大矣哉！

《象传》说“水火相息”，指火在泽下，无法上炎，水也失去了湿的作用；泽在火上，不能流润，火也失去了燥烈的性质。息，止而生的意思。相制约就是相阻止，相成就是相生，与孟子所说的“日夜所息”同一含义。“二女同居”，二索得女与三索得女都从坤卦而生，这是“同居”。离为中女，兑为少女，兑在上而离在下，位置已经不当，兑水与离火的性质又不同，所以“其志不相得”。志不相得，必定导致变化，所以为革卦。水火相克而不相得，必须有土在中间调剂，革道才能成就，百姓才能孚信。

“文明”是离象，信而悦是兑象。“大亨以正”，体现乾元的品德，这样革才能得当，悔恨才能消亡。改过迁善是自身的变革，除旧布新是人事的变革，寒往暑来是天时的变革，吊民伐罪是天位的变革。革道不取义也不取用，只注重得到它的时宜，所以说“革之时大矣哉”。

以这一卦比拟人事，泽和火都是人事所必须用的，中女和少女都是人事中所常有的。水火性质燥湿相反，所以作用虽然相济，而又刚好相害。二女出自兑离二卦，分别秉有水火的性质，所以开始虽然“同居”，终究却还是“不相得”。这是水火的穷困，也是人事的穷困。穷就不能不变，变就是革。生发事物的是乾，成就事物的是坤。坤为土，居中央，能调合水火而使它们相宜，因为土主信，能贯彻于上下之间。《象传》所说“已日乃孚”，道理就在这里。

革卦凭着孚信而实行，因为明达而昭著，由于愉悦而服从。兑卦说“亨，利贞”，离卦说“利贞，亨”，合起来为革卦所谓“大亨以正”。革卦的四德也是从坤土而来，可见革而安宁，而悔恨消亡，都是已土发挥作用的结果。人事中最重要的是先求别人的孚信，有孚信就会变革而好像看不见变革。仰观天地，岁时的变革是显著的；远观商朝和周朝，国家和社会的变革是昭然的。事情虽然有大小，道理却没有两样，人道、天道、君道，都可以在变革的时候看到，所以说“革之时大矣哉”。

以这一卦比拟国家，天下的变革是形势决定的。国家如果能长治久安，圣人难道不乐于相安无事吗？怎么会喜欢变革呢？只因为法令久了会废弛，风俗久了会败坏，因循苟且，日积月累，终于酿成大乱，所以不得不因应形势的变化，运用权宜的策略，与天下同时更新和肇始。但国家的变革是大事，也是危险的事，急遽妄动就会导致混乱无序，专擅权力就容易产生诽谤和亵渎，不顾后果就难以实现预期的目的，不便于百姓就无法使众人顺服。圣人一定要明白地审察时宜，以愉悦顺应形势，以亨贞之道成来成就变革。

初爻时机还没到，所以“巩用黄牛”，而不嫌它的牢固；二爻时机适中，已日才变革，自然得吉；三爻正当变革的时候，变革的言词一定要“三就”，以求得人们的孚信；四爻在开始变革的时候，即使“改命”也无悔；五上两爻在变革之后，大人则以文明治世，小人则顺从而响应，这样革道就成就了。考察商朝和周朝的兴起，才知道自有真正的革命。说“顺天”，是孚信在天；说“应人”，是孚信在人。所以商汤的革除夏朝、周武王的革除商朝，天下信任而喜悦，好像不知道这是革命。

按：汤在乙卯年兴起，武王在甲子年兴起。乙和卯都是木，化合后形成金和土①；甲和子是木和水，化合后都是土。据此可以知道，商朝和周朝革命的时日兼用土爻，这是“已日乃孚”的明证。至于四季的变革，木金水火各主一季，而土旺在四季当中，也可以看到土的作用了。《象传》说“君子以治历明时”，只有君子的改革才能大得时宜。

通观全卦，革卦从困卦而来。时运穷极而世人困厄，天下的混乱已经很久，幸而走出了困卦，进入了井卦。井是养的意思。井卦彖辞说“改邑不改井”，可见都邑可以改变，而养是不可以改变的。不可以改变，所以必须先培养它的元气，等培养成的时候就可以着手改革了，所以井卦先于革卦。《杂卦传》说：“革，去故也；鼎取新也。”采取新的必须先除去旧的，所以鼎卦在革卦的后面。古来处在变革的社会而善于变革的人，没有赶得上商汤和周武王的。商汤和周武王的革命，不是商汤和周武王决定的，而是时势决定的。顺于天而应于人，天和人都孚信，变革就成功了。

下卦三爻主文明而革。初爻没到已日，不可以变革；二爻正是已日，才可以变革；三爻变革的事已经成就，不能再前往了。上卦三爻主变革而导致愉悦。四爻禀受天命，五爻正当天位，上爻化成天下，没有不悦服的。这是水得到土的调剂而被革，所以爻辞首先说“已日乃孚”。从卦看是离革兑，从爻看是阳革阴。变革之道最注重孚信，变革的过程只求得当，所以以得时宜为贵。天地不能没到春季就革而为夏，不能没到秋季就革而为冬。四季的变革都因应时宜，可以革才革。这就是为什么说革卦的

---

① 乙和卯都是木，化合后形成金和土：此句有误：乙庚相合而化金，是对的，但卯戌相合却化火。天干地支相合：天干甲己相合化土，乙庚相合化金，丙辛相合化水，丁壬相合化木，戊癸相合化火。地支子丑相合化土，寅亥相合化木，卯戌相合化火，辰酉相合化金，巳申相合化水，午未相合化土。

卦时伟大。

《象传》曰：泽中有火，革，君子以治历明时。

泽本来是有水的地方，变为有火，这也是天地的变象，所以叫革。“治历”指推算日月星辰的迁变，“明时”指考察春秋二分、夏冬二至和寒暑的往来，所以说“君子以治历明时”。历是天的事，时是人的事，“治历明时”，是顺天道而治人事的意思。昼夜是一日的变革，晦望是一月的变革，二分二至是一年的变革，这就是《彖传》所说的“天地革而四时成”。

[一辞多断]

○问时运：譬如有水的地方忽而出现了火，是气运的反常现象，要顺应时势而变革才吉。○问征战：屯兵在溪谷林木之间，要防止着火，这是最应该谨慎的。○问经商：兑为金，金入火就熔化了，属于消耗之象。换地方贸易才能无害。○问功名：鲤鱼在跃过龙门的时候，有火烧尾巴之象，吉。○问婚姻：卦体上为泽，下为火。泽有火，象征水被火制、夫被妻制。革，有休妻另娶之象。○问家宅：住宅要防止火灾，应该赶快改造或迁居。○问疾病：是肾水枯涸，肝火上炎的病症，应该另请良医，顺应时节而调养。○问讼事：这事本来是无中生有，属于外来的灾祸。应该改变讼词，选择时日加以辩白，是非自然明白。诉讼得理。○问胎孕：生女孩。凡占得这一卦，都是生女孩之象，只有出了月份才生男孩。

初九：巩用黄牛之革。

《象传》曰：“巩用黄牛”，不可以有为也。

[经传释义]

离为黄牛，革为牛皮。巩，扬雄的《方言》说是“用干”，即去毛后用火烤干，指还没有成革的皮。初爻居离卦的开始，形象类似。变革本来是大的作为，但是初爻卑下，时运和地位都不应当变革，它的才与德也不足以担任变革的事，正如刚取黄牛的皮，用离火使它干燥，不可骤然胡乱改革。《象传》以“不可以有为”来解释爻辞，指不可以先于时宜而变革。

[一辞多断]

○问时运：好运刚来，还应该固守，不可妄动。○问经商：商业刚刚建立，应该先巩固基础，不可随意改弦更张。〇问功名：刚出山求名，才能还有待于培养，为时还早，等四五年后才能变化腾达。〇问婚姻：男女双方年纪都还小，不可打算亲事，三年后可以成就。〇问家宅：住宅是新建的，很坚固。〇问疾病：病是胃火微弱，脾土过强，以致腹中胀硬，类似黄疸病。适宜用消积健脾的药来治疗。〇问讼事：一定是刚强好讼，不容易结案。〇问胎孕：生女孩。

[活断实例]

◎某友人来，愿意出资金与我合作水泥生意，请我占一卦决断盈亏，筮得革卦，变为咸卦。

断卦说：卦体泽在上，火在下。泽本是水和土合成的，火又能生土，革即配合水火而变革为土，卦象与水泥的生产正相符合。占得初爻，象征生意在发轫的时期。爻辞说“巩用黄牛之革”，黄是中央的颜色，牛属土；革即皮，土的外面也称皮；巩，坚韧的意思。水泥的生产，取黏土和拌石灰，放在炉中用火烧炼，其中有水有土有火，把三者合起来就变革成了水泥。初爻象征事情的开始，还不可以仓猝运用这种技术，只垂示它的坚韧像牛革一样。就爻象来推论，过一年这种技术可以推行，过二年这种技术可以达到标准，过四年人们开始信任这种技术，过五六年产品越发理想。开始时所说的牛皮，后来都像虎皮豹皮一样有文采了。爻辞详细、明了而切合，可以相信，值得喜悦。

六二：己日乃革之，征吉，无咎。

《象传》曰：“己日革之”，行有嘉也。

[经传释义]

二爻为内卦的主爻，居离卦的中位，彖辞所说“已日乃孚”，二爻确实可以承当。彖辞所说的“乃孚”，是人对孚信的预期；爻辞说“乃革”，是正值可以变革的时候。孚信了才变革，就是不说孚信，孚信也在其中了。二爻与五爻相应，征是前往，指响应大人的命令，以共同开启文明的气运，所以吉而无害。

《象传》以“行有嘉”解释爻辞，离为火，主礼，凡国家变革的事，主要的不外于制作礼法。《周礼·大宗伯》所谓“以嘉礼亲万民”，说的就是这一点，所以说“行有嘉”。

[一辞多断]

〇问时运：行土运可以兴办事业，大吉。〇问征战：行军作战应该选择戊己日，一定可以获胜。〇问经商：对水泥生意最合适。凡新创立的买卖，必须选择土日开市，这样大吉。〇问功名：戊年或交土运的时候，一定可以成名。〇问婚姻：可以成为好的配偶。〇问家宅：修整旧住宅，应该选择土日。〇问行人：戊己日可以归来。〇问疾病：遇到己日可以痊愈，吉。〇问胎孕：生女孩。

[活断实例]

◎某缙绅来请占气运，筮得革卦，变为夬卦。

断卦说：卦名叫革，是除旧布新，重新振兴事业之象。占得二爻，正值改革的时候，可知您气运正盛，大有可为。"征吉"，征是前往。二爻的正应在五爻，五爻在外卦，应当往外而追随五爻，这样自然获吉。"己日"，应该选择戊己日开始行动，前往无害。

九三：征凶，贞厉。革言三就，有孚。

《象传》曰："革言三就"，又何之矣。

[经传释义]

三、四、五三爻都说"有孚"，"有孚"就是《象传》所说的"乃孚"。再三地申明指示，是为了表示期望的殷切。三爻在离卦的终位，二爻既进行变革，变革的成败就通过三爻来体现。如果变革过急，反而会招致失败，所以"征凶"；倘若人们不服从大事的变革，又适足以引发祸端，所以"贞厉"。骤然变革有危险，不变革也危险。君子只能先求有孚，所以变革尚未实行，有关的言论就要发布。离为言，值离卦三爻，所以为"三就"。过去盘庚把国都迁移到殷地，周公告诉各地的人，都反复详细地说明，不厌其烦，只希望得到百姓的孚信。变革的话已经"三就"，我的诚意就可以深入民心，百姓就会"有孚挛如"了。

有人说，"三就"如《左传》所说：政事不可不慎重，务必再三：一是择人，二是因应百姓，三是随时。做到这三者，天和人就交孚了。这种说法也通。《象传》以"又何之"来解释爻辞，所有卦象，比如"乾之坤"，"之"字都作"变"字讲，意思是"三就"之后再实行变革，还会有什么变故呢?

[一辞多断]

○问时运：在这多事之秋，一不谨慎，凶险就会立刻到来。再三筹划再实行，才能得到众人的信服。从此以后，时运非常好。○问征战：用兵是凶事，也是危险的事。出师的日子，先要申明号令，使众军信任，这样才能无往不利。○问经商：计算盈利以前，应该先防止亏损。贸易之道以信誉为主，只有得到众商人的信从，才能获利。○问功名：再三考试才能成功。○问婚姻：得到三个人作媒，可以成事。○问家宅：应当迁移三次。○问讼事：从初审、再审到终审，才能得到公平的判决。○问疾病：病症本来危险，三天后可以痊愈。○问胎孕：生女孩。

[活断实例]

◎某武士来，请占藩政的方向，筮得革卦，变为随卦。

断卦说：革卦泽水在上，离火在下，火盛了水就会灭，水盛了火就会灭。《象传》说“水火相息”，“息”字有人理解为灭，也理解为生。灭而又生，这是弃旧图新的意思，所以卦名叫革。现在占得三爻，三爻以阴爻居阳位，处在离卦的终位。数成于三，三爻正值变革的成就，可知藩政的成败就在三爻的时候。“革言”指变革的议论；“三就”指再三斟酌商议再实行。这样使人心信从，变革才能无咎，否则，骤然变革固然凶险，不变革也同样岌岌可危。这是明白指示藩政不可不变革，也不可骤然变革，您一定要审慎!

九四：悔亡。有孚，改命吉。

《象传》曰：改命之吉，信志也。

[经传释义]

对变革的讨论叫做“革言”，对变革的实行叫做命。四爻出离卦而入兑卦，正当变革之际，《象传》所说的“革而当，其悔乃亡”，只有四爻可以承当。兑卦二爻说“孚兑，吉”，《象传》说“孚兑之吉，信志也”；革卦四爻说有孚吉，而《象传》也说“信志”，意思是做大事，用民众，必须先得民心，这样才能大行其道。这说明革卦四爻即兑卦二爻，所以二者爻辞相同，卦象也相同。

“改命”，必须上应天命，下顺人心，而变革一新，像商汤和周武王的革命那样。后世假托汤武而妄想改变天命的人，没有不遭到灭亡的。革命必须有商汤和周武王那样的志愿，有那样的志愿就吉，没有那样的志愿就凶。“改命”的吉祥，专指商汤和周武王之类的革命而言，《象传》说“信志”，也是这个含义。

[一辞多断]

○问时运：说“悔亡”，说吉，是灾悔消亡而吉运到来，凡事都可以除旧布新，没有不如愿的。○问经商：必定是重新振兴旧业，很可以得利。○问征战：改旗易辙，重振军令，既可以开辟国家，也可以拓展疆域，还可以转败为胜，吉。○问功名：弃武从文，可以成名。○问婚姻：不利于原配，有利于再婚。○问家宅：动土改造，大吉大利。○问讼事：灾祸和悔恨已经退去，诉讼马上就可以停止。○问失物：可以找到。○问胎孕：生女孩。

[活断实例]

◎某友人来请占气运，筮得革卦，变为既济卦。

断卦说：革是除旧布新的卦，在人则象征衰运退去，盛运到来。现在占得四爻，可知您气运正盛，从前的灾悔已经消亡，以后事业重新开始，谋划的事情无疑可以成就。但是不利于因循守旧，只利于改革，所以说“改命吉”。命即命运。人生的命运五年一换。彖辞取己日，是用土的意思，信也属土。比如丙子运后，换入丁丑，土运正旺，所以吉祥。凡平素不利的事，一经改革就无往不利了。

后来的事情果然是这样。

◎明治二十八年一月三十一日，我军攻陷威海卫，中国北洋舰队据守刘公岛，抗拒我军。二月五日，筮得革卦，变为既济卦。

断卦说：这一卦，我国为内卦，属离火，中国为外卦，属兑金，有以火铄金之象。卦名叫革，革即变革。四爻正当变革的时候，以火器攻打铁舰，是全胜的一卦。

后来果然用水雷击沉艨舰，到十二日，北洋舰队彻底失败[①]，炮台也归我国所有。

九五：大人虎变，未占有孚。

《象传》曰："大人虎变"，其文炳也。

［经传释义］

五爻得到了坤元之气，坤为虎；兑属正西方，白虎为西方之宿，所以五爻有虎象。"虎变"，虎毛成文，越变越美。五爻居君位，故称"大人"，为革卦的主爻。风虎云龙，变化莫测，象征最大也最得当和变革者，"汤武革命"就在这一爻。"未占有孚"，大人的品德和地位都非同寻常，亲自制礼作乐，革故鼎新，为天下开启伟大而文明的化育，而天下受到其化育的人早已心悦诚服，不敢落后。所谓"不疑何卜"，用不着询问鬼神，所以说还没有占筮就已经由衷地孚信了。不但要有孚于人，尤其要有孚于天，因为天给予的时候人才能归服，以至只见其有孚而不见其变革了。上互卦为乾，乾为大人，假如不是"乾道变化，各正性命"的大人，怎么能达到这样的境界？

《象传》以"文炳"来解释爻辞，是因为五爻处于兑卦的中位，兑为泽，为金，而泽指润泽而有文采；金也有文象，向下与离火相应，而离为光，为明，其文采更加显著。离为丙火，"丙"即"炳"，故"炳"字从"火"从"丙"。

［一辞多断］

○问时运：这样盛大的气运，不是"首出庶物"的大人是无法承当的。倘若常人占得这一爻，一定能光前裕后，大振家庭的声誉。○问征战：威武如虎的武臣，声威早已经昭著，不用作战，对方就可能来投降。○问经商：白虎属于西方的星宿，西在四季为秋，防止到秋天货价有大的变化。应该先确定价格，这样自然获利，吉。○问功名：乾卦说"云从

---

① 北洋舰队彻底失败：从 1895 年 2 月 4 日起，南岸炮台日军和联合舰队连日轰击北洋舰队各舰及日岛、刘公岛炮台，并在夜间以鱼雷艇小队连续突入港内实施袭击，装甲舰"定远"，巡洋舰"来远"、"靖远"，练习舰"威远"，布雷船"宝筏"等，先后被击沉、击毁。洋员瑞乃尔等劝逼丁汝昌投降，丁严正拒绝，仍坚持战至船没人尽。9 至 11 日，右翼总兵刘步蟾、提督丁汝昌、护理左翼总兵杨用霖等先后自杀殉职，陆将戴宗骞、张文宣也自尽。17 日，日军占领刘公岛，威海卫海军基地完全陷落，北洋舰队全军覆灭。

龙，风从虎”，是说各有自己的际会。吉。○问婚姻：世俗以为白虎对人不利。婚事“未占有孚”，犹如说还没出嫁就先从了夫，这是女子不贞之象。○问家宅：白虎动，也不利。○问疾病：虎在十二生肖属寅，寅为木，一定是肝木振动的病症。还没有占筮就已经孚信，一定是不必用药就会痊愈，吉。○问胎孕：爻象本来主生女孩，变阴就主生男孩了。

［活断实例］

◎某诸侯让他庶出的儿子继嗣末家，末家是幕府旗下的人。戊辰之变[①]时，幕府旗下数百人推末家为队长，一起谋划举事，他的五十余个家臣也多半参与了行动。本家为此感到忧虑，派人催促他回藩，而且说如果不回藩，恐怕朝廷会怀疑本藩，从而导致不测的祸患。于是议论纷起，分成两派，一派催促回藩，一派不回，将近一个月也没有作出最后的决定。一天，他派人招我，我应招前去。两派数百人挤满了藩邸，各说自己的道理，我都听了，说：“今天所谋划的，实在是国家的大事。国家大事关系到天数，不是可以用私心判断和决定的，不如问于易占。”众人都以为有理。于是筮得革卦，变为丰卦。

戊辰之变时期的日本武士

断卦说：革卦可以说正切合今天的事情。今天各位所说，一是要尽忠于幕府，一是要奉朝廷的命令而为了国家，这岂不就是《彖传》所说的“二女同居，其志不相得”吗？在我看来，卦名叫革，是明白以实行变革

---

① 戊辰之变：又叫戊辰战争。1868 年（戊辰年）1 月 3 日，天皇发布《王政复古大号令》，废除幕府，令德川庆喜“辞官纳地”。8 日及 10 日，德川庆喜在大阪宣布“王政复古大号令”为非法。1 月 27 日，以萨、长两藩为主力的天皇军 5000 人，在京都附近与幕府军 1.5 万人激战（鸟羽、伏见之战），德川庆喜败走江户。戊辰战争由此开始。天皇军大举东征，迫使德川庆喜于 1868 年 5 月 3 日交出江户城，至 11 月初平定东北地区叛乱诸藩。1869 年春，天皇军出征北海道，于 6 月 27 日攻下幕府残余势力盘踞的最后据点五畯廓（在函馆），戊辰战争结束。

之象来指示。五爻为君位，爻辞说“大人虎变”。“大人”指应天承运的大人。虎为百兽中的王，变即变革，明白表示这人就是主持变革的人，所处的也是变革的时候，怎么能不应天顺人而实行变革呢？各位的议论，有一半还拘泥于过去，而不知道卦义只在于除旧布新，可见拘泥过去是错误的。至于担心实行变革而人们不孚信，这是不知道二爻三爻都说“有孚”，应当在变革之前先得到人们的孚信，到五爻革道就成了，所以说“未占有孚”。经过这一变革，这人不但深受信任，而且将使天下的百姓日益走向文明开化，所说的“重熙累洽，光被四表”，正可以从这时看到。应该迅速离开这里，回到本藩，这是我所得到的天数的占断。

两派武士听了都愕然，没有敢出一句话的。于是主事者对我的占断大加赞赏，当日整装而归。

上六：君子豹变，小人革面。征凶，居贞吉。

《象传》曰：“君子豹变”，其文蔚也；“小人革面”，顺以从君也。

[经传释义]

上爻居全卦的极位，有品德而无地位，必定是离位的贤臣，故称“君子”。豹饰是大夫的服饰，故说“豹变”。变革成就于四爻，整顿于五爻，终结于上爻，所以五爻所象征的圣君显示出虎文的灿烂，上爻大夫也增加了“豹变”的华彩。“小人”指百姓，“革面”指转向，说的是小人都在光天化日下潜移默化，洗心革面，欣欣然有喜色，这叫做“小人革面”。

“征凶”，上爻与三爻相应，上爻的“征凶”即三爻的“征凶”，指变革已经成功，如果再有所行动，除非像商汤那样昭明德行，建中立极，只希望给后世带来好处；除非像周武王那样偃武修文，不再用兵。这就是所谓“居贞吉”。

《象传》以“文蔚”来解释爻辞，蔚是深邃细密的样子。豹隐蔽在雾雨当中，润泽它的皮毛，以成就它的文采，犹如君子参与文明的政治和教化，来增加服饰的光华。

[一辞多断]

○问时运：值全盛的气运，光华显著，只适宜守成，不要轻易有所行动，以免造成新的纷纭。○问经商：创业以来，既有名又有利，已经臻于完美，以后应该知足，并谨慎地守成。○问功名：上爻居卦的终位，功名已经达到极致。应该劝他功成身退，所谓“人死留名，豹死留皮”。○问征战：军用品多取兽名来命名，兕甲[①]和虎贲[②]都通过文采来扬威。上爻是终结的位置，象征战事已经完毕，应该停止用兵，退守现状，而不可继续征伐。○问婚姻：上爻与三爻相应，九三属阳，上六属阴。三爻说“三就，有孚”，所以应当再三求婚，这样自然可以成就。吉。○问家宅：爻在上位，宅基必定高。说“征凶”，可知迁移不利；说“居贞吉”，可知居住安好。○问失物：失物已经变革，寻找也得不到。○问胎孕：生女孩。

［活断实例］

◎某缙绅来请占气运，筮得革卦，变为同人卦。

断卦说：革卦是变革旧弊，趋向文明的卦。现在占得上爻，爻辞说“君子豹变”。“君子”指有德无位的人，豹也是隐身的兽类，正合您退位闲居之象。回想过去参与维新，以成就“虎变”的文采，您固然是有功的。豹比虎小，虎属五爻，为君，可知“豹变”即指您。您的功绩既然很大，文明也很显著，正可以守成，不要多求，所以说“征凶，居贞吉”。您的气运是这样，正可安然享受亨通的福。

---

① 兕甲：兕革制的铠甲。

② 虎贲：古代称宫廷禁卫军的将领，也称勇士为虎贲。

䷱火风鼎

《序卦传》说："革物者莫若鼎，故受之以鼎。"鼎是新天命的象征。过去大禹治理水土，九州成为一统，铸造了九座鼎来象征九州，历代没有不看作天命之宝的。夏朝灭亡以后，九鼎归商朝所有，商朝灭亡以后又归周朝所有，所以三代的革命以鼎为重要的器物。鼎卦从革卦而来，兑卦互乾金而居上位，离卦互巽木而居下位，有铸鼎之象。本卦火在上位，木在下位，而木能生火，有用鼎烹调之象，所以命名为鼎。

鼎：元吉，亨。

［经传释义］

所谓"元吉，亨"，巽卦彖辞说"小亨"，离卦彖辞说"利贞，亨，畜牝牛吉"，都不说元。下互卦为乾，乾具备四德，元亨是从乾卦来的。乾卦除四德以外，也不说吉。王弼说，吉才能亨。程子认为《彖传》只解释"元亨"，"吉"字为衍文，朱子遵从他。鼎是三代革命的重器，供神也好，宴飨宾客也好，没有不用鼎的，可知器物的吉祥没有超过鼎的，作用的吉祥也都超不过鼎，不能因为《彖传》没有解释，就疑心"吉"字为衍文。我以为亨就没有不吉的，《彖传》只是省略了罢了。

> 《彖传》曰：鼎：象也。以木巽火，亨饪也。圣人亨以享上帝，而大亨以养圣贤。巽而耳目聪明，柔进而上行，得中而应乎刚，是以元亨。

器物没有比鼎重要的，器物的制作崇尚卦象，所以说"鼎，象也"。卦体下位为巽，上位为离，离为火，巽为风，也为木，中间互泽水，灶中有木火，是用鼎锅烹饪之象。圣人把鼎用于祭祀，烹调牺牲而祭享上帝；把鼎用于宾客，大宴士人而养圣贤。

鼎有三个足两个耳。卦体初爻在下位，属阴，为足；二、三、四三个阳爻象征中实，为腹；五爻属阴，为耳；上爻属阳，为铉，正是鼎象。而

“烹任”是鼎的作用。下卦巽为顺，上卦离为目，五爻为耳，有内巽顺而外聪明之象。卦从巽而来，阴爻上进而居五位，下应九二这个阳爻，所以爻辞说“元亨”。

享上帝与养贤人，是把鼎的作用说到极处；“巽而耳目聪明”，是把鼎的品德说到极处。“柔进而上行”，指由巽卦进到离卦，而离为明，能明就通达了；“得中而应乎刚”，指以五爻应二爻。二爻中实，有实就重大了，所以“元亨”。这就是为什么耳目聪明。三代的圣王都以鼎为至宝，哪里是只取寻常的烹饪作用呢！

以这一卦比拟人事，卦体火在上位，木在下位，中间互金和水。金用来铸鼎，鼎用来盛水，鼎下用木火烧煮而加以烹饪，是古时候遗留下来的用火炊食的方法。这是人事饮食的常道，不可一日缺少。王者用鼎这样贵重的器物来祭享上帝，养育贤人，而百姓进行祭祀、款待宾各，也是礼的内容。或者杀牛而奉上祭品，对祖先的感受像霜露一样切肤；或者杀鸡而欢喜地挽留客人，真挚地请对方住到天明。其深厚的情意，都通过鼎的使用来表达。

《玉篇》说，鼎是用来使食物从生到熟的，是一种器物。《说文解字》说，鼎有三个足，两个耳，是调和五味的宝器。可知鼎是调和五味的器具。味的变化从水开始。把水、木、火三者施于五味，九次煮沸就有九次变化，而以火为纲纪。事情或急或缓，不要失去理法。鼎中的变化，精微纤妙，口不能说，智慧不能比喻，其要点在于调火。只有离卦能体现烹任的功用，只有巽卦能体现火候的运用。

离为火，火的作用凭借木而显著，凭借水而实现。火遇到木就会产生光明，遇到水就会发出声音。光明可以用眼睛看，声音可以用耳朵听。鼎以离象为目，以五爻为耳，以内卦巽为顺，以外卦离为聪明，所以说“巽而耳目聪明”。“柔进而上行，得中而应乎刚”，鼎有这两种品德，所以鼎每一天都使用，却每一天都不同，这样鼎道才得以大亨。人事中凡要弃旧从新的，都应当取法于鼎卦。

以这一卦比拟国家，古时候通过铸鼎来协和上下，上承天命。只有有德行的人才能得到它，失去德行的人只能失去它，所以鼎是根据德行而决定去留的，君子必须“正位凝命”，以求保有它。推论到调和五味，鼎的作用在于烹饪；表演《大武》乐舞，贡献成斛的美酒，鼎所体现的尊贵在于祭享上帝；丰盛的佳肴用四个簋来盛，鼎所体现的隆重在于养贤人。而能否保有鼎而不失去，只决定于德行。德行足与鼎相应，天就会接受他的祭享；德行足以养贤人，贤人就会接受它的供养。所以夏桀拥有的鼎到了商汤的手里，商纣拥有的鼎到了周武王的手里，说鼎无灵吗？却好像是有灵的。

鼎没有耳朵却能听，没有眼睛却能看，天下品物没有比鼎更聪明的，所以说“巽而耳目聪明”。“柔进而上行”，指从巽进到离，离火向上燃烧，故说“上行”；“得中而应乎刚”，指六五中虚，与九二相应，而九二“有实”，故说“应乎刚”。说明鼎之所以为鼎，并为历代帝王当作重大的宝器，原因就在这里。中古时期所谓“明四目，达四聪”，总不在这“耳目聪明”的作用之外。

通观全卦，井卦取用水，鼎卦取用火，所以井鼎二卦爻象相似。井以坎水为主，下卦象征井而上卦象征水；鼎以离火为主，下卦象征鼎而上卦象征烹饪。井卦向上汲水，所以坎居上卦而上卦多吉祥；鼎卦在上面烹饪，所以离居上卦而上卦也多吉祥。井、鼎两卦居革卦的左右，井革就要修治，鼎革就要迁移。鼎是取新之象。有王者兴起，必定以鼎为受命的符验，用特牲到宗庙去祭告，用美酒晏飨宾客，心中的虔诚和礼仪的隆重无不以鼎为重。“巽而耳目聪明”，即所谓“亶聪明，作元后”①。它的天命是新的，它的做法大为亨通，它的教化是“柔进而上行”，它的德行是“得中应乎刚”，这样的器物，宗庙祭祀它，子孙保有它，并但愿万世有道，而不至于迁移到别人手里。

《象传》曰：木上有火，鼎，君子以正位凝命。

木上有火，是木生火的象形，即烹饪的作用。鼎是宝物，三代以鼎相传，鼎的所在就是天命所归，这就是君子为什么一定要“正位凝命”。位指君位，命指天命，君子践履中道而居君位，“正位”而使它不至倾覆，“凝命”而使自己不至涣散，即所谓“恭己以正，南面笃恭而天下平”。

《周易·大象传》说到天命的地方有两处：于大有卦说“顺天休命”，于鼎卦说“正位凝命”。大有卦“以遏恶扬善”，所以以顺天命为贵；鼎卦以祭享上帝，培养贤人，所以取义于“凝命”。其要点即《中庸》所谓“大德者必受命”。

［一辞多断］

○问时运：木向上升，火向上烧，有日益进步上升之象，很可以成就

---

① 亶聪明，作元后：只有对天下诚实不欺，且最聪明灵秀的人才能君临天下。语出《尚书·泰誓》。亶：诚实不欺。元后：天子。

事业。○问征战：登上主帅的位置，受命率领三军，有如火如荼的气势，所谓马到功成，就在这时候。○问功名：尊贵到不可言说。○问营商：木生火，鼎烹饪食物，得其自然的利益，可以不劳而获。○问家宅：防止发生火灾，应该谨慎。○问疾病：一定是肝火上冲的病症，应该用泄肝顺气的办法治疗。○问婚姻：爻为相生，鼎为重器，一定是正配，主得到内助。○问讼事：火势正旺，一时无法罢休。应该定下心来，安于命运，这样自会得到公平的判决。○问胎孕：生女孩。

初六：鼎颠趾，利出否。得妾以其子，无咎。

《象传》曰："鼎颠趾"，未悖也；"利出否"，以从贵也。

[经传释义]

初爻在巽体，巽为股，在股下面，故说趾。初六上应九四就颠了。初至五爻为大过卦，大过是颠的意思，所以初爻为"颠趾"。《少牢·馈食礼》说"雍人概鼎"，"概"通"溉"，是洗涤的意思，指洗去鼎中的宿垢。趾颠鼎就倒了，宿垢就自己倾出来了。否即宿垢，所以"利出否"。"出否"不能说不好。卦中三至五爻互兑，兑为妾。鼎为重器，主器的是长子，所以有"得妾以其子"之象。主器，所以说贵。"无咎"，因为失败而导致了成功，凭卑贱的身份而导致了尊贵。

陆希声说："鼎颠趾"而"出否"，鼎虽然倒了，但是不成问题，犹如妾的身份最贱，不应当尊贵，但是因为儿子尊贵，也能尊贵。按照《春秋》的义理，这属于母以子贵一类。

[一辞多断]

○问时运：有因祸得福、转败为胜的征兆。○问经商：初次小有损失，后来获得大利，而且有在经商的地方成家之象。○问功名：有光荣受封的喜庆。○问家宅：住宅墙基有败坏处，修葺可以获得吉祥，而且必定生尊贵的儿子。○问婚姻：自身虽然只是小妾，但是必定生尊贵的儿子。○问疾病：腹中有长久的积滞，宜于下泻，无害。○问胎孕：生男孩，宜于由妾生养。

[活断实例]

◎某缙绅来，请占他夫人的病，筮得鼎卦，变为大有卦。

断卦说：爻辞为“颠趾”和“出否”，是因为鼎中积有污秽，要把鼎翻过来使污秽倒出去。谈到病体，是腹部有积块，适宜用下泻的方法治疗。在妇科方面，或许有血瘀等病，应当破血，使它流出去，不可看作怀孕。现在占夫人的病而得到这样的爻象，可知病在子宫，是因为房事过度，使子宫受到了损害，有积下的污秽没有清除，应该赶快调治，用适当的方法洗涤。但治疗后要防止生育有妨碍，需要另觅小妾。根据爻象，这样必定可以得到尊贵的儿子。

缙绅感悟，果然蓄了妾，并得到了儿子。

九二：鼎有实。我仇有疾，不我能即，吉。

《象传》曰：“鼎有实”，慎所之也；“我仇有疾”，终无尤也。

[经传释义]

实指鼎中的实，即鼎中的肉。阳为实，阴为虚，二爻属阳，位值鼎腹，故说“鼎有实”。“鼎有实”就可以享上帝，可以养圣贤了。古人爵位高，俸禄厚，往往不免遭遇凶祸，这是仇人攻击我的缘故。二爻的正应在五爻，为三四两个阳爻所间阻，故说“我仇有疾”。仇指害我的人，疾指恼我。二爻坚固地自守，不与它们相比附，所以说“不我能即”。人能守正，不正的人就无法接近，所以吉。

“鼎有实”犹如人有才，应当审慎于自己的趋向，这样才不会陷于不义。所以《象传》以“慎所之”解释它。一座鼎无法移动，众多贤人就会被废弃；一颗心不可动摇，各种议论就会平息，说的就是“慎所之”。“终无尤也”，“无尤”就是为什么得吉。

又说：“疾”字含有嫉妒和危害的意思，例如所谓“入朝见疾”。小人的为害，必定假托亲爱，以便窥伺时机。但只要我志向高洁，行为正大，妒嫉我的人自然无隙可乘，无法接近而害我。

[一辞多断]

○问时运：运途正直，奸邪的人自然远去，做什么事都吉。○问功名：实即实际获得。功名成就以后，会有很多妒嫉的人，应该谨慎防备。○问经商：说“鼎有实”，等于说“口袋里有钱”，应该防止坏人盗窃。○问婚姻：二爻与五爻相应，五爻变阳则全卦为姤，姤卦说“勿用取女”。仇指怨偶。“不我能即”，就是不娶。○问家宅：实指富足的人家，要防止穷人伺机盗窃。○问疾病：阳为实，是实症热症，应该对症调治。吉。○问胎孕：生女孩。

[活断实例]

◎明治十二年夏天，大阪豪商藤田传三郎[1]和中野梧一两人，因为被怀疑而遭到拘禁，并被护送到东京。当时各报纸对这件事的评论喋喋不休。一天有友人来访，请占二人的祸福，筮得鼎卦，变为旅卦。

藤田传三郎像

断卦说：鼎为重器，是不易动摇的；现在鼎中“有实”，就更加不可动摇了。藤田和中野两人正值这一卦象。动摇他们的是司法官。现在司法官“有疾”，无法施展能力，这样就最终也无法动摇他们了。这叫做“我仇有疾，不我能即”。两人的案子，想来当天就可以得到解脱。

既而果然和所占断的一样。

◎一天，某友人到来，说：“近日有媒人来为我说亲，请占这女子娶来怎样？”筮得鼎卦，变为旅卦。

断卦说：鼎有“耳目聪明”之象，另外内卦巽为长女，颜色为白，外卦离为明，为丽，这女子一定有才智，而且有美色。但是说“鼎有实”，恐怕已经有了胎孕，可知她有外遇。这女子有了孕，父母一定不知道，就是媒人也一定不知道。您不必说破，婉言推辞就可以了。

某友人果然婉言辞谢了这门亲事。后来听说这女子所嫁的就是外遇那位情郎，出嫁不到一个月就生产了。后来某友人每当见到我，就谈论这件事，而赞叹易理的灵妙。

◎明治三十一年，占英国与德国的外交，筮得鼎卦，变为旅卦。

断卦说：鼎是调和五味的器物，能使不相和合的口味归于和合。现在占英德两国外交而得鼎卦二爻，二爻与五爻相应，应当以二爻为德国，以五爻为英国。二五两爻阴阳相应，可见英德两国本来亲善；但由于四爻在两者之间作梗，使两国的意志无法沟通，必须等到四年后，四爻这个障碍退去，两国才能相亲善。《象传》所谓“慎所之”，指应当谨慎自己的趋

---

① 藤田传三郎：日本近代实业家，山口县人。幕府末期在长州藩为尊王攘夷运动积极奔走，参加过游击队。维新后开始军靴制造业、陆军用品业，在西南战争中获利颇丰。1881 年创设“藤田组”。1884 年涉足矿业及周边行业，并参与创设大阪纺织、阪界铁道，成为大阪商界首脑、关西财界巨头。1911 年被封为男爵。

向；“终无尤”，自然可以免于受害。英国凭着多年积累的成绩而成就霸业，德国前皇帝威廉[①]联合比邻的小国，征伐挪威、奥地利，攻克法国，因此与奥法两国构成了仇怨，恐怕两国在暗中复仇，想借德国的势力联合保护，所以不得不与德国结好。这是两国外交上的隐密的用意所在。

九三：鼎耳革，其行塞，雉膏不食。方雨亏悔，终吉。

《象传》曰：“鼎耳革”，失其义也。

[经传释义]

毛西河说：鼎既有实，就以铉贯穿鼎耳，抬到进食处，即《仪礼》所谓“扃鼎”。如果鼎中没有实，就撤去铉，脱去耳，叫做“耳革”。所有的东西都用足行进，只有鼎用耳行进，“耳革”就没法抬走了，所以说“其行塞”。上卦离为雉，下卦巽为鸡，鸡也是雉类。雉装入鼎而烹饪，所以叫“雉膏”。雉膏是美食，但是鼎的行走既已经阻塞，人就没法吃到它了。

三爻变阴则下卦为坎，坎为雨。初爻升到三爻则全卦为睽，睽卦上爻说“遇雨则吉”，睽的上互卦为坎，雨都取象于坎。“方雨”，乍雨的意思。及时滋润的雨叫膏雨，比喻“雉膏”味美而滋润。坎为忧，也为悔，故说“亏悔”，指有这样的美味而吃不到，举鼎的人能没有悔恨吗？悔恨就会想办法改变，使“耳革”的不再革，“行塞”的不再塞，这样开始虽然有悔恨，结果却是吉祥的。

古代帝王铸鼎并铸上动物之象，而作为世间的宝物。鼎一成不变，举鼎的方法也一成不变，现在要把旧鼎变为新鼎，胡乱地革它的两耳，使鼎一步也不能行走，所以说“失其义”。井卦和鼎卦的九三都居下而不用：井三爻“井渫不食”，鼎三爻“雉膏不食”。君子能调和饮食，但不能使人一定进食。革卦三爻虽然要变革鼎耳，而五爻能以金铉填实它，开始虽然有悔，终结却吉祥。

[一辞多断]

○问时运：时运不是不好，只是胡乱变革，以致行动受到阻碍，所以有悔恨。○问功名：目前虽然有德有才，但是志愿无法实现；改走其他

---

① 德国前皇帝威廉：末代德意志第二帝国皇帝和普鲁士国王，全称弗里德里希·威廉·维克托·艾伯特·冯·霍亨索伦。从1888年即位。1918年，德军在第一次世界大战中的最后攻势宣告失败，同时国内发生革命和兵变，被迫退位。

路，反而多灾难和悔恨。○问经商：业务有改变，导致货物淹滞不动。必须到三年后才能复兴。○问征战：军队有变故，恐怕粮食被劫。○问家宅：防止住宅的两座厢房有变动，或者有火灾。遇雨可以得救。○问婚姻：恐怕有悔婚改嫁的变故，即所谓“失其义”。○问胎孕：生女孩。

[活断实例]

◎明治二十年春，我会见某贵显，普遍地讨论在朝的各位大臣。我说：“像某公，今年可以登上显要的官位。”贵显说：“您怎么知道?”我说：“我每年冬至日占问在朝大臣的气运，所以知道。某公今年的气运值鼎卦，变为未济卦。”

断卦说：九三以阳爻居阳位，才华和能力都强。与四爻相比，而四爻也是阳爻，两个阳爻不相亲和。三爻因为既不得中又不与五爻相应，所以“耳革”而不能穿入铉，导致淹塞而无法行进。虽然鼎中有美味的“雉膏”，终究不得食用，这是用来比喻人有济世的才能，却没有人举荐，终究无法施展抱负。“方雨”如大旱得雨，足以安慰百姓的期望。百姓对他的恩泽的期待，无异于大旱的时候期待甘雨，所谓“斯人不出，如苍生何”，所以开始“悔亏”，但终于得到吉祥。某公今年的运途就是这样，所以知道他必定得到提拔任用。只嫌三爻阳刚过度，而太刚必定导致折断，要防止有不测的灾患。

某贵显听了，深感易理的微妙。后来某公果然升封伯爵，荣任显要职位。但第二年猝然遭遇事变，以致有砍去足的祸患，应验在四爻“鼎足折”的征兆。

九四：鼎折足，覆公餗，其形渥，凶。

《象传》曰：“覆公餗”，信如何也。

鼎有三个足，象征三公。案，九四爻辰在午，在天上值紫微垣①。三公又称三师。《隋书·百官志》说：三师不主事，不设官府和僚属，与天子坐而论道，属于贵戚近臣。四爻向下与初爻相应，初爻为趾，在大过的卦体，而大过为颠；四爻为震爻，震为足；上互卦为兑，兑为毁折，所以初爻的“颠趾”，到四爻就是“足折”了。鼎的安定不动靠足，足一折鼎

---

① 紫微垣：天文学上的三垣之一。三垣（紫微垣、太微垣、天市垣）占有重要地位。《宋史·天文志二》：紫微垣东蕃八星，西蕃七星，在北斗北，左右环列，有翊卫之象。称为大帝之坐，天子之常居，主命、主度。

就倒了，举凡二爻所有的实，三爻的“雉膏”，就都被倾覆了，所以说“覆公餗”。

餗，《经典释文》以为“健”，《周礼》以为“糁”，重要的是都以为指鼎实。“形渥”，郑玄作“刑剭”。郑玄注释“屋诛”说：“屋”字读如“其刑剭”的”剭”，指杀人不在集市，就屋中用刑。服虔也说《周礼》有屋诛。在屋中诛杀大臣，是为了不暴露给普通人。

四爻比近五爻，象征大臣。“鼎折足”比喻臣下失职。“君之视臣如手足”，足折，臣道就失去了；在屋中诛杀，是凶极了的意思。《象传》说“信如何”，是说四爻不胜任他的职务，咎由自取，无可奈何。

［一辞多断］

○问时运：运途颠倒，小则受到损害，大则遭受刑戮，非常可怕。○问征战：有损兵折将的祸患。○问功名：未成的事难以期望，已成的事必定失败。○问经商：不但财产遭到毁灭，而且有性命的忧患。○问婚姻：一定是男女都有足部的疾病，对家道不利。○问家宅：有栋梁折断，榱樔崩摧的灾患。○问疾病：一定是足上生疮，难保不被截肢。○问讼事：凶。○问胎孕：生女孩，防止有残疾。

［活断实例］

◎明治十五年七月，朝鲜国京城发生内部变故，杀戮大臣，驱逐我国公使，都是由大院君唆使的。飞报到达我国，朝野都很骚动。某贵显来到我家，请我占卦，筮得鼎卦，变为蛊卦。

朝鲜高宗皇帝像

朝鲜兴宣大院君像

断卦说：鼎有三个足，象征三公，折足表示三公有变故，说的正是今天朝鲜的事。四爻接近五爻，象征君王的近臣，有独揽大权之象。《系辞传》所说的“德薄而位尊，智小而谋大，力小而任重，鲜不及矣”，正是大院君的写照。“覆公餗，餗是鼎中的肉，鼎足折了，鼎中的肉就会倾覆无余，这是比喻朝鲜事变发生后，府库中的资财一定会完全耗散。“其形渥”，“形剭”读作“刑剭”，指重刑。大院君以君王父亲的尊贵身份，纵使得以免于用刑，也恐怕遭到幽禁和侮辱。四爻变阴则全卦为蛊，蛊是蛊惑，三个“虫”字在“皿”中，有毒虫互相吞噬之象，是开化、守旧、事大三党互相倾轧之象。幸而朝鲜君王贤明，又得到九二贤臣的辅佐，不至于导致国家颠覆，也算幸运了！

贵显听了，点头而去。后来大院君果然被中国幽禁，国王得以亲政。

六五：鼎黄耳金铉，利贞。

《象传》曰："鼎黄耳"，中以为实也。

[经传释义]

五爻为偶画，位居鼎的两端，象征鼎耳。鼎卦上体为离，离为黄，故说"黄耳"。"铉"与"扃"通用，用来穿鼎耳以便抬走。按照鼎制，天子的以黄金装饰，诸侯的用白金装饰。五爻为君位，应该用金鼎，所以鼎铉为金铉。"利贞"，鼎是国家的重器，利在端正稳固而不动摇，举鼎的人也应当以端正稳固的心对待它，以保证不至颠覆。抬起一座鼎靠鼎耳，统治天下靠君王，耳为全鼎的主宰，正如君王为天下的主宰。

《象传》说"中以为实"，中指鼎耳中虚，穿上铉就可以举起，而鼎中的实才可以祭上帝、养圣贤，说明二、三、四爻的实在鼎腹，五爻的实在鼎耳。

[一辞多断]

○问时运：运途贵重，守正就能得福。○问功名：有大贵之象。○问经商：信息明了，贩运便捷，可以获得厚利。○问征战：防止有洞穿胸部、贯穿耳朵的灾难。○问婚姻："黄耳金铉"是贵兆，主与贵族联姻。○问家宅：是富贵人家。○问胎孕：生女孩。

[活断实例]

◎某商人来请占气运，筮得鼎卦，变为姤卦。

断卦说：鼎是国家的重器，能调和五味，以供祭祀和宴享。现在您占商业而得到鼎卦五爻，看爻辞的意思，是说鼎有耳，只有穿入铉才能举起来行进。这是比喻商业要获得利润，必须得到适当的方法。"黄耳金铉"，是珍贵的东西，比喻利益的丰厚。您得到这一爻，财运盛大可喜。

◎明治三十一年，占改进党气运，筮得鼎卦，变为姤卦。

断卦说：鼎的枢纽在耳，耳的枢纽在铉。抓住它的枢纽，即使九鼎那么重，也可以举起来行走。现在占改进党的进步而得鼎五爻，爻辞说“黄耳金铉”，鼎耳有铉，鼎就可以抬起来，比喻党中有首领，决议就能得到实行。改进党素来与自由党不和，现在两党联合，得以同时进入议会，所以能表达它的意旨，可以算是抓住枢纽了。但这件事最重要的是以正为利，不正总是有所不利。爻辞详明亲切到了这个程度。

后来两党果然实行了联合，得以并立在政府中。但是两强是不能并立的，所以不久又因为互相猜疑而发生了倾轧，四个月后又被罢免了政府中的职务。这是不了解“利贞”的旨意的缘故。

上九：鼎玉铉，大吉，无不利。

《象传》曰：玉铉在上，刚柔节也。

[经传释义]

上爻居外卦的极位，一个阳爻横亘于鼎耳，有铉象。玉性坚刚，但它的颜色温润。上九以刚爻居柔位，其品德像玉，所以为玉铉。

有人说上爻处在卦外，象征就养的圣贤，是没有地位的人。鼎的装饰各有品级，天子用黄金，诸侯用白金，大夫用铜，士用铁。五爻说“黄耳金铉”，说明是天子的鼎，因为上爻无位，特意以玉铉加以区别。《周易集解》引干宝的话，说“玉，又贵于金者”，就是这个旨意。

《象传》说：“玉铉在上，刚柔节也。”上指在六五的上位，节是适均的意思，说的是上爻与五爻以金玉相配，刚柔相济，得以成就鼎养的功用，所以“大吉，无不利”。

[一辞多断]

○问时运：温润平和，做什么都有利。○问征战：大军已经出发，攻无不克，大吉。○问功名：地位趋于鼎铉，大吉。○问经商：如同美玉待价而沽，得到的价钱一定高，做什么都有利。○问婚姻：如金如玉，大吉。○问家宅：住宅位置很高，大吉。○问疾病：恐怕是耳痛的病症。○问胎孕：生女孩。

[活断实例]

◎某缙绅来请占气运，筮得鼎卦，变为恒卦。

断卦说：鼎借助火来发挥作用。下卦象征鼎，上卦象征烹饪，功用在上卦，所以上卦多说吉。现在您占气运而得到鼎卦上爻，爻象为“鼎玉铉”。鼎是重器，玉是宝物，以玉装饰铉，以铉举鼎，鼎可以举起来了，养的作用也可以及于天下了。这是比喻人时来运转，刚柔相济，所谋所为没有不大吉大利的。

䷲震为雷

“震”字从“雨”，“辰”声，《说卦传》说是动的意思，《杂卦传》说起的意思。卦体两个偶爻为坤，一个奇爻为乾，坤阴在上位，乾阳在下位，象征阳气伏藏而无法出现，阴气迫促而不能蒸发，于是震动而起，即所谓“雷出地奋”，所以这一卦叫“震为雷”。

震：亨。雷来虩虩，笑言哑哑，震惊百里，不丧匕鬯。

[经传释义]

《说卦传》说：“帝出乎震”，“震，东方也”。《说文解字》说，东是动的意思，阳气震动万物，在季节为春，而春为四季的开始，即乾元的“始而亨”，所以叫震。“虩虩”，恐惧的样子；“哑哑”，和乐的声音。震为笑，也为言，指震雷发而为怒则可惧，发而为喜则可乐，故说“震来虩虩，笑言哑哑”。震为诸侯，诸侯所接受的封地方圆百里；震又为惊惧，故说“震惊百里”。震为鬯，鬯是祭器。匕，《诗经》“有捄棘匕”注：以棘为匕，用来盛鼎中的肉，送到装祭品的器物中。在承祭时，心存诚敬，纵使有迅雷骤然发作也不会走神，所以说“不丧匕鬯”。

> 《彖传》曰：震：亨。“震来虩虩”，恐致福也；“笑言哑哑”，后有则也。“震惊百里”，惊远而惧迩也。出可以守宗庙社稷，以为祭主也。

震体本来是坤，因为静极生动。乾元以一个阳爻进入坤中，为坤卦的两个阴爻所掩覆；阳爻奋发而出，它之象是雷，它的作用为动。阳气奋发，通达无阻，故说“震亨”。震有两种含义，即在人为恐惧，在天为震惊，所谓“迅雷烈风必变”，即使圣人也时时凛然于天的威神。这就是“昭事上帝，聿怀多福”的告诫，故说“恐致福”。等到雷声停止，气息和畅，万物得以生发，人也为它感到痛快，神清气爽，身体安适，安然谈笑而不改变常度。这就是所谓“言而世为天下则”，所以说“后有则”。一种说法认为，震得到了乾元，“后有则”即“乾元用九，乃见天则”，也通。

总之，“虩虩”和“哑哑”，象征上天神威和福祉的同时施予，圣人以忧乐相感通而不伤天地的和气，自然会得到万物生长和成就的快乐。“虩虩”是对震的反应，“哑哑”是得到了震的亨通。“震惊百里”，指雷声能传到百里以外。雷发生的地方近，而声音却传得很远，远处尚且畏惧，近处就更应该警惕了。

震为长子，足以主持重器。出的是君王，指君王出游，长子得以守护宗庙社稷，作为祭祀的主持者。祭祀以敬为主，长子肃然而从容地在宗庙中祭祀，即使事情猝然发生变化，也不会失去奉持匕鬯的诚敬。这些都是处震卦之道，圣人也只是效法天罢了。

以这一卦比拟人事，《玉藻》说：有疾风、迅雷和大雨，则必定改变容色，即使在夜里也一定要起身。君子“恐惧修省”，没有什么时候不恭敬，而遇到事变的时候尤其恭谨。小人则在平居时很放逸，本来没有“虩虩”“震惊”的意思；一旦雷霆震怒，就会悚然畏惧而无法自持，甚至有一震而丧命的，又怎么能期望他们以恐惧导致福祉呢？震虽然属于天道的变异，但实际上却是由人事招致的。天没有对圣人更宽容，也没有对常人更严厉。震动到来而能敬，震动退去才能不改常度，所以“哑哑”之乐也是从“虩虩”而来。在遇到变异的时候可以求福的“虩虩”，可以作为日常生活中的法则。

地方有远近，恭敬却没有先后，所以说“惊远而惧迩”。震即动，有动必然有静；震为起，有起必然有伏，这是人事动作起居的要旨。人事没有比恭敬神明和感格祖考更重大的，捧鬯举匕，一一以诚心贡献而不敢有一点失误。时运发生了变故而心里却很静定，事情值得畏惧而精神却很安和，倘若不是心中诚敬，怎么能做到呢？

以这一卦比拟国家，“帝出乎震”，震卦是乾父的长子，足以代替君父而宣示威严，赐予福祉。天震为雷，帝震为怒，即《洪范》所谓“帝乃震”。过去周武王一怒而安定了天下，就体现了震亨的义理。震为威严，也为仁爱，因为上天雷霆奋发，雨泽就会随后到来。一时群阴无不摄服，万物舒畅地生长，震慑于其神威的人魂飞魄散，得到其恩惠的人幸福和乐，“虩虩”“哑哑”之象，就是这样造成的。圣王体会乾元而出山治理天下，能令百姓畏惧他的威严，也能令他们感怀他的恩德。诸侯的封地为百里，而威德却从百里达到四海，所谓“近者悦，远者来”，是不限于地点的。

震卦在四季为春，在五行为木，所秉完全是天地的生气。天地以好生为德，王者以爱物为心，巍巍崇高、浩浩荡荡的德行就在兢兢业业当中，既可以为万民造福，也可以为后世垂示法则。“守宗庙社稷”是君王的事，君王出巡则由长子主器。长子虽然还没有成为君王，却可以上承君父的德位而做祭主。《周易正义》说，这是解释“不丧匕鬯”的意思。

通观全卦，这一卦接在鼎卦的后面。《序卦传》说：“主器者莫若长子，故受之以震。”器指鼎。革命已经成功，必须立长子而继承君位，上承乾天，故说“主器”。这就是震卦为什么上承鼎卦。

震卦得乾元的阳刚之气，因应时节而迅猛发作，犹如威怒的一击，这是“天行”的刚健；它发育众多生物的作用，是乾元“资始”的大德，所以圣人以兢兢业业来体现无为，以好生的德行来体现神武。“虩虩”和“哑哑”的道理本来一致，以“虩虩”凛然于天的威怒，而心中不敢放逸；以“哑哑”上承天的德行，而得到它的和气，这是震雷春发秋藏的旨意所在。

上互卦为坎，坎为忧，故有恐惧之象；下互卦为艮，艮为顺，故有和悦之象。艮为宗庙，为社稷，故有宗庙社稷之象。震为出，为守，所以说“出可以守”；震为祭，故说“为祭主”。由鼎卦引出震卦，取鼎新的意思，是由静而动；把震卦倒过来而构成艮卦，取静止的意思，是由动而静。震动的声音传到百里以外，静止的诚敬专主于一心，所以既可以导致福祉，也可以垂范给后世；既可以惊远处，也可惧近处；可以守卫，也可以祭祀，而不至于有所丧失，这样才算得上善于处于震动的形势的人。

至于六爻的含义，各自相应它们的时宜。初爻秉持一个阳爻，为震卦的主爻；二爻到巽位，是主春夏之交的一爻，雷开始发声；三爻到离位，四爻到坤位，五爻到兑位，上爻到乾位，这时阳气伏藏，而震道也终结了。六爻都两两相对。初爻与四爻相对，初爻为阳刚，四爻溺于阴柔，所以四爻的“遂泥”而不如初爻的吉；二爻与五爻相对，二爻“丧贝”，五爻“有事”，所以二爻的“勿逐”不如五爻的“无丧”；三爻与上爻相对，三爻“苏苏”，上爻“索索”，所以上爻的“征凶”，不如三爻的行而“无眚”。处身于震动形势的方法，大体以“恐惧修省”为主，除初爻外，各爻都不得处震之道，所以《象传》的话，只有初爻可以承当。

《象传》曰：洊雷，震，君子以恐惧修省。

洊，再的意思。上下卦都是震，所以叫“洊雷”，犹如坎卦说“习坎”。雷是天地的威怒之气，阴阳薄击的声音令人闻而色变，不正的念头因而顿时消失，所以“震来虩虩”，无不恐惧。但恐惧在一时，修省则在平日。君子没有什么时候不敬，遇到震雷就更加谨慎，震雷退去后还要反省自修，不敢有一点懈怠。喜怒哀乐都以天为准，惟恐因为检点自身不到位而导致天变。既以心存恐惧的状态来凛然于上天的威怒，又以反复修省来敬承天道，叫做“君子以恐惧修省”。

[一辞多断]

○问时运：在气运发动时，防止它的过盛。应该谨慎收敛，可以避免损失。○问征战：有连日交战之象，临阵的时候需要知道恐惧。○问经商：震雷可以出滞，滞是积滞，所以积滞的货物一时都可以得到销售。《象传》说“洊雷，震”，可知有一两番好买卖。○问功名：雷是生发之气，“洊雷”，有接连获捷之象。○问家宅：防止宅基震动，上爻说“于其邻”，一定是近邻有修造的，应该祭祀和祈祷。○问婚姻：震为长男，旁通巽，巽为长女，属于好配偶。○问疾病：是肝木太盛的病症，防止有变化，结果可怕。○问胎孕：生男孩。○问失物：一动就能看到。

初九：震来虩虩，后笑言哑哑，吉。

《象传》曰：“震来虩虩”，恐致福也；“笑言哑哑”，后有则也。

[经传释义]

“虩虩”，惊惶四顾的样子；“哑哑”，笑语的声音。初九以阳爻居阳位，体现乾元的刚健，作为成卦的主爻，所以爻辞与彖辞类似。就是说，能临事而知惧，乐在事后，或“虩虩”或“哑哑”，一任天性而随时宜，即所谓“时然后笑，时然后言”，在“哑哑”中仍然不忘“虩虩”的意思。爻辞添了一个“后”字，其旨意越发明白了。吉就是指“致福”。天下的道理，安逸往往多招祸患，危惧则自然导致福祉。《象传》说“恐致福”，是说恐惧戒慎，可以转变祸端，招致福祉；又说“后有则”，则就是乾元的“天则”，指娱乐得其时宜，能与天的法则相符合。

这一爻变阴则全卦为豫，豫是乐的意思，有“笑言哑哑”之象。爻中的“震”字有两重含义：初四两爻都以阳震阴，是震动的震；二、三、五、上四爻都是受震者，是震恐的震。

[一辞多断]

○问时运：好运刚来，凡事都可以进行。只要先艰难而后容易，先忧虑而后安乐，就事事都吉。〇问征战：初时敌人奋勇，值得畏惧；后来自己得到胜利，值得喜悦。〇问经商：商业在新兴的时候，凡事都值得畏惧；等到经营有了成就，获得了利益，才能随时欢乐，无不吉祥。〇问功名：谚语说“吃得苦中苦，方为人上人”，有先艰难而后得意之象。〇问家宅：防止住宅有变动，其卦象为先号哭而后欢笑，但可以无害。〇问婚姻：这婚姻开始有忧惧，后来得以欢乐，吉。〇问疾病：先危险后快乐，不必用药就有喜庆。〇问胎孕：生男孩。

[活断实例]

◎某友人来请占气运，筮得震卦，变为豫卦。

断卦说：震卦象征雷霆之气从大地中奋然而出，鼓舞元阳，生发万物。“震来”，指震动乍来；“虩虩”，指听到雷声而恐惧的样子；“哑哑”，因为震雷所带来的福祉而喜悦的样子。震卦值春夏之交，象征“雷乃发声”的时候。现在占得初爻，可知您的时运正得春气透发的气象，只要奋然振作就大有可为。凡事开始时难免有危险和困难，应当谨慎而恐惧，图一个好的开始，以后坎险都被平定了，自然可以谈笑欢乐。本爻变阴则全卦为豫，所谓“凡事预则立”，就是这一卦的内涵；并且豫是愉悦，也有“笑言哑哑”之象，它的吉祥就可以预知了。

后来的事果然和所占断的一样。

◎某来请占目前米价的输赢，筮得震卦，变为豫卦。

断卦说：爻辞说“震来虩虩”，可知米价一时大有陡涨陡落的形势，输赢很大，非常可怕。您占得这一爻，如果知道了现在市场上的米价，一定会大为惊恐。等到震动平定、价格适中的时候，您自然可以得利。“笑言哑哑”，多么快乐啊！

后来的事果然和所占断的一样。

六二：震来厉，亿丧贝，跻于九陵。勿逐，七日得。

《象传》曰：“震来厉”，乘刚也。

[经传释义]

二爻得坤体，居内卦的中位，“震来”的爻辞与初爻相同。声音急激而极具威力，故说厉。亿，叹辞。坤卦“东北丧朋”，震为东方，震动而出，坤卦的朋就会丧失。二贝为朋，“丧朋”即“丧贝”。古时候十朋五贝都用来购物，所以贝是重要的东西。震为陵，初爻属于阳刚的九数，故说“九陵”；二爻据于初爻的上位，故说“跻于九陵”。

震为逐，坤丧失了贝，震二爻追逐它。这是不知道人事的穷通得失自有定数，追逐能得到，不追逐也未必不得，所以说“勿逐”。震在下坤在上的卦为复，复卦说“反复其道，七日来复”，指阴阳数到六就到了极致，到七就会互相对冲。二爻返回，只要返回，以前丧失的就可以在后来复得，所以说“七日得”。这说明复的内卦本来是震，复卦说“朋来无咎”，朋就是贝，来就是得。

《象传》以“乘刚”解释这一爻，是说六二阴柔，下乘初爻阳刚，以致丧失它的贝，所以有“震来厉”的危机。

[一辞多断]

○问时运：运途尴尬，有所损失，幸而可以复得。○问经商：得与失相补偿，但也已经危险了。○问功名：得到了忧虑失去，失去了忧虑不再得到，人品也就低了。○问征战：一受惊恐，粮饷都失去了。营寨迁到高阜上，危险已经到了极点。幸而夺回了粮饷，但不能算胜利。○问婚姻：主夫妻不睦，要防止发生携资潜逃的事情。不必追究，很快就会回来。○问家宅：防止有盗贼劫掠的灾祸，失去的东西还可以再得到。○问疾病：病势很危险，七日后可以痊愈。○问失物：不用寻找，自会得到。○问胎孕：生男孩。

[活断实例]

◎知友益田孝①是一位幕府旧臣，曾经留学法国，回国后为骑兵代理队长。一时人们议论赶走外国人，修习西洋学问的人屡次被殴打，他于是躲避到横滨，被我聘为通办。明治元年五月，他不辞而退，使我很忧虑，为此占了一卦，筮得震卦，变为归妹卦。

益田孝像

断卦说：震卦初爻的雷奋然而起，二爻为雷所震惊，是为畏惧险难而退到高丘上去之象，叫做“震来厉，亿丧贝，跻于九陵”。震是东方的卦，一定在东京受到了大的惊恐，于是舍弃财物而远去。七天之后，一定会回来。

---

① 益田孝：日本新潟县人，实业家。少时学习英语，曾跟随池田长发使团访问欧洲。1871年被井上馨推荐担任大藏省（财政部）造币权头的职务。1874年与井上馨一起创建先收会社并担任社长。1976年担任三井物产的社长，参与创建三井合名会社。1914年引退。1918年封男爵。

一时众人听了这样的断语，都疑信参半。后来益田氏果然在七天后回来。问他，才知道因为上野战争，官军警备森严，他不得已绕道逃了回来。爻辞真像一一看见了一样。

◎隐居的华族某君来了，说："现在因为有切要的事吉凶未定，请您占一卦。"筮得震卦，变为归妹卦。

断卦说：震为主器的长子，卦象上下都是震，一定是兄弟间发生了变故，原因在于彼此竞争家督的地位。看您相貌魁梧，年纪还不到三十，已经自称隐居，一定是由于家政多是非而被迫隐退，这是不说也可以知道的。现在占得二爻，二爻被初爻阳刚所震，以致丧失了他的贝。初爻在二爻下，可知您一定是为臣下所困，而退位闲居，在丘陵之间避事，所以说"震来厉，亿丧贝，跻于九陵"。暂时应该安分而隐忍，千万不要急于争夺，以致决裂。重要的是道理有循环，事情有变化，以后一定可以失而复得，所以说"勿逐，七日得"。七是数的一周，迟的话需要七年，快的话只须七个月，定数是不可违背的。

某氏大为感慨，说："我的旧藩地在南海道。我属于庶出，是长子，我的弟弟比我小两岁，属于嫡出。维新的时候父亲病死了，我因为年长而继承了家政。后来我游学横滨，因为年轻而不知自我检点，旧家臣于是以这为口实逼迫我隐退，让弟弟继承了家督地位。我的旧领地有矿产，有人因为资本不足而劝我出资与他一同开采，我向东京横滨商人借得高利贷款若干。不料矿产微薄，亏损很大，因此涉入诉讼。最近债主因为当时的借条称华族，没有称隐居，逼迫得更加厉害，不知道会如何判决。现在听了您的占断，说失去的还可以复得，不觉心中感到喜悦。"

六三：震苏苏，震行无眚。

《象传》曰："震苏苏"，位不当也。

[经传释义]

"苏苏"，《周易正义》说是畏惧不安的样子，比初爻的"虩虩"而更加不安。三爻在内外卦之交，内卦的震动还没有停止，外卦的震动又到来。自然界的雷越震越厉害，人心也越震越恐惧。"恐惧修省"，不可以稍有停息，有一个念头的放逸，灾咎就可能乘隙到来。震为行，以震继震，"恐惧修省"不止才能没有灾咎。天以震动警醒人，人就应当以震恐承上天。承天而行，自然没有灾眚。

《象传》说“位不当也”，人的处世，怎么能时位总是得当？因为不当，一经震慑就要更加敬谨，这样才能免于危害。

[一辞多断]

○问时运：运途不当，应该谨慎又谨慎。谨慎行事，一定没有灾咎。○问经商：销售的路子不当，应该改走别的路子，这样可以避免损失。○问功名：“位不当”，指才能不胜任职务，即使得到也危险。○问征战：全震卦都象征处在值得危惧的地方。“苏苏”，指死而复生，这一战难以指望得胜，只能逃生罢了。○问婚姻：门户不相当。○问疾病：虽然危险，却得以重生。○问胎孕：生男孩。

[活断实例]

◎我一向以在冬至日占卜各种事情为常例。明治二十五年冬至，占问水泥厂的气运，筮得震卦，变为丰卦。

断卦说：卦到三爻，震动越发厉害，在人事上势必有大的惊恐之象。该厂制品质量精良，厂里职工也各安本业，似乎没有意外惊恐的事。现在占得三爻，玩味爻辞，感到特别深的恐惧。

不料这年十一月间，浓尾之间发生大的地震灾难，厂里的烟灶顿时破裂，职工伤了数名。这一灾难是三十年来所没有的。当时得到这一爻辞，曾经不知灾难从哪来，在灾后想来，越发慨叹鬼神的前知了。

九四：震遂泥。

《象传》曰：“震遂泥”，未光也。

[经传释义]

遂，往而不返的意思；泥，深陷而无法拔出之象。四爻为外卦的主爻，上体互坎，处于坤中，坤为泥，坎为雨，坤土得雨为泥涂，故说“震遂泥”。说明它的震动在一鼓、再鼓、三鼓之后，阳刚的威力已经穷尽，像陷入淤泥中而不能自拔一样。君子“恐惧修省”，在四爻尤其需要凛凛然。

《象传》以“未光”解释爻辞，四爻本来与初爻相应，四爻的卦体即初爻的卦体，但不能像初爻那样体于乾元。乾为光，初爻得到了乾光；四爻则乾阳已经衰弱，故说“未光”。这也是爻位决定的。

[一辞多断]

〇问时运：正运已经过去，精力既已衰弱，即使要振作起来，也终于觉得难以致远。〇问征战：战争靠所谓的“一鼓作气”，如果再三再四，则勇气已经衰落。倘若这时鲁莽前进，要防止车马陷入泥淖，被敌人所围困。〇问经商：商业还好，只是挥金如土，恐怕终究无法积蓄。〇问功名：有拖着尾在泥涂中爬行之象，应该后退而不应该前进。〇问婚姻：如意是一定如意的，只是相隔如同云和泥。或者是名分有上下的差别，或者是道路有南北的区分。〇问疾病：必定是中焦有积食泥滞，以致腹中鸣响作痛，用药适宜开通下焦。〇问家宅：住宅门前积土成堆，屋中的沟道也多半不通畅，以致阳气闭塞，不利。〇问胎孕：生男孩。

[活断实例]

◎友人某来请占气运，筮得震卦，变为复卦。

断卦说：震卦是长子能够主持家政之象。一爻为一世，到四爻则继承已经很久，世泽已经衰落，后人一不自我检点，就一定会逐渐流于荒淫，使先人的家业像陷在淤泥当中一样，进退不得自由，又怎么能光大先人呢！爻象就是这样，您应该“恐惧修省”，务必自我振奋努力。

后来听说，某友人知道自己才华和力量不足，所以让出家业，退隐闲居而自我娱乐。

六五：震往来厉，亿无丧，有事。

《象传》曰：“震往来厉”，危行也；其事在中，大无丧也。

[经传释义]

卦例从内到外叫往，从外到内叫来。五爻处于外卦的中位，内卦的震动刚过去，外卦的震动又到来，故说“震往来厉”。二爻与五爻相应，所以爻辞也相似。“有事”指祭事，即《春秋》所谓“有事于太庙”、“有事于武官”。五爻居君位，秉有中庸的品德，心中战战兢兢，始终保持着像承祭一样的状态，所以能“无丧有事”。虞翻说：“无丧”即象辞所说的“不丧匕鬯”。按照祭仪，主祭者和助祭者都要“有事”，“无丧”指不失去所做的事，即虽不一定专指匕鬯，但匕鬯也在其中。

《象传》说“危行也”，震为行，到五爻屡经往来，都在震动中，人心危正，所以行为也危正。又说“大无丧也”，“国之大事，在祀与戎”。五爻变阳则全卦为随，随卦上爻说“用享”；初爻升到五爻则全卦为萃，萃卦象辞说“假有庙”，都是大事，所以说“亿无丧”。

[一辞多断]

○问时运：运途中正，虽然要经历许多危险，但终究可以完成大事。○问经商：往来贩运货物，保证没危厉。一万万叫亿，盈利数额巨大。小钱或许有所折损，而大钱却一定没有损失。○问功名：功名一定从患难而来，可以发挥大的作用，成就大的功绩。○问婚姻：防止婚后家中有祭祀或丧葬之类大事。○问家宅：住宅有厉鬼作祟，幸而不会死人。应该祭祀和祈祷。○问讼事：两家都危险，得到中间人的调节，可以不至于失败。○问失物：小物件难以找到，大物件没有损失。○问胎孕：生男孩，主贵显。

[活断实例]

◎某友人来，请占承嗣者的气运，筮得震卦，变为随卦。

断卦说：震是长男继承父业的卦。卦体是两个阳爻分别在两个阴爻下面，阳爻被阴爻所制伏，两个阳爻奋力而出，所以象征震动。这一家必定一向由女主人专权。现在占得五爻，阳气已经壮盛，正可以出面有所作为。虽然从初爻到五爻，必定已经经历了许多危险，但只要“恐惧修省”，兢兢业业，就无愧于祖先。所谓“宗庙飨之，子孙保之”，正在这一爻，所以说“无丧，有事”。

友人后来果然遵从了这一占断。

上六：震索索，视矍矍，征凶。震不于其躬，于其邻，无咎。婚媾有言。

《象传》曰：“震索索”，中未得也；虽凶无咎，畏邻戒也。

[经传释义]

索，求的意思；“索索”，内外搜求的意思。矍，顾视；“矍矍”，左右惊顾。震卦到上爻已经是终极，五爻为君位，上爻就是宗庙社稷、神明的所在。震在上爻，像史书所记载的，“震在太庙”、“震在正殿”，那一定是有大恶的缘故，还有比这更值得畏惧的事情吗？由此求索上天怒的原因，心中悲怆而警惕，甚至顾视徬徨，惊疑不定。应该恭敬地默省自己的罪恶，谨慎更谨慎；倘若仍然躁动前往，其凶险就可以知道了，所以说“征凶”。

“其躬”，指上爻。上爻与五爻相邻，“其邻”指五爻。五爻为祭祀的主持者，居君位而承担重任，属于众望所归，故说“不于其躬，于其邻”。君子“恐惧修省”，不因为震在邻人而有所懈怠，而是因为震在邻人而越发虔诚和恭敬。敬畏、谨慎与禁戒互相促进，所以虽然凶险，却没有灾祸。

“婚媾有言”，即彖辞“笑言哑哑”的言。上爻为震动的终结，君子“终日乾乾，夕惕若”，反躬内省，才得以到震终的时候宣告无咎。在这震动的神威收敛，恐惧过去，欢乐到来的时候“哑哑”有言。在婚媾方面，也要以君子的话为法则，所谓“一家之中，忧乐相同”，也是君子的表率作用所致。这就是《象传》关于“虩虩”和“哑哑”的全部含义，特意在上爻加以申明罢了。

[一辞多断]

○问时运：在震惊后即将凝定下来的时候，前进有凶险，安静守成才吉祥。○问功名：地位高就一定危险，正应该退而守成，这样才没有灾祸。○问经商：变动已经停止，不可以过分贪求利润。看到别人亏损甚至折本，更应该谨慎地守成，这样才能没有灾祸。○问征战：本来一次作战就可以平定，但是听说邻近的军队有变故，应该赶快去救援，不可坐视不救。○问婚姻：震与巽有夫妇之象，想来近期就有人来说媒。○问家宅：震“于其邻”，恐怕邻宅有震动，但没有灾祸。○问疾病：病是视力不明，由心魂不安所致，应该静养。这人无碍，邻人有病，恐怕难以救治。○问胎孕：生男孩，防备有眼睛的疾患。

[活断实例]

◎明治十八年某月，友人茂木充实偕同他的朋友山田五郎到来，对我说：“这人原来在幕府做事。明治元年上野之役[①]时，东军败逃，全家都逃到奥州磐平城去了。他把双亲和妹妹托付给友人，带着弟弟去了仙台，然

---

① 上野之役：戊辰战争中的一场战役，以彰义队为代表的旧幕府军和以萨摩藩、长州藩为中心的新政府军之间，于1868年8月21日（和历：庆应4年7月4日）在江户上野（东京都台东区）展开战役，彰义队基本上被全歼。

后相继在磐城相马驹峰等处作战。后来仙台藩归降，他们一起被俘虏，关进了东京的监狱。但不久就遇到了大赦，于是去磐平城寻访双亲和妹妹。但是所托的友人家已经不知何去，失望而归，遗憾到无法释怀。请筮一卦，看应该怎么办?”筮得震卦，变为噬磕卦。

断卦说：震属东方，互卦为坎，坎属北方。就我国地图来说，东北方为宫城、岩手、青森等县，意料他们在那里吗？震卦是得到乾卦的一索而成的长男。震卦所象征的男子既已经长大，乾父坤母就会退位，想来双亲一定都去逝了。震卦中间虚，构成离卦，离卦是再索而得的中女，又主离散，想来他的妹妹还在。上爻为无位的位置，所主的地方必定边远偏僻。爻辞说“震索索”，指到处寻找，但不一定能找到；“视矍矍”，指即使遇到，也只有相顾惊骇的情状，而无法相认。“不于其躬，于其邻”，想必在邻近处得到关于她“婚媾”的传言。我只是就爻象探索，其方向和情节大体是这样。唉！您的双亲见不到了，妹妹则一定可以遇到。

于是来人大为感慨地说：“丰后的妇人有姓天德氏的，能预言未来的吉凶，我曾经去叩问。她说：‘急找找不到，缓些寻找，可以相见。’问她地点，她说：‘在东北，地名落合。’但终究不知道详细地点。现在您的占断，说法也相同，应当再去东北探问。”

◎明治二十八年，占我国与朝鲜的外交，筮得震卦，变为噬嗑卦。

断卦说：震为动，为兴，本来有兴师动众之象。上爻象征卦的终结，即事情的极致。现在占我国与朝鲜的外交而得上爻，爻辞说“震索索，视矍矍，征凶”。朝鲜的国土，很久以来就为外国所要挟和索要；朝鲜的国势，早已为外国所关注。如果这样下去而不知改革，这个国家一定凶险，所以说“征凶”。因为朝鲜与中国相邻，所以我国要有事于朝鲜，就应当先有事于中国，这叫做“震不于其躬，于其邻”。中国以朝鲜为属国，犹如婚媾，如果急于与朝鲜为难，中国必然出来说话，叫做“婚媾有言”。《象传》说“‘震索索’，中未得也”，指中国不能有所得；又说“虽凶无咎，畏邻戒也”，指只要我国能使中国省察时事，就可以使中国为朝鲜的事情而知道禁戒，所以虽然凶险，却没有灾祸。

䷳艮为山

艮卦两个阴爻一个阳爻，以坤卦为体；把坤的上爻变阳，就得到了乾卦上面的一个阳爻。乾为天，天本来刚健能动，但是最上面一爻却因为动到了极处而趋于静定，所以艮卦象征止。一个阳爻高踞于坤地之上，所以艮卦象征山。艮卦与震卦上下相反，震卦一个阳爻从内而振起，艮卦一个阳爻从外而阻塞。从内而振起就是动，从外而阻塞就是止。

《序卦传》说："震者，动也。物不可以终动，止之，故受之以艮。艮者，止也。"这是艮卦为什么承接震卦。

艮其背，不获其身，行其庭，不见其人，无咎。

[经传释义]

艮卦一个奇爻巍然地居于上位，两个偶爻分别列在下面。一个奇爻居上位，像人的头；两个偶爻分列在下面，像人的身体。人从头往下，前面的眉目手足都有两个，是偶数，只有背脊一直向下，成为奇数，所以眉目手足都动，只有脊背不动。不动就是艮，就是止，所以说"艮其背"。人必须面对面才算相见，"艮其背"则相背而不相见。背在后面，身在前面，所以说"不获其身"。艮为门庭，心相背，行走也相背，相背就不相遇，不相遇就不相见，所以说"行其庭，不见其人"。艮卦的意思都取自背。

> 《彖传》曰：艮：止也。时止则止，时行则行，动静不失其时，其道光明。艮其止，止其所也；上下敌应，不相与也。是以"不获其身，行其庭，不见其人，无咎"也。

艮卦上下卦都是山，有两山并峙之象。两山并峙而不相往来，是止的象形。人只知道静为止、动为行，却不知道静有静的止，动也有动的止；止固然是止，行也是止。所是止的处所，是止的一定方面；时是止的时间，而时间是流动的，是止的不定方面。止得合乎时宜，时就是止的处所，这是看起来不定而实际上一定的方面。

艮卦三上两位的阳爻，即乾卦的三爻和上爻。乾卦三爻说“与时偕行”，上爻说“与时偕极”。静闭合而动开辟，它的天时本来亘古都不会失去。天时不失去，就是天的止得其所，所以可以止也可以行，可以动也可以静，没有纤毫的云翳，而作为光明的宗主。人能止得其所，就能以人道上应天道，他的心体自然光明而没有障蔽。这就是《大学》所说“明明德”。由“知止”历定静，以至“能虑”“能得”，自然能随时加以消息。以“明明德”的本体发挥为“明明德”的作用，不是释迦牟尼那虚无寂灭的宗教所能假托的[①]。

所谓“上下敌应，不相与”，应爻必须一个刚一个柔，如果都刚都柔，就是“敌应”，“敌应”就是无应。八纯卦六爻都不相应，而只在艮卦说到这一点，是因为艮卦象征两座山止于所止之处，屹然对峙，互不相交，体现了止的卦义。按《音会》，身北叫背。背指耳目所不到处，所以内不见自身，外不见别人，这就是所谓“艮其背，不获其身，行其庭，不见其人”。因为它以不相往来为止，所以止而没有过咎。

以这一卦比拟人事，《彖传》说背，说身，说见，都取象于人身；说行，说止，说动，说静，都不在人事之外。人事有由动而静的，有由静而动的。由静而动的是震卦，震卦两个阴爻在上面，一个阳爻发动于下位，主阳气的动。由动而静的是艮卦，艮卦两个阴爻在下面，一个阳爻居上位，主阳气的止。阳气的止静而无所谓静，动而无所谓动，也不是无静，也不是无动。时而动，时而静，可以止就止，可以行就行，所以动静以“不失其时”为贵。至于老子谈玄，释迦牟尼说无，都是以静制伏动，遁入枯槁寂灭，它们的道必定暗昧不明，属于以阴止阳，这样止于所止之处，就不是艮卦的止。艮的止审察时宜而得其所，属于以阳止阴。

艮卦上爻一划为乾，乾为明；三至上爻有离象，离为光，故说“其道光明”。六爻上下不相应，故说“不相与”。“不相与”则无所牵动，看也像不看一样，听也像不听一样。人能不看不听，对天下事都无思无虑，所以得于背，不再知道身体，行在我，不再看见其他人。这样处人处事，人事还有什么过咎呢！

以这一卦比拟国家，艮是止的意思，用来阻止暴力，平定动乱。艮卦两个阴爻伏在下面，有暗中图谋不轨的意思，一个阳爻在上面制止它们，使它们无法在暗中行动，所以为止。背是不能见的东西。“艮其背”，是制

---

① 不是释迦牟尼那虚无寂灭的宗教所能假托的：作者对佛教怀有偏见，不懂得儒佛本体不二，用有侧重的道理。

止于还没有见的时候，属于能在祸乱尚未萌发的时候预先加以防止。所以止的运用在于得时，止之象则取自人身。人的身阳气会聚，而背则属阴。阴就暗昧，阳就光明，以阳制止阴，属于止得其所，所以“其道光明。”圣明的天子当阳出现而治理天下，使成群的阴邪后退、伏藏，止而不动，都在光天化日下潜移默化，艮卦就是这种情况的写照。

《周易》的六爻，以初爻应四爻，以二爻应五爻，以三爻应上爻，往往上卦动而下卦应，下卦动而上卦应，互相牵系相与，只有八纯卦上下同体，所以六爻互不相应。艮卦说“兼山”，山有前有后，犹如人有身有背。山在前就不能看到山后，人看见身就不能看见背，是互不相与的，所以说“不获其身，行其庭，不见其人”，所以没有过咎。

通观全卦，按照《说文解字》，“艮”的本字为“𥃩”，从“匕”从“目”，“匕”、“目”犹如眼睛相上不相下。“匕”“目”为“𥃩”，是狠戾而不进的意思。《六书本义》说：“𥃩”即目，从“匕”，取两“目”相比并的意思。艮卦《彖传》说：“艮，止也。”即狠戾不进的意思。“不见其人”，是目不相视之象。艮卦象征两山并立，也象征两目相并。总之，一动一静是天地自然的循环，一行一止是人身一定的枢机。

卦体为一个阳爻止于两个阴爻之上，外实内虚，阴虚而居于内，阳实而掩于外，像人朝北方背立，返回耳目而向身心内部视听，所以“其道光明”。艮震两卦互为因果，震动因为艮而停止，艮止因震而发动。天下没有不止的动，也没有不动的止。止而动，所以震先于艮；动而止，所以艮承继震。

六爻之象都取自人身。初爻为趾，二爻为腓。腓是足肚，在后面。三爻为夤，指脊梁骨。四爻为身。不说心，因为心在前面；也不说背，因为夤就是背。五爻为辅，意思是不见面，只见它的旁辅。上爻在卦外，不说所止而说“敦艮”，象征山的加高。

艮卦的爻象，内三爻不如外三爻吉。二爻说“不快”，三爻说“薰心”，只有初爻还算有利；四爻说“无咎”，五爻说“悔亡”，上爻说“厚终”，所以外卦多吉祥的爻辞。天下事在终结的时候能止，没有不理想的，所贵的是止得合乎时宜。

《象传》曰：兼山，艮，君子以思不出其位。

卦象是一山之外又有一山，两山相对，彼此相连，有相连相并的意思，叫做“兼山”。八纯卦都是上下同体，互相联络的，只有艮卦，上下两座山各自止于它们的处所，而不相往来，这就是它为什么为艮止。君子效法艮卦之象，艮以山为所止之处，人以位置为所止之处，思考又思考，不敢哪怕偶然超出本位。这就是《中庸》所说的“素其位而行，不愿乎其外”。

[一辞多断]

○问时运：时运平常，应该退守，不应该乱动。○问征战：应该各守疆界，此外不可以有其他想法。○问经商：应该恪守本业，不可贪图意外的财物。○问功名：适宜守旧，不要怀有侥幸上进的心理。○问家宅：住宅位置虽然狭窄，但是不可随便改造。○问婚姻：命运由前生注定，不可贪图富有，嫌弃贫寒。○问讼事：不可以曲为直、以非为是。○问失物：应当在原处寻找，可以得到。○问疾病：止有终的意思，带病拖延年月罢了。○问胎孕：生女孩。

初六：艮其趾，无咎，利永贞。

《象传》曰：“艮其趾”，未失正也。

[经传释义]

初六居艮的初爻，值足趾的位置。人的举止必须从脚趾开始，所以要止心就要先止身，而要止身则要先止脚趾。脚趾静止了就不会妄动，不妄动就止得其所而没有过失了，所以说“无咎”。吉凶悔吝产生于动，使脚趾静止是停止动作的初步，象征遏制人的欲望于将要萌发的时候，保存天理于还不显著的时候。不但要图谋于开始，而且要持之以恒，所以说“利永贞”。

《象传》说“未失正也”，指以阴爻居阳位，爻位虽然失正，但是止于所当止，初基就端正了。

[一辞多断]

○问时运：刚刚交运，应该稳步前进，不可急躁，这样才没有灾祸。○问征战：屯军在山脚，适宜静守，不宜妄动。○问经商：应该知足。○问功名：初步虽然微不足道，但是不失为正道。○问家宅：住宅接近山麓，可以长住，没有灾祸。○问婚姻：百年好合，没有灾祸。○问疾病：是足部的疾病，难以步行，一时难以痊愈。○问讼事：不失正道，没有灾祸。○问行人：因为足不能行走，一时无法归来。○问失物：一定不会丢失，应该在地下偏僻处寻找。○问胎孕：生女孩，防止有足部的疾患。

［活断实例］

◎明治二十四年，占某大臣的气运，筮得艮卦，变为贲卦。

断卦说：艮是两山并峙的卦。两山并峙就不能前进，有止而不动之象。现在您占气运而得初爻。趾是足趾。人的行止从足部开始，“艮其趾”即足趾不动，全身也就不动，即《大象》所谓“君子以思不出其位”。可知您应该长守正道，保有爵位，不可再求升迁了，否则就是妄动，就不免有灾咎了。

六二：艮其腓，不拯其随，其心不快。

《象传》曰：“不拯其随”，未退听也。

［经传释义］

腓，《周易本义》解释为足肚，《正字通》说是胫后肉腓。腓高于脚趾，所以用二爻来象征。咸卦二爻说“咸其腓”，是因为咸卦主感应；艮卦二爻说“艮其腓”，是因为艮卦主静止。静止即安止不动，但趾与腓都属于身体的能动部分，本来不要静止，要静止的是心。心要静止，脚趾就无法不静止；脚趾静止，腓也就随着静止，说明腓是随脚趾而动止的。拯，救援的意思。“不拯其随”，指三爻这个限在上位，不肯俯身听从趾和腓的相随而动，所以六二的心有所“不快”。《象传》说“未退听也”，指既不能阻止动，又不能退而听命，随着静止，所以“其心不快”。

［一辞多断］

○问时运：运途有阻碍，应该静止不前，不应该随心而动。○问征战：止，不进的意思。坚守不动而没有外援，所以心中很忧戚。○问经商：货物静止而售不出去，很值得忧虑。○问功名：得不到一寸的进步，苦于得不到有力量的援引。○问疾病：腓指病。《诗经》说“百卉具腓”，这是秋风肆虐的缘故。这病也一定是秋天的症候，恐怕不是药力所能挽救的，很可忧虑。○问婚姻：腓也是避的意思，应该避开婚事。○问胎孕：生女孩。

[活断实例]

◎应友人石坂氏的请求，为他占矿山的事，筮得艮卦，变为蛊卦。

断卦说：艮为山，腓在山足之上。彖辞说“艮其背”，背是身后。爻的取象都在背后。为占矿山而得到这一爻，可知矿山的矿穴应该在山的背面。初爻为趾，二爻为腓，腓的位置高于趾，可知正穴在股的下面、足的上面。艮是止的意思，在事情为停止。趾与腓本来喜欢动而不喜欢止，说止，它们的心中必然不快。现在有人一定要倡导停止，随从者也无力挽回，在这种情况下，固然应该作退一步的打算。必须等到五爻“悔亡”，得到它的辅助，才可以再次参与。按爻计算，应当在三年以后。

◎明治二十七年冬至，占战后形势，筮得艮卦，变为蛊卦，上呈给内阁总理大臣。

断卦说：艮的卦体取于山，卦象取于人身。人身本来是动的，山则止而不动。又在人身取于背，背无所见，也不动。艮卦与震卦相反，震为动，艮为止，所谓“动极而静”。现在占战后形势而得艮卦二爻，初爻为趾，二爻为腓，腓比趾进了一步。腓能屈能伸，动作的幅度特别大，力量也比较强，说明战后我国固然比过去更强大。战后得到巨额赔款，以至随军出征的军士都自夸威武，往往藐视文官。在朝的大臣总揽全局，应当用这些钱扩充军备，这是首要的，所以不能随军士的心志，他们的心中未免不快。而且《序卦传》说：“艮，止也。”指大战以后，适宜休养而不适宜躁动。古时候称“止戈为武”，这就是征候。武士的心固然好动而不好静，止而不动导致许多人闷闷不乐，也是情理当中的事情。腓的动不是自己动，而是心使它动；武士的动也不是武士所能自主的，而是由朝廷主宰的，所以关键在于朝廷以静定使他们安静下来。

九三：艮其限，列其夤，厉，薰心。

《象传》曰：“艮其限”，危薰心也。

[经传释义]

限是门限，是内外的界限。三爻处于内外卦之间，横亘一画，所以为门限。列，分解的意思，虞翻作“裂”。“夤”，通行本作“胂，马融说是夹脊肉。咸卦五爻的脢，有《易传》说在脊叫脢。郑玄说脢即脊肉，说明

“夤”与“脢”字形相异，含义却相同。“薰”字，通行本作“熏”，熏灼的意思。三爻的“艮其限”，是隔绝全身的上下，使上下不相通，这样就将心和背分为两个，就像门限隔绝内外一样了。

这就是释迦氏所说的“降伏其心”①。勉强制伏自己的心，而心属火，心火向上烧，薰灼在方寸当中而不可扑灭，心也就危险了。《诗经》说“忧心如薰”，说的就是这种情形。岂不知心本来虚灵，感受到就能通达。咸卦的“咸其脢”与艮卦的“艮其限”，一个感应，一个静止，本来没有二致。《象传》所谓“时止则止，时行则行，动静不失其时”，是听任心的自然，而不可以以隔绝为止。以隔绝为止，是想要安定心，却正好使心危险。

对心怎么能强制呢！人全身的脉络血气，上下前后，只有周流贯通，没有阻隔，心才会觉得泰然，否则在上的不降，在下的不升，就会脉络不通，血肉分裂，心还能得安定吗？所以说厉。“熏心”，《象传》换“厉”为“危”，因为危比厉更为可怕。

[一辞多断]

○问时运：无论运途顺逆，都应当顺从时势做事，勉强的人有危险。○问征战：两军相对，各自争夺疆界，怎么能划界自守呢？划界自守就危险了。○问经商：货物要流通才能获利，何况现在各国通商，输入输出，互相交易。倘若闭关自守，自我限制，就必定是穷困之道，可怕得很。○问功名：专守一种技艺的，一定不是大器。○问家宅：治家之道，内外出入固然应该严谨，但不应该隔绝，隔绝了钱财和货物就不再流通，这样家道就危险了。○问婚姻：婚姻之道本来由天作合，如果固守门户，就无法成就两姓的欢洽了。○问疾病：一定是隔症，上下不交，血脉不通，病情危险。○问讼事：上下情志不通，曲直难以分辨。○问胎孕：生女孩，防止难产。

[活断实例]

◎某氏来，请占某贵显的气运，筮得艮卦，变为剥卦。

断卦说：爻象为血脉不通，心背分裂，病势很可怕。现在您占气运而得到这一爻，可知您在政府内外，关系多不协调和睦。原因在于您的地位

---

① 这就是释迦氏所说的“降伏其心”：“降伏其心”，语出佛教《金刚般若般罗蜜经》。作者不知道佛教所谓降伏其心靠般若智慧，而以为靠压制，所以是错误的。

高，不屑于与别人来往，从而导致彼此隔绝，情意不通，几乎到了孤立的程度。您虽然有才智，但是无法发挥，您也就危险了。爻辞所说“艮其限，裂其夤，厉，薰心”，卦象就是这样，您应该旁求于咸卦。咸卦五爻说“咸其脢”，这样就“无悔”了。

六四：艮其身，无咎。

《象传》曰：“艮其身”，止诸躬也。

[经传释义]

身是总括全体而说，分开讲，则全身也有上下的区别。六四居下卦的上位、上卦的下位，值心的位置，在全身的中部。它阴柔而得正，上比六五，属于能止于所应止，洁身自好的人。这样虽然不能兼济天下，却可以独善其身，比内卦三爻稍胜一筹。但是以阴爻居阴位，不能有所作为，只能以自身为天下的模范罢了，所以说“艮其身，无咎”。

三爻说心，四爻说身，心虚而身实，这是期望人含蓄虚灵而践履实地，这样才不会堕入释氏虚无的弊病。《象传》以“止诸躬”解释这一爻，躬即身，即用身来止心，即《大象传》所谓“思不出其位”。

[一辞多断]

○问时运：运途柔顺，能保护自身，自然无害。○问征战：难以指望进取，只要自身无所伤害和失败，还有什么祸咎？○问经商：只能保本。○问功名：无得无失。○问家宅：居住平安，没有灾祸。○问婚姻：平平。○问疾病：有带病延年之象。○问失物：就在身上寻找。○问胎孕：生女孩。

[活断实例]

◎明治二十年，占某贵显气运，筮得艮卦，变为旅卦。

断卦说：四爻介于上下卦之交，正值心的位置。心在内而身在外，所说“艮其身”，是兼身心而言。但艮主静止，静止就无所作为，所以不足以成就事功，只能求无过罢了。现在您占气运而得到艮卦四爻，爻辞说“艮其身”，有保护身体，安于命运之象。四爻近比君位，可知您爵位已经显要，只应该谨守本分，日夜不懈，以保全自身的声名和禄位，安享太平的福份，还有什么灾祸？《大象》所谓“君子以思不出其位”，只有您足以承当。

六五：艮其辅，言有序，悔亡。

《象传》曰："艮其辅"，以中正也。

[经传释义]

五爻居外卦的中位，为分列的两个偶爻，有辅象。咸卦上爻说辅"滕口说也"，说明辅是用来说话的；"艮其辅"，就说话而不至于失言了。君子之道，言语少悔恨就少。"艮其辅"，固然不是辅部静止而不说话，只是适时地说罢了。适时地说，就言而有序，可以沉默就沉默，可以说话就说话，或言语或沉默都不失时宜，所以"悔亡"。《象传》以"中正"来解释爻辞，"艮其辅"，指五爻得中得正，所以"言有序"而无悔。

[一辞多断]

○问时运：运途得中得正，所以既无悔恨也无忧虑。○问征战：行军之际，最忌胡乱造谣，惑乱军心。"艮其辅"，使人不乱说话，这样才能号令严明，所向无敌。○问经商：商情犹如军情，消息不容泄漏。"艮其辅"，言语就体现出要点了。○问功名：巧于言说的人一定罢黜，言论正当的人一定任用。言论符合中正之道，立谈之间就可以取得卿相的职位。○问家宅：住宅的位置中正，居住没有悔恨。○问婚姻：媒妁的话常常多虚假荒诞的成分，听的人应该谨慎。○问疾病：一定是牙关紧闭、不能出声的病症，能发声病才能治疗。○问胎孕：生女孩。

[活断实例]

◎明治二十四年十一月，贵族院议员日野西公和善神道总裁稻叶正邦[①]来访，说："今年春天恶疫流行，三条相国等两三位元老突然去逝，实在是国家的不幸。不久又有大津事件[②]、浓尾的地震灾害，以及伊势神宫

---

① 稻叶正邦：日本神道的一个教派善道总裁。丹羽长富（陆奥二本松藩）的次子。嘉永元年袭藩主封号。庆应四年前历任京都所司代、老中国内事务大臣，辅佐将军庆喜。鸟羽伏见战役时在江户，三月携庆喜的哀愿书进京城。维新后被封为子爵。

② 大津事件：1891 年 5 月 11 日，俄罗斯皇太子尼古拉正在日本访问，滋贺县大津市警备巡查津田三藏突然冒出，企图刺杀皇太子。这虽然是一起杀人未遂事件，但是令日本政府陷入空前的难题，尤其考验不久前（1890 年）定案的大日本帝国宪法的威信，与世界强权外交关系的取舍。

的灯火在无风的情况下自己熄灭。这都是意外的凶变，自古极少听说的，而今年却重叠地出现了。所谓‘国家将兴，必有祯祥；国家将亡，必有妖孽’，这就是征兆，能不畏惧吗？现在议会开设的日子临近了，这是上下臣民最关注的事情，请您占断议院的兴衰。”我说：“我去年十二月已经占过了，爻辞上呈给了松方总理、土方宫内两公。这一占遇到艮卦，变为渐卦。

松方正义像

断卦说：《大象》说“兼山”，为两山相连而耸峙，隔绝人们的往来，有上下之间不畅通之象。现在占众议院而得到艮卦五爻，爻辞说“艮其辅”，是阻止众人的辅，使它们无法用无稽的话来扰乱天皇的视听；说“言有序，”指议论者所说，一定秩秩有序，值得听取。爻象好像预先知道这一次的众议，必定有许多出言不逊，与政府为难的事，最后导致敕令解散，也是势所必然的。即使众议院的言论都有序，也只不过“无悔”罢了，不足以取得实效。众议院的征兆大致是这样。

两公听了大为感慨。到十二月，众议院果然奉天皇的敕令而解散。

上九：敦艮，吉。

《象传》曰：敦艮之吉，以厚终也。

[经传释义]

上爻居艮卦的终位，即止的终结。敦，加厚的意思，所谓“泰山不让土壤，故能成其高”，就是敦厚的意思。上爻能以敦厚自己静止，所以获吉。艮卦六爻，只有上爻说吉，因为上爻足以体现艮止之道。上爻能坚守这样的心志，知道自己的所止而又能敦厚它的止，所以厚重如山，不可动摇，吉祥没有比它更大的。

《象传》以“厚终”解释这一爻，说静止因为敦笃才得以安定，敦笃因为处于卦终而加厚，说明艮的“成终”在于厚，艮的“成始”也在于厚。

[一辞多断]

○问时运：运途已经无法再前进了，只有厚上加厚，所以得吉。○问征战：地位到上爻已经是极致，重要的是在兵力上加厚，这样没有不获吉的。○问经商：是上手的生意，价钱高而货物好，获利必定丰厚。○问功名：一定得到上级的选拔，吉。○问家宅：一定是世代忠厚的人家，吉。○问婚姻：吉。○问疾病：平素身体结实，不用药也有喜庆。○问胎孕：生女孩。

［活断实例］

◎明治二十七年三月，某贵显来请占气运，筮得艮卦，变为谦卦。

断卦说：上卦处于重艮的极位，即兼山的上位。山以厚重为体，山越高就越厚，所以全卦的含义归结和成就于上爻，而只有上爻得吉，可见晚运是亨通的。现在您占气运而得到艮卦上爻，可知您的地位在百姓之上而爵位崇高，百姓的仰望俨然如同泰山北斗，而您一向心怀忠厚，不曾以势力和地位凌驾于人。敦是厚的意思，艮是止的意思，您应当止于所当止，厚上加厚，这样于己于人没有不吉利的。运途的盛大，由此可以看出。

䷴风山渐

《序卦传》说："艮者，止也。物不可以终止，故受之以渐。渐者，进也。"渐卦艮在下，巽在上，而巽为风为木，艮为山。风善于入，木容易长，都有进之象；山则静止而不动，要前进也会为山所阻止，所以它的进不快。《周易正义》说：凡物有变迁，徐缓而不快速叫做渐。这就是卦名为什么叫渐。

渐：女归吉，利贞。

[经传释义]

渐卦倒过来为归妹，它之象同样取于女子。归妹的少女因为喜悦而嫁人，不如渐卦的长女因为顺从而嫁人。因为顺从而嫁人，就会有媒妁的言语，父母的命令，等到长大才许嫁，遵循循序渐进的规则，这样才符合正道，故说"女归吉"。艮男兑女的卦叫咸，因为是男子娶女子，所以先用"利贞"来戒止，然后才说"取女吉"；渐卦艮男巽女，以女子嫁给男人，所以先说"女归吉"，然后才告诉"利贞"。

《彖传》曰：渐之进也，"女归吉"也。进得位，往有功也。进以正，可以正邦也。其位，刚得中也。止而巽，动而不穷也。

渐是循序而进，是渐进的意思。卦体是三个阴爻三个阳爻，都从乾坤两卦而来。乾为父，坤为母，乾卦三索而成艮，为少男；坤卦一索而成巽，为长女，所以取象为"女归"。女子出嫁叫归。女子的出嫁，到时候才许嫁，收纳采礼才前去，有渐的含义。"女归吉"，指女子的出嫁符合渐进之道。"女正位乎内，男正位乎外"，女子上进而得位，一定是得到她的正位了。女子以丈夫为家，所以叫归；母亲嫁女儿则叫做往。"进得位"，所以"往有功"。

渐卦与蛊卦上下卦互换位置。蛊卦的九二上进为渐卦的九五，这是"得位"；以九居五位，位与爻都得正，这是"进以正"。夫妇是王道教化的本原，正家与正国都以此为基础，所以其功效的极致“可以正邦”。“刚得中”指九五。“止而巽，动而不穷”是合上下卦而说。以止为体，以顺为用，本着艮的笃实，行动而实现巽的利市，故说“动而不穷”。

以这一卦比拟人事，卦名叫渐，卦义是进。天下事没有不以进为贵的，而重要的是进不以迅速为贵，而以舒缓为贵，舒缓就是渐。自从世人急功好利，渐进之道就失去了，只是在“女归”方面，还保存着渐进的旨意，所以卦辞只取“女归”之象。男女关系是人伦的开始，是人事中最重要的。屯卦二爻说“女子贞不字，十年乃字”；归妹卦四爻说“归有时”，五爻说“位在中”；家人《彖传》说“正家而天下定”。凡《周易》谈婚论嫁，多数以得时为正，以得位为中，由这而前往，足以成就内助的作用，也就足以开辟治国的基础。各卦分别谈这个道理，而在渐卦则合起来谈，是渐卦九五以阳刚得中而获吉的缘故。渐卦以艮来止，以巽来动，知止而又前进，其前进就有序，其作用就不会穷尽，所谓“正一身以正朝廷，正朝廷以正百官，正百官以正天下”，无非是这种做法。这些都有渐进而渐广的功用。

以这一卦比拟国家，卦象专取“女归”，六爻也都说男女婚配的礼仪，似乎与国家无关，而《彖传》则说“进以正，可以正邦也”，由此可知，正国之道是以正家为基础的。《诗经》说“刑于寡妻，至于兄弟，以御于家邦”，就是这个道理。

渐，说话徐缓而不快速，从事政事而说“勿欲速”，也取渐的意思。国家的事循序渐进，教化的实行就会日益成功。圣明的天子“正位凝命”，阳刚而得中，无论宫帏还是邦国，无不本于修身来治理。读《诗经》中的《樛木》、《芣莒》两篇，就知道王道化的实行，都本于后妃贞静的品德，由近及远，逐渐推广。整个社会无不风行，民俗无不淳美，是逐渐积累而来的。虽然爻辞首先说“女归”，但是由“齐家”到“治国”，方法本来没有二致。“止而巽，动而不穷”，是就艮巽而概括地说，艮为社稷，巽为诰命，都可以看出“动而不穷”的意思，哪里只是为女子的出嫁而说呢！在于读《周易》的人玩味和求索罢了。

通观全卦，卦体本于乾坤三四爻的往来，阴爻上进而止于四位，阳爻居五位而得中，上六以阴爻居阴位，各得其所。六爻与家人卦大体相同，不同的只有初爻是六而不是九，所以渐卦在家庭则内外和顺，在国家则上下相安。卦象取女子，爻象取鸿雁，卦体为艮男巽女，归结为女子出嫁的吉祥。

《诗经》说“弋凫与雁”，这是婚礼使用雁的证明。雁的飞行识时宜，女子的出嫁要等待聘求，都有渐的意思。但鸿雁飞行有序，知道长幼的礼节；雁群有配偶，类似夫妇的区别；它们的到来有时间，适应寒暑的节候，说明能够逐渐前进的动物，没有比得上鸿雁的。所以六爻象征它们开始时栖息得很近，最终却飞翔到很远。

初爻说干，象征前进的开始；二爻说磐，象征前进而得到了安稳；三爻说陆，这就不是安稳的处所了；四爻说木，象征开始危险，但最终安稳；五爻说陵，则飞升到了高高的天上；上爻也说陆，但已经超出了人的位置之外。而初爻的不得安稳，是因为没有应爻而无法前进；三爻的不得安稳，是因为没有德行而无法前进；四爻乘刚而有德，可以安止了；上九过高，它的德行还可以取作法则；二五两爻以中正相应，所以得吉。

卦画都以阳先于阴，象征鸿雁飞行的有序。下卦以一个阳爻率领两个阴爻，上卦以一个阴爻追随两个阳爻，象征鸿雁飞行时大的在前面，小的随后。阳为大，阴为小，这是长幼的节度和倡随的礼法，也是夫妇之道。六爻都说渐，从初爻到上爻各有次序，实在足以与爻辞的渐进含义相发明。

《象传》曰：山上有木，渐，君子以居贤德善俗。

“山上有木”，木在山上为得所，正如女子以出嫁为得所一样。君子效法这一卦象，观察木的成长是逐渐而不是一时的，就知道风俗的改善要逐渐地来，而不是一朝一夕所能改变的。重要的是必须先以德行作表率，用仁德浸润人们，用节义砥砺人们，这样风俗自然好了。古时候所称诵的老莱子之妻的贤良、孟光的德行，都足以教化世俗，何况君子亲身体现贤德呢？他们的行为教化百姓，形成风俗，民风当然越来越好。

全卦都取巽女之象，而《大象》却称“君子”；艮为贤人，所以说“君子居贤德”。要知道君子与淑女足以为配偶，他们的品德相同，教化的作用也相同。“善俗”，王肃本作“风俗”。“居贤德”，《周易本义》说“贤”字为衍文。

[一辞多断]

○问时运：有像树木在高山上，得以遇到春天而生发之象。○问经商：山中储藏着货物与钱财，木能生发，而且巽为商，为利市三倍。得到这样之象，一定能逐渐获利。○问功名：足以被选为贤才。○问征战：三军前进，防止深山茂林处有敌兵埋伏。○问婚姻：必定是贤德淑女，所以

"君子好逑"。○问家宅：必定是仁爱的闾里、有德行的庭门，是君子居住的。○问疾病：是木克土的病症，应该安居调养。○问胎孕：月望以前生男孩，月望以后生女孩。

初六：鸿渐于干，小子厉，有言无咎。

《象传》曰：小子之厉，义无咎也。

[经传释义]

鸿是水禽，来往有一定的时节，群飞的时候有严格的秩序。相传汉代和士婚礼用鸿雁，取它们飞行时秩序不乱，失去配偶就不再匹配，有女贞的特点。大的叫鸿，小的叫雁，鸿与雁是一回事。彖辞说"女归"，所以六爻都用鸿来比喻。

干，水湄。鸿雁逐渐来到干而得以栖止，犹如女子嫁人而得以托身。但艮为少男，故称"小子"，巽为长女，一长一少，年龄相差悬殊，未免出嫁过晚，或许有不测的变化，所以"小子厉"。《说卦传》说："成言乎艮。""有言"指有成言。女子许嫁，只凭媒妁的话，既有媒妁的话，就不能随意改变，故说"有言无咎"。初爻的应爻在上位，初爻与上爻高低悬殊，可见夫妇间年龄的长幼也悬殊。女子能等待出嫁而不乱，恪守礼仪而不失，无所谓厉，又有什么祸患呢？《象传》以"义无咎"解释这一爻，是说依照义理，自然是无咎的。

[一辞多断]

○问时运：年纪小，刚刚开始行运，虽然危险，但是没有灾祸。○问征战：屯军在江岸，防止有危厉，幸而有间谍来报告，得以免除灾祸。○问经商：货物的交易，要防止有小人从中作梗为难。因为约定早已经达成，才得以无害。○问功名：鸿运亨通，初爻虽然在下位，自有逐渐进步之象。○问婚姻：女子年长，男子年少，媒妁的话已经说定，应当等到成年再出嫁，这样无害。○问家宅：住宅临水，防止小人有疾病或厄难，但没有大的危害。○问疾病：不利于小人，对大人无害。○问胎孕：生女孩。

[活断实例]

◎某友人来，请占事业的成败，筮得渐卦，变为家人卦。

断卦说：渐是逐渐前进的意思。渐初爻是进步的初基。干是水边，也是低下处。您占事业而得渐初爻，可知您的事业必定是初次开办，如秋雁初来，还在江岸飞集而没有向远处飞翔。事业在初创期间，未免有小人出来阻挠，务必坚定最初的志向，不改变成言，这样可以无咎。但初爻的进步还微浅，必须等到四年后，到上爻得到应援，一定能大获利益。

六二：鸿渐于磐，饮食衎衎，吉。

《象传》曰："饮食衎衎"，不素饱也。

[经传释义]

磐是水中的平石。"衎衎"，和乐的样子。"鸿渐于磐"，有水可以饮，有蒲鱼稻粱可以吃，足以为乐了。犹如女子所嫁的丈夫适当，合卺而饮酒，一个锅里吃饭，自然体现出婚嫁的适宜和夫妻的和睦。二爻与五爻相应，象征配偶。妇人只要贤德，就足以作为丈夫的内助，当然不是白吃夫家的饭的。《象传》以"不素饱"来解释爻辞，就是这个意思。

[一辞多断]

○问时运：既得到了安乐，又得以醉饱而没有忧患，吉。○问征战：军粮充足，人心欢悦，自有安如磐石之象。○问经商：二爻居巽卦的中位，巽为商，为利。就爻辞看，从干进到磐，有渐进渐高的趋势，吉。○问功名：有嘉宾宴乐之象，成名是必然的，吉。○问婚姻：二爻与五爻相应，就以二五两爻为婚配。二五两爻都吉，可以百年偕老。○问家宅：住宅地基巩固，全家和乐，吉。○问疾病：病由饮食过度所致，应该消食安胃。即日就可以痊愈。○问胎孕：生女孩。

[活断实例]

◎明治二十三年，占某贵显气运，筮得渐卦，变为巽卦。

断卦说：二爻居巽卦的中位，而巽为顺。爻辞说"鸿渐于磐"，鸿即大雁，磐指安稳的山石。您占气运而得到二爻，知道您鸿运通顺，持身涉世都安如磐石，没有人可以动摇。由干进到磐，可见鸿雁飞行的踪迹逐步升高，比喻您毕业于东北学校，又游学于欧美各国，学识也逐渐长进。而且二爻与五爻相应，从这两爻象征夫妇和谐，可知君臣间的喜欢快乐。至于锦衣美食，和乐衎衎，本来是您平素所具有的。多么吉祥的卦啊！

◎明治三十二年，占北海道厅气运，筮得渐卦，变为巽卦。

断卦说：渐，渐进的意思。由乱到治，由衰到盛，都有渐进之象。现在占北海道厅气运而得到渐卦的第二爻，爻辞说“鸿渐于磐”。从干进到磐，这也是渐进而渐高，可知北海道厅的治理，一定日渐进步和昌盛。爻辞又说“饮食衎衎”，北海一带是鱼虾蜃蛤之乡，足以供人饮食的东西出产饶富。百姓居一方土地，获得一方的利益，家室丰盈，雍睦和乐，自得“饮食衎衎”的喜悦。爻辞说吉，的确是这样。

九三：鸿渐于陆。夫征不复，妇孕不育，凶。利御寇。

《象传》曰：“夫征不复”，离群丑也；“妇孕不育”，失其道也；“利御寇”，顺相保也。

[经传释义]

陆，高而平整的地方，鸿雁飞集处。九三阳刚，为夫，六四阴柔，为妇。三爻与上爻为正应，上爻也说陆。从内往外为征，三爻前往外卦的陆，于是抛弃内卦的陆，所以“不复”。上互卦离，离为大腹，是有孕之象；下互卦为坎，坎为灾，为鬼，是不育之象。三爻与四爻因为比邻而私通，败坏彝伦的大纲，违背渐进的大义，怎么能使家庭和睦，夫妻偕老，生儿育女而延续后代呢？所以说“夫征不复，妇孕不育，凶”。而且鸿雁巡逻呼唤而守夜，飞行时相追随，休息时相保卫，也有御寇的特点，所以说“利御寇”。

鸿雁的有雌雄，正像人类的有夫妇，雄鸿飞去而不返回，属于“离群”；胎孕之道是期望它长大而生育，如果有胎孕而不生育就“失其道”了。雌雄互相守候是为了“御寇”，属于“顺相保”。《象传》逐句加以解释，是有原因的。

[一辞多断]

○问时运：运途不正，要防止有外来的灾祸。○问征战：利于防御，不利于出征。○问经商：难以指望获利，防止有盗劫的忧患。○问功名：只有从事军政才能成名。○问婚姻：防止有始乱终弃的遗憾。○问家宅：住宅对生育不利。○问疾病：如果占妇人生产，恐怕母子不能两全。○问胎孕：生女孩。

[活断实例]

◎我过去在监狱的时候，有狱吏和田某突然对我说："为什么不占问一下自己的罪案?"这以前，我曾经自己占气运，得到艮卦，变为渐卦，断辞详记在需卦三爻下；现在又一次占问，筮得渐卦，变为观卦。

断卦说："夫征不复"，指这案件已经过去，不再追究了。"妇孕"，指祸胎；"不育"，指案件不至于再生枝节了。"御寇"，指审案官；"顺相保"，指必定能保护我。这样看来，所谓相保的人，一定是和田氏了。

此后一两旬，原来奉行退了职，清水某接替了他，和田氏是奉行的次席。于是二人互相商量，把五十个月的刑期减少为二十个月，这样我才得以出狱。

六四：鸿渐于木，或得其桷，无咎。

《象传》曰："或得其桷"，顺以巽也。

[经传释义]

四爻居巽卦的开始，巽为木，而鸿为水鸟，本来不栖息在树上。不过桷是大而平的树枝，在树木中得到方平的桷，也就可以立足了。或，表示幸而得到的虚辞。这是以鸿雁的失所来比喻妇人的失所。四爻的丈夫是三爻，三爻出征而不复返，作为妇人的四爻就失所了，这时"或得其桷"而落在上面，也是无害的。以巽顺自守，不失妇人的正道，即使没有丈夫也是可以的。

[一辞多断]

○问时运：运途失去了正道，只要以顺自处，随遇而安，就也可以无咎。○问经商：略有所得，只可以免于灾咎。○问征战：得到了倚角之势，敌人的势力已经衰落。○问功名：从事角逐，所得也很微少。○问疾病：病在肝木太盛，应该顺气调养。○问家宅：住宅多寡妇，有遇到的人不良的感觉。○问行人：在外面很失落，聊以将就着度日，一时不会回来。○问胎孕：生男孩。

[活断实例]

◎旧大垣藩主、华族户田氏，为奉侍萱堂[①]，借我在神奈川的别墅闲居养病，住了几个月，医生户冢文海[②]每隔一天从东京来诊一次病。一天，户冢氏对我说："诊视户田老太太的病，四五日前很值得忧虑，近几天稍微轻了一些，但是因为衰老，难以期望很快见效。"我说："近日代为卜问，筮得渐卦，变为遁卦，玩味爻辞，知道太君[③]近来的病无妨，只恐怕明后年命限有阻碍。"户冢氏低头不语。有松野家老[④]出来问："老太太命终于明后年吗?"我说："请不要与外人说起。"

此后第三年，太君果然去逝了。安葬那天，户冢氏追述前面的话，感叹易理的预知作用。渐为长女，卦属于归魂，从四爻到上爻共三爻，为三年。据此推论，死期就可以预先决断了。

九五：鸿渐于陵。妇三岁不孕，终莫之胜，吉。

《象传》曰："终莫之胜，吉"，得所愿也。

[经传释义]

《尔雅》说大阜叫陵。另有八陵，如北陵、西俞、雁门。这陵应当是北陵，是鸿雁的家。《月令》说："季秋之月，鸿雁来宾。"鸿雁南来为宾，北陵才是家，孕育的事在家进行。五爻与二爻相应，象征夫妇，故以"鸿渐于陵"来比喻夫妇的居家生活。三至五爻互离，离为大腹，三爻变阴，离体就毁坏了，所以"不孕"。从二爻到五爻经历三个爻位，象征"三岁"。艮为少男，巽为长女，女子已经结发，而男子还没有冠带，所以无法生育，到了适当的时候，阴阳和合，自然就有孕了。男子年少而女子年长，似乎女子偏胜，但二五两爻属于正应，而且所在的内外卦爻位得当，象征夫倡妇随，所以说"终莫之胜"。时候到了就怀孕，各自得到所希望的，它们的吉祥就可想而知了。

又说：这一卦三五两爻都说妇。九五以二爻为妇，为正；九三以四爻

---

① 萱堂：古代人们对母亲的称呼。萱草又名忘忧草，古代儿子远行前都要在母亲的堂前种上萱草，希望减轻母亲的思念，故有此称。

② 户冢文海：日本明治时期海军军医总监、海军省医务局长。

③ 太君：封建时代官员母亲的封号；这里用作对老女人的尊称。

④ 家老：亦称年宿、宿老。为武家重臣，掌管全部事务，即大管家。室町时代中期出现，逐渐成为大名武士不可缺少的臣僚。江户时代辅佐领主，是掌管政务的核心人物。

为妇，不正。三四两爻因为相比而成为夫妇，象征女子的出嫁不符合循序渐进的礼节，所以虽然怀了孕，却不敢生育，所以凶险；二五两爻因为相应而成为夫妇，象征女子的出嫁符合循序渐进之道，所以“不孕”而“得所愿”，所以吉。

[一辞多断]

○问时运：运途得中得正，三年后无往不利，吉。○问征战：屯军在大山里，三年后所向无敌，吉。○问功名：三年后必成。○问经商：目前难以获利，到上爻自可以独占厚利，时间在三年以后。○问婚姻：得儿子稍迟一些，吉。○问家宅：住宅在山丘之间，吉。○问胎孕：生男孩。

[活断实例]

◎某商人来请占气运，筮得渐卦，变为艮卦。

断卦说：五爻居外卦的中位，进境已经很高，得以到达大阜上面，再没有上进的余地了。您占气运而得到五爻，可知您经商多年，虽然事业逐渐上升，但一时无法获利，如同鸿鸟雌雄相随，但是一大一小，不能马上生育。鸿到三年后可以怀孕，可知商业也必须等到三年后才能获得大利。“终莫之胜”，指不是别人所赶得上的。爻辞说吉，吉祥就可以知道了。《象传》说“得所愿”，可知您平生的志愿可以实现了。

上九：鸿渐于陆，其羽可用为仪，吉。

《象传》曰：“其羽可用为仪，吉”，不可乱也。

[经传释义]

上爻与三爻分别处在上下卦的极位，所以都称陆。渐卦的六爻都取象于鸿，用来比喻夫妇，即本爻爻辞“女归”的旨意。三爻的“渐于陆”，夫道不正，致使妇人失去依靠，还不如鸿的雌雄相守；上爻虽然还是陆，还是渐，但是以礼相待，人人都称赞，不但是闺阃的模范，而且足以作为国家的典型。一根羽毛本来很轻，而先王制作礼仪，纳采问名都加以取用，难道不是因为它们有配偶而不纷乱吗？夫妇之道也是这样，所以说“其羽可用为仪”。“女归”的吉祥，就在这里吧？

[一辞多断]

○问时运：气运正盛，可以出来做事，吉。○问征战：从平陆进军，威仪显赫，攻无不克。○问经商：货好而价高，一定可以获利。○问功名：出山入世，可以成为天下的样板。○问婚姻：吉。○问家宅：住宅位置崇高，观瞻而有光耀，吉。○问胎孕：生男孩。

［**活断实例**］

◎明治十九年，霍乱在横滨流行，但凡横滨店中的家族都躲避到了神奈川的别庄，东京的朋友也都回了东京。我带着八个远来学易的人去箱根木贺。一天，有东京的门人、判事尾藤某来信，大意说：这次受命去越后高田裁判所长，临行时曾经自己占筮，爻象不吉，请为我再占问一下气运如何。筮得渐卦，变为蹇卦。

断卦说：全卦以渐进为义，到上爻渐进的意思已经终结，要进也无可再进了，象征暖气回升，冰雪消融，鸿鸟北还的时候。现在占尾藤氏的气运而得到上爻，知道是为了新授予的北国高田判事职务。爻辞所说“鸿渐于陆”，辞意正相适合，本来是吉象，但这一爻在《周易》三百八十四爻中，为归魂卦中的八爻之一，占者值这一爻，生命有阻碍。因而感叹说：“尾藤氏是我门人中的翘楚，他日继承我的易学的，本应该是他，实在可惜！”

一时跟随者听了这样的断辞，都说同在神易堂，怎么能凭一次占筮就马上断人必死？后来尾藤去高田赴任，不久果然死了。

䷵雷泽归妹

卦体震在上，兑在下，震为长男，兑为少女。凡象辞取象于男女的，比如咸卦的少男少女、渐卦的长女少男，都说夫妇，只在震男兑女的卦取象于兄妹。女子以先出生的为姐姐，以后出生的为妹妹，诸侯一次可以娶九个女人，姐姐出嫁，妹妹就作为陪嫁的媵。孔颖达说：少女叫妹，从姐姐而嫁，叫做归。这就是卦名为什么叫归妹。

归妹：征凶，无攸利。

[经传释义]

归妹卦以兑少女从震长男，不属于真正的配偶，象征关系不正的夫妇。女子以丈夫为家，在男子叫娶，在女子叫归，所以渐卦说“女归吉”，咸卦说“取女吉”。征即往，是私奔的意思，故凶。所谓“锁隙相窥，逾墙相从”，父母和国人都认为这样做很卑贱。女子的品德是这个样子，还有什么益处呢？所以说“无攸利”。这是深恶痛绝而加以禁戒的意思。

《彖传》曰：归妹：天地之大义也。天地不交，而万物不兴。归妹，人之终始也。说以动，所归妹也。“征凶”，位不当也。“无攸利”，柔乘刚也。

三个阳爻三个阴爻的卦，都是从乾坤二卦而来。乾卦的上画变阴就成为兑卦，坤卦的下画变阳就成为震卦，于是卦体成为兑少女和震长男，合起来叫做归妹。震兑的父母为乾坤，乾坤就是天地。天地相交会使万物繁兴，男女相交会使生育繁昌，这是天地的大义，也是人伦的终点和始点。

兑为悦，震为动，“说以动”，是以爱悦的私情相从，凭着私情而归妹，就失去了正道。“征凶”，震为征。以爱悦求进属于谗媚，试图以陪嫁的身份夺取嫡妻的地位，所以《彖传》斥责它说“位不当”。“无攸利”，以柔悦的性质而乘震动的势力，一旦得宠就会挟制乾阳。女子的权势达到这样的程度，不但不利于自己，也将不利于家庭和国家。《彖传》特意明白揭示其不正的因由，说这所归的妹妹，属于“说以动”的。

以这一卦比拟人事，所谓归妹，就是使女子有夫家，使男子有妻室，这是人事的终始。天地通过阴阳相交来化生万物，夫妇也是一对阴阳。但女子的出嫁依照礼节而应聘，因应时宜而出嫁，像渐卦那样“止而动”，所以“女归吉”；反过来，女子爱悦而男子行动，则属于私自相从。不等待父母的命令，媒妁的介绍，因为爱悦而行动，怎么能说是正当的出嫁呢？卦中以阳爻居阴位，“位不当”，故凶；一个阴爻据于两个阳爻之上，属于“柔乘刚”，所以“无攸利”。《彖传》的一一垂诫，是为了深深地警戒那种因为美色而提升，因为爱悦而选拔，以至妖艳的妻妾煽惑得家庭纷乱的现象。妇人的德行一乖违，家道就会亏歉，这就是人事的变故。母鸡报晓，其祸患是说不完的。

以这一卦比拟国家，妇人的从夫正如臣下的从君。夫妇君臣本来是人伦的大节，也就是“天地之大义”。通过取悦于人而得到官位的大臣，以谄媚为本职，发展到极致，必将在宫帏中结成朋党，联合阉党，形成声势，并且在奸佞和谗媚当中寓以箝制的作用，一旦大权在握，就几乎要藐视君王，不愿意有君位存在，最后是凶祸来临，势力失败，自身死亡。这就是女子和小人自古被说成难养的原因，圣人所痛切地垂诫的。归妹卦爻辞，首先揭出“征凶，无攸利”五个字，就是这个旨意。

《彖传》又进一步说“说以动，所归妹也”，这是说归妹本是人伦的常事，但“说以动”则属于归妹的变异，“征凶”和“无攸利”都是从“说以动”导致的。天下因为爱悦而行动的事没有能正当的，女子与小人的凶险是一样的，有国家的人对此最应该凛然戒惧。

通观全卦，归妹指少女，少女无知，所以称妹。以情欲互相感应，见到可爱悦的对象就昏蒙起来，不能依礼行动，这就是归妹。姐姐还没有出嫁妹妹就先嫁了，搞乱了次序；身为陪嫁者却想要夺取嫡妻的地位，僭越了本分。妇人的德行成了这个样子，凶险没有比这更大的了，还有什么利呢？

六爻中阴柔在上，阳刚在下，属于上下倒置。二爻和四爻属阳却居阴位，象征男子以不正的方式顺从女子；三爻和五爻属阴却居阳位，象征女子以不正的方式追随丈夫。上卦六五乘九四，下卦六三乘九二，象征丈夫屈从于妇人，妇人管制着丈夫。阴爻反而居上位，阳爻降而居初位，都失去了渐进之道。所以渐卦六爻多吉，到上爻更吉；归妹卦只有初爻吉，到上爻就“无攸利”了。所以君子以艮止所导致的渐进为贵，而戒止轻率的相悦。

《象传》曰：泽上有雷，归妹，君子以永终知敝。

归妹卦倒过来就是渐卦。上卦为雷，下卦为泽，雷动而泽水荡漾。以阴感应阳，犹如女子容易挑逗而丧失贞操，败坏道德。不谨严于事情的开始，怎么能保持“永终”呢？君子见到这样之象，知道爱悦牵于私情，行动会失去正道，开始既然不善，失败就在后面，必须防患于未然，所以应该“永终知敝”，这样才能不以妾为妻，不让卑贱的妨碍尊贵的。嫡庶之妻的关系正当，名分严格，足以维持人伦大义的不朽。

[一辞多断]

○问时运：一时发动，恐怕难以持久。○问经商：货物价格开始上升，卖者喜悦，但恐怕无法维持到最后。○问功名：求进步而不走正道，要防止后悔。○问征战：地雷陡然爆炸，足以制胜；但恐怕一时的胜利之后，兵力疲敝，无法保持到终局。○问婚姻：只贪恋一时的私情私欲，难以指望白头偕老。○问家宅：地盘有震动。已经出嫁的妇人，不应该与娘家同居。○问疾病：“永终”二字只对占病不利，显然命限已经到了终点。○问讼事：可以终结。○问胎孕：生女孩。

初九：归妹以娣。跛能履，征吉。

《象传》曰：“归妹以娣”，以恒也；“跛能履”，吉相承也。

[经传释义]

六爻中五爻最尊贵，象征嫡妻，其他都象征娣。初爻在最下面的位置，故说“归妹以娣”。娣要上承嫡妻的命令而不能专制，犹如跛足而不能行走，只安守娣的本分，实行承顺之道罢了，所以说“跛能履”。震为足，兑为毁折，有跛之象。初九当位，象征能安于娣的身份；在下位，象征行动不先于别人，没有逾越处，所以说“征吉”。就全卦而论，以悦而动，象征女子感应于爱悦的私情，所以“征凶”；就一爻而论，以阳爻居阳位，象征女子有贞正的品德，所以“征吉”。

《象传》以“以恒也”来解释爻辞，是说凭媒妁的话归妹，是恒常的礼仪；以“相承”来解释爻辞，是说凡事承顺，所以吉。

［一辞多断］

○问时运：运途低迷，只可以依靠别人成事罢了。○问经商：不能自主，听从命令而行事，幸而获利，吉。○问功名：主偏裨的位置。○问征战：不是主帅，却能凭偏帅的身份制胜，吉。○问家宅：这屋必定是廊庑之类偏屋，吉。○问疾病：一定是足部的疾病，不利于行走，对身命没有妨碍。○问胎孕：生女孩，防止有足部的疾患。

［活断实例］

◎明治十六年，我游上毛伊香保，遇到藤野正启[①]先生。先生是当代大儒，一向精于易理，与我相知的时间最久。现在得以相聚在客舍，朝夕晤谈，感到非常愉快。一天，先生正襟危坐，对我说："请占一下我的气运。"筮得归妹卦，变为解卦。

先生精于伏羲的易学，既得到占爻，自然能够详细判断，我还有什么话可说？但以前我为横滨某商人占得这一爻，这人长久地游历欧美各国，通晓各国的事情，归国后被横滨某商店雇为主管。这人正直而勤勉，凡财物的出入、物品的优劣，以及时价的高低，无不一一计划，用心的诚笃足以使人感动，但不久却被商店解雇了。一天，他来请我占卦，筮得归妹卦，变为解卦，我为他再三玩索，才找到被解雇的原因。娣是随姐姐而嫁人的女子，一切家政都应当奉命行事，不能自主，就像跛足的人虽然有脚，却不能自己行走。现在他虽然尽心做事，但是未免有专主的嫌疑，所以有灾咎。先生今日所占的爻辞正好相同，所以知道先生秉持正理，践履中道，一向以刚直方正著称，但与当今衰微的世道不合，反倒像娣那样只能随人而不能自主。先生能以卑低的姿态自处，所以说"征吉"。这是就爻辞来论断。但也有可忧虑的地方，因为归妹属于归魂卦，到第六爻是命终的年份。先生固然是通达的人。从初爻到上爻为六年，先生需要注意。先生微笑说："易理精妙，固然是这样。"

这以后六年，先生果然去世了。

◎某官员来请占气运，筮得归妹卦，变为解卦。

断卦说：初爻居下位，正像娣的居于人下，爻象卑微，是不能出人头

① 藤野正启：日本近代著名汉学家、大儒、作者的朋友。有《海南遗稿》、《海南手记》等书传世。

地之象。您占气运而得到这一爻，可知您依靠别人成事，不能独断独行。譬如娣随姐姐出嫁，一切以顺承为正理，倘若擅自行事，恐怕反倒像跛足的人快跑，一定会摔跤的。不如随着别人亦步亦趋，这样就没有灾祸了，所以说“征吉”。

九二：眇能视。利幽人之贞。

《象传》曰：“利幽人之贞”，未变常也。

[经传释义]

二爻阳刚得中，象征娣中的贤明者。下互卦为离，离为目，上互卦为坎，坎为疾，有眇象。眇，指一只眼睛小而视线偏斜。妾媵属于偏室，不敢正视，所以用“眇能视”来比喻。二爻与五爻为正应，象征侧视的二爻得了宠，但是不可因为得宠而自恃，故又以“利幽人之贞”来戒止它。“幽人”比喻静女。女子行动不超出门阈，瞻视不出庭院，有幽人的特点。

《象传》说“未变常也”，指九二能安守正道。幽就至静而不动，贞就至贤而不变。幽人不因为不得际遇而改变做法，女子不因为失去配偶而改变节操，其道理是一样的。

[一辞多断]

○问时运：运途不正，应该在幽囚中持守正道。○问经商：因为考察商情有独到的精明，有很多暗中得到的利益。○问功名：以高卧山林而不做官为贵。○问征战：能窥察幽微，有料敌如神的妙处。○问家宅：这住宅最适宜幽居。○问婚姻：这女子适宜做偏房，如果做正室，恐怕夫妻反目而不和。○问讼事：防止有幽禁的灾祸。○问胎孕：生女孩。

[活断实例]

◎华族某访问我的别墅，当时正下大雨，心中闷闷不乐。于是特意设置宴席，又召请伊藤潮花以助酒兴。潮花看见我床上的筮竹，问：“您爱好《周易》吗?”我说：“是的。”潮花说：“我想占卜生命，请为我筮一卦。”筮得归妹卦，变为震卦。

断卦说：归妹是归魂卦。从二爻到上爻为五年，今后五年，您的生命将要终结吗？上爻爻辞说：“女承筐无实，士刲羊无血。”所谓“女承筐无实”，指家中赤贫，筐中无实；所谓“士刲羊无血”，是尸体之象。

潮花说："您的话的确得当。谚语说：'人生四十不为夭。'现在我已经六十岁了，寿命也不算短了。虽然死期已经迫近，家庭的生计却不可以不预先谋划。"从此奋然改革家政，谋划产业，以求家室盈丰。他家能有积累的钱财，实在出自他的赐予。

当时他谈笑着离去，但到了第五年六月，潮花终于还是病逝了。

◎明治二十一年，占台湾总督府气运，筮得归妹卦，变为震卦。

断卦说：卦体下互卦为离，离为目。目是用来视物的，说眇，是只能偏视罢了。"幽人"指幽闲贞静的人。人能幽闲贞静，就一定不会作乱，所以说"利幽人之贞"。现在占台湾总督府政略而得到这样的爻辞，台湾刚纳入我国版图，一切风俗难以骤然变革，只能另眼相看。政府总应该用静默来镇定它，所以说"利幽人之贞"。

六三：归妹以须，反归以娣。

《象传》曰："归妹以须"，未当也。

[经传释义]

须是对贱女称呼。三爻居兑卦的极位，为悦的主爻，"归妹以须"，就是以它为须。三爻以柔乘刚，一定要取悦别人，所以在它刚嫁过来的时候把它降而为须。虽然明知这样做不一定适当，但是故意抑制它，使它无法工于献媚，无法开启以妾的身份夺取嫡室正位的端绪，以惩戒淫逸，订正名分，其旨意是很严的。等到三爻能改正取悦于人的做法，才能恢复它娣的地位，所以说"反归以娣"。《象传》说"未当也"，指六三阴柔不正，不当位。

《周易正义》以须为等待时机，以为三爻不得时宜，应该等待，所以说"归妹以须"；到得其时宜的时候，就以娣的身份出嫁，所以说"反归以娣"。也通。

[一辞多断]

○问时运：运途尴尬，被人抑制，应该忍耐，以后可以舒展。○问经商：货物价格低落，无法盈利，过后可以提升。○问功名：得到的职务很卑微。○问婚姻：一定不是正娶。○问家宅：这屋不是正宅，一定是廊庑之类偏房，位置低而小。○问疾病：等待时间，可以痊愈。○问行人：应该暂且等待，缓一时可以归来。○问讼事：等待时机，可以断结。○问胎孕：生女孩。

[活断实例]

◎某县人带着亲友的信，来占求官成否，筮得归妹卦，变为大壮卦

断卦说：郑玄认为须是有才智者的意思，《周易正义》说须女指贱妾，总之是有才智而屈居下位的妇人。现在您占求官而得到这样的爻辞，可知您与某显要官员有旧交，曾经请他替您谋求官职，不料他却抑制您，不给您以相当的位置，而只授给微末的官职，这就是“归妹以须”之象。您应该顺从地接受这个官职，切不可妄求进步，这样以后一定有升迁。“反归以娣”，是进步要有所等待的意思。

九四：归妹愆期，迟归有时。

《象传》曰：愆期之志，有待而行也。

[经传释义]

九四以阳爻居阴位，为动的主爻，动就会急于出嫁；但兑为少女，所以说妹，不可以先于姐姐而归，而应该在闺中等到长大，故说“归妹愆期”。长大而归也还不晚，故说“迟归有时”。

《诗经·江汜篇》的序言说，媵在闺内等待长大，但是作为嫡室的姐姐不与她一同出嫁，后来姐姐后悔了，把她迎了过去，也终于出嫁了。这可以作为本爻的注脚。三爻主悦，求贵而得贱；四爻主动，求速而反迟，都深戒“说以动”的必然凶险。告诉它们迟嫁，让它们有所等待，是为了遏制它们躁动的心志，使她们知道待时出嫁的道理。

[一辞多断]

○问时运：要知道行运是有时间性的，应该顺时而动，躁动没有益处。○问征战：最应该审时度势，不要急躁而轻率地前进，以致损丧兵力。○问经商：等到得价的时候，自然可以获利。○问功名：躁进必定失败。○问婚姻：等到成年再出嫁。○问家宅：宅运没到，不可以迁居。○问行人：一时不会回来。○问讼事：应该迟缓，可以了结。○问失物：以后可以得到。○问胎孕：生男孩。

[活断实例]

◎某商人来请占买卖的机会，筮得归妹卦，变为临卦。

断卦说：女子等待出嫁的时间，犹如货物待价而沽。“愆期”，指期限已过；“迟归”，指久后可以卖出。您占买卖的机会而得到这样的爻辞，爻象与占象、辞意正相符合。“归妹愆期”，由于姐姐还没有出嫁，妹妹不能先出嫁，所以应该迟归而等待时间。可知您一定有以前的货没有卖出，所以后置货物的销售应当有所推迟和等待。这就是为什么出嫁不能不等待，销售不能不迟延。虽然迟延，但是自会得利，不必忧虑。

六五：帝乙归妹。其君之袂不如其娣之袂良。月几望，吉。

《象传》曰：“帝乙归妹”，“不如其娣之袂良”也；其位在中，以贵行也。

[经传释义]

“帝乙”，指商纣王的父亲。君，指小君，即嫡妻。袂是衣袖。月是太阴之精，用来象征妇人的德行。望指圆满的月亮。几，近的意思。五爻居震卦的中位，而震为长男，与下面的二爻相应；二爻居兑，兑为少女，二者象征兄妹。所谓“帝乙”，即震卦所象征的兄长；“归妹”是天子把妹妹下嫁给诸侯，所以爻辞说“其君”。《象传》说“以贵行”，即所谓“君夫人曰小君”。卦体来自乾，乾卦变为兑卦，而乾为衣，故说袂。《史记》所说的“长袖善舞”，指女子的姿态，说明袂足以取悦于人。

月亮盈满于望日，八日以兑象出现在丁的方位，十五日以盈满的乾象出现在甲的方位。兑浸长到十五才会盈满，而乾卦化作了兑卦，故说“几望”。《京氏易传》记载商汤嫁妹的话说：阴从阳，妇从夫，是天地的义理。去事奉你的丈夫，必须遵行礼义。以礼义来训诫，目的是告诫她既不可以袂取悦，也不可以仗恃高贵的出身而妄动。六五爻辰在卯，象征仲春的月份，在这个时候行男女嫁娶之礼，所以吉。

《象传》说“其位在中”，五爻居震的中位，二爻居兑的中位，以二爻嫁给五爻，中位与中位相应，爻位都得当，而且五爻最尊贵，所以说“以贵行”。

[一辞多断]

○问时运：事事谦让退避，不敢自满，更不敢自夸，运途适中，所以吉祥。○问征战：屈尊居于卑贱的位置，能得军心；乘月夜进兵，出敌不意，可以获得全胜。○问经商：先进的货物不如后进的好，约在月望以前可以销售，一定会得到高价。○问功名：如果有兄弟一同出去求名，弟弟一定成功。○问婚姻：应当有两个女子一同出嫁，吉。○问家宅：住宅位置居中，应当有喜事临门，吉。○问行人：月望以前可以回来。○问疾病：半个月可以痊愈。○问胎孕：生男孩。

[活断实例]

◎有朋友来访，请占某氏赴任的吉凶，筮得归妹卦，变为兑卦。

断卦说："归妹"是以女子从夫，犹如士人出门从政。现在您占朋友赴任和吉凶而得到归妹五爻，仔细玩味爻辞，知道这朋友身份必定高贵，而这次赴任只是小受用，就像帝王的女儿下嫁一样。他的才干良好，以后一定会胜过这次任命，所以说"其君之袂不如其娣之袂良"。"月几望"，比喻他措施的周到、政体的光明，像十五的月亮一样，而又不敢以谄媚取悦于人，不敢以高贵和盛大自恃。这样莅临百姓，吉祥就可以预知了。

上六：女承筐无实，士刲羊无血，无攸利。

《象传》曰：上六无实，承虚筐也。

[经传释义]

士，指还没有娶妻的男子；女，指还没有出嫁的女子。《士婚礼》说：妇人聚后三个月，才进行祭祀。上爻是象征宗庙的爻，故说祭祀。三个月后进行了祭祀才成为妇人，没有承祭则还称为女子。宗庙的礼仪，主妇捧筐，即《诗经》所吟咏的"于以盛之？维筐及筥"。兑为羊，《少牢·馈食礼》说"司马刲羊"，刲是杀的意思。承筐和刲羊都是助祭的事。《周易》以阳为实，以阴为虚。三四两爻恢复原来的位置，上卦就变成坤卦而为虚，所以说"承筐无实"；四爻互坎，坎为血卦，三四爻恢复原来的位置则全卦为泰，坎象不见了，所以说"刲羊无血"。

按照祭礼，执盎的是宗妇，荐豆的是夫人，设黍的是主妇，没听说有以娣妾的身份参与的。假使娣的身份可以参与祭祀，那就是亵渎人伦，用这种做法来显示自己的受宠，却恰恰会导致灾祸，有什么利益呢？所谓"永终知敝"，可以不戒慎吗？

[一辞多断]

○问时运：凡事都不利。○问征战：粮草不准备，戈矛也不修理，这样从征，是必败的做法。○问经商：资本既缺少，货物又匮乏，怎么能获利呢？○问功名：空手求名，怎么能得到？○问婚姻：婚娶不正，只能导致家门萧索。○问家宅：住宅中家庭的规范不正，防止有妾与嫡妻相纷争的忧患。○问疾病：是虚劳失血的病症，有无法医治之象。○问失物：找不到。○问胎孕：生男孩。

[活断实例]

◎某友人来，说："近来想与朋友谋划兴办一项事业，按我私下的考虑，事情可喜，利润也很丰厚，但不知吉凶如何？请为我筮一卦。"筮得归妹卦，变为睽卦[①]。

断卦说：卦体兑为悦，震为动；卦象兑为女，震为男。悦而不走正道，所以夫妇间的结合多不利，而凭钱财合作的情况，也就可以推想而知了。现在您为谋划事业而占得这一爻，爻辞说"承筐无实"、"刲羊无血"，"筐无实"是口袋空虚。血液流通全身，犹如钱财和货物流通全国。"无血"羊就会死掉，无财事业就会失败。士与女象征合作创业的人，女既无实，士又无血，是钱财和力量两方面都空虚，怎么能办成事业呢？所以说"无攸利"。

---

① 筮得归妹卦，变为睽卦：原文作"筮得归妹卦，变为兑卦"，显然有误，径改。

䷶雷火丰

卦体震在上，离在下。离本于乾体，改变乾的中画就成了离卦。离为日，日本来高悬在天上。震本于坤体，改变坤的下画就成了震卦。震为雷，雷本来奋出于大地。“雷以动之，日以烜之”，万物的化生自然丰茂。震为动，离为明，明与动合起来就构成了丰卦。这就是卦名为什么叫丰。

丰：亨，王假之。勿忧，宜日中。

[经传释义]

《周易正义》说：财多而德大，所以叫丰。财富多就足以济世，德行大就足以容人，事情没有窒碍，故亨。王指商王，假指感假。萃涣二卦的“假”字，指商王感格宗庙，而丰卦的“假”字，则是希望纣王能感格的意思。能感格丰亨之道，自然足以统御各国，照临大地，就像太阳在天的正中，光明普照，所以说“勿忧”。离为日，日在天中央的时候光明更大，所以说“宜日中”。

《彖传》曰：丰：大也。明以动，故丰。“王假之”，尚大也。“勿忧，宜日中”，宜照天下也。日中则昃，月盈则食，天地盈虚，与时消息，而况于人乎？况于鬼神乎？

[经传释义]

《序卦传》说：“得其所归必大，故受之以丰。丰者，大也。”卦体是离遇到震，震为行，行动必定强健；离为光，光明无不照耀。“明以动”，动就有所作为，所以亨通而盛大。王指九五。丰象本来盛大，如果君王能诚心感格，就更加盛大了。五爻说“有庆”，庆的就是君王的能够感格，丰盛没有比这更大的，还有什么忧虑？

所谓“宜日中”，是把“明以动”推到极致的说法。日到天的中央，它的光明更加焕然，照耀也更加广远，万国九州没有不光明的，可知君王自己能“明明德”，就可以“明明德于天下”，所以说“宜照天下”。

但是日过了中天就会倾斜，月亮达到了盈满就会亏缺，阳极就会产生阴，盈与虚互相消息，这是天地的大循环。彖辞说“日中”，丰盛到了极盛的程度，衰落就潜伏在其中了。《象传》希望君王越发自我勉励，夙夜勤勉，用光明来继续光明，以挽回造化，使本性的光明不为利欲所蒙蔽，丰盛就可以长久保持了。虽然随着时间的变化，有盈就一定有虚的时候，有消就一定有息的时候，就是鬼神对此也毫无办法，但是扭转和补救总还在于人，而人只有自己发明本明的品德罢了。干宝说：日中之象，殷商主水德，坎象在白昼败坏，而离卦居昼，指周的德行得天人之心，应该居王位。所以说“宜日中”。

以这一卦比拟人事，上互卦为兑，兑为泽，期望惠泽的丰盈；下互卦为巽，巽为利，期望财利的丰富。有丰盈而无亏歉，其丰盛就大了。但财物丰盛的人多数昏庸，利欲丰盛的人多数会作乱。昏庸就不明事理，作乱就要妄动，没有另外的可能，所以丰盛所在就是忧患所在。

卦中上下互卦合起来构成大过，大过就超过了中道。日过中就会昏暗，月过中就会亏缺，过盛的必衰，过刚的必折，盈虚消息是天地和四季的自然运动，就是鬼神的盛德也不能过中，何况卑微的人事呢？彖辞说“勿忧，宜日中”，《象传》解释为“宜照天下”，指乾为日，离也为日。丰是六月的卦，夏至节日在离位，禀纯阳之气；日值午中的时候，光明倍加焕然。离卦《大象》所说的“明两作，离，大人以继明照于四方”，就是指这而言。

明是由静产生的，也是由动体现的。譬如人在闭目静坐的时候，一件事物也看不见，但是一动就双目开豁，目光就足以观察事物了，这就是所谓“明以动，故丰”。人事的忧虑往往在于不丰盈，而在于不知道不丰盈最不值得忧虑，最值得忧虑的是不明达。明达才既可以静也可以动，既可以盈也可以虚。丰卦的大在于明，也在于动。体现出人事的这个极致的法则，才可以出山与天下相见。

以这一卦比拟国家，国家的大势，是不能静定无事，而必须有所作为，怕的只是行动失道，这样必定导至昏庸暗昧，上下互相蒙蔽，越行动就越陷入困境。困就不亨，不亨就不丰，国事就没法办了。要求得到国家的丰，必须先做到明，所以彖辞说“明以动，故丰”。

卦体上为震，下为离，震为动，所以能使四方风动；离为明，所以能向着光明治理国家。震又为帝，故称王；离为光，故能照。王者能发明本明之德，行为合于大中至正之道，明达足以与天下相见，行动可以使天下得到更新。能这样照耀和抚绥臣民，光大事业，使臣民熙熙攘攘，都沐浴在光天化日当中，而好像浑然忘记了帝王的力量一样。丰盛没有超过这样的。

但一治一乱，一盛一衰，属于国运也属于天运。所谓“日中则昃，月盈则食，天地盈虚，与时消息”，世运的推移都是这样。重要的是必须文明而柔顺，像文王的德行那样纯粹，上足以感格君王，下足以感服百姓，像日月一样烛照天下，这样才能挽回已去的天命，重新延续崇事宗庙社稷的祭祀。这就是文王之所以为文王，这样也就可以长保国家的丰盛了。

通观全卦，《京房易传》说：上为木下为火，气禀纯阳。阳为大，大就一定丰。卦体是以离遇到震，而震为君。君王动作在上面，光明照耀到下面，所以能成就丰隆伟大的事业。

但是有丰就有歉，丰于功勋的人会骄傲，骄傲就必定灭亡；丰于钱财的会奢侈，奢侈就必定失败。骄傲与奢侈，都是由于行为失去了中道。行为失去中道就会损害明达，损害了明达还怎么能长保丰盛?《杂卦传》说：“丰，多故也。”多事就难以保全，一定要有办法才行。王者能推心置腹，使上下交孚，以期光明无不烛照，行为无不完善，像午时的太阳一样高悬在中天。这就是离象为什么象征光明。光明越大丰也越大，这是值得崇尚的，如果能够这样，还有什么忧虑呢?

卦体离日在下，震雷在上，互卦巽木为蔀，兑泽为水。震雷下施兑雨，巽木掩蔽离日，所以二至四爻有晦昧的特点。圣人处于这种情况，以虚廓涵养他的明达，以愉悦扫除他的威风，以明达和决断决开人情的壅塞，使上下之间情志畅通。六五动而得中位，象征明君与良臣相际会，这样就会使日光皎洁，使长空澄碧，阴翳完全消除，纯熙的气运来到，风雨晦冥怎么能伤害太阳呢?

初爻如日刚刚出山，故说“往有尚”。二爻如日在中天，故说“有孚发若，吉”。三爻光明为沫所遮蔽。四爻光明为斗所掩盖。五爻与二爻相应，由二爻给五爻以光明。上爻则丰到极处而凶险了。六爻都有明之象，而为灾，为疾，为沫，为斗，为凶，都足以遮蔽光明，危害行动，只有五爻得吉。《象传》所谓“王假之，尚大也”，就在这一爻。

《象传》曰：雷电皆至，丰，君子以折狱致刑。

丰卦上震为雷，下离为电，雷电相合，威势盛大。电主明，雷主威，《象传》说“雷电皆至”，有威明兼备之象。以明“折狱”，案件就能得到真实的情由，天下就没有隐情了；以威“致刑”，量刑就恰如其分，天下就没有遗漏的罪人了。君子见到丰卦之象，把威严而光明的品德运用到洞悉奸伪方面去。以明用威，所以既能明察又能决断；以威济明，所以没有冤枉也没有私心。天的震支是雷声的发作，而电火当先，这就是丰卦之象。得到离明的卦有噬嗑、贲、丰、旅四卦，《大象》都有用刑的含义。噬嗑的明在上面，象征君子在上位，所以为“明罚敕法”；丰卦明在下面，象征君子在下位，所以说“折狱致刑”。

［一辞多断］

○问时运：气运旺盛，但应当丰不忘歉，这样才能长保丰盈。○问经商：财利丰盛，但必须谨守公平，否则恐怕会牵连到讼案中去。○问功名：雷电有威名和发达之象，应该担任刑官。○问征战：“雷电皆至”，可见军威显赫，声势远播，攻战一定得胜。○问婚姻：世称雷为公，电为母，属于天作的配合。○问家宅：住宅朝东南，财气很盛。○问疾病：是肝火上升的病症，应该用泄肝泻火药，尤其应该静养。○问失物：尽快追寻，可以得到。○问行人，防止有讼事纠缠。○问胎孕：单月生男，双月生女。

初九：遇其配主，虽旬无咎。往有尚。

《象传》曰：“虽旬无咎”，过旬灾也。

［经传释义］

“配”字，郑玄作“妃”。卦体震在上，离在下。初爻本是震爻，而震为诸侯；初爻与四爻相应，故以四爻为“配主”。初九爻辰在子，九四爻辰在午。君王面向南而统御臣民，臣民面向北而听命于君王，初爻以修明礼仪朝见四爻，四爻以可以匹配的厚恩给它以优厚的宠遇，即使挽留十日也不算过分。不多不少整十日，是因为在朝聘礼中，从行聘到问大夫才五六日事，就完毕而请归求归国了。郑玄说：主国挽留，美食款待，送给礼物，没有一定的日数，目的尽主国的殷勤。主国情意缠绵，客人淹留日久，快乐极了，这在一旬内还不逾越礼节，所以“无咎”。“往有尚”，他的前往或者因为助祭而行朝聘礼，或者因为入朝而遇到助祭的事，留下经过一旬，神和人都很欢洽，所以可尚。但是以一旬为限，过旬就超过常度了。《象传》说过旬就会生灾，是凛凛于“日中”的戒条，表示应当以盈满为戒。

有人以为旬指星名旬始。《史记 · 天官书》说：旬始出于北斗旁，状如雄鸡。二爻说斗，三爻说沫，斗和沫都是星名，指它们遮蔽光明。初爻为旬始星，爻象相同。这意思也可取。

[一辞多断]

○问时运：得到帮助，可以有十年好运。○问营商：凑巧有得当的货物可以销售，一旬内可以获利，超过一旬就不利了。○问功名："邂逅相遇"，正符合我的愿望，当日就应当有吉报。○问婚姻：姻缘得当，即日可以成就，迟了就不成了。○问疾病：若能遇到良医，旬日间可以痊愈，迟久就无法救治了。○问讼事：若能遇到好的官吏，可迅速判决结案；迟缓就会一时难以了结，还恐怕有意外的祸患。○问失物：应该马上寻找。○问胎孕：生女孩。

[活断实例]

◎明治三十年，占英法两国外交，筮得丰卦，变为小过卦。

断卦说：丰是雷电相遇，物品丰饶的卦。以国家间的外交来比拟，有两雄并峙，各不相让的阵势。现在占英法两国外交而得到初爻，初爻与四爻相应，应当以初爻为英国，四爻为法国。爻象内外相应，就两国形势来看，似乎彼此和好，而实际情况却是两个阳爻相倾轧，即各怀猜疑，势必在暗中互相侵犯和争夺。为什么？内卦为离明，外卦为震动，明者多谋划，动者多勇武，各自为了自己的国家，也各自运用自己的长处。明与勇足以相抵敌，所以说"遇其配主"。英国善于谋略，是明者；法国长于武装争雄，是勇者。旬，均的意思，指双方势均力敌。由此加以改进，明者不自恃他的明，而且进而发明自己的明德；勇者不自恃他的勇，而且进而勇于践行道义，丰者就可以长保其丰了，所以说"往有尚"。

六二：丰其蔀，日中见斗。往得疑疾，有孚发若，吉。

《象传》曰："有孚发若"，信以发志也。

[经传释义]

六二居离卦的中位，是离明的主爻，有日在中天之象。蔀，虞翻认为指日被遮蔽在云中；王弼说即覆，即障蔽光明之物。郑玄作"菩"，《说文解字》说是草。《广韵》说"蔀"是草名。震为草，故取象于草。离所象征的夏季，草木蒙密，故说“丰其蔀”。各种说法取象虽然不同，而看作遮蔽光明的东西则是一样的。

斗是星名，《春秋运斗枢》说：北斗七星，第一至四为魁，第五至第七为杓，合起来为斗。九四震动，是斗柄之象。斗柄左旋，日体右转。“日中”不是见斗的时候，“日中见斗”就看不见日了。这是比喻商纣王已经昏乱，奸臣弄权，就像白昼里日光被遮掩，而黑夜才看得见的斗却很光辉，所以说“日中见斗”。

在众多奸人来蒙蔽和惑乱的时候，即使周文王那样的圣人也不能避免羑里的囚禁，故说“往得疑疾”。“有孚”，即象辞所说的“王假”。文王以忠贞服事商纣王，以至诚相感通，所以纣王的心志可以挽回，蔽障豁然开朗，疑疾自然除去，所以“有孚发若”，而转凶为吉。《象传》说“信以发志”，是说后世人臣中那些忠贞而被谗言所害的人，只要能诚而又诚地感通君王，就没有不能消除疑忌的。

［一辞多断］

○问时运：只要能在蒙难时以艰贞对待，自然可以逢凶化吉。○问经商：见识不明，如同白昼昏暗而不能办事，以至造成疑忌。应当以至诚待人，得到别人的扶助才能获利。○问功名：开始凶，结果吉。○问征战：屯军于丰茂林木或草丛中，伏藏而不动，前往恐怕有所不利；必须等待敌兵的内应，这样必定夺得大的胜利。吉。○问婚姻：开始疑心，最终和谐。○问家宅：住宅花木太盛，日光被遮掩，以致窗牖失去了光明。开豁而明亮才吉。○问疾病：是胸襟不明朗，积累疑忌而造成的疾病，应该婉言加以开导。疑窦一开，病体自然痊愈。○问失物：被尘土和污物所掩盖，拨开杂草可以找到。或者在斗和升之间。○问胎孕：生女孩。

［活断实例］

◎明治三十一年，占自由党气运，筮得丰卦，变为大壮卦。

断卦说：爻辞说“日中见斗”，日是阳象，斗为星，是阴象。“丰其蔀”，蔀是草，也是阴象。属阳的日为君，属阴的星为臣，草则象征众多的百姓。白昼里看见斗，象征阴象遮蔽了光明，臣下遮蔽了君王。现在占自由党气运而得到丰卦二爻，自由党本来是百姓的身份，其议论都出自在野的人，却想要干扰政府，所以叫做“丰其蔀”。以下犯上，就是以阴掩蔽阳，正像妖星犯日一样，所以叫做

星亨像

“日中见斗”。自由党党魁叫星亨[①]，可以说是这一点的明证。星氏论说狂妄，好开启世人的疑忌，人们多疾恨他，故说“往得疑疾”。自由党只有能幡然悔悟，不以自己的势力凌驾和逼迫政府，而是以正义和诚信相感通，它的议论才能被顺利接受，所以说“有孚发若，吉”。

自由党在十二次议会上反抗政府，以致被解散。后来到第十三次议会，星氏有所悔悟，开始顺从政府的意见，才得以无咎。

九三：丰其沛，日中见沫。折其右肱，无咎。

《象传》曰：“丰其沛”，不可大事也；“折其右肱”，终不可用也。

[经传释义]

毛西河引用刘熙的话说：沛是水草相生的称谓，即《公羊传》所谓“草棘曰沛”。”“丰其沛”，比喻商纣王朝有众多奸邪的人在臣位，如同水草丛生，蒙密而遮蔽光明。三爻居内外卦之间，得到了巽气，巽的刚爻为木，柔爻为草，所以以沛为水草。沫，郑玄作“昧”，即服虔所谓“日中而昏”。《王莽传》说：地皇元年二月壬申，正午忽然黑暗，王莽很厌恶，下书说：“日中见昧，阴薄阳，黑气为灾。”这是引有关《周易》的文章为证。《九家易》说，沫是斗杓后小星，即辅星。辅星在斗第六星的左面。《汉书· 翟方进传》说辅星沉没，张晏说：辅星沉没不见，则天下的兵器就要重新熔铸，也就是辅星出现就有兵祸。两种说法或为昏昧，或为星名，依据虽然不同，但都是作为商朝灭亡、周朝兴起的预兆。

“折其右肱”，臣下以君王为元首，君王以臣下为股肱，而文王为西伯，所以说“右肱”；纣王听信谗言，把文王囚禁在羑里，即所谓“折其右肱”。但当时文王虽然拥有天下的三分之二，却能笃行敬止的礼节，终身事奉商纣王，所以右肱折断了也“无咎”。

《象传》说“不可大事”，是说三爻居离卦的极位，人心已经离散，天下大势也就失去了。《象传》又说“终不可用”，三爻与上爻相应，上爻处于震的极位，正值卦的终位；上爻又说“阒其无人”，这就是商纣王为什

---

① 星亨：日本明治时期的政治家，自由党领袖。明治维新后进入政界，同年赴英国留学，是日本人中第一个取得英国律师资格的人。回国后任司法省附属发言人，1882 年加入自由党。1892 年当选参议员，同时当选议长。和伊藤博文共同组织立宪政友会，并率自由党参加政友会。后来出任第四次伊藤博文邮政大臣，不久因为东京市议会贪污事件辞职。1901 年日在东京市议会议长任上被伊庭想太郎刺死。

么只是匹夫，所以说“终不可用”。

［一辞多断］

○问时运：运途颠倒，明明是白昼，却黑暗得像夜里一样，必须防止灾祸。幸而一时身体和性命安然无恙。○问征战：“沛”，有人作“旆”，指幡旆飘扬。率领军队前进，防止风云有变化，午时昏暗，右军有损失。○问经商：防止货价涨落不定，以致耗折。○问功名：终究不可以在世间发挥作用。○问疾病：防止右肱有损伤。○问家宅：田园荒芜，水草丛生，右面的庑屋已经倾塌。暂时居住罢了，“终不可用”，不可久住。○问胎孕：生女孩。

［活断实例］

◎某友人来，请占加入某公司的吉凶，筮得丰卦，变为震卦。

断卦说：三爻处于震离二卦之间，震为草，离为光。说“丰其沛，日中见沬”，其形象为震草蒙密，以致日色无光。拿公司来说，一定是小人众多，反而使君子失去权柄。用草比喻小人，他们的拨弄最终会使白昼昏黑，不见天日，即所谓“日中而昏”。“折其右肱”，指久在公司做事的人，他们是公司的手足。手的运用全在右肱，折是折断，指除去弄权严重的人，公司就可以无咎了。爻象是这样，劝您以不加入为好。

友人听了，中止了加入公司的事。后来不久，公司果然关闭。友人于是感慨易占的灵妙。

九四：丰其蔀，日中见斗。遇其夷主，吉。

《象传》曰：“丰其蔀”，位未当也；“日中见斗”，幽不明也；“遇其夷主”，吉行也。

［经传释义］

四爻居外卦的开始，为震动的主爻，爻象与二爻相同。四爻的蔀如同二爻的蔀，四爻的斗如同二爻的斗。但是二爻属阴而居阴位，使离日被遮掩；四爻则阳刚而震动，象征君王的心已经感通，所以障蔽豁然开朗，疑疾被消除。“遇其夷主”，即彖辞所说的“王假”。二爻因为疑疾而被囚禁，四爻因为遇到夷主而得到释放，所以说吉。彖辞所说的王指文王；爻辞所说的“夷主”，周公根据实际情况而把它看作夷。

“丰其沛”而“见斗”，《象传》只在四爻加以解释。邪恶对正义危害开始于切近而熟悉的事情，所以说“位不当”；阴柔对阳刚的掩蔽出现在白昼，所以说“幽不明”。震为行，行而得到所遇，故说“吉行”。

[一辞多断]

○问时运：以前被人蒙蔽，现在能幡然改过，只要得到好际遇，就可以获吉。○问征战：军队进入幽深的山谷，不知去路，不见天日，幸而遇到向导，才得以前进。○问经商：以前因为货物真赝混杂，难以销售，现在才遇到买主，可以获利。○问功名：得到这绝好的际遇，功名立刻就可以成就，吉。○问婚姻：巧遇良缘，吉。○问家宅：苦于位置不当，幽暗不明，遇到使它焕然一新的人，吉。○问疾病：病是眼中生翳，使视线不明，遇到良医可以治疗。○问胎孕：生男孩。

[活断实例]

◎豪家支配人某来请占气运，筮得丰卦，变为明夷卦。

断卦说：“丰其蔀”，指杂草茂盛；“日中见斗”，斗在白昼出现，是白昼里的晦暗，其危害都足以遮蔽光明。九四以阳爻居阴位，爻象是阳刚被阴柔遮蔽。幸而四爻进入震体，为动的主爻，得以拨开云雾，重见天日而“遇其夷主”。现在您问气运而得到这一爻象，可知您以前必定被人压制，无法展示自己的才能，现在幸而遇到适当的主事者，可以出头谋事了。但这主事者一向昏庸，所以称为“夷主”，而您的诚实一向很昭著，因而被信任不疑。《象传》说“吉行”，是可以获吉了。

六五：来章，有庆誉，吉。

《象传》曰：六五之吉，有庆也。

[经传释义]

五爻居外卦的中位，与二爻相应。二爻说往，五爻说来，是五爻视二爻为来的意思。章是文采，庆指赏赐，誉是声誉。二爻既然前往而“有孚”，五爻于是因为它的到来而“有庆”。这是暗指文王献出文马，商纣王赐给文王弓矢的事。喜庆出于商纣，声誉归于文王，丰在这里，吉也在这里。所谓“一人有庆，兆民赖之”；二爻的喜庆也就是五爻的喜庆，所以二五两爻同样吉祥。

[一辞多断]

○问时运：盛运到来，实至名归，吉祥没有比这更大的。○问经商：货物的往来没有不获利的，而且可以得到名誉。○问功名：得到恩德和赏赐，名利双全，大吉。○问婚姻：上天撮合的良缘，门楣既显赫，嫁妆也丰厚，吉。○问征战：可以不战而胜，高奏凯歌而回，并得到册封和赏赐，吉。○问家宅：一定是受到表彰的著名门第，吉。○问疾病：有名医自己来到，马上可以痊愈。○问讼事：不但讼事得到了结，而且可以得到赏赐。○问行人：当日可以归来，而且有喜事。○问失物：不用寻找，自己就会出现。○问秋收：是大丰收的年景。○问谋财：不用寻求就会到来。○问胎孕：生男孩，主贵。

[活断实例]

◎亲友某富翁来请占气运，筮得丰卦，变为革卦。

断卦说：卦名叫丰，必定是富裕的人家；五爻居君位，象征一家之主。爻辞说章，说庆，说誉，说吉，都是圆全美满之象，占问者得到这一爻，气运的兴盛就不用说了。但是从全卦看，有离明被遮蔽之象，一定是家臣弄权，使家主被迷惑，以致善恶不分，凡事都处理颠倒了。二爻正直可靠，五爻如果能听从二爻的话，并嘉奖它，赏赐它，那么二爻的喜庆也就是五爻的喜庆，非常吉祥。您应该在家臣中谨慎选择，去除邪佞者，任用贤明者，这样家道就会日益丰隆，身运就会日益兴旺。爻象是这样，吉与不吉，只在转移之间罢了。

◎岩手县闭伊郡田老村商人落合总兵卫，是我的旧交，虽然他已经故去，但其家人问候的音信却没有断绝。今年六月，传闻那里海啸，村民全死了，探问没得到回报，心里深为忧念。于是为此占问了一卦，得到丰卦，变为革卦。

断卦说：丰是大的意思，海啸是大的灾害。爻辞说“来章，有庆誉，吉”，料想他一家当中，一定有侥幸脱离这一灾害的，近日应当有人来报信。

后来确知，该村当时受灾，全村都被漂没了，落合氏家只有二儿子总三郎、四儿子兵吉，因为事先去了邻村，得以免于灾祸。

上六：丰其屋，蔀其家，窥其户，阒其无人，三岁不觌，凶。

《象传》曰："丰其屋"，天际翔也；"窥其户，阒其无人"，自藏也。

[经传释义]

"丰其屋"，指自我丰隆。"蔀其家"，指自己障蔽。丰大他的屋子，又障蔽他的家，也有"行其庭，不见其人"之象。上六阴爻阴位，居卦的极位，象征动到极处而疲惫，明到极处而昏暗，丰到极处而衰落，它的极致是宗庙社稷的倾覆和宫室的空虚，所以说"窥其户，阒其无人"。阒，即无人的样子。

干令升以为上爻是说商纣王的灭亡，可以说独得旨趣。上爻为宗庙，却"三岁不觌"，一定是三年没有祭祀了。《尚书》说：从成汤到帝乙，没有不以明德关注祭祀的，到纣却不肯事奉天帝了。抛弃自己的祖先和神祇而不祭祀，所以庙中虚旷，"三岁不觌"。商纣王只是深藏在瑶台璇室而自己娱乐，所谓"七世之庙，可以观德"的地方，不久就被茂密的草遮蔽了，所以说凶。

《象传》所说的"天际翔也"，"际"有人作"降"，"翔"郑玄、王弼作"祥"，说是天降祯祥。祥是变故征兆的通称。另外，所解释的"自藏也"，"藏"字各家作"戕"，王弼作"残"，郑玄作"伤"，都指国家消灭而自己死亡。

[一辞多断]

○问时运：有屋子而没有人，是大凶之象。○问征战：营垒空虚，是败亡之象。○问经商：货物空自存放，而没人管理，凶。○问功名：自身已经无法保全，怎么会有名誉？○问婚姻：凶。○问家宅：田园虽然丰富，却一定是破落门户，人烟稀少，凶。○问疾病：寿命不久了，凶。○问行人：没有归来团聚的期限。○问胎孕：生男孩，防止养不大。

[活断实例]

◎明治十五年某月，我因事去横滨洋银取引所会晤西村氏等三人。他们对我说："因为大藏省增加的税收过多，想请求减少，不知政府能答应吗？请占一卦来决断。"筮得丰卦，变为离卦。

断卦说：丰是盛大的意思，象征洋银取引所的盛大。一天出纳金额达十万元，其经营状况的盛大，全国罕见，有"丰其屋，蔀其家"之象。但是取引所的出纳虽然丰盛，恐怕内部也有所不足了。至于请求减税，也恐怕有这样的议论而未必有这样做的人，即所谓“阒其无人”。即使有请求减税的人，恐怕过三年政府也未必答应，所以说“三岁不觌，凶”。

于是三人互相惊视，无话可答。第二天，该店果然关闭了。

䷷火山旅

旅卦的内卦为艮，外卦为离，艮为山，离为火。艮山之象，是两个阴爻得到宗主而有了常道；离火之象，是一个阴爻附丽在其他物上，而没有一定的所在。有常者象征所居的地方，不定者象征寄居在外的人。离是附丽，也是离别。离别他的家而附丽在外面，这就是卦名为什么叫旅。

旅：小亨，旅贞吉。

[经传释义]

旅，羁旅的意思。人在失去本来的居所，浪迹他乡的时候，所谓“远适异国，昔人所悲”，又怎么能说“大亨以正”呢！只求得到赖以生存的条件，这就是羁旅的“小亨”。旅途上的“贞吉”就在这里，所以说“旅贞吉。”

《彖传》曰：旅：小亨，柔得中乎外而顺乎刚，止而丽乎明，是以“小亨，旅贞吉”也。旅之时义大矣哉！

《序卦传》说：“丰，大也。穷大者必失其居，故受之以旅。”旅，众的意思，众人在外地叫做旅。卦中三个阳爻三个阴爻，都从乾坤而来。坤卦三爻上居乾卦的五位而构成离卦，并作为外卦的主爻；乾卦五爻下居坤卦的三位而构成艮卦，并作为内卦的主爻。以艮止为体，以离明为用，止而能得到居所，明而能知道前进的方向，这样就不忧虑因为丰大到极处而失去居所了。它的“小亨”、“贞吉”，是由于柔而“顺乎刚”，即刚而不与事相牴忤，柔而不损伤自己；是由于“止而丽乎明”，即止而能定，明而能察。旅的正道就在这里，所以得到“小亨”，因为贞正而获吉。古人的学问多半从羁旅和阅历中来，耳闻目睹都足增长见识，所以说“旅之时义大矣哉”。

以这一卦比拟人事，男子出生的时候，用桑木做的弓，蓬草做的箭，射向天地和四方，表示有远大的志向。所以士人负笈而宦游，商人拉着货物而前往，只要有一种技艺就无不远走他乡，以谋求衣食。这说明旅本来是人事中的常道。至于远离父母，背井离乡，寥落而没有朋友，惆怅地自我怜悯，穷困而不亨通也不值得奇怪。要在不亨通的地方求得亨通，办法只有以柔和的态度涉世，以明达的智慧审度机宜罢了。柔和就与世人没有牴忤，明了就对人以诚相待，这样纵使不能大有所得，也可以“小亨”。所谓的“贞吉”，就在这里。

行旅不得正道，没有别的原因，只是过刚和不明达罢了。过刚的人孤傲，无法与众人和谐相处；不明达就无法保护自己，这样行旅就陷入穷困了。《彖传》说柔而“顺乎刚，止而丽乎明”，贵在刚柔适中，明止相附，以这为亨，也以这为吉。人生涉世，一往一来都是行旅，一动一静都是行旅的道理。天子有行在，诸侯有朝会，士大夫走出疆域，农夫越过家乡的田畔，都是旅。旅的为时为义，关系岂不是很大吗？

以这一卦比拟国家，国家重视的首先是财富，而财富的流通依赖商旅。端木赐出行经商的时候，用四匹马拉的车不只一辆，所骑的马连成一串；管夷吾官比高山，富比大海，都是为了开拓商旅的源泉。所以善于谋划富强的人，一定要衡量内外交通的作用，延伸海陆运输的里程，方便舟车的往来，通过税收取得东南方的美好的利益。财富由此而丰盛亨通，行旅却由此而劳累。只要地方官有等待居住的旅馆，路上的役吏没有无处可去的悲叹，旅客也就可以比较安心了。

《大象》说“山上有火”，近处蒙它的照耀，远处也可以看到它的光明。这是比喻商人的明智足以洞烛奸邪，远近的人都不欺骗他们，所以说旅“小亨，旅贞吉”。重财利而轻离别，是做商贾的必备条件；权衡税收和利润，沟通货物的有无，朝廷也通过它们来致富。当今欧美各国的国税以商务为重点，所以海禁大开，洋船辐辏而来，不惜开凿绝岛穷崖而开辟市场，引率着东夷北狄而前来贸易，商旅之道以这时为盛。《周易》有先知的作用，所以说“旅之时义大矣哉”。

通观全卦，艮山止而居内，离火明而烛外。下卦为旅客远行之象，上卦为居住在房舍之象，互卦有大过，是跋涉之象。六爻中说所，说次，说处，说巢，各有处所；说灾，说焚，说丧，说亡，各有损失；说怀，说得，说誉，各有收获。

大凡羁旅中的人，适宜以柔和的态度求得与众人的和谐，不宜自恃刚暴，所以六爻中柔爻吉，刚爻凶。初爻柔而居下位，是羁旅中的卑贱者；二爻柔而得中，所以兼得居处和童仆；三爻过刚，所以同时丧失居处和童仆；四爻以刚爻居柔位，虽然有所得，但是心里“不快”；五爻柔而得中，凭小的耗费而大有所得；上六刚而过高，就有大的丧失而凶了。

旅卦反过来就是丰卦。聚就成为丰卦，散就成为旅卦。旅卦的艮止象征旅途中寄居在外，旅卦的离明象征旅行时选择要去的地方。总之，明达就有声誉，昏昧就有灾祸；得在于柔，丧在于刚。是笑还是号咷，是由时运决定的；说贞说厉，正是道义所在。圣人的栖栖惶惶，是为了大道的推行；庸人的熙熙攘攘，是为了利益而前往。它们难道不都是羁旅的原因吗？旅的形式相同，而目的却各不一样。

《象传》曰：山上有火，旅，君子以明慎用刑，而不留狱。

“山上有火”，与贲卦的“山下有火”是相对的文字。艮为山，离为火，有野火烧山之象。野火烧山，一过而毫不遗留，君子取法于这一卦象而听讼，只凭很少的话就可以判决诉讼，所以说“不留狱”。明鉴于取象离火的照耀，慎刑取法于艮山的静止。执法如山，不可动摇；烛奸如火，无可掩盖，能这样用刑，刑罚就没有诬枉了。上互卦为兑，兑为刑人，所以说“用刑”。旅的倒卦为丰，丰卦象征“折狱”，故说“不留狱”。

[一辞多断]

○问时运：运途还没有达到全盛，应该明察秋毫，慎防不测，这样即使有灾害，也可以随即得到解脱。○问经商：应该外出贩运，随贩运随销售，不可积压。○问功名：火在山上，有光明远照之象，马上就能升迁。○问征战：必须用火攻。○问家宅：谨慎防止火灾。○问婚姻：当日可以成就。○问疾病：是肝火上炎的病症，非常危险，生死就在目前，应该慎重。○问讼事：当日可以了结。○问行人：马上归来。○问胎孕：上半月生女，下半月生男。

初六：旅琐琐，斯其所取灾。

《象传》曰：“旅琐琐”，志穷灾也。

[经传释义]

初六居卦的最下位，象征刚成为旅人者。“琐琐”，小的意思。斯，《尔雅》解释为离开的意思。所，即《诗经》“爰得我所”的“所”，指居处。于二三爻说次，四爻说处，都是指旅舍。“斯其所”，是说旅行在外，因为琐屑小事而离开住处。《序卦传》说“旅而无所容”，离开居所就无处容身了，所以说“取灾”。就是说，这灾祸是由自己取来的。

《象传》推论其原因为“志穷”，因为它较量琐屑的缘故，一有不如意就离开住处，不但旅途穷尽，而且志气也穷尽了。穷尽就会招灾，所以说“志穷灾也”。

[一辞多断]

○问时运：出身低微，行运也差，孤身作客，恐怕难以获利。○问经商：资本微少，生意也低贱，难免遇到灾祸。○问功名：即使得到也很卑微。○问征战：军制以五百人为旅，如果军力单薄，就有败无胜。○问家宅：地点委琐龌龊，一定是小户人家。谨慎可以免灾。○问婚姻：《诗经》说“琐琐姻娅，则无膴仕”，可知不是名门望族。○问疾病：有小的灾病和悔恨，初起的时候可以治愈。○问胎孕：生男孩。

[活断实例]

◎友人某来请占气运，筮得旅卦，变为离卦。

断卦说：旅，羁旅的意思，指远去他乡，孤身只影，在羁旅中没有亲人和朋友。爻象以柔为吉，以刚为凶，因为只有柔顺才能和合众人而不至于孤立。初爻象征初次行旅。“琐琐”，细小的意思。器量狭窄浅陋，锱铢必较，如果因而招致灾祸，灾祸就是由自己取来的。现在您占气运而得到这样的爻辞，人生如同寄居，天地本来就是客栈。散去钱财而和合众人，就会四海都是兄弟；聚敛钱财而招致怨恨，就会使坦途也铺满荆棘。如果为人委琐龌龊，不断追逐利益和欲望，必将没有容身的地方，所谓“旅而无所容”，灾祸的到来就难免了。您应该大度宽容，别吝惜钱财，别招致怨恨，以和悦的态度处世，所谓“言忠信，行笃敬，虽蛮貊[①]可行”。

六二：旅即次，怀其资，得童仆贞。

《象传》曰：“得童仆贞”，终无尤也。

[经传释义]

即，就的意思；次，屋舍；资，钱财。幼年的叫童，壮年的叫仆，艮

---

① 蛮貊：古代称南方和北方落后部族。亦泛指四方落后部族。

为少男，故说“童仆”。离为资斧，故说“怀其资”。二爻柔而得中得正，有“即次”之象；以阴虚上承九三的阳实，有“怀其资”之象；柔顺，童仆也尽他的忠信。这三方面不必再费心，就得到了方便。内不失去自己，而自己没有不安处；外不失去别人，而与别人没有不交往的，都是柔顺中正的品德所致，所以说“旅即次，怀其资，得童仆贞”。不说吉，是因为旅居的时候，能免于灾厉就已经是幸运了。《象传》的意思也不外是这样。

[一辞多断]

○问时运：有钱财，有人缘，运途中正，自然无忧无虑。○问经商：得到钱财就可以谋利，得到人就可以共事，这样，就即使到千里以外作客，也可以无忧无虑了。○问功名：是通过捐纳钱财而求官的人。○问征战：资财即军饷，童仆即兵卒。饷足兵强，就会攻无不克，战无不胜。○问家宅：一定是寄居的住宅，幸运的是财物充裕，童仆顺从而正当。家室和睦太平，自然没有灾祸。○问婚姻：有富人家女婿入赘之象。○问疾病：在旅店得了病，好在有童仆尽心服侍，可以调养痊愈。○问胎孕：生男孩。

[活断实例]

◎明治十七年，我漫游九州。一天去参观某石灰坑，夜里有员工到我的住所来访，说：“您精于做事，今天巡视了本公司，一定有高见，请指教。”我说：“炭坑业我一向不熟悉，辱没了您的询问，不妨用占卦来决断。”筮得旅卦，变为鼎卦。

断卦说：本公司在东京开店，远隔着九州而经营坑业，各位都是行旅在外的人，所以说“旅即次，怀其资，得童仆贞”。可知这坑业既有财又有人，可以盛大而又长久。经办中上下所用的人都正直无私，本来可以无忧，但是三爻有“焚其次，丧其童仆”的爻辞，必须防止明年有火灾；四爻说“得其资斧”，后年可以盈利，使火灾的损失得到补偿；五爻有小的损失和大的利润，坑业的名声得以提高，是坑务的全盛时期。可惜上爻说“鸟焚其巢，旅人先笑后号咷”，这一爻辞值得忧虑，大约应验在五年之内，应该预先谨慎地加以防范。

九三：旅焚其次，丧其童仆，贞厉。

《象传》曰：“旅焚其次”，亦以伤矣；以旅与下，其义丧也。

［经传释义］

三爻处在内卦的极位，即将出艮卦而入离卦。离为火，有焚烧之象；艮为居，为舍，次即旅店，所以说“焚其次”。童仆随侍在旅店中，旅店被焚，童仆也不见了，说明他背弃主人而离去了。艮为童仆，故说“丧其童仆”。旅店被焚，灾祸发生的原因难测，有因为童仆不小心的，也有不怪童仆的。三爻“童仆贞”，但是贞也很危险，所以说“贞厉”。

旅店被焚，自身危险，资财丧失，旅客当然也受了伤，而童仆一向被指使，发生了这样的灾祸，深怕主人责问，于是舍弃他而离去，也是可以理解的，所以《象传》从两方面来解释。

［一辞多断］

○问时运：运途颠倒，破败重重，非常危险。○问征战：谨防火攻，尤其要考虑军心涣散，不战自退。○问经商：防止有不测的祸患，值得畏惧。○问功名：目前难以指望，必须等二年以后，到五爻说“终以誉命”，就可以成名了。○问婚姻：一时不成，难以白头偕老。○问家宅：必须防止火灾。○问疾病：本人可以痊愈，儿女或童仆难以保全。○问失物：一定是被童仆偷去了。○问胎孕：生男孩。

［活断实例］

◎真言宗高僧云照律师[①]，博识佛教风俗，是一个宗派的觉悟者。我以前游高野西京时曾经与他见面。明治十八年夏初，云照师偶然访问我家，对我说：“贫衲以虚无为宗旨，吉凶悔吝已经不再挂念，所眷眷不忘的只有宗教的盛衰罢了。麻烦您占一卦。”筮得旅卦，变为晋卦。

断卦说：旅是亲近者少的卦。禅家超凡脱俗，进入空门，以四大为禅房，以六道为逆旅，一生的吉凶悔吝都看作幻境罢了。现在律师占宗教的盛衰而得到旅卦三爻，律师脱离本山而云游世外，到处都是天涯，哪里有什么旅社？随身的只有一衣一钵，哪里有童仆？八妄都空掉，就无所谓贞了；六根都无碍，就无所谓厉了；三昧之火已经消亡，就无所焚了；四禅

---

① 云照律师：指日本宗初期真言宗高僧渡边云照，以主张戒律主义而著名。明治二年与净国寺彻定加入诸宗同德会盟，上呈《僧弊一洗官符建白》等数千言奏文，诉请复兴戒律。曾企图改革宗门，失败后与宗门断绝关系，成立十善会，以东京目白台的新长谷寺、那须野的云照寺为戒律主义的道场。明治二十三年创刊《十善宝窟》，明治三十一年在全国各地成立十善会分会。著有《佛教大意》、《大日本国教论》等书。

的束缚已经摆脱，就无所丧了。爻象所显示的，不值得律师挂虑。旅卦三爻变阴则全卦为晋，晋卦《彖传》说“晋：进也，明出地上。”离为日，象征佛，日照大地，禅门应当有日益进步和兴盛之象，这是可以为律师庆祝的。

九四：旅于处，得其资斧，我心不快。

《象传》曰：“旅于处”，未得位也；“得其资斧”，心未快也。

[经传释义]

四爻居离的开始，离为见，四爻的旅行是去求“利见”。得位就进入朝廷，不得位就“旅于处”，所以《象传》说“未得位”。离为资斧，即《春秋左氏传》所谓“居则具一日之积，行则备一夕之卫”，故说“资斧”。“资斧”与二爻的“怀其资”不同，二爻的资是由自己准备的，而四爻的资是从别处得来的，所以说得。离为干戈，有斧象，斧是用来自卫的。四爻之所以风尘仆仆地行旅，只是希望乘时得位罢了，而所得只有资斧，愿望没有实现，所以“我心不快”。因为四爻刚入离卦，文采还没有昭彰，名誉还没有显著，所以禄位还没有得到。

[一辞多断]

○问时运：盛运没到，所得不理想。○问经商：出外贩运，很少获利，没能满足愿望。○问功名：一时得不到，等到来年一定可以成就。○问征战：只可以掳得敌人的粮草，不能马上取得大的胜利。○问婚姻：嫁资很丰厚，但是属于偏房，而不是正妻。○问家宅：位置不当。○问疾病：是心病，因为谋求不能如愿而忧郁所致。○问失物：可以得到。○问胎孕：生女孩。

[活断实例]

◎明治十八年某月，某贵显来访，说：“我的知心朋友某氏，现在接受了外国公使的任命，但是还有另外的希望，不知能不能实现？请您占一卦。”筮得旅卦，变为艮卦。

断卦说：旅是从内出外的卦，出使国外，即旅行之象。凡使臣远去别国，行进就供给餐饮，住宿则供给旅馆，这是应该的，所以说“旅于处，得其资斧”。至于舍去公使的职务而另谋位置，属于得陇望蜀，恐怕不能如愿，他心中不快也不奇怪。到五爻，说“终以誉命”，愿望就可以实现了。

六五：射雉，一矢亡，终以誉命。

《象传》曰：“终以誉命”，上逮也。

[经传释义]

五爻柔顺而文明，为离卦的主爻，而离为雉，又为弓矢，所以取象于“射雉”。五爻变阳则上卦为乾，象征矢一动雉就飞走了，所以“一矢亡”。五爻自坤卦三爻而来，坤为终，离为誉，下互卦为巽，巽为命，故说“终以誉命”。

古时候士人以雉为见面礼，射雉而得到，象征士人有了进身阶。五爻远去别的邦国，得以通过射雉来显示能力，一时大家都很称赞，名誉被君王听到了，从而得到了赐命的喜庆，所以《象传》解释说：“上逮也”。

[一辞多断]

○问时运：运途柔顺，小往大来，终究有喜庆。○问经商：虽然有小的失败，却有大的获得，名利双全。○问功名：晚运亨通，有声名上达，被高官乃至皇上听说之象。○问征战：有一战成功之象。○问家宅：住宅雕梁画栋，几乎尽善尽美，值得称赞。○问婚姻：二五两爻相应，世人称为好配偶。○问疾病：想是身临战场，因为忠勇而殉难，得到了赐命的荣耀。○问胎孕：有用桑木做的弓，蓬草做的箭，射向天地四方的征兆，这是生了男孩的喜庆。

[活断实例]

◎明治二十四年，占某贵显气运，筮得旅卦，变为遁卦。

断卦说：五爻是象征文明的爻位，雉是身上有花纹的鸟，所以用离象征雉。射雉就能得到，是说能取法于文明。矢的发出，由近及远，有旅行之象；一根矢虽然耗去了，但是可以获得一只雉，耗费小而所得大，他的声誉理应被君王听到。现在您占气运而得到这一爻，就卦象而论，可知您有奉命远游之象；就爻辞而论，可知您有小往大来的喜庆。维新以来，国家政令多效法欧美各国，现在您奉使远去别国，一来敦促两国的友谊，二来考察别国的风俗，所谓“日进文明”，不难一举得到。譬如射雉，可以凭一矢而中的，所以您的声誉可以远播四方，您的使命一定会邀得三次赐命的荣幸。这是可以预先为您祝贺的。

上九：鸟焚其巢，旅人先笑后号咷。丧牛于易，凶。

《象传》曰：以旅在上，其义焚也。“丧牛于易”，终莫之闻也。

［经传释义］

离为鸟，艮为止，故说巢；离为火，互巽为木，故说“焚其巢”。鸟有巢正如旅客有旅店。三爻居内卦的极位，刚而过中，所以旅店被焚；上爻居全卦的极位，过高而又忘记了危险，所以它的巢也被焚掉了。爻辞虽然不同，其含义却是一致的。三至五爻互兑，兑为悦，为口，有笑之象；离卦五爻说“出涕沱若”，有号咷之象。先互兑，后入离，所以说“先笑后号咷”。离本来是坤体，坤为牛，也为丧，故说“丧牛”。牛的性情最柔顺。整个旅卦都是柔顺者吉，刚暴者凶。上爻以阳刚处极位，失去了顺的性情，叫做“丧牛”。易，不难的意思，指丧失了牛，势必凶险。

《象传》以为在旅卦而处上爻的极位，犹如离木上部枯槁，故说“其义焚”。“终莫之闻”，“丧牛于易”犹如客死他乡，无室无家，始终无人过问。大壮说“丧羊”，是丧失狠戾的性情；旅卦说“丧牛”，是丧失柔顺的性情。狠戾可以丧失，柔顺不可丧失。

［一辞多断］

○问时运：行运已到极致，地位高而无人交往，乐极生悲，属于凶道。○问征战：防止有焚营劫寨的危险。○问经商：先有小利益，后有大损失，凶灾接连到来，可怕得很。○问功名：有丧失，无获得。○问家宅：有覆巢累卵的危险。○问婚姻：先成后散，先喜后悲，凶。○问疾病：属牛的人必定凶险。○问胎孕：生女孩，养不大。

［活断实例］

◎明治二十四年五月，我在游行中住在大孤。一天拂晓，有几位新闻记者访问我住的旅店，说：“现在有一个大事变，请为它占一卦。”我询问为什么事，他们回答说：“大津事件。”筮得旅卦，变为小过卦。

断卦说：卦名叫旅，无论为名为利，或贵或贱，凡属在北方骑马，在南方乘船，而遨游天涯的，都是旅客。旅客们驰逐在风尘中，犹如鸟翱翔在云霄；鸟的栖集有巢，旅客的止宿有馆所，其道理是相同的。上爻居高位，有贵人的特点；高而有危险，有焚巢的忧虑。巢不被焚，可以安栖，值得喜悦；巢被焚后，流离失所，值得悲伤，所以有“先笑后号咷”的爻辞。牛是用来驾车而行的，既“焚其巢”而无处栖止，又丧失了牛而不便于行进，真令人怅然，而又无可奈何。

俄罗斯皇太子、后来的末代沙皇尼古拉乘人力车时遇刺前的一瞬

占大津事变而得旅卦上爻，上爻处于艮的极位，艮反过来为震，震为主祭者，有太子的特点；上爻又在位外，有太子出游在外之象。离为火，火炎上，巢在树上，所以卦象为“鸟焚其巢”。这巢的被焚，是高而在上位造成的。这次大津事变，也因为俄国为强国，太子又在高位，所以有这不平常的灾祸。离又为刀，故所受的伤为刀伤；伤在头部，也应验在上爻。俄国太子刚来我国时，礼遇的丰隆，彼此都很欢洽，忽然遇到这样的变故，彼此都很惊叹，这就是所谓“先笑后号咷”。

这一天，俄国太子游行到大津，想要轻车简从，不驾车也不带卫兵，没想到这次的袭击正是针对他的简易而来的，所以说“丧牛于易”。离为牛，故取象于牛；离又为甲，听说太子的帽子中有铁甲，所以没有受重伤。卦到上爻已经终结，出了旅卦就是巽卦，巽为归，可知太子一定会马上停止游行而回国。

《象传》说“终莫之闻”，料想太子安然无恙地回国后，俄国也以狂暴来看待这件事，置之不理罢了。至于凶犯津田三藏的罪，旅卦《大象》说“君子以明慎用刑，而不留狱”，无疑应当迅速处决。

我明晰地断卦，新闻记者都很惊服。这一占因为关系到两国外交，没有允许刊载到报纸上，谨抄录下来呈给各位扈从大臣。后来见大阪《朝日新闻报》刊载副岛伯的议论，说津田凶犯应该迅速处决，这话正合《周易》的旨意。

䷸巽为风

《序卦传》说：“旅而无所容，故受之以巽。巽者，入也。”巽卦两个阳爻在上面，一个阴爻伏在下面，阳实而阴虚，虚就能入。风无形无象，本来虚空，它的运行无孔不入，所以虚而善入的东西没有比得上风的。巽下画偶爻为虚，所以象征风。以卑顺为体，以善入为用，这就是卦名为什么叫巽。

巽：小亨。利有攸往，利见大人。

［经传释义］

巽卦本于乾体，乾德是元亨，也称大亨；初爻变阴而形成巽卦，纯刚就化作了阴柔，所以“小亨”。彖辞说“利有攸往”，大过、恒、益三卦都取象于巽，过刚的人前往必定陷于穷困，而巽卦以坤初的一个阴爻进入乾体，以柔济刚，努力前往，而巽为利，所以“利有攸往”。“大人”指二五两爻。巽卦二五两爻都是乾体，乾二五爻都“利见大人”，巽卦的爻辞从乾来，乾为利，上互卦为离，离为见，所以巽卦彖辞也主说“利见大人”。

《彖传》曰：重巽以申命。刚巽乎中正而志行，柔皆顺乎刚，是以“小亨，利有攸往，利见大人”。

卦象上下都是巽，叫做“重巽”。巽为命，申也是重复。“申命”是一再告诫的意思。卦以初四两爻为柔，得坤气而作为全卦的主爻。五爻阳刚而在上卦，为卦的作用，所以《彖传》特别提醒说“刚巽”。用刚的过患在于不得中正，而用刚没有比巽更得当的，所以《彖传》又说“刚巽乎中正”。所以柔爻的行动都是刚爻的行动，刚爻的行动也都是柔爻的行动。这样命令发出后，就会快捷得像风一样，像影子和声响一样，而没有不得志的现象了。

初四两爻的阴柔，正好协和于二五两爻的阳刚，所以又说“柔皆顺乎刚”。阳为大，阴为小，故说“小亨”。自下往上叫做往，阳刚在上面，故利于往。“大人”是秉有阳刚品德的人，故利于见，这就是所谓“顺乎刚”。“顺乎刚”必然善于用柔，这就是巽卦为什么为巽卦。

以这一卦比拟人事，《周易正义》说：若施用于人事，没有不容纳的。能自我卑巽也是人事中的好处，而且没有比善于用巽更好的。卦体上下卦都是巽，显然是巽而又巽的意思。所有作为只是依附于阳刚，而自己不能去建树，成就也就不大，所以说“小亨”。人不能无所往，也不能无所见。所往一定是求利，所见一定是大人，固然是人们所愿意的，但是卦体以一个阴爻为主，以两个阳爻俯就随从，卦象为“重巽”，表明这人秉性柔顺，每一言一语，都必须审慎周详地从容晓谕，即所谓“巽与之言”。

巽顺地与人说话而别人却不快，原因是过于巽顺了，所以巽只有兼具阳刚才好，叫做“刚巽”。这种方法与巽顺并用，委婉而得中，巽顺而端正，这样才能令行禁止，叫做“刚巽乎中正而志行”。说到底，其意志得以实行，其道却不够宏大，这是为什么呢？因为“柔皆顺乎刚，是以小亨”。巽为进退，进即往，风无孔不入，所以“利有攸往”。

《说卦传》说：“齐乎巽，相见乎离。”离象为大人，所以巽卦说“利见大人”。人生涉世，行就有往，用就求见，应该刚柔相济，以中正为标准，《大象》所谓“君子以申命行事”，也不外是这样。

以这一卦比拟国家，巽象运行在天上为风，运行于国家为命令。风是苍天的号令，无所不到，所以上卦为政府，顺应天命而发出命令，而没有拂逆民心处；下卦为人民，顺承朝廷的律令而不敢违背。政府以巽道教令百姓，百姓以巽道事奉政府，上下都巽，所谓“君子之德风，小人之德草，草上之风必偃”，属于国家安泰的景象。

天下的事，以阳刚相济就宏大，以阴柔处置就狭隘。本卦以阴为主，才能和力量都弱，拓展的范围微小，谋划疏略，施行微浅而不中不正，即使亨通也很小。《系辞传》说：“巽，德之制也。”又说：“巽以行权。”所说的德，必须是柔克与刚克兼备；所说的权变，必须是立本与权变并行。夏朝的皋陶陈述了九种德行①，宽宏大度与小心谨慎、刚正与求实，两两相辅而行。对百姓发号施令，无不运用中庸之道，而四方无不闻风而动，是有由来的。这就是所谓“刚巽乎中正而志行”。《大象》说“随风，巽”，《说卦传》说：“桡万物者，莫疾乎风。”号令四方的人没有不用命令的，而命令像风一样流行，政教实行的范围就广阔辽远了。前往者用顺

---

① 皋陶陈述了九种德行：《尚书·皋陶谟》中，皋陶陈述的九种美德，即宽而栗，柔而立，愿而恭，乱而敬，扰而毅，直而温，简而廉，刚而塞，强而义。

前往，求见者以顺求见，六爻以阴柔顺从阳刚，所以多吉；而像上爻那样丧失所有而行巽顺之道，就凶险了。

通观全卦，卦体一个阴爻伏在两个阳爻下面，情意本来相得，而阴爻又能居下，它进入阳卦，阳爻于是俯听它的命令，也就是以阴为主，以阳为从。所以巽卦的阴爻能权衡也能断制，不属于优柔寡断。

卦画中一个阴爻象征虚空，而虚就能入，风也虚，所以取象于风。风运行的时候万物鼓舞，政令发出的时候百姓无不服从；风有声而无形，命令也有声而无形，所以取作象征。善于命令百姓的，谦虚地考察闾里的情况，然后从容地加以晓谕；命令一经申明，就要一致遵守而考察成绩。所谓“刚巽乎中正而志行”，就是四爻为什么“有获”，五爻为什么“无不利”。

正因为阴柔顺于阳刚，所以卦中六爻多半吉祥。初爻的“进退”，二爻的“纷若”，其谋划审慎，所以命令顺遂。倘若谋划不审慎，是非不明了，肯定或否定不是发自内心，只以甜言蜜语求欢娱，有谁会顺从呢？不巽的过咎源于自用，所以下卦谋划顺理而发出命令，上卦执行命令而行事。初爻“志疑”而不能决断；二爻详审而折中；三爻不中不正，既不能谋划又不能决断；四爻因为决断而有功；五爻制作命令而得中得正，志愿得以实行；上爻的懦弱无能比九三更严重，因为巽卦的究极为躁卦，所以凶。

巽，选的意思，与“算”字相通。算，所以能权衡，权衡就是谋略。巽卦的“称而隐”，不是唯唯诺诺、谄媚奉承，而是“天下之至柔，驰骋天下之至刚”。爻辞说“武人”，说“田有获”，说“资斧”，其形象为高，为长，所以巽不只是柔顺。阴阳刚柔以相济为用，如果以阳乘阳，阳就无所施予；以刚用刚，刚就无所进入。以阴虚而承阳，以柔顺而用刚，所以用刚没有超过巽的。这就是彖辞为什么说它“小亨”。

那么，五爻彖辞说“先庚”、“后庚”，是什么意思呢？巽卦与兑卦相往来，巽卦位在东南，天干为甲木；兑卦位在正西，天干为庚金。木柔而能刚，故曲直；金刚而能柔，故从革。木性上达，归根于土，所以顺从于下位；金性下沉，利在致用，所以取悦于上位。因为顺，所以遵从绳墨而可以理喻和解释；因为悦，所以从革而声响锐利。巽卦为春季，兑卦为秋季，万物洁齐于巽位，愉悦于兑位，一出一入，一始一终，天地间西南方位的作用就完毕了。巽兑两卦相互为用，金倒过来就是木，而木为“后甲”，所以随卦中的兑倒过来就是蛊卦中的巽，而兑为“先甲”，象征从秋天返回春天，是有事之象。木倒过来就是金，而为“后庚”，所以上卦巽倒过来就是下卦兑，而巽为“先庚”，象征从春天到秋天，是喜悦和有利之象。

巽入而隐伏就不悦了，所以巽是兑的倒卦；兑出而毁折就不顺了，所以兑是巽的倒卦。但兑没有不顺而能悦的，金没有不靠资本而能盈利的，所以巽卦以阳爻顺从阴爻，而阴爻来到下位；兑卦以阳爻愉悦阴爻，而阴爻去往上位。这样的往来屈伸，都是自然现象。这巽卦不会成为蛊卦，原因只在于九五一爻罢了。圣人警戒君王，要在天下还没有乱的时候制作命令，故以蛊卦的爻辞作为巽卦的爻辞。蛊卦振作整饬而求更新，是因为治乱相循，所以说“先甲”、“后甲”、“终则有始”；巽卦不必更新，只须“申命行事”，所以说“先庚”、“后庚”、“无初有终”。甲为有初始，庚没有什么可以为初始，只是庚后三日，以癸终结罢了；倘若反过来以自用发布命令，或者以萎靡不振的阿谀顺从为巽顺，都不是申命的政治，而是蛊卦所象征的腐败的政治。这是爻辞用来告诫九五的。

《象传》曰：随风，巽，君子以申命行事。

随是相继的意思。“申命行事”，指申明君王的命令，让人们加以奉行。巽为从，从即随；巽又为风，以风随风，无所不入，所以说“随风”。“随风”好比从风，即“重巽”。风行相随，所向之物无不披靡；号令的施行顺应民心，百姓无不服从，即所谓“君子之德风”。另外，上卦的巽象征君王发布命令；下卦的巽象征臣民奉命而行。君命令而臣执行是君臣的大义，所以说“君子以申命行事”。

[一辞多断]

○问时运：运途顺遂，凡事昌盛。○问经商：商业最适于随机应变，听命而行才能获利。○问功名：“风从虎”，有“大人虎变”之象。○问征战：军令像风一样迅捷，必须令行禁止，不可迟疑。○问婚姻：听从父母的命令和媒妁的言辞，是婚礼的正道。夫倡妇随，百年偕老，吉。○问疾病：是风痹的病症，必须有人扶持才能行走。○问讼事：必须重申所诉的内容。○问失物：被风吹去，必须重新寻觅，或许可以再得。○问胎孕：生女孩。

初六：进退，利武人之贞。

《象传》曰：“进退”，志疑也；“利武人之贞”，志治也。

[经传释义]

初爻阴柔而居下位，是下巽卦的主爻。巽是顺的意思，柔顺而缺少断制，所以象征进退不定。狐疑不决，往往表现在念头产生的开始，因为积有疑惑而使谋划失败，这就是志愿为什么得不到实现。巽卦倒过来就成为兑卦，兑为武人，武人果决，足以决断疑问，故说“利武人之贞”。贞是正的意思，其刚强奋发可以矫正逡巡畏缩的偏颇。《象传》以“志治”来解释爻辞，是要以勇武克治疑惑，也就是以兑制巽。

[一辞多断]

○问时运：运途不正，心神犹豫，所以所谋划的事都颠倒而不成就。○问经商：巽本来是利，因为疑惑而失败，因为决断而成功，可知犹豫的人必定难以获利。○问功名：就武可以成就。○问婚姻：不适于彬彬文士，而适于桓桓虎臣。○问家宅：住宅朝东南，位置不当，进退不方便，以改作朝西为有利。○问胎孕：生女孩。

[活断实例]

◎友人某来请占气运，筮得巽卦，变为小畜卦。

断卦说：巽为风。风或东或西，来去无常，犹如多疑的人进退不定。所谓“武人”，取他们的刚强果断。现在您占气运而得到巽卦的初爻，巽为七八月间的卦，又为木，可知您现在交的是木运。时值初秋，树木因为风的吹拂而摇动不定，比喻人心中疑虑，以至进退不能决断。“武人”是肃杀之象。天因为肃杀而成为秋季，犹如人因为刚强果决而成就事业。您一味巽顺柔弱，临事不能决断，简直像随风飘荡，毫无一定的见解。这本来出于怕事，而实际上反而导致多事。劝您应当以沉潜刚克的风格处事，这样就得当了。

九二：巽在床下。用史巫纷若，吉，无咎。

《象传》曰：纷若之吉，得中也。

[经传释义]

巽为床，床下指初爻。巽以一个阴爻在下位，故说“床下”。阴气的害人，一定要使人神魂不定，疑神疑鬼，好像有什么附体似的，不用刚就无法除掉虚妄的疑心。史是掌管卜筮的官员，巫是掌管祓禳的官员，都取自兑象。兑又为附决。让史来解释疑问，让巫来禳解灾祸，才能感格于上上下下的神祇，使吉祥汇集起来，所以说“纷若吉”。“纷”字形容众多，“若”字是助辞。《象传》以“得中”来解释爻辞，是说行为能得中道，而感孚于神祇，所以有“纷若”的吉祥。

[一辞多断]

○问时运：得到神明的保佑，运途上多吉祥。○问经商：凡贩运货物，有无法决断的事，应该询问于卜筮，这样自能启迪吉祥。○问功名：得到神的佑助，吉。○问征战：地位既低，进退两难。这时告求神明，自然可以获吉，没有灾祸。○问婚姻：占卜则吉。○问家宅：应该祈祷。○问疾病：应该祭祀和祷告床公床婆，自然得以无咎。○问胎孕：生女孩。

[活断实例]

◎某缙绅到来，请占当今时势，筮得巽卦，变为渐卦。

断卦说：巽，柔顺的意思，象征人的为人柔弱无能，优柔寡断。九二说“巽在床下”，有匍匐在床下而俯首乞怜的情状。您占时势而得到这样的爻辞，可知当今的时势，无论在朝还是在野、在上位还是在下位，都形成了谀顺的风气，而以忠厚为迂腐，以奸诈为得计。所谓“伺候于公卿之门，奔走于形势之途”，是今天士大夫进身的重要手段。不知这样越来越卑下，世道日益衰落，而祸患的到来都是自己招致的。爻辞说“用史巫纷若，吉”，是明白垂示，卑巽之道用于权贵就是谄谀奉承，用于神明则叫诚心恳求。诚心恳求神，神必定保佑他，所以吉而无咎。您有心挽回时势，可以知道应该怎么做了。

九三：频巽，吝。

《象传》曰：频巽之吝，志穷也。

[经传释义]

九三以阳爻居阳位，在下巽卦的极位。频，频繁的意思。下巽卦终结而上巽卦相接，故说“频巽”。所谓“刚巽乎中正”，不是只取于巽，九三却只顾以巽继巽，好像一般的巽顺不足，必须巽而又巽似的，属于只知道巽顺而不知道制巽的人。偏就吝了，吝就穷了。《象传》以“志穷”解释它，是因为三爻居巽的终位，志趣卑低，做法屈节，属于最终穷困的一爻。

[一辞多断]

○问时运：目前运途低迷，不免被别人所轻贱。○问征战：一味萎靡不振，力量弱小，志气衰落，难免受辱。○问功名：卑而又卑，所得也就微不足道了。○问经商：巽顺过度，以至无法与人争强，怎么能获利？○问婚姻：门户低微，成就了也可羞。○问家宅：屋宇低小，一定是贫穷人家。○问讼事：柔弱而被欺负，咎由自取。○问胎孕：生女孩。

[活断实例]

◎某友人来请占气运，筮得巽卦，变为涣卦。

断卦说：九三处于内外卦之间，巽而又巽，叫做“重巽”。它象征一味委靡的人，不但不能免于祸灾，而且会导致羞辱。您占气运而得到这样的爻辞，可知目前气运柔弱，无力振兴，应当按《象传》所谓“刚巽乎中正”处事，这样使巽顺得到济助，才足以自强，足以使志愿得到实行，而不至于穷困。

◎明治三十年，占贵族院气运，筮得巽卦，变为涣卦。

断卦说：爻辞说“频巽”，因为上下卦都是巽卦。《周易正义》以频为频繁感到忧戚的表情，意思是说意志屈服穷尽，得不到实现，处在巽卦所象征的时候，只好忍受屈辱，故说“频巽，吝”。现在占贵族院而得到这样的爻辞，可知当今院中的议员都以巽顺为特点，一心实行巽顺之道。处在巽时而意志薄弱，只好忍受屈辱，所以说“频巽，吝”。今年贵族院一定没有功绩可言。

六四：悔亡，田获三品。

《象传》曰：“田获三品”，有功也。

[经传释义]

四爻为重卦巽的主爻，得正而承顺于阳刚，所以“悔亡”。四爻与初爻同体，初爻说“利武人”，取离为甲胄、为弓矢之象；四爻说田，取离为网罟之象，其取象也相同。按照《周礼》，四季的田猎都在事先垂示禁戒，直到人们听从命令为止，这是《大象传》所说“申命行事”的意思。获指田猎的收获。所谓“三品”，一是用于祭祀的乾豆[①]，二是用来宴飨宾客，三是用来充实君王的庖厨。《象传》以“有功”来解释爻辞，如《诗经·豳风》所吟咏的，“献豜私豵[②]，载缵武功”，指进献禽兽而有功绩。

一种说法认为，解卦九二说“田获三狐”，意在去除小人；巽卦九四说“田获三品”，意在任用君子。

［一辞多断］

○问时运：运途得正，灾祸和悔恨都会消亡，出来做事可以成功。○问征战：从东南方向进兵，自然有所斩获而立功。○问功名：应当凭献功而获得赏赐，从此得到出身而成名。○问经商：应当靠采办皮革羽毛等物品致富。○问婚姻：古时的婚礼用弋[③]射野鸭，用弓箭射麻雀，也属于田猎现象。○问疾病：说“悔亡”，病一定可以痊愈。○问失物：可以得到。○问胎孕：生女孩。

［活断实例］

◎横滨某商人来访，说：“我现在要谋划一件事，请占问它的得失。”筮得巽卦，变为姤卦。

断卦说：巽是近市利三倍的卦，六四为重巽的主爻，足以承当这一象征。现在占得四爻，爻辞说“悔亡，田获三品”，明说无悔恨而有获得，可知您谋划的事情有很大的利益。您不要狐疑，竭尽全力去做就是了。

某商人大喜，于是汇集资金，直赴日光会律地方采买人参，转售给中国商人，果然得到了大利。

九五：贞吉悔亡，无不利，无初有终。先庚三日，后庚三日，吉。

《象传》曰：九五之吉，位中正也。

［经传释义］

九五居卦中的君位，既得中又得正，象征“刚巽乎中正”的大人，所以各种吉祥都俱备。“先庚三日”为丁，取叮咛告诫的意思；“后庚三日”

---

① 乾豆：放在祭器中供祭祀用的干肉。乾，干肉。豆，祭器。

② 献豜私豵：指田猎之后，小兽私有，大兽献给君王。

③ 弋：带绳的箭。

为癸，取揆度周详的意思。卦体五爻变阴则全卦成蛊，蛊卦六五说“先甲三日”即辛，“后甲三日”即丁。巽九五说“先庚三日”即丁，蛊卦终结于丁，而巽卦则开始于丁。不开始于“先甲”的辛为“无初”，癸为十天干的终结，巽终于“后庚”的癸，为“有终”，故说“无初有终”。

蛊是三月的卦，春季木旺，所以用甲；巽是八月的卦，秋季金旺，所以用庚。木腐败生虫而成蛊，巽用金来克它，这样就不至于成蛊了，所以蛊用甲而“小有悔，无大咎”，巽用庚才能“贞吉”而“悔亡”。《象传》以爻位来解释这一爻，说它因为“中正”而得吉。六十四卦中，在九五说“贞吉悔亡”的，只有这一卦罢了。

[一辞多断]

○问时运：逢丁日和癸日作事，无往不利，大吉。○问经商：生意适宜取木爻，日辰适宜用金日。开始有小的悔恨，后来必定得到大的利益，吉。○问功名：得到中正的位置，爻辞说“贞吉”，逢丁和癸的年份，必定得以成名。○问征战：对军旅，必须叮咛告诫；对于地势，必须周详地揆度。临事好谋划，始终都不懈怠，所以战无不胜。大吉。○问婚姻：丁火与癸水相配合，吉。○问家宅：住宅坐北朝南，位置中正，大吉。○问疾病：三天可以痊愈。○问胎孕：生女孩。

[活断实例]

◎明治二十四年，占某贵显气运，筮得巽卦，变为蛊卦。

断卦说：据爻象看，气运金水旺相，从丁到癸的七年间正交盛运，所谓“贞吉悔亡，无不利”。《大象》说“位得中正”，可知您今年必定晋升到显要的职位，禄位更加隆盛，正是应当有所作为的时候。卦体九五变阴则全卦为蛊，蛊是腹中的虫，比喻国家的内乱。您应该效法巽卦而用庚。庚即更新，以巽顺实行权变，因时制宜，除旧更新。命令一定要通过反复叮咛来申明，事情一定要揆度好了再行动。《象传》所谓“刚巽乎中正而志行”，就应在您的身上。

上九：巽在床下。丧其资斧，贞凶。

《象传》曰：“巽在床下”，上穷也；“丧其资斧”，正乎凶也。

[经传释义]

上爻与初爻象征一卦的终结和开始。初爻在下位而多疑，所以用“武人之贞”来垂示；上爻居卦的极位，地位高而责任重，任事更应当勇敢果决，怎么可以一味畏缩，自甘后退伏藏，像二爻那样“巽在床下”？所以因为地位高而更加危险，以至无法自立。“资斧”，虞喜的《志林》说：“资”应当作“斋”，指斋戒入庙而接受资斧。指上爻身居高位，入庙接受斧钺，自然足以振发他的权威，也即初爻利用武人的意思。而事实上上爻却巽顺而不能决断，失去了他的权威，所以说“丧其斋斧”。越是怕事事就越多，越是避祸祸就越来，所以说“贞凶”。

《象传》以“上穷”解释“在床下”，因为上爻高居廊庙，却畏首畏尾，与俯伏在床下的二爻没有什么不同，这是可悲的。以“正乎凶”解释“贞凶”，说明过于巽顺就失去了正道，所以凶险。

[一辞多断]

○问时运：运途不正，做事萎靡不振，地位越高越危险，有损丧而无获得，凶。○问征战：身为主帅，却畏首畏尾，必定导致损失军队，辱没国家，从而自身也就危险了。○问经商：当断不断，因循苟且而失去时机，损耗一定很大。○问功名：一定不能保持到终结。○问婚姻：有惧内之象，难以白头偕老。凶。○问家宅：主有丧事，凶。○问胎孕：生女孩。

[活断实例]

◎明治二十四年，占国运的治乱，筮得巽卦，变为井卦。

断卦说：上九处在极位，因而想要返回，所以正是应当有所作为的时候。上爻地位很高，担任的事情更加繁重，威望和权力都在手中，正可以独断独行。国家在这样的时候而得到这样的人才，应该奋然振作，力求富强，而不该以巽顺懦弱，自甘落后，这样才能变弱为强，转贫为富，而且不难在短期内做到。忧患在于委靡不振，安于现状，甚至甘居人下，对各种有关邦交的事一味畏葸和听从而不能自强。商务来往中已经损失了财富，国事的交涉又丧失国威，即所谓“丧其资斧”。维新以来，政府虽然以效法欧美为治国的良策，但所效法多半只是皮毛，而没有穷究精蕴，所以事事出于欧美之下，这就是所谓“巽在床下”。现在的办法是应当重申命令，与天下共同更新，不因循，不苟且，奋起斧钺的威风，以实行刚巽的意志，这样修明武备，就即使凌驾于欧美之上也不难了。这个使治道日益隆盛的理想，希望执掌国政的人努力追求。

䷹兑为泽

卦体一个阴爻出于两个阳爻之上，两个阳爻在下面上承一个阴爻，形象如同泽中蓄满了水。泽水滋生万物，犹如兑卦用来使万民悦服，这就是本卦为什么取象于兑为泽。

兑：亨，利贞。

兑卦本于乾体，坤卦的三爻进入乾卦而构成兑卦，所以兑卦的“亨，利贞”是乾卦的品德。乾卦以四德配四季，兑主秋季，在夏冬之间，得以兼备三德，只是不兼元德罢了，所以说“亨，利贞”。

《彖传》曰：兑：说也。刚中而柔外，说以利贞，是以顺乎天而应乎人。说以先民，民忘其劳；说以犯难，民忘其死。说之大，民劝矣哉！

《序卦传》说：“巽者，入也。入而后能悦之，故受之以兑。兑者，说也。”卦体以二爻和五爻为中，以三爻和上爻为外，以九为刚，以六为柔。兑卦二五两爻都是九，故说“刚中”；三上两爻都是六，故说“柔外”，合起来叫做“刚中而柔外”。“利贞”是刚中的品德积诚于心中，悦是柔顺的性情表现于外部，所以说“说以利贞”。

卦以坤与乾卦相交，而乾为天，也为人；刚是天德，悦是人心，所以说“顺乎天而应乎人”。孔子论为政，说“先之劳之”，意思是当政者应当先以悦豫抚慰百姓，这样才能使百姓辛劳而百姓不辞劳苦，使百姓冒险而百姓不顾身命。就是说，可以安逸也可以劳累，可以生存也可以死掉，百姓都愉悦而没有怨言，却不知为什么会这样，这才是愉悦之道的伟大体现。“劝矣哉”，指百姓已经悦服的固然悦服，没有悦服的也要闻风而悦服了，这是能使百姓都互相劝勉的缘故。

以这一卦比拟人事，《说卦传》说：“兑，正秋也，万物之所说也，故曰‘说言乎兑’。”五谷到秋季而成熟，人们得以食用，而喜悦它的丰盈，这样凡事亨通，人心也自然欢悦了，所以《彖传》说：“兑，悦也。”

兑为口舌，象征笑言出于口；兑为辅颊，象征笑容见于颜色。兑属于阴柔，这叫“柔外”。世上好装饰外表的人，往往以取悦于人为事，人品越卑下心中就越虚伪，以至胁肩谄笑，无所不至。他们只知道取悦，而不知道愉悦之道在于“利贞”；只知道谄媚，而不知道愉悦之道在于“顺乎天”。这是为什么呢？因为他们没有刚中的品德。

兑卦的刚中在二五两爻，所以能“刚中而柔外”。“刚中”就是“利贞”。二五两爻都说孚，孚于刚中罢了。得到相孚就事事亨通，人人愉悦，没有劳役固然可以，就是有劳役人们也不会推辞；没有困难固然可以，就是有困难人们也不会畏惧。办法在于事先以愉悦来抚慰他们，这样才能劝勉他们，而劝勉他们也就是愉悦他们。劝勉是因为愉悦，但是即使不劝勉人们也愉悦，于是人们都欣欣然而有喜色了。这是人事中最顺遂的情形，只是顺天而致罢了。

以这一卦比拟国家，兑卦《大象》为“丽泽”，丽即相连，是上下卦都是兑泽。上卦以泽施予下卦，下卦以泽感应上卦，感应就愉悦了。但如果一味以柔顺之道抚慰百姓，有恩德而没有威严的刑罚，百姓就会只有愉悦而不知道畏惧；一味以刚强严厉的手段对付百姓，有威严的刑罚而没有恩德，百姓就会只有畏惧而无法愉悦。这样不足以为利，也不足以为贞，即使愉悦又哪里可以仗恃呢？兑卦之所以能悦，在于二五两个刚爻得中道。二五两个刚爻主宰于中位，三上两个柔爻施敷于外部，叫做“刚中而柔外”。无论用柔还是用刚，其实质都是以“利贞”来愉悦。

上卦兑的愉悦取象于顺天，下卦兑的愉悦取象于应人。天德崇尚阳刚，人心喜爱阴柔，顺天而天不违背，应人而人都感格，即所谓“顺乎天而应乎人”。这样事先愉悦百姓，百姓就辛劳而不觉得辛劳，冒险而视死如归，即所谓“以佚道使民，虽劳不怨；以生道杀民，虽死不怨杀者”，所以没有求百姓的愉悦，百姓却从内心感到愉悦。忘记辛劳和忘记死亡，是愉悦的极致，所以悦道的伟大在于使百姓自相劝勉。《彖传》不说“劝民”而说“民劝”，是没有希望他们相劝勉，他们却自动相劝勉，其欢欣鼓舞的情状，可以从两个“忘记”中想象到。

上古的时候，君臣之间欢然欣然而没有违逆处。合理的事情，他们自然互相顺从，而不以为是在求悦；不合理的事情，他们都想办法改变，而不以为属于睽违。如同盐和梅的和合、水和火的相济，是愉悦而正当处，也是愉悦的伟大处。

六爻说兑，各自区分刚柔。四个刚爻都象征君子，两个柔爻象征小人。“和兑”，“孚兑”，得到其吉祥了；“有喜”，“有厉”，各当其位了；

三爻“来兑”，来就一定多凶；上爻“引兑”，引导也没能光大。国家在这时，应该抑制阴柔，进用阳刚，这样愉悦就得法了。

通观全卦，兑卦接在巽卦的后面。巽卦两个阳爻在上面，一个阴爻入下面，所以阳爻巽顺地向下来；兑卦两个阳爻在下面，一个阴爻出而居上位，所以阳爻愉悦地向上去，与巽相反。在方位，兑居西方，有美利而和悦，五行属金，作用是从革更新，特点是决断快利，铿锵有声，所以作用为悦。在四季，巽木为春，离火为夏，兑金为秋。天以三季生长万物，其中木气发生，金气收敛，巽兑相反而正好相辅相成。中间都互离卦，象征三季相因相继，属于五行相生相克的自然变化。大致说来，兑悦的情感在于和顺，而兑悦之气却主肃杀。和顺的是柔，肃杀的是刚，所以用柔求悦，其弊病是必然流于谄媚阿谀；用刚求悦，其品德才属于“利贞”。

卦中初、二、四、五位都是阳爻，得正；三上两位都是柔爻，不正。初爻的“和兑”，得到了彖辞中的利德；二爻的“孚兑”，得到了彖辞的贞德；四爻的“有喜”，喜在于利；五爻的厉，厉即取自贞。至于三爻的“来兑”，以愉悦来要结，所以有凶灾；上爻的“引兑”，牵连而引导，所以“未光”。所以《彖传》特别著明它的品德，说刚中柔外；指示它的作用，说“顺天应人”；推极它的效果，说“民忘其劳”，“民忘其死”。而导致愉悦，办法在于事先的愉悦，作用在于互相劝勉，其含义则越推论就越广大。

《象传》曰：丽泽，兑，君子以朋友讲习。

丽，相连的意思。“丽泽”指两个泽互相附丽，互相滋益。朋友以互相讲习为有益，所以象征朋友；兑为口，所以象征讲习。《论语》的首章以“学而时习之”为悦，以有朋友从远方到来为乐，说明悦乐没有大于“朋友讲习”的，这就是君子为什么取象于兑。四爻说“商兑”，商是相与讲论的意思，卦象也取自丽泽。

[一辞多断]

○问时运：运途平平，能得众人的心，自然能够获吉；只是遇到三和六的年份不利。○问经商：得到别人的扶助，可以获利。○问功名：依赖朋友的力量，可以成就。○问征战：屯兵山坡和湖泽之间的位置，适于两个后营配合进攻，可以得胜。○问婚姻：必定是朋友旧交。○问家宅：住宅临泽水，适宜与朋友一同居住。○问疾病：应该请熟悉的医师共同诊断，这样才能痊愈。○问讼事：适宜请朋友公正评判，不必诉讼。○问胎孕：生女孩。

初九：和兑，吉。

《象传》曰：和兑之吉，行未疑也。

[经传释义]

初爻居卦的开始，得到乾体的阳刚。“和兑”即和悦。乾卦说“利物足以和义”，说明“和”字即彖辞所说的利。人在初次交往的时候就觉得和衷相济，这样相悦正当，所以吉。

《象传》说“行未疑也”，指人的私曲和疑虑往往产生于转念之间，最初一片天心，并没有欲望间杂。“和兑”在初始，顺天而行，有什么疑惑？所以不说无疑而说“未疑”。

[一辞多断]

○问时运：运值初爻，以和为贵，这样凡事都吉。○问征战：军队的胜利在于和悦，百姓与军兵都愉悦，有不用作战敌人来归附之象。○问经商：兑为正秋，万物成实，这是天地自然的美利。经商得到这一爻，吉，没有不利。○问功名：得祥和之气，吉。○问婚姻：有家室和睦安宁的快乐。○问家宅：一门都是和气，吉。○问行人：应当马上归来，没有疑问。○问讼事：马上可以和解。○问胎孕：生女孩。

[活断实例]

◎友人某来请占谋事成否，筮得兑卦，变为困卦。

断卦说：兑卦以一个卑低的柔爻居于两个刚爻之上。阳刚象征严厉，阴柔象征和悦，而初爻以刚制柔，即所谓“和而不流”。现在您占谋事而得到这一爻，爻属于初位，可知事情属于初起。和即彼此同心，和衷共济。初爻与四爻相应，四爻说“商兑”，商是商量，正符合谋事的意思。初爻《象传》说“行未疑”，指事情必定成功，没有疑问；四爻《象传》说“有庆”，指事成以后还有福庆。您安心去做就可以了。

九二：孚兑，吉，悔亡。

《象传》曰：孚兑之吉，信志也。

[经传释义]

二爻居下卦的中位，以阳爻居阴位，即《象传》所谓“刚中”。二爻与五爻相应，“孚兑”指二爻孚于五爻，五爻也孚于二爻。两相诚孚也就是两相愉悦。二爻为臣，五爻为君，象征君臣一心，相孚相悦，所以吉。上下的心不相孚就不能相悦，故有悔恨；既得以相孚，悔恨自然消亡。《象传》以“信志”解释这一爻，是说孚即信，因为它的心志可信，所以吉祥。

[一辞多断]

○问时运：得到了中正的运，众人心中互相孚信，所以吉祥而无悔。○问征战：上下一心，命令一发出就得到执行，有不可改变的志向，所以战无不胜。吉。○问经商：贸易的目的虽然是追求利润，但重要的是必须以诚信为本，有诚信彼此就不欺诈，这样商业才能通行。○问婚姻：二五两爻相孚，象征阴阳互为配偶，吉。○问家宅：“有孚挛如，富以其邻”，指能与邻家协力致富。○问功名：中孚卦二爻说：“我有好爵，吾与尔靡之。”有父子一同升迁的吉兆。○问疾病：因为疑心而导致疾病。现在既然得以相孚，灾祸和悔恨自会消亡。○问胎孕：生女孩。

[活断实例]

◎友人某来请占气运，筮得兑卦，变为随卦。

断卦说：九二阳刚得中。刚中而相孚，这种相孚就不属于阿谀；既然得以相孚，就无不相悦，所以吉而“悔亡”。人生的气运也以刚中为贵。刚则做事有肝胆，中则任事无私曲。志气刚强而运途中正，自然事事都吉。现在您占得这一爻，可知您目前气运旺相。兑属金，运以金水两运为好；兑象征秋季，岁时以秋季为佳。《大象》取“朋友讲习”，您应当选择朋友，远离小人，接近君子，这样自然相帮扶相裨益，使悔恨消除，吉祥到来。

◎明治二十八年，占我国与美国的外交，筮得兑卦，变为随卦。

断卦说：孚即信。中孚卦《象传》说“说而巽，孚乃化邦”，可知邦交之道，最重要的是以信义相孚，使双方无诈无虞，化干戈为玉帛，能这样实在是两国的幸福。现在占我国与美国外交而得到这样的爻辞，可知以后我国与美国的外交最为亲密，叫做“孚兑，吉，悔亡”。

六三：来兑，凶。

《象传》曰：来兑之凶，位不当也。

[例传释义]

三爻是兑卦的主爻，即《彖传》所谓“柔外”。以柔招悦，所以叫来。初爻说“和兑”，二爻说“孚兑”，是不期愉悦而自然愉悦，有相悦于无言之中的意思。倘若专以阴柔愉悦别人，也以阴柔讨别人的愉悦，那么来悦者也就不合正道了，以至上下之间互相蒙蔽哄骗，助长伪诈的风气，所以凶险。《象传》以“不当位”解释这一爻，是说一个阴爻居两个阳爻上面，爻位不当，其愉悦都是由阴柔勉强招致，而有损于刚中的品德。

[一辞多断]

○问时运：人品卑鄙，专门以谄笑讨人喜欢，未免为别人所轻贱。○问经商：商业上的招徕固然应该和悦，但如果以不正的做法去求悦，尔虞我诈，就失去经商的正道了。○问功名：以奔走和竞争而求，即使一时荣显，最终也必定失败。○问征战：招徕的都是乌合之众，无法持久。○问婚姻：有开始相合而最终分离之象。○问疾病：生病是由于有外来的邪祟，本来凶险；三爻到四爻差一位，早则一天，迟则一个月，可以痊愈。○问讼事：是外来的灾祸，凶。○问胎孕：生女孩。

◎明治二十四年，某朋友来代占某氏的气运，筮得兑卦，变为夬卦。

断卦说：兑，悦的意思。愉悦应该从心中自然流露出来，而不应该从外表装饰出来。从心中自然流露出来才真诚，从外表装饰出来则虚伪。三爻说“来兑”，是专门做外表装饰的功夫。现在您代朋友占气运而得兑卦三爻，这一爻以阴爻居阳位，为兑卦的主爻，爻位不当，爻象阴柔，象征好以花言巧语取悦别人，可知这位朋友心地不正，很有口蜜腹剑的味道，不免凶险。《大象》说“朋友讲习”，您既与他是朋友，就应当随时劝诫他，一定要他去掉虚伪，保持真诚，这样才能化凶为吉。

九四：商兑未宁，介疾有喜。

《象传》曰：九四之喜，有庆也。

[经传释义]

介，节操坚固的意思，与豫卦六二“介于石”的“介”同义。另外，在两个事物之间叫介，四爻在三五两爻之间，上承刚而得中的五爻，下比阴柔不正的三爻，象征介于君子和小人之间。商是商量，兑为口，有商榷之象。四爻与初爻同体，初爻象征事情的开始，没有什么疑虑，所以不用商榷；四爻则处于上下卦之交，用刚用柔都需要商榷，故说“商兑”。商量而难以迅速作出决定，就会心中犹疑，所以说“未宁”。因为忧虑而生病，故称“介疾”。但未宁的事情终究会宁，介然而有疾，也就介然而喜悦了。兑卦旁通艮卦，艮在上而兑在下的卦为损，损卦四爻说“损其疾，使遄有喜”，其旨意相同。

《象传》以“有庆”解释这一爻，指商量后才能安宁。“介疾”而“有喜”，就会刚柔得中，天人相合，喜悦在一个人，而欢庆却在天下。

[一辞多断]

○问时运：运途还不安稳，违逆就有忧患，顺从就有喜悦，凡事应该斟酌着做。○问经商：四爻多畏惧，在外面经商，必定有忧惧不安的事。商量后再行动，才能有喜庆的事。○问功名：功名必须从艰苦患难中来，这样才能得到大名声、高职位。○问婚姻：一时因为疑惧而没有成功，必须等待媒妁再三说合，最终能成就而有喜庆。○问家宅：现在住宅中不安宁，以致多有疾病和灾厄。兑为秋季，等到秋天才能平安而有喜庆。○问疾病：病由心神不安所致，能遇到喜事，使胸怀宽敞愉悦，自会痊愈。○问胎孕：生女孩。

[活断实例]

◎某人来，请占某缙绅的气运，筮得兑卦，变为节卦。

断卦说：兑卦是悦的意思，而“未宁”则是不悦。就兑而说商，意思是介于悦与不悦之间。“未宁”时仿佛有疾病，得到安宁就“有喜”了，可见“有喜”靠商量的作用。四爻处于内外卦之间，又值刚柔之交，哪个轻哪个重都需要商量斟酌，故说“商兑未宁，介疾有喜”。现在占气运而得到兑卦的第四爻，可知人生气运也无法中立，走正道就吉祥，走邪道就凶险，是凶是吉在于自己的选择。选择而没能安宁的时候，就像有病在身一样，不能不忧虑；选择以后，自己就会觉得疾病消失，身体安适，从内心感到喜悦。四爻接近君位，有贵人之象，能商量事情的机宜，辅佐君王的德政，协和百姓的心曲，什么样的喜庆能够与这相比？这样的功德，正依赖某缙绅呢！

九五：孚于剥，有厉。

《象传》曰："孚于剥"，位正当也。

［经传释义］

五爻处于外卦的中位，秉有乾元的刚健，即《象传》所说的"刚中"。"悦以利贞"，五爻体现了其中的"贞"字。兑为秋季，剥是九月的卦，兑悦相孚而至于剥，已经是相孚的极致了。不说兑，是因为到五爻兑悦已经到了浑然相忘的程度，已经不见悦而只见剥。剥指劳累与艰难的事。辛劳百姓，让他们承受艰难，虽然是为了百姓，王者还是看得像剥削百姓一样；而王者虽然看得像剥削百姓一样，百姓却忘记了辛劳和死亡的危险，实在想不到这是不是剥削，所以说"孚于剥"。到这时，百姓已经把危险看作安全，王者还是把这样的安全看作危险，故说"有厉"。其实事情本来没有危厉，只是君王的心中凛凛然罢了。五爻居君位，这是理所当然的。《象传》以"位正当"解释这一爻，是说凡居这一爻位的人，都应当这样存心。

［一辞多断］

○问时运：位置得正，又值盛运，但盛极了就会剥落，应当着意预防。能时时防止剥落，就能时时昌盛了。○问征战："孚于剥"，指在决定生死存亡的地方，军兵一心，奋勇争先，而不以为剥，实在可以说众志成城，无往不胜了。○问经商：剥，剥削的意思。虽然有剥削，但是深信不疑，这样必有大的利益。○问功名：能安于命运，即使现在剥落，以后也必定亨通。○问疾病：有剥肤的疾患，迅速治疗就会痊愈。○问胎孕：生女孩。

［活断实例］

◎明治二十二年，友人某来请占气运，筮得兑卦，变为归妹卦。

断卦说：气运值阳刚中正的九五爻，本来属于盛运。爻辞说"孚于剥"，是说到了相悦无言的境界，即使剥削也相孚。安泰而不忘危亡，有思考忧患而加以预防之象，也有持盈保泰之道，《彖传》所谓“说以利贞”，只有五爻才可以承当。现在您占气运而得到兑卦的五爻，可知您目前气运得当，阳刚在中间而阴柔在外部，众人心中都孚信，即使有所剥削也会因为相悦而化解，所以事事安和，得以实行自己的志愿。但在您的心目中，好像还以为是剥削，并且有危厉。只要是这样，剥就没有不返回复的，危厉就没有不变为安泰的。五爻与二爻为正应，五爻虽然不说吉，但是二爻的吉就是五爻的吉。

上六：引兑。

《象传》曰：上六引兑，未光也。

[经传释义]

上六爻辰在巳，得到了巽气。巽为绳，有引象；兑又旁通艮，而艮为手，所以能引，故说“引兑”。上爻与三爻同体，三爻失位，上爻引导它呼应自己，是因应三爻的来。三爻的来既不正，上爻的引也不当，而所求得的愉悦就更加失道了。爻辞虽然没有明判吉凶，但是以后的失误却难以避免，所以《象传》用“未光”来解释它。乾为光，上爻从乾变为坤，故说“未光”。

凡《周易》称“引”字的，多半是阴爻。萃卦六二说“引吉”，指五爻引二爻而上升，引者在上位，所以吉；这一爻说“引兑”，指上爻引而三爻来，引者在后面，所以“未光”。

[一辞多断]

○问时运：上爻为卦的终结，在行运已经到了极致，必须靠别人引导扶持才行。没有什么吉凶，平平罢了。○问功名：虽然得到了别人的荐引，但为时已经晚了。○问经商：得到别人的引导才能交易。上爻在卦外，象征出国经营。“未光”，是没能得到大的利益。○问征战：兑属正西方，“引兑”，相引而入西方的意思。也就是引兵向西，与三爻的队伍合作。但是值上爻，时间已经迟了，恐怕未必能成功。○问疾病：把内邪引到外面，才能指望痊愈。○问家宅：宅地纯阴，与三爻合体，防止有内外牵引的灾患。○问婚姻：爻象都属于阴柔，恐怕是勾引而成，不符合夫妇的礼节。○问胎孕：生女孩。

[活断实例]

◎明治二十二年，占某贵显气运，筮得兑卦，变为履卦。

断卦说：上爻处在外卦的极位，无法再上进了。事物到了穷极就会发生变化，有反而向后退的意思。现在某贵显占得这一爻，可知贵显长久居于高位，想要引身隐退，以自我娱乐，叫做“引兑”。

这年冬天，某贵显果然辞职归隐。

䷺风水涣

卦体为乾四爻与坤二爻交换位置，使乾变为巽，坤变为坎，这样合起来就构成了涣卦。涣，离散的意思。坎为水，水的离散万派分流；巽为风，风的离散吹遍四方的郊野。巽在上面，坎在下面，取风运行在水面上之象，即风和水相遇。水悠然长逝，风过而不留，有涣之象，这就是卦名为什么叫涣。

涣：亨。王假有庙，利涉大川，利贞。

［经传释义］

《周易正义》说：消除险难，所以叫涣。险难消散事情就平顺了，心中也泰然了，故说亨。卦体三个阴爻三个阳爻，都从乾坤而来，而乾为王，故说王。涣卦旁通丰卦，丰卦彖辞说“王假之”，故说假。上互卦为艮，艮为宗庙，故说“有庙”。坎为大川，巽为利，下互卦为震，为足，有涉之象，故说“利涉大川”。庙是鬼神所在的地方，《中庸》说“鬼神之为德，其盛矣乎”？“洋洋乎如在其上，如在其左右”，这是涣象中最盛大的。“大川”是众流的归趋处，不断地注入而不盈满，不断地使用而不枯竭，这是涣的显著表现。从假庙体现弥散的普遍，从涉川体现利济的宏大。涣虽然主离散，但只是形象离散罢了，而精神以凝聚为贵，所以说“利贞”。

《彖传》曰：涣，亨，刚来而不穷，柔得位乎外而上同。“王假有庙”，王乃在中也。“利涉大川”，乘木有功也。

《序卦传》说：“兑者，说也。说而后散之，故受之以涣。”以涣卦接续兑卦，是说能愉悦就能涣，涣就亨通，可见涣卦的亨通也就是兑卦的亨通。其中坎卦的阳刚从乾卦而来，而坎水长流，没有穷尽，所以说“刚来而不穷”；巽柔得位于外卦，而巽风流行在水上，飘然地全都逝去，故说“柔得位乎外而上同”。也就是刚在内卦而不困穷于险难，柔在外卦而得以与五爻和同，所以能使险难消散而实现亨通。

到了险难已经消散，君王才到庙中祭祀，以精诚向上感格，所以《彖传》解释说“王乃在中”。这是就卦德而说。涉川即涉越险难，即《系辞传》所谓“舟楫之利，以济不通，盖取自涣”，所以《彖传》解释为“乘木有功”。这是就卦象来譬喻。

以这一卦比拟人事，对自身，忧虑的是胸怀不舒畅就会生病，意气不舒畅就会发生纷争；对家庭，忧虑的是内外隔阂就会导致积弊，上下阻塞就会出现乱子。能够涣散它们，各种弊病自然消散，而凡事也就亨通了。譬如云雾导致阴暗，有风就能消散；沟浍淤塞而污浊，有水就能开通。这就是君子为什么取象于涣卦。

人生做事，往往怕性格多偏颇，也怕位置不得当，如果阳刚来济助阴柔而动作于内部，就没有险难发生了；阴柔前往辅助阳刚而止于外部，就没有违逆的事情了，这样就无往不利、无事而不亨通了。只要积诚事奉神灵，鬼神就会到来；只要合理利用外物而涉越险难，舟楫就能发挥作用，这都是从涣卦而推论所及的。涣于内部，气息就舒畅；涣于外部，事理就通达。以涣自处，心中就平和；以涣待人，感情就融洽。一生的疑虑都能涣然冰释，涣卦的作用是很神妙的。

以这一卦比拟国家，对于人民，国家希望凝聚而不希望涣散；对于财物，既希望积聚又希望涣散；只有对于险难，只希望它们涣散。因为险难不涣散，危险就无法排除；灾难不涣散，祸乱就无法消散。王者秉有刚而能中的品德，处在至尊的位置，要解除天下的纷乱，消散天下的郁结，挽回国运中的困厄，使百姓都得到欢悦，这就是涣卦为什么接在兑悦的后面。

卦中的九二刚爻从乾卦而来，故说“刚来”；六四为柔爻而在阴位，故说“得位”。“刚来而不穷”，涣才能亨通；柔上承刚，所涣自然正当。推论用涣的道理来祭祀祖先，感通宗庙，是为了竭尽诚心，由此就可以看到鬼神作用的伟大了；用涣的道理来涉川致远，排除险难，由此就可以看到舟楫功用的普遍了。天用风疏散和化育万物，地用水流通大地、贯注四海，王者则取这一卦象来平定天下的动乱，来消解万事的纷扰。所有这些，无非涣卦的运用。

通观全卦，涣是离散的意思。离了的又会合，散了的还要聚，所以全卦有离合散聚之象。“刚来而不穷，柔得位乎外而上同”，是卦体；王在庙中，“乘木有功”，是卦用；说亨，说贞，是卦德；说庙，说大川，是卦象。《大象传》说“先王以享帝立庙”，即彖辞所谓“王假有庙”。宗庙一建立，不同辈份的位置就确定了；君王来感格，祭享的诚挚就通达了，神灵借它而聚集，民心也借它而维系。

涣散正是聚合的原因，所以萃卦也说“王假有庙”。萃是聚集的意思。为了萃聚而感格于庙，神志就专一了；为了涣散而感格于庙，精诚就通达了。萃与涣相反，而正好相辅相成，故取象也相同。《周易》说“利涉大川”的卦，往往取象于巽木，比如益卦说“木道乃行”，中孚卦说“乘木舟虚”，而涣卦则说“乘木有功”。王者声名洋溢，对内以孝祭享祖考，对外教化普及到蛮夷，舟楫的便利取自涣卦，原因就在这里。

六爻说涣，都暗中寓有聚集的意思，所以初爻遇险而顺，二爻阳来而脱险，三爻临险而忘记了自我，四爻成就了涣而忘记了别人，五爻居君位而忘记了天下，上爻超然远去，以涣避害，即所谓“恭己无为，化驰若神”的人。所以卦中三个阴爻最吉，三个阳爻次一等。有人说易道崇尚阳刚，这是偏向一边的说法。

《象传》曰：风行水上，涣，先王以享于帝立庙。

先王看到风的虚空，从中理会到鬼神之象；看到坎水的盈满，从中领会到祭祀之象。风无形，遇到水才成形，没有水风就不可见；鬼神看不见，进入宗庙才像看见了一样，不到宗庙，上帝和祖考也不可见。聚就成为实有，散就成为虚无，鬼神的情状正如风行在水上。人心诚敬所聚集的，没有比鬼神更显著的，所以在大难平定，人心未宁的时候，享上帝而报告成功，立庙而事奉祖考，聚集他们将散的神灵，并安定它们，以迎接天神，沟通祖考。万物本于天，而人本于祖考，通过祭祀上帝来报答他们生成的恩德，通过立庙来纪念他们盛大的功业，使天下人都亲近应该亲近的人，尊重应该尊重的人，不忘根本，以凝聚涣散的人心，所以说“先王以享于帝立庙”。

[一辞多断]

○问时运：运途亨通，有乘风破浪之象。○问征战：适宜用海军。○问经商：财物的流通像水，得到天神的护佑，非常有利。○问功名：风向随着帆的需要转，有水到渠成，马上成就功名之象。○问家宅：应该祷告神祇，这样自然能获得福佑。○问婚姻：中男配长女，自然是佳偶。○问疾病：“风行水上”，去而不留，病象危险了；“立庙”，有灵魂归入墓穴之象，所以凶险。○问失物：难以复得。○问胎孕：春夏二季生女，秋冬二季生男。

初六：用拯，马壮吉。

《象传》曰：初六之吉，顺也。

［经传释义］

坎卦象征险难，初爻处于坎的下位，象征开始陷于险难的人。陷于险难就应该“用拯”，那么用什么拯救呢？初爻与二爻接近，二爻得乾气，乾为马，为健，所以说“马壮”。初爻得到二爻的拯救，如同马乘风奔驰，得以脱险，所以吉。明夷卦也说“用拯，马壮吉”。明夷的下互卦为坎，二爻变阳则下卦为乾，所以它的“用拯”也以乾为马，与涣卦初爻相同。

《象传》以顺来解释这一爻。初爻本来属坤体，坤为顺，以坤顺用乾健，所以吉。明夷的《象传》说“顺以则也”，二者的旨意相同。

［一辞多断］

○问时运：运途多有险难，幸而得到了救援，从危险返回了吉祥。○问征战：初次上阵，依赖战马精良，得以突围出险，所以吉。○问经商：资本微薄，幸运的是得到了同事的相助，而得以获利。○问功名：行午马运的时候，一定可以成名。○问家宅：新建的大厦，好在有禄马临于朝向，吉。○问婚姻：男命中以属马的人为吉。○问疾病：病应该赶快治疗，以遇到姓马的医生为吉。○问行人：驿马已经发动，当日可以归来。○问胎孕：生男孩。

［活断实例］

◎友人某来请占气运，筮得涣卦，变为中孚卦。

断卦说：初六值下卦坎的开始，而坎为险陷，象征身陷险难，一时难以解脱。初爻阴柔，必须借助阳刚来拯救。马为乾象，得到了乾卦的阳刚，所以足以拯救。初爻因为拯救而得吉，即卜筮书所谓“绝处逢生”。现在您占气运而得到初爻，可知您正在困难的运途中，幸而靠朋友的努力救护而摆脱了灾厄。您只要听从他们的话，自然可以逢凶化吉。这朋友或者属马，或者姓马，一定有暗合马象的。易占的神妙往往不可测度，您以后自然知道。

九二：涣奔其机，悔亡。

《象传》曰："涣奔其机"，得愿也。

[经传释义]

九二以阳爻居阴位，卦象取以阳感格阴的意思，所以彖辞的"假有庙"是就二爻而言。下互卦为震，震为奔；上互卦为艮，艮为坚木，有机象；二爻与五爻相应，机指五爻。"涣奔其机"，是说感格于庙而奔向供神的几案。"机"与"几"二字相通，即《家语》所说的"仰视榱桷①，俯察机筵②"中的"机"字。君王在庙中，样子虔诚恭敬，在恍惚中与神明沟通，这样涣散的神灵就感通了，所以"悔亡"。《象传》以"得其愿"来解释爻辞，是说祭祀时迅疾地来到庙中，得到福泽，所以说"得其愿"。

[一辞多断]

○问时运：运途顺适，希望的事得以如愿，灾祸和悔恨都会消亡。○问经商：运货贸易得到了依凭，可以如愿，吉。○问功名：愿望必定实现。○问征战：虽然在涣散败走的时候，但只要得到凭借，就可以图谋恢复，这样还有什么悔恨？○问婚姻：内卦本来是坤体，二爻变阳就成为坎体，坎为中男；外卦本来是乾体，四爻变阴就成为巽体，巽为长女。这一婚配，女子一定比男子年长。水木相生，属于好配偶。○问家宅：住宅中的眷属有因为家业破败而出走的危难，幸而在外面得到依凭，所谓"适我愿兮"。○问疾病：郁郁不乐，凭几而卧，遇到良医可以无忧。○问胎孕：生男孩。

[活断实例]

◎友人栀尾某说："我以前把自己的地押给某华族，订立了合约，约好以后有了钱可以赎取。到现在地价上升，比以前的押价增加了三倍，某华族于是背弃合约，不许我赎取，我于是让代言人和壮汉前去以逼迫的方式索要。某华族怕了，求我的某亲戚出面谈判，我不得已，拿出若干钱酬谢代言人和壮汉。但是壮汉不满意，迁怒到我头上，说要拦路狙击我，我很害怕。请占这件事的处置结果怎样？"筮得涣卦，变为观卦。

---

① 榱桷：椽子。

② 机筵：几案和座席。

断卦说：内卦为坎，坎为险难；外卦为巽，《系辞传》说“巽以行权”，指值巽卦可以权变做事。二爻爻辞说“涣奔其机”，是奔往避难处的意思。二爻与五爻相应，所以是奔向五爻。五爻处于巽卦的中位，象征能权变的人，足以涣散危难，所以能“悔亡”。爻象教您奔到外地去躲避，自然有人出面处置，这样可以不至后悔。

六三：涣其躬，无悔。

《象传》曰：“涣其躬”，志在外也。

[经传释义]

三爻在坎体，坎为水；上爻在巽体，巽为风。三爻趋向上爻，像水得到风就流淌，木得到水就漂浮一样，是相对而涣散的。所以三至五爻互艮，艮为躬，说“涣其躬，无悔”。《象传》说“志在外”，外指外卦，意思是志在呼应上爻。

[一辞多断]

○问时运：三爻处在坎的极位，是值坎险运的时候，忘我地奔赴危难而得以脱离险难，可以免于悔恨。○问征战：能为国家而忘记自己的身命，忠诚和勇敢可嘉，还有什么悔恨？○问经商：在外面运货，跋涉在风波中，备尝艰苦，有重视钱财而轻视生命之象。○问功名：有杀身成仁，名垂历史的荣誉。○问婚姻：男子有捐躯尽忠的志愿，既可悲又可嘉。○问家宅：住宅临坎水，宅主应该出行在外，这样能够免灾。○问行人：没有回来。○问胎孕：马上就会分娩，生男孩。

[活断实例]

◎某友人来请占气运，筮得涣卦，变为巽卦。

断卦说：涣卦三爻正值坎的极位，象征身陷在险难中而不得解脱，只有靠上爻从远处援救，危难才能得涣然消散，才能无悔。现在您占气运而得到涣卦三爻，可知您运途淹滞而艰难，譬如行船入海的人正遇上危险的风波，要有远来大船的救援，才能与别人一同脱险，从而远离灾难和悔恨，保住性命。三爻居内外卦之交，内为坎，外为巽，坎为险，巽为顺，有出离险境而进入顺境之象，所以“无悔”。

六四：涣其群，元吉；涣有丘，匪夷所思。

《象传》曰："涣其群，元吉"，光大也。

[经传释义]

六四居巽卦的开始。巽卦本来是乾，下画化阴才成了巽卦。坤为众，坤化巽，群就涣散了；坎中爻阳刚，得到了乾元，故说"涣其群，元吉"。上互卦为艮，艮为丘，而丘是聚的意思，高的意思。既涣散了坎险，又聚成了高丘，这是涣散中有聚集，故说"涣有丘"。四爻是巽卦的主爻，《系辞传》说"巽，德之制也"，又说"巽称而隐"，指巽能因事制宜，隐现无常，裁制的巧妙不是寻常所可以测度的，所以说"匪夷所思"。

《象传》用"光大"解释这一爻，指四爻出坎入巽，化险为夷，靠的正是这正大光明的作用。坤卦说"含宏光大"，四爻得坤气，四爻的"光大"从坤而来。

[一辞多断]

〇问时运：能摆脱困难，再次成就基业，正是大运亨通的时候。〇问经商：绝大手段，既能散布财物，拯救危难，又能独立造成丘壑。〇问功名：有出类拔萃，冠绝一时之象。〇问征战：军容盛大整齐，忽散忽聚，忽高忽低，忽而万马无声，忽而一山耸峙，变化之妙，有出人意表的地方。这是神化了的军队。〇问疾病：既应当涣散外邪，又应当聚集元气，这样病自然好了。〇问家宅：邻居都很远，只有这一家，自能得到幽静深远的趣味。吉。〇问讼事："涣其群"，讼事一定化解了，吉。〇问胎孕：生女孩。

[活断实例]

◎长崎女商人大浦阿启，明治七八年间管理横滨制铁所。一日要乘名古屋的船回乡，用电报预先告诉家人，说好某日到家。到了说好的日子，有人报告名古屋的船在周防遇难，家人都很惊慌，急忙发电报问我。我不知道大浦阿启是不是乘了这条船，也不知道这船有没有遇险，无奈占了一卦，筮得涣卦，变为讼卦。

断卦说：涣卦巽为木，坎为水，是船行进在海上之象。爻辞说"涣其群，元吉；涣有丘，匪夷所思。""涣其群"，指离开了众人，脱离了险难；"涣有丘"，指脱险后独自在山丘上；"匪夷所思"，指不必忧虑。从这些看，可知一定已经脱险。

我于是拿这一占断回电给长崎，长崎的家人得到这一电报，疑信参半。不久大浦有电报到家，说已经脱险，家人才安下心来。

九五：涣汗其大号，涣王居，无咎。

《象传》曰：王居无咎，正位也。

［经传释例］

五位为君位，彖辞所说的“王假”，五爻足以承当。号指政令，“大号”即大的政令。五爻有刚中的品德，以天下的险难为自己的险难，为涣散天下的险难而发出“大号”。“涣汗”，刘向说：号令像汗，是出了就不再返回的。王者没有属于个人的地方，京畿不能算近，蛮荒之地也不能算远。个人的身体涣散开就是万民，个人的心涣散开就是万机。政令发布到四海，就像出汗一样湿透全身，所以说“涣汗”。天下的困苦，得到仁政就会化解；身体的邪热，出了汗就会消除，其涣散的道理是一样的。

三至五爻互艮卦，而艮为居。“王居”指京师。《论语》所说的“譬如北辰，居其所，而众星拱之”，就是王居的道理。“涣王居”，号令的涣散由近及远，遍行天下，必须正位凝命而从“王居”开始。“无咎”，即“履帝位而不疚”的意思。

《象传》用“正位”来解释爻辞，是因为王者居九五正位，才能号令天下。以亿万人的心力平定亿万人的险难，离不开君德与君位正当的作用。

［一辞多断］

○问时运：得值正运，或语或默，或动或静，凡事都吉。○问经商：地点正确，货物流通，所到之处没有不获利的。○问功名：地位接近至尊，声名远播天下，大吉。○问征战：号令严明，军威整齐严肃，得以成就汗马功劳。○问婚姻：必定得到尊贵显要的女婿。○问家宅：这住宅不是寻常百姓的家。○问疾病：一出汗即会痊愈。○问胎孕：生女孩，主贵。

[活断实例]

◎明治二十七年六月，朝鲜发生东学党之乱。有叫朴泳孝①的朝鲜人流亡在我国，眷念祖国，真切地抱有杞人忧天的情结。他请我占卦，筮得涣卦，变为蒙卦。

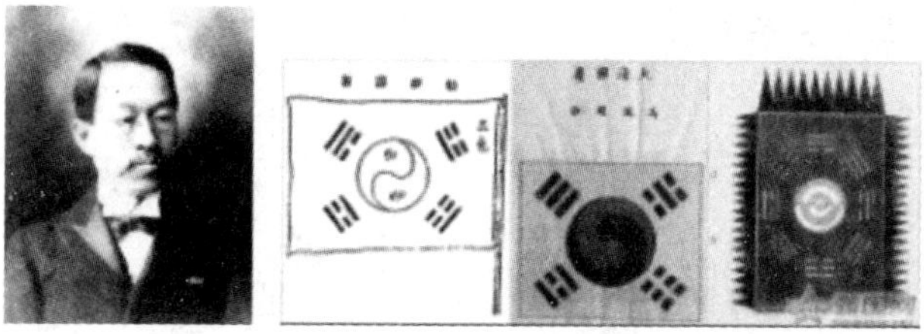

朴泳孝和他设计的高丽国旗

断卦说：涣，散的意思。全卦大意是消除险难。五爻居尊位，为君王。“大号”即君王所发布的政令，“涣汗”指令出必行，像身上的汗一样出来就不会返回。由此足可看出号令严明，可以摆脱险难，安定居处，达到“无咎”。现在朴氏占问祖国的治乱而得到涣卦五爻，玩味其爻辞，可知朝鲜的祸患逼近了君王的住所。九五为君王，君王应当迅速诏告天下，以涣散作恶的党徒，奠定君王的居处，这样才能自我保全而无咎。卦体下互卦为震，震为东方，所以救护朝鲜的一定是我国，朴氏可以无忧了。

◎明治二十七年六月，山田德明带着一位美国人来问：“这次日本兵渡海去朝鲜②，是与朝鲜开战吗？”我说：“军事机密，不是我所能知道的，只有占卦可以知道。”筮得涣卦，变为蒙卦。

断卦说：汗是从肤腠出来的，可以宣表身体的臃满，解除人的疾苦，正像王者的教令可以解除天下的危难，使人各得其所一样，所以说“涣汗其大号”。“涣王居”，指“大号”的宣布，有开始于王居，从近到远，从内到外的旨意。卦名叫涣，含义总在于涣散险难。现在占我国与朝鲜的机

---

① 朴泳孝：近代朝鲜的政治家。字子纯，号春皋、玄玄居士。出身水原。为李氏朝鲜哲宗的驸马，后与金玉均、徐光范等人组成要求朝鲜现代化的开化党。受日本明治维新影响巨大，一生致力于推动现代化政策，包括发行新闻报纸、设立新式警察、成立巡警部、治道部等机构，但也因此与保守派不合。1884 年与金玉均等开化党成员发动政变，杀害闵台镐等保守派，失败后曾流亡日本。在日韩合邦期间，曾改日本名山崎永春。

② 日本兵渡海去朝鲜：1894 年朝鲜爆发大规模农民起义后，6 月 6 日清军在牙山登陆，日本军队立即于 7 月 6 日在仁川登陆，占领汉城，强迫朝鲜签定不平等的《济物浦条约》（济物浦即今天的仁川），并组织亲日派政府，镇压了农民起义。

密军事而得到涣卦五爻，可知我国这次得知朝鲜动乱的消息后，迅速发出号令，派军舰远航到韩国，旁观者以为我国即将与朝鲜开战，而玩味爻辞，却可以相信别无他意。

美国人得到这样的断语，于是译作英文，发表在外国报刊上。

上九：涣其血去逖出，无咎。

《象传》曰："涣其血"，远害也。

[经传释义]

上爻与三爻相应，三爻坎体，而坎为血卦，故说"涣其血"。人身血脉流通才能安适，郁结则会导致疾病。"涣其血"使体气舒畅，忧患自然消亡。逖，忧的意思，坎为逖。上爻居涣卦的极位，已经出离坎险，故说"血去逖出"。逖既去了，咎自然没了。《象传》以"远害"解释这一爻，指上爻离坎难已经很远，所以害也远了。

另一种说法认为，上爻在卦外，逖是远的意思。身体有血，正如川中有水，比喻川流的通达像风驰一样远去，即《大象》"风行水上"的意思。

[一辞多断]

○问时运：运途通达，灾祸远去，福祉到来。○问征战：卦体从乾坤而来，坤卦上爻说"龙战于野，其血玄黄"，有作战就会两败俱伤之象。○问经商：血象征资财。商船远去，贸易亨通，可以获利，自然无忧。○问功名：有投笔从军之象。○问婚姻：有远嫁之象。○问家宅：主要防止血光之灾，远远地避开可以无咎。○问疾病：是气血淤结的疾患，应该疏通脉络，可以免除灾厄。○问失物：失物已经远去，无法复得了。○问讼事：应该出远门躲避，这样才无害。○问胎孕：生女孩。

[活断实例]

◎某友人来请占气运，筮得涣卦，变为坎卦。

断卦说：涣是脱离险难的卦，上爻处于涣的终位，象征困难消散的时候。现在您占气运而得到涣卦上爻，知道您目前的险难已经消解，譬如病人血脉融通，疾患消除，可以无害了。上爻涣象已经终结，以后出离涣卦而进入节卦，节财和节欲，您都应当留意。

◎明治三十一年，占英国与俄国的外交，筮得涣卦，变为坎卦。

断卦说：涣卦三个阴爻三个阳爻，从乾坤否卦而来。上爻居巽的极位，即乾卦的上爻，阳亢就相战，有“其血玄黄”之象，所以说“涣其血”。小畜卦所谓“血去惕出”也指乾。“逖”又作“惕”。小畜因为阴阳感孚而“血去”，涣卦由于风水相济而涣血，是涣卦本来有险难，幸而得到涣散，所以无咎。

现在占英俄两国外交而得到涣卦上爻，俄国在陆地，英国属海疆，应当以巽体为俄国，以坎体为英国。陆地主要凭铁道称强，海疆主要凭轮船称霸。在陆地上作战者得到胜利，而胜利后又害怕报复，失败者更要防止再次受到袭击。俄国所急迫的是据守险要，不懈怠兵备。英国托商船保护的名义，派遣军舰偷窥俄国的海防，得到机会就强生枝节，迫使俄国割地讲和。陆地各国多半受军费短缺的困扰，只有英国军费年年增加而有余，借以在海上称雄。俄国则凭借陆军的强大和陆地的险阻而蚕食邻国。所以近来世界各国都把英俄两国看作虎狼的国家。

在西伯利亚铁道还没有修通的时候，俄国曾经故意滋生事端，但是为英国所抑制；在地中海要地，又因为粮食和弹药匮乏而无法骤然大规模动用军队。英国又因为阿富汗、波斯等国已经与俄国结好，而害怕印度发生内乱，并且知道自己因为长久垄断那里的利益而被各国忌恨。现在法国与俄国结了盟，恐怕它们联合谋划，一定会发生大的战役，所以想教唆中国，以防止俄国的跋扈。但英国有海军而缺少陆军，也无法如愿，况且一旦失败，濠洲、加奈陀亚、弗利加等要地恐怕也不能保全，所以扩张海军来对付各国。俄国仗恃铁道的通达，英国仗恃海军的扩张，恰如两雄相对，爻辞说“涣其血”，指两国应该互通声气，这样才能免于战事，各国也可以远离危害。这是近期的形势，所以《象传》说“涣其血，远害也”。

䷻水泽节

节卦兑在下，坎在上，兑为泽，坎为水。水在流泽的过程中，盈满才前进，遇到坑坎就停止，仿佛自有衡量；泽对水的容纳，平才容受，盈满就溢出，泽也像是自有限制。这就是卦名所谓节。节与困互为倒卦，泽在水上，象征漏泽，泽漏就无水，所以为困；水在泽上，象征深泽，泽深就有水，所以为节。这就是卦名为什么叫水泽节。

节：亨。苦节，不可贞。

［经传释义］

卦体上互卦为艮，艮为止；下互卦为震，震为行。可以行就行，可以止就止，行止都适中才叫做节。行止适中，所以亨通；倘若矫枉过正，以固执自守，这样的节制就苦了。节制达到了苦的程度，就既没有与人相处的余地，也没有自处的余地，穷困而无所容身了，所以说“不可贞”。

《彖传》曰：节：亨，刚柔分而刚得中。“苦节，不可贞”，其道穷也。说以行险，当位以节，中正以通。天地节而四时成，节以制度，不伤财，不害民。

《序卦传》说：“涣者，离也。物不可以终离，故受之以节。节者，节也。”节是为了节制其过分而使它中节。

节卦三个阴爻三个阳爻，阴阳正好均等。坎体阳刚而在上卦，兑体阴柔而在下卦，即所谓“刚柔分”。“刚柔分”而上下的位置不乱就是适中，适中就亨通，故说节亨。节制而不适中，譬如节俭而不合乎礼仪，射箭而不中靶子，只是自讨苦吃罢了，不可以看作正当，怎么能亨通呢？不亨通就是穷困，这不是节制的过错，而是节制不适当的过错。彖辞特别列举出来作为警戒，是为了挽救偏颇。

坎为险，兑为悦，以兑悦节制坎险，使人有悦愉而无迫促，叫做“悦以行险”。五爻居君位，为节卦的主爻，象征“当位以节”。既得中又得正，地位与品德两方面都有所成就，能裁制众人而使他们都得到亨通，这就是“中正以通”。

卦体从地天泰卦而来，节制之道也从天地开始。日月相代而光明，四季相错而运行，寒暑往来而成就春华秋实的功用，这是天地的节制，所以说“天地节而四时成”。效法天地的节制而建立制度，用来节财而财不受伤，用来节制百姓而百姓不受害，天下就都乐于接受我的节制了，这样我的节制才能畅行无阻，无不恰到好处。其中的要点只是刚柔得中罢了，哪里是“苦节”呢！

以这一卦比拟人事，饮食不节制就会导致疾病，言语不节制就会导致羞辱，财物不节制就会败坏家庭，色欲不节制就会伤害身体，这都是人事方面的危害。为了矫正弊病而绝食，而闭口，而不再花钱，而断绝欲望，虽然属于节制，但是忍受不了它所带来的苦楚，属于不适当的节制，反而会导致穷困，怎么能亨通？人事的不亨通都是由于刚柔失中，比如过刚的奢侈，过柔的吝啬，节道因而穷困。

节卦坎在上，兑在下，刚卦和柔卦因而分开。以兑悦节制坎险，使心中愉悦，行动时忘记危险，适当地裁度众多事情，才能凡事亨通。得中得正象征无偏颇，亨通象征无窒碍。人的喜怒哀乐类似天的雨露雷霆，人的起居食息类似天的昼夜明晦，人身有自然的制度，天地也有自然的运行，这就是所谓“天地节而四时成”。人事是不在天道之外的。

以这一卦比拟国家，国家政务多端，用一句话来概括，只是用制度来节制罢了。制度适中，节制就有甘无苦，可亨可贞。刚柔平均分配，道路才不会穷尽；愉悦和险难相济，位置才会得当。这样理财才不伤财，这样用民才不害民。四海的疆域，众多的百姓，圣人都用制度来节制，使人人感到愉悦，人人忘记险难，也就人人乐于服从节制了，所谓“当位以节，中正以通”，方法就在这里。这里的要点是，圣人基于兑悦而节制险难，既不偏于刚也不偏于柔，只是效法天地的节制。天地的节制使四季成就，圣人的节制使万民愉悦，其道理是一致的。

就各爻而论，“当位”指九五，因为它居中，故说“甘节”；“道穷”指上六，彖辞所谓“苦节”即指上六。六四体现彖辞的亨，故说“安节”。初爻的“不出户庭”，象征慎重的节制。二爻的失位，象征失去了中道。三爻的“嗟若”，咎由自取。总之，得中就吉，过中就凶，《彖传》所谓“节亨”，首先在于“刚柔分而刚得中”。

通观全卦，卦象下为坎，上为兑，六爻刚柔平均分配，当位才吉。阳实阴虚，实象征阻塞，虚象征通达。节即竹节，竹中的通达处是空的，阻塞处有节。凡所谓“立廉隅，分经界[1]”，都有节的意思。所以人无节制正如四季无次序。寒与暑、晴和雨互相推移替代，倘若失去节制，天地就会闭塞，岁月的功用就无法成就；人无节制就会昏迷溃乱，行动和静止都会穷困，其过错在于不知怎样节制。不知节制固然凶险，过分地节制也凶险，要实现节制的正当与亨通，只要刚柔适中。

卦体内为悦，外为险，刚柔平均分配，九五当位而又阳刚得中。以愉悦节制险难，得中得正，就无往不通了。圣人以适中为节制，其节制无心；天地以循环为节制，其节制无形。卦以坎兑相成为节，其节制有形象。圣人效法水土，所以把这样之象显示给人。《彖传》说苦，说穷，是为了禁戒人们的过失；说亨，说通，是为了著明节制的效果；说“得中”，说“当位”，是为了显示节制的法则；说“不伤财”，说“不害民”，是为了赞美合理节制的作用。

节卦又是从泰卦而来，所以从节卦也可以看到天地交泰之象。水的流动遇到坎就会停止，有通塞的含义，所以六爻都用通塞来说明吉凶。初爻知道应该塞止就塞止，所以“不出户庭，无咎”；二爻应该通达却塞止，所以“失时”而凶；三爻没有阻塞，却不住地嗟叹，怎么能辞去过咎？四爻有阻塞而能安定，体现了彖辞所说的亨；五爻为全卦的主爻，中正而通达；上爻阻塞不通，象征“苦节”。

易道大抵以盈满为戒，而以节制防止盈满。但是倘若防止过分，或者会因为迟疑而坏事，或者因为鄙吝而失当，违背天时，拂逆人情，都难免于凶咎。节道以刚中为吉，这就是圣人为什么以得时中为贵。

《象传》曰：泽上有水，节，君子以制数度，议德行。

“泽无水”的卦叫困，“泽中有水”的卦叫节。有水而不节制，泽水就会干涸，所以君子取象于节。“数度”，对权衡法度的称谓；“德行”，道德性命的事情。兑是从坤卦变来的，坤为重，为寡，象征“数度”；坎是从乾卦变来的，乾为道，为性，象征德行。坎为平，象征裁制得当；兑为口，象征议论出自口头，所以君子要“制数度，议德行”。

［一辞多断］

○问时运：运途得中得正，财源广大，应该对外节制出纳，对内节制

---

① 立廉隅，分经界：确立房子的边角，区分土地的疆界。

身心。吉。○问征战：有节制的军队，无论登高还是涉险，都可攻可守。○问经商：泽中有水是富饶之象。节律和数度的制定既然精当，议论也确切，没有不获利的理由。○问功名：品行端正，节律和数度精微详明，有鱼龙得到了水之象。○问婚姻：坎为男，兑为女，水与泽相辅相成，吉。○问家宅：住宅临大泽，家道富有，吉。○问疾病：这病应该节制饮食，谨慎行动。○问胎孕：生男孩。

初九：不出户庭，无咎。

《象传》曰："不出户庭"，知通塞也。

[经传释义]

初九以阳爻居阳位，象征节制的初始。阳实阴虚，初爻值阳刚，以一画塞止兑口，象征"不出"。上互卦为艮，艮为牖，为居，有"户庭"之象；艮又为止，有不出之象，所以说"不出户庭"。节卦接在涣卦之后，初六象征涣散后刚刚聚集，正应该塞止而不应该通达，即使户庭那么近也不敢出去，一步一趋无不节制，所以"无咎"。

初爻变阴则全卦为坎，坎水象征智慧，象征能审时度势，可以通达也可以塞止，可以出也可入，都有节制，所以《象传》以"知通塞"来解释爻辞。

[一辞多断]

○问时运：运途没到盛大的时候，应该谨守户庭，这样才能免于祸咎。○问经商：利于坐贾而不利于行商，没有灾祸。○问功名：目前适宜关门静守，到四爻的时候可以成名。○问征战：初爻象征离散后军民刚刚聚集的时候，应该蓄养锐气，不宜出战。○问婚姻：初爻与四爻相应，四爻得承顺之道，这是妇人的正道，所以没有灾祸。○问疾病：应该安居静养，无害。○问失物：还在户庭中，可以找到。○问行人：还没有出行。○问胎孕：生女孩。

[活断实例]

◎某友人来请占家宅，筮得节卦，变为坎卦。

断卦说：卦象兑为西方，坎为北方，爻象为外户和内庭。初爻居兑的下位，阳刚一画，像户庭有锁一样，用来节制出入，所以说"不出户庭"；

深居避祸，所以“无咎”。现在您占家宅而得到节卦初爻，想是初次迁居的住宅，一切家事都有待于整顿和治理。要想持盈保泰，应该谨守节俭的作风，关门谢绝闲事，这样就可以无咎了。

九二：不出门庭，凶。

《象传》曰：“不出门庭，凶”，失时极也。

［经传释义］

户在内，门在外，初爻为户，二爻为门，这是由内到外的次序。初爻为内户，坎水刚到，塞止它以防止漏掉；二爻则逐渐到了外门，水已经盛大，应该流通，如果还是“不出门庭”，就是只知道塞止而不知道流通了。二爻有刚中的才干，正应当乘时应变，出来有所作为，使天下得到节制。初至三爻互震，四至六爻互艮，却不作震所象征的行动，而固守艮的静止，关门敛迹，坐失时机，所以凶险，所以《象传》用“失时极也”斥责它。

［一辞多断］

○问时运：运途正盛，时机也好，过错在于因循守旧，自我贻误，这是可惜的。○问征战：时机可以进取，却畏首畏尾，固守而不出战，结果反而导致凶险。○问经商：货物积蓄得很充实，时价也适宜，本来可以获利，却因为拘泥而坐失了良机，并因而导致耗损。兑为毁折，是损耗之象。○问功名：没遇到时机，难以指望成名。○问婚姻：失去嫁娶的时机，难免旷居的怨恨，凶。○问家宅：门户闭锁，是无人之象，凶。○问疾病：病状是步履艰难，几乎造成痿弱麻痹。○问失物：是内部人偷窃。○问讼事：恐怕有囚禁的灾祸。○问胎孕：生女孩。

［活断实例］

◎有某警吏到来，说：“我的一个朋友过去是武士，维新的时候为起兵救援君王而死去，他的后裔落魄而没有依靠。我眷念旧情，竭力帮助他们，把他的三个子弟招到东京读书十多年，所消耗的费用积累到六七千元。但是乡里的田产还值一万元，可以偿还。没想到利息成倍地增长，到现在已经达到一万三千元了，所有家产又因为价格低落而贬值大半，要偿还则钱没有出处，不偿还债务又清不了，进退维谷，无法可想，以至因为忧郁生了病而不能工作。请您教导和指示。”我无奈地代他占卦，筮得节卦，变为屯卦。

断卦说：九二居兑的中位，《彖传》说“说以行险”，二爻应该担当。二爻说“不出门庭”，是安于险陷而不能行险，所以凶。您占债务的处置而得到节卦二爻，爻辞说“不出门庭，凶”，可知不出户庭才凶，出户庭就可以免凶了。但所说的出有两个意思：一是到外面去躲避，二是拿出所有的钱还债。两者都叫出，这里就应当有节制了。

我且就爻辞的意思，为您计算债务。所负的债总计一万三千元，乡里田产低价出售，大约可以得到三千元，用来还给债主；再以月薪所得二百元中的八十元作为家里的费用，其余一百二十元也按月偿还，合计一年可以偿还一千四百四十元。这样节省有余来补充不足，大约不到十年就可以还清了。爻辞说“不出门庭，凶”，像明白为您警戒一样。您不要因循畏惧，坐失时机，而应当出面与债主商量，先以出售田产的钱偿还，再把月薪的余额给他，让给利息，延缓限期。债主如果不答应，这债必定难以归还；债主如果答应了，您就不至于破产，债主也终究可以收到钱，他又为什么不答应呢？兑为口，为朋友，有与朋友商量之象；兑卦又说“商兑，未宁，介疾有喜”，正是您现在的事。您迅速着手去办，不要失去这个机会。

某警吏听了，心中喜悦，说：“这是最好的办法了。”数日后来回报说，已经遵照占断，出面了事了。

六三：不节若，则嗟若，无咎。

《象传》曰：不节之嗟，又谁咎也。

［经传释义］

三爻居兑的上位，爻画开口，象征漏泽，是不节之象。到兑泽的第三爻，坎水已经盈满，一时任意舀取而不知节省，到后来将无以为继，不免叹息悔恨，所以说“不节若，则嗟若”。这是乐极生悲之象，咎由自取，怨不得别人，所以说“无咎”。《象传》说“又谁咎”，指应当节制而不节制，“不节”在自己，“嗟若”也在自己，又将归咎于谁呢？

［一辞多断］

○问时运：壮年不自我检束，年龄大了以后白白地悲伤，又能怨谁呢？○问征战：当时不谋划，后悔也来不及了。○问经商：获利的时候骄奢无度，一旦损失就哀叹，咎由自取罢了。○问婚姻：有先喜后悲之象。○问功名：随得随失。○问家宅：六三以阴爻居阳位，位置不当，必定先富后贫。○问疾病：病由不节饮食所致，幸而没有大害。○问失物：付之一叹就是了，不必埋怨别人。○问胎孕：生女孩。

[活断实例]

◎明治二十年十一月，旧大垣藩主户田氏共伯任澳大利亚全权公使，带着眷属赴任，临去横滨前，屈驾来到我家。这时送行者不下数十人，共伯说："请占海上航行是否平安。"筮得节卦，变为需卦。

断卦说：三爻居内外卦之交，正符合您出外远行的事。坎为水，兑为泽，有大海之象。三爻变阳则全卦为需，需卦《彖传》说"险在前"，可知这次出行必须防止有险难。节卦倒过来就是涣卦，涣之象为"风行水上"，可知一定有风；兑为正西，坎为正北，可知风一定从西面吹来，又转向北方。爻辞说"不节若，则嗟若"，指如果不秉持节杖而出行，必定导致嗟叹。现在您秉承天皇的命令而出使，节杖和斧钺都在身上，一定能使海神顺服，众神呵护，即使遇到风险也一定无害。需卦爻辞又说"利涉大川，往有功也"，是可以为您祝贺的。

当时送行的人，如旧藩臣井田五藏、青森县县长菱田文藏、大审院判事鸟居断三、神道教正鸿雪爪都在座。倾听之后，有人说："按照这样的断语，海上的风波像亲眼见到了一样，未来的事就都能预知了。"疑心我是在臆断，未必可信。只有鸿雪爪君说："高岛君的易筮一向被称为入神，多有为人们所不理解的。"我说："几乎可以说是如回响一样确切。"众人唯唯称是，不再说话。

这以后四年，户田伯回朝，告诉我当时海上的困难，完全和易断一样。

六四：安节，亨。

《象传》曰：安节之亨，承上道也。

[经传释义]

四爻本来属于坤体，坤为安，故说安；居坎体的初始，坎为险，以兑悦加以节制才能化险为夷，故说"安节"。"安节"，即安然而行而不失节度，这样去哪里不通达？故说“安节，亨”。

四爻当位而上承五爻，五爻“中正以通”，四爻先通于它，所以彖辞所说的亨，只归于四爻；四爻因为上承五爻而得到亨通，天下就没有不亨通的了。《象传》说“承上道也”，上指五爻，道即节制之道，指五爻以节制的作风昭示天下，四爻比近五爻，能首先顺承。

[一辞多断]

○问时运：一路平安。○问征战：善战者先稳定军心，军心稳定才能临危不惧，所向无敌。○问经商：四爻值外卦的初始，必定是初次贩货外出，能事事节俭才能安居在外地，而所谋求的事也就可以亨通了。○问功名：能顺承上级的旨意，一定能成名。○问婚姻：四爻以阴爻居阴位，得位而又承阳，家室自然安好。○问家宅：平安获吉。○问疾病：“病从口入”，能节制饮食，自然安泰。○问胎孕：生男孩。

[活断实例]

◎官吏某来，请占官位升迁，筮得节卦，变为兑卦。

断卦说：六四阴爻阴位，爻象安静；因为事事适合节度，所以亨通。《象传》说“承上道也”，上指五爻。四爻与五爻相比，能承上级的旨意实行节制之道。现在您占仕途升迁而得到节卦四爻，四爻与初爻相应，初爻“知通塞”，所以四爻能安分守己而不失节度，只是顺承上级的旨意行事，所以做事都合乎节度，而无往不亨通，升迁是必然的。四爻与五爻差一个爻位，升迁应当在明年。

九五：甘节，吉，往有尚。

《象传》曰：甘节之吉，居位中也。

[经传释义]

五爻居君位，是节卦的主爻，《彖传》所谓“当位以节，中正以通”，只有五爻可以担当。彖辞首先戒止说“苦节，不可贞”；苦反过来就是甘，指做法必须贞正，贞正才吉，所以说“甘节，吉”。四爻居坎的中位，坎卦彖辞说“行有尚”，节卦四爻的“往有尚”，即从坎卦彖辞而来。往即行，指能这样前往，确实值得推崇。五味以甘为中和，咸苦酸辣都属于偏味。节制味道的偏颇而达到中和，叫做“甘节”。甘美的节制人们都乐于服从，而不感到难以接受，这就是“甘节”为什么吉祥。

《象传》以“居位中”解释这一爻。《礼记·月令》说：中央土，其味甘。甘味位居中央，五爻为君，君位也居中央，《象传》的解释取自这里。

[一辞多断]

○问时运：气运如同嚼甘蔗，越老越甜。○问经商：稼穑为甘，应当以贩运谷米为吉。“往有尚”，往是往外，尤其应当贩米去外国销售，一定获利。○问功名：苦尽甘来，功名必定显达。○问家宅：五爻当位，中央为甘，可知住宅位置一定中正。家风正直而节俭，值得推崇。○问婚姻：女子出嫁叫往。“往有尚”，指前去完成婚礼。甘是甘心相随，有百年好合之象，吉。○问疾病：病在中宫，甘是中满，应该以节食为要点。○问胎孕：生男孩。

[活断实例]

◎某商人来请占商业的盈亏，筮得节卦，变为临卦。

断卦说：甘味是人所喜好的，但如果过甘，味道也会发生变化。节制是为了适中，味道是这样，凡事也无不是这样。“往有尚”，指今后的事情都可以崇尚，都可以获吉。现在您占商业盈亏而得到节卦四爻，可知您经营商业已经很久，却一向以不知道撙节，以至产生了悔恨和嗟叹。去年得到安稳，今年又一定要获得甘味，应当加以裁度和节制。事事都要从俭，不要因为盈满而奢侈，这样盈满就可以长保了，所以吉。往指遵照这样的节制之道去做；“行有尚”，也有功，您以后的商业非常有利。

上六：苦节，贞凶，悔亡。

《象传》曰：“苦节，贞凶”，其道穷也。

[经传释义]

上六阴爻阴位而不得中，居节的极位，象征过分的节制。《尔雅》说：卤，咸苦的意思。坎水润下为咸，兑为刚卤，是苦味的东西。上爻与初爻相终始，初爻在泽底，节制是为了防漏；上爻在泽口，出纳都经过它，却竟然一概节制，这就是不知通塞了，其困苦的情状是人所难以忍受的，有不可终日之象，所以彖辞的“苦节”只归于上爻。“悔亡”，指奢侈不如节俭，以这修身，悔恨自然消亡。

《象传》说“道穷”，是用解释彖辞的话来解释这一爻。所谓“苦节，贞凶”，例如古时候的龙逢和比干为国家而死，能保全臣节，其灾祸虽然凶险，其做法却是正当的，足以垂范万世，还有什么悔恨？

[一辞多断]

○问时运：运途也正，只因为固执而不通达，以致终身穷苦。○问经商：机会已经到头，却不懂得变通，以致穷困迫促，白白苦恼自己罢了。○问功名：这人守正不阿，以困苦自守，难以指望成名。○问征战：爻象阴而又阴，柔弱无力，又值于位穷势极的位置，只知道苦守而不出战，结果必定凶险。○问疾病：阴盛阳衰，病势已经到了极致，凶。○问胎孕：生男孩。

[活断实例]

◎有商业上的朋友某氏，请占股票价格高低，筮得节卦，变为中孚卦。

断卦说：节卦是泽上有水之象。泽有水，盈满就让它流通，不盈满就塞止它。通塞是对水的节制。上爻值泽的上口，宜于流通却被塞止，是过于节制了。水流而不止，活水是甘甜的；上爻塞而不流，就会因为积水过多而涝，这样甘也变苦了，所以说“苦节，贞凶”。现在您占股票价格的高低而得到这样的爻象，股票是财，财源犹如水源，宜于流通而不宜壅塞。何况上爻象征时位已经到了极致，如果壅塞不止，喜欢以垄断手段博得高价，令人迫蹙困苦，无法生存，就要防止苦极而发生变故，那样的话，苦别人的人反而会导致自苦，这是取凶之道，也是取穷之道。应该迅速开通，这样才能免于凶险。

这人听了，当日卖掉了手里的股票。股票的价格随即低落。

◎明治三十一年，占北海道厅的治理情况，筮得节卦，变为中孚卦。

断卦说：上爻值兑泽的口，坎水已经盈满，却仍然节制而不使它流通，令人无法沾得惠泽，这就叫“苦节，”必定凶险。现在占北海道厅的治理情况而得到这样的爻象，可知其施政有不合地势、不通民情、上下壅塞、号令不行的现象。上爻变阳则全卦为中孚，应当迅速使它流通，这样可以以孚信感化一方。就卦象而论，兑泽中的水盈满了就会溢出。兑为秋季，要防止秋季有洪水的灾害。

这年九月果然有水灾，人民很痛苦，凶险之象正是这样。

◎明治三十一年，占外交形势，筮得节卦，变为中孚卦。

断卦说：上爻的“苦节”指过于节制。节制适中就甘，过分则苦。天下事都以适中为贵，过分了困苦就会随后到来，凶祸也会随后到来，这是势所必然的。现在占外交而得到这样的爻象，可知当今的时势，正是泽水满溢，岌岌可危的情况。应该改节制为流通四海，以适应时势，这样才能免受困苦。倘若一味吝惜而不流通，固执地自守现状，凶险就是必然的了。

䷼风泽中孚

卦体上为巽，下为兑，巽为风，兑为泽。风与时节的相应，春夏秋冬都没有差错，这是风的有信；泽对水的容受，朝潮夕泛都应时不爽，这是泽的有信。卦象三、四两个柔爻居中，叫做中虚，中虚就通达，通达就孚信；二五两个刚爻得中，叫做中实，中实就诚，诚也是孚。这就是卦名为什么叫中孚。

中孚：豚鱼吉。利涉大川，利贞。

[经传释义]

孚，信的意思。中孚即发自内心的诚信。内卦为兑，睽卦上爻说“豕负涂”，涂指兑泽低下，足以用来牧猪，而小猪为豚，所以兑卦也有豚象；外卦为巽，巽为鱼，鱼以得到水泽为乐。这两种动物虽然微末，但都凭巽兑的性质而生活，故说“豚鱼吉”。“大川”即大泽，巽为木，“刳木为舟”，是涉川所利用的，故说“利涉大川”。其信孚达到这个程度，理应无往而不利，但其中邪与正、诚与伪又不可不加以辨别，所以说“利贞”。

《彖传》曰：中孚：柔在内而刚得中。说而巽，孚乃化邦也。“豚鱼吉”，信及豚鱼也。“利涉大川”，乘木舟虚也。中孚以“利贞”，乃应乎天也。

“孚”字从“爪”，从“子”，像鸟抱蛋孵化一样不失其信，这是有信。诚体现于外表为信，存在心中为孚，所谓中孚，是心中虚灵，行为真实的称谓。卦中三四两爻阴柔，合在两卦的中间；二五两爻阳刚，各居一卦的中位。柔在内与刚得中各得其所，上巽顺和下愉悦相辅而行，乘天下的顺从而行天下所愉悦的事，所以说“说而巽，孚乃化邦也”。

“豚鱼”，《周易正义》分为两种动物，吴草庐当作江豚。江豚生活在大水中，属于鱼类而有豚象。每到起风的时候，豚鱼就拜舞在江中，看它们头部的朝向就可以知道风的来向了，涉川的人们借助它们来候风。世俗称它们为拜江猪。“豚鱼”无知，却能感应风信，所以说“信及豚鱼”。这是孚信的极致。

《周易》所说的“利涉大川”，多半取自巽象。巽为木，木能在水上漂浮而行，《论语》所说的“乘桴浮于海”，也取这个意思。卦体中间虚，故说“舟虚”。“舟虚”指舟中没有东西，随着风往来，随着波涛上下，纯任自然而行，这正是中孚之象。孟喜的卦气说①以中孚为十一月卦。十一月是天道贞固的时候，中孚体现了这一点，所以能以“利贞”应天。

以这一卦比拟人事，孚即信。信体现于言语就表露于外部；孚感通了心灵就存在心中。人心的作用，灵就明，明就诚，内以虚灵不昧为贵，外以真实无妄为宜，这就是所谓“柔在内而刚得中”。以我所愉悦的方式顺从别人，别人也会以同样的方式顺从我，这样彼此相悦，自然相孚。不只在别人与自己之间是这样，就是推论到国家之间，国家也会一个接着一个地变得诚信起来，就是万物也会相互感通而变得诚信，所以吉祥。

“大川”是危险的泽水，没有舟楫就无法涉越。所谓中孚，以礼义为干橹，心中自有涉川的工具，即使危险也可以涉越，而且无往不利。心中虚廓，所以用虚舟来象征。《论语》说：“言忠信，行笃敬，虽蛮貊行矣”，

---

① 孟喜的卦气说：孟喜，字长卿，汉昭、宣帝之时东海兰陵（今山东苍山县西南）人。遵父之命习《易》，与施仇、梁丘贺同学于田王孙，为汉代第一位易学家田何的再传弟子。得易家候阴阳灾变书，以阴阳灾异解说《周易》。汉举博士，“众人荐喜，上闻喜改师法，遂不用”，直到宣帝时，孟氏易才列于学官，与施仇、梁丘贺并称汉初三大家。著作早佚。

卦气说：本于历法中的节气，与天文历法、星相、方位、四时、季节无不相关的一种易学理论。其主要内容是：卦坎、震、离、兑四正卦，分居北、东、南、西。古代的季节与方位相联系，故这四正卦又相应的配以冬、春、夏、秋四季。四正卦分解成二十四爻，分主一年的二十四节气。另外六十卦配十二个月，每月平分五卦，分别是辟、公、侯、卿、大夫。辟卦为君，其余四卦为臣。十二辟卦又用来表示一年十二个月的阴阳消长。四正卦外的六十卦，每月配五卦，卦主六日七分。七分指八十分日之七。这样，六十卦所主一岁十二月，计三百六十五日四分日之一。如图所示：

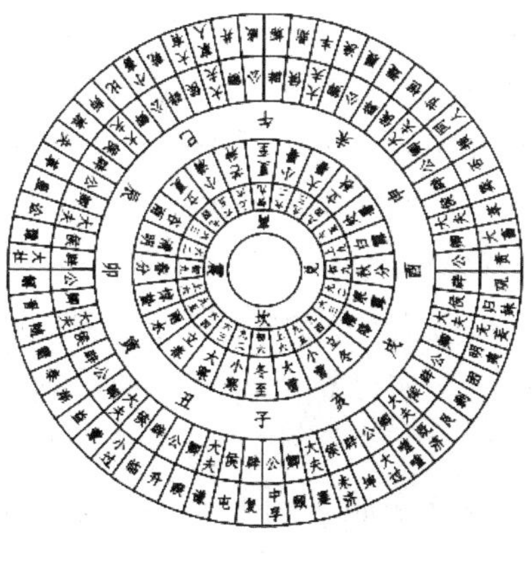

说的就是涉川的凭借。卦中四个刚爻都本于乾体，乾为信，是最正当的孚。人能以阳刚的品德上合天道，即所谓“中孚以‘利贞’，乃应乎天也”，哪里是浅薄地执着信用的人所可以同日而语的呢！

以这一卦比拟国家，《檀弓》说：“有虞氏未施信于民，而民信之。”施信之后百姓才相信，这种孚信还是来得晚的；没有施信而百姓却相信他，这样的孚信才算来得早。不用说话就相信，是说不期望其孚信却已经孚信，这是由于孚信出自衷心，百姓们也不知为什么会这样，这是无为而治的表现。由这样的气机所感通，灵龟也背负图象而出现，鱼也前来献瑞，这就是“信及豚鱼”的征兆。政治和教化所到之处，众多国家之间关系协和，四海之内都来和同，这是“孚乃化邦”之象。由这才知道，圣明天子德行的盛大，教化的神奇，大则使蛮夷一个跟着一个地顺服，小则使哪怕鱼鳖也都与人和好。治理洪水时乘着橇奏报好成绩，救济危难时有制作舟楫的材料，这都是由于居于正位，践履中道，德行得到孚信，以致天与人相感应，百姓与万物都顺服，得以成就风尚相同，道法一致的隆盛局面。

通观全卦，中孚排在节卦的后面。事情有节制就有常道可守，无节制就会泛滥失据而不诚信，所以喜怒哀乐的“中节”叫做“达道”，“达道”就是诚信。《序卦传》说：“节而信之，故受之以中孚。”这就是中孚为什么排在节卦的后面。

卦内三四两个阴爻为虚，二五两个阳爻为实，初上两个阳爻包在外面，恰如蛋壳。鸟覆育它的卵叫孚，到了一定的时间，小鸟就会从里面出来，所以叫中孚。卦体巽在上，兑在下，巽在东南方，主春季，兑在正西方，主秋季，全卦是从春到秋。从东到西，天地化生万物的功用就完毕了；从兑卦归于西北，造化的机缄敛藏贞固而造成甲壳，而遇到巽卦又返回东南方，所以兑与巽合起来叫做中孚。

按照五行，兑属金，巽属木，而金克木。造物的道理是生与杀互为因果，卵不裂开就不能成鸟，木不刳就不能成舟。巽木的利涉是兑金作用的结果，所以兑只有为毁折才能为悦。巽所象征的鸡孵雏，只有蛋壳裂开才能见到羽毛。中孚取象于孚卵，小过取象于飞鸟，是自然的法象。

初爻象征鸟孵卵，它的心专一，所以有“有它不燕”的爻辞；二爻象征被孵的卵即将变化，所以有“鹤鸣”与“子和”的爻辞；三爻象征雏鸟在卵壳中，成败值得忧虑，所以有“得敌”的爻辞；四爻象征卵中雏鸟将成，有盈满的期限，所以有“月几望”的爻辞；五爻象征雏鸟成群，互相呼唤着饮啄，所以有“有孚挛如”的爻辞；上爻象征雏鸟学习飞行，声音忽上忽下，所以有“翰音登于天”的爻辞。

在人，初上两个阳爻为实，象征躯体；三四两个阴爻为虚，象征心；二五两个阳爻为实，象征情绪和情感。但三四两爻都虚，却有善有恶。正就善，不正就恶；爻得位就正，失位就不正。初爻得位而存养诚信，二爻得中道而相应，三爻不当位，四五两爻当位，上九阳亢，向外驱驰，所以初、二、四、五爻属于善的孚信，三上两爻属于不善的孚信。对正直与信实的辨别，是圣人所念念不忘的。

《象传》曰：泽上有风，中孚，君子以议狱缓死。

《象传》不说风在泽上，而说“泽上有风”，可见泽水本来安静，因为风才产生了波涛，犹如人心本来平静，因为争夺而造成狱案。巽卦说“申命”，有议缓之象；兑为刑人，有死于狱案之象；下互卦为震，震为议，为生，为缓，所以有“议狱缓死”之象。《吕刑》说“狱成而孚”，说明狱必孚乃定。但狱案即使孚信，也一定要议缓，即所谓“罪疑惟轻”。“议狱”是审查其中的可疑处，“缓死”是寻找让他活下去的办法，这是孚信的极致，所以说“君子以议狱缓死”。

[一辞多断]

○问时运：“泽上有风”，要防止风波的危险。○问经商：应该仔细斟酌商议，宽缓做事，这样才能免于危害。○问征战：应当以不好杀人为心志，这样才能感孚人心，所向无敌。○问功名：罪案一时无法了结，功名难以指望。○问婚姻：因为婚媾而导致寇盗，形成狱案，应该慎重。○问家宅：主有讼狱的灾难。○问疾病：危险是危险，但暂时可以保住生命。○问讼事：一时不能了结。○问胎孕：生女孩。

初九：虞吉，有它不燕。

《象传》曰：初九虞吉，志未变也。

[经传释义]

虞指虞人。巽卦四爻说“田获三品”，兑卦五爻说“孚于剥”。《月令》说冬日剥落阴木，《诗经》说“八月剥枣”，是谓斩木，说明巽兑都有虞人之象，所以中孚的初爻取为卦象。《王制》说："獭祭鱼[①]，然后虞人入泽梁。"虞人进入湖泽和山林在十月当中。《周礼》中的山虞"令万民时斩材木"一句，《贾公彦疏》解释为草木零落，然后进入山林，也在十月。中孚是十一月的卦，正值进入湖泽和山林斩伐木材的时令。一年当中有一定的期限，渔人和樵夫都听从虞人的命令，而进入湖泽或山林，各取所需，所以说"虞吉"。

顺行中孚的时令，不违背自然规律，不纷乱自己的心志，这是没有其他要求的表现；有其他要求，上下就不孚信，渔夫和樵夫就会违背时令，而山林被焚、竭泽而渔的现象都会由此发生，就无法平安了，所以说"有它不燕"。燕，安的意思。

《象传》以"志未变"解释"虞吉"，是说变就有其他心志，有其他心志就不吉了；正因为初爻"志未变"，所以吉。

[一辞多断]

○问时运：初爻阳刚，正当时令，用心专一，不为其他事物所惑乱，所以吉。○问经商：安于自己的本业，不见异思迁，交冬令的时候有利可得。○问功名：有志者事竟成。○问征战：巽卦初爻说"利武人之贞"。打猎与当兵道理相同，应当专心一志，踊跃前进，自然可以获胜。吉。○问婚姻：有从一而终之象。○问疾病：病状可以没有忧虑，但恐怕有其他变化，变化就危险了。○问讼事：恐怕节外生枝。○问胎孕：生女孩。

[活断实例]

◎友某人来请占商业，筮得中孚卦，变为涣卦。

断卦说：爻辞说"虞吉"，虞指虞人。巽为鱼，兑为泽，所以有虞人进入湖泽和山林之象。虞人进入湖泽和山林，使人们得到所需要的东西，所以吉；倘若有其他要求，则不合时令，所以不安。现在您占商业而得到这样的爻辞，可知您所谋划的事业必定接近林木或湖泽，想任用的人都已经感孚。事情属于初起，不必另有要求，这样事业没有不成就的道理。获利适宜在冬季，您安心从事就可以了。

九二：鸣鹤在阴，其子和之，我有好爵，吾与尔靡之。

---

① 獭祭鱼：獭是一种两栖动物，喜欢吃鱼，经常将所捕到的鱼排列在岸上，在古代中国人的眼里，这情形很像是陈列祭祀的供品。所以就称之为獭祭鱼或獭祭。

《象传》曰："其子和之"，中心愿也。

［经传释义］

鹤鸣子和，是比喻中孚的相应。鹤是阳性的鸟，九二以阳爻居阴位，故说"在阴"。《春秋说题》说：鹤夜半就会鸣，也属于信鸟，有孚象。鸣叫的是鹤，应和的是子，一鸣一和，以同样的声音相应，以同样的气息相孚，就有中孚感应之妙了。我指二爻，尔指五爻。"我有好爵，吾与尔靡之"，靡，共享的意思，即二爻得到了好酒，愿意与五爻共享。二五两爻相应，志同道合，正如母子相依，有同鸣共栖之象，其至诚的感孚，达到了这样的程度。

有人疑心五爻为君位，不应当说子，这是不知道《周易》崇尚变通，不可拘执于一种见解。《象传》说"中心愿"，指鸣与和都属于自然的感应，心中相孚，是孚的极致。

［一辞多断］

○问时运：这边唱那边和，刚好符合我的心愿，正值运途亨通的时候。○问经商：主人与客人同心同德，意气相投，有交相获利之象。○问功名：有父子一同升迁的喜庆。○问征战：上下形成一体，如同以臂使手，以手使指，一气相通。有前进则共同前进，后退也一同后退之象，不易被攻击。○问婚姻：得到夫倡妇随的快乐。○问疾病：是传染病。○问家宅：必定是贵显人家，而且得到孝顺贤良的儿子。○问胎孕：生女孩。

［活断实例］

◎某贵显失去了配偶，鳏居已经有数年，友人屡次劝他续娶都不听从。一天，岐阜县士族有一位良好的妇人，友人都愿意为他作媒，只是怕某贵显固执不从，为此先占一卦筮来决断。筮得中孚卦，变为益卦。

断卦说：这一爻说鸣，说和，有两人心中相得，同声同应之象。卦名叫中孚，孚指鸟抱卵，有生孩子之象。占娶媳妇而得到这样的爻辞，可知娶了这样的妇人，必定能夫倡妇随，家室平安和睦，正如老鹤鸣叫而雏鹤应和，我有好酒而愿意与你共享；而且以后她的儿子还能继承父亲的事业，共享荣华富贵，可以说既得到了好媳妇，又有好儿子，是大吉的征兆。

占得这一爻，友人又惧怕某贵显态度严肃，没敢启齿。我于是又占作媒的事成功与否，筮得兑卦，变为随卦。

断卦说：得到这一爻，这件事的成功就可以说是必然的了。孚是信的意思，兑是悦的意思，既孚信又愉悦，还有什么疑问？

我于是先去说服，果然得到允诺。但是接着又有以阀阅之家一位妇人作媒的，有人疑心以前的约定会有变更，我于是又筮了一卦，遇到履卦，变为睽卦。

断卦说：履卦三爻为“虎尾”，五爻为虎背。现在某贵显处于骑虎的形势，有不能中止之象。而且五爻《象传》说“‘夬履’，位正当也”，说明以前约定的妇人可以为正婚。由此知道，以前约定的妇人一定不会被放弃。

友人不听这一占断，去告诉贵显，贵显坚决不答应，而要践履以前的约定。我因此连类记载如上。

◎明治三十年，占我国与美国的外交，筮得中孚卦，变为益卦。

断卦说：鹤鸣子和，指母子互相依傍，以鸣声互相应和；“好爵”“尔靡”，指尊贵的天爵是你我共同拥有的。其中相亲相爱的情意在心中固结，有默然就相感召之象。现在占我国与美国的外交而得到这样的爻象，可知两国邦交一向笃厚，虽然远隔重洋，却像父子兄弟共处一室一样，彼此爱怜，完全没有欺诈，各自保守自己的地位，共同修养天爵，以后的外交应当更加友好亲密。

六三：得敌，或鼓或罢，或泣或歌。

《象传》曰：“或鼓或罢”，位不当也。

[经传释义]

按照易例，爻与爻俱刚俱柔的关系叫敌应。这一卦三四两爻都是柔爻，属于敌体，故说“得敌”。二至四爻互震，震为鼓；又互艮，艮为止，止即罢，故说“或鼓或罢”。兑为口，能歌唱；巽为号，为哭泣，故说“或泣或歌”。“或”是表示不确定的辞，因为三爻与四爻相敌，象征开始时因为愤怒而击鼓，又因为畏惧而作罢，接着因为欢喜而歌唱，又因为悲哀而哭泣。因为心中无主，言语和行动失常，才有这样的形象。

人与人之间有孚信，即使相隔千里也会相应，有谁不是我的朋友？人与人之间没有孚信，即使相处在一室之内，也会彼此相违而成为敌人。为敌为友，不在于外表上的相亲，而在于内心的相孚。三爻居兑卦的极位，和悦不是发自内心，所以进退无路，它的羞吝就可以知道了。《象传》以“位不当”解释这一爻，指六三以阴爻居阳位，位置不当。

[一辞多断]

○问时运：目前运途颠倒。○问经商：忽盈忽亏，忽成忽败，都是由于经营项目不确定。○问功名：升降没有一定，荣辱随后而来。○问征战：在强敌面前，难以取胜。○问婚姻：反反复复，不成。○问家宅：宅神不安，事情多颠倒。○问疾病：时重时轻，防止有鬼祟。○问行人：要归来而又停止，一时没能决定。○问失物：防止找到后又失去。○问胎孕：生女孩。

[活断实例]

◎某知心朋友去某县做官，不久就写信来说：“得到上级的任命，得以升迁一级，但是自己感到无法胜任，不如仍然担任以前的职务，各种事务都熟练，同僚也都同心协力，可以免于旷职和失误。请麻烦占一卦。”筮得中孚卦，变为小畜卦。

断卦说：这一爻因为敌应在前面，以致进退失常，哀乐不定，有得到不足以喜悦，失去也不足以忧虑之象。现在您占仕途的升迁而得到这样的爻象，知道您近来有晋级的喜事，但是其中还有曲折值得忧虑。爻辞所说，鼓是前进，罢是后退，泣是悲哀，歌是快乐，这是明说时事颠倒，心神紊乱。一定有忌妒你的人在中间拨弄是非，这叫做“得敌”。所以虽然属于升迁，却不如不动，以仍然担任原来的职务为好。

六四：月几望，马匹亡，无咎。

《象传》曰：“马匹亡”，绝类上也。

[经传释义]

六四爻和位都属阴，而月亮也属阴，所以取象于月亮。月亮到“几望”的时候开始走向盈满，盈满属于中实，有孚的意象。四爻与五爻相比，五爻为君位，象征日，而四爻象征月亮。月亮无光，以得到的日光为自己的光，这是日月间的交孚，属于真正的孚信，故说“月几望”。马，上卦本来是乾，乾为马，四爻变阴而成为巽卦，乾象已经失去，故说“马匹亡”。匹指初爻，四爻与初爻以类相应，故称匹。巽为风，良马能追风。中孚为十一月的卦，正是胡人的马感应北风的时候，是中孚的气候感通了它们。

《象传》以“绝类上也”解释“马匹亡”，类指初爻。初爻也属于乾体，象征马。四爻像马离开它的同类一样，弃绝初爻而上承五爻。“月几望”，没有盈满的嫌疑；“马匹亡”，没有朋党的牵累，还有什么过咎？

我私下里又另得到一种解释。马是得月亮的精气而生的，月亮与马自然互相感孚，所以月亮与马一起说。“几望”是月亮盈满的时候，“匹亡”即《象传》所说的“绝类”，是马中最优良最驯顺的。四爻重阴，得到坤元之气，坤为月，也为牝马，爻象兼取这两种卦象，是因为它们以一气相感孚。这也足以作为一种解释。

[一辞多断]

○问时运：值全盛的运，应该保持盈满和通泰。去掉私心，顺从公事，可以无咎。○问经商：“月几望”，比喻财利的丰厚；“马匹亡”，比喻谋事的顺利和快捷。吉。○问功名：有春风得意之象。○问征战：适宜在月夜进攻，战马脱去蹄上的铁掌，士兵口中衔着防止喧哗的木棍，这样奋勇战斗，一定可以得胜。○问婚姻：愿望很多，但爻辞说“匹亡”，恐怕不久就有丧偶的灾难。○问疾病：十五的日子不利。○问家宅：住宅阴气太盛，同居的人中难免有死亡的。○问行人：十四五可以归来。○问胎孕：生女孩。

[活断实例]

◎缙绅某来请占谋事，筮得中孚卦，变为履卦。

断卦说：爻辞取象于月亮和马，月亮因时日而盈满，马绝尘而趋驰，是全盛之象。现在您占谋事而得到中孚四爻，可知您所谋的事大约在月望以前可以成就；只是一时共同谋划的朋友中，有性情契合的，也有意气不相投的，所谓“风马牛不相及”。应该谢绝不投合的人，以求不致败坏你的事，这样才能无咎。

九五：有孚挛如，无咎。

《象传》曰：“有孚挛如”，位正当也。

[经传释义]

九五为全卦的主爻，“有孚”这句话，只有五爻足以承当。巽为绳，五爻互艮为手，象征挛。五爻居君位，二爻居臣位，两爻相应，也就是与二爻相孚。相孚而说“挛如”，表示是孚信的极致。孚信于臣下，孚信于百姓，也就可以孚信于邦国，《象传》所谓“孚乃化邦”，就是从这里开始的。

小畜卦的五爻也说“有孚挛如”，这是因为中孚与小畜都有巽顺之象。《象传》以“位正当”解释这一爻，是说二五两爻的位置适当，牵系不绝，所以能有孚到这样的程度。

[一辞多断]

○问时运：所谋求的事情，没有不称心如意的。○问经商：同心协力，合伙经营，没有不获利的。○问功名：所求必定成就。○问征战：军队团结，同心戮力，作战自然能够得胜。○问婚姻：有二人同心，百年好合的喜庆。○问家宅：一家和乐，百事都会满足。○问疾病：病是由肝风导致的手脚拘挛。带病延年罢了，没有灾祸。○问讼事：防止有披枷戴锁的灾难。○问胎孕：生女孩。

[活断实例]

◎缙绅某来请占婚事，筮得中孚卦，变为损卦。

断卦说：卦象为以至诚相感孚，彼此心心相印，所以叫做中孚。五爻为卦主，爻辞说“挛如”，正可见他们的相孚有固结而不可分的情状。现在占婚姻而得到这样的爻象，可知两家必定素来相契合，关系如同手足，这次缔结婚姻，自然夫倡妇随，无不如意。而且五爻是尊贵的一爻，也一定是名门阀阅人家，非常可喜。

上九：翰音登于天，贞凶。

《象传》曰：“翰音登于天”，何可长也。

[经传释义]

鸡叫翰音。鸡在振翅的时候一定要鸣叫，翰即羽翮。鸡的鸣叫不失时候，是相孚之象。鸡本来是微末的动物，但是声音传得很远，没有真实德行而只有虚妄声誉的人类似它。上爻居孚的极致，区区的小忠诚小孚信，却彻闻于九天之上，这样即使正当也凶险。《象传》以“何可长也”解释这一爻，是说它纯盗虚声，怎么能长久呢？

[一辞多断]

〇问时运：运途倒也兴盛，但是虚而不实，反而使人觉得有危险。〇问经商：场面很大，声势也壮阔，但是有外观而无内蕴，恐怕无法长久。〇问功名：摹仿别人，盗取虚假的声誉，这是君子所感到羞耻的。〇问婚姻：恐怕难以白头偕老。〇问家宅：住宅有母鸡报晓的现象，家业难以保全，凶险。〇问疾病：肝风作痛，一声声喊叫，病状很痛苦。凶险。〇问讼事：势必要向上面控告，凶险。〇问胎孕：生女孩。婴儿好啼哭，恐怕难以养育。

[活断实例]

◎一天，有一位自称天爵大神的人到来。我问这个名号是怎么来的，和他来访的目的，他说：“我是爱知县的士族。因为道路险恶，行人都叫苦，我就带着一把铁锹，从东海道开始，独力修整道路。每到一个地方就呼唤当地的村民，让他们都来相助，并以这为日常的事情。一天，山田大臣经过那个地方，见我修路，就接见了我，我于是表达了自己的心愿。大臣赞许说：‘为公益而忘我的人，叫做天爵大神。’我因而自号为天爵大神。”问他的来意，他说：“现在要架一座桥，需要劝募资助。”我于是把一些钱送给他。大神又请我占气运，筮得中孚卦，变为节卦。

断卦说：一鸣叫就会声闻于天的是鹤，而鸡是家禽，却妄自窃取鸣鹤的声誉，这样纯盗虚声，恐怕会导致灾祸，所以爻辞说“贞凶”。现在您占气运而得到这样的爻象，与您的作为像符节一样相合。您苦心苦力地修整道路，事情不是不正当，只是好名的心太重了，其实是想借这区区的劳动博取美名。试看无源的水，立刻就会干涸；无根的木，立刻就会干枯，有名而无实，怎么能不失败呢？而且您的名号惊骇怪异，这就是导致灾祸的因由，只有收敛形迹，自我韬晦，才能免于灾患。

䷽雷山小过

卦形是两个阳爻在内部，四个阴爻在外面。阴为小，称为小；阴超过了阳，叫做过。卦体震在上，艮在下，震为动，艮为止。行动与静止应该适中，过于动或过于止都叫过。震为雷，艮为山，雷过于猛烈，山过于险峻，也叫过。因为所过都在小事上，所以卦名叫小过。

小过：亨，利贞。可小事，不可大事。飞鸟遗之音，不宜上，宜下，大吉。

［经传释义］

所谓小过，指阴盛而超过了阳，即“行过乎恭，丧过乎哀，用过乎俭”。过在细节方面，还可以通达，故说小过亨。“利贞”，指矫正世俗，利在归于正道，故说“利贞”。四个阴爻在外面擅权，两个阳爻被逼迫到了中间，并且柔弱无力，不足以担当大任，只可以小有作为罢了，所以说“可小事，不可大事”。震为鹄，又为音，所以说“飞鸟遗之音”。所谓“遗之音”，指哀鸣的声音，指鸟飞得过高而无法下来，通过哀鸣来求救。向上更加危险，下来还可以安稳，所以说“不宜上，宜下，大吉”。吉祥在下面。

《彖传》曰：小过：小者过而亨也。过以“利贞”，与时行也。柔得中，是以“小事吉”也；刚失位而不中，是以不可大事也。有飞鸟之象焉。“飞鸟遗之音，不宜上，宜下，大吉”，上逆而下顺也。

超过得当的限度叫过。过有大有小，所以卦名也分为大过和小过。阳超过阴的过失大，阴超过阳的过失小。这两卦内与外、阴与阳都相反对，各自有所偏胜，所以为过。小过刚一行动就停止，过失小，还可以通达，所以说“小者过而亨”。无论行动还是静止，都应得其时宜，得其时宜才贞正。在应当小过的时候就要以小过的方式处事，所以彖辞说“利贞”，

《彖传》说“过以‘利贞’，与时行也”，“过以利贞”是由时运决定的。“可小事”，是说如果谨小慎微，还是力所能及的，因为二五两个柔爻得到了中位；“不可大事”，是说放着容易的事情不做，而去做艰难的事，才能和力量无法胜任，因为三四两个刚爻失去了正位。

所谓“飞鸟之象”，指两个阳爻在中间，象征鸟身；四个阴爻在外面，象征鸟张开翅膀而飞行。鸟在飞翔中徘徊，小心地审视落处，是为了避害，只要有一只遭到攻击，就会鸣声上下，呼唤鸟群而求救，如同谚语所说的，“鸟之将死，其鸣也哀”，所以说“飞鸟遗之音”。乘刚而在上位，属于悖逆，悖逆一定凶险；承阳而在下位则顺理，顺理才会大吉，所以说“不宜上，宜下”。

以这一卦比拟人事，震为动，艮为止，而人事不外动止两端。动而过度于动，动就是过；止而过度于止，止也是过。过的幅度小，叫做小过。人不行动也不静止，似乎可以无过，但是也不能亨通，因为有过才有亨通，所以说“小过亨”。所谓过，往往是因为一时的过于刻薄而特意崇尚敦厚，因为一时的过于刚猛而特意运用宽柔，过而不失正道，是因为能因应时宜行事。在应该用柔的时候，用柔就是了，因为二五两个柔爻得中位，所以“小事吉”；在应该用刚的时候，人们往往只知道用刚，而刚爻失去了正位，所以“不可大事”。

所谓“不宜上，宜下”，这是观察飞鸟而得到的意象。“飞鸟”的形象从中孚的上六而来。中孚上六说“翰音登于天，凶”，这就是“不宜上，宜下”的旨意。飞鸟向上就危险，向下才安稳，故说“上逆而下顺”。以人事来比喻，骄傲过亢就危险，谦逊顺从就安全，谦卑下人的人虽然不能担当大任，在小事上却没有不吉的。只在于阴柔的运用是否合乎时宜罢了。

以这一卦比拟国家，国家的重大典则，比如夏代崇尚忠，商代崇尚质，周代崇尚文，三代帝王的制作都是因应时宜而进行的。所以宜于忠的时代就崇尚忠，宜于质的时代就崇尚质，宜于文的时代就崇尚文，各自因应时宜，也就是各自得到了正道，这样就没有不亨通的理由了；如果不合时宜，就会过在忠，或过在质、过在文，都叫做过。过虽然小，但不能说不是过。

大过四个刚爻在里面，才能和力量都强大，所以过失也大；小过四个柔爻在外面，智慧和见识都不足，所以过也小。譬如担任国家政务的人，大权在握，他的成就大，失败也同样大；在小节上自我谨慎，他的所得小，所失也同样小。这都是刚柔的区别。所以柔而得中的，小事一定吉；

刚而失位的，大事不可行动。从政的方法有顺有逆，有上有下，无不取决于这一点。

适宜向下就向下叫做顺，宜于向下却向上则叫做逆，逆就凶，顺就吉。请看鸟的高飞，翱翔在蓝天上，不知到哪里才会停止，但是不下来就得不到饮食，也得不到栖息，以至嗷嗷哀鸣，想下来也做不到了，这是凶险的做法。拥有和管理国家的人地位崇高，步履危险，应当用飞鸟之象自我警惕，这样就知道顺逆了。

通观全卦，大过从颐卦而来，口腹的颐养如果过度，就会有死丧的事情发生；小过从中孚而来，性情失常就会有灾祸，所以小过中互有大过。不行中道，没有诚信，一味行动而不知停止，必定一同走向灭亡。彖辞说亨，是说应该收敛悔改，这样自然亨通，假使也像大过那样“独立不惧，遁世无闷”，其灾祸反而比大过还要严重。为什么？因为大过阳刚，而小过则过于阴柔，尤其忌讳浮躁和自以为是。

艮要静止而震要动作，四个阴爻用事，两个阳爻被迫处于凶险多惧的位置，任由阴爻行动而无法制止，就像鸟振翅高飞以后，身不由己，不断哀鸣，却得不到救援。六爻也都取鸟象。初上两爻在外围，象征羽翮，都凶险。二五两爻为两翼，二爻无咎，是在下的缘故；五爻虽然得中，但是无法成事，是在上的缘故。三四两爻象征鸟身，三爻为艮止的主爻，却与上爻相应而不能止，所以凶险；四爻为震动的主爻，虽然动作，但是有下爻相应，所以无咎。彖辞所谓“飞鸟遗之音，不宜上，宜下”，《彖传》所谓“上逆而下顺”，都是这个道理。

《象传》曰：山上有雷，小过，君子以行过乎恭，丧过乎哀，用过乎俭。

震雷动作而不止，艮山静止而不动。“山上有雷”，象征雷为山所阻止，那么雷就一定小了，所以为小过。君子用这样的卦象来指导行为，就不嫌过于敬恭；取这样的卦象来居丧，就不嫌过于哀伤；取这样的卦象来指导用度，就不嫌过于俭约。说行为，说居丧，说用度，都是动，属于震象；说恭敬，说哀伤，说俭约，都是止，属于艮象。过于恭敬、哀伤和俭约，都是为了矫正一时的弊病，因为它们不属于中庸的行为，但也足可以矫正社会，勉励世俗。

[一辞多断]

○问时运：运途清高，有不屑流于世俗之象。○问经商：由于一时价格过高，不合时宜，买卖双方都很为难。〇问功名：因为与时势或世俗不和谐，反而为别人所忌恨。〇问征战：屯营在山上，位置过高，进退都有困难。〇问婚姻：想是老夫少妻，年龄相差过远。〇问家宅：想来住宅是在高山上。〇问疾病：属于过寒过热的病症，必须调剂到适中。〇问胎孕：生男孩。

初六：飞鸟以凶。

《象传》曰："飞鸟以凶"，不可如何也。

[经传释义]

以，即"能左右之曰以"。鸟用羽翼飞行，初六与上六象征两翼，所以都说飞鸟。小过"不宜上，宜下"，初爻在下位，更不宜上，而飞动却振翅而直上青天，想下来也办不到，它的凶险由此就可以知道了，所以说"飞鸟以凶"。

初爻居艮止的开始，本来没有飞象，但初爻与上爻为终始，分别象征两翼，上爻居震动的终位，震动要飞，另一翼也不能单独静止。飞要一起飞，凶险也就都凶险。《象传》以"不可如何"解释这一爻，是说"上逆而下顺"，初爻在下位，却不顺而向下，而要逆而向上，属于自取凶咎，对这样的人也没有什么办法。

[一辞多断]

〇问时运：不安守自己的本分，妄想乘风上进，凶险。〇问经商：力量小而图谋大事，地位低而谋划高远的前景，不自量力，必定导致失败。〇问功名：应该以卑低弱小的状态自我安顿。〇问征战：初爻在艮的下爻，应该按兵不动。〇问婚姻：以门户相当为好，不宜攀结高贵者做亲家。〇问家宅：屋宇以低小为适宜。〇问疾病：神魂飞越而脱体，凶险。〇问胎孕：生男孩。

[活断实例]

◎某友人来，请占谋事成功与否，筮得小过卦，变为丰卦。

断卦说：鸟本来以栖息和集聚为安逸，以飞翔为劳碌，飞翔而下不来，鸟就得不到栖息了，所以凶险。犹如人惶惶然奔走在路上，有不得安居的情状。现在您占谋事而得到这样的爻辞，知道您想要舍弃小利而图谋大利，离开低位而就高位，属于努力谋求上进。就爻象来说，鸟的飞翔越高就越危险，要下也下不来，用来比喻您的谋事，越大就越难，不但事情不成，以后即使想要退就小事或容易的事，也做不到了。劝您安心退守本分，不作妄想，以免遇到凶险。

◎明治二十七年冬至，占二十八年我国与俄国的外交，筮得小过卦，变为丰卦。

断卦说：初爻处于艮的下位，艮为止，本来不宜动，但是鸟因动而飞，失去了艮止的性质，随从了震的动性，这是舍顺就逆，所以凶险。爻辞说“不宜上，宜下”，鸟能安心在下，凶险就可以免除了。现在占我国与俄国的外交而得到这样的爻象，应当以内卦艮为我国，以外卦震为俄国。俄国虎视眈眈，只知道用兵争强；我国与中国交战，俄国却好像妒忌我国的胜利，跃跃欲试，有想要动武的意思。俄国动武，我国也不能不动武，所以初爻与上爻都说飞鸟。这是爻象体现出来的。倘若两国都动了武，必定两败俱伤，应当谨守“宜下”的戒辞，这样才能免于凶险。

后来，我国效法顺而向下的旨意而与中国媾和，才得以平和了局。

六二：过其祖，遇其妣，不及其君，遇其臣，无咎。

《象传》曰：“不及其君”，臣不可过也。

[经传释义]

《周易》的通例，以阴阳相应象征君臣或夫妇，取它们的配偶关系；无应爻的，或者为父子，或者为平辈，或者为嫡妻与陪嫁的妇人，或者为婆婆与媳妇，取它们的同类关系。五爻是父母的位置，也是祖母的位置，是阳爻则为父亲或祖父，是阴爻则为母亲或为祖母。五爻为父母，就一定以二爻为儿子；五爻为祖母，就一定以二爻为孙子。现在二五两爻都属阴而不相应，象征婆媳关系，所以说“过其祖，遇其妣”。常例以五爻为君王，这一卦君王则应当是上爻，五爻只是臣罢了，所以臣指二五两爻。过四爻而与五爻相遇，就会停止于五爻而不再向上，所以说“不及其君，遇其臣”。可以过就过，不及就不过，这是能够权衡常与变而运用中道，没有过度与不及的偏颇，故说“无咎”。

而且二五两爻以阴柔相亲和，五爻尊贵，二爻卑微，卑微者不越过尊贵者，可以上承它的礼遇，而越过则有僭越的嫌疑。所以五爻从上爻看虽然是臣，二爻却不可能遇到；既然不可能遇到，二爻对于上爻，就会只觉庙堂太高太远，瞻仰不到。不可以过就不过，安于下位，还有什么过咎？这是小过卦最好的一爻。《象传》解释的就是这样。

［一辞多断］

○问时运：运途平顺，即使得不到全部，也能得到一半，这样也就可以无咎了。○问经商：带着货物或资本前去，即使不能满载而归，也足以得到十分中的五分。○问功名：虽然得不到上位，中位却是有把握的。○问征战：已经斩了对方的将领，拔了对方的旗帜，还有什么问题？○问疾病：药力不够。○问婚姻：恐怕不是正配的夫妻。○问家宅：宅神不安。○问胎孕：生男孩。

［活断实例］

◎明治十八年七月，我为避暑而游伊香保，有自称其角堂主人的，工于俳谐[①]。他访问我的住处，说："近来俳谐之道衰落，是我所叹息的。朝廷每年都有御制的和歌，并且准许民间都来应和，只有俳谐无声无息。我私下里想上书，提出由天皇观览俳谐的建议，听说先生通晓神《易》，请占这件事成功与否。"筮得小过卦，变为恒卦。

断卦说：这一爻为六二，阴爻阴位，柔弱无力。爻辞说遇妣遇臣，所遇都是阴象；又说"不及其君"，是明说无法使天皇知道。您占上呈关于俳谐的意见而得到这样的爻辞，俳谐是和歌的变体，强调文采，讲究巧妙地讽谏，而且只有片言只字，颇能体现温厚平和的旨趣，显然不只是玩弄风月而已。爻辞说"过其祖，遇其妣，不及其君，遇其臣"，看来虽然无法呈送到宫帏，或许可以到达贵显的手中，并且有以风雅相崇尚的，所以说"无咎"。

其角堂主人得到这样的占断，心中大为喜悦。

◎明治二十九年六月，朝鲜人朴泳孝从美国回来，访问我的山庄，说："朝鲜政府中的同志，以君王的内命催促我回国，我心中犹疑，还没有决定，请为我占一卦，来决定去留。"筮得小过卦，变为恒卦。

断卦说：爻辞说"不及其君"，已经可以看出催促您回国不是出于君

---

① 俳谐：流行于日本中世纪末期、近世初期的一种大众性文学艺术，以幽默、诙谐、戏谑见长。

命，或许是出自臣下的意思。六二阴爻阴位，而阳爻多吉，阴爻多凶，回去后恐怕有灾祸。况且卦体上为震动，下为艮止，贵国政府的召唤是应外卦而动，而内卦则是艮止，已经显示了您不回国的征兆。爻象是这样，您虽然对故国感情深重，但还是应该自爱，千万不要匆匆回国。

朴泳孝听了这样的占断，就断绝了归国的念头。后来听说，朝鲜政府中党派互相倾轧，有许多朝臣被屈杀。

◎明治二十年，占我国与英国的外交，筮得小过卦，变为恒卦。

断卦说：我国与英国远隔重洋，相距数万里，两国能够联盟，全靠使臣的通好，即爻辞所谓“不及其君，遇其臣”。就卦位来说，内卦为我国，外卦为英国，二五两爻各居中位；就卦象来说，全卦取飞鸟之象，二五两爻象征鸟的两翼。鸟飞的时候两翼都动，足可以看出两国的联合，相扶相助，简直像同体一样，所以说“无咎”。

九三：弗过，防之，从或戕之，凶。

《象传》曰：“从或戕之”，凶如何也。

[经传释义]

三爻处在下卦的上位，阳爻阳位而不得中，彖辞所谓“不可大事”，三四两爻理应承当。而且三爻的位置多凶，如果越过，将向哪里去呢？所以爻辞说“弗过”。卦体以阳刚横亘在中间，有防范之象；艮为止，也有防的意思。防即中止过度，也就是“弗过”。上互卦为兑，兑为金刀，有戕害之象，三爻穿越防线，或许就有从而戕害它的人了。“或”字表示虽然不是必然的事情，但是其形势已经岌岌可危，所以凶险。《象传》说“凶如何也”，是说纯刚既足以招致祸患，勉强前进更是一定遇到灾祸，咎由自取，没有什么办法。

[一辞多断]

○问时运：运途不正，谨慎地自我防范，还可以免祸。○问经商：出外贩运货物，防止盗贼劫夺的凶险，不应该前去。○问功名：千万不要去谋求，谋求就会有祸。○问婚姻：不是婚媾就是寇雠，应当防范。○问家宅：有凶祸降临家门，应该谨慎防范。○问疾病：防是刀伤，凶险。○问失物：不必追寻，这样可以免灾。○问讼事：防止被判死刑。○问胎孕：

生男孩，难以养育。

[活断实例]

◎横滨商人桔屋矶兵卫来访，说："友人左右田金作，今天早晨派店童去三井银行送三千元金币，到午后还没有回来。去问三井银行，说并没有送来；派人到处寻找，仍不得踪迹。请为这件事占一卦，并明白指示方向。"筮得小过卦，变为豫卦。

断卦说：卦体震在上，艮在下，艮为少男，震为长男，三爻阳爻阳位而不得中，正值二男之间。爻辞说"弗过，防之，从或戕之，凶"，三爻在内卦，四爻在外卦，指三爻必须谨慎防范，不越过四爻，倘若越过四爻，恐怕会遭到戕害。根据这一爻象，这人必定已经被害，而谋害者必定是熟悉的人，而不是外来的盗贼。三爻象征鸟身，一时无法飞去。五爻说"公弋取彼在穴"，从三爻到五爻为三日，不出三日，凶手一定可以捕获。

此后第三天，果然从某人的米柜中找到尸体，谋害者名叫雨宫忠右卫门。经过拘捕审问，知道两人是同乡，经常互相往来。这天店童带三千金币经过忠右的住宅，忠右知道他带有巨额金钱，顿时产生了不良的念头，勒死了他，夺去了他带的金钱；把尸体隐匿在米柜中，用布裹着，想要托邻人抛到江中去。

九四：无咎，弗过遇之。往厉必戒，勿用永贞。

《象传》曰："弗过遇之"，位不当也；"往厉必戒"，终不可长也。

[经传释义]

四爻也阳刚，但不得中。四爻处于外卦的下位，以刚爻居柔位，不像三爻那样重刚而在上位，所以"无咎"。"弗过遇之"，遇是不期而遇。小过卦"不宜上，宜下"，不可前往，前往会有危险，所以说"往厉必戒"，用来戒止它的妄动。《彖传》说"过以'利贞'，与时行也"，应当动的时候以动为正，应当止的时候以止为正，正是随时变化的，无法固守，所以说"勿用永贞"。

《象传》以"位不当"解释"弗过遇之"，意思是九四以阳爻居阴位，阳刚而失位，不可过五爻；以"终不可长"解释"往厉必戒"，意思是前往有危厉，不可固守所谓的正道。

对这一爻，《九家易》说四爻上进就会遇到五爻，不再过，与卦象最相符合。汉代人谈卦象，的确有极为恰当而不可移易的地方。

［一辞多断］

○问时运：以得意的时候为得时运，不得时运就不要轻举妄动。○问经商：适可而止，切不要过分贪求。○问功名：不急躁求进，自然得到巷中相遇的喜庆；倘若为贪图荣华而妄动，恐怕反而会遇到祸患。○问征战：四爻阳刚而失位，不进攻才能无祸。○问婚姻：自有良缘，得时就会遇到，不要急于托媒人聘求。○问家宅：以安居为好，不必迁移。○问胎孕：生男孩。

◎友人某来，请占借贷钱财的事，筮得小过卦，变为谦卦。

断卦说：四爻处于震卦的开始，震为动，动就会想要前往。从四爻去往上爻，必须先经过五爻。爻辞说“弗过”，自然应当有礼遇，礼遇他的就是五爻，过了五爻反而危险，必须审慎地戒止。现在占借贷而得到小过四爻，知道您为借贷而前去。四爻与五爻相比，不可过；不过五爻，必定能在五爻得到际遇。五爻说“密云不雨”，所以大的恩惠一定难以指望；又说“弋取彼在穴”，所以小的恩惠一定可以得到。倘若越过五爻而前往，不但没有收获，而且会导致危厉，这是应当自我戒止的。

六五：密云不雨，自我西郊。公弋取彼在穴。

《象传》曰：“密云不雨”，已上也。

［经传释义］

“密云不雨”，与小畜卦辞相同，指无法成就大事，即小过卦辞所说“不可大事”。六五以阴爻居尊位，象征阴柔昌盛的时候，阴盛有云雨之象。五爻互兑为密，故说“密云”；兑又主西方，故说“西郊”；上卦为震，下卦为艮，震动而艮止，故说“不雨”。小过盛大的阴柔在外围，阳气伏藏在中间，所以“密云不雨”。云从东往西才有雨，从西往东则无雨，所以说“自我西郊”。

按照易例，在大事上称王，在小事上称公，小过“可小事，不可大事”，故说公。穴，卦象从坎而来。坎为隐伏，有穴象；又为弓，为弧，有弋象。弋是用来猎取飞鸟的，所以说“公弋取彼在穴”。“密云不雨”，象征“不可大事”；“公弋取彼在穴”，象征“可小事”。“不宜上”，所以云在上位而不下雨，“宜下”，所以穴在下而可以用弋猎取。

五爻为卦主，所以彖辞的旨意都是据五爻发挥。《象传》说“已上也”，也用来解释彖辞“不宜上”的旨意。

[一辞多断]

○问时运：运途平常，难以成就大事，只可以做小事。○问经商：小利可以得到。○问功名：隐伏在山林中，应当有朝廷的任命到来。○问征战：敌人在山穴中设有埋伏，应该先攻取他们。○问婚姻：是翻墙钻穴而相从的女人，不是堂堂正正娶来的。○问天时：大旱。○问失物：应当向穴地中寻觅。○问疾病：应当用针刺的方法治疗。○问胎孕：生男孩。

◎明治三十年，占陆军省气运，筮得小过卦，变为咸卦。

断卦说：云行雨施是动象，震动而艮止，所以“密云不雨”。艮为穴，震为追逐，象征用弋猎取。穴在低处而震猎取，即彖辞所说的“宜下”。五爻雨不下降，是“不可大事”；穴中可以猎取，是“可小事”。现在占陆军气运而得到这样的爻辞，陆是旱地，本来不取雨象；西方属金，有兵戎之象。我国在东方，兵马必须向西去，西郊正是行兵的地方。穴也在陆地，可以伏藏兵马。公指陆军大臣。弋本来是军事上所必须的东西，或许在军事的间隙，在那里的山野猎取飞鸟给军队食用。弋本来是小事，没有什么不可以。可知今年陆军没有大的动作，可以与敌国相安无事。

上六：弗遇过之，飞鸟离之，凶，是谓灾眚。

《象传》曰：“弗遇过之”，已亢也。

[经传释义]

上爻阴爻阴位，重阴而不得中，居全卦的极位。上爻与初爻为终始，所以初爻说“飞鸟”，上爻也说“飞鸟”；四爻说“弗过遇之”，上爻说“弗遇过之”，意思截然相反。“弗过”，指不过五爻就会得到际遇，得到际遇就无咎了；“弗遇”，指不过五爻却想得到际遇，得到际遇就一定凶险。上爻处于卦外，象征鸟的翅膀，与初爻比并而飞。初爻刚开始飞就已经知道凶险，上爻的飞腾已经到了极致，所以凶险尤其严重。罗网高张而摆脱不掉，即《诗经》所吟咏的“鱼网之设，鸿则离之”。因为高亢而导致灾祸，违背了“不宜上”的禁戒，所以《象传》用“亢”字来解释它。

［一辞多断］

○问时运：越高越危险，越往前情况越严重，不懂得后退自守，凶咎都是自己取来的。○问功名：躁动而胡乱前进，就是自取灾祸。○问经商：没遇到好时运而又妄进，必然自取失败。○问征战：凡行军前进而遇不到敌兵，就应该知道，敌军必定在暗处埋伏，应该立即撤军，否则必定陷于危难。○问婚姻：防止坠入媒人的奸计。○问胎孕：生男孩。

［活断实例］

◎某友人来，请占他儿子的病，筮得小过卦，变为旅卦。

断卦说：卦象像飞鸟，上爻为鸟翼。像鸿毛遇到顺风一样，这是飞鸟所喜欢的，但是前面的没有遇到，后面的又越过，这就是鸟为什么飞翔不止，属于自取凶咎的做法。现在您占儿子的病而得到这样的爻辞，上爻处于震动的极位，震又为长子，可知您必定是长子生病。爻象不得中位，可知病一定是过寒的症状；医生不考察他的过寒，又施以寒凉的药剂，所以病更凶险了。鸟遭遇罗网是活着被捕捉，还没有死，象征他的病还有存活的希望。这一爻已经是卦终，下卦为既济，既济指得以度过险难，这样看来，病情又可以挽回了。

䷾水火既济

既济卦本于地天泰卦，泰卦阴阳相交，所以水火能够相济。水在地下，还没有提升到容器中；火在木中，还附丽在天空。把润下的水放在火上，把向上燃烧的火畜在水下，叫做既济。这就是卦名为什么叫水火既济。

既济：亨小，利贞。初吉终乱。

[经传释义]

济，渡的意思；既，已然的意思。凡事都已经完成称既济。这一卦由坎离二卦构成，坎水向下流润，离火向上燃烧，二者以相交为用，象征阴阳和会，众多事务都得到治理，没有不亨通的。但既济的亨只是小的方面，故说“亨小”。处在既济时运的人，还应当不仗恃自己的亨通，而努力做到贞正。贞正于开始，也贞正于终结，这样就有吉而不乱了，所以说“利贞”。倘若不能长保贞正，那么亨通就无法保持长久，危险和动乱就会随之而来，所以说“初吉终乱”。

《彖传》曰：既济：亨，小者亨也。“利贞”，刚柔正而位当也。“初吉”，柔得中也。终止则乱，其道穷也。

《序卦传》说：“有过物者必济，故受之以既济。”譬如有过人的才能和德行方能济世，这就是既济为什么排在小过卦的后面。既济和未济处于《周易 · 下经》的终结，卦象都取自坎离。坎离是天地的大道，水火是人生大用。得到了火，水才不至于寒冷，其资生的作用才普遍；得到了水，火才不至于燥烈，其烹饪的功用才能成就。水火相济叫做既济。

既济卦刚柔各自得到中正的爻位，事物没有不克济的，就连小事物也亨通，所以说“亨小”。《彖传》说“小者亨”，小者尚且亨通，何况阳刚的大者？亨通之道从既济而来，既济就亨通了，还应当保持它的既济，所以“利贞”。

“刚柔正而位当”，既济之所以为既济，就在这里。由这一点得以亨通，也由这一点得以贞正；由这一点而有开始，也由这一点而有终结，这样就可以有治无乱了。《彖传》说“初吉终乱”，是向不能保持到终结者提出的警告。所以凡值既济的时候，以防微杜渐，持盈保泰为贵，这样汲汲于事务的治理，才不至于有始无终。倘若只是拘执于目前，志得意满，意气骄盈，而不能乾乾惕厉，大治的局面就会从此中止，动乱就会从此发生，可以不慎重吗？《彖传》以“柔得中”解释“初吉”，是说柔小尚且得中，刚大更是没有不克济的，所以吉；以“其道穷”解释“终乱”，是说进取既然中止，以前的成功必定难以仗恃，所以发生祸乱。

以这一卦比拟人事，人事所用的东西没有比水火更重要的。在人体，以血气为水，以心神为火；在日用，灌溉必须用水，烹饪必须用火。而且没有火，水也无法显示功用；没有水，火也无法发挥作用。因为水和火虽然相克，其实却因而相成。相成才能相济，相济才能相通。只要稍微有一点不通达，就不足以称为既济，既济没有不通达的，所以说既济“亨小”。这说明在人事上，大到国家，小到身心，所有的穷通得失、生死存亡，都和既济与否有关。《彖传》说“小者亨”，这样大者也就无不亨了。

卦体柔爻居柔位，刚爻居刚位，各自得正，即各当其位，就像人事的没有偏颇和曲折，践履正道，邪僻的事就会自然被杜绝。“柔得中”就离卦的中虚而说，虚才能明，离在下卦，所以说“初吉”。“终止则乱”就坎的中满而说，满就危险，坎在上卦，所以说“终乱”。人事无不有开始，但是极少能够善终的，观察既济一卦，就应当知道禁戒了。

以这一卦比拟国家，卦象内为离，外为坎，坎为险难，离为明，象征以离明平定坎险，即明夷卦所说的“内文明而外柔顺，以蒙大难”的旨意。以明平定险难，险难就平定了，这叫既济。虽然处于既济的局面，但是看待它像未济一样，这样就会既济于开始，也济于终结，亨通者长保亨通，贞正者长保贞正，而大治的世道也就没有穷尽了。倘若处于既济的局面而自恃既济，他的前途就穷尽了。自古帝王们关于“人心惟危，道心惟微，惟精惟一，允执厥中”的真传，其含义就在这里吧？《大象》所说的“思患而预防”，正是为了把既济的局面保持到最后。

通观全卦，《周易》六十四卦起首于乾坤二卦，《上经》三十卦终结于坎离二卦，因为坎离是天地的终结；《下经》三十四卦终结于既济未济二卦，因为它们是坎离二卦的相交。天下的事情，未济时忧虑它的不济，既济时应该谋求长保它的克济。但是没有终结了而不重新开始的，没有去了而不复返的，一治一乱是天造成的，一阴一阳就是天地万物运行的大道。

天地间没有不和阴相对待的阳，世上没有不乱的政治。

从爻看，六十四卦中没有像既济这样六爻都得正的：阴阳爻各有三个，数量均衡；阴爻居阴位，阳爻居阳位，爻位得当；六爻在上下卦，刚柔相配，都属于正应。从乾坤到这里，共有三百七十二爻循环往复，变化交错，这才得到既济这一卦。它离明在内卦，坎险在外卦，象征用明达消除险难，开启济世利民，成就功业的时运，从此审慎于事情的开始，谋求理想的终结，使社会有治无乱，这是万世人民的幸福。

但是乱极就会思治，治极就会思乱，天道的运行由剥而复，复了又剥，卦象已经显示它的机缄了。下卦离而互坎，上卦坎而互离，就是这种反复之象。以阴爻乘阳爻，开始象征治世，而最终却止息不前，这是由盛转衰的征兆，所以《彖传》说“终止则乱”。由此可知，按照造化的数理，是不能长治久安的，永远既济的局面不是人力所能勉强企及的。

另外，按《河图》① 数推论，初爻刚，二爻柔，三爻刚，四爻柔，五爻刚，六爻柔，与天一、地二、天三、地四、天五、地六的数刚好吻合，但是到六而止，这也是天地无全数的缘故。所以未济局面的到来是自然的法象，所以众人因为既济而喜悦，圣人却因为既济而忧虑。为什么？因为没能大治的局面容易治理，达到大治的局面难以保持。

六爻孜孜以求既济的保持，而各有次序：初爻象征既济的开始，力求克济；二爻象征到了克济的中途，而不失其克济；三爻涉河渡险，表现了克济的艰难；四爻处于既济的时运，恐惧它既济而复失；五爻受用既济的福祉，好在既济而合乎时宜；上六值既济的极位，忧虑既济局面的不可长保。所有的卦到终位都已经穷尽，既济终结之后就是未济卦，说明六十四卦穷尽于未济。既济变为未济，哪里只是既济的穷尽呢？这样看来，既济

---

① 《河图》：传说中伏羲通过龙马身上的图案，与自己的观察，画出的“八卦”，而龙马身上的图案就叫做“河图”。河图以十数合五方，五行，阴阳，天地之象。图式以白圈为阳，为天，为奇数；黑点为阴，为地，为偶数。并以天地合五方，以阴阳合五行，所以图式结构分布为：河图一与六共宗居北方，因天一生水，地六成之；二与七为朋居南方，因地二生火，天七成之；三与八为友居东方，因天三生木，地八成之；四与九同道居右为西方，因地四生金，天九成之；五与十相守，居中央，因在五生土，地十成之。如图：

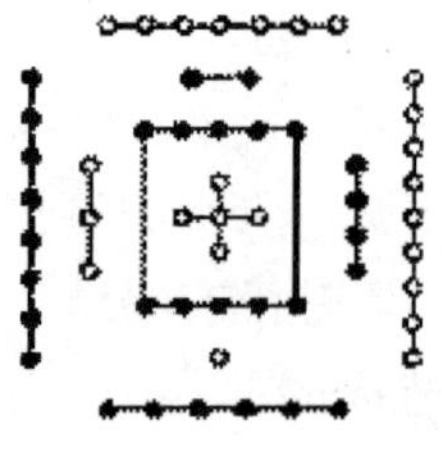

卦的“初吉”难道可以仗恃吗?

《象传》曰:水在火上,既济,君子以思患而豫防之。

水是向下流润,火性向上燃烧,水在火上,火在水下,二者相资为用,才能成就既济的功用。君子玩味这一卦象,而凛凛然知道畏惧,不但不以既济局面为可恃,而且以既济局面为危惧。坎险在外卦,是防患之象;离明在内卦,是预思之象。祸患往往产生在不测当中,危害就伏藏在已经安泰之后,预先加以防范,就可以保持“初吉”并平定“终乱”了,所以说“君子以思患而豫防之”。

[一辞多断]

○问时运:运途达到全盛以后必然衰落,必须防止后患。○问经商:目前货物既得到了时宜,又得到了高价,应当满足,必须为以后留有余地。○问功名:居高位必须思虑危险,这样才能防止最终的混乱。○问征战:大难大险已经平定,作战得胜,建立了功勋,还应该着手保持理想的终结,而不要留下后患。○问家宅:大厦已经建成,差不多已经完美了,应该谋求长远。○问婚姻:有百年好合的征兆。○问疾病:大病已经痊愈,还应该自己保养。○问讼事:不要再涉及讼事。○问胎孕:春夏二季生女,秋冬二季生男。

初九:曳其轮,濡其尾,无咎。

《象传》曰:“曳其轮”,义无咎也。

[经传释义]

既济卦的爻义,大致与泰卦相同。泰卦下卦三爻为泰中的泰,上卦三爻为泰中的否,既济也与此类似。既济所以分内外卦,是因为离为明,坎为险,犹如泰卦以乾体为有余,以坤体为不足。

既济的初爻从济渡取义,所以有曳轮濡尾之象。坎为轮,为曳,初爻为尾。“曳其轮”,是拖曳着前进,象征用力谋求济渡。《诗经》有“济盈不濡轨”的句子,开始济渡就濡湿了马尾,说明了济渡的艰难。但是尾虽然濡湿了,仍然不知疲倦地拖曳,这样也就可以到达彼岸了。初爻居济渡的开始而努力地求济,所以“无咎”,《象传》也就以无咎来解释它。

[一辞多断]

○问时运：还没有脱离险运，应当自我振奋和勉励，这样可以无咎。○问经商：初次经营，在跋涉中经历很多艰辛。只要不停地前进，即使危险也能济渡，而没有灾祸。○问功名：开始艰难，后来终于得到。○问征战：虽然有车脱辐、马失蹄的危险，但是擂鼓前进，一定可以得胜。○问家宅：初次迁居，虽然住宅或者不够美观，或者首尾不完全，但是居住无害。○问婚姻：火是水的嫔妃，初次聘娶吉祥。○问疾病：初发病，虽然危险，但是没有危险。○问胎孕：第一胎生女。○问失物：失物已经沾水，应当在车中寻觅，可以得到。○问行人：在途中，稍有一点水灾，无害。

[活断实例]

◎明治二十一年，某缙绅来请占气运，筮得既济卦，变为蹇卦。

断卦说：轮指车轮，即涉水的用具；尾指马尾，马尾被水濡湿了。拖轮渡水而马尾被濡湿，是说开始济渡时的艰难。初爻能努力济渡，最终得以无咎。由此足可以看出，人在涉险的时候，只要奋力摆脱危险，就没有不可济渡的。现在您占时运而得到既济初爻，可知您当今昌盛的气运已经到来，前途安和，身心康泰；但是刚刚摆脱险难，还有小的灾害，可以不必忧患。二三年内尤其要谨慎戒惧，到四年以后吉福来临了，气运才达到全盛，才有喜庆而无往不利。

六二：妇丧其茀，勿逐，七日得。

《象传》曰："七日得"，以中道也。

[经传释义]

火是水的妃子，所以二爻在离体而象征妇人。茀，车的遮蔽物。《尔雅》说：舆革，前面的叫鞎，后面的叫茀；竹，前面的叫御，后面的叫蔽。说茀说蔽，是因为属于竹制品还是革制品而不同，而《诗经》都称为茀。对"硕人翟茀以朝"这句话，《周易正义》说：妇人乘车不露，车前后都设有遮蔽物，叫茀。所谓"丧其茀"，就是失去了障蔽的东西。

二爻值济渡的时候，驱车前进，车在前面，茀在后面，中途失去了茀，就停车追逐，有要济渡而顾不上济渡之象，所以指示说"勿逐"。"七日得”，得就是复。阴阳数到七就要回复。一卦六爻循环往复，从二爻开始，数到七又值二爻，所以不过七日，自然会复得。《象传》以“中道”解释这爻辞，是因为日辰有十二个，而七日正值它们的中间。

所谓丧茀，有人说是二爻乘车去五位，四爻在它的前面，四爻在坎体，为盗贼，象征偷窃茀的人。这种说法也通。茀，《释文》说是首饰，而《诗经》曾屡次说到茀，都是作为车蔽，而且初爻说曳轮，二爻说车茀，形象正相符合，应当理解为车蔽。

［一辞多断］

○问时运：小小的得失，千万不要在意，这样才能摆脱大的危难，成就大的功业。○问经商：有失去后又得到之象。○问功名：七年内一定可以恢复职位。○问征战：途中被劫，丧失了辎重，但是七天内必定打胜仗。○问婚姻：早则七月，晚则七年，可以再次团聚。○问家宅：住宅被别人居住，七年后可以归还原主人。○问疾病：七天必定痊愈。○问失物：不久可以得到。○问胎孕：七日内可以生产，生女。

［活断实例］

◎一位朋友访问我的山庄，谈到某贵显，说：“贵显因为没有被赐勋章而感到遗憾，请为这件事占一卦。”筮得既济卦，变为需卦。

断卦说：茀是车蔽，指妇人乘车，设置茀来自我障蔽，丧茀就失去障蔽的东西了。“勿逐”，是说微不足道的损失，不必追逐，不久自然可以复得，用来比喻人应当建大功，立大业，至于琐屑微末的东西，得失本来无关荣辱。现在为某贵显占勋章而得到这样的爻象，爻象已经明白显示，劝贵显不必忧虑。“七日得”，是说不久一定可以光荣地得到宠赐。

后来友人又来，说：“占筮很灵，某贵显已经得到宠赐勋章。爻辞的话，恰如为某贵显特意设计的。”

九三：高宗伐鬼方，三年克之。小人勿用。

《象传》曰：“三年克之”，惫也。

［经传释义］

“高宗”是商代中兴的君王，“鬼方”是西羌的国名。按《竹书纪年》，“武丁三十二年伐鬼方，次于荆；三十四年克鬼方，氐羌来宾。”说明“高宗伐鬼方，三年克之”，属于历史上的实事。既济的爻象，初二两爻都在济渡的过程中，到三爻才济渡成功，所以用三年攻克鬼方来比喻。

高宗是贤明的君王，鬼方是小国，众军一齐参战，却直到三年才攻克，军队也就很疲惫了。这是用来比喻济渡坎险的艰难。天下事往往经历艰难而得到成功，却因为安乐而失去。当初经过多年经营还感到不足，后来却一朝疏失就败坏而有余，其原因都是由于远离君子而亲近小人，所以戒止说“小人勿用”。这是处于既济局面的人所应当凛凛然的。师卦上爻说“开国承家，小人勿用”，与这一爻的辞意相同。

[一辞多断]

○问时运：能吃苦耐劳，所谋求的事情就一定成功。○问经商：经过数年经营才能获利。○问功名：凭辛苦而成名。○问征战：经过大军的持久征战，所攻打的地方虽然得到了，但是也很疲惫了。○问婚姻：三年内可以结婚。○问家宅：住宅阴象太重，三年后才可以居住。○问疾病：这病一时没有问题，但三年内必定难以保全。○问讼事：三年可以了结，要防止小人再次滋生事端，应该戒慎。○问胎孕：生女孩。

[活断实例]

◎某商人来，请占所谋的事情成否，筮得既济卦，变为屯卦。

断卦说：“高宗伐鬼方”，经历三年之久才攻克，用来比喻三爻处于内卦的终位，经历初二两爻的艰难，才得以济事。爻象与所占的谋事正好相通，观察这一爻就可以知道谋事的不容易了。现在您占谋事成败而得到这样的爻辞，可知您所谋的事，一时必定难以就绪，早则三个月，迟则三年，才能形成合议。这以后二年，一定有大吉到来，但这件事与君子合谋自然有利益，与小人合谋则必定导致败坏，您要特别注意。

◎明治三十年，杉浦重刚来访，说：“足尾矿毒事件引起了纷纷议论，以至朝野骚然，请占这件事的结果如何?”筮得既济卦，变为屯卦。

杉浦重刚像

断卦说：九三为艮爻，艮为鬼门，故说“鬼方”。三爻居坎离之间，坎为毒，为疾，离为大腹。三爻与上爻相应，三至上爻共经历三爻，故说“三年”。“克之”，即治理它。卦象为腹中中毒以至死亡，这毒产生于离火，出自坎水，已经不是一天了。爻辞所说的“高宗伐鬼方”，“鬼方”比喻那地方的危险。高宗是贤明的君王，比喻必定有能人加以治理。

现在占足尾矿毒事件而得到这样的爻象。足尾铜山每年出铜一千二百万斤，其价值不低于三百万元，政府税收共计十五万元，矿局工人约一万八千人都靠它生活，是我国矿山中最大的。毒是由于矿铜出丹矾。丹矾中的毒进入河流，平时不知道它的危害，洪水冲决堤防、灌进农田才漫延开。洪水冲决堤防是由于堤防不巩固，堤防的事归咎于土木局，而土木局修筑堤防必须有经费，其责任又归于大藏省。现在人们对矿毒事件议论纷纷，没有定论，多数是小人从中煽惑所致，恐怕这一案件也将搁置三年那么久吧？必须不许与这事无关的人干涉，叫做“小人勿用”；只要修筑堤防，以杜坎水的危害，案件自然得以终结。

六四：繻有衣袽，终日戒。

《象传》曰：“终日戒”，有所疑也。

［经传释义］

繻是彩绘的衣服，袽是破败的衣服。四爻处在内外卦之交，出离而入坎。繻有文明之象，取象于离卦；袽有破败之象，坎为破，取象于坎卦。四爻值盛大的既济之时，人才济济，衣冠楚楚，文物声名都焕然一新。但是天命无常，昌盛倏忽之间就会变为衰落，新的倏忽之间就会变成旧的，倘若不因时因势加以弥缝，转眼之间就会败坏，正如绘彩的华美衣裳没有多久就成了敝败的残絮，所以说“繻有衣袽。”既济卦从乾坤两卦的二五两爻换位而来，“终日戒”，即乾卦“终日乾乾，夕惕若”的旨意，在既济的时运而越发心存危厉，警戒和审慎没有中止的时候，所以说“终日戒”。《象传》用“有所疑”来解释爻辞，是因为坎为疑。疑是事情尚未出现而忧虑它的出现，也是戒惧的意思。

“繻”字，王弼说应该作“濡”；衣袽，指以破旧的衣服堵塞船上的漏洞。王弼的解释，勉强从“济”字取义，认为济渡必定有船，船或许有渗漏，这样就会濡湿，濡湿就用破衣堵塞它。这样对爻辞中“繻有衣袽”一语添枝加叶，来自圆其说，未免牵强。

［一辞多断］

○问时运：值全盛的时运，但是如果不加以预防，衰落就会立刻到来，这是应当谨慎戒止的。○问经商：如同行船而在中流发生了渗漏，应当赶快修补。○问功名：有忽而赏赐忽而褫夺的恐惧。○问征战：夺旗易帜，胜利的时候应当防备失败的可能，贵在临事而知道恐惧。○问婚姻：古人往往用衣服比夫妇，这是不可喜新弃旧的意思。○问疾病：是老年衰弱的病症。○问胎孕：生男孩。

[活断实例]

◎一天，西村舍三[1]来访，说："我作为土木局长，几年来为治水的事巡回全国，已经三次了。回想维新以前，各藩自己保卫疆土，堤防和山林都有禁令，所以林木茂盛，土脉坚固，没有堤防溃决的忧患。维新以来，政令发生变化，无论山陵还是深谷，没有不开垦的，泥土流失，堵塞了河道，以致河水溢到堤外。洪水泛滥，灾害不小，但是缺少平定的策略，您请占一卦，以指示处理的方法。"筮得既济卦，变为革卦。

断卦说：爻辞"繻有衣袽"，"繻"字又作"濡"，是濡漏之象。"衣袽"指敝衣，塞漏用的。"终日戒"，指危险到了极处，不是一时可以济渡的，必须终日戒备。船的漏洞虽然小，但是处理的方法爻辞已经形象地显示了。您占治水方法而得到这样的爻辞，所谓"危者防之，漏者塞之"。爻辞说"衣袽"，只是用一种事物来比喻罢了，或者用沙土，或者用木石，都可以作为"衣袽"之类。因地制宜，从小到大，都在您酌情处理。"终日戒"三个字最切要，应当时刻预防，不可稍有懈怠。有危心就无危地了，治水之道不过是这样。

◎故人阪田春雄，曾经奉命参加澳国博览会。我有一天访问他的家，他母亲对我说："以前有电报告诉归来的日期，现在已经过了期限，却还没有回来，也没有再来电说明情况，心里很忧虑。"她请我占卦，筮得既济卦，变为革卦。

断卦说：既济的上卦为坎，下卦为离，离在南方，坎在北方。现在四爻出离卦而入坎卦，说明船已经过了赤道，而在北洋上面。依照爻辞，可知有船在中途破漏的事，实在值得忧虑；但阴卦离变为阳卦坎，没有生命危险。另外再进一爻，就是阳刚的五爻变为阴爻，象征水变为地，是安全登陆之象，他一定能免于遇难。

当时她家有三个洋学生，听了这样的断语，暗暗互相诽谤嗤笑。我

---

① 西村舍三：日本明治时期冲绳县县长。著有《南岛纪事外编》，故意将钓鱼岛列岛划入冲绳县管辖范围。

说："易理很妙，不是你们所了解的。你们不信，等春雄君归来时，就可以知道卦的灵验了。"此后几天，春雄回来了，说航船到赤道以北，被暗礁所伤，所以进了港，以致迟延了日期。

九五：东邻杀牛，不如西邻之禴祭，实受其福。

《象传》曰："东邻杀牛"，不如西邻之时也；"实受其福"，吉大来也。

［经传释义］

五爻与二爻相应，犹如东与西相对。五爻为君，二爻为臣。"东邻"为君，指商纣王的国家；"西邻"为臣，是周文王的侯国，因为商纣王的国都在东方，岐周在西方。离为牛，坎为豕，杀牛而有凶险，不如杀豕而能享受福祉，比喻与其奢侈而怠慢，不如俭约而恭敬。

上卦处于既济的后期，下卦值既济局面。商朝的天子用太牢祭祀，所以杀牛；岐周的西伯不能用牛，只能用豕，所以属于禴祭。当时商朝已经衰落，处于既济的后期；岐周的德行刚刚盛大，处于刚刚济渡的时候。处于既济后期者的时运已经过去，刚刚济渡者的时运刚刚到来。已经过去的不再复来，刚刚到来的绰有余裕，所以杀牛的不值得夸耀，而俭约的禴祭却很可以仗恃，所以说"东邻杀牛，不如西邻之禴祭，实受其福"。九五为阳爻，阳为实；五爻本于乾体，乾为福。

《象传》以"吉大来"解释这一爻。泰卦说"小往大来，吉亨"。从外卦到内卦叫来。卦中二五两爻调换位置，下卦就成为乾，全卦就成为泰，象征福从乾卦而来。

［一辞多断］

○问时运：已经盛大的即将衰退，刚刚盛大的则仍将进步。应该保持俭约，不要夸耀奢华，吉凶都是由自己导致的。○问征战：昌盛之气在西方，应该顺天命而修养德行，不应该暴虐地用兵，炫耀武力。○问经商：与同行合伙经营，富有的人容易奢侈，不如俭约的人能够获得切实的利益。○问功名：已成名的应该慎重，尚未成名的大有希望。○问婚姻：应该和西面的邻居订亲，吉。○问家宅：这住宅以西头为吉。○问疾病：应该祈祷。○问胎孕：生男孩。

[活断实例]

◎横滨的辨天通橘屋，是我所了解的人。他的邻家有一位岩井屋某，专门出售西洋家具。明治元年，我由橘屋介绍，卖给他价值数千元的木材。哪知道他表面上夸耀富裕，实际上却很贫困，过了数日还不偿还木材款，我于是很忧虑。通过占卦来决断这件事，筮得既济卦，变为明夷卦。

断卦说：爻辞说“东邻杀牛，不如西邻之禴祭”受福，卦中以九五为“东邻”，以六四为“西邻”，五爻为主爻，与二爻相应，说明主爻不如应爻。现在就所占的事情来讨论，就要以岩井这位卖主为“东邻”，以介绍者橘屋为“西邻”。这样橘屋就有从中取利的嫌疑了，我将要向橘屋讨钱，橘屋肯定无法推辞责任。以橘屋为“西邻”，爻位属离，离为火；卖的是木材，木能生火，火得到旺势坎水就要受煎熬，“东邻”也就不得不出面还钱了。而且离为女，可以派女人去索债。

后来，我果然经过与橘屋的妻女谋划，才得到木材款。

上六：濡其首，厉。

《象传》曰：“濡其首，厉”，何可久也。

[经传释义]

上爻为首，初爻为尾，首尾相接。上爻处于既济的极位，反过来就是未济。已然的事情刚刚过去，未然的事情仍然有待时日，只知道前进而不知道休止，身体虽然没有陷溺，头却会首先遭难，所以说“濡其首”。夏朝和商朝的兴盛，不多久就被桀和纣毁坏了；周文王和周武王的兴盛，不多久就变成了周幽王和周厉王的衰败，所谓“治日少而乱日多”，古今有同样的慨叹，所以说厉。《象传》说“何可久”，禁戒的意义太深了！

[一辞多断]

○问时运：好运已经过去，很值得危惧，凡事应该审慎。○问征战：上爻处在坎险的极致，上爻为首，恐怕对首领不利。○问经商：头一番买卖必定难以获利。○问功名：可以说夺得了第一名。○问婚姻：元配夫人有灾难，续弦无害。○问家宅：住宅对长房不利。○问讼事：防止诉讼者的首领难以保全。○问疾病：病患在头面，值得危惧。○问胎孕：生男孩。

[活断实例]

◎友人某来请占行运，筮得既济卦，变为家人卦。

断卦说：上爻处在既济的终位，一旦无法保守它的终结，既济就会转变为未济。上爻为首，是首先濡湿了。这是比喻人生在世，前面的气运已经过去，后面的气运即将到来；已经过去的危险也已经过去，即将到来的危险正多。可知您正值换运的时候，以前的运极好，以后的运还应当谨慎，这样才能摆脱危难。

䷿火水未济

未济与既济相反，既济的上卦居下，下卦居上，就是未济。火与水相背而不相交，也就是炎上的离火不能燃烧，润下的水不能流润，这就是卦名为什么叫火水未济。

未济：亨。小狐汔济，濡其尾，无攸利。

［经传释义］

不叫不济而叫“未济”，说明不是拱手不去济渡，只是没有做到罢了。未济自有可济的道理，就像没有亨通的事情自有可亨通之道一样，所以说未济亨。坎为小狐。汔，几乎的意思。济渡必须登上对岸，这样才叫既济，差一步没有到岸也是未济，“汔济”哪里可以作为既济呢！小狐力量柔弱，在中流失去了济渡的可能，尾巴太重，掉动不易，就难免濡湿了，这样还有什么利？所以说“小狐汔济，濡其尾，无攸利”。

《彖传》曰：未济：亨，柔得中也。“小狐汔济”，未出中也。“濡其尾，无攸利”，不续终也。虽不当位，刚柔应也。

这一卦下为坎，上为离，坎为水，离为火。火在上而水在下，水火不相交，就是水火不相为用，象征天地间昏暗而不明，宇宙混一而未开的时候。既济和未济，彖辞都说亨，但既济的亨是已然的，未济的亨是未然的。未亨而终究可以亨通，是柔爻得中位的缘故。

小狐本来不能涉越河水，却不自量力地贸然前进，虽然几乎到达对岸，但终究没能出离危险的中流。三四两爻值卦的中位，坎穷尽于三爻，所以“未出中”；“未出中”而漂泊在中流，要前进不能，要后退也不得，于是足还没有登岸，尾巴却已经濡湿了。“不续终”，指无法到达既济的终点。既济的终点就是未济的始点，既济的首就是未济的尾。在既济的终点濡湿了首，既济就难以保持到终点，只好指望未济继续到终点了；而未济却濡湿了尾巴，这样就不能继续既济的起首，也即不能续成既济的终点了。既济和未济首尾相接，终而复始，不能续成既济的终点，正如寒暑不能相错运行，日月不能互相替代它们的光明，天地也几乎要停息了，何况人事呢？所以“无攸利”。

处于未济局面的人，应当推原它的开始，要结它的最终，力求济渡，而不要像小狐那样，在几乎济渡的时候濡湿了尾巴。一时未济只因为位置不当，但位置虽然不当，却自有可以济渡的道理。既济所以成为既济，无非是由于刚爻柔爻都相应，未济也同样是刚爻和柔爻，由未济到既济，决定于一济罢了，也就是决定于续成罢了。这样，未济的终结也就是既济的终结，而乾元也由此而重新开始了。

以这一卦比拟人事，人生涉世，不能没有险难，也不能不济渡险难。在未济的时候，因为不可安于未济的局面，所以应当努力谋求济渡；如果安于未济的局面，就彻底不能济渡了。努力济渡，即使一时还不能出离未济局面，最终也一定可以到达彼岸。只要从未济达到既济，既济的亨通也就是未济的亨通，所以未济也亨通。处于未济局面的人由此岸到彼岸，涉越于险难之中就是出离于险难之外，所以一定要登上彼岸，而不在中途划地为牢。只要既济的首可以续完，未济的尾巴不被濡湿，还有什么不利的事呢？在这个时候，断绝了而又续成，终结了而又开始，既济的人和事保持没有失误，未济的人和事有无穷的进取余地，这样未济的也必定实现既济了。

如果还有一时未济的，那是由于位置不当。火必须在下卦，使水受它的煎熬；水必须在上卦，使火发挥功用。如果颠倒失位，二者就不相为用；不相为用就不能相济，但也不是到底不能相济。卦体上互卦为离，下互卦为坎，坎属于阳刚，离属于阴柔，上下相互也就是上下相应，既济之所以为既济就在于刚柔相应，未济能够进而成为既济，也在于这刚柔的相应罢了。以阴柔济阳刚，也就是以终结继承开始，这样还有什么险难不能济渡呢！天道的循环，人事的更替，主要不过是刚柔相应罢了。

以这一卦比拟国家，国家的兴盛与衰替、郅治与动乱、存在与灭亡，都只在于既济与未济局面的相继续与相保持罢了。制作《周易》的人在商朝和周朝之间，有的研究者说，既济卦属于商纣王，未济卦属于周文王。文王蒙受危难而艰苦贞正，正是在未济的时候，但是小心翼翼，坚持自己的德行，正是为了谋求济渡。密须和崇国对周文王征伐的抗拒，都是“小狐汔济”，怎么能达到既济的目的呢？只有周文王，以柔顺文明来蒙受大的危难，才能无攀援，无艳羡，像重新诞生一样登上彼岸。他的济渡就是他的亨通，得到了天和人共同的佑助，致使天下大国畏惧，小国感恩，从而无往不利，这才实现了以周朝接续商朝，也就是周朝的未济续成商朝的既济，商朝的变为周朝，也就这样首尾相续。后世继承周朝而值于未济局面者，都应当效法周文王。《诗经》说“淠彼泾舟，烝徒楫之”，从中可以想象到其济渡的亨通。

通观全卦，既济的事功已经完毕，未济的事情又要重新开始，终而复始，有生生不息的含义。“生生之谓《易》”，这就是《周易》为什么终结于未济。既济水在上卦而要向下流润，火在下卦而要向上燃烧，阴阳二气相参相和，交互为用；未济与此相反，向上燃烧的上升，向下流润的向下，相分相背而不相交，也就是不相为用。相互为用，功用就能成就；不相为用，作用的发挥就还有所等待。这是五行作用相乘，四季递相嬗变，无绝不续的时运。

坎离对于既济与未济，正如乾坤对于泰否，通泰至极就会否塞，既济之后就是未济，其道理是相通的。卦的下三爻为未济中的未济，上三爻为未济中的既济，整体上是从未济到既济，所以爻象以既济为吉。卦体坎在上，离在下，离为日，坎为夜，离为明，坎为暗，离为虚，坎为实。德没有大于明的，道没有神于虚的，所以坎下降而离上升，坎隐伏在内卦，离显明在外卦，太阳附丽在天上，水流行在地下，这是乾坤的正位，自然的法象。圣人在既济的时候不忘未济的责任，在未济的时候感奋于对既济的谋求。事业必须谨慎于创始的时候，功业不可以毁败于垂成的时候，使天运得以永远贞正，使社会得以长治久安，岂不是非常如意吗？无奈阴阳位置颠倒，爻位完全失当，坎离各自安于本位，水火互相隐藏它们的作用，这就是卦名为什么叫做未济。

从六爻看，位置都不得当，而刚柔却各自相应。初爻濡湿了尾巴，失去了济渡的条件；二爻拖曳车轮，得到了济渡的条件；三爻涉越大川，因为躁动而凶险。内卦三爻都象征要济渡而还没有济渡的人。四爻“有赏”，因为征伐而得以实现自己的志愿；五爻晖光，因为“有孚”而获得吉祥；上爻濡湿了头面，因为饮食而失去了节度。外卦三爻，都象征从未济进于既济的人。二爻和五爻为正应，所以二五两爻都说“贞吉”；初爻与四爻虽然相应，但是初爻值济渡的开始，四爻值济渡的中间，所以初爻不如四爻吉祥；三爻与上爻都处于极位，三爻因为未济而失利，上爻因为既济而失去节度，所以三上两爻都提出禁戒。提出应有的禁戒，是为了保持好的终结。

易道以不终结为终结，没有什么终结不是新的开始，所以乾卦说“无首”，坤卦说“大终”。六十四卦不终于既济而终于未济，是因为既济已经穷尽，而未济则无穷，以既济开启未济，以未济续成既济，乾坤的大用就在这坎离的彼此相续当中。

《象传》曰：火在水上，未济，君子以慎辨物居方。

火是热的，水是寒的，万物的性质各自不同；离为南方，坎为北方，方位各各不同。火在水上，象征炎上的火与润下的水同时失位，互不相济，所以叫未济。君子观察这一卦象而辨别事物，使事物各得其宜而不相混杂；用以居其方位，使方位得正而不相僭越。这些都以审慎的态度进行，智慧才能无不明了，居处无不得当，而那未济的才可以达到既济，所以说“君子以慎辨物居方”。

［一辞多断］

○问时运：运途颠倒，各种事情都必须慎重。○问经商：货物失当，位置也不合适，必须谨慎处置，才能获利。○问功名：末等。○问征战：营垒和器械都不相宜，彼此不相为用，应该赶快慎重审察，这样才能避免失败。○问家宅：方向颠倒了，必须改变。○问婚姻：门户不合适。○问疾病：上下焦脉络不通，该升的不升，该降的不降，用药最需要审慎。○问失物：辨明了方位，可以找到。○问胎孕：上半月生女，下半月生男。

初六：濡其尾，吝。

《象传》曰：“濡其尾，吝”，亦不知极也。

［经传释义］

初爻居未济的开始，彖辞所说的“小狐汔济，濡其尾”，指的就是初爻。未济的初爻与既济的上爻首尾相接，既济的上爻因为濡首而危厉，初爻跟在它的后面，见上爻濡首而自我反省，这样未济也就可以免于濡首了。然而前面的首和后面的尾同样被濡湿，却都冥顽地不知道戒惧，所以说吝。

《象传》以“亦不知极”解释这一爻，是因为前面的车已经颠覆，后面却不知道引以为戒，竟重蹈覆辙，所以说“亦不知极”。

[一辞多断]

〇问时运：不审察前后，不考虑进退，鲁莽从事，是昏昧无知的人。〇问经商：以前既已经失败，后来又不引以为戒，这样重蹈覆辙，将凭什么收场呢？〇问功名：龙头已经错过了，骥尾也一定难以攀附。〇问婚姻：从头到尾处于流离状态，团聚太难了。〇问家宅：住宅前面的门后面的户，方位都不正。〇问疾病：病在下身。〇问胎孕：生男孩。

[活断实例]

◎某友人来，请占制造物品生意如何，筮得未济卦，变为睽卦。

断卦说：初爻居未济的初始，正值未济而将济的时候。既济的终结"濡其首"，未济的开始"濡其尾"，有首尾不相顾之象。现在您占制造生意而得到这样的爻辞，可知这一定是旧业，您接手后想要重新振兴。但是您竟不知道前车颠覆的原因，而贸然步它的后尘，以致产品一时无法销售，而且卖掉产品得不偿失，因此进退两难，很像"小狐汔济"而"濡其尾"，未免羞吝。到二爻说"曳其轮，贞吉"，明年用车把产品运到外地，可以获利，您不必忧虑。

九二：曳其轮，贞吉。

《象传》曰：九二贞吉，中以行正也。

[经传释义]

二爻居坎的中位，坎为轮，故说轮。轮是渡水的工具。既济初爻说"曳其轮，濡其尾"，象征有济渡工具却被濡湿的人；这一爻只说"曳其轮"，而不说"濡其尾"，象征有济渡工具而不曾濡湿的人，比既济的初爻的情况要好，所以说"贞吉"。

坎又象征矫輮，《周礼·考工记》说：行泽地的反輮，行山地的仄輮。这是为了便于拖曳。驾着轮渡水，中庸而行，以正道济渡，为"中行以正"，吉祥还有比这更大的吗？《象传》的解释最明确。

[一辞多断]

〇问时运：行运如同驾着轻车渡水，实行中庸正道，无往不利。〇问经商：有满载而归之象。〇问功名：二爻与五爻相应，五爻为君，二爻为臣，两爻都吉，象征君臣相济。有用后面的车来盛载之象。○问征战：有用马拖柴草，假装逃遁的谋略。○问婚姻：有桓少君乘鹿车而挽手的风格，必定得到贤良的妇人，吉。○问家宅：有美轮美奂之象。○问疾病：一定是胸腹辘辘作鸣，像车行的声音一样。应该开通三焦，使气机舒展，这样自然痊愈。○问胎孕：生男孩。

[活断实例]

◎明治八年九月，朝鲜国炮击我国的云扬舰，人们议论纷纷，气势汹汹，朝廷将要出动问罪的军队。当时的陆军大佐某氏来请求占卦，筮得未济卦，变为晋卦。

断卦说：水火不相交，不能相互为用，叫做未济。但未济并非不济，因为时候没到而不济，时候到了就成为既济了，所以说未济亨。既济和未济都由水火构成，既济水在火上，初爻说“曳其轮”，这是陆路的车轮；未济火在水上，二爻也说“曳其轮”，却是海路的轮船了。现在云扬舰被朝鲜炮击，又说“曳其轮，贞吉”，想是云扬舰虽然遭到了炮击，但还可以曳轮归来，所以不失为吉兆。《象传》说“中以行正”，是说必须得到中和之道，去做正义的事情，今年必定不会造成怨恨而出兵了；到三爻说“征凶，利涉大川”，恐怕明年对朝鲜有所行动。说“征凶”，恐怕陆军不利；说“利涉大川”，可知海军必定获得大的胜利。九四说：“贞吉，悔亡，震用伐鬼方，三年有赏于大国。”从二爻数到四爻为后年，后年必定可以解决朝鲜的事情。而且二爻变阴则全卦为晋，晋是进的意思。晋卦五爻说“失得勿恤，往吉，无不利”；上爻说“晋其角，维用伐邑，厉吉，无咎”，都是征伐而有功绩的占断。占象是这样，可知以后必定建立大的功绩。但未济以外卦为既济，以内卦为将济而未济，占得二爻，所以今年不能成事，必须等到外卦用事，才能完全济渡。

后来朝鲜事局平和，我国没有征讨，于是某人来访说：“前日的占断，事情没有特别应验。”我说：“易占没有不灵验的，只是所应的事情不在一时罢了。现在两国虽然归于和平，与‘中以行正’一语，恰好符合，但是以后的情况，您还必须从容等待，没有不应验的。”

六三：未济，征凶，利涉大川。

《象传》曰：“未济，征凶”，位不当也。

[经传释义]

六三以阴爻居阳位，值内外卦之交，首尾都不着岸，所以爻辞说“未济”。把卦名专归三爻，说明卦之所以为未济，就在于这一爻。三爻为坎的终位，位置特别重要，进一步就能脱离险难，误一步就会进退维谷，如果鲁莽前进，那么一定失足而功败垂成，所以说“征凶”。

但未济自有可济的道理，在险难中则自有脱离险难的时候。自古平定大难，建立大功的人，无不是从“征凶”的时候兴起的。所谓“征凶”，只是警示人不可妄动罢了，并不是要人退缩不前。三爻正值“利涉”的位置，正当“利涉”的时候，如果此时此地不能济渡，那就到底不能济渡了；如果此时此地能够济渡，那么像小狐一样“汔济”的人，就终于得以济渡了。

《象传》说“位不当也”，未济的六爻，位置都不当，但是三爻在坎的终位，所以《象传》专以“不当”来解释它。

[一辞多断]

○问时运：应该镇静地等待时机，躁动会导致凶险。○问征战：应该汇集海军，水陆一齐前进，这样，就是凶险的局面也会转为吉祥。○问经商：以用船运输为有利。○问功名：有在涉川的时候作舟楫的才干。○问婚姻：《诗经》说：“造舟为梁，亲迎于渭。”迎娶才吉祥，前去入赘则凶险。○问疾病：艮为狐，病由狐狸作祟所致，应该涉越河川躲避。○问胎孕：生男孩。

[活断实例]

◎明治三十年，占众议院气运，筮得未济卦，变为鼎卦。

断卦说：未济火在上卦，水在下卦，水火不相为用，所以叫未济。三爻居于上下内外之交，出坎卦而入离卦，正当未济的时候，所以爻辞直说“未济”。说“征凶”，是因为初爻濡湿了尾巴；说“利涉”，是因为二爻的曳轮，是有利还是凶险，决定于当事人自己。《象传》则解释说“位不当”，由此就可以知道众议院的气运了。政府要效法欧美文明而谋求富强，而众议员要学习欧美的自由而谋求个人权利，彼此像火在上水在下一样两不相济。而且现在所选的议员，多数是通过贿选产生的，位置明显不当，这样做事，怎么能不凶险？所以说“征凶”。议院的设立，如果位置得当，以中庸的精神实行正道，也并不是没有利，所以说“利涉大川”。但这一爻处于坎的终位，还没有脱离险难，象征今年的众议院正当未济的境地，难以昌盛。四爻说：“贞吉，悔亡。震用伐鬼方，三年有赏于大国。”可知明年众议院必定得到适当的人选，必定能助成国家大事，通过辛劳邀得丰厚的赏赐，这是昌盛之象。五爻说“君子之光”，五爻为君，所以一定会入朝仰观天皇的容颜。这样，武功与文德就同时焕发光辉了。

九四：贞吉，悔亡。震用伐鬼方，三年有赏于大国。

《象传》曰：“贞吉悔亡”，志行也。

[经传释义]

未济卦的济渡在四爻，既济卦的济渡在三爻，而未济的四爻即既济的三爻，所以爻辞都说“伐鬼方”。三爻居离卦的开始，离为戈兵，故“用伐”；坎为鬼，故取象于“鬼方”。震是威怒之象，即所谓“一怒而安天下之民”。未济就会有悔，既济才会悔亡，所以说“贞吉，悔亡”。“三年”是说时间的久远，即既济三爻所说的“三年克之”。“有赏”，就是“献俘授馘[1]，饮至大赏”。“大国”指殷商，爻辞虽然没有明说是高宗，但是不出既济三爻的意思之外。

《象传》说“志行”，指班师回朝，高奏凯歌，威震四方，主持三军的人实现了他的抱负。既济三爻《象传》说“惫也”，是就劳师远征而说；这一爻《象传》说“志行”，是就军队告捷而说。

[一辞多断]

○问时运：有这样的大运，“贞吉，悔亡”，名利双全。○问征战：率领军队远征，高奏凯歌而回，得以荣幸地得到赏赐。○问经商：行商远行，财利丰盈。○问功名：声名远扬，受到天子的宠爱。○问婚姻：三年才可以成功。○问家宅：贞吉。○问疾病：“鬼方”二字不祥，三年后恐怕难保性命。○问胎孕：生女孩。

[活断实例]

◎某友人来请占气运，筮得未济卦，变为蒙卦。

---

① 献俘授馘：上交战斗中割取的敌人左耳，用以计数报功。

断卦说：这一卦下三爻为未济的时候，上三爻为既济的时候。现在占得四爻，可知近年来困苦的事情可以逐渐得到成功，叫做“贞吉，悔亡”。从“震用伐鬼方，三年有赏于大国”，可知您在这三年中，可以威名远扬，光荣地受到赏赐，是生平事业成功，志得意满的时候。

◎明治二十七年冬至，小心地占筮二十八年天皇的圣运，筮得未济卦，变为蒙卦。

断卦说：四爻在内外卦之交，出坎而入离，象征脱离险难而进入文明，由未济而实现既济。现在占得四爻，爻辞说“震用伐鬼方”，这是说征伐中国而得到胜利，“三年”指战争的长久，“有赏于大国”指高奏凯歌，论功行赏。

六五：贞吉，无悔。君子之光有孚，吉。

《象传》曰：“君子之光”，其晖吉也。

[经传释义]

五爻为未济全卦的主爻，居于离体的中位，与四爻相比，与二爻相应。二爻居中位而行正道，四爻征伐别国家有功。在这文德昭明，武功显著的时候，臣下的勋业就为天子的威德与晖光，所以说“君子之光”。柔得中位，所以“贞吉，无悔”。离为明，为光。德没有比明更盛的，业没有比光更大的，六五君王和顺积在心中，英华发越到外表，其光辉都出自君子的品德，天下无不仰望文明的化育，所以说“有孚，吉”。《象传》用“晖吉”解释这一爻，是说它的笃实与光辉自然昭著，多么吉祥啊！

[一辞多断]

○问时运：值全盛的气运，凡事都吉。○问征战：师卦说“师贞，丈人吉”，可以一并用来占断。○问经商：营业必定关系到政府公事，或者是军饷，或者是军事器械。能沾朝廷的光，所以吉。○问功名：有入朝晋见天子之象。○问家宅：住宅大吉，应当邀得旌表和赏赐的光荣。○问婚姻：“君子好逑”，一定能得到。○问胎孕：生女孩，主贵。

[活断实例]

◎某缙绅来，请占官阶的升迁，筮得未济卦，变为讼卦。

断卦说：五爻居离体的中位，离为日，为光，五爻为君位，日也有君象，所以说“君子之光”。日光照临，下面的土地到处都光明而温暖，所以说“有孚”。五爻与二爻相应，二爻为臣，象征先得“君子之光”的人。现在您占官阶升迁而得到未济五爻，五爻为君位，以二爻为您本身。二爻说“曳其轮，贞吉”，轮是日轮，所谓曳轮犹如羲和御日，作为天子的近臣而沐浴圣明的德化，瞻仰真龙天子的晖光，有君明臣良之象，这是可以为您祝贺的。

上九：有孚于饮酒，无咎。濡其首，有孚失是。

《象传》曰：饮酒濡首，亦不知节也。

[经传释义]

上爻在未济的终位，复返而为既济。坎险已经摆脱，上下交孚，于是饮食宴乐。《诗经》“南有嘉鱼，蒸南罩罩，君子有酒，嘉宾式燕以乐”，解释说：太平君子至诚地乐于与贤人共享。这是有孚于酒食的意思，所以“无咎”。但酒是用来成就礼仪的，不能喝到乱性，设监酒的职位，就是为了节制饮酒。而“濡其首”，则醉到了不能离席的地步，这叫做失德，这样的孚有什么可取呢？所以说“有孚失是”。这是开始因为有孚而饮酒的人，后来反而因为饮酒而失去了孚信，所以《象传》用“不知节”解释它。

《周易》这部书，对太过的忧患更甚于对不及的防止。欲望不可以放纵，快乐不可以达到极致，所谓持盈保泰，无非是加以节制。这是特意在未济卦的终位，借饮酒来譬喻的。

[一辞多断]

○问时运：坎难已经平定，众人心中欢乐，只要知道撙节，就可以永远保持无咎。○问征战：这是得胜利后班师回朝，饮酒庆功的时候。○问经商：已经得到厚利而归来，从此量入为出，节俭度日，富裕就可以长保了。○问功名：有得而复失的忧患。○问疾病：一定是饮食不节制所致。○问讼事：《序卦传》说“饮食必有讼”，可知讼事必定是由酗酒引起的。○问胎孕：生女孩。

[活断实例]

◎明治二十八年七月二十七日薄暮，我与朋友在书楼闲谈，偶然听到有叫卖新闻号外的，客人说：“不知号外所报道的是什么事？您试占一卦。”筮得未济卦，变为解卦。

断卦说：号外所报道的，一定是因为饮酒过度，在醉中溺水而死的灾祸。当时女仆刚好带着号外到来，展开阅读了，原来是关于山阳铁道汽车中途颠覆，以致伤害了旅客的报道。

以后数日，我遇到这个铁道会的员工，问及当时的情况，他说：“正赶上风雨突然大作，人们劝司机停车，司机不肯，而且开车前喝了很多烈酒。这样开车行进，突然造成了这次的灾祸，所以丧了命。”才知道爻辞果然不是虚设的。

《周易》六十四卦，《上经》起首于乾坤，终结于坎离，《下经》起首于咸恒，终结于既济未济。咸恒为夫妇，由乾坤而生；既济未济为水火，由坎离化成。其中的变化有千百种不同，宗旨却只有一个。乾道崇尚虚，坤道崇尚实，坎象中实，离象中虚，《周易》开始于虚也终结于虚。虚就灵，灵就变化神妙。卦爻交互错综，循环往复，开始了又终结，终结了又开始，究极说来，却既无所谓开始，也无所谓终结，既无所谓虚，也无所谓实。所谓“变动不居，周流六虚”，《周易》的妙用，无非是把这虚灵的阴阳二气，运用到三百八十四爻当中去罢了。

中村敬宇跋

我听说高岛君的名字已经很久了。今年庚辰五月，高岛君忽然来我家访问，一见面就知道，这是一个雄伟而非同一般的人。听他谈论易理及生平所做的事，不知不觉间就用膝盖凑到了他的跟前。

他曾经因为有罪而入狱，在狱中偶然得到《周易》一册，欢喜地说："这是上天赐给我的！"于是白天读，夜里想，达到了烂熟于心，全体贯通的程度。七年后出狱时，他像身上生了翅膀一样，振奋地说："我出离万死而得到生机了！从今以后，只应当勇于行善罢了。"

中村敬宇像

于是他到横滨去做生意。因为勤于作事，善于机会，性格又坚忍耐事，所以在四年中获得上万元。但是他的收入全都用于义举，丝毫也不用来为自己的今后作打算。只要是有利于别人的事，就要上前承当劳苦；每当发现做善事的机会，一定抢在别人前面。开始是修造铁路，从横滨修到神奈川，完工后交给了政府；曾经有洋商谋划在横滨设置路灯，他先于他们而动手，终于没有让这件事的赢利落到他们手中。

时常留心观察天下的变化，预卜未来的事情。所以当他处在事情重大而丛棘的时候，别人惴惴然束手无策，他却智谋横发，游刃有余。事情难以决断就加以占筮，他的解说奇异而中肯，通过人事来验证，无论大小都能应验，通过这本书可以看到这方面的大概。

也许是他的勇于为善，使他获得了这样的好运，哪里是没有原因的呢！

他的父亲药师寺嘉兵卫，是常陆新治郡人，喜欢行善，凭德行和情义济助众人。天保年间，东奥发生大范围的饥荒，他的父亲告诉闲叟锅岛公，请予以救助。他的救助出于至诚，于是把以前的米运送到盛冈，使六十万人的生命得到保全，他的德行感通了天和人。

啊！上天要给高岛君福报，就先以牢狱作为他的学校，让他痛苦，以便使他的才器得以成就，使他产生行善的勇气。今天以前，他的所作所为灼灼在人耳目的，既然不胜书写，从今以后，他的进身行善，难道会有所底极吗？

高岛君让我为他的书作跋，我所以在书后叙述见闻，以满足读这本书的人。

敬宇　中村正直　撰

附录一

瑞士心理学家荣格[①]所著《〈周易〉与中国精神》[②]

我虽然不是汉学家，但因为曾经接触过《易经》这部伟大的经典，所以愿意通过写这篇序言来作见证。同时，我也愿意借此机会，再次向我的老朋友理查德·卫礼贤[③]致敬，因为我深切地体会到，在西方，他翻译的《易经》是无与伦比的，在文化方面也有相当重要的意义。

荣格像

假如《易经》的内涵很容易把握，这篇序言就没有写的必要了，但是事实不是这样，因为重重的迷雾正笼罩着它。西方学者往往将它看成咒语集，认为它太晦涩难懂了，不然就认为它没有丝毫价值。理雅各[④]的译本是到目前为止唯一可见的英译本，但这译本并没能使西方人更了解《易经》，而卫礼贤的译本则开启了了解《易经》象征形式的大路。卫礼贤曾经接受圣

---

① 荣格：瑞士心理学家和精神分析医师，分析心理学的创立者。早年曾与弗洛伊德合作，曾被弗洛伊德任命为第一届国际精神分析学会的主席，后来由于两人观点不同而分裂。与弗洛伊德相比，荣格更强调人的精神有崇高的抱负，反对弗洛伊德的自然主义倾向。凭着伟大心理学家的智慧，他对东方文化有独到的研究，对《周易》有着极富启示意义的见解和圆熟的运用技巧。荣格于20世纪初的一个夏季开始全面研索《易经》，他决心要弄明白"《易经》中的答案是否真有意义"。当时，他被自己所见到的"惊人的巧合"迷住了，因为他发现答案有意义乃是常例。从1920年，荣格开始在精神治疗中采用《易经》中所描述的方法，疗效甚显。到1925年，他已经完全熟悉了《易经》，并对其富有意义的答案毫不怀疑了。

② 本文是作者为卫礼贤所译《周易》英文版所写的序言。

③ 理查德·卫礼贤：原名理查德·威廉，来中国后取名卫希圣，字礼贤，亦作尉礼贤。1873年10月出生于斯图加特，但一生57年中有20多年是在中国度过的。他以魏玛教会传教士的身份来到青岛，转而将兴趣和精力投向办教育、办医院，从而踏入了探究中国传统文化的门径。曾经翻译出版《老子》、《庄子》和《列子》等道家著作，还著有《实用中国常识》、《老子与道教》、《中国的精神》、《中国文化史》、《东方——中国文化的形成和变迁》、《中国哲学》等等。他是中西文化交流史上"中学西播"的一位功臣。

④ 理雅各：伦敦布道会传教士，英华书院校长，近代英国第一位著名汉学家。他是第一个系统研究、翻译中国古代经典的人，从1861年到1886年的25年间，将"四书"、"五经"等中国主要典籍全部译出，共计二十八卷。当他离开中国时，已是著作等身。理雅各的多卷本《中国经典》、《法显行传》、《中国的宗教：儒教、道教与基督教的对比》和《中国编年史》等著作在西方汉学界占有重要地位。

人的学生劳乃宣[1]的教诲，了解《易经》的哲学及其占卜方法，所以很有资格从事这项工作。而且，他还有多年的实占经验，而实占是需要很特殊的技巧的。因为卫礼贤能掌握《易经》活泼的生机和丰富的内涵，所以这个译本见解深邃，远远超出了关于中国哲学知识的学院式藩篱。

一、易占是怎么一回事

卫礼贤对诸多有关《易经》的问题的说明，以及对实占的洞见，都使我深受教益。我对占卜感兴趣已超过30年，作为探究无意识的方法，占卜对我具有非同寻常的意义。我在20年代初期遇到卫礼贤的时候，对《易经》已经相当熟悉。卫礼贤不但肯定了我已经了解的事情，而且教会了我更多。

我不懂中文，也从没去过中国，但是我可以向我的读者担保，要找到进入这部中国经典的正确法门并不容易，因为它的思维模式和我们相距实在太远。假如我们想彻底了解这本书，首先必须赶快丢掉西方人的偏见。比如有人说：像中国人这样天赋特异而又聪慧的民族，居然没有发展出科学，真是怪事！事实上，我们所谓的科学，是建立在以往被视为公理的因果法则上的，而对因果法则的看法正在巨变当中。康德《纯粹理性批判》中无法完成的任务，正在由当代的物理学家来完成，他们已经使因果律发生了根本性的动摇。我们已经知道，所谓自然规律，不过是统计学上的真理罢了，必然有例外的情况发生。我们还没有充分认识到，所谓的自然规律需要在实验室里极严格的限制下才能得到，假如让事物按其本性自然发展，就会看到截然不同的现象。每一事件的历程或多或少都要受到几率的影响，这种情况极为普遍，所以在自然的条件下，完全符合规律的事情反倒属于例外。

正像我在《易经》里看到的那样，中国人的心灵似乎完全被事件的几率层面吸引住了。我们认为巧合的事情，却成了这种心灵的主要关心对象，而我们所看重的因果律，则几乎受到完全的漠视。必须承认，几率是不可忽视的，人类费尽心机所要做的，就是摧毁和限制几率的影响，然而在和几率的对比中，通过理论思维而得到的因果律，却显得软弱无力，卑

---

① 劳乃宣：字季瑄，号玉初，又号韧叟。河北省广平府（今河北省永年县）人。光绪十年（1871）进士，曾任直隶知县。光绪三十四年（1908）奉诏进京，任宪政编查馆参议、政务处提调，授江宁提学使。宣统三年（1911）任京师大学堂总监督，袁世凯内阁学部副大臣。张勋复辟，被任命为法部尚书，借口年老未就职。中国近代音韵学家。清末修律，礼、法之争中礼教派主要代表人物之一，主张修律必须以三纲五常为基本原则。

贱如土。例如，水晶可以说是种六面形的角柱体，只要是理想上的水晶，这种表述就是正确的，然而在自然界，尽管所有的水晶都是六角形的，却永远找不到两块完全相同的水晶。中国圣人看到的，似乎是经验的而非理论的水晶。对他们来说，由复杂的自然规律构成的事实，比对它作出因果性的解释更重要，因为只有在构成事件的因素彼此分离后，才适于用因果关系来处理。

《易经》对待自然的态度，似乎很不赞赏我们所看重的因果程序。在中国古人的眼中，观察的情境是几率的撞击，而不是因果因素汇集起来所导致的明确结果。在观察事物时，他们的兴趣似乎集中在几率因素所形成的缘会上，而不是集中在对巧合所假设的种种理由上。当西方人小心翼翼地过滤、衡量、选择、分析、隔离的时候，中国人的情境图象却包容一切，直至最精致、最细微、超感觉的部分，因为所有这些因素都凑在一起，共同形成观察时的情境。

所以，当人们抛掷三枚硬币，或者拨弄49根蓍草时，这些几率的微细部分都进入了情境的图象，成了这情境的一部分。这个部分对我们并不重要，但对中国古人却具有无比的意义。在某一情境中发生的事情，不可避免地具有只属于这一情境的性质。也许有人认为这样的论述陈腐不堪，但这里谈论的不是抽象的论证，而是实际情况。有些行家只要根据酒的色泽、味道、形态，就可以说出它的产地和酿造年份。有些古董收藏家只要不经意地瞄上一眼，就可以准确地说出古董或家具的制造地点和制造者。有些星占家甚至可以在完全不知道你生辰的情况下，说出你出生时日月所在的位置，以及从地平面升起的黄道带是什么样子。我们总该承认，情境总是含有事件的某些迹象和线索。

也就是说，《易经》的作者相信，在一定情境下得到的卦爻，与这一情境不仅在时间上，而且在性质上都是相契合的。对他来说，卦爻是成卦时情境的代表，它的作用甚至超过了时钟上的钟点，超过了日历上对季节和月份的划分，同时，卦爻也被看作成卦时主要情境的指引者。

二、巧合的意义——同时性

卦爻与成卦时的情境相契合这种假设，蕴含了我所说的同时性这个看上去非常奇怪的概念。这个概念所主张的观点正与因果性相反：后者只是统计学上的真理，只是一种对作用的臆说，假设事件如何从那样演化成这样罢了，而同时性原理却认为，事件在时空中的契合并不只是几率的作用，它含有更丰富的意义，即事件之间，以及它们与观察者的心理状态之间，有一种互相依存的特殊关联。

中国古人思考宇宙的态度，在某些方面可以和现代物理学家相媲美。他不否认，他的世界模型就像在运用《易经》时一样，需要把主观的也就是心灵的条件包含在整个情境中。正如因果性描述了事件的前后联系一样，对中国人来说，同时性处理了事件的契合。因果性告诉我们一个纵向发展的戏剧性故事：D是如何呈现的？它是从前面的C衍生的，而C又是从前面的B而来，如此之类。相比之下，同时性则试图描绘出平等因素之间有意义的契合，例如，A、B、C、D是如何在同一情境及同一地点一齐呈现的。在这里，A、B、C、D都是同一情境中的构成因素，而这情境则显示了一幅合理而可以理解的图象。

《易经》六十四卦是一种象征性的工具，体现着六十四种各具代表性的情境，这种诠释方法可以与因果的解释相媲美。因果联系可以用统计来确定，可以用实验来控制，但情境却是独一无二，无法重复的，所以在正常状况下，同时性原理是无法实验的。《易经》认为，同时性原理发生效用的唯一要件，是观察者确信卦爻辞可以呈现他心灵的状态，所以他在抛掷硬币或者分开蓍草时，必须确信它一定会存在于某个现成的情境当中，而且发生在这一情境中的任何事情都属于这一情境，属于其中不可分割的因素。当然，要了解这一明显真理的确切含义，只有得出卦爻以后，乃至证实了对卦爻的诠释以后才有可能，因为这一方面要求观察者对主客观情境具有足够的知识，另一方面要根据后续事件的性质来确定。这种程序显然不是我们习惯于实验或证据的批判性心灵所熟悉的，但对于想从中国古人的角度来观察世界的人来说，《易经》也许颇有诱人之处。

三、请教《易经》

我以上的论述，中国人并没想过；不但没想过，而且恰好相反，因为据传统的解释，只有经过神灵以隐秘方式发生的作用，蓍草才能对占题给出有意义的答案。这些力量凝聚在一起，构成《易经》活生生的灵魂。由于《易经》是种充满灵性的存在，所以人们可以向它占问，而且可预期得到合理的答复。谈到这里，我头脑中忽然灵光一闪，想：如果外行的读者能见识一下易占怎样运作，也许会颇感兴趣。于是，我将依照中国人的观念，一丝不苟地作个实验：我在某一意义上将《易经》人格化，并要求它判断它目前的处境如何，也就是我把它引荐给英语世界的读者，结果将会怎样？

尽管在道家哲学的前提下，这样的处理方式很恰当，但是在我们看来却显得过于怪诞。但是，连精神错乱导致的各种幻觉都吓不倒我，连原始迷信所表现出来的各种诡谲都不曾使我惊骇，我总是尽量不存偏见，保持好奇，这不就是所说的“喜爱新知”吗？既然如此，我为什么不冒一点险，与这充满灵性的古籍交谈一下呢？这样做，应当不至于有任何伤害，反而还可以让读者见识一下源远流长、贯穿中国文化的心理学方法。不管儒家还是道家，对他们来说，《易经》都是一种精神权威，一种哲学奥义的崇高体现。我利用抛掷钱币的方法占卜，结果得到第五十卦——鼎。

要与我提出问题的方式相应，对卦爻辞必须这样看待：《易经》是一位懂得告谕的人士，它将自己视作一座鼎，即一种含有熟食的礼器，其中的食物是要敬献给神灵歆用的。卫礼贤在谈到这一点时说：

> 鼎是精致的文明时代才有的器物，它示意有才能的士人砥励自己，为国家的利益而牺牲和奉献。由此可知，文明在宗教方面已经达到巅峰。鼎提供牲礼，因此，尊崇他们就是尊崇上帝。应当通过尊崇他们，来谦卑地接受上帝的旨意。

回到我们的假设上来，我们必须认定：在这里，《易经》是在给自己作见证。

当卦中任何一爻值六或九时，都表示它们是变爻，因此特别值得注意，在诠释上也比较重要。在我筮得这个卦上，神灵着重于九二、九三两阳九爻。爻辞说：

九二：鼎有实。我仇有疾，不我能即，吉。

《易经》说自己“鼎有实”。分享到了不起的东西时，常会招来忌妒，忌妒交加是图象中的一部分。忌妒者想剥夺《易经》所拥有的，即剥夺它的意义，甚或毁掉它的意义。但他们的恶意最后必将落空，它丰富的内涵仍然极为稳固，它的成就不可能被剥夺。爻辞继续说：

九三：鼎耳革，其行塞，雉膏不食。方雨亏悔，终吉。

鼎耳是鼎上可以穿入铉，用来把鼎抬走的部分，象征事物的可把握处。这是《易经》（鼎卦）里的一个概念，但随着时光的流逝，这个概念显然已经有所改变，所以我们今天已经不再能够把握《易经》，结果“其行蹇”。命运的迷宫和人性的昏暗都很危险，占卜睿智的劝谕和深邃的洞见可以帮助我们，而当我们不再能从中获益时，我们也就无从辨别脱险的道路了。肥美的雉鸡象征空虚已被克服，痛失智慧的悔恨也告一段落时，渴望已久的时机终于降临。对此，卫礼贤评论说：

> 这里描述处在高度发展的文明中的人，却发现自己备受漠视，自己的成就备受打击。

《易经》确实在抱怨，它优良的品质和重要的功能都被人忽视，闲置在地上，可是它预期自己最终一定会再度得到肯定，所以又感到欣慰。

四、《易经》答语的意义

对我提出的问题，《易经》的这两段爻辞给出了明确的回答。这两段爻辞既不需要精微细密的诠释，也不需要任何巧思和旁门左道的知识，稍有常识的人都可以领会它的含义。这答案指出，一个相当自信的人，其价值却不能普遍地为人们所承认，甚至于连普遍地为人所知都谈不上。《易经》看待自己的方式相当有趣，它视自己为一件礼器，牲礼借着它奉献给神灵，诸神借着它才得以歆享。我们也可以说，这礼器供给无意识的因素或力量以精神食粮，这些因素或力量往往向外投射为诸神，其目的是要人正视这些力量应有的分量，以便引导它们进入个体生命而发挥作用。这无疑就是“宗教”（religio）一词的最初含义——小心凝视，注意超自然的存在。

《易经》的方法确实考虑了隐藏于事物内部及观察者心灵的独特性，同时也把潜藏在个人无意识中的因素一并考虑了进去。我请教《易经》，就像请教一位将要引荐给朋友认识的先生一样，事先会自问：这样做，这位先生是否觉得高兴？《易经》在答复我的问题时，谈到自己在宗教上的意义，也谈到它目前仍然不为人所了解，时常招致误解，还谈到它希望以后重放光彩。由最后这点可以看出，《易经》显然已经瞥见了我尚未写完的序言，更重要的是，它也瞥见了英译本。这样的反应很合理，就像我们从处境相似的人身上可以预期的一样。

可是，这种反应到底是怎样发生的？我只是将三枚小铜板轻轻地抛掷在空中，然后它们落下，滚动，最后静止不动，有的正面在上，有的背面在上。初看起来，这种技术似乎毫无意义，而有意义的反应却由此发生，真是奇妙！而这正是《易经》最杰出的成就。我所举的例子并不是偶然遇到的，答案有意义属于常例。西方的汉学家和一些颇有成就的中国学者，曾经痛心疾首地告诉我：《易经》只是一本过时的咒语集[①]。从谈话中可知，这些人有时也向算命的术士（通常是道士）请求占卜。这样做当然“毫无意义”，但值得惊奇的是，所得的答案竟然与问卦者心理上的盲点极度吻合。

西方人认为，其实各种答案都有可能回答我的问题，我同意这个看法，因为我确实不能担保另外的答案就不会有同等重要的意义。但是，所得到的答案毕竟只有一个，我们并不知道其他可能的答案是什么，而眼前这个答案已经使我非常满意。重复询问一个老问题并不是高明的做法，我不想这样，因为大师是不贰言的。学究式的研究笨拙而繁琐，总是想把这非理性的现象导入先入为主的理性模式，我厌恶这种方式。像答案这样的事物，无疑应当保持它初次出现时的原样，因为只有这样，我们才知道在不受人为因素干扰的情况下，回归到自体的本性是什么样子。人不应当在尸体上研究生命，更何况原来的情境根本不可能重新来过？每一个占例都只能有一个答案，而且只能是最初那个答案。

且再回到鼎卦上来。整个鼎卦都在发挥着那两个变爻的主题，这一点毫不奇怪。卦的初爻说：

鼎颠趾，利出否，得妾以其子，无咎。

《易经》就像一只废弃的鼎，歪倒在一旁，无人使用。爻辞建议我们将它倒过来，以便清除其中的积垢。《易经》再度被人关注，是学者们再也找不到其他的出路所致，这就像有人在妻子没有子女时另外娶妾。妾在中国只有半合法的地位，她们实际上只是暂时处于这尴尬的地位而已；同样，占卜这种巫术方式也只是为了更高目标而利用的东西罢了。虽然它只是备作偶尔一用的东西，但是它心里没有怨尤。

第二、三爻前文已经述及，第四爻说：

鼎折足，覆公餗，其形渥，凶。

鼎在这里已开始被使用，但情况显然很糟，因为占卜被误用了，或者

---

① 中国学者……咒语集：这里指的可能是胡适。30 年代中期，荣格曾与胡适会面，并向胡适请教《易经》的问题，胡适对他说：此书不值一看，它除了迷信之外一无所有。

遭到了误解。神灵的食物洒了一地，当事人丢尽了脸面。理雅各的翻译是："臣民们将因为羞愧而脸红。"误用鼎这类礼器真有大不敬的罪过。对此，《易经》显然坚持着自己应有的尊严，它抗议自己的被亵渎。

第五爻说：

鼎黄耳金铉，利贞。

《易经》似乎重新为人们所正确（黄色）理解了，也就是通过新的概念，它可以被正确掌握了，这新概念很有价值（金色）。事实也正是这样，因为有了新的英译本以后，《易经》比以往更容易为西方世界所接受了。

第六爻说：

鼎玉铉，元吉，无不利。

玉以温润和柔美著称，假如鼎的两个环是用玉制成的，整个鼎看去一定精美富丽，珍贵非凡。这表示《易经》对自己以后的命运极为乐观。我们虽然只能静待事情的进一步发展，但也不能不因为《易经》对新译本的赞赏而感到称心和快意。

在上面这个占例中，我已经尽可能客观地描述了占卜的运作情况。当然，运作的程序会随着提问方式的不同而发生一些变化。假如一个人处在混乱的情境里，他也许会在占卜时现身为说话者的角色；而如果问题牵涉到别人，那人也许会成为说话者。然而，说话者的认定并不完全依提问的态度而定，因为我们和伙伴的关系并不总是由伙伴决定。我们的关系通常几乎完全决定于自己的态度，尽管我们常忽略这一事实。因此，假如一个人没有意识到他在自己的关系网中所扮演的角色，他终究会感到惊讶：怎么会和预期的恰好相反？他就像经文偶尔指引的一样，过分夸大了自己的角色。有时我们将某一情境看得太重，过分夸大了它的重要性，如果这时请教《易经》，答案就可能指向潜藏在问题里的一些被忽略的东西。

对刚开始接触《易经》的人来说，这样的例子也许会使他觉得，占卜是一种虚妄的事情。据说孔子的占卜答案，有一次是不理想的，这是第二十二卦——贲，一个极具美感的卦。这使人联想起神祇对苏格拉底的劝导："你应该多接触音乐。"苏格拉底由此开始吹奏长笛。在执着理性，对生命采取学究式态度方面，孔子与苏格拉底难分高下，但他们都达不到贲卦二爻所说的"贲其须"的境界。不幸的是，理性与繁琐的学究通常都缺乏风雅和吸引力，所以从根本上看，占卜的说法可能并不错。

还是再回到卦上来吧。虽然《易经》对它的新译本似乎相当满意，因而对它的前途很乐观，但这并不能保证它预期的效果体现在大众身上。因为我们得到的鼎卦里有两爻是阳九，我们可以通过这两爻来了解《易经》对自己的预期是什么。依据古老的说法，称作六（老阴）或九（老阳）的爻内在张力很强，强到可能倒向对立的一面去，也就是阳可以转变为阴，阴可以转变为阳。经由这种变化，鼎卦就变成了第三十五卦——晋。

晋卦旨在描述一个人往上爬升时所遭遇的不同命运，卦爻辞说明在这些状况下，他究竟该如何自处。《易经》的处境和卦中描述的人物命运相同。它虽然像太阳一样高高升起，而且表明了自己的信念，但它还是受到打击，无法为人们所相信；它虽然继续努力前进，但是感到很悲伤，然而终究可以“受兹介福，于其王母”。心理学可以帮助我们理解这句含义隐晦的爻辞。在梦或童话故事里，祖母或女性祖先通常代表无意识，因为在男人的无意识中，也常含有女性心灵的成分。虽然《易经》可能无法为意识所接受，但是至少无意识可以在半路上迎接和容纳它，因为《易经》与无意识的关系，远比与意识的理性态度密切。既然无意识常在梦中以女性的面目出现，这句爻辞就可以作这样的理解：女性（也许是译者）以母性关怀着《易经》。这对《易经》来说自然是“介福”。它预期可以普遍地为人所理解，但也担忧会被人误用——“晋如鼫鼠”。要留心“失得勿恤”的告诫，不要把得失放在心上，不要忧虑，也不要勉强说服任何人。

《易经》冷静地面对着自己在美国书籍市场的命运，这种态度和任何有理性的人面对自己备受争议的著作时没有两样。这样的期望非常合理，也合乎常识，要找出比这更恰当的答案反倒很不容易。

五、我作解释的立场

这些占例都发生在我写下以上的论述之前，当我得到这一结论时，我想了解《易经》对最新的情况抱有什么样的态度。因为我既然已经加入了这个场合，情况也就会随着我的写作而变化，而我当然希望了解与我的行为有关的事情。我一向认为，学者对科学应当负责任，所以我不习惯宣扬我所不能证实，或我的理性所不能接受的东西。因此我必须承认，在着手写这篇序言时，我并不感到很快乐。要引荐古代的“咒语集”给性好批判的现代人，使他们多少可以接受，在这样的工作面前很难不踌躕。但我还是做了，因为我相信，依照中国古人的想法，除了眼见的东西之外，应当还有其他东西存在。令人感到尴尬的是，我必须诉诸于读者的善意和想象力，而不能给他们周备的证明，不能给他们科学而严密的解释。人们很可能提出一些用来反对占卜技术的论证，我对这种不幸非常了解，而我甚至不能确定，载着我们横渡陌生海域的船是否有漏水的地方？古老的经文没有讹误吗？卫礼贤的翻译是否准确？我们的解释是否存在着自欺的因素？

《易经》是彻底主张自知的，而实现自知的方法却可能遭到百般的误用，所以性格浮躁、不够成熟的人并不适于运用它，知识主义者与理性主义者也不适宜运用，只有深思熟虑的人才是恰当的。他们喜欢沉思自己所做的，以及发生在他们身上的事情，但这样的倾向不能和忧郁症的胡思乱想混淆在一起。我上面已经提到过，当我们想调和易占与我们所接受的科学信条间的冲突时，会产生很多问题，而我对这种现象未作任何解答。但这一点都不奇怪，我在这些事上的立场是实用主义的，而教导我采取这种立场，使我了解其实际效用的，则是伟大的精神治疗学与医疗心理学。也许再没有什么领域会发生这么多不可预测的事情，再没有什么领域使我逐渐采用这种行之久远，但不知所以然的方法。有问题的疗法也许会偶然生效，而所谓可靠的方法却可能导致非常诡谲的结果。对此，理性主义者常常心怀怖畏，掉头走开，然后宣称他什么事情都没有看到，而非理性则充满生机，告诉我不要抛弃任何事情，哪怕它违背了我们所有的理论（即使在最理想的情况下，理论的生命也很短暂），无法立即作出合理的解释。这些事情当然令人不安，没有人能确定罗盘上的指针到底是指向真实还是指向虚幻，但是安全、确定与和平并不能导致发现，中国这种占卜的模式也是这样。占卜的方法显然指向了自我知识，尽管它实际上总是被用到迷信方面去。

我完全相信自我知识的价值，但是当世世代代的智者都宣扬这种知识的必要性，结果却一无成果时，宣扬这样的见解是否还有用处？即使用最偏颇的见解来看，《易经》也明显地体现着劝谕的传统，要人们仔细辨明自己的个性、态度及动机。这样的态度吸引了我，促使我动手来写这篇序言。关于《易经》的问题，我以前只透露过一次，那是在纪念理查德·卫礼贤的一次演讲中，其余的时候我都保持缄默。想要进入《易经》那遥远而神秘的心境，门径极难找到。要想欣赏孔子、老子他们思想的特质，就不应该忽略他们伟大的心灵，更不能忽视他们的灵感主要源于《易经》这个事实。对于如此不确定的事情，以前我绝不敢公开表露，但我现在可以冒这个险了，因为我已经八十多岁了。民众善变的意见对我几乎已经毫无作用，比起西方的哲学偏见来，古代大师的思想对我有更大的价值。

六、坎与井

我并不想将个人的想法强加给读者，但前文说过，个人的人格通常也会牵扯到占卜的答案中去。我在提出我的问题时，也请求占卜对我的行为给予直接的评价。这次的答案是第二十九卦——坎，其中第三爻特别重要，因为这一爻是阴六（老阴）。这一爻说：

来之坎坎，险且枕，入于坎窞，勿用。

假如是以前，我会无条件地接受劝告："勿用"，即对《易经》不说一句话。但在目前，这忠告也许可以当作《易经》工作方式的一个范例看待。事实上，我目前的处境是进退维谷。对占卜这件事，除了上文之外，再也不能多说什么了，但是想往后退，将我个人的看法完全舍弃，却也做不到。我正处在这样的状况当中。然而，事情很明显，假如有人开始考虑到《易经》，将会发现它的问题也确实是"来之坎坎"。当人处在无边的危险及未经批判的思辩中时，必须停下来观察，否则就会在黑暗中迷路。难道还有比这更令人不安的处境吗？这就是《易经》所处的梦幻般的氛围。在这种处境中，人除了依赖自己易犯错误的主观判断之外，就一无可恃。我不得不承认，这一爻将我撰写上述文字时的心情非常中肯地表达出来了。坎卦卦辞令人欣慰的文字也是同样的中肯："有孚，维心亨。"因为它指出，这时决定性的因素并不是外在的危险，而是主观的状态，即人是否真诚。

这一卦将在这种处境里的主动行为比作流水。水不畏惧任何危险，从悬崖上纵跃而下，填满行程中的坑坑坎坎。流水象征君子的行为，以及他们从事教化的方式。

坎卦确实不是令人舒畅的一卦。它描述的行动者似乎处于重重危机之中，随时会落入各种陷阱。我发现深受无意识（水）左右、精神病随时会发作的病人，通常最容易遇到坎卦。假如有人较为迷信，很可能会认为这一卦本身就含有这一类的意义。但是就像在释梦时学者必须极严格地顺从梦所显现的状况一样，在向卦象请教时，人也应当了解自己提出问题的方式，因为它限制了对答语的诠释。我初次占卜时，正在考虑这篇撰写中的序言的意义，因此我把《易经》推到前面，使它成为行动的主体。但在我的第二个问题里面，我才是行动的主体，所以在第二个占例中，仍将《易经》当作主体是不合逻辑的，而且解释也会变得不可理解。只有由我作主体，那种解释才有意义，因为它表达了我心中无可否认的不安与危机感。当人斗胆立足于这种不确定的立场上，既受到无意识影响又不知道它的底细时，不安和危机感是很容易产生的。

坎卦的第一爻指出危险的情况：“习坎，入于坎窞”。第二爻的意思相同，但它劝人“求小得”。我竭力实践这一劝谕，所以在这篇序言里，我只想将中国人心灵中《易经》的运作情况揭示出来，而放弃了对《易经》作心理学评论这个雄心勃勃的计划。

我对工作的简化在第四爻可以看到，它说：

樽酒簋贰，用缶，纳约自牖，终无咎。

卫礼贤这样评论：

按照惯例，一个官吏在被任命前，总要敬献某些见面礼及推荐信，但这里一切都简单到了极点。礼物微不足道，也没有人推荐他，所以他只好自我介绍。但是假如具有危急时互相扶助的真诚心意，就没有什么可羞愧的。

第五爻继续谈论受困的题旨。假如有人研究水的性质，可以发现它只要流满坑坎的水面，就会继续向前流去，而不至于滞留在原地：

坎不盈，祇既平，无咎。

但假如有人看到事情虽然仍不确定，却经不住诱惑，坚持要特别努力，比如说要对《易经》作出评论等等，结果只能陷入困境。最上一爻非常贴切地描述了这一结果，它说：这是一种被捆缚，像在囚笼中的状况一样。毫无疑问，最后一爻显示，人如果不将这一卦的教诫牢记在心，会导致怎样的后果。

这一卦的第三爻是阴六（老阴），这个阴爻产生了张力，于是变成了阳爻，由此变出了一个新卦，从而显示了新的倾向或可能性。这个新卦是第四十八卦——井。水的坑洞不再意味着危险，相反地，它指向了有利的状况——有一口井，因此：

君子以劳民劝相。

百姓们互相帮助的意象，似乎是要对井进行修治和清理，因为它已经坍塌，充满了泥渣，甚至连野兽都不来饮用。虽然有游鱼活在里面，人们也可捕捉得到它们，但是无法发挥井的作用，不符合人们的需要。这段描述使人回忆起那只倒在地上，不被使用的鼎，它势必被安装上新的把柄。而且，就像那座鼎一样：

井渫不食，为我心恻，可用汲。

危险的水坑或深渊都指《易经》，井也是这样，但井有正面的意义：它含有生命之水，应当经过修治和清理而再度使用。但世人对此却全无想法，因为水桶已经破裂，再也找不到可以汲水的器具了。鼎需要新的把柄和携环才能把捉得住，井也需要重新规划：

井冽，寒泉食。

在这一启示中，《易经》明显又是言说的主体，它将自己视同源泉活水。以前的卦爻，描绘它意外地陷入了深渊，它必须奋力跳出来，以便人们发现古井。这古井虽然已经废弃，埋没在泥沼中，却可以经过修治而重新使用。

我用钱币占卜的几率方式提出两个问题，第二个问题是在分析完对第一个问题的答语后提出来的。第一个问题直接指向《易经》：我想写篇序言，它的意见怎样？第二个问题则与我的行为或情境有关，当时我是行动的主体，我刚刚分析完第一个卦。《易经》在回答第一个问题时，将自己比作鼎，一只需要重新整修的礼器，这礼器得不到人们完全的信任；在回答第二个问题时，则指出我已经陷入困境，这困境显象为深邃而危险的水坑，人很容易陷入其中。然而，水坑也可以是口古井，只要稍加整治就有甘泉可以饮用。

这四个卦在主题上（器物、坑洞、井）大体一致，从思想内容上看也很有意义。假如有人作出这样的答案，作为精神病医师，我一定会说他的心智很健全，至少在他所谈的事情上没有问题。在这四个答案里，我一点也没有发现任何谵语、痴语或精神分裂的迹象。《易经》出自历史悠久的中国，我不能因为它的语言古老繁复，词采华丽，就认为它不正常，恰恰相反，我应该向这位虚拟的智者道谢，因为它洞察了我心中隐秘的疑惑和不安。当然，任何聪明人都可以将事情倒过来看，他们可以认为我将个人的心境投射到了这些卦的象征形式中。这样的批评是以西方理性的观念为依据的，它虽然极具破坏性，对《易经》的功能却没有丝毫损害，因为中国的圣人会含笑告诉我们："《易经》使你把尚未明朗化的思虑投射到奥妙的象征形式中，这不是很有意义吗？否则，你即使写下序言，也不会知道它可能导致极大误解。"

七、让读者来判断

对占卜应当抱持怎么样的态度？中国人对这个问题并不关心，只有我们，因为受到因果观念的牵绊，才会满腹狐疑，一再地关注。东方古老的智慧强调，智者要了解自己的思想，但一点也不看重了解自己思想的方式是怎样的。我们对《易经》的理论考虑得越少，睡觉就越安稳。

以上面的范例为基础，我认为读者至少可以对《易经》的功能作个初步的判断了。对于一篇简短的导论，要求得不能太多，假如经由这样的展示，我能成功地阐明《易经》中的心理学现象，我的目的就达到了。至于这本独特的典籍引起的问题、疑惑、批评，那真是无奇不有，我没办法一一答复。《易经》本身既不提供证明与结果，也不吹嘘它自己，当然要接近它也不那么容易。它就像大自然的一部分，仍然有待开发。它虽然既不提供事实，也不提供力量，但对雅好自我知识及智慧的人来说，却也许是一本很好的典籍。《易经》的精神对某些人可能像白昼一样明亮，对另外一个人则像晨光一样熹微，对于第三者来说，也许就像黑夜一样暗昧了。不喜欢它最好就别去用它，如果对它怀有排斥心理，那就不必从中寻求真理。为了那些能明辨其意义的人，且让《易经》走进英语世界中来吧！

附录二

关于易占的几个问题

本书的点校本面世后，许多读者询问有关易占的问题，如《系辞上》所讲的大衍筮法怎样具体操作？得到的卦或一爻变或多爻变，或无变爻，应如何取用卦爻辞？简易求卦法有哪些？哪种求卦方法最优胜？怎样理解"至诚通神之术"？等等。为满足读者的要求，笔者试就自己的理解，对这些问题作以解答。

一、大衍筮法怎样具体操作？

所谓大衍筮法，也是正式筮法，即《系辞上》所述筮法。这种筮法使用五十根蓍草，没有蓍草，可以用竹签代替。在占筮之前，先要准备好纸和笔，以便记录。

首先要凝神诚心。按照朱熹所定的《筮仪》，要洗手、焚香、致敬，双手拿着全部五十根蓍草，熏在香炉上，命蓍说："假尔泰筮有常！假尔泰筮有常！"（借助你伟大而灵验的占筮！借助你伟大而灵验的占筮！）然后报上姓名，说明为什么事情，"未知可否，爰质所疑于神之灵。吉凶得失，悔吝忧虞，惟尔有神，尚明告之！"（不知道可不可以，所以询问神灵，不管吉凶得失，还是悔吝忧虑，都请明白告知！）

五十根蓍草或竹签的具体操作，是先从五十根中拿出一根，放回竹筒，始终不用，以象征天地阴阳未判之前的太极。太极不动，只用其他四十九根竹签，这样，其他四十九根竹签的变化，在某种意义上也就都是太极的变化了。

将余下的四十九根竹签随机分开，分别握在两手中，左手握的象征天，右手握的象征地。然后从右手中抽出一根，夹在左手小指与无名指之间，象征与天地并立而为三的人。

用右手数左手中的竹签，每四根一组地数，以象征四季；余下四根或四根以下，夹在无名指与中指之间，象征闰月。再用左手数刚才从右手中放下的竹签，每四根一组地数，最后余下四根或四根以下，夹在中指与食指之间。小指中的一根与左右手余下的竹签，合起来必定是九或者五。

以上叫第一变。

将第一变余下的九根或五根竹签除去不用，只用四十或四十四根竹签。然后从右手取出一根，夹在左手小指与无名指间，再每四根一数，分别数左右手的竹签。两手所余加上取出的一根，必定是四或八。这是第二变。

再将其余的三十二或三十六根竹签，与第二变同样操作，余下的合计，仍然是四或八。这是第三变。

经由以上的三变，就得到一爻，叫做“三变而成爻”。因为阴阳二气从下而生，所以第一爻也就是最下面的一爻，其他爻依次向上排列。

第一变余下的是九或五，第二、三变余下八或四。九与八包含两个四，为偶数，属阴；五与四包含一个四，为奇数，属阳。

三变中有两次偶数一次奇数，即九四八、九八四或五八八时，称作少阳，也简称单，就是阳爻，记录为“—”。三变中有两次奇数一次偶数，即五四八、五八四或九四四时，称作少阴，也简称“拆”，记录为“— —”。三变都是奇数，即五四四时，称作老阳，简称“重”，为阳爻，但因为阳极，有变阴的可能，记录为“○”。三变都是偶数，即九八八时，称作老阴，简称“交”，为阴爻，但因为阴极，有变阳的可能，记录为“×”。

老阴可能变阳，老阳可能变阴，称作变爻；少阴、少阳不会变化，称作不变爻。老阳的过揲数为三十六，含有四个九；老阴的过揲数为二十四，含有四个六；少阳的过揲数为二十八，含有四个七；少阴的过揲数为三十二，含有四个八，故依次用九、六、七、八来表示。即：

余数	一奇二偶	二奇一偶	三奇	三偶
属性	少阳 （不变的阳爻）	少阴 （不变的阴爻）	老阳 （阳变爻）	老阴 （阴变爻）
表示数字	七	八	九	六
记作	—	— —	○	×

三变得到第一爻，同样再做五次三变，即可得到其他五爻，而成为一个完整的六爻卦，叫做“十有八变而成卦”。

比如十八变的余数依次是九八四“—”、五八八“—”、九八四“—”、五四四“○”、五八四“— —”、九八八“×”，得到的就是上雷下乾的大壮卦，称作雷天大壮。但是大壮的第四爻是老阳“○”，可能变成阴爻“— —”；上爻为老阴“×”，可能变成阳爻“—”，从而使全卦变成为小畜。即：

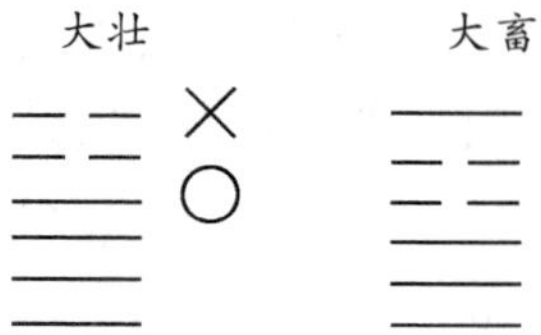

这时，大壮是本卦，也叫贞卦或正卦；大畜卦是之卦，也叫悔卦或变卦。贞以定守为义，悔以感通为义。这里的贞悔二卦合起来，称作“大壮之大畜”。

其他卦依此类推。

以上是宋代学者朱熹依据《系辞上》所定的筮法，历史上对它不无质疑。主要的质疑之处是得出少阴与少阳、老阴与老阳的机率不平衡（三变之后，老阴、少阳、少阴、老阳出现的概率情况分别为 4、20、28、12，比率为 1 ：5 ：7 ：3 ）。这种不平衡会导致得卦不正确，从而关系到占卜结果能否应验，所以值得注意。但是这一筮法流传极广，至今还没有别的筮法能够与它相提并论。高岛先生最初所用的，应该就是这一筮法。

二、如何取用卦爻和卦爻辞？

筮卦之后，接下来就要根据卦爻和卦爻辞来论断吉凶了，这就需要了解卦爻和卦爻辞的取用规则，因为所谓占法，指的就是对这种规则的运用，不了解它们是没法断卦的。

对于卦爻如何取用，历史上有诸多说法，清代学者黄宗羲的《易学象数论》列举了三种，并分别加以评论，在历史上影响较大，兹为读者抄录如下：

1. 《启蒙》[①] 占法

凡卦六爻皆不变，则占本卦彖辞，而以内卦为贞，以外卦为悔。

一爻变，则以本卦变爻辞占。

二爻变，则以本卦二变爻辞占，以上爻为主。

三爻变，则占本卦及之卦之彖辞，而以本卦为贞，之卦为悔，前十卦主贞，后十卦主悔[②]。

---

① 《启蒙》：指《易学启蒙》，南宋朱熹、蔡元定合撰，由蔡氏起稿，与朱熹《周易本义》互为表里。蔡元定字季通，人称西山先生。师事朱熹，朱熹以友视之。

② 前十卦主贞，后十卦主悔：按照李挺之卦变图，凡三爻变者，每卦有二十卦，前十卦指初爻不变者，后十卦为初爻变者。若变卦在前十卦，则以两卦的卦辞占，以本卦卦辞为主；若变卦在后十卦中，则以之卦为主。

四爻变，则以之卦二不变爻占，仍以下一爻为主。

五爻变，则以之卦不变爻占。

六爻变，则乾坤占二用，余卦占之卦彖辞，而以内卦为贞，外卦为悔。

2. 王氏①占法

一爻变，以本卦爻为贞，之卦爻为悔，二爻兼用。

二爻变，以初变爻为贞，次变爻为悔，作两节消息之。

三爻变，以先变为贞，后二变为悔。

四爻变，五爻变，六爻变，皆以先变爻为贞，后变爻为悔，作四五六节消息之。

六爻皆不变者，贞彖辞，彖辞为七八不变者设也。

3. 丰南禺②占法

贞悔者，以六画言，则内为贞，外为悔，决之于外；以三画言，则下为贞，上为悔，决之于上。贞取定守为义，悔取通感为义，故六画则决之于外卦，三画则决之于上爻。

如初二两爻变，则以二决之。内三爻皆变，则以三决之。如内三爻皆静，外卦之二爻变、三爻变者，皆内卦之例。如初之于四或五或上，二之于四或五或上，三之于四或五或上，皆二爻变，概决之于悔。

三爻变者，初四五，二五上，三四上；四爻变者，如初三四上，皆以最上一爻决之。

三爻变者，如二三四；四爻变者，如初三四上，则以四决之，而参之以二，所谓“二与四，同功而异位”也。

如二三五，如三四五，如初三五，皆三爻变者；如初二三五，如初二四五，如二三四五，皆四爻变者；如初二三四五，为五爻变者，则皆以五决之，而参之以三，所谓“三与五，同功而异位”也。

如初二三四上，如初三四五上，如初二四五上，皆五爻变者，则皆以上爻决之，而参之以初，盖上下相应，亦二与四、三与五之例也。

---

① 王氏：所指不详。

② 丰南禺：名坊，字存礼，一字存叔、人叔，号人翁，后改名道生，号南禺、南禺外史，浙江鄞县（今宁波）人。明代嘉靖年间著名的学者、书法家、鉴藏家和藏书家，其“万卷楼”名闻遐尔。嘉靖二年（1523）进士，授吏部（一说礼部）主事，改南考功主事，因吏议免官。玩世不恭，不拘法理，性情孤僻。晚年穷困潦倒，寄居于寺庙，病逝于僧舍。

六爻皆变，乾坤占二用，余占之卦之贞悔。

六爻皆静，则占本卦之贞悔（六爻变，占之卦之大象；六爻不变，占本卦大象）。

若彖辞则专以待卜。天子诸侯有大事，则筮人先筮得其卦，书于板以授太卜。太卜以墨画所得之卦于龟腹，春灼后左，夏灼前左，秋灼前右，冬灼后右。其文入于卦墨，谓之食，则决于彖。

4. 黄宗羲的评论

盖两家之所以不从《启蒙》者，以周公爻辞本为九六之变者设，非为七八之不变者设，《周易》不用七八，岂有七八而冒用九六之辞哉！则以之卦不变爻占者，失其意矣。

彖与爻各自为书，彖不取足于爻，爻不取足于彖。《易》果为卜筮而作，未有爻时，彖不可占，岂文王为未成之书耶？则以占辞平分于彖爻者非矣。

然王氏之法，所谓"四五六节消息之"者，则亦杂而无纪。丰氏之法，所谓二四同功、三五同功，初上本末者，亦强以辞入于占，不可为例。后之学者苟得左氏之意，其无例者未尝不可见也。

故一爻变者，既占本卦变爻，亦占之卦对爻，盖未有贞而无悔者也。观左氏晋献公嫁伯姬，遇归妹之睽，上爻变，既引归上之"刲羊"、"承筐"，又引睽之张弧，可知矣。

二爻变者，以下爻为贞，上爻为悔；三爻变者，以变末一爻为主，本卦为贞，之卦为悔。观晋筮立晋公，遇乾之否，三爻为变末，曰"配而不终，君三出焉"。终者，乾三之"终日"也。否三"包羞"，故"配而不终"也。而《启蒙》以晋重耳之"屯贞悔豫"，司空季子占"利建侯"为例，谓当占两卦彖辞。不知凡所遇之卦，不论一爻变至六爻变，彖辞无不可引用，何独以三爻变专之？观左氏孔成子筮立君，遇屯之比，此一爻变者，而史占屯彖之"元亨"；穆姜遇艮之随，此五爻变者，而称随彖之辞，亦明矣。如郭璞遇驴鼠，遇遁之蛊，又为晋王筮，遇艮之睽，皆三爻变也，皆不称彖辞。

四爻变五爻变者，皆以变末一爻为主，本卦为贞，之卦为悔。即如穆姜五爻之变，主在上爻艮上之"敦艮"，既有止义，而随上之辞"拘系之，乃从维之"，故穆姜曰："必死于此，弗得出矣！"

六爻变者，皆以上爻为主，而两卦为贞悔。

六爻不变者，以初为贞，上为悔。观晋代楚，筮之，遇复六爻不变，史曰："'南国蹙，射其元王，中厥目。'国蹙王伤，不败何待？"盖晋贞楚悔，初之元吉，晋实当之；上之行师"大败，以其国君凶"，楚实当之。

其例明显如是，则无三家之病矣。

以上是黄宗羲《周易象数论·占法》原文，只是笔者为眉目清楚而分了标题。黄宗羲综合三家占法，提出了自己的见解，而且说得清楚明白，不愧是大师的手笔，对于学习易占具有重要指导作用。但是如果以为它已经把占法说尽，了解这些就万事大吉了，那也是不对的，因为易占是法无定法的。

请看近人尚秉和《周易古筮考》中的例子：

孔子尝自筮，其卦得贲，愀然有不平之色。子张进曰："师闻卜者得贲者吉，而夫子之色不平，何也？"孔子曰："以其离耶？在《周易》，山下有火谓之贲，非正色之卦也。夫质也，黑白宜正焉，今得贲，非吾之兆也。吾闻丹漆不文，白玉不雕，何也？质有余，不受饰也。"这一卦无变爻，纯据卦义推论，与以上诸家说法都不合。

赞皇县尉张师卧病经年，日觉危殆，请贺卜之，得无妄，曰："'无妄之疾，勿药有喜'，请停理疗，五日必大瘳也。"师果应期而愈。尚秉和解释说："按上筮独取五爻辞，或五爻发也。然筮得鼎卦者，四爻不发，亦尝取折足象。筮固无定法也。"

有一人父疾，托相知者筮之，遇泰，筮者云："甚吉，疾当愈。"是人喜出后，赵辅和谓筮者曰："泰卦乾下坤上，然则父入土矣，岂得言吉？"果以凶闻。这一卦只据卦象推论，与黄宗羲说的那样用变爻及之卦对爻占的说法不合。

唐天宝十四年，王诸入解，筮遇乾之观，谓："已及宾王，而大人未见。"遂遇禄山乱而返。这是四爻变而以之卦四爻（"利用宾于王"）和本卦五爻（"利见大人"）论断的例子，与以上诸家说都不合。变爻不及五爻，故"大人未见"。

元张留孙待诏尚方，因论黄老治道贵清静，圣人在宥天下之旨，深契主衷。及上将以完泽为丞，命留孙筮之，得同人之豫，曰："同人，柔得位而进乎乾，君臣之和也。豫'利建侯'，命相之事也，吉何如之？愿陛下勿疑。"及拜完泽，天下果以为贤。这是四爻变而以本卦《彖传》和之卦卦辞占，与以上诸家说法都不合。

梁大同中，同泰寺灾，帝召太史令虞履筮之，遇坤之履，曰："无害。繇云'西南得朋，东北丧朋，安贞吉。'《文言》云：'东北丧朋，乃终有庆’。” 这一卦五爻变而不取上变爻，只用本卦卦辞占，与以上诸家说法都不合。

有这么多与以上说法都不合的例子，而且其中几乎没有什么规律可循，实在令人难解。难怪一些人认为只有无变爻或一爻变的卦才有占断，多爻变则无占断，属于所谓“盲卦”，遇到这种情况，只好中止或另来一卦。但是，假如真是这样，那么，占得无变爻或一爻变的卦的几率很小，绝大部分就都将是所谓“盲卦”，这样，大衍筮法就成了极无效率的笨法，还谈什么巧妙，谈什么“成变化而行鬼神”呢？那么多多爻变的占例都准确地应验了，能说是无占的盲卦吗？可见这种想法是完全错误的。

之所以有这么不合规则的占例，约有两个原因：一是易占在很大程度上靠悟性，靠直觉和灵感，与无意识有着更深的渊源，而不是靠逻辑化的头脑去循规蹈矩，所以很容易突破规则而旁逸斜出。其二，易占必须考虑当事者的具体情况和所占问的具体事情。宋代学者赵汝楳《易雅·占释》中指出：“夫儒者命筮之要，本于圣人，其法有五：曰身，曰位，曰时，曰事，曰占。求占之谓身，所居之谓位，所遇之谓时，命筮之谓事，兆吉凶之谓占。故善筮者既得卦矣，必察其人之素履，与居位之当否，遭时之险夷，又考所筮之邪正，以定占之吉凶。” 例如张师问病，得无妄卦无变爻，直接用五爻“无妄之疾，勿药有喜”来占断；王诸入解，筮遇乾之观，谓“已及宾王，而大人未见”，都是凭直觉和灵感根据具体情况来取用爻，在一爻、一象、一辞、一义亲切的情况下，就可以不计其余，占法也就随之改变了。

易占既有规则又无定法，这就是《系辞上》所说的“不可为典要，惟变所适”、“神无方而易无体”，如果有一定不变的占法，就不是易占了。所以，对卦爻辞的取用规则不可拘执，以至把它看死了，而应该根据具体情况活解活断。

易占虽然无定法，却也不应无法，所以对黄宗羲的说法，似乎还应该作如下补充：

第一，所谓变爻，不过因为其内在张力很大，以至倒向了相反的一边而已，其他不变爻虽然不像变爻那样重要，到底也是卦中的一爻，所以变爻只可以看作爻中的重点，并不意味着废弃不变爻而不用。《周易》占变的规律也不是绝对的。由于六爻间有始终关系，不管卦中有没有变爻，或有多少变爻，都可以根据“原始反终”的道理，随时兼看其他任何一爻。同理，变爻在两个以上的卦中，非最上面的爻也可以兼看。

第二，变爻虽然重要，毕竟在卦义的限制之内，而卦义是通过卦辞及

《彖传》、《大象传》来表达的，所以不论卦中有几个变爻，都不仅应该兼看卦辞，同时也应该兼看《彖传》、《大象传》。

第三，卦爻辞是依据象数而作，而言不尽意，所以无论卦中有没有变爻，或有几个变爻，都需要兼顾卦象、爻象和卦数。

第四，卦象除本卦及其上下卦外，还有之卦，即变出的卦；还有错卦，即阴阳相反者；还有综卦，即上下颠倒者；还有互卦，包括三爻互卦六爻互卦，如此等等。这些卦象与本卦及其变爻都有密切关联，需要时也须涉及。

第五，对之卦，以上各条也同样适用。

第六，为了推断应期，经常需要依照卦序，从某卦某爻推到下一卦某爻，所以根据卦序而联系到他卦他爻，也是应该注意到的。

第七，如果因故就同一件事或相关的事情而筮了两卦，那么这两卦就要联系起来加以解释。

以上各条，在上述占例和《高岛易断》中都不乏例证，读者不妨加以研究。这里只想举出瑞士心理学家荣格所著《〈周易〉与中国精神》一文中的两个例子。

第一个例子，荣格就自己的问题求得的卦是鼎之晋，即鼎卦的九二、九三都是变爻。他着重分析九二、九三两个变爻，对其他爻也依据“原始反终”的原理，一一加以分析，还谈到了变卦晋的卦义和它二、三、四、五爻。结果他的分析和结论都与自己心理上的盲点极度吻合，也与他面临的处境若合符节，说明他的占断是完全正确的。

第二个例子，荣格得到的卦是坎之井，即坎卦六三一个爻变。他着重分析了这个变爻，但也没有忽视五个不变爻，并且联系到了坎卦卦辞。他同样也分析了变卦的各爻，只是没有涉及上爻；虽然没有谈到之卦卦辞，但涉及了井卦的《大象传》。通过这样的分析，他生动具体地再现了自己的情境，接受了卦爻辞的劝告，在进退维谷中找到了正确的出路。

此外，荣格还把相关的两卦即鼎之晋和坎之井，联系起来加以分析，从中找到了一致和相通的东西，从而对自己的结论增加了信心。

仅靠荣格的两个占例，要说明以上各条，当然是不够的，好在其他都属于常识，不用多说，只有第一条是根据荣格的演示提出的，而荣格的占断结果已经足以证明其正确性了。

三、求卦的简易方法有哪些？

大衍筮法操作很麻烦，所以这里介绍一些简易筮法。这些简易筮法有中国的，也有日本的，不但操作简便，而且大都只有一个变爻，特别便于用爻辞占断。

1. 掷钱法

其一：

依据唐代《仪礼正义·士冠礼》中所说的原则，用三个硬币抛掷六次，并作如下记录：

两个面一个背时，是少阳“—”；

两个背一个面时，是少阴“- -”；

三个背时，是变爻老阳“○”；

三个面时，是变爻老阴“×”。

这样，六次就可以由下而上得到全卦。

与正式筮法相比，掷钱法不但简易了许多，而且筮出的卦从无变爻到六爻全变的都有，充分体现了变易之道。据说这种以钱代筮的方法创自东汉著名易学家京房。

其二：

用六枚硬币，把其中一枚的正反两面都涂上变爻标志。占卜时把六枚硬币一次掷出，看清六枚硬币的位置及是字还是面，按它们离自己的距离，由近及远画出初爻以至上爻，并标明阳性或阴性的变爻。这样可以一次成卦，并且只有一个变爻。

这种掷钱法更加简易，也是中国自古就有的。据说作者高岛先生也用过这个方法。

2. 略筮法

手执五十根竹签，先抽出一根不用，以象征太极。

将四十九根竹签分握于左右手，从右手中抽出一根，夹在左手小指间。

用右手数左手中的竹签，八根一数，数尽时不留，余数加上小指间的一根，合计为一时是乾卦“☰”，为二时是兑卦“☱”，为三时是离卦“☲”，为四时是震卦“☳”，为五时是巽卦“☴”，为六时是坎卦“☵”，为七时是艮卦“☶”，为八时是坤卦“☷”。这样一次就可以得到下卦。

再用四十九根竹签，同样操作，就可以得到上卦。

这样不会出现变爻，所以再将四十九根竹签分为左右，从右手取出一根，夹在左小指，将左手的竹签六根一数，数尽时不留。余下的加上夹在小指间的一根，合计为一时是初爻变，为二时是第二爻变，为三时是第三爻变，为四时是第四爻变，为五时是第五爻变，为六时是上爻变。

这是从日本传来的筮法，其数理已经与正式筮法有很大不同。它只是比大衍筮法简易，其实还是比较麻烦。它虽然避开了多爻变难以取用卦爻辞的尴尬，但是六爻都不变与多爻变的情况不会出现了，平空减少了易占的许多变化，无法充分体现《周易》的变易之道。

3. 掷骰子

其一：

备一枚等边三角体，共四面，各面分别刻上七、八、九、六或少阳、少阴、老阳、老阴。求卦时，把骰子放在盒内摇动，然后掷出，用朝下一一面的字符。这样六次可得一卦。

这一方法是当代学者章秋农所创，不但简易，而从无变爻到六爻变的卦都可以求得，缺点是掷出的四象平均，得出的变爻未免过多。

其二：

用一红一黑两个类似骰子的八面体，八面分别刻上八个经卦或八卦名。另用一个六面体，六面分别刻上一点以至六点，用来决定变爻。求卦时把八面体和六面体一次掷出，以红的朝上一面的经卦为上卦，以黑的朝上一面的经卦为下卦，以六面体朝上一面点数为变爻。

这种筮法创自日本，很简易，但得不到无变爻的卦。

4. 抽签法

其一：

在一个竹筒里放好分别刻有乾、兑、离、震、巽、坎、艮、坤八经卦的竹签，另一个竹筒里面放好分别刻有初爻、二爻、三爻、四爻、五爻、上爻的六根竹签。求卦时先从八根筒里抽出一根作下卦，再抽出一根作上卦，最后从六根筒中抽出一根作变爻。这样也能得到一个只有一爻变的卦。

其二：

将刻有六十四卦的卦象或卦名的六十四根竹签放在竹筒中，再将记得有初爻、二爻以至上爻的六根竹签放在另一个竹筒中。求卦时从 64 根卦签中直接抽出卦签，再从六根爻签中抽出一根，这样就可以得到一个完整而只有一个变爻的卦了。

其三：

直接将三百八十四个一爻变的卦刻在竹签上。求卦时从中抽出一根，即可得到只有一个变爻的卦。

据说这是高岛氏晚年所用方法。

5. 无筮而占

即不用求卦，即事直接取相应的卦爻来论断吉凶。

近人尚秉和在《周易古筮考》中举过一个例子：宣七年，郑公子曼满与王子伯廖语："欲为卿。"伯廖告人曰："无德而贪，其在《周易》丰之离，弗过之矣。"间一岁，郑人杀之。尚秉和解释说："丰上六变，为纯离也。《周易》论变，故虽不筮，必以变言其义。丰上六曰：'丰其屋，蔀其家，窥其户，阒其无人，三岁不觌，凶。'义取无德而大其屋，不过三岁，必灭亡也。""按此亦即事取义，非筮得之卦，而亦无不验。"

古人类似的做法很多，而常以"《易》曰"来表述。《论语》中也有类似的例子，如：子曰："南人有言曰：'人而无恒，不可以作巫医'，善夫！'不恒其德，或承之羞。'"子曰："不占而已矣！"虽不是占问具体的事情，但占也在其中了。所以尚秉和说："易学之发达，无过春秋。"

这种方法最简易不过，但是不会产生多爻变的卦，又很难适用于复杂的事情，而且要求运用的人熟知卦辞爻辞、卦义爻义，可以随时根据具体事加以引证，并阐发其意蕴，所以比较高深。

正式的筮法只有一种，简易求卦法则多至无数，有以上所介绍的数种，就应该够用了，故不再赘述。

四、哪种求卦方法最优胜？

应该指出：以上数种简易求卦法大都并没有什么义理，显得过于随意。它们多半是从得到只有一个变爻的卦这个目的反推回来而形成的，从这一点看又未免刻意。既然如此，简易求卦法适于用卦爻辞占断吗？谁能保证它们适用卦爻辞？

在现代人看来，纳甲法一般是不能兼用卦爻辞的，但是它也以用三枚硬币掷六次的方法求卦。既然如此，用三枚硬币求得的卦是否可以用卦爻辞来断，也就不能没有疑问了。但是，古人常常兼用易辞占法和纳甲法，在《〈周易〉与中国精神》中，荣格用三枚铜钱起的卦也同样恰当地运用了卦爻辞。这应该怎样理解呢？荣格的看法是："《易经》认为，同时性原理发生效用的唯一要件，是观察者确信卦爻和卦爻可以呈现他心灵的状态，所以他在抛掷硬币或者分开蓍草时，必须确信它一定会存在于某个现成的情境中……”反之，“不喜欢它最好就别去用它，如果对它怀有排斥心理，那就不必从中寻求真理。”可见其原因在主观方面，即对简易求卦法之适用卦爻辞充满信心而毫不怀疑。现代人已经不习用易辞占法了，往往先入为主地以为三枚硬币抛掷六次所得到的卦只能用纳甲法，所以不能像古人那样兼用易辞占法；反之，只要确信这种求卦法是适于运用卦爻辞的，那它就真的适于运用卦爻辞。

三枚硬币抛掷六次的方法是这样，其他方法也是这样。在《高岛易断》中，所有的例子都是一爻变的，说明作者使用的很可能多是简易求卦法，只是作者对此未作说明而已。如果这个推测不错的话，那么，既然书中的占例都准确地应验了，简易求卦法之适于运用卦爻辞，就不应当有什么疑问。

真正的问题在于，大多数简易求卦法都只有一个变爻，而不会出现无变爻或多变爻的卦。这样就严重限制了成卦的可能性，无法充分体现《周易》的变化之道，不能不说是一个很大的遗憾。同时，只有一个变爻，就不能着重取用卦辞了，这使卦辞在相当程度上失去了用处，也不能不说是一个很大的遗憾。

一方面，正式的筮法太烦琐了，而且它是朱熹根据《系辞上》推演出来的，其中不无可疑之处，后人对它也不无指摘，而且至今尚无定论。另一方面，简易筮法虽然容易掌握，便于运用，但是除三枚硬币掷六次之法、章氏易骰法之外，其他都只能出现一个变爻，不能充分体现《周易》的变化之道，并且只着重用爻辞而极少用到卦辞，使卦辞几乎形同虚设，其中章氏易骰法投出四象的比率又过于平均，以致变爻太多。比校起来，笔者认为，在包括正式筮法在内的所有求卦方法中，以三枚硬币掷六次一法最为优胜。

用三枚硬币掷六次这种求卦法，所用的硬币有正反两面，古代使用的铜钱又外圆内方，象征天圆地方，符合一阴一阳之道；硬币大小和质量相等，正反面出现的比率也相等，能够保证少阴与少阳而、老阴与老阳的平衡，而老阳老阴又不至太多，保证得出的卦是正确无误的；三枚硬币相当于大衍筮法所谓“三变成爻”，抛掷六次相当于大衍筮法所谓“十有八变而成卦”，但是掷六次就可以成卦，比大衍筮法简易得多；这种求卦法得出的卦既可能是无变爻的，也可能是一爻变乃至六爻全变的，与大衍筮法的结果完全一样，能够穷尽4096种变化，充分体现了《周易》的变化之道，所在适用于《周易》卦爻辞方面毫无疑义。此外，这种方法还有两个优点：一是既谈不到随意，也谈不到刻意，而是自然而然；二是有古代经典依据，经过了长期的历史检验。

总之，从任何方面看，以三枚硬币抛掷六次的方法都是无可指摘的，所以笔者认为，可以用这种求卦法代替其他一切求卦法，包括朱熹所定的大衍筮法。

五、怎样理解“至诚通神之道”？

所谓“至诚通神之道”，是高岛先生在本书前言中提到的概念。此道其实包括“与神沟通的方法”和“至诚无息之术”两个方面。

“与神沟通的方法”指易占。这体现了高岛先生的根本观念。他说：“人们凡面临大事的时候，都希望预知未来的吉凶成败，但是这不是人所能臆测的，于是用至诚无息之术来询问鬼神。鬼神感知了所问的事情，就会把意象体现在筮数中，以昭示事情的休咎，以决定人们的趋避。《周易》说‘卜以决疑’，就是这个道理。”高岛先生认为，易占作为“与神沟通的方法”，是挽救人类道德和世界危机的唯一途径，他写作本书的主要目的，就是把这种与神沟通的方法介绍给世人，特别是西方人。

应该承认，从《系辞传》所谓“人谋鬼谋”，朱熹的《筮仪》所谓“爰质所疑，于神于灵”看，中国古人也和高岛先生一样，是把易占看作通神之道的，只是高岛先生作为以神道为国教的日本人，对这一点尤其强调罢了。但是无论要肯定还是否定这个提法，都必须首先证明鬼神的存在与否，而科学目前还无法回答这个问题，所以我们还是放下不谈为好。很遗憾，但是没办法。

所谓“至诚无息之术”，是高岛先生从《中庸》所谓“至诚无息”体会出来，用以提高占验率的。他在沉思默读过程中感悟到，“至诚无息”这句话“不只是无止息的意思，还有不发气息的意思”。因此，他“在占筮的时候完全停止呼吸，将蓍草捧到额上，专心想着将要占卜的事情；在不得不发气息时将蓍草一分为二，呼气与分开蓍草的动作间不容发。从这以后，百占百中；根据爻辞来判断事情，了如指掌，有悚然与神明相接的感觉。这才知道《周易》的运用，完全是精神气力上的事情，而至诚之道完全在于无息那一刹那……”

高岛先生这番话，完全是自己的经验之谈。心息相依，人在精神高度集中的时候，呼吸的确是完全停止的；而在动作的时候，自然会以呼吸相配合。按照易理，应该以吸为阴，为静，为收，以呼为阳，为动，为发。在内功拳中，动作与呼吸的配合是在内收的时候吸气，在外发的时候呼气。所以用呼气与分开蓍草的动作相配合，是非常合理的。而且气息将发未发的时候，正是所谓“一阳初动处，万物未生时”，而从专心凝神到分开蓍草，心理上和动作上同样是由浑沦的太极一分而为天地。这电光石火般的刹那，的确是分开蓍草最佳时机。抓住这个时机，再配合着突发而有力的呼气，其中道理妙难思议，难怪他“从这以后，百占百中”，“有悚然与神明相接的感觉”。

“至诚”为什么能提高占验率呢？简单地说，因为“诚能动物”。

《中庸》说：“诚者，非自成己而已也，所以成物也。”“诚则形，形则著，著则明，明则动，动则变，变则化。唯天下至诚为能化。”这就是所说的“诚能动物”。

现实生活中“诚能动物”的例子很多。据报道，在汶川地震中，许多人都从一个平时从来跳不过去的壕沟上跳过去了，一人也没剩下。人在危险中会爆发出一种力量，要么是自救，要么是自杀，非此即彼，生死在此一搏，于是人的潜力被调动起来了。其实首先是意志被调动起来了，所以能超越身体和能力的极限，甚至可以使人入水不沉，入火不热，从而创造出生命的奇迹。所以古人说“制心一处，无事不办”、“精诚所至，金石为开”。

诚不但能改变自己，而且能超越时空，改变他人他物。荣格在《论同时性》一文中指出：“空间实验的结果，可以说相当确定地证明了：在某种程度内，心灵可以泯除空间的因素。时间实验则证明了：时间的因素（至少在未来此种次元内是如此）因心灵的缘故，可能变为相对的。投骰子的实验则确认动功中的物体，也会受心灵所左右——这种结果实可从时空在心灵作用中的相对性预测出来。”

在易占中，心理状态是诸多内外因素的中心和决定性环节，只有在至诚专一的状态下使意念精纯，力量极强，才能超越主观心理与外在事物之间的界限，超越时间与空间的界限，把自己的心理状态和占得的卦爻、所占事情及其结果紧密联结起来，使同时性原理充分发挥作用。高岛先生的高明之处，就是借助于“至诚无息之术”，通过意念与呼吸、分开蓍草的动作间的密切配合，在最大限度上达到了这一目的。所以对易占来说，“至诚无息之术”的确不可或缺。

至诚专一的心理状态是以充分的信心为基础的，如果信心不足，就做不到“至诚”了。信心也是对意念的有力肯定，可以使意念更加精纯有力，哪怕有一丁点怀疑，都会使意念松懈下去。因此，为了增强对易占的信心，做到“至诚”，除“至诚无息之术”之外，还应该将无事不占、占前祷告、不反复占问同一个问题、不占非理之事等等，也作为“至诚通神之道”的重要内容，以免忽略。

六、怎样才能赶上古人的易占水平？

作为当代人而能提出这样的问题，可见提问者有不让古人专美于前的志愿，这是令人感到非常高兴的。

现在的学易者，绝大多数意在学习易占，而且只就易占而学习易占，而不注意对《周易》义理的研究与践行，更不注意自己心性的修炼。他们不知道，所谓“至诚无息之术”等，也不过是取用于一时的方法而已，单靠这种方法是远远不够的，只有加强心性修炼，像高岛先生那样，“窥见了圣贤的奥秘，探得了道德的本原”，才是达到“至诚通神”的务本之道，才能使“至诚无息之术”充分发生效用；他们也不知道，学习易占同样是“功夫在诗外”，抄近路就是绕弯路。所以这个问题的提出，是很有现实意义的。

这个问题的提出，显然和高岛先生在自序中的下述说法有关，即：“《周易》的运用，完全是精神气力上的事情。”“通神的方法，靠的是精神气力的单纯；追究事物的道理的方法，靠的是智力、知识与思想的细密。所以今天的人类能穷究物理而无法通神，古人则因为精神气力单纯，能通神而无法穷究物理。这就是为什么至诚之道通行于远古，而智巧之术盛行于后世。”

如果说高岛时代的人，在精神气力上已经不能同古人相比，那么虽然只过了一百多年，可是由于科学技术的飞速发展、西化教育的盛行和人们社会生活的巨大变化，当代人就更不能和古人相比了。可以说在易占上，现代人不如古代人，西方人不如东方人，有学问的人不如无学问的人，男人不如女人，女人不如孩子。这个道理，从瑞士心理学家荣格的著作中也很容易体会出来。因此，对要怎样才能赶上古人的易占水平这个问题，笔者的回答是：只有通过心性修炼而回复先天，回复古人“精神气力的单纯”状态。

心性修炼的途径很多，比如读书、练气功、做瑜珈，等等，这里只想就学习《周易》谈一点看法。

《系辞上》说：“易有太极，是生两仪，两仪生四象，四象生八卦，八卦定吉凶，吉凶生大业。”太极是超乎阴阳的形而上的本体，即浑沦未分的太极，也即人的清净本心、《中庸》所说的“至诚”，人能认识和保持这个清净本心，就是圣人。六十四卦、三百八十四爻则是太极本体的显相和作用，是人与万事万物及其发展变化的模型，其中无不含有丰富的义理。这些义理从天道到人道，从自然到社会，从身心修养到经世致用，深广、通达而又切于实用，而又无不引导人了悟太极本体。学易者只有精研其中的义理，并把它运用到自己的社会生活中去，既把握好自己又把握好局面，同时“敬以直内，义以方外”，不断加强心性修炼，进而体道通神，超凡入圣，才能有大成就。不这样做就是不诚，而以不诚的学习过程而期望达到“至诚通神”的境界，无异于缘木求鱼。高岛先生也说:“实践《周易》有三个要点：一是明白易理，二是通达世事人情，三是至诚通神。”可见不钻研易理，就丢掉了第一个要点；不实践易理，就丢掉了第二个要点；不注意心性修炼，使“至诚无息之术”无法充分发挥效用，第三个要点也难免丢掉。这样，还怎么能学好和用好《周易》呢？

《周易》的用处远不只易占，它还是小则可修身，大则可以治理家庭、国家、天下的经典，本来不可以局限于易占，但是即使只是为了学好易占，也必须以自己的心性修炼为本。因为最高层次的易占是连卦也不用的，它甚至不能称它为易占，因为它没有占卜过程，连卦也不用，没有断卦的思维过程，更没有利害计较，完全是直觉和灵感，是清净本心的自然感应。这才是《系辞上》所说的“无思也，无为也，寂然不动，感而遂通天下之故”，才是《中庸》所说的“不勉而中，不思而得，从容中道”，所以荀子说“善易者不占”。《管子·内业》也说：“抟气如神，万物备存。能抟乎？能一乎？能无卜筮而知吉凶乎？”这样的层次，只有得道的圣人才能经常做到。其次才是高岛先生那样的层次，即借助于卦爻和卦爻辞，能够活解活断，并且百占百中。而即使这个层次，也非有本心的智慧不可，因为易占思维不重因果性和逻辑性，较少批判性，多靠联想、类比和象征，强调直觉和灵感，更接近无意识。高岛先生之所以非一般人可及，奥秘就在这里。可见人的心性修炼达到什么境界，易占也就达到什么境界，“神而明之，存乎其人”，“苟非其人，道不虚行”。

《周易》是本末兼赅的经典，不然也就称不上“群经之首”、“大道之原”了。在《周易》，太极是本体，卦爻是支末；在人，修身是根本，占卜是支末，我们不能总是舍本逐末。《大学》说：“自天子以至于庶人，壹是皆以修身为本。其本乱而末治者，否矣；其所厚者薄，而其所薄者厚，未之有也。此谓知本，此谓知之至也。”对这些话，读者要好好体会和落实才好。

也许有人会说：心性修炼太难了，圣人的境界太高了，高岛先生的境界也难以企及。的确是这样，但是请看孔子是怎样看待这种情绪的：孔子的学生冉求对孔子说：“非不悦子之道，力不足也。”孔子回答说：“力不足者，中道而废，今汝画！”画，画地为牢的意思。

附录三

译注《高岛易断》有感

一、苟非其人，道不虚行

麟少年时，家父在京得到旧本《高岛易断》，一阅倾心，便将其点校刊行，使此易学佳作重行于世，至今深为读者所喜爱。前年，虑及此书最适于初学者，却至今仍是古文，家父便有意将其译为白话，命我从旁助理。麟治《易》，向来被家父笑为未入门，此番便不敢不以勤补拙。犹记当时举家暂住一毛坯房内，酷暑唯折扇两柄而已，麟下班便打起赤膊，与家父并肩挥汗。从译注至校清成稿，前后近一年。

《高岛易断》虽非文学，在我读来，却每每恍如亲见高岛氏本人。一如其人相片，高岛氏神情淡漠，仪态端严，行止语默似乎无不古意犹存，一派粹然儒者的气象。细玩诸爻占例，如同翻阅高岛氏日记，可见其人天性沉静却每每理想主义，多谋善断又不失真挚热忱。时而为国事民生忧患伤怀；时而在燕居中怡然度日；时而以易助人，当机立断；时而还为故人逝去、美人迟暮怅惘一番。每当占卜奇验，高岛氏的自得之情便跃然纸上，间或慨叹易道之深邃难尽；偶尔被世俗讥讽，高岛氏便漠然以对，不屑多言一字。在举国倾慕西学的日本明治时代，高岛氏毅然以弘扬圣学为己任，富贵已极却不改初衷，毕生夬夬独行，至死方休，其精神真足以奋兴士人，振起顽冥。至于其人暗怀先人牌位朝见天皇、上疏倡议恢复阴阳寮诸举，即便在当时，也有几分迂夫子的可爱与天真。然而，相信在善读书人眼里，必能于其可爱处，愈见其人之可敬；于其天真处，愈见其人之不可及。

高岛氏之易，虽偶涉纳甲、爻辰，然大体宗费氏家法，以《十翼》解经，不疑一字，不赘一语，保有孔门易学之原味。许多读者为高岛氏之奇验所折服，揣测其人当有不传之秘，于是热衷于改易筮法，搜罗占具，或于占筮前持咒祈请、焚香礼拜等等，不知高岛氏曾自述在狱中捻纸条代蓍草，晚年亦曾以六枚硬币一掷成卦，结果始终每占必验。由此来看，易占应验与否，与占具关系不大，关键在人。

占虽小道，不以精诚贯彻则不能尽其妙，君子十发而一不中，便不敢藉此决疑。占验之关键，人每谓“心诚则灵”，《中庸》言“至诚之道，可以前知”，高岛氏本人亦有“至诚无息”之术。此“诚”字，想来许多人都草率看过，以为占卜时全神贯注、不起杂念之谓。以我浅见，占卜时集中精神虽属必要，然只此还不足以言诚。依古人定论，诚是人在时时克己修身、充养性德中达到的一种纯然无邪之境。《系辞》揲筮之法，常人顷刻即可学会，然而占得的结果却多不应验。而深于易道之人，蓍草信手中分之际，如同武术家瞬发一手，其快如电光石火，倏忽之间，毕生修为与积淀竟全蕴其中，只此不闻不见之实在功夫，才是常人所不及处。

今人学《易》，以卦爻辞占筮者，千人之中或仅存一二，其余皆取卦象配天干地支、以五行生杀之类推演。此种技法，精于塔罗者亦不落下风，且生生割断经文与易占间的联系，谓学此即是学《易》，窃谓不可，盖所失已近于买椟还珠。

揣度圣人赞《易》之微义，是春秋时易道大坏，时贤睿士各取伏羲氏卦象立占法、作爻辞，然其学不见道，故其说各有偏弊，相循既久，徒令学者纷纷争议，莫知所宗。圣人既竭韦编三绝之功，惧易道湮灭杂说间，见学者或偏好易理，或偏好易占，于是独取先王卦爻辞，全以人事言天道，配揲筮之法，以卦爻辞主占筮。圣人一句“穷理尽性以至于命”，已经说尽自家宗旨。自是，以易理入手者，于体道穷理中便自然熟稔易占，临事而能断；以易占入手者，于推玩卦爻辞中便自然亲近易理，涵泳其天则。易理、易占于是合一，即理即占，惟义是断，体用兼备，可相待而长。约其大体言之，可谓审时度势存乎卦，中正偏倚观乎位，用刚用柔见乎爻，君子小人判乎辞。易道既备，匹夫匹妇学之皆可怵惕警醒，进德修业以趋于君子。而后世纳甲诸法不涉经文，“官鬼”、“妻财”诸辞意极鄙俗，全泯古易风致，其术虽堪前知，却只知吉与不吉，不知义与不义，舍本逐末，流于术士方技。

前辈每谓麟有家学，必自幼饱读易书，实则麟读此类最少，缘其书过多，必有所不读方堪入手。依惯例，麟见其书有整句翻译卦爻辞者必废而不读，盖卦爻辞乃圣人天德发纵、自然成文处，唯其虚灵，故能典常。猝然读之，往往不类完句，然因事而解，一爻可尽天下事。以治经论，解卦爻辞只可推原字词本意，揆象落实，使圣人之意融会我心，倘整句译为白话，则经文立化为举一废百之死句，不可再以卦爻辞称。如经文一“贞”字，时取“事之干”义，时取正义，时取固义，时必兼正、固二义方洽，时取渐义，时取敛义，时取守义，时取彻义，不一而足。以断卦论，则以上诸义皆可取，取冬、北、真、针等义亦不妨，惟操持取舍在人。《易》

非文学，务求通顺而翻译润色之，此门外汉用功处，前贤不取。

学《易》，博采于前贤，当折中于圣人，待心中有所操持，再读今人书则自极明了。以日喻《易》，圣人论《易》，如直透云外，但见长天寥廓，烈耀横空，上下前后，所见皆圆，惜其书不得尽言尽意而已；大贤论《易》，则如履地观天，或说日在远山外，或说日在浮云畔，其说各有不同，然总是实沐其光，真见其灼灼然。今人论《易》，则多如铅云四塞，其说多从臆测中得来，故人人皆有新见。

去春麟来京谋职，也翻些手边易学新作，得见些以易学闻名之人，窃以为或有商贾气，或有术士气，学究气者已不多见，更未见有君子沉毅凛冽之气。学《易》者之众，历代未有过于今日者，然其人寻章摘句，装点门面者有之；滕口滔滔，言不及义者有之；穿凿附会，自矜创见者有之；一叶障目，废道论器者有之；皓首穷经，不履一理者有之；自负晚出，睥睨往圣者有之；怪诞形貌，佯狂取宠者有之；妄臆天数，妖言惑众者有之。谓《易》乃哲书、政书、史书、礼书、兵书、谋书、巫书、咒书者皆不乏其人。尝见一派断言《易》乃房中书，问之，曰若干大学者考证，阴阳爻即男女性器所演变。麟作色斥之曰："见阴阳爻画即可想见男女私处，不知何物入眼而不是！"其人张惶结舌，不敢正视，盖良知不泯，本心与此说亦未合。

种种怪诞，不堪尽述，然此辈皆自谓得易学蕴奥，藉此谋食立业，聚徒讲学，乃至著书流布者不计其数。与其论理则不予信，观其占，十发五六中而已。此辈平日无所不至，临占筮方敛容革面，不验，则赧然曰苍天不告。本自欺天，天岂肯应？唯其不告，最是忠告。

今人学《易》者多而得其味者少，病痛虽万状，病根却全在学圣人之《易》而不信圣人之教。不思以克己修身、躬行仁义为实下手处，为求前知而贸然学《易》，于是鲜有不炽其私欲者。读《诗》而不信圣人，犹得文学；读《书》而不信圣人，犹得掌故；读《礼》而不信圣人，犹得仪范；读《春秋》而不信圣人，犹得信史。唯《易》粹三圣英华，门槛至高，不以道心得之，必以贼心失之。以名利心治《易》，犹习武以欺凌人，纵学得二三小伎俩，非但不堪大用，每每反成其人丧德败身之甘饵。欲从麟治《易》者，前后亦有数人，麟不敢私此，皆命其先精读四书以期可言，然其人皆唯唯而退，再无消息。观高岛氏书，每见其人于易理体悟愈深，便对圣人畏服愈坚，理既豁然于心，便毕生汲汲于斯，盖非躬行不足以为乐。无高岛氏之志，而奢求高岛氏之术，此种情状，恒卦九三似之。

伏羲氏无书而立易道，我辈治《易》，用功处亦多在书外。《易》之为书，凭天资与勤勉虽可勉强入手，然与自家心体总有隔阂，纵所学可大，然必不能化，终无生机自在处。有志于此道者，于精研经义训诂、通达人伦物理外，尤须时时充养浩然之气，自重自爱，使言行不慊于心；体仁集义，使我无一不可示人。久之则能安此，常恍然似有所得，心光发露每如雷震光彻，真有雄壮英迈难自羁勒之感。倘存养使熟，使我大处得化，实处得虚，怀此涉世则时时沛然洒脱，真可谓意之所发，物不能遁，志之所期，力足赴之。徐仲车[①]、邵尧夫[②]诸前辈临事不占而知，火候已在高岛氏之上，然亦无他神奇，惟修身得力而已。须知人心非只一团血肉，非只思维知觉，乃天地间发窍至精处，苟莹澈至极，便是天心，感通宇宙，何假人力？前贤常谓人心多私欲，如明镜蒙垢，照则失真，其垢蔽深者，虽一炬当前而自不得显。唯勇施销磨刮洗之功，则虽星辰之远、雷电之速亦难逃其照。易占能应，即是此理；占而不应，亦是此理。

治《易》，可谓欲速则不进，欲罢则不能，其难在体道，其乐亦在体道。道不须臾离人，此实理也；不修身立诚无以体之，亦实理也。非只造道、立身、求学、干事，我辈苟有一志未遂，无不当以修身为吃力最紧处，非此则脊梁不立，成败得失一任于天，小人故行险以徼幸，唯君子贵修己而自至之。修身之要，见诸群经，《易》统万事，修身节目亦甚分明。论体用：乾，天性也；既济，王道也。论功夫：剥、复、无妄、大畜，格物、致知、诚意、正心也。论手段：震，慎其独；艮，素其位；豫，率其性；履，荡其私。同学诸君，与圣贤书参看互发，玩味必有所得。

君子学《易》何为？夫《易》者，易也，道之体、理之全、性之纯也。约其大体而言，本太极之一理，察万理之所出，揆三圣之仁心，体天命之所系。自昭明德，纯然刚劲，则大本得立；审时知几，发隐推显，则仁熟义精；虚灵此心，神明此心，则无往非《易》。任三百八十四种境界万变纷呈，我自知身处何卦何爻，进退周旋，惟义所在；颠沛造次，各得精彩。君子体道至此，庶几可以参赞化育，与天地并列为三矣。

昔小程子[③]《易传》著成，年逾七旬尚不示人，自言觊有少进。前辈

---

① 徐仲车：名积，北宋聋人教官。楚州山阳（今江苏淮安）人。性至孝。初从胡瑗学，治平四年进士，以耳聋不能仕。元佑初近臣交荐其孝廉文学，乃以扬州司户参军、楚州教授，转和州防御推官，改宣德郎。赐谥节孝处士。《宋史》有传。

② 邵尧夫：名雍，谥康节，自号安乐先生。北宋哲学家、易学家，有内圣外王之誉。其先范阳（今河北涿县）人，幼随父迁共城（今河南辉县）。少有志，读书苏门山百源上。仁宗嘉祐及神宗熙宁中，先后被召授官，皆不赴。创“先天学”，以为万物皆由“太极”演化而成。著有《观物篇》、《先天图》、《伊川击壤集》、《皇极经世》等。

③ 小程子：指程颐。

治学之严，麟每念之，辄觉倾倒。自顾年未三十一小职员，流荡散漫之徒，不揣德才俱浅，冒昧繁言，真觉有芒在背。然洁静精微之道，为今人亵玩一至于此，麟于情有不得不发处，于理亦有不敢不发处，索性藉新编付梓之际，于此书理路稍作发明，自谓虽失之狂狷，未失之乡愿。既已搁笔，长夜复寂，唯细雪绕屋不止。麟独处寒室，不觉正坐，意难平复，似有所未尽者。

二、从姤卦九三一个占例说起

姤卦九三占例，即三浦中将奉命为朝鲜公使，临行占问对朝外交政策一卦，窃怪高岛氏语焉不详，似有所讳。检之史册，与本占例直接相应者，更似三浦梧楼赴朝鲜刺杀闵妃，即明成皇后一事。

姤者，遇也，象三浦身为公使，得以与闵妃相过从。“姤”又可拆作“女”、“后”二字，闵妃生前垂帘听政，逝后被追封为后，由此亦见端倪。

彖辞“女壮，勿用取女”，就日方而言，指初爻所象之闵妃阴居阳位，虽未成气候，然上剥之势昭然，日本政府忌讳其人摄政之能，见一阴始发于下，必欲除之后快。

《大象》曰：“天下有风，姤，后以施命诰四方。”史载闵妃颇有政治才干，大权在握，能发号施令，而三浦行刺系受命行，由此亦可见。

三浦于高岛处所占得之姤三爻，本已过刚不中，又居巽体之末，巽究为躁卦，可谓刚恶险暴已极。“臀无肤”，言其乘渡轮远涉重洋；“其行次且”，言其谋划周密，不敢妄动。“厉”，言其铤而行凶；“无大咎”，言其暴行虽可诛，然幕后有日本政府及头山满斡旋撑腰，故能免责。

统观全卦，外卦乾为武人，象三浦，内卦巽为长女，象闵妃，外内有乾金克巽木之象。三爻变，则内卦化坎，坎为盗寇，为血卦，有偷袭之象。三爻变，则初爻之上现一离卦，离为火，与事变后以煤油焚烧闵妃尸体相应。倒卦为夬，夬者决也，“扬于王庭，孚号有厉”也，此为暴徒突袭王宫，宫人奔走呼号之象。

此爻变，则化为讼三爻，讼三爻曰：“食旧德，贞厉，终吉。或从王事，无成。”此案发生后，朝日两国舆论争讼不已，欧亚诸国皆深表关注，三浦亦被起诉，然因其人于日帝国有鹰犬之劳，终以证据不足为由获释，此为“食旧德，贞厉，终吉。”其后，三浦仍积极为政府出谋划策，然淡出公众视野，暗居幕后，是为“或从王事，无成。”

卦象爻辞与史实若合符节，窃谓高岛氏此占或有断卦未精之失，或有避重就轻之嫌。然而编撰《易断》之时，此例大可不录，置于《易断》流传后世，莫非亦怕真相终不得彰显？

纵观高岛氏一生行径，可谓志士楷模，惜其人不免当时军国思想，未可轻许以仁。且儒者多为一时尊长者隐，如涉及本国政治之例，高岛氏从未对五爻君位有所指摘，读者宜注意。

白璧呈前，瑜瑕自不相掩。斯人已逝，斯编在手，是非功过全在读者心中，倘好而知其恶，恶而知其美，高岛氏有知，想来也会欣然首肯。

孙奥麟于北京北宫门寓